百年纺织图书总目

BAINIAN FANGZHI TUSHU ZONGMU

张大为　陈惠兰　主　编
尹方屏　冯　晴　副主编

中国纺织出版社有限公司

内 容 提 要

在我国纺织工业从起步到规模发展的百余年历程中,纺织类图书是我国纺织工业发展和纺织教育传承重要的史料档案。本书收录了1912—2020年百余年间我国出版的纺织科学领域相关图书10550余种,按照"民国纺织图书""纺织工程与技术图书""纺织经济与管理图书""纺织人文与艺术图书"四部分编排,呈现百余年来我国纺织科学领域图书的出版概况。

本书所收录的文献类型涉及纺织领域出版的专著、教材、报告、史志、年鉴、文集、会议录、工具书等。每条书目记录了包括图书题名、著(译)者、出版者、出版时间、提要、版本说明等内容,参考《普通图书著录规则》著录。书后附有高引用量图书索引、著(译)者索引和丛书(汇编)索引。在书目编纂中首次引入文献评价方法,利用被引频次排序,遴选出被引频次超过50次的图书,为纺织特色高校和研究院所的藏书建设以及不同的读者提供学术参考。

本书是国内迄今较完整的一部中文纺织图书目录,完整勾画出了百余年来我国纺织工业发展的历史脉络和学科版图,可供研究者就我国纺织科学的学术变迁与社会影响、纺织教育的兴起与传承、纺织人物的耕耘与贡献以及纺织图书的出版历史与传播特点等展开研究和评价,也可供文献资源建设单位根据其纺织技术研究水平及学科建设水平精准配置或补充核心馆藏资源,为专业读者选取、推荐和查找所需图书提供参考。

图书在版编目(CIP)数据

百年纺织图书总目/ 张大为,陈惠兰主编;尹方屏,冯晴副主编.--北京:中国纺织出版社有限公司,2023.10

ISBN 978-7-5229-0998-1

Ⅰ.①百… Ⅱ.①张… ②陈… ③尹… ④冯… Ⅲ.①纺织工业-图书目录-中国 Ⅳ.①Z88:F426.81

中国国家版本馆 CIP 数据核字(2023)第 174614 号

责任编辑:孔会云 朱利锋 范雨昕 责任校对:寇晨晨
责任印制:王艳丽

中国纺织出版社有限公司出版发行
地址:北京市朝阳区百子湾东里 A407 号楼 邮政编码:100124
销售电话:010—67004422 传真:010—87155801
http://www.c-textilep.com
中国纺织出版社天猫旗舰店
官方微博 http://weibo.com/2119887771
北京华联印刷有限公司印刷 各地新华书店经销
2023 年 10 月第 1 版第 1 次印刷
开本:889×1194 1/16 印张:47.25
字数:1442 千字 定价:580.00 元

序一
记录百年征程　激励奋勇前行

制造业是实体经济的主体，是立国之本，兴国之器，强国之基。习近平总书记指出，国家强大要靠实体经济，抓实体经济一定要抓好制造业，中国梦具体到工业战线就是要加快推进新型工业化。建党百年来，特别是改革开放以来，中国共产党领导全国各族人民实现了从贫穷落后的农业国向世界第一工业制造大国的历史性转变，取得了举世瞩目的辉煌成就，为中华民族实现从站起来、富起来到强起来的伟大飞跃发挥了重要作用。

纺织工业是世界现代工业的起源，也是中国民族工业崛起的先驱，曾占据我国近代工业的"半壁江山"。中华人民共和国成立后，纺织工业的发展被列为国家经济建设的重中之重，纺织工业部成为中华人民共和国成立后的第一批部委。改革开放中，纺织行业敢为人先，成为我国改革开放的先行者和坚定的践行者，并率先告别"短缺经济"，成为五大民生问题中解决得最早、最好的一项。21 世纪以来，纺织工业进入强国新征程，行业在世界第一生产大国的基础上继续实现长足发展，并在"十三五"末先于众多制造业整体达到世界先进水平，实现了纺织强国目标。可以说，在中国工业发展的伟大历程中，纺织工业始终是其中最具代表性和先进性的行业之一。

回首我国纺织工业百余年的发展历程，可以发现各个阶段都产生了大量各种类型的文献资料，这些文献资料是中国纺织工业辉煌历程的有力见证，蕴藏着中国人民艰苦奋斗、锐意创新的工业精神，记录好、保存好、利用好这些文献资料，对于传承工业精神、推动事业发展具有重要的作用，也让我们在未来之路上更加笃定前行。欣闻由东华大学和西安工程大学合作编纂的《百年纺织图书总目》付梓在即，该书对我国百余年纺织工业进程中形成的图书资料进行了全面整理，不仅勾勒出我国纺织工业改革发展的生动画面，而且对激励中国工业精神、推动新时代纺织工业高质量发展具有重要的意义。身处伟大的时代，记录百年纺织历程，激励我们奋勇前行，《百年纺织图书总目》编纂工作功在当代，利在千秋。

相信该书的出版，将进一步激励纺织系统的广大干部职工不忘初心，牢记使命，在强国新征程中不断培育和弘扬中国工业精神，全身心投入制造强国的建设大业中，为实现中华民族伟大复兴的中国梦而不懈奋斗。

中国纺织工业联合会党委书记　

2022 年 1 月 11 日

序二

纺织工业从"实业救国"到"教育兴国"的白皮书

纺织工业是民生衣被的事业。世界工业发展史昭示，无论哪个国家，纺织工业的发展，必在其他各种工业之先。故欲以实业兴邦，舍发展纺织工业一途外，实别无更优之途径。从民国伊始到中华人民共和国崛起，中国的民族工业经历了从萌芽起步到规模发展，从复苏调整迈向工业大国，在诸多民族工业中尤以纺织工业发展最快、规模最大。历经百年历程的纺织工业一直是中国民族工业的支柱产业，也是其他工业发展的先驱。这部《百年纺织图书总目》从另一个角度再现了我国纺织工业的百年发展历程。

中国近代纺织工业走过的世纪历程，离不开纺织实业家筚路蓝缕的开拓，也离不开纺织教育家心系人才培养的牵挂。发展纺织教育事业离不开纺织图书。在我国纺织工业曲折发展的百余年里，产生了大量纺织图书，这部《百年纺织图书总目》是我国纺织工业百年发展历程中最重要的史料档案，极具收藏和学术研究价值。早在古代，我国就有总结手工纺织经验的图书出版。机器纺织工业开始发展后，各类纺织教材的出版逐渐增多，早期任教的老师和企业的管理者多为"海归"，他们开始是翻译国外教材，后根据生产培训和工程教育的需求著书立说，不仅为民国纺织业的振兴培养了大量科技人才和管理精英，而且为后人留下了诸多纺织经典著作、珍贵教材和相关史料。中华人民共和国成立后，纺织工业蓬勃发展，纺织高校也经历了院系调整，针对当时纺织教育缺乏系统专业教材的情况，纺织工业部组织专家翻译出版苏联的教材，我也曾主持编译了苏联的《棉纺学》系列教材，以应教学急需。相比以前出版的纺织教材，这些翻译出版的苏联教材对于纺织工艺原理的阐述更为深入。20世纪80年代以后，我陆续出版了5版《纺织材料学》，是我国纺织高等教育的重要基础教材。这部《百年纺织图书总目》不仅见证了中国纺织工业的发展史，对于研究我国纺织教育的百余年办学历程，也有重要的史料佐证价值。这些文献记载和图书印迹不仅能验证当时的"西学东渐"之风，而且是早期"工程认证"的佐证。

作为中华人民共和国纺织高等教育的参与者和见证者，我欣喜地看到，《百年纺织图书总目》一书从文献角度回顾了纺织专业办学百年以来人才培养、科学研究、实业报国、负重奋进的历史印迹，全面展示了我国纺织学者在教学、科研、实业领域所取得的优秀成果，是我国纺织工业学术发展史的重要体现。它不仅为纺织学者和使用者提供了专业、便利的检索工具，便于专业研究者"辨章学术、追根溯源、即类求书、因书究学"，而且为助力纺织学科的建设提供了重要的文献保障依据。

中国的纺织工业历史悠久，纺织教育也历经了百余年历程。虽几经历史变迁，南北各地纺织院校和民族企业家、纺织教育家的后人仍继承和收藏了大量纺、织、染类的专业文献，我本人也曾给西安工程大学图书馆捐赠了万余册文献。这些文献忠实地记录了百年纺织工业的发展历程，其中不乏学术经典，甚至是中国近现代纺织学术史上具有开创意义的奠基之作。所以这部《百年纺织图书总目》也代表着纺织前辈们立志实业报国、教育兴国、振兴民族纺织工业的百年奋斗历程，它填补了国内纺织图书目录研究的空白，对中国近现代纺织工业教育的历史总结、纺织高等教育新兴专业的创建具有重要的学术价值。

中国的纺织文化源远流长，除了纺织印本的传承，更有纺织传统技艺的流传。中国纺织非遗技艺不仅通过手手相传和口口传播，早期更是以印本手记的载体形式留存下了璀璨的中华传统文化记忆。浏览《百年纺织图书总目》，其中也包含了介绍中国传统纺织非遗技艺的专业图书，这些特色纺织印本图书是我国宝贵的历史文化遗产，不仅传承了知识和技艺，更传承了文化和精神。

作为西安工程大学图书馆半个世纪的忠实读者，希望这部忠实记录我国纺织工业百年发展历程的《百年纺织图书总目》的出版能发挥它的历史价值和学术价值。随着现代科技的进步，纺织新设备、新工艺、新技术、新材料不断涌现，将会有更多经典热门的纺织图书陆续出版，希望这部《百年纺织图书总目》能给相关学者提供专业的学术指导和借鉴，也希望后来者能够秉承纺织界前辈实业报国、负重奋进的创业办学传统，传承纺织先辈志存高远、上下求索的学术教育精神，为中国纺织工业的科技振兴再创辉煌。

中国工程院院士
西安工程大学名誉校长
2021 年 12 月 15 日
于西安工程大学

序三
先有作为　　才有地位

徐徐清风吹拂一方净土，涓涓细流涌动教育春潮。东华大学和西安工程大学图书馆同仁探骊寻珠，拾得万余本凝聚着百年来纺织界志士仁人心血睿智、思想智慧、实业救国、科教兴国、艰辛求索的纺织图书，结集出版，这是值得祝贺的。

《百年纺织图书总目》的编撰，是纺织院校图书馆的同仁结合中国纺织学科建设实际进行的一次有益尝试。作为重要文化、技艺载体和媒介，纺织服饰不仅蕴含着一个国家的文化传统和价值理念，而且扮演着国家和地区之间经贸和文化往来以及民族心灵契合的天然"黏合剂"的角色。我国纺织历史悠久，是中华民族突出的文化优势，是最深厚的文化软实力之一。纺织百年图书文献是中华文化的一部分，用中华优秀传统文化滋养社会主义核心价值观，将祖先的智慧挖掘出来、记录下来、传播开去、古为今用、推陈出新，是当代教育的核心。图书馆具有文献保障和利用的职责，《百年纺织图书总目》编撰的初衷是更好地展示和利用纺织特色文献，使沉寂在书架上的故纸闪耀文化光辉，促进更多学者关心纺织特色资源建设，并进一步利用、挖掘、传承、发扬和光大。

《百年纺织图书总目》是我国百余年纺织理论、教育历史的索引，不仅可以帮助读者快速寻找百余年来纺织技术和教育的足迹，而且有助于更好地挖掘、保护、弘扬、展示我国纺织史的古韵和特色。21 世纪是信息爆炸的时代，如何在浩如烟海的文献和研究者之间建立一个有效的媒介，使人类社会长期积累下来的文献资源得到充分且科学的参考与利用，是学术界关注的一个重要问题。我国古代就有编纂目录的优良传统，早在两千多年前，西汉目录学家刘向就编纂了我国第一部目录学著作——《别录》，被誉为我国的"目录学之祖"。今天编纂出版的《百年纺织图书总目》，不仅蕴含着中国纺织源远流长的历史积淀，又能展现行业的勃勃生机。

《百年纺织图书总目》走出了一条具有中国特色的纺织学科与图书文献资料交叉融合建设之路，今天的纺织院校图书馆已经迈出了第一步，这真是了不起的贡献。该书由东华大学图书馆和西安工程大学图书馆合作完成，他们以高度的文化自觉、文化自信和纺织情怀，在这方面做了件有意义的实事。他们抓住时机，看到了具有悠久历史的纺织文化是中华民族传统文化的重要组成部分，同时看到了纺织学科建设上的症结所在。《百年纺织图书总目》的编撰出版，不仅为学术界对相关纺织史研究提供了全貌式参考，而且为纺织界乃至全国学术界开展纺织技艺、文化研究提供了宝贵的资料。《百年纺织图书总目》全面系统地梳理了我国百余年来纺织图书的出版概况，为当代研究纺织史的学者提供了较为详尽的参考资料，致力于实现学术上的"共同致富"；同时也为传承和弘扬中华民族优秀的传统文化做出了应有的努力，为实现我国"文化大发展大繁荣"的目标奠定了坚实的基础。

手捧《百年纺织图书总目》，我感到欣慰、鼓舞和骄傲，百年纺织科技史、教育史、经济史、人文史……像一幅幅画卷展现在我眼前。《百年纺织图书总目》是纺织界乃至整个学术界有志于研究纺织技艺、文化、教育、历史的人士查阅图书资料的难得的工具书。正所谓"先有作为，才有地位"，我相信东华大学和西安工程大学图书馆这次的大胆尝试将会赢得其在学科建设中应有的地位。

中国工程院院士
东 华 大 学 校 长

2022 年 1 月 1 日
于东华大学

序四
辨章百年纺织学术　　考镜百年纺织源流

清代著名学者章学诚称目录学能"辨章学术，考镜源流"，目录学向来被视作治学门径，深受学者重视。早在两千多年前的西汉时期，目录学家刘向、刘歆父子就编纂成目录学著作——《别录》《七略》。唐代毋煚《〈古今书录〉序》称："苟不剖判条源，甄明科部。"即若不懂目录学，则："先贤遗事，有卒代而不闻；大国经书，遂终年而空泯。使学者孤舟泳海，弱羽凭天，衔石填溟，倚杖追日，莫闻名目，岂详家代？不亦劳乎？不亦弊乎？"反之，一旦掌握了目录学，"将使书千帙于掌眸，披万函于年祀，览录而知旨，观目而悉词。经坟之精术尽探，贤哲之睿思咸识。不见古人之面，而见古人之心。"（《旧唐书·艺文志》）

纺织图书与人类生活息息相关，"衣食住行"的"衣"说的就是纺织。相传黄帝妻子嫘祖从蜘蛛网获得启发，并用蚕丝织出衣裳，成为养蚕缫丝之母。人类从男耕女织到机器生产，纺织书籍从宋代楼璹《耕织图》到近代英国人约翰·傅兰雅（John Fryer）《纺织机器图说》，都是纺织业发展的见证。民国时期，纺织事业更是蓬勃发展，出现了更多的专门书籍。20世纪50年代以来，我国曾相继编纂出版《上海市纺织印染图书联合目录》（上海市纺织系统科技图书资料协作小组编，1959年）、《纺织工业图书联合目录》（华东纺织工学院图书馆主编，1964年）等。近四十年来，纺织业和相关文献增长加快，但是纺织专科书目编纂工作则进展缓慢，纺织书目的出版已存在较长时期的空白。

西安工程大学张大为馆长和东华大学陈惠兰馆长联合主编的《百年纺织图书总目》，收录了民国以来我国纺织业相关的科技文献，是百余年来规模最大的纺织类图书总目录，填补了纺织类专门科技文献书目的空白。全书立足"广而全"的编撰理念，充分利用超星发现平台、CALIS书目数据库、《民国图书总书目》（1986年版）、国家图书馆及上海图书馆、西安工程大学图书馆、东华大学图书馆等的纺织类书目，遵循"客观照录"原则，广泛收录自民国时期至2020年百余年间出版的各类纺织图书文献上万种，包括纺织基础科学图书、纺织技术教科书、技术培训教材、企业管理图书、标准、手册、工具书等，经过分类合并整理，编成四部分：民国纺织文献（1180余种），纺织工程与技术（4400余种），纺织经济与管理（550余种），纺织人文与艺术（500余种），全面展示民国以来我国纺织图书的出版成就，是迄今为止收集最齐全、收录数量最多的纺织专科书目。编者还对部分图书编写了较为详细的内容提要，有利于读者更好地了解图书内容。最后，编者还独具匠心精心编撰三种索引：高被引频次图书索引、著（译）者索引、丛书（汇编）索引，极大地方便了读者查阅和使用本书，成为目录类工具书的一个鲜明特点。

图书馆是收藏整理文献资料的重要阵地，目录学是图书馆员知识组织、知识体系和信息素养的重要组成部分，图书馆员在书目、索引编纂工作方面有着天然的优势。本书的几位编者分别来自东华大学图书馆和西安工程大学图书馆，他们作为纺织特色高校图书馆的工作人员，立足图书馆基础性的书目工作，克服书目数据众多、琐碎的困难，不辞辛劳编成此百年纺织书目及索引，为纺织学界和书目索引界做出了重大贡献，树立了良好榜样，值得同行敬重。

由于国内各图书馆对民国早期科技图书的收集整理严重不足，民国纺织类图书的保存和目录整理基础也较为薄弱，收集到的书目良莠不齐、难尽人意；同时由于民国时期书籍用纸主要是机器纸，纸张大多已酸化、老化，书籍残破情况严重，封面及书名版权页残缺不全者比比皆是，加之当时出版不规范，没有统一的出版书号，"版次""印次"的概念与今日标准也不尽相同，为图书准确著录和标引带来诸多困难，书目的完整性和著录准确性不够理想。此外，限于条件，《百年纺织图书总目》难免收录不全，期待有心的读者拾遗补缺，以便编者将来增补修订。

　　本人对纺织学是门外汉，只是在图书馆工作近三十年，又忝为中国索引学会秘书长，陈惠兰馆长也是学会常务理事，嘱为此书作序，勉为应命，不当之处，祈请专家指正。

全国索引协会秘书长　　杨光辉
复旦大学图书馆副馆长
2022 年 2 月 14 日
于复旦大学图书馆/中华古籍保护研究院

编辑说明

我国的现代纺织业始于晚清，于民国初期逐渐兴起，经过百余年曲折发展和砥砺前行，到21世纪已成为全球最大的纺织品生产国和出口国，并成为我国处于世界先进水平的行业之一。我国纺织工业跨越百余年的奋斗历程，不仅为我国的工业经济奠定了坚实的基础，也为后人留下了诸多纺织经典著作、珍贵教材和工业史料，这些历史文献记载着我国纺织界薪火相传、艰苦奋斗的民族精神，是我国纺织工业重视技术先导、工程教育、科学管理的史料佐证，也是我国近现代工业化进程中重要的文献档案之一。

一、编辑目的

1. 《百年纺织图书总目》系统收集整理了我国百余年来出版的纺织图书文献，将这些具有传承和研究价值的图书编制目录索引，对我国纺织业存史、专家学者立传、历史传承积累素材、后来者查阅利用等都具有非常重要的意义。

2. 《百年纺织图书总目》可以作为纺织学科馆藏资源建设保障的评价标准，帮助纺织特色院校图书馆、研究院所、纺织企业的文献机构进行馆藏比对，建立自己的"纺织缺藏书目"或"纺织必藏书目"，及时进行特色馆藏的补充和完善。

3. 参考《百年纺织图书总目》，可对纺织图书的完整性、系统性、学术性等进一步挖掘和研究，也可对纺织图书的内容、版本以及历史时代背景、政治经济环境、外部物理特征等进行深入探讨。

4. 中国近代纺织工业发展史在中国近代经济史和工业史中具有特殊的地位，目前已引起越来越多学者的关注。研究近代纺织工业发展史及其对我国工业和经济的影响离不开对《百年纺织图书总目》的全面查阅和系统研究。

5. 《百年纺织图书总目》是纺织界知识与文化的精华，既是对百余年来纺织界先贤的尊重，也会对纺织界的后辈产生较大的影响和启迪。

二、书目数据来源

《百年纺织图书总目》（以下简称《总目》）中文献的收录编纂定位于"纺织类图书"，因此有两个"边界"应该基本清晰，一个是"文献内容边界"，即按专业属性区分纺织类和非纺织类图书；另一个是"文献类型边界"，即按文献编辑出版形式区分图书类型出版物与非图书类型出版物。在"边界"基本清晰的基础上，编辑人员将"书目数据完整性"作为最基本的要求，为此利用了所有可利用的书目资源，按照"统一标准，应收尽收"的原则，使收录的纺织书目尽可能完整。

《总目》的书目主要来自超星发现平台、CALIS联合目录、《民国时期总书目》（1986年版）、国家图书馆及上海图书馆中文馆藏书目、西安工程大学及东华大学图书馆的馆藏纺织书目以及两馆历年收集到的各类纺织图书目录（如1964年《纺织工业图书联合目录》、1958—1968年的《纺织工业出版社图书目录》）、全国13所纺织类院校纺织类图书联合目录（2016年初稿）等。对于丛书（汇编）类文献，我们还利用了"丛书子目目录"逐一检索，保证了其子目的完整。

编纂过程中利用分类和主题等方法对来源数据库进行反复检索，对初步收集到的5万~6万种源书目仔细进行了数据处理，最终得到相关图书1万余种，书目类型包括纺织学术专著、纺织工程教科书与培训教材、纺织经济与管理图书、纺织技术报告与专题资料汇编、纺织标准汇编、纺织会议录、纺织手册、纺织类工具书等。对于学术论文、学位论文、会议论文、纺织标准、纺织专利、纺织产品说明书等文献，仅收录以图书形式出版的汇编或文集，不收录上述文献的单篇文献。

长期以来，我国内地与港澳台地区文化与学术交流从未间断，港澳台地区出版的技术图书也是各行业较为关注的文献之一。《总目》中标注的"港台"图书约 380 余种，指中国内地各类图书馆收藏的中国香港、澳门、台湾地区的出版机构所出版的中文纺织类图书，限于发行条件，这些图书并非香港、澳门、台湾地区出版的所有中文纺织图书，此处特别加以说明。

《总目》各处说明中使用的名词"文献"，指严格意义上的图书以及以图书形式出版的其他类型文献。

三、书目数据处理

书目数据的处理包括对书目著录内容比对、书目的判断去重、著录项目的校核与补充、繁体异体字处理等工作。

1. 数据的筛选与合并

编纂过程中对收集到的 5 万~6 万条原始书目数据按照"谨慎判断、兼容并蓄、相互补充"的方法进行查重、合并、筛选，以保证书目著录项尽可能完整。

我国图书著录标准化工作开展较晚，至 1985 年才有首部图书著录的国家标准颁布（GB 3792.2—1985）；而国内联机联合编目以及在版编目（CIP）工作直到 20 世纪 90 年代中后期才得到逐步普及。在此前相当长的时期内，国内中文图书是由各图书馆自行编目。这种长期存在的分散编目方式导致不同来源图书目录著录项的完整性、详简程度、准确程度差异较大，因此编纂过程中对图书的鉴别、著录项辨识和纠错耗费了大量时间。工作中对有疑义的图书设法找到原书的书名页或版权页进行重新著录或修正，或者参照国家图书馆的书目数据进行著录，竭尽所能对所缺项目进行补充、对舛错项目进行更正。

通过反复筛选、查重、纠错、再去重后，为了减少重复描述以节约篇幅，又对以下几种图书进行了记录合并：一是正题名与著者相同、书号相同、出版年相同的多卷书；二是 20 世纪 90 年代以前同版次不同印次的图书。通过记录合并后最终得到 10502 条有效书目。

2. 各著录项说明

《总目》基本参照 GB/T 3792.2—2006 中的"书本式目录编排格式"编排，格式为：

记录号　　分类号
题名项［文献类型项］（丛编项）/责任者项.—出版发行项.—载体形态项（被引频次项） 　　标准书号项 　　提要项

主要著录项标引与编排说明如下。

（1）题名项：包括图书正题名与副题名，在其后附注了该书的版本项信息，如版次、册次、制版方式等。正题名统一置前，初版图书省略了版次项，省略非特殊制版方式，所有图书省略了并列题名；同书异名未做修改。

（2）文献类型项：是对该图书类型的基本描述，以方便书目使用者对图书内容、出版形式或出版意图等信息进行基本判断。例如，［译］为翻译著作、［港台］为港澳台版的图书、［汇］为汇编文献、［告］为技术报告、［普］为科普图书等。《总目》中将会议录、标准汇编、纺织史志、纺织手册等类型文献单独作为子类编排，自成一节，故此类文献省略了文献类型著录。

（3）丛编项：著录丛书或汇编正题名。基于对图书信息尽可能细致描述的原则，所著录的丛书项除丛书名外，也包括汇编文献的总括名称（如棉纺织技术革新资料汇编），以及类似丛书名的辅助描述项（如普通高等教育本科国家级规划教材）等，以方便使用者参考。

（4）责任者项：著录图书编著者（取前三位）、译者、机构（团体）作者等。标引时将个人著者列前、机构著者（或编委会）列后；在丛书单册著作中单册著者在前，丛书总主编在后；对于翻译著作的原著者姓名，则以译著的书名页或版权页所提供的原著者姓名进行著录。

（5）出版发行项：著录出版发行地、出版发行者名称及出版发行时间。个别非正式出版物未查到发行者则用机构著者代替发行者；个别会议录未查到发行者则用会议主办机构代替发行者；所有出版时间仅著录出版发行年；1949 年以前出版的图书和港台版图书均以公元年著录。

（6）载体形态与辅助项：著录图书页数、附图、附表、尺寸等。对于此著录项基本照录来源书目信息，源书目没有的信息不再刻意添加。我国早期对图书页数、尺寸等项目的标注与现在有诸多不同，也不完全统一，处理时尽可能保留了源书目信息的格式，也可为后人留下各个时代图书著录风格的印迹。

（7）被引频次项：《总目》图书著录在辅助项之后加入了被引用频次≥5 的图书的被引频次，以方便读者判断该图书的学术影响力（在以往出版的图书书目中未有先例）。此处所标引的图书被引频次全部来自于超星发现平台 2020 年 12 月底的数据，目前国内可利用的数据库或工具书中有关图书的被引频次仅超星发现平台中的施引文献种类完整。

（8）标准书号项：著录图书 ISBN 号或"统一书号"，早期图书或非正式出版图书该项空缺。同一图书著录两个或多个书号，其后者多为重印书书号。

（9）提要项：著录图书的内容提要（文摘），进一步揭示图书内容。与报道性书目或推荐书目不同，《总目》作为一种回溯性书目，其档案性远大于情报性。基于此思想，编辑人员在收集整理数据时参照如下原则：第一，照录原始下载的各著录项，补充并核对各著录项数据，但不特意补充文摘项；第二，将所有图书所附报道性文摘逐一修改为指示性文摘，以压缩整体篇幅、突出主要著录项。

（10）分类号项：《总目》并未将分类号作为排检项和索引对象，仅作为对图书内容的判断参考之一。因此，对早期图书按其内容予以分类并标引分类号，对来源数据中原有的分类号按照《中国图书分类法》（第 5 版）逐个进行了修改校对，基本采用了图书在版编目和来源数据的类目辨析。分类号著录按照"宜粗不宜细"的原则，较多地使用了上位类号。

（11）记录号项：为了方便使用者对本《总目》索引的利用，为每条书目编制了书目记录号（文献序号）。记录号为"字母+数字流水号"，具有唯一性。

四、书目编排说明

《总目》的总体编排结构按照文献出版时间结合纺织学科分类分为四个部分：第一部分为民国纺织文献，第二部分为纺织工程与技术图书，第三部分为纺织经济与管理图书，第四部分为纺织人文与艺术图书。除民国纺织文献外，其他部分的二级类目又结合文献类型的特点，分成 4~5 个主题子目。

（1）鉴于民国纺织文献价值的特殊性，将这一时期的图书单独列出编为第一部分（文献序号首字母 A），收录书目数量 1182 种。对于民国纺织图书，按照"应收尽收"的原则，保留了收集到的所有书目，包括公开出版物和非正式出版物；对于个别 1950 年后再版的民国图书，也收归于民国图书部分，与初版图书集中排列，以体现该书的整体性。

（2）第二部分为纺织工程与技术图书书目（文献序号首字母 B），收录书目 6000 余种，占《总目》总量的一半以上。该部分按图书类型设为：2.1 专著与教材，2.2 资料汇编与报告，2.3 会议论文集，2.4 纺织手册，2.5 纺织标准汇编，共 5 个子目。

其中"2.1 专著与教材"子目下的4400余种图书又按出版时间分为：2.1.1 1950—1979年出版的图书，2.1.2 1980—1999年出版的图书，2.1.3 2000—2020年出版的图书，以方便读者浏览查阅。再版图书不考虑出版年，均与该书初版书集中排列，以体现该图书的整体性。

（3）第三部分为纺织经济与管理图书书目（文献序号首字母C），收录书目数量1430余种。该部分按文献类型设为5个子目：3.1 专著与教材，3.2 资料、报告与制度汇编，3.3 年鉴与发展报告，3.4 纺织工业史与志，3.5 产品目录与企业名录。

（4）第四部分为纺织人文与艺术图书书目（文献序号首字母D），收录书目数量1470余种。该部分按文献内容设为4个子目：4.1 纺织人文，4.2 纺织艺术，4.3 纺织教育，4.4 词典与书目。

（5）《总目》四个部分的每个子目下均按书目正题名的音序排列。

（6）《总目》编排时为了展示同一图书的整体性，便于使用，在书目排序时对下列图书作了专门处理：①将同一图书不同版次忽略出版时间均排在初版图书之后，按版次排序；②对多卷（辑）书忽略出版时间和题名字顺，均排在首卷（辑）之后，按分卷（辑）顺序排列。

（7）关于民国时期图书的著录说明。民国时期图书因年代久远，其书目收集及著录难以完整准确，此外，民国图书描述与著录也与今天多有不同。在编目处理时，原则上遵从其原貌，对专门术语和译名与当前不一致的情况，则稍加统一或不做修改。原书因年代久远、字迹模糊，致使著录项无法确定的，则用"×××不详"表示，敬请使用者谅解。这样处理既保留了来源书目原貌，又不会引起读者的误解。

（8）关于图书出版时间的说明。中华人民共和国成立后出版的纺织技术类图书较多，是本书目的重要部分，为了方便使用者查找，书目编排时按出版时间分为三个时段：1950—1979年、1980—2000年、2000—2020年。这样许多再版图书就存在跨时期问题，在编排时为了展示图书的前后继承关系，将再版图书特意调整到该书初版（首版）之后以反映其整体性。

另外，图书出版时间的著录与作者等其他项类似，本着尊重源书目的原则，源书目数据有月份的就保留，源书目数据没有的也不再追加。

（9）关于著录项不详的问题。有很多图书源书目数据缺少某著录项或著录项明显有误，又经查考无果，编辑时一般用"×××不详"替代。特殊情况如：译著者国别不详，标注"（?）包立德（Thomas C. Blaisdell）"。又如：图书出版年不详，标注"193?"，表示1930—1939年间出版，具体年份不详。

（10）关于多卷书的页码问题。为了显示多卷图书的整体性，在数据处理时特意对著者、出版社、书号等主要著录项相同的多卷书进行了合并；结果该记录附注项下会出现两个或两个以上的页码。本着实录原则，按照原书上下册的信息著录，如"—123页，110页"，分别表示上下册的页码数；如果原书上下册为连续页码，则著录为"—123页，124—233页"。

另有个别图书单册标注两个页码的情况，是因为该书分为两个部分，各部分自成连续页码；还有正文与附录自成连续页码的情况，核对后都按原格式实录，如"123页+10页"中后者为附录页码。

（11）关于港台图书的标注。由于历史原因，港澳台出版的纺织类图书在内地（大陆）的发行渠道有所不同，因此各图书馆收藏的完整性并不理想（多版次书、多卷书不够完整）。著录时沿用大多数图书馆的习惯做法，各书目信息一律转为简化字，并在图书正题名后加注［港台］以示区别，并提示使用者甄别。

《总目》在每个部分下的主题子目前均有该部分收录文献的介绍和编排方式，可方便使用者参考，此处不再赘述。

五、索引编排说明

《总目》第五部分为索引，分别为：5.1 高引用量图书索引，5.2 著（译）者索引，5.3 丛书（汇编）索引。

1. 高引用量图书索引

科学文献的被引频次可反映该文献的学术水平或受读者关注程度。采用引文分析法对中文图书进行推荐或学术影响力评价是一个简便易行且相对客观的方法。鉴于此认识，《总目》编制了"高引用量图书索引"，以期能在推广纺织优秀图书、推荐影响力较高的作者、补充完善馆藏、提高馆藏学术性等方面为使用者提供依据和参考。

《总目》中的所有 1 万余种纺织图书总引用量 10.1 万次，将合并处理后的图书按被引频次降序排列，将被引频次大于 50 的图书共 421 种编入该索引。这 421 种图书总引用量 8.1 万余次，约占总引用量的 80%，按照 80/20 法则可将其称为"高引用量图书"。

为了突出被引图书的学术性或重要性，将题名与作者相同但版次或卷次不同的图书进行了归一处理，并将其被引频次叠加，然后依照被引频次由高到低排序，形成索引编排顺序。索引中列出了图书正题名、著者姓名、被引频次、记录号，同书异名以第一责任者姓名为辨识项。

2. 著（译）者索引

著（译）者索引在传统目录体系中的地位仅次于主题索引，其集中反映了同一著者的所有著作。作为一种回溯性书目，《总目》编制著（译）者索引，旨在方便使用者对某一著者相关图书的收集研究，也可对百余年来我国纺织界的专家和学者进行研究和追踪。著（译）者索引中收录了 3581 位著（译）者的 6005 种图书。

编制该索引时遵循了下列原则：①仅收录个人署名的图书，没有收录团体（机构）作者；②每种图书仅收录第一著者；③译著仅收录第一译者，没有收录译著的原著者；④学者个人文集视为该个人所著；⑤索引编排时未进行同名著者辨析。

该索引按著者姓名音序排列，同一著者所著图书按记录号顺序排列。著者姓名标注 * 者为我国港澳台版图书著者，文献记录号标注 * 者为译著。

3. 丛书（汇编）索引

丛书在馆藏文献系统性和完整性方面具有特殊的地位，因此各种综合性和专业性"丛书目录"作为一种重要的书目工具书也是各图书馆的重要馆藏。百余年来国内出版了诸多纺织类丛书，但至今未见到"纺织丛书书目"或"纺织丛书索引"，故《总目》在著录项编排中特意将"丛书项"置于图书正题名之后，并据此编制了丛书索引，以拾遗补憾并便于使用者对文献的聚类整理，提高文献收集的系统性和完整性。

《总目》的丛书索引筛选了所有书目中较为重要的丛书 173 种包含 1558 个子书目。所收录的丛书包括三种类型：第一类是纺织专业丛书，如"纺织染丛书""棉纺织工业丛书""纺织新技术书库"等 100 余种；第二类是子目中包含纺织图书的综合类丛书，如"万有文库""材料新技术丛书"等；第三类是纺织汇编类图书，如"陈维稷优秀论文奖论文汇编""纺织工业新技术译丛""中国纺织科技史资料汇编"等，此外还收录了部分较重要的年鉴类图书。

丛书索引的编排对应《总目》的整体结构，民国版丛书索引在前（章节号 5.3.1），1950—2020 年出版的丛书索引在后（章节号 5.3.2），两部分均按丛书名的音序排列，港澳台版丛书做了标注。丛书名下著录《总目》收录的所有子目，并按子目记录号顺序排列。

在书目收集、数据整理、分类编排、索引设计的过程中，本着"方便查阅利用"的原则，积极探索新的技术和方法，希望《百年纺织图书总目》的编纂方法得到专家指导并为同行编制其他学科专题书目提供有效参考。

编 者

2021 年 12 月 15 日

部分	分类			记录号
第一部分	民国纺织图书			A0001—A1182
第二部分	纺织工程与技术图书	2.1 专著与教材	1950—1979 年	B0001—B1447
			1980—1999 年	B1450—B2925
			2000—2020 年	B2930—B4409
		2.2 资料汇编与报告		B4410—B4973
		2.3 会议论文集		B4980—B5922
		2.4 纺织手册		B5930—B6294
		2.5 纺织标准汇编		B6300—B6485
第三部分	纺织经济与管理图书	3.1 专著与教材		C0001—C0551
		3.2 资料、报告与制度汇编		C0560—C0738
		3.2 年鉴与发展报告		C0750—C0983
		3.4 纺织工业史与志		C0990—C1376
		3.5 产品目录与企业目录		C1380—C1459
第四部分	纺织人文与艺术图书	4.1 纺织人文		D0001—D0502
		4.2 纺织艺术		D0510—D1256
		4.3 纺织教育		D1260—D1388
		4.4 词典与书目		D1390—D1489

目　录

第一部分　民国纺织图书

收录与编辑说明：

民国纺织图书对于研究我国纺织工业起源与发展具有十分重要的作用。本部分书目主要来自超星发现平台、CALIS 书目数据库、《民国图书总书目》（1986 年版）、国家图书馆及上海图书馆民国书目、西安工程大学及东华大学图书馆民国纺织书目等，对收集到的书目基本遵循"客观照录"原则，先后进行了文献内容比对、繁体异体字处理、著录项补充校核、书目筛选去重等，最终得到相关图书及文献 1182 种，内容包括纺织基础科学图书、纺织技术教科书、技术培训教材、企业管理图书、技术手册、工具书等，全部书目按照正题名字顺排列。

民国纺织图书整理与国内其他民国文献的整理有同样的问题：1. 民国期间图书的出版印刷及发行传播在今天看来很不正规，图书佚失、损毁情况严重，书目完整性极不理想；2. 各图书馆对早期技术类图书认识的偏差，忽略了对民国纺织类图书的保存和目录整理，收集到的书目良莠不齐；3. 民国图书由于装帧工艺落后，特别是纸张酸化原因，现存书籍残破情况严重，书籍书名页和版权页不全者比比皆是，为图书准确标引带来许多困难；4. 民国图书对"版次""印次"的概念与现在的标准不尽相同，因此带来对图书版本及其沿革的著录难以准确。以上诸多原因致使民国纺织书目的完整性和著录准确性不够理想，在编目处理时原则上从其原貌，对专门术语和译名与今不一致者，则稍加统一或不作改动；原书因年代久远、字迹模糊导致著录项无法确定则用"?"表示，敬请使用者谅解。

A0001　Z89：TS1

「棉」「纱」「纺织」参考书籍索引/全国经济委员会棉业统制委员会统计课编．—南京：编辑者发行，1933 年．—54 页；19cm×13cm

本书根据"棉""纱""纺织"三个主题推介中、英、日三个语种的相关图书和期刊文章资源共计 400 余种。

A0002　F426.81

Cotton Industry and Trade in China＝中国之棉纺织业（英文版）/H. D. Fong（方显廷）著．—北京：国立编译馆，1932 年．—372 页

《中国之棉纺织业》是方显廷的代表作，是第一部对中国棉纺织业进行全面调查与研究的重要著作。全书包括八章：中国棉纺织业之历史及其区域之分布、中国棉花之生产及贸易、中国棉纺织品之制造与销售、中国棉纺织业之劳工、中国棉纺织业之组织、中国之手工棉纺业、中国棉纺织品之进出口贸易、中国棉纺织业之回顾与前瞻。全面论述了中国棉纺业历史与现状。如在第四章"中国棉纺织业之劳工"中，他通过数据详细论述了棉纺业的劳工人数与性质、劳工状况、劳工组织、劳工立法、劳工福利设施等问题。在最后一章中则概括地分析了中国棉纺织业发展的阻力、在世界的地位以及发展前途等。书后附有大量统计表格，对了解中国棉纺织业历史及其发展有着重要参考价值。

A0003　TS102.3

澳洲羊毛（毛业研究丛书）/顾宗沂编著．—上海：毛业研究会，1944 年．—164 页

本书介绍了澳洲羊毛的历史、国内外地位、贸易组织等，介绍了羊毛纤维结构特点、各洲羊毛的品质类别，还提供了大量统计数据。

A0004　TS103.33

阪本式自动织机/傅翰声著．—上海：纺织世界社，1936 年．—1 册

A0005　F426.81

磅务须知/原棉验配委员会磅务组编．—上海：中国纺织建设股份有限公司，1939 年 3 月．—1 册；27cm×19cm

A0006　F426.81

宝成纺织股份有限公司上海第一二厂章程/宝成纺织股份有限公司．—上海：宝成纺织股份有限公司，民国时期出版．—152 页

A0007　F426.81

保丰纺织漂染整理厂纱厂汇编/魏亦九等编．—上海：作者自发行，1941 年．—230 页

本书分 12 章，介绍该厂各车间机器种类附件用具及设备、产量计算及相关业务工作方法、注意事项等。

A0008　TS193-63

保晒霖属颜料棉纱棉布染法说明书/美商恒信洋行编．—上海：美商恒信洋行，民国时期出版．—23 页；21cm×14cm

A0009　TS193-63

保晒霖颜料染棉布样本/美商恒信洋行编．—上海：美商恒信洋行，民国时期出版．—1 册；21cm×14cm

A0010　F426.81

北京地毯业调查记［译］/（?）包立德（Thomas C. Blaisdell），朱积权编．—北京：北京基督教青年会服务部，

1924 年 . —60 页；25cm×17cm

A0011 TS112.2
并条粗纺机械运转工作标准（纺织染丛书第十辑）/中国纺织建设股份有限公司工务处编 . —上海：中国纺织建设月刊社，1949 年 . —324 页
本书共 5 章，介绍装机前的准备、并条机的装置程序及方法、粗纺机的装置程序及方法、并条粗纺机械以及保全工具等。

A0012 F768.1
布/上海商业储蓄银行调查部编 . —上海：商业储蓄银行信托部，1932 年 . —192 页；19cm×13cm

A0013 TS102.3
蚕丝 初版（中国历代发明或发见故事集之三）/于起凤编著 . —南京：正中书局，1936 年 5 月 . —68 页；19×13cm
本书共 8 章，包括引言、伟大而有趣的小动物、中外书籍上的记载、发现的传说、蚕丝事业的沿革、蚕丝事业的传播、古时的制丝法、传说及其他。

A0014 TS102.3
蚕丝 第 4 版/于起凤编著 . —南京：正中书局，1943 年 . —68 页

A0015 TS102.3
蚕丝 沪 1 版/于起凤编著 . —南京：正中书局，1948 年 . —68 页

A0016 F426.81
蚕丝改进计划草案/农林部编 . —南京：农林部，1948 年 1 月 . —10 页

A0017 F426.81
蚕丝改良事业工作报告：中华民国二十三年/全国经济委员会蚕丝改良委员会编 . —杭州：全国经济委员会蚕丝改良委员会，1934 年 . —526 页；27cm×19cm
本书介绍全国经济委员会蚕丝改良委员会成立经过、组织状况、工作报告、今后计划大纲、所属各机关之工作汇报。末附：国内蚕丝业重要区域之近况，该会章则、职员录。

A0018 F426.81
蚕丝改良委员会丛刊（1-4 册）/全国经济委员会蚕丝改良委员会编 . —杭州：全国经济委员会蚕丝改良委员会，1936 年 . —1600 页

A0019 TS102.3
蚕丝概论 ［译］（商业丛书第八种）/（美）胡泊尔（L. Hooper）著；钱江春，侯绍裘译述 . —上海：商务印书馆，1924 年 . —122 页；19cm×13cm
本书共 18 章，分丝的历史、种类、制丝工艺、东西方蚕丝业等内容。

A0020 TS102.3
蚕丝学概论/贺康著 . —上海：商务印书馆，1931 年 . —172 页

A0021 TS102.3
蚕丝业泛论（职业学校教科书）/戴礼澄编 . —长沙：商务印书馆，1938 年 . —134 页；19cm×13cm

A0022 TS102.3
蚕丝业泛论 初版（高级农业职业学校教科书）/戴礼澄编 . —上海：商务印书馆，1936 年 . —134 页
本书探讨了中、日、意、法等国蚕丝业的现状、趋势，并对我国蚕丝业在世界生丝生产和国家经济、农业、工业上的地位作了分析。

A0023 TS102.3
蚕丝业泛论 第 2 版/戴礼澄编 . —长沙：商务印书馆，1939 年 . —134 页

A0024 TS102.3
蚕丝专刊号（专著）/中华农学会编 . —南京：中华农学会事务所，1921 年 . —1 册

A0025 F426.81
厂务报告书/湖南第一纺纱厂编 . —长沙：湖南第一纺纱厂，1931 年 . —199 页；26cm

A0026 F426.81
成本会计/王国忠 . —北京：北平大学出版社，1934 年 10 月 . —204 页
本书为北平大学工学院四年级纺织系教材：内分 10 章，论述成本会计的概念、成本的分类、分步成本会计、分批成本会计制度、成本记录的应用、账户的分类与编号、材料的计价等问题。

A0027 F426.81
诚孚股份有限公司稽核室统计月报/童室长核阅 . —出版地不详：诚孚信托股份有限公司，193? 年 . —1 册；29cm×23cm

A0028 F426.81
诚孚管理恒源、北洋纺织公司暂行会计规程/诚孚管理委员会编 . —上海：诚孚管理委员会，1936 年 . —26 页
本书分 9 章，介绍传票、账册、表报决算等。

A0029 F426.81
诚孚信托股份有限公司稽核室统计月报/童常务董事核阅 . —上海：诚孚信托股份有限公司，1941 年 9 月 . —19 页；29cm×23cm

A0030 F426.81

绸缎业概况（职业教育研究丛辑之二十）/潘吟阁编著．—上海：中华职业教育社，1929 年．—8 页

A0031 F426.81

绸业专刊（文集）/袁凤举编．—上海：凤鸣广告社，1936 年．—64 页

本书内收丝绸业相关文稿 36 篇。

A0032 F426.81

川康毛麻工业调查报告/经济部工矿调整处编．—出版地不详：经济部工矿调整处，1940 年．—70 页

A0033 F426.81

创设人造丝厂计划书/著者不详．—出版地不详：出版者不详，1931—1934 年．—14 页，9 页；22cm×15cm

本书介绍 1931—1934 年中国人造丝工业、组织等，附英文说明。

A0034 TS193-092

从文字学上考见古代辨色本能与染色技术/胡朴安．—出版地不详：出版者不详，民国时期出版．—53—67 页；26cm×19cm

A0035 F426.81

达隆毛纺织厂一览/达隆毛织厂．—上海：达隆毛织厂，民国时期出版．—68 页

A0036 TS190.2-63

大德颜料厂硫化颜料样品册/大德颜料厂编．—济南：德孚洋行，民国时期出版．—6 叶

A0037 F426.81

大后方纱厂一览表/吴味经编．—出版地不详：中国纺织企业公司，1945 年．—1 册；80cm×60cm

本书统计了包括四川、陕西、云南、湖南、江西、浙江、新疆、贵州在内的 8 个地区的 55 个纱厂的基本情况。

A0038 F426.81

大康纺织厂概况/汪悦庭．—出版地不详：出版者不详，1936 年．—1 册；27cm×22cm

A0039 TS104.1

大牵伸/沈泮元编．—申花：申新公司职员养成所，1932 年．—123 页；22cm×16cm

本书分 10 章，论述大牵伸的目的、原理、装置、各种机构，及普通细纱机改造大牵伸的方法、注意要点。

A0040 TS104.1

大牵伸之理论与实际［译］/（日）喜多卯吉郎著；何达译．—上海：华商纱厂联合会，1936 年．—84 页；22cm×16cm

本书译自日本喜多卯吉郎所著《ハイドラフトの理论と实际》，论述了大牵伸的目的、代表性牵伸装置等内容。

A0041 TS103.3

大生第一纺织公司一厂织布机械计算手册/调查部制．—南通：大生第一纺织公司一厂，1935 年．—16 页；13cm×9cm

A0042 TS132

大隈式 78 寸双梭箱毛织机/著者不详．—出版地不详：出版者不详，民国时期出版．—12 面；25cm×34cm

A0043 F426.81

大中华纺织公司中华民国十一年四月开幕纪念/大中华纺织公司．—出版地不详：大中华纺织公司，1922 年．—1 册

A0044 TS103.1

弹簧大牵伸与双喇叭/雷炳林编．—出版地不详：出版者不详，1948 年．—1 册；19cm×14cm

本书内收雷炳林氏发明的两种专利品的中美英法等国政府给予专利执照。

A0045 TS190.2-63

德孚洋行大德颜料厂样本/大德颜料厂编．—济南：德孚洋行，民国时期出版．—1 叶

A0046 TS190.2-63

德国广丰颜料厂德国必百利颜料厂盐基性直接性颜料样本/德国广丰颜料厂．—出版地不详：编辑者发行，民国时期出版．—1 册；26cm×17cm

A0047 F426.81

第六区机器棉纺织工业同业公会第一届会务报告/第六区机器棉纺织工业同业公会编．—上海：第六区机器棉纺织工业同业公会，1948 年．—92 页；23cm×15cm

本书内容包括概况、花纱布之管理、工务、度量衡之改制等。

A0048 F426.81

第六区机器棉纺织工业同业公会会员录　1946 年 4 月/第六区机器棉纺织工业同业公会编．—上海：第六区机器棉纺织工业同业公会，1946 年．—65 页；19cm×14cm

本书内容为 134 家棉纺织厂的地址、代表人、纱锭、商标等。第六区为江苏、浙江、安徽三省和上海、南京二市。

A0049 F426.81

第六区机器棉纺织工业同业公会会员录　1947 年 7 月/第六区机器棉纺织工业同业公会编．—上海：第六区机器棉纺织工业同业公会，1947 年．—69 页；19cm×14cm

A0050 F426.81

第六区机器棉纺织工业同业公会会员录　1948 年 6 月/第六区机器棉纺织工业同业公会编．—上海：第六区机器

棉纺织工业同业公会，1948年.—73页；19cm×13cm

A0051　F426.81

第六区机器棉纺织工业同业公会章程修正草案　1948年6月修正/第六区机器棉纺织工业同业公会编.—上海：第六区机器棉纺织工业同业公会，1948年.—24页

A0052　TS183-64

电气针织图说　初版/海京洋行编.—上海：海京洋行，1922年.—30页

本书集中推销介绍美国制造的多款新型针织机器。

A0053　TS183-64

电气针织图说　第2版/海京洋行编.—上海：海京洋行，1924年.—1册

A0054　TS183-64

电气针织图说　第3版/海京洋行编.—上海：海京洋行，1930年.—45页

A0055　F426.81

东北生产管理局东北纺织公司及所属各厂概况/东北生产管理局.—沈阳：东北生产管理局，1948年.—13页

本书介绍了东北生产管理局东北纺织及所属各厂的概况、沿革和成绩。

A0056　F426.81

东北生产管理局沈阳纺织厂概况/东北生产管理局.—沈阳：东北生产管理局，1947年.—20页

本书分10章，介绍东北生产管理局沈阳纺织厂的概况。

A0057　F426.81

东亚精神（甲）/天津东亚毛呢纺织公司编.—天津：天津东亚毛呢纺织公司，1945年.—412页；19cm×14cm

天津东亚毛呢纺织公司的厂规、厂训。共三部分：总类（训练的意义、本公司的主义、本公司的厂训）；理想的职员（明了求职困难、认清个人地位、确定工作目标、增加工作效率、练习办事能力）；成功的职员（对己的应付、对人的应付、对事的应付）。

A0058　F426.81

东亚精神（乙）/天津东亚毛呢纺织公司编.—天津：天津东亚毛呢纺织公司，1945年.—41页；19cm×14cm

天津东亚毛呢纺织公司的企业组织。分四部分：工友训练之组织、班长、讲授、纲要。

A0059　F426.81

短纤维工业经营之经过与吾辈今后之觉悟、中国近代之危机及吾辈之责任/池宗墨述.—出版地不详：出版者不详，193? 年.—38页；19cm×14cm

本书据内容，似在1932年"一·二八"淞沪抗战后出版，记述从事纺织业的经历，宣扬实业救国的主张。

A0060　F426.81

对花纱布增产意见书/土布工业同业公会.—出版地不详：土布工业同业公会技术研究委员会，1945年3月.—20页；18cm×13cm

A0061　F426.81

对今后发展纺织的意见/晋绥边区生产委员会编.—山西：晋绥边区生产委员会，1946年.—9页

本书提出在老纺织地区、发展区、恢复区和新解放区发展纺织事业的意见。

A0062　TS193.2

蒽醌还原染料　阴丹士林染料　初版/陈彬，王世椿著.—上海：中国科学图书仪器公司，1947年.—155页

本书分绪论、中料、蒽醌还原染料之化学构造及合成法、蒽醌还原染料之染色及在织物上之还原染料鉴定法五个章节。

A0063　TS193.2

蒽醌还原染料　阴丹士林染料　第2版/陈彬，王世椿著.—上海：中国科学图书仪器公司，1948年.—155页

A0064　TS193.2

蒽醌还原染料　阴丹士林染料　第3版/陈彬，王世椿著.—上海：中国科学图书仪器公司，1950年.—155页

A0065　F426.81

二十七年业务报告/江西省民生手工纺织社编.—吉安：江西省民生手工纺织社，1939年.—41页

本书内容包括江西省民生手工纺织社筹办经过、业务概况、试验改良工作、会计报告。附录有关章则9种。

A0066　F426.81

发起组织西北手织工厂小启/著者不详.—出版地不详：出版者不详，民国时期出版.—1张

A0067　TS104

纺绩工程学　初版（纤维工业丛书）/黄希阁著.—上海：中国纺织染工程研究所，1945年.—236页

本书共3章，介绍纺绩的意义、手工纺绩法与机械纺绩法。

A0068　TS104

纺绩工程学　第2版/黄希阁著.—上海：中国纺织染工程研究所，1946年5月.—236页；21cm×15cm

A0069　F426.81

纺建要览/彭敦仁主编；王望孚等编.—上海：中国纺织建设公司董事会，1948年1月.—298页；26cm×19cm

本书分9章，内容有中国纺织建设简史、接受与清查、组织、管理、工务、业务、会计与财务、福利设施、各厂简介等。末附该各项法规章则、各厂使用成品商标、编后语。附折表。

A0070 F426.81

纺联概览（纺联会刊）/全国纺织业联合会编.—上海：全国纺织业联合会，1947年.—46页；22cm×15cm

本书内收该会第二届理事表及监事表、各区同业公会一览表、各区同业公会理监事姓名表、全国纺织厂纱锭布机数目表、该会经办事业概要、中华民国机器棉纺织工业同业公会联合会章程、该会组织系统表等。

A0071 F426.81

纺联二届年会特刊/全国纺织业联合会编.—上海：全国纺织业联合会，1947年.—236页；22cm×15cm

A0072 TS104

纺纱（中华文库民众教育第一集）/王凤瑞编.—上海：中华书局，1948年.—36页；18cm×13cm

本书介绍纺纱机的小史、纱厂与民生和建国的关系、现代纺纱工程的概略、我国棉纺工业的过去现在和将来等。

A0073 TS104

纺纱常识/李禹门编.—璧山：璧山县民教馆，1939年.—13页

A0074 F426.81

纺纱厂实地工作法/王竹铭著.—出版地不详：出版者不详，1919年.—存140页；15cm×13cm

A0075 F426.81

纺纱厂实地经营法/王竹铭著.—天津：新华书局，1919年.—260页

本书共8章，内容有纺织工业的现状、棉纱质量检验、纺织工程计算、伸长率及各种棉纱的组成、各生产环节管理法、产生次纱原因的分析等。

A0076 TS104

纺纱学 初版（职业学校教科书）/成希文编著.—长沙：商务印书馆，1938年6月.—393页

本书共16章，按照纺纱次序说明各工程机械之构造运用，并择要演述其计算方法。

A0077 TS104

纺纱学 第2版（职业学校教科书）/成希文编著.—长沙：商务印书馆，1938年.—393页

A0078 TS104

纺纱学 第3版（职业学校教科书）/成希文编著.—长沙：商务印书馆，1941年.—393页

A0079 TS104

纺纱学 第4版（职业学校教科书）/成希文编著.—上海：商务印书馆，1946年.—393页；19cm×13cm

A0080 TS104

纺纱学 第5版（职业学校教科书）/成希文编著.—上海：商务印书馆，1946年.—393页；19cm×13cm

A0081 TS104

纺纱学 第6版（职业学校教科书）/成希文编著.—上海：商务印书馆，1948年.—393页

A0082 TS104

纺纱学 上册（职业学校教科书）/成希文编著.—重庆：商务印书馆，1943年.—186页

A0083 TS104

纺纱学 下册（职业学校教科书）/成希文编著.—重庆：商务印书馆，1943年.—187-393页

A0084 TS104

纺纱学 渝1版 上册（职业学校教科书）/成希文编著.—长沙：商务印书馆，1943年.—186页

A0085 TS104

纺纱学 渝1版 下册（职业学校教科书）/成希文编著.—长沙：商务印书馆，1943年.—187-393页

A0086 F426.81

纺纱业之将来［译］/（日）下野新之助著；整理棉业筹备处调查股编译.—天津：整理棉业筹备处棉业传习所，1921年.—69页

A0087 TS11

纺织 上下册（万有文库）/朱升芹著.—上海：商务印书馆，1931年.—2册，316页

A0088 TS11

纺织 初版 上下册（工学小丛书）/朱升芹著.—上海：商务印书馆，1934年2月.—2册，316页

本书共6编，包括概论、棉、棉纺、棉织、棉布之整理、纺织试验等，共39章。末附有中国纱厂一览表等。

A0089 TS11

纺织 第2版 上下册（工学小丛书）/朱升芹著.—上海：商务印书馆，1934年7月.—2册，316页；19cm×13cm

A0090 TS11

纺织 第5版 上下册（工学小丛书）/朱升芹著.—上海：商务印书馆，1947年1月.—2册，316页；19cm×13cm

A0091 TS11

纺织 第6版 上下册（工学小丛书）/朱升芹著.—上海：商务印书馆，1948年.—2册，316页

A0092 TS11
纺织 第7版 上下册（工学小丛书）/朱升芹著.—上海：商务印书馆，1948年.—2册，316页

A0093 TS11
纺织：工程类（小学生文库）/宗亮晨著.—上海：商务印书馆，1933年.—66页

A0094 TS108
纺织厂/广东纺织厂编.—广州：广东纺织厂，1936年.—63页

A0095 TS11
纺织概论 初版（工学小丛书）/谭勤余编译.—上海：商务印书馆，1935年.—160页；19cm×13cm

A0096 TS11
纺织概论 第2版（工学小丛书）/谭勤余编译.—上海：商务印书馆，1937年.—160页

A0097 F407.81
纺织厂成本会计/陈文麟著.—上海：立信会计图书用品社，1948年.—155页
本书分8章，介绍棉纺厂的材料管理，原料、人工与制造费用的成本计算，制造成本的汇计与分析，成本记录，决算表编制等。

A0098 F407.81
纺织工厂管理学 上集（纺织科学友会丛书）/邓禹声编著.—南通：南通学院纺织科学友会，1933年.—358页

A0099 F407.81
纺织工厂管理学 中集（纺织科学友会丛书）/邓禹声编著.—南通：南通学院纺织科学友会，1935年4月.—278页

A0100 F407.81
纺织工厂管理学 下集（纺织科学友会丛书）/邓禹声编著.—南通：南通学院纺织科学友会，1935年，页码不详

A0101 F407.81
纺织工厂之合理化与成本计算/纺织周刊社编.—上海：纺织周刊社，1933年.—1册

A0102 TS1
纺织工业/陶平叔编.—上海：中华书局，1936年.—54页
本书分绪说、染织工业原料、精练漂白法、上丝光法、染色法、机织法7章。

A0103 TS1
纺织工业/行政院新闻局编.—南京：行政院新闻局，1947年11月.—54页
本书为民国纺织工业发展专题资料，分三部分，分别介绍抗战前五十年、抗战期间和抗战胜利后我国纺织工业概貌。

A0104 TS1
纺织工业/上海市商会商业月报社编.—上海：上海市商会商业月报社，1947年7月.—1078页；25cm×19cm
本书介绍和分析了国内外纺织工业之现状及历史、技术与设备。内收调查统计资料和有关棉纺、毛纺、丝织、麻织、印染、原棉等方面的论文130余篇。末附同业公会会员录、工厂出品一览等。

A0105 TS1
纺织工业/华东区财政经济委员会计划部编.—上海：华东区财政经济委员会计划部，1949年.—54页

A0106 TS1
纺织工业大要 初版（职业教育丛书）/陈文编.—上海：科学会编部，1918年.—66页
本书分4章，按织物原料、纱的制造法、纱的种类、机织四类分别论述。

A0107 TS1
纺织工业大要 第2版（职业教育丛书）/陈文编.—上海：科学会编部，1919年9月.—66页；19cm×13cm

A0108 TS1
纺织工业大要 第3版（职业教育丛书）/陈文编.—上海：科学会编部，1922年.—66页

A0109 TS1
纺织工业大要 第4版（职业教育丛书）/陈文编.—上海：科学会编部，1924年.—66页

A0110 TS1
纺织工业大要 第5版（职业教育丛书）/陈文编.—上海：商务印书馆，1928年.—66页

A0111 F426.81
纺织工业工作竞赛办法/工作竞赛推行委员会编.—出版地不详：工作竞赛推行委员会，1947年8月.—1册；18cm×13cm

A0112 TQ423
纺织工业用磺酸化油之制法及其乳化液之润温度和表面张力测定试验报告 英文版/傅六乔，陈建候著.—北平：工商部北平工业试验所，1948年.—9页

A0113 TS1
纺织合理化工作法（中国纺织学会丛刊之一）/朱升芹著；邱耀校订.—上海：华商纱厂联合会，1932年.—302页

A0114　TS103.1
　纺织机构学（纺织丛书）/诚孚公司设计室编 .—上海：诚孚公司，1944 年 6 月 .—90 页；23cm×15cm

A0115　TS103.1
　纺织机械　初版（纤维工业丛书）/黄希阁，姜长英编著 .—上海：中国纺织染工程研究所，1940 年 .—176 页

A0116　TS103.1
　纺织机械　第 2 版（纤维工业丛书）/黄希阁，姜长英编著 .—上海：中国纺织染工程研究所，1946 年 8 月 .—176 页；21cm×15cm

A0117　TS103.1
　纺织机械　修订本（纤维工业丛书）/黄希阁，姜长英编著；中国纺织染工程研究所修正 .—上海：中国纺织图书杂志社，1953 年 .—180 页

A0118　TS101.1
　纺织计算学（纺织染丛书）/瞿炳晋编著；徐谷良，马绍融校订 .—上海：纤维工业出版社，1948 年 8 月 .—132 页
　本书分基本计算、纺织机械的传动、应用计算 3 章。

A0119　TS1-62
　纺织技师手册/恒丰纺织新局编 .—上海：恒丰纺织新局，1919 年 .—287 页
　本书辑录纺织厂动力机械及纺织工程技术等数据。

A0120　TS101.2
　纺织力学（中国纤维工业研究所丛书）/何达撰 .—上海：中国纤维工业研究所，1947 年 .—252 页
　本书分 10 章，包括运动的传递、力、做功、摩擦、简单机器、运动、弹性、水力学、热、气体。

A0121　TS1-53
　纺织论丛（文集）/染织周刊社编 .—上海：商报社，1935 年 .—124 页

A0122　TS1
　纺织浅说（应用科学小丛书）/陈庆堂著 .—丽水：抗日自卫委员会战时教育文化事业委员会，1939 年 .—32 页

A0123　TS1-62
　纺织染工程手册　初版（2 册）/蒋乃镛编 .—重庆：大东书局，1944 年 .—302 页；19cm
　本书分纺、织、纺织工厂之组训管理计算及经营、染、原动等 5 篇。末附各种度量衡制简明换算表、各种基本单位换算值等。

A0124　TS1-62
　纺织染工程手册　增补 3 版/蒋乃镛编著 .—上海：中国文化事业社，1948 年 8 月 .—335 页；18cm

A0125　TS1-62
　纺织染工程手册　第 3 版（增补本）/蒋乃镛编撰 .—上海：中国文化事业社，1951 年 5 月 .—351 页

A0126　TS1-62
　纺织日用手册　初版/陆绍云著 .—上海：中国纺织染工程研究所，1945 年 .—237 页
　本书介绍关于纺织的常识，纺织技术人员常用计算公式、换算表格等。

A0127　TS1-62
　纺织日用手册　第 2 版/陆绍云著 .—上海：中国纺织染工程研究所，1946 年 .—235 页

A0128　TS1-62
　纺织日用手册　第 3 版/陆绍云著 .—上海：中国纺织染工程研究所，1947 年 .—236 页

A0129　TS1-62
　纺织日用手册　第 4 版/陆绍云著 .—上海：中国纺织染工程研究所，1948 年 .—237 页

A0130　TS1
　纺织试验理论与实际　上/傅翰声著 .—上海：中国纺织染工程研究所，1949 年 12 月 .—137 页；21cm×15cm
　本书手册仅三章，下册待查。

A0131　F426.81
　纺织业调查报告（天津纺纱业调查报告）/吴瓯主编；吴子光，陈举编 .—天津：天津市社会局，1931 年 .—352 页
　共 7 章。调查各纱厂组织、资本、工人、产品、原料及营业状况，重点是纱厂工人情况，其中对裕元、恒元、华新、北洋、裕大、宝成六大纱厂的工人人数、年龄、工资、夜班、生活、婚姻、各部门工作分配、劳保等有详细的统计。附折表。

A0132　F426.81
　纺织业与抗战建国/石志学著 .—西安：秦风日报社，1939 年 .—90 页；26cm×19cm
　本书内容有：中国纺织业及沿革及其兴衰，纺织业与国计民生的关系及其国际地位，纺织原料史略，人口与纱锭比例，抗战建国期间的纺织业建设计划，中国纺织厂资本的性质及工厂与劳资关系，法规的制定与运输法规的改善，技术人才培训，取缔与利用游民，以及一般工业建设计划等。

A0133　TS102
　纺织原料（讲义版本）（天津工商学院丛书）/赵光宸编 .—天津：天津工商学院，1934 年 .—64 页
　本书原分 4 编，本版仅收前两编（64 页）作为该校讲义，介绍纺织原料的种类、培养方法、产率、产区、特性及功用，以及棉花、蚕丝、羊毛等原料的商业、市场情形等。

A0134 TS102

纺织原料（完整版本）（天津工商学院丛书）/赵光宸编.—天津：天津工商学院，1935年8月.—248页；25cm×19cm

分4编，介绍纺织原料的种类、培养方法、产率、产区、特性及功用，以及棉花、蚕丝、羊毛等原料的商业、市场情形等。

A0135 TS101.92

纺织原料与试验　初版（纤维工业丛书）/黄希阁著.—上海：中国纺织染工程研究所，1945年.—156页

A0136 TS101.92

纺织原料与试验　第2版（纤维工业丛书）/黄希阁著.—上海：中国纺织染工程研究所，1946年5月.—156页；21cm×15cm

A0137 TS101.92

纺织原料与试验　修增初版（纤维工业丛书）/黄希阁著；中国纺织染工程研究所修正.—上海：中国纺织染工程研究所，1946年.—162页

A0138 F426.81

纺织运动与纺织英雄/太行二届群英大会编辑委员会编.—邢台：编辑者发行，1947年.—47页

A0139 F426.81

纺织职业概况/著者不详.—出版地不详：出版者不详，1939年.—54页；19cm

本书共6章，介绍纺织行业的发展过程和趋势，范围与工作内容、种类及生产程序，参加纺织工作须履行的手续等。

A0140 F426.81

丰田纺织厂概况/赵恩平编.—出版地不详：出版者不详，民国时期出版.—1册；20cm×18cm

A0141 F426.81

丰田式自动换梭织机机械状况记分标准/棉纺织技术促进组织布组.—出版地不详：棉纺织技术促进组织布组，1948年10月.—18页；27cm×19cm

A0142 F426.81

缝纫业分析（百业教育丛刊）/鄞廷和著.—南昌：江西省实施百业教育委员会，1938年6月.—16页；21cm

A0143 F426.81

孚昌染织厂股份有限公司章程/孚昌染织厂编.—上海：孚昌染织厂，民国时期出版.—6页；25cm×17cm

A0144 F326.3

妇女职业与蚕丝问题/广东建设厅蚕丝改良局编.—广州：广东建设厅蚕丝改良局编，1934年8月.—72页；19cm×13cm

A0145 F326.3

复兴滇省蚕丝初步详细计划及预算书/常宗会.—昆明：云南省建设厅蚕桑改进会，1939年.—10页

A0146 F426.81

改进陕西土布运动集/刘任夫著.—西安：和记印书馆，1937年.—54页

A0147 F426.81

改良纺织工务方略（中国纺织学会丛刊之一）/朱升芹著.—上海：华商纱厂联合会，1932年.—128页

本书分16章，详述了纱厂改革全过程中应注意的事项和工人管理要点，提出各工程注意事项。

A0148 F326.3

改良广东蚕丝第二期三年施政计划（1936—1938）/广东建设厅蚕丝改良局、广东全省蚕业改良实施区总区合编.—广州：广东建设厅蚕丝改良局，1936年.—112页；27cm×19cm

A0149 TS112.2

改良七七棉纺机简易说明书/穆藕初著.—重庆：农产促进委员会，1939年.—6页

A0150 TS1

高初级工业职业学校棉织科、漂染科、陶瓷科、制图科课程及设备标准/教育部编.—重庆：教育部，1942年.—138页

A0151 TS1-61

工程名词草案：染织工程/陶平叔，张元培，倪维雄编订.—北京：中国工程学会，1929年7月.—20页；26cm×20cm

本书收录染织工程方面名词1300余个。

A0152 F426.81

工商部全国花纱布管理委员会同仁通讯簿/工商部全国花纱布管理委员会编.—南京：工商部全国花纱布管理委员会，民国时期出版.—38页

A0153 F426.81

工务辑要/中国纺织建设公司工务处编.—上海：中国纺织建设月刊社，1949年.—924页；26cm×19cm

本书内分棉纺织、毛麻纺织、针织、印染等四部分，介绍该所属各厂概况、设备、工作程序、成品种类、商标名称等。卷首有工务处组织概述，该所属上海、青岛、天津、东北各厂分布图等。

A0154 F426.81

工业门　蚕丝类/著者不详.—出版地不详：出版者不详，1936—1939年.—2册

A0155 F426.81
工业门 纺织类/著者不详 . —出版地不详：出版者不详，1938—1939 年 . —6 册

A0156 F426.81
工业门 染炼类/著者不详 . —出版地不详：出版者不详，1938 年 . —1 册

A0157 F426.86
工业门 服用品类/著者不详 . —出版地不详：出版者不详，1939 年 . —1 册

A0158 F426.81
工业门 丝织类/著者不详 . —出版地不详：出版者不详，1939 年 . —1 册

A0159 F426.81
工业门 针织类/著者不详 . —出版地不详：出版者不详，1938—1939 年 . —6 册

A0160 K876.9
顾绣考 初版（上海市博物馆丛书 . 乙类 . 第一种）/徐蔚南著 . —上海：中华书局发行所，1936 年 . —18 页；22cm
本书分顾绣之起源、顾绣之传布、顾绣之技能、现存顾绣之名作 4 部分。

A0161 K876.9
顾绣考 第 2 版（上海市博物馆丛书 . 乙类 . 第一种）/徐蔚南著 . —上海：中华书局发行所，1937 年 . —18 页；23cm×16cm

A0162 F326.3
广东蚕丝出口统计报告（1932—1937 年共 6 卷）/广州商品检验局蚕丝检验组 . —广州：广州商品检验局蚕丝检验组，1932—1937 年 . —1 册

A0163 F326.3
广东蚕丝复兴运动专刊/广东建设厅蚕丝改良局编 . —广州：广东建设厅蚕丝改良局，1933 年 10 月 . —425 页；26cm×19cm

A0164 F326.3
广东蚕丝业概况（广东施政常识小丛书）/广东农村局编 . —曲江：新建设出版社，1941 年 3 月 . —61 页

A0165 F426.81
广东纺织厂内容一览/广东纺织厂编 . —广州：广东纺织厂，1935 年 4 月 . —45 页，26 页；27cm
本书概述该厂的起源及筹备经过，内附大量工厂照片。

A0166 F426.81
广东工业建设概况/广东纺织厂编 . —广州：广东纺织厂，1935 年 . —71 页

A0167 F426.81
广东工业建设概况 第三种 纺织厂/广东纺织厂编 . —广州：广东纺织厂，1936 年 6 月 . —63 页；26cm×18cm

A0168 F426.81
贵州贵阳之草织业（中国经济统计研究所 工业门杂项类）/陈建棠调查；张宗弼审查；刘大钧核定 . —出版地不详：中国经济统计研究所，1939 年 5 月 . —7 页；28cm×22cm

A0169 F426.81
贵州贵阳之土布业（中国经济统计研究所 工业门纺织类）/陈建棠调查；张宗弼审查；刘大钧核定 . —出版地不详：中国经济统计研究所，1939 年 6 月 . —5 张；29cm×22cm

A0170 G649.29-62
贵州省立女子蚕丝业传习所第四期毕业同学录/贵州省立女子蚕丝业传习所 . —贵州：编者自发行，1932 年 . —1 册

A0171 TS102.2
国产棉纤维脂蜡之近似分量及其与纤维品质之关涉（中央棉产改进所投稿选印本第一号）/程养和著 . —出版地不详：中央棉产改进所棉花分级室，1935 年 7 月 . —10 页；26cm×19cm

A0172 TS102
国产羊毛品质之研究（实业部上海商品检验局研究报告）/陈文沛著 . —上海：实业部上海商品检验局，1936 年 . —10 页；27cm×19cm

A0173 TS193.62
国产植物染料染色法 初版（工学小丛书）/杜燕孙编著 . —长沙：商务印书馆，1938 年 . —261 页

A0174 TS193.62
国产植物染料染色法 第 2 版（工学小丛书）/杜燕孙著 . —长沙：商务印书馆，1939 年 2 月 . —261 页；19cm×13cm

A0175 TS193.62
国产植物染料染色法 第 3 版（工学小丛书）/杜燕孙著 . —上海：商务印书馆，1948 年 . —261 页

A0176 TS193.62
国产植物染料染色法 第 4 版（工学小丛书）/杜燕孙著 . —上海：商务印书馆，1950 年 . —261 页

A0177 F426.81
国华美术丝织厂/国华美术丝织厂 . —出版地不详：国华美术丝织厂发行，民国时期出版 . —102 页

A0178　F426.81

国立浙江大学农学院、浙江省立蚕业改良场调查报告第一号：苏浙丝厂经营概况/沈九如著.—杭州：浙江省立蚕业改良场，1928年11月.—50页；23cm×16cm

A0179　F426.81

国联蚕丝专家玛利报告（全国经济委员会丛刊）/全国经济委员会编.—上海：全国经济委员会，1934年5月.—66页；26cm×19cm

A0180　F426.81

国营中国蚕丝公司　双色染色样本/中国蚕丝公司编.—上海：中国蚕丝公司，民国时期出版.—1册

本书含115张小样品。

A0181　F426.81

海门大生第三纺织公司股东会议事录1卷（1932年）/柯沧遗记录.—南通：海门大生第三纺织公司，1932年.—1函1册

A0182　F426.81

海门大生第三纺织公司股东会议事录1卷：第13届/吴复观记录.—出版地不详：海门大生第三纺织公司，1933年.—1函1册

A0183　F426.81

汉口区花纱布调查统计摘要/经济部纺织事业调节委员会汉口区办事处汇编.—出版地不详：编者自发行，1948年1月.—1册；27cm×20cm

A0184　TSG649.29-62

杭工染织同学通信录/染织工程学会出版股编.—上海：染织工程学会出版股，1934年5月.—1册；15cm×23cm

A0185　J523-63

杭州都锦生丝织厂美术样本/都锦生丝织厂.—杭州：都锦生丝织厂，民国时期出版.—48页；13cm×19cm

A0186　F426.81

杭州市经济调查　丝绸篇/建设委员会调查浙江经济所统计课编.—杭州：建设委员会调查浙江经济所，1932年10月.—106页；22cm×15cm

A0187　Z88：TS1

杭州市丝绸图书馆中日文图书目录汇编/沈石云编.—杭州：杭州市丝绸图书馆，1946年.—59页

A0188　F326.12

河北省棉产调查报告　民国二十五年（河北省棉产改进会特刊第一种）/河北省棉产改进会.—北京：河北省棉产改进会，1936年.—254页；26cm×19cm

A0189　F326.12

河北省棉产调查报告　民国二十五年（河北省棉产改进会特刊第二种）/河北省棉产改进会.—北京：河北省棉产改进会，1937年.—273页

A0190　F326.12

河北省棉花产销问题/河北省棉产改进会编.—出版地不详：河北省棉产改进会，1936年.—18页；15cm×16cm

A0191　F426.81

河南郑州豫丰纺织股份有限公司年营业（1924年）/河南郑州豫丰纺织股份有限公司编.—郑州：河南郑州豫丰纺织股份有限公司，1925年.—2页

本书内有该厂贷借对照表等。

A0192　F426.81

恒丰汇刊/恒丰汇刊社编.—出版地不详：恒丰纺织新局，1926年.—314页

目次页书名题为：恒丰周刊周年汇刊；内收恒丰纺织厂职工所写文章及文艺诗词等，其中有《生产救国》（云台）、《中国之纺织业》（潞生），《停工感言》（仙舫），《工资制度与纱厂管理》（黄季晃），《纱厂采购棉花之先决问题》（傅道伸），《纱厂消防法》（朱希文），《电气马达之温度保险》（沈嗣芳）等。

A0193　F326.12-53

胡竟良棉业论文选集（棉业论丛）/农林部棉业改进处编.—南京：中国棉业出版社，1948年6月.—346页；22cm×15cm

A0194　F426.81

湖北省汉口市染炼业概况/著者不详.—武汉：出版者不详，民国时期出版.—9张；28cm×22cm

A0195　F426.81

湖北武汉之染炼业（中国经济统计研究所　工业门染炼类）/刘阶平调查；张宗弼审查；刘大钧核定.—出版地不详：中国经济统计研究所，1938年6月.—8张；29cm×22cm

A0196　F426.81

湖北武汉之针织业（中国经济统计研究所　工业门针织类）/王石卿调查；张宗弼审查；刘大钧核定.—出版地不详：中国经济统计研究所，1938年8月.—7张；29cm×22cm

A0197　F426.81

湖南第一纺织厂厂务报告书/湖南第一纺织厂编.—长沙：湖南第一纺织厂，1931年.—199页

本书内容有总务课、工务课、营业课概况，公牍、特载等。

A0198　F426.81

湖南第一纺织厂一年纺织统计/湖南省第一纺织厂总务

课统计股编 . —长沙：湖南第一纺织厂，1942 年 . —1 册

A0199　F426.81
湖南第一纺织厂二年纺织统计/湖南第一纺织厂总务课统计股编 . —长沙：湖南第一纺织厂，1943 年 . —381 页
本书全部为表，统计 1942 年度业务及财务情况，分列总务、财务、采购、运输、生产、销售、储存、劳动、成本 9 类。

A0200　F426.81
湖南第一纺织厂规程汇编/湖南第一纺织厂编 . —长沙：湖南第一纺织厂，1932 年 . —198 页
本书内含政府法令、本厂规章两部分。

A0201　F426.81
湖南第一纺织厂年刊：二十年度/湖南第一纺织厂编 . —长沙：湖南第一纺织厂，1932 年 . —148 页；27cm×19cm

A0202　F426.81
湖南第三纺织厂：三十二年份/湖南第三纺织厂 . —长沙：湖南第三纺织厂，194? 年 . —1 册；29cm×21cm

A0203　F426.81
湖南棉业试验场津市轧花厂第一次报告书（1932—1933 年度）（湖南棉业试验场刊物）/湖南棉业试验场编 . —长沙：湖南棉业试验场，1933 年 . —32 页；26cm×18cm
本书为 1932—1933 年 2 月工作报告。

A0204　F426.81
湖南棉业试验场津市轧花厂第二次报告书（1933 年 3 月至 1934 年 5 月）（湖南棉业试验场刊物）/湖南棉业试验场编 . —长沙：湖南棉业试验场，1934 年 . —24 页；26cm×18cm
本书内有该厂厂房扩充、机械添置、资金筹措以及收花、轧花、打包、运销等情况。

A0205　F426.81
湖南长沙之绸布业（中国经济统计研究所　杂象门）/赵永馀调查；张宗弼审查、核定 . —长沙：中国经济统计研究所，1935 年 . —6 张；28cm×22cm

A0206　F426.81
湖南长沙之针织业（中国经济统计研究所　工业门针织类）/王石卿调查；张宗弼审查；刘大钧核定 . —长沙：中国经济统计研究所，1938 年 8 月 . —9 张；29cm×22cm

A0207　F426.81
沪市手工棉纺织工业之近况及其前途/王秉钧著 . —上海：商业月报社，民国时期出版 . —1 册

A0208　F426.81
花纱布统计资料汇编/上海市花纱布公司编 . —上海：上海市花纱布公司，1949 年 . —70 页

A0209　F426.81
花纱业概况（职业教育研究丛辑之十八）/潘吟阁编著 . —上海：中华职业教育社，1929 年 6 月 . —13 页；19cm×13cm

A0210　TS102.2-62
华北花纱布公司原棉手册/原棉采购部技术指导科编 . —出版地不详：原棉采购部技术指导科，1949 年 . —36 页；15cm

A0211　F426.81
华北纤维工业概况（油印本）/著者不详 . —北京：出版社不详，1937 年 . —1 册

A0212　F426.81
华北乡村织布工业与商人雇主制度（影印本）（工业丛刊）/方显廷著 . —天津：南开大学经济研究所，1935 年 10 月 . —114 页；23cm×17cm

A0213　F426.81
华东人造丝厂营业计划书/华东人造丝厂编 . —上海：华东人造丝厂，1937 年 . —10 页；26cm×20cm
本书介绍华东人造丝厂的建厂计划，生产、贸易计划。

A0214　F426.81
华纱布管制之概况（孔兼部长就职十周年纪念文辑）/财政部花纱管制局编 . —重庆：中央信托局印制处，1943 年 . —14 页；19cm
本书概述花纱布管制的情况。

A0215　F426.81
华纱纤维汇报/华北纤维统制总会编 . —北京：华北纤维统制总会，1944 年 2 月 . —203 页；27cm×19cm

A0216　F426.81
华商棉纺织厂成本会计纲要草案/华商棉纺织厂 . —上海：华商棉纺织厂，193? 年 . —73 页；26cm×19cm

A0217　F426.81
华商棉纺织厂生产费用与人工成本计算方法的错误/王镇中著 . —南京：国立中央研究院社会科学研究所，1936 年 9 月 . —103 页；26cm×19cm
本书为《社会科学》杂志第 7 卷第 3 期 312—414 页的抽印本，介绍成本计算法、纱布生产费用计算法及人工成本计算法等，并对康熊源的实用纱布成本计算法、华商棉纺织厂人工成本计算法、锭日或机日分配法等提出批评。

A0218　F426.81
华商纱厂联合会年会报告书：中华民国二十二年四月/华商纱厂联合会编 . —上海：华商纱厂联合会，1933 年 . —53 页；22cm×15cm
本书介绍 1931 年 4 月之后近两年纺织业近况，以及原棉

供求、棉税、纱税、纺织教育、纺厂营业等情况。

A0219 F426.81

华商纱厂联合会年会报告书：中华民国二十三年五月/华商纱厂联合会编 . —上海：华商纱厂联合会，1934年 . —45 页；22cm×15cm

A0220 F426.81

华商纱厂联合会年会报告书：中华民国二十四年五月/华商纱厂联合会编 . —上海：华商纱厂联合会，1935年 . —34 页；22cm×15cm

A0221 F426.81

华商纱厂联合会年会报告书：中华民国二十五年四月/华商纱厂联合会编 . —上海：华商纱厂联合会，1936年 . —39 页；22cm×15cm

A0222 F426.81

华商纱厂联合会年会报告书：中华民国二十六年四月/华商纱厂联合会编 . —上海：华商纱厂联合会，1937年 . —46 页；22cm×15cm

A0223 F426.81

华源织造厂股份有限公司概况/丁趾祥著 . —重庆：华源织造厂股份有限公司，1941 年 . —28 页

A0224 F426.81

华中蚕丝股份有限公司第九届营业报告书/华中蚕丝股份有限公司编 . —上海：华中蚕丝股份有限公司，1943年 . —25 页，18 页

A0225 F326.39

华中蚕丝业概况/华中蚕丝股份有限公司编 . —上海：华中蚕丝股份有限公司，1939 年 . —44 页；27cm×20cm

A0226 TS193

槐花染色试验报告/王林，杜干辉著 . —阜平：晋察冀边区财经办事处，1947 年 . —6 页

A0227 TS103

换管式自动机械保全要项/金国英编著 . —上海：作者书社，1947 年 . —82 页

本书分 11 章，介绍换管式自动织机每一部分的保全工作和各个部分的检查等事项。

A0228 TS103

换纬式自动织机手册 初版/黄金声著；吴中一校 . —上海：中国纺织染工程研究所，1943 年 1 月 . —212 页

本书分 4 章，介绍自动织机总论及部分基础知识，并详细论述装机顺序。

A0229 TS103

换纬式自动织机手册 再版/黄金声著；吴中一校 . —上海：中国纺织染工程研究所，1948 年 6 月 . —212 页

A0230 F426.81

会员厂办理资产申值之参考数据/苏浙皖京沪区机器棉纺织工业同业公会编 . —上海：苏浙皖京沪区机器棉纺织工业同业公会，1949 年 . —59 页；26cm

A0231 TS114.5

混棉学 初版（纺织染丛书第一辑）/中国纺织建设公司原棉研究班编 . —上海：中国纺织建设公司，1949 年 2月 . —221 页；22cm×15cm

本书内容分总论、棉作、原棉之产销、棉纤维、试验仪器、原棉分级、原棉检验法、混棉法、原棉仓栈管理 9 章。

A0232 TS114.5

混棉学 第 2 版/中国纺织建设公司原棉研究班编 . —上海：中国纺织建设公司，1950 年 . —221 页；21cm

A0233 TS112.1

机动辊轴轧花机之使用与管理/赵伯基 . —南京：农林部棉业出版社，1948 年 . —17 页

A0234 TS105

机织 上册/蒋乃镛编 . —上海：中国文化事业社，1933年 . —1 册

A0235 TS105

机织初步：实验机织改良法/苏雄亚编 . —上海：新学会社，1918 年 . —26 页，82 页

A0236 TS105

机织法 初版（职业学校教科书）/张炳炘著；张元一校 . —上海：商务印书馆，1947 年 . —267 页

本书分总论、手织机、织物之原组织、织物之计算及设计、脚踏机、变化组织 6 编。

A0237 TS105

机织法 再版（职业学校教科书）/张炳炘著 . —上海：商务印书馆，1949 年 . —267 页

A0238 TS105

机织法 第 3 版（职业学校教科书）/张炳炘著 . —上海：商务印书馆，1950 年 . —265 页

A0239 TS105

机织法 上编/吴子展著 . —出版地不详：出版者不详，1931 年 . —103 页

A0240 TS105

机织法 下编/吴子展著 . —出版地不详：出版者不详，

1931 年 . —103 页

A0241　TS105

机织工程学　初版（纤维工业丛书）/黄希阁著 . —上海：中国纺织染工程研究所，1941 年 4 月 . —333 页；18cm×13cm

本书共 4 部分，包括织机准备工程、动力机织工程、机织及准备工程计算、机织工程杂录。

A0242　TS105

机织工程学　第 2 版（纤维工业丛书）/黄希阁著 . —上海：中国纺织染工程研究所，1945 年 8 月 . —345 页

A0243　TS105

机织工程学　第 3 版（纤维工业丛书）/黄希阁著 . —上海：中国纺织染工程研究所，1947 年 8 月 . —1 册

A0244　TS105

机织工程学　第 4 版（纤维工业丛书）/黄希阁著 . —上海：中国纺织染工程研究所，1947 年 12 月 . —333 页

A0245　TS105

机织工程学　第 5 版（纤维工业丛书）/黄希阁著 . —上海：中国纺织染工程研究所，1950 年 7 月 . —1 册

A0246　TS105

机织学/詹启芳著 . —南昌：江西省立南昌女职，1924 年 . —134 页

A0247　TS105

机织学（英文版）/张朵山编 . —陕西：国立西北工学院纺织系，1945—1949 年 . —180 页

A0248　TS132

机织学系毛纺学机械图/国立北平大学工学院纺织系编 . —北京：国立北平大学工学院纺织系，1931 年 8 月 . —136 页

本书为图集，含机械图 51 幅。

A0249　TS105

机织准备工程学　初版/蒋乃镛编著 . —上海：中国文化事业社，1949 年 . —166 页

本书共计 55 万字。

A0250　TS105

机织准备工程学　第 2 版/蒋乃镛著 . —上海：中国文化事业社，1951 年 . —166 页

A0251　TS105.2

力织准备（原名　机织准备工程学　增订 1 版）/蒋乃镛著 . —上海：中国文化事业社，1951 年 . —225 页

A0252　TS103.33-63

简捷手织机说明书　第 9 版/李志青著；远达仁校阅 . —上海：新法编织研究会发行，1935 年 . —22 页；21cm

A0253　F426.81

济南染织工业（国货丛刊）/山东省国货陈列馆编 . —济南：山东省国货陈列馆，1935 年 . —100 页

本书概述染色、棉织、丝织、毛织各业发展状况及各厂情况。

A0254　F426.81

济南仁丰纺织染股份有限公司特刊/济南仁丰纺织染公司编 . —济南：济南仁丰纺织染公司，1936 年 . —200 页

A0255　F426.81

济南市纺织工业调查统计报告　中华民国二十五年八月调查（统计资料第 15 种）/济南市政府秘书处编 . —济南：济南市政府秘书处，1936 年 . —26 页；27cm×20cm

A0256　F426.81

济南市漂染业调查统计报告　中华民国二十五年三月调查（统计资料第 5 种）/济南市政府秘书处编 . —济南：济南市政府秘书处，1936 年 . —16 页

A0257　F426.81

济南市服用品制造业调查统计报告　中华民国二十五年九月调查（统计资料第 17 种）/济南市政府秘书处编 . —济南：济南市政府秘书处，1936 年 . —72 页；27cm×19cm

A0258　F326.3

家蚕提早上蔟对于减低蚕丝成本之研究（建设丛书之四十三）/杨碧楼著 . —成都：四川省政府建设厅，1941 年 . —52 页

A0259　TS192

家庭实用漂染学/蒋乃镛编著 . —上海：正中书局，1937 年 . —1 册

A0260　TS105.3

嘉氏提花机及综线穿吊法　初版/王芸轩编译 . —上海：商务印书馆，1935 年 . —219 页

本书除了总论外再三篇，分别介绍单动式贾式提花机、复动式贾式提花机、综线穿吊法。

A0261　TS105.3

嘉氏提花机及综线穿吊法　第 2 版（工学小丛书）/王芸轩编译 . —上海：商务印书馆，1936 年 1 月 . —219 页；19cm×13cm

A0262　TS105.3

嘉氏提花机及综线穿吊法　第 3 版/王芸轩编译 . —长沙：商务印书馆，1939 年 . —219 页

A0263 TS105.3

嘉氏提花机及综线穿吊法 第 4 版（现代工业小丛书）/王芸轩编译．—上海：商务印书馆，1950 年．—219 页

A0264 TS105.3

嘉氏提花机及综线穿吊法 第 5 版（现代工业小丛书）/王芸轩编译．—上海：商务印书馆，1951 年．—219 页

A0265 TS108

简明实用缫丝工厂管理概要/高景岳著．—出版地不详：中国人事管理学会，1936 年 8 月．—34 页；27cm×19cm

A0266 TS108

简易手织厂经营法/葛鸣松著．—重庆：农产促进委员会，1939 年．—40 页

本书介绍机械选择、原纱、络经、织布、经营浅说等。

A0267 TS103.33-63

简易手织机说明书 第 1 辑 初版/李志青著；远达仁校阅．—上海：新法编织研究会，1926 年 12 月．—22 页

A0268 TS103.33-63

简易手织机说明书 第 1 辑 第 6 版/李志青著；远达仁校阅．—上海：新法编织研究会，1931 年．—22 页

A0269 TS103.33-63

简易手织机说明书 第 1 辑 第 8 版/李志青著；远达仁校阅．—上海：新法编织研究会，1933 年．—22 页

A0270 TS103.33-63

简易手织机说明书 第 1 辑 第 9 版/李志青著；远达仁校阅．—上海：新法编织研究会，1935 年 5 月．—22 页；21cm

A0271 TS103.33-63

简易手织机说明书 第 1 辑 第 11 版/李志青著；远达仁校阅．—上海：新法编织研究会，1936 年 12 月．—22 页；21cm×14cm

A0272 F426.81

建设棉业新厂计划书/著者不详．—出版地不详：出版者不详，民国时期出版．—10 页；27cm×18cm

A0273 F426.81

江苏难民纺织工业委员会文件汇编/江苏难民纺织工业委员会．—出版地不详：江苏难民纺织工业委员会，1938 年．—42 页；27cm×20cm

据内容推测，本书出版于 1938 年前后。

A0274 F426.81

江苏省纺织业状况/江苏实业厅第三科编．—上海：江苏实业厅第一科，1919 年 4 月．—218 页

A0275 F426.81

江苏省纺织业状况 初版/江苏实业厅第三科编．—上海：商务印书馆，1920 年 1 月．—253 页；23cm×15cm

本书记述该省纺织业及棉业概况，并对上海、无锡、苏州、常熟、太仓、江阴等市县纺织厂作了介绍。末附：大生纱厂纺工说明书、大生纱厂约则、大生分厂章程等。

A0276 F426.81

江苏省纺织业状况 第 2 版/江苏实业厅第三科编．—上海：商务印书馆，1920 年 5 月．—258 页；23cm×15cm

A0277 G649.29

江苏省立蚕丝专科学校十周年纪念刊/蚕专风光社编．—南京：蚕专风光社，1945 年．—69 页

A0278 F426.81

江西南昌之针织业（中国经济统计研究所 工业门针织类）/吴德麟调查；张宗弼审查；刘大钧核定．—出版地不详：中国经济统计研究所，1938 年 5 月．—10 张；29cm×22cm

A0279 F326.12

江西省改善麻业概况/江西省政府建设厅编．—南昌：江西省政府建设厅，1940 年 12 月．—18 页

A0280 F426.81

江西省难民第二工厂一年来工作概况：二十八年一月至十二月/江西省难民第二工厂编．—江西：经济部江西农村服务区管理处，1939 年．—44 页

本书介绍该厂棉织生产工作概况。附录有一年来大事记、各种章则办法、职员录。

A0281 F326.12

江西苎麻及其利用法之调查（调查报告）/谢光蘧著．—天津：黄海化学工业研究社，1935 年．—34 页

本书介绍江西苎麻及夏布产地实况，以及苎麻的种类、栽培、纺织等。

A0282 F426.81

江浙蚕丝绸业调查报告/黄永安著．—广州：广东建设厅蚕丝改良局，1933 年 8 月．—54 页；27cm×19cm

A0283 F426.81

江浙缫丝业之现状及其所受战事之影响（中国经济统计研究所 工业门蚕丝类）/李植泉编著；刘铁孙审查；刘大钧核定．—出版地不详：中国经济统计研究所，1939 年 8 月．—18 页；28cm×22cm

A0284 TS103.84

浆料分析法/著者不详．—出版地不详：出版者不详，民国时期出版．—12 页；25cm×19cm

A0285 TS105.21

浆纱学（中国纺织学会青岛分会丛书）/杨樾林编著.——青岛：中国纺织学会青岛分会，1948 年 2 月.——354 页；22cm×15cm

本书根据日本町田炼《经纱上浆》一书编写，共 14 篇，包括经浆配合、胶质考察、微生物、上浆机械、上浆方法等内容。

A0286 TS105.21

浆纱总报告/杨樾林著.——青岛：中国纺织学会青岛分会，1948 年.——47 页

A0287 TS193.51

交织物染色法/奚杏荪编著.——南通：南通学院染化研究会，1941 年.——176 页

本书共 8 章，包括纤维之化学性质、棉毛交织物、丝毛交织物、丝棉交织物、棉毛丝交织物、再生纤维丝交织物、醋酸丝交织物等。

A0288 F426.81

解决棉纺问题/穆藕初著.——重庆：农产促进委员会，1939 年.——14 页

A0289 F426.81

界安织布改装的调查/易县生产委员会编.——易县：易县生产委员会，1946 年.——14 页

A0290 F426.81

晋华纺织公司 晋生织染工厂总管理处三厂概况/晋生织染工厂总管理处.——太原：晋生织染工厂总管理处，1937 年.——1 册

A0291 F426.81

晋绥解放区妇女纺织发展概况/晋绥边区民主妇女联合会编.——山西：晋绥边区民主妇女联合会，1949 年.——6 页

A0292 TS104

精纺工程（讲义：四年级纺系）/张汉文.——北京：国立北平大学工学院，1936 年.——57 页

A0293 TS193.51

浸染学 初版（职业学校教科书）/李文编著.——上海：商务印书馆，1940 年 2 月.——263 页；18cm×13cm

A0294 TS193.51

浸染学 蓉一版/李文编著.——重庆：商务印书馆，1944 年.——1 册

A0295 TS193.51

浸染学 第 2 版/李文编著.——长沙：商务印书馆，1940 年.——263 页

A0296 TS193.51

浸染学 第 4 版/李文编著.——上海：商务印书馆，1947 年.——263 页

A0297 TS193.51

浸染学 第 5 版/李文编著.——上海：商务印书馆，1947 年.——263 页

A0298 TS193.51

浸染学 第 6 版/李文编著.——上海：商务印书馆，1949 年 6 月.——263 页

A0299 TS193.51

浸染学 第 7 版/李文编著.——上海：商务印书馆，1951 年.——263 页

A0300 F426.81

经济部纺织工业生产会议记录/经济部全国纺织工业生产会议秘书处编.——上海：经济部全国纺织工业生产会议秘书处，1947 年 9 月.——110 页

本书内容有会议筹备经过、演词、章则、会员及职员名录、议事记录、提案等。

A0301 F426.81

经济部全国纺织工业生产会议提案/经济部全国纺织工业生产会议秘书处编.——上海：经济部全国纺织工业生产会议秘书处，1947 年.——179 页

A0302 TS103

经纬纺织机制造公司制造纺织机器计划书/经纬纺织机制造公司.——上海：经纬纺织机制造公司，1948 年.——1 册；28cm×22cm

A0303 F426.81

经营国产染料之商榷（江西省民生染料厂小册）/刘栋业编.——江西：江西省民生染料厂，1942 年 4 月.——12 页

A0304 TS103.2

精纺部机械运转工作标准（纺织染丛书第十一辑）/中国纺织建设公司纺织染技术研究班精纺组著；臧启怀编审.——上海：中国纺织建设月刊社，1949 年.——98 页

本书分 7 章，介绍精纺机运转工作法、精纺机运转部应用人数标准、试验工作、管训工作、并筒洋线摇纱运转工作法、成包工作法、筒子绞纱检验方法及等级评定标准。

A0305 TS103.2

精纺机装置及保全标准 初版（纺织染丛书第五辑）/中国纺织建设公司纺织染技术研究班精纺组著；方柏容等编审.——上海：中国纺织建设月刊社，1948 年 8 月.——92 页；22cm×15cm

本书共 5 章，分别介绍机身部分，罗拉部分，滚筒、锭子及机头齿轮部分，成形装置部分，平装后应有之检查。

A0306 TS103.2

精纺机装置及保全标准　第2版/中国纺织建设公司纺织染技术研究班精纺组编著.—上海：中国纺织建设月刊社，1949年.—92页

A0307 TS134

精梳毛线纺绩学/张汉文讲.—北京：国立北平大学工学院，1934—1935年.—201页

本书为北平大学工学院四年级纺织工程系讲义。

A0308 F426.81

九江棉纺业调查（中国经济统计研究所　商业门棉纺类第一号）/于锡猷调查；张宗弼审查；刘大钧核定.—出版地不详：中国经济统计研究所，1938年.—5页

A0309 F426.81

旧厂迁移计划及成本预算书（民国二十六年六月一日修正）/全国经济委员会棉业统制会编.—南京：全国经济委员会棉业统制会，1937年.—14页；27cm×20cm

本书内容包括旧厂迁移费用、资金预算及生产量、制造费、原料等。

A0310 F426.81

救济国产绸缎问题（美亚期刊社专刊）/高事恒著.—上海：美亚织绸厂，1930年.—44页；22cm×16cm

本书论述国产绸缎衰落之原因，世界绸货供求情况，如何救济国产绸缎业等。

A0311 F426.81

军政部被服厂标准成本会计制度草案/刘溥仁编.—出版地不详：军政部被服厂，1941年.—152页

A0312 F426.81

军政部纺织厂标准成本会计制度草案/刘溥仁编.—出版地不详：军政部被服厂，1941年.—164页

本书内容分会计事务处理程序、会计科目、会计组织系统图、会计凭证、会计簿籍、会计报表、会计记录说明、新制度实施步骤等部分。

A0313 F426.81

抗战期中之上海华商纱厂/上海华商纱厂.—上海：上海华商纱厂，1939年.—8页；27cm×21cm

A0314 F426.81

抗战时期南通大生纺织公司文献之一/南通大生纺织公司编.—南通：南通大生纺织公司，1946年.—101页

A0315 F426.81

抗战时期如何建设我的纺织工业/著者不详.—出版地不详：出版者不详，民国时期出版.—20页；19cm×13cm

A0316 F426.81

抗战与棉丝业复兴（非常时期民众丛书第四集第二册）/教育部民众读物编审委员会编.—重庆：正中书局，1938年8月.—32页

A0317 F426.81

扩充纱锭计划刍议/刘国钧著.—出版地不详：出版者不详，1944年7月.—26页；18cm×13cm

A0318 F426.81

扩充纱锭计划纲要/刘国钧著.—出版地不详：出版者不详，1944年.—28页

本书附录有英、印、日棉纺织业兴替要略。

A0319 F426.81

劳工福利规章汇编/中国纺织建设公司劳工福利委员会编.—上海：中国纺织建设公司劳工福利委员会，1947年10月.—260页；14cm×9cm

A0320 F426.81

乐山丝茧产制销之概况/胡邦宪著.—乐山：川康鄂区调查报告，1939年.—17页

本书为川康鄂调查报告第23号。

A0321 TS104

理论实用纺绩学　前编/朱升芹著.—上海：华商纱厂联合会，1920年.—246页

全书分前、中、后三编，共21章，介绍了棉的物理和化学性质，并对棉纺各工程所用机器做详细介绍。前编1—12章，中编13—14章，后编15—21章。

A0322 TS104

理论实用纺绩学　中编/朱升芹著.—上海：华商纱厂联合会，1929年.—230页

A0323 TS104

理论实用纺绩学　后编/朱升芹著.—上海：华商纱厂联合会，1930年.—258页

A0324 TS104

理论实用纺绩学　前编　增补第2版/朱升芹著.—上海：华商纱厂联合会，1933年.—263页

A0325 TS104

理论实用纺织学　上编　第3版/朱升芹著.—上海：纺织书报出版社，1947年.—263页

A0326 TS104

理论实用纺织学　中编　第3版/朱升芹著.—上海：纺织书报出版社，1947年.—230页

A0327 TS104

理论实用纺织学 下编 第3版/朱升芹著 . —上海：纺织书报出版社，1947年 . —257页

A0328 TS103.33

理论实用力织机学 上册/蒋乃镛编 . —上海：华商纱厂联合会，1933年 . —268页

1934年，21岁的蒋乃镛便完成了中国第一本机织学著作《理论实用力织机学》。时任民国监察院院长的于右任为该书题写书名。南通张孝若，清末状元张謇之子，继承父业，乃著名实业家，先后担任大生纱厂董事长、南通师范学校校长等职。他在《理论实用力织机学》序中说："先君子主张棉铁政策以救国，于前清光绪末页创大生纱厂于通州，复感人才之需要，首设纺织专校，成绩昭著远近，蒋君乃镛即该校毕业生，出校后服务上海鸿章纺织染厂，近编理论实用力织机学一书，本学识经验之所得融合理论实用与一炉，夫纺织学科非易事也。"

A0329 TS103.33

理论实用力织机学 下册/蒋乃镛编 . —上海：华商纱厂联合会，1933年 . —285页

A0330 TS103.1

分类专论力织机构学（增补《理论实用力织机学》下册）/蒋乃镛编 . —上海：华商纱厂联合会，1934年 . —1册

A0331 TS103.1

基本总论力织机构学（增补《理论实用力织机学》上册）/蒋乃镛编 . —上海：华商纱厂联合会，1937年 . —337页；22cm×15cm

本书是作者在其1933年所著《理论实用力织机学》（上下册）基础上，在日本收集多种外文书籍资料从事修增编而成，将原书上册更名为《基本总论力织机构学》，下册更名为《分类专论力织机构学》。

A0332 TS103.1

力织机构学（增补《理论实用力织机学》上册）第2版/蒋乃镛编 . —上海：华商纱厂联合会，1937年 . —337页

A0333 TS103.33

理论实用平纹斜纹力织机学/纺织世界社 . —上海：纺织世界社，1933年 . —1册

A0334 TS103.1

力织机构学（纤维工业丛书）/雷锡璋著 . —上海：中国纺织染工程研究所，1947年12月 . —195页；21cm×15cm

A0335 TS103.1

力织机构学 初版［译］／（日）大住吾八著；曹骥才译；陈中杰校 . —上海：商务印书馆，1936年 . —338页

本书共5编，14章，对于力织机的性质、机械构造、运作以及计算方法作出了详细的说明。

A0336 TS103.1

力织机构学 第2版［译］／（日）大住吾八著；曹骥才译；陈中杰校 . —长沙：商务印书馆，1939年 . —338页

A0337 TS103.1

力织机构学 第4版［译］／（日）大住吾八著；曹骥才译；陈中杰校 . —长沙：商务印书馆，1940年 . —338页；21cm×15cm

A0338 TS103.1

力织机构学 第5版［译］／（日）大住吾八著；曹骥才译 . —上海：商务印书馆，1946年 . —338页

A0339 TS103.1

力织机构学 第6版［译］／（日）大住吾八著；曹骥才译；陈中杰校 . —上海：商务印书馆，1947年 . —338页

A0340 TS103.1

力织机构造学/李崇典著 . —上海：大公报代办部，1937年 . —153页；21cm×14cm

全书共分20章，叙述力织机的各类运动原理及装置，力织机的使用方法、生产额和车轮的计算方法等相关知识。

A0341 TS103.3

力织机使用法 初版/李崇典编著；陈敬衡校 . —上海：商务印书馆，1937年 . —62页；19cm×13cm

本书分14章，就国外较重要的力织机，将其构造装置和计算方法等加以解释。

A0342 TS103.3

力织机使用法 第2版/李崇典编著；陈敬衡校 . —上海：商务印书馆，1938年 . —62页

A0343 TS103.3

力织机使用法 第4版（职业学校教科书）/李崇典编著；陈敬衡校 . —上海：商务印书馆，1946年 . —62页

A0344 TS103.3

力织机使用法 第5版（职业学校教科书）/李崇典编著；陈敬衡校 . —上海：商务印书馆，1947年 . —62页

A0345 F426.81

梁邹美棉运销合作社第二届概况报告/山东乡村建设研究院编 . —山东：山东乡村建设研究院，1933年 . —48页；26cm×19cm

A0346 F426.81

梁邹美棉运销合作社第三届概况报告/山东乡村建设研究院编 . —山东：山东乡村建设研究院，1935年3月 . —144页；26cm×19cm

A0347 F426.81

梁邹美棉运销合作社第四届概况报告/山东乡村建设研究院编．—山东：山东乡村建设研究院，1936年4月．—139页；26cm×19cm

A0348 F426.81

两广实业考察团报告/中华工业总联合会主办两广实业考察团编．—上海：中华工业总联合会主办两广实业考察团，1936年7月．—123页；22cm×16cm

本书为中华工业总联合会组织上海各著名企业家成立代表团赴粤桂考察企业经营情况后所形成的报告，内容有组织考察经过，并收入参观感想11篇。

A0349 F426.81

柳州之织布业/赵德民调查．—柳州：出版者不详，1941年．—3叶；26cm

内载柳州织布业概况、原料、产品、工人等。

A0350 F426.81

隆昌县麻织调查报告（抄本）/著者不详．—隆昌：抄本，民国时期出版．—7页

A0351 F426.81

鲁丰纺织股份有限公司第九届第二次股东会议决录/鲁丰纺织股份有限公司．—天津：天津总公司办事处，1930年8月．—18页

本书分上、中、下三卷，对毛巾之组织、穿综及穿筘、起毛运动、棉织毛巾织物之制造要件和毛巾织物的机织方法进行介绍。

A0352 F426.81

鲁丰纺织股份有限公司第九届股东会议决录/鲁丰纺织股份有限公司．—天津：天津总公司办事处，1930年．—20页

A0353 F426.81

洛河下游的农村经济与纺织业（战地经济调查报告）/中国工业合作协会晋豫区处经济研究室编．—洛阳：中国工业合作协会晋豫区处经济研究室，194？年．—117页

据内容，出版于1941年前后。

A0354 F326.12

麻（小学生文库）/徐亚生著；赵景源校．—上海：商务印书馆，1933年．—45页；19cm×13cm

A0355 F326.12

麻/实业部国际贸易局编．—上海：实业部国际贸易局，1937年．—8，12页

A0356 F326.12

麻（商品研究丛书）/实业部国际贸易局编．—长沙：商务印书馆，1940年2月．—96页

本书介绍我国麻类交易情况和有关知识，如麻的出口、检验、报关手续、出口税等。

A0357 TS134

毛纺学/张汉文编．—北平：国立北平大学工学院，1936年．—158页

本书为国立北平大学工学院一年级纺织工程系毛纺学讲义。

A0358 TS184

毛巾织物机织法（工学小丛书）/王芸轩编译．—上海：商务印书馆，1935年10月．—208页；19cm×13cm

A0359 TS184

毛巾织物机织法 第2版（工学小丛书）/王芸轩编译．—上海：商务印书馆，1939年．—208页

A0360 TS1

毛麻绢纺织、针织之部/中国纺织建设股份有限公司编．—上海：中国纺织建设股份有限公司，1949年．—1册

A0361 F426.81

毛织工业报告书/全国经济委员会编．—上海：全国经济委员会，1935年．—217页；33cm×22cm

本书内分5编，概述我国毛纺工业史，羊毛价格、交易、运输、捐税情况，各毛纺厂及毛制品的国际贸易情况等。

A0362 TS135

毛织物整理 石印本/陈载阳编．—出版地不详：出版者不详，民国时期出版．—95页；26cm

本书介绍毛织物的整理方法。

A0363 TS135

毛织物整理学/周南藩编著．—长沙：商务印书馆，1946年．—97页

本书内分定义、织物整理之种类、棉织物整理、棉整理上所用之糊剂、毛织物整理所用之机械等12章，介绍织物整理学知识。

A0364 F768

毛织物之输入（民众经济丛书）/赵诵轩编著．—上海：中华书局，1930年．—17页；19cm×13cm

A0365 TS193.51

媒介性颜料与坚固酸性颜料染在呢绒上/大英颜料公司编．—出版地不详：大英颜料公司，民国时期出版．—1册

A0366 TS103.2-64

美国维定厂制纺纱机器图说/海京洋行编．—上海：海京洋行，1924年12月．—92页；24cm×15cm

本书内含美国维定纺纱机器制造厂出品的纺纱机48种。

A0367　TS195

美恒织染厂染整部实习报告/美恒织染厂染整部．—出版地不详：美恒织染厂，1936 年．—1 册；28cm×22cm

A0368　F426.81

美亚织绸厂十周年纪念特刊 1920—1930/美亚织绸厂编．—出版地不详：美亚织绸厂，1930 年．—66 页

出版年月据写序时间；介绍该厂情况，大部分为照片。

A0369　TS118

棉布厂［译］（牛津大学实业丛书第五卷）/英国牛津图书公司原著；（英）潘慎文等编译．—上海：牛津图书公司，上海广学会，1916 年．—66 页；20cm×14cm

本书分 11 章，按原料生产及棉布生产过程，介绍实际操作现场和相关设备。

A0370　F426.81

棉布业（上海市商会商业统计丛书）/上海市商会商务科．—上海：上海市商会商务科，1934 年．—106 页

A0371　TS194

棉布印花浆通例（纺织染丛书第二十九辑）/中国纺织建设股份有限公司编．—上海：中国纺织建设股份有限公司，1949 年．—102 页

A0372　TS11

棉纺标准工作　第三集/陈芳洲编译．—天津：天津大公报馆，1933 年．—108 页

本书第三集为粗纺科，包括女工工作法、注油、粗纺机之装置 3 个章节。

A0373　TS11

棉纺标准工作　第四集/陈芳洲编译．—天津：天津大公报馆，1934 年．—130 页

本书第四集为精纺科，分女工工作、调节纺出重量、注油、精纺机之安装 4 章。

A0374　TS118

棉纺工场工作法　初版/谈祖彦编著．—上海：中华书局，1948 年．—72 页；19cm×13cm

本书分保全、运转、杂录 3 章，论述棉纺工厂工作的方法。

A0375　TS118

棉纺工场工作法　再版/谈祖彦编著．—上海：中华书局，1951 年．—72 页；19cm×13cm

A0376　TS114

棉纺工程　上册　初版/吕德宽编著．—上海：纤维工业出版社，1947 年．—196 页

本书分为上、下册，共 10 篇，涉及棉纺原料、粗纺细纺各类棉纺工程及相关机器等各方面内容。上册为 1—4 篇，下册为 5~10 篇。

A0377　TS114

棉纺工程　下册　初版/吕德宽编著．—上海：纤维工业出版社，1947 年．—197—379 页

A0378　TS114

棉纺工程　全一册　初版/吕德宽编著．—上海：纤维工业出版社，1947 年 5 月．—379 页；21cm×15cm

A0379　TS114

棉纺工程　上册　第 2 版/吕德宽编著．—上海：纤维工业出版社，1949 年．—196 页

A0380　TS114

棉纺工程　下册　第 2 版/吕德宽编著．—上海：纤维工业出版社，1949 年．—197—379 页

A0381　TS114

棉纺工程　全一册　第 2 版/吕德宽编著．—上海：纤维工业出版社，1949 年 12 月．—422 页

A0382　TS114

棉纺工程　上册　第 3 版/吕德宽编著．—上海：纤维工业出版社，1951 年．—208 页

A0383　TS114

棉纺工程　下册　第 3 版/吕德宽编著．—上海：纤维工业出版社，1951 年．—209—422 页

A0384　TS114

棉纺工程　全一册　第 3 版/吕德宽编著．—上海：纤维工业出版社，1951 年 6 月．—422 页

A0385　TS114

棉纺工程　上册　第 4 版/吕德宽编著．—上海：纤维工业出版社，1951 年．—208 页

A0386　TS114

棉纺工程　全一册　第 5 版/吕德宽编．—上海：中国科学公司，1952 年．—434 页

A0387　TS114

棉纺工程　全一册　第 6 版/吕德宽编．—上海：中国科学公司，1953 年．—434 页

A0388　TS114-62

棉纺工程手册　初版（工农技术人员手册）/谈祖彦编．—上海：中华书局，1950 年．—130 页

A0389　TS114-62

棉纺工程手册　增订再版（工农技术人员手册）/谈祖

彦编 . —上海：中华书局，1951 年 . —1 册

A0390 TS114.8

棉纺工作法/李培元 . —上海：中国纺织染工程研究所，民国时期出版

A0391 TS114.8

棉纺合理化工作法 初版（纤维工业丛书）/薛韶笙著；汪孚礼校 . —上海：中国纺织染工程研究所，1940 年 . —161 页；21cm×15cm

A0392 TS114.8

棉纺合理化工作法 第 2 版（纤维工业丛书）/薛韶笙编著 . —上海：中国纺织染工程研究所，1946 年 . —161 页

A0393 TS114.8

棉纺合理化工作法 第 3 版（纤维工业丛书）/薛韶笙编著 . —上海：中国纺织染工程研究所，1949 年 . —161 页
　　本书第 3 版分 7 章，论述清花、梳棉、并条、粗纺、精纺、摇纱和成包等棉纺各工程。

A0394 TS112.2

棉纺机械计算法 初版/郭辉南编著 . —上海：中华书局，1948 年 . —152 页；18cm×13cm
　　本书介绍了棉纺主要工程中不同棉纺机械运转过程中的锭子速度、捻度、牵伸计算方法。

A0395 TS112.2

棉纺机械计算法 再版/郭辉南编著 . —上海：中华书局，1951 年 . —152 页；18cm×13cm

A0396 TS112.2

棉纺机械计算学/唐孟雄著 . —上海：中国纺织染工业补习学校，1939 年 . —299 页

A0397 TS112.2

棉纺机械算法［译］/（英）太葛氏（W. S. Taggast）著；樊鼎新译 . —济南：鲁丰纺织公司，1922 年 . —280 页；19cm×14cm
　　本书分绪论、清花机、钢丝机、狭棉卷机之算法、粗纱机算法、细纱机、应用公式 7 章。

A0398 TS112.2

棉纺机械调查记分标准/棉纺织技术促进组编 . —出版地不详：出版者不详，1948 年 12 月 . —2 册；27cm

A0399 TS114.1

棉纺学 棉纤维 梳棉工程 初版/钱彬编译；陈彦殊校 . —上海：商务印书馆，1936 年 . —325 页；20cm×13cm
　　本书分为棉纤维、轧棉工程—轧棉机、解包机—清棉工程之一、混棉工程—清棉工程之二、开棉机、并卷机—清棉工序之三、梳棉工程—梳棉机 6 章。

A0400 TS114.1

棉纺学 棉纤维 梳棉工程 第 2 版/钱彬编译；陈彦殊校 . —长沙：商务印书馆，1938 年 . —325 页

A0401 TS114.1

棉纺学 棉纤维 梳棉工程 第 3 版/钱彬编译；陈彦殊校 . —长沙：商务印书馆，1941 年 . —325 页

A0402 TS114.1

棉纺学 棉纤维 梳棉工程 第 4 版/钱彬编译；陈彦殊校 . —上海：商务印书馆，1946 年 . —325 页

A0403 TS114.1

棉纺学 棉纤维 梳棉工程 第 5 版/钱彬编译；陈彦殊校 . —上海：商务印书馆，1947 年 . —325 页

A0404 TS114.1

棉纺学 棉纤维 梳棉工程 第 6 版（职业学校教科书）/钱彬编译；陈彦殊校 . —上海：商务印书馆，1949 年 . —325 页

A0405 TS114.1

棉纺学 上卷/石志学著 . —西安：大华纱厂，1941 年 . —303 页

A0406 TS114.1

棉纺学 中卷/石志学著 . —西安：大华纱厂，1941 年 . —288 页

A0407 TS114.1

棉纺学 下卷/石志学著 . —西安：大华纱厂，1942 年 . —368 页

A0408 TS114.1

棉纺要览（纺织丛书）/诚孚公司设计室编 . —上海：诚孚公司，1943 年 . —153 页；18cm×13cm

A0409 TS112.2

棉纺用皮辊（纺织丛书）/诚孚公司设计室编 . —上海：诚孚公司，1943 年 . —181 页；23cm×15cm
　　本书介绍皮辊制法、漆皮辊方法、接合剂与漆皮辊药品配制法等。

A0410 F407.81

棉纺织厂成本会计 初版（立信会计丛书）/陈文麟著 . —上海：立信书局，1942 年 6 月 . —146 页；21cm×15cm
　　本书分 8 章，介绍棉纺厂的材料管理，原料、人工与制造费用的成本计算，制造成本的汇计与分析，成本记录，决算表编制等。

A0411 F407.81

棉纺织厂成本会计 第 2 版（立信会计丛书）/陈文麟

著 . —上海：立信会计图书用品社，1947 年 2 月 . —146 页

A0412　F407.81
棉纺织厂成本会计　第 3 版（立信会计丛书）/陈文麟著 . —上海：立信会计图书用品社，1947 年 . —146 页

A0413　F407.81
棉纺织厂成本会计　第 4 版（立信会计丛书）/陈文麟著 . —上海：立信会计图书用品社，1948 年 . —155 页

A0414　F407.81
棉纺织厂成本会计　第 6 版/陈文麟著 . —上海：立信会计图书用品社，1950 年 . —146 页

A0415　F426.81
棉纺织厂会计规程草案/全国经济委员会棉业统制会拟订 . —南京：全国经济委员会棉业统制会，1937 年 . —82 页
本书分 6 章，含总则、会计科目、传票账簿及单据、记账法概述、成分之计算、决算等内容。

A0416　F426.81
棉纺织厂经营标准/全国经济委员会棉业统制委员会编 . —南京：全国经济委员会棉业统制委员会，1935 年 . —42 页
本书概述棉纺织工业人数、工资、原料、出品、费用等方面经营标准。

A0417　TS118
棉纺织工场之设计与管理　初版/张方佐著 . —上海：作者书社，1945 年 . —339 页
本书分设计、设备和管理三编，介绍纺织工厂的选址、建筑、棉纺工程分类及机械选择、环境和配套设施、组织机构、人事管理等内容。

A0418　TS118
棉纺织工场之设计与管理　第 2 版/张方佐著 . —上海：作者书社，1947 年 . —441 页
本书第 2 版在原书基础上略做增删，新增第四编"补录"，包括美国机器和大牵伸装置、各式纺织厂平面图示例、中国纺织建设公司棉纺织厂经营标准、各段纺织工程的调查数据及品质标准等内容。

A0419　TS118
棉纺织工场之设计与管理　第 3 版/张方佐著 . —上海：作者书社，1948 年 . —452 页

A0420　TS11-53
棉纺织工程结业论文专辑/中国纺织建设股份有限公司专门技术研究班著；中国纺织建设股份有限公司工务处棉纺织技术促进组编校 . —上海：中国纺织建设股份有限公司，1949 年 . —304 页；26cm×19cm
本书为中国纺织建设股份有限公司专门技术班各组研究

员发表于《纺织建设月刊》的结业论文合辑。

A0421　TS11-53
棉纺织工程研究论文专辑/中国纺织建设股份有限公司专门技术研究班著；中国纺织建设股份有限公司工务处棉纺织技术促进组编校 . —上海：中国纺织建设股份有限公司，1949 年 . —264 页；26cm×19cm
本书为上海中国纺织建设股份有限专门技术研究班发表于《纺织建设月刊》的论文集，共 95 篇。

A0422　TS11
棉纺织工作管理法　前编（华商纱厂联合会发行的第七种图书）/成希文著 . —上海：华商纱厂联合会，1933 年 . —352 页；27cm×18cm
本书分 10 章，叙述棉纺织工作的各个环节的运转、保全等多个方法和管理流程。

A0423　TS11
棉纺织试验法（纺织丛书）/诚孚公司设计室编 . —上海：诚孚公司，1943 年 . —84 页；23cm×15cm

A0424　TS11
棉纺织运转工作法（纺织丛书）/诚孚公司设计室编 . —上海：诚孚公司，1944 年 . —154 页

A0425　TS101
棉和麻　初版（特教丛刊）/顾元亮著 . —重庆：正中书局，1941 年 8 月 . —50 页

A0426　TS101
棉和麻　第 4 版/顾元亮著 . —重庆：正中书局，1943 年 . —49 页

A0427　TS101
棉和麻　沪 1 版/顾元亮著 . —上海：正中书局，1946 年 2 月 . —50 页；19cm×13cm

A0428　F326.12
棉花产销/行政院新闻局 . —南京：行政院新闻局，1947 年 11 月 . —1 册
本书共 5 章，介绍我国棉花的生产和运销状况。

A0429　F326.12
棉花产销供需之初步报告/秘书处第三科编 . —出版地不详：全国经济委员会棉业统制委员会，194? 年 . —45 页；27cm×19cm
据内容，本书出版于 1941 年后。

A0430　F326.12
棉花产销合作社模范章程/全国经济委员会棉业统制委员会编 . —南京：全国经济委员会棉业统制委员会，1935 年 3 月 . —21 页；16cm×10cm

A0431 F326.12
棉花产销合作社之组织与经营（合作丛书）/王一蛟著.—昆明：全国经济委员会棉业统制委员会，1939年.—140页；19cm×13cm

A0432 TS102.2
棉花概念 初版/天津中国纺织建设公司.—天津：天津中国纺织建设公司，1948年12月.—1册

A0433 TS102.2
棉花概念 第2版/天津中国纺织建设公司.—天津：天津中国纺织建设公司，1949年6月.—142页
本书初版为原棉训练班授课内容的讲义。第2版对初版内容进行增删，以符合实际使用指导。内容分8章，含棉花总论、国内外棉产概况、籽棉之检验与轧花的内容、棉花之分级与检验、原棉之纺织价值及其处理、原棉之试验及有关计算、棉纺工程之概念。

A0434 TS102.2
棉花纤维 初版（万有文库）/吴季诚著.—上海：商务印书馆，1930年.—68页
本书分为7章，依次为纤维之起源及发育、标准纤维及其构造、纤维之分类、纤维之理学性、相异年岁地域所产纤维之变异、纤维之化学成分、氧与水分。

A0435 TS102.2
棉花纤维 再版（万有文库）/吴季诚著.—上海：商务印书馆，1934年7月.—68页

A0436 TS102.2
棉花纤维 国难后初版（百科小丛书）/吴季诚著.—上海：商务印书馆，1933年9月.—60页；19cm×13cm

A0437 TS102.2
棉花纤维 国难后第2版（百科小丛书）/吴季诚著.—上海：商务印书馆，1935年7月.—60页；19cm×13cm

A0438 TS102.2
棉花纤维学 初版（百科小丛书）/吴季诚著.—上海：商务印书馆，1924年10月.—68页；18cm×10cm

A0439 TS102.2
棉花纤维学 再版（百科小丛书）/吴季诚著.—上海：商务印书馆，1926年11月.—68页；18cm×10cm

A0440 TS102.2
棉花纤维学 第3版（百科小丛书）/吴季诚著.—上海：商务印书馆，1928年.—68页；18cm×10cm

A0441 TS192
棉类漂白法（工业小册）/英商卜内门洋碱有限公司编.—上海：英商卜内门洋碱有限公司，民国时期出版.—20页；23cm×15cm

A0442 TS192
棉练漂学 上册（纺织染丛书）/杜燕孙编著.—上海：纤维工业出版社，1947年.—200页
本书分上、中、下三册，共41章，上册讲述棉织及用剂着重化学与理论；中下两册详论棉品之漂练工程。

A0443 TS192
棉练漂学 中册（纺织染丛书）/杜燕孙编著.—上海：纤维工业出版社，1947年.—201—400页

A0444 TS192
棉练漂学 下册（纺织染丛书）/杜燕孙编著.—上海：纤维工业出版社，1948年.—401—482页

A0445 TS192
棉练漂学 合订本 第2版（纺织染丛书）/杜燕孙编著.—上海：纤维工业出版社，1948年.—482页；21cm×15cm

A0446 TS114-65
棉纱标准工作法/成通纺织染股份公司.—出版地不详：成通纺织染股份公司，民国时期出版.—71页；16cm×13cm

A0447 TS114
棉纱并线学 上册 初版［译］（大学丛书 教本）/（英）威克飞尔德（S.Wakefield）著；唐孟雄译述.—上海：商务印书馆，1938年.—338页；21cm×16cm
本书分为上、下两册，分为棉纱试验、并纱、锭壳式与钢领式并纺机、缠绕式并线机、清除与烧毛、抽线整理及装线、纱线与制造、并线厂中之废纱头及生产共八章（其中一至四章为上册，五至八章为下册）。

A0448 TS114
棉纱并线学 下册 初版［译］（大学丛书 教本）/（英）威克飞尔德（S.Wakefield）著；唐孟雄译述.—上海：商务印书馆，1938年.—339—617页；21cm×16cm

A0449 TS114
棉纱并线学 上册 第2版［译］/（英）威克飞尔德（S.Wakefield）著；唐孟雄译述.—上海：商务印书馆，1950年.—338页

A0450 TS114
棉纱并线学 下册 第2版［译］/（英）威克飞尔德（S.Wakefield）著；唐孟雄译述.—上海：商务印书馆，1950年.—339—617页

A0451 F426.81
棉纱布问题资料/雷一呼著.—广西：出版者不详，1932年.—1册
本书包括广西棉纱布进口概况、广西各地入口棉纱布货

值表（二十一年度）、广西各县纺织手工业概况表等内容。

A0452　F426.81

棉纱联合配销问题（棉纺会刊第三辑）/全国纺织业联合会编；章剑慧，钱贯一校对 . —上海：全国纺织业联合会，1947 年 . —54 页

本书分 16 章，介绍抗战前后棉纱产销、管理情形、纺织工业状况。内有联合配销问题的各种资料。

A0453　TS101

棉纤维之室内研究法［译］/（英）G. G. Clegg 著；饶信梅译 . —上海：实业部上海商品检验局，1936 年 4 月 . —23 页

A0454　F407.81

棉业论［译］/（英）辟奇著；余秦杜编译 . —上海：新学会社，1917 年 . —126 页；21cm×14cm

本书分 8 章，介绍了英国棉业、原料棉花培育，以及棉花处理、纺纱、织造、漂白印花及染色等各环节工艺及机器，棉纱棉布市场贸易及组织。

A0455　F426.81

棉织业之现状　初版（民众经济丛书）/赵诵轩等编 . —上海：中华书局，1930 年 . —19 页；19cm×13cm

本书记述中国棉织业略史及现状。

A0456　F426.81

棉织业之现状　第 2 版/赵诵轩等编 . —上海：中华书局，1932 年 . —19 页

A0457　TS112.2

棉种机械装置及保全标准（纺织染丛书）/中国纺织股份有限公司工务处棉纺织技术促进组梳棉股编 . —上海：中国纺织建设股份有限公司，1949 年 . —242 页

A0458　F426.81

民丰纱厂第一届报告/民丰纱厂编 . —上海：民丰纱厂，1932 年 . —14 页；26cm×18cm

本书内收营业报告书、资产负债表、损益计算书、会计师及监察人证明书。附各部工作概况。

A0459　F426.81

民丰纱厂第二届报告/民丰纱厂编 . —上海：民丰纱厂，1933 年 . —17 页；26cm×18cm

本书的目次页书名题为：民丰纱厂股份有限公司第二届报告。

A0460　F426.81

民丰纱厂第三届报告/民丰纱厂编 . —上海：民丰纱厂，1935 年 2 月 . —27 页；26cm×18cm

本书的目次页书名题为：民丰纱厂股份有限公司第三届报告。

A0461　F426.81

民丰纱厂第四届报告/民丰纱厂编 . —上海：民丰纱厂，1936 年 5 月 . —20 页；26cm×18cm

A0462　F426.81

民国二十三年的中国棉纺织业/王子建著 . —南京：中央研究院科学研究所，1935 年 . —19 页

本书内容有棉纺业的不景气现象、花纱价格的不同趋向、原棉供求的不平衡、棉纱销路不振、棉织品贸易趋于低落、棉业的管理与改进问题。

A0463　F426.81

民国二十五年棉产改进事业工作总报告（河北省棉产改进会特刊第三种）/河北省棉产改进会 . —北京：河北省棉产改进会，1937 年 . —200 页；26cm×19cm

本书分 4 章，依次为本会之五年改进计划、本会之组织（附组织系统表）、二十五年份工作概要和收支概况。

A0464　TS103

民生家庭手工纺毛车用法说明/民生农业公司 . —出版地不详：民生农业公司，民国时期出版 . —16 页；19cm×13cm

A0465　F426.81

模范棉工厂招股章程　模范棉工厂说略及预算/朱葆三，聂云台 . —上海：模范棉工厂股份有限公司，1912 年 . —4 页

A0466　TS193.6

纳富妥颜料染棉纱法［译］/（德）大德颜料厂编 . —济南：德国大德颜料厂，民国时期出版 . —66 页；30cm×23cm

本书为染色纱线样本及颜料使用说明书。

A0467　TS193.6-63

耐尔晒梁料染于棉品之样本［译］/（英）英商卜内门洋碱有限公司 . —上海：英商卜内门洋碱有限公司，民国时期出版 . —1 册；22cm×17cm

A0468　TS182

耐隆与生丝之前途　渝初版（蚕丝月报社小丛书）/王天予编著 . —上海：正中书局，1942 年 . —28 页；18cm×13cm

本书共 8 章，包括序言，耐隆的诞生，耐隆之构成，耐隆之性质，耐隆之用途及现状，耐隆之本质及生丝之前途，耐隆之时遇与生丝之前途，结论。

A0469　TS182

耐隆与生丝之前途　沪一版（蚕丝月报社小丛书）/王天予编著 . —上海：正中书局，1946 年 . —28 页；18cm×13cm

A0470　F426.81

南京缎锦业调查报告（国民经济建设运动委员会总会丁种丛刊）/国民经济建设运动委员会编 . —南京：国民经济建设运动委员会总会，1937 年 5 月 . —36 页；22cm×15cm

本书记述南京的缎业、云锦业、漳缎业、漳绒业、建绒

业之概况。

A0471 F426.81

南京市云锦业调查报告（国民经济建设运动委员会总会丁种丛刊）/国民经济建设运动委员会总会编 .—南京：国民经济建设运动委员会总会，1928 年 .—4 页

A0472 F426.81

南京特别市市立第一平民工厂十七年业务年报/南京特别市市立第一平民工厂编 .—南京：南京特别市市立第一平民工厂，1929 年 2 月 .—112 页；21cm×15cm

本书内有该织布厂法规、统计、报告汇编，1928 年大事纪略，1929 年工作计划。

A0473 G649.29

南通纺织大学概况一览/南通纺织大学编 .—南通：南通纺织大学，1928 年 .—4 页

本书含该校沿革、校址校舍、学校定员、学习科目等内容。附入学试验简章。

A0474 F426.81

南通区土布改进计划大纲/南通区土布改进委员会编 .—南通：南通区土布改进委员会，1937 年 4 月 .—18 页

本书介绍该区土布的生产、改进目标、方法，并有1938—1939 年的改进计划概要等。附组织章程、办事细则。

A0475 G649.29

南通私立纺织专门学校学则/南通私立纺织专门学校编 .—南通：南通私立纺织专门学校，1925 年 .—30 页

A0476 G649.29

南通学院纺织科招生简章/南通学院编 .—南通：南通学院，1932 年 .—18 页

本书内有职员一览表、招生简章等。

A0477 G649.29

南通学院纺织科规程/私立南通学院编 .—南通：私立南通学院，1932 年 .—32 页

本书分总则、科务行政、会议、学制、学程、学生通则等 9 章。

A0478 G649.29-62

南通学院纺织科学友录 1934（纺织科学友会丛书）/南通学院纺织科学友会编 .—南通：南通学院纺织科学友会，1934 年 .—68 页；19cm×14cm

本书有该院纺织科学友会会章及会员通讯地址等。

A0479 G649.29-62

南通学院纺织科学友录 1946/南通学院纺织科编 .—南通：南通学院纺织科，1946 年 .—82 页；13cm×19cm

A0480 G649.29

南通学院纺织科毕业纪念刊 民卅二级/南通学院纺织科民卅二级编 .—南通：南通学院纺织科民卅二级，1943 年 .—188 页

本书有级史、同学录、职员表及纺织学术论文等。

A0481 F426.81

南通学院纺织科毕业纪念刊 民卅三级/南通学院民三三级纺工系编 .—南通：南通学院民三三级纺工系，1944 年 .—230 页

A0482 G649.29

南通学院纺织科毕业纪念刊 民卅八级/南通学院纺织科编 .—南通：南通学院纺织科，1949 年 .—186 页

A0483 F426.81

南阳之丝绸/貃菱，李召南撰；李汉珍校；河南农工银行经济调查室编 .—洛阳：河南农工银行经济调查室，1939 年 .—81 页

本书介绍该地丝绸的生产、运销、交易等情况。附录：镇平县改良丝绸委员会改良丝绸章程、检查股办事细则、机户领取执照凭折办法、镇平县商会修正改良丝绸条规，附检查简则及补充办法。

A0484 F426.81

南中国丝业调查报告书［译］/（美）考活，（美）布士维著；黄泽普译 .—广州：岭南农科大学，1925 年 .—192 页；24cm×17cm

本书分 12 章，概述我国广东、广西两省蚕丝的区域分布及其在世界丝业中的地位，我国中南地区的种桑、育蚕、制丝、生丝贩卖等情况，并讨论了发展广东蚕业的可能性与蚕业改良等问题。末附：顺香两县各桑区肥料调查报告书、广东气象观测表。

A0485 TS108

呢布厂［译］/（英）柯克著；陆咏笙译；（美）潘慎文鉴定 .—出版地不详：英国牛津图书公司，1916 年 .—64 页；19cm×13cm

本书译自 *A visit to a woollen mill*，分 11 章，包括该厂设备、操作规程、原料识别等。

A0486 F426.81

年余来之中国纺织建设公司/中国纺织建设公司编 .—上海：中国纺织建设公司，1947 年 9 月 .—8 页

本书介绍该创立经过、生产情形及业务实施概况。末附：中国纺织建设各纺织厂主要出品一览表。

A0487 TS154

黏胶人造丝制造法 初版［译］（职业学校教科书）/（?）培拉脱（D. L. Pellatt）著；许宝骏译，王永榜校 .—上海：商务印书馆，1940 年 2 月 .—291 页

A0488 TS154

黏胶人造丝制造法 第 2 版［译］（职业学校教科书）/（?）培拉脱（D. L. Pellatt）著；许宝骏译，王永榜校 . —上海：商务印书馆，1940 年 . —291 页

A0489 TS154

黏胶人造丝制造法 第 3 版［译］（职业学校教科书）/（?）培拉脱（D. L. Pellatt）著；许宝骏译，王永榜校 . —上海：商务印书馆，1947 年 8 月 . —291 页；18cm×13cm

本书第 3 版共 24 章，论述创设人造丝工厂之各种问题，有生产力之人工，处置各种废物之初步审量，适宜之水质供给、适用于黏胶人造丝之厂屋式样等。

A0490 TQ340

黏胶纤维与人造丝制造［译］（职业学校教科书）/（?）培拉脱（D. L. Pellatt）著；许宝骏译 . —上海：商务印书馆，1940 年 . —291 页

A0491 F426.81

宁波和丰纺织公司议事录/宁波市档案馆编 . —宁波：宁波出版社，出版时间不详 . —297 页

ISBN 978-7-5526-3513-3（2019 年重印本）

该书收录宁波和丰纺织公司自 1905 年创办至 1953 年董事会议事录（缺 1940 年 2 月—1946 年 6 月）共 6 册，记录了和丰纺织厂的发展轨迹，是研究近代民族工业的翔实史料。由宁波市档案馆 2019 年整理出版。

A0492 F407.81

纽约第一次万国丝绸博览会辑里丝业代表调查报告汇录/纽约第一次万国丝绸博览会辑里丝业代表团编 . —出版地不详：编者自发行，1921 年 . —254 页

江苏、浙江太湖地区辑里丝业代表于 1922 年仲夏赴美参加纽约第一次万国博览会，并在会后赴欧美参观调查后发表的报告。内容包括《改良中国生丝节略》《美国检验公司调查记》《里昂生丝检验所纪略》《世界丝业演进之大势》《民国十年上海丝茧出品营业情况》等 36 篇有关改进中国丝业及介绍国际丝业现状内容的文章。附第二次博览会代表报告。

A0493 F426.81

农产促进委员会特约设立手纺织训练所简章/农产促进委员会 . —重庆：农产促进委员会，1939 年 . —4 页

A0494 F426.81

农产促进委员会特约设立手纺织训练所简章 修正版/农产促进委员会 . —重庆：农产促进委员会，1939 年 2 月 . —4 页

A0495 F326.12

农林部江西农村服务区管理处麻业实验经过/农林部江西农村服务区管理处编 . —江西：农林部江西农村服务区管理处，1942 年 . —10 页

A0496 F426.81

农林经济部蚕丝产销协导委员会浙江办事处三十六年度工作报告/农林经济部蚕丝产销协导委员会浙江办事处编 . —浙江：农林经济部蚕丝产销协导委员会浙江办事处，1947 年 . —35 页

A0497 J523.6

女子刺绣教科书 1 版/张华琛，许频韵编纂 . —上海：商务印书馆，1934 年 2 月 . —93 页；19cm×13cm

A0498 TS103.1

皮辊工程学/吴支峰著 . —重庆：申新第四纺织厂，1942 年 . —110 页

A0499 TS103.1

皮圈式大牵伸［译］/（英）诺该拉（J. Noguera）编著；何达译 . —上海：中国纤维工业研究所，1947 年 7 月 . —122 页

本书共 13 章，介绍棉纺的牵伸、滚子式牵伸装置、大牵伸、大牵伸装置的各种形式、现代卡式大牵伸装置、卡式牵伸装置的实地应用、大牵伸的经济学、单程粗纺机、特种混棉的处理、大牵伸方法的采用等。

A0500 TS192

漂棉学/张迒生著 . —上海：华商纱厂联合会，1924 年 . —110 页

本书分水、棉、漂白上所用各种药品、煮棉、漂白、棉花漂白、纱线漂白、布匹漂白、布匹漂白（续）和整理 10 章。

A0501 TS192

漂染概论 初版（工学小丛书）/谭勤余编译 . —上海：商务印书馆，1936 年 1 月 . —228 页；19cm×13cm

本书分为精练漂白、浸染、印染、染织物之整理工程共 4 章。

A0502 TS192

漂染概论 第 2 版（工学小丛书）/谭勤余编译 . —上海：商务印书馆，1936 年 7 月 . —228 页；19cm×13cm

A0503 TS192

漂染概论 第 3 版（工学小丛书）/谭勤余编译 . —长沙：商务印书馆，1939 年 6 月 . —228 页

A0504 TS192

漂染概论 第 4 版/谭勤余编译 . —上海：商务印书馆，1950 年 . —228 页

A0505 TS192

漂染概论 第 5 版（现代工业小丛书）/谭勤余编译 . —上海：商务印书馆，1951 年 5 月 . —228 页；19cm

A0506 TS195

漂染印花整理学 初版/中国纺织染工程研究所委员会编

室编著 . —上海：中国纺织染工程研究所，1945 年 . —124 页

A0507 TS195

漂染印花整理学　第 2 版（纤维工业丛书）/中国纺织染工程研究所委员会编室编著 . —上海：中国纺织染工程研究所，1946 年 . —146 页

本书第 2 版从漂染、印花和整理三部分对染化理论和技术做了系统论述。

A0508 TS195

漂染印花整理学　修订本（纤维工业丛书）/中国纺织染工程研究所委员会编室编著 . —上海：中国纺织染工程研究所，1952 年 . —184 页

A0509 TS195

漂染印整工厂日用手册/南通学院纺织科染化工程系 . —上海：染织纺周刊社，1937 年 . —1 册

A0510 TS193

漂洗和染色/顾元培编著 . —上海：中华书局，1936 年 . —40 页

A0511 TS103-65

平备机械装置及保全标准（纺织染丛书）/中国纺织建设股份有限公司工务处棉纺织技术促进准备股编 . —上海：中国纺织建设公司，1949 年 . —370 页；21cm

A0512 TS1-53

平湖陆辅舟先生文录/陆辅舟著；钱贯一辑 . —平湖：出版者不详，1932 年 . —266 页；21cm×15cm

陆辅舟，浙江平湖人，早年留学日本学习纺织技术与管理，回国后管理建设恒丰纱厂以及大中华纱厂，又为华商纱厂联合会编季刊，在民国中期是纺织业风云人物。英年早逝后，友人遂收集其纺织方面文章 22 篇，并编成文集。卷首有朱升芹、汪树盘、毛翼丰的序。

A0513 F426.81

平汇水与设厂纺纱/刘家富著 . —出版地不详：作者自发行，1925 年 2 月 . —26 页

本书阐述平汇水对云南省筹设纺纱工厂、引进机器设备的好处。

A0514 TS103.2

七七纺纱机之制造及使用/李荣耀著 . —出版地不详：建设周报，1939 年 . —16 页

A0515 F426.81

七省华商纱厂调查报告（国立中央研究院社会科学研究所丛刊　第七种）/王子建，王镇中编著 . —上海：商务印书馆，1935 年 11 月 . —224 页；23cm×16cm

本书调查了江苏、浙江、安徽、江西、湖北、湖南、山东七省华商纱厂生产状况。

A0516 F426.81

七省华商纱厂调查报告　第 2 版（国立中央研究院社会科学研究所丛刊　第七种）/王子建，王镇中编著 . —上海：商务印书馆，1936 年 2 月 . —224 页；23cm×16cm

A0517 F426.81

启东大生第二纺织公司第二十五届帐略/大生第二纺织公司编 . —上海：大生第二纺织公司，1931 年 . —12 页

本书附章程草案、股本二千以上股东名单。

A0518 J523.1-63

起文丝织厂样本目录/起文丝织厂 . —出版地不详：起文丝织厂，民国时期出版 . —58 页；19cm×13cm

A0519 F426.81

秦豫棉况一览/通成公司天津分公司棉业部编 . —天津：通成公司天津分公司棉业部，1936 年 . —1 册

A0520 F426.81

青岛华新纱厂特刊/青岛华新纱厂编 . —青岛：青岛华新纱厂，1937 年 . —146 页

本书介绍该厂沿革、厂务管理、植棉、教育、福利等概况。

A0521 F426.81

青岛中纺各厂设备之特点/中国纺织建设公司青岛分公司编 . —青岛：中国纺织建设公司青岛分公司，1948 年 . —138 页；26cm×38cm

本书从厂房建筑、机械和工厂设备三个方面探讨了相关设备的特点。

A0522 TS1

青纺技进班第一届结业纪念刊/中国纺织建设股份有限公司编 . —青岛：中国纺织建设股份有限公司，1948 年 . —168 页

本书含题词、照片、专载、技术研究、通信录等。

A0523 TS1

青纺三年/中国纺织建设公司青岛分公司编 . —青岛：中国纺织建设公司青岛分公司，1949 年 . —194 页

本书目次页书名题为《三五、三六、三七年度统计目录》，内分管理统计、工务统计等。末附：三十八年元月至五月统计。

A0524 TS112.2-65

清棉部机械运转工作标准（纺织染丛书第八辑）/中国纺织建设股份有限公司专门技术研究班清棉组著 . —上海：中国纺织建设股份有限公司，1949 年 2 月 . —73 页；22cm×15cm

本书分原棉处理、各机开关车程序、分段换卷与落卷方法、各机扫除法、加油、试验方法、温湿度标准、运送工具及搬运方法、清棉工厂之消防工作、工人训练及工资计算

10 章。

A0525 TS112.2-65

清棉部机械运转工作标准　再版/中国纺织建设股份有限公司专门技术研究班清棉组著．—上海：中国纺织建设公司，1950 年．—73 页；21cm

A0526 TS112.2-65

清棉机械装置及保全标准（纺织染丛书第二辑）/中国纺织建设股份有限公司专门技术研究班著．—上海：中国纺织建设月刊社，1948 年．—373 页；22cm×15cm

本书共 4 篇，介绍清棉机械的装置、保全，特种装置及应用工具，清棉机械标准名称及图样等。

A0527 TS112.2-65

清棉机械装置及保全标准　增订再版/中央纺织工业部华东纺织管理局编．—上海：中央纺织工业部华东纺织管理局，1951 年．—431；21cm

A0528 F426.81

庆丰纺织漂染整理股份有限公司第十四届账略/庆丰纺织印染公司编．—出版地不详：锡成公司代印，1936 年．—5 页；27cm×16cm

A0529 F426.81

庆丰纺织印染公司印染工程训练班结业纪念刊/庆丰纺织印染公司编．—出版地不详：庆丰纺织印染公司印染工程训练班，1950 年．—94 页；26cm

A0530 F426.81

全国纺织业联合会第二届大会特刊（纺联会刊第一辑）/全国纺织业联合会编．—上海：中华民国机器棉纺织工业同业工会联合会，1947 年．—236 页

本书含 20 余篇论文及会议记录、提案原文、本会修订章程、会员合影等。

A0531 F426.81

全国花纱布管理委员会三十七年下半年度业务计划及营业预算/财政部全国花纱布管理委员会．—出版地不详：财政部全国花纱布管理委员会，1948 年．—9 页；25cm×18cm

本书内分营业计划、收支概算两部分。

A0532 F426.81

全国经济委员会棉业统制委员会三年来工作报告/全国经济委员会棉业统制委员会编．—南京：全国经济委员会棉业统制会，1937 年 6 月．—34 页；26cm×19cm

A0533 F426.81

全国棉纺织厂调查统计汇编/全国经济委员会棉业统制委员会编．—南京：全国经济委员会棉业统制会，1937 年．—70 页

A0534 F426.81

全国棉纺织厂统计资料汇编/全国经济委员会棉业统制会编．—南京：全国经济委员会棉业统制会，1937 年．—70 页

本书的统计数据分机械、制造、劳工 3 大类。

A0535 F426.81

全国棉纺织厂调查统计/美援花纱布联营处编．—出版地不详：美援纱花布联营处，1949 年．—33 页；19cm×27cm

本书内有全国棉纺织厂纱锭、布机、设备、规模等统计数字。

A0536 TS193.2

染料概论　初版（染化丛书）/谭勤余编译．—上海：商务印书馆，1935 年 11 月．—88 页；19cm×13cm

本书分天然染料、人造染料、染料工业之发达史、染料之兄弟、染料之主要用途、染料工业之始祖拍琴先生、染料之分类等十个章节。

A0537 TS193.2

染料概论　第 2 版（染化丛书）/谭勤余编译．—上海：商务印书馆，1937 年．—88 页

A0538 TQ610.6

染料及其半制品之制造　初版［译］（染化丛书）/（?）J. C. Cain, J. F. Thorpe 著；朱积煊，高维礽译．—上海：中华书局，1935 年 9 月．—148 页；19cm×14cm

本书分为染料工业基础、半制品的合成、染料合成法及染料的应用四部分内容。

A0539 TQ610.6

染料及其半制品之制造　第 8 版［译］（化学工业小丛书）/（?）J. C. Cain, J. F. Thorpe 著；朱积煊，高维礽译．—上海：中华书局，1948 年 8 月．—255 页

本书第 8 版新增染料原料的分馏和分批结晶精制法，半制品和染料的合成法部分新增刚果红、直接蓝、阴丹士林、靛蓝、海龙蓝及硫化染料等。

A0540 TS193

染色浅说/罗时察著．—杭州：浙江省抗日自卫委员会战时教育文化事业委员会，1939 年．—48 页

A0541 TS193

染色实验法　初版（职业学校教科书）/吴与言编著；卢金声校．—长沙：商务印书馆，1939 年．—87 页

本书介绍棉之精炼漂白、毛之精练漂白、丝之精练漂白、直接染料染棉、直接染料染毛、直接染料染丝、直接染料染人造丝、直接染料染棉显色、直接染料染丝显色、盐基性染料染棉、盐基性染料染毛等 45 类染色实验方法。

A0542 TS193

染色实验法　再版［港台］（人人书库丛书）/吴与言编

著 .—台北：台湾商务印书馆股份有限公司，1973 年 .—87 页

A0543 TS193
染色实验法 第 3 版（职业学校教科书）/吴与言编著；卢金声校 .—上海：商务印书馆，1946 年 .—87 页

A0544 TS193
染色实验法 第 5 版（职业学校教科书）/吴与言编著 .—上海：商务印书馆，1947 年 .—87 页

A0545 TS193
染色试验法/张迭生著 .—上海：华商纱厂联合会，1924 年 12 月 .—100 页；23cm×16cm

A0546 TS193
染色术（万有文库）/孟心如著 .—上海：商务印书馆，1930 年 4 月 .—94 页；18cm×12cm

A0547 TS193
染色术（工学小丛书）/孟心如著 .—上海：商务印书馆，1933 年 5 月 .—94 页；19cm×13cm
本书 1933 年版分 17 章，分述染色的历史、学说、媒染、受染色纤维及其染色前预备处理、染色机械、用水、分类法等，并介绍盐基性染料、酸性染料、直接染料、媒染染料、硫化染料、显色染料等各类染料的染色术。

A0548 TS193
染色术 第 2 版/孟心如著 .—上海：商务印书馆，1934 年 3 月 .—94 页；19cm×13cm

A0549 TS193
染色术 第 3 版/孟心如著 .—上海：商务印书馆，1934 年 6 月 .—94 页；19cm×13cm

A0550 TS193
染色术 第 4 版/孟心如著 .—上海：商务印书馆，1935 年 6 月 .—94 页；19cm×13cm

A0551 TS193
染色术 第 6 版/孟心如著 .—长沙：商务印书馆，1939 年 .—94 页

A0552 TS193
染色术 第 7 版（工学小丛书）/孟心如著 .—上海：商务印书馆，1947 年 3 月 .—94 页；18cm×13cm

A0553 TS193
染色术：南昌染色业补习班讲义/徐传文编著 .—南昌：江西省实施百业教育委员会，1937 年 .—68 页；19cm×13cm

A0554 TS193
染色学（华商纱厂联合会出版书籍第 8 种）/张迭生著 .—上海：华商纱厂联合会，1922 年 .—279 页
本书为华商纱厂联合会出版书籍第 8 种，分为导言、制丝光法、漂白、直接颜料、硫化颜料、盐基颜料、粉红颜料与玫瑰颜料、酸性颜料、媒染颜料、酸性媒染颜料、阿尼林元色、甕染颜料、冰染颜料、亿利登红、皮革等染法、染色机器、染色学理、漂染工厂各部分之布置及其管理方法、中国染业、染料工业概论等专论、各种颜料名称及制造厂名一览表和各种参考书报附录等 18 章。

A0555 TS193
染色学/张迭生著 .—上海：光中染织厂，1929 年 .—1 册

A0556 TS193
染色学 初版/沈觐寅编；谭勤余校 .—北京：商务印书馆，1927 年 .—321 页
本书分水及染色应用之化学药品、植物纤维之染色、动物纤维之漂洗染色、人造染料 4 编，共 38 章。

A0557 TS193
染色学 国难后 1 版/沈觐寅编 .—上海：商务印书馆，1933 年 .—321 页

A0558 TS193
染色学 第 2 版/沈觐寅编；谭勤余校 .—上海：商务印书馆，1935 年 .—321 页

A0559 TS193
染色学大纲 ［译］/（德）大德颜料厂编 .—济南：德孚洋行，1912 年 .—34 页

A0560 TS193
染色学纲要 初版 ［译］（职业学校教科书）/（日）中岛武太郎，老田他鹿铁著；李文译；喻飞生校 .—上海：商务印书馆，1927 年 .—179 页；19cm×13cm
本书分为绪论、染色用纤维、染色用水与染色用药剂、精练与漂白、浸染法、交织物浸染法、色彩之理与染料之混合、附录等章节。

A0561 TS193
染色学纲要 第 2 版 ［译］/（日）中岛武太郎，老田他鹿铁著；李文译；郑尊法校 .—上海：商务印书馆，1929 年 .—179 页

A0562 TS193
染色学纲要 第 3 版 ［译］/（日）中岛武太郎，老田他鹿铁著；李文译；郑尊法校 .—上海：商务印书馆，1930 年 .—179 页

A0563　TS193

染色学纲要　国难后 1 版［译］/（日）中岛武太郎，老田他鹿铁著；李文译．—上海：商务印书馆，1932 年 11 月．—147 页；21cm×15cm

A0564　TS193

染色学纲要　改订第 1 版［译］/（日）中岛武太郎，老田他鹿铁著；李文译．—上海：商务印书馆，1940 年．—182 页

本书共 6 章，介绍染色用纤维、染色用水与染色用药剂、精练与漂白、浸染法、交织物浸染法以及色彩之理与染料的混合等。

A0565　TS193

染色学纲要　改订第 2 版［译］/（日）中岛武太郎，老田他鹿铁著；李文译．—上海：商务印书馆，1947 年．—182 页

A0566　TS193

染色学纲要　改订第 3 版［译］/（日）中岛武太郎，老田他鹿铁著；李文译．—上海：新学会社，1948 年．—182 页

A0567　TS193

染色学纲要　改订第 4 版［译］/（日）中岛武太郎，老田他鹿铁著；李文译．—上海：商务印书馆，1949 年．—182 页

A0568　TS193

染色学纲要　改订第 5 版［译］/（日）中岛武太郎，老田他鹿铁著；李文译．—上海：商务印书馆，1951 年．—182 页

A0569　TS193.2

染色用药品　初版/周南藩编著．—上海：商务印书馆，1947 年．—100 页

本书共 8 章，讲述染色用药剂的分类以及酸类、盐基及盐类、油及脂肪类、肥皂类、鞣酸及含鞣质材料、显色剂类的染色用药品等。

A0570　TS193.2

染色用药品　再版［港台］/周南藩编著．—台北：台湾商务印书馆股份有限公司，1975 年．—100 页

A0571　TS193.2

染色用药品　第 2 版/周南藩编著．—上海：商务印书馆，1948 年．—100 页

A0572　TS190.2

染色整理之补助化学品/英商信昌机器工程有限公司．—上海：英商信昌机器工程有限公司，民国时期出版．—36 页；21cm×15cm

A0573　TS19

染织/浙江（省立）高级工业职业学校染织工程学会出版委员会．—浙江：浙江（省立）高级工业职业学校染织工程学会出版委员会，1935—1936 年．—1 册

A0574　TS19

染织业、针织业概况（职业教育研究丛辑之十八）/潘吟阁编著．—上海：中华职业教育社，1929 年 6 月．—20 页；19cm×13cm

A0575　TS19

染织概论/诸楚卿著．—上海：染织纺周刊社，1936 年．—1 册

A0576　TS19

染织工业（中华百科丛书）/陶平叔编．—上海：中华书局，1936 年．—164 页；19cm×13cm

本书分绪说、染织工业原料、精练漂白法、上丝光法、染色法、机织法 6 章。

A0577　TS19

染织工业　第 2 版（中华百科丛书）/陶平叔编．—上海：中华书局，1939 年．—164 页

A0578　TS19

染织工业　第 3 版（中华百科丛书）/陶平叔编．—上海：中华书局，1940 年．—164 页

A0579　TS19

染织工业　第 4 版（中华百科丛书）/陶平叔编．—昆明：中华书局，1941 年．—164 页

A0580　TS190.4

染织机械概论/诸楚卿著．—上海：染织纺周刊社，1936 年．—1 册

A0581　TS19-53

染织论丛（文集）（染织丛书）/纺织周刊社编．—上海：上海市机器染织业同业公会，1935 年．—124 页

本书择要收录《染织纺周刊》自创刊至三十二期的文章。

A0582　TS195

染织品整理学（染化丛书）/诸楚卿著．—上海：染织纺周刊社，1936 年．—371 页

本书共 31 章，介绍染织品整理工序的内容及方法。

A0583　F426.81

染织业国货征信集/上海市机器染织业同业公会编．—上海：上海市机器染织业同业公会，1938 年．—192 页；26cm×19cm

本书介绍染织业各国货工厂情况，并有产品商标样本。

A0584 F426.81

染织业商情讲义/徐秀晓著.—出版地不详：出版者不详，1949年.—68页；18cm

A0585 TS193.2

人造染料（工学小丛书）/朱积煊编.—上海：商务印书馆，1935年9月.—145页；19cm×13cm

本书共18章，对合成染料做系统论述。

A0586 TS193.2

人造染料 第3版/朱积煊编.—长沙：商务印书馆，1940年2月.—145页；18cm×12cm

本书第3版对原书有所修订。

A0587 TQ34

人造丝 初版（工学小丛书）/高维礽，朱积煊编.—上海：商务印书馆，1935年6月.—161页；19cm×13cm

本书分18章，概述人造丝的发明史略及制造法等。

A0588 TQ34

人造丝 第2版（工学小丛书）/高维礽，朱积煊编.—上海：商务印书馆，1935年11月.—161页；19cm×13cm

A0589 TQ34

人造丝 第3版（工学小丛书）/高维礽，朱积煊编.—上海：商务印书馆，1937年2月.—161页；19cm×13cm

A0590 TQ34

人造丝的统计与制法研究/张时雨著.—上海：广益书局，1932年.—214页

本书分7章，介绍世界各国及我国人造丝发展的情况及制法。

A0591 TQ34

人造丝概论/北平大学工学院编.—北平：北平大学工学院印刷出版，1935年.—37页

A0592 F426.81

人造丝工业报告书（全国经济委员会经济专刊第六种）/全国经济委员会编.—上海：全国经济委员会，1936年5月.—56页；26cm×19cm

本书内分6章，介绍世界人造丝工业概况，我国人造丝织品的输入、价格、关税，我国自行设计造丝厂的计划等。附录技术设备所需材料、资本与成本的计算方法、参考书报等。

A0593 TQ34

人造丝和人造革/王汤诰著.—上海：商务印书馆，1936年.—45页

A0594 TQ34

人造丝及其他人造纤维 初版［译］/（美）达尔苾

（W. D. Darby）著；张泽垚译.—上海：中国科学图书仪器公司，1936年.—63页；19cm×13cm

本书分7章，介绍造丝工业的发展现状、用途、将来等。

A0595 TQ34

人造丝及其他人造纤维 第2版［译］/（美）达尔苾（W. D. Darby）著；张泽垚译.—上海：中国科学图书仪器公司，1939年.—63页

A0596 TQ34

人造丝问题（建设丛刊之二）/程振钧著.—杭州：浙江省建设厅第七科编股，1930年.—14页；26cm×19cm

A0597 TQ34

人造丝制造法/赵良璧著.—上海：新学会社，1935年4月.—92页

本书附录有人造丝之勃兴对于各种纤维工业之影响（冯景秋著）。

A0598 TQ34

人造丝制造法［译］/（英）惠勒（E. Wheeler）著；张泽垚、童永庆译.—上海：商务印书馆，1937年.—212页；23cm×15cm

本书译自 *The manufacture of artificial silk*，分14章，包括人造丝制备方法、形制、用途、产销等内容。

A0599 TQ34

人造丝制造法概论［译］/潘晓春编译.—上海：上海纺织印染厂股份有限公司出版部，1933年.—86页；19cm×14cm

本书分6章，研究各种人造丝制造法和物理、化学性质。

A0600 TS102.5

人造纤维（纺织染丛书）/丁宪祜，王世椿编著.—上海：纤维工业出版社，1948年4月.—140页；21cm×15cm

本书分23章，介绍了含纤维素人造纤维、蛋白质人造纤维、合成重合纤维的特点和性质。

A0601 F331.363

日本蚕丝业视察概略/盛克勤著.—四川：大华生丝公司，1933年.—163页；19cm×14cm

本书介绍日本蚕丝业的新技术、新机械，以及蚕丝业的发展趋势。

A0602 F331.363

日本蚕丝业之概况（日本研究会小丛书）/陈贵琴编.—南京：日本评论社，1934年5月.—20页；19cm×13cm

本书共4节，内分政府的设施、社会的努力、蚕丝业的实况、结论。

A0603 F331.363

日本蚕丝业之统制（日本研究会小丛书）/南柔编.—南

京：正中书局，1933 年 6 月．—40 页；19cm×14cm

本书共 5 节，内分绪言、日本蚕丝业统制之概观、蚕丝业之大规模化及独占、蚕丝价与需给之统制、蚕丝业的计划与统制。

A0604　F431.368

日本棉纺织业考察纪略（中国棉业公司刊物之二）/吴文伟编．—上海：中国棉业贸易公司，1937 年 6 月．—72 页；19cm×13cm

A0605　F431.368

日本新设纱厂之实绩（全国经济委员会棉业统制委员会专刊第三种）/全国经济委员会棉业统制委员会编．—南京：全国经济委员会棉业统制委员会，1935 年．—139 页；26cm×18cm

本书记载了日本 1930 年左右创建的新型纱厂及其机器、装置等的情况。

A0606　F431.368

日本之棉纺织工业/王子建著．—北京：社会调查所，1933 年 1 月．—202 页；23cm×15cm

本书分历史的回顾、棉业组织（一）、棉业组织（二）、原棉、劳工状况、工人能力及成本、生产及消费、海外市场 8 个章节。

A0607　F331.361

日本之棉业及其所谓华北棉产开发问题/李捷才著．—出版地不详：外交部亚洲司研究室，民国时期出版．—40 页

A0608　F426.81

荣丰纺织厂股份有限公司职员服务暂行规则/荣丰纺织厂编．—上海：荣丰纺织厂，1947 年．—18 页；22cm×15cm

本规则于民国三十六年五月十七日第二届第五次董事会通过，民国三十六年六月一日施行。末附该职员试用暂行办法、职员假旷计分暂行办法等。

A0609　F426.81

入厂须知　申新第四纺织厂渝厂/申新第四纺织厂渝厂编．—重庆：申新第四纺织厂渝厂，194？年．—42 页

A0610　F426.81

三年来浙江蚕丝合作事业暨卅八年蚕丝合作事业计划(1946—1948)/浙江省合作联合社编．—浙江：浙江省合作联合社，194？年．—15 页

A0611　F426.81

三十六年棉纺织业大事记（纺联会刊）/全国纺织业联合会编．—上海：全国纺织业联合会，1948 年．—38 页

本书汇编各纺织厂花纱布产、销、存的调查材料。

A0612　TS143

缫丝学概论（工学小丛书）/贺康著；徐培生校．—上

海：商务印书馆，1931 年．—208 页

本书分为蚕茧、烘茧及藏茧、蚕茧纤维、缫丝工程、缫丝之用水、缫丝厂运转之大概、生丝之研究、生丝检查 8 个章节。

A0613　TS143

缫丝学概论　第 2 版（工学小丛书）/贺康著；徐培生校．—上海：商务印书馆，1934 年 3 月．—208 页

A0614　TS143

缫丝学概论　第 3 版（工学小丛书）/贺康著；徐培生校．—上海：商务印书馆，1935 年 5 月．—208 页；19cm×13cm

A0615　TS1

色布制造简法　石印本/浙江省染织厂编．—云和：浙江染织厂，1941 年．—6 页

A0616　F407.81

纱（又名上海之棉纱与纱业）　（商品调查丛刊第三编）/上海商业储蓄银行调查部编．—上海：上海商业储蓄银行信托部，1931 年 10 月．—226 页；19cm×13cm

本书介绍上海棉纱的种类、供需、运销、交易，上海纱厂、纱业金融、棉纱价格、纱业团体和上海纱业改善的方针。附录：上海纱厂一览表、外埠纱厂一览表、上海纱号一览表等。

A0617　F407.81

纱布厂经营标准/任学礼著．—南京：全国经济委员会棉业统制会，1934 年．—1 册

A0618　F407.81

纱布交易所结价涉讼案之经过/叶赓斋等编．—上海：作者自发行，1932 年．—157 页；19cm×13cm

A0619　F407.81

纱厂成本计算法　初版/何达著．—上海：中国纤维工业研究所，1938 年．—110 页；20cm×15cm

本书分 13 章，概述纱厂成本计算的理论与方法，其中包括纱厂工资、电力费、折旧费、原棉成本、利息、燃料费、职员薪金、保险费、捐税、机械修理费、房屋修理费等项。

A0620　F407.81

纱厂成本计算法　第 2 版/何达著．—上海：中国织维工业研究所，1944 年．—110 页；20cm×15cm

A0621　F407.81

纱厂成本计算法　第 3 版/何达著．—上海：中国织维工业研究所，1946 年．—110 页；20cm×15cm

A0622　F426.81

纱厂大全/童溪石编译．—上海：上海纺织丛书编辑社，1922 年．—134 页；26cm×18cm

本文分四编，含棉纱计算、引伸计算、棉纺工程、特载等内容。

A0623 TS112.2

纱厂机械算法＝Cotton mill machinery calculation 初版 ［译］／（美）派扣著；杨思源译．—上海：出版者不详，1920年．—1册；26cm×19cm

A0624 TS112.2

纱厂机械算法＝Cotton mill machinery calculation 第3版 ［译］／（美）派扣著；杨思源译．—上海：出版者不详，1929年3月．—90页；26cm×19cm

A0625 TS1-62

纱厂日用手册／华商纱厂联合会．—上海：华商纱厂联合会刊，1930年1月．—84页；16cm×9cm

A0626 F407.81

纱花布匹交易（美商环球信托公司经济研究部市场知识丛书之四）／张一凡编；王海波校订．—上海：著者人书屋，1940年11月．—88页；18cm×13cm

A0627 F426.81

山东棉业调查报告：民国二十四年调查／金城银行总经理处天津调查分部．—天津：金城银行总经理处天津调查分部，1936年．—238页；27cm×20cm

A0628 F426.81

山东省立工业试验所报告书／山东工业试验所编．—济南：北洋印刷公司，1930年．—262页

A0629 F326.3

山东省之蚕丝（中国经济统计研究所 工业门蚕丝类）／蒋滋福纂辑；董修甲审查；刘大钧核定．—出版地不详：中国经济统计研究所，1936年12月．—17张；29cm×22cm

A0630 F426.81

山西省政十年建设计划人造丝厂专案／山西省政设计委员会．—山西：山西省政设计委员会，1932年．—18页

本书探讨"省政十年建设计划"的制定和实施。

A0631 F426.81

陕甘宁边区民间纺织业／罗琼著．—延安：中国妇女社，1946年．—48页

A0632 F426.81

陕西省第一届棉业讨论会会刊／陕西省建设厅编．—西安：陕西省建设厅，1932年5月．—1册

A0633 F329.06

陕西棉产估计调查报告（陕西棉产改进所专刊第一种）／陕西棉产改进所编．—西安：陕西棉产改进所，1934

年．—65页

本书概述该省土壤、气候，各县棉种、棉田面积、皮棉产额，以及棉花交易、运销、税捐等情况。

A0634 TS102.2

陕西棉花产销合作社一年来之概况／陕西棉产改进所编．—陕西：陕西棉产改进所，1935年．—1册；29cm×19cm

A0635 F329.06

陕西棉业／李国桢主编．—西安：中国棉业出版社，1947年3月．—314页

本书内分"陕西棉业之今昔""陕棉之栽培及改良""陕棉之品质检定及分级检验工作""棉业经济"4章，辑入有关论文19篇。

A0636 F329.06

陕西棉产／李国桢主编．—南京：中国棉业出版社，1949年．—88页

本书是继《陕西棉业》一书而报道有关陕西棉花的参考书籍。介绍历年全省棉田面积及产量，1947年主要产棉各县棉田占耕地百分数，陕西各县棉产情况等。末附各县棉产分布图。

A0637 TS117

陕西棉检／农林部棉产改进处西安分处陕西省棉花检验所编．—西安：农林部棉产改进处西安分处陕西省棉花检验所，1949年．—150页

A0638 F426.81

汕头抽纱工业／翁桂清著．—出版地不详：出版者不详，1940年．—8页；21cm

A0639 F426.81

上海德大纱厂有限公司招股章程／德大纱厂有限公司．—上海：德大纱厂有限公司，民国时期出版．—1册；26cm×15cm

A0640 F426.81

上海第五纺织厂巡回督导团报告书／吴德明呈报．—出版地不详：中国纺织建设公司，1948年．—208页；27cm×21cm

A0641 F426.81

上海第一制造麻厂概况／上海第一制麻厂．—上海：上海第一制麻厂，1937年．—39页

A0642 F426.81

上海鼎新染织厂股份有限公司／鼎新染织厂股份有限公司．—上海：鼎新染织厂股份有限公司，民国时期出版．—1册；27cm×19cm

A0643 F426.81

上海纺织印染有限公司增资特刊／上海纺织印染有限公司编．—上海：上海纺织印染有限公司，1933年．—52页；

28cm×20cm

　　本书内容有增资缘起、增股简章、组织系统、章程等。

A0644　G649. 29

　　上海恒丰纺织新局附设纺织学校民一八级纪念刊/上海恒丰纺织新局附设纺织学校编 . —上海：上海恒丰纺织新局附设纺织学校，1935 年 . —79 页

　　本书收录了同学会会章、级友通信录、多位知名先生的讲演及部分学员的研究论文。

A0645　F426. 81

　　上海鸿章纺织染厂有限公司壬戌年报告书/上海鸿章纺织染厂编 . —上海：上海鸿章纺织染厂，1922 年 . —1 册；26cm×15cm

A0646　F426. 81

　　上海鸿章纺织染厂有限公司癸亥年报告书/上海鸿章纺织染厂编 . —上海：上海鸿章纺织染厂，1923 年 . —1 册；26cm×15cm

A0647　F426. 81

　　上海鸿章纺织染厂有限公司甲子年报告书/上海鸿章纺织染厂编 . —上海：上海鸿章纺织染厂，1924 年 . —1 册；26cm×15cm

A0648　F426. 81

　　上海鸿章纺织染厂乙丑年营业帐略报告书/上海鸿章纺织染厂编 . —上海：上海鸿章纺织染厂，1925 年 . —1 册；26cm×15cm

A0649　F426. 81

　　上海鸿章纺织染厂丙寅年营业帐略报告书/上海鸿章纺织染厂编 . —上海：上海鸿章纺织染厂，1925 年 . —1 册；26cm×15cm

A0650　F426. 81

　　上海鸿章纺织染厂丁卯年营业帐略报告书/上海鸿章纺织染厂编 . —上海：上海鸿章纺织染厂，1927 年 . —1 册；26cm×15cm

A0651　F426. 81

　　上海鸿章纺织染厂戊辰年营业帐略报告书/上海鸿章纺织染厂编 . —上海：上海鸿章纺织染厂，1928 年 . —1 册；26cm×15cm

A0652　F426. 81

　　上海鸿章纺织染厂己巳年营业帐略报告书/上海鸿章纺织染厂编 . —上海：上海鸿章纺织染厂，1929 年 . —1 册；26cm×15cm

A0653　F426. 81

　　上海鸿章纺织染厂拾玖年营业帐略报告书/上海鸿章纺织染厂编 . —上海：上海鸿章纺织染厂，1930 年 . —1 册；26cm×15cm

A0654　F426. 81

　　上海鸿章纺织染厂贰拾年营业帐略报告书/上海鸿章纺织染厂编 . —上海：上海鸿章纺织染厂，1931 年 . —1 册；26cm×15cm

A0655　F426. 81

　　上海鸿章纺织染厂贰拾壹年营业帐略报告书/上海鸿章纺织染厂编 . —上海：上海鸿章纺织染厂，1932 年 . —1 册；26cm×15cm

A0656　F426. 81

　　上海鸿章纺织染厂贰拾贰年营业帐略报告书/上海鸿章纺织染厂编 . —上海：上海鸿章纺织染厂，1933 年 . —1 册；26cm×15cm

A0657　F426. 81

　　上海鸿章纺织染厂贰拾肆年营业帐略报告书/上海鸿章纺织染厂编 . —上海：上海鸿章纺织染厂，1935 年 . —1 册；26cm×15cm

　　本书含该厂 1935 年度的营业状况概述及决算表等。

A0658　F426. 81

　　上海鸿章纺织染厂贰拾伍年营业帐略报告书/上海鸿章纺织染厂编 . —上海：上海鸿章纺织染厂，1936 年 . —1 册；26cm×15cm

A0659　F426. 81

　　上海华商纱布交易所股份有限公司第一届营业报告书（中华民国十年十二月止）/上海华商纱布交易所股份有限公司编 . —上海：上海华商纱布交易所股份有限公司，1921 年 . —52 页；23cm×16cm

A0660　F426. 81

　　上海华商纱布交易所股份有限公司第二届营业报告书（中华民国十一年六月止）/上海华商纱布交易所股份有限公司编 . —上海：上海华商纱布交易所股份有限公司，1922 年 . —58 页；23cm×16cm

A0661　F426. 81

　　上海华商纱布交易所股份有限公司第三届营业报告书（中华民国十一年七月至十二月止）/上海华商纱布交易所股份有限公司编 . —上海：上海华商纱布交易所股份有限公司，1922 年 . —58 页；23cm×16cm

A0662　F426. 81

　　上海华商纱布交易所股份有限公司第四届营业报告书（中华民国十二年六月止）/上海华商纱布交易所股份有限公司编 . —上海：上海华商纱布交易所股份有限公司，1923 年 . —78 页；23cm×16cm

A0663 F426.81

上海华阳染织厂第二厂周年特刊/华阳染织厂．—上海：华阳染织厂，1939年9月．—104页；20cm×14cm

A0664 F426.81

上海棉布 初版（上海市博物馆丛书：乙类）/徐蔚南著．—上海：中华书局，1936年11月．—22页；23cm×16cm

本书概述上海棉布之起源、类别、销路、生产量及纺织工具、织工等。

A0665 F426.81

上海棉布 第2版（上海市博物馆丛书：乙类）/徐蔚南著．—上海：中华书局发行所发行，1937年6月．—22页；23cm×16cm

A0666 F768.1

上海棉纱贸易概况/毕云程编．—上海：纱业公所，民国时期出版．—114页；19cm×14cm

A0667 F426.81

上海区机器棉纺织工业同业公会章程修正草案/上海区机器棉纺织工业同业公会．—上海：机器棉纺织工业同业公会，1948年6月．—24页；21cm×15cm

A0668 F426.81

上海染料输入状况及染料染色工业之现状/特种经济调查处．—出版地不详：特种经济调查处，1940年8月．—19页

A0669 F426.81

上海染织业概况/单岩基著．—出版地不详：中国经济研究会工业调查丛刊，1943年10月．—31页

A0670 F426.81

上海纱厂的生产效率问题、上海棉纺织工业的电力供应问题/中国工业经济研究所编．—上海：工商经济出版社，1949年．—12页

A0671 F426.81-62

上海纱业公所同业录/上海纱业公所编．—上海：上海纱业公行，民国时期出版．—18页

A0672 F426.81

上海市纺织印染工业/工商部上海工商辅导处调查资料编委员会编．—上海：工商部上海工商辅导处调查资料编委员会，1948年11月．—274页；25cm×18cm

本书版权页书名《上海市纺织漂染印染工业》，介绍上海纺织漂染印整各业情况，有机器、原料，产品的名称、规格或说明，各业工厂之厂名、负责人、地址等。

A0673 F426.81

上海市机器染织工业同业公会会员录/上海市机器染织业同业公会．—上海：上海市机器染织业同业公会，1947年．—1册；19cm×13cm

A0674 F426.81

上海市机器染织工业同业公会会员录 续集/上海市机器染织业同业公会．—上海：上海市机器染织业同业公会，1948年1月．—1册；19cm×13cm

A0675 G649.29

上海市立工专纺织科毕业纪念刊/上海市立工业专科学校编．—上海：上海市立工业专科学校，1947年．—100页

A0676 F426.81

上海市毛绒纺织整染工业同业公会会员名册/上海毛绒纺织整染工业同业会编．—上海：上海毛绒纺织整染工业同业会，1946年．—12页；21cm×14cm

A0677 F426.81

上海市民营棉纺织工业概况/苏浙皖京沪区机器棉纺织工业同业公会制．—上海：苏浙皖京沪区机器棉纺织工业同业公会，1949年5月．—29页

A0678 F426.81

上海市丝光漂染业职业工会部年刊/袁召辛编．—上海：上海市丝光漂染业职业工会，1947年6月．—51页；26cm×19cm

本书内收顾炳元等人撰写的短文11篇及三十五年度工作报告。

A0679 F426.81

上海丝织厂业近况（中国经济统计研究所 工业门丝织类）/吴德麟调查；李植泉纂辑；吴德麟审查；刘大钧核定．—上海：国民经济研究所，1940年．—12页；28cm×22cm

A0680 F426.81

上海丝织业概览/联合征信所调查组编．—上海：联合征信所，1947年5月．—295页；19cm×13cm

本书介绍上海丝织业产销概况、上海市电机丝织工业同业公会（后并入第四区丝织工业同业公会）会员的厂商名称。附录有上海组织产销联营股份及联营组织规程，第四区丝织工业同业公会章程、业规及理监事名录。

A0681 F426.81

上海私营棉纺概况/上海市人民政府工商局调研室编．—上海：上海市人民政府工商局调研室，1949年．—38页；26cm

A0682 F426.81

上海特别市毛纺织厂业同业公会会员名册/上海特别市毛纺织厂业同业公会编．—上海：上海特别市毛纺织厂业同业公会，1944年．—8页；19cm×13cm

本书内含同业公会会员的商号名称、业主姓名、厂址等。

A0683　F426.81

　上海之棉花与棉业/上海商业储蓄银行调查部编 .—上海：上海商业储蓄银行信托部，1931 年 .—184 页

A0684　F426.81

　上海之棉纱与纱业/上海商业储蓄银行调查部编 .—上海：上海商业储蓄银行调查部，1931 年 .—226 页

A0685　F426.81

　上海天益染织厂最新样本/上海天益染织厂 .—上海：上海天益染织厂，民国时期出版 .—1 册；27cm×17cm

A0686　F426.81

　上海五和织造厂股份有限公司结算报告：民国三十一年份/上海五和织造厂股份有限公司 .—上海：上海五和织造厂股份有限公司，1943 年 3 月 .—1 册；21cm×13cm

A0687　F426.81

　上海物华电机丝织有限公司染色样本/上海物华电机丝织有限公司 .—上海：上海物华电机丝织有限公司，民国时期出版 .—1 册；27cm×20cm

A0688　F426.81

　上海永安纺织股份有限公司开幕纪念册/上海永安纺织股份有限公司 .—上海：上海永安纺织股份有限公司，1924 年 .—1 册；28cm×19cm

A0689　F426.81

　上海永安纺织股份有限公司全厂办事规程/上海永安纺织股份有限公司 .—上海：上海永安纺织股份有限公司，192? 年 .—56 页；22cm×14cm

A0690　F426.81

　上海裕民毛绒线厂股份有限公司职工服务规则/上海裕民毛绒线厂股份有限公司 .—上海：裕民毛绒线厂股份有限公司，1941 年 1 月 .—26 页；15cm×11cm

A0691　F426.81

　上海振泰纺织公司达丰染织公司两厂摄影/上海振泰纺织公司 .—上海：上海振泰纺织公司，1929 年 .—51 页

A0692　F426.81

　上海振泰纺织股份有限公司二十四年第十五届帐略/上海振泰纺织股份有限公司 .—上海：振泰纺织股份有限公司，1935 年 .—1 册；26cm×15cm

A0693　F426.81

　上海振新绸布染厂/上海振新绸布染厂 .—上海：上海振新绸布染厂，民国时期出版 .—1 册；22cm×16cm

A0694　F426.81

　上海之丝业/上海特别市社会局编 .—上海：上海特别市社会局，民国时期出版 .—14 页；14cm×10cm

A0695　TS103.2-63

　上海中央机器制造厂高速度绕纱机样本/上海中央机器制造厂编 .—上海：上海中央机器制造厂，民国时期出版 .—10 页；27cm×23cm

　本书介绍改产研制的绕纱机的功用和各部位机件信息。

A0696　F426.81

　上海总商会商品陈列所第二次报告书/上海总商会商品陈列所编 .—上海：上海总商会商品陈列所，1923 年 .—1 册；23cm×16cm

　本书附专门蚕茧丝绸展览会记录。

A0697　F426.81

　绍兴之丝绸/建设委员会经济调查所统计课编 .—杭州：建设委员会经济调查所，1937 年 1 月 .—54 页；27cm×19cm

　本书介绍桑、蚕、茧、丝、绸缎的生产、捐税、团体组织等情况。

A0698　F426.81

　申新纺织第九厂规章汇编/申新纺织第九厂 .—上海：申新纺织第九厂，1937 年 1 月 .—76 页；22cm×15cm

A0699　F426.81

　申新纺织茂新福新面粉无限公司之工厂概略/申新纺织公司 .—上海：申新纺织公司，民国时期出版 .—16 页

A0700　TS103

　生丝（财政部贸易委员会商品丛书）/夏光耀编著 .—上海：正中书局，1948 年 .—186 页；19cm×13cm

　本书叙述我国蚕丝业之沿革、生产、制造方法、品级标准、用途分析、市场价格、对外贸易等内容。

A0701　F326.3

　生丝产销（行政院新闻局丛刊 33）/行政院新闻局 .—南京：行政院新闻局，1947 年 10 月 .—37 页

A0702　F768.16

　生丝检验论/王天予编著 .—上海：正中书局，1946 年 .—138 页；19cm×13cm

　本书分 20 章，介绍生丝性质和生丝检验的项目、顺序和方法。

A0703　F768.16

　生丝均匀检验浅说/实业部上海商品检验局编 .—上海：实业部上海商品检验局，民国时期出版 .—24 页；21cm×15cm

A0704　TS102.3

　生丝原料学　初版（职业学校教科书）/张绍武编 .—长沙：商务印书馆，1938 年 .—283 页

　本书分 18 章，介绍生茧特点及处理方法。

A0705 TS102.3
生丝原料学 第 2 版/张绍武编.—长沙：商务印书馆，1939 年.—283 页

A0706 TS195
生丝整理检查学/戴元亨著.—南京：中央技专出版组，1942 年.—1 册

A0707 TS103
省立汲县职校提花机/汲县职校.—河南汲县：汲县职校，民国时期出版.—286 页

A0708 F326.39
十年来之蚕丝事业（经济部成立十周年纪念丛刊《十年来之中国经济》）/谭熙鸿主编；谭熙鸿，夏道湘编著.—上海：中华书局，1948 年.—63 页
本书论述蚕丝事业在抗战前、中和胜利后的概况，以及目前面临的困难。

A0709 F426.81
十年来之棉纺织工业（经济部成立十周年纪念丛刊《十年来之中国经济》）/谭熙鸿主编；李升伯著.—上海：中华书局，1948 年.—23 页
本书论述棉纺业在日本侵华战争中遭受的破坏，以及战后的复兴情况和存在的问题。

A0710 F426.81
十年来之纤维研究与试验（经济部中央工业试验所研究专报第一三一号）/张永惠著.—重庆：经济部中央工业试验所，1942 年 5 月.—6 页
本书附有本所关于纤维工业研究试验文献一览表。

A0711 F426.81
石家庄大兴纺织染厂概况/汪文竹著.—石家庄：石家庄大兴纺织染厂，1937 年.—40 页

A0712 F407.81
实例棉纺标准成本计算法/吴欣奇，王世勋，泽井秋治郎编著.—上海：中国纺织建设公司，1948 年 4 月.—1 册；27cm×21cm

A0713 F426.81
实业部商品检验局麻类检验施行细则/实业部商品检验局编.—上海：实业部商品检验局，1935 年.—8 页

A0714 F426.81
实业部商品检验局生丝检验施行细则/实业部商品检验局编.—上海：实业部商品检验局，1935 年.—4 页

A0715 F726
实业部上海商品检验局生丝检验处检验细则/实业部上海商品检验局蚕丝检验组编.—上海：实业部商品检验局蚕丝检验组，1930 年.—5 页

A0716 F726
实业部上海商品检验局蚕丝检验组生丝检验方法/实业部上海商品检验局蚕丝检验组编.—上海：实业部上海商品检验局蚕丝检验组，1933 年.—22 页

A0717 TS103
实用纺织机械（纺织科学友会丛书）/傅道伸著.—上海：南通大学纺织科学友会上海分会，1935 年.—2 册

A0718 TS103
实用纺织机械计算法/郭耀辰译.—上海：中华书局，1937 年.—1 册

A0719 TS103
实用纺织机械学（纺织科学友会丛书）/姚兆康著.—南通：南通大学纺织科学友会，1935 年.—188 页
本书分 13 章，论述力速度和加速度、细纺机的绕纱动作、传动纺纱机所需要的动力等的基本概念和算法等理论知识。

A0720 TS105
实用机织法/黄浩然编.—上海：学海书局，1922 年.—202 页
全书分 9 章，包括织物原料、织物设计与织法、织物组织和织法等内容。

A0721 TS106
实用机织法纹地组织 上/张元寿著.—太原：太原晋兴斋，1934 年.—1 册

A0722 TS106
实用机织法纹地组织 下/张元寿著.—太原：太原晋兴斋，1934 年.—1 册

A0723 TS105
实用机织学 初版 前编（南通学院纺织科学友会上海分会丛书）/傅道伸著.—南通学院纺织科学友会上海分会，1934 年.—194 页
《实用机织学》分前编、中编（上、下册）和后编。前编围绕机织准备机展开。中编分上下两册，围绕力织机展开。后编介绍力织机之管理法。

A0724 TS105
实用机织学 初版 中编（上册）（南通学院纺织科学友会上海分会丛书）/傅道伸著.—上海：南通学院纺织科学友会上海分会，1935 年.—318 页

A0725 TS105
实用机织学 初版 后编（南通学院纺织科学友会上海分会丛书）/傅道伸著.—上海：南通学院纺织科学友会上海

分会，1935 年 . —1 册

A0726　TS105
实用机织学　修增版（纤维工业丛书）/傅道伸著 . —上海：中国纺织染工程研究所，1948 年 . —3 册（194 页，318 页，54 页）
本书修增版为前、中、后编合订本。

A0727　TS105
实用机织学　修增第 2 版（纤维工业丛书）/傅道伸著 . —上海：中国纺织染工程研究所，1947 年 . —3 册（194 页，318 页，54 页）

A0728　TS105
实用机织学　修增再版 1（纤维工业丛书）/傅道伸著 . —上海：中国纺织图书杂志社，1951 年 . —438 页

A0729　TS105
实用机织学　修增再版 2（纤维工业丛书）/傅道伸著 . —上海：中国纺织图书杂志社，1953 年 . —438 页

A0730　TS105
实用机织学　初版/陶平叔著 . —上海：中华书局，1937 年 . —258 页；23cm×15cm
本书共 15 章，介绍原组机、综纩开口装置、穿综穿扣及织法图、变化组机、特殊组机、色线与组机所组成之模纹、多臂机、纬二重及经二重织物、二重织物、二重织物之特殊组机、三重以上之织物、毛绒织物、毛巾织物、纱罗织物等。

A0731　TS105
实用机织学　第 2 版/陶平叔著 . —上海：中华书局，1940 年 . —258 页

A0732　TS105
实用机织学　第 3 版/陶平叔著 . —上海：中华书局，1941 年 . —258 页

A0733　TS105
实用机织学　第 4 版/陶平叔著 . —上海：中华书局，1947 年 . —258 页；22cm×16cm

A0734　TS105
实用机织学　第 5 版/陶平叔著 . —上海：中华书局，1949 年 . —258 页；22cm×16cm

A0735　TS105
实用力织机标准/应寿纪，吕师尧编译 . —上海：上海纺织世界社，1937 年 . —1 册

A0736　TS105
实用皮辊学（纺织丛书）/诚孚公司设计室编 . —上海：

诚孚公司，1944 年 . —1 册

A0737　TS193
实用染色法/陶平叔编 . —上海：有正书局，1920 年 . —92 页

A0738　TS193
实用染色学/陈骈声编；严楹书校阅 . —上海：新学会社，1926 年 7 月 . —280 页

A0739　TS193
实用染色学　上/徐传文著 . —南昌：江西省立南昌工业职业学校，1936 年 . —338 页

A0740　TS193
实用染色学　下/徐传文著 . —南昌：江西省立南昌工业职业学校，1936 年 . —310 页

A0741　F407.81
实用纱布成本计算法/唐熊源著 . —出版地不详：作者自发行，1933 年 . —92 页

A0742　TS143.2
实用生丝检验学（国立中山大学农科丛书）/谢醒农著 . —香港：商务印书馆，1928 年 . —183 页，19 页
本书分上、下两篇，共计 27 章，上编为总论，下编为专论。

A0743　J523.6
实用线绣图案/王燕如编绘 . —上海：商务印书馆，1936 年 3 月 . —45 张；25cm×38cm

A0744　TS194
实用印花学［译］/（日）西田博太郎著；季子译 . —上海：上海振记印务局，1936 年 . —552 页

A0745　TS102.3
实用柞茧缫丝学（河南省柞蚕改良场丛书之二）/任醇修编 . —南召：河南省柞蚕改良场，1943 年 5 月 . —36 页

A0746　TS105.1
实用织物组合学　初版/蒋乃镛著 . —上海：商务印书馆，1937 年 . —355 页
本书分 11 篇，包括织纹组合之基础、三元组织及穿综打花板之原理、配色花纹及平纹变化之各组织、斜纹变化之各组织、缎纹变化之各组织、改变组织、多层组织、起毛组织、纱罗组织和自由纹组织。

A0747　TS105.1
实用织物组合学　第 2 版/蒋乃镛著 . —长沙：商务印书馆，1939 年 . —355 页

A0748 F316.3

世界蚕丝概观（商学小丛书）/朱美予编著.—上海：商务印书馆，1934 年.—159 页；19cm×13cm

本书概述蚕丝的沿革、现状及其前途，分述各国蚕丝业的概况。

A0749 F407.81

世界各国纺织工业/蒋乃镛著.—上海：华美出版社，1949 年.—1 册

本书记述 19 世纪 20~40 年代世界各国纺织工业的状况。全书分为六章，为："亚洲的纺织原料及其工业""北美洲的纺织原料及其工业""南美洲的纺织原料及其工业""欧洲的纺织原料及其工业""非洲的纺织原料及其工业"和"大洋洲的纺织原料及其工业"。其中亚洲和欧洲为重点。

A0750 F407.81

世界各国纺织工业 第 2 版/蒋乃镛著.—上海：华美出版社，1950 年.—47 页；26cm

A0751 F316.1

世界棉业概况及统计（农林部华中棉产改进处特刊第一号）/胡竟良鉴定；章祖纯辑译.—上海：农林部棉产改进咨询委员会，1946 年 9 月.—89 页；26cm×19cm

A0752 F426.81

视察棉纺织厂报告书［汉英对照］/（英）彭考夫（H. Bancroft）著.—出版地不详：作者自发行，民国时期出版.—23 页

A0753 F407.81

收买棉纱棉布办事处业务报告/收买棉纱棉布办事处编.—出版地不详：收买棉纱棉布办事处，1943 年.—46 页；26cm×19cm

A0754 TS11

手工纺纱/贵州省手工纺织推广委员会编.—贵阳：贵州省手工纺织推广委员会，1940 年.—70 页

本书分十二章，共记述 145 个关于手工纺织的各方面问答题。

A0755 TS103.33

手摇筒纺机原理及操作之研究/徐躬锄编.—出版地不详：出版者不详，民国时期出版.—11 页；18cm×13cm

A0756 F426.81

首都丝织业调查记（工商丛刊 工业类）/工商部技术厅编.—南京：工商部总务司编科，1930 年 9 月.—90 页；26cm×19cm

本书记述南京的缎业、锦缎业及漳缎、漳绒、建绒业、染丝业概况。

A0757 TS134

梳毛纺绩学（纺织染丛书）/孙文胜，竺开伦编著.—上海：纤维工业出版社，1948 年 10 月.—177 页；21cm×15cm

本书分为梳毛前纺工程、英式前纺、铁炮式前纺、法式前纺、英法合式前纺、英式精纺、走锭精纺、半梳毛纺绩 8 个章节。

A0758 TS112.2

梳棉机管理法/何达译.—上海：上海纺织世界社，1937 年.—1 册

A0759 TS112.2

梳棉机械装置及保全标准（纺织染丛书第三辑）/中国纺织建设股份有限公司工务处棉纺织技术促进组梳棉股编.—上海：中国纺织建设月刊社，1949 年.—242 页

本书共 8 章，介绍梳棉机的机械装置及保全标准。末附梳棉机保全记分标准及定期检查分类表、Platt 式梳棉机机件图样及标准名称。

A0760 F326.3

顺德县第一次蚕丝展览会纪念刊/顺德县第一次蚕丝展览会宣传部编.—广州：顺德县第一次蚕丝展览会宣传部，1934 年 2 月.—144 页；26cm×19cm

本书收录 14 篇蚕丝业相关研究论文，概述了该展览会组织和各项内容，并记载了各部工作报告。

A0761 F326.3

丝业概况 茶业概况（职业教育研究丛辑）/潘吟阁编著.—上海：中华职业教育社，1929 年 5 月.—15 页；19cm×13cm

A0762 TS145.8

丝厂管车须知/张娴著.—上海：开明书店，1931 年.—143 页；19cm×14cm

本书内容第一部分为制丝技术研究，第二部分为制丝厂的管理。

A0763 F426.81

丝绸/华东土产会议资料处编.—出版地不详：编者自发行，民国时期出版.—16 页

本书为华东土特产概况之十三。

A0764 F407.81

丝业论［译］（商业丛书）/（英）何巴著；余秦杜编译.—上海：新学会社，1917 年.—208 页

本书分 18 个章节，详细介绍了蚕丝业的发展过程及关键技术。

A0765 F407.81

丝业与棉业 初版（东方文库续编）/吴兆名，黎名郇著；王云五，李圣五主编.—上海：商务印书馆，1933 年 12 月.—118 页

本书辑入《中国丝业的危机》与《中国棉业问题》两篇论文。

A0766　F407.81

丝业与棉业　第 2 版/吴兆名，黎名郇著；王云五，李圣五主编 .—上海：商务印书馆，1934 年 .—118 页

A0767　G649.29

私立岭南大学蚕丝学院/私立岭南大学编 .—广州：私立岭南大学，1928 年 .—14 页；21cm×16cm

本书包括蚕丝学院成立史，各研究室、厂房、检验室等概况及照片，以及课程表。

A0768　G649.29

私立南通学院纺织科规程/私立南通学院编 .—南通：私立南通学院，1932 年 .—1 册

本书分总则、科务行政、会议、学制、学程、学生通则等 9 章。

A0769　G649.29

私立南通学院概况/南通学院编 .—南通：南通学院，1947 年 .—27 页；27cm×19cm

本书内有该校沿革，农、医、纺织 3 科概况，课程、经费及姓名录等。

A0770　G649.29

私立上海纺织工业专科学校第二、三、四届毕业纪念刊/上海纺织工业专科学校编 .—上海：上海纺织工业专科学校，1948 年 .—200 页；27cm×19cm

本书有校史、校景、通讯簿等。

A0771　G649.29

私立上海纺织工业专科学校校务报告：三十七年度下学期/上海纺织工业专科学校编 .—上海：上海纺织工业专科学校，1948 年 .—1 册；25cm×18cm

A0772　G649.29

私立上海纺织工业专科学校一览/颜惠庆编 .—上海：私立上海纺织工业专科学校发行，1948 年 .—152 页；21cm×15cm

本书介绍该校校训、校歌、校史等基本情况，以及该校的各项规章制度文件和历届毕业生。

A0773　G649.29

私立中国纺织染工业专科暨补习学校一览/中国纺织染工业专科补习学校 .—上海：编者自发行，1943 年 5 月 .—50 页；26cm×19cm

A0774　F326.3

四川蚕丝产销调查报告（经济调查丛刊之四）/钟崇敏，朱寿仁编著 .—重庆：中国农民银行经济研究处，1944 年 6 月 .—284 页；19cm×13cm

A0775　F326.3

四川蚕丝业/姜庆湘，李守尧编著 .—重庆：四川省银行经济研究处，1946 年 3 月 .—163 页

本书内分 6 章，介绍该省蚕丝的生产、运销情况，战时蚕丝管制工作。附录有关生丝之法令 2 种及四川蚕丝业论文索引。

A0776　F326.3

四川蚕业改进史（中国蚕丝丛书）/尹良莹著 .—上海：商务印书馆，1947 年 9 月 .—375 页；21cm×15cm

A0777　F426.81

四川成都之棉织业（中国经济统计研究所　工业门纺织类）/赵永余调查；张宗弼审查；刘大钧核定 .—成都：中国经济统计研究所，1938 年 9 月 .—8 张；29cm×22cm

A0778　F426.81

四川成都之针织业（中国经济统计研究所　工业门针织类）/赵永余调查；张宗弼审查；刘大钧核定 .—成都：中国经济统计研究所，1938 年 11 月 .—4 张；29cm×22cm

A0779　F426.81

四川筹办纺织厂计划书/曾祥熙撰 .—成都：出版者不详，1937 年 .—52 页；26cm×19cm

据内容，本书出版时间在 1936 年以后。

A0780　F426.81

四川嘉定丝绸产销调查报告书/国立武汉大学经济学会，工商调查委员会编 .—武汉：国立武汉大学经济学会工商调查委员会，1938 年 12 月 .—22 页

A0781　F326.12

四川棉业之希望/四川政府建设厅秘书室编审股主编 .—成都：四川省建设厅秘书室编审股，1943 年 .—20 页；25cm

本书分 3 部分：德字棉来历及其优点、栽培与管理之改进、结论。

A0782　F426.81

四川綦江之土布业/赵永余调查；张宗弼审查；刘大钧核定 .—成都：中国经济统计研究所，1939 年 6 月 .—4 页；29cm×22cm

A0783　F426.81

四川三台蚕丝之产销研究（金陵大学农学院研究丛刊第四号：成都号）/刘润涛，潘鸿声著 .—南京：金陵大学农学院，1940 年 9 月 .—116 页；25cm×18cm

A0784　F426.81

四川省乐山县丝绸产销概况（经济资料研究室报告第五号）/邵学锟著 .—南京：金陵大学文学院政治经济系，1940 年 5 月 .—12 页

A0785　F426.81

四川省麻与夏布之调查报告/周厚钧编 .—出版地不详：出版者不详，民国时期出版 .—192 页

A0786　F426.81

四川省农业改进所蚕丝试验场二十七年度工作报告/四川省农业改进所蚕丝试验场编 .—成都：四川省农业改进所，1938 年 .—1 册

A0787　F426.81

四川省之夏布（四川经济丛刊第八种）/重庆中国银行编 .—重庆：中国银行总管理处经济研究室，1936 年 .—218页；19cm×13cm

本书内分 5 节。介绍该省著名夏布产地、种类、制造方法、贸易、产量等。附：隆昌、荣昌、内江、江津、中江各区的各种夏布明细表，民国十一至二十二年夏布产量概况表等。

A0788　F426.81

四川丝业股份有限公司第十一次董监联席会议纪录/四川丝业股份有限公司编 .—重庆：四川丝业股份有限公司，1946 年 .—6 页

A0789　F426.81

四川丝业股份有限公司营业报告书（1939 年度）/四川丝业股份有限公司编 .—重庆：四川丝业股份有限公司，1940 年 .—20 页

本报告书后附"资产负债表""生丝制造费用明细表"及"生丝推销费用明细表"等。

A0790　F426.81

四川之丝绸业/丁趾祥著 .—重庆：华源公司出版部，1945 年 .—48 页

A0791　F426.81

四川重庆市之服装业/赵永余调查；张宗弼审查；刘大钧核定 .—重庆：中国经济统计研究所，1939 年 6 月 .—6张；29cm

A0792　TS104

四年级纺系精纺工程/张汉文讲 .—北平：国立北平大学工学院，1936 年 .—57 页；25cm

本书为北平大学工学院四年级纺织工程系讲义。

A0793　TS134

四年级纺系精梳毛线纺绩学/张汉文讲 .—北平：国立北平大学工学院，1935—1936 年 .—30—121 页；25cm

本书为北平大学工学院四年级纺织工程系讲义。

A0794　F426.81

苏浙丝厂经营概况　国立浙江大学农学院浙江省立蚕业改良场调查报告第一号/沈九如著 .—杭州：浙江省立蚕业改良场，1928 年 .—50 页

本书包括浙江、江苏两地丝厂经营概况、职工人数、经费及设备、产销情况等。

A0795　F426.81

苏浙皖京沪区机器棉纺工业同业公会会员录/苏浙皖京沪地区机器棉纺工业同业公会编 .—上海：苏浙皖京沪地区机器棉纺工业同业公会，1948 年 7 月 .—72 页

A0796　F426.81

台湾纺织工业概况/台湾纺织公司编 .—台北：台湾纺织公司，1947 年 9 月 .—40 页；22cm×15cm

A0797　F426.81

太行区纺织运动调查材料　新善本/太行财办办公室调查 .—出版地不详：太行贸易总公司，1947 年 .—16 页

A0798　F426.81

唐山华新纺织公司开厂十周年纪念册（1932 年 7 月 1日）/唐山华新纺织公司编 .—唐山：唐山华新纺织公司，1932 年 .—30 页

A0799　F426.81

提案原文/经济部全国纺织工业生产会议秘书处编 .—上海：经济部全国纺织工业生产会议秘书处，1947 年 9 月 .—179 页；18cm×13cm

本书共收提案 86 件。

A0800　J523.1

提花意匠/崔玉田编 .—北京：国立北平大学工学院，1935 年 .—113 页；25cm

本书为该院三年级纺织工程系讲义，分为花样、提花意匠、花圈与花边、花样之组成、花地组织等 11 章。

A0801　TS102

天蚕丝制造法/江西省工商管理处编 .—江西：江西省工商管理处，1940 年 .—14 页

A0802　F426.81

天津地毯工业（工业丛刊第一种）/方显廷编 .—天津：南开大学社会经济研究委员会，1930 年 8 月 .—100 页；26cm×19cm

A0803　F426.81

天津东亚毛呢纺织股份有限公司年刊（民国二十三年）/天津东亚毛呢纺织有限公司编 .—天津：天津东亚毛呢纺织股份有限公司，1934 年 .—240 页；27cm×19cm

A0804　F426.81

天津东亚毛呢纺织有限公司征求实业救国同志运动周年纪念/天津东亚毛呢纺织有限公司编 .—天津：天津东亚毛呢纺织股份有限公司，1934 年 .—160 页；27cm×19cm

A0805 F426.81

天津东亚毛呢纺织有限公司民国二十六年营业报告/天津东亚毛呢纺织有限公司编.—天津：天津东亚毛呢纺织股份有限公司，1938年2月.—8页；22cm×16cm

A0806 F426.81

天津东亚毛呢纺织有限公司民国二十七年营业报告/天津东亚毛呢纺织有限公司编.—天津：天津东亚毛呢纺织股份有限公司，1939年2月.—6页；23cm×16cm

A0807 F426.81

天津东亚毛呢纺织有限公司民国二十八年营业报告/天津东亚毛呢纺织有限公司编.—天津：天津东亚毛呢纺织股份有限公司，1939年.—6页；23cm×16cm

A0808 F426.81

天津东亚毛呢纺织有限公司民国二十九年营业报告/天津东亚毛呢纺织有限公司编.—天津：天津东亚毛呢纺织股份有限公司，1940年.—8页；23cm×16cm

A0809 F426.81

天津东亚毛呢纺织有限公司特刊/天津东亚毛呢纺织有限公司编.—天津：天津东亚毛呢纺织股份有限公司，1941年.—240页；26cm×19cm

本书概述该公司的沿革、组织及经营情况。大部分为照片。有林森、孔祥熙、蔡元培、宋子文、于右任、李宗仁等各界名人惠词。

A0810 F426.81

天津东亚企业股份有限公司：庆祝成立十五周年及更名纪念特刊/天津东亚企业股份有限公司编.—天津：天津东亚毛呢纺织股份有限公司，1947年.—79页；19cm×28cm

本书是庆祝天津东亚企业股份有限公司成立十五周年及更名纪念特刊。

A0811 F426.81

天津市纺纱业调查报告/吴瓯编；吴子光，陈举辑.—天津：天津市社会局，1931年.—352页；26cm×19cm

本书共7章，调查各纱厂组织、资本、工人、产品、原料及营业状况，重点是纱厂工人情况，其中对裕元、恒元、华新、北洋、裕大、宝成六大纱厂的工人人数、年龄、工资、夜班、生活、婚姻、各部门工作分配、劳保等有详细的统计。附折表。

A0812 F426.81

天津特别市机器漂染厂调查报告/天津特别市工厂联合会调查组编；曹典环审.—天津：天津特别市机器漂染工厂同业会，1943年6月.—50页

A0813 F426.81

天津针织工业 中英文版（工业丛刊第三种）/方显廷编著.—天津：南开大学经济学院，1931年.—86页；26cm×19cm

原书为英文本（76页），曾于1930年12于出版，中译本前4章曾于1930年7月至1931年1月在天津《大公报》所编的《经济研究周刊》上连载。该学院于1929年6月至1930年5月对天津针织工业作了调查，内容有针织业的历史、组织、制造和销售、工人及学徒之分析等数据。

A0814 F426.81

天津织布工业 中英文版（工业丛刊第二种）/方显廷编著.—天津：南开大学经济学院，1931年.—98页

原书为英文本（79页），曾于1930年出版，中译本前2章曾于1930—1931年在天津《大公报》所编的《经济研究周刊》上连载，内容有织布业的历史、组织、销售、织布工人及学徒等数据。

A0815 F426.81

天津中纺一周年/中国纺织建设公司天津分公司编.—天津：中国纺织建设公司天津分公司，1946年.—92页

本书介绍该公司成立与接收经过、组织系统、接收物资处理情况、一年来的工务与业务概况、各厂简况。

A0816 F426.81

天津中纺二周年/中国纺织建设公司天津分公司秘书室编.—天津：中国纺织建设公司天津分公司秘书室，1947年12月.—210页；27cm×19cm

本书分9章，总结该公司两年来工作情况，包括组织与人事、改进工务、推动业务、统筹材料、物资运输、技术人员的培训、福利事业的开展、加强警卫与消防等，对下属各厂情况亦有概述。附中国纺织建设公司天津分公司及各厂同人录。

A0817 F426.81

天津中纺三周年/中国纺织建设公司天津分公司编.—天津：中国纺织建设公司天津分公司，1948年.—84页；26cm×19cm

本书内分总务、工务、业务、福利4章。

A0818 J523.6

挑花标本/程卢敏编样.—出版地不详：出版者不详，1921年6月.—1册；27cm×19cm

A0819 J523.6

挑花谱 石印本/著者不详.—合川：中华书局，民国时期出版.—1册；18开

内收各式单面挑花图谱。

A0820 TS112

条粗机械装置及保全标准（纺织染丛书第九辑）/中国纺织建设股份有限公司工务处编.—上海：中国纺织建设月刊社，194?年.—1册

A0821 J523.4

贴花与编织图案/刘美丽编 .—上海：广学会，1940
年 .—41 页；27cm×19cm

A0822 F426.81

通成久记纺织股份有限公司招股章程/通成久记纺织股
份有限公司编 .—常州：通成久记纺织股份有限公司，民国
时期出版 .—18 页

据内容，此书于 1933 年以后出版；该公司位于常州京沪
路中段之戚墅堰。本书为该招股章程。末附空白认股书
表式。

A0823 F426.81

通成棉毛纺织股份有限公司第一届决算报告书（民国二
十三年九月至二十五年一月止）/通成棉毛纺织股份有限公
司编 .—常州：通成棉毛纺织股份有限公司，1936 年 .—2
页；26cm×21cm

本书内有该公司一年来的营业报告、损益计算书等。

A0824 F426.81

通泰盐垦五公司债票纪实/通泰盐垦五公司 .—出版地不
详：经募通泰盐垦五公司债票银团，1922 年 10 月 .—52 页；
26cm×20cm

A0825 F426.81

通州大生纱厂历史/通州大生纱厂 .—南通：编者自发
行，民国时期出版 .—26 页；23cm×15cm

A0826 F426.81

土布工业同业公会技术研究委员会对花纱布增产意见
书/土布工业同业公会技术研究委员会编 .—出版地不详：土
布工业同业公会技术研究委员会，1945 年 .—20 页

本书概述花纱布增产与政府对花纱布管制政策的关系。

A0827 F426.81

土纱救国计划书/刘国钧编述 .—出版地不详：大成纺织
染厂，1931 年 10 月 .—34 页；18cm×12cm

A0828 F426.81

推动西北棉毛纺织业草案/著者不详 .—出版地不详：出
版者不详，民国时期出版 .—10 页

A0829 F426.81

推广南通土布计划书/全国经济委员会棉业统制会编 .—
南京：全国经济委员会棉业统制会，1933 年 .—48 页；
27cm×19cm

据内容，本书出版时间在 1933 年左右，内容包括"漂
染印整工厂创设缘起""南通土布产销调查"及"改进南通
土布织造技术计划书"等。附创设棉布运销及漂染印整工厂
章程草案。

A0830 F426.81

推行手纺的六大条件/穆藕初著 .—重庆：农产促进委员
会，1939 年 .—8 页

A0831 F426.81

推进我国羊毛工业刍议/沈亚尼著 .—出版地不详：出版
者不详，民国时期出版 .—1 册；27cm×20cm

A0832 F426.81

万源染织厂股份有限公司章程/万源染织厂股份有限公
司 .—出版地不详：万源染织厂股份有限公司，民国时期出
版 .—8 页；19cm×13cm

A0833 F407.81

汪孚礼先生整理恒大纱厂计划书/汪孚礼著 .—上海：恒
大纱厂，1933 年 8 月 .—14 页；19cm×14cm

A0834 J523.6

惟一手织十字范本/著者不详 .—出版地不详：新新美术
手工社，1923 年 6 月 .—17 页；26cm×37cm

A0835 F426.81

纬成股份有限公司第九届报告 旧历庚申正月至十二月
止/纬成股份有限公司编 .—出版地不详：纬成股份有限公司
发行，1921 年 .—9 页

A0836 F426.81

纬成股份有限公司第十届报告（1921 年 1—12 月）/纬
成股份有限公司编 .—出版地不详：纬成股份有限公司发行，
1922 年 .—5 页

A0837 F426.81

纬成股份有限公司第十一届报告（1922 年 1—12
月）/纬成股份有限公司编 .—出版地不详：纬成股份有限公
司发行，1923 年 .—5 页

A0838 F426.81

纬成股份有限公司第十二届报告（1923 年 1—12
月）/纬成股份有限公司编 .—出版地不详：纬成股份有限公
司发行，1924 年 .—5 页

A0839 F426.81

纬成股份有限公司第十五届报告（1926 年 1—12
月）/纬成股份有限公司编 .—出版地不详：纬成股份有限公
司发行，1927 年 .—4 页

A0840 F426.81

纬成股份有限公司第十六届报告（1927 年 1—12
月）/纬成股份有限公司编 .—出版地不详：纬成股份有限公
司发行，1928 年 .—4 页

A0841　F426.81

纬成股份有限公司第十七届报告（1928年1—12月）/纬成股份有限公司编.—出版地不详：纬成股份有限公司发行，1929年.—4页

A0842　F426.81

纬成股份有限公司第十八届报告（1929年1—12月）/纬成股份有限公司编.—出版地不详：纬成股份有限公司发行，1930年.—4页

A0843　F426.81

纬成股份有限公司第十九届报告（1930年1—12月）/纬成股份有限公司编.—出版地不详：纬成股份有限公司发行，1930年.—4页

A0844　F426.81

纬成股份有限公司纪实/纬成股份有限公司编.—出版地不详：纬成股份有限公司发行，1930年.—24页

A0845　F426.81

文襄纺织股份有限公司章程/文襄纺织股份有限公司.—出版地不详：文襄纺织股份有限公司，1912年.—1册

A0846　TS105

纹织机及意匠法［译］/（日）横井寅雄著；周南藩编译.—南京：编者刊，1933年.—71页

A0847　K825.38

我的往事　一部热烈的忠实记录　第1版/蒋乃镛著.—上海：华美出版社，1948年11月.—100页

蒋乃镛（1912—1996）。本书自述出身、苦学、发明、留学、抗战、办厂、建议、著作、教育、竞选等经历。

A0848　K825.38

我的往事　一部热烈的忠实记录　第2版/蒋乃镛著.—上海：华美出版社，1949年1月.—100页

A0849　K825.38

我的往事　一部热烈的忠实记录　第3版/蒋乃镛著.—上海：华美出版社，1949年2月.—100页

A0850　F426.81

我国急应自制人造丝/顾毓珍著.—出版地不详：出版者不详，1930年.—11页

本书介绍人造丝在纺织产品中的地位，人造丝历年产额及其在世界各国的发展趋势，分析我国创办人造丝厂存在的问题。

A0851　F426.81

我国棉纺织工业的几个统计/著者不详.—出版地不详：出版者不详，1949年.—1册

统计表包括：全国棉纺织厂设备统计、抗战胜利时属国家接管棉纺织厂设备统计、抗战胜利时属地方接管棉纺织厂设备统计、英商纱厂设备统计、全国民营棉纺织厂设备统计、解放区棉纺织厂设备统计表、中国纺织建设公司设备统计表（棉纺织部分）、全国民营棉纺织厂一览表。

A0852　F426.81

我国棉纺织工业之回顾与前瞻/李升伯著.—出版地不详：出版者不详，1947年8月.—1册；30cm×21cm

A0853　TS1-49

我国衣服原料的生产/著者不详.—上海：大东书局，1947年1月.—19页；17cm×13cm

A0854　F426.81

芜湖裕中第一纺织股份有限公司民国廿三年账略/芜湖裕中第一纺织股份有限公司.—芜湖：芜湖裕中第一纺织股份有限公司，1934年.—1册

A0855　F426.81

吴江县织绸运销合作社联合社概况/吴江县织绸运销合作社联合社编.—吴江：吴江县织绸运销合作社联合社，1948年.—62页

本书附录绸联社章程等8种，并记述出席江苏省第一届全省合作会议等4项。

A0856　F729.6

西湖博览会丝绸馆参观指南/西湖博览会丝绸馆编著.—杭州：西湖博览会，1929年.—36页

A0857　F729.6

西湖博览会丝绸馆特刊/西湖博览会丝绸馆编著.—杭州：西湖博览会，1929年.—300页；27cm×19cm

A0858　F426.81

西江各县蚕丝业/邓浩存等著.—广东：广东省建设厅农林局西江蚕丝改良场，1942年.—89页

A0859　F426.81

西康省立毛织厂雅安分厂一览/西康省立毛织厂雅安分厂.—雅安：西康省立毛织厂雅安分厂，1941年.—70页

A0860　F426.81

西南麻织厂股份有限公司章程/西南麻织厂股份有限公司撰写.—重庆：西南麻织厂股份有限公司，1940年.—1册

经济部呈奉行政院二十九年三月十七日阳字第六〇四八号指令核准备案。

A0861　TS192.1

洗濯化学　初版［译］/（英）哈维（A.Harvey）撰；郭仲熙译.—上海：中国科学图书仪器公司，1937年2月.—125页；19cm×13cm

A0862 TS192.1

洗濯化学 第2版［译］/（英）哈维（A. Harvey）撰；郭仲熙译．—上海：中国科学图书仪器公司，1940年7月．—125页；19cm×13cm

A0863 TS192.1

洗濯化学 第3版［译］/（英）哈维（A. Harvey）撰；郭仲熙译．—上海：中国科学图书仪器公司，1947年3月．—102页

A0864 TS192.1

洗濯化学 第4版［译］/（英）哈维（A. Harvey）撰；郭仲熙译．—上海：中国科学图书仪器公司，1951年3月．—323页

A0865 TS102

纤维报告书/东北科学技术学会编．—沈阳：东北科学技术学会，1945年．—100页；26cm×19cm

本书介绍民国时期各纺织工业的概要、沿革、现状、将来对策等。

A0866 TS102

纤维材料学/应寿纪编著．—出版地不详：出版者不详，1946年．—1册

A0867 TS102

纤维工业/吴中一，黄希阁主编．—上海：中国纺织染工程研究所，1945年8月．—977页；21cm×14cm

本书分为纺织原料、纺绩工程、机织与针织、练漂染色、印花、织物整理、纺织试验、纺织机械、现代织物解说及词典10个章节。

A0868 TS102

纤维工业（东北经济小丛书）/东北物资调节委员会研究组编．—沈阳：东北物资调节委员会，1948年．—238页；19cm×13cm

本书内分10章，介绍东北纤维工业概况，纤维制品的规格与检验，棉、毛、麻、丝及其加工工业等。

A0869 TS1-61

纤维工业辞典（纤维工业丛书）/黄希阁，姜长英编著．—上海：中国纺织染工程研究所，1945年．—163页

本书收录了纤维工业的词语，并加以解释。

A0870 TS102.5

纤维棉——维丝脱拉/徐学文译述．—上海：五洲书报社，1944年．—98页；19cm×13cm

本书介绍第二次世界大战前，德国人造纤维"维丝脱拉（Vistra）"的发明、制造及推销的情况。

A0871 TQ34

纤维素化学工业 初版（中华百科丛书）/余飒声编．—

上海：中华书局，1936年9月．—228页；19cm×13cm

A0872 TQ34

纤维素化学工业 第2版（中华百科丛书）/余飒声编．—上海：中华书局，1940年．—228页；19cm×13cm

A0873 TQ34

纤维素化学工业 第3版（中华百科丛书）/余飒声编．—上海：中华书局，1947年9月．—228页；19cm×13cm

A0874 TS102.5

纤维学/陈文沛著．—上海：文沛纺织化学工程所，1947年．—183页；19cm×13cm

本书分16章，介绍世界各种纤维的物理化学性质、品质优劣、重要纤维分级方法、纤维来源等。

A0875 J523.6

现代刺绣范本/中国艺术手工社制图．—出版地不详：中国艺术手工社，1935年7月—1937年2月．—5册；52cm×32cm

A0876 TS11

现代棉纺织图说 初版（中国科学社科学画报丛书）/何达编著．—上海：中国科学图书仪器公司，1940年10月．—94页

A0877 TS11

现代棉纺织图说 第2版（中国科学社科学画报丛书）/何达编著．—上海：中国科学图书仪器公司，1946年．—94页

A0878 TS11

现代棉纺织图说 第3版（中国科学社科学画报丛书）/何达编著．—上海：中国科学图书仪器公司，1950年4月．—94页

A0879 TS193

现代染色概要［译］（工业常识丛刊）/（英）徐维理（W. G. Sewell）著．—成都：中国工业合作研究所，1941年9月．—23页

A0880 J523

现代线绣图案集/周吉士编绘．—北京：商务印书馆，1938年．—142页

本书内分人物、植物、动物、文字、杂类等5类，收320余种图案。

A0881 F426.81

乡村织布工业的一个研究（南开大学经济研究所专刊）/吴知著．—上海：商务印书馆，1936年1月．—289页；23cm×16cm

本书共6章，介绍1933年以前河北省高阳、蠡清、清苑、安新、任邱五县的纺织业发展史、原料与成品、制造与

成本、商人雇主及织布工人情况，并分析高阳布业衰落原因，提出改革建议。

A0882 TS143
屑茧纺丝论（其他题名：新法屑茧纺丝编） 第 4 版（蚕业丛书第四编）/林在南著 . —上海：新学会社，1923 年 . —36 页
本书于 1908 年初版，内容分 8 章，介绍原料、器械、练煮、纺制、整理、装束之技能、结论等内容。

A0883 F426.81
辛丰绸厂纪念刊 初版/蒋清梵编 . —上海：辛丰织印绸厂，1934 年 8 月 . —1 册；26cm×20cm
本书又名：辛丰织印绸厂纪念刊，介绍该厂的组织、生产、员工生活、医疗卫生等情况。

A0884 F426.81
辛丰绸厂纪念刊 第 2 版/蒋清梵编 . —上海：辛丰织印绸厂，1934 年 8 月 . —1 册；26cm×20cm

A0885 F426.81
辛丰绸厂纪念刊 第 3 版/蒋清梵编 . —上海：辛丰织印绸厂，1934 年 9 月 . —1 册；26cm×20cm

A0886 G649.29
辛丰织印绸厂业余补习夜校第一学期考试成绩选粹/蒋清梵等编 . —上海：辛丰织印绸厂，1934 年 . —101 页

A0887 TS193
新编染色术 初版/杨时中编；杜就田校订 . —上海：商务印书馆，1923 年 1 月 . —63 页

A0888 TS193
新编染色术 第 2 版/杨时中编；杜就田校订 . —上海：商务印书馆，1923 年 6 月 . —63 页

A0889 TS193
新编染色术 第 3 版/杨时中编；杜就田校订 . —上海：商务印书馆，1924 年 5 月 . —63 页

A0890 TS193
新编染色术 第 4 版/杨时中编；杜就田校订 . —上海：商务印书馆，1926 年 . —63 页

A0891 TS103.2-63
兴国立锭纺纱机说明书/徐志远著 . —西安：兴国立锭纺纱机制造厂，1941 年 . —29 页

A0892 J523.6
绣针姑娘（儿童艺术丛书）/吴启瑞编 . —上海：中华书局，1934 年 3 月 . —3 册，48 页；19cm×27cm

A0893 TS190.2
颜料（国立北京工业专门学校工业化学丛书）/戴济著 . —北京：国立北京工业专门学校，1922 年 . —32 页

A0894 TS190.2
颜料（小学文库）/周建人编 . —上海：商务印书馆，1935 年 11 月 . —38 页；19cm×13cm

A0895 TQ62
颜料及涂料 初版（万有文库）/戴济著 . —上海：商务印书馆，1930 年 4 月 . —108 页
本书共 7 章，介绍各类颜料和涂料的制法和用法。

A0896 TQ62
颜料及涂料 第 2 版（工学小丛书）/戴济著 . —上海：商务印书馆，1933 年 3 月 . —108 页

A0897 TQ62
颜料及涂料 第 3 版/戴济著 . —上海：商务印书馆，1934 年 . —108 页

A0898 TQ62
颜料及涂料 第 4 版/戴济著 . —上海：商务印书馆，1934 年 . —108 页

A0899 TQ62
颜料及涂料 第 5 版/戴济著 . —上海：商务印书馆，1935 年 . —108 页

A0900 TQ62
颜料及涂料 第 7 版（新中学文库）/戴济著 . —上海：商务印书馆，1947 年 3 月 . —108 页；19cm×13cm

A0901 TS190.2-63
颜料样本/美商恒信洋行编 . —上海：美商恒信洋行，民国时期出版 . —46 页

A0902 F407.81
颜料业与染业/著者不详 . —出版地不详：出版者不详，1927 年 8 月 . —102 页；22cm×16cm

A0903 F407.81
羊毛业论（商业丛书之三）/胡大望著 . —上海：新学会社，1915 年 . —110 页

A0904 TS103.2
摇纱机管理法 ［译］ / （日）名取义雄著；何达译 . —上海：华商纱厂联合会，1934 年 4 月 . —101 页；16cm×11cm
全书分 21 章，介绍摇纱机基本知识、操作过程须知、装机和保全管理技巧。

A0905　F426.81
　一年来的妇女纺织运动及其经验教训/晋绥边区行政公署编 .—山西：晋绥边区行政公署，民国时期出版 .—19 页

A0906　TS102.2
　衣服原料之一　棉（儿童基本科学丛书）/王遵武等著；姚庭驹，吕宪章校阅 .—上海：新亚书店，1912—1948 年 .—21 页

A0907　TS102.2
　衣服原料之二　麻（儿童基本科学丛书）/王遵武等著；姚家驹校 .—上海：新亚书店，1912—1948 年 .—16 页

A0908　TS102.2
　衣服原料之三　蚕丝　上册（儿童基本科学丛书）/王遵武等著；姚家驹校 .—上海：新亚书店，1912—1948 年 .—20 页

A0909　TS102.2
　衣服原料之三　蚕丝　下册（儿童基本科学丛书）/王遵武等著；姚家驹校 .—上海：新亚书店，1912—1948 年 .—14 页

A0910　TS102.2
　衣服原料之四　羊毛（儿童基本科学丛书）/王遵武等著；吕宪章校阅 .—上海：新亚书店，1912—1948 年 .—18 页

A0911　TS1
　衣食住行工艺概要　全四册（初中学生文库）/薛明剑编 .—上海：中华书局，1935 年 .—4 册；23cm×16cm

A0912　TS193.6
　阴丹士林染棉法　初版（工学小丛书）/周天民编 .—长沙：商务印书馆，1940 年 .—139 页；18cm×12cm
　本书共 12 章，论述阴丹士林之制造、阴丹士林之性状、染色用水、应用药剂、阴丹士林染棉试色法、染前之准备及染时之注意等。

A0913　TS193.6
　阴丹士林染棉法　第 2 版（工学小丛书）/周天民编 .—上海：商务印书馆，1948 年 .—139 页；18cm×12cm

A0914　TS193.6
　阴丹士林染棉法　第 3 版（工学小丛书）/周天民编 .—上海：商务印书馆，1951 年 .—139 页；18cm×12cm

A0915　TS193.6-63
　阴丹士林颜料棉纱染法说明书［译］/（德）大德颜料厂编 .—济南：德孚洋行，1940 年 .—100 页；23cm×20cm

A0916　TS193.6-63
　阴丹士林颜料棉纱染色样本［译］/（德）大德颜料厂编 .—济南：德孚洋行，1940 年 .—10 页

A0917　TS194
　印地科素尔颜料之各种印花染色及压染方法［译］（染化丛书）/（瑞士）度伦颜料厂编著；应元裁译 .—出版地不详：编者自发行，1940 年 .—490 页
　本书介绍植物纤维（棉与人造丝）、醋酸纤维人造丝、动物纤维的印染方法。

A0918　TS190.4
　印染工厂工作法：机械篇（纺织染丛书第十八辑）/中国纺织建设股份有限公司编 .—上海：中国纺织建设股份有限公司，1949 年 .—336 页
　本书共 45 章，论述缝布机、气体烧毛机、热板烧毛机、退浆机、绳状洗布机、卷轴平幅煮布机、卧式煮布锅等。

A0919　TS193
　印染学　初版/李文编著 .—长沙：商务印书馆，1940 年 .—221 页
　本书为《浸染学》姊妹篇，论述印染用糊料、印染用器具与机械、棉布印染法、毛织物之直接印染法、丝织物之直接印染法、棉布之消色印染等。

A0920　TS193
　印染学　第 3 版/李文编著 .—上海：商务印书馆，1946 年 .—221 页；18cm×13cm

A0921　TS193
　印染学　第 4 版/李文编著 .—上海：商务印书馆，1947 年 .—221 页

A0922　TS193
　印染学　第 5 版/李文编著 .—上海：商务印书馆，1948 年 .—221 页

A0923　TS193
　印染学　影印版［港台］/李文编著 .—台湾：商务印书馆股份有限公司，1971 年 .—221 页

A0924　TS1-61
　英汉纺织辞典/孟洪诒编 .—上海：染织纺周刊社，1936 年 .—1 册

A0925　TS1-61
　英华纺织染辞典　初稿（中国纺织学会丛书）/蒋乃镛编 .—重庆：中国纺织学会，1943 年 .—168 页；25cm×18cm
　本书为《纺织染学典》之四、五两编。《纺织染学典》共分为四部：1. 纺织染通论；2. 纺织染辞典之"华英对照之部"；3. 纺织染辞典之"英华对照之部"；4. 纺织染综览。全书共分六编排印，陆续先出单行本。

A0926　TS1-61

英华纺织染辞典　增订第 2 版/蒋乃镛编．—上海：世界书局，1947 年．—168 页

A0927　TS1-61

英华纺织染辞典　增订第 3 版/蒋乃镛编．—重庆：作者书社，1950 年．—214 页

A0928　F426.81

永安纺织股份有限公司职员录/永安纺织股份有限公司．—出版地不详：永安纺织股份有限公司，1947 年 11 月．—62 页；19cm×13cm

A0929　F426.81

由宝坻手织工业观察工业制度之演变（工业丛刊第七种）/方显廷，毕相辉著．—天津：南开大学经济研究所，1936 年 1 月．—69 页；26cm×18cm

A0930　F426.81

友生染织厂五周纪念特刊/友生染织厂．—出版地不详：友生染织厂，1942 年．—28 页；26cm×19cm

A0931　TS193

有机染料学/张乃燕编．—北京：北京大学新知书社，1921 年．—384 页

本书为北京大学化学系三年级讲义。

A0932　F426.81

玉溪县织布业（中国经济统计研究所　工业门纺织类）/赵德民调查；张宗弼审查；刘大钧核定．—云南：中国经济统计研究所，1940 年．—12 页

A0933　F426.81

豫丰和记纱厂第一届报告（中国经济统计研究所　工业门纺织类）/豫丰和记纱厂编．—出版地不详：中国经济研究所，1936 年 5 月．—112 页；25cm×18cm

本书内有营业报告书、会计报告、资产负债表、损益计算书、开办费表等。

A0934　TS1

原料学（中国经济统计研究所　工业门纺织类）/雷锡璋著．—上海：中国经济研究所，民国时期出版

A0935　TS102.2

原棉训练班讲义/天津中国纺织建设公司编．—天津：天津中国纺织建设公司，1949 年．—1 册；19cm

A0936　F426.81

云南楚雄县之织布业（中国经济统计研究所　工业门纺织类）/赵德民调查；张宗弼审查；刘大钧核定．—云南：中国经济统计研究所，1940 年．—7 页

A0937　F426.81

云南省棉业处民国二十六年份工作报告/云南省棉业处编．—昆明：云南省棉业处编，1938 年．—26 页

本书概述云南省棉业处自 1934 年提倡以来的发展情况，介绍植棉组织、试验、育种、推广、棉业经济、轧花、棉业教育、奖惩等。末附：云南省棉业处二十七年份事业推行计划大纲。

A0938　F426.81

云南省棉业处民国二十七年份工作报告/云南省棉业处编．—昆明：云南省棉业处编，1939 年．—96 页

本书根据云南省棉业处附属各棉场，各推广所 1938 年的工作报告编辑而成，其中包括：各附属机关工作概况、本处工作概况、二十八年度棉作推广事业进行计划纲要。

A0939　F426.81

云南下关之织布业（中国经济统计研究所　工业门纺织类）/赵德民调查；张宗弼审查；刘大钧核定．—云南：中国经济统计研究所，1940 年．—3 页

A0940　F426.81

云南之针织业/刘辰等著．—出版地不详：出版者不详，1941 年．—17 页

A0941　F407.81

怎样精纺精织/晋绥边区行政公署建设处编．—山西：晋绥边区行政公署建设处，1945 年．—13 页

A0942　F431.368

战后初期之日本棉纺织工业/全国纺织业联合会编．—上海：全国纺织业联合会，1948 年．—18 页

A0943　F431.368

战后日本棉纺织业之三年计划　战时日本纤维工业之统制情形（纺联会刊）/全国纺织业联合会编．—上海：全国纺织业联合会，1948 年．—22 页

A0944　F426.81

战后织造工业在香港（神州电讯社经济特讯）/神州电讯社．—上海：神州电讯社，1948 年 2 月．—15 页；27cm×19cm

A0945　F426.81

战后中国工业建设之路　第 2 版/蒋乃镛著．—上海：中华书局，1946 年．—102 页；19cm×13cm

A0946　F426.81

战后中国工业建设之路　渝初版/蒋乃镛著．—重庆：中华书局，1944 年．—102 页；19cm×13cm

A0947　F426.81

战前及现在之上海棉纺织业/冯叔渊著．—上海：中国经济研究会，1943 年．—11 页；26cm×19cm

本书介绍设备、运转状况、生产状况等。

A0948 F326.3

战时蚕丝动员/王天予编著.—乐山：蚕丝月报社，1940年.—30页

本书分 4 章，论述抗战期间发展蚕丝业的意义、纲领、步骤、机构，与国家建设、国际交往的关系。

A0949 D442.9

战时纺织女工（妇女新运丛书）/新运妇女指导委员会文化事业组撰述.—重庆：新运妇女指导委员会文化事业组，1944年.—54页；18cm×13cm

本书报道新运妇女指导委员会所属六个工厂服务队自1939年至1944年期间的工作概况及重庆六大纺织厂的工人概况，内分纺织女工生活剪影、怎样为女工服务、从工作中见到的几个关于女工的重要问题等。

A0950 F426.81

战时中国大后方纺织染整工厂一览表：棉毛麻丝/蒋乃镛编.—重庆：申新第四纺织公司，1942年.—6页；23cm×15cm

本书介绍了抗战时期大后方的纺织工业发展状况，如内迁工厂、生产情况等。

A0951 F326.3

浙江蚕丝概况/苏浙两省秋茧贷款联合管理处编.—出版地不详：苏浙两省秋茧贷款联合管理处，1946年.—36页

A0952 F326.3

浙江蚕丝会成立记/浙江蚕丝会编.—浙江：浙江蚕丝会，民国时期出版.—54页

A0953 F426.81

浙江黄岩之棉织及毛巾业（中国经济统计研究所　工业门纺织类）/张圣轩调查；张宗弼审查；刘大钧核定.—浙江：中国经济统计研究所，1938年7月.—10张；29cm×22cm

A0954 F426.81

浙江绍兴之棉织及毛巾业（中国经济统计研究所　工业门纺织类）/张圣轩调查；张宗弼审查；刘大钧核定.—浙江：中国经济统计研究所，1938年7月.—8张；29cm×22cm

A0955 F326.3

浙江省蚕桑改良场一览（浙江省蚕丝统制委员会丛刊）/浙江省蚕丝统制委员会编.—杭州：浙江省蚕丝统制委员会，1936年.—40页；23cm×15cm

A0956 F326.3

浙江省蚕丝统制委员会二十五年蚕业指导讲习会讲演录/浙江省蚕丝统制委员会编.—杭州：浙江省蚕丝统制委员会，1936年.—144页；26cm×19cm

A0957 F426.81

浙江省第二区专员公署创办缫丝织绸炼染四工厂概况报告/浙江省第二区专员公署编.—杭州：浙江省第二区专员公署，1942年.—1册

A0958 F426.81

浙江省改进蚕丝工作一览/浙江省蚕丝统制委员会编.—杭州：浙江省蚕丝统制委员会，1936年3月.—40页；22cm×15cm

本书介绍浙江省蚕丝统制委员会沿革及组织，蚕丝改良区域的种桑、蚕种、收茧、委托缫丝、生丝推销等各种业务的发展情况。

A0959 F426.81

浙江省杭州缫丝厂会计办法/周维城编.—浙江：浙江省杭州缫丝厂，1935年.—56页

本书内分审计、工帐、簿记、成本计算等11章，并附账册格式等。

A0960 F426.81

浙江省杭州缫丝厂一览/浙江省蚕丝统制委员会编.—杭州：浙江省蚕丝统制委员会，1936年.—16页

本书概述该厂组织、沿革、经费、预算、建设设备等情况。

A0961 F426.81

浙江省建设厅蚕丝统制委员会振艺丝厂工作日记：第二册/振艺丝厂.—浙江：振艺丝厂，1935年.—1册

A0962 F426.81

浙江永嘉之棉织及毛巾业（中国经济统计研究所　工业门纺织类）/张圣轩调查；张宗弼审查；刘大钧核定.—浙江：中国经济统计研究所，1938年7月.—9张；29cm×22cm

A0963 F426.81

浙江永嘉之针织业（中国经济统计研究所　工业门针织类）/张圣轩调查；张宗弼审查；刘大钧核定.—浙江：中国经济统计研究所，1938年8月.—9张；29cm×22cm

A0964 TS193

着色法　晒图本/张朵山，曹克良编.—北京：北平大学工学院印刷出版，1935年.—1册

A0965 F426.81

镇江制丝社创设缘起/夏道湘，葛敬中拟.—镇江：出版者不详，民国时期出版.—1册；26cm×17cm

A0966 TS103

整经机总报告/中国纺织建设股份有限公司专门技术研究班准备组编.—上海：中国纺织建设股份有限公司，1948年.—1册

A0967　TS195.3

整理机器专号（染织周刊社丛书之二）/诸楚卿编．—上海：染织纺周刊社，1935 年 7 月．—51 页

A0968　TS105

织布（中华文库　民众教育）/张柱惠编．—上海：中华书店，1948 年．—32 页；18cm×13cm

本书从手织机到力织机，先介绍准备工程，再介绍布是怎样织成的，最后介绍整理，共 4 章。

A0969　TS103.33

织布部机械运转工作标准（纺织染丛书第十三辑）/中国纺织建设股份有限公司工务处棉纺织技术促进组织造股编；葛鸣松编审．—上海：中国纺织建设股份有限公司，1949 年．—154 页

本书共 5 个章节，介绍了织布部的动作标准、操作标准、养成标准、用人数量职务范围及工作支配、织厂调查工作实施法等。

A0970　F407.81

织布工厂之合理化与成本计算［译］/（日）喜多卯吉郎著；纺织周刊社译．—上海：纺织周刊社，1933 年．—109 页

A0971　TS103.33

织布机装置及保全标准（纺织染丛书第七辑）/中国纺织建设股份有限公司工务处棉纺织技术促进组织造股编；葛鸣松编审．—上海：中国纺织建设股份有限公司，1948 年．—292 页；22cm×15cm

A0972　TS115.1

织布计算法［译］/（日）森山弘助；仲统蚳译．—出版地不详：关东实业公司企划部，1949 年．—247 页

A0973　F407.81

织厂经营与管理　初版（大学用书）/蒋乃镛著．—上海：中国文化事业社，1950 年．—225 页

本书由《理论实用力织机学》（1932 年）的第 2 篇和第 4 篇增补扩充而成，分为 4 篇，共计 33 个章节。包括织厂经营、织厂管理、织布弊病及修理等内容。

A0974　F407.81

织厂经营与管理　第 2 版/蒋乃镛著．—上海：中国文化事业社，1951 年．—225 页

A0975　TS105.1

织纹组合学（大学丛书）/蒋乃镛著．—上海：商务印书馆，1948 年．—351 页

A0976　TS105.1

织纹组合学　增订第 1 版（大学丛书）/蒋乃镛著．—上海：商务印书馆，1947 年．—335 页

本书原名《实用织物组合学》，1947 年增订后经教育部审定作为"部定大学用书"，更名《织纹组合学》。

A0977　TS105.1

织纹组合学　增订第 2 版（大学丛书）/蒋乃镛著．—上海：商务印书馆，1950 年．—335 页

A0978　TS105.1

织纹组合学　增订第 3 版（大学丛书）/蒋乃镛著．—上海：商务印书馆，1951 年．—351 页

A0979　TS105.1

织物分解　初版/周南藩编著．—上海：商务印书馆，1946 年．—60 页

本书内分概述、纱之计算、丝麻及羊毛等纱之支号计数法、生丝支数之记法、求各种纱支数相等法等 10 章。

A0980　TS105.1

织物分解　第 2 版/周南藩编著．—上海：商务印书馆，1946 年．—60 页

A0981　TS105.1

织物分解　第 3 版/周南藩编著．—上海：商务印书馆，1948 年．—60 页；19cm×13cm

A0982　TS105.1

织物分解　第 5 版（技术学校用书）/周南藩编著．—上海：商务印书馆，1951 年．—60 页

A0983　TS105.1

织物构造学　初版/应寿纪编著．—上海：世界书局，1947 年 3 月．—95 页

本书分为 4 编，分别介绍普通织物、绒织物、纱罗织物等织物的组织和工艺。

A0984　TS105.1

织物构造学　第 2 版/应寿纪编著．—上海：大东书局，1950 年．—95 页

A0985　TS105

织物构造与分解/孟洪诒编．—上海：苏州小说林书社，1935 年．—390 页

本书分 29 章，论述织物构造原理及分解织物方法，并介绍了定经纬纱的价格、定织物售价等内容。

A0986　TS103.33-63

织物机器样本　第 3 版/上海三星棉铁厂股份有限公司编．—上海：上海三星棉铁厂股份有限公司，1932 年 8 月．—32 页；26cm×18cm

A0987　TS105

织物解剖/曹骥才编述．—出版地不详：出版者不详，民

国时期出版 . —71 页；26cm×16cm

A0988 TS105

织物解剖学/著者不详 . —出版地不详：出版者不详，民国时期出版 . —1 册；25cm

本书分绪论、织物解剖之顺序、原料、纱之燃度、组织、特殊织物用线等。

A0989 TS105

织物解析/国立北平大学工学院纺织系编 . —北京：国立北平大学工学院纺织系，1936 年 . —55 页

本书讲述织物制造的条件及方法等。

A0990 TS105

织物设计（职业学校用书）/周南藩著 . —上海：商务印书馆，1950 年 . —71 页

本书专讲各种织物制造之设计，分十二章，各种织物之设计均有举例，附图二十幅。

A0991 TS195

织物整理学 初版（职业学校教科书）/周南藩编著 . —长沙：商务印书馆，1940 年 5 月 . —96 页

A0992 TS195

织物整理学 第 4 版（职业学校教科书）/周南藩编著 . —上海：商务印书馆，1946 年 12 月 . —96 页

本书第 4 版内分定义、织物整理之种类、棉织物整理、棉整理上所用之糊剂、毛织物整理所用之机械等 12 章，介绍织物整理学知识。

A0993 TS195

织物整理学 第 5 版（职业学校教科书）/周南藩编著 . —长沙：商务印书馆，1947 年 . —96 页；18cm

A0994 TS195

织物整理学 第 6 版（职业学校教科书）/周南藩编著 . —上海：商务印书馆，1950 年 . —96 页

A0995 TS105.1

织物组合与分解 初版（纤维工业丛书）/黄希阁，瞿炳晋著 . —上海：中国纺织染工程研究所，1945 年 . —268 页

本书内分概论、第一类织物、穿丝图及纹板、变化组织、经纬纱捻向与组织之关系、重织物等 26 章。

A0996 TS105.1

织物组合与分解 第 2 版（纤维工业丛书）/黄希阁，瞿炳晋著 . —上海：中国纺织染工程研究所，1946 年 . —268 页

A0997 TS105.1

织物组合与分解 第 3 版（纤维工业丛书）/黄希阁，瞿炳晋著 . —上海：中国纺织染工程研究所，1948 年 . —

268 页

A0998 TS105.1

织物组合与分解 第 4 版（纤维工业丛书）/黄希阁，瞿炳晋著 . —上海：中国纺织染工程研究所，1950 年 . —268 页

A0999 TS190.2

植物色素/孟心如著 . —上海：商务印书馆，1945 年 . —96 页

本书介绍了 46 种植物染料及其性能和特点。

A1000 TS190.2

植物色素 第 3 版/孟心如著 . —上海：商务印书馆，1950 年 . —96 页

A1001 TS143

制丝法讲义/著者不详 . —出版地不详：出版者不详，民国时期出版 . —134 页；23cm

分总论、生丝之原料、制丝用水、机械、缫丝、整丝等内容。

A1002 TS143

制丝光法（工业小册）/英商卜内门洋碱有限公司 . —上海：英商卜内门洋碱有限公司，民国时期出版 . —1 册；23cm×15cm

A1003 TS143

制丝教科书/郑辟疆编；万国鼎校订 . —上海：商务印书馆，1915 年 . —116 页

本书分 14 章，完整详述了制丝的各方面知识。

A1004 TS143

制丝教科书 第 3 版/郑辟疆编；万国鼎校订 . —上海：商务印书馆，1918 年 . —114 页

A1005 TS143

制丝教科书 第 4 版/郑辟疆编；万国鼎校订 . —上海：商务印书馆，1919 年 . —114 页

A1006 TS143

制丝教科书 第 10 版 修订本/郑辟疆编；万国鼎校订 . —上海：商务印书馆，1926 年 . —116 页

A1007 TS143

制丝教科书 第 11 版/郑辟疆编；万国鼎校订 . —上海：商务印书馆，1930 年 . —116 页

A1008 TS143

制丝教科书 国难后 1 版/郑辟疆编；万国鼎校订 . —上海：商务印书馆，1933 年 . —116 页

A1009 TS143

制丝浅说/戴官勋编．—济南：山东省立蚕业试验所，1933 年 4 月．—32 页

A1010 TS143

制丝新论/赖晋儸编辑．—上海：新学会社，1909 年．—54 页；22cm

全书分为 2 篇 20 章。第一篇：缫丝；第二篇：杀蛹干茧。

A1011 TS143

制丝新论　4 版/赖晋儸编辑；庄景仲校．—上海：新学会社，1917 年 4 月．—74 页；22cm

此书于 1924 年又出版第 5 版。

A1012 TS143

制丝学　初版/张娴著．—上海：中华书局，1935 年．—228 页

本书共 15 章，论述制丝原材料、收茧、原材料保全法、选茧、煮茧、缫丝、制丝用水等。

A1013 TS143

制丝学　第 2 版/张娴著．—上海：中华书局，1937 年．—228 页

A1014 TS143

制丝学　第 3 版/张娴著．—上海：中华书局，1939 年 8 月．—228 页；19cm×14cm

A1015 TS143

制丝学　第 5 版（农业丛书）/张娴著．—上海：中华书局，1940 年．—228 页

A1016 F407.81

制丝营业论/林在南著．—上海：新学会社，1925 年．—264 页

本书分总论、工厂、器械、用水、原料、实习、整理、屑物、经营以及结论共 10 章。

A1017 TS101

制造棉布概论/赵习恒著．—出版地不详：出版者不详，民国时期出版．—24 页；16 开

A1018 TS103.2

中国标准式大牵伸细纱机说明书/著者不详．—出版地不详：中国纺织机器制造股份有限公司，1946 年 12 月．—23 页；21cm×14cm

A1019 TS103.3

中国标准式自动织机配件号数表/著者不详．—出版地不详：中国纺织机器制造公司，194? 年．—66 页；15cm×22cm

A1020 TS102.3

中国蚕丝/乐嗣炳编．—上海：世界书局，1935 年 8 月．—443 页；21cm×15cm

本书分上、中、下三篇。上篇为家蚕业，中篇为柞蚕业，下篇是我国北部诸省及东三省的蚕丝业概况。

A1021 TS193-63

中国蚕丝公司染色样本/中国蚕丝公司编．—上海：中国蚕丝公司，民国时期出版．—12 页

A1022 TS102.3

中国蚕丝问题/钱天达著．—上海：黎明书局，1936 年．—160 页；19cm×13cm

本书内分 3 部分，介绍我国各蚕业区蚕丝业概况，分析蚕丝业以往失败的原因，提出改良蚕丝生产、发展对外贸易、注意内销等具体办法。

A1023 TS102.3

中国蚕丝问题　上册（万有文库）/缪毓辉著．—上海：商务印书馆，1937 年 3 月．—230 页；18cm×12cm

本书内分 5 编。前两编介绍浙江、江苏、广东、四川、山东、安徽等省蚕业现状，各地土地、蚕种改良情况；后三编介绍蚕茧收购制度、烘茧的方法、缫丝厂的沿革及经营概况、生丝检验及贸易。卷末附：蚕业法规及蚕种、生丝检验施行细则。

A1024 TS102.3

中国蚕丝问题　下册（万有文库）/缪毓辉著．—上海：商务印书馆，1937 年 3 月．—153 页；18cm×12cm

A1025 TS102.3

中国蚕丝业概况/谭熙鸿著．—出版地不详：中华日报馆，民国时期出版．—12 页

本书介绍了中国蚕丝业的政府救济经过和改进情况。

A1026 TS102.3

中国蚕丝业概况及其复兴之我见/夏道湘著．—出版地不详：著者自发行，193? 年．—23 页；27cm×19cm

本书原载《中国实业》杂志第 1 卷第 8 期。

A1027 F326.3

中国蚕丝业与社会化经营/沈文纬著．—上海：生活书店，1937 年．—349 页；19cm×13cm

本书分上、下两编。上编共 5 个章节，论述中国蚕丝业历史、现状和地位，日本式缫丝机械输入的影响。下编含 4 章，讨论蚕丝业发展影响因素和改良措施。

A1028 F326.3

中国蚕丝业之总检讨/钱承绪著．—上海：中国经济研究会，1940 年 7 月．—172 页；25cm×18cm

本书为论文集，辑入《中国蚕丝产地分布》《中国蚕丝业发展之回顾》《中国蚕丝业盛衰之演变》《江浙蚕业改良报

告》《江苏蚕丝业之现状》《浙江蚕丝业之现况》《战后中国丝厂之毁灭与新生》《过去中国蚕丝之统制》《改良蚕丝计划》论文9篇。

A1029　F426.81
中国绸业概况/蔡声白讲.—上海：美亚织绸厂编印，1944年.—62页；18cm

A1030　F426.81
中国纺织厂调查之一　上下册/聂光地著.—出版地不详：出版者不详，1930年.—2册，200页

A1031　F426.81
中国纺织厂一览表初稿/著者不详.—出版地不详：出版者不详，1947年.—1册

A1032　G649.29
中国纺织工学院毕业纪念刊（专科第三届）/中国纺织工学院编.—上海：中国纺织工学院，1947年.—26页

A1033　F426.81
中国纺织建设公司/行政院新闻局编.—南京：行政院新闻局，1941年.—109页

A1034　F426.81
中国纺织建设公司/行政院新闻局编.—南京：行政院新闻局，1948年.—109页
本书介绍中国纺织建设公司的简史、接受经过、组织管理、资产设备、生产统计、业务，以及上海、天津、青岛、东北各厂概况。

A1035　F426.81
中国纺织建设公司仓库管理规则/中国纺织建设公司编.—上海：中国纺织建设公司，民国时期出版.—24页

A1036　F426.81
中国纺织建设公司东北分公司第一周年纪念特刊/中国纺织建设公司东北分公司编.—沈阳：中国纺织建设公司东北分公司，1947年.—1册；26cm×18cm
本书统计中国纺织建设公司东北分公司的总务、业务、会计、材料、工务等情况。

A1037　F426.81
中国纺织建设公司东北分公司业务资料/中国纺织建设公司东北分公司编.—沈阳：中国纺织建设公司东北分公司，民国时期出版.—1册；27cm×20cm

A1038　F426.81
中国纺织建设公司董事会章程、董事会议事规则、公司章程、公司组织规程、分公司组织通则，工厂组织通则、办事处组织通则/中国纺织建设公司编.—天津：中国纺织建设公司，民国时期出版.—20页

A1039　F426.81
中国纺织建设公司法令章则汇编/中国纺织建设公司编.—上海：中国纺织建设公司，民国时期出版.—约800页；19cm×13cm
本书内分总则、工务、业务、人事、文书、会计、稽核、福利、统计、财务10编，共辑入法令、章则110种。

A1040　F426.81
中国纺织建设公司高级业务人员调训班结业纪念刊/中国纺织建设公司编.—上海：中国纺织建设公司，1947年.—81页；24cm×17cm
本书内含特约演讲录、棉花业务问题讨论记录。末附全体学员照片和机构以及各厂设备一览表。

A1041　F426.81
中国纺织建设公司购料委员会十一月份采购机料统计报告提要/购料委员会配合组编.—上海：中国纺织建设公司，1948年.—1册
本书内容为该公司全部购料总额、购料概况及财务情况。

A1042　F426.81
中国纺织建设公司稽核处办事细则/中国纺织建设公司稽核处编.—上海：中国纺织建设公司稽核处，民国时期出版.—18页

A1043　F426.81
中国纺织建设公司技术人员训练班印染系毕业纪念册/中国纺织建设公司编.—上海：中国纺织建设公司，1948年.—108页
本书内有学生照片、印染专业论文、通讯簿等。

A1044　F426.81
中国纺织建设公司棉纺织厂经营标准/中国纺织建设公司天津分公司秘书室编.—天津：中国纺织建设公司天津分公司秘书室，1946年.—20页

A1045　F426.81
中国纺织建设公司青岛第六纺织厂三十五年度年报/中国纺织建设公司青岛第六纺织厂编.—青岛：中国纺织建设公司青岛第六纺织厂，1947年.—95页；22cm×16cm
本书概述中国纺织建设公司青岛第六纺织厂的沿革、组织系统、机械设备、生产、纱布产品与商标、工人、员工福利设施等情况。

A1046　F426.81
中国纺织建设公司青岛第一机械厂三十六年度工作报告/何培祯编.—青岛：中国纺织建设公司青岛第一机械厂，1948年1月.—51页；21cm×16cm

A1047　F426.81
中国纺织建设公司青岛分公司三十六年度统计年报/中

国纺织建设公司青岛分公司统计室编 . —青岛：中国纺织建设公司青岛分公司统计室，1947 年 . —223 页；26cm×19cm

A1048 F426.81
中国纺织建设公司青岛分公司工作报告书（第二号 1946 年 2 月 16 日至 5 月 31 日）/中国纺织建设公司青岛分公司编 . —青岛：中国纺织建设公司青岛分公司，1946 年 . —1 册

A1049 F426.81
中国纺织建设公司青岛各纺织厂工务概况/中国纺织建设公司编 . —青岛：中国纺织建设公司，1947 年 . —74 页；21cm×16cm
本书概述中国纺织建设公司青岛各厂沿革、机械设备及生产情况等。

A1050 F426.81
中国纺织建设公司三十六年度工作总报告/中国纺织建设公司编 . —上海：中国纺织建设公司，1947 年 . —8 页；19cm×13cm
本书内容为中国纺织建设公司组织与管理；工务、业务、会计及财务情况。附折表。

A1051 F426.81
中国纺织建设公司上海第一纺织厂概况/中国纺织建设公司上海第一纺织厂编 . —上海：中国纺织建设公司上海第一纺织厂，1947 年 . —128 页；21cm×15cm
本书内容包括该厂沿革、组织系统、厂基及建筑、机械设备、出品与商标等。

A1052 F426.81
中国纺织建设公司上海第二、三纺织厂概况/中国纺织建设公司上海第二、三纺织厂编 . —上海：中国纺织建设公司上海第二纺织厂、中国纺织建设公司上海第三纺织厂，1948 年 . —124 页；26cm×19cm
本书分别介绍两厂的沿革、人事组织、出品商标、机械设备、工作情形、福利设施等。

A1053 F426.81
中国纺织建设公司上海第五纺织厂概况/中国纺织建设股份有限公司上海第五纺织厂编 . —上海：中国纺织建设股份有限公司，1948 年 . —172 页；26cm×18cm
本书介绍该厂沿革、产品、商标、人事组织、机械设备，纺部、织部工务状况，总务课、人事课、会计课工作概况。末附该厂同仁通讯簿。

A1054 F426.81
中国纺织建设公司上海第六纺织厂概况/中国纺织建设公司上海第六纺织厂编 . —上海：中国纺织建设公司上海第六纺织厂，1947 年 . —50 页；27cm×19cm
本书介绍该厂沿革、设备、组织系统、工务、工人、福利、招工等情况。附录：1. 历年大事记；2. 职员通讯簿。

A1055 F426.81
中国纺织建设公司上海第六纺织厂福利设施/中国纺织建设公司上海第六纺织厂编 . —上海：中国纺织建设公司上海第六纺织厂，1949 年 1 月 . —19 页；26cm×1cm

A1056 F426.81
中国纺织建设公司上海第六纺织厂汇刊/中国纺织建设公司上海第六纺织厂编 . —上海：中国纺织建设公司上海第六纺织厂，1948 年 . —298 页
本书共 9 章，介绍全厂及其所属纺织厂、机动厂等情况。

A1057 F426.81
中国纺织建设公司上海第六纺织厂六凤农场/中国纺织建设公司上海第六纺织厂编 . —上海：中国纺织建设公司上海第六纺织厂，1948 年 . —16 页；26cm×19cm

A1058 F426.81
中国纺织建设公司上海第六纺织厂养成工特刊/中国纺织建设公司上海第六纺织厂编 . —上海：中国纺织建设公司上海第六纺织厂，1948 年 . —12 页；25cm×18cm

A1059 F426.81
中国纺织建设公司上海第七纺织厂三十五年度概况/中国纺织建设公司上海第七纺织厂编 . —上海：中国纺织建设公司上海第七纺织厂，1947 年 . —80 页；27cm×20cm
本书记述该厂史略，生产、福利、人事、机械、电器设备、给水工程、消防等工作情况，另有职员名单。

A1060 F426.81
中国纺织建设公司上海第七纺织厂中华民国三十六年度工作概要/中国纺织建设公司上海第七纺织厂编 . —上海：中国纺织建设公司上海第七纺织厂，1948 年 . —38 页；27cm×19cm
本书目次页书名题为《三十六年度工作概要》，内有技术研究会纪念歌、中纺七厂厂歌、该厂平面图、机械排列图、各种统计图表等。

A1061 F426.81
中国纺织建设公司上海第十纺织厂概况/中国纺织建设公司上海第十纺织厂编 . —上海：中国纺织建设公司上海第十纺织厂，1947 年 . —124 页；27cm×20cm
本书介绍该厂沿革、组织、机械设备、工务状况。末附：接收前日资同兴纺织株式会社在上海所有产业内容及其经过概况、上海第九纺织厂概况、职员录（含第九纺织厂职员录）。

A1062 F426.81
中国纺织建设公司上海第十一纺织厂概况/中国纺织建设股份有限公司编 . —上海：中国纺织建设公司上海第十一纺织厂，1948 年 . —54 页；27cm×19cm
本书记述该厂沿革、各部分工作概况及职工福利设

施等。

A1063 F426.81

中国纺织建设公司上海第十二纺织厂概况/中国纺织建设公司上海第十二纺织厂编.—上海：中国纺织建设公司上海第十二纺织厂，1947年1月.—55页；27cm×20cm

本书概述厂史、一年来工作及近况。

A1064 F426.81

中国纺织建设公司上海第十四纺织厂三十五年度工作年报/中国纺织建设公司上海第十四纺织厂编.—上海：中国纺织建设公司上海第十四纺织厂，1947年.—71页；26cm×19cm

本书共6章，内有该厂沿革，纺部、织部、机动部工作概况，工资及物料统计，人事及福利工作概况等。

A1065 F426.81

中国纺织建设公司上海第十五纺织厂概况/中国纺织建设公司上海第十五纺织厂编.—上海：中国纺织建设公司上海第十五纺织厂，1947年.—60页；22cm×16cm

本书目次页书名题为《中国纺织建设上海第十五纺织厂民国三十五年概况》，概述该厂沿革、机械设备、生产、福利、人事情况。

A1066 F426.81

中国纺织建设公司上海第十六纺织厂概况/中国纺织建设公司上海第十六纺织厂编.—上海：中国纺织建设公司上海第十六纺织厂，1947年.—86页；21cm×16cm

本书介绍该厂沿革、概况及福利、员工情况。末附职员录。

A1067 F426.81

中国纺织建设公司上海第十七纺织厂概况/中国纺织建设公司上海第十七纺织厂编.—上海：中国纺织建设公司上海第十七纺织厂，1947年.—44页

A1068 F426.81

中国纺织建设公司上海第十九纺织厂民国三十六年度上半年工作概况/中国纺织建设公司上海第十九纺织厂编.—上海：中国纺织建设公司上海第十九纺织厂，1947年.—37页；23cm×17cm

本书内含各种工作支配表、统计图表等。

A1069 F426.81

中国纺织建设公司上海第十九纺织厂周年纪念刊/中国纺织建设公司上海第十九纺织厂编.—上海：中国纺织建设公司上海第十九纺织厂，1947年.—114页

本书介绍该厂概况及一年来工作情形，并收入有关文章36篇。末附职员通讯簿、编后记。

A1070 F426.81

中国纺织建设公司上海第二毛纺织厂概况/中国纺织建设公司上海第二毛纺织厂编.—上海：中国纺织建设公司上

海第二毛纺织厂，1948年.—50页；27cm×19cm

本书介绍该厂沿革、组织、厂址及建筑、机械设备、商标、工友概况等。

A1071 F426.81

中国纺织建设公司上海第三毛纺织厂概况/中国纺织建设公司上海第三毛纺织厂编.—上海：中国纺织建设公司上海第三毛纺织厂，1948年.—34页；27cm×19cm

本书介绍该厂沿革、组织系统、机械设备、纺部、织部、染整部、机动部、保全部工作概况，产销、工人、福利设施情况等。大部分为图表，末附职员录。

A1072 F426.81

中国纺织建设公司上海第四毛纺织厂概况/中国纺织建设公司上海第四毛纺织厂编.—上海：中国纺织建设公司上海第四毛纺织厂，1947年.—38页；26cm×19cm

本书概述该厂沿革、设备、各部工作概况，并有出品分析、样品说明等。

A1073 F426.81

中国纺织建设公司上海第一制麻厂概况/中国纺织建设公司上海第一制麻厂编.—上海：中国纺织建设公司上海第一制麻厂，1947年.—39页；22cm×15cm

本书介绍该厂组织、建筑、设备、制造程序、生产概况等。大部分为图表。

A1074 F426.81

中国纺织建设公司上海第二制麻厂概况/中国纺织建设公司上海第二制麻厂编.—上海：中国纺织建设公司上海第二制麻厂，1947年.—33页；26cm×19cm

本书介绍该厂的沿革、设备、生产与工人概况。大部分为图表。

A1075 F426.81

中国纺织建设公司上海第一印染厂概况/中国纺织建设公司上海第一印染厂编.—上海：中国纺织建设公司上海第一印染厂，1947年.—28页；25cm×18cm

本书介绍该厂沿革、厂址建筑、机械设备，以及三十五年度中生产工作情形。

A1076 F426.81

中国纺织建设公司上海第三印染厂概况/中国纺织建设公司上海第三印染厂编.—上海：中国纺织建设公司上海第三印染厂，1947年.—28页；22cm×17cm

A1077 F426.81

中国纺织建设公司上海第四印染厂概况/中国纺织建设公司上海第四印染厂编.—上海：中国纺织建设公司上海第四印染厂，1947年5月.—28页；26cm×19cm

A1078 F426.81

中国纺织建设公司上海第一绢纺厂概况/中国纺织建设

公司上海第一绢纺厂编 . —上海：中国纺织建设公司上海第一绢纺厂，1947 年 3 月 . —31 页；21cm×15cm

A1079　F426.81

中国纺织建设股份有限公司上海第一绢纺厂三十七年度工作报告/中国纺织建设股份有限公司上海第一绢纺厂编 . —上海：中国纺织建设股份有限公司，1949 年 . —23 页

本书介绍该厂制度、运转、生产、原料耗用、制造成本、销售、员工、福利等情况。大部分为图表，末附职员通信录。

A1080　F426.81

中国纺织建设公司上海第一针织厂概况/中国纺织建设公司上海第一针织厂编 . —上海：中国纺织建设公司上海第一针织厂，1947 年 . —49 页；22cm×16cm

本书概述该厂沿革，并有机器设备、销售、原料等统计图表。

A1081　F426.81

中国纺织建设公司上海各纺织厂纱布成品平均单位制造成本表/统计室编制 . —出版地不详：中国纺织建设公司，民国时期出版 . —12 面；27cm×38cm

A1082　F426.81

中国纺织建设公司天津分公司工业关系法规汇编/中国纺织建设公司天津分公司秘书室编 . —天津：中国纺织建设公司天津分公司秘书室，民国时期出版 . —742 页

A1083　F426.81

中国纺织建设公司天津分公司规章汇览/中国纺织建设公司天津分公司秘书室编 . —天津：中国纺织建设公司天津分公司秘书室，民国时期出版 . —399 页

据内容，此书于 1947 年 9 月以后出版：内分组织、人事、业务、会计、材料、总务、运输、福利等 10 类，收入该公司及分公司现行规章 57 种。

A1084　F426.81

中国纺织建设公司巡回督导团上海第五纺织厂报告书沪字第 42 号（内部文件）/中国纺织建设公司编 . —上海：中国纺织建设股份有限公司上海第五纺织厂，1948 年 . —209 页

本书为内部文件，巡视时间为 1947 年 12 月。

A1085　F426.81

中国纺织建设股份公司各棉纺织厂生产量/中国纺织建设公司编 . —上海：中国纺织建设股份有限公司，1949 年 . —1 册

A1086　F426.81

中国纺织建设股份有限公司各纺织印染厂成品种类规格一览/中国纺织建设公司编 . —上海：中国纺织建设公司，1949 年 . —1 册

A1087　F426.81

中国纺织建设股份有限公司民国三十八年度营业基金预算书/中国纺织建设公司编 . —上海：中国纺织建设公司，1949 年 . —6 页；27cm×20cm

A1088　F426.81

中国纺织建设股份有限公司三十八年度营业计划/中国纺织建设股份有限公司编 . —上海：中国纺织建设股份有限公司，1948 年 . —1 册

A1089　F426.81

中国纺织品产销志（国定税则委员会商品丛刊第一种）/叶量著 . —上海：上海生活书店，1935 年 . —276 页

本书共 20 章，分述棉、麻、毛、丝纱、线绳、胎料、针、编织品、各种布料、毡货、服饰品、工艺品等各类日用纺织品的产销状况。附录：1. 服装臆说；2. 中国服装工厂要览。

A1090　F426.81

中国纺织染业概论　渝初版/蒋乃镛著 . —重庆：中华书局，1944 年 . —154 页；19cm×13cm

本书内分 4 章，概述我国棉、毛、麻、丝纺织染业的发展经过、产销状况以及发展趋势。末附孙中山实业计划中的纺织染业计划。

A1091　F426.81

中国纺织染业概论　增订第 2 版/蒋乃镛著 . —上海：中华书局，1946 年 . —234 页；18cm×13cm

本书增订第 2 版较 1944 年初版，增加"抗战胜利后收复区纺织业概况"及"抗战胜利后西南、华中、西北各省纺织业概况"2 章。附录：1. 全国染料工业之新希望；2. 全国纺织原料产区之新观察。

A1092　F426.81-53

中国纺织学会第四届年会论文集（中国纺织学会年会）/中国纺织学会编 . —北京：中国纺织学会，1934 年 . —24 页；25cm×19cm

A1093　F426.81

中国纺织学会会费考查录/中国纺织学会编 . —上海：中国纺织学会，1934 年 . —9 页；25cm×18cm

A1094　F426.81-62

中国纺织学会上海分会会员录/中国纺织学会上海分会编 . —上海：中国纺织学会上海分会，1946 年 . —29 页；26cm×19cm

A1095　F426.81

中国纺织学会天津分会第一届年会年刊（中国纺织学会年会）/中国纺织学会天津分会编 . —天津：中国纺织学会天津分会，1947 年 . —54 页

本书收《纺织机械制造问题之探讨》《挽近染色理论简

述》《论纺织中之清化》《制织造绒呢之研究》等论文16篇，另有会务记载。

A1096 F426.81

中国纺织学会第十二届年会 青岛分会第一届年会纪念 （中国纺织学会年会）/范澄川等著；中国纺织学会青岛分会编.—青岛：中国纺织学会青岛分会，1947年.—111页

本书包括论说、技术、译载、介绍及统计等。

A1097 F426.81

中国纺织学会第十三届年会年刊（中国纺织学会年会）/中国纺织学会编.—上海：中国纺织学会，1948年.—214页；26cm×19cm

本书收论文《如何维护当前之棉纺织业》（朱仙舫），《对我纺织工业前途之检讨》（李锡钊），《战后日本棉纺织业的演进》（金叔平）等，并有技术论文和特载、学会会员录。

A1098 F426.81

中国纺织学会会员 第十三届/中国纺织学会编.—上海：中国纺织学会上海分会，1948年.—12页；25cm×18cm

A1099 F426.81

中国纺织学会建筑会所捐款收支报告/中国纺织学会建筑委员会财务组编.—上海：中国纺织学会建筑委员会财务组，1948年.—32页；24cm×18cm

本书内含收支清单与捐款人名册。据内容，出版于1948年后。

A1100 F426.81

中国花纱布业指南 影印版［译］/（美）克赖克著；穆湘玥译.—上海：厚生纱厂，1917年3月.—354页；26cm×19cm

本书原名《日本之纱业》。

A1101 F426.81

中国棉产改进史 沪初版/胡竟良著.—上海：商务印书馆，1946年7月.—121页；21cm×15cm

A1102 F426.81

中国棉产改进史 沪再版/胡竟良著.—上海：商务印书馆，1947年11月.—121页；21cm×15cm

A1103 F426.81

中国棉产改进史 渝初版/胡竟良著.—重庆：商务印书馆，1945年11月.—121页；21cm×15cm

A1104 F426.81-09

中国棉纺统计史料/上海市棉纺织工业同业公会筹备会整理.—上海：上海市棉纺织工业同业公会筹备会，1950年.—130页；26cm

A1105 F426.81

中国棉花贸易情形（工商部上海商品检验局丛刊第四期）/叶元鼎.—上海：工商部上海商品检验局，1930年4月.—115页

A1106 F426.81

中国棉业股份有限公司董事会规程/中国棉业股份有限公司.—上海：中国棉业股份有限公司，1939年1月.—3页；21cm×15cm

A1107 F426.81

中国棉业股份有限公司分公司及办事处办事细则/中国棉业股份有限公司.—上海：中国棉业股份有限公司，1940年2月.—1册；21cm×15cm

A1108 F426.81

中国棉业股份有限公司工役管理规则/中国棉业股份有限公司.—上海：中国棉业股份有限公司，1940年2月.—1册；21cm×15cm

A1109 F426.81

中国棉业股份有限公司稽核规则/中国棉业股份有限公司.—上海：中国棉业股份有限公司，1940年2月.—1册；21cm×15cm

A1110 F426.81

中国棉业股份有限公司职员旅费待遇服务请假交际费规则/中国棉业股份有限公司.—上海：中国棉业股份有限公司，1940年2月.—1册；21cm×15cm

A1111 F426.81

中国棉业股份有限公司总公司办事细则/中国棉业股份有限公司.—上海：中国棉业股份有限公司，1940年2月.—1册；21cm×15cm

A1112 F326.12

中国棉业论/冯次行编.—上海：北新书局，1929年.—194页；18cm×13cm

本书论述我国棉花的生产消费与贸易状况，上海、汉口、天津、青岛、郑州等国内主要市场中外棉商情况，改良中国棉花的设施等。

A1113 Z89：F

中国棉业文献索引/吴中道编订；冯泽芳校阅.—南京：中国棉业出版社，1949年1月.—155页

A1114 F326.12

中国棉业问题/谢家声讲.—重庆：中央训练团党政训练班，1940年5月.—22页

本书为中央训练团党政训练班讲演录，分三部分。内容有农业政策的重要性、抗战前后棉花及其制品产销的比较、解决衣着问题的方法。

A1115 F326.12

中国棉业问题 初版（万有文库第二集，现代问题丛书）/金国宝著.—上海：商务印书馆，1936年3月.—156页；38cm×12cm

本书共9章，内有我国棉产统计、棉纺织厂沿革及现状、棉花的检验与分级、棉纺织厂的资本劳工状况、棉纱业成本效率、棉业捐税等。

A1116 F326.12

中国棉业问题 第2版（现代问题丛书）/金国宝著.—上海：商务印书馆，1936年5月.—156页；38cm×12cm

A1117 F326.12

中国棉业问题 2010年影印版/金国宝著.—北京：朗润书店，2010年.—156页

A1118 F326.12

中国棉业问题 2013年影印版（万有文库）/金国宝著.—北京：北京瀚文典藏文化有限公司，2013年.—156页

A1119 F326.12

中国棉业之发展（国立中央研究院社会科学研究所丛刊第十九种）/严中平著.—重庆：商务印书馆，1943年9月.—305页；21cm×15cm

A1120 F426.81

中国内衣织染厂有限公司目录/中国内衣织染厂编.—出版地不详：利国印刷所，1933年.—67页；21cm×16cm

本书内容有沿革、各部门照片、出品一览。附英文说明。

A1121 F426.81

中国染化工程学会成立纪念刊/中国染化工程学会编.—上海：中国染化工程学会，1940年.—132页

本书内容有题词、摄影、发刊词、论文组织、会议录、工作计划等。

A1122 F426.81

中国纱厂一览表 订正版/华商纱厂联合会编.—上海：华商纱厂联合会，1925年.—1页

本书内分厂名、厂址、开工年月、资本、锭子、工人、出纱、出布、商标等。有图表一幅。

A1123 F426.81

中国纱厂一览表 第十一次编订/华商纱厂联合会编.—上海：华商纱厂联合会，1932年.—1页

本书为该会第十一次修订：世界各国纱厂纺锭机用花统计、世界主要产棉国产棉额、中国历年纺锭比较、中国历年布机比较、中国近年棉花生产及纺厂销棉统计等。有图表一幅。

A1124 F426.81

中国纱厂一览表 第十二次编订/华商纱厂联合会编.—上海：华商纱厂联合会，1933年.—1页

A1125 F426.81

中国纱厂一览表 第十三次编订/华商纱厂联合会编.—上海：华商纱厂联合会，1934年.—1页

A1126 F426.81

中国纱厂一览表 1935/华商纱厂联合会编.—上海：华商纱厂联合会，1935年8月.—1张；61cm×106cm

A1127 F426.81

中国纱厂一览表 1948/全国纺织业联合会调查.—上海：全国纺织业联合会调查，1948年.—1张

A1128 F426.81

中国丝绢西传史（中山文化教育馆研究丛刊）/姚宝猷著.—重庆：商务印书馆，1944年.—88页；18cm×13cm

A1129 F426.81

中国丝业 初版（万有文库第一集，商学小丛书）/曾同春著.—上海：商务印书馆，1929年10月.—187页，29页；18cm×12cm

A1130 F426.81

中国丝业 第2版（商学小丛书）/曾同春著.—上海：商务印书馆，1933年11月.—187页，29页；19cm×13cm

A1131 F426.81

中国丝业 第3版（商学小丛书）/曾同春著.—上海：商务印书馆，1934年.—187页，29页

A1132 F426.81

中国丝业 2010年影印版/曾同春著.—北京：朗润书店，2010年.—187页

A1133 F426.81

中国丝业股份有限公司招股简章/中国丝业股份有限公司.—出版地不详：中国丝业股份有限公司，民国时期出版.—1册；21cm×13cm

A1134 F426.81

中国绣之原理及针法/马则民编.—上海：商务印书馆，1936年.—1册

A1135 TS102.3

中国羊毛品质之研究 第2版/李秉权编著.—北京：京城印书局，1931年.—48页；26cm×16cm

A1136 TS102.3

中国羊毛之品质（百科小丛书）/李秉权编著.—上海：

商务印书馆，1934 年 6 月．—54 页；19cm×13cm

本书原名《中国羊毛品质之研究》，于 1934 年改名为《中国羊毛之品质》，在原书内容基础上稍作增删。

A1137 TS102.2-53

中国原棉研究学会论文集/中国原棉研究学会编．—上海：中国原棉研究学会，1948 年．—240 页

本书收录该会 20 余位会员的论文，可为棉农、棉商、棉工作参考之用。

A1138 F426.81

中国战后工业建设之路 初版/蒋乃镛著．—重庆：中华书局，1944 年 4 月．—102 页；19cm×13cm

A1139 F426.81

中国战后工业建设之路 第 2 版/蒋乃镛著．—上海：中华书局，1946 年 1 月．—102 页；19cm×13cm

A1140 F426.81

中国之蚕丝业（中美农业技术合作图报告书）/周开发主编．—上海：中国蚕丝业研究学会，1946 年．—22 页

A1141 F426.81

中国之纺织工业及其出品 初版［译］/（日）井村熏雄著；周培兰译．—上海：商务印书馆，1928 年 8 月．—319 页；23cm×16cm

本书共 5 章，论述中国棉纱、棉布、棉花之供求，中国纺织业之现状与设施，中国纺织业之将来与关税等。附折表。

A1142 F426.81

中国之纺织工业及其出品 国难后第 1 版［译］（实业丛书）/（日）井村熏雄著；周培兰译．—上海：商务印书馆，1933 年．—319 页

A1143 F426.81

中国之棉纺织业 初版/方显廷著．—北京：国立编译馆，1934 年．—380 页；23cm×16cm

本书分 8 章，内容包括中国棉纺织业的历史、棉花生产、棉纺织品制造与销售、劳工组织、手工棉织业、进出口贸易等内容。

A1144 F426.81

中国之棉纺织业 2010 影印版/方显廷著．—北京：朗润书店，2010 年．—387 页

A1145 F426.81

中国之棉纺织业 2011 影印版（中华现代学术名著丛书）/方显廷著．—北京：商务印书馆，2011 年．—380 页
ISBN 978-7-100-07453-7

A1146 F426.81

中国之棉纺织业 2014 英文版/方显廷著．—北京：商务印书馆，2014 年．—355 页
ISBN 978-7-100-15067-5
本书原英文版于 1932 年出版。

A1147 F426.81

中国之棉纺织业 2017 精装纪念版（中华现代学术名著丛书：120 年纪念版）/方显廷著．—北京：商务印书馆，2017 年．—489 页
ISBN 978-7-100-15063-7
本书据国立编译馆 1934 年版排印。

A1148 F426.81

中国之棉纺织业 2017 英文纪念版/方显廷著．—北京：商务印书馆，2017 年．—357 页
ISBN 978-7-100-15067-5

A1149 F426.81

中华民国二十年、二十一年上半年纱花统计/中国棉业贸易股份有限公司调查科编．—上海：中国棉业贸易股份有限公司调查科，1932 年．—82 页

本书概述棉纱、棉花市况。

A1150 F426.81

中华民国机器棉纺织工业同业公会联合会第二届会员大会记录/中华民国机器棉纺织工业同业公会联合会编．—上海：中华民国机器棉纺织工业同业公会联合会，1947 年．—146 页；22cm×15cm

A1151 F426.81

中华人造丝厂股份有限公司计划书/鄞云鹤编．—出版地不详：中华人造丝厂股份有限公司，1937 年．—20 页；25cm×17cm

本书介绍该厂营业计划、设备、成本、盈利计算等。

A1152 TS102

中棉纤维捻曲数之检验方法的研究/程养和著．—上海：实业部上海商品检验局农作物检验组，1931 年 4 月．—11 页

A1153 F326.12

中央棉产改进所投稿选印本/中央棉产改进所棉花分级室．—出版地不详：中央棉产改进所棉花分级室，1935 年．—1 册

A1154 F426.81-63

钟渊纺纱公司图说样本/钟渊纺纱公司．—出版地不详：钟渊纺纱公司，民国时期出版．—200 页

本书介绍该公司沿革、机器设备及出口样品。

A1155 TS193

种蓝—打靛—染布/太行行署编．—出版地不详：出版者

不详，1946 年 . —28 页

A1156　S563.1
种苎麻法　初版（万有文库第一集　农学小丛书）/张勋著 . —上海：商务印书馆，1930 年 10 月 . —108 页；19cm×13cm
本书共 10 个章，介绍了苎麻基本情况、栽培和防虫、制麻方法和麻纤维性质。

A1157　S563.1
种苎麻法　第 2 版（农学小丛书）/张勋著 . —上海：商务印书馆，1934 年 . —108 页；19cm×13cm

A1158　TS193
著色法/张朵山，曹克良编 . —北京：国立北平大学工学院，1935 年 . —1 册

A1159　F426.81
重庆市之棉织工业（四川经济丛刊第七种）/中国银行总管理处经济研究室编 . —重庆：重庆中国银行，1935 年 8 月 . —268 页
本书共 8 章，概述重庆棉织工业之沿革、现状、工人、原料、产销等情况。附录有：1. 重庆市重要棉织工厂一览；2. 重庆市布业同业公会简章；3. 裕华、三峡二厂与经销店所订公约二则。

A1160　TS143
煮蚕学/戴元亨著 . —南京：中央技专出版组，1942 年 . —57 页

A1161　TS103
准备部机械运转工作标准（纺织染丛书第十二辑）/中国纺织建设股份有限公司工务处编 . —上海：中国纺织建设月刊社，1948 年 . —101 页；22cm×15cm
本书分 4 章，介绍络经机之部、整经机之部、浆纱机之部、通经工程。

A1162　TS103
准备部机械运转工作标准　再版/中央纺织工业部华东纺织管理局编 . —上海：中央纺织工业部华东纺织管理局，1950 年 . —101 页；21cm

A1163　TS103
准备机械装置及保全标准（纺织染丛书第六辑）/中国纺织建设股份有限公司工务处编 . —上海：中国纺织建设月刊社，1949 年 . —353 页
本书分 7 章，介绍各种络纱机、整经机、浆纱机之保全法。

A1164　TS103.33
自动织机工作与管理　初版（纺织染丛书）/黄金声，张灿编著 . —上海：纤维工业出版社，1947 年 10 月 . —

296 页
本书为《丰田自动织机标准装法》增补本，共 19 章，介绍自动织机的各类装置和装配顺序、织机计算、浆纱、织布工厂工作、丰田自动织机样品等内容。

A1165　TS103.33
自动织机工作与管理　第 2 版（纺织染丛书）/黄金声，张灿编著 . —上海：纤维工业出版社，1949 年 7 月 . —296 页；21cm×15cm

A1166　TS103.33
自动织机手册/黄金声编著 . —上海：中国纺织染工程研究所，1945 年 . —1 册

A1167　F426.81
租办湖北布纱丝麻四局大维公司文卷/著者不详 . —武汉：出版者不详，民国时期出版 . —1 册

A1168　TS103
最近棉纺织厂精纺机实用皮圈式大牵伸装置（全国经济委员会棉业统制委员会专刊）/全国经济委员会棉业统制会编 . —南京：全国经济委员会棉业统制委员会，1936 年 . —37 页；26cm×19cm

A1169　TS104
最新纺纱计算学　上卷　初版/何达著 . —上海：中国纤维工业研究所，1944 年 6 月 . —290 页
本书分上、下两卷，共 20 章。其中上卷 8 章，下卷 12 章，内容包括纱之计算、各类纺纱机械计算方法和牵伸调整。

A1170　TS104
最新纺纱计算学　下卷　初版/何达著 . —上海：中国纤维工业研究所，1946 年 1 月 . —353 页；21cm×15cm

A1171　TS104
最新纺纱计算学　上卷　第 2 版/何达著 . —上海：中国纤维工业研究所，1946 年 5 月 . —290 页；21cm×15cm

A1172　TS104
最新纺纱计算学　下卷　第 2 版/何达著 . —上海：中国纤维工业研究所，1946 年 8 月 . —353 页

A1173　TS104
最新纺纱计算学　上卷　第 3 版/何达著 . —上海：中国纤维工业研究所，1947 年 3 月 . —290 页

A1174　TS104
最新纺纱计算学　下卷　第 3 版/何达著 . —上海：中国纤维工业研究所，1947 年 5 月 . —353 页

A1175 TS105

最新机织法/黄腾浦编著 . —上海：中国工商学会，1917年 . —204 页；19cm×14cm

本书分 9 章，介绍机织法概论、织物组织、织物原料等内容。

A1176 TS114

最新棉纺学 上下册 初版/何达著 . —上海：中国纤维工业研究所，1939 年 . —1 册

A1177 TS114

最新棉纺学 初版（中国纤维工业研究所丛书）/何达著 . —上海：中国纤维工业研究所，1939 年 . —495 页

本书分概论、混棉清棉、梳棉、精梳棉、粗纺、併条、精纺等 16 章，讲述最新棉纺学知识。

A1178 TS114

最新棉纺学 第 2 版（中国纤维工业研究所丛书）/何达著 . —上海：中国纤维工业研究所，1941 年 . —495 页；18cm×13cm

A1179 TS114

最新棉纺学 增补版 第 3 版（中国纤维工业研究所丛书）/何达著 . —上海：中国纤维工业研究所，1946 年 . —476 页；18cm×13cm

本书第 3 版增补第十三、十四、十五共计三章，增加棉纺厂实习纲要、净匀箱、单程并条机等内容。

A1180 TS114

最新棉纺学 增补版 第 4 版（中国纤维工业研究所丛书）/何达著 . —上海：中国纤维工业研究所，1946 年 . —495 页

本书第 4 版在第 3 版基础上增补第十六章，增加循环滤气装置、捻向之新名、牵伸滚子中心距离之标准等内容。

A1181 TS114

最新棉纺学 增补版 第 5 版（中国纤维工业研究所丛书）/何达著 . —上海：中国纤维工业研究所，1950 年 1月 . —495 页

A1182 TQ34

最新人造丝毛工业/关实之著 . —上海：中华化学工业会，1933 年 . —166 页；22cm×15cm

本书概述人造丝毛工业的状况、理论及产品制法等。

第二部分 纺织工程与技术图书

2.1 专著与教材

收录与编辑说明：

本部分收录纺织工程与技术类专著与教材4400余种，其中港台版图书154种，翻译著作497种。为便于查找利用，将其按出版时间分为三节，第一节（2.1.1）收录1950—1979年出版的图书，共1447种（记录号B0001—B1447）；第二节（2.1.2）收录1980—1999年出版的图书，共1476种（记录号B1450—B2925）；第三节（2.1.3）收录2000—2020年出版的图书，共1480种（记录号B2930—B4409）。每节图书按正题名音序排列，正题名相同的图书则初版较早者在先，再版图书不考虑出版时间，均按版次排在其初版图书之后。

2.1.1 1950—1979年

B0001 TS103

1271型粗纱机平车工作法 试行本/陕西省革委会轻纺工业局.—西安：陕西省革委会轻纺工业局，1972年.—94页

B0002 TS112

1291/1301型精纺机安装操作法（棉纺织机器安装操作法丛书）/河南纺织工业局纺织机器安装队编.—北京：纺织工业出版社，1959年.—40页
　　统一书号 15041·276

B0003 TS112

1511M型自动换梭织机机件简图/上海中国纺织机械厂编.—上海：中国纺织机械厂，1966年.—92页

B0004 TS112

1511M型自动织机机件简图/中国纺织机械厂编.—北京：纺织工业出版社，1960年.—165页
　　统一书号 15041·676

B0005 TS112

1511型织布机安装操作法（棉纺织机器安装操作法丛书）/河南纺织工业局纺织机器安装队编.—北京：纺织工业出版社，1958年.—22页
　　统一书号 15041·279

B0006 TS112

1511型织机动力学分析/陈明编著.—北京：中国财政经济出版社，1965年.—202页（被引6）
　　统一书号 15166·261
　　本书对我国制造的1511型织机的各个机构作了比较全面详细的分析，对各机构的特征作了介绍，对它们的运动及动力学进行了分析研究，详细探讨了织机在运转过程中各机件的运动特点、动态应力、变形以及机件之间的摩擦和冲击对机件运动状态和机物料消耗的影响等。在此基础上，还提出了改进各机构的意见。

B0007 TS112

1511型织机断纬双纬研究/中华人民共和国科学技术委员会编.—北京：中华人民共和国科学技术委员会，1965年.—29页；30cm

B0008 TS112

1511型自动布机半抬架大平车操作法（全国织布生产技术学习班介绍材料）/石家庄国棉二厂织造车间.—石家庄：石家庄国棉二厂织造车间，1975年.—122页

B0009 TS112

1511型自动织机保全/东风雨衣染织厂，华东纺织工学院编写.—上海：上海人民出版社，1971年.—220页
　　统一书号 15·4·187

B0010 TS112

1511型自动织机保全的理论和实际/王崧生，张焕矩编著；徐财根，陈旭初，郭廉耿校阅.—北京：纺织工业出版社，1959年.—112页
　　统一书号 15041·489
　　本书主要是按照布机5S保全工作法的要求，以1117毫米（44英寸）筘幅的1511型自动织机制织平布为标准，并从理论上说明织机的校装方法、规格、应用定规尺寸的来源，以及不符合这样的校装要求时，对机器和制织将会发生哪些不良影响，此外还在书中对织机上一般的应用计算等也作了说明。

B0011 TS112

1511型自动织机保全图册/胡景林编.—北京：纺织工业出版社，1966年.—493页
　　统一书号 15166·269

B0012 TS112

1511 型自动织机保全图册 第 2 版/胡景林编 . —北京：纺织工业出版社，1980 年 . —419 页

B0013 TS112

1511 型自动织机保全图册 第 3 版/胡景林编著 . —北京：纺织工业出版社，1987 年 . —599 页

统一书号 15041·1504

ISBN 7-5064-0972-0（重印）

本书以立体图形象地介绍了该机的各种零件，并对这些零件的件号、名称、材料等作了简要说明。

B0014 TS112

1511 型自动织机保全图册 修订本/胡景林编；陕西第九棉纺织厂，石家庄第二棉纺织厂审订 . —北京：轻工业出版社，1974 年 . —419 页

统一书号 15042·1313

B0015 TS112

1515 型自动换梭棉织机机件略图（1515-LT）/中国纺织机械厂 . —上海：中国纺织机械厂，1972 年 . —108 页；13cm×18cm（32 开横排版）

B0016 TS193

190 士林条花的生产和防止/纺织工业出版社编 . —北京：纺织工业出版社，1960 年 . —43 页

统一书号 15041·755

B0017 TS115

1951 织布工作法/中央人民政府纺织工业部编 . —北京：中央人民政府纺织工业部，1951 年 . —46 页

1952 年 5 月再版，1952 年 9 月三版

B0018 TS115

1951 织布工作法 再版/中央人民政府纺织工业部编 . —北京：中央人民政府纺织工业部，1952 年 . —46 页

B0019 TS115

1951 织布工作法图解/史稼编绘 . —北京：劳动出版社，1952 年 . —140 页

B0020 TS115

1951 织布工作法 普通布机部分 增订本/全国棉纺织运转操作经验交流会议编 . —北京：纺织工业出版社，1959 年 . —72 页

统一书号 15014·528

B0021 TS115

1951 织布工作法 自动布机部分 增订本/全国棉纺织运转操作经验交流会议编 . —北京：纺织工业出版社，1959 年 . —80 页

统一书号 15041·527

B0022 TS103

1953 纺织机器保全工作法 基本特点/全国纺织保全会议编订 . —北京：全国纺织保全会议秘书处，1953 年 . —8 页；19cm

B0023 TS103

1953 纺织机器保全工作法 梳棉机大平车工作法/全国纺织保全会议编订 . —北京：纺织工业出版社，1953 年 . —100 页

B0024 TS103

1953 纺织机器保全工作法 梳棉机揩车工作法/全国纺织保全会议编订 . —北京：纺织工业出版社，1953 年 . —23 页

B0025 TS103

1953 纺织机器保全工作法 细纱机揩车工作法/全国纺织保全会议编订 . —北京：纺织工业出版社，1953 年 . —19 页

B0026 TS103

1953 纺织机器保全工作法 细纱机平车工作法/全国纺织保全会议编订 . —北京：纺织工业出版社，1953 年 . —112 页

B0027 TS103

1953 纺织机器保全工作法 细纱机平车工作法 第 2 版/全国纺织保全会议编订 . —北京：纺织工业出版社，1953 年 . —112 页

B0028 TS103

1953 纺织机器保全工作法 阪本自动布机大平车工作/全国纺织保全会议编订 . —北京：纺织工业出版社，1953 年 . —128 页；19cm

B0029 TS103

1953 纺织机器保全工作法 丰田自动布机大平车工作法/全国纺织保全会议编订 . —北京：纺织工业出版社，1953 年 . —167 页

B0030 TS114

1953 全国纺织保全会议经验介绍之一 增进棉卷均匀度的几个方法/全国纺织保全会议编订 . —北京：纺织工业出版社，1953 年 . —90 页；19cm

本书主要内容包括：和花方法及定量供应，摇板作用有效控制法，棉箱给棉机出棉反作用防止法等。

B0031 TS112

1953 全国纺织保全会议经验介绍之二 梳棉机的几项修整工作/全国纺织保全会议编订 . —北京：纺织工业出版社，1953 年 . —33 页；19cm

B0032 TS112

1953 全国纺织保全会议经验介绍之三　细纱机罗拉及钢领修理方法（全国纺织保全会议经验介绍之三）/全国纺织保全会议编订．—北京：纺织工业出版社，1953 年．—40 页

B0033 TS103

1959 普通帆布机挡车工作法　初稿/上海市印染织布工业公司编．—上海：上海市印染织布工业公司，1959 年．—70 页

B0034 TS112

A185 型/A186 型梳棉机平车工作法　试行/湖北省纺织工业公司．—武汉：湖北省纺织工业公司，1972 年．—100 页

B0035 TS112

A186 型梳棉机平车工作法　草案/青岛市纺织工业局 A186 型梳棉机保全工作法总结小组编．—青岛：青岛市纺织工业局，1973 年

B0036 TS112

A186 型梳棉机平车工作法　试行/江苏省革命委员会轻工业局．—南京：江苏省革命委员会轻工业局，1975 年．—177 页

B0037 TS112

A201 精梳机故障与修理（棉纺织设备维修丛书）/黄汉文，吕兴祥编．—北京：纺织工业出版社，1978 年．—186 页

统一书号 15041·1019

本书对国产 A201（包括 A、B 型）精梳机日常运转生产中常见的故障和排除方法作了比较系统、细致的分析介绍，并且在总结实践经验的基础上提出了一些预防故障的措施和对机械的改进建议。此外，对附属本机的 Y911A 型定长自停记录表及电气自停系统的常见故障、排除方法等，也作了比较详细的介绍。

B0038 TS103

A512 细纱机常见病及其修理/湖北安陆五七棉纺织厂．—安陆：湖北安陆五七棉纺织厂，1974 年．—119 页

B0039 TS103

A512 细纱机平车工作法/湖北省纺织工业公司．—武汉：编者自发行，1972 年．—100 页

B0040 TS142

D101 自动缫丝机/无锡纺织研究所编．—北京：轻工业出版社，1977 年．—126 页

统一书号 15042·1429

本书主要介绍 D101 自动缫丝机的基本知识和使用方法，共分自动缫丝机的组成，机械特征和结构，工艺和操作技术，设备的安装和维修等四章。

B0041 TS103

LA002/LA003 开清棉联合机平车工作法　试行本/湖北省纺织工业公司著．—武汉：湖北纺织工业公司出版，1975 年．—147 页

B0042 TS132

NKF 型毛织机的平车与检修/纺织工业部生产技术司毛纺织处编．—北京：纺织工业出版社，1959 年．—120 页

统一书号 15041·338

B0043 TS193

КЦВ-120 型离心式染色机［译］/（苏）Н. Д. 马连采夫（Н. Д. Мальцев），（苏）А. А. 斯大洛斯柯连斯基（А. А. Старо- скольсий）著；董熔译．—北京：纺织工业出版社，1957 年．—48 页

统一书号 15041·126

B0044 TS142

ЧГСП-50 型双梭箱丝织机［译］/（苏）А. Н. 巴尔辛，（苏）Л. Т. 谦连希聂夫著；俄文棉织小组译．—北京：纺织工业出版社，1957 年．—153 页

统一书号 15041·172

B0045 TS142

安徽省绩溪县缫丝厂创制木制缫丝机与木制复摇机/富民整理．—北京：商务印书馆，1959 年．—41 页

统一书号 15017·150

B0046 TS112

安装安全操作规程/河南纺织工业局纺织机器安装队编．—北京：纺织工业出版社，1958 年．—25 页

统一书号 15041·280

B0047 TS103

保全钳工/马士奎，李明生编著．—北京：纺织工业出版社，1979 年．—329 页

B0048 TS103

保全钳工　第 2 版（纺织保全技工教材）/马士奎，李明生编著．—北京：纺织工业出版社，1989 年．—309 页（被引 5）

ISBN 7-5064-0287-4

本书根据棉纺厂保全工应该掌握的钳工知识，简明地介绍了划线、錾切、锉削、锯割、钻孔、锪孔和铰孔、攻丝和套丝、刮削、校直等钳工的基本操作知识，以及常用量具、机零件的装配和修理的基本知识。本版重在钳工工艺的基本概念、基本原理和基本操作方法的叙述，并增加了差和配合、金属材料等一般常识。

B0049 TS103

保全钳工　第 3 版（纺织职业技术教育教材）/杨建成，马士奎编著．—北京：中国纺织出版社，2006 年．—275 页

ISBN 7-5064-3809-7

本书根据纺织厂技工和保全工应该掌握的钳工知识，简明地介绍了划线、錾切、锉削、锯割、钻孔等的基本操作知识以及常用工具、机械零件的装配和修理等知识。与第2版相比，本书增加了新工具、设备的使用介绍。

B0050　TS101

半导体与光电管的运用/上海市棉纺织工业公司技术室编．—上海：科技卫生出版社，1958年．—26页；19cm

　　统一书号 15119·852

本书包括半导体纤维计数器、半导体自动控制器和电子闪光测速仪器等七篇内容。

B0051　TS154

贝纶短纤维的纯纺和混纺/王哲中编．—北京：纺织工业出版社，1959年．—42页

　　统一书号 15041·535

本书收集了两篇有关贝纶短纤维纺纱的资料。扼要介绍了贝纶短纤维的性能，在贝纶短纤维纯纺和混纺过程中所取得的试验数据和经验。

B0052　TS103

倍拈锭子［译］/（苏）К.И.柯利茨基著；崔启东译．—北京：纺织工业出版社，1960年．—57页

　　统一书号 15041·805

B0053　TQ34

蓖麻油制尼龙/清江市化工研究所编．—北京：燃料化学工业出版社，1973年．—144页；19cm

本书内容包括：由蓖麻油为原料制尼龙9、尼龙11、尼龙810、尼龙1010等各种尼龙原料的生产过程，原料、中间控制及成品的分析，生产过程中常见的异常情况及处理方法，生产安全防护知识等，同时还简单介绍了各种尼龙制品的性能、应用及技术经济指标。

B0054　TS1

标准纺织概论　第3版［译］（科学图书大库）/（?）A.J.赫尔（A.J. Hall）著；江家临译．—台北：徐氏基金会出版，1977年．—335页；21cm

B0055　TS1

标准纺织概论　第4版［译］（科学图书大库）/（?）A.J.赫尔（A.J. Hall）著；江家临译．—台北：徐氏基金会出版，1979年．—335页

B0056　TS1

标准纺织概论　第5版［译］（科学图书大库）/（?）A.J.赫尔（A.J. Hall）著；江家临译．—台北：徐氏基金会出版，1983年．—335页

B0057　TS190

表面活性剂［译］/（日）矶田孝一，（日）藤本武彦著；天津市轻工业化学研究所译．—北京：轻工业出版社，1973年．—198页

　　统一书号 15042·1308

本书全面介绍了表面活性剂的性质、作用原理、品种类型、合成路线，以及在印染、化学纤维、编织、造纸、食品等工业中的应用。

B0058　TQ34

丙烯腈生产工艺与操作/大庆石油化工总厂，北京化学院编．—北京：燃料化学工业出版社，1973年．—160页

　　统一书号 15063·内547（化-115）

本书叙述了以丙烯为原料采用氨氧化法生产丙烯腈的生产过程。其中对于生产原料、生产过程的基本原理、工艺条件、工艺流程、设备结构、操作、事故处理及安全技术作了比较详细的介绍。书后还附有丙烯腈生产中的有关计算和丙烯腈生产中的原料及产品的物理化学常数。

B0059　TS114

并纱拈线基本技术知识（纺织基本技术知识丛书）/刘国涛编著．—北京：纺织工业出版社，1959年．—140页

　　统一书号 15041·460

B0060　TS114

并条（纺织技术读本）/万毓琦著；黄希阁校．—上海：中国纺织图书杂志社，1953年．—65页

本书内容共分七章。首先是并条的目的和机构说明，依次把牵伸罗拉、停机装置、改良与创造、我国自造的并条机、计算等，一一加以详述。

B0061　TS114

并条（棉纺织基本技术丛书）/张永椿编著，中国技术协会审订．—上海：大东书局，1951年．—148页

本书内容包括：总论，给棉运动，牵伸运动，横动装置，成条运动，停止运动，清除运动，保全概要，运转概要，传动及计算。

B0062　TS112

并条、粗纺机器安装操作法（棉纺织机器安装操作法丛书）/河南纺织工业局纺织机器安装队编．—北京：纺织工业出版社，1959年．—37页

　　统一书号 15041·275

B0063　TS112

并条粗纺机械运转工作标准（纺织染丛书　第十辑）/中央纺织工业部华东纺织管理局编辑．—上海：中央纺织工业部华纺织管理局，1950年．—110页；21cm

B0064　TS114

并条粗纺专门工艺学　上下册（高级纺织技工学校教材）/端木丰编著．—北京：纺织工业出版社，1956年．—294页，409页

　　统一书号 15041·18

本书上册包括并条机的机构与作用、粗纺机的机构与作用两篇内容。下册包括机台安装、看管与保养两篇内容。

B0065　TS112

并条挡车工作法　修订稿/上海市棉纺织工业公司．—上海：上海市棉纺织工业公司，1972 年．—44 页

B0066　TS112

并条机的改进［译］/（苏）П.И. 阿利斯托夫（П.И. Аристов）著；中央人民政府纺织工业部翻译科译．—北京：纺织工业出版社，1954 年．—33 页

B0067　TS102

玻璃纤维过滤布［译］/（苏）И.В. 皮斯卡列夫（И.В.）著；杨映芳译．—北京：中国工业出版社，1963 年．—63 页

统一书号 15165·2155

本书叙述了玻璃纤维过滤布的生产工艺及其物理学性能、过滤能力和使用中的问题。

B0068　TS102

玻璃纤维织造/茆殿宝著．—北京：中国建筑工业出版社，1976 年．—265 页

统一书号 15040·3294

本书介绍了玻璃纤维和织造中的准备工序（整经、穿经、卷纬）和织造工序两大部分。其中对有关设备的工作原理、工艺计算和操作等作了较详细的介绍，对玻璃纤维的种类、性能、织机故障等也作了简要叙述。

B0069　TS143

剥选茧（缫丝厂工人技术读本）/浙江省轻工业厅丝绸管理局编．—北京：纺织工业出版社，1960 年．—32 页

统一书号 15041·620

本书介绍了剥选茧的生产工艺过程和各种工具设备，也详细地介绍了混茧、剥茧、筛茧、选茧、掏茧等工种的操作方法，还介绍了有关原料茧试样方面茧质调查的知识。

B0070　TS190

不溶性偶氮染料的棉布印染法/董亨荣，水佑人编译．—北京：纺织工业出版社，1956 年．—268 页

统一书号 15041·1

B0071　TS193

不用染料染色（纺织工业技术参考资料 5）/纺织工业部生产司编．—北京：纺织工业出版社，1958 年．—15 页

B0072　TS103

布机挡车工高速操作经验（全国棉纺织高速度、高产量、高质量、高技术经验交流会议资料选辑　第 4 辑）/纺织工业出版社编．—北京：纺织工业出版社，1958 年．—18 页；19cm

统一书号 15041·304

本书汇集了上海、天津两地区有关布机高速运转后挡车工的操作经验。

B0073　TS103

布机高速高产经验（全国棉纺织高速度、高产量、高质量、高技术经验交流会议资料选辑　第 3 辑）/纺织工业出版社编．—北京：纺织工业出版社，1959 年．—116 页；19cm

统一书号 15041·305

本书汇集了上海、青岛、郑州、石家庄、天津、北京、浙江棉纺织厂有关布机高速高产的经验，以及布机加速后降低机物料消耗、提高布机效率等方面的经验。

B0074　TS103

布机高速研究与减少无故停车的措施（棉纺织技术革新资料汇编 8）/纺织工业出版社编．—北京：纺织工业出版社，1960 年．—66 页；19cm

B0075　TS105

布机经纬仃/石家庄市纺织工业局科技组，石家庄市纺织研究所编．—石家庄：编者自发行，1973 年．—195 页

B0076　TS103

布机值车工操作经验/无锡市纺织工业局编．—无锡：无锡市人民出版社，1959 年．—26 页

统一书号 15100（锡）6

B0077　TS105

布机自动供纬有关专利摘要/石家庄市纺织工业局科技组，石家庄市纺织研究所编辑．—石家庄：石家庄市纺织工业局科技组，石家庄市纺织研究所，1974 年．—82 页

B0078　TS108

采暖通风给湿及水力学基础（1954—1955 学年教材）/姚穆编著．—咸阳：西北工学院，1954 年．—169 页

B0079　TS193

采用国产染料和新的染色方法（印染技术革新资料汇编　第 3 辑）/纺织工业出版社编．—北京：纺织工业出版社，1960 年．—46 页

统一书号 15041·663

本书包括媒介缘代替印地科素染料的应用、冰染料显色用强酸作抗碱剂的实践、硫酸亚铁或氯化亚锡代替保险粉染色法、烤胶染色、木质简易纳夫妥染纱机、国产士林蓝赶上德国士林蓝六篇文章。

B0080　TS143

蚕丝常识/陈锺编．—杭州：浙江省工业厅在职干部训练班，1956 年

B0081　TS193

测色和配色（国外纺织技术专题资料）/印染工业科技情报服务站编辑．—上海：上海市纺织科学研究院，1974

年.—120页

本书内容包括测色、染色工业上的配色，配色、电子计算机及测色仪器，配色处方简便计算法。

B0082 TS103

抄针/朱伯熙，丁荣贵编著.—北京：纺织工业出版社，1959年.—21页

统一书号 15041·533

本书简明地叙述了抄针的性能和隔距校正、检查的方法以及抄辊针布的规格；书中详细地介绍了抄针设备的保养工作和抄针运转操作法。

B0083 TS112

超大牵伸精纺机用筒管卷装自动卷绕机构/上海纺织科学研究院编.—上海：上海纺织科学研究院，1959年.—42页；26cm

B0084 TS19

超声波在染整生产中的应用 ［译］/（德）L. 别尔格麦（L. Bergmann），（苏）B. M. 弗里德麦著；天津纺织科学技术研究所译.—北京：纺织工业出版社，1959年.—115页

统一书号 15041·506

本书第一部分较详尽地讨论了各种类型的超声波发生器和换能器的构造、性能及其优缺点；第二部分研究了声波和超声波在染整生产中的应用的几个方面，给出了部分实验数据和结果。

长筒袜编织与后加工　参见 B2732

长纤维准备工程理论与实务　参见 B2733

B0085 TS104

陈树兰组细纱落纱工作法/中国纺织工会重庆市委员会生产部编辑.—重庆：重庆市人民出版社，1954年.—22页

B0086 TS103

仇锁贵掌握织机性能的经验/纺织工业部等编.—北京：中国财政经济出版社，1966年.—64页

统一书号 15166·304

本书内容包括仇锁贵掌握织机性能的基本要点和检查织机的项目和方法两部分内容。

B0087 TS14

绸缎和麻布（纺织品商品常识读本）/上海纺织品采购供应站编.—北京：纺织工业出版社，1960年.—113页

统一书号 15041·827

本书是商业部组织有关业务单位编写的"纺织品商品常识读本"丛书的一本。内容包括：绸缎和麻布的原料介绍；绸缎和麻布的织造和染整过程基本知识；绸缎和麻布的特性、分类、质量鉴定、包装、保护和使用方法等。

B0088 TS193

初级印染化学/徐穆卿，黄茂福编著.—上海：上海科学技术出版社，1959年.—108页

统一书号 13119·294

本书内容包括化学的基本知识和印染过程以及印染方面常用到的酸、碱、盐类、氧化剂、漂白剂和其他助剂。

B0089 TS115

穿经基本技术知识（纺织基本技术知识丛书）/高建华著.—北京：纺织工业出版社，1959年.—190页

统一书号 15041·308

B0090 TS102

穿用化学纤维常识/范家甫编.—沈阳：辽宁人民出版社，1974年.—82页

统一书号 15090·12

B0091 TS102

穿用化学纤维常识　第 2 版　修订本/范家甫编.—沈阳：辽宁人民出版社，1978年.—77页（被引6）

统一书号 15090·58

B0092 TS104

粗纺（纺织技术读本）/陆白天著.—上海：中国纺织图书杂志社，1953年.—146页

B0093 TS104

粗纺基本技术知识（纺织基本技术知识丛书）/端木丰，吴润忠编著.—北京：纺织工业出版社，1958年.—186页

统一书号 15041·232

B0094 TS134

粗梳毛纺 ［译］/（德）维纳·奥塞（W. Oeser）著；张匡夏译.—北京：纺织工业出版社，1960年.—239页

统一书号 15041·580

本书主要介绍粗梳毛纺的基本工艺过程及设备。

B0095 TS134

粗梳毛纺（毛纺织职工业余中等专业学校教材）/天津市纺织工业局编.—北京：中国财政经济出版社，1962年.—298页

统一书号 15166·083

B0096 TS138

粗梳毛纺厂安全技术操作/国营上海第一毛纺织厂编.—北京：纺织工业出版社，1960年.—72页

统一书号 15041·790

本书系统地介绍了粗梳毛纺厂的安全技术和操作方法，内容包括：一般安全技术，各道工序的安全操作，危险物品的处理以及火灾的消防等。

B0097 TS134

粗梳毛纺和毛基本技术知识（纺织基本技术知识丛书）/印伯芳编著.—北京：纺织工业出版社，1959年.—58页

统一书号 15041·487

本书叙述了毛纺织厂的和毛设计、和毛的原理和要求、人工和毛、机械和毛、羊毛加油的原理和方法，以及硅溶胶的制造等。

B0098　TS134

粗梳毛纺梳毛工程之理论与实践［译］／（苏）卡纳尔斯基（Я. Н. Канарский）著；王文光译．—北京：纺织工业出版社，1954 年．—151 页

本书叙述了关于纤维梳理工程的研究结果。这些研究已归纳为一定体系，以便于更充分地认识梳理机器工作的性质、目的以及它在技术及经济方面改造的可能性。

B0099　TS138

粗梳毛纺织厂纺纱工厂技术管理规则［译］／（苏）苏联轻工业部毛纺织工业总管理局制订；夏循元译．—北京：纺织工业出版社，1956 年．—72 页

统一书号 15041·70

B0100　TQ34

醋酸纤维和聚酰胺纤维的物理化学性能［译］（纺织工业新技术译丛）／原著者不详，纺织科学研究院染化室整化组编译．—北京：纺织工业出版社，1960 年．—48 页

统一书号 15041·628

本书收集国外一些资料编译而成，内容着重介绍醋酸纤维和聚酰胺纤维的耐酸、耐碱等几种主要物理化学性能。

B0101　TS105

打纬理论研究／陈瑞隆著．—北京：中国财政经济出版社，1965 年．—139 页（被引 17）

统一书号 15166·265

本书系统地阐述了织机打纬过程的实质，分析了打纬过程中经纬纱的运动性质、纬纱相对移动、打纬阻力、打纬区以及经纱张力与织物张力的变化规律，建立了各种织物结构参数及上机参数与打纬参数之间的相互关系。

B0102　TS115

大力推广"一九五一织布工作法"／劳动出版社编辑．—上海：劳动出版社，1951 年．—27 页

B0103　TS114

大力推广郝建秀工作法／劳动出版社编辑．—上海：劳动出版社，1951 年．—58 页

B0104　TS114

大力推广郝建秀工作法（工会工作丛书　10）／武汉市总工会办公室辑．—汉口：武汉工人出版社，1951 年．—48 页

B0105　TS114

大力推广郝建秀工作法／中国纺织工会重庆市委员会辑．—重庆：重庆工人出版社，1951 年．—29 页

B0106　TS112

单程式开清棉联合机安装操作法（棉纺织机器安装操作法丛书）／河南纺织工业局纺织机器安装队编．—北京：纺织工业出版社，1958 年．—40 页

统一书号 15041·273

B0107　TS103

弹线操作法（棉纺织机器安装操作法丛书）／河南纺织工业局纺织机器安装队编．—北京：纺织工业出版社，1958 年．—12 页

统一书号 15041·271

B0108　TQ34

等规聚合体合成纤维／方柏容编．—上海：上海科学技术出版社，1959 年．—55 页；19cm

统一书号 15119·1359

本书介绍了等规聚合体制备的基本原理以及实验的详细方法。

B0109　TQ34

等规聚合物纤维工艺原理／方柏容编著．—上海：上海科学技术出版社，1962 年．—140 页；19cm

统一书号 15119·1259

本书为 1959 年出版的《等规聚合体合成纤维》一书的增订版，较全面地介绍了等规聚合物纤维的基本原理、实验方法以及各种性质等。

B0110　TS190

低级棉织物染整／纺织工业出版社编．—北京：纺织工业出版社，1960 年．—64 页

统一书号 15041·772

本书包括低级棉织物的印染加工，低级棉印花哔叽利用废碱煮练，改善凡拉明色布白芯的经验，副牌纱的印染前处理，副牌纱加工过程，低级棉织物的练漂等内容。

B0111　TS114

低级原棉纺纱方法［译］／（苏）H. A. 包罗金（Н. А. Бородин）著；汪德屏，姜同义译．—北京：纺织工业出版社，1957 年．—76 页

统一书号 15041·118

B0112　TS154

涤纶短纤维纺丝工艺与操作／天津化学纤维试验厂编写．—北京：轻工业出版社，1974 年．—139 页（被引 9）

统一书号 15042·1319

本书内容包括，涤纶的物理化学性质和质量要求，切片干燥，纺丝成形，后处理的基本原理、工艺条件、操作、工艺计算，以及原料、半成品和成品的分析检验等。

B0113　TQ34

涤纶化学与新工艺／浙江大学高分子化学专业《新技术译丛》编译组编译．—北京：科学出版社，1975 年．—288 页

统一书号 13031·248

本书内容共分三部分，第一部分为三篇文献综述；第二部分选译了美、日等国家的有关论文 24 篇；最后为数篇文摘的译文，较系统地介绍了国外聚酯纤维发展概况及原料、中间体工业合成法的最新发展。

B0114 TQ34

涤纶生产基本知识/王显楼等编，上海市化学纤维工业公司编 .—北京：纺织工业出版社，1978 年 .—273 页

统一书号 15041·1002

B0115 TQ34

涤纶生产基本知识 第 2 版/王显楼等编 .—北京：纺织工业出版社，1993 年 .—383 页

ISBN 7-5064-0936-4

本书叙述了涤纶原料的生产，常规和变速纺涤纶长丝、涤纶差别纤维以及涤纶短纤维的生产工艺和设备。

B0116 TQ34

涤纶树脂生产分析/旅大市合成纤维研究所编 .—北京：石油化学工业出版社，1975 年 .—291 页；19cm

统一书号 15063·化 5

B0117 TS190

涤纶原液着色/天津市化学纤维试验厂编 .—北京：轻工业出版社，1976 年 .—108 页

统一书号 15042·1383

本书共分概述、着色剂、缩聚、纺丝与原料、成品的分析检验等五个章节，分别对涤纶原液着色纤维的生产原理及工艺操作作了介绍。

B0118 TS106

涤—棉混纺纺织技术/北京纺织科学研究所编 .—北京：北京纺织科学研究所，1974 年 .—82 页

B0119 TS190

涤—棉混纺织物染整/上海市纺织科学研究所印染工业科技情报服务站 .—上海：上海市纺织科学研究院，1973 年 .—64 页

B0120 TS103

电子清纱器的电气系统/天津市纺织工业研究所情报室编译 .—天津：天津市纺织工业研究所情报室，1973 年 .—57 页；19cm

B0121 TS103

淀粉浆料分解剂——氯胺 T 和烧碱/中华人民共和国纺织工业部技术司编 .—北京：纺织工业出版社，1957 年 .—84 页

统一书号 15041·158

B0122 TS194

雕刻（印染工人技术读本）/上海印染工业公司编 .—北京：纺织工业出版社，1975 年 .—231 页（被引 6）

统一书号 15041·1026

本书全面介绍了织物印花时用的各种花筒的雕刻以及筛网制版方法。

B0123 TS194

雕刻 第 2 版（印染工人技术读本）/上海市印染工业公司编著 .—北京：纺织工业出版社，1984 年 .—265 页；19cm

统一书号 15041·1026

B0124 TS194

雕刻、印花操作的机械化、半机械化（印染技术革新资料汇编 第 1 辑）/纺织工业出版社编 .—北京：纺织工业出版社，1960 年 .—85 页

统一书号 15041·748

B0125 TS143

定纤自动缫操作经验/全国缫丝操作技术经验交流会议编 .—北京：轻工业出版社，1974 年 .—68 页

统一书号 15042·1322

B0126 TS103

锭子［译］/（苏）А. П. 马雷歇夫（А. П. Малышев）著；杨汝楫，胡企贤译 .—北京：纺织工业出版社，1957 年 .—253 页

统一书号 15041·122

本书叙述了锭子结构的发展史和苏联学者在锭子理论创造方面的情况，以及现在锭子的各种结构等。

B0127 TS103

锭子制造新工艺［译］（纺织工业新技术译丛）/（苏）Г. М. 巴津著；纺织工业部纺织科学研究学术秘书室译 .—北京：纺织工业出版社，1959 年 .—66 页

统一书号 15041·454

B0128 TS103

多臂织机/蒋乃镛著 .—上海：中国文化事业社，1950 年 .—51 页

B0129 TS103

多臂织机 第 2 版/蒋乃镛著 .—上海：中国文化事业社，1951 年 .—52 页

B0130 TS193

发光布［译］/（苏）П. П. 伏龙佐夫（П. П. Воронцов）著；朱立奇译 .—北京：纺织工业出版社，1956 年 .—43 页

B0131 TS106

帆布带的织造/上海市纺织复制工业公司编著 .—北京：纺织工业出版社，1960 年 .—185 页

统一书号 15041·548

本书主要叙述帆布带织造工段的工艺技术、包括织制方法、织物组织和计算、工场管理、工艺设计等方法。

B0132　TS1
纺好纱织好布/郝建秀等著．—北京：工人出版社，1956年．—40页
统一书号 15007·16

B0133　TS103
纺机设计原理［译］/（苏）阿诺索夫（B. H. Аносов）等著；中华人民共和国纺织工业部机械局翻译组，华东纺织工学院译．—北京：纺织工业出版社，1955年．—305页

B0134　TS103
纺机设计原理　增订本［译］/（苏）阿诺索夫（B. H. Аносов）等著；中华人民共和国纺织工业部机械局翻译组，华东纺织工学院译．—北京：纺织工业出版社，1958年．—430页
统一书号 T15041·212

B0135　TS111
纺绩支数计算法/马绍融编撰．—上海：作者书社，1950年．—63页；21cm

B0136　TS104
纺纱工程　第1、2册［港台］（科学图书大库）/邱永亮，黄善教编译．—台北：徐氏基金会出版，1977年．—238页，221页

B0137　TS104
纺纱工程　合订本［港台］（科学图书大库）/黄善教，邱永亮编译．—台北：徐氏基金会出版，1983年．—459页

B0138　TS104
纺纱工艺学［译］（中等学校教学用书）/（苏）特鲁耶甫采夫（H. И. Труевцев）著；中华人民共和国纺织工业部翻译科，沈阳纺织工业学校译．—北京：纺织工业出版社，1955年．—312页

B0139　TS103
纺纱和织布的机器/刘樾身编．—北京：科学普及出版社，1957年．—26页
统一书号 15051·33
本书对纺织工业的任务和一般棉纺织工艺过程作简单扼要的叙述，着重介绍了我国自己制造的各种纺织机器，同时也附带介绍苏联某些重要的先进经验，供给读者参考。

B0140　TS104
纺纱原理　上册［译］（高等学校教学用书）/（苏）И. B. 布特尼可夫等著；华东纺织工学院纺织系棉纺教研组译．—北京：纺织工业出版社，1957年．—232页
统一书号 15041·94

本书叙述纺纱以前的准备和前纺，包括粗梳与精梳工艺过程，说明纺纱一般的理论基础知识。

B0141　TS104
纺纱原理　下册［译］（高等学校教学用书）/（苏）И. B. 布特尼可夫等著；华东纺织工学院纺织系棉纺教研组译．—北京：纺织工业出版社，1958年．—229页
统一书号 15041·94

B0142　TS104
纺纱原理　中册［译］（高等学校教学用书）/（苏）И. B. 布特尼可夫等著；华东纺织工学院纺织系棉纺教研组译．—北京：纺织工业出版社，1957年．—209页
统一书号 15041·174

B0143　TS104
纺纱原理习题集［译］（高等学校教学用书）/（苏）谢沃斯齐扬诺夫（А. Г. Севостьянов）著；丁寿基译．—北京：纺织工业出版社，1955年．—261页

B0144　TS1
纺纱织布的故事/南通国棉三厂写作组编．—南京：江苏人民出版社，1974年．—68页
统一书号 10100·085

B0145　TS142
纺丝泵：计算、设计、试验方法［译］/（苏）Ц. M. 勃柳姆别尔格著；顾兰英译．—北京：中国工业出版社，1964年．—87页
统一书号 15165·3165

B0146　TS1
纺织（自然科学小丛书）/北京第二棉纺织厂"七二一"工人大学编著．—北京：北京人民出版社，1976年．—63页
统一书号 15071·19

B0147　TS1
纺织（湖南民间工艺美术选集）/湖南群众艺术馆编．—长沙：湖南人民出版社，1959年．—20页（被引8）
统一书号 8109·292

B0148　TS1
纺织/中国人民大学工业经济系工业技术教研室编．—北京：中国人民大学工业经济系工业技术教研室，1960年．—234页；21cm

B0149　TS102
纺织材料防护浸渍［译］/（苏）П. A. 西米金等著；柏鑫，唐文华译．—北京：纺织工业出版社，1960年．—310页
统一书号 15041·623
本书分为纺织材料形貌与结构实验、力学性能、表面与

电学性能、色泽与光学性能、纺织材料功能以及纺织品生态性定量分析共五个部分。

B0150　TS102
纺织材料实验　乙/华东纺织工学院纺织材料教研组编 .—上海：编者自发行，1962 年 .—154 页

B0151　TS102
纺织材料实验讲义/华东纺织工学院纺织材料教研组编 .—上海：华东纺织工学院纺织材料教研组，1962 年 .—127 页；19cm

B0152　TS102
纺织材料试验　上册［译］（高等学校教学用书）/（苏）库金（Г. Н. Кукин）编；刘士弢，徐子骅译 .—北京：纺织工业出版社，1954 年 .—211 页

B0153　TS102
纺织材料试验　下册［译］（高等学校教学用书）/（苏）库金（Г. Н. Кукин）编；刘士弢，徐子骅译 .—北京：纺织工业出版社，1956 年 .—185 页

B0154　TS102
纺织材料学　上册（高等纺织学校教材）/华东纺织工学院主编 .—北京：纺织工业出版社，1960 年 .—320 页
　　统一书号 15041·710
　　本书以纤维结构、纤维性质、纱线性质、纺织制品性质、以及它们之间相互关系的讨论为主，对纺织试验仪器只阐明其基本原理，至于仪器的具体结构和机构的作用，则列作实验课程学习内容之一。

B0155　TS102
纺织材料学　下册（高等纺织学校教材）/华东纺织工学院主编 .—北京：纺织工业出版社，1960 年 .—168 页
　　统一书号 15041·711

B0156　TS102
纺织材料学　上册/华东纺织工学院主编 .—北京：中国财政经济出版社，1960 年 .—320 页
　　统一书号 15166·001

B0157　TS102
纺织材料学（试用教材）/西北轻院纺织系编 .—咸阳：西北轻工业学院纺织系，1974 年 .—137 页

B0158　TS102
纺织材料学纱线及织物学/天津大学编 .—天津：天津大学出版社，1956 年 .—162 页

B0159　TS195
纺织产品整理加工及试验法/山东省纺织科学研究所，山东省纺织科技情报服务站编 .—青岛：编者自发行，1976

年 .—139 页；26cm

B0160　TS1
纺织常识讲话/刘秉源编 .—长春：吉林人民出版社，1959 年 .—54 页
　　统一书号 15091·72

B0161　TS103
纺织厂保全钳工常识/戴溶编著 .—北京：纺织工业出版社，1959 年 .—168 页
　　统一书号 15041·331

B0162　TS108
纺织厂的合理化通风［译］/（苏）索罗金（Н. С. Сорокин）著；中央人民政府纺织工业部设计公司翻译组译 .—北京：纺织工业出版社，1954 年 .—136 页

B0163　TS108
纺织厂的空气调节　第 1 册/汪善国编著 .—北京：纺织工业出版社，1956 年 .—348 页
　　统一书号 15041·12

B0164　TS108
纺织厂的空气调节　第 2 册/汪善国编著 .—北京：纺织工业出版社，1957 年 .—447 页（被引 8）
　　统一书号 15041·33

B0165　TS108
纺织厂缝纫厂针织厂荧光照明［译］/（苏）Н. 德米特里叶夫斯卡娅等著；蒋锡生　周英哲译 .—北京：纺织工业出版社，1958 年 .—148 页；19cm
　　统一书号 15041·231

B0166　TS108
纺织厂机械化运输［译］/（苏）沙伏斯基杨诺夫著；中央纺织工业部基建局设计公司译 .—北京：纺织工业出版社，1953 年 .—172 页

B0167　TS108
纺织厂降低车间高温的方法/李洪福编 .—北京：纺织工业出版社，1960 年 .—96 页
　　统一书号 15041·791

B0168　TS108
纺织厂空气调节/江苏省纺织工业局空调学习班 .—南京：江苏省纺织工业局空调学习班，1979 年 .—150 页

B0169　TS108
纺织厂空气调节（高等纺织学校教材）/陕西工业大学纺织系主编 .—北京：纺织工业出版社，1961 年 .—380 页（被引 5）
　　统一书号 15041·927

B0170 TS108

纺织厂通风给湿采暖 ［译］／（苏）索罗金（H. C. Cорокин）著；纺织工业部专家工作室，金岗合译．—北京：纺织工业出版社，1956 年．—428 页

统一书号 15041·40

本书阐述了纺织工学院教学大纲中包括的有关通风给湿采暖的各个基本问题，并在运用新技术成就方面对纱线、织布、染整各厂的通风给湿问题作了说明。此书 1953 年 5 月 26 日经苏联文化部高等教育司批准作为纺织工学院教科书。

B0171 TS108

纺织厂通风给湿自动化 ［译］ （纺织工业新技术译丛）／（苏）德列夫斯基等著；沈祖勖译．—北京：纺织工业出版社，1960 年．—28 页

统一书号 15041·760

本书介绍了苏联中央棉纺织科学研究院和伊万诺沃劳动保护研究院所制定的几种自动调节空气温湿度的系统及其所采用的各种设备优缺点。

B0172 TS108

纺织厂通风系统的设计与管理 ［译］／（苏）索罗金（H. C. Cорокин）著；枫洲译．—北京：纺织工业出版社，1957 年．—96 页

统一书号 15041·113

B0173 TS108

纺织厂照明质量研究 ［译］（苏）扎捷夫科娃（T. Г. Затевкова）著；周晋康译．—北京：纺织工业出版社，1956 年．—50 页

统一书号 15041·59

B0174 TS1

纺织初级技术读本 细纱部分／郑州国棉三厂红专学校技术教研组编．—郑州：郑州国棉三厂红专学校技术教研组，1959 年．—131 页

B0175 TS108

纺织电气基本技术知识（纺织基本技术知识丛书）／聂锦麟，曹剑南编著．—北京：纺织工业出版社，1960 年．—310 页

统一书号 15041·821

本书主要讲述有关棉纺织厂电气方面各项基本知识，系统地介绍电气工人应具备的基本技术理论和电气设备、自动装置的构造和原理，以及一般电气设备的运行、检修和用电测定的实际知识。

B0176 TS108

纺织工厂给水设备／屠人俊编著．—上海：中国科学图书仪器公司，1954 年．—178 页

本书专讨论纺织工厂中的给水设备问题，水源的选择、水的品质以及用水量标准等首先论述，其次关于生产、消防

以及饮料用水的管系布置与设计方法亦均论及。

B0177 TS108

纺织工厂合理照明 ［译］／（苏）麦希柯夫（B. B. Мешков）撰；高啸林等译．—上海：商务印书馆，1952 年．—152 页

统一书号 362214·1

B0178 TS108

纺织工厂温湿度工作经验／纺织工业出版社编．—北京：纺织工业出版社，1955 年．—268 页

B0179 TS108

纺织工厂怎样防病防伤／中国纺织工会西安市委员会编．—西安：陕西人民出版社，1958 年．—45 页

统一书号 14094·20

B0180 TS101

纺织工程力学／上海市纺织工业局编．—北京：纺织工业出版社，1960 年．—377 页

统一书号 15041·875

B0181 TS101

纺织工程数理统计／严灏景编著．—北京：纺织工业出版社，1957 年．—214 页（被引 10）

统一书号 15041·137

B0182 TS101

纺织工程数理统计学／上海国棉十七厂，上海师范学院数学教研组编著．—北京：纺织工业出版社，1960 年．—125 页

统一书号 15041·873

B0183 TS1

纺织工程之品质改善 ［港台］／颜浩正编．—台北：沧海书局，1974 年．—198 页

B0184 TS1

纺织工程之质量改善 第 3 版 增订版 ［港台］／颜浩正著．—台北：沧海出版社，1974 年．—195 页

B0185 TS101

纺织工人实用算术 上册／潘大绅编．—北京：纺织工业出版社，1959 年．—85 页

统一书号 15041·289

B0186 TS101

纺织工人实用算术 下册／潘大绅编．—北京：纺织工业出版社，1959 年．—95 页

统一书号 15041·332

B0187 TS1

纺织工业的创造与改进/中央人民政府纺织工业部编．—北京：中央人民政府纺织工业部，1951年

B0188 TS1

纺织工业的现代化/纺织工业部科学技术情报研究所，全国纺织工业各专业科技情报站编辑．—北京：纺织工业部科学技术情报研究所，全国纺织工业各专业科技情报站，1979年．—126页

B0189 TS108

纺织工业企业厂址选择/高作彦，李川编著．—北京：纺织工业出版社，1958年．—71页

统一书号 15041·230

B0190 TS108

纺织工业企业电气设备 上册［译］/（苏）И. А. 彼得罗夫，（苏）Я. В. 米勒曼等著；谢祥麟译．—北京：纺织工业出版社，1956年．—345页（被引15）

统一书号 15041·41

本书上册叙述现代的接触器、继电器、电子和离子设备以及它们在纺织工业中的应用；研究纺织和染整厂主要机器的电力拖动。本书1954年6月27日被苏联高等教育部审定作为纺织高等学校教学用。

B0191 TS108

纺织工业企业电气设备 下册［译］/（苏）И. А. 彼得罗夫，（苏）Я. В. 米勒曼等著；谢祥麟译．—北京：纺织工业出版社，1957年．—177页

统一书号 15041·201

B0192 TS103

纺织工业企业中试验仪器的检查与调整［译］/（苏）索洛维耶夫（А. Н. Соловьев），（苏）克雷洛夫（А. В. Крылов）著；张佩良，叶枚译．—北京：纺织工业出版社，1957年．—192页

统一书号 15041·159

本书阐述纺织工业企业试验室中最普遍的仪器的安装、检查和调整的规划。

B0193 TS103

纺织工业全盘机械化和自动化的方向［译］（纺织工业新技术译丛）/（苏）朱勃却尼诺夫等著；上海市纺织科学研究所等译．—北京：纺织工业出版社，1960年．—90页

统一书号 15041·546

B0194 TS103

纺织工业上的几种代粮浆料（工业技术资料 1973年第五号）/广州市纺织工业研究所编．—广州：广东人民出版社，1974年．—41页

统一书号 15111·69

B0195 TS198

纺织工业印染厂通风计算法［译］/（苏）普资辽夫（А. В. Пузырев）著；严钫译．—北京：纺织工业出版社，1954年．—58页

B0196 TS103

纺织工业用油脂和洗涤剂的试验［译］/（日）宫阪和雄著；应寿纪译．—北京：纺织工业出版社，1959年．—63页；19cm

B0197 TS108

纺织工业自动通风给湿装置［译］/（苏）伊波利托夫（Я. Я. Ипполитов）撰；刘豹译．—北京：纺织工业出版社，1954年．—80页

本书详细叙述了用以自动调节的仪器装备，给予了必要的有关自动调节系统的装配、校验以及管理法的知识。

B0198 TS1

纺织工艺摩擦问题［译］/（英）H. G. 霍威尔等著；上海棉纺织工业公司技术研究委员会译．—北京：中国财政经济出版社，1964年．—270页（被引5）

统一书号 15166·198

B0199 TS1

纺织工艺学（高等纺织学校教材）/华东纺织工学院编．—北京：纺织工业出版社，1960年．—461页

统一书号 15041·826

B0200 TS1

纺织工艺学实验/华东纺织工学院纺织工艺学教研组编．—上海：华东纺织工学院纺织工艺教研组，1963年．—97页；19cm

B0201 TS103

纺织机器安装与修理工艺学/华东纺织工学院编．—上海：华东纺织工学院，1961年．—204页

B0202 TS103

纺织机器安装原理［译］/（苏）乌德赫（М. И. Фудых）著；周晋康译．—北京：纺织工业出版社，1959年．—94页

统一书号 15041·522

本书介绍了三方面内容：安装原理；一般零件的安装方法与检验规格以及零件的静平衡和动平衡法；新机器的排车计划及排车组织。

B0203 TS103

纺织机器保全［译］/（苏）乌德赫（М. И. Фудых）著；周晋康，姚律白合译．—北京：纺织工业出版社，1956年．—298页

B0204 TS103

纺织机器保全组织［译］/（苏）乌德赫（М. И. Фудых）著；余振浩译 . —北京：纺织工业出版社，1953年 . —72 页

B0205 TS103

纺织机器保全组织 第 2 版［译］/（苏）乌德赫（М. И. Фудых）著；余振浩译 . —北京：纺织工业出版社，1953 年 . —70 页

B0206 TS103

纺织机器大宗零件的制造［译］/（苏）巴津（Г. М. Пазин），（苏）施里马克（В. М. Шлимак）著；李宗宁，张徽成译 . —北京：纺织工业出版社，1955 年 . —177 页

B0207 TS103

纺织机器制造工艺学 上下册/华东纺织工学院纺机制造教研组编 . —上海：华东纺织工学院纺机制造教研组，1962 年 . —428 页，273 页；21cm

B0208 TS103

纺织机械常用材料及热处理/西北轻工业学院纺织系编 . —咸阳：西北轻工业学院纺织系，1976 年 . —56 页

B0209 TS103

纺织机械电力拖动的自动装置［译］/（苏）Я. В. 米勒曼，（苏）И. А 彼得罗夫著；顾时希译 . —北京：纺织工业出版社，1959 年 . —397 页
统一书号 15041·355
本书论述了纺纱、织造、染整等生产机械以及人造纤维工厂中某些机械的自动化电力拖动装置的几种主要线路。

B0210 TS103

纺织机械电气设备（纺机 75-77 届用教材）/上海纺织工学院编 . —上海：上海纺织工学院，1977 年 . —244 页

B0211 TS103

纺织机械高速与自动化/纺织机械高速与自动化 . —北京：纺织工业出版社，1960 年 . —94 页

B0212 TS103

纺织机械工程［港台］/吕民基编著 . —台北：华联出版社，1970 年 . —176 页

B0213 TS103

纺织机械力学/上海纺织工学院纺织机械专业教研组 . —上海：上海纺织工学院，1975 年 . —273 页

B0214 TS103

纺织机械设计原理 第 1 分册 设计总论（试用本）/华东纺织工学院纺织机械设计教研组编 . —上海：华东纺织工学院，1961 年 . —88 页

B0215 TS103

纺织机械设计原理 第 2 分册 纺纱机械 试用本/华东纺织工学院纺织机械设计教研组编 . —上海：华东纺织工学院，1961 年 . —302 页

B0216 TS103

纺织机械设计原理 第 1 分册 设计总论/华东纺织工学院编 . —北京：中国财政经济出版社，1962 年 . —99 页
统一书号 15166·106

B0217 TS103

纺织机械设计原理 第 2 分册 纺织机械/华东纺织工学院编 . —北京：中国财政经济出版社，1963 年 . —330 页（被引 5）
统一书号 15166·121

B0218 TS103

纺织机械设计原理 第 3 分册 织造机械/华东纺织工学院编 . —北京：中国财政经济出版社，1963 年 . —454 页
统一书号 15166·136

B0219 TS103

纺织机械制图/河南省轻工业局编写组编著 . —北京：轻工业出版社，1975 年 . —207 页
统一书号 15042·1329

B0220 TS103

纺织机械制造工艺学 上册/郑州纺织机电学校编 . —北京：中国财政经济出版社，1961 年 . —414 页
统一书号 15166·046

B0221 TS103

纺织机械制造工艺学 下册/郑州纺织机电学校编 . —北京：中国财政经济出版社，1964 年 . —246 页
统一书号 15166·170

B0222 TS103

纺织机主要机件的修理［译］/（苏）乌德赫著；江安民译 . —北京：纺织工业出版社，1960 年 . —121 页
统一书号 15041·814

B0223 TS103

纺织基本机件/刘垂绪编著 . —北京：纺织工业出版社，1959 年 . —236 页
统一书号 15041·267

B0224 TS101

纺织力学［译］/（英）W. A. 韩顿著；胡吉生，项海航译 . —北京：纺织工业出版社，1959 年 . —266 页
统一书号 15041·287

B0225 TS101

纺织品管学 ［港台］/劳长华著 .—台北：永新书局，1977 年 .—345 页

B0226 TS108

纺织企业上下水道 ［译］/（苏）华西列夫著；中央人民政府纺织工业部设计公司翻译组译 .—北京：纺织工业出版社，1954 年 .—191 页

B0227 TS101

纺织试验/章以珏著 .—上海：大东书局，1951 年 .—118 页

B0228 TS103

纺织试验仪器学/陕西工业大学纺织材料教研组编 .—西安：陕西工业大学发行，1962 年 .—142 页

B0229 TS101

纺织数理统计（讲义）/华东纺织工学院数学教研组编 .—上海：华东纺织工学院，1963 年 .—150 页

B0230 TS101

纺织纤维物理性能 ［译］/（英）W.E. 毛顿，J.W.S 亥尔著；上海市棉纺织工业公司技术研究委员会译 .—北京：中国财政经济出版社，1965 年 .—287 页（被引 10）

B0231 TS103

纺织仪器学/严灏景主编 .—北京：中国财政经济出版社，1964 年 .—405 页；21cm（被引 22）

统一书号 15166·177

本书主要讨论纺织纤维材料检验和科学研究工作中所使用的仪器的工作原理、结构、性能及其应用，包括纺织专用仪器和纺织生产中常用的比较重要的通用仪器。

B0232 TS195

纺织织物整理学/崔昆圃著 .—上海：中国纺织染工程研究所，1950 年 .—310 页

B0233 TS103

非淀粉浆料（浆料代用品研究汇编 3）/纺织科学研究院，纺织工业出版社合作编辑 .—北京：纺织工业出版社，1959 年 .—38 页

统一书号 15041·303

B0234 TS17

非织物制造技术 第 1 版 ［港台］/余盛机 .—台中：国彰出版社，1978 年 .—217 页

B0235 TS17

非织造织物的原料和制造技术/上海市纺织科学研究所理论研究组，纺织工业部基建设计院专家室编译 .—北京：纺织工业出版社，1959 年 .—118 页

统一书号 15041·503

B0236 TS114

废纺学 ［译］/（苏）斯维雅托斯拉沃夫（Н. И. Святославов）著；杨善同，闻蕴如译 .—北京：纺织工业出版社，1956 年 .—250 页

本书系作者根据苏联废纺厂的工作经验，结合苏联各研究院专科学校以及科学家们的研究资料，阐述原棉的性质，分析废料的废纺特性，介绍了废纺工艺过程以及制造废纺纱设备的基本知识。而对于废料的废纺特性及废料的利用问题，阐释尤为详尽。

B0237 TS103

废物利用浆料（浆料代用品研究汇编 1）/纺织科学研究院，纺织工业出版社 .—北京：纺织工业出版社，1959 年 .—88 页

统一书号 15041·314

B0238 X791

废纤维的回收与利用/中华人民共和国第二商业部土产废品采购管理局编著 .—北京：财政经济出版社，1958 年 .—59 页

统一书号 4005·419

B0239 X791

废液浆料/蒲家骥，孙宗朴，屠可贤编著 .—北京：纺织工业出版社，1959 年 .—24 页

统一书号 15041·493

本书主要阐述了废液浆料的产生及其性能，对各种浆料的特点也作了扼要的说明。

B0240 TS106

缝纫线和轴线生产 ［译］/（苏）A. A. 科斯佐夫著；陈铭右译 .—北京：纺织工业出版社，1960 年 .—117 页

统一书号 15041·637

B0241 TS143

扶摇整理/陆超编 .—杭州：浙江省工业厅在职干部训练班，1956 年

B0242 TS103

辅助工作的机械化 ［译］/（苏）莫罗佐夫（A. Морозов）著；袁修全译 .—北京：纺织工业出版社，1955 年 .—34 页

B0243 TS104

改进工艺过程及降低细纱断头率的措施 ［译］/（苏）B. M. 符拉吉米罗夫著；叶奕梁，徐朴译 .—北京：纺织工业出版社，1957 年 .—26 页

统一书号 15041·134

主要内容包括混清棉车间的措施、梳棉车间的措施、并粗车间的措施、细纱车间的措施。

B0244 TS103

钢领处理降低细纱断头率的经验（纺织工业技术参考资料 11）/纺织工业部生产司编 .—北京：纺织工业出版社，1957 年 .—29 页

统一书号 15041·307

B0245 TS103

钢丝嗜的理论与应用　油印本/蒋乃镛编 .—武汉：出版者不详，1962 年 .—50 页

B0246 TS103

高产量梳棉机改进/上海市棉纺织工业公司技术室编 .—上海：上海科学技术出版社，1958 年 .—48 页

统一书号 15119·891

本书由上海市棉纺织工业选择所属各棉纺织工厂对于高产量梳棉机械改进之技术革新方面数据汇编而成，内容包括双刺辊梳棉机之初步试验报告，高产量梳棉机有关技术资料，上行式双刺辊梳棉机试验等革新项目共六篇，可供棉纺织业技术交流参考数据之用。

B0247 TS112

高速布机换梭机构的研究与改进（棉纺织技术革新资料汇编）/纺织工业出版社编 .—北京：纺织工业出版社，1960 年 .—119 页；19cm

B0248 TS105

高速槽筒络纱/纺织科学研究院，纺织科学研究院上海分院编 .—北京：纺织工业出版社，1959 年 .—26 页

统一书号 15041·293

B0249 TS103

高速锭子高速钢领/纺织工业部科技情报研究所编 .—北京：纺织工业部科学技术情报研究所，1967 年 .—230 页

B0250 TS183

高速经编机［译］/（苏）С. Х. 西明著；宗平生译 .—北京：纺织工业出版社，1959 年 .—150 页

统一书号 15041·386

B0251 TS112

高速织机［译］（纺织工业新技术译丛）/（苏）К. L. 阿列克谢耶夫著；纺织工业出版社编 .—北京：纺织工业出版社，1959 年 .—43 页

统一书号 15041·373

B0252 TS192

高效退浆/陈珍，董更编写 .—北京：纺织工业出版社，1959 年 .—47 页

统一书号 15041·445

B0253 TS192

各种织物漂白法（工农生产技术便览）/李非武，徐勤

编 .—上海：中华书局，1950 年 .—44 页

B0254 TS102

各种植物纤维制造人造丝浆/轻工业出版社汇编 .—北京：轻工业出版社，1958 年 .—138 页

统一书号 15042·415

本书共搜罗了以芦草、麦秆、大豆杆、稻草、竹子、小叶章、蔗渣、南方松等为对象的纸浆试验和抽丝试验的数据 11 篇。并附制浆造纸研究所现行人造纸浆分析方法。

B0255 TS102

各种植物纤维制造人造丝浆　续编/轻工业出版社汇编 .—北京：轻工业出版社，1959 年 .—58 页

统一书号 15042·591

本编共搜集了以蔗渣、慈竹、芦竹、龙须草、芭茅壳、马尾松、麦秆、棉秆心、桑秆、高粱秆等为原料作试验研究的资料 7 篇。

B0256 TS108

工业企业车间内的热湿传播［译］/（苏）П. И. 安德烈夫著；金罔译 .—北京：纺织工业出版社，1958 年 .—170 页；19cm

统一书号 15041·256

B0257 TS1

工业生产技术概论　第六分册　纺织/中国人民大学工业经济系工业技术教研室编 .—北京：中国人民大学出版社，1960 年 .—234 页

B0258 TS195

硅油在织物整理上的应用/上海树脂厂编印 .—上海：上海树脂厂，1973 年 .—52 页；26cm

B0259 TS193

滚筒式袜子染色机［译］/（苏）С. А. 麦利霍夫著；许期颐译 .—北京：纺织工业出版社，1959 年 .—36 页

统一书号 15041·398

B0260 TS112

国产 A201 型精梳棉机的构造安装和使用/樊安心，刘声宇，黄锡畴编著 .—北京：中国财政经济出版社，1964 年 .—215 页

统一书号 15166·182

本书详细地介绍了国产 A201 型精梳棉机的机械结构以及平装、维修技术，并且对精梳机的运转管理、工艺计算等也作了扼要说明。本书在介绍基本操作法的同时也总结归纳了许多工厂的实践经验。

B0261 TS132

国产 H212 型自动毛织机的构造、调整和使用/张銎编著 .—北京：纺织工业出版社，1959 年 .—118 页

统一书号 15041·447

本书主要叙述国产 H212 型自动毛织机的结构、调整和使用，并说明这种织机在工艺上的一些计算以及实际使用中的经验数字。

B0262　TS193

国产活性染料性质的研究　活性妃红：桃红及红酱/上海冈丰印染厂编 . —北京：纺织工业出版社，1958 年 . —32 页

统一书号 15041·283

B0263　TS193

国产植物染料染色法　第 4 版（现代工业小丛书）/杜燕孙编著 . —上海：商务印书馆，1950 年 . —261 页；18cm（被引 78）

B0264　TS174

国外非织造织物制造技术/上海市纺织科学研究院编译 . —上海：上海市纺织科学研究院，1971 年 . —198 页

B0265　TS112

国外高产量梳棉机［译］（纺织工业新技术译丛）/原著者不详；纺织工业部基建设计院专家室译 . —北京：纺织工业出版社，1959 年 . —40 页

统一书号 15041·401

B0266　TS104

国外静电纺纱概况/上海科学技术情报研究所编辑 . —上海：上海科学技术情报研究所，1974 年 . —76 页

统一书号 151634·189

B0267　TS104

国外静电纺纱资料/上海纺织工学院编 . —上海：上海纺织工学院，1977 年 . —41 页

B0268　TS104

国外细纱自动接头概况/上海科学技术情报研究所编译 . —上海：上海科学技术情报研究所，1974 年 . —61 页

统一书号 151634·208

B0269　TS192

过氧化氢和亚氯酸钠漂白/纺织工业出版社编 . —北京：纺织工业出版社，1959 年 . —85 页

统一书号 15041·391

本书介绍了我国各印染厂采用过氧化氢平幅、绳状漂白和亚氯酸钠漂白的工艺条件与设备，以及适于过氧化氢漂白工艺的容布器平幅汽蒸漂练联合机。

B0270　TS192

过氧化氢和亚氯酸钠漂白　增订本/纺织工业出版社编 . —北京：纺织工业出版社，1960 年 . —215 页

统一书号 15041·720

B0271　TS192

过氧化氢漂白［译］（纺织工业新技术译丛）/原著者不详；纺织科学研究院染化室漂练组译 . —北京：纺织工业出版社，1960 年 . —150 页

统一书号 15041·538

B0272　TS190

还原染料棉布印染法/薛迪康编著 . —北京：中国财政经济出版社，1966 年 . —208 页

统一书号 15166·291

本书系统地阐述了还原染料的结构、性质，还原染料的各种染色印花工艺、机理和设备。书末并以附表列出了各种常用还原染料的化学结构、染色性能、后处理性能和染色坚牢度等。

B0273　TS193

还原染料手工染纱/上海汉阳工业厂编著 . —北京：中国财政经济出版社，1965 年 . —136 页

统一书号 15166·285

B0274　TS193

还原染料悬浮体染色（纺织工业技术参考资料 9）/上海市纺织工业局供销局编 . —北京：纺织工业出版社，1959 年 . —34 页

统一书号 15041·325

B0275　TS193

海昌蓝染色法（工农生产技术便览）/邓美武，仲宝红编 . —上海：中华书局，1951 年 . —30 页

B0276　TS114

杭江纱厂怎样推广郝建秀工作法/余直青编 . —杭州：浙江人民出版社，1953 年 . —28 页

B0277　TS114

郝建秀工作法（中国纺织工人丛刊 2）/中国纺织工会全国委员会生产部编 . —北京：中国纺织工人社，1952 年 . —32 页

B0278　TS114

郝建秀工作法　增订本/全国棉纺织运转操作经验交流会议编 . —北京：纺织工业出版社，1959 年 . —50 页（被引 5）

统一书号 15041·526

B0279　TS114

郝建秀小组工作总结/中国纺织工人社辑 . —北京：中国纺织工人社，1953 年 . —38 页

B0280　TQ32

合成树脂整理常识/林华元编著 . —北京：纺织工业出版社，1959 年 . —26 页

统一书号 15041·499

B0281　TQ34

合成纤维（上海市工业生产比先进比多快好省展览会化学工业技术交流参考资料）/巫万居等编 .—上海：科学技术出版社，1958 年 .—112 页

统一书号 15119·789

B0282　TQ34

合成纤维（自然科学小丛书）/王志明著 .—北京：北京出版社，1965 年 .—42 页

统一书号 13071·25

B0283　TQ34

合成纤维（自然科学小丛书）/北京化工学院编写小组编 .—北京：人民出版社，1973 年 .—36 页

统一书号 13071·11

B0284　TQ34

合成纤维的前处理和染色［译］/（瑞士）H.U. 施米德林（H.U. Schmidlin）著；顾葆常等译 .—北京：中国财政经济出版社，1966 年 .—394 页

统一书号 15166·287

B0285　TQ34

合成纤维的性能［译］/（日）迁和一郎著；史锦图，王兴贤译 .—北京：化学工业出版社，1959 年 .—50 页

统一书号 15063·0543

B0286　TS155

合成纤维纺织工艺/黄通等编 .—北京：中国财政经济出版社，1965 年 .—285 页

统一书号 15166·244

B0287　TQ34

合成纤维工业（化学工业基本知识丛书）/唐赛珍编 .—北京：化学工业出版社，1958 年 .—24 页

统一书号 15063·0239

B0288　TQ34

合成纤维工业（化学工业知识丛书）/李松涛等编著 .—北京：中国工业出版社，1965 年 .—274 页

统一书号 15165·3863

本书第一到第四章是叙述合成纤维的发展历史与概况、性能与用途以及合成纤维用的高聚物的合成和纤维的纺丝与后加工等。第五到第十章介绍聚酰胺纤维、聚酯纤维、聚丙烯腈纤维、聚乙烯醇缩醛纤维、含氯纤维和聚烯烃纤维等的生产过程及各种不同生产方法优缺点的比较。

B0289　TQ34

合成纤维工业/原合成纤维研究所编 .—北京：燃料化学工业出版社，1970 年 .—318 页

统一书号 15063·1159

B0290　TQ34

合成纤维工业知识/北京合成纤维实验工厂编 .—北京：燃料化学工业出版社，1972 年 .—64 页

统一书号 15063·2004

书中重点介绍了合成纤维的主要品种——锦纶、涤纶、腈纶、维纶、丙纶、氯纶六大纤维的发展概况、性能、用途、主要原料来源、生产过程及设备等。此外，对一些常用的其他合成纤维和具有特殊用途的耐高温合成纤维也作了简要介绍。

B0291　TQ34

合成纤维工艺　第 1 辑（化学纤维译丛）/上海合成纤维实验工厂编 .—上海：上海合成纤维实验工厂，1963 年 .—102 页

统一书号 6042·113

B0292　TQ34

合成纤维工艺　第 2 辑（化学纤维译丛）/上海合成纤维研究所编 .—上海：上海市科学技术编译馆，1965 年 .—74 页

统一书号 15·281

B0293　TQ34

合成纤维工艺　第 3 辑（化学纤维译丛）/上海合成纤维研究所编 .—上海：上海市科学技术编译馆，1965 年 .—68 页

统一书号 15·347

B0294　TS193

合成纤维及其混纺物的染色/周洵译 .—济南：山东省轻工业局第二科学研究所，纺织科学情报服务站，1975 年 .—295 页；26cm

B0295　TQ34

合成纤维——卡普纶生产工艺/化工部红专大学编 .—北京：化工部红专大学，1959 年 .—56 页

B0296　TS190

合成纤维染整技术/辽宁省纺织科学研究所编辑 .—沈阳：辽宁科学技术情报研究所，1965 年 .—99 页；26cm

B0297　TQ34

合成纤维原料　第 1 辑（化学纤维译丛）/梁光溥编 .—上海：上海市科学技术编译馆，1964 年 .—60 页；26cm

统一书号 6062·187

B0298　TS102

合理使用低级棉的经验/纺织工业出版社编 .—北京：纺织工业出版社，1959 年 .—146 页

统一书号 15041·468

B0299 TS183

横机的构造、使用和检修/梁忠余编著.—北京:纺织工业出版社,1960年.—106页

统一书号 15041·590

B0300 TS143

烘茧/四川省科学技术情报研究所编.—成都:四川省科学技术情报研究所,1979年.—47页

B0301 TS112

烘筒式浆纱机使用规则 试行本/中华人民共和国纺织工业部制订.—北京:纺织工业出版社,1957年.—48页

统一书号 15041·146

B0302 TS1

红外线、超声波和放射性同位素在纺织工业中的应用 [译]/(德)B.鲍显尔脱等著;上海市纺织科学研究所译.—上海:上海科学技术出版社,1961年.—167页(被引5)

统一书号 15119·1641

本书系收集国外主要纺织书刊中有关红外线、超声波和放射性同位素对纺织工业有参考价值的数据选编汇集而成。内容介绍国外在红外线烘燥和定形、超声波应用于印染和制备乳化液、放射性同位素对纤维的影响及其检测和控制产品质量等方面的研究和试用情况。

B0303 TS122

胡麻的加工(地方工业小丛书)/青海省工业厅编.—西宁:青海人民出版社,1958年.—11页

统一书号 15097·6

B0304 TS122

胡麻纤维/商业部棉烟麻局编.—石家庄:河北人民出版社,1958年.—23页

统一书号 15086·37

B0305 TS106

花纱布商品之特性及其技术保管方法 修正稿/中国花纱布公司,辽宁省公司编.—辽宁:中国花纱布公司辽宁省公司,195?年.—50页

B0306 TS106

花式纱线生产[译]/(苏)К.И.柯利茨基著;蒋维岳译.—北京:纺织工业出版社,1960年.—208页

统一书号 15041·756

B0307 TS194

花筒雕刻(印染厂工人技术读本)/上海市纺织工业局印染织布工业公司编.—北京:纺织工业出版社,1960年.—132页

统一书号 15041·769

本书系统地介绍了花筒雕刻上的一些基本技术知识,主要内容包括雕刻前花筒的准备工作、锌版放样、缩小机雕刻、蜡面扎纹和蜡面雕刻、腐蚀等,以实际操作为主,在理论上也有简要的说明。另外,对手工修理及雕刻、花筒镀铬也作了介绍。

B0308 TS194

花筒雕刻新方法/纺织工业出版社编.—北京:纺织工业出版社,1959年.—43页

统一书号 15041·375

B0309 TS183

花袜机(针织复制技术革新资料汇编 第4辑)/纺织工业出版社编.—北京:纺织工业出版社,1960年.—46页

统一书号 15041·683

本书系围绕增加袜子花色品种大搞花袜机技术革新这一中心,汇集了一些技术革新的经验和成果。书中提出了袜机革新的重大措施,机件的改进和添装。

B0310 TS102

化无用为有用 把野草变良棉:四川省野生纤维参考资料/四川轻业厅编.—成都:四川人民出版社,1958年.—80页;19cm

统一书号 15118·9

B0311 TS154

化纤工艺学 内部讲义/上海纺织工业学校编.—上海:上海纺织工业学校出版科,1961年.—255页

B0312 TS154

化纤工艺学实验/华东纺织工学院化纤教研组译.—上海:编者自发行,1961年.—77页

B0313 TS15

化纤衣料常识/天津财经学院商业经济系编.—天津:天津人民出版社,1975年.—62页

统一书号 13072·1

本书内容主要包括纺织纤维的后起之秀、人造纤维衣料、"的确良"衣料、维纶衣料、锦纶衣料等。

B0314 TS15

化纤衣料常识 第2版/天津财经学院商业经济系编.—天津:天津人民出版社,1978年.—70页

统一书号 13072·2

本书内容主要包括纺织纤维的后起之秀、人造纤维衣料、"的确良"衣料、锦纶衣料、腈纶衣料、维纶衣料、丙纶衣料、氯纶衣料及其他、选购化纤衣料的常识。

B0315 TS156

化纤织品商品知识/天津财经学校商业企业管理专业科.—天津:天津财经学校,1973年.—93页

B0316 TS102

化学工业用纺织材料［译］／（苏）莫斯卡列夫（В. М. Москалев）著；杨新政，胡吉生译．—北京：纺织工业出版社，1957 年．—134 页

统一书号 15041·183

B0317 TS103

化学浆料（浆料代用品研究汇编 4）／纺织科学研究院，纺织工业出版社合作编译．—北京：纺织工业出版社，1959 年．—38 页

统一书号 15041·306

B0318 TS102

化学纤维 上册／方柏容编著．—上海：科技卫生出版社，1959 年．—69 页

统一书号 15119·109

B0319 TS102

化学纤维 下册／方柏容编著．—上海：上海科学技术出版社，1959 年．—52 页

统一书号 15119·1225

B0320 TS102

化学纤维常识／陈竣编写．—上海：上海科学技术出版社，1965 年．—42 页

统一书号 T15119·1809

B0321 X791

化学纤维厂废气及废液处理 第 1 辑（化学纤维译丛）／上海市化学化工学会化学纤维小组编．—上海：上海市科学技术编译馆，1965 年．—74 页

B0322 TS102

化学纤维的带电及其消除方法［译］／（苏）П. А. 巴拉尼克著；李成银等译．—北京：中国财政经济出版社，1962 年．—112 页

统一书号 15166·095

B0323 TS15

化学纤维的纺纱和织造 第 1 辑（化学纤维译丛）／上海市纺织科学研究所编．—上海：上海市科学技术编译馆，1963 年．—56 页

统一书号 6030·74

B0324 TS15

化学纤维的纺纱和织造 第 2 辑（化学纤维译丛）／上海市纺织科学研究所编．—上海：上海市科学技术编译馆，1964 年．—86 页

统一书号 66·215

B0325 TS15

化学纤维的纺纱和织造 第 3 辑（化学纤维译丛）／上

海市纺织科学研究所编．—上海：上海市科学技术编译馆，1965 年．—97 页

统一书号 15·285

B0326 TS190

化学纤维的染色和整理（化学纤维译丛）／华东纺织工学院纺织化学工程系编．—上海：上海市科学技术编译馆，1964 年．—92 页

B0327 TS102

化学纤维的原理和制造 上册／方柏容编．—上海：上海科学技术出版社，1959 年．—330 页

统一书号 15119·1337

本书分上下两册，内容包括：粘胶丝、强力粘胶纤维、粘胶短纤维、粘胶薄膜（赛珞芳）、醋酯纤维、铜氨纤维、蛋白质纤维、合成纤维等的制造，以及各种化学纤维的性质等。

B0328 TS102

化学纤维的原理和制造 下册／方柏容编．—上海：上海科学技术出版社，1961 年．—331—610 页

统一书号 15119·1577

B0329 TS15

化学纤维纺织法／陆绍云编著．—上海：上海科学技术出版社，1958 年．—144 页

统一书号 15119·870

B0330 TS15

化学纤维纺织法［港台］／张廷华著．—台北：华联出版社，1969 年．—241 页

B0331 TS15

化学纤维纺织品（商品知识丛书）／上海纺织品采购供应站化学纤维纺织品编写小组．—北京：中国财政经济出版社，1976 年．—86 页

统一书号 15166·007

本书简明扼要地介绍了化学纤维纺织品的分类，各主要品种的性能、特点、质量鉴别和选购常识，裁剪、缝制、洗涤、晾晒、熨烫等穿用保管方法，以及一些在销售、穿用中常见问题的浅解。

B0332 TS102

化学纤维工艺学（高等院校试用教材）／华东纺织工学院编．—北京：中国财政经济出版社，1961 年．—372 页

统一书号 15166·040

B0333 TS102

化学纤维工艺学 上册（中等专业学校教材）／林求德等编．—北京：中国财政经济出版社，1965 年．—323 页

统一书号 15166·247

B0334 TS102

化学纤维工艺学 下册（中等专业学校教材）/林求德等编．—北京：中国财政经济出版社，1965 年．—228 页

统一书号 15166·274

B0335 TS102

化学纤维基本知识/全苏人造纤维科学研究院编．—北京：纺织工业出版社，1960 年．—40 页

统一书号 15041·785

B0336 TS102

化学纤维生产的化学与工艺学原理 上中下册 ［译］（高等学校教学用书）/（苏）3. A. 罗果文著；陈以人，张国光译．—北京：纺织工业出版社，1958 年．—上册 214 页，中下册页码不详

统一书号 15041·233

本书分别阐明各种人造纤维和合成纤维制造方面的化学与工艺学原理。本书分上中下三册：上册阐明人造纤维和合成纤维制造的一般原则和方法；中册阐明各种人造纤维的制造条件；下册则阐明各种合成纤维的制造条件。

B0337 TS102

化学纤维生产工艺计算 ［译］/（苏）A. B. 帕克什维尔，（苏）A. И. 麦奥斯著；印德麟，贾福兴，李崇理等合译．—北京：中国工业出版社，1963 年．—370 页

统一书号 15165·1957

本书叙述了粘胶纤维、铜氨纤维、醋酯纤维、聚酰胺纤维、聚酯纤维及聚乙烯基类纤维生产的主要工艺过程和工艺计算方法。本书还介绍了有关化学纤维生产中的运输和机械化工具计算、能量计算和技术经济指标的计算方法。

B0338 TS154

化学纤维新型纱的生产与应用 ［译］/（英）G. R. 伍雷（G. R. Wray）主编；杨建生译．—北京：中国财政经济出版社，1965 年．—186 页

统一书号 15166·251

B0339 TS102

化学纤维性能研究/纺织工业部纺织科学研究院编．—北京：中国财政经济出版社，1964 年．—154 页

统一书号 15166·158

本书内容包括：密度梯度管法及其在化学纤维测定中的应用，应用 X 射线测量粘胶纤维的取向度和结晶度，化学纤维双折射性能及其测定方法的探讨，粘胶纤维皮层和内心的鉴别方法，粘胶纤维的结构与染色性能间关系的研究，醋酸纤维化学性能试验，国产粘胶纤维、纱线、织物强力修正系数的研究。

B0340 TS102

化学纤维 上下册/方柏容编．—上海：科技卫生出版社，1959 年．—69 页，52 页

B0341 TS134

化学纤维在毛纺工业中的合理选用 ［译］/（苏）B. E. 古谢夫著；孙传己译．—北京：中国财政经济出版社，1964 年．—352 页

统一书号 15166·228

B0342 TS15

化学纤维针织品（商品知识丛书）/上海针织品采购供应站编写．—北京：中国财政经济出版社，1979 年．—95 页

统一书号 15166·036

B0343 TS102

化学纤维知识/《化学纤维知识》编写组编．—北京：科学出版社，1978 年．—202 页

统一书号 13031·830

本书较全面地介绍有关化学纤维方面的基本知识，全书共包括概述、化学纤维是怎样制成的、常见的化学纤维、特种化学纤维和化学纤维纺织品的特性及其鉴别等五章。

B0344 TS103

环锭精纺机 ［译］［港台］/（日）小川照若著；赖耿阳译．—台北：五洲出版社，1978 年．—398 页

B0345 TS103

环锭精纺机高速高效的研究/上海纺织科学研究院编著．—上海：上海纺织科学研究院，1959 年．—115 页；26cm

B0346 TS103

换梭式自动织机（纺织技术读本）/胡炳文，崔景坚，张贤骅编著．—上海：中国纺织图书杂志社，1953 年．—147 页

B0347 TS103

换梭式自动织机的梭子管理/费莘耕著．—北京：纺织工业出版社，1958 年．—62 页

统一书号 15041·248

B0348 TS103

换梭箱织机/蒋乃镛著．—上海：中国文化事业社，1950 年．—70 页

B0349 TS103

换梭箱织机 第 2 版/蒋乃镛著．—上海：中国文化事业社，1951 年．—70 页

B0350 TS192

浣洗化学 第 3 版 ［译］/（英）哈维（A. Harvey）撰；顾远荪译．—上海：商务印书馆，1951 年．—131 页；18cm

B0351 TS124

黄麻纺绩/秦德辉，王福元，王景葆编著．—北京：纺织工业出版社，1958 年．—230 页

统一书号 15041·124

B0352　TS124

黄麻纺纱学　上册（纺织职工业余中等专业学校教材）/浙江省轻工业厅编 .—北京：纺织工业出版社，1961年 .—226 页（被引 15）

统一书号 15041·900

B0353　TS124

黄麻纺纱学　下册（纺织职工业余中等专业学校教材）/浙江省轻工业厅编 .—北京：中国财政经济出版社，1965 年 .—186 页

统一书号 15166·234

B0354　TS124

黄麻纺织常识/秦德辉编著 .—北京：纺织工业出版社，1959 年 .—32 页

统一书号 15041·508

本书简要地介绍了黄麻纺织工艺过程，从黄麻原理开始到制成麻袋、麻布、打包出厂为止。全书共分十七节。本书按照纺织工业过程作逐一的讲述，在各节中叙述了各道工艺过程中浅近的理论及机器设备的作用。

B0355　TS124

黄麻纺织工艺设计/王景葆编著 .—北京：纺织工业出版社，1979 年 .—349 页（被引 9）

统一书号 15041·1018

B0356　TS123

黄麻与洋麻/冯奎义编著 .—上海：广益书店，1951年 .—168 页

B0357　TS123

黄麻与洋麻的脱胶与分级检验/钱章武，杨松年编著 .—北京：纺织工业出版社，1958 年 .—168 页（被引 13）

统一书号 15041·225

B0358　TS123

黄麻与洋麻的脱胶与分级检验　修订本/钱章武，杨松年编著 .—北京：纺织工业出版社，1982 年 .—267 页（被引 22）

统一书号 15041·1209

本书介绍了国内外黄、洋麻的产地分布和生产情况，纤维的结构和物理、化学性质，黄、洋麻的精洗（脱胶）工艺过程和分级检验方法等。

B0359　TS125

黄麻织造学/浙江省轻工业厅主编 .—北京：中国财政经济出版社，1962 年 .—427 页

统一书号 15166·089

B0360　TS112

回转多梭箱棉织机的构造、安装与调整［译］/（苏）н. ф. 马尔科夫等著；符文耀，姜同义译 .—北京：纺织工业出版社，1959 年 .—238 页

统一书号 15041·521

本书叙述了回转多梭箱织机的构造、运转、调整与看管，还阐述了在织制花样大而复杂的色纱织物时，用以减少纹板数目的各种机构与装置。此外，并着重叙述了各机构和全机的安装与调整规则，对各机械发生的故障及消除这些故障的方法也作了探讨。

B0361　TS104

混纺　毛纺学［港台］/王敏泰编著 .—台北：五洲出版社，1963 年 .—257 页

B0362　TS104

混纺　毛纺学　影印本［港台］/王敏泰编著 .—台北：五洲出版社，1974 年 .—257 页

B0363　TS104

混纺工学　第 2 版［港台］/林宗华著 .—台中：书恒出版社，1979 年 .—142 页

B0364　TS190

活性染料的染色机理及应用/上海市科学技术编译馆编 .—上海：上海市科学技术编译馆，1966 年 .—133 页

B0365　TS190

活性染料的性能及应用/奚翔云编著 .—北京：纺织工业出版社，1958 年 .—38 页

统一书号 15041·272

B0366　TS190

活性染料的制造和应用/徐名全编著 .—上海：科技卫生出版社，1958 年 .—68 页

统一书号 15119·860

B0367　TS190

活性染料应用经验/华东纺织工学院染化系编 .—北京：纺织工业出版社，1960 年 .—138 页

统一书号 15041·794

B0368　TS103

机台产量与停车计算自动化［译］/（苏）П. И. 基尔兴著；顾时希，张善道译 .—北京：纺织工业出版社，1957年 .—131 页；19cm

统一书号 15041·111

B0369　TS103

机械纺织大全［港台］/林英华著 .—台湾：宏业书局，1969 年 .—176 页

B0370 TS103

机械基础 上下册/上海纺织工学院纺织系编 .—上海：上海纺织工学院纺织系，1976 年 .—162 页，310 页

本书上册为机械传动部分，下册为工作机构及零件部分。

B0371 TS103

机械修理工场工作计划的制定［译］/（苏）В. И. 扎哈罗夫著；陈明译 .—北京：纺织工业出版社，1957 年 .—20 页；19cm

统一书号 15041 · 180

B0372 TS18

机械针织学［港台］/张超麟编著 .—香港：宝源光学仪器金属制品厂有限公司，1969 年 .—175 页

B0373 TS105

机织法［港台］/张炳炘著 .—台北：台湾商务印书馆股份有限公司，1975 年 .—267 页

B0374 TS105

机织工程讲义 第 7 章 1—7 节，8—11 节，第 8 章（重要工业部门技术学教研室用书）/中国人民大学重要工业部门技术学教研室编写 .—北京：中国人民大学，1953 年 .—44 页，24 页

B0375 TS105

机织工程讲义插图（重要工业部门技术学教研室用书）/中国人民大学重要工业部门技术学教研室编写 .—北京：中国人民大学，1952 年 .—20 页

B0376 TS105

机织工程目录（重要工业部门技术学教研室用书）/中国人民大学重要工业部门技术学教研室编写 .—北京：中国人民大学，1954 年 .—9 页

本书包含《机织工程》教材的目录和教材的勘误表。

B0377 TS105

机织工程中的新技术和新工艺［译］/（苏）库里金（А. В. Кулигин）著；张友海，朱立奇译 .—北京：纺织工业出版社，1956 年 .—219 页

统一书号 15041 · 31

B0378 TS105

机织工艺学［译］/（苏）苏尔尼纳（Н. Х. Сурнина）等著；徐子骈，符文耀译 .—北京：纺织工业出版社，1954 年 .—354 页

B0379 TS105

机织工艺与设备 上册（初稿）/上海纺织工学院 .—上海：上海纺织工学院，1979 年 .—200 页

B0380 TS105

机织工艺与设备 下册（初稿）/华东纺织工学院编 .—上海：华东纺织工学院，1983 年 .—344 页

B0381 TS103

机织浆科学/周永元编 .—北京：中国财政经济出版社，1964 年 .—192 页（被引 5）

统一书号 15166 · 173

本书从织造工程对纱线的要求出发，分析了各种纱线的上浆特点，并对现用浆料及新的化学浆料的种类、化学结构、性能、它们在浆液中的作用原理、上浆机理等作了比较系统和详细的介绍。

B0382 TS105

机织实验教程 上册/华东纺织工学院编 .—北京：中国财政经济出版社，1961 年 .—291 页

统一书号 15166 · 035

B0383 TS105

机织实验教程 下册/华东纺织工学院编 .—上海：华东纺织工学院机织教研组，1961 年

B0384 TS105

机织实验教程 中册/华东纺织工学院编 .—上海：华东纺织工学院机织教研组，1962 年 .—136 页

B0385 TS105

机织学 1，2 册/大连轻工学院纺织系机织专业队 .—大连：大连轻工学院，1974 年

B0386 TS105

机织学 上下册［译］/（苏）高尔捷耶夫（В. А. Гордеев），（苏）沃尔科夫（П. В. Волков）撰；中央人民政府纺织工业部翻译科等译 .—北京：纺织工业出版社，1955 年 .—236 页，386 页（被引 12）

B0387 TS105

机织学 上下册（修订译本）［译］（高等学校教学用书）/（苏）高尔捷耶夫（В. А. Гордеев），（苏）沃尔科夫（П. В. Волков）著；中华人民共和国纺织工业部翻译科译 .—北京：纺织工业出版社，1957 年 .—251 页，370 页

统一书号 15041 · 161

B0388 TS105

机织学 上册/华东纺织工学院主编 .—北京：纺织工业出版社，1960 年 .—304 页

统一书号 15041 · 555

B0389 TS105

机织学 下册/华东纺织工学院主编 .—北京：纺织工业出版社，1960 年 .—424 页

统一书号 15041 · 556

B0390　TS105

机织学　下册/华东纺织工学院主编.—北京：中国财政经济出版社，1960 年.—420 页

统一书号 15166·025

B0391　TS190

极谱分析在染整工业中的应用/纪修睦编著.—北京：纺织工业出版社，1959 年.—98 页

统一书号 15041·497

B0392　TS1

几件科技创试　油印本/蒋乃镛编.—上海：出版者不详，1954 年.—41 页；26cm

B0393　TS194

几种常用树脂颜料的印花法［译］（纺织工业新技术译丛）/原著者不详，钟用昆编译.—北京：纺织工业出版社，1959 年.—32 页

统一书号 15041·388

B0394　TS103

加大精纺机和织机的卷装［译］/（苏）苏联日用品工业部编；枫洲译.—北京：纺织工业出版社，1956 年.—56 页

统一书号 15041·25

B0395　TS103

加强保全保养工作经验/纺织工业出版社编.—北京：纺织工业出版社，1959 年.—112 页

统一书号 15041·469

B0396　TS102

加强原棉管理的经验/纺织工业出版社编.—北京：纺织工业出版社，1959 年.—78 页

统一书号 15041·471

B0397　TS108

家蚕茧缫丝厂设计/四川省轻工业厅设计院编.—北京：纺织工业出版社，1960 年.—90 页

统一书号 15041·830

B0398　TS134

简明毛纺织法/周南藩著.—上海：中国文化事业社，1951 年.—62 页

B0399　TS114

简明棉纺教程　第 1 册　原棉和开清棉工程/张福年，陈孝基编.—上海：上海科学技术出版社，1960 年.—176 页

统一书号 15119·1417

B0400　TS114

简明棉纺教程　第 2 册　梳棉工程/朱其祝，张福年编.—上海：上海科学技术出版社，1964 年.—187 页

统一书号 15119·178

B0401　TS114

简明棉纺教程　第 3 册　并粗工程/朱其祝，杜若编.—上海：上海科学技术出版社，1961 年.—166 页

统一书号 15119·1578

B0402　TS1

建国十年来上海纺织技术/上海市纺织工业局编.—上海：上海科学技术出版社，1960 年.—472 页（被引 5）

统一书号 15119·1431

B0403　TS103

浆料/王金兰，乐一鸣，陈光延等编.—北京：纺织工业出版社，1979 年.—240 页（被引 34）

统一书号 15041·1060

本书主要介绍目前全国各地区在代粮上浆中采用较多的天然黏着剂（如野生植物淀粉、变性淀粉类、藻类以及植物胶类）和化学黏着剂（如衍生物类、合成物类）等。

B0404　TS103

浆料和调浆/陈旭初编著.—北京：纺织工业出版社，1959 年.—64 页

统一书号 15041·463

B0405　TS105

浆纱（棉纺织基本技术丛书）/金瓯，姚健纲编著.—上海：大东书局，1950 年.—105 页

B0406　TS105

浆纱/上海纺织工学院机织教研室编.—北京：轻工业出版社，1978 年.—231 页

统一书号 15041·1006

B0407　TS105

浆纱工程的几项改进/全国棉纺织技术专业会议浆纱组编订.—北京：纺织工业出版社，1955 年.—112 页

B0408　TS105

浆纱工学　第 4 版［港台］/林宗华著.—台湾：书恒出版社，1979 年.—178 页

B0409　TS103

浆纱机的自动调节装置［译］/（苏）施维烈夫（С. С. Швырев）著；唐淞，徐宏达译.—北京：纺织工业出版社，1956 年.—58 页

B0410　TS105

浆纱基本技术知识（纺织基本技术知识丛书）/费莘耕编著.—北京：纺织工业出版社，1957 年.—176 页

统一书号 15041·192

B0411 TS114

降低纱布断头的经验/纺织工业出版社编辑 .—北京：纺织工业出版社，1959 年 .—74 页

统一书号 15041 · 472

B0412 TS103

降低织机停台率/过念薪编 .—北京：纺织工业出版社，1960 年 .—108 页

统一书号 15041 · 770

本书根据高速运转的实践，环绕断经、断纬、坏车等三个方面，介绍了减少停台的具体措施；对原纱质量、准备工艺、综箱保养、上轴工作、机械整修、操作方法、温湿度管理工作等与降低织机停台率的关系都作了详细的叙述。

B0413 TS108

降温工作经验（全国纺织企业空气调节经验交流会议资料汇编　第二辑）/纺织工业部生产司，纺织工会全国委员会编 .—北京：纺织工业出版社，1960 年 .—106 页

统一书号 15041 · 776

B0414 TS114

杰多夫斯克帘子布厂纺纱生产潜力的发掘 ［译］ / （苏）Т. П. 普列奥布拉仁斯卡雅著；枫洲译 .—北京：纺织工业出版社，1956 年 .—36 页；19cm

B0415 TS190

捷克的毛织物染整/王逸鸣译 .—北京：纺织工业出版社，1959 年 .—36 页

统一书号 15041 · 536

B0416 TQ34

锦纶 6 生产设备/上海第九化学纤维厂编 .—上海：上海人民出版社，1975 年 .—475 页

统一书号 15171 · 175

本书以锦纶 6 长丝和短纤维的生产设备为主要内容，介绍锦纶 6 纤维的单体聚合，切片制造，纤维成形及长丝、短纤维后加工等各工艺过程所使用的主要设备的结构、作用和原理等；并联系实际对多种结构进行了评述比较。

B0417 TQ34

锦纶生产/北京合成纤维实验厂编著 .—北京：化学工业出版社，1968 年 .—412 页

统一书号 15063 · 1123

本书结合生产实践，介绍了聚己内酰胺长丝、短纤维、综丝生产的基本原理、工艺过程、机械设备及生产管理方面的基本知识，并介绍了聚己内酰胺纤维厂中对原料、成品的分析、检验方法。

B0418 TQ34

锦纶生产/北京合成纤维实验厂编 .—北京：石油化学工业出版社，1976 年 .—458 页

统一书号 15063 · 化 54

本书全面地讲述了锦纶各品种（长丝、短纤维、绦丝、帘子线）生产的基本原理、工艺过程、机械设备及生产操作经验等，并介绍了生产中有关原料、成品的分析检验方法和生产用水、电、汽、空洞及生产安全等方面的知识。

B0419 TQ34

锦纶生产工艺/上海市纺织工业局七 · 二一工人大学编著 .—上海：上海人民出版社，1977 年 .—378 页

统一书号 15171 · 279

本书结合生产实际，着重介绍锦纶 6 的生产，对锦纶 66 的生产也作了相应介绍。

B0420 TS183

经编机编织基本原理/程育才著 .—北京：中国财政经济出版社，1962 年 .—100 页

统一书号 15166 · 097

B0421 TS183

经编机的安装和使用（针织厂保全工技术读本）/许期颐等编 .—北京：纺织工业出版社，1979 年 .—161 页（被引 10）

统一书号 15041 · 1058

本书简要介绍了经编的基本知识和织物组织；叙述了 Z303 型经编机的主要结构，各部分安装和调节的方法，平装的技术要求；还介绍了因机器故障造成坯布残疵的原因和修理方法。

B0422 TS183

经编设备和工艺　上册/无锡轻工业学院编 .—营口：全国针织工业科技情报站，1977 年 .—207 页

B0423 TS183

经编设备和工艺　中册/无锡轻工业学院编 .—营口：全国针织工业科技情报站，1980 年 .—145 页

B0424 TS183

经编设备和工艺　下册/无锡轻工业学院编 .—营口：全国针织工业科技情报站，1980 年 .—178 页

B0425 TS184

经编针织学　上册　经编原理 ［港台］ （针织学丛书）/平见瑞著 .—台湾：出版者不详，1976 年 .—278 页；20cm

B0426 TS184

经编针织学　中册　Tricot 针织 ［港台］ （针织学丛书）/平见瑞著 .—台湾：出版者不详，1978 年 .—274 页；20cm

B0427 TS184

经编针织学　下册　Raschel 针织 ［港台］ （针织学丛书）/平见瑞著 .—台湾：出版者不详，1977 年 .—361

页；20cm

B0428　TS105

经纱上浆［译］／（日）深田要，（日）一见辉彦著；刘冠洪译．—北京：纺织工业出版社，1979 年．—401 页（被引 67）

统一书号 15041·1029

本书比较全面系统地介绍了经纱上浆的目的，上浆纱必须具备的条件，各种新型合成浆料、油剂助剂，新式调浆、上浆设备，各种浆纱自动控制装置，以及浆纱试验等。尤其对当前广泛采用的合成纤维纱、合成纤维混纺纱、气流纺纱、合成纤维膨体纱等的上浆新工艺都作了较详细的叙述。这对我国的当前发展的合成纤维织物生产，以及各种合成浆料的研究有一定的参考价值。

B0429　TQ34

腈纶（合成纤维译丛）／上海科学技术情报研究所．—上海：上海科学技术情报研究所，1974 年．—75 页

统一书号 151634·193

B0430　TS190

腈纶染整工艺／黄奕秋编著．—北京：轻工业出版社，1976 年．—272 页（被引 25）

统一书号 15042·1407

本书简要地阐述了聚丙烯腈纤维——腈纶的化学结构及物理化学性能，并比较系统地叙述了国内外腈纶织物、腈纶膨体绒线的染色、整理工艺和相应的机械设备。对于腈纶织物的漂白、印花以及腈纶与羊毛、纤维素纤维等混纺织物的染整工艺也作了介绍。

B0431　TS190

腈纶染整工艺　修订本／黄奕秋编著．—北京：纺织工业出版社，1983 年．—332 页（被引 36）

统一书号 15041·1247

本书简要地阐述了聚丙烯腈纤维——腈纶的化学结构及物理化学性能，并比较系统地叙述了国内外腈纶织物、腈纶膨体绒线的染色、整理工艺和相应的机械设备。对于腈纶织物的漂白、印花以及腈纶与羊毛、纤维素纤维等混纺织物的染整工艺也作了介绍。

B0432　TQ34

腈纶生产工艺　上下册／任铃子，朱发泉编．—兰州：甘肃省轻工业科技情报中心站，1978 年．—107 页，下册页码不详

B0433　TQ34

腈纶生产工艺及其原理／上海纺织工学院编．—上海：上海人民出版社，1976 年．—217 页

统一书号 15171·249

本书以硫氰酸钠一步法生产腈纶的生产工艺为基础，讨论了聚合工艺原理，纤维的成形加工原理，以及腈纶纤维的结构和性能等。

B0434　TQ34

腈纶生产基本知识／钱枚，徐炳坤，虞基平编．—北京：纺织工业出版社，1979 年．—106 页

统一书号 15041·1031

本书介绍了腈纶生产所用化工原料的基本性能，腈纶生产工艺过程以及公用工程、三废处理等方面的知识。

B0435　TS114

精纺车间副工长沙摩鲁钦科看护机器工作的经验［译］／（苏）苏联轻工业和食品工业部教育司技术报道处编；虞晋译．—北京：纺织工业出版社，1954 年．—31 页

B0436　TS114

精纺机设备状态对断头率的影响［译］／（苏）A. B. 捷留什诺夫著；徐朴，叶弈梁译．—北京：纺织工业出版社，1960 年．—116 页

统一书号 15041·571

B0437　TS114

精纺基本技术知识（纺织基本技术知识丛书）／程建勋编著．—北京：中国财政经济出版社，1962 年．—171 页

统一书号 15166·081

B0438　TS114

精纺间高度生产率小组的工作经验［译］／（苏）伊万诺沃省纺织工作者科学工程技术协会编著；纺织工业部翻译科译．—北京：纺织工业出版社，1954 年．—30 页

B0439　TS114

精纺专门工艺学　上册（高级纺织技工学校教材）／瞿懋德编著．—北京：纺织工业出版社，1956 年．—254 页

统一书号 15041·107

B0440　TS114

精纺专门工艺学　下册（高级纺织技工学校教材）／瞿懋德编著．—北京：纺织工业出版社，1956 年．—421 页

统一书号 15041·19

B0441　TS19

精练漂白染色法［译］［港台］／（日）矢部章彦著；赖耿阳编译．—台北：五洲出版社，1978 年．—298 页

B0442　TS134

精梳毛纺［译］／（德）法尔巴赫（R. Fahrbach）著；张匡夏译．—北京：纺织工业出版社，1958 年．—366 页

统一书号 15041·237

B0443　TS134

精梳毛纺　上下册（毛纺织职工业余中等专业学校教材）／天津市纺织工业局编．—北京：纺织工业出版社，1960 年．—215 页，216 页；20cm

统一书号 15041·850

B0444 TS132

精梳毛纺法式环锭细纱机平车工作法/国营上海第三纺织厂编订.—北京:纺织工业出版社,1959年.—90页

统一书号 15041·520

本书介绍了精梳毛纺法式环锭细纱机的大小平车工作法,机件的磨灭限度和装配规格,平车质量检查等。

B0445 TS134

精梳毛纺纺纱新方法/朱振澄编.—北京:中国财政经济出版社,1963年.—179页

统一书号 15166·128

B0446 TS134

精梳毛纺和毛基本技术知识(纺织基本技术知识丛书)/印伯芳编著.—北京:纺织工业出版社,1959年.—59页;21cm

B0447 TS134

精梳毛纺精纺基本技术知识(纺织基本技术知识丛书)/魏春身,苏钟奇编著.—北京:纺织工业出版社,1959年.—144页

统一书号 15041·486

B0448 TS132

精梳毛纺梳毛机〔译〕/(苏)Б.В.奥泽洛夫著;郭宗武,陈德本译.—北京:纺织工业出版社,1960年.—134页

统一书号 15041·545

B0449 TS134

精梳毛纺细纱当车及落纱操作法/北京毛纺织厂编.—北京:纺织工业出版社,1960年.—42页

统一书号 15041·815

B0450 TS132

精梳毛纺细纱机四高经验/纺织工业部生产技术司编.—北京:纺织工业出版社,1959年.—59页

统一书号 15041·377

B0451 TS134

精梳毛纺学/西北工学院毛纺教研组.—西安:西北工学院毛纺教研组,195?年.—263页

B0452 TS138

精梳毛纺织厂技术管理规则〔译〕/(苏)苏联轻工业部毛纺工业总管理局制订;醉竹译.—北京:纺织工业出版社,1957年.—87页

统一书号 15041·211

B0453 TS134

精梳毛条制造基本技术知识(纺织基本技术知识丛书)/魏春身,苏钟奇编著.—北京:纺织工业出版社,1959年.—122页

统一书号 15041·525

B0454 TS194

静电植绒/沈坚中,曹淀林著.—北京:纺织工业出版社,1960年.—22页(被引10)

统一书号 15041·543

B0455 TQ34

聚丙烯腈纤维生产的化学与工艺学〔译〕/(苏)A.B巴克什维尔,(苏)Б.3.格勒列尔著;李冶文译.—北京:中国工业出版社,1962年.—173页

统一书号 15165·1794

B0456 TQ34

聚丙烯腈纤维生产的化学与工艺学 新1版〔译〕/(苏)A.B巴克什维尔,(苏)Б.3.格勒列尔著;李冶文译.—北京:化学工业出版社,1965年.—173页

统一书号 15063·1005

B0457 TQ34

聚酰胺纤维的化学与工艺学〔译〕/(德)H.克拉雷著;北京合成纤维实验厂译.—北京:中国工业出版社,1964年.—249页

统一书号 15165·3198

B0458 TQ34

聚乙烯醇的性质和应用/北京有机化工厂研究所编译.—北京:纺织工业出版社,1979年.—217页

统一书号 15041·1033

B0459 TQ34

聚己内酰胺丝的生产〔译〕/(英)K.E.菲希曼,(英)H.A.赫鲁津著;印德麟,李景春译.—北京:燃料化学工业出版社,1972年.—183页

本书叙述了聚己内酰胺纤维的生产工艺过程和设备,对生产控制问题和设备能力的计算也作了叙述。

B0460 TS155

聚酯/棉的纺纱和织造/上海市纺织科学研究院编译.—上海:上海人民出版社,1975年.—198页

统一书号 15171·165

B0461 TS190

聚酯/棉混纺织物的印染/上海市纺织科学研究院编译.—上海:上海人民出版社,1974年.—178页

统一书号 15171·147

B0462 TQ34

聚酯纤维 特立纶、拉芙伞〔译〕/(苏)B.B.别图霍夫著;张中岳译.—北京:中国工业出版社,1964年.—114页

统一书号 15165·2769(化工-248)

B0463 TQ34

聚酯纤维化学与工艺学 上册 ［译］／（德）赫尔曼·
路德维希著；天津市化学纤维试验厂译 . —北京：轻工业出
版社，1977 年 . —319 页

统一书号 15042·1382

本书上册主要介绍聚酯纤维从原料、聚酯制造到熔融纺
丝的生产工艺。

B0464 TQ34

聚酯纤维化学与工艺学 下册 ［译］／（德）赫尔曼·
路德维希著；天津市化学纤维研究所译 . —北京：纺织工业
出版社，1978 年 . —246 页

统一书号 15042·1012

本书下册主要介绍聚酯长丝及短纤维后加工各工序的工
艺及设备，聚酯废料的回收，聚酯纤维的纺织加工以及聚酯
纤维的性能和用途。

B0465 TS190

聚酯纤维混纺织物染整／纺织科学研究院、毛麻丝织染
整组编 . —北京：纺织工业出版社，1960 年 . —139 页

统一书号 15041·803

本书搜集了国外有关聚酯纤维及其混纺染整加工的资
料，比较系统地进行了汇编，详细地介绍了聚酯纤维的性能
和用途以及这种混纺织物的染整工艺。

B0466 TQ34

聚酯纤维制造 ［译］／（美）马歇尔·西蒂格编；岳阳
化工总厂研究所译 . —北京：石油化学工业出版社，1976
年 . —346 页

统一书号 15063·化 130

本书提供了详细的聚酯专利技术资料，对现行聚酯纤维
生产的技术及工业化方向提出了一些评论，可供我国从事聚
酯纤维研究和生产的技术人员和工人参考。

B0467 TS144

娟纱纺制基本知识／安东绢纺厂科学技术学会编 . —沈
阳：辽宁人民出版社，1961 年 . —265 页

B0468 TS105

卷纬 （纺织技术读本）／蒋乃镛著；纺织技术读本编委
会主编 . —上海：中国纺织图书杂志社，1953 年 . —38 页

B0469 TS144

绢纺工程 ［译］／（苏）B. B. 林捷，П. A. 奥西波夫著；
纺织工业部专家工作室译 . —北京：纺织工业出版社，1960
年 . —198 页

统一书号 15041·609

B0470 TS144

绢纺精练／王清源编著 . —北京：纺织工业出版社，1960
年 . —284 页（被引 8）

统一书号 15041·553

B0471 TS144

绢纺学／华东纺织工学院编 . —北京：中国财政经济出版
社，1961 年 . —527 页（被引 13）

统一书号 15166·043

B0472 TS144

绢纺原棉制练基本知识／安东绢纺厂科学技术学会编 . —
沈阳：辽宁人民出版社，1961 年 . —122 页

统一书号 15090·197

B0473 TS144

绢纱纺制基本知识／安东绢纺厂科学技术学会编 . —沈
阳：辽宁人民出版社，1961 年 . —265 页

统一书号 15090·198

B0474 TS144

绢纱工程／林捷编著 . —北京：纺织工业出版社，1961
年 . —198 页

B0475 TQ34

卡普纶生产／李鹏飞、李自华、孟庆海合编 . —北京：化
学工业出版社，1959 年 . —56 页

统一书号 15063·0582

B0476 TS114

开棉工程 ［译］（棉纺讲义）／（美）牟立尔（G. R.
Merrill）原著；杜良楔，曾名世合译 . —上海：纤维工业出
版社，1951 年 . —48 页

B0477 TS112

开清棉联合机的工艺分析 ［译］／（苏）Б. M. 符拉基
米罗夫著；孙正祺等译 . —北京：纺织工业出版社，1960
年 . —208 页

统一书号 15041·822

B0478 TS112

开箱揩擦操作法 （棉纺织机器安装操作法丛书）／河南
纺织工业局纺织机器安装队编 . —北京：纺织工业出版社，
1958 年 . —18 页

统一书号 15041·268

B0479 TS183

开型电力圆筒织袜机的构造和调整／上海市纺织工业局，
上海市针织工业公司编 . —北京：纺织工业出版社，1959
年 . —115 页

统一书号 15041·379

B0480 TS183

开型电力圆筒织袜机安装规程／上海市纺织工业局，上
海市针织工业公司编 . —北京：纺织工业出版社，1959
年 . —84 页

统一书号 15041·397

B0481 TS183

开型电力圆筒织袜机检修实例/上海市纺织工业局，上海市针织工业公司编 .—北京：纺织工业出版社，1959年 .—106 页

统一书号 15041·446

B0482 TS103

看管大量自动织机的组织 ［译］/（苏）阿尔杜霍夫（С. И. Альтухов）著；徐子骅译 .—北京：纺织工业出版社，1955年 .—90 页

B0483 TS103

看管高速度的织机 ［译］/（苏）格·马里雅金（Г. Марягин）著；凌家隽译 .—北京：纺织工业出版社，1957年 .—52 页

统一书号 15041·132

B0484 TS193

可溶性还原染料印染法/水佑人，董亨荣编 .—北京：纺织工业出版社，1959年 .—286 页

统一书号 15041·455

B0485 TS138

库巴夫纳细呢工厂提高生产指标的经验 ［译］/（苏）阿勃拉莫夫（Б. А. Абрамов），（苏）马内洛夫（С. Д. Манылов）著；中华人民共和国纺织工业部专家工作室译 .—北京：纺织工业出版社，1958年 .—46 页

统一书号 15041·224

B0486 TS186

宽紧带织造/上海市纺织复制工业公司编 .—北京：纺织工业出版社，1960年 .—88 页

统一书号 15041·578

B0487 TS103

矿物浆料 （浆料代用品研究汇编 2）/纺织科学研究院，纺织工业出版社合作汇编 .—北京：纺织工业出版社，1958年 .—30 页

统一书号 15041·312

B0488 TS112

离心精纺机 第 1 辑 ［译］（纺织工业新技术译丛）/原著者不详；纺织科学研究院学术秘书室等译 .—北京：纺织工业出版社，1959年 .—70 页

统一书号 15041·502

B0489 TS103

力织机及制织准备机 ［译］［港台］/（日）内田丰原著；赖耿阳译 .—台北：五洲出版社，1978年 .—197 页

B0490 TS103

（丰田式）力织机装置调节法/徐行编译 .—上海：新科学书店，1952年 .—150 页；15cm

B0491 TS143

立缫操作经验/全国缫丝操作技术经验交流会议编 .—北京：轻工业出版社，1974年 .—95 页

统一书号 15042·1321

B0492 TS143

立缫缫丝操作法/无锡市纺织工业局编 .—无锡：无锡人民出版社，1959年 .—40 页

统一书号 15100（锡）7

B0493 TS102

利用动物杂纤维纺织 （纺织工业技术参考资料 3）/纺织工业部生产技术司编 .—北京：纺织工业出版社，1958年 .—61 页

统一书号 15041·256

B0494 TS102

利用棉秆皮土法织麻袋的经验/四川省中江县麻纺织厂编 .—北京：纺织工业出版社，1960年 .—61 页

统一书号 15041·633

B0495 TS102

利用生棉秆皮混纺制麻袋 （麻纺织技术革新资料汇编第 1 辑）/承德麻袋厂编 .—北京：纺织工业出版社，1960年 .—18 页；19cm

统一书号 15041·631

B0496 TS105

利用羧基甲基纤维素 （C. M. C.）和木糖浆上浆/上海国棉十四厂，上海国棉十五厂编著 .—上海：科技卫生出版社，1958年 .—58 页

统一书号 15·994

本书综合上海国棉十四厂及十五厂在上浆工序方面的新创造，内容包括羧基甲基纤维素（C. M. C.）和木糖浆两部分，说明它们代替淀粉上浆的一般概念、性能、用途、运用方式、试验数据以及经济效果等。

B0497 TS114

连续纺纱与离心纺纱 ［译］（纺织工业新技术译丛）/原著者不详；纺织工业出版社编 .—北京：纺织工业出版社，1959年 .—28 页

统一书号 15041·368

B0498 TS192

练漂 （印染工人技术读本）/上海印染工业公司编 .—北京：轻工业出版社，1975年 .—261 页（被引 13）

统一书号 15042·1341

本书介绍了棉纤维、粘胶纤维、涤纶、维纶、腈纶、丙纶等的结构、性能和常用练漂用剂、表面活性剂。

B0499 TS192

练漂 第2版 修订本（印染工人技术读本）/上海印染工业公司编．—北京：纺织工业出版社，1984年．—339页（被引26）

统一书号 15041·1023

B0500 TS192

练漂 修订本（印染工人技术读本）/上海印染工业公司编．—北京：纺织工业出版社，1991年．—339页（被引5）

ISBN 7-5061-0229-7

B0501 TS192

练漂（印染工人技术读本）/上海纺织工业专科学校．—上海：上海纺织工业专科学校，1983年．—187页

B0502 TS192

练漂基本技术知识（纺织基本技术知识丛书）/徐翀编著．—北京：纺织工业出版社，1959年．—152页

统一书号 15041·482

B0503 TS193

硫化染料及还原染料染棉［译］/（苏）H.П.索洛维也夫著；高兴，唐文华译．—北京：纺织工业出版社，1959年．—138页

统一书号 15041·464

B0504 TS193

硫化染料染色/陈关龙编著．—北京：中国财政经济出版社，1964年．—152页（被引6）

统一书号 15166·211

B0505 TS193

硫化元色布防脆的研究（纺织工业技术参考资料12）/纺织科学研究院编．—北京：纺织工业出版社，1959年．—48页

统一书号 15041·324

B0506 TS123

罗布麻的初步加工［译］/（苏）H.H.米申，（苏）A.K.伊尔亨著；华东纺织工学院麻纺教研组译．—北京：纺织工业出版社，1959年．—105页

统一书号 15041·510

B0507 TS104

罗拉牵伸原理与产品不匀率［译］/（英）G.A.R.福斯脱（G.A.R. Foster）著；郑觉民译．—北京：纺织工业出版社，1960年．—137页

统一书号 15041·622

本书选自英国纺织学会出版的"棉纺手册"第四卷。

B0508 TS115

络经（棉纺织基本技术丛书）/金瓯编著，中国技术协会主编．—上海：大东书局，1950年．—85页

B0509 TS115

络纱基本技术知识（纺织基本技术知识丛书）/高建华编著．—北京：纺织工业出版社，1960年．—162页

统一书号 15041·829

B0510 TQ34

氯纶纤维的化学与工艺学［译］/（苏）B.З.格勒列尔著；李克友译．—北京：中国工业出版社，1962年．—115页

统一书号 15165·1715

本书论述了氯纶长丝及短纤维生产的化学与工艺原理，阐明了氯乙烯树脂的合成方法及氯纶纤维生产的最宜参数。还介绍了丙酮的回收、氯纶纤维的强化及其耐光性能的提高等。

B0511 TS102

麻袋用麻/余秀茂撰．—上海：永祥印书馆，1951年．—63页（被引8）

B0512 TS124

麻纺学 上册/华东纺织工学院编．—北京：纺织工业出版社，1960年．—235页

统一书号 15041·865

B0513 TS124

麻纺学 下册/华东纺织工学院编．—北京：纺织工业出版社，1961年．—404页

统一书号 15041·866

B0514 TS123

麻类的初步加工/中华全国供销合作总社烟麻采购管理局编．—北京：科学普及出版社，1958年．—58页

统一书号 15051·92

B0515 TS13

毛纺（纺织工业知识丛书）/西北轻工业学院纺织系毛纺组编．—北京：纺织工业出版社，1978年．—226页（被引13）

介绍羊毛和化学纤维的种类、性能，精梳毛纺和粗梳毛纺的工艺过程和设备，以及技术管理方面的一些主要措施。

B0516 TS13

毛纺/王树惠，王清波，张钟英编著．—北京：纺织工业出版社，1981年．—226页（被引24）

统一书号 15041·1013

ISBN 7-5064-0159-2（1996重印）

B0517 TS134

毛纺工程［译］/（苏）特鲁耶甫采夫（Н.И. Труевцев）

著；中华人民共和国纺织工业部翻译科译.—北京：纺织工业出版社，1955年.—109页

B0518 TS132
毛纺精梳机的调整 ［译］/（英）T. F. 格里芬（T. F. Griffin）著；庄祖荣，俞鲁达译.—北京：纺织工业出版社，1960年.—123页
统一书号 15041·800

B0519 TS195
毛纺缩短工艺过程经验/纺织工业部生产技术司编.—北京：纺织工业出版社，1959年.—80页
统一书号 15041·378

B0520 TS134
毛纺学　精梳部分（高等纺织学校讲义）/仝世英编.—咸阳：西北工学院毛纺教研组，1954年.—120页

B0521 TS134
毛纺学　精梳准备及精梳工程（高等纺织学校讲义）/仝世英编.—咸阳：西北工学院毛纺教研组，1955年.—132页

B0522 TS134
毛纺学　精梳毛纺（高等纺织学校讲义）/仝世英编.—咸阳：西北工学院毛纺教研组，1957年.—292页

B0523 TS134
毛纺学　1　羊毛及其初步加工（高等纺织学校讲义）/王清波编.—咸阳：西北工学院毛纺教研组，1956年.—262页

B0524 TS134
毛纺学　2　粗梳毛纺（高等纺织学校讲义）/王文光编.—咸阳：西北工学院毛纺教研组，1956年

B0525 TS134
毛纺学　3　粗梳毛纺　纺纱工程（高等纺织学校讲义）/王文光编.—咸阳：西北工学院毛纺教研组，1957年.—218页

B0526 TS134
毛纺学　上中下册（初稿）（高等纺织学校讲义）/交通大学纺织系毛纺教研组主编.—西安：交通大学纺织系，1959年

B0527 TS134
毛纺学　上册（高等纺织学校教材）/陕西工业大学纺织系主编.—北京：纺织工业出版社，1960年.—191页
统一书号 15041·846

B0528 TS134
毛纺学　中册（高等纺织学校教材）/陕西工业大学纺织系主编.—北京：纺织工业出版社，1960年.—399页
统一书号 15041·847

B0529 TS134
毛纺学　下册（高等纺织学校教材）/陕西工业大学纺织系主编.—北京：纺织工业出版社，1960年.—347页
统一书号 15041·836

B0530 TS134
毛纺学　下册　新1版（高等纺织学校教材）/陕西工业大学纺织系主编.—北京：中国财政经济出版社，1964年.—430页
统一书号 15166·193

B0531 TS134
毛纺学　精纺　第一、二、三篇/上海毛麻纺织工业公司编.—上海：编者自发行，1978年

B0532 TS102
毛纺原料学/瞿炳晋编著；中国技术协会审订.—上海：大东书局，1950年.—170页

B0533 TS102
毛纺原料学　再版/瞿炳晋编著；中国技术协会审订.—上海：大东书局，1951年.—176页

B0534 TS102
毛纺原料（毛纺织职工业余中等专业学校教材）/天津市纺织工业局编.—北京：纺织工业出版社，1960年.—156页
统一书号 15041·573

B0535 TS138
毛纺织厂染整工场技术管理规则 ［译］/（苏）苏联轻工业和食品工业部毛纺织工业管理总局，中央毛纺织工业科学研究院制订；夏循元译.—北京：纺织工业出版社，1956年.—50页

B0536 TS138
毛纺织厂设计　上册 ［译］（高等学校教学用书）/（苏）M. B. 埃曼努里等著；李辛凯，徐子骍译.—北京：纺织工业出版社，1957年.—265页
统一书号 15041·57

B0537 TS138
毛纺织厂设计　下册 ［译］（高等学校教学用书）/（苏）M. B. 埃曼努里等著；李辛凯，徐子骍译.—北京：纺织工业出版社，1957年.—165页
统一书号 15041·119

B0538 TS138

毛纺织厂织造工厂技术管理规则［译］/（苏）苏联轻工业及食品工业部制订；夏循元译 . —北京：纺织工业出版社，1956 年 . —59 页

统一书号 15041·53

B0539 TS138

毛纺织工业企业技术检查的组织与方法［译］/（苏）崔林（С. Г. Зырин）等著；夏循元译 . —北京：纺织工业出版社，1955 年 . —206 页

B0540 X791

毛纺织工业企业生产污水［译］/（苏）Н. А. 罗基内赫等著；朱勇译 . —北京：纺织工业部基本建设设计院，1958 年 . —22 页

B0541 TS13

毛纺织工业使用化学纤维的经验/纺织工业部生产技术司编 . —北京：纺织工业出版社，1959 年 . —152 页

统一书号 15041·399

B0542 TS190

毛纺织染概论（教学讲义）/上海市毛麻纺织工业公司编 . —上海：上海市毛麻纺织工业公司，1973 年 . —96 页

B0543 TS133

毛纺准备（毛纺织职工业余中等专业学校教材）/天津市纺织工业局编 . —北京：纺织工业出版社，1960 年 . —156 页

统一书号 15041·585

B0544 TS186

毛巾织造法（家庭工业小丛书）/郭秀石著 . —上海：商务印书馆，1950 年 . —36 页

B0545 TS186

毛巾织造基本知识/王其良，朱宝珍编写 . —沈阳：辽宁人民出版社，1959 年 . —113 页

统一书号 15090·156

本书叙述了毛巾织物的特性和用途，并以我国广泛应用的游筘式毛巾织机为主，讲解了机械结构、机件传动情况和造成机构故障的主要原因，同时，对定筘式毛巾织机也作了一般的介绍。

B0546 TS101

毛麻丝绸技术革新/上海元丰纺织厂等编 . —上海：科学技术出版社，1958 年 . —59 页

B0547 TS190

毛皮染料［译］/（苏）雅柯勃松（А. М. Якобсон）著；殷宗泰译 . —上海：科学技术出版社，1957 年 . —114 页

B0548 TS190

毛染整学 第一册 纤维部分/上海毛麻纺织工业公司 . —上海：上海毛麻纺织工业公司，1974 年

B0549 TS190

毛染整学 第二册 干湿整理部分 上/上海毛麻纺织工业公司 . —上海：上海毛麻纺织工业公司，1974 年

B0550 TS190

毛染整学 第三册 干湿整理部分 下/上海毛麻纺织工业公司 . —上海：上海毛麻纺织工业公司，1974 年

B0551 TS190

毛染整学 第四册 染色部分/上海毛麻纺织工业公司 . —上海：上海毛麻纺织工业公司，1974 年

B0552 TS134

毛条制造（毛纺织职工业余中等专业学校教材）/天津市纺织工业局编 . —北京：中国财政经济出版社，1962 年 . —219 页

统一书号 15166·088

B0553 TS134

毛条制造/西北纺织工学院毛纺教研组 . —西安：西北纺织工学院毛纺教研组，197？年 . —182 页

B0554 TS134

毛条制造和粗纺梳毛机四高经验（四高经验系列）/纺织工业部生产技术司编 . —北京：纺织工业出版社，1959 年 . —98 页

统一书号 15041·367

B0555 TS102

毛纤维材料学（高等纺织学校教学参考用书）/陕西工业大学纺织系纺织材料教研组编 . —北京：中国财政经济出版社，1960 年 . —330 页（被引 8）

统一书号 15166·014

B0556 TS135

毛织（纺织工业知识丛书）/李枚蓴，黄柏玲，朱松文编著 . —北京：纺织工业出版社，1979 年 . —149 页（被引 9）

统一书号 15041·1032

B0557 TS135

毛织工艺学第 1 册 毛织准备（讲义）/上海毛麻纺织工业公司编 . —上海：上海毛麻纺织工业公司，1978 年 . —157 页

B0558 TS132

毛织机的检修/吴炳扬编著 . —北京：纺织工业出版社，1960 年 . —94 页

统一书号 15041·554

本书内容主要分为机械故障及织疵故障两个部分，分别叙述造成各种故障的原因以及检修的方法。此外，对于织边提花机的故障也作了专章说明，书中所介绍的织机是 NKF 及 NK 型毛织机。

B0559 TS132

毛织机升降式多梭箱装置/张銮，倪鉴明编著.—北京：中国财政经济出版社，1962 年.—163 页

统一书号 15166·086

B0560 TS135

毛织四高经验（四高经验系列）/纺织工业部生产技术司编.—北京：纺织工业出版社，1959 年.—55 页

统一书号 15041·364

B0561 TS193

毛织物和绒线染色经验（毛纺织染技术革新资料汇编第 1 辑）/纺织工业出版社编.—北京：纺织工业出版社，1960 年.—40 页

统一书号 15041·687

B0562 TS190

毛织物染整（毛纺织职工业余中等专业学校教材）/天津市纺织工业局编.—北京：纺织工业出版社，1961 年.—324 页（被引 6）

统一书号 15041·869

B0563 TS190

毛织物整理法［译］/（日）加藤雅树著；方其水，朱恒昌译.—北京：纺织工业出版社，1958 年.—308 页

统一书号 15041·242

B0564 TS136

毛织物织造（毛纺织职工业余中等专业学校教材）/天津市纺织工业局编.—北京：纺织工业出版社，1960 年.—298 页

统一书号 15041·828

B0565 TS135

毛织学 上册［译］（中等专业学校教学用书）/（苏）安德烈耶夫（А. В. Андреев）著；丁鸿谟等译.—北京：纺织工业出版社，1958 年.—130 页

统一书号 15041·219

B0566 TS135

毛织学 下册［译］（中等专业学校教学用书）/（苏）安德烈耶夫（А. В. Андреев）著；丁鸿谟等译.—北京：纺织工业出版社，1958 年.—288 页（被引 5）

统一书号 15041·226

B0567 TS135

毛织学 上中下册（初稿）/交通大学纺织系机械教研组主编.—西安：交通大学，1959 年.—中册 363 页，上下册页码不详

B0568 TS135

毛织学 上册（高等纺织学校教材）/陕西工业大学纺织系主编.—北京：纺织工业出版社，1960 年.—255 页

统一书号 15041·835

B0569 TS135

毛织学 下册（高等纺织学校教材）/陕西工业大学纺织系主编.—北京：纺织工业出版社，1960 年.—347 页

统一书号 15041·834

B0570 TS135

毛织准备（毛纺织职工业余中等专业学校教材）/天津市纺织工业局编.—北京：纺织工业出版社，1960 年.—154 页

统一书号 15041·861

B0571 TS103

美国 Draper X-3 织布机装置法［译］/（美）原著者不详；马盛镛编译.—出版地不详：洛克威尔国际公司巨来柏工厂，1974 年.—238 页

B0572 TS102

绵羊毛/中国畜产进出口公司编.—北京：中国财政经济出版社，1964 年.—65 页

统一书号 4166·101

B0573 TS11

棉布（纺织品商品常识读本）/上海纺织品采购供应站编.—北京：纺织工业出版社，1960 年.—99 页

统一书号 15041·774

本书内容包括棉布的原料、织制过程、染印过程等基本知识，以及棉布商品的品种的分类方法，各类面部的丝织规格、性质、用途、适销对象及棉布的保管方法等。

B0574 TS11

棉布和人造棉布（商品知识小丛书）/李嘉惠，马成章编著.—北京：中国财政经济出版社，1963 年.—119 页

统一书号 4166·066

本书通过提具体问题的形式，尽可能比较系统地介绍了有关棉布和人造棉布的知识，对品种、规格、性能、质量和若干零售操作技术，作了着重的讲述。

B0575 TS192

棉布练漂概说（集益印染丛书）/李永杰，黄振合著.—上海：集益印染研究会，1951 年.—111 页

B0576　TS192

棉布练漂技术革新/纺织工业出版社编 . —北京：纺织工业出版社，1960年 . —176 页；19cm

B0577　TS192

棉布漂练（印染厂工人技术读本）/上海市纺织工业局印染织布工业公司编 . —北京：纺织工业出版社，1960年 . —161 页

统一书号 15041·765

B0578　TS192

棉布漂练与丝光 ［译］/（苏）B. H. 涅巴洛夫著；董铭，徐魁周译 . —北京：纺织工业出版社，1959 年 . —374 页

统一书号 15041·467

B0579　TS193

棉布染色/上海市纺织工业局印染织布工业公司编 . —北京：纺织工业出版社，1960 年 . —120 页

统一书号 15041·823

B0580　TS193

棉布染色法 ［港台］/黄志华编著 . —台湾：宏业书局，1968 年 . —184 页

B0581　TS193

棉布染色概说（集益印染丛书）/王志昆，万行合著 . —上海：集益印染研究会，1952 年 . —152 页

B0582　TS193

棉布染色工程 ［译］/（苏）斯捷潘诺夫（A. C. Степанов），（苏）普拉克辛（C. A. Плаксин）著；中华人民共和国纺织工业部专家工作室译 . —北京：纺织工业出版社，1958 年 . —137 页

统一书号 15041·240

B0583　TS193

棉布染色技术 ［港台］/伦厚荣编著 . —香港：万里书店，1974 年 . —143 页

B0584　TS193

棉布染色技术革新（全国纺织工业技术革新技术革命经验交流大会资料汇编）/纺织工业出版社编 . —北京：纺织工业出版社，1960 年 . —50 页；19cm

B0585　TS190

棉布染整新方法 ［译］/（苏）古林科夫（M. A. Куликов），（苏）莫雷冈诺夫（П. B. Морыганов）著；徐魁周，杨克译 . —北京：纺织工业出版社，1956 年 . —156 页

统一书号 15041·37

B0586　TS114

棉布丝光机看管小组的劳动组织 ［译］/（苏）苏联纺织工业部编；何联华译 . —北京：纺织工业出版社，1958年 . —28 页；19cm

统一书号 15041·229

B0587　TS190

棉布颜料印染 ［港台］/欣少伯编著 . —台北：华联出版社，1974 年 . —74 页

B0588　TS194

棉布印花（印染厂工人技术读本）/上海市纺织工业局印染织布工业公司编 . —北京：纺织工业出版社，1960年 . —122 页

统一书号 15041·801

B0589　TS194

棉布印花疵病分析/西北第一印染厂印花技术研究小组编 . —上海：上海科学技术出版社，1969 年 . —128 页

统一书号 15119·1898

B0590　TS194

棉布印花概说（集益印染丛书）/唐志翔等著 . —上海：集益印染研究会，1950 年 . —81 页

本书丛书共有四辑，第一辑基本概说；第二辑实用工程；第三辑印染译著；第四辑染料制造。

B0591　TS194

棉布印花概说　第 2 版（集益印染丛书）/唐志翔等著 . —上海：集益印染研究会，1951 年 . —81 页

B0592　TS194

棉布印花机看管工作组劳动组织 ［译］/（苏）郭瓦廖夫（X. Л. Ковалев）著；徐魁周译 . —北京：纺织工业出版社，1957 年 . —62 页

统一书号 15041·128

B0593　TS190

棉布印染厂燃料和化学原料的用量计算法 ［译］/（苏）伊斯连捷夫（Ислентьев，П. A. ）著；赵南译 . —北京：纺织工业出版社，1956 年 . —94 页

B0594　TS195

棉布永久电光整理 ［译］（纺织工业新技术译丛）/（苏）科尼科夫等著；林威译 . —北京：纺织工业出版社，1960 年 . —116 页

统一书号 15041·639

B0595　TS195

棉布整理概说（集益印染丛书）/余国忠编著 . —上海：集益印染研究会，1951 年 . —76 页

B0596　TS190

棉的化学工艺学 ［译］/（苏）什密列夫（C. B.

Шмелев）著；中华人民共和国纺织工业部翻译科译．—北京：纺织工业出版社，1955年．—422页；21cm

B0597　TS114
棉涤纶生产技术：国外染整部分/天津市纺织工业研究所情报组编．—天津：天津市纺织工业研究所，1973年．—75页；19cm

B0598　TS102
棉短绒检验/江苏省棉麻公司．—江苏：江苏省棉麻公司，1977年．—140页

B0599　TS114
棉纺常识/刘樾身著．—北京：纺织工业出版社，1954年．—218页
统一书号15041·50

B0600　TS114
棉纺常识　增订本/刘樾身著．—北京：纺织工业出版社，1958年．—192页
统一书号15041·217

B0601　TS118
棉纺除尘技术［译］/（美）巴尔（Barr）著；金智才译．—上海：上海纺织科学研究院，1979年．—183页；26cm

B0602　TS111
棉纺电学（试用本）/上海市棉纺织工业公司工会编．—上海：上海市棉纺织工业公司工会《棉纺织学》编写组，1974年．—142页

B0603　TS112
棉纺锭子、罗拉、钢领制造工艺规程（试行本）/纺织工业部建设司拟订．—北京：纺织工业出版社，1959年．—105页
统一书号15041·393

B0604　TS112
棉纺锭子罗拉钢领制造工艺学（高等院校教材）/华东纺织工学院编．—北京：中国财政经济出版社，1961年．—134页
统一书号15166·031

B0605　TS114
棉纺概论/浙江省杭州工业学校翻印．—杭州：杭州工业学校，1978年．—76页

B0606　TS114
棉纺各式比算图（附实数表）/江亦安作．—上海：纤维工业出版社，1951年．—103页

B0607　TS11
棉纺工程　第3版（增修本）/吕德宽编撰．—上海：纤维工业出版社，1951年．—434页
本书1947年初版，上下册；1949年再版，上下册，共379页。

B0608　TS11
棉纺工程　第4版　上下册/吕德宽编撰．—上海：纤维工业出版社，1951年．—208页，434页；21cm（被引12）

B0609　TS11
棉纺工程　第6版/吕德宽编著．—上海：中国科学公司，1953年．—434页

B0610　TS11
棉纺工程　上册/上海纺织工学院棉纺组编．—北京：纺织工业出版社，1978年．—334页；20cm（被引8）
统一书号15041·1004
本书介绍了原棉、化学纤维的机械物理性能、检验方法，以及原料选配与成纱质量的关系，国产新型棉纺机械的主要机构特点及其作用原理。

B0611　TS11
棉纺工程　下册/上海纺织工学院棉纺组编．—北京：纺织工业出版社，1978年．—377页；20cm（被引16）
统一书号15041·1005

B0612　TS11
棉纺工程如何运用斯达哈诺夫劳动方法［译］/（苏）巴连索夫（Балясов，П. Д.）撰；纺织工业部翻译科译．—北京：中央纺织工业部，1952年．—60页；19cm

B0613　TS11
棉纺工程中的新技术和新工艺［译］/（苏）基谢列夫（А. К. Киселев）撰；中华人民共和国纺织工业部翻译科译．—北京：纺织工业出版社，1955年．—154页

B0614　TS114
棉纺工艺设计/庄心光编著．—北京：纺织工业出版社，1979年．—292页（被引21）
统一书号15041·1038

B0615　TS114
棉纺工艺设计　第2版（修订本）/庄心光编著．—北京：纺织工业出版社，1985年．—352页（被引11）
统一书号15041·1318

B0616　TS114
棉纺工作法图解/张治平编绘．—上海：新科学书店，1952年．—132页

B0617　TS112

棉纺环锭精纺机的构造、安装、修理和调整 ［译］／（苏）科科林（В. В. Кокорин）著；袁修全译 . —北京：纺织工业出版社，1956 年 . —201 页

　　统一书号 15041·14

B0618　TS114

棉纺讲义　第 1-5 章（油印本）（重要工业部门技术学教研室用书）／中国人民大学重要工业部门技术学教研室编写 . —北京：中国人民大学，1953 年 . —85 页

　　统一书号 工 3-22

　　本册五章为：纺织概论、原棉、混棉清棉工程、梳棉工程、精梳工程。

B0619　TS114

棉纺讲义　第 6-10 章（油印本）（重要工业部门技术学教研室用书）／中国人民大学重要工业部门技术学教研室编写 . —北京：中国人民大学，1953 年 . —90 页

　　统一书号 工 3-22

　　本册五章为：并条工程、粗纺工程、精纺工程、加工工程、落棉和节约用棉。

B0620　TS114

棉纺讲义插图（本科纺织工管班二年级　专修科工管班用）／中国人民大学重要工业部门技术学教研室编写 . —北京：中国人民大学，1952 年 . —38 页

　　本册收第 71 至第 142 图。

B0621　TS101

棉纺力学（试用本）／上海市棉纺织工业公司工会编 . —上海：上海市棉纺织工业公司公会，1973 年

B0622　TS114

棉纺气流问题／张文赓著 . —北京：中国财政经济出版社，1964 年 . —224 页（被引 21）

　　统一书号 15166·169

　　本书叙述棉纺工程中气流问题的基本原理，并对生产实践中的一些重要问题，例如滤尘、纤维性质的气流测定等，作了系统的探讨。

B0623　TS114

棉纺清花工程 ［港台］／苏春松译 . —台湾：出版者不详，1978 年 . —197 页

B0624　TS114

棉纺生产中细纱特性的设计 ［译］／（苏）索洛维耶夫（А. Н. Соловьев）撰；梅自强译 . —北京：纺织工业出版社，1954 年 . —43 页

B0625　TS114

棉纺实验教程 ［译］／（苏）柯科林（В. В. Кокорин）著；华东纺织工学院棉纺教研组译 . —北京：纺织工业出版

社，1955 年 . —170 页

B0626　TS114

棉纺实验教程　上册（高等纺织学校教材）／华东纺织工学院主编 . —北京：纺织工业出版社，1960 年 . —242 页

　　统一书号 15041·713

B0627　TS114

棉纺实验教程　下册（高等纺织学校教材）／华东纺织工学院主编 . —北京：纺织工业出版社，1960 年 . —263 页

　　统一书号 15041·714

B0628　TS114

棉纺实验教程　上册（高等纺织学校教材）／华东纺织工学院主编 . —北京：中国财政经济出版社，1961 年 . —242 页

　　统一书号 15166·009

B0629　TS114

棉纺实验教程　下册（高等纺织学校教材）／华东纺织工学院主编 . —北京：中国财政经济出版社，1961 年 . —263 页

　　统一书号 15166·010

B0630　TS114

棉纺试验／王圣毅编著 . —上海：商务印书馆，1953 年 . —157 页（被引 6）

　　统一书号 64200·1

B0631　TS114

棉纺习题集 ［译］／（苏）米洛维多夫（Н. Н. Миловидов）著；何达译 . —北京：纺织工业出版社，1958 年 . —216 页

　　统一书号 15041·223

B0632　TS114

棉纺细纱大卷装／余启武等编著 . —北京：中国财政经济出版社，1966 年 . —148 页

　　统一书号 15166·295

B0633　TS112

棉纺细纱机卷绕部件的高速化／庞韦廉编译 . —北京：纺织工业出版社，1960 年 . —114 页

　　统一书号 15041·719

B0634　TS112

棉纺新设备电器使用与维护／五七棉纺织厂编 . —安陆：五七棉纺织厂，1975 年 . —203 页

B0635　TS114

棉纺学　第 1 分册　清棉工程 ［译］（高等学校教学用书）／（苏）克留科夫著；邱嗣法译 . —北京：纺织工业出

版社，1953 年 .—158 页

B0636 TS114
　　棉纺学　第 2 分册　梳棉工程［译］（高等学校教学用书）/（苏）巴连索夫著；刘士弢译 .—北京：纺织工业出版社，1953 年 .—110 页

B0637 TS114
　　棉纺学　第 3 分册　精梳工程［译］（高等学校教学用书）/（苏）拉科夫著；姚穆译 .—北京：纺织工业出版社，1953 年 .—129 页

B0638 TS114
　　棉纺学　第 4 分册　并条工程［译］（高等学校教学用书）/（苏）拉科夫著；余振浩译 .—北京：纺织工业出版社，1952 年 .—90 页；21cm
　　本书叙述了并条机的工艺过程和苏联造并条机的结构。列举了并条机的计算，研究了合理的看管机器问题、保全形式、斯达漠诺夫工作的组织方法，并讲授了安全设备方面的知识。

B0639 TS114
　　棉纺学　第 5 分册　粗纺工程［译］（高等学校教学用书）/（苏）克留科夫（B. M. Крюков）著；邱嗣法译 .—北京：中央人民政府纺织工业部，1952 年 .—120 页（被引 26）

B0640 TS114
　　棉纺学　第 6 分册　精纺工程［译］（高等学校教学用书）/（苏）拉科夫著；刘介诚译 .—北京：纺织工业出版社，1952 年 .—136 页

B0641 TS114
　　棉纺学　第 1 分册　清棉工程［译］（高等学校教学用书）/（苏）巴甫洛夫（H. T. Павпов）著；李有山，刘介诚，姚穆译 .—北京：纺织工业出版社，1957 年 .—147 页
　　统一书号 15041·186

B0642 TS114
　　棉纺学　第 2 分册　梳棉工程［译］（高等学校教学用书）/（苏）巴甫洛夫（H. T. Павпов）著；姚穆译 .—北京：纺织工业出版社，1956 年 .—149 页
　　统一书号 15041·42

B0643 TS114
　　棉纺学　第 3 分册　精梳工程［译］（高等学校教学用书）/（苏）巴甫洛夫（H. T. Павпов）著；刘介诚译 .—北京：纺织工业出版社，1955 年 .—105 页
　　统一书号 15041·68

B0644 TS114
　　棉纺学　第 4 分册　并条工程［译］（高等学校教学用

书）/（苏）巴甫洛夫（H. T. Павпов）著；刘介诚译 .—北京：纺织工业出版社，1955 年 .—83 页

B0645 TS114
　　棉纺学　第 5 分册　粗纺工程［译］（高等学校教学用书）/（苏）巴甫洛夫（H. T. Павпов）著；刘介诚译 .—北京：纺织工业出版社，1955 年 .—104 页
　　统一书号 15041·86

B0646 TS114
　　棉纺学　第 6 分册　精纺工程［译］（高等学校教学用书）/（苏）巴甫洛夫（H. T. Павпов）著；刘介诚译 .—北京：纺织工业出版社，1955 年 .—185 页

B0647 TS114
　　棉纺学　第 1 册（中等专业学校试用教材）/中华人民共和国纺织工业部教育司 .—北京：中华人民共和国纺织工业部教育司，1957 年 .—359 页

B0648 TS114
　　棉纺学　第 2 册（中等专业学校试用教材）/中华人民共和国纺织工业部教育司 .—北京：中华人民共和国纺织工业部教育司，1957 年 .—803 页

B0649 TS114
　　棉纺学　第 1 册　清棉工程（中等专业学校教材）/纺织工业出版社编 .—北京：纺织工业出版社，1959 年 .—228 页
　　统一书号 15041·369

B0650 TS114
　　棉纺学　第 2 册　梳棉工程（中等专业学校教材）/纺织工业出版社编 .—北京：纺织工业出版社，1959 年 .—188 页
　　统一书号 15041·370

B0651 TS114
　　棉纺学　第 3 册　并粗工程（中等专业学校教材）/纺织工业出版社编 .—北京：纺织工业出版社，1959 年 .—154 页
　　统一书号 15041·371

B0652 TS114
　　棉纺学　第 4 册　精纺工程（中等专业学校教材）/纺织工业出版社编 .—北京：纺织工业出版社，1959 年 .—206 页
　　统一书号 15041·372

B0653 TS114
　　棉纺学　上册（高等纺织学校教材）/华东纺织工学院主编 .—北京：中国财政经济出版社，1960 年 .—334 页
　　统一书号 15166·011

B0654 TS114

棉纺学 中册（高等纺织学校教材）/华东纺织工学院主编．—北京：中国财政经济出版社，1960年．—309页
统一书号 15166·030

B0655 TS114

棉纺学 下册（高等纺织学校教材）/华东纺织工学院主编．—北京：中国财政经济出版社，1960年．—334页

B0656 TS114

棉纺学 上册（高等学校教学用书）/华东纺织工学院主编．—北京：纺织工业出版社，1960年．—334页
统一书号 15041·557

B0657 TS114

棉纺学 中册（高等纺织学校教材）/华东纺织工学院主编．—北京：纺织工业出版社，1960年．—325页
统一书号 15041·558

B0658 TS114

棉纺学 下册（高等纺织学校教材）/华东纺织工学院主编．—北京：纺织工业出版社，1960年．—221页（被引14）
统一书号 15041·559

B0659 TS114

棉纺学 上册（中等棉纺学校教材）/上海纺织工业学校主编．—北京：中国财政经济出版社，1961年．—305页
统一书号 K15166·144

B0660 TS114

棉纺学 中册（中等棉纺学校教材）/上海纺织工业学校主编．—北京：中国财政经济出版社，1961年．—339页
统一书号 K15166·017

B0661 TS114

棉纺学 下册（中等棉纺学校教材）/上海纺织工业学校主编．—北京：中国财政经济出版社，1961年．—119页
统一书号 K15166·018

B0662 TS114

棉纺学 上册（中等棉纺学校教材）/上海纺织工业学校主编．—北京：纺织工业出版社，1961年．—305页
统一书号 15041·933

B0663 TS114

棉纺学 中册（中等棉纺学校教材）/上海纺织工业学校主编．—北京：纺织工业出版社，1961年．—339页
统一书号 15041·017

B0664 TS114

棉纺学 上册（中等棉纺学校教材）/上海纺织工业学

校主编．—北京：纺织工业出版社，1961年．—119页
统一书号 15041·018

B0665 TS114

棉纺学 上册/上海市棉纺织工业公司教育科．—上海：上海市棉纺织工业公司教育科，1979年．—328页

B0666 TS114

棉纺学 下册/上海市棉纺织工业公司教育科．—上海：上海市棉纺织工业公司教育科，1979年．—309页

B0667 TS114

棉纺学 上册（纺织职工业余中等专业学校教材）/上海市纺织工业局编．—北京：纺织工业出版社，1960年．—297页
统一书号 15041·871

B0668 TS114

棉纺学 下册（纺织职工业余中等专业学校教材）/上海市纺织工业局编．—北京：中国财政经济出版社，1962年．—130页
统一书号 15166·087

B0669 TS114

棉纺学参考资料 上册/华东纺织工学院编．—上海：华东纺织工学院，1957年．—139页

B0670 TS114

棉纺学参考资料 中册/华东纺织工学院编．—上海：华东纺织工学院，1957年．—140—318页

B0671 TS114

棉纺学参考资料 下册/华东纺织工学院编．—上海：华东纺织工学院，1957年．—321—630页

B0672 TS114

棉纺学参考资料 上下册/华东纺织工学院编．—上海：华东纺织工学院，1960年．—2册；25cm

B0673 TS114

棉纺学教程 上下册［港台］/李启强编．—香港：世外图书出版公司，1971年．—上册136页，下册页码不详

B0674 TS114

棉纺学 第一册［港台］（大学用书）/朱大钧编著．—台中：书恒出版社，1976年．—349页
序言中注本套书共有4册。

B0675 TS102

棉纺织材料学（1958—1959学年第二学期教材）/姚穆编著．—西安：陕西工业大学，1959年．—174页

B0676 TS112

棉纺织厂保全工技术读本 梳棉保全/河南省纺织工业局技工学校编．—北京：纺织工业出版社，1959 年．—322 页

本书主要介绍国产 A186 型和 1181C 型梳棉机的平装操作方法和主要操作技术

B0677 TS112

棉纺织厂保全工技术读本 并条保全/河南省纺织工业局技工学校编．—北京：纺织工业出版社，1959 年．—126 页
统一书号 15041·517

本书内容以介绍国产 1242 型并条机为主，系统地叙述了并条机保全工作的基本操作方法。如大、小平车的拆装方法、合理的操作顺序、工具使用，以及机台保养方面的部分检修、预防检修、揩车、加油和坏车的修理等。

B0678 TS114

棉纺织厂保全工技术读本 清棉保全/河南省纺织工业局技工学校编．—北京：纺织工业出版社，1960 年．—292 页
统一书号 15041·674

B0679 TS103

棉纺织厂保全工技术读本 粗纱保全/河南省纺织工业局技工学校编．—北京：纺织工业出版社，1960 年．—235 页
统一书号 15041·564

本书以我国自制的 125IA 型粗纱机为主，系统地叙述了粗纱机的保全工作内基本操作。主要内容包括：大、小平车的拆装方法和合理的操作顺序、正确的使用工具、新机器安装介绍以及保养方面的部分检修、预防检修、揩车、加油等。此外，对安全技术与防火措施、保全保管管理工作，也都作了说明。

B0680 TS103

棉纺织厂保全工技术读本 筒经保全/河南省纺织工业局技工学校编．—北京：纺织工业出版社，1960 年．—192 页
统一书号 15041·734

本书是根据国产 1332 型槽筒式络筒机和 1452 型高速整经机进行编写的。主要内容包括基础知识、保全工具与平车基础技术、拆装槽筒式络筒机和高速整经机，大、小平车与试车，机械保养和新机安装介绍等。

B0681 TS105

棉纺织厂保全工技术读本 浆纱保全/河南省纺织工业局技工学校编．—北京：纺织工业出版社，1960 年．—208 页
统一书号 15041·537

B0682 TS114

棉纺织厂保全工技术读本 细纱保全/河南省纺织工业局技工学校编．—北京：纺织工业出版社，1960 年．—212 页

B0683 TS115

棉纺织厂保全工技术读本 织布保全/河南省纺织工业局技工学校编．—北京：纺织工业出版社，1960 年．—434 页

统一书号 15041·540

B0684 TS108

棉纺织厂保全工技术读本 钳工/河南省纺织工业局技工学校编．—北京：纺织工业出版社，1960 年．—106 页
统一书号 15041·569

B0685 TS115

棉纺织厂保全工技术读本 织布保全/河南省纺织工业局技工学校编．—北京：中国财政出版社，1960 年．—435 页
统一书号 15166·277

本书专门叙述国产 1511 型织机保全的基本操作方法和有关知识。

B0686 TS114

棉纺织厂保全工技术读本 细纱保全 新 1 版/河南省纺织工业局技工学校编．—北京：中国财政经济出版社，1966 年．—209 页
统一书号 15166·296

B0687 TS114

棉纺织厂保全工技术读本 清棉保全/河南省轻工业局编写组编著．—北京：轻工业出版社，1975 年．—310 页
统一书号 15042·1352

B0688 TS112

棉纺织厂保全工技术读本 梳棉保全/河南省轻工业局编写组编著．—北京：轻工业出版社，1976 年．—361 页
统一书号 15042·1385

本书主要介绍国产 A186 型和 1181C 型梳棉机的平装操作方法和主要操作技术，并简要介绍了安装和平装梳棉机的准备工作、试车和主要专件修理方法。此外，还介绍了平装原理、工具的使用与维护、滚动轴承的拆装方法、含油轴衬的使用与维护、润滑常识、电气控制常识等。

B0689 TS103

棉纺织厂保全工技术读本 筒经保全/河南省轻工业局编写组编著．—北京：轻工业出版社，1976 年．—228 页
统一书号 15042·1387

本书系统地叙述了 1332M 型络筒机和 1452A 型整经机的平装方法和重要操作技术，简要地介绍了安装准备工作、试车和常见故障分析。此外，还介绍了平装原理、工量具的使用和维护、电气自动控制、润滑和轴承知识等内容。

B0690 TS112

棉纺织厂保全工技术读本 并条保全/河南省轻工业局编写组编著．—北京：轻工业出版社，1975 年．—229 页
统一书号 15042·1364

B0691 TS105

棉纺织厂保全工技术读本 浆纱保全/河南省轻工业局编写组编著．—北京：轻工业出版社，1976 年．—296 页

统一书号 15042・1388

B0692 TS114

棉纺织厂保全工技术读本　细纱保全/河南省轻工业局编写组编著 . —北京：轻工业出版社，1975 年 . —263 页

统一书号 15042・1369

B0693 TS115

棉纺织厂保全工技术读本　织布保全/河南省轻工业局编写组编著 . —北京：轻工业出版社，1975 年 . —306 页

统一书号 15042・1346

本书以 1511M 型织机为对象，系统地介绍了平装方法和重要操作技术；简要地介绍了安装准备工作、试车和机械故障修理。

B0694 TS115

棉纺织厂保全工技术读本　织布保全　新 1 版/河南省纺织工业管理局编写组编；徐南安，孙晋南，戚永盛执笔 . —北京：纺织工业出版社，1981 年 . —331 页

统一书号 15041・1131

本书系统地介绍了 1511M 型织机的平装方法和重要操作技术；简要地介绍了安装准备工作、试车和机械故障修理。书中还介绍了平装原理、工具检验与维护、电气、润滑常识等。

B0695 TS103

棉纺织厂保全工技术读本　保全钳工/河南省轻工业局编写组编著 . —北京：轻工业出版社，1975 年 . —329 页

统一书号 15042・1351

本书根据纺织厂保全工应该掌握的钳工知识，简明地介绍了划七、錾切、锉削、锯割、钻孔和铰孔、攻丝和套丝、刮削、校直等的钳工基本操作知识，以及常用量具、装配和纺织机械零件修理的基本知识。

B0696 TS114

棉纺织厂保全工技术读本　清棉保全/河南省纺织工业局编写组编著 . —北京：纺织工业出版社，1975 年 . —310 页

统一书号 15041・1039

B0697 TS112

棉纺织厂保全工技术读本　梳棉保全/河南省纺织工业局编写组编著 . —北京：纺织工业出版社，1980 年 . —361 页

统一书号 15041・1040

B0698 TS112

棉纺织厂保全工技术读本　并条保全/河南省纺织工业局编写组编著 . —北京：纺织工业出版社，1986 年 . —256 页

统一书号 15041・1412

本书系统地介绍了国产 A272A 型和 1242 型并条机的平装方法和操作技术，并介绍了平装原理。对于新机安装的有关知识，如机座要求、开箱揩擦方法等也作了比较详细的介绍，还介绍了工具的检验和维护、滚动轴承和润滑以及电气

控制原理等知识。

B0699 TS103

棉纺织厂保全工技术读本　粗纱保全/河南省纺织工业局编写组编著 . —北京：纺织工业出版社，1978 年 . —290 页

统一书号 15041・1020

ISBN 7-5064-0327-7

B0700 TS114

棉纺织厂保全工技术读本　筒经保全/河南省纺织工业局编写组编著 . —北京：纺织工业出版社，1980 年

统一书号 15041・1043

B0701 TS114

棉纺织厂保全工技术读本　细纱保全/河南省纺织工业局编写组编著/河南省轻工业局编写组编著 . —北京：纺织工业出版社，1975 年 . —265 页

统一书号 15041・1021

ISBN 7-5064-0327-7

B0702 TS105

棉纺织厂保全工技术读本　浆纱保全/河南省纺织工业局编写组编著 . —北京：纺织工业出版社，1980 年 . —296 页

统一书号 15041・1044

本书系统地介绍了 G142 型浆纱机和 1491 型热风式浆纱机的平装方法和重要操作技术；并简要地介绍了平装原理、安装准备工作、试车、故障修理、工具检验与维护、电气自动控制、润滑与轴承等有关知识。

B0703 TS103

棉纺织厂保全工技术读本　保全钳工/河南省纺织工业局编写组编著 . —北京：纺织工业出版社，1975 年 . —329 页

统一书号 15041・1042

本书根据纺织厂保全工应该掌握的钳工知识，简明地介绍了划七、錾切、锉削、锯割、钻孔和铰孔、攻丝和套丝、刮削、校直等的钳工基本操作知识，以及常用量具、装配和纺织机械零件修理的基本知识。

B0704 TS103

棉纺织厂保全工技术读本　纺织机械制图　第 2 版/河南省纺织工业管理局编写组，刘培文等编 . —北京：纺织工业出版社，1982 年 . —269 页

统一书号 15041・1126

B0705 TS118

棉纺织厂保全制度（纺织染丛书特辑 2）/中央人民政府纺织工业部华东纺织管理局编辑 . —上海：华东纺织管理局，1951 年 . —363 页

B0706 TS117

棉纺织厂疵品的成因与防止法/余存惠编著 . —上海：上海科学技术出版社，1956 年 . —163 页

统一书号 15119·328

B0707 TS118

棉纺织厂的通风设备/汪善国著．—北京：纺织工业出版社，1953年．—197页

B0708 TS112

棉纺织厂机械的润滑/天津石油站编．—北京：石油工业出版社，1959年．—10页

统一书号 15037·669

书中最后列表具体指出每种机器的各加油部位应当加什么润滑油剂。

B0709 TS118

棉纺织厂技术管理规则/中华人民共和国纺织工业部编订．—北京：纺织工业出版社，1955年．—145页；18cm

B0710 TS118

棉纺织厂内机械化运输［译］/（苏）沙伏斯基扬诺夫（М. С. Савосьянов）撰；中央人民政府纺织工业部基本建设局设计公司翻译组译．—北京：纺织工业出版社，1953年．—1册

B0711 TS118

棉纺织厂气流对通风的影响［译］/（苏）谢里维尔斯托夫（А. Н. Селиверстов）著；林绍基译．—北京：纺织工业出版社，1956年．—112页

统一书号 15041·11

B0712 TS118

棉纺织厂生产活动分析［译］/（苏）A. M. 李培尔曼著；陈文雅，纪洪天，徐可南译．—北京：纺织工业出版社，1957年．—249页

B0713 TS114

棉纺织厂运转工技术读本　清棉/陕西省纺织工业局编．—北京：纺织工业出版社，1959年．—116页

统一书号 15041·411

本书详细地叙述了喂棉工的操作方法及单程清棉机挡车工的操作方法。同时，也介绍了产品质量标准、原棉检验、混棉知识，以及各主要机器的构造和传动系统等。对于机器的主要故障及修理方法、保全保养、工艺设计也作了简略的介绍，以便运转工在熟悉自己专业技术的基础上，具备比较全面的知识。

B0714 TS114

棉纺织厂运转工技术读本　梳棉/陕西省纺织工业局编．—北京：纺织工业出版社，1959年．—130页

统一书号 15041·409

B0715 TS114

棉纺织厂运转工技术读本　并条/陕西省纺织工业局编．—北京：纺织工业出版社，1959年．—84页

统一书号 15041·404

本书详细地叙述了并条运转工的基本操作方法，并附有立体图与文字对照。其中包括接头、换筒、清洁及巡回等。

B0716 TS114

棉纺织厂运转工技术读本　并线与捻线/陕西省纺织工业局编．—北京：纺织工业出版社，1959年．—88页

统一书号 15041·412

B0717 TS103

棉纺织厂运转工技术读本　粗纱/陕西省纺织工业局编．—北京：纺织工业出版社，1959年．—114页

统一书号 15041·405

本书详细地叙述了粗纱挡车工和落纱工的基本操作方法。

B0718 TS105

棉纺织厂运转工技术读本　浆纱/陕西省纺织工业局编．—北京：纺织工业出版社，1959年．—74页

统一书号 15041·410

本书详细地叙述了浆纱运转工的基本操作法，包括落轴、包卷棉毯细布、掌握浆液的温度及浓度等。对如何控制上浆率、回潮率及伸长率等，也介绍了不少的实际经验。此外，对生产管理制度、工艺技术等也有说明。

B0719 TS114

棉纺织厂运转工技术读本　摇纱与成包/陕西省纺织工业局编．—北京：纺织工业出版社，1959年．—54页

统一书号 15041·407

B0720 TS115

棉纺织厂运转工技术读本　络纱/陕西省纺织工业局编．—北京：纺织工业出版社，1959年．—48页

统一书号 15041·413

B0721 TS114

棉纺织厂运转工技术读本　细纱/陕西省纺织工业局编．—北京：纺织工业出版社，1959年．—156页（被引8）

统一书号 15041·406

本书详细地叙述了细纱挡车工、落纱工和落纱长的各项基本操作方法。其中有接头、换粗纱、生头、落纱、巡回和清洁工作等。

B0722 TS115

棉纺织厂运转工技术读本　穿经/陕西省纺织工业局编．—北京：纺织工业出版社，1959年．—49页

统一书号 15041·408

B0723 TS115

棉纺织厂运转工技术读本　整经/陕西省纺织工业局编．—北京：纺织工业出版社，1959年．—82页

统一书号 15041·449

B0724 TS115

棉纺织厂运转工技术读本 织布/陕西省纺织工业局编.—北京：纺织工业出版社，1959年.—144页

统一书号 15041·414

本书详细地叙述了我国标准式自动织布机（换梭式）挡车工、换纬工和帮接工的基本操作方法。

B0725 TS108

棉纺织厂运转工技术读本 安全技术/陕西省纺织工业局编.—北京：纺织工业出版社，1959年.—54页

统一书号 15041·450

B0726 TS114

棉纺织厂运转工技术读本 纺部试验/陕西省纺织工业局编.—北京：纺织工业出版社，1959年.—179页

统一书号 15041·451

本书介绍了纺部试验室各种仪器的构造和使用方法，叙述了清棉及梳棉的落棉试验，半制品的含杂试验，回潮率试验，纺纱工厂各种机器速度的调查方法，半成品的支数及支数不匀率试验，成品质量试验，细纱断头测定方法及拈缩筒摇伸长试验，机械基础计算等。

B0727 TS102

棉纺织厂运转工技术读本 原棉试验/陕西省纺织工业局编.—北京：纺织工业出版社，1959年.—104页

统一书号 15041·453

本书详细地叙述了原棉试验工应具备的各项基本知识。同时，重点介绍了原棉试验工作中的棉花取样以及品级、长度、水分、杂质、有害疵点、细度、成熟度、强力等检验或试验的具体方法。在每种试验项目中，对仪器的构造、性能和试验计算方法也作了说明。

B0728 TS101

棉纺织厂运转工技术读本 织部试验/陕西省纺织工业局编.—北京：纺织工业出版社，1959年.—114页

统一书号 15041·452

本书系统地介绍了棉纺织厂试验工作的一般知识，以及计量制度、通用仪器和工具的构造与使用方法。

B0729 TS114

棉纺织穿经工作法/纺织工业部生产司，中国纺织工会全国委员会生产部编.—北京：纺织工业出版社，1960年.—30页

统一书号 15041·542

B0730 TS11

棉纺织概要 （油印本）（讲义）（重要工业部门技术学教研室用书）/中国人民大学重要工业部门技术学教研室编写.—北京：中国人民大学，1953年.—30页

统一书号 工 3-24

本册五章：总说、准备工程、织造工程、整理工程、棉纱布经营标准。

B0731 X791

棉纺织工厂生产污水（油印本）［译］/（苏）И.С.波司特尼柯夫等著；朱勇译.—北京：纺织工业部基本建设设计院，1958年.—21页

B0732 TS11

棉纺织工程大意（现代工业小丛书）/仲统甡著.—上海：商务印书馆，1951年.—59页

B0733 TS11

棉纺织工程概论/国营上海第十七棉纺织厂技术教材编研组编.—上海：国营上海第十七棉纺织厂技术教材编研组，1954年.—314页；22cm

B0734 TS11

棉纺织工人初级技术常识课本/唐山华新纺织厂编著.—石家庄：河北人民出版社，1955年.—111页

B0735 TS11

棉纺织工业 清棉工劳动组织［译］/（苏）苏联轻工业部编著；东北纺织工业管理局编译科译.—北京：纺织工业出版社，1953年.—21页

B0736 TS11

棉纺织工业 梳棉工劳动组织［译］/（苏）苏联轻工业部著；符文耀译.—北京：纺织工业出版社，1954年.—34页

B0737 TS11

棉纺织工业 捻线工劳动组织［译］/（苏）苏联轻工业部著；曹瑞译.—北京：纺织工业出版社，1954年.—67页

B0738 TS11

棉纺织工业 穿经工和递经工劳动组织［译］/（苏）苏联轻工业部著；中央纺织工业部翻译科译.—北京：纺织工业出版社，1954年.—46页

B0739 TS11

棉纺织工业 整经工劳动组织［译］/（苏）苏联轻工业部编；姜同义译.—北京：纺织工业出版社，1957年.—82页

统一书号 15041·214

B0740 TS11

棉纺织工业 粗纱工劳动组织［译］/（苏）苏联轻工业部编著；东北纺织工业管理局编译科译.—北京：纺织工业出版社，1953年.—39页

B0741 TS11

棉纺织工业 细纱工劳动组织［译］/（苏）苏联轻工业部编著；东北纺织工业管理局编译科译 . —北京：纺织工业出版社，1954 年 . —88 页

B0742 TS11

棉纺织工业 普通织机织布工劳动组织［译］/（苏）苏联轻工业部撰；中央人民政府纺织工业部翻译科译 . —北京：纺织工业出版社，1954 年 . —83 页

B0743 TS11

棉纺织工业 自动布机织布工劳动组织［译］/（苏）苏联轻工业部撰；东北纺织工业管理局编译科译 . —北京：纺织工业出版社，1953 年 . —58 页

B0744 TS11

棉纺织工业 抄车工劳动组织［译］/（苏）苏联轻工业部著；符文耀译 . —北京：纺织工业出版社，1954 年 . —23 页

B0745 TS11

棉纺织工业 看管自动织机副工长的劳动组织［译］/（苏）伊万诺娃，符拉索夫，切尔内舍夫著；纺织工业部翻译科译 . —北京：纺织工业出版社，1955 年 . —156 页；21cm

B0746 TS11

棉纺织工业 环锭拈线机的构造与看管［译］/（苏）高斯佐夫（А. А. Косцов）著；杨民等译 . —北京：纺织工业出版社，1956 年 . —232 页

统一书号 15041 · 45

B0747 TS11

棉纺织工业 粗纺机的构造与看管［译］/（苏）В. Г. 捷留日金著；张延业译 . —北京：纺织工业出版社，1957 年 . —192 页

统一书号 15041 · 204

B0748 TS11

棉纺织工业 精纺机构造与看管［译］/（苏）阿斯塔舍夫（А. Г. Асташев）著；张延业译 . —北京：纺织工业出版社，1956 年 . —200 页

B0749 TS11

棉纺织工业 络纱机构造和看管［译］/（苏）阿列克赛也夫著；中央纺织工业部翻译科译 . —北京：纺织工业出版社，1954 年 . —154 页

B0750 TS11

棉纺织工业 棉纺并纱机的构造与看管［译］/（苏）柯斯佐夫（А. А. Косцов）著；宗平生，潘秋高译 . —北京：纺织工业出版社，1955 年 . —124 页

B0751 TS11

棉纺织工业 棉织浆纱机的构造与看管［译］/（苏）波嘉卡洛夫（А. Х. Потягалов）著；唐淞，徐宏达译 . —北京：纺织工业出版社，1955 年 . —187 页

B0752 TS11

棉纺织工业 普通织机构造与看管［译］/（苏）沃尔科夫（П. В. Волков）著；徐克勤译 . —北京：纺织工业出版社，1956 年 . —157 页

统一书号 15041 · 47

B0753 TS11

棉纺织工业 自动织机的构造与看管［译］/（苏）高尔杰耶夫（В. А. Гордеев）著；郭廉耿，杨玉轩译 . —北京：纺织工业出版社，1955 年 . —188 页

B0754 TS11

棉纺织工业 基本工人副工长及保全工基本技术教育提纲［译］/（苏）苏联纺织工业部著；黄克复译 . —北京：纺织工业出版社，1952 年 . —185 页

本书包括内容有基本工人的基本技术教育提纲、副工长的基本技术教育提纲、保全工的基本技术教育提纲等。

B0755 TS192

漂染整生产机器的构造与看管［译］/（苏）什麦列夫（С. В. Шмелев）著；中央人民政府纺织工业部设计公司翻译组，中央人民政府纺织工业部机械制造局翻译组译 . —北京：纺织工业出版社，1954 年 . —230 页

B0756 TS194

印花机构造与看管［译］/（苏）福吉曼（Л. В. ХоДиман），（苏）札依采夫（Д. С. Зайцев）著；聂安陶等译 . —北京：纺织工业出版社，1955 年 . —132 页

本书叙述印花机的构造与看管以及正确看管印花机的条件和方法。关于织物在印花时产生疵点的原因、预防方法、印花间的工作机构、附属车间的工作总则，均经述及。

B0757 TS11

棉纺织工业 劳动组织与技术定额测定基础 第 1 编棉纺工程［译］/（苏）依·格·约菲著；中国人民大学工业企业组织与计划教研室译 . —北京：中国人民大学出版社，1952 年 . —114 页

B0758 TS11

棉纺织工业 染整生产组织与计划［译］/（苏）米·亚·安得列也夫著 . —上海：华东纺织工学院纺织工程经济教研组，1963 年 . —281 页

B0759 TS11

棉纺织工业 中低级原棉及废棉的利用［译］/（苏）苏联伊万诺沃纺织研究院著；邱嗣法译 . —北京：纺织工业出版社，1955 年 . —143 页

B0760 TS11

棉纺织工业 双程序清棉机使用规则（试行本）/中华人民共和国纺织工业部制订 . —北京：纺织工业出版社，1957 年 . —61 页

统一书号 15041·139

B0761 TS11

棉纺织工业 并条机使用规则（试行本）/中华人民共和国纺织工业部制订 . —北京：纺织工业出版社，1957 年 . —37 页

统一书号 15041·141

本规则规定了并条机的安装、调速、看管等方面的主要规则。

B0762 TS11

棉纺织工业 粗纱机使用规则（试行本）/中华人民共和国纺织工业部制订 . —北京：纺织工业出版社，1957 年 . —42 页

统一书号 15041·142

B0763 TS11

棉纺织工业 精纺工落纱工工作法/中华人民共和国纺织工业部制订 . —北京：纺织工业出版社，1958 年 . —40 页

统一书号 15041·93

B0764 TS11

棉纺织工业 精纺机使用规则（试行本）/中华人民共和国纺织工业部制订 . —北京：纺织工业出版社，1957 年 . —65 页

统一书号 15041·143

B0765 TS11

棉纺织工业 调浆设备使用规则（试行本）/中华人民共和国纺织工业部制订 . —北京：纺织工业出版社，1957 年 . —13 页

统一书号 15041·144

B0766 TS11

棉纺织工业 热风式浆纱机使用规则（试行本）/中华人民共和国纺织工业部制订 . —北京：纺织工业出版社，1957 年 . —46 页

统一书号 15041·145

B0767 TS11

棉纺织工业 织布机使用规则（试行本）/中华人民共和国纺织工业部制订 . —北京：纺织工业出版社，1957 年 . —60 页

统一书号 15041·147

B0768 TS11

棉纺织工业 自动布机值车工工作法/中华人民共和国纺织工业部制订 . —北京：纺织工业出版社，1958 年 . —29 页

统一书号 15041·86

B0769 TS11

棉纺织工业 各种机器设备试用规则/中华人民共和国纺织工业部制订 . —北京：纺织工业出版社，1957 年 . —50 页；17cm

B0770 TS11

棉纺织工业指导工教材（初稿）/华东纺织管理局编 . —上海：华东纺织管理局编印，1957 年 . —94 页

B0771 TS11

棉纺织工业中低级原棉及废棉的利用 ［译］ /（苏）苏联伊万诺沃纺织研究院著；邱嗣法译 . —北京：纺织工业出版社，1955 年 . —143 页；19cm

B0772 TS112

棉纺织机器安装概论/薛民选编著 . —北京：纺织工业出版社，1959 年 . —80 页

统一书号 15041·491

B0773 TS111

棉纺织计算/庄心光编著 . —北京：纺织工业出版社，1958 年 . —378 页（被引 27）

统一书号 15041·227

本书内容共分三篇。第一篇是关于原棉、纱、布的计算，包括原棉质量、用棉量及配棉的计算；棉纱线支数、直径、捻度、断裂强度及物理指标的计算，棉布长宽重及断裂强度的计算。第二篇按工序详细介绍了各种纺织机械的工艺计算，阐明了如何调整机械配置，以适应工艺技术的要求。第三篇介绍了工程配备和调度计算，论述了如何计算生产供应，决定机台需要数量，并介绍了半制品的容量、供应时间、在产品定额及每台机器供应能力等的计算方法，以便于生产调度和运转管理。

B0774 TS111

棉纺织计算（修订本）/庄心光编著 . —北京：轻工业出版社，1974 年 . —422 页；20cm（被引 20）

统一书号 15042·1312

B0775 TS111

棉纺织计算（修订本）/庄心光编著 . —北京：纺织工业出版社，1980 年 . —422 页（被引 22）

统一书号 15041·1117

本书分：原棉棉纱棉布的计算、机械计算、工程配备和调度计算 3 篇。

B0776 TS111

棉纺织计算（二次修订本）/庄心光编著 . —北京：中国纺织出版社，2002 年 . —476 页（被引 12）

ISBN 7-5064-0489-3

本书分三篇，第一篇是关于原棉、棉纱、棉布的计算，包括原棉品质、用棉量和配棉的计算，棉纱线号数（支数）、直径、捻度、断裂强度和物理指标的计算，棉布长、宽、重和断裂强度的计算等。

B0777 TS111

棉纺织计算 第3版/刘荣清，孟进主编《棉纺织计算》原由棉纺织专家庄心光先生编著，已发行两版.—北京：中国纺织出版社，2011年.—328页

ISBN 978-7-5064-6907-4

本书内容包括棉纺织日常需要的工艺、设备、统计计划的各种计算。全书共七章，第一章为棉纺纤维计算，第二章为棉纱线计算，第三章为棉布计算，第四章为棉纺织工艺设计计算和配置，第五章为棉纺织机械计算和设定，第六章为棉纺织设备产量及开台数计算，第七章为生产供应、产品储备和生产容器的计算。

B0778 TS11

棉纺织技工教材 准备（初稿）（棉纺织技工教材）/华东纺织管理局劳动处编.—上海：华东纺织管理局劳动处，1956年.—188页

B0779 TS11

棉纺织技工教材 清花（初稿）（棉纺织技工教材）/华东纺织管理局劳动处编.—上海：华东纺织管理局劳动处，1956年.—48页

B0780 TS11

棉纺织技工教材 梳棉（初稿）（棉纺织技工教材）/华东纺织管理局劳动处编.—上海：华东纺织管理局劳动处，1956年.—146页

B0781 TS11

棉纺织技工教材 细纱（初稿）（棉纺织技工教材）/华东纺织管理局劳动处编.—上海：华东纺织管理局劳动处，1956年.—180页

B0782 TS11

棉纺织技工教材 织造（初稿）（棉纺织技工教材）/华东纺织管理局劳动处编.—上海：华东纺织管理局劳动处，1955年.—134页；26cm

B0783 TS11

棉纺织浆纱操作/李传璞编著.—北京：纺织工业出版社，1960年.—82页

统一书号 15041·577

B0784 TS11

棉纺织普通工艺学 ［译］（中等专业学校教学用书）/（苏）布特尼科夫（В. И. Будников）著；中央人民政府纺织工业部翻译科译.—北京：纺织工业出版社，1954年.—294页

B0785 TS118

棉纺织企业节约用电经验/纺织工业出版社编.—北京：纺织工业出版社，1960年.—131页

统一书号 15041·638

本书汇集了部分棉纺织企业在节约用电工作中的经验，内容包括开展群众性的节约用电工作和许多有效的具体节电措施。

B0786 TS11

棉纺织试验（高级纺织技工学校教材）/上海高级纺织技工学校，棉纺织试验教研组编著.—北京：纺织工业出版社，1956年.—428页

统一书号 15041·22

B0787 TS11

棉纺织试验（初稿）/华东纺织管理局工人干部技术训练班编辑委员会.—上海：华东纺织管理局工人干部技术训练班编辑委员会，1954年.—316页

B0788 TS101

棉纺织物试验/姚穆编.—咸阳：西北工学院，1957年.—48页

B0789 TS114

棉纺织细纱落纱工作法/纺织工业部生产司，中国纺织工会全国委员会生产部编.—北京：纺织工业出版社，1960年.—25页

统一书号 15041·541

B0790 TS111

棉纺品质及作业管理［海外中文版图书］/庄景文著.—曼谷：开源纺织公司，1978年.—419页

B0791 TS123

棉杆皮的微生物脱胶法/中国科学院武汉微生物研究室著.—北京：科学出版社，1959年.—37页

统一书号 13031·1035

B0792 TS123

棉杆皮埋藏堆积脱胶方法/纺织工业技术司整理.—北京：纺织工业出版社，1960年.—12页

统一书号 15041·574

B0793 TS126

棉杆皮纤维纺织麻袋（麻纺织技术革新资料汇编）/纺织工业部生产司编.—北京：纺织工业出版社，1960年.—56页；19cm

统一书号 15041·677

B0794 TS123

棉杆皮的剥制、脱胶与检验/耿宗文等编.—北京：财政经济出版社，1957年.—20页

统一书号 15005·49

B0795　TS123

棉秆皮的剥制、脱胶与检验　增订本/冯希彦，耿宗文等编．—北京：财政经济出版社，1958年．—30页

B0796　TS114

棉和锦纶混纺工艺比较/上海科学技术情报研究所编．—上海：上海科学技术情报研究所，1973年．—44页

统一书号 151634·147

B0797　TS113

棉花初步加工　上册［译］（高等学校教学用书）/（苏）Б.А.列夫阔维契等著；李德贤，张力溥合译．—北京：纺织工业出版社，1956年．—170页

统一书号 15041·43

B0798　TS113

棉花初步加工　下册［译］（高等学校教学用书）/（苏）Б.А.列夫阔维契等著；李德贤，张力溥，王宝璋译．—北京：纺织工业出版社，1957年．—154页

统一书号 15041·127

B0799　TS102

棉花检验/《棉花检验》编写组编．—北京：中国财政经济出版社，1979年．—340页

统一书号 15166·051

B0800　TS102

棉花检验　第3版/夏起诗编．—上海：华东纺织管理局，1951年．—332年

B0801　TS102

棉花检验常识/袁森编．—北京：纺织工业出版社，1959年．—48页

统一书号 15041·505

B0802　TS102

棉花检验教程/棉花检验教程编辑委员会编．—上海：华东纺织管理局干部学校，1951年．—109页

B0803　TS112

棉精纺机简易式大牵伸和超大牵伸（纺织工业技术参考资料15）/纺织工业出版社编．—北京：纺织工业出版社，1959年．—32页

统一书号 15041·316

B0804　TS183

棉毛机技术安装规程/天津市自制公司编．—天津：天津市自制公司，1971年．—43页

B0805　TS114

棉纱并线学　上下册　再版［译］（大学丛书）/（英）威克飞尔德（S.Wakefield）著；唐仁杰译．—北京：商务印书馆，1961年．—338页，—339—617页

B0806　TS19

棉纱棉布印染成品检验方法及评分标准/华东纺织管理局编．—上海：华东纺织管理局，1951年．—41页；26cm

B0807　TS117

棉纱品质讲话/刘樾身等编著．—北京：纺织工业出版社，1957年．—90页；19cm

统一书号 15041·123

B0808　TS117

棉纱品质讲话　增订本/刘樾身等编著．—北京：纺织工业出版社，1959年．—116页

统一书号 15041·480

书中通俗简要地介绍了棉纱质量的基本知识，阐述了棉检、配棉、混棉等各项工艺管理与成纱质量的关系；分析了影响棉纱强度、支数不匀率、棉粘杂质、条干等各种因素。

B0809　TS114

棉纱织前准备工程［译］/（苏）鲍罗金（А.И.Бородин）著；曹瑞译．—北京：纺织工业出版社，1957年．—322页

统一书号 15041·178

B0810　TS102

棉纤维材料学（手写油印本）/陕西工业大学编．—西安：陕西工业大学，1958年．—96页

B0811　TS102

棉纤维试验工作法/纺织工业部纤维检验局．—北京：纺织工业部纤维检验局，1966年

B0812　TS102

棉纤维试验工作法/陕西省纺织纤维检验局编．—西安：陕西省纺织纤维检验局，1972年．—32页

B0813　TS102

棉纤维素［译］/（苏）扎考希考夫（А.П.Эакощиков），（苏）鲍斯特尼考夫（В.К.Постников）著；尹万章，王绍良等译．—北京：国防工业出版社，1957年．—368页

统一书号 15034·122

B0814　TS190

棉印染学　上中下册（纺织职工业余中等专业学校教材）/天津市纺织工业局主编．—北京：纺织工业出版社，1960年．—上册253页，中下册页码不详

统一书号 15041·899

B0815　TS112
棉与亚麻精纺机的大成形［译］/（苏）拉尤聂兹
（А. Л. Раюнец），（苏）阿尼西莫夫（И. В. Анисимов）著；
王寿民译 . —北京：纺织工业出版社，1955 年 . —76 页

B0816　TS115
棉/湖南群众艺术馆编 . —长沙：湖南人民出版社，
1959 年 . —20 页（被引 6）
　　统一书号 8109·291

B0817　TS115
棉织常识/刘樾身，吴楚强，秦振江著 . —北京：纺织工
业出版社，1955 年 . —182 页

B0818　TS118
棉织厂设计［译］/（苏）尼基福罗夫
（С. И. Никифоров）著；中央纺织工业部设计公司翻译组
译 . —北京：纺织工业出版社，1954 年 . —228 页

B0819　TS115
棉织概论　试用本/上海棉纺公司教材编写组编 . —上
海：编者自发行，197? 年 . —24 页

B0820　TS115
棉织工程讲义　1　第 1—3 章（重要工业部门技术学教
研室用书）/中国人民大学重要工业部门技术学教研室编
写 . —北京：中国人民大学，1953 年

B0821　TS115
棉织工程讲义　2　第 4—6 章（重要工业部门技术学教
研室用书）/中国人民大学重要工业部门技术学教研室编
写 . —北京：中国人民大学，1953 年 . —44 页
　　本册三章为：浆纱工程、通经、纬纱准备工程。

B0822　TS115
棉织学讲义　第 1—6 章　（本科及专修科合用　油印
本）（第三工业技术学教研室用书）/中国人民大学第三工业技
术学教研室编写 . —北京：中国人民大学，1955 年 . —116 页

B0823　TS115
棉织学讲义　第三编　棉的漂、染、印花概论（油印
本）（重要工业部门技术学教研室用书）/中国人民大学第三
工业技术学教研室编写 . —北京：中国人民大学，1954
年 . —20 页

B0824　TS115
棉织学讲义　（合作系三年级用　油印本）（重要工业部
门技术学教研室用书）/中国人民大学重要工业部门技术学
教研室编写 . —北京：中国人民大学，1954 年 . —57 页

B0825　TS115
棉织学讲义　（生产合作班用　油印本）（重要工业部门

技术学教研室用书）/中国人民大学重要工业部门技术学教
研室编写 . —北京：中国人民大学，1954 年 . —48 页
　　本册两章。第八章：织造工程；第九章：整理工程。

B0826　TS115
棉织工艺设计/陈旭初编著 . —北京：轻工业出版社，
1975 年 . —384 页（被引 17）
　　统一书号 15042·1347

B0827　TS115
棉织工艺与设备/江苏省农垦局无锡轻工业学院编 . —无
锡：江苏省农垦局无锡轻工业学院，1976 年 . —344 页

B0828　TS115
棉织技术革新/纺织工业出版社编 . —北京：纺织工业出
版社，1960 年 . —220 页；19cm

B0829　TS115
棉织技术专题讲座/上海国棉第十七厂红专大学技术教
研组编 . —上海：科技卫生出版社，1958 年 . —43 页
　　统一书号 15119·1062

B0830　TS115
棉织品设计与生产/上海市纺织工业局产品试验研究室
编 . —北京：中国财政经济出版社，1965 年 . —419 页
　　统一书号 15166·257

B0831　TS115
棉织生产中的劳动保护和安全技术［译］/（苏）M. B.
波格丹诺夫著；中国纺织工程学会上海分会俄文棉织小组
译 . —北京：纺织工业出版社，1957 年 . —148 页
　　统一书号 15041·185

B0832　TS195
棉织物和粘胶织物的树脂整理/云南轻工业科学研究所
编著 . —北京：纺织工业出版社，1960 年 . —132 页
　　统一书号 15041·610

B0833　TS190
棉织物染整生产中的劳动保护［译］/（苏）德米特里
也夫斯卡娅，（苏）查依奇科娃等著；徐魁周译 . —北京：纺
织工业出版社，1955 年 . —156 页

B0834　TS115
棉织物整装/上海市纺织工业局印染织布工业公司编 . —
北京：纺织工业出版社，1960 年 . —146 页
　　统一书号 15041·635

B0835　TS115
棉织学　第 1 册（中等专业学校试用教材）/中华人民
共和国纺织工业部教育司 . —北京：中华人民共和国纺织工
业部教育司，1957 年 . 页数不详

B0836 TS115

棉织学 第 **2** 册（中等专业学校试用教材）/中华人民共和国纺织工业部教育司 . —北京：中华人民共和国纺织工业部教育司，1957 年 . —665 页

B0837 TS115

棉织学 第 **3** 册（中等专业学校试用教材）/中华人民共和国纺织工业部教育司 . —北京：中华人民共和国纺织工业部教育司，1958 年 . —136 页

B0838 TS115

棉织学 上册［译］（中等专业学校教学用书）/（苏）高尔捷耶夫（B. A. Гордеев）等著；张厚溥译 . —北京：纺织工业出版社，1956 年 . —205 页
统一书号 15041·34

B0839 TS115

棉织学 下册［译］（中等专业学校教学用书）/（苏）高尔捷耶夫，聂克拉索夫等著；郭廉耿译 . —北京：纺织工业出版社，1956 年 . —499 页
统一书号 15041·35

B0840 TS115

棉织学 上册（中等专业学校教学用书）/纺织工业部人事司教育处编 . —北京：纺织工业出版社，1959 年 . —206 页
统一书号 15041·297
全书分三册出版，上册为织造准备工程，中册为织布机，下册包括：提花机，多臂机，多梭箱织机，毛巾织机，原布整理及棉织厂设计等。

B0841 TS115

棉织学 中册（中等专业学校教学用书）/纺织工业部人事司教育处编 . —北京：纺织工业出版社，1958 年 . —308 页
统一书号 15041·298

B0842 TS115

棉织学 下册（中等专业学校教学用书）/纺织工业部人事司教育处编 . —北京：纺织工业出版社，1959 年 . —130 页
统一书号 15041·299

B0843 TS115

棉织学 上册/河南纺织工业学校主编 . —北京：中国财政经济出版社，1961 年 . —257 页
统一书号 15166·016

B0844 TS115

棉织学 下册/河南纺织工业学校主编 . —北京：中国财政经济出版社，1961 年 . —308 页
统一书号 15166·019

B0845 TS115

棉织学 上册（纺织职工业余中等专业学校教材）/陕西省纺织工业局主编 . —北京：纺织工业出版社，1960 年 . —323 页
统一书号 15041·904

B0846 TS115

棉织学 下册（纺织职工业余中等专业学校教材）/陕西省纺织工业局主编 . —北京：纺织工业出版社，1960 年 . —270 页

B0847 TS115

棉织学 （试用本）/上海市棉纺织工业公司工会编 . —上海：上海市棉纺织工业公司公会，1974 年 . —122 页

B0848 TS115

棉织学 二 织造/上海市棉纺公司七二一工大棉织教研组 . —上海：编者自发行，1977 年

B0849 TS115

棉织学 上册/本书编写组编 . —上海：上海市棉纺织工业公司教育科，1979 年 . —178 页

B0850 TS115

棉织学 下册/本书编写组编 . —上海：上海市棉纺织工业公司教育科，1979 年 . —296 页

B0851 TS192

名种织物漂白法（工农生产技术便览）/李非武，徐勤撰 . —上海：中华书局，1950 年 . —44 页；17cm

B0852 TS193

纳夫妥染料手工染纱/钱崇濂编著 . —北京：中国财政经济出版社，1964 年 . —128 页
统一书号 15166·219

B0853 TS15

呢绒（纺织品商品常识读本）/上海纺织品采购供应站编 . —北京：纺织工业出版社，1960 年 . —93 页（被引 8）
统一书号 15041·761
本书内容包括呢绒的原料，呢绒的纺纱、织造与染整过程等基本知识，以及呢绒的特性、质量鉴别、品种分类、包装养护和使用方法等。

B0854 TS136

呢绒织物组织［译］/（苏）A. K. 克里因著；赵漱石译 . —北京：纺织工业出版社，1957 年 . —206 页；21cm
统一书号 15041·184

B0855 TS190

尼龙纤维染整［译］（纺织工业新技术译丛）/原著者不详，纺织科学院染化室印染组译 . —北京：纺织工业出版社，

1960 年 . —97 页

统一书号 15041·718

B0856 TS114

捻线（棉纺织基本技术丛书）/徐克勤编撰 . —上海：大东书局，1950 年

B0857 TS114

捻线 第 2 版（棉纺织基本技术丛书）/徐克勤编 . —上海：大东书局，1951 年 . —133 页

B0858 TS114

捻线生产的理论基础［译］/（苏）列别杰夫（Н. Н. Лебедев）著；宗平生，潘秋高译 . —北京：纺织工业出版社，1956 年 . —115 页

B0859 TS114

配棉与混棉［译］/（苏）谢沃斯契扬诺夫（А. Г. Севостьянов）著；丁寿基等译 . —北京：纺织工业出版社，1956 年 . —242 页

B0860 TS103

喷气织机安装 （机织试点班 试用本）/华东纺织工学院机织连队 . —上海：华东纺织工学院机织连队，1971 年 . —39 页

B0861 TQ34

喷丝头/龚明德编 . —北京：纺织工业出版社，1978 年 . —212 页；19cm

统一书号 15041·1001

B0862 TS107

坯布与成品布质量的检查［译］/（苏）Н. Н. 沃兹涅舍斯基著；张文山，卜景昭译 . —北京：纺织工业出版社，1956 年 . —157 页

B0863 TS103

皮辊/端木丰编著 . —北京：纺织工业出版社，1957 年 . —197 页

统一书号 15041·164

B0864 TS103

皮辊常识/陕西省纺织工业局编 . —北京：纺织工业出版社，1959 年 . —98 页

统一书号 15041·495

B0865 TS103

皮辊工作法/青岛纺织管理局编订 . —北京：纺织工业出版社，1957 年 . —116 页

统一书号 15041·166

B0866 TS103

皮辊和绒辊的流水作业修理法［译］/（苏）列甫科耶夫（Х. Д. Левкоев）著；中央人民政府纺织工业部翻译科译 . —北京：纺织工业出版社，1954 年 . —52 页

B0867 TS192

漂染印花整理学［港台］/方萍青编著 . —台北：宏业书局印行，1971 年 . —184 页

B0868 TS192

漂染印花整理学 再版［港台］/方萍青编著 . —台北：宏业书局印行，1975 年 . —150 页

B0869 TS115

平布形成过程的研究［译］/（苏）К. Г. 阿列克塞夫著；徐锦译 . —北京：纺织工业出版社，1959 年 . —150 页

统一书号 15041·523

B0870 TS112

普通帆布机档车工作法（初稿）/上海市印染织布工业公司编 . —上海：上海市印染织布工业公司，1959 年 . —70 页

B0871 TS102

七种野生纤维脱胶/武汉市国营武汉纤维厂编写 . —武汉：湖北人民出版社，1958 年 . —18 页

统一书号 15106·49

B0872 TS102

奇异的织造物［译］［港台］（人人文库）/（？）纽肯（Ellsworth Newcomb），甘乃（Kenny, Hugh）著；刘康寰译 . —台北：台湾商务印书馆股份有限公司，1974 年 . —121 页；19cm

B0873 TS106

起毛织物及其生产［译］/（苏）塔雷津（Таиивин. М. А.）著；徐子骅译 . —北京：纺织工业出版社，1958 年 . —322 页

统一书号 15041·238

B0874 TS104

牵伸的理论与实际应用［译］/（英）葛雷欣（P. F. Grishin）著；王哲中译 . —北京：纺织工业出版社，1959 年 . —124 页

统一书号 15041·448

B0875 TS104

牵伸力研究［译］ （纺织工业新技术译丛）/（苏）С. С. 阔夫涅尔等著；吴立民，许正学译 . —北京：纺织工业出版社，1959 年 . —107 页（被引 13）

统一书号 15041·515

B0876　F407.81

轻工业主要统计指标计算方法　第1分册　纺织（试行本）/轻工业部计划组编．—北京：编者自发行，1972年．—103页

B0877　TS114

清花/上海市棉纺织工业公司技术室编．—上海：科技卫生出版社，1958年．—60页

统一书号 15·978

B0878　TS114

清花挡车工作法/上海市棉纺织工业公司．—上海：上海市棉纺织工业公司，1973年．—44页

B0879　TS114

清棉（纺织技术读本）/王槐著；纺织技术读本编委会主编．—上海：中国纺织图书杂志社，1953年．—284页

B0880　TS114

清棉工程的几项改进/全国棉纺织技术专业会议清棉组编订．—北京：纺织工业出版社，1955年．—188页

B0881　TS112

清棉机械大平车工作法　经验介绍（初稿）/华东纺织管理局编．—上海：编者自发行，1956年．—89页

B0882　TS114

清棉基本技术知识/郑重之编著．—北京：纺织工业出版社，1959年．—128页

统一书号 15041·524

B0883　TS114

清棉技术革新/纺织工业出版社编．—北京：纺织工业出版社，1960年．—128页

统一书号 15041·701

B0884　TS114

清棉专门工艺学　上册（高级纺织技工学校教材）/张永椿编著．—北京：纺织工业出版社，1956年．—314页

统一书号 15041·104

B0885　TS114

清棉专门工艺学　下册（高级纺织技工学校教材）/张永椿编著．—北京：纺织工业出版社，1956年．—454页

统一书号 15041·16

B0886　TS112

全国棉纺织高速度、高产量、高质量、高技术经验交流会议资料选辑　第1辑　细纱机高速高产经验/纺织工业出版社编．—北京：纺织工业出版社，1959年．—173页

B0887　TS112

全国棉纺织高速度、高产量、高质量、高技术经验交流会议资料选辑　第2辑　细纱挡车工和落纱工的高速操作经验/纺织工业出版社编．—北京：纺织工业出版社，1958年．—42页；19cm

统一书号 15041·310

B0888　TS103

全金属锯条的应用［译］/（苏）斯米尔诺夫，（苏）斯脱列沙夫著；杨家玕译．—北京：纺织工业出版社，1955年．—54页

本书包括梳棉过程的理论研讨、纺纱生产工艺中梳棉机的作用、全金属锯条、包卷前的准备工作、全金属锯条的选择和准备等内容。

B0889　TS190

染化料的土法制造和综合利用（印染技术革新资料汇编　第4辑）/纺织工业出版社编．—北京：纺织工业出版社，1960年．—62页

统一书号 15041·667

B0890　TS190

染化药剂　初版　再版（染化药剂）/刘正超编著；李嘉惠校对．—南通：南通学院染化研究会，1951年．—214页（被引171）

本书1951年7月初版，1951年11月再版。

B0891　TS190

染化药剂　上册（染化药剂）/刘正超编著．—北京：纺织工业出版社，1959年．—184页（被引7）

统一书号 15041·360

B0892　TS190

染化药剂　下册（染化药剂）/刘正超编著．—北京：纺织工业出版社，1959年．—140页（被引9）

统一书号 15041·353

B0893　TS190

染化药剂　上册　修订本（染化药剂）/刘正超编著．—北京：中国财政经济出版社，1965年．—313页

统一书号 15166·255

B0894　TS190

染化药剂　下册　修订本（染化药剂）/刘正超编著．—北京：中国财政经济出版社，1965年．—344页（被引5）

统一书号 15166·266

B0895　TS190

染化药剂　上册［港台］（染化药剂）/刘正超编著．—香港：香港金文书店，1974年．—323页（被引22）

B0896 TS190

染化药剂 下册［港台］（染化药剂）/刘正超编著.—香港：香港金文书店，1974 年.—334 页（被引 7）

B0897 TS190

染化药剂 上册 修订本（染化药剂）/刘正超编著.—北京：轻工业出版社，1974 年.—323 页

统一书号 15042·1311

本书简明地叙述了各种染化药剂的制法、性质、分析方法及其在印染上的用途。书末并附有印染专业人员经常需要查阅的表格和有关数据。

B0898 TS190

染化药剂 下册 修订本（染化药剂）/刘正超编著.—北京：轻工业出版社，1975 年.—612 页

B0899 TS190

染化药剂 上册 修订本（染化药剂）/刘正超编著.—北京：纺织工业出版社，1974 年.—323 页（被引 196）

统一书号 15041·1048

本书简明地叙述了各种染化药剂的制法、性质、分析方法及其在印染上的用途。书末并附有印染专业人员经常需要查阅的表格和相关数据。

B0900 TS190

染化药剂 下册 修订本（染化药剂）/刘正超编著.—北京：纺织工业出版社，1975 年.—612 页（被引 15）

统一书号 15041·1016

B0901 TS190

染化药剂 上下册精装合订本 修订本（染化药剂）/刘正超编著.—北京：中国纺织出版社，1995 年.—978 页

ISBN 7-5064-0248-3

本册版权页注明：本书 1959 年 6 月第 1 版，1980 年 1 月第 2 版，2005 年 7 月第 14 次印刷，本书印数累积达 12465 万册。本书介绍了盐类、无机颜料及矿石物、有机溶剂、表面活性剂、黏合剂、柔软剂、防水剂、防缩防皱剂、媒染剂、固色剂等染化药剂的制备、性质、分析方法及其在印染工业上的应用。

B0902 TS190

染料化学［译］/（苏）B. M. 鲍戈斯洛夫斯基，（苏）H. 普捷夫著；高榕译.—北京：人民教育出版社，1960 年.—347 页

统一书号 15010·916

B0903 TS190

染料化学/华东纺织工学院编.—北京：纺织工业出版社，1960 年.—261 页

统一书号 15041·712

B0904 TS190

染料化学［港台］（纺织整染工业全书）/王敏泰编著.—台北：世界图书出版公司，1975 年.—270 页

本书主要介绍了染料化学的发展和染料化学的分类；煤焦油生成的理论和煤焦油的性质及化学成分；色素与化学结构；煤焦油的分析；染料的性能；染料的制造；还有染料的应用范围。

B0905 TS190

染料化学［港台］（纺织整染工业全书）/王敏泰编著.—台北：五洲出版社，1982 年.—270 页

B0906 TS190

染料化学/周洵译.—济南：山东省革委轻工业局纺织科技情报服务站，1974 年.—141 页；26cm

B0907 TS190

染料化学 上册 中料学/王世椿著.—上海：科技技术出版社，1956 年.—188 页

B0908 TS190

染料化学 下册 染料学/王世椿著.—上海：科技技术出版社，1956 年.—189—555 页

B0909 TS190

染料化学 第 2 版/王世椿著.—上海：科学技术出版社，1962 年.—502 页

统一书号 15119·1662

B0910 TS190

染料化学及工艺学/侯毓汾等著.—北京：高等教育出版社，1959 年.—386 页

统一书号 15010·748

B0911 TS193

染料及染色工业［译］（增订化学工业大全 17）/（日）牧锐夫原著；薛德炯译述.—上海：商务印书馆，1952 年.—326 页；21cm

B0912 TS190

染料及中间体的工业分析法［译］/（苏）拉斯托夫斯基著；高榕等译.—沈阳：东北工业出版社，1952 年.—266 页

B0913 TS190

染料应用/张壮余，陈仰三编著.—北京：高等教育出版社，1958 年.—447 页

统一书号 15010·725

B0914 TS193

染料与染色 第 5 版［港台］/彭正中著.—台北：台湾中华书局，1975 年.—931 页（被引 9）

B0915 TS193

染料与染色 第 7 版［港台］/彭正中著 .—台北：台湾中华书局，1978 年 .—955 页

B0916 TS193

染色（印染工人技术读本）/上海市印染工业公司编著 .—北京：纺织工业出版社，1975 年 .—295 页

统一书号 15041·1024

B0917 TS193

染色 修订本（印染工人技术读本）/上海市印染工业公司编著 .—北京：纺织工业出版社，1975 年 .—295 页；19cm（被引 14）

统一书号 15041·1017

B0918 TS193

染色 第 2 版（印染工人技术读本）/上海市印染工业公司编著 .—北京：中国纺织出版社，1994 年 .—314 页（被引 23）

ISBN 7-5064-0679-9

B0919 TS193

染色概述/施饮谷编著 .—北京：纺织工业出版社，1956 年 .—288 页（被引 8）

统一书号 15041·29

B0920 TS193

染色工艺的革新/纺织工业出版社编 .—北京：纺织工业出版社，1960 年 .—27 页

统一书号 15041·825

本书介绍了几种新的染色方法及改进染色工艺和采用染料代用品的经验。其中：介绍了还原染料半悬浮体卷染和梳化蓝湿布轧染的工艺以及用植物染料代替合成染料染色的经验。

B0921 TS193

染色化学［译］/（英）武德（John Kerfoot Wood）著；黄乐德译 .—上海：中国科学图书仪器公司，1952 年 .—83 页

B0922 TS193

染色化学 再版［译］/（英）武德（John Kerfoot Wood）著；黄乐德译 .—上海：中国科学图书仪器公司，1953 年 .—83 页

B0923 TS193

染色化学 合订本［译］［港台］（科学图书大库）/（日）日本纤维工业教育研究会编；邱永亮，魏盛德译 .—台北：徐氏基金会，1982 年 .—742 页

B0924 TS193

染色术［港台］（人人文库）/孟心如著 .—台北：台湾

商务印书馆，1975 年 .—94 页

B0925 TS193

染色物理化学 上册［译］/（英）T. 维克斯太夫（T. Vickerstaff）著；董亨荣，水佑人译 .—北京：中国财政经济出版社，1962 年 .—196 页（被引 5）

统一书号 15041·512

B0926 TS193

染色物理化学 中册［译］/（英）T. 维克斯太夫（T. Vickerstaff）著；董亨荣，水佑人译 .—北京：中国财政经济出版社，1962 年 .—180 页

统一书号 15066·071

B0927 TS193

染色物理化学 下册［译］/（英）T. 维克斯太夫（T. Vickerstaff）著；董亨荣，水佑人译 .—北京：中国财政经济出版社，1962 年 .—213 页

统一书号 15066·077

B0928 TS193

染色学（诸氏染色丛书之三）/诸楚卿著 .—上海：诸氏丛书出版社，1950 年 .—232 页

B0929 TS193

染色学 增补再版（染色丛书之三）/诸楚卿著 .—上海：诸氏丛书出版社，1952 年 .—232 页

B0930 TS193

染色用药剂［译］（现代工业小丛书）/（日）田部井省三撰；张声译 .—上海：商务印书馆，1952 年 .—86 页

B0931 TS193

染色资料（重要工业部门技术学教研室用书）/中国人民大学重要工业部门技术学教研室编写 .—北京：中国人民大学，1953 年 .—31 页

B0932 TS190

染色资料 第五章（重要工业部门技术学教研室用书）/中国人民大学重要工业部门技术学教研室编写 .—北京：中国人民大学，1953 年 .—13 页

B0933 TS193

染色学讲义 第二章（重要工业部门技术学教研室用书）/中国人民大学重要工业部门技术学教研室编写 .—北京：中国人民大学，1954 年 .—77 页

B0934 TS193

染色学讲义 第三章（重要工业部门技术学教研室用书）/中国人民大学重要工业部门技术学教研室编写 .—北京：中国人民大学，1954 年 .—70 页

B0935 TS190

染整学讲义（重要工业部门技术学教研室用书）/中国人民大学重要工业部门技术学教研室编写 . —北京：中国人民大学，1954 年 . —37 页

B0936 TS190

染整概论/河北纺织工学院编 . —北京：中国财政经济出版社，1961 年 . —202 页

统一书号 15166 · 037

B0937 TS190

染整工业的技术改进 第 1 辑/纺织工业出版社编 . —北京：纺织工业出版社，1955 年 . —140 页

B0938 TS190

染整工艺学 漂练染色部分/青岛印染厂 . —青岛：编者自发行，1960 年 . —182 页

B0939 TS190

染整工艺学 上册/华东纺织工学院主编 . —北京：纺织工业出版社，1961 年 . —272 页

统一书号 15041 · 787

B0940 TS190

染整工艺学 下册/华东纺织工学院主编 . —北京：纺织工业出版社，1960 年 . —433 页

统一书号 15041 · 788

B0941 TS190

染整工艺学 新 1 版 上册/华东纺织工学院主编 . —北京：中国财政经济出版社，1963 年 . —272 页

统一书号 15166 · 124

B0942 TS190

染整工艺学 新 1 版 下册 /华东纺织工学院主编 . —北京：中国财政经济出版社，1964 年 . —433 页

统一书号 15166 · 215

B0943 TS190

染整工艺学 针织物练漂染整/无锡轻工业学院 . —无锡：无锡轻工业学院，1975 年 . —150 页

B0944 TS190

染整新工艺/天津市毛纺厂等编 . —北京：纺织工业出版社，1958 年 . —29 页

统一书号 15041 · 260

B0945 TS103

绕筒（纺织技术读本）/蒋乃镛编著；纺织技术读本编委会主编 . —上海：中国纺织图书杂志社，1953 年 . —84 页

B0946 TS106

人造短纤维与羊毛混纺 ［译］/（苏）古谢夫（В. Е. Гусев），（苏）柯利科夫斯基（П. К. Кориковский）著；朱浩，俞权译 . —北京：纺织工业出版社，1957 年 . —152 页

统一书号 15041 · 138

B0947 TS156

人造短纤维织物/第六研究所译制 . —北京：国防工业出版社，1964 年 . 19cm

B0948 TQ34

人造棉（地方工业小丛书）/青海西宁轻工业研究所编 . —西宁：青海人民出版社，1959 年 . —20 页

统一书号 15097 · 24

B0949 TS190

人造棉布染整工艺/朱澄秋等编著 . —北京：中国财政经济出版社，1965 年 . —168 页

统一书号 15166 · 268

B0950 TQ34

人造棉花（地方工业技术丛书）/席启骙编写 . —长沙：湖南人民出版社，1958 年 . —32 页

统一书号 15109 · 11

B0951 TS190

人造棉织物染整 ［译］/（苏）C. A. 普拉克辛，（苏）B. E. 罗斯托夫采夫著；杨克等译 . —北京：纺织工业出版社，1959 年 . —146 页

统一书号 15041 · 476

B0952 TS195

人造棉织物树脂整理 ［译］（纺织工业新技术译丛）/（苏）M. П. 柯兹尼夫等著；孙正祺，戈勋译 . —北京：纺织工业出版社，1959 年 . —59 页

统一书号 15041 · 516

B0953 TQ34

人造丝浆的生产 ［译］/（苏）H. Г. 索留斯编著；四川省轻工业厅制浆造纸研究室译 . —四川：四川省轻工业厅制浆造纸研究室，1961 年 . —106 页；19cm

B0954 TS19

人造丝染色法（工农生产技术便览）/徐子骈编 . —上海：中华书局，1950 年 . —38 页

B0955 TQ34

人造纤维厂装备 ［译］/（苏）C. A. 塔伊罗夫，A. B. 察格希阿伊著；董纪震等译 . —北京：化学工业出版社，1959 年 . —499 页

统一书号 15063 · 0408

B0956　TQ34

人造纤维纺制技术［译］/（苏）贝格尔等著；上海市纺织科学研究所译．—上海：科学技术出版社，1962 年．—189 页

统一书号 15119·1656

本书选集国外主要纺织期刊及文献中有关人造纤维之最新资料译成，内容包括人造纤维制造理论、新品种、新设备及新的整理方法等，其中重点介绍粘胶纤维。

B0957　TQ34

人造纤维概论［港台］/刘泰庠编著．—台北：徐氏基金会，1977 年．—136 页

B0958　TQ34

人造纤维概论　再版［港台］（科学图书大库）/刘泰庠编．—台北：徐氏基金会，1977 年．—136 页

B0959　TQ34

人造纤维概论　第 4 版［港台］/刘泰庠编著．—台北：徐氏基金会，1984 年．—136 页

B0960　TQ34

人造纤维工艺学［译］（中等专业学校教学用书）/（苏）A. H. 拉乌索夫等著；方柏容等译．—北京：化学工业出版社，1959 年．—375 页

统一书号 15063·0471

该书 1960 年再版

B0961　TQ34

人造纤维浆粕制造工艺/开山屯化学纤维浆编著．—北京：中国财政经济出版社，1966 年．—224 页

统一书号 15166·286

B0962　TQ34

人造纤维理论与技术　第 1 册［译］［港台］（科学图书大库）/（美）S. M. Atlas 等著，江家临译．—台北：徐氏基金会，1972 年．—427 页，21cm

B0963　TQ34

人造纤维理论与技术　第 2 册［译］［港台］（科学图书大库）/（美）S. M. Atlas 等著，江家临译．—台北：徐氏基金会，1970 年．—426 页，21cm

B0964　TQ34

人造纤维理论与技术　第 3 册［译］［港台］（科学图书大库）/（美）S. M. Atlas 等著，江家临译．—台北：徐氏基金会，1972 年．—662 页，21cm

B0965　TQ34

人造纤维理论与技术　第 2 册　第 2 版［译］［港台］（科学图书大库）/（美）S. M. Atlas 等著，江家临译．—台北：徐氏基金会，1972 年．—426 页，21cm

B0966　TQ34

人造纤维理论与技术　第 3 册　第 2 版［译］［港台］（科学图书大库）/（美）S. M. Atlas 等著，江家临译．—台北：徐氏基金会，1972 年．—662 页，21cm

B0967　TS124

韧皮纤维纺纱学　上册［译］/（苏）菲涅金（П. А. Хинягин）等著；程铮民等译．—北京：纺织工业出版社，1958 年．—226 页

统一书号 15041·264

B0968　TS124

韧皮纤维纺纱学　下册［译］/（苏）菲涅金（П. А. Финягин）等著；程铮民等译．—北京：纺织工业出版社，1959 年．—237 页

统一书号 15041·358

B0969　TS190

绒线染整/天津市纺织工业局编．—北京：纺织工业出版社，1960 年．—156 页（被引 6）

统一书号 15041·838

B0970　TQ34

熔融纺丝泵/黄群编．—北京：燃料化学工业出版社，1974 年．—74 页；19cm

统一书号 15063·内 609

B0971　TS112

如何改进梳棉机棉网的质量［译］/（苏）巴甫洛夫（Н. Т. Павлов）著；袁修全译．—北京：纺织工业出版社，1955 年

B0972　TS114

如何降低细纱断头率［译］/（苏）巴甫洛夫（Н. Т. Павлов）著；蔡致中等译．—北京：纺织工业出版社，1954 年．—52 页

B0973　TS143

缫丝/张善能编著．—北京：纺织工业出版社，1959 年．—110 页（被引 7）

统一书号 15041·349

B0974　TS143

缫丝副产物加工和利用/陈士修编著．—北京：纺织工业出版社，1960 年．—51 页

统一书号 15041·811

B0975　TS143

缫丝和复摇先进操作经验/浙江省轻工业厅丝绸管理局编．—杭州：浙江人民出版社，1959 年．—32 页

B0976 TS143
缫丝技术革新/纺织工业部生产技术司编 .—北京：纺织工业出版社，1959 年 .—69 页
统一书号 15041·442

B0977 TS143
缫丝生产一百问/范顺高编写 .—杭州：浙江人民出版社，1958 年 .—56 页

B0978 TS143
缫丝学［译］［港台］（科学图书大库）/（日）铃木三郎著；邹景衡，邹泰仁译 .—台北：徐氏基金会，1977 年 .—214 页

B0979 TS105
色织机织学　上册/天津市纺织工业局色织物工业公司编 .—北京：纺织工业出版社，1960 年 .—266 页
统一书号 15041·914

B0980 TS105
色织机织学　下册/天津市纺织工业局色织物工业公司编 .—北京：纺织工业出版社，1960 年 .—285 页
统一书号 15041·916

B0981 TS114
纱布计算学/胡允祥，杜良禊编译 .—上海：中国纺织染工程研究所，1952 年 .—196 页

B0982 TS118
纱厂机械算法［译］/（美）派扣著；杨思源译 .—出版地不详：出版者不详，19?? 年 .—90 页

B0983 TS111
纱疵分析/过念薪等编 .—北京：纺织工业出版社，1979 年 .—222 页

B0984 TS190
纱线漂染与织物整理/天津市纺织工业局色织物工业公司编 .—北京：纺织工业出版社，1960 年 .—110 页
统一书号 15041·915

B0985 TS190
纱线与针织品漂练印染基本知识/辽宁省纺织工业局编写 .—沈阳：辽宁人民出版社，1961 年 .—322 页
统一书号 15090·191
本书是按现有针织工业生产技术设备，一般生产工艺程序，以实用为主，并作了一般性的理论讲解，叙述了机器设备的构造、作用和看管方法。其次对机器的保养修理、安全技术等也都作了简单的介绍。

B0986 TS106
纱线与织物学［译］/（苏）A. H. 索洛维也夫，（苏）Г. H. 库金著；华东纺织工学院纺织材料教研组译 .—北京：纺织工业出版社，1960 年 .—294 页
统一书号 15041·709

B0987 TS101
商品知识选编　第七辑　棉布和针棉织品/大公报商品知识编辑组编 .—北京：中国财政经济出版社，1966 年 .—127 页
统一书号 4166·164

B0988 TS101
商业基础知识：针纺织品/商业研究所编 .—出版地不详：商业研究所，1977 年 .—106 页

B0989 TS145
上海织绸操作法/上海市丝绸工业公司编 .—北京：纺织工业出版社，1959 年 .—52 页
统一书号 15041·488

B0990 TS116
生产更多优良织物［译］/（苏）米拉奈乞夫（E. Мироnычев）著；刘育敦译 .—北京：纺织工业出版社，1955 年 .—100 页

B0991 TS143
生丝的复摇整理/陆超，龚惠芬编 .—北京：纺织工业出版社，1959 年 .—54 页
统一书号 15041·291

B0992 TS102
生丝的细度均匀度［译］/（苏）库金（Г. H. Кукин）著；俞权，许复干译 .—北京：纺织工业出版社，1958 年 .—148 页
统一书号 15041·334

B0993 TS102
生丝的质量及其与织物的关系［译］/（日）木暮槙太著；周晦若等译 .—北京：纺织工业出版社，1959 年 .—504 页
统一书号 15041·79

B0994 TS102
生丝检验/陶元高编 .—杭州：浙江省工业厅在职干部训练班，1956 年

B0995 TS193
绳状浸染机［译］/（苏）梅里霍夫（C. C. Мелихов）著；蒋承绶译 .—北京：纺织工业出版社，1956 年 .—48 页

B0996 TS159
石棉纺织制品工艺/上海石棉制品厂编 .—北京：中国工业出版社，1962 年 .—214 页

统一书号 15165·1586

B0997　TQ34
石油化学纤维工业知识（纺织工业知识丛书）/张睿骏，李慧善同编.—北京：纺织工业出版社，1979年.—187页
统一书号 15041·1057

B0998　TS193
织物染色法［港台］/施饮谷编著.—香港：金文书店，1964年.—288页

B0999　TS104
实用纺纱技术（纤维工业丛书）/冯宗铠，汪渠东著.—上海：中国纺织图书杂志社，1953年.—255页

B1000　TS101
实用纺织品管学［译］［港台］/原著者不详；夏子中译.—台湾：台湾生产力中心，1972年.—92页

B1001　TS193
实用棉布染色法（工农生产技术便览）/邓美武，仲宝红编撰.—上海：中华书局，1950年.—1册

B1002　TS113
实用棉花加工技术（试用教材）/安徽省财经学校.—合肥：安徽省财经学校，1973年.—214页

B1003　TS107
实用纱厂检验学　第2版［港台］/陈乃洪著.—台湾：国彰出版社，1976年.—304页

B1004　TS18
实用针织学　纬编　经编　组合［港台］/何秀阁著.—台北：五洲出版社，1973年.—284页

B1005　TQ34
使用人造丝的知识/苏州市纺织科学研究所编.—北京：纺织工业出版社，1960年.—44页
统一书号 15041·908

B1006　TS190
士林悬浮体快速蒸化/纺织科学研究院编.—北京：纺织工业出版社，1956年.—35页

B1007　TS194
士林悬浮体印花快速蒸化［译］（纺织工业新技术译丛）/原著者不详；纺织科学研究院染化室印染组译.—北京：纺织工业出版社，1960年.—35页
统一书号 15041·588

B1008　TS114
梳棉（纺织技术读本）/叶奎声著；纺织技术读本编委

会主编.—上海：中国纺织图书杂志社，1953年.—167页

B1009　TS112
梳棉保全保养、皮辊、原动、修机/上海市棉纺织工业公司技术室编.—上海：上海科学技术出版社，1958年.—57页
统一书号 15·98

B1010　TS114
梳棉工程［港台］（大专用书）/朱大钧编著.—台北：逢甲大学工商学院，1976年.—315页

B1011　TS114
梳棉工程的几项改进/全国棉纺织技术专业会议梳棉组编.—北京：纺织工业出版社，1955年.—54页；21cm

B1012　TS112
梳棉工序手工操作的机械化和自动化（棉纺织技术革新资料汇编10）/纺织工业出版社编.—北京：纺织工业出版社，1960年.—78页；19cm

B1013　TS112
梳棉机大平车工作法（1953纺织机器保全工作法）/全国纺织保全会议编订.—北京：纺织工业出版社，1953年.—100页；19cm

B1014　TS112
梳棉机金属锯条的应用/纺织工业部纺织科学研究院编.—北京：纺织工业出版社，1959年.—72页
统一书号 15041·343

B1015　TS112
梳棉机罗拉剥棉（纺织工业技术参考资料17）/纺织工业部生产司编.—北京：纺织工业出版社，1959年.—20页
统一书号 15041·317

B1016　TS112
梳棉机磨针/张多英，唐修让，秦家沂编.—北京：纺织工业出版社，1958年.—168页
统一书号 15041·218

B1017　TS112
梳棉机磨针工作经验/纺织工业出版社编.—北京：纺织工业出版社，1960年.—94页
统一书号 15041·716

B1018　TS112
梳棉机器安装操作法/河南纺织工业局纺织机器安装队编.—北京：纺织工业出版社，1958年.—34页
统一书号 15041·274

B1019 TS112

梳棉机使用规则（试行本）/纺织工业部编制．—北京：纺织工业出版社，1957 年．—50 页

统一书号 15041·140

B1020 TS112

梳棉机装置法［译］/（日）水利清著；姜建译．—北京：纺织工业出版社，1957 年．—288 页

统一书号 15041·110

B1021 TS114

梳棉基本技术知识（纺织基本技术知识丛书）/张铭实等编著．—北京：纺织工业出版社，1959 年．—163 页

统一书号 15041·479

B1022 TS112

梳棉磨盖板机平修和运转工作法/全国棉纺织技术专业会议梳棉组编订．—北京：纺织工业出版社，1955 年．—114 页

B1023 TS112

梳棉平车/华东纺织工学院纺织系．—上海：华东纺织工学院，1972 年．—101 页

B1024 TS114

梳棉专门工艺学　上下册（高级纺织技工学校教材）/张济华编著．—北京：纺织工业出版社，1956 年．—263 页，416 页

统一书号 15041·17

B1025 TS103

舒尔茨片梭织机［译］/（苏）И. В. 别斯恰司特内，А. П. 托皮林著；纺织工业部生产技术司译．—北京：纺织工业出版社，1959 年．—42 页

统一书号 15041·362

B1026 TS103

双层、三层织布机/曹富泉编著．—上海：科技卫生出版社，1958 年．—20 页

统一书号 15·965

B1027 TS183

双罗纹圆型针织机/上海市纺织工业局针织工业公司编．—北京：纺织工业出版社，1960 年．—130 页

统一书号 15041·586

B1028 TS103

双头高产量梳棉机/李乃炘编著．—上海：科技卫生出版社，1958 年．—20 页

统一书号 15119·898

B1029 TQ34

双组分纤维/上海合成纤维研究所编著．—上海：上海科学技术出版社，1975 年．—59 页

B1030 TS190

丝绸　印染厂工艺定额和设备使用规则［译］/（苏）苏联轻工业部技术司著；纺织工业部专家工作家译．—北京：纺织工业出版社，1957 年．—133 页

统一书号 15041·205

B1031 TS142

丝绸机械基础及设计　基础部分　上/浙江丝绸工学院《丝绸机械基础及设计》编写组编．—杭州：浙江丝绸工学院，1974 年．—224 页

本书共分基础部分上册、基础部分下册、制丝机械部分和丝织机械部分四册。

B1032 TS142

丝绸机械基础及设计　基础部分　下/浙江丝绸工学院《丝绸机械基础及设计》编写组编．—杭州：浙江丝绸工学院，1974 年．—253 页

B1033 TS142

丝绸机械基础及设计　复习思考题　习题/浙江丝绸工学院《丝绸机械基础及设计》编写组编．—杭州：浙江丝绸工学院，1978 年．—62 页

B1034 TS192

丝绸漂练印染法（工农生产技术便览）/周寅生，汪家枬编．—上海：中华书局，1950 年．—46 页

B1035 TS190

丝绸染整操作知识/上海新纬染绸厂编著．—北京：纺织工业出版社，1960 年．—92 页

统一书号 15041·771

B1036 TS198

丝绸印染厂工艺定额和设备使用规则［译］/（苏）苏联轻工业部技术司著；纺织工业部专家工作室译．—北京：纺织工业出版社，1957 年．—133 页

B1037 TS142

丝纺织工业　拈丝机构造与看管［译］/（苏）阿努钦（С. А. Анучин）著；吴梦笙译．—北京：纺织工业出版社，1958 年．—206 页

统一书号 15041·78

B1038 TS142

丝纺织工业　缫丝机构造与看管［译］/（苏）奥昆（Г. С. Окунь），（苏）屠马扬（С. А. Тумаян）著；戚隆乾等译．—北京：纺织工业出版社，1957 年．—168 页

统一书号 15041·193

B1039　TS101

丝胶化学/王天予编著 . —北京：纺织工业出版社，1958年 . —176 页（被引 11）

统一书号 15041·228

B1040　TS145

丝普通工艺学［译］/（苏）А. И. 阿夫鲁尼娜等著；秋平等译 . —北京：纺织工业出版社，1959 年 . —254 页

统一书号 15041·490

B1041　TS190

丝印技术入门［港台］/梁荫本编著 . —台北：五洲出版社，1981 年 . —82 页

B1042　TS190

丝印艺术入门［港台］（进修艺术丛书）/梁荫本编著 . —香港：香港进修出版社，1979 年 . —83 页

B1043　TS142

丝织机高速措施和手工操作机械化/纺织工业出版社编 . —北京：纺织工业出版社，1960 年 . —50 页

统一书号 15041·693

B1044　TS142

丝织机技术标准与保全保养工作法/苏州市纺织工业局编 . —苏州：苏州人民出版社，1959 年 . —44 页

B1045　TS142

丝织机械高速与自动化（丝纺织染技术革新资料汇编第 3 辑）/纺织工业出版社编辑 . —北京：纺织工业出版社，1960 年 . —94 页

B1046　TS145

丝织技术问答/黄弘声等编著 . —北京：纺织工业出版社，1960 年 . —87 页

统一书号 15041·757

B1047　TS193

丝织物和绞丝染色［译］/（苏）И. В. 罗果娃等著；戚隆干译 . —北京：纺织工业出版社，1959 年 . —137 页

统一书号 15041·466

B1048　TS192

丝织物漂练［译］/（苏）И. В. 罗果娃等著；戚隆干，纺织工业部专家工作室译 . —北京：纺织工业出版社，1959 年 . —175 页

统一书号 15041·465

B1049　TS194

丝织物印花［译］/（苏）И. В. 罗果娃等著；戚隆干译 . —北京：纺织工业出版社，1959 年 . —96 页

统一书号 15041·475

B1050　TS145

丝织物整理［译］/（苏）И. В. 罗果娃等著；戚隆干译 . —北京：纺织工业出版社，1959 年 . —78 页

统一书号 15041·477

B1051　TS145

丝织先进操作经验/浙江省轻工业厅丝绸管理局编 . —北京：纺织工业出版社，1960 年 . —66 页

统一书号 15041·797

B1052　TS145

丝织学［译］（中等专业学校教学用书）/（苏）阿加波娃（Н. Н. Агапова），（苏）莫罗卓娃（Н. Д. Морозова）著；李辛凯，兰锦华译 . —北京：纺织工业出版社，1956 年 . —399 页

B1053　TS145

丝织学/苏州丝绸专科学校编 . —北京：纺织工业出版社，1960 年 . —538 页（被引 5）

统一书号 15041·877

B1054　TS145

丝织学　上册/华东纺织工学院编 . —北京：纺织工业出版社，1960 年 . —271 页

统一书号 15041·581

B1055　TS145

丝织学　下册/华东纺织工学院编 . —北京：纺织工业出版社，1960 年 . —390 页

统一书号 15041·589

B1056　TS145

丝织学　上下册（纺织职工业余中等专业学校教材）/浙江省轻工业厅编 . —北京：纺织工业出版社，1961 年 . —上册 242 页，下册页码不详

统一书号 15041·928

B1057　TS145

丝织学（中等纺织学校教材）/苏州丝绸工学院编 . —北京：中国财政经济出版社，1961 年 . —588 页（被引 44）

统一书号 15166·005

B1058　TS145

丝织学/丹东柞蚕丝绸学校教改组 . —丹东：丹东柞蚕丝绸学校教改组，1972 年

B1059　TS102

丝织原料（丝织工人技术读本）/浙江省轻工业厅丝绸管理局编 . —北京：纺织工业出版社，1960 年 . —75 页

B1060　TS145

丝织装造/杭州市丝绸工业局 . —杭州：杭州市丝绸工业

局，1976 年 . —255 页

B1061 TS145

丝织装造 再版/杭州市丝绸工业局 . —杭州：杭州市丝绸工业局，1979 年 . —255 页

B1062 TS145

丝织准备/浙江省轻工业厅丝绸管理局编 . —北京：纺织工业出版社，1960 年 . —149 页

统一书号 15041 · 618

B1063 TS145

丝织准备基本技术知识/蒋师冈，杨子明编著 . —北京：纺织工业出版社，1959 年 . —194 页

统一书号 15041 · 284

B1064 TS112

苏联的新式梳棉机 ［译］/（苏）格拉契夫（В. П. Грачев），（苏）格拉契娃（Н. М. Грачева）著；萧宗诩，许宝锋，张锡山译 . —北京：纺织工业出版社，1955 年 . —56 页

B1065 F451. 268

苏联纺织工业企业设计和建筑的经验/中央人民政府纺织工业部设计公司翻译组编 . —北京：纺织工业出版社，1954 年 . —83 页

B1066 TS103

苏联纺织机器样本 ［译］/（苏）苏联机器仪器制造工业部，纺织工业轻工业机器制造管理局编译 . —北京：纺织工业出版社，1954 年 . —121 页

B1067 TS112

苏联高产量梳棉机/梅自强编著；施儒铭校阅 . —北京：纺织工业出版社，1958 年 . —144 页（被引 15）

统一书号 15041 · 235

B1068 TS118

苏联棉纺厂技术经营规则 再版 ［译］/（苏）苏联纺织工业人民委员部技术司拟订；东北人民政府纺织管理局译 . —北京：中央纺织工业部，1952 年 . —61 页；19cm

B1069 TS118

苏联棉纺工厂设计 ［译］/（苏）克纽柯夫（В. М. Крюков）著；何达译 . —上海：作者书社，1952 年 . —276 页

B1070 TS190

苏联染整生产中的技术改进 第 1 辑/纺织工业出版社编 . —北京：纺织工业出版社，1955 年 . —85 页

B1071 TQ34

酸站 （粘胶纤维生产工人技术读本）/蒋立骏编 . —北京：中国财政经济出版社，1964 年 . —99 页

统一书号 15166 · 209

B1072 TS103

梭子的补修方法/樊美青编著 . —北京：纺织工业出版社，1959 年 . —38 页

统一书号 15041 · 492

B1073 TS103

梭子的工具检查和机械修理 ［译］/（苏）列甫柯耶夫（Х. Д. Ловкоер）著；何联华译 . —北京：纺织工业出版社，1957 年 . —23 页

统一书号 15041 · 182

B1074 TS103

梭子飞行的研究 ［译］/（苏）纳乌莫夫（В. А. Наумов）著；孙传已，顾锡荣译 . —北京：纺织工业出版社，1956 年 . —224 页

统一书号 15041 · 38

B1075 TS103

梭子均匀加速度的研究/杨青译；项海航校 . —北京：纺织工业出版社，1960 年 . —114 页

统一书号 15041 · 806

B1076 TS143

索理绪 （丝纺织工人读物）/沙俊编 . —北京：纺织工业出版社，1959 年 . —38 页

统一书号 15041 · 534

B1077 TS114

索氏棉纱强力公式 ［译］/（苏）А. Н. 索洛维耶夫著；纺织科学研究院物理性能试验研究室译 . —北京：纺织工业出版社，1960 年 . —103 页

统一书号 15041 · 626

B1078 TS183

台车避免脱套和多路进纱的试验 （针织复制技术革新资料汇编 第 2 辑）/天津市针织工业技术研究所编著 . —北京：纺织工业出版社，1960 年 . —27 页

统一书号 15041 · 681

本书介绍的是天津市针织研究所在这几个方面的试验情况和初步研究成果。

B1079 TS183

台车针织机/上海市纺织工业局针织工业公司编 . —北京：纺织工业出版社，1960 年 . —90 页

统一书号 15041 · 898

B1080　TS103

探纬知［译］／（苏）奥夫岑（Н. К. Овцын），（苏）捷瓦金（Л. В. Зевакин）著；虞晋译．—北京：纺织工业出版社，1957 年．—34 页

统一书号 15041·215

本书为文集，共包含 11 篇有关探纬知方面资料。

B1081　TQ34

特种合成纤维／上海合成纤维研究所编．—上海：上海人民出版社，1977 年．—120 页

统一书号 15171·267

B1082　TS193

提高凡拉明蓝布染色牢度研究／纺织工业出版社编．—北京：纺织工业出版社，1960 年．—59 页（被引 5）

统一书号 15041·664

B1083　TS112

提高纺纱设备生产率［译］／（苏）轻工业部撰；中央人民政府纺织工业部翻译科译．—北京：纺织工业出版社，1953 年．—62 页

B1084　TS115

提高纺织质量量的化学方法［译］／（苏）柯比耶夫（А. А. Копьев）著；张立信等译．—北京：纺织工业出版社，1955 年．—28 页

B1085　TS103

提高干燥机的生产率［译］／（苏）戈罗多夫（К. И. Городов），（苏）切尔金斯基（Б. Э. Черкинский）著；朱庆乃，唐文华，高兴译．—北京：纺织工业出版社，1956 年．—44 页

统一书号 15041·90

B1086　TS131

提高毛纺织品质量的经验／纺织工业部生产技术司编．—北京：纺织工业出版社，1959 年．—148 页

统一书号 15041·374

B1087　TS112

提高棉纺后纺设备生产能力的经验／纺织工业出版社编．—北京：纺织工业出版社，1959 年．—64 页

统一书号 15041·390

B1088　TS106

提高纱布质量的经验／纺织工业出版社编．—北京：纺织工业出版社，1959 年．—193 页

统一书号 15041·473

B1089　TS112

提高梳棉机产量的新技术／施儒铭编著．—北京：纺织工业出版社，1959 年．—48 页

统一书号 15041·342

B1090　TS114

提高斩刀剥棉效能和道夫改快慢速装置的经验／纺织工业出版社编．—北京：纺织工业出版社，1959 年．—22 页

统一书号 15041·396

B1091　TS183

提花机的构造修理与调整［译］／（苏）А. В. 库里金著；夏正兴，曹寿珍译．—北京：纺织工业出版社，1960 年．—154 页

统一书号 15041·849

B1092　TS102

天然纤维及人造纤维工业［译］／（日）厚木胜基原著；马味仲原译．—上海：商务印书馆，1952 年．—214 页

B1093　TS103

通风设备管理干部训练班教材／华东纺织管理局编．—上海：华东纺织管理局，1953 年．—169 页

B1094　TS115

通经／魏展谟编著．—上海：大东书局印行，1950 年．—119 页

B1095　TS103

筒管的检修和保养／李经纬编著．—北京：纺织工业出版社，1959 年．—68 页

统一书号 15041·483

B1096　TS105

投梭时力与时间的关系［译］／原著者不详；杨青译；钱尧年校．—北京：纺织工业出版社，1960 年．—48 页

统一书号 15041·816

B1097　TS194

涂料印花／许采焦编．—北京：纺织工业出版社，1960 年．—30 页

统一书号 15041·624

B1098　TS193

土布染色法／纪云光，邓建初编撰．—南京：江苏人民出版社，1954 年．—42 页

B1099　TS102

土法制造纤维／吴燕清编写．—乌鲁木齐：新疆青年出版社，1958 年．—5 页

B1100　TS112

土棉纺机的制造与使用／纺织工业出版社编辑．—北京：纺织工业出版社，1958 年．—18 页

统一书号 15041·335

B1101 TS112

土蒸汽原动机（纺织厂土法办电丛书）/纺织工业生产技术司专题研究组编 .—北京：纺织工业出版社，1959年 .—56 页

统一书号 15041·352

B1102 TS192

退浆和煮练的技术革新（印染技术革新资料汇编　第 5辑）/纺织工业出版社编 .—北京：纺织工业出版社，1960年 .—101 页

统一书号 15041·668

B1103 TS101

微生物在食品和纺织工业的应用（应用微生物展览会技术资料选编）/应用微生物展览会编 .—北京：中国工业出版社，1971 年 .—152 页

统一书号 15165·4623

本书第一部分介绍微生物和微生物酶制剂应用于柠檬酸、饴糖、石油制品醋酸生产谷氨酸、制酒、制醋、橘子脱囊衣、桔汁和果酒澄清以及制蛋白片、巧克力增香等。第二部分介绍微生物和微生物酶制剂应用于黄麻堆仓发酵、毛纺洗呢和蚕丝脱胶等。

B1104 TS106

为节约细纱而斗争［译］/（苏）H. M. 托尔斯托布洛娃著；纺织工业部翻译科译 .—北京：纺织工业出版社，1955 年 .—38 页

B1105 TQ34

维纶（合成纤维译丛）/上海第十四棉纺织厂协助编译 .—上海：上海科学技术情报研究所，1975 年 .—88 页

统一书号 151634·238

本书着重从日本的专利文献中，选择了有关维纶的资料共二十一篇，其中包括纤维结构的研究、提高纤维拉伸性能的方法、改进纤维的形态稳定性、提高染色性能及耐热耐水性能、异形喷丝头纺丝及接枝改性等方面内容。

B1106 TQ34

维尼龙合成纤维　聚氯乙烯树脂及加工　塑料加工/化学工业部有机化学工业设计院编 .—北京：化学工业出版社，1958 年 .—30 页

统一书号 15063·0193

B1107 TQ34

维尼纶纺丝与热处理/北京维尼纶厂编著 .—北京：轻工业出版社，1975 年 .—157 页

统一书号 15042·1326

B1108 TQ34

维尼纶后处理/北京维尼纶厂编著 .—北京：轻工业出版社，1975 年 .—200 页

统一书号 15042·1337

B1109 TQ34

维尼纶凝固浴/北京维尼纶厂编著 .—北京：轻工业出版社，1975 年 .—152 页

统一书号 15042·1327

B1110 TQ34

维尼纶牵切纺/北京维尼纶厂编著 .—北京：轻工业出版社，1975 年 .—123 页

统一书号 15042·1316

B1111 TQ34

维尼纶生产操作法　原液部分/北京维尼纶厂编 .—北京：北京维尼纶厂，1972 年 .—78 页

B1112 TQ34

维尼纶生产操作法　纺丝部分/北京维尼纶厂编 .—北京：北京维尼纶厂，1972 年 .—100 页

B1113 TQ34

维尼纶生产操作法　整理部分/北京维尼纶厂编 .—北京：北京维尼纶厂，1972 年 .—128 页

B1114 TQ34

维尼纶生产分析检验/北京维尼纶厂编著 .—北京：轻工业出版社，1976 年 .—204 页

统一书号 15042·1371

B1115 TQ34

维尼纶生产工艺/北京维尼纶厂编著 .—北京：北京维尼纶厂，1972 年 .—251 页

B1116 TQ34

维尼纶生产基本知识/北京维尼纶厂编著 .—北京：轻工业出版社，1975 年 .—101 页

统一书号 15042·1335

本书着重介绍了维尼纶生产的一般知识，对维尼纶的性质、用途，维尼纶生产的工艺过程，所用化工原料，以及维尼纶生产的公用工程等作了简明的叙述。对维尼纶生产的安全措施也作了适当的介绍。

B1117 TQ34

维尼纶原液制造/北京维尼纶厂编著 .—北京：轻工业出版社，1975 年 .—176 页

统一书号 15042·1339

本书介绍了将聚乙烯醇原料制成维尼纶纺丝原液的工艺过程（包括聚乙烯醇的水洗、溶解、过滤、脱泡），及其基本原理、运转操作、设备结构、工艺计算、事故处理等。

B1118 TQ34

维尼纶制造工艺/水佑人，余振浩编 .—北京：中国财政经济出版社，1963 年 .—416 页

统一书号 15166·131

B1119 TS184

纬编针织学 上册 纬编原理 ［港台］/平见瑞著.—台湾：出版者不详，1973年.—276页

B1120 TS184

纬编针织学 中册 圆型针织 ［港台］/平见瑞著.—台湾：出版者不详，1976年.—367页

B1121 TS184

纬编针织学 下册 平型针织 ［港台］/平见瑞著.—台湾：出版者不详，1975年.—299页

B1122 TS184

纬编针织学 ［港台］/温永泰，张超麟，侯仁澧编著.—香港：万里书店，1976年.—223页

B1123 TS1

未来的纺织技术 ［译］/（苏）皮科夫斯基（Г.И.Пиковский）著；上海市纺织科学研究院等译.—北京：纺织工业出版社，1979年.—221页
统一书号 15041·1045

B1124 TS108

温湿度管理经验/纺织工业部生产司，纺织工会全国委员会编.—北京：纺织工业出版社，1960年.—200页
统一书号 15041·782

B1125 TS106

纹织设计/苏州丝绸工学院编.—北京：纺织工业出版社，1960年.—322页（被引7）
统一书号 15041·870

B1126 TS105

我的装梭法 ［译］/（苏）索洛多娃（И.Солодова）著；唐文华译.—北京：纺织工业出版社，1955年.—14页

B1127 TS136

我们怎样改进呢绒的质量 ［译］/（苏）Е.费多托娃著；顾锡荣，孙传已译.—北京：纺织工业出版社，1957年.—52页
统一书号 15041·173

B1128 TS115

我们怎样降低每道工序的成本 ［译］/（苏）费特赛叶娃（А.Федосеева）著；张厚润编译.—北京：工人出版社，1953年.—34页
本书是苏联先进生产工作者经验介绍。

B1129 TS115

我怎样看管织布机 ［译］/（苏）吉雅康诺娃（А.Дьяконова）著；陈明译.—北京：纺织工业出版社，1956年.—60页

统一书号 15041·2

B1130 TS115

我做织布付工长的工作经验 ［译］/（苏）西巴耶夫（С.И.Шибаев）著；虞晋译.—北京：纺织工业出版社，1956年.—119页；19cm

B1131 TS176

无纺织布/胡企贤编著.—北京：纺织工业出版社，1959年.—34页
统一书号 15041·458

B1132 TQ34

无机纤维 ［译］/（英）C.Z.卡罗尔·帕津斯基著；汤琬华，张士芳译.—北京：中国工业出版社，1965年.—367页
统一书号 15165·3688

B1133 TS103

无梭织机的布边/石家庄市轻工业局科技组编.—石家庄：石家庄市轻工业局科技组，1972年.—246页

B1134 TS103

无梭织机与片梭织机 ［译］（纺织工业新技术译丛）/原著者不详，纺织工业部生产技术司译.—北京：纺织工业出版社，1959年.—20页
统一书号 15041·318

B1135 TS118

西北国棉四厂卫星织布操作法/国营西北第四棉纺织厂编.—北京：纺织工业出版社，1959年.—50页
统一书号 15041·321

B1136 TS193

吸附染色法染毛和毛织品的经验/纺织工业部生产技术司编.—北京：纺织工业出版社，1959年.—46页
统一书号 15041·365

B1137 TS193

洗染技术 （饮食服务业技术跃进丛书）/中华人民共和国商业部饮食服务局编.—北京：北京出版社，1959年.—87页
统一书号 15071·24

B1138 TS114

细纺 （纺织技术读本）/姚兆康著.—上海：中国纺织图书杂志社，1953年.—93页

B1139 TS112

细毛精纺环锭精纺机的构造、安装、修理和调整 ［译］/（苏）杰留金（Дерюгин，С.М.），奥节罗夫（Озеров，Б.В.）合著；魏家祚译.—北京：纺织工业出版

社，1957 年 . —210 页

统一书号 15041·199

B1140 TS112

细纱锭子的校直/钱宝华编著 . —北京：纺织工业出版社，1960 年 . —52 页

统一书号 15041·570

B1141 TS112

细纱机钢领钢丝圈的渗硫处理/纺织工业出版社编 . —北京：纺织工业出版社，1960 年 . —62 页

B1142 TS112

细纱机钢丝圈制造经验/纺织工业出版社编 . —北京：纺织工业出版社，1960 年 . —123 页

统一书号 15041·678

B1143 TS112

细纱机平车质量检查法/顾家源编著 . —北京：纺织工业出版社，1959 年 . —131 页

统一书号 15041·443

B1144 TS104

细纱接头消灭疙瘩操作法/张利珍创造；刘豫生执笔整理 . —北京：纺织工业出版社，1958 年 . —12 页

统一书号 15041·290

B1145 TS104

细纱落纱工作法（试行本）/湖北省纺织工业公司细纱运转工作法总结小组 . —武汉：湖北省纺织工业公司，1974 年 . —43 页

B1146 TS104

细纱落纱工作法（修订本）/湖北省棉纺织印染工业公司 . —武汉：湖北省棉纺织印染工业公司，1983 年 . —108 页

B1147 TS104

细纱械揩车工作法/全国纺织保全会议编订 . —北京：纺织工业出版社，1953 年 . —19 页；19cm

B1148 TS104

细纱运转班长机械轮训班讲义/上海市棉纺织工业公司 . —上海：上海市棉纺织工业公司，1979 年 . —165 页

B1149 TS104

细纱运转工技术问答/郑重之等编写 . —北京：中国财政经济出版社，1966 年 . —106 页

统一书号 15166·292

B1150 TS104

细纱值车工作法/山东省革命委员会纺织工业局生产处 . —山东：山东纺织工业局，1977 年 . —59 页

B1151 TS104

细纱值车工作法/山东省纺织工业厅 . —济南：山东省纺织工业厅，1986 年

B1152 TS104

细纱值车工作法（试行本）/湖北省纺织工业公司细纱运转工作法总结小组 . —武汉：湖北省纺织工业公司，1974 年 . —39 页

B1153 TS104

细纱值车工作法（修订本）/湖北省棉纺织印染工业公司 . —武汉：湖北省棉纺织印染工业公司，1982 年 . —100 页

B1154 TS103

细纱自动落纱器［译］（纺织工业新技术译丛）/原著者不详；钱樨成等译 . —北京：纺织工业出版社，1960 年 . —26 页

统一书号 15041·740

B1155 TS102

细羊毛［译］/（苏）李托夫钦科（Г. Р. Литовченко），（苏）奥夫琴尼科夫（Н. М. Овчинников）著；金荣程译 . —南京：南京畜牧兽医图书出版社，1955 年 . —88 页

B1156 TS104

纤维材料纺纱原理［译］/（苏）В. Е. 左季科夫等著；河北纺织工学院纺织系等译 . —北京：中国财政经济出版社，1962 年 . —516 页（被引 10）

统一书号 15166·028

B1157 TS102

纤维材料化学工艺学 第 1 编 纺织纤维基本特性［译］（高等学校教学用书）/（苏）沙道夫·维克托罗夫（Х. И. Садов）等著；钱宝钧，张壮徐译 . —北京：纺织工业出版社，1955 年 . —197 页

统一书号 15041·62

B1158 TS102

纤维材料化学工艺学 第 2 编 漂练［译］（高等学校教学用书）/（苏）沙道夫·维克托罗夫（Х. И. Садов），（苏）М. В. 柯尔察金等著；朱立奇译 . —北京：纺织工业出版社，1959 年 . —278 页

统一书号 15041·320

B1159 TS102

纤维材料化学工艺学 第 3 编 染色［译］（高等学校教学用书）/（苏）沙道夫·维克托罗夫（Х. И. Садов）等著；张壮余，裴应慧译 . —北京：纺织工业出版社，1957 年 . —320 页

统一书号 15041·54

本书主要内容包括：染色理论发展简史，染色理论的现代概念，染色工艺方法述要，酸性染料染色等。

B1160　TS102

纤维材料化学工艺学　第4编　印花［译］（高等学校教学用书）／（苏）沙道夫·维克托罗夫（Х. И. Садов），（苏）М. В. 柯尔察金等著；徐传文译.—北京：纺织工业出版社，1958年.—198页

统一书号 15041·222

B1161　TS102

纤维材料化学工艺学　第5编　织物整理［译］（高等学校教学用书）／（苏）沙道夫·维克托罗夫（Х. И. Садов）等著；朱立奇译.—北京：纺织工业出版社，1955年.—70页

B1162　TS102

纤维材料化学工艺学实验教程［译］／（苏）沙道夫·维克托罗夫（Х. И. Садов）等著；唐志翔等译.—北京：纺织工业出版社，1959年.—432页

统一书号 15041·288

B1163　TS102

纤维材料机械工艺学　第3篇　针织：编结生产［译］（高等学校教学用书）／（苏）Н. И. 特鲁耶甫采夫著；华东纺织工学院纤维材料机械工艺学教研组译.—北京：纺织工业出版社，1957年.—106页

统一书号 15041·213

B1164　TS190

纤维材料染整工艺学［译］／（苏）什麦列夫（С. В.）等著；黄茂福等译.—北京：纺织工业出版社，1959年.—349页

统一书号 15041·496

B1165　TS102

纤维材料学（1954—1955　1955—1956 学年教材）／姚穆编.—咸阳：西北工学院，1954年.—185页

B1166　TS102

纤维材料学　纺织纤维　上册［译］（高等学校教学用书）／（苏）库金（Г. Н. Кукин）主编；天津大学纺织系纺织材料学教研室译.—北京：纺织工业出版社，1955年.—180页

统一书号 15041·63

B1167　TS102

纤维材料学　纺织纤维　下册［译］（高等学校教学用书）／（苏）库金（Г. Н. Кукин）主编；天津大学纺织系纺织材料学教研室译.—北京：纺织工业出版社，1957年.—251页（被引 12）

统一书号 15041·188

B1168　TS102

纤维材料与试验／成都纺织工业专科学校主编.—北京：

中国财政经济出版社，1961年.—252页

统一书号 15166·020

B1169　TS102

纤维的粘弹性［港台］／徐培深著.—香港：中文大学出版社，1966年.—14页

B1170　TS102

纤维化学［译］［港台］／（日）上野成夫原著；欧志达译.—台湾：文源书局，1970年.—206页

B1171　TS102

纤维化学［港台］／许永绥译.—台北：徐氏基金会，1977年.—200页

B1172　TS102

纤维化学［港台］／刘炽章执笔.—台北：新学识文教出版中心，1979年.—319页

B1173　TS102

纤维加工系统解析［港台］／邱显堂著.—台湾：国彰出版社，1978年.—183页

B1174　TS101

纤维试验法［译］［港台］／（日）熊田喜代志著；赖耿阳译.—台北：五洲出版社，1978年.—195页

本书是台北五洲出版社版的影印本。

B1175　TS102

纤维原料表［译］／（德）威廉（William, A.）著；中华人民共和国纺织工业部毛麻丝纺织管理局译.—北京：纺织工业出版社，1958年.—1张页　787×1092全张

B1176　TS105

纤造专门工艺学／郭廉耿编著.—北京：纺织工业出版社，1956年.—470页；21cm

B1177　TS114

现代棉纺织图说（中国科学社科学画报丛书）／何达编著.—上海：中国科学图书仪器公司，1950年.—96页（被引 7）

B1178　TS103

橡胶皮圈试验总结（纺织工业技术参考资料4）／国营天津第四棉纺织厂，公私合营天津胶管厂橡胶代用品研究小组编.—北京：纺织工业出版社，1958年.—12页

B1179　TS115

消减棉织工程中的疵品［译］／（俄）波契尔涅科夫著；徐子驿译.—北京：纺织工业出版社，1954年.—79页

B1180　TQ34

硝化纤维素［译］/（苏）扎柯申柯夫（А. П. Закощиков）著；王义等译 . —北京：国防工业出版社，1956 年 . —431 页

统一书号 15034·52

B1181　TS103

小型机械工业　榨油与纺织/郑健编著 . —上海：中国文化事业社，1951 年 . —84 页；19cm

B1182　TS103

小型清钢联合机和土洋并条机/上海市纺织科学研究所编 . —北京：纺织工业出版社，1959 年 . —12 页

统一书号 15041·337

B1183　TS108

谢尔巴科夫丝织染整厂的合理化建议［译］/（苏）苏联纺织工业部编；徐子骍译 . —北京：纺织工业出版社，1957 年 . —58 页

统一书号 15041·177

B1184　TQ34

新的化学纤维［译］（苏联大众科学丛书）/（苏）布雅可夫（А. X. Буянов）撰；董德沛译 . —上海：商务印书馆，1951 年 . —40 页

B1185　TS188

新的潜力［译］/（苏）塞·米丁（С. ИМТИН）著；葛辛译 . —上海：四联出版社，1954 年 . —67 页

本书原著出版于 1950 年，作者米丁是科西诺针织厂车间主任，因改变生产操作法获得斯大林奖金。他主张用现有的生产设备和条件来增加出品量。本书是作者先进生产操作的记录。

B1186　TS190

新疆改良种羊纺织染主要工序试制样本/新疆维吾尔自治区纺织工业局羊毛试制研究工作组编 . —乌鲁木齐：新疆维吾尔自治区纺织工业局羊毛试制研究工作组，1960 年 . —3 册；31cm

B1187　TS123

新疆野麻的脱胶加工/刘铭庭著 . —乌鲁木齐：新疆人民出版社，1959 年 . —13 页

B1188　TQ34

新型粘胶短纤维　波里诺西克纤维/李之工，吴宏仁等译 . —北京：中国财政经济出版社，1964 年 . —131 页

统一书号 15166·157

本书主要选译了近年来苏联、日、英、美、西德等国杂志上发表的关于粘胶纤维生产中最新成就之一——高聚合度、高强度和高湿模量粘胶短纤维的论文、综合介绍和有关资料。这些文章比较详细地叙述了各种波里诺西克纤维的物

理结构、制造原理、物理机械性能、纺织印染加工性能以及应用范围等，并讨论了这类纤维的发展方向和前途。

B1189　TS103

须条集合器在粗纺机和精纺机上的应用［译］/（苏）巴尔亚索夫（П. Д. Балясов）著；王寿民译 . —北京：纺织工业出版社，1955 年 . —130 页

B1190　TS143

选茧（丝纺织工人读物）/程琦编著 . —北京：纺织工业出版社，1959 年 . —39 页

统一书号 15041·501

B1191　TS192

亚氯酸钠的性质和漂白［译］（纺织工业新技术译丛）/原著者不详，纺织科学研究院染化室漂练组译 . —北京：纺织工业出版社，1960 年 . —106 页

统一书号 15041·587

B1192　TS123

亚麻纺织常识/华树嘉编著 . —北京：纺织工业出版社，1959 年 . —44 页

统一书号 15041·507

B1193　TS123

亚麻生物浸渍法［译］/（苏）K. M. 米罗诺夫著；顾耀海译 . —北京：纺织工业出版社，1959 年 . —101 页

统一书号 15041·504

B1194　TS194

颜料印花（纺织工业技术参考资料 10）/纺织工业部生产司编 . —北京：纺织工业出版社，1959 年 . —50 页

统一书号 15041·326

B1195　TS190

颜料印染棉布［港台］（小本百艺丛书）/欣少件编著 . —香港：万里书店，1977 年 . —74 页

B1196　TS102

羊毛初步加工［译］/（苏）H. A. 扎乌塞洛夫，（苏）H. M 阿尔捷莫夫著；杨学礼，陶景亮译 . —北京：中国财政经济出版社，1963 年 . —274 页

统一书号 15166·091

B1197　TS190

羊毛地毯的染整/北京市地毯一厂编著 . —北京：轻工业出版社，1978 年 . —82 页

统一书号 15042·1466

B1198　TS102

羊毛普通工艺学［译］（中等专业学校教学用书）/（苏）Я. Я. 李边柯夫著；高兴，唐文华合译 . —北京：纺织

工业出版社，1956 年．—218 页

统一书号 15041·48

B1199 TS102

羊毛损伤的定性测定（纺织工业技术参考资料13）/国营上海毛麻纺织公司技术研究室编．—北京：纺织工业出版社，1959 年．—26 页

统一书号 15041·309

B1200 TS102

羊毛学 上册［译］/（苏）T. И. 库兹涅佐夫著；蒋锡生，繆炎生译．—北京：纺织工业出版社，1956 年．—150 页

统一书号 15041·67

B1201 TS102

羊毛学 下册［译］/（苏）T. И. 库兹涅佐夫著；蒋锡生，繆炎生译．—北京：纺织工业出版社，1957 年．—318 页

统一书号 15041·181

B1202 TS102

羊毛与人造纤维混纺［译］/（日）大野一郎著；纺织工业部技术司毛纺织处译．—北京：纺织工业出版社，1959 年．—170 页；21cm

统一书号 15041·513

B1203 TS102

羊毛质量问题［译］/（苏）E. K. 杰依赫曼等著；何航升，徐子骅译．—北京：纺织工业出版社，1957 年．—186 页

B1204 TS114

摇纱及成包（棉纺织基本技术丛书）/高章博编撰；中国技术协会编辑．—上海：大东书局，1950 年．—74 页

B1205 TS114

摇纱及成包 再版（棉纺织基本技术丛书）/中国技术协会主编；高章博编著．—上海：大东书局，1951 年．—74 页

B1206 TS106

药棉与纱布（工农生产技术便览）/谭庆莹，李有山著．—上海：中华书局，1950 年．—35 页

B1207 TS102

野生纤维大有可为（1958 年甘肃省农业展览会展览资料之二十九）/甘肃省商业厅编．—兰州：甘肃人民出版社，1958 年．—12 页

统一书号 16096·103（2）

B1208 TS102

野生纤维试验（纺织工业技术参考资料 7）/纺织工业部

生产司编．—北京：纺织工业出版社，1958 年．—45 页

统一书号 15041·261

B1209 TS102

野生纤维脱胶的机械与方法（四川省野生纤维参考资料之二）/四川省轻工业厅编．—成都：四川人民出版社，1959 年．—46 页

B1210 TS102

野生与草类纤维制人造棉/轻工业出版社编．—北京：轻工业出版社，1958 年．—16 页

统一书号 15042·411

B1211 TS103

野生植物浆料（浆料代用品研究汇编 5）/纺织科学研究院，纺织工业出版社．—北京：纺织工业出版社，1959 年．—93 页

统一书号 15041·301

B1212 TS102

野生植物纤维剥制与脱胶/辽宁省纺织工业局编著．—沈阳：辽宁人民出版社，1960 年．—70 页

统一书号 15090·176

B1213 TS102

野生植物纤维的利用/福建省工业厅编写．—福州：福建人民出版社，1958 年．—21 页

统一书号 13104·2

B1214 TS102

野杂纤维、化学纤维与棉混纺（全国纺织工业技术革新技术革命经验交流大会资料汇编）/纺织工业出版社编．—北京：纺织工业出版社，1960 年．—74 页；19cm

B1215 TS102

野杂纤维的采集与加工利用/江西省轻工业厅纺织工业管理局编写．—南昌：江西轻工业出版社，1960 年．—106 页

统一书号 15·023

本书概要地介绍了野杂纤维的性质、鉴别方法、采集、剥制、初步加工、短纤维精制加工、纺纱和综合利用的一些经验，其中以介绍土法生产的经验为主。此外，对土法制造化工原料和建立野杂纤维综合加工厂的要点也作了介绍。

B1216 TS102

野杂纤维纺织麻袋（麻纺织技术革新资料汇编 第 4 辑）/纺织工业部生产司编．—北京：纺织工业出版社，1960 年．—175 页

统一书号 15041·721

B1217 TS193

阴丹士林染色法/徐子骅，仲宝红编．—上海：中华书局，1950 年．—1 册

B1218 TS194

印花（印染工人技术读本）/上海印染工业公司编著.—北京：轻工业出版社，1975年.—321页

统一书号 15042·1342

B1219 TS194

印花（印染工人技术读本）/上海印染工业公司编.—北京：纺织工业出版社，1975年.—321页（被引13）

统一书号 15041·1025

本书介绍了棉布印花机械设备、操作方法，以及直接印花、防染（防印）印花、拔染印花和同浆印花等印花方法的原理、工艺过程。此外，对棉布以久的粘胶纤维织物、涤棉混纺织物的印花和印花疵病，也作了简要的介绍。

B1220 TS194

印花 第2版（印染工人技术读本）/上海印染工业公司编.—北京：纺织工业出版社，1983年.—389页（被引16）

统一书号 15041·1025

本书介绍了棉布印花机械设备、操作方法，以及直接印花、防染（防印）印花、拔染印花、同浆印花和特种印花等印花方法的原理、工艺过程。对粘胶纤维织物、涤棉混纺织物、中长纤维织物和绒类织物的印花和印花疵病，也作了介绍。在修订时还增加了近几年来出现的一些新设备、新染化料和新工艺。

B1221 TS194

印花布图案的设计和制作/林沧发，陈克白编著.—上海：上海人民美术出版社，1966年.—174页

统一书号 8081·537

本书首先简略介绍花布的历史情况，其次是花布花纹图案设计的全面知识。考虑到花纹图案的设计，是要通过生产部门的印制，才能完成作品的任务。这就是说，花纹图案必须符合生产上的要求，不论是机械条件、操作方法、工艺过程，或是节约原材料等都应该注意。

B1222 TS194

印花法经验介绍/上海大赉织造厂等编.—上海：上海科学技术出版社，1958年.—19页

统一书号 15119·799

本书是上海市工业生产比先进比多快好省展览会纺织工业技术交流参考资料。

B1223 TS194

印花工业概述/山东省轻工业局第二科研所，山东省轻工业局纺织情报服务站编.—济南：编者自发行，1975年.—2册；26cm

本书重点介绍了印花条件、印制方式、色浆、雕刻、蒸化、前后处理等。

B1224 TS194

印花滚筒雕刻工艺的改进（印染技术革新资料汇编 第6辑）/纺织工业出版社编.—北京：纺织工业出版社，1960年.—41页；19cm

统一书号 15041·669

本书共收集了有关改进印花滚筒雕刻工艺的资料五篇，主要介绍了湿版照相雕刻、改进后缩小机的配针方法、花筒电解腐蚀、自动腐蚀的装置、花筒方式镀铬的设备等。

B1225 TS194

印花机的构造和操作方法/钟用昆编.—北京：纺织工业出版社，1960年.—92页

统一书号 15041·812

本书介绍滚筒印花机的构造以及印花机的操作方法，并详尽地介绍了各主要机构的使用方法和注意事项，此外对机器的保全保养也有简明的介绍。对新型的立式印花机作了概括的说明。

B1226 TS194

印花新技术/冯盈等编著.—上海：上海科学技术出版社，1959年.—88页

统一书号 15119·1226

本书介绍国营上海第一印染厂在1958年技术革新的先进经验。内容包括：光电传真雕刻的原理及机械结构，照相雕刻的原理及操作方法，涂料印花的应用范围及处方，绢网印花的工艺过程等。

B1227 TS197

印染标准工作法/东北纺织管理局编.—沈阳：新华书店东北总分店，1950年.—198页

B1228 TS198

印染厂怎样节约烧碱/施饮谷编.—北京：纺织工业出版社，1960年.—46页

统一书号 15041·833

本书主要内容是介绍节约烧碱的几项工作经验，其中包括节约烧碱的具体措施，如合理使用和节约代用，稀碱液的蒸浓和回收处理，以及加强计划管理和统计分析工作等。

B1229 X791

印染废水生化处理与脱色/金淦申编.—北京：纺织工业出版社，1979年.—195页

统一书号 15041·1046

本书介绍印染废水的生化处理方法，共分三部分。第一部分扼要地叙述印染废水的产生、水质和处理任务。第二部分阐述生化处理的机理，重点介绍表面曝气法等。第三部分介绍活化硅藻土吸附、化学凝聚等脱色方法。

B1230 TS198

印染工厂用液快速测定法/国营上海第一印染厂撰.—北京：纺织工业出版社，1953年.—54页

本书主要内容包括：印染工厂用液快速测定法的意义，各种用液的快速测定法，测定用药品的配制等。

B1231 X791

印染工业废水处理/上海市纺织科学研究院编译．—北京：轻工业出版社，1974年．—279页

统一书号 15042·1328

本书主要内容包括：印染工业废水，印染废水的处理方法，印染废水的处理设备等。

B1232 TS190

印染工业基本知识（印染工人技术读本）/上海印染工业公司编．—北京：轻工业出版社，1975年．—237页（被引8）

统一书号 15042·134

本书介绍了印染工业中练漂、染色、印花、雕刻及整装各工序的生产过程，以及一般纤维和染料的性能、应用等。

B1233 TS190

印染工业基本知识（修订本）（印染工人技术读本）/上海印染工业公司编．—北京：纺织工业出版社，1983年．—253页（被引5）

统一书号 15041·1022

本书简明地介绍了印染工业中练漂、染色、印花、雕刻及整装各工序的生产过程，以及一般纤维和染料的性能、应用等。此外，对印染污水的处理也作了扼要的叙述。

B1234 TS190

印染化学原料分析方法/上海市纺织工业局编．—北京：中国财政经济出版社，1961年．—112页

统一书号 15166·069

本书主要内容包括：标准溶液的制备，试剂的制备，化学原料分析方法等。

B1235 TS190

印染技术基本操作规程/中央纺织工业部编订．—北京：中央纺织工业部，1953年．—62页；19cm

B1236 TS190

印染教材 ［港台］（美术工艺系列19）/庄美月编著．—台北：正文书局有限公司，1973年．—121页

本书主要内容包括：印染概论，绞染，蜡染，绢印等。

B1237 TS190

印染棉布分等规定/中华人民共和国科学技术委员会发布．—北京：技术标准出版社，1966年．—42页

B1238 TS190

印染生产中溶液浓度的自动控制与调整 ［译］/（苏）Л. И. 贝连基著；杨克译．—北京：纺织工业出版社，1959年．—46页

统一书号 15041·459

本书叙述了对绳状浸轧机中酸液和碱液按其电导度进行自动控制与调整的基本原理，并对苏联中央棉纺织科学研究院溶液浓度调整器的结构和应用作了介绍。同时说明溶液浓度如经自动调整，就可以获得节省药剂，减少耗水量和疵品，并能加速与改进工艺过程及使质量标准化等技术经济效果。

B1239 TS190

印染学 ［港台］/李文编著．—台湾：商务印书馆股份有限公司，1971年．—221页（被引9）

B1240 TS190

印染学 上册（中等专业学校教材）/河北纺织工学院主编．—北京：中国财政经济出版社，1961年．—255页

统一书号 15166·021

B1241 TS190

印染学 下册（中等专业学校教材）/河北纺织工学院主编．—北京：中国财政经济出版社，1961年．—341页

统一书号 15166·023

B1242 TS101

用偏振光测定棉纤维成熟度/马家驯编著．—北京：纺织工业出版社，1956年．—46页

统一书号 15041·88

B1243 TS102

用野生纤维制造人造棉（纺织工业技术参考资料2）/四川省三台县野生纤维厂编．—北京：纺织工业出版社，1959年．—72页

统一书号 15041·250

B1244 TS115

用玉蜀黍上浆的研究/费莘耕著．—北京：纺织工业出版社，1954年．—70页

B1245 TS11

优良产品工作组 ［译］/（苏）B. A. 弗多罗夫著；虞晋译．—北京：纺织工业出版社，1955年．—67页；19cm

B1246 TS190

有机染料 ［译］/（苏）夏勃士尼科夫（B. Г. Щапщников）著；刘悦山等译．—北京：化学工业出版社，1957年．—600页

统一书号 15063·0106

B1247 TS102

原料茧试验/范顺高，苏烈山编．—北京：纺织工业出版社，1959年．—164页

统一书号 15041·509

本书介绍了缫丝厂原料茧试验工作的具体做法。着重叙述确定选茧方针、目的品线、目的缫折的试验寻求解决尴尬维度的试验方法。

B1248 TS11

原棉、棉纱及其织品实验讲义（油印本）（商品学教研室用）/中国人民大学商品学教研室编写．—北京：中国人民大学，1954 年．—22 页

B1249 TS102

原棉分级概论/荣永宝编著．—上海：申新同学会出版，1950 年．—43 页；21cm

B1250 TS102

原棉和配棉/王家槐著．—北京：纺织工业出版社，1959 年．—32 页

统一书号 15041·474

本书主要内容包括：原棉的性能，原棉的分级检验，配棉等。

B1251 TS102

原棉性能与纺纱关系/纺织工业出版社编．—北京：纺织工业出版社，1960 年．—120 页

统一书号 15041·804

B1252 TS102

原棉与配棉/张公行著．—北京：中国财政经济出版社，1962 年．—184 页

统一书号 15166·100

本书第一部分叙述原棉的各种性状，从气候土壤、生长过程、初步加工、原棉品种、内部结构等各个方面探讨原棉各项性能的形成原因、变化规律、相互关系以及工作中需要注意的地方，同时也概括介绍了原棉的经验检验方法。第二部分介绍了适合于我国情况的配棉方法，并对配棉方法有关的各个方面进行了讨论，同时还介绍了原棉的技术管理和原棉与纺纱工艺的关系。

B1253 TS101

原色棉布试验方法/中华人民共和国纺织工业部编制．—北京：纺织工业出版社，1957 年．—10 页；26cm

B1254 TS101

原子能和纺织工业（原子能知识小丛书）/庄嘉寅，杨栋樑编写．—上海：科技卫生出版社，1959 年．—24 页；18cm

B1255 TS101

原子能和印染工业/杨栋标编写．—上海：科技卫生出版社，1959 年．—34 页；18cm（被引 7）

B1256 TS183

圆袜机的结构和看管 ［译］/（苏）沙洛夫（И. И. Шалов）著；宗平生译．—上海：科技卫生出版社，1959 年．—216 页

统一书号 15119·748

本书叙述袜品制造工艺过程的基本概念，详尽地介绍各

种袜机、双系统袜机、编结花式短袜机、圆罗纹编织机和双针筒袜机等的结构和看管知识。

B1257 TS115

"跃进"织布工作法/国营郑州第三棉纺织厂编．—北京：科学普及出版社，1958 年．—16 页

统一书号 15051·138

B1258 TS154

在自动织机上织造人造短纤维布 ［译］/（苏）A. 巴甫洛夫著；凌家隽译．—北京：纺织工业出版社，1956 年．—82 页；19cm

B1259 TS148

怎样办缲制蚕丝工厂/朱世光，刘西屏编写．—南昌：江西人民出版社，1959 年．—44 页

B1260 TS103

怎样包卷针布/徐炽昌编著．—北京：纺织工业出版社，1960 年．—31 页

统一书号 15041·552

B1261 TS103

怎样操作细纱机（纺织技术读本）/蒋乃镛编著．—上海：中国纺织图书杂志社，1953 年．—48 页

B1262 TS114

怎样发挥精纺工的巨大潜力 ［译］/（苏）聂梅特舍娃（Д. Немытщева）著；凌家隽译．—北京：纺织工业出版社，1957 年．—26 页

统一书号 15041·165

B1263 TS102

怎样检验棉花/河北省商业厅编．—石家庄：河北人民出版社，1958 年．—39 页

B1264 TS147

怎样减少和消灭丝色次品（丝纺织工人读物）/吴生，范顺高编著．—北京：纺织工业出版社，1960 年．—37 页

统一书号 15041·544

B1265 TS134

怎样减少精梳毛纺细纱断头（毛纺织工人读物）/陈肇亭，倪雅撰编著．—北京：纺织工业出版社，1960 年．—104 页

统一书号 15041·562

本书分析了精梳毛纺细纱断头的原因，并介绍了降低细纱断头的各种措施以及各项根本性的制度和经验等。

B1266 TS115

怎样减少棉织工程中回丝 ［译］/（苏）高雷茨基（С. Г. Горнцкий）著；徐子骅译．—北京：纺织工业出版社，

1954 年 . —109 页

B1267 TS143

怎样减少生丝切断（丝纺织工人读物）/程琦编著 . —北京：纺织工业出版社，1960 年 . —44 页

统一书号 15041·576

B1268 TS190

怎样降低棉布缩水率/胡庆铎，龚达言编著 . —北京：纺织工业出版社，1960 年 . —38 页

统一书号 15041·481

本书主要内容包括：降低棉布缩水的重要意义，棉布缩水的原因，降低棉布缩水的方法等。

B1269 TS114

怎样节约用棉和计算用棉量/张振欧，俞允臧编著 . —北京：纺织工业出版社，1958 年 . —102 页

统一书号 15041·244

B1270 TS105

怎样解决无梭织机的布边问题［译］（纺织工业新技术译丛）/原著者不详；纺织工业部生产技术司编译 . —北京：纺织工业出版社，1958 年 . —13 页

统一书号 15041·281

B1271 TS103

怎样看和画纺织机械图/刘鹏展编著 . —北京：纺织工业出版社，1960 年 . —142 页

统一书号 15041·563

本书简要地阐述了纺织机械图的看法和画法，主要内容包括图形的看法、尺寸的读法、比例的读法等一些基础知识。

B1272 TQ34

怎样利用野生纤维做人造棉（资源综合利用丛书）/浙江省轻工业厅编 . —杭州：浙江人民出版社，1958 年 . —127 页

统一书号 15103·32

B1273 TS134

怎样配制和应用和毛油/傅尚梅编 . —北京：纺织工业出版社，1960 年 . —61 页

统一书号 15041·784

本书叙述了和毛油的配制方法，以及在毛纺织工业中怎样应用和毛油。

B1274 TS115

怎样使梭子正常飞行/陈旭初编 . —北京：中国财政经济出版社，1964 年 . —80 页

统一书号 15166·181

本书用浅近的道理，说明了梭子是怎样飞行的，要怎样进行控制和调整才能使梭子正常飞行。接着，详细叙述了影

响梭子正常飞行的各种毛病，并指出了克服这些毛病的办法。最后，还介绍了梭子的检修技术。

B1275 TS159

怎样使用化学纤维纺织品/北京市纺织工程学会编；黄通，王继组等执笔 . —北京：中国财政经济出版社，1965 年 . —75 页

统一书号 15166·224

本书介绍了近来在市场上销售的几种化学纤维纺织品的特点，并着重介绍了这些纺织品在缝制、洗染、熨烫、保管等方面的知识。

B1276 TS159

怎样使用化学纤维纺织品 第 2 版（修订本）/李泽，张友辅，王继祖等编 . —北京：轻工业出版社，1973 年 . —82 页（被引 6）

统一书号 15042·1307

本书第 2 版首先对几种化学纤维的性能、特点作了一些简单介绍。接着介绍了近几年来在市场上销售的化学混纺织物、针织物、复制品、混纺毛线的性能及特点；并着重介绍了这些产品在缝制、洗染、熨烫、保管等方面的知识。

B1277 TS134

怎样提高精梳毛纱质量（毛纺织工人读物）/汤锡林编著 . —北京：纺织工业出版社，1960 年 . —84 页

统一书号 15041·789

B1278 TS115

怎样提高棉布下机一等品率/过念薪，乐一鸣编著 . —北京：中国财政经济出版社，1962 年 . —162 页

统一书号 15166·074

本书根据长期生产实践，围绕纱疵、织疵、漏验率三个方面，介绍了提高下机一等品率的具体措施。

B1279 TS114

怎样提高棉纱条干均匀度/庄心光编著 . —北京：纺织工业出版社，1959 年 . —88 页

统一书号 15041·395

本书根据机台高速运转后的实际试验，介绍了提高棉纱条干均匀度的具体措施，对混棉、清钢处理、条粗隔距、牵伸分配、机械状态、操作方法等方面的工作，都作了详细叙述。

B1280 TS143

怎样提高生丝的清洁和洁净（丝纺织工人读物）/徐卿编著 . —北京：纺织工业出版社，1960 年 . —40 页

统一书号 15041·560

B1281 TS143

怎样提高生丝匀度（丝纺织工人读物）/程琦编著 . —北京：纺织工业出版社，1960 年 . —46 页

统一书号 15041·781

B1282 TS103

怎样提高现有浆纱机的速度/陆白天，邵甫田，龚大来编著．—北京：纺织工业出版社，1960年．—52页

统一书号 15041·738

B1283 TS105

怎样调整纺织工艺参变数/董作成编著．—北京：中国财政经济出版社，1965年．—133页

统一书号 15166·283

本书通俗地介绍了什么是织造工艺参变量和织造工艺有哪些参变量，说明了各项工艺参变量的定义、种类、作用原理、相互关系、参变量和产生的关系等。同时对工艺参变数的确定和调整原则、调整参变数的规定等也作了介绍。

B1284 TS143

怎样消灭生丝纤度次品（丝纺织工人读物）/徐卿编著．—北京：纺织工业出版社，1960年．—39页

统一书号 15041·561

B1285 TS102

怎样用棉杆皮制人造棉/应寿纪编著．—西安：陕西人民出版社，1958年．—27页

统一书号 16994·145

B1286 TS102

怎样制人造棉/天津专署商业局编写．—石家庄：河北人民出版社，1958年．—33页

统一书号 13086·17

本书主要介绍了棉杆皮、稻草、树皮、蛤蟆被、熟曲花秸、柳条皮等制造人造棉的具体过程。另外，还介绍了几种加工野生纤维用的简便工具及必用药品的制作方法等。

B1287 TS102

怎样制造和利用野生纤维代用棉/河南省工业厅工矿试验所编．—郑州：河南人民出版社，1959年．—20页

统一书号 15105·84

本书主要内容包括：有利用野生纤维制取代用棉的理论，有制用的生产流程，工艺制造，试制结果，成本核算等。

B1288 TS102

怎样制造人造棉/全国野生植物纤维加工技术交流会议秘书处编写．—贵阳：贵州人民出版社，1958年．—176页

统一书号 15115·14

本书第一部分是临时收集有关资料结合试验中的体会编写的。第二部分中有棉程皮、稻草等15个品种，23个试制方法是根据遵义、三台人造棉厂和广西、广东省的原有材料结合试制实践，作了一些补充和修改，余44个品种59个试制方法均是与会代表在学习中边试验、边研究出来的。

B1289 TS143

怎样煮茧（缫丝厂工人技术读本）/浙江省轻工业厅丝

绸管理局编．—北京：纺织工业出版社，1960年．—34页

统一书号 15041·717

本书主要内容包括：煮茧的目的与要求，煮茧机的结构，煮茧的技术操作等。

B1290 TS113

轧花（工农生产技术便览）/金永熙编著．—上海：中华书局，1950年．—44页；18cm

本书主要内容包括：轧花的意义，轧花机，棉花品质和轧花的关系，轧花经营等。

B1291 TS113

轧花/荣耀南编著．—北京：纺织工业出版社，1959年．—68页

本书有系统地介绍当前我国普遍使用的锯齿式和皮辊式两种轧花机，从它们的结构、性能以及操作要点等都作了详细而通俗的说明，同时在书后还附了商业部有关轧花工作的几个参考资料，是从事轧花工作的同志一本非常实用的参考书。

B1292 TS113

轧花工艺 上下册（中等商业学校教材）/中等商业学校轧花工艺教材编写组编．—合肥：安徽人民出版社，1963年．—325页，263页

统一书号 7102·29

本书分上、下册，除论述了轧花技术的基本原理外，比较详细地介绍了各种机械的构造、工作原理、工艺过程、操作方法与产品的数量和质量的关系，以及机器的安装、使用、维修、保养等具体操作经验。

B1293 TS143

柞蚕茧制丝 上册/《柞蚕茧制丝》编著委员会编著．—北京：纺织工业出版社，1956年．—144页

统一书号 15041·112

本书主要内容包括：总论，原料茧，茧质，原料茧的收购等。

B1294 TS143

柞蚕茧制丝 下册/《柞蚕茧制丝》编著委员会编著．—北京：纺织工业出版社，1957年．—140页

统一书号 15041·167

本书主要内容包括：缫丝，干燥处理，柞蚕丝的初步检验等。

B1295 TS143

柞蚕茧制丝基本知识/辽宁纺织科学研究所柞蚕丝绸研究所编写．—沈阳：辽宁人民出版社，1959年．—180页；21cm

统一书号 15090·157

B1296 TS143

柞蚕茧制丝学 上册（纺织职工业余中等专业学校教

材）/辽宁省纺织工业厅编.—北京：纺织工业出版社，1961年.—150 页

本书主要内容包括两篇：第一篇制丝原料，第二篇解舒处理。

B1297 TS190

柞蚕丝绸漂练印染基本知识/辽宁纺织科学研究所柞蚕丝绸研究所编写.—沈阳：辽宁人民出版社，1960 年.—274 页；21cm

统一书号 15090·169

本书主要内容包括：染料和药剂，柞蚕丝绸的漂练，柞蚕丝绸的染色等。

B1298 TS145

柞蚕丝绸织造基本知识/辽宁纺织科学研究所柞蚕丝绸研究所编写.—沈阳：辽宁人民出版社，1960 年.—304 页；21cm

统一书号 15090·160

本书主要内容包括：柞蚕丝织物的设计，原料丝的选配，蒸丝等。

B1299 TS143

柞蚕丝之缫丝问题/贺康撰.—沈阳：东北新华书店，1950 年.—46 页

B1300 TQ34

粘胶短纤维纺制和后处理（粘胶纤维生产工人技术读本）/编著者不详.—北京：中国财政经济出版社，1977 年

B1301 TQ34

粘胶短纤维生产 ［译］／（苏）П.П. 马基森，（苏）H.C. 基舍来娃著；张书绅，陈政译.—北京：中国财政经济出版社，1961 年.—270 页

统一书号 15166·063

本书比较全面地介绍了苏联以及其他国家的粘胶短纤维工业中的技术成就，特别是粘胶溶液制备方法、纤维的成形方法和纺丝、后处理用设备的改进等，并结合具体使用经验，对这些技术成就的意义和价值作了分析、比较和讨论。

B1302 TQ34

粘胶短纤维与其他纤维混纺 ［译］（纺织工业新技术译丛）／（苏）乌先科等著；耿存义等译.—北京：纺织工业出版社，1960 年.—90 页

统一书号 15041·547

本书收集了有关粘胶短纤维纺纱及其混纺的资料七篇，大部分译自苏联《纺织工业》和摘译自苏联乌先利著《人造短纤维在纺纱工程中的应用》第二章混纺部分。内容着重介绍人造短纤维纺纱和与棉、麻、毛及生丝下脚混纺的加工工艺过程，各种纤维的混合比例，怎样选择在长度和细度方面与所混纤维相近似的人造短纤维以提高混纺纱的质量，以及用棉纺机械纺制人造短纤维和混纺纱及其在纺织上存在的问题。

B1303 TQ34

粘胶化学纤维制造法/袁福绥编.—沈阳：辽宁人民出版社，1959 年.—72 页

统一书号 15090·84

本书较详细地介绍了粘胶法制造化学纤维（包括人造丝、人造毛及透明的玻璃纸等）的原理、工艺流程、原材料的规格、性质、耗用数量、生产技术和实践经验等。

B1304 TS154

粘胶人造棉纺织工艺/郭大栋，魏果猷，杜炎福，朱长惠，谢良忠，张寿仁编著.—北京：中国财政经济出版社，1964 年.—245 页

统一书号 15166·162

本书主要内容包括：粘胶纤维性能，粘胶人造棉的纺纱工艺，粘胶人造棉的织造工艺等。

B1305 TS190

粘胶人造棉在棉纺织印染厂的加工/全苏纺织工作者科学工程技术协会伊万诺沃分会，伊万诺沃纺织科学研究院，伊万诺沃棉纺织工业总管理局编；陶贻威等译.—北京：纺织工业出版社，1960 年.—128 页

统一书号 15041·266

本书系统叙述了苏联伊万诺沃省棉纺织印染厂生产人造棉织物的先进经验，从纺纱、织布到印染、防缩整理，都作了详细的阐述。

B1306 TQ34

粘胶人造丝纺制（粘胶纤维生产工人技术读本）/保定化学纤维联合厂编.—北京：中国财政经济出版社，1965 年.—88 页

统一书号 15166·264

本书主要内容包括：纺丝工艺，纺丝机，纺丝机的操作等。

B1307 TQ34

粘胶人造丝后处理（粘胶纤维生产工人技术读本）/保定化学纤维联合厂编.—北京：中国财政经济出版社，1965 年.—52 页

统一书号 15166·270

本书主要内容包括：粘胶人造丝后处理工艺，粘胶人造丝后处理机，粘胶人造丝后处理浴液等。

B1308 TQ34

粘胶纤维 ［译］／（西德）库尔特·果采著；诸祥坤等译.—北京：中国财政经济出版社，1964 年.—429 页

统一书号 15166·146

本书比较全面和系统地论述了粘胶纤维的基本原理、生产技术和生产设备。对各种不同的生产方法和设备形式作了分析比较。同时提供了原料、半制品以及生产控制的分析方法。

B1309 TQ34

粘胶纤维、玻璃纸及卡普隆丝生产中的安全技术
[译] / （苏）M. A. 阿尔捷明科夫著；吴宏仁，方佩颖
译 . —北京：中国财政经济出版社，1963 年 . —156 页

统一书号 15166·120

本书中详细阐述了粘胶纤维、玻璃纸及卡普隆丝生产中
各工序的劳动保护与安全技术的主要问题。扼要地说明了工
艺设备和防护装置的结构，以及安全操作法。此外，还介绍
了有关生产车间空气调节的基本知识。

B1310 TQ34

粘胶纤维工艺学/保定化学纤维联合厂编 . —北京：纺织
工业出版社，1961 年 . —257 页

统一书号 15041·918

B1311 TQ34

粘胶纤维后处理 [译] / （苏）B. A 格鲁兹杰夫，（苏）
A. B. 帕克什维尔著；周增瑚等译 . —北京：中国财政经济出
版社，1962 年 . —241 页

统一书号 15166·076

本书叙述了粘胶纤维后处理各工序的工艺过程，比较和
分析了脱硫、漂白、上浆、皂洗、加柔、上油等工序所采用
各种制剂的特性，介绍了粘胶纤维及其制品的防缩、防皱、
耐水、耐火等各种特种处理方法，研究了粘胶纤维后处理各
种设备的结构和工作原理，并对提高粘胶纤维质量、防止和
消除各种疵点的办法作了专门的讨论。

B1312 TQ34

粘胶纤维浆粕反应能力的研究/张震亚编著 . —北京：中
国财政经济出版社，1965 年 . —84 页

统一书号 15166·243

本书内容分为浆粕反应能力的测试方法和影响浆粕反应
能力的因素两部分。在测试方法部分，以粘胶过滤性能的测
定和乳化黄酸化不溶残渣的测定为主。在影响因素部分，大
体归纳为浆粕中非纤维素成分的影响、纤维素的聚合度和多
分散性的影响、纤维形态结构的影响和纤维素微细结构的影
响四个方面。

B1313 TQ34

粘胶纤维生产/上海市化学纤维工业公司编 . —上海：上
海人民出版社，1977 年 . —142 页

统一书号 15171·273

本书主要叙述粘胶纤维的成形和后处理等生产工艺过程
及其基本原理；并对生产粘胶纤维所用主要原料和化工料的
性能、作用以及设备等作了简单的介绍。

B1314 TQ34

粘胶纤维生产化学分析/孔行权编著 . —北京：中国财政
经济出版社，1962 年 . —257 页

统一书号 15166·096

本书叙述了粘胶纤维厂化验室所用的一些化学分析方
法。主要内容包括：木粕分析，化工原料分析，水质分析，

控制分析和成品分析。此外，还介绍了各种试剂和标准溶液
的配制。

B1315 TQ34

粘胶纤维生产基本知识（粘胶纤维生产工人技术读
本）/蒋听培编 . —北京：中国财政经济出版社，1964 年 . —
56 页

统一书号 15166·216

本书主要内容包括：化学纤维和粘胶纤维，粘胶纤维的
生产过程，粘胶纤维生产所用原材料等。

B1316 TQ34

粘胶纤维与棉花混纺织初步试验（纺织工业技术参考资
料 1）/纺织工业部生产技术司编 . —北京：纺织工业出版
社，1958 年 . —36 页

统一书号 15041·249

B1317 TQ34

粘胶纤维原液制造（粘胶纤维生产工人技术读本）/诸
祥坤，林治全，杨希安，唐湄媞，张志芳，王建茹编 . —北
京：中国财政经济出版社，1965 年 . —114 页

统一书号 15166·238

本书主要内容包括：粘胶纤维原液制造概述，浆粕准
备，碱纤维素的制造等。

B1318 TQ34

粘胶纤维制造新技术和新工艺 [译] / （苏）E. M. 莫
基列夫斯基等著；骆成明，蒋听培，方佩颖等合译 . —北京：
中国财政经济出版社，1962 年 . —203 页

统一书号 15166·102

本书收集了有关粘胶纤维制造新技术和新工艺方面的十
五篇论文，全部选译自苏联 1959 年到 1961 年的《化学纤
维》杂志。

B1319 TS134

长毛绒织造基本知识/安东绢纺织厂科学技术学会编 . —
沈阳：辽宁人民出版社，1961 年 . —101 页

统一书号 15090·195

B1320 TS103

掌握每台织机的设计能力 [译] / （苏）П. И. 施初金
著；徐子骅译 . —北京：纺织工业出版社，1955 年 . —45 页

B1321 TS188

针织厂设计/华东纺织工学院针织教研组编 . —上海：华
东纺织工学院，1962 年

B1322 TS183

针织缝纫机 [译] / （苏）Л. Н 弗列罗娃，（苏）B. A.
什费尔著；张谷兰译 . —北京：纺织工业出版社，1959
年 . —177 页；21cm

统一书号 15041·444

本书内容着重说明各种针迹（针脚）的形成过程和基本原理，各种缝纫机的构造和工作原理。

B1323　TS18

针织工程学［港台］（纺织染整工业全书之六）/王敏泰编著．—台北：五洲出版社，1975 年．—290 页

B1324　TS183

针织横机/上海第四羊毛衫厂编．—上海：上海科学技术出版社，1978 年．—146 页

统一书号 15119·1967

B1325　TS183

针织机的安装和操作　内衣部分/河北省纺织工业局编．—北京：纺织工业出版社，1960 年．—44 页

统一书号 15041·568

本书根据河北省针织内衣技术经验交流会会议的资料编写而成。

B1326　TS186

针织内衣（商品知识小丛书）/黑龙江商学院编．—上海：上海科学技术出版社，1959 年．—30 页

统一书号 15119·1356

B1327　TS181

针织品（油印本）/中国人民大学商品学教研室编写．—北京：中国人民大学，1955 年．—13 页

B1328　TS192

针织品过氧化氢练漂和练漂染的连续化（针织复制技术革新资料汇编　第 3 辑）/纺织工业出版社编．—北京：纺织工业出版社，1960 年．—55 页

统一书号 15041·682

本书中收集有两篇技术革新资料，即"针织品过氧化氢练漂的连续化"和"直接染料过氧化氢练漂染三合一的试验"。

B1329　TS193

针织品染色［译］/（苏）雅罗申斯基（Н. Я. Ярошинский），（苏）贝利斯基（А. Л. Бяльский）著；蒋承绶译．—北京：纺织工业出版社，1956 年．—89 页

B1330　TS181

针织生产普通工艺学　上册［译］（中等专业学校教学用书）/（苏）李普科夫（И. А. Липков）著；杨善同，陈澄宇译．—北京：纺织工业出版社，1957 年．—242 页

统一书号 15041·66

本书叙述针织用纱在品质方面的要求和纱线在编结前的准备过程以及针织物组织的结构和特性。

B1331　TS181

针织生产普通工艺学　下册［译］（中等专业学校教学用书）/（苏）李普科夫（И. А. Липков）著；杨善同，陈澄宇译．—北京：纺织工业出版社，1957 年．—208 页

统一书号 15041·194

B1332　TS186

针织外衣生产技术/天津市针织技术研究所情报研究室编译．—北京：纺织工业出版社，1979 年．—414 页（被引 5）

统一书号 15041·1034

B1333　TS181

针织物收缩的研究［译］/（苏）И. И. 沙洛夫著；许吕崧译．—北京：中国财政经济出版社，1963 年．—193 页

统一书号 15166·148

本书对针织物在各种条件下受单向与双向拉伸时的变形问题作了详细研究。

B1334　TS181

针织学（高等院校试用教材）/薛威麟主编．—北京：中国财政经济出版社，1965 年．—502 页（被引 12）

统一书号 15166·280

B1335　TS181

针织学　上下册（中等纺织学校教材）/无锡纺织工学院附属纺织工业学校编．—北京：纺织工业出版社，1961 年．—469 页，312 页

统一书号 15041·934

B1336　TS181

针织学　上册　（中等专业学校教材）/无锡纺织工学院附属纺织工业学校编．—北京：中国财政经济出版社，1961 年．—469 页

统一书号 K15166·143

B1337　TS181

针织学　下册（中等专业学校教材）/无锡纺织工学院附属纺织工业学校编．—北京：中国财政经济出版社，1961 年．—312 页

统一书号 K15166·022

B1338　TS181

针织学插图　经编部分/华东纺织工学院针织教研组编．—上海：华东纺织工学院，1961 年．—27 页

B1339　TS181

针织学插图　平袜部份/华东纺织工学院针织教研组编．—上海：华东纺织工学院，1961 年．—9 页

B1340　TS181

针织学插图　圆蔑部分/华东纺织工学院针织教研组编．—上海：华东纺织工学院，1961 年．—18 页

B1341 TS183

针织用络纱机和整经机［译］／（苏）Л. П. 依格娜托娃著；华东纺织工学院针织教研组节译．—北京：纺织工业出版社，1960 年．—49 页

统一书号 15041·813

本书中介绍了苏联机器制造厂生产的考虑到针织工业专门要求而设计的针织用络纱机和整经机，叙述了它们的构造、工作原理和技术特征。

B1342 TS181

针织原理［译］／（苏）达里多维奇著．—上海：华东纺织工学院，1960 年．—42 页；26cm

B1343 TS181

针织原理／华东纺织工学院编．—上海：华东纺织工学院，1961 年．—315 页；26cm

B1344 TS193

真空染色［译］（纺织工业新技术译丛）／（苏）伊力亚书克等著；杨肖涯等译．—北京：纺织工业出版社，1960 年．—40 页

统一书号 15041·549

本书收集了有关国外染色新技术的论文七篇，以探讨真空染色为主。采用真空染色可使纤维和制品很快吸收染料，从而缩短染色过程，提高染色质量，减少染料、浸透剂及蒸汽的消耗，经济价值极大。此外，并介绍了卡普纶织物高温连续染色和电流染色等。

B1345 TS190

真丝绸印染理论与实践［译］／（苏）皮奇哈泽（Ш. В. Пичхадзе），（苏）索希娜（С. М. Сошина）著；杨克译．—北京：纺织工业出版社，1979 年．—175 页（被引 10）

统一书号 15041·1035

本书着重阐述真丝的化学构成和特性，坯绸的精练以及真丝绸用各种染料染色和印花的机理等。

B1346 TS115

整经基本技术知识／陈榕生，任焕金编著．—北京：纺织工业出版社，1958 年．—102 页

统一书号 15041·263

B1347 TS112

整理机器安装操作法（棉纺织机器安装操作法丛书）／河南纺织工业局纺织机器安装队编．—北京：纺织工业出版社，1958 年．—21 页

统一书号 15041·278

B1348 TS195

整装（印染工人技术读本）／上海印染工业公司编．—北京：轻工业出版社，1975 年．—158 页

统一书号 15042·1345

B1349 TS195

整装（印染工人技术读本）／上海市印染工业公司编．—北京：纺织工业出版社，1975 年．—158 页

统一书号 15041·1027

B1350 TS195

整装　第 2 版（印染工人技术读本）／上海市印染工业公司编著．—北京：纺织工业出版社，1983 年．—215 页

统一书号 15041·1027

ISBN 7-5064-0715-9（1991 重印）

B1351 TS115

织布工青年生产组的技术计划［译］／（苏）布依洛夫（Буйлов, А.）著；凌家隽译．—北京：纺织工业出版社，1955 年．—44 页

本书主要内容包括：纺织工作者的光荣传统，青年生产组，机器组的工作组织等。

B1352 TS112

织布机的修理和保养／陈旭初编著．—北京：纺织工业出版社，1959 年．—86 页

统一书号 15041·484

本书主要内容包括：织布机概说，怎样修理织布机，织布机的保养等。

B1353 TS112

织布机机物料的节约经验／黄新吐编著．—北京：纺织工业出版社，1959 年．—78 页

统一书号 15041·518

本书主要内容包括：前言，机件，主要物料，机物料的管理。

B1354 TS115

织布基本技术知识（纺织基本技术知识丛书）／徐克勤，毛文俊，单集成等编著．—北京：纺织工业出版社，1959 年．—202 页

统一书号 15041·319

本书内容着重叙述各工序机器设备的构造、作用和看管方法，对保全保养、原材料、产品品质、安全技术以及该工序的一些特殊问题也作了简明的介绍。

B1355 TS112

织布生产打结机［译］／（苏）Н. Т. 卡兹明，К. И. 瑞活夫著；夏正兴译．—北京：纺织工业出版社，1957 年．—94 页

统一书号 15041·120

本书全面地叙述了织造生产中用以结接（了机与上机）经纱的固定式和活动式打结机，并且阐述了机器的结构、安装、看管、保养以及工作中校正和调整的规则，同时说明了打结机的技术特征及其生产率的计算方法。

B1356　TS108

织厂全盘机械化 ［译］／（苏）И. М. 卡拉谢夫著；盛滋铎译 .—北京：纺织工业出版社，1960 年 .—92 页

　　统一书号 15041·753

　　本书主要内容包括：织布准备间的全盘机械化、整理间全盘机械化、管理工作的全盘机械化等。

B1357　TS148

织绸厂技术管理规则 ［译］／（苏）苏联日用品工业部制订；纺织工业部专家工作室译 .—北京：纺织工业出版社，1957 年 .—47 页

　　统一书号 15041·209

　　本书主要内容包括：总则，各车间和各单位的用途，生产中技术检查的组织。

B1358　TS146

织绸技术革新／纺织工业部生产技术司编 .—北京：纺织工业出版社，1959 年 .—50 页

　　统一书号 15041·441

　　本书主要内容包括：高速铁木织机的平车，织绸机高速化后的几项改进，轧梭松经式护经装置等。

B1359　TS101

织疵分析／过念薪，张仲安，张志林等编 .—北京：中国纺织出版社，1979 年 .—222 页（被引 64）

　　统一书号 15041·1053

　　ISBN 7-5064-0492-3

　　本书第一章主要介绍本色棉布、本色涤棉混纺布和棉贡缎、绒布坯、粘胶、中长纤维等类织物等。第二章以灯芯绒坯和本色涤棉混纺布为主，介绍了该类产品在制织时特有织疵的产生原因和消除方法。

B1360　TS101

织疵分析　第 2 版／过念薪，张志林主编 .—北京：中国纺织出版社，1997 年 .—349 页（被引 27）

　　ISBN 7-5064-0492-3

　　本书主要内容包括织疵分析的常用方法，梭织常见织疵，梭织特有织疵，喷气织主要织疵等。

B1361　TS101

织疵分析　第 3 版（纺织检测知识丛书）／过念薪主编 .—北京：中国纺织出版社，2008 年 .—350 页（被引 25）

　　ISBN 978-7-5064-4750-8

　　本书第 1—2 章分别简述织疵分析的常用方法和布面疵点的检验方法；第 3—8 章分别介绍梭织常见织疵和特有织疵，喷气织、剑杆织、喷水织及片梭织主要织疵的形成原因和消除方法；第 9 章为化学纤维混纺织物的防错与鉴别。本书第 2 章布面疵点的检验方法，以及第 7—8 章喷水织、片梭织主要织疵与特有织疵是重点增补的内容。

B1362　TS103

织带机和毛巾机的技术革新（针织复制技术革新资料汇编　第 5 辑）／纺织工业出版社编 .—北京：纺织工业出版社，1960 年 .—39 页

　　统一书号 15041·684

　　本书汇集了一些有关复制企业方面的技术革新成就，包括织带机、毛巾机和透凉罗织机的革新。

B1363　TS103

织机／上海纺织工学院编 .—上海：上海人民出版社，1976 年 .—186 页（被引 15）

　　统一书号 15171·245

　　本书主要介绍织机机构的工艺要求、工作原理和设计方法。全书共分开口、引纬、打纬、卷取送经、自动补纬和多梭箱制织等八章，内容着重讨论近年来出现的新机构及其设计。

B1364　TS103

织机打纬过程的研究 ［译］／（苏）B. H. 华西里钦柯著；俞震东，徐锦译 .—北京：中国财政经济出版社，1962 年 .—183 页

　　统一书号 15165·082

　　本书系统地论述了制织平纹棉织物时织机打纬过程的实验方法和研究成果。分析了织机上机参数和织物结构参数对打纬条件的影响，并提供了计算打纬参数的方法。最后，讨论了在一般车速和高速时，织机箱座机构惯性力的平衡问题。

B1365　TS103

织机断纬自停装置的改进（纺织工业技术参考资料 16）／纺织工业出版社编 .—北京：纺织工业出版社，1958 年 .—17 页

　　统一书号 15041·315

B1366　TS103

织机高速化的理论研究／仲统甡等译 .—北京：纺织工业出版社，1960 年 .—101 页

　　统一书号 15041·779

　　本书对织机高速化的主要因素，特别是对于力织机速度关系最密切的投梭运动和打纬运动，提出了实验、计算和理论分析。这些研究成果可作为我们在织机高速的理论研究工作中的参考。

B1367　TS103

织机高速运转的研究（棉纺织技术革新资料汇编 15）／纺织工业出版社编 .—北京：纺织工业出版社，1960 年 .—70 页；19cm

B1368　TS103

织机技术管理便览／四川轻工业设计院编辑 .—成都：四川轻工业设计院，1975 年 .—105 页

B1369　TS103

织机零件的修理　上下册 ［译］／（苏）M. И. 乌德赫

著；徐子骈，陈重希译 .—北京：纺织工业出版社，1954年 .—226页；21cm

本书上册主要介绍主要轴、轴承、齿轮、皮带轮、飞轮和机架的修理；开口机构零件的修理；投梭机构和打纬机构零件的修理等。下册主要内容包括：织机运转时能量的平衡；曲拐轴的延旋质量；传动装置曲拐轴和踏盘轴的结构计算等。

B1370 TS103

织机设计原理 上下册 ［译］（高等学校教学用书）/（苏）马雷舍夫（А. П. Малышев）等编著；纺织工业部纺织机械制造局翻译组，华东纺织工学院合译 .—北京：纺织工业出版社，1955年 .—335页，341—505页

本书主要内容包括：开口机构，打纬机构，投梭机构等。

B1371 TS103

织机调整/唐淞编著 .—北京：纺织工业出版社，1958年 .—339页

统一书号 15041·220

本书主要内容包括：力织机的机构系统，起制机构，开口机构，投梭机构等。

B1372 TS186

织毛巾（工农生产技术便览）/张圣瑞，吴纯溥编撰 .—上海：中华书局，1951年 .—38页

B1373 TS173

织网机（小型施工机械及工具图集）/冶金安装总公司编 .—北京：冶金工业出版社，1958年 .—15页

统一书号 15062·1373

本书主要内容包括：织网机总装配图，织网机架结构图，织网机部件图等。

B1374 TS105

织纹设计学（附提花机）/崔崐圃编著 .—上海：作者书社，1950年 .—380页

本书分三篇：提花机，织物提花设计，高等织纹设计。

B1375 TS109

织物防水剂/上海助剂厂编 .—上海：上海科学技术出版社，1959年 .—58页

统一书号 15119·1370

本书扼要介绍各种织物防水剂的类型、机理、制造和应用方法。

B1376 TS195

织物防缩防皱整理/纺织工业出版社编 .—北京：纺织工业出版社，1960年 .—47页

统一书号 15041·824

本书共收集了有关防缩防皱的论文和资料四篇，对应用新型合成树脂进行防缩防皱整理作了详细的叙述和理论分析，此外还介绍了工艺过程和条件。

B1377 TS195

织物防皱整理和后丝光 ［译］（纺织工业新技术译丛）/原著者不详；纺织科学研究院染化室整化组编译 .—北京：纺织工业出版社，1960年 .—70页

本书收集了有关树脂整理方面的论文和资料十篇，介绍几种新的防皱整理剂和树脂整理用助剂，以及整理工艺，探讨了织物经整理后的物理化学性能，和利用后丝光来提高织物撕破强力和耐磨劳度的办法。

B1378 TS105

织物分析与设计/刘德襄编 .—青岛：青岛工学院，1954年

B1379 TS105

织物构造与设计 上下册 ［译］/（苏）罗查诺夫，（苏）库吉波夫，（苏）茹比科娃著；徐子骈译 .—北京：纺织工业出版社，1955年 .—398页，403页（被引6）

本书中说明了各种纤维织物的构造，研究了决定织物构造及其物理机械性能的种种因素。书中还简要叙述了俄罗斯学者和苏联学者所研究出来的关于织物组织的若干理论问题。

B1380 TS105

织物结构与设计 上册（高等纺织学校教材）/华东纺织工学院编 .—北京：纺织工业出版社，1960年 .—290页

统一书号 15041·798

本书主要内容包括：绪论，织物结构的结构要素，原组织、变化组织、联合组织、色纱和组织的配合，复杂组织等。

B1381 TS105

织物结构与设计 下册（高等纺织学校教材）/华东纺织工学院编 .—北京：纺织工业出版社，1960年 .—165页（被引6）

统一书号 15041·863

本书主要内容包括：提花组织，织物技术设计的要素，附录等。

B1382 TS105

织物结构与设计习题集/华东纺织工学院机织教研组编 .—上海：华东纺织工学院机织教研组，1963年 .—81页；21cm

B1383 TS193

织物染色法 ［港台］/李谷平编著 .—台湾：宏业书局，1968年 .—287页

B1384 TS193

织物染色法 ［港台］/施饮谷编著 .—香港：金文书店，1974年 .—288页

本书内容包括：绪论，染料，助染剂，染色理论，酸性染料，媒染染料等。

B1385 TS105

织物设计/周南藩撰.—上海：商务印书馆，1950 年（被引 6）

B1386 TS105

织物树脂加工/上海市纺织工业局供销局编.—北京：纺织工业出版社，1959 年.—70 页

统一书号 15041·296

本书内容包括热固性树脂初聚物，热塑性树脂乳液聚合体等。

B1387 TS103

织物悬挂式烘干机［译］/（苏）В.П. 柯利特科著；大可译.—北京：纺织工业出版社，1956 年.—52 页；19cm

B1388 TS194

织物印花/上海市纺织工业局七二一工人大学编著.—上海：上海人民出版社，1976 年.—332 页（被引 17）

统一书号 15171·232

本书内容包括印花方法，花筒的雕刻，印花原糊，活性染料直接印花等。

B1389 TS195

织物整理工学［港台］/林宗华著.—台中：台中逢甲工商学院纺织工程研究所，1975 年.—301 页

本书内容包括：绪论，棉麻织物整理法，蚕丝与人造丝织物整理法，半合成纤维合成纤维织物加工整理法，毛织物整理法等。

B1390 TS195

织物整理学（纤维工业丛书）/崔崐圃著.—上海：中国纺织染工程研究所，1950 年.—310 页

本书内容包括：第一编毛织物的整理和第二编棉织物整理等。

B1391 TS105

织物组合教程［译］（高等学校教学用书）/（苏）巴夫斯特鲁克（Н. Х. Бавструк）著；兰锦华译.—北京：纺织工业出版社，1955 年.—371 页

本书叙述了织物构造方法，并大量列举了各种织物组织的实例。

B1392 TS105

织物组织（高等纺织学校教材）/苏州丝绸工学院编.—北京：纺织工业出版社，1961 年.—266 页（被引 112）

统一书号 15041·932

本书主要内容包括：织物组织与结构的概念，基元组织，变化组织，联合组织，重组织等。

B1393 TS105

织物组织设计（中等纺织学校教材）/苏州丝绸工业专科学校编.—北京：纺织工业出版社，1960 页.—166 页

统一书号 15041·857

本书包括三篇即：概述，简单组织和复杂组织。

B1394 TS105

织造（连续玻璃纤维生产技术丛书）/上海耀华玻璃厂编.—北京：中国建筑工业出版社，1978 年.—297 页

统一书号 15040·3468

本书主要介绍玻璃纤维织造中的整经、穿经、卷纬和织造等工序，其中对有关设备的工作原理、工艺计算和操作等作了较详细的叙述。本书还简要叙述了窗纱织造、织带、编织、新型织机和温湿度控制等。

B1395 TS105

织造工程标准化［译］/（苏）乌拉索夫，（苏）罗查诺夫著；徐子骅译.—北京：纺织工业出版社，1954 年.—1 册

本书中叙述了确定织机织造参变数的方法，及在装置调节织机实际利用这些参变数的方法。

B1396 TS105

织造工程标准化 增订本［译］/（苏）乌拉索夫，（苏）罗查诺夫著；徐子骅译.—北京：纺织工业出版社，1957 年.—288 页

统一书号 15041·32

本书主要内容包括：织造工程标准化的意义及生产革新者在这方面所做的工作，织机上织物成形过程的特性，各织造参变数的相互关系及确定上机尺寸的方法。

B1397 TS105

织造工程学（油印本）/天津大学纺织学校编.—天津：天津大学纺织学校，［196-年］

B1398 TS105

织造专门工艺学 上册（高级纺织技工学校教材）/郭廉耿编著.—北京：纺织工业出版社，1956 年.—402 页

统一书号 15041·15

本书内容包括绪论，织机的基本结构和传动，经纱放送装置，卷取装置，经纱和织物的导向机件，开口机构等。

B1399 TS105

织造专门工艺学 下册（高级纺织技工学校教材）/郭廉耿编著.—北京：纺织工业出版社，1956 年.—470 页

统一书号 15041·21

本书内容包括总论，平车基本技术，装车规程等。

B1400 TS102

植物纤维的利用/轻工业出版社汇编.—北京：轻工业出版社，1959 年.—102 页

统一书号 15042·534

本书介绍了用植物纤维制造棉状纤维的基本知识和技术经验。棉状纤维制造的一般原理、技术条件、原料及生产过程的检验都按生产顺序加以说明。

B1401 TQ34

植物纤维脱胶精炼/江西省轻工业厅编.—南昌：江西人民出版社，1958年.—54页

统一书号 15110·39

B1402 TS143

制丝法（工农生产技术便览）/赵庆长编著.—上海：中华书局股份有限公司，1951年.—34页

本书主要内容包括原料茧的处理与贮藏，原料的加工准备，煮茧，缫丝，生丝整理等。

B1403 TS143

制丝概论/匡衍编撰.—上海：纤维工业出版社，1951年.—61页

本书主要内容包括：原料茧，收茧，原料保全法，选茧，煮茧，缫丝，水质与制丝之关系等。

B1404 TS141

制丝化学（高等纺织学校教材）/苏州丝绸工学院主编.—北京：纺织工业出版社，1961年.—196页（被引119）

统一书号 15041·919

本书主要内容包括茧丝的蛋白质总论；茧丝的组成和各成分的性质；制丝用水；茧和生丝的化学处理；缫丝厂副产物的综合利用等。

B1405 TS144

制丝化学/汪家麟编著.—南京：江苏人民出版社，1959年.—240页

统一书号 13100·95

本书主要内容包括绪论；蛋白质；茧和丝的化学组成和性质；制丝用水；煮茧和缫丝的化学；制丝工业的副产物利用等。

B1406 TS144

制丝化学（高等纺织院校教材）/苏州丝绸工学院，浙江丝绸工学院编.—北京：纺织工业出版社，1979年.—191页（被引136）

统一书号 15041·1052

本书从化学的角度论述了制丝生产中的有关问题，主要内容包括蛋白质的基础知识、茧丝蛋白质的结构和性能、制丝用水和常用药剂。此外，对制丝工业副产品的综合利用也作了一般的介绍。

B1407 TS144

制丝化学　第2版（高等纺织院校教材）/苏州丝绸工学院，浙江丝绸工学院编.—北京：纺织工业出版社，1992年.—310页（被引13）

ISBN 7-5064-0721-3

本书从化学的角度论述了制丝生产中的有关问题，内容包括蛋白质的基础知识、蚕丝的结构和性能、制丝用水、制丝助剂以及制丝工业副产物的综合利用等。

B1408 TS143

制丝化学实验/汪家麟编著.—南京：江苏人民出版社，1958年.—85页

统一书号 13100·104

B1409 TS142

制丝机械设计　上下册/浙江丝绸工学院.—杭州：浙江丝绸工学院，1978年.—152页，88页

B1410 TS143

制丝学（中等纺织学校教材）/苏州丝绸工学院编.—北京：纺织工业出版社，1960年.—345页

统一书号 15041·874

本书主要内容包括：制丝原料；烘茧和贮茧；煮茧前的准备工程；煮茧等。

B1411 TS143

制丝学（高等纺织学校教材）/苏州丝绸工业专科学校编.—北京：纺织工业出版社，1959年.—318页

统一书号 15041·485

本书主要内容包括制丝原料；制丝工程；柞蚕茧制丝等。

B1412 TS143

制丝原料（缫丝厂工人技术读本）/浙江省轻工业厅丝绸管理局编.—北京：纺织工业出版社，1960年.—44页

统一书号 15041·619

本书内容包括蚕茧；茧丝；原料茧的处理。

B1413 TS101

质量管理学［港台］/王敏泰编著.—台北：五洲出版社，1976年.—200页

B1414 TS103

中国标准式自动织机配件号数表/中国纺织机器制造公司.—上海：中国纺织机器制造公司，195?年.—64页；15cm×22cm

B1415 TS102

中国的绵羊与羊毛（新中国农业丛书）/许康祖著.—上海：永祥印书馆，1950年.—182页

本书主要内容包括：中国的绵羊；中国的羊毛；过去我国绵羊和羊毛改良工作概述等。

B1416 TS102

中国主要野生纤维植物及其利用/刘鸿鬶编著.—北京：农业出版社，1960年.—208页

统一书号 16144·850

B1417 TS143

煮茧（丝纺织工人读物）/戚隆干编著．—北京：纺织工业出版社，1959年．—88页（被引8）

统一书号 15041·500

本书主要内容包括：煮茧的基础知识；煮茧技术；煮茧新技术；蒸汽煮茧机结构。

B1418 TS143

煮茧学/戚隆干编．—杭州：浙江省工业厅在职干部训练班，1956年．—39页

B1419 TS123

苎麻和黄麻/李宗道著．—北京：科学出版社，1957年．—127页

统一书号 16031·67

B1420 TS123

苎麻壳怎样制成人造棉（学校办工厂农场技术资料之一）/南昌女中人造纤维工厂编著．—南昌：江西人民出版社，1959年．—16页

统一书号 15110·88

B1421 TS123

苎麻脱胶试验（纺织工业技术参考资料8）/纺织工业部生产技术司编．—北京：纺织工业出版社，1958年．—25页

统一书号 15041·270

B1422 TS123

苎麻脱胶问题/朱积煊编著．—北京：纺织工业出版社，1959年．—100页（被引8）

统一书号 15041·514

本书扼要介绍了苎麻纤维的物理化学性质，重点讨论了化学脱胶的匀度、漂白、软化处理等问题，扼要介绍了脱胶设备的机构和作用。

B1423 TS103

准备部机械零件图（附螺丝规格及加油图）/华东纺营局工干技训班准备组编著．—上海：华东纺营局工干技训班准备组，1953年．—254页；13cm

B1424 TS115

准备工程/华东纺织管理局工人干部技术训练班编辑委员会编．—上海：华东纺织管理局工人干部技术训练班编辑委员会，1954年

B1425 TS103

准备机器安装操作法/河南纺织工业局纺织机器安装队编．—北京：纺织工业出版社，1959年．—44页

统一书号 15041·277

B1426 TS103

准备机械保全工具图/华东纺营局工干技训班准备组编著．—上海：华东纺营局工干技训班准备组，1953年．—69页；20cm

B1427 TS103

准备机械易损机件图/华东纺管局工干技训班准备组编著．—上海：华东纺织管理干部技训班准备组，1953年．—92页；20cm

B1428 TS105

准备专门工艺学 上下册（高级纺织技工学校教材 试用本）/姚健纲编著．—北京：纺织工业出版社，1956年．—261页，445页

统一书号 15041·20

本书上册主要内容包括：络纱工程；整经工程；浆纱工程；穿经工程；络纬工程等。下册主要内容包括：平车基本技术；装车基本规程；拆车等。

B1429 TS182

自动扁机编织技术［港台］/商清辉编著．—香港：万里书店，1974年．—176页

本书主要内容包括：针织物的形成原理；针织物的品质控制；基本花款编织法等。

B1430 TS112

自动拨头器/黄淞编著．—北京：纺织工业出版社，1960年．—46页

统一书号 15041·583

本书详细地介绍了上海第一纺织机械厂出产的自动拨头器的构造、性能，以及如何进行日常的保养平修工作和发生故障时的调整方法等。

B1431 TS112

自动换梭织机边撑剪刀的革新/张庆基编著．—北京：纺织工业出版社，1960年．—33页

统一书号 15041·575

本书著者结合自己工作中的心得，对我国目前已在推广的较成熟的几种边撑剪刀的革新，作了综合介绍和比较分析，并提出了一些看法，有助于推动大家更好地来关心和研究这一项技术革新。

B1432 TS103

自动机械工作与管理 增订3版/黄金声编撰．—上海：中国科学图书仪器公司，1953年．—378页；21cm

B1433 TS103

自动接经机/周良森编著．—北京：纺织工业出版社，1960年．—189页

统一书号 15041·817

本书按自动结经机的类别，对各机的生产过程，各个机构的作用和运动，以及挑纱、导纱、成结、失纱自停和自动

前进等各项动作间的关系都作了适当的介绍，并以数学计算论证了各主要机构的设计原理。

B1434 TS103

自动卷纬机 ［译］／（苏）穆拉列维奇（М.В.Муралевич）著；陈澄宇，朱庆澜译．—北京：纺织工业出版社，1956 年．—112 页

统一书号 15041·3

本书主要内容包括：卷纬机的性能；ync-260 式自动卷纬机；圆盘式自动卷纬机等。

B1435 TS103

自动力织机（自动装置与补助运动）／李辛凯译著．—北京：中华书局，1951 年．—119 页

本书共分十一章，分别说明梭箱运动、经纱保护装置、经纱与纬纱停动装置、自动纬纱补充装置、毛织运动等等。

B1436 TS142

自动缫丝机／陈钟编著．—北京：中国财政经济出版社，1966 年．—116 页（被引 11）

统一书号 15166·294

本书主要介绍自动缫丝机的机械结构、基本原理及生产管理；对自动缫丝与生丝质量、原料消耗之间的关系也作了分析。

B1437 TS142

自动缫丝机工艺管理／无锡缫丝一厂七二一工人大学．—无锡：无锡缫丝一厂七二一工人大学，197？年．—70 页

B1438 TS183

自动橡口吊线花袜机的创制（针织复制技术革新资料汇编 第 1 辑）／纺织工业出版社编．—北京：纺织工业出版社，1960 年．—118 页

统一书号 15041·680

本书主要内容包括：自动橡口吊线花袜机的创制；手摇袜机改半电力袜机；自动裁袖（裤）口机等。

B1439 TS103

综合 1 型高产量梳棉机／纺织科学院研究院，北京棉纺织联合厂，青岛纺织机械制造厂合编．—北京：纺织工业出版社，1958 年．—24 页

统一书号 15041·265

B1440 X791

综合利用　纺织／上海市城市建设局革委会三废组编．—上海：上海科学技术情报研究所，1971 年．—19 页

统一书号 代号：1634033

本书内容包括：洗毛污水回收羊毛脂；印绸废水变清回收等。

B1441 X791

综合利用　染料／上海市城市建设局革委会三废组编．—

上海：上海科学技术情报研究所，1971 年．—15 页

统一书号 代号：1634030

本书内容包括：利用下脚料生产乙基防染盐；"X" 型活性染料在丝绒上连续染色工艺；碱性橙——苯胺"废水"的综合利用等。

B1442 TS104

综合式大牵伸／纺织工业部大牵伸鉴定委员会编著．—北京：纺织工业出版社，1958 年．—166 页

统一书号 15041·243

本书包括内容有：牵伸机构的理论探讨；棉纱、棉布的产量与质量；运转看管；苏联专家的发言和总结发言等。

B1443 TS104

综合式大牵伸　修订本／纺织工业部大牵伸鉴定委员会编著．—北京：纺织工业出版社，1960 年．—151 页

B1444 TS104

综合式大牵伸操作法／上海市纺织工业局暨国棉十厂工作组编著．—上海：科技卫生出版社，1958 年．—16 页

统一书号 15·993

B1445 TQ34

最新化学纤维 ［港台］／王东源主编．—香港：新光合成纤维股份有限公司，1973 年．—332 页

B1446 TQ34

最新化学纤维　增订版　影印本 ［港台］／王东源主编．—香港：五洲出版社，1974 年．—332 页

B1447 TM31

土发电机（纺织厂土法办电丛书）／纺织工业部生产技术司专题研究组编．—北京：纺织工业出版社，1959 年．—49 页

统一书号 15041·351

2.1.2　1980—1999 年

B1450 TS112

1332M 型络筒机修理工作法（棉纺织设备修理工作法丛书）／纺织工业部生产司编．—北京：纺织工业出版社，1989 年．—164 页

ISBN 7-5064-0305-6

本书主要介绍了 1332M 型络筒机大、小修理和部分修理的工作内容、劳动组织、工作程序及分布、装配规格、质量要求以及其改进部分，并介绍了必备的常用工具、数量和新设计及改进部分专用工具、标准件的精度要求，以及使用、存放和维修制度。

B1451 TS112

1452 型整经机修理工作法／纺织工业部生产司编．—北京：纺织工业出版社，1988 年．—78 页

ISBN 7-5064-0141-X

B1452 TS112
1511/1515 型系列织机机构设计及动力分析/陈明编著.—北京：纺织工业出版社，1985 年.—343 页（被引 18）
统一书号 15041·1351
本书对我国制造的 1511/1515 型系列织机的各个机构的机构设计及动力学问题作了全面的阐述。详细介绍了织机在运转过程中各相件的运动特点、动态应力、变形、摩擦和冲击对相件运动状态和机物料消耗的影响，各机构在设计上存在的问题及改进方向等。

B1453 TS112
1511M 型自动换梭织机 平车工作法 试行/江苏省轻工业局.—南京：江苏省轻工业局，1974 年

B1454 TS112
1511M 型自动换梭织机 平车工作法 初版/江苏省纺织工业厅.—南京：江苏省纺织工业厅，1982 年.—424 页

B1455 TS112
1511M 型自动换梭织机 平车工作法 再版/江苏省纺织工业厅.—南京：江苏省纺织工业厅，1987 年.—437 页

B1456 TS112
1511M 型自动换梭织机 常日班检修工作法 运转检修工作法 上轴工作法 梭子检修工作法/江苏省纺织工业厅.—南京：江苏省纺织工业厅，1982 年.—156 页

B1457 TS112
1511 型织机多梭箱装置构造、安装与使用/胡晓荣，夏丹编著.—北京：纺织工业出版社，1985 年.—230 页
统一书号 15041·1379
本书系统介绍了国内棉（色）织生产中通常所使用的升降式多梭箱装置的原理、构造、安装与维修的基础知识，并对多梭箱的梭子配位、调梭选择、钢板编制以及主要故障产生的原因和修理方法等都做了比较详细的阐述。

B1458 TS112
1511 型织机故障与修理（棉纺织维修工人技术读本）/赵秉然执笔；郑州国棉一厂编.—北京：纺织工业出版社，1980 年.—291 页
ISBN 7-5064-0315-3
本书系统地介绍了 1511 型织机修理的基础知识，故障和疵点的成因与防治方法，提高棉布实物质量的经验，以及重要部件的损坏原因和拆装方法等。

B1459 TS112
1511 型织机修理工作法（棉纺织设备修理工作法丛书）/纺织工业部生产司编.—北京：纺织工业出版社，1989 年.—313 页
ISBN 7-5064-0320-X

本书对于 1511 型自动换梭织机的大小修理工作法，以及组织分工、作业统筹、安装质量、备品备件、修理工具等作了详尽的介绍。

B1460 TS112
1515 GA615 系列织机机构与维修/姜必兴编著.—北京：纺织工业出版社，1993 年.—432 页
ISBN 7-5064-0840-6
本书包括阔幅有梭棉织机概述、阔幅织机投梭机构及梭子飞行分析、打纬机与经纱保护装置等 10 章。

B1461 TS112
1515A 1511S 型多梭多臂织机平装工作法/张兆民，刘兴腾编.—济南：山东省纺织工业厅，1985 年.—335 页

B1462 TS112
1515A-63 "75"（1X4）织机保养工作法/广州市纺织工业局.—广州：广州市纺织工业局，1985 年.—226 页

B1463 TS112
1515 型织机零件图册/胡景林编.—北京：纺织工业出版社，1985 年.—500 页（被引 7）
统一书号 15041·1307
ISBN 7-5064-0394-3
本书介绍了 1515 型织机各种机构零件的图形、名称、装配关系、件数等，并附有规格要求。

B1464 TS112
1515 型织机修理工作法（棉纺织设备修理工作法丛书）/纺织工业部生产司编.—北京：纺织工业出版社，1989 年.—348 页
ISBN 7-5064-0258-0
本工作法对 1515 型织机平车队的劳动组织和分工、大小修理的拆装顺序、平装要求、平装方法以及安装质量、检验标准等作了详细的介绍。

B1465 TS112
A186 型/A186C 型梳棉机修理工作法（棉纺织设备修理工作法丛书）/纺织工业部生产司编.—北京：纺织工业出版社，1986 年.—203 页
统一书号 15041·1449

B1466 TS112
A201C 型精梳机、A191B 型条卷机精梳机、条卷机修理工作法（棉纺织设备修理工作法丛书）/纺织工业部生产司编.—北京：纺织工业出版社，1986 年.—250 页
统一书号 15041·1400

B1467 TS112
A201C 型精梳机平车工作法/江苏省纺织工业厅编.—南京：江苏省纺织工业厅出版社，1981 年.—176 页
本工作法以 A201C 精梳机为主，也兼顾了 A201A、B 机

型的不同特征，充裕了植针操作和技术要求，增加了 A191 条卷机平车内容，以便于平车工人全面掌握精梳工序的平装技术。

B1468 TS112

A272 型并条机修理工作法（棉纺织设备修理工作法丛书）/纺织工业部生产司编 .—北京：纺织工业出版社，1986 年 .—99 页

统一书号 15041 · 1455 ISBN 7-5064-0342-0

本书对 A272 型并条机平车队的劳动组织、劳动分工、平装要求和方法等作了介绍。

B1469 TS112

A453B/A456C 型粗纱机修理工作法（棉纺织设备修理工作法丛书）/纺织工业部生产司编 .—北京：纺织工业出版社，1986 年 .—219 页

统一书号 15041 · 1423

本书主要内容包括修理队的组织分工、拆装车顺序、装校方法、主要操作技术，单件磨损变形限度及装配允许偏差等内容。并对修理工作的劳动分工和修理进度作了说明。此外还对主要平装原理、机件编号、轴衬、轴承、工具的正确使用、备品备件的准备、专件修理、电气线路图、地脚图等作了介绍。

B1470 TS103

A512 细纱机平车工作法/江苏省纺织工业厅 .—南京：江苏省纺织工业厅，1981 年 .—173 页

B1471 TS112

A513C 型细纱机修理工作法（棉纺织设备修理工作法丛书）/纺织工业部生产司编 .—北京：纺织工业出版社，1986 年 .—157 页

统一书号 15041 · 1464

B1472 TS103

A513 型细纱机的构造、安装与修理/钱布平，王永倩，陆琤瑜编 .—北京：纺织工业出版社，1988 年 .—120 页

ISBN 7-5064-0029-4

本书主要阐述国产 A513 型细纱机的机械结构、设计、安装要点和主要部件修理等内容。

B1473 TS103

A515/A513 细纱机安装调试与维修/薄子炎编著 .—上海：上海工程咨询研究中心针织部，198? 年 .—135 页

B1474 TS103

C401S 型剑杆织机/沈国生等编著 .—北京：纺织工业出版社，1993 年 .—99 页（被引 11）

ISBN 7-5064-0883-X

介绍了 C401S 型引纬机构的剑杆织机的机械结构、机械运动原理、工艺操作和维修保养等内容。

B1475 TS112

E7/5 型精梳机的使用与维修/周金冠主编 .—北京：中国纺织出版社，1995 年 .—117 页

ISBN 7-5064-1143-1

本书主要介绍瑞士立达 E7/5 型精梳机的使用与维修技术。内容包括：精梳工程概述、精梳准备工序和精梳机的机械结构、工艺设计、设备维修、故障排除、电气维修、气动技术等。并简要介绍 E7/4 型、E7/5 型、E7/6 型精梳机和 E5/3 型条并卷联合机的技术特征、生产工艺与维修技术。

B1476 TS112

FA506 型棉纺环锭细纱机保全图册/经纬纺织机械厂产品开发部编著 .—北京：中国纺织出版社，1995 年 .—282 页（被引 5）

ISBN 7-5064-1145-8

本图册介绍了 FA506 型棉纺环锭细纱机的技术规格、结构组成、安装标准，汇集了传动系统简图、机件简图、器材简图、工具简图、标准件简图、润滑系统图等。

B1477 TS103

G142 浆纱机挡车工作法/湖南省纺织工业局编 .—长沙：湖南省纺织工业局，1981 年

B1478 TS112

G312 型验布机修理工作法/纺织工业部生产司编 .—北京：纺织工业出版社，1988 年 .—31 页

ISBN 7-5064-0127-4

B1479 TS112

G352 型折布机修理工作方法（棉纺织设备修理工作法丛书）/纺织工业部生产司编 .—北京：纺织工业出版社，1988 年 .—61 页

ISBN 7-5064-0069-3

本书介绍 G352 型折布机修理工作中的目的要求、组织分工、工作范围、修理时各号工人之间的配合及联系、拆车前的准备、拆车、平装以及检查试车。

B1480 TS103

GA611 型织机零件图册/胡景林编 .—北京：中国纺织出版社，1997 年 .—596 页

ISBN 7-5064-1308-6

本书以立体图形象地介绍了 GA611 型、1511 型织机的各种零件及其代号、名称、材料、装配规格、安装要点、件数等。此外，还介绍了织机保全专用工具与使用方法，以及本机所用各种螺丝、螺母、垫圈、销、键等的型号、规格及用途，便于日常工作中随时查考。

B1481 TS103

GA615/1515 型织机零件图册/胡景林编著 .—北京：中国纺织出版社，1996 年 .—536 页

ISBN 7-5064-1194-6

本书以立体图的形式形象地介绍了国产主要织机

GA615、1515 型的各种零件及其件号、名称、材料、装配规格、安装要点、件数等。此外，书中还介绍了织机保全专用工具的规格、使用方法，以及本机所用各种螺丝、螺母、挚圈、销、键等的型号、规格及用途，供日常工作中随时查考。

B1482 TS183

GK5-1/GK10-3 型绷缝机修理工作法（针织设备修理工作法丛书）/纺织工业部生产司编.—北京：纺织工业出版社，1987 年.—84 页

统一书号 15041·1538

本书主要介绍了 GK5-1 型双针筒式和 GK10-3 型三针高速绷缝机的修理工作范围，对检修周期、拆装顺序、零部件的修整、各机构的安装调试以及交接验收都作了介绍。

B1483 TS132

H212 型毛织机的构造、调整和使用/张鋆，邓寿庆编.—北京：纺织工业出版社，1984 年.—189 页

统一书号 15041·1295

本书介绍了国产 H212 型毛织机的构造、安装和调节使用方法，并扼要介绍了这种织机的保全、保养管理工作。

B1484 TS103

LT102 型剑杆织机/华正林编著.—北京：纺织工业出版社，1989 年.—156 页（被引 8）

ISBN 7-5064-0217-3

本书对 LT102 型剑杆织机的构造、性能、机构运动原理、工艺要求，及其使用和调整方法作了较详细的说明。并介绍了电气故障及维修、纬纱故障及维修。

B1485 TS103

PAT 型喷气织机/李欣等编著.—北京：中国纺织出版社，1995 年.—303 页（被引 11）

ISBN 7-5064-1140-7

本书是介绍 PAT 型喷气织机的专著，将理论与实际相结合，系统介绍了 PAT 型喷气织机的原理、使用和维护。内容主要包括：织机机构工作原理，主要机构的调节方法和调节原理，电气控制原理，气动工作原理，机器的使用、维修和保养。

B1486 TS103

TP500 型剑杆织机/旋嘉珠编著.—北京：纺织工业出版社，1987 年.—214 页

ISBN 7-5064-0041-3

本书介绍了织机的主要特征和性能、安装前的准备，织机的机构、作用及分析，各机构的调整、检修方法，织机的润滑系统，电气系统的特点和主要结路板的作用。

B1487 TS151

X 射线衍射技术/胡恒亮，穆祥祺编著.—北京：纺织工业出版社，1988 年.—277 页

ISBN 7-5064-0063-4

本书论述了 X 射线衍射（包括小角 X 射线散射）技术的基本原理及其在研究高分子材料和纤维物质各种结构问题上的应用，包括材料的定性分析、纤维混合物的定量分析、纤维的晶体结构测定及其晶胞参数的精密测量、纤维超分子结构参数（结晶度、取向度、晶粒尺寸等）的测定，以及纤维中的孔隙结构及长周期等。

B1488 TS183

Z201-C 型台车修理工作法（针织设备修理工作法丛书）/纺织工业部生产司编.—北京：纺织工业出版社，1989 年.—75 页

ISBN 7-5064-0224-6

本书主要介绍了 Z201-C 型台车的修理工作范围，对检修周期、拆装顺序、零部件的修整、各机构的安装调试以及交接验收都作了介绍。同时对常见机械故障和织疵的产生原因及消除方法也作了必要的介绍。

B1489 TS183

Z201 型台车修理工作法（针织设备修理工作法丛书）/纺织工业部生产司编.—北京：纺织工业出版社，1986 年.—53 页

统一书号 15041·1451

本书主要介绍了 Z201 型台车大、小修理的工作内容，机件磨灭的检查与修配，安装技术要求标准，拆、装操作方法和调试；同时对常见机械故障和织疵的产生原因及消除方法也作了必要的介绍。

B1490 TS183

Z214 型棉毛机修理工作法（针织设备修理工作法丛书）/纺织工业部生产司编.—北京：纺织工业出版社，1986 年.—63 页

统一书号 15041·1418

本书主要介绍了 Z214 型棉毛机修理工作的范围，组织分工，工时定额，专件修理，编织、牵拉、卷取、输线等机构的拆装调试方法等内容。

B1491 TS183

Z303 型经编机修理工作法（针织设备修理工作法丛书）/纺织工业部生产司编.—北京：纺织工业出版社，1986 年.—75 页

统一书号 15041·1491

本书主要介绍了 Z303 型经编机的安装、平车和修理操作方法。包括修理工作范围、组织分工、工时定额、机件修理，各机构部件的拆装调试方法，机器常见故障的发生原因和排除方法等内容。

B1492 TS183

Z503、Z59-4 型圆袜机修理工作法（针织设备修理工作法丛书）/纺织工业部生产司编.—北京：纺织工业出版社，1988 年.—124 页

ISBN 7-5064-0064-2

B1493 TS183

Z507A 型绣花袜机修理工作法（针织设备修理工作法丛书）/纺织工业部生产司编 .—北京：纺织工业出版社，1986年 .—39 页

统一书号 15041·1453

ISBN 7-5064-0351-X（1989 重印）

本书主要介绍了 Z507A 型绣花袜机的修理工作范围及组织分工，拆车程序及注意事项，机件的修理，传动机构、程序控制机构、密度调节机构、横条袜调线机构及选针机构的安装与调试，试车与接交验收等内容。

B1494 TS15

氨纶弹力丝生产及其应用/王家昭，孙宗轩，纪永玲编 .—北京：纺织工业出版社，1989 年 .—304 页（被引164）

ISBN 7-5064-0140-1

本书介绍了氨纶的生产、性能及其应用，叙述了氨纶弹力纱线的加工技术、弹力织物的织造和染整工艺，以及弹力织物服装的裁剪和缝制。

B1495 TS103

保全钳工基础（纺织技术工人培训教材）/杨振华编 .—武汉：湖北科学技术出版社，1984 年 .—183 页

统一书号 15304·29

B1496 TS103

保全工钳工基础（纺织技工学校试用教材）/纺织工业部教育司编 .—北京：高等教育出版社，1993 年 .—170 页

ISBN 7-04-004082-4

B1497 TS146

被面纹织设计/浙江丝绸工学院花色品种研究室编 .—北京：纺织工业出版社，1987 年 .—160 页

统一书号 15041·1572

B1498 TS184

编织服装的设计与加工/王越平编著 .—北京：农村读物出版社，1999 年 .—148 页；26cm

ISBN 7-5048-2878-5

B1499 TS15

编织结构复合材料制作、工艺及工业实践/杨桂等编著 .—北京：科学出版社，1999 年 .—222 页；21cm

ISBN 7-03-006726-6

本书从科研、生产实践两个方面阐述了编织结构复合材料的性能、特点和制造技术，重点介绍了编织结构复合材料在生产中遇到的难点、解决办法，保证高质量产品所需的生产管理与质量控制方法。

B1500 TS103

变频调速/沈洪勋等编著 .—北京：纺织工业出版社，1989 年 .—374 页；19cm

ISBN 7-5064-0296-3

本书围绕变频调速在编织工业中的应用和发展，重点介绍了变频调速的基本理论，列举了从国外引进的各种变频器的线路特点、工作原理、控制方法和维护要求，并吸取了国外变频技术的最新成就。

B1501 TS154

变形纱/王善元主编 .—上海：上海科学技术出版社，1992 年 .—406 页（被引 159）

ISBN 7-5323-2955-0

本书阐述了化学纤维各种变形加工方法、工艺原理、变形基本理论和主要的工艺参数等，深入论述了热变形和流体变形的机理。

B1502 TS154

变形丝生产［译］/（苏）诺索夫（Носов, М. П.），（苏）沃尔诺斯基（Волхонский, А. А.）著；杨美城，尹素华译校 .—北京：纺织工业出版社，1987 年 .—278 页（被引 13）

统一书号 15041·1483

本书较详尽地叙述了化学纤维的各种变形方法、工艺流程、设备及工艺参数，并对各种变形方法进行了比较，还对变形参数与变形微观结构的关系、变形设备的选用，以及变形丝的测试方法等作了一定的理论探讨。

B1503 TS236.9

变性淀粉的性能与应用［译］/（美）沃兹堡（Wurzburg, O. B.）主编；沈言行，周永元译 .—北京：纺织工业出版社，1989 年 .—378 页；19cm（被引 217）

ISBN 7-5064-0363-3

本书详细地叙述了各种变性淀粉的化学结构、变性机理、制取方法、物化性能及应用领域。也讨论了变性淀粉在造纸、食品、纺织及黏合剂工业方面的应用特点及发展方向。

B1504 TS190

表面活性剂在纺织染加工中的应用［译］/（澳）达泰纳（Datyner, A.）著；施矛长等译 .—北京：纺织工业出版社，1988 年 .—215 页（被引 29）

ISBN 7-5064-0186-X

本书各章分别阐述润湿和分散体系的基本理论，表面活性剂应用中产生的增溶、乳化、洗涤、发泡、匀染等作用原理，以及在加工物表面形成薄层后产生平滑、柔软、抗静电、拒水、防污、防缩、绒绒等性能的机理，还扼要介绍了表面活性剂废水处理的原理。

B1505 TQ34

丙纶/孙友德，吴立峰编著 .—广州：广东科技出版社，1987 年 .—283 页

统一书号 13182·121

B1506　TQ34

丙纶生产基本知识/徐卓，邵东良，伍凤舜等编．—北京：纺织工业出版社，1980年．—130页

统一书号 15041·1088

本书简要地介绍了丙纶（聚丙烯化学纤维）生产的基本知识。对丙纶的性能和用途，丙纶生产的设备、工艺过程和计算，丙纶生产用油剂，丙纶生产用原料及半制品的测试方法等，都作了简要叙述。并介绍了防止丙纶老化的途径及改善丙纶染色性能的措施。

B1507　TQ34

丙烯腈聚合及原液制备/任铃子编．—北京：纺织工业出版社，1981年．—184页

统一书号 15041·1118

B1508　TS114

并精粗工序（棉纺织运转工必读）/张品珍编著．—南京：江苏科学技术出版社，1988年．—111页

ISBN 7-5345-0423-6

B1509　TS112

并纱机、捻线机修理工作法：1381D 型并纱机、A631C 型捻线机（棉纺织设备修理工作法丛书）/纺织工业部生产司编．—北京：纺织工业出版社，1988年．—232页

ISBN 7-5064-0042-1

主要介绍 1381D 型并纱机、A631C 型捻线机的大小修理和部分修理的方法及主要操作规范，其中包括修理队的组织分工、拆装车顺序、装校方法等，并对工艺计算、机件编号、工具的正确使用、备品备件的准备、专件修理、电气线路图、地脚图、单件磨损变形限度及装配允许偏差等内容作了介绍。

B1510　TS112

并条维修（棉纺织维修工人技术读本）/杨为善，陈锡章编著．—北京：纺织工业出版社，1983年．—307页；19cm（被引 5）

统一书号 15041·1258

本书重点介绍了国产并条机的工艺特点、故障产生原因及维修方法、产品质量及疵品产生原因分析、保养工作、机械常识、电气常识及安全消除常识等基本技术知识。

B1511　TS117

波谱图/无锡市纺织工程学会编．—无锡：无锡市纺织工程学，1986年．—61页

B1512　TS102

玻璃纤维纺织庇点分析/茆殿宝著．—北京：中国建筑工业出版社，1985年．—240页

统一书号 15040·4822

本书介绍了玻璃纤维从退并、络纱、卷纬、整经、穿经和织布等各工序中产生的疵点，及各种疵号对玻璃纤维制品质量的影响，分析了产生疵点的原因、防止的措施和消除的

方法等，特别是对一些常见的和对质量影响比较大的疵点作了详细的阐述。

B1513　TS112

剥绒设备与工艺（棉花加工系列丛书）/王选伟，孙龙泉主编．—北京：中国商业出版社，1991年．—296页

ISBN 7-5044-1215-5

本书阐述了锯齿剥绒的基本原理，介绍了锯齿剥绒机的结构、性能和工艺技术，以及锯齿剥绒机的安装、调试、配车规格和一般故障的处理。

B1514　TS143

剥选茧及制丝工艺设计（制丝工人技术读本）/范顺高，黄昌福编．—北京：纺织工业出版社，1982年．—136页

统一书号 15041·1214

B1515　TS143

剥选茧及制丝工艺设计　第 2 版（制丝工人技术读本）/范顺高，黄昌福编．—北京：纺织工业出版社，1991年．—150页（被引 8）

ISBN 7-5064-0633-0

本书叙述了混、剥、选茧工艺过程、运转操作方法及提高产品质量、降低原料消耗等方面的技术措施，还介绍了制丝工艺设计的内容、步骤和具体方法。

B1516　TS103

布厂织机运转作业规范［港台］/林宗华著．—台中：联邦书局出版事业股份有限公司，1980年．—98页

B1517　TS102

蚕丝的形成和结构［译］/（日）北条舒正主编；徐俊良等译．—北京：农业出版社，1990年．—386页；19cm

ISBN 7-109-01243-3

B1518　TS102

蚕丝加工学［译］/（韩）金炳豪著；谢勤成，王文荃译．—成都：四川科学技术出版社，1989年．—357页（被引 15）

ISBN 7-5364-0532-4

本书主要内容包括蚕丝的精练、漂白、染色、编织和化学处理。

B1519　TS193

测色及电子计算机配色/董振礼，郑宝海，轷桂芬编．—北京：纺织工业出版社，1996年．—253页

ISBN 7-5064-1224-1

本书内容以颜色测量在纺织印染行业的应用为主，除简明地阐述基本理论外，对应用部分也给予一定的重视。在各章中都写进一些在纺织印染行业应用的实例。

B1520　TS193

测色与计算机配色　第 2 版/董振礼，郑宝海，轷桂芬

编 . —北京：中国纺织出版社，2007 年 . —225 页

ISBN 978-7-5064-4482-8

本书介绍了颜色的表示、颜色的测量、颜色的计算、颜色测量的仪器以及计算机配色的原理和实施方法等内容。

B1521 TS193

测色与计算机配色 第 3 版/董振礼，轷桂芬，刘建勇编 . —北京：中国纺织出版社，2017 年 . —237 页（被引 7）

ISBN 978-7-5180-3110-8

本书对颜色的表示、颜色的测量、颜色的计算、颜色测量的仪器以及计算机配色的原理和实施方法都做了比较系统的论述，是染整工程、服装工程等专业现代管理的基础知识。

B1522 TS106

产业用纺织品（纺织产品开发丛书）/杨彩云主编 . —北京：中国纺织出版社，1998 年 . —127 页（被引 131）

ISBN 7-5064-1374-4

本书简明通俗地介绍各种产业用纺织品，包括土工布、各类防护用品、医用纺织品、农业栽培和渔业水产用材料、航空航天用纺织材料、过滤材料等的常用纤维材料、加工技术、分类及特点性能、作用原理、测试指针、用途等。

B1523 TS106

产业用纺织品知识/黄齐模编 . —北京：纺织工业出版社，1987 年 . —84 页

统一书号 15041·1547

本书简要介绍产业用纺织品的制造与应用方面的特点，一般原理及国内外发展趋向，以便沟通生产与需要之间的信息，使产品扩大应用，促进产业用纺织品发展。

B1524 TS102

产业用纤维及纺织品/晏雄，肖建宇主编 . —上海：中国纺织大学出版社，1996 年 . —279 页（被引 23）

ISBN 7-81038-088-5

B1525 TS103

常用仪器操作规程·试验方法（纺织品质量检测丛书）/纺织工业部标准化研究所，国家棉纺织产品质量监督检测中心编著 . —北京：纺织工业部标准化研究所，国家棉纺织质量量监督检测中心，1988 年 . —325 页

B1526 TQ34

成纤聚合物的新进展 [译] /（美）鲁宾孙（Robinson, J.S.）编；董纪震等译 . —北京：纺织工业出版社，1986 年 . —489 页

统一书号 15041·1393

B1527 TS190

成衣染整/王益民，黄茂福编著 . —北京：纺织工业出版社，1989 年 . —216 页（被引 25）

ISBN 7-5064-0312-9

本书主要介绍了兔羊毛衫、丝绸、化纤类织物等成衣的染色和印花，成衣改色复染和各种污渍去除方法。并就染料助剂性能、染整机理、工艺操作等方面作了阐述。

B1528 TS104

粗纺呢绒生产工艺与设计/瞿炳晋，袁书斌，周勤谦编著 . —北京：纺织工业出版社，1987 年 . —433 页（被引 13）

统一书号 15041·1579

本书较系统地介绍粗纺呢绒的设计要点，并针对各种呢面、绒面、纹面等不同风格特征的粗纺呢绒产品，分别介绍了规格设计与生产工艺要点。

B1529 TS104

粗纺纱的制造 上下册/上海市毛麻纺织科学技术研究所编 . —上海：编者自发行，198? 年 . —31 页，42 页

本书概括了粗纺工业的地区和产量，阐述了原料及加工的准备。

B1530 TS103

粗纱保全 第 2 版（棉纺织保全技工教材）/陈洪祥编著 . —北京：中国纺织出版社，1994 年 . —374 页

ISBN 7-5064-0329-3

本书系统地讲述了 A453 型、125IA 型及 154 型（A456型）粗纺机的平装方法和主要操作技术，简要地介绍了平装原理、平装装备工作以及试车方法和常见故障分析，同时还介绍了工具的正确使用和维护，老机改造主要项目，专件修理方法，并对新型 HFA431 型粗纱的平装作了较详细的介绍。

B1531 TS103

粗纱机结构原理与使用维护（棉纺新设备使用维护丛书）/天津纺织机械厂研究所编 . —北京：纺织工业出版社，1993 年 . —259 页（被引 13）

ISBN 7-5064-0839-2

论述了国产棉纺粗纱机系列设计、机械结构、电气控制以及安装、调试和维护技术。

B1532 TS112

粗纱机上的新技术（棉纺织新技术丛书）/无锡市纺织工程学会编 . —无锡：无锡市纺织工程学会，1986 年 . —109 页

这本粗纱讲义是针对纺织科技人员知识老化问题而写的，内容立足一个"新"字，新设备、新工艺、新技术、新理论。

B1533 TS112

粗纱维修（棉纺织维修工人技术读本）/郭文灿，贺荣南编著 . —北京：纺织工业出版社，1984 年 . —307 页

统一书号 15041·1264

ISBN 7-5064-0491-5

本书介绍了粗纱工序的工艺常识、常见故障及修理、质量分析与控制、保养工作等。

B1534　TS134

粗梳毛纺　上册（毛纺织工人技术读本）/上海市毛麻纺织工业公司编 .—北京：纺织工业出版社，1983 年 .—195 页（被引 12）

统一书号 15041·1265

本书包括和毛、梳毛、纺纱三篇，分为上下两册。上册包括和毛、梳毛两篇，下册包括纺纱一篇。各册分别阐述和毛、加油、分梳、割条、纺纱的作用原理、生产工艺、设备构造、操作管理和质量检验等。

B1535　TS134

粗梳毛纺　下册（毛纺织工人技术读本）/上海市毛麻纺织工业公司编 .—北京：纺织工业出版社，1984 年 .—140 页

统一书号 15041·1310

B1536　TS137

粗梳毛纺疵点分析/上海市毛麻纺织工业公司编 .—北京：纺织工业出版社，1988 年 .—135 页

统一书号 15041·1643

ISBN 7-5064-0049-9

本书较系统地分析了粗梳毛纺疵点的形态及产生原因，介绍了防止疵点的方法、技术管理的要点。

B1537　TS132

粗梳毛纺生产技术/张圣瑞，高速大，王跃进编著 .—青岛：青岛海洋大学出版社，1993 年 .—362 页

ISBN 7-81026-602-0

B1538　TS154

醋酯丝绸的织造与染整/王玉仙，李德娴编 .—北京：纺织工业出版社，1988 年 .—172 页（被引 10）

ISBN 7-5064-0056-1

本书重点阐述醋酯纤维的性能、醋酯长丝织造、染整各工序的生产工艺和产品质量要求等内容。

B1539　TS106

簇绒生产入门［译］/（英）D. T. 沃德著；黄敬宜译 .—北京：纺织工业出版社，1983 年 .—139 页（被引 5）

统一书号 15041·1111

本书介绍了簇绒生产的发展简史，簇绒工业使用的原料，纺纱、簇绒和染整的加工工艺与设备，及簇绒新产品等。

B1540　TS1-39

单片机开发应用十例/李兰友，王勇才，傅景义主编 .—北京：电子工业出版社，1994 年 .—244 页（被引 29）

ISBN 7-5053-2194-3

本书收《织机车间计算机监测系统》《单片机染整控制仪》《梳棉机间歇式吸落棉控制器》等 10 篇较成熟的单片机应用研究成果。

B1541　TS183

单针筒袜机保全工艺（全国技工学校纺织类针织保全专业通用教材）/李晨主编；纺织工业部教育司组织编写 .—北京：中国劳动出版社，1993 年 .—123 页

ISBN 7-5045-1259-1

本书内容包括：基础知识，袜机的结构与工作原理，袜子的编织，单针筒袜机的维护保养。

B1542　TS183

单针筒袜机保全实习（全国技工学校纺织类针织保全专业通用教材）/纺织工业部教育司组织编写 .—北京：中国劳动出版社，1993 年 .—88 页

ISBN 7-5045-1260-5

本书主要内容包括：挡车实习，袜机的拆卸与机件的检查，袜机的安装与调整等。

B1543　TS183

单针筒袜机的构造、安装和使用（针织厂保全工技术读本）/余兆杰等编著 .—北京：纺织工业出版社，1984 年 .—250 页（被引 5）

统一书号 15041·1275

本书简要介绍袜品编织的基本知识和织物组织，主要叙述单针筒圆袜机的机械结构、工作原理、安装要求和调节方法以及因机器故障造成袜坯和织疵的原因和消除方法。

B1544　TS183

单针筒园袜机（试用本）（中级技术培训教材）/上海市针织工业公司教育培训中心 .—上海：上海市针织工业公司教育培训中心，1985 年

B1545　TS183

单针筒园袜机结构、安装与检修上下册（初稿）/单针筒园袜机编写小组 .—出版地不详：单针筒园袜机编写小组，198? 年 .—192 页，下册页码不祥

B1546　X791

淡碱回收/吴国钧，吴文理编著 .—北京：纺织工业出版社，1987 年 .—119 页

统一书号 15041·1517

本书内容包括丝光回收碱液的苛化、澄清、蒸发、调配回用的基本原理、生产流程、操作条件和设备的计算与特点，以及事故防止和处理、碱回收站的设计等。

B1547　TS102

导电纤维及抗静电纤维/高绪珊，童俨编 .—北京：纺织工业出版社，1991 年 .—184 页（被引 128）

ISBN 7-5064-0579-2

本书系统地介绍了导电纤维及抗静电纤维的导电和抗静电原理、制造和应用。内容包括：静电的干扰、灾害及人体带电的危害；消除和防治静电的方法等。

B1548 TS116

灯芯绒、平绒织物生产技术 上册/田树信,邱培生编著.—北京:纺织工业出版社,1987年.—300页（被引25）

统一书号 15041·1544

本书上下册系统地介绍了平绒织物的织物设计和生产技术。重点介绍了平绒织物的风格特征、织物设计、织造、割绒、染整生产工艺。同时,对新工艺、新品种和提高产品质量的有效措施也作了扼要介绍。

B1549 TS116

灯芯绒、平绒织物生产技术 下册/田树信,邱培生编著.—北京:纺织工业出版社,1987年.—277页（被引10）

统一书号 15041·1545

B1550 TS190

灯芯绒织物染整/周国良编著.—北京:纺织工业出版社,1986年.—207页（被引13）

统一书号 15041·1505

本书简要地介绍了灯芯绒类织物的发展历史、织物外观分类、产品用途及成品的风格特征,前处理中对坯布的处理、割绒和导针、刀片的制造,以及刷毛、烧毛、练漂等工艺和设备,对染色、印花、后整理、成品检验包装、生产注意事项和疵点分析等也作了系统介绍。

B1551 TS114

低级棉纺纱/周孝仲著.—北京:纺织工业出版社,1985年.—118页

统一书号 15041·1376

本书系统阐述了利用低级棉纺纱的工艺技术。简要说明了棉花的生长过程、低级棉的形成、分类及其特征;介绍了低级棉的配棉方法,分析了适合纺制低级棉的工艺特点;总结了质量控制的一些经验和低级棉纺纱对温湿度的要求等内容。

B1552 TQ34

涤纶短纤维生产（化纤工人中高级技术系列读物）/李振峰主编.—南京:东南大学出版社,1991年.—309页

ISBN 7-81023-370-X

本书以HV452系列1.5万吨/年涤纶短纤维生产装置为主要对象,叙述了涤纶短纤维生产原理及生产过程。

B1553 TQ34

涤纶短纤维生产工艺与操作/劳动部培训司组织编写.—北京:中国劳动出版社,1990年.—202页

ISBN 7-5045-0568-4

本书与《涤纶纤维生产设备》配套使用。内容包括涤纶短纤维的生产过程,生产工艺和操作方法,以及有关的工艺计算、物理化学测试、公用工程、安全生产技术和工厂概况。

B1554 TQ34

涤纶短纤维生产设备（化纤工人中高级技术系列读物）/赵彦民主编.—南京:东南大学出版社,1992年.—252页

ISBN 7-81023-371-8

本书主要阐述年产15000吨涤纶短纤维成套设备机械方面的知识。

B1555 TS145

涤纶仿真丝绸设计与生产技术/周宏湘等编著.—北京:纺织工业出版社,1992年.—251页（被引30）

ISBN 7-5064-0832-5

本书以总结国内生产经验为主,系统介绍从原料、产品设计、坯绸织造到染整加工、成品检验包装的涤纶模拟丝绸生产全过程。

B1556 TS145

涤纶仿真丝绸织造和染整技术的进展/中国丝绸协会编.—北京:中国丝绸协会,1988年.—170页

B1557 TS145

涤纶仿真丝绸织造和印染/周宏湘编著.—北京:纺织工业出版社,1990年.—231页（被引58）

ISBN 7-5064-0537-7

本书系统地介绍了涤纶模拟丝绸的发展历史,涤纶模拟丝绸的原料、织造、染色、印花等。

B1558 TS155

涤纶纺丝（涤纶生产工人技术读本）/王成业等编.—北京:纺织工业出版社,1980年.—292页

统一书号 15041·1106

本书叙述了涤纶短纤维和涤纶长丝的纺丝生产工艺和设备,同时对纺丝成形的基本原理、工程管理、工艺计算、辅助工程、原料和半制品的物理—化学测试以及纺丝运转操作、故障处理等有关内容也作了较详细的介绍。

B1559 TS155

涤纶工业丝生产与应用/周松亮,周维编著.—北京:中国纺织出版社,1998年.—246页

ISBN 7-5064-1396-5

本书重点介绍国内外涤纶工业丝生产的现状、发展趋势以及新工艺、新技术、新装备、涤纶工业丝的应用开发、涤纶工业丝生产工艺计算等内容。书中收入的科研、生产及应用开发等技术资料极为宝贵,部分高新技术成果和生产实例尚属首次发表。

B1560 TQ34

涤纶工艺学/上海纺织工业专科学校化纤教研室编.—上海:上海纺织工业专科学校,1984年

B1561 TQ34

涤纶后加工（涤纶生产工人技术读本）/蔡栋才等编.—北京:纺织工业出版社,1986年.—329页

统一书号 15041·1476

本书叙述了涤纶短纤维、涤纶长丝、涤纶弹力丝后加工生产工艺和设备，并对后加工过程中涤纶拉伸、热定型及变形加工工艺原理等进行了介绍。

B1562　TQ34

涤纶生产电气基础（化纤工人中高级技术系列读物）/明向阳等编 .—南京：东南大学出版社，1991 年 .—174 页

ISBN 7-81023-365-3

本书结合生产实践，分别讲述化纤电气基础、电气设备及其控制的原理和操作。

B1563　TQ34

涤纶生产分析检验/张宗扬编 .—北京：纺织工业出版社，1982 年 .—342 页

统一书号 15041·1086

本书较系统地介绍了涤纶生产的主要原料、中间产品及成品的分析检验项目和方法，对一些项目（如聚酯的分子量及其分布），还加强了基础知识的介绍。最后附有有关化合物的性质、聚酯和涤纶的红外光谱图、聚酯的一些物理常数等。

B1564　TQ34

涤纶生产技术问答/陆惠宝等编 .—北京：纺织工业出版社，1993 年 .—371 页

ISBN 7-5064-0889-9

本书共列出问答题近 500 条，内容包括：涤纶各大类品种的性能、结构、用途以及生产过程中的质量控制、工艺计算等。

B1565　TQ34

涤纶生产仪表及自动化（化纤工人中高级技术系列读物）/李希主编 .—南京：东南大学出版社，1992 年 .—296 页

ISBN 7-81023-366-1

本书内容包括测量的基本知识以及涤纶生产中常用的压力、流量、物位、温度、成分分析等测量仪表的测量原理、基本结构、主要特点，生产过程自动化的基本知识、基本调节规律、调节阀和单元组合仪表的基本知识、涤纶生产中常用调节系统的基本知识，集散型数字控制系统的基本知识和各种基本操作方法。

B1566　TQ34

涤纶纤维生产设备（就业训练化纤专业统编教材）/劳动部培训司组织编写 .—北京：中国劳动出版社，1990 年 .—73 页

ISBN 7-5045-0596-X

本书主要内容包括涤纶纤维生产中聚酯切体的干燥设备、纺丝卷绕设备、后加工设备的结构和工作原理。

B1567　TS152

涤纶长丝高速纺设备/张瑞志，朱士修编 .—青岛：青岛海洋大学出版社，1991 年 .—446 页

ISBN 7-81026-161-4

本书介绍了涤纶长丝高速纺生产中引进的切片干燥设备、纺丝设备、牵伸变形设备的结构和设备的开停车操作法、生产中常见故障及排除方法。

B1568　TS154

涤纶长丝基础/李允成，夏明编著 .—北京：中国纺织出版社，1997 年 .—307 页

ISBN 7-5064-1228-4

本书内容包括涤纶长丝生产的应知应会、生产要领、工艺、设备和操作、管理方面的基础知识，新合纤等新品种的开发以及其他最新的工艺和设备。

B1569　TS152

涤纶长丝设备的使用与维护/王荣光等编著 .—北京：中国纺织出版社，1997 年

ISBN 7-5064-1306-X

本书系统介绍了涤纶 UDY 丝、POY-DTY 丝、细旦丝、全拉伸丝（FDY）及工业丝各种生产设备的技术参数、机器结构、操作规程、日常维护与检修、生产中常见故障及排除方法。

B1570　TS154

涤纶长丝生产/徐心华，李允成等编 .—北京：纺织工业出版社，1989 年 .—516 页

ISBN 7-5064-0297-1

本书介绍了常规纺丝、高速纺丝生产涤纶长丝的工艺和设备。

B1571　TS154

涤纶长丝生产　第 2 版/李允成，徐心华等编著 .—北京：中国纺织出版社，1995 年 .—652 页

ISBN 7-5064-0297-1

本书据第一版增加部分新工艺、新技术，删去部分过时内容，并着重修改一些错误和不足的部分，增补一些生产实践知识。

B1572　TQ34

涤纶长纤维生产工艺与操作（就业训练化纤专业统编教材）/劳动部培训司组织编写 .—北京：中国劳动出版社，1990 年 .—207 页

ISBN 7-5045-0569-2

本书叙述了涤纶长纤维生产的基本知识，涤纶长纤维普通纺、高速纺及后加工的生产工艺。

B1573　TS190

涤纶针织物染整/孔繁超编 .—北京：纺织工业出版社，1982 年 .—448 页（被引 36）

统一书号 15041·1096

本书以涤纶变形针织物为主，系统地介绍了涤纶针织物的原料、组织结构、染前处理、染色、热定形、后整理等加

工原理、加工工艺及设备。

B1574　TS155

涤棉纺织工艺/吕云章等编著．—北京：纺织工业出版社，1982年．—277页（被引11）

统一书号15041·1205

本书系统阐述了涤棉混纺织生产各工序的生产工艺，一般棉纺织厂生产涤棉产品时对机械设备应作的改造，涤棉混纺织产品常见疵点的产生原因和防止方法，提高产品质量的有效措施，以及必要的试验方法。

B1575　TS190

涤—棉混纺织物的染整/薛迪庚编著．—北京：纺织工业出版社，1982年．—626页（被引38）

统一书号15041·1187

本书系统介绍涤棉纺织物的漂、染、印、整加工工艺，其中包括染料的结构性能、工艺原理、加工设备等。

B1576　TS935.7

地毯/顾钰良，王震声编著．—北京：纺织工业出版社，1991年．—182页

ISBN 7-5064-0693-4

本书阐明了我国地毯生产的历史，介绍了地毯的种类，各类地毯所使用的原辅材料、生产原理、织造方法、织造设备、染整方法和染整设备等。

B1577　TS118

电工基础（棉纺织生产工人技术读本）/聂锦麟，曹剑南编．—北京：纺织工业出版社，1982年．—432页

统一书号15041·1161

本书重点介绍了电工原理、棉纺织厂用电动机原理、电工测量仪器仪表原理、变配电和照明技术知识以及棉纺织厂主要生产机械电气自动控制线路和安全用电、节约用电措施等内容。

B1578　TS103

电力拖动自动控制系统/陈振翼主编．—北京：纺织工业出版社，1991年．—234页

ISBN 7-5064-0661-6

本书结合纺织染生产特点，分析多单元同步传动系统和卷绕机构恒张力控制系统的组成、原理及设计方法。

B1579　TS183

电脑圆型纬编机（计算机应用丛书）/王晋棠编著．—北京：中国纺织出版社，1998年．—131页

ISBN 7-5064-1410-4

B1580　TS108

电气安全技术/重庆市纺织工业局编．—北京：纺织工业出版社，1989年．—220页

ISBN 7-5064-0385-4

本书内容包括：电的基本知识；防雷保护；电气防爆及防火；静电安全知识；电气安全组织措施等。

B1581　TS117

电容式条干仪波谱图实例分析/肖国兰编著．—北京：中国纺织出版社，1994年．—252页（被引21）

ISBN 7-5064-1055-9

本书对大量电容式条干仪波谱图和不匀曲线图实例进行了样品、图形、现象、分析方法等多方面的介绍。

B1582　TS194

电子分色制版新技术（电脑应用丛书）/王授伦编著．—北京：中国纺织出版社，1998年．—91页

ISBN 7-5064-1412-0

本书较系统地叙述了电子分色制版的概念、特征与功能，结合印花工艺介绍了与传统制版的区别与联系，结合实例详细地介绍了电子分色制版系统的操作方法。

B1583　TS107

电子均匀度仪及纱疵分级仪的使用和成纱质量控制/万敏琦主编．—武汉：武汉市纺织工程学会，1984年．—193页

B1584　TS143

定纤自动缫（80）操作法（试用本）/纺织工业部．—北京：纺织工业部生产司，1980年．—96页

B1585　TS154

短纤维纺纱　上册　棉纺　第6版〔港台〕/孟秋雄编著．—台北：台湾中华书局，1980年．—374页

B1586　TS154

短纤维纺纱　下册　棉纺　混纺　第3版　修订版〔港台〕/孟秋雄编著．—台北：台湾中华书局，1981年．—262页

B1587　TS151

短纤维复合材料理论与应用/蔡四维著．—北京：人民交通出版社，1994年．—242页；19cm

ISBN 7-114-01855-X

本书内容包括均质材料里含其他材料包容体时的弹性力学理论，对短纤维加强体和有孔穴、裂纹时复合材料的宏观弹性与断裂特性进行分析，揭示短纤维阻滞基体材料裂纹扩展的效应，并讨论短纤维复合材料抗疲劳、断裂、冲击等一系列问题。

B1588　TS151

短纤维复合材料力学/顾震隆编著．—北京：国防工业出版社，1987年．—387页；20cm

统一书号15034·3284

本书主要内容有：短纤维复合材料的制造方法及其力学性能、应力传递理论、模量和强度的理论预报、短纤维复合材料的疲劳和断裂、受硬物撞击的动力响应和损伤表征。

B1589 TS103

多臂机的安装与修理/胡晓荣，夏丹编著 .—北京：纺织工业出版社，1982 年 .—165 页（被引 6）

统一书号 15041·1189

本书介绍了 1511M 型织机复动式单滚筒多臂机的构造、安装操作和维护修理的基础知识，对组配纹板的原则、备件检配的方法、机件装配关系以及主要故障发生的原因和修理方法等做了系统的阐述。

B1590 TS103

多臂机与多梭箱/李志祥编著 .—杭州：浙江科学技术出版社，1988 年 .—320 页（被引 23）

统一书号 15221·159

B1591 TS103

多臂机与多梭箱 第 2 版（修订本）/李志祥编著 .—杭州：浙江科学技术出版社，1992 年 .—374 页

ISBN 7-5341-0120-4

B1592 TS183

多梳栉拉舍尔花边机的构造调整和使用/邱冠雄编著 .—北京：纺织工业出版社，1993 年 .—245 页（被引 8）

ISBN 7-5064-0964-X

本书介绍了多梳栉拉舍尔花边机的主要结构、各部件的安装和调试方法、编织疵点产生的原因及消除方法等。

B1593 TS156

仿丝型纤维及其加工应用（差别化纤维丛书）/王希岳等编著 .—北京：中国石化出版社，1995 年 .—411 页（被引 10）

ISBN 7-80043-549-0

本书介绍仿丝型涤纶的纺制技术、性能及其纺织品的设计、织造、染色、整理等加工原理和生产工艺。主要内容包括：异型纤维、细袋丝、超细袋丝、仿丝型改性涤纶长丝等纺制技术及变形加工技术；仿真丝涤纶织物的结构设计；绉类、缎类、高泡型与条格类仿真丝织物的织造生产工艺要点及参数；仿丝型涤纶织物的染整加工过程；精练、起绉、减碱量加工；染色和印花用染料、助剂及工艺特点、加工设备；新型染色技术；柔软、抗静电、亲水、拒水拒油、桃皮绒等整理技术。

B1594 TS114

纺部运转工人应知辅导材料 第一分册 清、梳棉工序（棉纺织企业技术标准）/冯惠民等编 .—无锡：无锡市纺织工程学会，1983 年 .—77 页

第一分册为清落棉、抓包机、梳棉挡车工、梳棉抄针工。

B1595 TS114

纺部运转工人应知辅导材料 第二分册 精梳、并粗工序（棉纺织企业技术标准）/凌炯斌等编 .—无锡：无锡市纺织工程学会，1983 年 .—88 页

第二分册为精梳工、条卷、并条、细纱落纱粗纱挡车工。

B1596 TS114

纺部运转工人应知辅导材料 第三分册 细纱工工序（棉纺织企业技术标准）/陈珊琪，王传枢编 .—无锡：无锡市纺织工程学会，1983 年 .—34 页

第三分册为细纱、挡车纱、细落纱、工长。

B1597 TS114

纺部运转工人应知辅导材料 第四分册 后加工工序（棉纺织企业技术标准）/程玉英等编 .—无锡：无锡市纺织工程学会，1983 年 .—111 页

第四分册为络筒、并筒、捻线挡车工、捻线落纱工、捻线落纱长、摇纱、小包、中（大）包挡车工。

B1598 TS114

纺部运转工人应知辅导材料 第五分册 试验工工序（棉纺织企业技术标准）/马惠芬，赵玲南编 .—无锡：无锡市纺织工程学会，1983 年 .—95 页

第五分册为纺部试验工。

B1599 TS114

纺部运转工人应知辅导材料 第六分册 棉检工工序（棉纺织企业技术标准）/许近智等编 .—无锡：无锡市纺织工程学会，1983 年 .—167 页

第六分册为棉检工。

B1600 TS114

纺部运转工人应知辅导材料 第一分册 准备工工序 修订本（棉纺织企业技术标准）/无锡市纺织工程学会编辑出版部编 .—无锡：无锡市纺织工程学会，1990 年 .—147 页

第一分册为准备络筒、整经、穿经挡车工。

B1601 TS114

纺部运转工人应知辅导材料 第二分册 并条、精梳、粗纱工工序 修订本（棉纺织企业技术标准）/无锡市纺织工程学会编辑出版部编 .—无锡：无锡市纺织工程学会，1990 年 .—105 页

本书按清棉、抓包机、梳棉、梳棉抄针、精梳、条卷、并条、粗纱、粗纱落纱、细纱、细纱落纱等二十个工种，分成六本分册。

B1602 TS114

纺部运转工人应知辅导材料 第三分册 织布工工序 修订本（棉纺织企业技术标准）/无锡市纺织工程学会编辑出版部编 .—无锡：无锡市纺织工程学会，1990 年 .—98 页

第三分册为织布挡车、帮接、换纬工。

B1603 TS114

纺部运转工人应知辅导材料 第四分册 后加工工序 修订本（棉纺织企业技术标准）/无锡市纺织工程学会编辑出版部编 .—无锡：无锡市纺织工程学会，1990 年 .—143 页

车工。

第四分册为整理分等、验布、修布、车折、打包、棉布检查工。

B1604 TS114

纺部运转工人应知辅导材料 第五分册 试验工工序修订本（棉纺织企业技术标准）/无锡市纺织工程学会编辑出版部编；赵玲南执笔 .—无锡：无锡市纺织工程学会，1990 年 .—142 页

B1605 TS114

纺部运转工人应知辅导材料 第五分册 试验工、化验工工序 修订本（棉纺织企业技术标准）/无锡市纺织工程学会编辑出版部编；朱蕴玉执笔 .—无锡：无锡市纺织工程学会，1990 年 .—170 页

第五分册织部试验、化验工。

B1606 TS114

纺部运转工人应知辅导材料 第六分册 棉检工工序修订本（棉纺织企业技术标准）/无锡市纺织工程学会编辑出版部编；许近智执笔 .—无锡：无锡市纺织工程学会，1990 年 .—243 页

B1607 TS102

纺材实验（纺织高等专科学校教材）/沈建明等编 .—北京：中国纺织出版社，1999 年 .—263 页（被引 44）

ISBN 7-5064-1531-3

本书介绍了纺织纤维、纱线、织物一系列基本性质的常规测试方法，结合近年来纺织材料测试技术方面新仪器、新标准的发展、变化情况，介绍了部分新仪器、新标准和新测试方法，并适当兼顾纺织、服装等专业的教学需要，增加一些实验内容以供选择。

B1608 TS103

纺机电气传动设计基础理论/中国纺织机械工业总公司设计研究所 .—北京：中国纺织机械工业总公司，1984 年

B1609 TS103

纺机企业 CIMS 工程（企业现代化新概念新技术及其应用丛书）/肖田元，武宏兵，郭沁汾编著 .—北京：中国经济出版社，1999 年 .—45 页

ISBN 7-5017-4231-6

B1610 TS104

纺纱比较教程（中等纺织专业学校统编教材）/纺织工业部教育司组织编写；赵金芳编 .—北京：中国纺织出版社，1994 年 .—574 页（被引 13）

ISBN 7-5064-1030-3

B1611 TS104

纺纱常识 200 题/江苏纺织工业企业管理协会著 .—南京：江苏纺织工业企业管理协会，1992 年 .—217 页

B1612 TS103

纺纱锭子的理论与实践/陈瑞琪等编著 .—北京：纺织工业出版社，1990 年 .—302 页（被引 83）

ISBN 7-5064-0398-6

B1613 TS104

纺纱工程气体加压/无锡纺织工程学会 .—无锡：无锡纺织工程学会，1984 年 .—173 页

B1614 TS104

纺纱工艺学/华东纺织工学院编 .—上海：同济大学出版社，1983 年

B1615 TS104

纺纱工艺学/华东纺织工学院编 .—上海：华东纺织工学院，1984 年 .—201 页

B1616 TS104

纺纱工艺学/陈浦，王贤琴编 .—上海：上海交通大学出版社，1994 年 .—206 页（被引 12）

ISBN 7-313-01388-4

B1617 TS103

纺纱机械（纺织机械系列教材）/周炳荣主编 .—北京：中国纺织出版社，1999 年 .—210 页（被引 55）

ISBN 7-5064-1428-7

上海发展汽车工业教育基金会资助：本书纤维原料及纱、开清棉机械、梳棉机、精梳机等九章，着重介绍棉纺纱技术，各主要机械组成、机构作用原理及有关的工艺计算等。

B1618 TS103

纺纱机械 第 2 版（纺织高等教育"十二五"部委级规划教材）/毛立民，裴泽光主编 .—北京：中国纺织出版社，2012 年 .—301 页（被引 11）

ISBN 978-7-5064-8581-4

此书是《纺纱机械》（周炳荣主编）的修订版，介绍了纺纱机械的类型、机构组成、工艺理论与工作原理，分析了它们的工作性能及应用特点，补充了近年纺纱机械的新装备和新技术，特别是机电一体化在纺纱机械上的应用技术。

B1619 TS104

纺纱技术概论/冯禾毓编著 .—南京：南京大学出版社，1986 年 .—354 页；19cm

B1620 TS103

纺纱器材/荆越编著 .—常州：江苏纺织器材研究所，1990 年 .—199 页

B1621 TS103

纺纱设备机电一体化（纺织设备机电一体化丛书）/杨公源，马会英主编 .—北京：中国纺织出版社，1998 年 .—

184 页（被引 16）

　　ISBN 7-5064-1414-7

B1622　TS104

　　纺纱原理/李慧暄主编 . —吉林：吉林教育出版社，1992年 . —343 页

　　ISBN 7-5383-1601-9

B1623　TS104

　　纺纱原理（高等纺织院校教材）/于修业主编 . —北京：中国纺织出版社，1995 年 . —243 页（被引 121）

　　ISBN 7-5064-1123-7

B1624　TS104

　　纺纱原理　英文版/于修业编著 . —上海：东华大学出版社，2008 年 . —280 页（被引 20）

　　ISBN 978-7-81111-302-0

　　本书概述了纺纱的基本原理，包括混合、开松、梳理、牵伸等工艺过程。

B1625　TQ34

　　纺丝流变学基础（高等纺织院校教材）/臧昆，臧己编 . —北京：纺织工业出版社，1993 年 . —358 页（被引 116）

　　ISBN 7-5064-0860-0

　　本书讨论了化纤生产工艺中的流变学问题，如本构方程和流变学基本方程组、流变性质的测定及模型研究方法等。

B1626　TS102

　　纺用原棉（纺织工业物资管理知识丛书）/天津市纺织工业局《物资管理》编写组编 . —天津：天津科学技术出版社，1983 年 . —203 页

　　统一书号 15212·106

　　本书扼要地介绍了棉花的种植、品种、产地以及棉纤维性能等基本知识；具体讲述了原棉检验、进口棉接收与使用，将我国实际应用多年的检验方法做了较系统的论述；还详细介绍了原棉计划供应、定额管理以及计划管理中应注意的问题等供销业务知识。

B1627　TS102

　　纺织材料（中等纺织专业学校教材）/徐亚美主编；中国纺织总会教育部组织编写 . —北京：中国纺织出版社，1999 年 . —220 页（被引 41）

　　ISBN 7-5064-1519-4

　　本书介绍了各种纺织纤维、纱线、织物的种类、形态、结构、性质和性能，纺织纤维的鉴别，纱线、织物的品质评定；重点是纺织材料的性能分析、性能指标与性能测试等内容。

B1628　TS102

　　纺织材料　第 2 版（纺织职业技术教育教材）/朱进忠

主编；徐亚美主审 . —北京：中国纺织出版社，2009 年 . —263 页（被引 28）

　　ISBN 978-7-5064-5349-3

　　本书介绍了各种纺织纤维、纱线、织物的种类、形态特征、基本结构与性能特征、指针测试，纺织纤维的鉴别，纤维、纱线、织物的质量评定等内容，重点介绍了纺织材料的性能分析、性能指针和性能测试等内容。

B1629　TS102

　　纺织材料的质量控制与管理［译］/（苏）C. M. 基留辛，（苏）A. H. 索洛维也夫著；曹瑞，何敏英，王惠中译 . —北京：纺织工业出版社，1982 年 . —382 页

　　统一书号 15041·1146

B1630　TS102

　　纺织材料静电测试（纺织材料性能测试技术丛书）/秦家浩，钱樨成编 . —北京：纺织工业出版社，1987 年 . —125页（被引 22）

　　统一书号 15041·1590

　　本书介绍纺织纤维、纱线、织物、地毯等纺织材料静电性能的测试方法与仪器。着重介绍列入国内外标准的测试方法，以及国内研制的测试仪器的原理、基本结构、特点、操作方法和维护知识。

B1631　TS102

　　纺织材料静电的消除/钱成樨等编 . —北京：纺织工业出版社，1984 年 . —194 页（被引 30）

　　统一书号 15041·1290

　　本书主要叙述纺织材料的带电性能、静电现象的产生机理、影响静电现象的因素，并着重介绍纺织材料静电性能的测试方法和仪器，以及解决静电现象的途径。

B1632　TS102

　　纺织材料强力测试（纺织材料性能测试技术丛书）/李育民等编 . —北京：纺织工业出版社，1993 年 . —230 页（被引 19）

　　ISBN 7-5064-0855-4

　　本书主要介绍纺织纤维、纱线、织物等的力学性质的测试方法、仪器和表达指针。

B1633　TS193

　　纺织材料染色工艺现状和发展前景［译］/（苏）麦利尼科夫（Мельникод，Б. Н）编；何联华译 . —北京：纺织工业出版社，1986 年 . —303 页（被引 21）

　　统一书号 15041·1470

　　本书阐述了改进天然纤维、化学纤维及其混纺纤维材料各种染色方法的途径。探讨了运用溶剂、溶剂和水的共沸混合物、液氮、高频和超高频电流、超声波、磁场和辐射技术等加速染色工艺过程的新的先进方向。

B1634　TS102

　　纺织材料实验　乙/华东纺织工学院纺织材料教研组

编．—上海：编者自发行，1981 年．—314 页

B1635 TS102
纺织材料实验 乙/梁德邦主编；杨永春，濮惠芳编．—无锡：无锡轻工业学院发行，1988 年．—253 页

B1636 TS102
纺织材料实验讲义/浙江丝绸工学院编．—杭州：浙江丝绸工学院，1988 年．—211 页；19cm

B1637 TS102
纺织材料实验教程/中国纺织大学纺织材料教研组编．—上海：编者自发行，1985 年．—438 页

B1638 TS102
纺织材料实验教程（高等纺织院校教材）/赵书经主编．—北京：中国纺织出版社，1989 年．—521 页（被引769）
ISBN 7-5064-0231-9
本书包括纺织纤维、纱线、织物基本性质的实验共计85个，并对各个实验的基本知识、各项指针的试验方法颁布标准等作了介绍。

B1639 TS102
纺织材料学（高等纺织院校教材）/姚穆，《纺织材料学》编写组编．—北京：纺织工业出版社，1980 年．—551 页（被引608）
统一书号 15041·1071
本书介绍了棉、麻、毛、丝、化学纤维及其纯纺、混纺纱线的结构和形态，以及吸湿、机械、热、光、电学等性能，织物和针织物的结构和性能，各种性能的测试原理、基本指标和影响因素。

B1640 TS102
纺织材料学 第2版/姚穆，周锦芳等编．—北京：纺织工业出版社，1990 年．—645 页；20cm（被引2742）
ISBN 7-5064-0083-9
本书介绍了棉、麻、毛、丝、化学纤维及纯纺、混纺纱线、织物的结构和形态，以及它们的吸湿、热、光、电学等性能和织物服用性能，各种性能的测试原理、基本指标和影响因素。

B1641 TS102
纺织材料学 第3版（普通高等教育"十一五"国家级规划教材 本科）/姚穆主编．—北京：中国纺织出版社，2009 年．—382 页（被引828）
ISBN 978-7-5064-5323-3
本书是普通高等教育"十一五"国家级规划教材之一。

B1642 TS102
纺织材料学 第4版（"十二五"普通高等教育本科国家级规划教材 教育部普通高等教育精品教材）/姚穆主编．—北京：中国纺织出版社，2015 年．—386 页（被引43）
ISBN 978-7-5180-1028-8
本书是"十二五"普通高等教育本科国家级规划教材中的一种。介绍了纺织纤维、纱线、织物的分类、形态、结构以及它们的力学、热学、电磁学、光学等性能和织物服用性能，并分析了各种性能的主要牲指针、测试方法及影响因素。

B1643 TS102
纺织材料学 第5版（"十四五"普通高等教育本科部委级规划教材）/姚穆主编．—北京：中国纺织出版社有限公司，2019 年．—398 页
ISBN 978-7-5180-7136-4
本书介绍了纺织纤维、纱线、织物的分类、形态、结构以及它们的力学、热学、电磁学、光学等性能和织物服用性能，并分析了各种性能的主要特征指标、测试方法及影响因素。

B1644 TS102
纺织材料学（纺织专科学校教材）/朱红，邬福麟，韩丽云，冯平庆编．—北京：纺织工业出版社，1987 年．—417 页（被引587）
统一书号 15041·1561
本书介绍了棉、麻、毛、丝、化学纤维，以及由其制成的纱线和织物的基本结构；它们的物理性质及其工艺意义、指标、测试方法；试验仪器工作原理和影响因素；纤维、纱线、织物基本结构与物理性质的内在联系；以及纤维、纱线、织物三者性质间的互相联系。

B1645 TS102
纺织材料学 第2版（纺织高等专科学校教材）/姜怀，邬福麟等编．—北京：中国纺织出版社，1996 年．—584 页（被引668）
ISBN 7-5064-0286-6
本书介绍了棉、麻、毛、丝、化学纤维，以及由其制成的纱线和织物的基本结构；它们的物理性质及其工艺意义、指标、测试方法；试验仪器工作原理和影响因素；纤维、纱线、织物基本结构与物理性质的内在联系；以及纤维、纱线、织物三者性质间的互相联系。

B1646 TS102
纺织材料学实验/朱进忠主编．—北京：中国纺织出版社，1997 年．—287 页（被引998）
ISBN 7-5064-1312-4
本书介绍了纤维、纱线、真丝和机织物、针织物、毛织物等方面的实验，共55个。

B1647 TS102
纺织材料学实验 第2版（纺织高职高专"十一五"部委级规划教材）/朱进忠主编．—北京：中国纺织出版社，2008 年．—281 页（被引261）
ISBN 978-7-5064-5179-6

本书主要安排了基础知识与基本操作技能项目实训，纤维、纱线、织物性能测试项目实训、纺织品理化性质与色牢度测试项目实训，以及综合性项目实训等内容，体现了新标准、新仪器、新形势的教学要求，教学实验实训项目齐全。随书附赠光盘既有各实验仪器的实物图片，又有一些实验实际操作过程的视频演示。

B1648 TS102

纺织材料学试验（高等纺织院校教材）/胡文侠主编.—西安：陕西科学技术出版社，1996年.—256页（被引29）

ISBN 7-5369-2493-3

B1649 TS102

纺织材料学习题集/蒋素婵等编.—上海：上海纺织工业专科学校，199？年.—436页

B1650 TS102

纺织材料学习题集/蒋素婵，张一心，杨建忠编.—北京：中国纺织出版社，1994年.—193，160（重印），重印后页码有变化（被引6）

ISBN 7-5064-1078-8

本书编写了理论教学部分习题（含名词解释、问答题、思考题、计算题、判断题及综合题）和实验教学部分习题（包括实验操作、实验理论）两大部分，并附有参考答案。习题内容包括各种纺织纤维、纱线和织物的基本结构、理化性能、服用性能与测试和标准。

B1651 TS102

纺织材料学习题与解答/周锦芳等编.—上海：百家出版社，1991年.—105页

ISBN 7-80576-155-8

本书内容包括各种天然与化学纤维的结构、性能与质量评定，纱线的结构与性能，织物与针织物的结构与质量评定等。

B1652 TS103

纺织测试仪器机电一体化（纺织设备机电一体化丛书）/孙文秋等编.—北京：中国纺织出版社，1996年.—241页（被引27）

ISBN 7-5064-1173-3

B1653 TS105-39

纺织产品CAD（纺织设备机电一体化丛书）/许鹤群等编著.—北京：中国纺织出版社，1998年.—167页（被引30）

ISBN 7-5064-1358-2

B1654 TS105

纺织产品的服用性能/于湖生，何炜玉主编.—北京：中国纺织出版社，1993年.—241页（被引6）

ISBN 7-5064-1050-8

本书介绍纺织产品服用性能的基本知识和各种机织物、

常见针织物、新型材料织物、高功能和多功能织物以及皮革等。

B1655 TS1

纺织产品开发/吴震世，周勤华编著.—北京：纺织工业出版社，1990年.—302页

ISBN 7-5064-0487-7

本书介绍纺织产品设计开发的创思、策略与技巧，产品特性和花色设计开发的方法，原料的运用，以及从调研到销售的新产品开发系统。

B1656 TS1

纺织产品开发学（纺织产品开发丛书）/滑钧凯主编.—北京：中国纺织出版社，1997年.—182页（被引65）

ISBN 7-5064-1336-1

本书从产品开发的意义、概念入手，较系统地叙述了新产品开发的规律、产品开发的路径与方法及产品的功能特性、品质特性、寿命周期和产品的经济性等。然后，分别以纺织材料、加工技术、纺织终制品、纺织品的功能为基础论述纺织产品的开发，并着重介绍了高性能材料、高新技术及高功能产品的开发。

B1657 TS1

纺织产品开发学 第2版（纺织高等教育教材）/滑钧凯主编.—北京：中国纺织出版社，2005年.—300页

ISBN 7-5064-3290-0

本书叙述了新产品开发的规律、产品开发的路径与方法及产品的功能性、质量特性、寿命周期和产品的经济性等。然后，分别以纺织材料、加工技术、纺织终制品、纺织品的功能为基础论述纺织产品的开发，并着重介绍了高性能材料、高新技术与高功能产品的开发。

B1658 TS1

纺织产品学/尉晚勤主编.—天津：天津社会科学院出版社，1994年.—297页

ISBN 7-80563-439-4

本书对纺织原料、纱线、织物和服装的特性、用途、分类、质量评定（功能评价）和简要的生产加工过程作了深入浅出的论述。

B1659 TS105

纺织产品质量检测知识问答/国家棉纺织产品质量检验中心编.—北京：纺织工业出版社，1992年.—265页（被引14）

ISBN 7-5064-0819-8

本书介绍了检验人员必须掌握和需要充实的基本知识，全书分基础、纱线、织物、染化4篇。

B1660 TS108

纺织厂电气控制技术/张深基主编.—北京：中国纺织出版社，1997年.—348页（被引32）

ISBN 7-5064-1278-0

B1661 TS108

纺织厂机械搬运/王松龄，续谦信编 .—北京：纺织工业出版社，1985 年 .—392 页（被引 5）

统一书号 15041·1375

B1662 TS108

纺织厂空气调节/无锡市纺织工程学会编 .—无锡市纺织工程学会，1982 年 .—117 页

B1663 TS108

纺织厂空气调节（高等纺织院校教材）/郁履方主编 .—北京：纺织工业出版社，1980 年 .—496 页（被引 35）

统一书号 15041·1066

ISBN 7-5064-0207-6

B1664 TS108

纺织厂空气调节 第 2 版（高等纺织院校教材）/郁履方，戴元熙主编 .—北京：纺织工业出版社，1990 年 .—400 页（被引 108）

ISBN 7-5064-0397-8

本书着重论述了纺织厂空气调节的基本理论，测量仪表的原理和使用方法，温湿度的控制与调节，以及温湿度对纺织工艺的影响。书中对 i-d 图的组成与原理作了详细叙述。对于车间冷热负荷的确定，不同季节的空气调节过程，空调设备的性能，车间送、排风的布置，以及降低车间含尘浓度的方法等，书中也都作了适当介绍。

B1665 TS108

纺织厂空气调节 第 3 版（纺织高等教育"十一五"部委级规划教材）/周亚素，甘长德，赵敬德编著 .—北京：中国纺织出版社，2009 年 .—319 页（被引 38）

ISBN 978-7-5064-5383-7

本书介绍了纺织厂车间空气温湿度对纺织工艺和人体健康的影响；着重论述了纺织厂空调、通风、除尘和制冷技术的基本理论等。

B1666 TS108

纺织厂空气调节基础知识/上海市棉纺公司培训中心编 .—上海：技工学校教材编委会，1986 年 .—71 页

B1667 TS108

纺织厂空气调节设计计算 计算实例/无锡市纺织工程学会 .—无锡：无锡市纺织工程学会，1983 年 .—149 页

B1668 TS108

纺织厂空气调节设计计算/无锡市纺织工程学会 .—无锡：无锡市纺织工程学会，1988 年

B1669 TS108

纺织厂空调工程（试用教材）/上海纺织工业专科学校空气调节教研组编 .—上海：上海纺织工业专科学校，空气调节教研组，1982 年 .—248 页

B1670 TS108

纺织厂空调工程（纺织专科学校教材）/陈民权等编 .—北京：纺织工业出版社，1987 年 .—308 页（被引 52）

ISBN 7-5064-0358-7（1993 重印）

叙述纺织厂空气调节的重要性和空气调节的基础理论等。

B1671 TS108

纺织厂空调工程 第 2 版（纺织专科学校教材）/陈民权等编 .—北京：中国纺织出版社，2001 年 .—315 页（被引 73）

ISBN 7-5064-1891-6

本书主要内容有：湿空气的物理性质，空调系统的冷热负荷计算，空气调节的基本原理与空气调节过程计算，车间温湿度调节与管理以及纺织厂的除尘等。

B1672 TS108

纺织厂空调技术基本原理/无锡市纺织工程学会 .—无锡：无锡市纺织工程学会，1981 年 .—151 页

本书叙述了纺织材料从纤维的纺织加工到印染、针织、复制、缝纫等各项产品的性能测试体系，说明了一般试验事项，分别介绍了按照纺织性能进行分项的测试方法、按照纺织材料进行分项的测试方法以及影响纤维性能和织物性能的主要因素。

B1673 TS108

纺织厂空调设备维修/李景田等编 .—北京：纺织工业出版社，1986 年 .—424 页

统一书号 15041·1420

ISBN 7-5064-0189-4

本书叙述了空调、制冷的基本知识，以及安装、维修工作的基础知识，常用工具等。

B1674 TS108

纺织厂空调与除尘（中等纺织专业学校教材）/严立三主编；中国纺织总会教育部组织编写 .—北京：中国纺织出版社，1998 年 .—264 页（被引 42）

ISBN 7-5064-1437-6

B1675 TS108

纺织厂空调与除尘 第 2 版（纺织高职高专教育教材）/严立三主编 .—北京：中国纺织出版社，2009 年 .—256 页（被引 8）

ISBN 978-7-5064-5494-0

本书比较系统地叙述了纺织厂空气调节和除尘的重要意义，空气调节与除尘的基础理论，国内外空调除尘的先进技术等。

B1676 TS108

纺织厂空调与除尘 第 3 版（"十二五"职业教育国家规划教材）/严立三，陈建华主编 .—北京：中国纺织出版社，2014 年 .—271 页

ISBN 978-7-5180-0917-6

本书比较系统地叙述了纺织厂空气调节和除尘的重要意义，空气调节与除尘的基础理论，国内外空调除尘的先进技术等。内容包括空气条件对人体健康和纺织生产的影响、湿空气的物理性质与焓湿图、空气调节的基本原理、空气处理设备、冷源与热源、空气输送原理与设备、温湿度调节与管理、纺织厂除尘、空调除尘测量测试技术。每章后均附有习题。

B1677　TS108

纺织厂通风除尘技术/何凤山编著．—北京：纺织工业出版社，1992 年．—224 页（被引 35）

ISBN 7-5064-0793-0

阐述了粉尘的产生、特性和控制方法。论述了各种滤尘设备（装置）的工作原理、结构、性能及通风除尘系统的设计计算、风机的选择等。

B1678　TS1

纺织创造技法（纺织创造丛书）/曾德福著．—北京：纺织工业出版社，1993 年．—234 页（被引 5）

ISBN 7-5064-0876-7

以纺织领域发明创造史上大量的发现、发明、革新、改造等创造性实例进行分析研究、探索总结了 24 种创造技法。

B1679　TS101

纺织电测技术/无锡轻工业学院编．—无锡：无锡轻工业学院，1982 年．—1 册

B1680　TS101

纺织电测技术/朱洁等编．—北京：纺织工业出版社，1985 年．—456 页（被引 51）

统一书号 15041·1329

本书阐述了纺织工程测试中常用的传感器的基本原理、特性、测量电路以及记录仪表，并介绍了典型实例。

B1681　TS101

纺织电测信号的数字处理/戴冠雄等编著．—北京：纺织工业出版社，1988 年．—339 页（被引 22）

ISBN 7-5064-0005-7

本书主要介绍信号数字处理的基本概念、原理和方法，详细描述了利用微型计算机进行纱条不匀信号数字处理的理论与实践。

B1682　TS108

纺织电气自动控制系统/黄炯，杨嗣芳，陈振翼编．—北京：纺织工业出版社，1982 年．—189 页（被引 70）

统一书号 15041·1143

ISBN 7-5064-0519-9

本书主要内容是织物加工过程中卷绕机构张力控制的分析和计算；印染机械的多单元机台直流电动机同步拖动系统的静态、动态分析；结合纺丝机的工艺要求对防止变频电路和控制环节的分析。

B1683　TS1

纺织概论［港台］/许永绥，郭东瀛编译．—台北：徐氏基金会，1990 年．—284 页（被引 5）

ISBN 7-5062-1087-8

本书内容有：纺织工业和织物；纺织用纤维；纱线及缝纫线；梭织物；针织物；纺织浸染（染色）工程；纺织印染工程；织物整理；织物测试；织物重量及质量。

B1684　TS1

纺织概论［港台］/劳长华著．—台北：出版者不详，1996 年

B1685　TS108

纺织工厂通风与除尘/戴元熙，甘长德编著．—上海：中国纺织大学出版社，1994 年．—396 页（被引 39）

ISBN 7-81038-029-X

本书着重介绍 20 世纪 80 年代后发展的通风除尘新型材料、新型风机、新型除尘设备的性能和规格、测试方法等。

B1686　TS101

纺织工程测试技术/曾光奇等编．—武汉：华中理工大学出版社，1990 年．—176 页（被引 10）

ISBN 7-5609-0482-3

B1687　TS1

纺织工人技师培训教材　上下册/济南市纺织工业公司编．—济南：黄河出版社，1988 年．—721 页，371 页

ISBN 7-80558-007-3

B1688　TS108

纺织工业安全教育图解/纺织工业出版社．—北京：纺织工业出版社，1985 年

B1689　TS108

纺织工业的节能技术［译］/（日）纺织咨询中心节能措施委员会编；卜立诚，齐毅君译．—北京：纺织工业出版社，1986 年．—203 页

统一书号 15041·1473

本书以日本最近几年的各种数据为依据，提出了有关工艺、设备等方面存在的问题、节能措施、节能技术，以及发展趋势。

B1690　TS108

纺织工业的能源节约与环境保护［译］/（美）库珀（S. G. Cooper）著；姚光晞节等译．—上海：上海科学技术文献出版社，1983 年．—178 页

统一书号 15192·237

本书主要介绍美国纺织工业各部门的能源使用和节约技术，废水的生产和处理技术，废气的发生和控制，固体废弃物的引起和处置，以及有毒废弃物和噪声的防护等。

B1691 X791

纺织工业废水治理（工业污染治理技术丛书）/国家环境保护局编 .—北京：中国环境科学出版社，1990 年 .—537 页

ISBN 7-80010-493-1（平装）

ISBN 7-80010-486-9（精装）

B1692 X791

纺织工业废水治理（环境工程治理技术丛书）/沈光范编著 .—北京：中国环境科学出版社，1991 年 .—171 页（被引 92）

ISBN 7-80010-734-5

本书论述了纺织工业中各种废水的特性、治理途径、设计要求及参数，并介绍了几个典型实例。本书还对人们关心的一些问题，诸如纺织废水好氧生物降解的影响因素；废水中 ABS 及 PVA 的处理等进行了讨论。

B1693 TS108

纺织工业空气调节/顾民立等编著 .—北京：纺织工业出版社，1993 年 .—396 页

ISBN 7-5064-0949-6

本教材是纺织专业的空气调节、除尘教材。

B1694 X791

纺织工业污染控制［译］/（美）琼斯（H. R. Jones）著；龙腾锐，邓荣森译 .—北京：纺织工业出版社，1980 年 .—302 页

统一书号 15041·1067

本书介绍了近二十年来美、日、英、法、瑞士、阿根廷等国纺织工业的废水（废气）处理和利用方法，分别论述了棉、毛纺染整和各类化学纤维织造、纺织染整过程中的废水（废气）来源以及各种处理和利用方法。

B1695 TS103

纺织工业噪声测量和控制/胡华康，杜晓军编著 .—北京：纺织工业出版社，1990 年 .—367 页

ISBN 7-5064-0366-8

本书介绍纺织工业噪声的测量方法和控制技术，重点讨论单机和车间噪声的评价方法，以及有梭织机和细纱机的噪声确定及控制技术。

B1696 TS103

纺织工业中的腐蚀与防护/傅积和等编著 .—北京：化学工业出版社，1989 年 .—194 页（被引 8）

ISBN 7-5025-0492-3

本书全面叙述了棉、毛、麻、丝、化学纤维以及染整等纺织工业生产过程中的设备腐蚀问题、主要腐蚀介质及腐蚀环境，分别介绍了纺织工业中常用的耐蚀材料和防护措施，并总结了国内部分纺织企业的防腐经验。

B1697 TS103

纺织工业中的光电检测装置［译］/（苏）莫海特奇诺夫（Мухитдинов，М.）著；黄福详等译 .—北京：纺织工业出版社，1987 年 .—201 页（被引 5）

统一书号 15041·1448

本书简要介绍了光电检测方法的分类、辐射光源和光电接收器，分析了纺织工业应用的各种光电检测装置。

B1698 TS1

纺织工艺过程与设备的空气动力学［译］/（苏）巴甫洛夫（Н. Т. Павлов）著；周慈念，邢声远译 .—北京：纺织工业出版社，1988 年 .—182 页（被引 9）

ISBN 7-5064-0065-0

本书叙述了纺织空气动力学的气流分类，讨论了单纤维、纤维集合体、束纤维及纱线等与气流相互作用的问题。探讨了在前进和回转气流中气流及其纤维状材料相互作用的计算方法。

B1699 TS1

纺织工艺过程自动化［译］/（苏）Д. П. 别捷林等著；严伯钧等译 .—北京：纺织工业出版社，1985 年 .—370 页（被引 13）

统一书号 15041·1325

本书对建立纺织工艺过程自动化系统的理论和技术问题，作了比较全面的叙述，并介绍了相应的构成方法和设备。

B1700 TS1

纺织工艺学 上册 纺纱篇（纺织院校教学用书）/陈浦编 .—上海：上海交通大学出版社，1987 年 .—206 页（被引 6）

ISBN 7-313-00023-5

本书分上、下册，上册为纺纱篇，下册为机织篇。纺纱篇主要阐述纺纱工艺的基本作用原理；综合介绍棉、毛、麻、丝等各种天然纤维的纺纱系统和工艺过程及其特点等。机织篇主要阐述纺纱前准备和织造各工序的目的、要求、主要机构作用原理等。

B1701 TS1

纺织工艺学 下册 机织篇（纺织院校教学用书）/陈浦等编 .—上海：上海交通大学出版社，1987 年 .—176 页（被引 13）

ISBN 7-313-00024-3

该书主要阐述纺纱前准备和织造各工序的目的、要求、主要机构作用原理、工艺参数的选择与产品质量的控制等。

B1702 TS1

纺织工艺学概论 上册/于新安，郝凤鸣主编 .—北京：中国纺织出版社，1998 年 .—332 页（被引 32）

ISBN 7-5064-1432-5

本书介绍了从纤维到织物的纺织工艺过程。上册内容有：纺纱概述、纺纱原料、开清棉、梳棉、精梳、并条、粗纱等和新型纺纱，主要介绍各道工序的任务、工艺流程、机械作用和工艺配置。

B1703 TS1

纺织工艺学概论 下册/于新安，郝凤鸣主编 .—北京：中国纺织出版社，1998 年 .—308 页（被引 38）

ISBN 7-5064-1433-3

本书介绍了从纤维到织物的纺织工艺过程。下册内容有：织造概述、络筒、整经、浆纱、穿经等，主要介绍了各工序的任务、工艺流程、机械作用和工艺配置。

B1704 TS1

纺织工艺研究原理与方法 上下册/邢声远编著 .—北京：北京纺织工程学会，1986 年 .—232 页，367 页

本书重点介绍了科研的意义，科研工作者的素质和道德观，纺织科技资料的查阅与积累方法，科研选题的原则与方法，科研方案的制订，科研计划及其组织实施的准备工作等。

B1705 TS103

纺织滚动轴承/陈紫东等编著 .—北京：纺织工业出版社，1985 年 .—262 页（被引 8）

统一书号 15041·1312

本书分 6 章，介绍纺织滚动轴承的结构和性能、设计计算与尺寸系列、国内外尺寸系列、润滑与轴承寿命、安装拆卸与保养维护、动态特性检测等内容。

B1706 TS103

纺织和轻工生产中的振动和噪声 ［译］/（苏）科里特斯基（Я. И. Коритысский）等著；陈绎勤等译 .—北京：纺织工业出版社，1982 年 .—428 页

统一书号 15041·1193

本书介绍了振动和噪声的一般知识，噪声和振动标准的制订，振动与噪声的实验研究方法，机器噪声及其降低方法，机器传给基座的动力载荷及采用隔振设施的效果等。

B1707 TS101

纺织化学 1/江汉良编 .—西安：西北纺织工学院，1984 年 .—390 页

B1708 TS101

纺织化学 2/江汉良编 .—西安：西北纺织工学院，1984 年 .—150 页

B1709 TS101

纺织化学/汪叔度，李群编著 .—青岛：青岛海洋大学出版社，1994 年 .—576 页

ISBN 7-81026-695-0

本书包括纺织化学理论和纺织化学实验两个部分。纺织化学理论部分包括物质结构基础、化学平衡、有机化合物等内容。实验部分包括化学实验基本知识和十一个实验。

B1710 TS101

纺织化学分析/陈全伦主编 .—上海：上海科学技术出版社，1986 年 .—490 页（被引 68）

统一书号 15119·2463

本书主要内容包括两部分：第一部分为近代仪器分析法（紫外、红外和原子吸收光谱法等）及其在纺织工业中的应用；第二部分为纤维分析法（混纺纤维的定性和定量，纤维上整理剂的定性和定量，纤维上染料的定性和定量）。

B1711 TS101

纺织化学实验/江汉良等编 .—西安：西北纺织工学院，1988 年 .—254 页

B1712 TS103

纺织机器人/天津纺织工学院科研处情报研究室 .—天津：天津纺织工学院科研处情报研究室，1988 年 .—170 页

B1713 TS103

纺织机械"八五"制造工艺发展规划/纺织工业部技术装备司编 .—北京：纺织工业部技术装备司，1990 年 .—185 页

B1714 TS103

纺织机械基础知识（棉纺织保全技工教材）/杜德铭编 .—北京：纺织工业出版社，1988 年 .—338 页（被引 9）

ISBN 7-5064-0061-9

B1715 TS103

纺织机械基础知识 第 2 版（纺织职业技术教育教材）/刘超颖主编 .—北京：中国纺织出版社，2006 年 .—302 页（被引 6）

ISBN 7-5064-4066-0

本书主要内容包括：绪论、工程材料、静力学基础、杠杆机构和平面连杆机构、凸轮机构、间歇运动机构、机械运动与平衡、带传动、链传动、齿轮传动、轮系、连接、支承零部件、弹簧、液压与气动传动技术和纺织新技术简介等。

B1716 TS103

纺织机械设计原理 上册（高等纺织院校教材）/刘裕瑄，陈人哲编 .—北京：纺织工业出版社，1981 年 .—434 页（被引 17）

统一书号 15041·1102

B1717 TS103

纺织机械设计原理 下册（高等纺织院校教材）/刘裕瑄，陈人哲编 .—北京：纺织工业出版社，1981 年 .—388 页（被引 139）

统一书号 15041·1103

B1718 TS103

纺织机械设计原理 第 2 版 上册（高等纺织院校教材）/陈人哲等编 .—北京：中国纺织出版社，1996 年 .—436 页（被引 125）

ISBN 7-5064-0087-1

B1719　TS103

纺织机械设计原理　第 2 版　下册（高等纺织院校教材）/陈人哲等编 .—北京：中国纺织出版社，1996 年 .—477 页（被引 134）

　　ISBN 7-5064-0088-X

B1720　TS103

纺织机械液压与气动基础（全国纺织中等专业学校教材）/于晓瑞，郑来久编著 .—大连：大连海运学院出版社，1991 年 .—222 页（被引 5）

　　ISBN 7-5632-0283-8

B1721　TS103

纺织机械液压与气动技术/魏俊民主编 .—北京：纺织工业出版社，1986 年 .—281 页（被引 23）

　　统一书号 15041·1467

B1722　TS103

纺织机械噪声控制（高等纺织院校教材）/陈瑞琪等编 .—北京：纺织工业出版社，1991 年 .—358 页（被引 9）

　　ISBN 7-5064-0642-X

B1723　TS103

纺织机械噪声与振动控制　增补篇/华东纺织工学院纺织机械教研室 .—上海：华东纺织工学院纺织机械教研室，1982 年 .—116 页

B1724　TS103

纺织机械振动学（高等纺织院校教材）/汪群主编 .—北京：纺织工业出版社，1989 年 .—514 页（被引 18）

　　ISBN 7-5064-0263-7

　　本书介绍了单自由度、多自由度及弹性体振动的基本理论，回转体的振动，非线性振动，测震技术以及微电脑用计算程序。

B1725　TS103

纺织机械制图［港台］/李勤益著 .—台北：新学识文教出版中心，1986 年 .—1 册

B1726　TS103

纺织机械制图/刘培文、刘昌龄编写；河南省轻工业局编写组编著 .—北京：纺织工业出版社，1978 年 .—207 页

B1727　TS103

纺织机械制图　第 3 版（棉纺织保全技工教材）/刘培文编 .—北京：纺织工业出版社，1989 年 .—297 页（被引 9）

　　ISBN 7-5064-0219-X

　　本书介绍了机械制图的基本知识、基本技能和基本体、组合体、零件、部件的绘制和识读方法以及轴测图和轴测草图的画法，并介绍了纺织机械常用零件的画法和测绘方法。

B1728　TS103

纺织机械制图　第 4 版（纺织职业技术教育教材）/刘培文主编 .—北京：中国纺织出版社，2004 年 .—324 页

　　ISBN 7-5064-2872-5

　　本书介绍了机械制图的基本知识、基本技能和基本体、组合体、零件、部件的绘制和识读方法以及轴测图和轴测草图的画法，并介绍了纺织机械常用零件的画法和测绘方法。

B1729　TS103

纺织机械制图习题集/刘培文主编 .—北京：纺织工业出版社，1989 年 .—135 页

　　ISBN 7-5064-0253-X

B1730　TS103

纺织机械制图习题集　第 2 版（纺织职业技术教育教材）/刘培文主编 .—北京：中国纺织出版社，2004 年 .—141 页

　　ISBN 7-5064-2893-8

　　本书主要内容包括：字体练习、几何作图、视图；剖视与断面画法；零件图的基本要求，尺寸标注，表面粗糙度、极限与配合；螺纹、齿轮、弹簧、滚动轴承画法等。

B1731　TS103

纺织机械制造工艺学　典型零件加工/张念思编著 .—上海：华东纺织工学院，1981 年 .—210 页

B1732　TS103

纺织机械制造工艺学/谢澄，赵增墀主编 .—北京：纺织工业出版社，1990 年 .—511 页（被引 5）

　　ISBN 7-5064-0410-9

B1733　TS1

纺织技术概论/冯禾毓编著 .—南京：南京大学出版社，1986 年 .—354 页

　　统一书号 15336·011

B1734　TS101

纺织加工化学（高等纺织院校教材）/邵宽主编 .—北京：中国纺织出版社，1996 年 .—259 页（被引 180）

　　ISBN 7-5064-1187-3

B1735　TS107

纺织检测技术及仪表/李福刚，岳佩麟编 .—北京：中国纺织出版社，1992 年 .—245 页（被引 19）

　　ISBN 7-5064-0718-3

B1736　TS107

纺织检验原理与方法［港台］/蒋敏洵编著 .—台中：国彰出版社，1985 年 .—563 页

B1737　TS108

纺织节能技术/无锡市纺织工程学会 .—无锡：无锡市纺

织工程学会，1985 年 . —273 页

本书分三篇，其中第一、二篇"纺织节电技术""纺织节煤技术"，主要编写了纺织行业中节约用电、用煤技术方面的有关资料。

B1738 TS102

纺织结构复合材料的力学性能/吴德隆，沈怀荣著 . —长沙：国防科技大学出版社，1998 年 . —264 页（被引 165）

ISBN 7-81024-514-7

B1739 TS105

纺织经纱上浆［译］/（美）Seydel 著；上海市纺织工程学会棉织学术委员会翻译 . —上海：上海市纺织工程学会棉织学术委员会，1985 年

B1740 TS101

纺织静电/马峰，杨定君编 . —西安：陕西科学技术出版社，1991 年 . —202 页（被引 29）

ISBN 7-5369-0939-X

B1741 TS106

纺织品、服装基础知识问答/王旭东主编 . —沈阳：辽宁科学技术出版社，1992 年 . —580 页

ISBN 7-5381-1594-3

本书介绍了纺织、印染、服装行业从原料加工到产品检验、包装的基础知识及新产品设计、工艺设计等问题。

B1742 TS106

纺织品分析法/薛寿富著 . —北京：纺织工程学会，1982 年 . —182 页（被引 5）

B1743 TS195

纺织品功能整理 上册［译］/（以）利温（Lewin, Menachem），（美）塞洛（Sello, Stephen B.）主编；王春兰译 . —北京：纺织工业出版社，1992 年 . —246 页（被引 19）

ISBN 7-5064-0743-4

书名原文：Functional finishes。据《纤维科学和工艺手册第二卷纤维和织物的化学加工——功能整理》一书出版；本册分析讨论了各种纺织品的阻燃、防水、防污、抗静电整理的基本原理和工艺。

B1744 TS195

纺织品功能整理 下册［译］/（以）利温（Lewin, Menachem），（美）塞洛（Sello, Stephen B.）主编；黄汉平，李文珂译 . —北京：纺织工业出版社，1992 年 . —274 页（被引 27）

ISBN 7-5064-0747-7

书名原文：Functional finishes。介绍卫生、辐射化学整理的基本原理和工艺及羊毛的化学整理和泡沫整理。

B1745 TS101

纺织品管与制度［港台］/李恩平著 . —台湾：国彰出版

社，1980 年 . —466 页

B1746 TS106

纺织品过滤材料/黄齐模等编 . —北京：纺织工业出版社，1992 年 . —153 页（被引 100）

ISBN 7-5064-0703-5

本书内容包括过滤机理，滤材的纤维原料，各种滤材的品种、规格、性能，滤材的生产工艺与设备及应用实例，并对应用中的经济效益与社会效益等方面作典型分析。

B1747 TS106

纺织品合成材料/李殿钧译 . —黑龙江：黑龙江商学院《商业研究》编辑部，1980 年 . —182 页

B1748 TS195

纺织品化学整理/无锡市纺织工程学会 . —无锡：无锡市纺织工程学会，1982 年 . —182 页

B1749 TS193

纺织品染色学/文耀培编 . —出版地不详：出版者不详，1986 年

B1750 TS190

纺织品染整工艺学/范雪荣主编 . —北京：中国纺织出版社，1999 年 . —228 页（被引 382）

ISBN 7-5064-1652-2

B1751 TS190

纺织品染整工艺学 第 2 版/范雪荣主编 . —北京：中国纺织出版社，2006 年 . —367 页（被引 233）

ISBN 7-5064-3490-3

本书内容包括纺织工业常用纤维的基本结构和主要性能，表面活性剂、高分子助剂和生物酶的基本知识，各类纺织品染整加工的基本原理、基本工艺和常用染整设备。

B1752 TS190

纺织品染整工艺学 第 3 版（"十三五"普通高等教育本科部委级规划教材 普通高等教育"十一五"国家级规划教材：本科）/范雪荣主编 . —北京：中国纺织出版社，2017 年 . —351 页

ISBN 978-7-5180-3314-0

本书内容包括纺织工业常用纤维的基本结构和主要性能，表面活性剂、高分子助剂和生物酶的基本知识，各类纺织品染整加工的基本原理、基本工艺和常用染整设备。同时对彩色棉纤维、Lyocell 纤维、PTT 纤维、聚乳酸纤维等新型纤维的结构和性能，计算机配色、电子分色制版等电子计算机在纺织品染整中的应用技术，喷墨印花、特种涂料印花等新型印花技术，生物酶整理、防紫外线整理等功能性整理技术和生态纺织品标准也作了简要介绍。

B1753 TS107

纺织品商品与检验/王义宪主编 . —北京：中国轻工业出

版社，1994年. —241页（被引7）

　　ISBN 7-5019-1673-X

B1754 TS194

纺织品印花［译］／（英）迈尔斯（Miles, L. W. C.）主编；岑乐衍等译. —北京：纺织工业出版社，1986年. —353页（被引23）

　　统一书号 15041·1447

B1755 TS194

纺织品印花质量控制及外观疵点样照／（日）小池千枝著；北京纺织工业总公司编译. —北京：中国北京达美纺织集团，中国轻工出版社，1988年. —40页

B1756 TS190

纺织品有机硅及有机氟整理／罗巨涛，姜维利编. —北京：中国纺织出版社，1999年. —176页（被引130）

　　ISBN 7-5064-1533-X

B1757 TS108

纺织企业材料知识／上海市纺织工业局主编. —北京：纺织工业出版社，1989年. —239页

　　ISBN 7-5064-0379-X

B1758 TS108

纺织企业供电（高等纺织院校教材）／李光沛，徐玉琦编. —北京：纺织工业出版社，1987年. —312页

　　统一书号 15041·1557

　　ISBN 7-5064-0522-9

B1759 TS108

纺织企业含尘空气的净化［译］／（苏）哈列佐夫（Халезов, Л. С.）著；魏凤银，谭宝瑜译. —北京：纺织工业出版社，1985年. —161页（被引7）

　　统一书号 15041·1372

B1760 TS101-39

纺织企业计算机应用［译］／（美）格雷迪（Gredy, P. L.），（美）莫克（Mocd, G. N.）著；陈家训，余振汉译. —北京：纺织工业出版社，1987年. —434页

　　统一书号 15041·1546

　　本书全面介绍了国外纺织工业各行业中应用计算机的情况，阐述了计算机在纺织生产中应用的原理、技术和有关基础知识。

B1761 TS101

纺织气流问题／张文赓等编著. —北京：纺织工业出版社，1989年. —316页；20cm（被引70）

　　ISBN 7-5064-0155-X

　　本书以纤维介质液体力学的观点详细阐述了纺织生长中一些涉及液体力学问题的基本原理和具体技术，包括流体输送、滤尘、开清棉机与梳棉机的气流及其对落棉的影响与控制，涡流加捻，喷气纺，涡流纺，气流引纬等等。

B1762 TS103

纺织器材工艺学／王戎祥等编著. —沈阳：辽宁教育出版社，1994年. —443页

　　ISBN 7-5382-2812-8

　　本书讲解了非金属纺织器材使用及制造工艺和金属纺织器材的使用制造工艺及其质量检验的基本知识。

B1763 TS1

纺织染概论／邹曙光等编写. —济南：山东科学技术出版社，1989年. —266页

　　ISBN 7-5331-0428-5

B1764 TS190

纺织染整助剂（染料丛书）／丁忠传，杨新纬编. —北京：化学工业出版社，1988年. —410页；20cm（被引163）

　　ISBN 7-5025-0133-9

　　本书对纺织染整中使用的表面活性剂、纺织物预处理剂、印染助剂、后处理助剂等均作了较为详细的介绍。

B1765 TS190

纺织染整助剂导论／王存仓等编著. —西安：西安交通大学出版社，1993年. —283页（被引20）

　　ISBN 7-5605-0541-4

　　本书包括纺织染整助剂理论基础、纺织染整助剂各论及其研制方法与文献工作等。

B1766 TS103

纺织设备机电一体化基础（纺织设备机电一体化丛书）／沈洪勋等编著. —北京：纺织工业出版社，1992年. —222页；20cm（被引18）

　　ISBN 7-5064-0851-1

　　本书介绍了机电一体化的关键技术，纺织设备机电一体化的现状及发展前景等。

B1767 TS1

纺织实用技术新编／马瑞增，苏心逸，苏惠卿译. —石家庄：石家庄市纺织工程学会，1982年. —254页

B1768 TS193

纺织实用色彩学概论／西北纺织工学院纺织材料教研室编. —西安：西北纺织工学院，1983年. —107页

B1769 TS103

纺织试验仪器的检定与校正／上海市纺织标准计量研究所. —上海：上海市纺织标准计量研究所，1986年. —371页

B1770 TS103

纺织试验仪器学 1／纺织材料教研室编. —西安：西北纺织工学院，1981年. —67页

B1771　TS103

纺织试验仪器学　3/纺织材料教研室编 . —西安：西北纺织工学院，1981 年 . —238 页

B1772　TS103

纺织试验仪器学/钱云青主编 . —北京：纺织工业出版社，1989 年 . —310 页；20cm（被引 29）

ISBN 7-5064-0267-X

本书重点阐述纺织生产中纺织材料物理性质测试仪器的工作机理、基本结构及影响其计量性能的主要因素等问题。

B1773　TS101

纺织数理统计方法/李忠编著 . —重庆：重庆出版社，1987 年 . —329 页；20cm（被引 55）

ISBN 7-5366-0354-1

本书包括数据整理、统计检验、方差分析、回归分析、正交试验和质量管理等方面内容。

B1774　TS107

纺织梭织织物的性能要求/溢达企业有限公司编 . —上海：上海市纺织工业局计量标准管理所，1982 年 . —195 页

B1775　TS195

纺织物的化学整理［译］/（美）马克（H. Mark）著；水佑人译 . —北京：纺织工业出版社，1987 年 . —603 页；21cm（被引 62）

统一书号 15041·1276

本书对各种纺织纤维的化学整理的理论和实践作了全面阐述，对纺织物的防缩防皱、防水、阻燃、拒油、防静电、防霉、防菌等化学整理的机理与工艺都有详细的介绍。同时还概括地介绍了化学整理的近代研究成果。

B1776　TS102

纺织物料　第 1 册［港台］/许可为，梁均庭，卢明德著 . —香港：香港理工学院教育科技统筹处，1991 年 . —1 册

ISBN 962-367-064-8

B1777　TS102

纺织物料　第 2 册［港台］/许可为，梁均庭，卢明德著 . —香港：香港理工学院教育科技统筹处，1991 年 . —1 册

ISBN 962-367-063-X

B1778　TS193

纺织物染色的稳定性［译］/（苏）卡隆塔罗夫（Калонтаров，И. Я.）著；王建荣译 . —北京：纺织工业出版社，1989 年 . —229 页（被引 8）

ISBN 7-5064-0071-5

B1779　TS101

纺织物质量分析/徐日曦编 . —北京：纺织工业出版社，1993 年 . —275 页（被引 6）

ISBN 7-5064-0880-5

介绍纺织物质量分析的专业知识、抽样检验和多元统计分析的应用，以提高纺织行业从业人员的质量识别、质量分析和质量应变的能力。

B1780　TS194

纺织物转移印花技术［译］/（美）李（R. W. Lee）著；王秀玲译 . —北京：纺织工业出版社，1984 年 . —220 页（被引 6）

统一书号 15041·1321

B1781　TS102

纺织纤维的结构和性能/吴宏仁，吴立峰编 . —北京：纺织工业出版社，1985 年 . —238 页；19cm（被引 143）

统一书号 15041·1305

本书介绍了纤维的结构和性能之间的关系，并较详细地介绍了纤维素纤维、羊毛、蚕丝、涤纶、锦纶、腈纶、维纶、丙纶等纤维的结构和性能的特征；简要地介绍了某些结构和性能指标的表征方法和测试原理。

B1782　TS102

纺织纤维和纱线［译］/（苏）Г. И. 库金，（苏）А. И. 索洛维耶夫，（苏）А. И. 科良科夫编著；黄淑珍，胡文侠译；安瑞凤，程启校 . —北京：纺织工业出版社，1992 年 . —329 页；20cm（被引 18）

ISBN 7-5064-0797-3

本书介绍了棉、麻、毛、丝，以及化学纤维等纺织纤维和纱线的主要品种和质量评估等内容。

B1783　TS102

纺织纤维化学的实验［港台］/汪辉雄，林清安编著 . —台中：国彰出版社，1981 年 . —176 页；20cm

B1784　TS102

纺织纤维鉴别方法/李世荣编著 . —北京：机械工业出版社，1988 年 . —102 页（被引 7）

ISBN 7-111-01589-4

B1785　TS105

纺织新产品设计与工艺/金壮，张弘编著 . —北京：纺织工业出版社，1991 年 . —330 页；19cm（被引 81）

ISBN 7-5064-0594-6

本书系统地介绍了近年来开发的各种纺织新产品，包括应用差别化纤维的织物，采用新型整理技术的织物，具有特殊组织结构和工艺的织物，以及在老产品基础上升档换代的织物。叙述了这些产品的特点、原料性能、织物设计和生产的关键。

B1786　TS108

纺织印染行业防火（中国消防安全丛书）/马良主编 . —石家庄：河北科学技术出版社，1996 年 . —171 页

ISBN 7-5375-1530-1

B1787 TS103

纺织用电动机/王纲毅编著 . —北京：纺织工业出版社，1989 年 . —220 页（被引 5）

ISBN 7-5064-0196-7

B1788 TS101

纺织有机化学/余肇铭，张守中，眭伟民编 . —上海：上海交通大学出版社，1985 年 . —286 页；20cm（被引 19）

统一书号 13324·25

本书分为基础和专章两大部分。第一章是绪论；第二至九章按有机官能团分类编写；第十章为有机化合物鉴定；第十一至十七章是从纤维组成、助剂、染料、浆料等引申专题论述。

B1789 TS101

纺织有机化学基础/眭伟民，金惠平编 . —上海：上海交通大学出版社，1992 年 . —320 页；20cm（被引 26）

ISBN 7-313-01025-7

本书阐明各类有机化合物的性质、结构及其关系，讨论纺织工业中应用较广的碳水化合物、氨基酸和蛋白质、染料、表面活性剂、合成高分子化合物等。

B1790 TS1

纺织与服装标准化知识/薛晓蓓主编 . —北京：北京大学出版社，1989 年 . —281 页；31cm

ISBN 7-301-00717-5

B1791 TS102

纺织原料学［译］/（日）大佐吾人著；赖耿阳编译 . —台南：五洲出版社，1980 年 . —287 页

B1792 TS190

纺织助剂化学导论/王存仓编著 . —西安：西北纺织工学院纺化系，1988 年 . —446 页

B1793 TS190

纺织助剂实用分析/解如阜，高世伟编著 . —北京：纺织工业出版社，1987 年 . —409 页；19cm（被引 102）

ISBN 7-5064-0112-6

本书介绍纺织助剂的分析、鉴别及应用性能测试方法，内容包括助剂分析基础、纺织助剂实用分析、仪器分析基本知识及其在纺织助剂分析中的应用。着重于染整助剂。

B1794 TS101

纺织最优化方法与应用/陈瑞华，杨奇志编 . —北京：中国纺织出版社，1994 年 . —274 页；19cm（被引 18）

ISBN 7-5064-1052-4

本书重点介绍纺织生产中单因素问题、多因素问题的最优化方法以及线性规划和动态规划法，并通过大量实例进一步介绍最优化方法及其在纺织生产中的应用。

B1795 TS106

纺织最终产品——衣着用、铺饰用、产业用/日本纤维机械学会纤维工学出版委员会编；钱尧年等译 . —北京：纺织工业出版社，1988 年 . —435 页（被引 7）

ISBN 7-5064-0034-0

本书从纺织品的衣着、铺饰、产业三大使用领域，系统地介绍了各类产品的原料、生产技术、工艺流程、产品特征、使用功能等内容。

B1796 TS17

非织造布（纺织工业知识丛书）/陈浦，冯启祥，庞韦廉编 . —北京：纺织工业出版社，1989 年 . —131 页；19cm（被引 25）

ISBN 7-5064-0252-1

本书内容包括非织造布的纤维原料、成网过程、纤维网的加固方法（粘合法、针刺法、缝编法等）、纺丝成网、非织造布后整理，以及非织造布的用途、品质检验等。

B1797 TS174

非织造布产品的应用及设计/王继祖，陈浦，贺福敏，范林松编著 . —北京：中国纺织出版社，1994 年 . —159 页；19cm（被引 32）

ISBN 7-5064-1000-1

本书介绍了非织造布产品的应用及其生产设计，包括非织造布产品的性能与应用、生产设计、工艺计算与调整、质量控制与产品检测等。

B1798 TS174

非织造布的性能与测试/郭秉臣主编 . —北京：中国纺织出版社，1998 年 . —367 页；19cm（被引 157）

ISBN 7-5064-1398-1

本书介绍了非织造布的检测手段和指标，内容包括非织造布的特征指标、力学性能、品质指标及测试，非织造布功能性的测试，粘合剂的测试，土工布的测试，过渡材料的测试，薄型非织造布及粘合衬测试，针刺无纬造纸毯的测试，非织造布电学、声学性能的测试，卫生保健产品的测试等。

B1799 TS174

非织造布概论（高等纺织院校教材）/杨汝楫主编 . —北京：纺织工业出版社，1990 年 . —258 页（被引 58）

ISBN 7-5064-0392-7

B1800 TS174

非织造布生产技术/王延熹主编 . —北京：纺织工业出版社，1986 年 . —278 页（被引 235）

统一书号 15041·1407

本书较为全面地介绍了非织造布的生产技术和基础知识，着重阐述了粘合法、针刺法、缝编法及纺丝成网法非织造布技术，比较详细地叙述了非织造布后整理技术、测试技术以及非织造布产品的性能与应用等。

B1801　TS174

非织造布生产技术/王延熹主编．—上海：中国纺织大学出版社，1998 年．—521 页；26cm（被引 400）

　　ISBN 7-81038-091-5

　　本书较为全面地介绍了非织造布的生产技术和基础知识，着重阐述了干法（粘合法、针刺法、水刺法、缝编法）、纺丝成网法、熔喷法及干法造纸等非织造布技术，并比较详细地叙述了非织造布后整理技术、深加工技术、测试技术以及非织造布产品的性能与应用等。

B1802　TS17

非织造布实用教程/马建伟等主编．—北京：中国纺织出版社，1994 年．—321 页（被引 44）

　　ISBN 7-5064-1131-8

　　本书介绍了非织造布生产的基本原理和方法，内容包括非织造布工艺与设备、纤维原料、粘合剂、产品开发和应用、性能测试，思考题和部分非织造布企事业单位简介。

B1803　TS941.15

服装材料/庞小涟，杭州服装职业中学编．—北京：高等教育出版社，1989 年．—107 页

　　ISBN 7-04-002064-5

B1804　TS941.15

服装材料的认识选择与应用（服装设计裁剪与缝制教程丛书）/刘静伟主编；蒋晓文等编著．—北京：中国纺织出版社，1998 年．—91 页；26cm（被引 20）

　　ISBN 7-5064-1465-1

　　本书从构成材料的基本要素出发，主要介绍了服装面辅料的性能、特征、认识与鉴别方法及选择应用知识，并对不断出现的新材料进行了分析探讨。

B1805　TS941.15

服装材料及市场学/海连生主编；高录田编著；中国服装教育函授中心编．—北京：学苑出版社，1994 年．—57 页

　　ISBN 7-5077-0903-5

B1806　TS941.15

服装材料学　第 2 版/朱松文等编．—北京：中国纺织出版社，1994 年．—260 页；26cm（被引 408）

　　ISBN 7-5064-1264-0

　　本书系统介绍了服装用纤维、纱线、织物、裘皮、皮革等各种材料的结构和形态，以及它们的表面性能、机械性能、热学性能，吸湿性、吸水性、透气性、形态稳定性、燃烧性、抗熔孔性、耐气候性、耐化学品性、保健与卫生性能等。还特别介绍了服装的舒适性能。

B1807　TS941.15

服装材料学　第 3 版/朱松文等编；中国纺织总会教育部组织编写．—北京：中国纺织出版社，2001 年．—247 页；26cm（被引 340）

　　ISBN 7-5064-1685-9

　　本书系统地阐述了服装材料的基本概念，并介绍了近年出现的新型合纤及其织物、高性能纤维及其织物、新功能纤维及其织物等。

B1808　TS941.15

服装材料学　第 4 版（高等服装专业教材）/朱松文，刘静伟编著．—北京：中国纺织出版社，2010 年．—315 页（被引 65）

　　ISBN 978-7-5064-6218-1

B1809　TS941.15

服装材料学　第 5 版（服装高等教育"十二五"部委级规划教材·本科）/朱松文，刘静伟编著．—北京：中国纺织出版社，2015 年．—248 页（被引 10）

　　ISBN 7-5180-0361-9

B1810　TS941.15

服装材料学/纪美玉，陈秀珍主编．—大连：大连海事大学出版社，1994 年．—147 页

　　ISBN 7-5632-0753-8

B1811　TS941.15

服装材料学/马燕生，徐文著编著．—沈阳：东北财经大学出版社，1994 年．—192 页

　　ISBN 7-81005-879-7

　　本书着重讲述了各种天然纤维和常用化学纤维及其织物的服用性质与各自特征。

B1812　TS941.15

服装材料学/杨静编著．—北京：高等教育出版社，1994 年．—196 页；26cm（被引 88）

　　ISBN 7-04-005129-X

　　本书概况介绍了纺织纤维、纱线、织物的各类，服装用织物的纺织染整加工、组织结构及其与服装的关系。

B1813　TS941.15

服装材料学　第 2 版（普通高等教育"十一五"国家级规划教材　服装设计专业系列教材）/杨静编著．—北京：高等教育出版社，2007 年．—283 页（被引 11）

　　ISBN 978-7-04-021185-6

　　全书阐述了有关服装材料的种类、构成、生产、结构、性能、风格等理论知识，以及材料各方面因素对服装设计、加工、穿着的影响，从应用角度分析论述了服装材料的鉴识、选择、运用与打理的方法，并通过实例加以说明，力求材料理论与服装实际有机结合，并指导解决服装设计与应用全过程中一系列与材料相关的问题，包括选材识别、舒适穿着、造型保型、洗熨保养等。

B1814　TS941.15

服装材料学（服饰系列丛书）/秦寄岗编著．—哈尔滨：黑龙江教育出版社，1995 年．—184 页；26cm（被引 22）

　　ISBN 7-5316-1876-1

本书广泛、系统地论述了服装材料的性质、功能、特点，从而有利于新产品的开发、利用和创新。

B1815 TS941.4
服装面料与辅料（服装高等职业教育教材）/濮微编著.—北京：中国纺织出版社，1998年.—233页；26cm（被引40）

ISBN 7-5064-1449-X

本书主要内容有服装与服装材料的关系，服装对服装材料的性能要求，服装用纺织纤维、纱线和织物，织物后整理工艺，常用的纺织服装面料，服装面料的鉴别与测试，现代的纺织新产品，以及服装辅料与包装材料，服装材料与服装制作，不同材料服装的洗涤、除渍和保养等。

B1816 TQ34
复合纤维（差别化纤维丛书）/陈日藻，丁协安，华伟杰编著.—北京：中国石化出版社，1995年.—172页

ISBN 7-80043-538-5

本书介绍了差别化纤维之一——复合纤维。比较详细地阐述了复合纤维的发展、分类、生产工艺、设备以及关键部件——喷嘴组合件的结构，尤其对复合纤维组分的选择和匹配作了较广泛的讨论。书中同时列举了大量应用实例，专门介绍了国内外发展较快的复合纤维品种——超细纤维、导电纤维及其纺织产品的应用。

B1817 TS102
复合纤维材料的生产与应用［译］/周晓沧，张林等译编.—仪征：仪征化纤厂发行，1998年.—339页

B1818 TS143
复摇、编丝、绞丝、打包操作法/江苏省丝绸总公司著.—苏州：江苏省丝绸总公司，1987年.—90页

B1819 TS143
复摇、整理和生丝检验（制丝工人技术读本）/高振业编.—北京：纺织工业出版社，1983年.—219页（被引6）

统一书号 15041·1279

本书是根据纺织工业部《缫丝企业工人技术标准（运转）》中规定的复摇、整理和生丝检验工人应知应会的要求，通俗简明地叙述复摇、整理和生丝质量检验各工序工人必须掌握的设备、操作、工艺管理和计算以及生丝质量检验等方面的基础知识。

B1820 TS143
复摇、整理和生丝检验 第2版（制丝工人技术读本）/高振业编.—北京：中国纺织出版社，1997年.—264页

ISBN 7-5064-1286-1

本书系统地阐述了缫丝厂复摇、整理和生丝质量检验各工序工人必须掌握的设备、操作、工艺管理和计算以及生丝质量检验等方面的基础知识，通俗易懂，实用性强。修订第二版，将原书中有关生丝国家标准的内容，均按现行

GB 1797~1799—1986生丝国家标准改写；同时，介绍了浙江省复摇操作法和编丝、绞丝、打包工种的操作规程，充实了简装丝生产的内容；附录中增加了半成品质量标准等。

B1821 TS112
高速并条机的理论与实践/徐铭九著.—北京：纺织工业出版社，1983年.—370页（被引42）

统一书号 15041·1239

本书全面阐述了并条高速化的理论问题和实际措施。书中对高速并条机的机构，分别进行了分析；对高速并条机的工艺配置、质量控制及自调匀整等作了详细论述；对国内外各种类型高速并条机的性能特点作了介绍。本书对高速并条机新机设计、老机改造及教学研究工作，均有参考价值。

B1822 TS141
高速纺丝 科学与工程［译］/（波）A.齐亚别斯基（H. K. Ziabicki）等编；施祖培等译.—北京：中国石化出版社，1990年.—615页（被引15）

ISBN 7-80043-124-X

本书主要介绍了高速纺丝中的主要问题，高速纺丝的技术发展及应用，各种纺速下融熔纺丝的理论及实验研究，纺丝条件对过程动力学及丝的黏度的影响，高取向及高应力下纤维结构形成的特征，高速纺机械的设计、运行及操作等。

B1823 TS141
高速纺丝拉伸变形工艺与设备/王显楼，余荣华编.—北京：纺织工业出版社，1987年.—417页

ISBN 7-5064-0842-2

本书概括地叙述了高速纺丝拉伸变形工艺的发展历史及发展趋势，较全面而详细地阐述了涤纶和锦纶的高速纺丝拉伸变形工艺原理及工艺过程；并全面介绍了国内外使用和研制中的高速纺丝机和拉伸变形机。

B1824 TS183
高速及双针床经编机的构造调整和使用/宗平生主编.—北京：纺织工业出版社，1993年.—499页（被引10）

ISBN 7-5064-0798-1

本书介绍了国产及德国卡尔·迈耶、利巴、特克特莫纺织机械生产的基本型和各类花色专用型高速经编机、双针床拉舍尔经编机的构造、安装、调试方法及其产品。

B1825 TS183
高速提花机与电子提花技术/李志祥编著.—杭州：浙江科学技术出版社，1994年.—327页（被引23）

ISBN 7-5341-0648-6

本书对单动式、复动式提花机标准和我国常用的几种提花机结构原理、安装调整方法及提花织物组织设计和计算机辅助设计等作了系统的介绍。

B1826 TQ34
高性能纤维学/许永绥编译.—北京：世界图书出版公司，1989年.—237页

ISBN 7-5062-0487-8

B1827　TS11

高支纱线与织物的生产技术/刘荣清，沙建勋，王德普，王玲编著 .—北京：中国纺织出版社，1994 年 .—143 页（被引 21）

ISBN 7-5064-1079-6

全书共五章，叙述高支纱线与织物的分类、用途、工艺特征和发展前景；高支纱线的品种和质量指针；重点论述高支纱线与织物的生产工艺并附工艺设计示例。

B1828　TS102

各类毛鳞片结构形态电镜图集/王秀兰等编 .—乌鲁木齐：新疆人民出版社，1988 年 .—118 页（被引 9）

ISBN 7-228-00635-6

本图集收集了我国的绵羊、山羊、骆驼、牦牛、家兔的毛样及澳大利亚、新西兰、阿根廷的羊毛样品，利用 JSM-255 扫描电子显微镜及 JEM-100CX 透射电子显微镜，观察近 60 个品类毛纤维。

B1829　TS108

工厂的纺织与品管工程［港台］/颜浩正编 .—台北：出版者不详，1986 年

B1830　TS106

工业用丝纱产品专题调查报告［港台］/冯启鲁，李信宏，鲍文仲撰写 .—台北：（台湾）编织工业研究中心，1995 年 .—159 页

ISBN 957-99537-4-0

B1831　TS106

固—液分离滤布性能测定及选用/郭仁惠，张建设主编 .—北京：机械工业出版社，1997 年 .—214 页（被引 33）

ISBN 7-111-05433-4

本书第一章介绍国内外过滤介质发展情况，国外过滤介质性能测定标准以及项目成果简介；第二章具体介绍性能测定原理和方法；第三章介绍滤布的分类、物化性质、选型原则，以及国产常用滤布的使用范围；第四章简单介绍各类可用滤布的过滤机；第五章介绍滤布性能数据计算机管理系统的构成及使用方法；第六章常用国产滤布过滤性能数据汇总图表。

B1832　TS103

关键纺纱器材/荆越编著 .—北京：中国纺织出版社，1997 年 .—394 页（被引 59）

ISBN 7-5064-1280-2

本书详细介绍了新型胶辊、胶圈、金属针布、弹性针布、钢领、钢丝圈等关键纺纱器材的基本要求、制造、使用及研究与发展等情况，内容全面，实用性较强。

B1833　TS102

关于纤维及纤维制品扫描电镜照片专集［译］/（日）久我睦男等主编 .—上海：中国纺织大学出版社，1989 年 .—43 页

B1834　TS195

光电整纬装置/何绍东，陈梁编 .—北京：纺织工业出版社，1988 年 .—116 页（被引 6）

ISBN 7-5064-0128-2

本书介绍了在印染后整理过程中广泛使用的自动控制设备——光电整纬装置。全书共分七章，扼要叙述了光电整纬装置的基本构成和动作原理，较为详细地介绍了检测头、电子控制线路及其他各部件，对微处理机在光电整纬装置中的应用也作了相应的介绍；另外还介绍了国内常见的几种光电整纬装置，以及它们的使用、维护和保养。

B1835　TS194

滚筒印花工艺设计/胡木升编著 .—北京：纺织工业出版社，1984 年 .—213 页（被引 15）

统一书号 15041·1292

本书比较详细地介绍了滚筒印花工艺设计的基本知识，汇集了若干印花品种的印花工艺设计和印制实例。书中阐述了滚筒印花工艺设计中应该考虑和注意的问题，总结了滚筒印花工艺设计中几个主要技术环节的一些实际做法和体会，比较详细地介绍了若干印花品种的生产原理、工艺设计要点及注意事项，收集了较多的实际印制工艺和处方。

B1836　TS112

国产 FA 系列棉纺机械/徐旻，吴敏编写 .—南京：江苏省纺织工业经济技术研究会，199? 年 .—73 页

B1837　TS112

国产 FA 型环锭纺纱新设备/魏展谟，王永倩主编 .—北京：纺织工业出版社，1993 年 .—243 页

ISBN 7-5064-0887-2

阐述国产棉纺环锭纺纱各工序 FA 型设备在设计制造、安装调试、使用维护中的特点和生产工艺配置、工艺计算与质量控制等内容。

B1838　TS103

国产有梭织机改造/藩祖慰等编著 .—北京：纺织工业出版社，1993 年 .—81 页

ISBN 7-5064-0888-0

本书包括开口机构、送经机构、驱动控制装置等，讲述了各机构工作原理、安装调试、挡车操作要领等。

B1839　TS103

国际纺织测试仪器（棉纺织新技术丛书）/无锡市纺织工程学会编 .—无锡：无锡市纺织工程学会，1986 年 .—92 页

B1840　TS193

国际纺织业通用色卡/施华民编著 .—北京：纺织工业出版社，1992 年

ISBN 7-5064-0835-X

B1841 TS1

国内外纺织标准化概述/刘增录，汤加乐，齐亚民，郑望愚编著．—北京：纺织工业部标准化研究所，1984 年．—468 页

B1842 TS1

国内外纺织工业技术的现状与前景/曹瑞，任焕金，周启澄主编．—北京：纺织工业出版社，1990 年．—330 页（被引 31）

ISBN 7-5064-0402-8

本书对棉、毛、麻、丝、化纤等的纺织、印染、整理及服装等的生产技术现状和发展作了扼要的预测与分析。

B1843 TQ34

国外涤纶生产新技术/上海合成纤维研究所，全国合成纤维工业科技情报站编译．—北京：纺织工业出版社，1983 年．—295 页

统一书号 15041·1234

本书是根据国外的文献资料编译而成的，共收集论文 22 篇。书中介绍了国外近年来涤纶的高速纺丝、长丝加工、新型短纤维及涤纶特色纤维、花式混纤丝、仿丝绸、仿毛、仿麻、仿纱、仿麂皮等新产品的工艺技术。

B1844 TS103

国外纺织器材/曹光兴，华之明，高耀岭，周玉麟，刘庆曜编译．—北京：纺织工业出版社，1982 年．—377 页（被引 36）

统一书号 15041·1140

本书介绍了美、日、英、西德和瑞士等国主要纺织器材新产品的结构、规格、特性、原材料的选择，以及它们在制造、使用和维护保养方面的新技术、新工艺和新设备。内容以棉纺织器材为主，也介绍了毛、麻、丝、化纤、针织复制和印染用主要器材。

B1845 TS112

国外开清棉设备/郑州纺织机械研究所编辑．—郑州：郑州纺织机械研究所，1980 年．—159 页

B1846 TS112

国外开清棉设备/张瑞志，蔡介政编．—北京：纺织工业出版社，1985 年．—220 页

统一书号 15041·1360

B1847 TS103

国外喷水织机/汪金福，孙雨芳编．—北京：纺织工业出版社，1988 年．—252 页（被引 15）

ISBN 7-5064-0047-2

B1848 TS112

国外新型浆纱机/姜家祥编．—北京：纺织工业出版社，

1981 年．—277 页（被引 20）

统一书号 15041·1072

B1849 TS183

国外新型圆纬机构造、调整和使用/潘寿民主编．—北京：纺织工业出版社，1992 年．—302 页（被引 22）

ISBN 7-5064-0780-9

本书介绍了单面、双面、毛圈大圆机的各种编织机构的作用原理、调整方法，重点介绍了各种新型提花机物的使用方法，并列举了从国外引进或选型的 15 种针织大圆机。

B1850 TS103

国外新型整经机/黄柏龄，谢剑萍著．—北京：中国纺织出版社，1994 年．—208 页（被引 14）

ISBN 7-5064-1020-6

本书对各种型号的分批整经机、分条整经机等的结构特点、使用性能等进行了介绍。

B1851 TS190

还原染料/赵维绳，陈彬，汪维凤编著．—北京：化学工业出版社，1993 年．—577 页

ISBN 7-5025-1200-4

B1852 TS106

含蚕丝复合纤维的纺织和染整/周宏湘，徐辉编著．—北京：中国纺织出版社，1996 年．—245 页（被引 22）

ISBN 7-5064-1203-9

本书系统地介绍了含蚕丝复合纤维的发展、含蚕丝复合纤维的混纺和交织技术、蚕丝包芯技术、含野蚕丝复合纤维的开发、含蚕丝的复合丝针织品、蚕丝化学复合技术，并介绍了含蚕丝复合纤维织物的练漂、染色、印花和整理技术。

B1853 TS102

航空航天纺织材料学/留长明主编．—北京：航空工业出版社，1989 年．—761 页

ISBN 978-7-8004-615-21

B1854 TS190

合成染料的分析化学［译］/（印度）K. 文卡塔拉曼著；苏聚汉，汪聪慧译．—北京：纺织工业出版社，1985 年．—595 页

统一书号 15041·1366

B1855 TQ34

合成纤维 上册［译］/（德）B. V. 法凯（Falkai. B. V）等编著；张书绅等译．—北京：纺织工业出版社，1987 年．—586 页

统一书号 15041·1566

ISBN 7-5064-0113-4

本书内容包括合成纤维的有关基础理论、生产工艺、加弹变形（上册）、纺织印染、加工应用、分析检验、今后发展、纤维性能比较（下册）诸方面。

B1856　TQ34

合成纤维　下册［译］/（德）B. V. 法凯（Falkai. B. V）等编著；张书绅等译.—北京：纺织工业出版社，1988 年.—349 页

ISBN 7-5064-0050-2

本册介绍了纺织印染加工应用、分析检验今后发展方向、纤维性能比较等知识。

B1857　TQ34

合成纤维成形［译］/（美）瓦尔察克（Z. K. Walcak）著；刘双成等译.—北京：纺织工业出版社，1984 年.—371 页

统一书号 15041·1291

B1858　TQ34

合成纤维单体工艺学/曹鸿林主编.—北京：纺织工业出版社，1981 年.—536 页

统一书号 15041·1101

B1859　TQ34

合成纤维的改性与差别化　上中下册/王玉忠.—出版地不详：出版者不详，1989 年.—204 页，205—392 页，393—605 页

B1860　TQ34

合成纤维改性原理和方法/肖为维著.—成都：成都科技大学出版社，1992 年.—216 页

ISBN 7-5616-1088-2

论述了通过共聚、接枝、交联、共混等对合成纤维进行各种化学、物理改性及改进合成纤维的染色性、吸湿性、抗静电性、仿天然纤维等的基本原理和方法。

B1861　TQ34

合成纤维机械原理与设计/郭英主编.—北京：纺织工业出版社，1990 年.—352 页（被引 82）

ISBN 7-5064-0469-9

B1862　TQ34

合成纤维卷曲的理论与实践/余振浩著.—北京：纺织工业出版社，1982 年.—140 页

统一书号 15041·1202

本书根据理论和实践相结合的原则，从卷曲的特征和原理说明了卷曲的形成和保持，从而解释实践中卷曲条件的调节和控制以及卷曲质量异常的发现、确定和处理。

B1863　TS154

合成纤维熔体纺丝/吴大诚，杨忠和等编.—北京：纺织工业出版社，1980 年.—631 页（被引 118）

统一书号 15041·1061

B1864　TS154

合成纤维纱线与织物的制造［译］/（美）鲁宾孙（Robinson J. S.）编；毛伟民，杨建生译.—北京：纺织工业出版社，1986 年.—494 页

统一书号 15041·1441

B1865　TQ34

合成纤维生产工艺学　上册（高等纺织院校教材）/董纪震，孙桐，古大治等编.—北京：纺织工业出版社，1981 年.—546 页

统一书号 15041·1125

上册（第一篇 1 至 7 章）为总论部分，详细讨论了合成纤维生产的工艺原理，内容包括：纤维的基本概念和合成纤维生产方法概述；纺丝流体（高聚物熔体或浓溶液）的流变性质和挤出过程；熔体纺丝、湿法纺丝和其他纺丝方法的工艺原理以及拉伸和热定型工艺原理。

B1866　TQ34

合成纤维生产工艺学　中册（高等纺织院校教材）/董纪震，何勤功，濮德林编.—北京：纺织工业出版社，1984 年.—340 页

统一书号 15041·1138

中册和下册（第二篇 8-13 章）分别介绍聚酯纤维、聚酰胺纤维、聚丙烯纤维、聚丙烯腈纤维、聚乙烯醇纤维以及其他合成纤维的生产工艺。

B1867　TQ34

合成纤维生产工艺学　下册（高等纺织院校教材）/董纪震，吴宏仁，陈雪英等编.—北京：纺织工业出版社，1984 年.—404 页

统一书号 15041·1139

中册和下册（第二篇 8 至 13 章）为各论部分，分别介绍聚酯纤维、聚酰胺纤维、聚丙烯纤维、聚丙烯腈纤维、聚乙烯醇纤维以及其他合成纤维的生产工艺。

B1868　TQ34

合成纤维生产工艺学　第 2 版　上册（高等纺织院校教材）/董纪震等编.—北京：纺织工业出版社，1993 年.—546 页

ISBN 7-5064-0517-2

本书详细讨论了合成纤维生产的工艺原理，内容包括：纤维的基本概念和合成纤维生产方法概述；纺丝流体（高聚物熔体或浓溶液）的流变性质和挤出过程；熔体纺丝（包括高速纺）、湿法纺丝、干法纺丝和其他纺丝方法（特种纺丝）的工艺原理，以及拉伸和热定型工艺原理。

B1869　TQ34

合成纤维生产工艺学　第 2 版　下册（高等纺织院校教材）/董纪震等编.—北京：中国纺织出版社，1994 年.—722 页

ISBN 7-5064-1026-5

本书上册详细讨论了合成纤维生产的工艺原理。本书下册将原第一版的中册和下册合并为一册，详细讨论合成纤维各品种的生产工艺，分别介绍聚酯纤维（涤纶）、聚酰胺纤

维（锦纶）、聚丙烯纤维（丙纶）、聚乙烯醇纤维（维纶）、聚氯乙烯纤维、聚氨酯弹性纤维（氨纶）以及高性能和功能性纤维的生产工艺。

B1870　TQ34
合成纤维生产基本知识　初级本（石油化工工人技术培训教材）/蓝清华，吴文莺编 .—北京：烃加工出版社，1990年 .—351 页
　　ISBN 7-80043-092-8
　　本书介绍了合成纤维的基本知识，合成纤维原料的生产方法，熔纺和湿纺的生产过程，后处理及其影响因素，纺丝和后处理的主要设备，环境保护和安全生产的基本知识等。

B1871　TQ34
合成纤维生产工艺原理　中级本（石油化工工人技术培训教材）/蓝清华，吴文莺编 .—北京：中国石化出版社，1991年 .—476 页
　　ISBN 7-80043-177-0
　　本书介绍了合成纤维的性质、合纤原料生产工艺原理、熔纺和湿纺工艺原理、后处理工艺原理以及合纤油剂、合纤成品的测试方法等。每章后面均附有习题。

B1872　TS152
合成纤维系列牵伸加捻机的使用与维修/经纬纺织机械股份有限公司编著 .—北京：中国纺织出版社，1996 年 .—497 页
　　ISBN 7-5064-1253-5

B1873　TQ34
合成纤维新品种和用途/成晓旭，杨浩之编 .—北京：纺织工业出版社，1988 年 .—284 页
　　ISBN 7-5064-0154-1
　　本书重点介绍合成纤维新品种，分为上、下两篇，上篇以品种分类，下篇以特殊功能分类，分别介绍各种纤维的制造方法、性能、用途及其开发现状。

B1874　TQ34
合成纤维油剂/天津市轻工业化学研究所编 .—北京：纺织工业出版社，1980 年 .—190 页
　　统一书号 15041·1037
　　本书说明了合成纤维油剂对合成纤维生产与纺织加工的重要作用，阐述了油剂的基本性能、使用要求以及评价方法。全书主要内容包括：油剂与表面活性剂，油剂的平滑性与抗静电性，短纤维与长丝油剂，油剂的测试与评价等。

B1875　TS154
合成纤维长丝上浆技术 ［译］/（日）小森淳著；刘爱莲，解谷声译 .—北京：纺织工业出版社，1989 年 .—242 页（被引 8）
　　ISBN 7-5064-0273-4

B1876　TS190
合成纤维着色技术（差别化纤维丛书）/吴立峰等编著 .—北京：中国石化出版社，1996 年 .—200 页（被引 41）
　　ISBN 7-80043-586-5

B1877　TS184
横机羊毛衫生产工艺设计/杨荣贤主编 .—北京：中国纺织出版社，1997 年 .—573 页（被引 67）
　　ISBN 7-5064-1235-7

B1878　TS184
横机羊毛衫生产工艺设计　第 2 版（纺织新技术书库）/杨荣贤主编 .—北京：中国纺织出版社，2008 年 .—478 页
　　ISBN 7-5064-4635-9
　　本书系统地介绍了传统手动横机、新式提花横机、计算机横机等羊毛衫编织设备，以及羊毛衫、羊绒衫产品的原料、织物组织、产品设计、编织、成衣缝合、装饰、染整等工序的生产工艺设计。内容新颖、丰富，理论联系实际，对指导羊毛衫、羊绒衫生产及新产品开发、新设备研究、产品商贸营销等有一定作用。

B1879　TS114
后纺设备工艺基础/劳动部培训司组织编写 .—北京：劳动人事出版社，1988 年 .—220 页
　　ISBN 7-5045-0213-8

B1880　TS106
花式纱线/俞瑞图，安晋铮，康沛然编译 .—北京：纺织工业出版社，1987 年 .—453 页（被引 19）
　　统一书号 15041·1459
　　本书是在广泛地收集英、美、德、日等国家生产花式纱线有关资料的基础上，结合国内纺织发展现有的技术水准和设备能力，几经选择提炼而译编成册的。

B1881　TS106
花式纱线的生产工艺与设备/杨乐宁，周惠煜编著 .—无锡：纺织工程学会，1997 年 .—247 页
　　本书在较为广泛地收集了国内外关于花式纱线生产技术数据的基础上，较系统地介绍了花式纱线的主要类别和主要产品，纺制各类花式纱线的工艺原理，以及纺制花式纱线所用主要机器设备的类别、机型、工作原理和结构特征及适纺性等。

B1882　TS182
花式线技术/宋绍宗著 .—北京：北京纺织科学研究所，1984 年 .—162 页

B1883　TQ34
化纤厂空气调节/林福海主编 .—北京：中国纺织出版社，1994 年 .—276 页
　　ISBN 7-5064-1042-7

本书内容包括：化纤厂空气调节的基本原理、空气的热湿处理设备、空调系统的运行调节及空调系统设计实例等。

B1884 TQ34
化纤厂制冷与空调/赵亮主编．—北京：中国纺织出版社，1994年．—189页（被引8）
ISBN 7-5064-1031-1

B1885 TS155
化纤仿毛技术/纺织材料研究室编．—西安：西北纺织工学院，1991年．—130页

B1886 TS15
化纤纺织品的性能与使用方法/《化纤纺织品的性能与使用方法》编写组编．—北京：纺织工业出版社，1984年．—134页
统一书号 15041·1293
本书从介绍化学纤维的基本知识入手，重点介绍各种类型化纤混（纯）纺织品，包括化纤混（纯）纺绒线、化纤针织品等的组织风格、服用性能及使用方法。

B1887 TS15
化纤工人化学基础/曹鸿林编．—北京：纺织工业出版社，1984年．—227页；19cm
统一书号 15041·1313

B1888 TS154
化纤工艺学/中国纺织大学编．—上海：编者自发行，198？年．—259页

B1889 TS152
化纤化工设备防腐蚀/傅积和等编．—北京：纺织工业出版社，1985年．—489页；21cm

B1890 TS152
化纤机械（纺织机械系列教材）/薛金秋主编．—北京：中国纺织出版社，1999年．—133页
ISBN 7-5064-1429-5
本书介绍了以涤纶为典型的熔融纺丝生产工艺与设备和以腈纶为典型的湿法纺丝、干法纺丝生产工艺与设备。重点是纺丝成形和后处理。

B1891 TS152
化纤机械设计/化纤机械教研室编．—北京：北京化纤工学院，1983年．—576页

B1892 TS152
化纤机械设计原理/魏大昌主编．—北京：纺织工业出版社，1984年．—277页（被引126）
统一书号 15041·1263

B1893 TS152
化纤设备（高等纺织院校教材）/高雨声等编．—北京：纺织工业出版社，1989年．—301页（被引79）
ISBN 7-5064-0250-5
版权页编者高雨生为高丽生。本书介绍了化纤生产过程中使用的主要设备和机构类型以及它们的优缺点。

B1894 TS15
化纤生产过程自动化/严伯钧等编．—北京：纺织工业出版社，1987年．—341页
统一书号 15041·1507

B1895 TS15
化纤衣料常识/邓耕生编．—天津：天津科学技术出版社，1980年．—82页
统一书号 15212·21
本书内容主要包括纺织纤维的后起之秀、人造纤维衣料、"的确良"衣料、锦纶衣料、腈纶衣料、维纶衣料、丙纶氯纶衣料及其他、选购化纤衣料的常识。

B1896 TS15
化纤异质丝的生产和应用［译］/（苏）马图康尼斯（Матуконис，А. В.）著；陈稀，倪宜平译．—北京：纺织工业出版社，1991年．—151页
ISBN 7-5064-0673-X
本书叙述了化纤异质丝的分类、生产的科学原理和工艺特点。讨论了各种异质丝的生产方法与其结构和性能的关系。

B1897 TS190
化纤印染设备不锈钢材料选用与焊接/纺织工业部机械局主编．—北京：纺织工业出版社，1980年．—539页（被引14）
统一书号 15041·1077

B1898 TS102
化学纤维成形过程的物理化学基础［译］/（苏）彼列彼尔金（К. Е. Перепелкин）著；华东纺织工学院纤维教研组译．—北京：纺织工业出版社，1981年．—390页
统一书号 15041·1073

B1899 TS102
化学纤维成形原理/华东纺织工学院化纤教研组译．—上海：上海科学技术文献出版社，1981年．—249页
统一书号 15192·134

B1900 TS102
化学纤维的加工［译］/（苏）乌申科（Usenko，V.）著；毛伟民等译．—北京：纺织工业出版社，1985年．—467页
统一书号 15041·1299

B1901 TS102

化学纤维纺制与加工的新进展 ［译］/（美）J. S. 鲁宾逊编；陈时达，毛伟民等译 .—北京：纺织工业出版社，1986 年 .—496 页

统一书号 15041·1388

本书是近年来美国专利文献的汇编，内容涉及各种化学纤维材料（包括玻璃纤维）的聚合纺丝、改性变形、染整、注塑、原料回收等工艺和设备的新进展。本书对于开发化纤新品种，启迪新的思路，具有重要的意义。

B1902 TS102

化学纤维概论（纺织职业技术教育教材）/肖长发等编 .—北京：中国纺织出版社，1997 年 .—314 页（被引243）

ISBN 7-5064-1259-4

本书分别从基本概念、制造方法、结构与性能、用途等诸方面对化学纤维的主要品种进行了简明扼要的介绍。

B1903 TS102

化学纤维概论　第 2 版（纺织职业技术教育教材）/肖长发等编 .—北京：中国纺织出版社，2005 年 .—248 页（被引133）

ISBN 7-5064-3388-5

本书分别从基本概念、制备方法、结构与性能、应用等几个方面对化学纤维的主要品种进行了比较系统的介绍。

B1904 TS102

化学纤维概论　第 3 版（普通高等教育"十二五"部委级规划教材　本科）/肖长发主编 .—北京：中国纺织出版社，2015 年 .—264 页

ISBN 978-7-5180-1495-8

本书分别从基本概念、制备方法、结构与性能、应用等几个方面对化学纤维的主要品种进行了比较系统且扼要的介绍。全书内容深入浅出，通俗易懂，既注重系统性，又兼顾近年来化学纤维的新技术和新品种。

B1905 TS108

化学纤维工厂设计/纺织工业部设计院《化学纤维工厂设计》编写组编 .—北京：纺织工业出版社，1984 年 .—447 页

统一书号 15041·1302

B1906 TS102

化学纤维检验技术　上下册/国家标准局纤维检验局编 .—北京：国家标准局纤维检验局，1983 年 .—366 页，269 页

本书以化学纤维理化性能检验项目为主要内容，广泛收集了国内外化学纤维短纤维、化纤条、长丝、变形丝及氨纶丝、金银丝的检验方法，共 50 多个理化检验项目，110 多种检验方法，60 多种化纤检验仪器。书中还介绍了国内外化学纤维发展概况；化学纤维的生产方法、结构性能及用途；化学纤维鉴别以及有关检验用的资料统计方法。

B1907 TS102

化学纤维结构及纺丝原理 ［译］/（美）马克（H. F. Mark）等主编；北京化工学院合成纤维教研室，高分子物理教研室译 .—北京：化学工业出版社，1980 年 .—432 页

统一书号 15063·3152

B1908 TS102

化学纤维生产安全技术和工业卫生 ［译］/（苏）扎克（С. Л. Зак），（苏）库兹涅佐夫（В. А. Кузнецов）著；杨美诚译 .—北京：纺织工业出版社，1982 年 .—172 页

统一书号 15041·1176

B1909 TS102

化学纤维生产技术计算 ［译］/（苏）Е. В. 加尔弗，（苏）А. Б. 帕克什维尔著；蒋昕培译 .—北京：纺织工业出版社，1981 年 .—327 页

统一书号 15041·116

本书叙述了粘胶纤维、铜氨纤维、醋酯纤维、聚酰胺纤维、聚酯纤维、聚丙烯腈纤维及聚乙烯醇纤维生产的主要工艺过程和工艺计算方法。还介绍了有关化学纤维生产中的能量计算、物料运输及搅拌计算、机器设备的生产能力及配套机台数计算和废水净化及通风的计算方法。

B1910 TS102

化学纤维实验教程/陈稀，黄象安主编 .—北京：纺织工业出版社，1988 年 .—336 页（被引 376）

ISBN 7-5064-0122-3

B1911 TS102

化学纤维性能和加工特点　上册 ［译］/（苏）А. Б. 帕克什维尔主编；吴震世，何联华译 .—北京：纺织工业出版社，1981 年 .—353 页（被引 9）

统一书号 15041·1084

B1912 TS102

化学纤维性能和加工特点　下册 ［译］/（苏）А. Б. 帕克什维尔主编；吴震世，何联华译 .—北京：纺织工业出版社，1981 年 .—331 页

统一书号 15041·1069

B1913 TS102

化学纤维质量的评定与掌握/余振浩著 .—北京：纺织工业出版社，1985 年 .—387 页

统一书号 15041·1331

本书介绍了化学纤维质量的含义，质量测定值的分布及其误差，抽样、测定及其所用的统计方法，以及如何掌握化学纤维的质量。

B1914 TS13

话说毛纺织/周启澄编 .—北京：纺织工业出版社，1991 年 .—124 页（被引 11）

ISBN 7-5064-0634-9

本书介绍了毛纺织工业简史、现状和发展前景、毛纺原料和初步加工、精纺和粗纺的纺纱、织造和染整基本知识，毛纺织品种和质量控制以及毛纺织厂宏观知识要领。

B1915 TS13

话说毛纺织/周启澄主编.—上海：中国纺织大学出版社，1997年.—122页（被引9）

ISBN 7-81038-122-9

本书以问答形式，简明通俗地介绍了毛纺织工业简史、现状和发展前景，毛纺原料和初步加工，精纺和粗纺的纺纱、织造和染整基本知识，毛纺织品种和质量控制，毛纺织厂宏观知识要领。

B1916 TS103

环锭细纱机断头分析与控制/唐文辉，刘荣清编著.—北京：纺织工业出版社，1986年.—296页（被引39）

ISBN 7-5064-0181-9

B1917 TS122

黄麻并条机保全/周伯新编写.—北京：纺织工业出版社，1983年.—185页

统一书号 15041·1251

B1918 TS124

黄麻纺纱/王景葆，杨启明编著.—北京：纺织工业出版社，1990年.—469页（被引21）

ISBN 7-5064-0386-2

本书介绍了黄、洋麻原料及其预处理工序，梳麻、并条、细纱和捻线各工序的设备，工业半制品的主要疵点及消除方法等。

B1919 TS124

黄麻纺纱学/姜繁昌，邵宽，周家谔编.—北京：纺织工业出版社，1982年.—328页（被引48）

ISBN 7-5064-0280-7

本书是高等纺织院校教材之一。全书共分七章，各章分别阐述黄麻、洋麻的原料特性、初步加工、乳化原理以及在黄麻纺纱设备上的加工工艺原理、设备作用和质量分析、新技术介绍等。

B1920 TS124

黄麻纺织（纺织工业知识丛书）/邬季炜，姜庆石编.—北京：纺织工业出版社，1982年.—262页（被引7）

统一书号 15041·1148

B1921 TS128

黄麻纺织厂技术管理/顾文元等编著.—北京：纺织工业出版社，1988年.—314页

ISBN 7-5064-0095-2

本书介绍了原料设备、工艺、运转操作、质量和空气调节等六个方面的技术管理工作。

B1922 TS122

黄麻软梳机械保全/马文焕，陈耀宗编写.—北京：纺织工业出版社，1984年.—320页

统一书号 15041·1306

B1923 TS122

黄麻细纱机保全/周伯新编写.—北京：纺织工业出版社，1982年.—165页

统一书号 15041·1172

B1924 TS122

黄麻整理机械保全（黄麻纺织保全保养工人技术读本）/钟明洪编写.—北京：纺织工业出版社，1984年.—253页

统一书号 15041·1280

本书主要介绍黄麻整理工段量检机、轧光机、折切机、缝边机、缝口机、印袋机和打包机的安装和平车操作方法，同时还介绍了这些机器的常见故障与疵点的产生原因分析，以及机器的技术特征和安装标准等。

B1925 TS122

黄麻织机保全（黄麻纺织保全保养工人技术读本）/金德兴，徐于东，张保罗编写.—北京：纺织工业出版社，1984年.—241页

统一书号 15041·1286

B1926 TS125

黄麻织造/王景葆，俞葆清编著.—北京：纺织工业出版社，1987年.—361页

统一书号 15041·1527

本书介绍了黄麻织造准备、织机和整理各工序的设备、工艺、半制品的主要疵品及其消除方法、主要故障造成原因和消除等。除了阐明有关基本理论外，还介绍了工厂常用的一些技术数据。

B1927 TS122

黄麻准备机械保全/沈维周，杨宝康编写.—北京：纺织工业出版社，1983年.—199页

统一书号 15041·1245

B1928 TS104

混纺工程学［港台］/赖志平著.—台北：台隆书店，1981年.—411页

B1929 TS190

活性染料染色的理论和实践/宋心远，沈煜如编著.—北京：纺织工业出版社，1991年.—593页（被引326）

ISBN 7-5064-0313-7

本书介绍了活性染料的发展、结构、性能、染色的基本理论、反应历程和动力学，以及各种纤维织物的染色工艺等。

B1930 TS108

机动车辆与厂内运输安全技术/王书忠编.—北京：纺织工业出版社，1989年.—237页

ISBN 7-5064-0212-2

B1931 TS103

机械式样：丰田 G 型/国营青岛第八棉纺织厂图样印制.—青岛：国营青岛第八棉纺织厂，1985年.—128页

B1932 TS105

机织比较教程（中等纺织专业学校教材）/刘培民编著.—北京：纺织工业出版社，1990年.—295页（被引9）

ISBN 7-5064-0470-2

本书分析了毛、麻、丝在卷纬、络纱、整经、浆纱、穿经和织造等工序中使用的设备及其工艺特点，并与棉织工艺比较，还介绍了毛、麻、丝的性能，新型织机的发展和应用。

B1933 TS108

机织厂设计（中等纺织专业学校教材）/熊耀良编.—北京：纺织工业出版社，1990年.—221页（被引8）

ISBN 7-5064-0533-4

本书介绍了棉织、毛织、丝织、麻织工厂中的工艺设计与计算，包括厂址选择和总平面设计、工艺流程、工艺计划和配台计算等。

B1934 TS105

机织概论（中等纺织专业学校教材）/纺织工业部教育司编.—北京：纺织工业出版社，1992年.—321页

ISBN 7-5064-0816-3

介绍机织物的结构、主要品种、形成原理和工艺过程等。

B1935 TS105

机织概论 第 2 版（中等纺织专业学校教材）/吕百熙编.—北京：中国纺织出版社，2000年.—302页（被引17）

ISBN 7-5064-1786-3

本书主要介绍了机织物的结构、主要品种、形成原理以及机织准备、织造的工艺过程，同时还讲述了产品的质量与纺纱、染整的关系等。

B1936 TS105

机织概论 第 3 版（纺织职业技术教育教材）/吕百熙，梁平编.—北京：中国纺织出版社，2005年.—368页

ISBN 7-5064-3377-X

本书主要介绍了机织物的结构、主要品种、形成原理以及机织准备、织造的工艺过程，同时还讲述了产品的质量与纺纱、染整的关系等。

B1937 TS105

机织工程 上下册（高等纺织专科学校教材）/姜怀主编.—北京：中国纺织出版社，1995年.上册页码不详，下册 336 页（被引6）

ISBN 7-5064-1068-0

本书上册讲述准备工程，下册讲述织造和整理工程。

B1938 TS105

机织工艺学/中国纺织大学编.—上海：中国纺织大学出版社，1983年.—218页

B1939 TS105

机织工艺与设备 上册（高等纺织院校教材）/陈元甫主编.—北京：纺织工业出版社，1982年.—500页（被引269）

统一书号 15041·1188

ISBN 7-5064-0084-7

上册阐述络筒、并捻、整经、浆纱、穿结经以及卷纬与热湿定形的工艺理论，介绍常见的设备和近年来出现的自动化程度比较高的新设备，同时讨论典型装置的设计原理。

B1940 TS105

机织工艺与设备 下册（高等纺织院校教材）/陈元甫主编.—北京：纺织工业出版社，1984年.—487页（被引147）

统一书号 15041·1297

下册阐述织造工艺理论，介绍常见的织机和近年来出现的自动化程度比较高的新织机，同时讨论典型装置的设计原理。

B1941 TS103

机织设备机电一体化（纺织设备机电一体化丛书）/孙同鑫编著.—北京：中国纺织出版社，1998年.—153页（被引7）

ISBN 7-5064-1405-8

B1942 TS105

机织实验教程（中等纺织专业学校教材）/刘华实，刘学锋编.—北京：纺织工业出版社，1990年.—259页（被引5）

ISBN 7-5064-0525-3

本书介绍了机织实验所用的仪器、机织电测实验原理和机织专业实验的操作过程。

B1943 TS105

机织物结构设计原理/吴金汉，郑佩芳著.—上海：同济大学出版社，1990年.—231页（被引25）

ISBN 7-5608-0511-6

B1944 TS105

机织物结构与设计/郑秀芝，刘培民编；纺织工业部教育司组织编写.—北京：纺织工业出版社，1993年.—480页（被引42）

ISBN 7-5064-0941-0

内容有：织物结构与性能的基本知识、上机图与织物分

析、变化组织及其织物、联合组织及其织物、织物设计等八章。

B1945 TS105

机织物结构与设计 第 2 版（纺织高职高专"十一五"部委级规划教材）/刘培民，郑秀芝编．—北京：中国纺织出版社，2008 年．—338 页（被引 17）

ISBN 978-7-5064-4974-8

本书主要介绍机织物结构与性能的基本知识，各种织物组织的基本特征、绘制方法及其织物的风格特征；织物及纹织物的设计、上机的方法。本书结合各种组织，列举了棉、毛、丝、麻、化纤等各类典型产品。

B1946 TS105

机织物热定形/徐克仁编著．—北京：纺织工业出版社，1986 年．—128 页（被引 7）

统一书号 15041·1513

B1947 TS105

机织学 上册（中等纺织专业学校教材）/戴继光编．—北京：纺织工业出版社，1985 年．—303 页（被引 9）

统一书号 15041·1396

ISBN 7-5064-0237-8

本册为织造准备部分，叙述了机织准备工程的工艺理论、设备性能和各工序质量管理的要点。修订本改名为《机织准备》。

B1948 TS105

机织学 下册（中等纺织专业学校教材）/包玫编．—北京：中国纺织出版社，1986 年．—329 页（被引 28）

统一书号 15041·1397

ISBN 7-5064-0238-6

内容包括织造工程的工艺理论、设备构造及性能，并叙述了织造参变量的知识。

B1949 TS105

机织准备/戴继光编．—北京：中国纺织出版社，1997 年．—300 页（被引 13）

ISBN 7-5064-1322-1

本书为原《机织学》（上册）修订本，书中叙述了机织准备工程的工艺理论和设备性能，包括络筒、整经、浆纱、穿经、卷纬等工序主要设备的机构原理、工艺设计和质量管理知识，对国外引进设备进行了较全面、详细的介绍。

B1950 TS105

机织学 下册 第 2 版（纺织职业技术教育教材）/毛新华，包玫编．—北京：中国纺织出版社，2003 年．—314 页；26cm（被引 8）

ISBN 7-5064-3516-0

本书是在原统编教材《机织学》（下册）的基础上重新编写的，包括开口、引纬、打纬、送经、卷取、辅助机构、织造参数、多色供纬、整理等九章，主要介绍了织造生产的

基本工艺理论、工艺设备、基本工艺参数及其设计和调整方法等内容。

B1951 TS105

机织学习题集（中等纺织专业学校教材）/刘华实著．—出版地不详：出版者不详，1990 年．—57 页

B1952 TS186

机织羊毛衫集锦/张齐静编著．—合肥：安徽科学技术出版社，1990 年．—125 页；19cm

ISBN 7-5337-0269-7

B1953 TS193-39

计算机测色与配色新技术（电脑应用丛书）/徐海松编著．—北京：中国纺织出版社，1999 年．—113 页；20cm（被引 111）

ISBN 7-5064-1510-0

本书主要内容包括：色度学基础知识，物体表面色的测量，计算机模拟色仿真技术，计算机自动配色。

B1954 TS183

计算机花型准备系统/许鹤群，杨家明编著．—北京：纺织工业出版社，1990 年．—277 页（被引 12）

ISBN 7-5064-0435-4

B1955 TS104

加捻过程基本理论/张文庚等编著．—北京：纺织工业出版社，1983 年．—212 页（被引 97）

统一书号 15041·1289

本书主要阐述纺纱工艺中加捻过程的基本理论，对加捻过程的基本概念，捻度的获得，捻度的分布、传递，捻陷与阻捻，以及加捻对纱条结构的影响等作了系统论述；对翼锭、环锭、自捻、自由端加捻、涡流加捻及变形纱加捻等各种加捻过程，作了详尽的分析。

B1956 TS183

家用编织机 结构·使用·维修/吕伟编著．—上海：上海科学技术出版社，1990 年．—178 页

ISBN 7-5323-2013-8

B1957 TS183

家用编织机的结构与维修/冯义川编．—北京：纺织工业出版社，1996 年．—176 页

ISBN 7-5064-1207-1

B1958 TS183

家用编织机的使用与维修/姚新谋，蒋之中，李静平编著．—北京：中国轻工业出版社，1996 年．—168 页

ISBN 7-5019-1864-3

B1959 TS183

家用编织机用户指南/姚新谋等编．—长沙：湖南科学技

术出版社，1993 年 . —204 页

ISBN 7-5357-1172-3

B1960 TS183

贾卡经编机的构造安装和使用/陈济刚编著 . —北京：纺织工业出版社，1989 年 . —216 页

ISBN 7-5064-0322-6

本书系统地介绍了针织各种贾卡拉舍尔经编机的结构、作用原理、安装、调整及维修方法，对贾卡经编织物的设计方法，纹板的轧制和修理也作了较详细的介绍，并穿插一些实例说明经编产品的特点和工艺流程。

B1961 TS14

茧丝绸保管养护/李善庆，柴焕锦编著 . —北京：纺织工业出版社，1989 年 . —213 页

ISBN 7-5064-0387-0

本书介绍了蚕、丝、绸、复制品的分类、结构、理化性能，仓库、设备、包装等基本知识，以及影响茧、丝、绸质量内外因素及其保管养护方法。

B1962 TS132

剪毛机的使用与维修/秦慧琛编 . —北京：纺织工业出版社，1991 年 . —65 页（被引 5）

ISBN 7-5064-0617-9

本书介绍了剪毛机的一般构造、部件、剪毛原理及其安装、操作和保全，并对其主要部件螺旋刀和平刀作了详细介绍，还重点介绍了Ⅳ961 型和 GS/83 型磨刀机及其使用方法。

B1963 TS102

简明纺织材料学/李亚滨等编 . —北京：中国纺织出版社，1999 年 . —170 页（被引 51）

ISBN 7-5064-1518-6

B1964 TS143

简明制丝学/苏州丝绸工学院制丝教研室 . —苏州：苏州丝绸工学院，1982 年

B1965 TS103

剑杆织机/茆殿宝编著 . —北京：中国建筑工业出版社，1980 年 . —316 页（被引 7）

统一书号 15040·3706

B1966 TS103

剑杆织机原理与使用（新型纺织设备原理与使用丛书）/陈元甫，洪海沧主编 . —北京：中国纺织出版社，1994 年 . —429 页（被引 80）

ISBN 7-5064-1092-3

B1967 TS103

剑杆织机原理与使用 第 2 版（新型纺织设备原理与使用丛书）/陈元甫，洪海沧主编 . —北京：中国纺织出版社，2005 年 . —473 页（被引 86）

ISBN 7-5064-3138-6

本书阐述了当前国内外剑杆织机及配套器材的技术水准和技术特征以及机电一体化的技术水准和近期发展趋势，对引进的几种主要剑杆织机机械和电控系统的原理、运行故障、工艺参数调整等作了介绍。

B1968 TS12

剑麻加工/郑贻春 . —北京：华南热带作物学院出版社，1995 年 . —184 页

B1969 TS103

浆料化学/周永元编 . —上海：中国纺织大学，1996 年 . —230 页

B1970 TS103

浆料化学与物理/周永元编著 . —北京：纺织工业出版社，1985 年 . —398 页（被引 345）

统一书号 15041·1343

本书应用高分子化学与高分子物理的基本知识，结合上浆工艺实践，系统地分析与论述了纱线的上浆机理，各种浆料及辅助料的性能，浆料的配合与调制，以及适用于各种纱线的浆料配方。对浆料的鉴别与剖析也作了相应的论述。

B1971 TS103

浆纱机的性能测试与评定/洪仲秋等编著 . —北京：纺织工业出版社，1993 年 . —167 页（被引 17）

ISBN 7-5064-0844-9

本书着重介绍浆纱机各项性能的测试原理和方法，并在测试基础上对浆纱机性能进行评定。

B1972 TS112

浆纱机修理工作法（棉纺织设备修理工作法丛书）/纺织工业部生产司编 . —北京：中国纺织出版社，1988 年 . —283 页

ISBN 7-5064-0044-8

B1973 TS112

浆纱维修（棉纺织维修工人技术读本）/黄身利编著 . —北京：纺织工业出版社，1983 年 . —362 页

统一书号 15041·1255

B1974 TS103

胶辊胶圈/江苏省纺织工业厅，无锡市纺织工业局著 . —无锡：编者自发行，1986 年 . —131 页

B1975 TS103

胶辊胶圈应用技术/胶辊胶圈专业组编 . —北京：中国纺织出版社，1996 年 . —317 页（被引 39）

ISBN 7-5064-1251-9

全书分丁腈辊、丁腈胶圈、丁腈胶辊的表面处理、皮辊间的管理和皮辊间的设备五个部分，分别介绍纺纱工艺对胶辊圈的基本要求，胶辊胶圈制作方法、表面处理方法、皮辊

间管理工作和主要生产设备等有关知识以及全国各地胶辊胶圈应用技术和管理的先进经验，并适当介绍了胶管的生产方法。

B1976 TS193

绞丝染色/吴正西编 .—北京：纺织工业出版社，1987年 .—215 页（被引 8）

ISBN 7-5064-0499-0

本书较全面地叙述了绞丝用各类染料的染色工艺及其有关的生产环节。

B1977 TS190

金属络合染料（染料丛书）/张兆麟，张玉珍著 .—北京：化学工业出版社，1986 年 .—483 页

统一书号 15063·3712

B1978 TS114

金属针布包卷操作及保养规程/纺织工业部科学技术情报研究所编译 .—北京：纺织工业部科学技术情报研究所，199？年 .—62 页

B1979 TS112

金属针布的设计制造和使用/费青等编著 .—北京：纺织工业出版社，1990 年 .—406 页（被引 48）

ISBN 7-5064-0468-0

本书叙述了金属针布的特点、规格设计、制造设备与工艺以及针布的选用、包卷、维护等内容。

B1980 TS156

锦纶帘子布的品质与质量管理/郑铁山等著 .—北京工业大学出版社，1992 年 .—188 页

ISBN 7-5639-0206-6

本书论述了锦纶生产中的质量和质量管理问题，重点论述了锦纶帘子布、锦纶帆布等产业用高强力产品的质量和质量管理。

B1981 TS102

进口羊毛（毛纺工业应用动物纤维技术资料选编 第二分册）/上海市毛麻纺织科学技术研究所组编 .—上海：上海市毛麻纺织科学技术研究所，1991 年 .—441 页

B1982 TS190

禁用染料及其代用/陈荣圻，王建平编著 .—北京：中国纺织出版社，1996 年 .—296 页

ISBN 7-5064-1216-0

本书以纺织生态学的观点评述因德国环保法令而受到禁用和限制的染料，系统说明染料分子结构与其有害性的关系，并从近年染料发展的动向提出禁用染料的代用品种。本书还介绍印染助剂的禁用和限制及其代用品，以及纺织品上有毒物质的监测分析技术。

B1983 TS184

经编弹力织物设计生产与设备/许期颐，陈英群，许卫元编著 .—北京：中国纺织出版社，1998 年 .—238 页（被引 17）

ISBN 7-5064-1408-2

B1984 TS184

经编工艺与设备 试用/劳动部培训司编写 .—北京：劳动人事出版社，1988 年 .—190 页

ISBN 7-5045-0208-1

B1985 TS183

经编机保全工艺/纺织工业部教育司组织编写 .—北京：中国劳动出版社，1993 年 .—97 页

ISBN 7-5045-1258-3

B1986 TS183

经编机保全实习（全国技工学校纺织类针织保全专业通用教材）/纺织工业部教育司组织编写 .—北京：中国劳动出版社，1993 年 .—81 页

ISBN 7-5045-1255-9

内容包括：经编机、整经机挡车、经编机的拆卸与机件的检查、经编机安装与调试、零件准备和设备完好等。

B1987 TS186

经编全集［译］/（日）日本迈耶株式会社编；华东纺织工学院针织教研室翻译 .—上海：华东纺织工学院针织教研室，1982 年 .—200 页

B1988 TS184

经编针织物设计与生产 上册/程育才编著 .—北京：纺织工业出版社，1990 年 .—271 页（被引 8）

ISBN 7-5064-0540-7

本书内容包括经编针织物组织、经编针织物的一般结构、经编针织物设计、特里柯脱经编针织物的设计与生产等。

B1989 TS184

经编针织物设计与生产 下册/程育才编著 .—北京：纺织工业出版社，1990 年 .—272—446 页（被引 12）

ISBN 7-5064-0543-1

本书包括多梳栉拉舍尔经编装饰织物的设计与生产，贾卡经编针织物的设计与生产，双针床经编针织物的设计与生产。

B1990 TQ34

腈纶纺丝（腈纶生产工人技术读本）/刘之奎编 .—北京：纺织工业出版社，1981 年 .—171 页

统一书号 15041·1156

本书介绍以硫氰酸钠为溶剂的聚丙烯腈湿法纺丝的纺前准备、纺丝及后处理。内容包括工艺流程、基本原理、仪表自动控制、工艺计算等一般知识，并根据生产实践，总结了

主要部分的操作流程、开停车步骤、事故处理和安全注意事项等方面的经验。

B1991 TQ34
腈纶纺丝机的维修（腈纶生产工人技术读本）/洪贵学，陈国英编 . —北京：纺织工业出版社，1985 年 . —176 页
统一书号 15041·1358

B1992 TS154
腈纶膨体毛条的生产（腈纶生产工人技术读本）/朱发泉编 . —北京：纺织工业出版社，1980 年 . —172 页（被引 5）
统一书号 15041·1087

B1993 TQ34
腈纶生产分析检验/赵贞娥等编 . —北京：纺织工业出版社，1983 年 . —234 页（被引 55）
统一书号 15041·1269
本书较全面地介绍了腈纶生产的主要原料、半成品、成品、溶剂、油剂以及三废处理等的分析和检验方法，并对腈纶的结构和性能的分析作了比较详细的介绍。

B1994 TQ34
腈纶生产技术问答/任铃子主编 . —北京：纺织工业出版社，1988 年 . —303 页（被引 31）
ISBN 7-5064-0045-6
本书以问答形式介绍了腈纶的结构、性能、用途和生产发展概况；具体地阐述了硫氰酸钠一步法腈纶生产中原材料管理，生产操作，质量控制，工艺计算以及环保，安全生产中经常遇到的问题及处理方法。

B1995 TS135
精纺毛织物生产工艺与设计/夏景武，秦云主编 . —北京：中国纺织出版社，1995 年 . —319 页（被引 24）
ISBN 7-5064-1105-9
本书着重对毛精纺呢绒的生产过程及设计作了介绍，可作为有关专业技术人员的参考书籍。

B1996 TS112
精梳保全/黄锡畴等编著 . —北京：纺织工业出版社，1986 年 . —441 页（被引 8）
统一书号 15041·1450

B1997 TS134
精梳毛纺 上册（毛纺织工人技术读本）/上海市毛麻纺织工业公司编 . —北京：纺织工业出版社，1985 年 . —326 页；19cm
统一书号 15041·1320
ISBN7-5064-0621-7（1991 年重印本）

B1998 TS134
精梳毛纺 下册（毛纺织工人技术读本）/上海市毛麻纺织工业公司编 . —北京：纺织工业出版社，1985 年 . —259 页；19cm

统一书号 15041·1385
ISBN7-5064-0622-5（本书 1991 年重印）

B1999 TS134
精梳毛纺疵点分析/上海市毛麻纺织工业公司编 . —北京：纺织工业出版社，1988 年 . —135 页
ISBN 7-5064-0060-X

B2000 TS102
静电场中纤维充电动力学和运动形式［译］/（苏）波勃科夫，（苏）格拉佐夫著；许鉴良等译 . —北京：纺织工业出版社，1983 年 . —159 页（被引 5）
统一书号 15041·1240

B2001 TS156
聚丙烯纺织品生产与应用［译］/（捷）帕吉尔特（Pajgrt, O.）等编；戚慰先等译 . —北京：纺织工业出版社，1989 年 . —431 页（被引 8）
ISBN 7-5064-0210-6

B2002 TQ34
聚丙烯纤维的科学与工艺 上册［译］/（美）马塔克·阿迈德（Ahmed, M.）编；吴宏仁等译 . —北京：纺织工业出版社，1987 年 . —403 页
统一书号 15041·1417
本书系统地介绍了聚丙烯纤维生产所涉及的基础理论、工艺技术、生产设备品种开发以及市场调查等。上册主要述及生产聚丙烯纤维的单体及聚合物的制备，聚丙烯的物理性质、稳定化和着色技术，熔体流变学，纺丝及后加工的原理，以及生产设备等。

B2003 TQ34
聚丙烯纤维的科学与工艺 下册［译］/（美）马塔克·阿迈德（Ahmed, M.）编；吴宏仁等译 . —北京：纺织工业出版社，1987 年 . —417 页
统一书号 15041·1457
本书系统地介绍了聚丙烯纤维生产所涉及的基础理论、工艺技术、生产设备品种开发以及市场调查等。下册主要述及各种不同性能和风格的聚丙烯纤维的制造技术，聚丙烯纤维的性能及其应用，以及该纤维的经济情况和市场调查等。

B2004 TQ34
聚合物材料学 第 2 版［译］［港台］/（美）托伯尔斯基（Tobolsky A. V.），（美）马克（Mark H. F.）著；李敏达等译 . —台北：台北科技图书公司，1981 年 . —432 页
本书译自英文版 *Polymer Science and Materials*（1971 年），首译版 1978 年由台湾编译馆出版，第 3 版 1985 年出版。

B2005 TQ34
聚乙烯醇生产技术/马延贵，牟长荣，吴三华编 . —北京：纺织工业出版社，1988 年 . —345 页
统一书号 15041·1583

本书分别论述了电石乙炔，石油乙烯等为原料合成醋酸乙烯，以及醋酸乙烯精炼、聚合、醇解的工艺原理、生产技术和主要设备。本书还介绍了从醇解废液中回收醋酸和甲醇的方法，以及聚醋酸乙烯和聚乙烯醇的性质及其应用。

B2006　TS144

绢纺学　上册/中国纺织大学绢纺教研室编 .—北京：纺织工业出版社，1986 年 .—403 页（被引 31）

统一书号 15041·1482

B2007　TS144

绢纺学　下册/中国纺织大学绢纺教研室编 .—北京：纺织工业出版社，1986 年 .—386 页（被引 16）

统一书号 15041·1503

B2008　TS144

绢纺织（纺织工业知识丛书）/董炳荣编 .—北京：纺织工业出版社，1991 年 .—290 页（被引 28）

ISBN 7-5064-0586-5

本书对绢纺原料、精练、制绵、纺纱、抽丝纺及绢绸织造的工艺过程、各工序的作用与要求、加工设备等作了全面的介绍。

B2009　TS112

开清棉联合机修理工作法（棉纺织设备修理工作法丛书）/纺织工业部生产司编 .—北京：纺织工业出版社，1987 年 .—312 页

统一书号 15041·1550

本书对开清棉联合机中各个单机的大、小修理工作法作了详细的叙述。

B2010　TS101

可编程序控制器在纺织中的应用/庄惠震编著 .—北京：纺织工业出版社，1993 年 .—140 页（被引 16）

ISBN 7-5064-0890-2

B2011　TS154

空气变形纱加工技术（差别化纤维丛书）/王悌义，董彦嘉，赵亮编著 .—北京：中国石化出版社，1994 年 .—145 页（被引 5）

ISBN 7-80043-506-7

内容有：空气变形机理、变形工艺、压缩空气设备、空气变形纱质量与产品开发应用等。

B2012　TS193

快速喷射染色及其设备/岑乐衍编译 .—北京：纺织工业出版社，1988 年 .—141 页（被引 6）

ISBN 7-5064-0118-5

B2013　TS184

拉舍尔编织技术［译］/（?）B. WHEATLEY 著；陈济刚译，金玉燕校 .—沙市：沙市市纺织科学研究所，1983

年 .—231 页

B2014　TS143

（80）立缫操作法/全国缫丝操作经验交流会编 .—杭州：浙江省丝绸联合公司，1982 年 .—107 页

B2015　TS103

力织操作/苏州丝绸工学院实习工厂编 .—苏州：苏州丝绸工学院实习工厂，198? 年 .—41 页

B2016　TS106

立体织物与复合材料/道德锟，吴以心，李兴国编著 .—上海：中国纺织大学出版社，1998 年 .—227 页（被引 132）

ISBN 7-81038-159-8

本书系统论述立体织物复合材料的性能与制造过程，重点叙述立体织物复合材料的发展、特点和应用，立体机织物预制件的织造原理、结构分析与加工设备，立体编织物预制件的编织过程，编织物的结构性能分析和加工设备，以及立体织物复合材料的成型工艺。本书汇集了国内外在此领域内的许多理论与经验，力图从理论和实践两个方面使读者对该新技术有个系统的认识。

B2017　TQ34

硫氰酸钠溶剂的回收和净化/马志发编 .—北京：纺织工业出版社，1983 年 .—167 页

统一书号 15041·1230

B2018　TS112

络整维修（棉纺织维修工人技术读本）/刘克钟，董健编著 .—北京：纺织工业出版社，1985 年 .—319 页

统一书号 15041·1405

本书介绍了棉纺织厂络筒、整经保养工人应掌握的一些基本知识和保养工厂技术等级标准中的应知应会内容。

B2019　TS122

麻纺原料/钱章武编著 .—北京：纺织工业部经济研究中心发行，1985 年 .—380 页

B2020　TS121

麻类检验/中华人民共和国进出口商品检验总局编 .—北京：中国财政经济出版社，1981 年 .—274 页

统一书号 15166·084

B2021　TS121

麻类纤维标准与检验/吕善模主编 .—北京：中国标准化协会纤维分会，1993 年 .—399 页

B2022　TS122

麻纤维开发利用/顾名淦等编著 .—北京：纺织工业出版社，1993 年 .—228 页（被引 77）

ISBN 7-5064-0891-0

本书介绍了各种麻纤维在纺织生产中的基本工艺路线、

产品品种、产品发展趋向和国内外技术发展动向等。

B2023 TS132

毛纺粗纱机平装与检修（毛纺织厂保全工技术读本）/阎龙，李瑞生编.—北京：纺织工业出版社，1985年.—212页

统一书号 15041·1361

B2024 TS134

毛纺工艺学 上册（中等纺织专业学校教材）/江兰玉主编；中国纺织总会教育部组织编写.—北京：中国纺织出版社，1997年.—325页（被引58）

ISBN 7-5064-0892-9

上册为第一篇羊毛初步加工和第二篇粗梳毛纺。

B2025 TS134

毛纺工艺学 下册（中等纺织专业学校教材）/江兰玉主编；中国纺织总会教育部组织编写.—北京：中国纺织出版社，1997年.—326页（被引43）

ISBN 7-5064-1275-6

下册为第四篇精纺纺纱和第五篇绒线生产。

B2026 TS134

毛纺工艺学 中册（中等纺织专业学校教材）/江兰玉主编；中国纺织总会教育部组织编写.—北京：中国纺织出版社，1997年.—173页（被引10）

ISBN 7-5064-0903-8

中册为第三篇毛条制造。

B2027 TS132

毛纺精梳机平装与检修（毛纺织厂保全工技术读本）/吴学英编.—北京：纺织工业出版社，1988年.—129页

ISBN 7-5064-0123-1

B2028 TS13

毛纺实验教程（高等纺织院校教材）/王树惠主编.—北京：中国纺织出版社，1996年.—101页

ISBN 7-5064-1246-2

B2029 TS132

毛纺细纱机平装与检修（毛纺织厂保全工技术读本）/赵保根，陆鑫发编.—北京：纺织工业出版社，1988年.—208页

ISBN 7-5064-0067-7

B2030 TS134

毛纺学 上册（高等纺织学校教材）/西北纺织工学院毛纺教研室主编.—北京：纺织工业出版社，1980年.—410页（被引9）

统一书号 15041·1092

B2031 TS134

毛纺学 下册（高等纺织学校教材）/西北纺织工学院毛纺教研室主编.—北京：纺织工业出版社，1981年.—449页（被引8）

统一书号 15041·1154

B2032 TS134

毛纺学 中册（高等纺织学校教材）/西北纺织工学院毛纺教研室主编.—北京：纺织工业出版社，1980年.—247页

统一书号 15041·1090

B2033 TS134

毛纺学（精纺） 第一篇/河南第三毛纺厂技校.—商丘：编者自发行，1980年

B2034 TS134

毛纺学（精纺） 第二篇/河南第三毛纺厂技校.—商丘：编者自发行，1981年

B2035 TS132

毛纺引进设备/寿逸明编.—北京：纺织工业出版社，1992年.—361页（被引17）

ISBN 7-5064-0707-8

本书介绍了国内已引进的精、粗梳毛纺设备（包括和毛、梳毛、混条、针梳等工序）的构造和性能。

B2036 TS102

毛纺原料（毛纺织工人技术读本）/上海市毛麻纺织工业公司编.—北京：纺织工业出版社，1983年.—195页（被引17）

统一书号 15041·1232

B2037 TS102

毛纺原料——绵羊毛（纺织工业物资管理知识丛书）/天津市纺织工业局《物资管理》编写组编.—天津：天津科学技术出版社，1987年.—218页（被引5）

ISBN 7-5308-0067-1

本书介绍了绵羊毛纤维的纺织特性，与绵羊毛纤维性质相近的其他动物毛原料，以及绵羊毛原料的供应管理知识等。

B2038 TS102

毛纺原料实用讲义/纺织工业部物资局组编.—北京：纺织工业部物资局，1986年.—556页

B2039 TS132

毛纺针梳机平装与检修（毛纺织厂保全工技术读本）/梁光潜，杨绍华，詹继荣编.—北京：中国纺织出版社，1994年.—178页

ISBN 7-5064-1057-5

毛纺织厂保全工技术读本：本书主要介绍58型与68型

毛纺针梳机的平装与检修，及其平装原理、针梳机的结构和有关机械传动知识等。

B2040　TS131
毛纺织产品工艺与质量研究　上下册/北京毛纺织科学研究所，全国毛纺织科技情报站．—北京：北京毛纺织科学研究所，1988 年．—204 页，222 页

B2041　TS138
毛纺织厂设计（高等纺织院校教材）/李辛凯主编．—北京：纺织工业出版社，1987 年．—235 页（被引 11）
统一书号 15041·1524
ISBN 7-5064-0357-9

B2042　TS138
毛纺织厂设计/吴济南编．—西安：西北纺织工学院，1985 年．—159 页

B2043　TS190
毛纺织染简论（纺织技工学校教材）/倪鉴明主编．—北京：纺织工业出版社，1991 年．—167 页（被引 9）
ISBN 7-5064-0604-7
纺织技工学校教材：本书从毛纺原料入手，系统地叙述了纺纱、织布及织物的染色、整理的全过程。

B2044　TS190
毛纺织染整/吕淑霖编著．—北京：纺织工业出版社，1980 年．—170 页

B2045　TS134
毛纺织生产工艺基础理论/丁鸿谟编．—北京：中国标准出版社，1986 年．—291 页
统一书号 15169·3-322

B2046　TS190
毛纺织物染整理论与实践/孔繁超等编著．—北京：纺织工业出版社，1990 年．—521 页
ISBN 978-7-5064-0467-2

B2047　TS13
毛纺织新产品开发与研究/北京毛纺织科学研究所，全国毛纺织工业情报站．—北京：编者自发行，198? 年．—140 页

B2048　TS193
毛和仿毛产品的染色与印花/滑钧凯编著．—北京：中国纺织出版社，1996 年．—328 页（被引 152）
ISBN 7-5064-1139-3
本书对毛纺织品、毛混纺品及化纤仿毛产品的染色与印花作了较全面的阐述。对羊毛活性染料染色、羊毛低温染色、低烙染色、染媒—浴法染色、差别化纤维及新合纤染色、腈纶染色工艺优化设计、有色动物毛漂白等新工艺、新

技术作了详细的介绍，并附有染色处方及升温曲线，直观、实用。

B2049　TS186
毛巾设计与工艺/张丽华，肖建宇编．—上海：中国纺织大学出版社，1993 年．—168 页（被引 13）
ISBN 7-81038-007-9

B2050　TS103
毛巾织机构造安装与使用/曲维平编著．—北京：纺织工业出版社，1986 年．—392 页（被引 9）
统一书号 15041·1466

B2051　TS186
毛巾织物设计与生产/任青年编著．—北京：纺织工业出版社，1991 年．—301 页（被引 8）
ISBN 7-5064-0641-1
本书对毛巾织物分类、性能，毛巾织物用纱，毛巾织物中的面巾、枕巾、浴巾、毛巾被、方巾等的工艺设计，作了完整而详细的阐述。介绍了毛巾织物生产设备的技术特征及主要工艺计算。

B2052　TS190
毛皮染整/王江泰，尹万臣编著．—北京：轻工业出版社，1988 年．—194 页
ISBN 7-5019-0093-0

B2053　TS190
毛染整疵点分析/上海市毛纺织工业公司编．—北京：纺织工业出版社，1986 年．—94 页
统一书号 15041·1497

B2054　TS102
毛绒纤维标准与检验/姚穆主编．—北京：中国纺织出版社，1997 年．—496 页（被引 154）
ISBN 7-5064-1310-8
本书由概论，毛绒纤维的生产、分布及其质量，毛绒纤维的结构、性能及初加工，毛绒纤维标准及其实施，毛绒纤维的感观检验，毛绒纤维的仪器测试，进出口毛绒纤维的检验、商检及对外索赔基本知识，毛绒纤维检验的数理统计及附录九部分组成。

B2055　TS186
毛衫设计与纺织机操作/沈大齐主编．—北京：中国轻工业出版社，1997 年．—243 页
ISBN 7-5019-1936-4

B2056　TS166
毛毯产品知识/赵书编著．—北京：北京纺织工程学会，1983 年．—114 页

B2057 TS134

毛条制造（毛纺织工人技术读本）/上海市毛麻纺织工业公司编 . —北京：纺织工业出版社，1983 年 . —228 页（被引 7）

统一书号 15041·1253

ISBN 7-5064-0158-4

本书介绍了毛条制造的配毛设计、制条设备的作用原理、加工工艺以及毛条制造中的技术管理和温湿度控制，并简略地介绍了国外的制条新工艺、新技术和新设备。

B2058 TS102

毛纤维结构/西北纺织工学院纺织材料教研室编 . —西安：西北纺织工学院，1992 年 . —98 页

B2059 TS102

毛纤维缩绒性测试（纺织材料性能测试技术丛书）/黄淑珍编 . —北京：纺织工业出版社，1988 年 . —80 页（被引 47）

ISBN 7-5064-0201-7

本书主要介绍毛纤维缩绒机理。影响缩绒的因素；毛纤维、毛条、毛纱及毛制品毡缩的测试方法和有关测试仪器；并简单介绍防缩途径。

B2060 TS136

毛毡生产工艺/张富生编 . —兰州：甘肃人民出版社，1980 年 . —226 页

统一书号 15096·40

B2061 TS136

毛毡制造/上海市毛麻纺织工业公司编 . —北京：纺织工业出版社，1990 年 . —130 页

ISBN 7-5064-0445-1

B2062 TS132

毛针梳机故障维修 100 例/黄汉文著 . —北京：纺织工业出版社，1991 年 . —179 页

ISBN 7-5064-0637-3

B2063 TS137

毛织疵点分析/上海市毛麻纺织工业公司编 . —北京：纺织工业出版社，1986 年 . —91 页（被引 6）

统一书号 15041·1443

B2064 TS132

毛织机平装与检修（毛纺织厂保全工技术读本）/天津市毛纺织工业公司编 . —北京：纺织工业出版社，1986 年 . —293 页

统一书号 15041·1477

B2065 TS135

毛织基础　上册（纺织技工学校教材）/倪鉴明主编 . —北京：纺织工业出版社，1992 年 . —177 页

ISBN 7-5064-0787-6

纺织技工学校教材：本册介绍了毛织准备。包括织物组织、络纱、整经、穿经工程、卷纬五章。

B2066 TS135

毛织基础　中册（纺织技工学校教材）/倪鉴明主编 . —北京：纺织工业出版社，1991 年 . —354 页

ISBN 7-5064-0670-5

纺织技工学校教材：本册介绍织机的五大运动及织机的多梭箱装置、辅助机构和织造参变数。

B2067 TS135

毛织基础　下册（纺织技工学校教材）/倪鉴明主编 . —北京：纺织工业出版社，1991 年 . —122 页

ISBN 7-5064-0611-X

纺织技工学校教材：本册介绍毛织机的维修管理、常见故障及修理，以及毛织机的了机检修与上机。

B2068 TS135

毛织基础　合订本（纺织技工学校教材）/倪鉴明主编 . —北京：中国纺织出版社，1996 年 . —650 页

ISBN 7-5064-1232-2

B2069 TS136

毛织物结构与设计（中等纺织专业学校教材）/徐岳定编 . —北京：纺织工业出版社，1993 年 . —411 页（被引 11）

ISBN 7-5064-0831-7

B2070 TS190

毛织物染整（纺织工业知识丛书）/吕淑霖编著 . —北京：纺织工业出版社，1980 年 . —170 页（被引 51）

统一书号 15041·1059

本书简明和通俗地介绍了毛织物的染色原理、染色方法和各种染色机械，同时系统地介绍了毛织物的干整理、湿整理和特种整理。

B2071 TS190

毛织物染整　第 2 版（纺织工业知识丛书）/吕淑霖编著 . —北京：中国纺织出版社，1997 年 . —183 页；19cm

ISBN 7-5064-0782-5

本书简明和通俗地介绍了毛织物的染色原理、染色方法和各种染色机械，同时系统地介绍了毛织物的干整理、湿整理和特种整理。

B2072 TS190

毛织物染整（纺织工业知识丛书）/吕淑霖编著 . —北京：中国纺织出版社，1994 年 . —170 页（被引 54）

ISBN 7-5064-0782-5（1994 年重印）

B2073 TS190

毛织物染整　上册（毛纺织工人技术读本）/上海市毛麻纺织工业公司编 . —北京：纺织工业出版社，1987 年 . —

206 页（被引 7）

统一书号 15041·1498

B2074　TS190

毛织物染整　下册（毛纺织工人技术读本）/上海市毛麻纺织工业公司编．—北京：纺织工业出版社，1987 年．—215 页

统一书号 15041·1479

B2075　TS190

毛织物染整的理论与实践/朱采元，朱广娟编著．—北京：北京毛纺织科学研究所，1987 年．—218 页

B2076　TS190

毛织物染整理论与实践/孔繁超，吕淑霖，袁柏耕编著．—北京：纺织工业出版社，1990 年．—521 页（被引 83）

ISBN 7-5064-0467-2

本书介绍了毛织物染整工艺中各工序的加工原理、设备、质量控制和检测，并对新工艺的发展作了阐述。

B2077　TS136

毛织物设计/徐岳定编．—北京：纺织工业出版社，1993 年．—411 页（被引 34）

ISBN 7-5064-0934-8

介绍了精粗纺呢绒的设计方法，包括毛织物常用组织及其应用、色彩在毛织物中的应用、毛织物的纱线设计等。

B2078　TS136

毛织物设计与织造概论（高等纺织院校教材）/朱松文，吕逸华，杨伯民编．—北京：纺织工业出版社，1982 年．—163 页（被引 16）

统一书号 15041·1144

B2079　TS136

毛织物织造（毛纺织工人技术读本）/上海市毛麻纺织工业公司编．—北京：纺织工业出版社，1982 年．—333 页（被引 6）

统一书号 15041·1163

B2080　TS136

毛织物组织（毛纺织工人技术读本）/上海市毛麻纺织工业公司编．—北京：纺织工业出版社，1982 年．—211 页（被引 8）

统一书号 15041·1207

B2081　TS135

毛织学　上册（高等纺织院校教材）/兰锦华主编．—北京：纺织工业出版社，1987 年．—256 页（被引 17）

统一书号 15041·1567

B2082　TS135

毛织学　下册（高等纺织院校教材）/兰锦华主编．—北

京：纺织工业出版社，1987 年．—383 页（被引 18）

统一书号 15041·1587

ISBN 7-5064-0106-1

B2083　TS135

毛织准备（毛纺织工人技术读本）/上海市毛麻纺织工业公司编．—北京：纺织工业出版社，1982 年．—194 页（被引 5）

统一书号 15041·1186

B2084　TS101

美国棉花纤维检测技术/王德络编著．—北京：中国纤维检验局，1986 年．—194 页（被引 8）

本书介绍了美国 20 世纪 80 年代的棉花流通及棉花检验和试验技术。

B2085　TS117

棉布检验/国家进口商品检验总局编著．—北京：国家进口商品检验总局，1983 年．—312 页

本书在国家进口商品检验总局的组织与指导下，由上海、天津、南京进出口商品检验局马志尔等负责编写。

B2086　TS102

棉短绒检验/杨桂华主编．—北京：中国财政经济出版社，1994 年．—176 页

ISBN 7-5005-2499-4

B2087　TS102

棉短绒检验/叶彦昌编．—南通：江苏省南通供销学校，1987 年

B2088　TS114

棉纺（纺织工业知识丛书）/刘樾身编著．—北京：纺织工业出版社，1979 年．—232 页（被引 14）

统一书号 15041·1036

B2089　TS114

棉纺　第 2 版（纺织工业知识丛书）/刘樾身编著．—北京：纺织工业出版社，1987 年．—262 页（被引 7）

统一书号 15041·1562

介绍了原棉和化学纤维的种类、性能，棉纺工艺过程，目前普遍使用的国产棉纺机械的主要机构、作用、传动和变换轮系，生产技术管理工作的要点等。

B2090　TS114

棉纺　第 3 版（纺织工业知识丛书）/刘樾身，高忠诚，刘明善编著．—北京：中国纺织出版社，1997 年．—340 页（被引 11）

ISBN 7-5064-0241-6

B2091　TS114

棉纺产品工艺设计/江苏省棉纺织专业情报站编；南通

市纺织科学研究所信息站提供 .—南通：江苏省棉纺织专业情报站，1984 年 .—352 页

B2092 TS114

棉纺产品工艺设计 修订版/江苏省棉纺织专业情报站编；南通市纺织科学研究所信息站提供 .—南通：江苏省棉纺织专业情报站，1987 年 .—245 页

B2093 TS114

棉纺产品工艺设计实例/冯其卫，郑秀娟编著 .—北京：纺织工业出版社，1987 年

B2094 TS114

棉纺厂技术改造方案剖析/中国纺织工程学会，河北省纺织工程学会，北京市纺织工程学会编著 .—北京：中国纺织出版社，1994 年 .—194 页（被引 11）

ISBN 7-5064-1081-8

B2095 TS114

棉纺概论（讲义）/华东纺织工学院 .—上海：华东纺织工学院，1981 年

B2096 TS114

棉纺概论/陈洪祥编著 .—郑州：郑棉二厂教育培训中心，198? 年 .—119 页

B2097 TS114

棉纺概论/华东纺织工学院编 .—上海：华东纺织工学院，1981 年 .—160 页

B2098 TS114

棉纺概论/江苏南通纺织工业学校 .—南通：南通纺织工业学校发行，1983 年 .—106 页

B2099 TS114

棉纺概论/崔明堂编 .—北京：中国纺织出版社，1992 年 .—226 页（被引 6）

ISBN 7-5064-0795-7

B2100 TS114

棉纺概论 初版（中等纺织专业学校教材）/唐俊武主编 .—北京：中国纺织出版社，1992 年 .—268 页（被引 6）

ISBN 978-7-5064-1520-0

本书主要介绍棉纺的基本知识，概述棉纺原料的基本性质和选配，并介绍以国产 FA 系列棉纺设备为主的各工序设备与工艺以及新型纺纱方法等。

B2101 TS114

棉纺概论 第 2 版（中等纺织专业学校教材）/唐俊武主编；中国纺织总会教育部组织编写 .—北京：中国纺织出版社，1999 年 .—268 页

ISBN 7-5064-1520-8

B2102 TS11

棉纺工程 上册（纺织专科学校教材）/上海纺织工业专科学校纺纱教研室主编 .—北京：纺织工业出版社，1989 年 .—455 页

ISBN 7-5064-0254-8

本册包括原棉与化纤的选配、开清棉、梳棉、精梳四章。

B2103 TS11

棉纺工程 下册（纺织专科学校教材）/上海纺织工业专科学校纺纱教研室主编 .—北京：纺织工业出版社，1989 年 .—490 页（被引 67）

ISBN 7-5064-0270-X

本册包括并条、粗纱、细纱、后加工四章。

B2104 TS114

棉纺工艺学 上册（中等纺织专业学校教材）/沈廷椿主编 .—北京：纺织工业出版社，1990 年 .—545 页（被引 29）

ISBN 7-5064-0535-0

本册包括原料的选配、开清棉、梳棉、精梳四章。

B2105 TS114

棉纺工艺学 下册（中等纺织专业学校教材）/沈廷椿主编 .—北京：纺织工业出版社，1991 年 .—589 页（被引 19）

ISBN 7-5064-0603-9

本册内容包括并条、粗纱、细纱、后加工、新型纺纱五章。

B2106 TS114

棉纺工艺学 上册 第 2 版（中等纺织专业学校教材）/顾菊英主编；中国纺织总会教育部组织编写 .—北京：中国纺织出版社，1998 年 .—228 页（被引 64）

ISBN 7-5064-1434-1

本书分上、下两册，上册包括原料的选配、开清棉、梳棉、精梳四章，下册包括并条、粗纱、细纱、后加工、新型纺纱五章等。

B2107 TS114

棉纺工艺学 下册 第 2 版（中等纺织专业学校教材）/顾菊英主编；中国纺织总会教育部组织编写 .—北京：中国纺织出版社，1998 年 .—247 页（被引 22）

ISBN 7-5064-1435-X

B2108 TS114

棉纺工艺原理（高等纺织院校教材）/陆再生主编 .—北京：中国纺织出版社，1995 年 .—288 页（被引 193）

ISBN 7-5064-1124-5

本书包括原料选配、开松与除杂、梳理、均匀与混和、牵伸、加捻与成纱、卷绕与成形共七章，主要讨论原棉和化纤原料的选配，阐述开松、梳理、牵伸、加捻、卷绕以及均

匀混和等棉纺基本原理及其在生产工艺中的应用。

B2109　TS114

棉纺基础　上册（纺织技工学校教材）/上海市棉纺工业公司技校教材编委会编 . —北京：纺织工业出版社，1987年 . —317 页；19cm

统一书号 15041 · 1605

ISBN 7-5064-0011-1

本书上册内容包括原料、清棉、梳棉和精梳四章。

B2110　TS114

棉纺基础　下册（纺织技工学校教材）/上海市棉纺工业公司技校教材编委会编 . —北京：纺织工业出版社，1987年 . —484 页；19cm

统一书号 15041 · 1595

ISBN 7-5064-0001-6

B2111　TS114

棉纺基础　上册　第 2 版（纺织技工学校教材）/《棉纺基础》（第二版）编委会编 . —北京：中国纺织出版社，1996 年 . —377 页；19cm

ISBN 7-5064-0011-1

B2112　TS114

棉纺基础　下册　第 2 版（纺织技工学校教材）/《棉纺基础》（第二版）编委会编 . —北京：中国纺织出版社，1996 年 . —450 页；19cm

ISBN 7-5064-0001-4

B2113　TS114

棉纺基础　上册　第 3 版（纺织技工学校教材）/《棉纺基础》编委会编 . —北京：中国纺织出版社，2007 年 . —399 页；21cm（被引 12）

ISBN 978-7-5064-4280-0

本书内容按纺纱顺序编排，首章介绍了棉纺的原料，介绍了原棉和化纤的性能及其混配方法，然后根据目前国内棉纺厂采用的主要机型，依次介绍清棉、梳棉、精梳等工序各种机械的主要结构、作用原理、传动系统以及工艺计算等内容。

B2114　TS114

棉纺基础　下册　第 3 版（纺织技工学校教材）/《棉纺基础》编委会编 . —北京：中国纺织出版社，2007 年 . —513 页；21cm

ISBN 978-7-5064-4281-7

本书包括并条、粗纱、细纱、后加工、生产线工艺设计和工艺配置、纱线质量标准及检验、棉纺设备维修保养等九章。

B2115　TS112

棉纺设备/陆再生主编；中国纺织总会教育部组织编写 . —北京：中国纺织出版社，1995 年 . —265 页（被引106）

ISBN 7-5064-1144-X

本书包括开清棉、梳棉、精梳、并条、粗纱、细纱和后加工七章，着重介绍棉纺加工过程中各主要设备的整机功能、工艺过程、机构作用、机械传动和工艺计算等。

B2116　TS114

棉纺生产知识/张力溥编 . —天津：天津科学技术出版社，1982 年 . —148 页

统一书号 15212 · 68

B2117　TS114

棉纺实验（高等纺织院校教材）/耿绍琪，顾行方等编 . —北京：纺织工业出版社，1990 年 . —187 页（被引 11）

ISBN 7-5064-0408-7

B2118　TS114

棉纺细纱值车工作法/山东省技术监督局 . —济南：山东省技术监督局，1993 年 . —125 页

B2119　TS114

棉纺新技术/朱友名主编 . —北京：纺织工业出版社，1992 年 . —368 页（被引 49）

ISBN 7-5064-0884-8

本书论述国内外新技术发展概况、高新技术的运用、关键工艺部件的评价及生产经验等。

B2120　TS114

棉纺新技术　续篇/朱友名主编 . —北京：纺织工业出版社，1992 年 . —286 页

ISBN 7-5064-0909-7

本书主要介绍新型纺纱技术、棉纺自动控制技术，棉纺标准与计量等。

B2121　TS11

棉纺新技术进修班讲稿之一　概论/李文鑫编著 . —无锡：无锡纺织工程学会，1984 年 . —31 页

B2122　TS11

棉纺新技术进修班讲稿之四　并条/鲍耀钧编著 . —无锡：无锡纺织工程学会，1984 年

B2123　TS11

棉纺新技术进修班讲稿之五　精梳/顾祖裕编著 . —无锡：无锡纺织工程学会，1984 年

B2124　TS11

棉纺新技术进修班讲稿之六　粗纱/陈静嘉编著 . —无锡：无锡纺织工程学会，1984 年 . —58 页

B2125　TS11

棉纺新技术进修班讲稿之七　细纱/蔡靖华编著 . —无

锡：无锡纺织工程学会，1984 年．—32 页

B2126　TS11
棉纺新技术进修班讲稿之十一　新器材/荆越，阙浩英
编著．—无锡：无锡纺织工程学会，1984 年．—86 页

B2127　TS11
棉纺新技术进修班讲稿之十二　空调除尘/张锦荣编
著．—无锡：无锡纺织工程学会，1984 年．—79 页

B2128　TS114
棉纺学　上册（高等学校教学用书）/上海纺织工学院
棉纺教研室主编．—北京：纺织工业出版社，1980 年．—399
页（被引 11）
统一书号 15041·1089
上册包括原料的选配、开清棉、梳棉、精梳四章。

B2129　TS114
棉纺学　下册（高等学校教学用书）/上海纺织工学院
棉纺教研室主编．—北京：纺织工业出版社，1981 年．—526
页（被引 22）
统一书号 15041·1114
下册包括并条、粗纱、细纱、后加工、新型纺纱五章。

B2130　TS114
棉纺学　上册　第 2 版（高等纺织院校教材）/中国纺
织大学棉纺教研室主编．—北京：纺织工业出版社，1988
年．—401 页（被引 143）
ISBN 7-5064-0198-3
上册包括原料的选配、开清棉、梳棉、精梳四章。

B2131　TS114
棉纺学　下册　第 2 版（高等纺织院校教材）/中国纺
织大学棉纺教研室主编．—北京：纺织工业出版社，1988
年．—510 页（被引 72）
ISBN 7-5064-0152-5
下册包括并条、粗纱、细纱、后加工、新型纺纱五章。

B2132　TS102
棉纺原料的性能与应用/王继祖编著．—北京：北京纺织
工程学会，1984 年．—161 页

B2133　TS102
棉纺原料与选配/卢于述，张轫刚编．—北京：纺织工业
出版社，1985 年．—273 页（被引 9）
统一书号 15041·1341

B2134　TS118
棉纺织厂安全技术基础知识/马培训，王崧生编著．—北
京：纺织工业出版社，1985 年．—243 页
ISBN 7-5064-0640-3

B2135　TS118
棉纺织厂工序质量管理/上海市纺织工业局棉纺织厂工
序质量管理编写组．—北京：中国纺织工业企业管理协会情
报中心，1986 年．—189 页

B2136　TS118
棉纺织厂技术改造/陶贻威，蒋毓芳编著．—北京：纺织
工业出版社，1992 年．—414 页
ISBN 7-5064-0772-8
论述了现有棉纺织厂进行改造的必要性、迫切性，如何
安排规划、立项、编制有关技术改造文件及产品结构的调
整，工艺流程的选择，更新设备和改造部件的选型等。

B2137　TS118
棉纺织厂空气调节/潘大绅等编著．—北京：纺织工业出
版社，1986 年．—610 页（被引 34）
统一书号 15041·1402
本书阐述了空气调节与棉纺织工业生产的关系，论述了
空气调节系统中温湿度调节和除尘等重点问题，介绍了棉纺
织厂空气调节系统的设计、设备的性能和运行管理，并附有
设计举例。

B2138　TS118
棉纺织厂设计（高等纺织院校教材）/李辛凯主编；《棉
纺织厂设计》编写组编．—北京：纺织工业出版社，1980
年．—294 页
统一书号 15041·1074

B2139　TS118
棉纺织工厂设计（高等纺织院校教材）/钱鸿彬主编．—
北京：中国纺织出版社，1994 年．—326 页（被引 51）
ISBN 7-5064-0923-2
本书内容以论述棉纺织工厂的工艺设计为主，包括工艺
流程选择、设备选型与配备、车间布置与机器排列等，并以
适当篇幅介绍色织厂设计概要，纺织企业技术改造的原则、
改造的内容和方法，另外还扼要地介绍有关基本建设程序，
总平面图布置以及公用工程专业的设计基础知识。

B2140　TS118
棉纺织工厂设计　第 2 版/钱鸿彬主编．—北京：中国纺
织出版社，2007 年．—360 页（被引 7）
ISBN 978-7-5064-4509-2

B2141　TS11
棉纺织工艺技术路线分析与发展方向　上中下册/河南
纺科所情报室编．—郑州：河南纺织科研所情报研究室，
1988 年．—59 页，42 页，37 页

B2142　TS115
棉纺织基础知识　试用（就业训练棉纺织专业统编教
材）/劳动部培训司组织编写．—北京：中国科学技术出版
社，1988 年．—149 页

ISBN 7-5045-0211-1

B2143 TS11
　　棉纺织企业各工序操作技术培训丛书　**1**　清棉挡车工
分册/石家庄市纺织工业公司编.—北京：纺织工业出版社，
1990 年.—24 页

B2144 TS11
　　棉纺织企业各工序操作技术培训丛书　**2**　精梳挡车工
分册/石家庄市纺织工业公司编.—北京：纺织工业出版社，
1990 年.—22 页

B2145 TS11
　　棉纺织企业各工序操作技术培训丛书　**3**　梳棉挡车工
分册/石家庄市纺织工业公司编.—北京：纺织工业出版社，
1990 年.—38 页

B2146 TS11
　　棉纺织企业各工序操作技术培训丛书　**4**　并条挡车工
分册/石家庄市纺织工业公司编.—北京：纺织工业出版社，
1990 年.—34 页

B2147 TS11
　　棉纺织企业各工序操作技术培训丛书　**5**　粗纱挡车工
分册/石家庄市纺织工业公司编.—北京：纺织工业出版社，
1990 年.—36 页

B2148 TS11
　　棉纺织企业各工序操作技术培训丛书　**6**　粗纱落纱工
分册/石家庄市纺织工业公司编.—北京：纺织工业出版社，
1990 年.—30 页

B2149 TS11
　　棉纺织企业各工序操作技术培训丛书　**7**　细纱挡车工
分册/石家庄市纺织工业公司编.—北京：纺织工业出版社，
1990 年.—58 页

B2150 TS11
　　棉纺织企业各工序操作技术培训丛书　**8**　细纱落纱工
分册/石家庄市纺织工业公司编.—北京：纺织工业出版社，
1990 年.—43 页

B2151 TS11
　　棉纺织企业各工序操作技术培训丛书　**9**　合股挡车工
分册/石家庄市纺织工业公司编.—北京：纺织工业出版社，
1990 年.—17 页

B2152 TS11
　　棉纺织企业各工序操作技术培训丛书　**10**　络经挡车工
分册/石家庄市纺织工业公司编.—北京：纺织工业出版社，
1990 年.—27 页

B2153 TS11
　　棉纺织企业各工序操作技术培训丛书　**11**　整经挡车工
分册/石家庄市纺织工业公司编.—北京：纺织工业出版社，
1990 年.—22 页

B2154 TS11
　　棉纺织企业各工序操作技术培训丛书　**12**　浆纱挡车工
分册/石家庄市纺织工业公司编.—北京：纺织工业出版社，
1990 年.—32 页

B2155 TS11
　　棉纺织企业各工序操作技术培训丛书　**13**　穿筘挡车工
分册/石家庄市纺织工业公司编.—北京：纺织工业出版社，
1990 年.—27 页

B2156 TS11
　　棉纺织企业各工序操作技术培训丛书　**14**　布机挡车工
分册/石家庄市纺织工业公司编.—北京：纺织工业出版社，
1990 年.—78 页

B2157 TS11
　　棉纺织企业各工序操作技术培训丛书　**15**　布机帮车工
分册/石家庄市纺织工业公司编.—北京：纺织工业出版社，
1990 年.—25 页

B2158 TS11
　　棉纺织企业各工序操作技术培训丛书　**16**　布机装梭工
分册/石家庄市纺织工业公司编.—北京：纺织工业出版社，
1990 年.—25 页

B2159 TS11
　　棉纺织企业各工序操作技术培训丛书　**17**　整理验布工
分册/石家庄市纺织工业公司编.—北京：纺织工业出版社，
1990 年.—22 页

B2160 TS11
　　棉纺织企业各工序操作技术培训丛书　纺部合订本/石
家庄市纺织工业公司编.—北京：纺织工业出版社，1990
年.—300 页

B2161 TS11
　　棉纺织企业各工序操作技术培训丛书　织部合订本/石
家庄市纺织工业公司编.—北京：纺织工业出版社，1990
年.—260 页

B2162 TS103
　　棉纺织企业工人技术标准辅导材料　加工保全保养应知
部分/上海市棉纺织工业公司著.—上海：上海市棉纺织工业
公司，1980 年

B2163 TS11
　　棉纺织企业工人技术标准培训教材　第一册　棉纺织工

人技术标准通用技术知识/胡瑞成主编；中华人民共和国纺织工业部编．—济南：济南出版社，1992 年

　　ISBN 7-80572-615-9

B2164　TS11

棉纺织企业工人技术标准培训教材　第二册　纺部设备维修技术知识/中华人民共和国纺织工业部编．—济南：济南出版社，1992 年

B2165　TS11

棉纺织企业工人技术标准培训教材　第三册　织部设备维修技术知识/中华人民共和国纺织工业部编．—济南：济南出版社，1992 年

B2166　TS11

棉纺织企业工人技术标准培训教材　第四册　纺部运转技术知识/中华人民共和国纺织工业部编．—济南：济南出版社，1992 年

B2167　TS11

棉纺织企业工人技术标准培训教材　第五册　织部运转技术知识/顾佩，平茅芦主编；中华人民共和国纺织工业部编．—济南：济南出版社，1992 年．—738 页

　　ISBN 7-80572-619-1

B2168　TS11

棉纺织企业工人技术标准培训教材　第六册　棉纺织计量检定修理技术知识/朱向泓主编；中华人民共和国纺织工业部编．—济南：济南出版社，1992 年．—339 页

　　ISBN 7-80572-620-5

B2169　TS11

棉纺织企业工人技术标准培训教材　第七册　空调设备维修技术知识/王菁主编；中华人民共和国纺织工业部编．—济南：济南出版社，1992 年．—184 页

　　ISBN 7-80572-621-3

B2170　TS112

棉纺织企业工人技术标准应知辅导材料　并粗保全保养工/无锡市纺织工程学会，杨伟承主编．—无锡：无锡市纺织工程学会，1980 年．—115 页

B2171　TS103

棉纺织企业工人技术标准应知辅导材料　胶辊制作和洗换工/无锡市纺织工程学会．—无锡：无锡市纺织工程学会，1980 年．—78 页

B2172　TS114

棉纺织企业工人技术标准应知辅导材料　准整保全保养工/无锡市纺织工程学会，刘焕宝，吴玲编．—无锡：无锡市纺织工程学会，1980 年．—170 页

B2173　TS11

棉纺织企业工人中级技术培训讲义　准备/江苏省纺织工业厅教育处，无锡市纺织工业局．—南京：江苏省纺织工业厅教育处，1986 年．—114 页

B2174　TS11

棉纺织企业工人中级技术培训讲义　清花/江苏省纺织工业厅教育处，无锡市纺织工业局．—南京：江苏省纺织工业厅教育处，1986 年．—176 页

B2175　TS11

棉纺织企业工人中级技术培训讲义　精梳/江苏省纺织工业厅教育处，无锡市纺织工业局．—南京：江苏省纺织工业厅教育处，1986 年．—124 页

B2176　TS11

棉纺织企业工人中级技术培训讲义　并条/江苏省纺织工业厅教育处，无锡市纺织工业局．—南京：江苏省纺织工业厅教育处，1986 年．—159 页

B2177　TS11

棉纺织企业工人中级技术培训讲义　穿接/江苏省纺织工业厅教育处，无锡市纺织工业局．—南京：江苏省纺织工业厅教育处，1986 年．—70 页

B2178　TS11

棉纺织企业工人中级技术培训讲义　筒捻摇/江苏省纺织工业厅教育处，无锡市纺织工业局．—南京：江苏省纺织工业厅教育处，1986 年．—106 页

B2179　TS11

棉纺织企业工人中级技术培训讲义　粗纱/江苏省纺织工业厅教育处，无锡市纺织工业局．—南京：江苏省纺织工业厅教育处，1986 年．—140 页

B2180　TS11

棉纺织企业工人中级技术培训讲义　细纱/江苏省纺织工业厅教育处，无锡市纺织工业局．—南京：江苏省纺织工业厅教育处，1986 年．—130 页

B2181　TS11

棉纺织企业工人中级技术培训讲义　织机/江苏省纺织工业厅教育处，无锡市纺织工业局．—南京：江苏省纺织工业厅教育处，1986 年．—305 页

B2182　TS112

棉纺织设备控制电路/单象福编．—北京：纺织工业出版社，1989 年．—233 页（被引 12）

　　ISBN 7-5064-0215-7

本书介绍了国产棉纺织设备的控制电路、工作原理、电气原理图的阅读方法及电路控制电器的结构、原理等知识。

B2183 TS112

棉纺织设备使用须知 并条机分册/《棉纺织设备使用须知》编写组编；徐文彬编写．—北京：纺织工业出版社，1993 年．—27 页

ISBN 7-5064-0946-1

B2184 TS112

棉纺织设备使用须知 穿经机、结经机分册/《棉纺织设备使用须知》编写组编；沈尧同编写．—北京：纺织工业出版社，1993 年．—15 页

ISBN 7-5064-0959-3

B2185 TS112

棉纺织设备使用须知 浆纱机、调浆设备分册/《棉纺织设备使用须知》编写组编；沈尧同编写．—北京：纺织工业出版社，1993 年．—64 页

ISBN 7-5064-0958-5

B2186 TS112

棉纺织设备使用须知 络筒机、并纱机分册/《绵纺织设备使用须知》编写组编；王嘉荣编写．—北京：纺织工业出版社，1993 年．—54 页

ISBN 7-5064-0882-1

B2187 TS112

棉纺织设备使用须知 捻线机分册/《绵纺织设备使用须知》编写组编；王嘉荣编写．—北京：纺织工业出版社，1993 年．—34 页

ISBN 7-5064-0904-6

B2188 TS112

棉纺织设备使用须知 条卷机、精梳机分册/《棉纺织设备使用须知》编写组编；徐明甫，金匡仁编写．—北京：纺织工业出版社，1993 年．—44 页

ISBN 7-5064-0945-3

B2189 TS112

棉纺织设备使用须知 有梭织机分册/《棉纺织设备使用须知》编写组编；郑玉泰编写．—北京：纺织工业出版社，1993 年．—80 页

ISBN 7-5064-0961-5

B2190 TS112

棉纺织设备使用须知 整经机分册/《棉纺织设备使用须知》编写组编；沈尧同，张金跃编写．—北京：纺织工业出版社，1993 年．—33 页

ISBN 7-5064-0957-7

B2191 TS112

棉纺织设备使用须知 整理机械分册/《棉纺织设备使用须知》编写组编；沈尧同编写．—北京：纺织工业出版社，1993 年．—32 页

ISBN 7-5064-0960-7

B2192 TS112

棉纺织设备使用须知 转杯纺纱机分册/《棉纺织设备使用须知》编写组编；鲍继登编写．—北京：纺织工业出版社，1993 年．—40 页

ISBN 7-5064-0942-9

B2193 TS112

棉纺织设备使用须知 粗纱机分册/《棉纺织设备使用须知》编写组编；徐文彬编写．—北京：纺织工业出版社，1994 年．—35 页

ISBN 7-5064-0938-0

B2194 TS112

棉纺织设备使用须知 开清棉机分册/《棉纺织设备使用须知》编写组编；孙尚勋编写．—北京：纺织工业出版社，1994 年．—51 页

ISBN 7-5064-0966-6

B2195 TS112

棉纺织设备使用须知 梳棉机分册/《棉纺织设备使用须知》编写组编；卢孙编写．—北京：纺织工业出版社，1994 年．—43 页

ISBN 7-5064-0965-8

B2196 TS112

棉纺织设备使用须知 细纱机分册/《棉纺织设备使用须知》编写组编；许克明，宗克明编写．—北京：纺织工业出版社，1994 年．—39 页

ISBN 7-5064-0947-X

B2197 TS112

棉纺织设备使用须知 摇纱机、成包机分册/《棉纺织设备使用须知》编写组编；王嘉荣编写．—北京：纺织工业出版社，1994 年．—41 页

ISBN 7-5064-0931-3

B2198 TS114

棉纺织生产工人技术读本 并纱与捻线/刘国涛编著．—北京：纺织工业出版社，1983 年．—212 页（被引 10）

统一书号 15041·1238

本书主要介绍了并纱和捻线工序的任务，并纱机和捻线机的主要机构与作用原理，并捻生产工艺、运转管理、股线的质量控制，设备的维修与安全生产等内容。

B2199 TS114

棉纺织生产工人技术读本 并条/万长荣，李鸿儒编著．—北京：纺织工业出版社，1981 年．—154 页（被引 6）

统一书号 15041·1068

主要介绍了并条工序的任务与要求，国产新型并条机的结构与作用、生产工艺计算、运转操作、棉条质量控制、设

备使用与维护，以及并条机新技术的发展方向等知识。

B2200　TS114

棉纺织生产工人技术读本　并条　第 2 版/万长荣，李鸿儒编著 .—北京：纺织工业出版社，1992 年 .—131 页

ISBN 7-5064-0632-2

主要介绍了并条工序的任务与要求、国产新型并条机的结构与作用、生产工艺计算、运转操作、棉条质量控制、设备使用与维护，以及并条机新技术的发展方向等知识。

B2201　TS115

棉纺织生产工人技术读本　穿经/高建华，董健，舒家梁编著 .—北京：纺织工业出版社，1984 年 .—105 页

统一书号 15041·1301

本书介绍了穿经工序的任务与要求，穿经、结经机械的结构与作用，穿经工艺，运转操作，质量管理，生产计算，设备使用与维护以及安全技术知识等。

B2202　TS115

棉纺织生产工人技术读本　穿经　第 2 版/董健，高建华编著 .—北京：纺织工业出版社，1984 年 .—191 页

ISBN 7-5064-0507-5

棉纺织生产工人技术读本：本书增加了 GA471 型自动结经机的有关内容，论述了运转操作法等。

B2203　TS114

棉纺织生产工人技术读本　粗纱/郭清渤编著 .—北京：纺织工业出版社，1982 年 .—227 页（被引 6）

统一书号 15041·1212

本书重点介绍了粗纱工序的任务、粗纱机的机构与作用、生产工艺、运转管理以及设备维修与安全生产等内容。

B2204　TS115

棉纺织生产工人技术读本　浆纱与调浆/朱德震，张依鸿编著 .—北京：纺织工业出版社，1982 年 .—274 页（被引 25）

统一书号 15041·1219

本书根据棉纺织厂浆纱运转工岗位技术标准中的应知应会内容，详细介绍了浆纱工序的任务与要求，浆纱机的结构与作用原理，浆料种类、性质与调浆方法，浆纱工艺的配置与掌握，设备的使用与维护，质量管理等。

B2205　TS114

棉纺织生产工人技术读本　精梳/黄志群，杜若，王伯森编著 .—北京：纺织工业出版社，1981 年 .—158 页

统一书号 15041·1165

B2206　TS118

棉纺织生产工人技术读本　空调/崔恺诚编著 .—北京：纺织工业出版社，1983 年 .—295 页（被引 6）

统一书号 15041·1252

B2207　TS118

棉纺织生产工人技术读本　空调与除尘/潘大绅等编著 .—北京：中国纺织出版社，1995 年 .—478 页（被引 17）

ISBN 7-5064-1069-9

B2208　TS114

棉纺织生产工人技术读本　络筒/高建华，张依鸿编著 .—北京：纺织工业出版社，1981 年 .—122 页（被引 5）

统一书号 15041·1159

本书根据棉纺织厂络筒运转工岗位技术标准中的应知应会内容，主要介绍了络筒工序的任务与要求，络筒机的结构与作用，络筒工艺，运转操作，质量管理，生产计算，设备使用与维护以及安全生产知识等。

B2209　TS114

棉纺织生产工人技术读本　络筒　第 2 版/高建华，王文进编著 .—北京：纺织工业出版社，1981 年 .—139 页

ISBN 7-5064-0168-1

本书介绍了络筒工序的任务与要求，络筒机的结构与作用，络筒工艺，运转操作，质量管理，生产计算，设备使用与维修等。

B2210　TS114

棉纺织生产工人技术读本　棉纺试验/刘荣清等编著 .—北京：纺织工业出版社，1981 年 .—458 页（被引 35）

统一书号 15041·1145

ISBN 7-5064-0242-4

本书介绍了棉纺试验的基本任务，纺织材料的基本知识、常用试验仪器的技术条件、维护和保养以及试验资料的统计分析等。

B2211　TS114

棉纺织生产工人技术读本　棉纺试验　第 2 版/刘荣清，王柏润编著 .—北京：中国纺织出版社，1997 年 .—358 页（被引 40）

ISBN 7-5064-0242-4

B2212　TS115

棉纺织生产工人技术读本　纬纱准备/任焕金，姜怀，赵继华，黎国贤编著 .—北京：纺织工业出版社，1982 年 .—166 页（被引 5）

统一书号 15041·1218

B2213　TS114

棉纺织生产工人技术读本　摇纱与成包/王柏润，马玉秀，许克明编著 .—北京：纺织工业出版社，1982 年 .—85 页

统一书号 15041·1197

B2214　TS115

棉纺织生产工人技术读本　织布/王德普，莫小文，臧经传编著 .—北京：纺织工业出版社，1981 年 .—309 页

ISBN 7-5064-0353-6

B2215 TS115

棉纺织生产工人技术读本 织布 第 2 版/王德普等编著.—北京：纺织工业出版社，1992 年.—326 页（被引 6）

ISBN 7-5062-0353-6

本书介绍了织造工序的任务与要求，织机的机械构造和作用原理，织物的组织和特征，织造生产工艺以及运转生产知识等。

B2216 TS11

棉纺织实验教程/曹机雁主编.—郑州：河南省纺织工业学校，1988 年.—128 页

B2217 TS11

棉纺织运转工必读 准备工序（全国"星火计划"丛书）/陈秀芬编著.—南京：江苏科学技术出版社，1989年.—180 页

ISBN 7-5345-0563-1

B2218 TS11

棉纺织运转工必读 筒捻摇工序（全国"星火计划"丛书）/蒋丽媛编著.—南京：江苏科学技术出版社，1988年.—133 页

ISBN 7-5345-0430-9

B2219 TS11

棉纺织运转工必读 浆纱工序（全国"星火计划"丛书）/许汝宝编著.—南京：江苏科学技术出版社，1988年.—143 页

ISBN 7-5345-0450-3

B2220 TS11

棉纺织运转工必读 纺部试验工序（全国"星火计划"丛书）/许近智，赵玲南编著.—南京：江苏科学技术出版社，1988 年.—246 页

ISBN 7-5345-0486-4

本书内容共分三章：概述、原料检验及纺部试验。

B2221 TS11

棉纺织运转工必读 细纱工序（全国"星火计划"丛书）/陶良玉编著.—南京：江苏科学技术出版社，1988年.—106 页

ISBN 7-5345-0438-4

B2222 TS11

棉纺织运转工必读 织布工序（全国"星火计划"丛书）/董秋雁编著.—南京：江苏科学技术出版社，1988年.—120 页

ISBN 7-5345-0479-1

B2223 TS11

棉纺织运转工必读 整理工序（全国"星火计划"丛书）/梁松元编著.—南京：江苏科学技术出版社，1988年.—163 页

ISBN 7-5345-0460-0

B2224 TS111

棉纺质量控制与产品设计（高等纺织院校教材）/任秀芳，郝凤鸣编.—北京：纺织工业出版社，1990 年.—217 页（被引 133）

ISBN 7-5064-0422-2

本书共两篇。第一篇为棉纺质量控制，分纱线不匀的分析与控制、减少成纱结杂及毛羽、提高成纱强力和减少纱疵四章。第二篇为棉纺产品设计，分棉纺原料、纱线及织物种类、普通纱线和花式纱线产品设计以及长丝变形纱的品种及其加工方法四章。

B2225 TS111

棉纺质量控制与产品设计（高等纺织院校教材）/天津纺织工学院棉纺教研室.—天津：天津纺织工学院，1984 年

B2226 TS111

棉纺质量控制与产品设计 上下册/无锡市纺织工程学会编.—无锡：无锡市纺织工程学会，1985 年.—180 页，217 页

B2227 TS112

棉纺装置实习（梳棉、精纺部分）/华东纺织工学院编.—上海：华东纺织工学院，198? 年.—108 页

B2228 TS113

棉花加工/吴传信主编.—北京：中国财政经济出版社，1993 年.—321 页（被引 6）

ISBN 7-5005-2077-8

B2229 TS113

棉花加工高级业务技术培训试用教材 锯齿剥绒/杨宝生等编.—南通县：江苏南通供销学校，1992 年

B2230 TS113

棉花加工高级业务技术培训试用教材 锯齿扎花/杨宝生等编.—南通县：江苏南通供销学校，1992 年

B2231 TS113

棉花加工高级业务技术培训试用教材 气力输送与通风除尘/杨宝生等编.—南通县：江苏南通供销学校，1992 年

B2232 TS113

棉花加工高级业务技术培训试用教材 液压传动与棉绒打包/杨宝生等编.—南通县：江苏南通供销学校，1992 年

B2233 TS112

棉花加工机械/黄润麒编．—北京：机械工业出版社，1993年．—218页（被引7）

ISBN 7-111-03457-0

介绍棉花加工的基本知识、棉花加工工艺与机器设备、皮辊轧花机、锯齿轧花机、锯齿剥绒机、打包机、清理设备及输送装置等。

B2234 TS112

棉花加工通风除尘和风动运送/蒋菊祥编著．—湖北：出版者不详，1993年．—162页；20cm

B2235 TS112

棉花加工通风除尘与气力输送/张善祥编写．—河南：河南省新乡供销学校，1991年．—340页

全书共分九章，内容主要包括通风机、气力输送和通风除尘三部分。全书简明系统地阐述了空气的组成及流动规律、空气在管道中流动时的阻力、通风机的基本理论和故障处理，通风除尘和气力输送装置的设计计算、阻力平衡，管网的测试仪器和测试技术，以及噪声的危害与控制。

B2236 TS102

棉花检测技术问题解答/梅延凯编著．—北京：中国标准出版社，1994年．—301页

ISBN 7-5066-0779-4

B2237 TS102

棉花检验技术/郭思成主编．—青岛：青岛出版社，1990年．—207页

ISBN 7-5436-0457-4

本书讲述了棉花的感官检验、仪器检验、分级标准和世界主要产棉国概述等内容。

B2238 TS102

棉花水分测试仪器/本书编写组编．—北京：中国财政经济出版社，1995年．—198页

B2239 TS102

棉花纤维检验/河南省纤维检验所编．—郑州：河南科学技术出版社，1991年．—414页

ISBN 7-5349-0902-3

B2240 TS102

棉花纤维检验学/国家标准局纤维检验局编．—北京：中国标准出版社，1984年．—546页（被引81）

统一书号 15169·3-269

B2241 TS103

棉检仪器学　第1、2册/丁静贞主编．—北京：中国商业出版社，1991年．—367页，373页（被引40）

ISBN 7-5044-1038-1

本书阐述了棉纤维常规检验和物理性能测试所需仪器的

工作原理、结构和性能，仪器的检定、调整的基本理论和方法等。

B2242 TS183

棉毛机的构造、安装和使用/华东纺织工学院针织教研组编著．—北京：纺织工业出版社，1981年．—334页（被引5）

统一书号 15041·1100

B2243 TS115

棉毛纹织物设计与工艺/常培荣等编著．—北京：中国纺织出版社，1996年．—201页（被引30）

ISBN 7-5064-1204-7

B2244 TS117

棉纱条干均匀度理论与实践/刘荣清等编著．—北京：纺织工业出版社，1989年．—193页（被引30）

ISBN 7-5064-0290-4

B2245 TS114

棉纱线基本知识/郝国兴编著．—成都：川棉一厂纺织技工学校专业教研组，纺织学会会员小组，1981年．—73页

B2246 TS114

棉系纺纱技术［港台］/杨沧洲编．—台北：永大书局，198?年

B2247 TS102

棉纤维成熟度测试/陈黎曦编．—北京：纺织工业出版社，1990年．—119页（被引6）

ISBN 7-5064-0464-8

本书主要介绍棉纤维成熟度的各种检测仪器及测试方法。

B2248 TS102

棉纤维打包技术与设备/赵应樾，王力璋编著．—上海：上海交通大学出版社，1992年．—290页

ISBN 7-313-00997-6

本书内容包括：棉花打包有关规定，棉纤维压缩理论，踩压与计量控制，微机应用等，并对飞轮蓄能踩压、连杆双层式整天脱箱包箱、液压逻辑阀、微机应用等作了论述。

B2249 TS102

棉纤维检验技术问答/刘万青主编．—石家庄：河北科学技术出版社，1989年．—462页

ISBN 7-5375-0381-8

本书阐述了棉纤维感官检验与仪器检测的理论依据及基本方法。

B2250 TS102

棉纤维检验理论与实务/胡凤玲等编著．—北京：中国商业出版社，1996年．—360页（被引22）

ISBN 7-5044-3192-3

B2251　TS102
棉纤维检验学/胡凤玲，刘从九，姜晓悦编著．—北京：中国展望出版社，1989 年．—420 页（被引 6）
　　ISBN 7-5050-0513-8

B2252　TS102
棉纤维品质及其检测/穆舒畅编著．—武汉：湖北科学技术出版社，1988 年．—283 页（被引 5）
　　ISBN 7-5352-0229-2

B2253　TS102
棉纤维知识/叶彦昌等编写；《棉纤维知识》编写组编．—北京：中国财政经济出版社，1993 年．—219 页
　　ISBN 7-5005-1912-5
中等供销学校试用教材：本书内容包括：绪论、棉纤维的生长发育、棉纤维的化学组成、棉纤维的结构。

B2254　TS154
棉型腈纶纺纱工艺/杨铨谟编著．—北京：纺织工业出版社，1987 年．—181 页
　　统一书号 15041·1536
本书介绍了用棉型腈纶纤维在普通棉纺设备上纺制腈纶针织用纱的工艺等内容。

B2255　TS116
棉型织物设计与生产/上海市纺织工业局产品试验研究室编．—北京：纺织工业出版社，1980 年．—652 页（被引 21）
　　统一书号 15041·1097

B2256　TS116
棉型织物新产品/陈旭初等编著．—北京：纺织工业出版社，1988 年．—288 页
　　ISBN 7-5064-0037-5

B2257　TS115
棉与化纤纺纱工程　上册［译］/（苏）И.Г.鲍尔茹诺夫等著；梅自强译．—北京：纺织工业出版社，1989 年．—502 页（被引 27）
　　ISBN 7-5064-0137-1

B2258　TS115
棉与化纤纺纱工程　下册［译］/（苏）И.Г.鲍尔茹诺夫等著；梅自强，孙传己译．—北京：纺织工业出版社，1990 年．—502 页
　　ISBN 7-5064-0503-2
本书叙述了粗纱、气流纺和环锭纺细纱、股线和花式纱、缝纫线、化纤丝束直接纺纱、棉纺下脚料和低级棉纺成的粗号纱及混色纱的加工过程，列举了设备的工艺规程。

B2259　TS115
棉织（纺织工业知识丛书）/刘樾身等编著．—北京：纺织工业出版社，1982 年．—204 页（被引 6）
　　统一书号 15041·1157

B2260　TS115
棉织　第 2 版（纺织工业知识丛书）/刘樾身，王豫福，金治初编著．—北京：纺织工业出版社，1995 年．—264 页
　　ISBN 7-5064-0173-8

B2261　TS116
棉织产品工艺设计/江苏省棉纺织专业情报站编．—南通：南通市纺织科学研究所咨询站提供，1984 年．—261 页

B2262　TS115
棉织产品工艺设计实例/冯其卫，郑秀娟编著．—杭州：浙江人民出版社，1987 年．—271 页

B2263　TS115
棉织工艺设计/陈旭初编著．—北京：纺织工业出版社，1980 年．—384 页（被引 19）
　　统一书号 15041·1120
本书是根据我国纺织企业多年来棉织工艺设计的经验编写而成。书中按工序详细叙述了棉织工艺设计的各个方面，介绍了有关提高各类织物的内在质量、外观质量，提高生产效率，节约原材料的措施，以及制订技术经济指标，选择工艺参数的基本原理等。

B2264　TS115
棉织工艺设计　第 2 版/陈旭初编著．—北京：纺织工业出版社，1984 年．—546 页；19cm（被引 15）
　　统一书号 15041·1120

B2265　TS115
棉织基础　上册/上海市棉纺织工业公司技校教材编委会编．—北京：纺织工业出版社，1987 年．—162 页
　　统一书号 15041·1592
　　ISBN 7-5064-0340-4

B2266　TS115
棉织基础　下册/上海市棉纺织工业公司技校教材编委会编．—北京：纺织工业出版社，1987 年．—331 页（被引 5）
　　ISBN 7-5064-0000-6

B2267　TS115
棉织基础　上册　第 2 版/《棉织基础》（第二版）编委会编．—北京：中国纺织出版社，1996 年．—202 页
　　ISBN 7-5064-0340-4

B2268　TS115
棉织基础　下册　第 2 版/《棉织基础》（第二版）编委

会编 . —北京：中国纺织出版社，1996 年 . —296 页

  ISBN 7-5064-0000-6

B2269　TS115

棉织基础　上册　第 3 版/《棉织基础》编委会编；汤成主编 . —北京：中国纺织出版社，2008 年 . —245 页

  ISBN 978-7-5064-5266-3

本书包括棉织概述、棉织原料、络筒、整经、浆纱、穿经与结经、纬纱准备、织造、整理、棉织物的质量标准和检测、棉织产品工艺设计与产品开发以及棉织设备的维修保养工作等，共十二章。各章分别介绍了棉织工程的总概念，棉织使用的纤维材料与纱线的规格、性能以及管理方式，棉织各工序的工艺过程，棉织设备的机构和作用，工艺计算和工艺配置，产品标准和检测方法，并通过实例介绍产品开发、设计的原则和程序以及棉织设备安装、维修的基本概念和基本操作知识。

B2270　TS115

棉织基础　下册　第 3 版/《棉织基础》编委会编 . —北京：中国纺织出版社，2008 年 . —365 页

  ISBN 978-7-5064-5290-8

本书分上、下两册，内容包括棉织概述、棉织原料、络筒、整经、浆纱、穿经与结经、纬纱准备、织造、整理、棉织物的质量标准和检测、棉织产品工艺设计与产品开发以及棉织设备的维修保养工作等。

B2271　TS112

棉织设备（高等纺织院校教材）/黄故主编；中国纺织总会教育部组织编写 . —北京：中国纺织出版社，1995 年 . —234 页；26cm（被引 17）

  ISBN 7-5064-1127-X

B2272　TS115

棉织实用新技术/戴继光等编著 . —北京：中国纺织出版社，1996 年 . —283 页（被引 13）

  ISBN 7-5064-1195-4

B2273　TS115

棉织试验/范德炘等编著 . —北京：纺织工业出版社，1983 年 . —330 页（被引 5）

  统一书号 15041·1235

B2274　TS115

棉织原理/黄故主编；中国纺织总会教育部组织编写 . —北京：中国纺织出版社，1995 年 . —248 页（被引 105）

  ISBN 7-5064-1126-1

B2275　TS112

棉籽剥绒/康玉国，吴秦编著 . —北京：中国商业出版社，1998 年 . —117 页

  ISBN 7-5044-3728-X

B2276　TS101

模糊数学在纺织工业中的应用［港台］/汪学骞著 . —香港：开益出版社，1992 年 . —237 页

  ISBN 962-7123-13-7

B2277　TS104

摩擦纺纱/蒋金仙，王其慧编著 . —北京：纺织工业出版社，1991 年 . —107 页（被引 16）

  ISBN 7-5064-0636-5

本书阐述了组条开松、纤维输送、纱条加捻等原理、机构和成纱结构，并介绍摩擦纺纱的适纺原料与适制产品等。

B2278　TS116

牛仔布品种开发与生产/中国纺织总会科学技术委员会编 . —北京：中国纺织出版社，1994 年 . —309 页

  ISBN 7-5064-1102-4

B2279　TS116

牛仔布生产技术/傅旦，陈春堂编著 . —北京：纺织工业出版社，1991 年 . —176 页（被引 56）

  ISBN 7-5064-0666-7

本书介绍了牛仔布生产技术，包括从纺纱开始至防缩整理后的全过程，涉及各工序设备、工艺和操作技术，并对牛仔布质量标准作了说明。

B2280　TS116

牛仔布质量研究/张春岩编著 . —北京：中国人民大学商品科学研究，1995 年

B2281　TS195

泡沫染整/周宏湘编 . —北京：纺织工业出版社，1985 年 . —102 页（被引 25）

  统一书号 15041·1356

B2282　TS195

泡沫整理/顾德中，郁文辉编著 . —北京：纺织工业出版社，1990 年 . —121 页（被引 14）

  ISBN 7-5064-0405-2

本书叙述了泡沫形成的机理和结构，泡沫的各项特性及其测试方法，发泡剂的性能、测定和筛选等。

B2283　TS104

喷气纺纱/金佩新，刘月芬编著 . —北京：纺织工业出版社，1991 年 . —101 页（被引 65）

  ISBN 7-5064-0656-X

本书介绍了喷气纺纱技术的发展简史和几种典型喷气纺纱机的机构特征，论述了喷气纺纱牵伸、加捻的工艺特点和基本原理等。

B2284　TS103

喷气织机引纬原理（新型纺织设备原理与使用丛书）/张平国编 . —北京：纺织工业出版社，1986 年 . —135

页（被引 47）

统一书号 15041·1413

B2285 TS103

喷气织机原理与使用（新型纺织设备原理与使用丛书）/严鹤群，戴继光主编．—北京：中国纺织出版社，1996年．—546 页（被引 174）

ISBN 7-5064-1233-0

B2286 TS103

喷气织机原理与使用 第 2 版（新型纺织设备原理与使用丛书）/严鹤群，戴继光主编．—北京：中国纺织出版社，2006 年．—537 页（被引 56）

ISBN 7-5064-3969-7

本书图文并茂，阐述了目前国内企业常用的喷气织机（Omniplus 型、ZAX 型、JAT710 型等）的机械原理、电气控制系统、对原纱和前织工序的质量要求与对策、运转操作和管理、品种开发、工艺设计、设备维修、故障和织疵分析、结经机和穿经机操作与维修、空气压缩机基本原理与维修、输气管道设计等。

B2287 TS103

皮辊与皮圈/荆越，吴益洲编．—北京：纺织工业出版社，1984 年．—265 页（被引 13）

统一书号 15041·1273

B2288 TS107

偏振光检验纤维成熟度和双折射率/宋钧才，殷立德主编．—海口：海南出版社，1994 年．—129 页

ISBN 7-80590-327-1

本书重点介绍了偏光显微镜和偏光成熟度仪检验棉纤维成熟度，并较详细地讲解了偏振光测量纤维双折射率的六种方法。

B2289 TS103

片梭织机/刘曾贤编．—北京：纺织工业出版社，1989年．—377 页（被引 62）

ISBN 7-5064-0225-4

本书对片梭织机的技术特征、机构、原理和调试等作了详细地介绍。

B2290 TS103

片梭织机 第 2 版/刘曾贤编著．—北京：纺织工业出版社，1993 年．—513 页（被引 41）

ISBN 7-5064-0225-4

本书在初版的基础上，保留了 PU 型片梭织机，删除了TW 型老机型的内容。

B2291 TS192

漂染印花工程［港台］/吕民基著．—台北：华联出版社，1985 年

B2292 TS194

平网印花/何明高，戴鸿峰，黄炳石，石中善编著．—北京：纺织工业出版社，1988 年．—249 页；19cm（被引 11）

ISBN 7-5064-0068-5

B2293 TS104

气流纺纱/邢声远编译．—北京：纺织工业出版社，1980年．—479 页（被引 46）

统一书号 15041·1110

B2294 TS104

气流纺纱工艺过程［译］/（苏）普列汉诺夫（Плеханов，Ф.М.）著；沈天培译．—北京：纺织工业出版社，1990 年．—136 页

ISBN 7-5064-0544-X

本书阐明了气流纺纱的理论和实践，介绍了混合原料的纺前准备新工艺及其有效除杂方法。分析了 BD-200 气流纺纱机纺纱装置中纱线形成过程及其改进方法，列举了气流纺纱与无梭织造配套使用提高经济效益的数据。

B2295 TS104

气流纺纱理论与实践/上海市纺织科学研究院编译．—上海：上海科学技术出版社，1984 年．—421 页（被引 49）

统一书号 15119·2302

B2296 TS104

气流引纬［译］/（苏）B.A. 皮利平科著；曹瑞译．—北京：纺织工业出版社，1984 年．—174 页（被引 17）

统一书号 15041·1338

B2297 TS112

前纺设备工艺基础 试用/唐懿主编劳动部培训司组织编写．—北京：劳动人事出版社，1988 年．—276 页

ISBN 7-5045-0212-X

B2298 TQ34-53

钱宝钧教授学术论文选集/钱宝钧著．—上海：中国纺织大学出版社，1996 年．—303 页

ISBN 7-81038-080-X

B2299 TQ34

亲水性纤维（差别化纤维丛书）/顾利霞等编著．—北京：中国石化出版社，1997 年．—305 页

ISBN 7-80043-639-X

B2300 TS114

清棉（棉纺织生产工人技术读本）/井恒侠，张益民，姚宝龙编著．—北京：纺织工业出版社，1985 年．—239 页

统一书号 15041·1374

B2301 TS114

清棉/张辉倬编．—武汉：湖北科学技术出版社，1984

年．—211 页

统一书号 15304·28

B2302 TS114

清棉维修/朱健谋编．—北京：纺织工业出版社，1987
年．—342 页

统一书号 15041·1494

B2303 TS114

清梳工序（棉纺织运转工必读）/马翠华编著．—南京：
江苏科学技术出版社，1988 年．—127 页

ISBN 7-5345-0455-4

B2304 TS101

全部成本法下的变动成本法/戴南熙编著．—北京：纺织
工业部经济调节司行业财务处，1990 年．—160 页

B2305 TS190

染化料基础知识 上下册（手写稿）（纺织工业染化料
培训班）/河南省纺织干部学校编．—郑州：河南省纺织干部
学校，1983 年．—86 页，36 页

B2306 X791

染料、染色工业废水处理/李家珍主编．—北京：化学工
业出版社，1997 年．—406 页

ISBN 7-5025-1808-8

B2307 TS190

染料的分析与剖析（染料丛书）/杨锦宏编．—北京：化
学工业出版社，1987 年．—858 页

ISBN 7-5025-0889-9

B2308 TS190

染料工业/沈阳化工研究院编．—北京：化学工业出版
社，1980 年．—258 页

统一书号 15063·3173

B2309 TS190

染料化学/陈荣圻编著．—上海：上海市印染工业公司职
工大学，1984 年．—506 页

本书内容包括染料基础知识、发色理论、直接染料、金
属络合染料、中性染料、活性染料等。

B2310 TS190

染料化学/陈荣圻编著．—北京：纺织工业出版社，1989
年．—408 页

ISBN 7-5064-0096-0

B2311 TS190

染料化学/侯毓汾等编著．—北京：化学工业出版社，
1994 年．—564 页

ISBN 7-5025-1142-3

B2312 TS190

染料化学基础［译］/（瑞士）里斯（Rys，P.），（瑞
士）佐林格（Zollinger，H.）著；陈水林译．—北京：纺织
工业出版社，1990 年．—224 页

ISBN 7-5064-0509-1

B2313 TS190

染料加工技术/刘广文编著．—北京：化学工业出版社，
1999 年．—383 页

ISBN 7-5025-2464-9

B2314 TS190

染料商品知识问答/本书编写组编．—北京：中国商业出
版社，1985 年．—252 页

统一书号 13237·009

B2315 TS190

染料应用/张壮余，吴祖望编著．—北京：化学工业出版
社，1991 年．—508 页（被引 170）

ISBN 7-5025-0896-1

本书介绍染料、颜料及其有关物质在纺织品和非纺织领
域方面的应用。

B2316 TS193

染料之合成与特性［港台］（科学图书大库）/邱永亮
译；刘泰庠校阅．—台北：徐氏基金会，1986 年．—199 页

B2317 TS193

染色［港台］（工业科技丛书 35）/陈名阳编译．—台
湾：建宏出版社，1992 年．—225 页

B2318 TS193

染色 上下册/上海纺织工业专科学校．—上海：上海纺
织工业专科学校，1982 年．—212 页，274 页

B2319 TS193

染色产品疵病分析及防止/胡木升编著．—北京：纺织工
业出版社，1987 年．—180 页（被引 24）

ISBN 7-5064-0620-9

B2320 TS193

染色和印花过程的吸附和扩散［译］/（苏）克里切夫
斯基（Крнчевский，Г.Е.）著；高敬琮译．—北京：纺织工
业出版社，1985 年．—261 页（被引 28）

统一书号 15041·1399

B2321 TS193

染色机自控微电脑及其应用/陈平澜，李克编著．—北
京：纺织工业出版社，1989 年．—150 页（被引 6）

ISBN 7-5064-0319-6

B2322　TS193

染色技法 1. 2. 3 ［港台］/庄世琦著 . —台北：雄狮图书股份有限公司，1987 年 . —135 页

B2323　TS193

染色技法 1. 2. 3　第 2 版 ［港台］/庄世琦著 . —台北：雄狮图书股份有限公司，1988 年 . —134 页

B2324　TS193

染色理论化学　上册 ［译］/（日）黑木宣彦著；陈水林译 . —北京：纺织工业出版社，1981 年 . —448 页（被引 176）

统一书号 15041・1085

B2325　TS193

染色理论化学　下册 ［译］/（日）黑木宣彦著；陈水林译 . —北京：纺织工业出版社，1981 年 . —327 页（被引 153）

统一书号 15041・1083

B2326　TS193

染色学/高兴莉编 . —出版地不详：出版者不详，1986 年

B2327　TS193

染色学 ［港台］/刘炽章编著 . —台湾：新学识文教出版中心，1980 年 . —1 册

B2328　TS193

染色学　上册 ［港台］/新学识文教出版中心工业用书编辑委员会 . —台湾：新学识文教出版中心，1980 年 . —197 页

B2329　TS190

染整概论/无锡职业大学编 . —无锡：无锡职业大学出版，1983 年 . —133 页

B2330　TS190

染整概论/张洵栓主编 . —北京：中国纺织出版社，1989 年 . —248 页（被引 58）

ISBN 7-5064-0309-9

B2331　TS190

染整概论　第 2 版/蔡再生主编；闵洁副主编 . —北京：中国纺织出版社，2007 年 . —293 页（被引 33）

ISBN 7-5064-4467-4

ISBN 978-7-5064-4467-5

本书主要介绍了纺织纤维基础知识，纺织品练漂、染色、印花、整理等工序的基本原理、加工内容、工艺过程、常用染化料及常用机械设备；扼要介绍纺织质量、包装，纺织产品安全技术要求，印染废水及其处理等内容。

B2332　TS190

染整概论　第 3 版/蔡再生主编 . —北京：中国纺织出版社，2020 年 . —229 页

ISBN 978-7-5180-7242-2

本书介绍了纺织纤维的基本结构与主要化学性能，纱线与织物的基本知识，各类纤维纺织物的染整加工工艺、加工原理和常见机械设备，以及染整清洁生产的基本知识与措施，注重理论与生产实践的结合。同时，还介绍了一些新型纺织纤维的结构与性能以及染整加工新工艺。

B2333　TS198

染整工厂设计/吴立主编 . —北京：中国纺织出版社，1996 年 . —246 页（被引 8）

ISBN 7-5064-1186-5

B2334　TS190

染整工程　第 1 册 （纺织专科学校教材）/陶乃杰主编 . —北京：纺织工业出版社，1991 年 . —427 页（被引 67）

ISBN 7-5064-0600-4

本书介绍了纤维化学和纤维制品前处理的内容。

B2335　TS190

染整工程　第 2 册 （纺织专科学校教材）/陶乃杰主编 . —北京：纺织工业出版社，1990 年 . —424 页（被引 68）

ISBN 7-5064-0481-8

本书阐述了棉、羊毛、蚕丝以及化学纤维机织物和针织物用各类染料进行染色的基本原理及加工工艺。

B2336　TS190

染整工程　第 3 册 （纺织专科学校教材）/陶乃杰主编 . —北京：纺织工业出版社，1994 年 . —452 页（被引 67）

ISBN 7-5064-0662-4

本书共分 18 章，分为印花原糊、花筒和花版制作、拔防染印花和混纺织物印花等 6 个部分、介绍了棉花的生产过程及其基本原理。

B2337　TS190

染整工程　第 4 册 （纺织专科学校教材）/陶乃杰主编 . —北京：纺织工业出版社，1992 年 . —299 页（被引 112）

ISBN 7-5064-0719-1

本书共分 15 章，对各种纺织纤维织物的防缩防皱、防水、防污、阻燃、抗静电、卫生等化学整理的基本原理和工艺作了介绍。

B2338　TS190

染整工艺计算 ［译］/（苏）别林基（Беленький，В. И.）主编；钱润琴，何明籍译 . —北京：纺织工业出版社，1989 年 . —349 页（被引 5）

ISBN 7-5064-0308-0

本书系统地介绍了在现代染整生产中所使用的工艺计算方法，阐述了计算对象及其实际应用领域。

B2339 TS190

　　染整工艺设备/中国纺织大学编 . —上海：中国纺织大学，1987 年 . —134 页

B2340 TS190

　　染整工艺设备（高等纺织院校教材）/吴立编 . —北京：纺织工业出版社，1993 年 . —415 页；20cm（被引 46）

　　ISBN 7-5064-0859-7

　　本书分析和讨论各种染整设备的结构特点、作用原理、性能、使用和发展。全书分为总论、通用装置、通用单元机器和专用机器 4 部分。

B2341 TS190

　　染整工艺设备　第 2 版（普通高等教育"十一五"国家级规划教材）/吴立编 . —北京：中国纺织出版社，2010 年 . —298 页

　　ISBN 978-7-5064-6314-0

　　本书对各种染整工艺设备的结构特点、作用原理、性能、操作、纺织品适应性和当前国内外研发改进趋势进行了较深入的分析和讨论。全书分为总论、通用装置、通用单元机和专用机器 4 部分。

B2342 TS190

　　染整工艺设备　第 3 版（普通高等教育"十三五"本科部委级规划教材）/王炜主编 . —北京：中国纺织出版社有限公司，2020 年 . —264 页；26cm

　　ISBN 978-7-5180-6613-1

　　本书对各种染整工艺设备的结构特点、作用原理、性能、操作、纺织品适应性和当前国内外研发进展趋势进行了分析和讨论。具体内容包括引言、通用装置、通用单元机、前处理设备、染色设备、印花机、整理设备及染整设备的自动控制等内容。

B2343 TS190

　　染整工艺实验/金咸穰主编 . —北京：纺织工业出版社，1987 年 . —376 页

　　ISBN 7-5064-0521-0

B2344 TS190

　　染整工艺学/华东纺织工学院著译 . —上海：中国纺织大学出版社，1992 年 . —272 页（被引 66）

　　ISBN 7-5064-0206-8

B2345 TS190

　　染整工艺学　染色/上海市印染工业公司职工大学 . —上海：上海印染公司七二一大学，1981 年 . —164 页

B2346 TS190

　　染整工艺学　整理/上海市印染工业公司职工大学 . —上海：上海市印染工业公司职工大学，1981 年 . —130 页

B2347 TS190

　　染整工艺学　印花 1/上海市印染工业公司职工大学 . —上海：上海市印染工业公司职工大学，1983 年 . —106 页

B2348 TS190

　　染整工艺学　印花 2/上海市印染工业公司职工大学 . —上海：上海市印染工业公司职工大学，1982 年 . —364 页

B2349 TS190

　　染整工艺学　染色部分　上中下册/浙江丝绸工学院 . —杭州：浙江丝绸工学院，1982 年

B2350 TS190

　　染整工艺学　印花部分/浙江丝绸工学院 . —杭州：浙江丝绸工学院，1982 年

B2351 TS190

　　染整工艺学　染色　上下册/上海纺织工业专科学院编 . —常州：常州纺织工业职工大学翻印，1985 年

B2352 TS190

　　染整工艺学　印花/上海纺织工业专科学院编 . —常州：常州纺织工业职工大学翻印，1985 年

B2353 TS190

　　染整工艺学　练漂/上海纺织工业专科学院编 . —常州：常州纺织工业职工大学翻印，1985 年

B2354 TS190

　　染整工艺学　整理/上海纺织工业专科学院编 . —常州：常州纺织工业职工大学翻印，1985 年

B2355 TS190

　　染整工艺学　染整概论（中专教材）/徐穆卿编著 . —上海：上海市第一纺织印染工业公司职工大学，1985 年

B2356 TS190

　　染整工艺学　印花（中专教材）/徐穆卿编著 . —上海：上海市第一纺织印染工业公司职工大学，1985 年

B2357 TS190

　　染整工艺学　整理（中专教材）/徐穆卿编著 . —上海：上海市第一纺织印染工业公司职工大学，1985 年

B2358 TS190

　　染整工艺学　练漂（中专教材）/徐穆卿编著 . —上海：上海市第一纺织印染工业公司职工大学，1985 年

B2359 TS190

　　染整工艺学　纤维化学（中专教材）/徐穆卿编著 . —上海：上海市第一纺织印染工业公司职工大学，1985 年

B2360　TS190

染整工艺学　第 1 册（中等纺织专业学校教材）/包德隆，马蕙兰编写 .—北京：纺织工业出版社，1985 年 .—458 页（被引 45）

ISBN 7-5064-0367-6

B2361　TS190

染整工艺学　第 2 册（中等纺织专业学校教材）/侯永善编写 .—北京：纺织工业出版社，1985 年 .—293 页（被引 51）

统一书号 15041·1383

ISBN 7-5064-0368-4

B2362　TS190

染整工艺学　第 3 册（中等纺织专业学校教材）/吴冠英编 .—北京：纺织工业出版社，1985 年 .—398 页（被引 40）

ISBN 7-5064-0206-8

B2363　TS190

染整工艺学　第 4 册（中等纺织专业学校教材）/刘泽久编 .—北京：纺织工业出版社，1985 年 .—281 页（被引 14）

统一书号 15041·1409

ISBN 7-5064-0370-6

B2364　TS190

染整工艺学　第 2 版　第 1 册（中等纺织专业学校教材）/夏建明主编 .—北京：中国纺织出版社，2004 年 .—523 页（被引 60）

ISBN 7-5064-2982-9

本书分纤维化学及练漂两大部分，重点介绍了蛋白质纤维、合成纤维等的结构和性能，以及麻、毛、丝等制品的处理工艺。

B2365　TS190

染整工艺学　第 2 版　第 2 册（中等纺织专业学校教材）/杨静新主编 .—北京：中国纺织出版社，2004 年 .—372 页（被引 59）

ISBN 7-5064-2814-8

本书系统论述了织物的一般机械整理、手感整理、防缩防皱整理、模拟整理、毛织物整理、功能整理及其新型整理的工艺原理、工艺过程和设备。

B2366　TS190

染整工艺学　第 2 版　第 3 册（中等纺织专业学校教材）/蔡苏英，田恬编 .—北京：中国纺织出版社，2004 年 .—413 页（被引 39）

ISBN 7-5064-2981-0

本书重点叙述了各类染料的结构分类、染色原理、染色方法、工艺要点，并对常用混纺织物的染色工艺作了较详细的介绍。

B2367　TS190

染整工艺学　第 2 版　第 4 册（中等纺织专业学校教材）/王宏主编 .—北京：中国纺织出版社，2004 年 .—385 页（被引 13）

ISBN 7-5064-2921-7

本书系统地介绍了常用纺织品的印花原理、工艺和设备。注重理论与生产实际的结合，同时还介绍了一些特殊印花工艺和产品。

B2368　TS190

染整工艺学　印花（大专班讲义）/胡运炘编著 .—上海：上海第一纺织印染工业公司职工大学，1986 年 .—380 页

本书比较系统地介绍了棉布印花所用的浆料，直接印花、防拔染印花的生产过程及其基本原理，以及常用染料助剂的性能、应用等知识；同时对涤/棉混纺织物、腈纶、维纶纤维和黏胶纤维等织物的印花工艺也作了一般的介绍。

B2369　TS190

染整工艺学实验　上下册　（油印本）/华东纺织工学院编 .—上海：华东纺织工学院，1983 年 .—148 页，149—432 页

B2370　TS190

染整工艺与管理［译］/（日）堀川明主编；杨叔铭译 .—北京：纺织工业出版社，1990 年 .—450 页（被引 11）

ISBN 7-5064-0453-2

本书阐明了染整生产的科学理论，并介绍了近代染整工厂的生产管理工艺、质量和颜色管理知识。

B2371　TS190

染整工艺原理　第 1 册（高等纺织院校教材）/王菊生，孙铠主编 .—北京：纺织工业出版社，1982 年 .—331 页（被引 302）

ISBN 7-5064-0428-1

B2372　TS190

染整工艺原理　第 2 册（高等纺织院校教材）/王菊生，孙铠主编 .—北京：纺织工业出版社，1984 年 .—324 页（被引 45）

ISBN 7-5064-0429-X

本书除了对水和表面活性剂的基础知识作了适当介绍外，主要是讨论各类纤维织物的精练、漂白，毛织物湿整理，丝光、热定型以及防缩、防皱和特种整理的基本原理，并对工艺参数作了适当分析。

B2373　TS190

染整工艺原理　第 3 册（高等纺织院校教材）/王菊生主编 .—北京：纺织工业出版社，1984 年 .—634 页（被引 996）

ISBN 7-5064-0430-3

B2374 TS190

染整工艺原理 第 4 册（高等纺织院校教材）/王菊生主编 .—北京：纺织工业出版社，1987 年 .—318 页（被引500）

　　ISBN 7-5064-0021-9

　　本书主要叙述滚筒、筛网、转移印花等印花方法以及各种纤维材料纺织品的印花原理和印花工艺。

B2375 TS190

染整工艺原理 第 1 分册（高等纺织院校教材）/孙铠主编；蔡再生分册主编 .—北京：中国纺织出版社，2008 年 .—322 页（被引 28）

　　ISBN 978-7-5064-5260-1

　　本书主要介绍了高分子化学基础、高分子物理基础、纺织纤维等知识，系统论述了纤维素纤维、聚酯纤维、聚酰胺纤维、聚丙烯腈纤维、蛋白质纤维的组成、结构与性能，还扼要介绍了其他合成纤维。

B2376 TS190

染整工艺原理 第 2 分册（高等纺织院校教材）/孙铠主编；沈淦清分册主编 .—北京：中国纺织出版社，2008 年 .—389 页（被引 18）

　　ISBN 978-7-5064-5265-6

　　本书简要介绍了水和表面活性剂的基础知识，详述了各类纤维织物的精练、漂白、丝光、热定型以及毛织物的湿整理、防缩、防皱和特种整理的基本原理，并对工艺参数做了分析。本书内容翔实，有些内容是作者在此领域多年研究成果的总结，具有较强的原创性。

B2377 TS190

染整工艺原理 第 3 分册（高等纺织院校教材）/孙铠主编；蔡再生，沈勇分册主编 .—北京：中国纺织出版社，2010 年 .—500 页（被引 21）

　　ISBN 978-7-5064-6664-6

　　本书扼要介绍了染料化学的基础知识；着重阐述了染色的基本理论、各类染料在各种主要纤维上的染色原理和工艺要点；并简述了功能染料及其应用，涂料染色及超临界 CO_2 染色的有关内容。

B2378 TS190

染整工艺原理 第 4 分册（高等纺织院校教材）/孙铠主编；黄茂福分册主编 .—北京：中国纺织出版社，2010 年 .—320 页

　　ISBN 978-7-5064-6099-6

　　本书主要叙述了筛网印花、滚筒印花、转移印花、数字喷墨印花、特种印花等印花方法，以及各种纤维制品的印花原理和工艺，最后介绍了测色配色技术及应用。

B2379 TS190

染整机械/盛慧英主编 .—北京：中国纺织出版社，1999 年 .—171 页（被引 44）

　　ISBN 7-5064-1430-9

上海发展汽车工业教育基金会资助：本书重点介绍了染整加工过程中的设备组成、工作原理和结构特点等，对近年来的新型染整设备和未来发展趋势作了具体阐述。全书分5 章。

B2380 TS190

染整机械设计原理/盛慧英主编 .—北京：纺织工业出版社，1984 年 .—322 页（被引 77）

　　统一书号 15041·1270

B2381 TS190

染整设备/陈任重编 .—北京：纺织工业出版社，1990 年 .—284 页（被引 13）

　　ISBN 7-5064-0401-X

B2382 TS190

染整设备机电一体化（纺织设备机电一体化丛书）/荆涛主编 .—北京：中国纺织出版社，1997 年 .—243 页（被引 52）

　　ISBN 7-5064-1258-6

B2383 TS190

染整设备讲义 上下册/江苏省常州纺织工业学校编 .—常州：江苏省常州纺织工业学校发行，1986 年 . 上册页码不详，125 页

B2384 TS190

染整实验教程（中等纺织专业学校教材）/刘昌龄主编 .—北京：纺织工业出版社，1988 年 .—240 页（被引 13）

　　ISBN 7-5064-0203-3

　　本书扼要介绍了染整实验用仪器、染色牢度测定方法，叙述了有关纤维、练漂、染色、印花和整理中常见实验。

B2385 TS190

染整新技术问答（染整新技术丛书）/周宏湘，高理敏编 .—北京：中国纺织出版社，1998 年 .—420 页（被引 33）

　　ISBN 7-5064-1402-3

B2386 TS190

染整织物短流程前处理（染整新技术丛书）/徐谷苍主编 .—北京：中国纺织出版社，1999 年 .—353 页（被引104）

　　ISBN 7-5064-1608-5

B2387 TS190

染整助剂/程靖环，陶绮雯编著 .—北京：纺织工业出版社，1985 年 .—384 页（被引 128）

　　统一书号 15041·1349

B2388 TQ34

人造纤维工厂装备/黄家玉等编著 .—青岛：青岛海洋大学出版社，1993 年 .—645 页

　　ISBN 7-81026-592-X

B2389　TS103

绒毛分梳设备与工艺/孙世泉编著 . —北京：中国轻工业出版社，1996 年 . —121 页（被引 5）

ISBN 7-5019-1957-7

B2390　TS190

绒线染整（毛纺织工人技术读本）/上海市毛麻纺织工业公司，傅尚梅编 . —北京：纺织工业出版社，1984 年 . —333 页（被引 30）

统一书号 15041·1277

B2391　TS134

绒线生产/薛祺瑞，陈志中编 . —北京：纺织工业出版社，1986 年 . —328 页

统一书号 15041·1401

B2392　TS137

绒线质量与测试/陈增存，王康编 . —北京：纺织工业出版社，1990 年 . —180 页

ISBN 7-5064-0462-1

B2393　TS103

三向织机/上海纺织工学院 . —上海：编者自发行，1985 年

B2394　TS102

桑蚕绢纺原料实用工艺基础/张修仲编著 . —四川：四川省丝绸工业科技情报站，1986 年 . —152 页

B2395　TS143

缫丝/范顺高编 . —北京：纺织工业出版社，1981 年 . —213 页（被引 14）

统一书号 15041·1170

ISBN 7-5064-0756-6

B2396　TS143

缫丝　第 2 版/范顺高编 . —北京：中国纺织出版社，1996 年 . —325 页（被引 10）

ISBN 7-5064-0756-6

B2397　TS143

缫丝生产技术问答/范顺高编 . —杭州：浙江科学技术出版社，1983 年 . —164 页（被引 5）

统一书号 15221·41

本书分为：原料茧、茧丝工艺性能和工艺设计、煮茧、立缫、自动缫、复整、生丝质量、副产品及其综合利用等八个部分。

B2398　TS193

色彩技术原理与应用［港台］/李阳世编著 . —台北：永大书局，1984 年 . —300 页

B2399　TS190

色谱分析（高等纺织院校教材）/周增柟主编 . —北京：纺织工业出版社，1993 年 . —274 页

ISBN 7-5064-0830-9

本书分别叙述了纸色谱法、薄层色谱法、气相色谱法、液相色谱法、离子交换色谱法、凝胶色谱法及离子色谱法，并介绍了各种色谱法在纺织行业中的应用。

B2400　TS105

色织工业试化验基础知识（初稿）/全国色织工业试化验人员进修班教研组 . —常州：全国色织工业试化验人员进修班，1982 年 . —366 页

B2401　TS105

色织工艺/袁敏发编 . —无锡：无锡轻工业学院纺织系，1990 年 . —225 页

B2402　TS105

色织工艺/袁敏发编 . —无锡：无锡轻工业学院纺织系，1992 年 . —236 页

B2403　TS103

色织设备/王海生，白锡铭编著 . —北京：纺织工业出版社，1988 年 . —232 页

B2404　TS195

色织物后整理/李淳象，崔玉兰编著 . —北京：纺织工业出版社，1989 年 . —197 页（被引 10）

ISBN 7-5064-0272-6

B2405　TS106

色织物设计计算/李炽党著 . —北京：纺织工业出版社，1985 年 . —265 页（被引 6）

统一书号 15041·1345

B2406　TS106

色织物设计与生产　上册/上海市第一织布工业公司编 . —北京：纺织工业出版社，1982 年 . —348 页（被引 34）

统一书号 15041·1208

B2407　TS106

色织物设计与生产　下册/上海市第一织布工业公司编 . —北京：纺织工业出版社，1984 年 . —766 页（被引 17）

统一书号 15041·1243

B2408　TS106

色织物织造与整验/陈彤编著 . —北京：纺织工业出版社，1987 年 . —323 页（被引 10）

统一书号 15041·1478

B2409　TS106

色织物组织与设计/张亚莹编著 . —北京：纺织工业出版

社，1987 年．—242 页（被引 16）

统一书号 15041·1519

B2410 TS106

色织准备/王海生，白锡铭编著．—北京：纺织工业出版
社，1988 年．—232 页

ISBN 7-5064-0143-6

B2411 TS111

纱疵次布　分析排除管理/端木贤，丁树桂著．—天津：
天津科学技术出版社，1985 年．—151 页

统一书号 15212·162

B2412 TS111

纱疵分析/胡树衡，王伯润，刘荣清编著．—北京：纺织
工业出版社，1981 年．—182 页（被引 46）

统一书号 15041·1082

B2413 TS111

纱疵分析与防治/胡树衡，王伯润，刘荣清，刘恒琦编
著．—北京：中国纺织出版社，1997 年．—231 页（被引 47）

ISBN 7-5064-1289-6

B2414 TS111

纱疵分析与防治　第 2 版（纺织检测知识丛书）/王柏
润，刘荣清，刘恒奇等编著．—北京：中国纺织出版社，
2010 年．—202 页（被引 26）

ISBN 978-7-5064-6922-7

本书共分十章，详细介绍了布面常见纱疵和突发性纱疵
的特征、产生原因和防治方法，以及布面纱疵分析方法与有
关计算公式；同时介绍了新型纺纱的纱疵特征与防治方法。

B2415 TS106

纱条均匀度测试（纺织材料性能测试技术丛书）/王贤
洁编．—北京：纺织工业出版社，1987 年．—253 页（被引
23）

统一书号 15041·1552

B2416 TS106

纱条均匀度分析（内部发行）/王贤洁编著．—上海：上
海市纺织科学研究院，1981 年．—88 页

B2417 TS106

纱线的工艺、结构与应用［译］/（美）戈斯威密
（B. C. Goswami）等著；邵礼宏等译．—北京：纺织工业出版
社，1984 年．—533 页（被引 62）

统一书号 15041·1296

B2418 TS106

纱线加工［港台］（纺织染整系列教材）/黄善荣编．—
高雄：复文图书出版社，1987 年．—130 页

B2419 TS101

纱线力学问题/陈人哲著．—北京：纺织工业出版社，
1989 年．—203 页（被引 59）

ISBN 7-5064-0227-0

B2420 TS190

纱线漂染基础知识/洪晔编．—南京：江苏科学技术出版
社，1983 年．—433 页

统一书号 15196·114

B2421 TS101

纱线强力与伸长率测试及应用/宋湛华等编．—北京：中
国纺织出版社，1995 年．—159 页（被引 33）

ISBN 7-5064-1149-0

B2422 TS193

纱线染色　上册/钱崇濂编著．—北京：纺织工业出版
社，1984 年．—383 页（被引 28）

统一书号 15041·1259

B2423 TS193

纱线染色　下册/钱崇濂编著．—北京：纺织工业出版
社，1985 年．—221 页（被引 5）

统一书号 15041·1371

B2424 TS106

纱线学/中国纺织大学编．—上海：中国纺织大学出版
社，1987 年．—45 页

B2425 TS106

纱线与织物学　上下册（讲义）/中国纺织大学纺材教研室
编．—上海：中国纺织大学纺材教研室，1985 年．—280 页，477 页

上册 1990 年 7 月出版，280 页；下册 1991 年 3 月出版，
477 页。

B2426 TS104

纱线制造工艺、结构和应用　上下册［译］/（美）
B. C. GOSWAMI 等著；陈英康译．—北京：北京纺织工程学
会，1984 年．—169 页，下册页码不详

B2427 TS102

山羊绒　山羊皮/鲁申，鲁东编著．—北京：中国农业大
学出版社，1997 年．—70 页

ISBN 7-81002-867-7

B2428 TS101

商品知识　纺织品分册（技工学校商品经营专业教改教
材）/劳动部教材办公室组织编写．—北京：中国劳动出版
社，1994 年．—337 页

ISBN 7-5045-1465-9

本书主要包括纺织品原料、织物组织、纺织品的织染印
整、棉布和棉化织品、呢绒、丝绸、化纤织品、针织商品以

及纺织品的质量和保管等。

B2429　TS101
商品知识　纺织品分册　第 2 版（全国中等职业技术学校商品经营专业教材）/劳动和社会保障部教材办公室组织编写 . —北京：中国劳动社会保障出版社，2001 年 . —158 页
ISBN 7-5045-3158-8
本书内容有：纺织纤维、纱与线、织物的染整、纺织商品、针棉织商品、纺织品的质量检验与保管等。

B2430　TS183
舌针与三角/杨善同，瞿履修编著 . —北京：纺织工业出版社，1987 年 . —188 页（被引 37）
统一书号 15041·1509

B2431　TS102
生丝检验/国家进出口商品检验局编著 . —天津：天津科学技术出版社，1985 年 . —257 页（被引 29）
统一书号 15212·181
本书较全面系统地介绍了生丝各检验项目的检验目的、设备、方法、计算、注意事项等，汇集了各方面的检验实践经验，简要介绍了国外检验设备和检验方法，并编入一般的基础理论以指导检验实践。

B2432　TS102
生丝检验（西南农业大学　茧丝实验室丛书　第 3 种）/张修仲编著 . —绵阳：绵阳市纺织工程学会，1986 年

B2433　TS102
生丝品质/孙先知编著 . —成都：四川科学技术出版社，1983 年 . —322 页（被引 10）
统一书号 15298·8

B2434　TS159
石棉纺织工艺/徐时昌编著 . —北京：中国建筑工业出版社，1987 年 . —444 页（被引 14）
统一书号 15040·5167

B2435　TS104
实用纺纱学 ［港台］/陈仁实编著 . —台北：五州出版社，1990 年 . —374 页
ISBN 957-601-014-4

B2436　J523.2
实用服饰手工印染技法/叶智勇著 . —北京：中国纺织出版社，1994 年 . —101 页；26cm（被引 53）
ISBN 7-5064-0919-4
本书介绍了蜡染、扎染、夹染、型印、糊染等 7 种手工印染的技法。

B2437　TS143
实用烘茧法/王天予著 . —重庆：重庆出版社，1983
年 . —209 页
统一书号 16114·3

B2438　TQ34
实用化学纤维油剂/任华明，李德绵编 . —北京：中国纺织出版社，1987 年 . —286 页（被引 162）
ISBN 7-5064-0916-X

B2439　TS103
实用浆料学/刘华实编；纺织工业部教育司组织编写 . —北京：中国纺织出版社，1994 年 . —253 页（被引 8）
ISBN 7-5064-1075-3

B2440　TS192
实用练漂概论 ［港台］/庄进标著 . —台北：永大书局，1984 年

B2441　TS111
实用棉纺技术/叶鸿玑编著 . —济南：济南出版社，1990 年 . —266 页
ISBN 7-80572-334-6

B2442　TS115
实用棉织工艺设计/洪仲秋编著 . —北京：中国纺织工业企业管理协会，1988 年

B2443　TS115
实用棉织工艺设计/洪仲秋编著 . —北京：中国纺织工业企业管理协会情报中心，1988 年 . —253 页

B2444　TS115
实用棉织学/赵秉然编著 . —杭州：浙江科学技术出版社，1984 年 . —464 页
统一书号 15221·67

B2445　TS193
实用纱线染色技术 ［译］/（英）帕克（Park, J.）著；袁雨庭译 . —北京：纺织工业出版社，1987 年 . —151 页（被引 5）
统一书号 15041·1540

B2446　TS101
实用纤维物理化学 ［港台］/赖铦平编著 . —台北：壹隆书店，1985 年 . —360 页

B2447　TS143
实用制丝技术 ［译］/（日）真砂义郎编；许逊编译 . —北京：纺织工业出版社，1986 年 . —178 页（被引 9）
统一书号 15041·1442

B2448　TS106
室内装饰织物/李加林，张小和，张惟恢编著 . —北京：

纺织工业出版社，1991 年 .—97 页（被引 27）

ISBN 7-5064-0672-1

本书着重介绍地毯、墙布、窗帷、家具面套、床上用品、餐厨用织物及用纤维制作的工艺品等八大类装饰用织物。

B2449 TS106

室内装饰织物 第 2 版/李加林，张小和，张惟恢等编著 .—北京：中国纺织出版社，1998 年 .—97 页（被引 44）

ISBN 7-5064-1420-1

B2450 TS106

室内装饰织物设计与制作 窗帘·床饰/尹家琅等编 .—合肥：安徽科学技术出版社，1995 年 .—62 页

ISBN 7-5337-1249-8

B2451 TS106

手工栽绒地毯教科书 地毯发展概况 试用本/天津市地毯工业公司专业教材编写委员会 .—天津：天津市地毯工业公司，1981 年

B2452 TS106

手工栽绒地毯教科书：地毯材料 试用本/天津市地毯工业公司专业教材编写委员会 .—天津：天津市地毯工业公司，1981 年

B2453 TS106

手工栽绒地毯教科书：织毯 试用本/天津市地毯工业公司专业教材编写委员会 .—天津：天津市地毯工业公司，1981 年

B2454 TS106

手工栽绒地毯教科书：平毯 试用本/天津市地毯工业公司专业教材编写委员会 .—天津：天津市地毯工业公司，1981 年 .—49 页

B2455 TS106

手工栽绒地毯教科书：图案 试用本/天津市地毯工业公司专业教材编写委员会 .—天津：天津市地毯工业公司，1981 年 .—194 页

B2456 TS106

手工栽绒地毯教科书：剪花 试用本/天津市地毯工业公司专业教材编写委员会 .—天津：天津市地毯工业公司，1981 年 .—70 页

B2457 TS106

手工栽绒地毯教科书：毛纱染化 试用本/天津市地毯工业公司专业教材编写委员会 .—天津：天津市地毯工业公司，1981 年 .—127 页

B2458 TS106

手工栽绒地毯教科书：洗毯 试用本/天津市地毯工业公司专业教材编写委员会 .—天津：天津市地毯工业公司，1981 年

B2459 TS106

手工栽绒地毯教科书：整修 试用本/天津市地毯工业公司专业教材编写委员会 .—天津：天津市地毯工业公司，1981 年 .—36 页

B2460 TS106

手帕织物生产技术/任青年编著 .—北京：纺织工业出版社，1990 年 .—235 页

ISBN 7-5064-0432-X

本书阐述了手帕织物的组织结构、工艺设计、织造及加工方法，以及手帕织物的生产设备和试验技术等。

B2461 TS183

手摇针织横机的使用与维修/吴启亮等编著 .—福州：福建科学技术出版社，1993 年 .—220 页

ISBN 7-5335-0742-8

B2462 TS134

梳毛纺织学/孙文胜编 .—北京：纺织工业出版社，1982 年 .—177 页

B2463 TS132

梳毛机理论与实践/王文光编著 .—北京：纺织工业出版社，1991 年 .—241 页（被引 28）

ISBN 7-5064-0607-1

本书从我国毛纺织工业的发展及纺织院校教学和科研的需要出发，根据大量的试验资料及生产实践，着重对梳毛机的梳毛工艺及设备使用方面的问题作了较深入的探讨。

B2464 TS114

梳棉/章燕等编著 .—北京：纺织工业出版社，1984 年 .—187 页

统一书号 15041·1261

B2465 TS112

梳棉保全 第 2 版/皇甫玉书，孙荫南编著 .—北京：纺织工业出版社，1991 年 .—476 页

ISBN 7-5064-0191-6

B2466 TS112

梳棉保全 第 3 版/詹树改主编 .—北京：中国纺织出版社，2011 年 .—228 页

ISBN 978-7-5064-7489-4

本书以课题形式讲解了梳棉机机后、机中、机前各部位的拆装顺序、工艺要求及相关知识。从机器的弹线安装到试车生产、故障维修、疵品原因分析和正确使用工具量具，详细介绍了如何严格按工艺进行操作，分析了解决问题的思路

和方法。通过反复的现场实际训练，使梳棉维修工不仅能熟练地按工艺安装，并且能灵活根据原料和纱线品种及时调整工艺，分析解决生产中出现的问题。

B2467 TS112
梳棉辅机的构造、平装与使用/董鸿年等编著．—北京：纺织工业出版社，1988年．—205页
ISBN 7-5064-0135-5

B2468 TS112
梳棉机、并条机自调匀整系统［译］（棉纺织新技术丛书）/（瑞士）格伦德（Werner Grunder）著；胡春山译．—无锡：无锡市纺织工程学会，1984年．—40页

B2469 TS112
梳棉平车/华东纺织工学院编．—上海：华东纺织工学院，1981年．—130页

B2470 TS112
梳棉维修/宋国先，陈明欣编著．—北京：纺织工业出版社，1985年．—392页（被引8）
统一书号 15041·1333

B2471 TS195
树脂整理应用技术/《树脂整理应用技术》编写组编．—北京：纺织工业出版社，1987年．—230页（被引40）
统一书号 15041·1502

B2472 TS101
数理统计在纺织工程中的应用/郁宗隽，李元祥，洪仲秋等编．—北京：纺织工业出版社，1984年．—359页（被引82）
统一书号 15041·1298

B2473 TS183
双针筒袜机的构造安装和使用/上海针织工业公司编著．—北京：纺织工业出版社，1984年．—292页
统一书号 15041·1309

B2474 TS17
水力针刺工艺：无纺布制造技术/孙杏根，吴伏奇编．—出版地不详：全国化纤信息中心站，1995年

B2475 TS14
丝绸材料学（高等纺织院校教材）/李栋高，蒋蕙钧编著．—北京：中国纺织出版社，1994年．—547页（被引273）
ISBN 7-5064-1029-X
本书包括：纤维结构的基本知识、化学纤维、长丝纱线、织物的基本性能等12章。

B2476 TS145
丝绸产品设计/沈干编著．—北京：纺织工业出版社，1991年．—356页（被引63）
ISBN 7-5064-0610-1
本书介绍了丝绸产品技术规格、经纬原料的选用，织物设计基本知识，丝织机、多臂机、提花机的基本原理，装造、纹制设计等。

B2477 TS148
丝绸厂供热和空气调节/苏州丝绸工学院，浙江丝绸工学院编．—北京：纺织工业出版社，1982年．—589页（被引9）
统一书号 15041·1091

B2478 TS148
丝绸厂设计/苏州丝绸工学院，浙江丝绸工学院编．—北京：中国纺织出版社，1995年．—459页
ISBN 7-5064-1120-2

B2479 TS142
丝绸机械设计原理　上册/浙江丝绸工学院主编．—北京：纺织工业出版社，1982年．—320页（被引37）
统一书号 15041·1196
本书分上、下两册，上册为制丝机械设计原理，下册为丝织机械设计原理。

B2480 TS142
丝绸机械设计原理　下册/浙江丝绸工学院主编．—北京：纺织工业出版社，1983年．—462页
统一书号 15041·1267

B2481 TS141
丝绸织染疵点分析图册/周晓虹，王平之编著．—北京：纺织工业出版社，1993年．—122页
ISBN 7-5064-0866-X
本书介绍了丝绸在织透、染整过程中的疵点形态、鉴别方法、产生原因及防止措施等。

B2482 TS145
丝盖棉织物成卷三角排列与分析（针织花型设计学习班参考教材之十一）/李国玲著．—上海：上海市纺织工程学会科普工作委员会，1982年

B2483 TS145
丝绢织染概论/中国纺织总会教育部组织编写；王晓春等编．—北京：中国纺织出版社，1995年．—672页
ISBN 7-5064-0927-5

B2484 TS146
丝绒的织造与染整/马赐隆，杜开源，范正荣编．—北京：纺织工业出版社，1989年．—291页
ISBN 7-5064-0300-5

本书全面系统地论述了丝绒的纹织设计、织造、染整和成品检验及包装等生产技术，介绍了代表性品种的生产工艺。

B2485 TS145

丝织（纺织工业知识丛书）/詹启芳编.—北京：纺织工业出版社，1982年.—253页（被引12）

ISBN 7-5064-0105-3

B2486 TS102

丝织材料学/苏州丝绸工学院丝织教研室编.—苏州：苏州丝绸工学院，1982年.—544页

B2487 TS145

丝织常识问答/裘愉发，贺文利编.—北京：纺织工业出版社，1985年.—146页

统一书号 15041·1352

ISBN 7-5064-0505-9

本书收集了丝织生产中经常遇到的问题154个，用问答形式，作比较浅显的讲解。全书分成丝织原料、丝织物分类、准备工程、织造工程及其他五个部分。

B2488 TS145

丝织概论（高等纺织院校教材）/陈铭如等编.—北京：纺织工业出版社，1993年.—347页（被引14）

ISBN 7-5064-0857-0

叙述了丝织原料的性能，丝织准备工程的工艺过程、主要设备结构、工作原理和工艺计算，丝织机的主要运动、机构、工作原理以及织物组织、提花装造基础知识。

B2489 TS145

丝织工艺学 上册/成都纺织工业学校编.—北京：纺织工业出版社，1986年.—343页（被引5）

ISBN 7-5064-0078-2

本书上册内容为丝织准备工程，包括原料的前处理和准备各工序的工艺过程、主要设备的结构、工作原理、工艺设计和计算。

B2490 TS145

丝织工艺学 下册/成都纺织工业学校编.—北京：中国纺织出版社，1986年.—393页

ISBN 7-5064-0209-2

B2491 TS145

丝织工艺与操作（就业训练化纤专业统编教材）/劳动部培训司组织编写.—北京：劳动人事出版社，1988年.—287页

ISBN 7-5045-0202-2

本书论述了丝织生产各工序与操作，包括织丝、并丝、捻丝、整经、卷纬，以及织选工程、开口运动等。

B2492 TS142

丝织机安装维修及其基本知识/苏州市丝绸工业公司.—苏州：苏州市丝绸工业公司，1982年.—367页

B2493 TS142

丝织机保全/周国忠，冯锡麟编.—北京：纺织工业出版社，1987年.—332页（被引5）

统一书号 15041·1510

B2494 TS142

丝织机多梭箱装置/曾水法编著.—苏州：苏州市纺织工程学会丝绸分会，1984年.—129页

本书主要叙述了多梭箱装置的各种机构及其基本原理，安装的工艺要求和总装调试；常见故障的各种造成原因及其修复方法；多梭箱装置的梭子循环计算等。

B2495 TS145

丝织基础知识/苏州丝绸工学院丝织教研室编.—苏州：苏州丝绸工学院丝织教研室，1980年.—249页

B2496 TS14-53

丝织技术集/裘愉发著.—北京：中国纺织出版社，1995年.—441页（被引49）

ISBN 7-5064-1161-X

本书作者从其在专业杂志上发表的论文精选编写而成，比较全面地阐述了丝织生产工艺及经营管理等各方面的实践经验。

B2497 TS142

丝织提花机/苏州市纺织工程学会丝绸分会编.—苏州：苏州纺织工程学会，198?年

B2498 TS145

丝织纹织（丝织工人技术读本）/吴文寰，钱小萍，武良矩编.—北京：纺织工业出版社，1984年.—243页；19cm（被引5）

统一书号 15041·1322

B2499 TS145

丝织物对生丝质量的要求［译］/（日）真砂义郎编；杨爱红，白伦译.—北京：纺织工业出版社，1985年.—128页（被引5）

统一书号 15041·1394

B2500 TS192

丝织物精练（丝绸染整工人技术读本）/罗蓓莉编.—北京：纺织工业出版社，1988年.—221页（被引8）

ISBN 7-5064-0031-6

本书主要介绍丝织物精练的基本原理，工艺条件，操作技术等。

B2501 TS193

丝织物染色（丝绸染整工人技术读本）/陆锦昌，周菊仙编．—北京：纺织工业出版社，1988年．—185页（被引13）

ISBN 7-5064-0139-8

本书介绍了染料的基础知识、丝织物染色常用染料和助剂的品种及性能、染色机械、染色工艺和操作等实用知识。

B2502 TS190

丝织物染整（纺织工业知识丛书）/苏州丝绸工学院染整教研室编．—北京：纺织工业出版社，1984年．—246页（被引44）

统一书号 15041·1272

B2503 TS190

丝织物染整工艺学 上下册/苏州丝绸工学院染整教研室编．—苏州：苏州丝绸工学院，1980年．—655页，654页

本书由原来的上中下三册改为上下两册。上册包括高分子化学、物理基础，各类纤维的结构和性能，各类丝织物的练漂和整理。下册包括染色过程的基本理论，各类染料的特性和各类丝织物的染色，印花糊料基础知识和各类丝织物的印花。关于染整设备，除染色设备另设一章，对主要染色机的结构特点和应用性能作简要的说明外，其他主要结合工艺讨论，并附有示意图。

B2504 TS190

丝织物染整设备/朱亚伟，赵建平编．—北京：中国纺织出版社，1998年．—148页（被引20）

ISBN 7-5064-1416-3

B2505 TS145

丝织物设计/姜淑媛等编．—北京：中国纺织出版社，1994年．—322页（被引17）

ISBN 7-5064-0925-9

B2506 TS194

丝织物印花（丝绸染整工人技术读本）/诸锡纯，程志慧编．—北京：纺织工业出版社，1989年．—256页（被引13）

ISBN 7-5064-0346-3

本书介绍真丝绸和化纤绸印花的生产全过程。

B2507 TS145

丝织物整理/方绫芝编．—北京：纺织工业出版社，1985年．—196页（被引9）

统一书号 15041·1395

B2508 TS145

丝织物组织与纹织设计/府祥兴，王克清编．—北京：中国纺织出版社，1994年．—554页（被引8）

ISBN 7-5064-0926-7

B2509 TS145

丝织学［港台］/石宗彦著．—台北：台湾文化大学出版部，1984年．—95页

B2510 TS145

丝织学 上册（技工学校试用教材）/上海市丝绸工业公司编．—上海：上海市丝绸工业公司，1980年．—257页

B2511 TS145

丝织学 下册（技工学校试用教材）/上海市丝绸工业公司编．—上海：上海市丝绸工业公司，1981年．—344页

B2512 TS145

丝织学 上册/浙江丝绸工学院，苏州丝绸工学院编．—北京：纺织工业出版社，1981年．—288页（被引65）

统一书号 15041·1147

B2513 TS145

丝织学 下册（高等纺织院校教材）/浙江丝绸工学院，苏州丝绸工学院编．—北京：纺织工业出版社，1982年．—414页

统一书号 15041·1217

B2514 TS145

丝织学 上册 第2版（高等纺织院校教材）/浙江丝绸工学院，苏州丝绸工学院编．—北京：纺织工业出版社，1993年．—338页（被引5）

ISBN 7-5064-0080-4

本册为丝织准备工作。

B2515 TS145

丝织学 下册 第2版（高等纺织院校统编教材）/浙江丝绸工学院，苏州丝绸工学院编．—北京：中国纺织出版社，1995年．—409页

ISBN 7-5064-0081-2

本书分成上、下两册。上册内容为丝织准备，下册内容为丝织织造，分别介绍丝织生产各工序的工艺过程、设备构造和作用原理以及工艺理论分析等，还介绍了有关新技术、新工艺等。

B2516 TS102

丝织原料（丝织工人技术读本）/罗仁贵，是润淦编．—北京：纺织工业出版社，1984年．—123页

统一书号 15041·1337

B2517 TS142

丝织织造（丝织工人技术读本）/范石泉，张庆国编．—北京：纺织工业出版社，1985年．—248页

统一书号 15041·1328

B2518 TS142

丝织织造/范石泉编．—北京：中国纺织出版社，1990

年．—250 页

B2519 TS145

丝织准备（丝织工人技术读本）/朱仁月，张晓娟，周新望，勇金媛，徐美芳编．—北京：纺织工业出版社，1984年．—231 页（被引 7）

ISBN 7-5064-0475-3

本书叙述了纺织准备工人应掌握的有关设备、操作、工艺等方面的基本技术与知识。

B2520 TS142

丝织准备机械保全/裘愉发，高秋福，张师君，沙启鑫编．—北京：纺织工业出版社，1992年．—309 页（被引 7）

ISBN 7-5064-0708-6

本书介绍了丝织准备的络丝、并丝、捻丝、整经、卷纬等工序的设备平装工作，以及平装后的调试、维护保养及故障排除等内容。

B2521 TS105

塑料的回收与再生/董明光编．—北京：轻工业出版社，1984年．—83 页（被引 19）

统一书号 15042·1943

B2522 TS156

塑料织物及制品/杜方潮，黄祥秋，王大刚编；陈文瑛校．—北京：中国石化出版社，1998年．—287 页（被引 18）

ISBN 7-80043-746-9

B2523 TQ34

酸性染料及酸性媒介染料/周春隆编著．—北京：化学工业出版社，1989年．—459 页

ISBN 7-5025-0624-1

B2524 TQ34

酸站（化纤企业职工培训读本）/邵明福，刘桂生，张胜滨主编．—北京：中国纺织出版社，1995年．—228 页

ISBN 7-5064-1108-3

本书全面系统地介绍了国内外粘胶纤维酸站的工艺流程与设备，并汇集了近几年来的新工艺、新设备、新成果。该书还阐述了酸站的建筑与设备防腐蚀、设备检修标准及制度、酸浴循环、过滤、蒸发、调配、结晶与脱水、闪蒸与焙烧、公用工程与仪表、酸站的节能途径与设备现代化展望、安全操作规程与职责等。

B2525 TS103

梭子的修理与使用/陈鸿，赵家法编著．—北京：纺织工业出版社，1992年．—281 页

ISBN 7-5064-0790-6

本书介绍了梭子的材料、种类、规格、结构、梭子维修的操作，以及梭子织疵分析、梭子管理等。

B2526 TS103

梭子工作的理论与实验研究［译］/（苏）多林斯基（Долинский，Ф.В.）著；俞震东，吕仕元译．—北京：纺织工业出版社，1986年．—238 页

统一书号 15041·1404

B2527 TS183

台车的构造、安装和使用（针织厂保全工技术读本）/朱国和，吴乙贤编著．—北京：纺织工业出版社，1982年．—103 页（被引 8）

统一书号 15041·1190

B2528 TS184

台车花色织物设计基础/朱国和编著．—北京：纺织工业出版社，1990年．—209 页（被引 6）

ISBN 7-5064-0573-3

本书较系统地介绍了台车编织的各种花色织物的组织结构、结构特性，如集圈组织、添纱组织、衬垫组织、起孔组织、凸轮提花组织、毛圈组织等。

B2529 TS102

特种动物纤维（毛纺工业应用动物纤维技术资料选编第三分册）/上海市毛麻纺织科学技术研究所组编．—上海：上海市毛麻纺织科学技术研究所，1991年．—456 页

B2530 TS102

特种动物纤维产品与加工/薛纪莹主编．—北京：中国纺织出版社，1998年．—423 页（被引 105）

ISBN 7-5064-1230-6

B2531 TS102

特种动物纤维的性能与加工/王树惠等编著．—青岛：青岛海洋大学出版社，1993年．—254 页（被引 26）

ISBN 7-81026-564-4

B2532 TS106

特种织物/华东纺织工学院编．—上海：华东纺织工学院，1982年．—144 页

B2533 TS112

提高梳棉机的工作效能［译］/（苏）奥连巴赫（Оренбах，С.Б.）著；徐朴译．—北京：纺织工业出版社，1986年．—172 页（被引 6）

统一书号 15041·1444

B2534 TS183

提花机/李志祥，程起时等编著．—北京：纺织工业出版社，1985年．—286 页（被引 16）

统一书号 15041·1389

ISBN 7-5064-0766-3

本书叙述了单动式和复动式提花机的构造和工作原理，介绍了新型提花机、经编提花机以及提花机的发展动向等。

B2535 TS184

提花经编技术/周宇民主编 .—北京：纺织工业出版社，1988 年 .—267 页（被引 10）

ISBN 7-5064-0054-5

本书比较全面系统地介绍了提花经编织物原料的选用、编织原理、工艺设计等内容。

B2536 TS183

提花毛织机的调整与上机工艺/尚宝铭编写 .—北京：北京毛纺织科学研究所，全国毛纺织科技情报站，1988 年 .—218 页

B2537 TS183

提花圆机的构造、安装和使用（针织厂保全工技术读本）/顾菊媛编 .—北京：纺织工业出版社，1982 年 .—125 页

统一书号 15041·1195

B2538 TS102

天然蛋白质纤维 再版［港台］/游振宗编著 .—台北：超级科技图书股份有限公司，1995 年 .—206 页

B2539 TS102

天然纤维素纤维 再版［港台］/游振宗编著 .—台北：超级科技图书股份有限公司，1994 年 .—87 页

B2540 F768.1

天然纤维针织品（商品知识丛书）/上海针织品采购供应站编 .—北京：中国财政经济出版社，1980 年 .—118 页

统一书号 15166·063

B2541 TS190

同步传动系统/沈洪勋等编 .—北京：纺织工业出版社，1992 年 .—283 页（被引 11）

ISBN 7-5064-0781-7

本书在总结了染整设备直流同步传动设计经验的基础上，推导出完整的同步设计理论，对共电源直流同步系统的设计有较大的指导作用。

B2542 TS103

简经保全 第 2 版（棉纺织保全技工教材）/杨瑞伍，唐治平编著 .—北京：纺织工业出版社，1990 年 .—459 页

ISBN 7-5064-0454-0

本书讲述 1332M 型络筒机、1452A 型整经机和 G121B 型分条整经机的平装方法和主要操作技术；平装原理、准备工作、试车方法、故障分析，工量具的配备、使用、维护及老机改造等。

B2543 TS106

涂层织物性能要求与标准测试方法/上海市纺织工程学会印染学术委员会编；周渭涛主编 .—上海：上海市纺织工程学会，1986 年 .—283 页

本书收集了英国、美国、日本、西德和我国台湾地区有关涂层织物方面的最新标准资料。计有产品标准 14 篇，测试方法标准 30 篇。

B2544 TS194

涂料印花/李宾雄，周国梁编 .—北京：纺织工业出版社，1989 年 .—243 页（被引 109）

ISBN 7-5064-0222-X

本书介绍了涂料印花色浆的组成，涂料印花各种工艺和在各种纤维织物上的使用，以及涂料印花对设备的要求，并对各种特种涂料印花作了简要的介绍。

B2545 TS106

土工布应用技术/杨思让，张家铭编 .—北京：纺织工业出版社，1991 年 .—241 页（被引 53）

ISBN 7-5064-0613-6

B2546 TS184

袜品花色效应设计与生产/沙伟中编著 .—北京：纺织工业出版社，1992 年 .—332 页（被引 11）

ISBN 7-5064-0683-7

本书介绍了提花袜、添纱花袜、毛圈袜等袜的花型设计原理和生产实践经验，同时介绍了袜子成形新工艺和袜品的装饰效应。

B2547 TS183

外织缝纫机的构造、安装和使用（针织厂保全工技术读本）/马寿森等编著 .—北京：纺织工业出版社，1985 年 .—252 页

B2548 TS101

微波在纺织工业中的应用/何伟方编 .—北京：纺织工业出版社，1990 年 .—156 页（被引 25）

ISBN 7-5064-0434-6

本书介绍微波能技术的基本原理，微波组件和微波电源加热和干燥设备的结构及设计计算等。

B2549 TS101

微型计算机在纺织工业中的应用/钱霖等编著 .—北京：纺织工业出版社，1985 年 .—415 页（被引 9）

统一书号 15041·1381

B2550 TS155

维棉纺织工艺/李乃容著 .—北京：纺织工业出版社，1983 年 .—195 页（被引 7）

统一书号 15041·1242

B2551 TS19

维棉混纺织物染整/金志云等编著 .—北京：纺织工业出版社，1986 年 .—185 页（被引 10）

统一书号 15041·1465

B2552 TQ34

维尼纶 上册 聚乙烯醇制造［译］/（朝）李升基著；冯宝胜译．—北京：纺织工业出版社，1985年．—482页

统一书号 15041·1336

B2553 TQ34

维尼纶 下册 维尼纶制造［译］/（朝）李升基著；冯宝胜译．—北京：纺织工业出版社，1985年．—363页

统一书号 15041·1365

B2554 TS184

纬编/上海市针织工业公司主编．—北京：纺织工业出版社，1986年．—217页（被引8）

统一书号 15041·1456

B2555 TS184

纬编工艺与设备/劳动部培训司组织编写．—北京：劳动人事出版社，1988年．—247页

ISBN 7-5045-0209-X

B2556 TS183

纬编机保全工艺/纺织工业部教育司组织编写．—北京：中国劳动出版社，1993年．—145页

ISBN 7-5045-1256-7

B2557 TS183

纬编机保全实习（全国技工学校纺织类针织保全专业通用教材）/纺织工业部教育司组织编写．—北京：中国劳动出版社，1993年．—100页

ISBN 7-5045-1257-5

全国技工学校纺织类针织保全专业通用教材。主要内容包括：台车挡车实习、台车拆卸与机件检查、台车安装与调试、台车保养与检修、台车故障与排除等。

B2558 TS186

纬编针织物设计与生产/戴淑清主编．—北京：纺织工业出版社，1985年．—270页（被引36）

统一书号 15041·1377

介绍我国纬编针织物的设计方法和生产实践经验，其中以化纤纬编针织物为重点，叙述开发纬编新产品的设计与生产。

B2559 TS103

纬密齿轮应用技术/郑殿臣，卢光编著．—沈阳：辽宁科学技术出版社，1988年．—100页

ISBN 7-5381-0591-3

B2560 TS106

纹板轧制技术/陆业农编著．—北京：纺织工业出版社，1990年．—223页（被引6）

ISBN 7-5064-0466-4

B2561 TS106

纹织设计/纺织工业部教育司组织编写；陈晴编．—北京：纺织工业出版社，1993年．—277页

ISBN 7-5064-0833-3

B2562 TS104

涡流纺纱/于修业，孙松编著．—北京：纺织工业出版社，1991年．—91页（被引17）

ISBN 7-5064-0578-4

本书扼要介绍了涡流纺纱的基本理论及成纱过程，对涡流加捻原理、纺纱工艺参数、涡流纺纱机的配套件及附属设备进行了系统的论述，并对涡流纱的结构和产品品种作了较详尽的分析介绍。

B2563 TS114

无梭布场保全与管理［港台］/王一陆编著．—台中：国彰出版社，1982年．—320页

B2564 TS103

无梭织机 上册［译］/（捷）塔拉瓦塞克（Talavasek，O.），（捷）斯瓦蒂（Svaty，V.）著；胡企贤译．—北京：纺织工业出版社，1987年．—328页（被引6）

统一书号 15041·1474

B2565 TS103

无梭织机 下册［译］/（捷）塔拉瓦塞克（Talavasek，O.），（捷）斯瓦蒂（Svaty，V.）著；董惠琴等译．—北京：纺织工业出版社，1988年．—319页（被引7）

ISBN 7-5064-0020-0

本书详细介绍了无梭织机各主要机构的作用与结构，特别是对无梭织机的引纬方式、原理及机构作了详尽的说明。

B2566 TS103

无梭织机电气控制系统/孙同鑫等编著．—北京：纺织工业出版社，1993年．—195页（被引27）

ISBN 7-5064-0886-4

本书主要介绍了剑杆、喷气、喷水、片梭四类无梭织机，各以引进具有代表性的机台为主要对象，针对工艺要求和机械运动对其控制线路加以分析。

B2567 TS103

无梭织机运转操作工作法/中国纺织总会经贸部等编．—北京：纺织工业出版社，1996年．—157页（被引7）

ISBN 7-5064-1236-5

B2568 TS133

洗毛理论与实践/王清波，韦炬明编著．—北京：纺织工业出版社，1992年．—138页（被引9）

ISBN 7-5064-0799-X

本书介绍了洗毛的有关理论与实践方面的知识，洗毛方法和洗毛工艺进行了综合分析，还介绍了洗毛废水处理及洗净毛质量及检验方法。

B2569 TS133

洗毛新工艺［译］／（新西兰）斯特瓦尔特瓦（Stewart,
R. G.）著；李椿和，吕逸华译 . —北京：纺织工业出版社，
1987 年 . —244 页（被引 6）

统一书号 15041·1582

B2570 TS193

洗染技术／上海市饮食服务公司 . —北京：中国财政经济
出版社，1987 年 . —252 页

统一书号 15166·163

B2571 TS114

系统工程棉纺工艺学 修订版（纺织部总工程师培训班
教材）／瞿建增编著 . —北京：纺织工业部发行，1990 年 . —
147 页

本讲义 1986 年初版，1990 年出修订版，1991 年再版，
1992 年出续订版。

B2572 TS114

系统工程棉纺工艺学 续订版（纺织部总工程师培训班
教材）／瞿建增编著 . —北京：纺织工业部发行，1992 年 . —
108 页

B2573 TS114

细纱（麻纺织企业工人中级技术培训教材）／杭州市纺
织工业公司编 . —杭州：杭州市纺织工业公司，198? 年 . —
180 页

B2574 TS114

细纱（黄麻纺织企业运转工人岗位培训教材）／杭州市
纺织工业公司编 . —杭州：杭州市纺织工业公司，1988
年 . —94 页

B2575 TS114

细纱／宋志庆等编 . —北京：纺织工业出版社，1982
年 . —203 页（被引 8）

统一书号 15041·1191

B2576 TS114

细纱挡车工操作经验／纺织工业部生产公司编 . —北京：
纺织工业出版社，1982 年 . —76 页

统一书号 15041·1229

B2577 TS104

细纱落纱工作法 试行稿／山东省纺织工业厅生产处 . —
济南：山东省纺织工业厅生产处，1982 年

B2578 TS104

细纱落纱工作法／山东省纺织工业厅 . —济南：山东省纺
织工业厅，1989 年 . —78 页

B2579 TS104

细纱维修／黄自振等编著 . —北京：纺织工业出版社，
1985 年 . —359 页（被引 6）

ISBN 7-5064-0176-2

B2580 TS104

细纱值车工作法 1982／无锡市纺织工业局编 . —无锡：出
版者不详，1982 年 . —84 页

B2581 TS102

纤维材料的自调匀整［译］／（苏）哈夫金（B. П.
Хавкин）等著；曹瑞等译 . —北京：纺织工业出版社，1981
年 . —312 页（被引 11）

统一书号 15041·1122

B2582 TS102

纤维材料学导论／严灏景编著 . —北京：纺织工业出版
社，1990 年 . —364 页

ISBN 7-5064-0530-X

本书前三章讲述各种纺织纤维的来源、工艺性能、外观
和内部结构，并对纤维的质量评定方法作了介绍和讨论；第
四章至八章分别叙述纤维的吸湿性能、光学、电学、热学和
机械性质，说明水分、光、电、热和机械力对纤维结构和性
质所产生的作用；第九章论述摩擦、表面吸附和静电现象等
纤维表面特性；第十章探讨纤维的应用和功能。

B2583 TS102

纤维成形基本原理 制造纤维的纺丝和拉伸的科学
［译］／（?）谢皮斯基（A. Ziabicki）著；华东纺织工学院化
学纤维教研室编 . —上海：上海科学技术出版社，1983
年 . —477 页

统一书号 15119·2283

B2584 TS102

纤维的化学［译］／（日）樱田一郎著；戴承渠，章潭
莉译 . —北京：纺织工业出版社，1982 年 . —197 页

统一书号 15041·1224

本书简述了纤维的发展、化学纤维的原料和生产原理及
其技术，对化学纤维的新品种和发展趋势也作了介绍，并且
还详细的叙述了化学纤维的物理化学及其物理机械性质，是
一本较完整的以化学纤维为主的基础读本。

B2585 TS102

纤维的结构与性能［译］／（苏）K. E. 彼列彼尔金著；
徐静宜，韩淑君译；董纪震校 . —北京：中国石化出版社，
1991 年 . —229 页（被引 32）

ISBN 7-80043-126-6

本书作者归纳了近年来在纤维的结构和性能领域中积累
的丰富数据，总结出了纤维结构与性能之间的关系。

B2586 TS102

纤维的形成结构及性能［译］／（日）日本纤维机械学

会纤维工学出版委员会编；丁亦平译.—北京：纺织工业出版社，1988年.—495页（被引33）

    ISBN 7-5064-0003-0

    本书从基础理论角度出发，系统地介绍各类成纤高分子的分子结构、合成和纺丝、纤维高分子的微细结构及物理性质。

B2587　TS102

纤维光学　理论和实践［译］/（英）艾伦（W. B.）著；甘子光，林敏译.—北京：轻工业出版社，1981年.—274页

B2588　TS102

纤维和纺织品的表面性能　上册［译］/（美）希克（M. J. Schick）主编；杨建生译.—北京：纺织工业出版社，1982年.—418页（被引29）

    统一书号 15041·1174

    本书主要介绍纤维和纺织品的摩擦、表面几何形状、静电、润湿、黏着和光学特性。内容涉及棉、毛及化学纤维的表面特性、纺织品表面的磨损以及光化学和环境老化对纤维表面特性的影响等。

B2589　TS102

纤维和纺织品的表面性能　下册［译］/（美）希克（M. J. Schick）主编；杨建生译.—北京：纺织工业出版社，1984年.—247页（被引47）

    统一书号 15041·1278

    本书主要介绍纤维的润湿；纺织品的去污、防污和防水；摩擦在织物机械性能中的作用；表面性能与非纺织物黏合的关系以及玻璃纤维的表面性能等。

B2590　TS102

纤维和织物的定型［译］/（英）J. W. S. 赫尔等著；李栋高，蒋蕙钧译.—北京：纺织工业出版社，1981年.—234页（被引23）

    统一书号 15041·1129

    本书主要介绍了棉、毛、合成纤维的纤维结构特征，以及纤维、织物、外衣等的定型机理和定型工艺，是一本专门讨论定型问题的理论著作。

B2591　TS102

纤维化学［译］（科学图书大库）/（美）卡特（Carter, M. E.）著；许永绥译.—台北：徐氏基金会，1980年.—200页

B2592　TS101

纤维及其织物制品检验/解云，戚惟懿，康非非编著.—北京：群众出版社，1986年.—167页（被引12）

    统一书号 13067·11

B2593　TS102

纤维及织物的定形［译］/（英）J. W. S. Hearle,

L. W. C. Miles 等编；李辛凯，兰锦华，何明籍译.—西安：西北纺织工学院，1980年.—138页

B2594　TS101

纤维检验/沙建勋，范德炘编著.—北京：中国纺织出版社，1996年.—214页（被引35）

    ISBN 7-5064-1180-6

B2595　TS101

纤维检验学［港台］/劳长华著.—台北：台湾中华书局，1980年.—128页

B2596　TS102

纤维结构测试技术　上下册/纺织材料教研室编.—西安：西北纺织工学院，1981年.—97页，216页

B2597　TS102

纤维结构测试技术（毛纺织　棉纺织　针织产品专业用）/纺织材料教研室编.—西安：西北纺织工学院，1985年.—254页

B2598　TS102

纤维结构和性能的关系/北京纺织工程学会编.—北京：北京纺织工程学会，1981年.—98页

B2599　TS193

纤维染色学［港台］/汪辉雄著.—台中：大学图书公司，1982年.—320页

B2600　TS101

纤维素纤维织物磨损的研究［译］/（苏）布格切夫斯基（Г. Ф. Пугачевский）著；钱樾成译.—北京：纺织工业出版社，1981年.—147页（被引11）

    统一书号 15041·1128

B2601　TQ34

纤维素与粘胶纤维　上册　纤维素化学及物理/杨之礼，蒋听培，王庆瑞，邬国铭编.—北京：纺织工业出版社，1981年.—219页（被引8）

    统一书号 15041·1109

B2602　TQ34

纤维素与粘胶纤维　中册　粘胶纤维生产原理/杨之礼，蒋听培，王庆瑞，邬国铭编.—北京：纺织工业出版社，1981年.—254页

    统一书号 15041·1113

B2603　TQ34

纤维素与粘胶纤维　下册　粘胶纤维主要品种的生产/杨之礼，蒋听培，王庆瑞，邬国铭编.—北京：纺织工业出版社，1981年.—300页

    统一书号 15041·1149

B2604　TS101

纤维图集/王之林等编.—北京：北京纺织科学研究所，1980年.—65页

B2605　TS101

纤维物理［港台］/杨文隆主编；吕秋光编纂.—台北：台湾纺织工业研究中心，1984年.—314页

B2606　TS101

纤维物理　结构与测试　上下册/华东纺织工学院纺材教研室编.—上海：编者自发行，1981年.—180页，下册页码不详

B2607　TQ34

纤维增强复合材料/顾里之编著.—北京：机械工业出版社，1988年.—214页
ISBN 7-111-00057-9

B2608　TQ34

纤维增强复合材料/王善元等编著.—上海：中国纺织大学出版社，1998年.—293页
ISBN 7-81038-180-6

B2609　TS101

纤维之物理化学　增订4版［港台］/刘炽章著.—台北：新学识文教出版中心，1982年.—411页
版权页题名：纤维理化。本书分九编，主要介绍了：纤维工业总论；纤维之构造、状态与鉴别法；天然纤维；再生纤维；半合成纤维；合成纤维；其他化学纤维；纤维之化学性质与物理性能之关系；应用纤维物理学。

B2610　TS143

现代变形丝加工［译］/（法）厄格斯布拉伊特（Exbrayat, M.）等著；王悌义译.—北京：纺织工业出版社，1992年.—259页；19cm
ISBN 7-5064-0969-0
本书收集合纤长丝变形加工的假捻、空气喷射、交落等方法，并且介绍典型机型的特征和使用情况及典型部件的开发。

B2611　TS1

现代纺织品的开发/薛迪庚编著.—北京：中国纺织出版社，1994年.—262页
ISBN 7-5064-1008-7
本书介绍了二十多类三十多种现代纺织品，如牛仔布、桃皮绒、砂洗绸、水洗布、仿丝绸以及具有消痒、止血、卫生、防污等功能的产品开发技术。

B2612　TS114

现代棉纺工业技术与管制［港台］/杨先然编著.—台北：晓园出版社，1996年.—600页；23cm
ISBN 957-12-0523-0

B2613　TS114

现代棉纺技术基础/刘国涛主编.—北京：中国纺织出版社，1999年.—257页（被引175）
ISBN 7-5064-1603-4

B2614　TS105

现代织造工艺与设备/高卫东，荣瑞萍，徐山青编著.—北京：中国纺织出版社，1998年.—246页（被引49）
ISBN 7-5064-1406-6

B2615　TS105

现代准备及织造工程［译］/（英）奥默罗德（Ormerod, A.）著；陆承之等译.—北京：纺织工业出版社，1986年.—394页
统一书号 15041·1472

B2616　TS151

橡胶的织物增强［译］/（英）韦克（Wake, W. C.），伍顿（Wootton, D. B.）编；袁世珍等译.—北京：化学工业出版社，1988年.—279页（被引19）
ISBN 7-5025-0041-3
本书介绍了纤维织物的工艺、设计原理、织物表面处理及其与橡胶的粘合机理和评价方法。

B2617　TQ34

硝化纤维素化学工艺学/厉宝管，白文英，王继勋编著.—北京：国防工业出版社，1982年.—173页
统一书号 15034·2476
本书较系统与全面地论述的硝化纤维素化学、物理化学与工艺基本原理，全书共分八章。第一章至第三章为纤维素的结构、性质与棉纤维的精制工艺；第四章至第七章为纤维素与硝酸进行酯化反应的基本原理，硝化纤维素的性质以及棉纤维的酯化工艺；第八章为硝化纤维素安定处理的原理及工艺。

B2618　TS145

小花纹织物设计/区秋明编著.—北京：纺织工业出版社，1988年.—159页（被引11）
ISBN 7-5064-0117-7
本书介绍小花纹织物的基本特征、分类品种、设计程序、构作原理和方法等。

B2619　TS190

新编成衣染整（染整新技术丛书）/王益民，黄茂福编著.—北京：中国纺织出版社，1997年.—341页（被引23）
ISBN 7-5064-1325-6

B2620　TQ34

新合成纤维材料及其制造/周晓沧，肖建宇编著.—北京：中国纺织出版社，1998年.—152页
ISBN 7-5064-1404-X
本书集国内外最新科研成果，总结介绍了新型服用纤

维、生活用功能纤维、产业用功能纤维、高强度模纤维等四十余种新型合成纤维的化学结构、产品性能、应用领域及制造途径等内容。

B2621 TS190

新合纤染整（染整新技术丛书）/宋心远主编 .—北京：中国纺织出版社，1997 年 .—354 页（被引 233）

　　ISBN 7-5064-1321-3

B2622 TS183

新式手动横机编织入门/雪鸿编 .—北京：纺织工业出版社，1987 年 .—113 页

　　统一书号 15041·1568

B2623 TS102

新纤维材料［译］/（日）宫本武明，（日）本宫达也著；周晓沧，张林译 .—仪征化纤工业联合公司：日刊工业新闻社，1993 年

　　本书译自日本日刊工业新闻社 1992 年出版的《新纤维材料入门》。

B2624 TS102

新纤维材料入门　第 2 版［译］［港台］/（日）宫本武明，本宫达也著；中国纺织工业研究中心编译 .—台北：台湾纺织工业研究中心，2000 年 .—218 页

　　ISBN 957-9674-34-5

B2625 TS103

新型粗纱机理论与实践/李鸿儒等编著 .—北京：纺织工业出版社，1991 年 .—324 页（被引 18）

　　ISBN 7-5064-0671-3

　　本书归纳了新型粗纱机在设计制造、生产使用和科研教学三方面的技术理论与实践经验，对粗纱机的现代化和新型粗纱机的各种机构作了系统的阐述和分析。

B2626 TS104

新型纺纱（纺织高新技术科普丛书）/刘国涛，谢春萍，徐伯俊编著 .—北京：中国纺织出版社，1999 年 .—162 页（被引 83）

　　ISBN 7-5064-1497-X

B2627 TS104

新型纺纱　第 2 版（纺织高等教育"十一五"部委级规划教材）/谢春萍，徐伯俊著 .—北京：中国纺织出版社，2009 年 .—182 页（被引 41）

　　ISBN 978-7-5064-5655-5

　　本书较系统地介绍了目前较成熟的新型纺纱方法：转杯纺纱、喷气纺纱、摩擦纺纱、自捻纺纱、涡流纺纱、平行纺纱等的加工流程、纺纱原理、加工设备及其应用。同时，对近年来在环锭纺纱机上出现的新型纺纱方法，如紧密纺、赛络纺、赛络菲尔纺、包芯纱、竹节纱、色纺纱也作了系统介绍。并设专章对几种主要的新型纺纱方法和质量进行对比，

以利于选用各种原料开发新产品，适应市场需要。

B2628 TS104

新型纺纱　第 3 版（"十三五"普通高等教育本科部委级规划教材）/谢春萍，傅佳佳主编 .—北京：中国纺织出版社，2020 年 .—198 页

　　ISBN 978-7-5180-7213-2

　　本书较系统地介绍了目前较成熟的新型纺纱方法——转杯纺纱、喷气涡流纺纱、摩擦纺纱、自捻纺纱等及其加工流程、纺纱原理、加工设备及其应用。同时对近年来在环锭纺纱机上出现的新型纺纱方法：集聚纺纱、赛络纺纱、赛络菲尔纺纱、包芯纺纱、竹节纱、色纺纱、假捻环锭纺纱、嵌入式复合纺纱等也作了系统介绍。

B2629 TS104

新型纺纱产品开发/狄剑锋主编 .—北京：中国纺织出版社，1998 年 .—340 页（被引 184）

　　ISBN 7-5064-1436-8

B2630 TS104

新型纺纱方法（纺织工业知识丛书）/宋绍宗主编 .—北京：纺织工业出版社，1983 年 .—142 页（被引 16）

　　统一书号 15041·1241

B2631 TS108

新型纺织空调和除尘/潘大绅等编著 .—北京：中国纺织出版社，1994 年 .—460 页（被引 22）

　　ISBN 7-5064-0999-2

　　本书收集了国内外大量的技术资料，阐述和介绍新型纺织空调除尘设备的工作原理、性能和特点。

B2632 TS102

新型纺织原料（纺织高新技术科普丛书）/陈运能，范雪荣，高卫东编著 .—北京：中国纺织出版社，1998 年 .—165 页（被引 148）

　　ISBN 7-5064-1481-3

B2633 TS171

新型非织造布技术（纺织高新技术科普丛书）/沈志明等编著 .—北京：中国纺织出版社，1998 年 .—172 页（被引 65）

　　ISBN 7-5064-1376-0

B2634 TS183

新型高速经编机的结构与产品/许期颐，许卫元编著 .—北京：纺织工业出版社，1991 年 .—119 页（被引 6）

　　ISBN 7-5064-0580-6

　　本书介绍了我国最近几年引进的量大面广的高速经编机、毛圈经编机、隐花经编机的结构、产品、调试和维修等。

B2635 TS183

新型横机构造与编织/胡红主编 .—北京：纺织工业出版

社，1993 年 . —362 页（被引 74）

ISBN 7-5064-0818-X

本书介绍新型横机即计算机横机和全成形钩针机（柯登机）的编织、选针、给纱、牵拉等主要机构的构造和工作原理，以及在这类机器上所编织花色织物的组织结构与编织工艺。

B2636　TS102

新型面料开发（纺织产品开发丛书）/吴震世编著 . —北京：中国纺织出版社，1999 年 . —164 页；26cm（被引 74）

ISBN 7-5064-1488-0

B2637　TS103

新型喷射织机织造/肖建宇，晏雄主编 . —上海：中国纺织大学出版社，1995 年 . —164 页（被引 11）

ISBN 7-81038-065-6

B2638　TS103

新型皮辊皮圈/王汝栋编著 . —北京：纺织工业出版社，1988 年 . —84 页（被引 10）

ISBN 7-5064-0048-0

本书介绍近几年国内生产的纺织皮辊、皮圈新产品，叙述了在使用新型皮辊皮圈方面的一些基本要求、保养方法、注意事项及经验教训。

B2639　TS190

新型染整/徐穆卿编著 . —北京：纺织工业出版社，1984 年 . —149 页（被引 40）

统一书号 15041·1316

B2640　TS190

新型染整技术/宋心远，沈煜如编著 . —北京：中国纺织出版社，1999 年 . —281 页（被引 637）

ISBN 7-5064-1612-3

本书系统地阐述了近年来染整行业中出现的一些高新技术，包括喷墨印花、等离子技术、生化酶技术、微胶囊技术和功能染料等，对它们的作用原理、应用方法、加工特点作了较深入的介绍。

B2641　TS106

新型医用纺织品/赵家祥，邓萍，孙宇清编 . —成都：四川教育出版社，1991 年 . —172 页

ISBN 7-5408-1619-8

本书从大量的情报收集入手，系统分析了医用纺织品发展动向和分类方法，并选择 150 余种新型医用纺织产品，典型介绍其开发现状，具体勾画其宏观动态。

B2642　TS105

新型织布方法（纺织工业知识丛书）/邢连华等编 . —北京：纺织工业出版社，1983 年 . —157 页（被引 9）

统一书号 15041·1260

B2643　TS103

新型织机/陈明编著 . —上海：中国纺织大学出版社，1999 年 . —195 页（被引 84）

ISBN 7-81038-220-9

本书分四章，主要介绍新型织机的通用机构、喷气、喷水、片梭、剑杆四大类无梭织机的原理与设计、计算方法、各种非传统的引纬系统等内容。

B2644　TS105

新型织造（纺织高新技术科普丛书）/高卫东编 . —北京：中国纺织出版社，1998 年 . —118 页（被引 13）

ISBN 7-5064-1425-2

B2645　TS102

新一代化学纤维/王澄，乔莉编译 . —北京：纺织工业出版社，1993 年 . —71 页

ISBN 7-5064-0920-8

本书介绍了高科技纤维、功能纤维和极细纤维及其纺织品的发展过程、生产知识、应用范围和今后发展趋向等。

B2646　TS194

新颖印花/薛迪庚编著 . —北京：纺织工业出版社，1987 年 . —116 页（被引 46）

统一书号 15041·1603

B2647　TS123

亚麻纺纱/顾伯明编著 . —北京：纺织工业出版社，1987 年 . —209 页（被引 57）

统一书号 15041·1493

B2648　TS124

亚麻纺纱工艺学/于翠英，夏敬义主编 . —哈尔滨：黑龙江科学技术出版社，1997 年 . —420 页（被引 29）

ISBN 7-5388-3153-3

B2649　TS123

亚麻纺纱学　讲义/顾伯明编 . —哈尔滨：哈尔滨纺织科学研究所，1982 年 . —205 页

B2650　TS128

亚麻联合工厂除尘器的防爆［译］/（苏）谢尔巴科娃（Щербакова，Е. А.）编著；李莉译 . —北京：纺织工业出版社，1989 年 . —69 页

ISBN 7-5064-0216-5

B2651　TS123

亚麻普通工艺学［译］/（苏）В. Б. 科瓦廖夫编著；傅本仁译 . —北京：纺织工业出版社，1988 年 . —169 页

ISBN 7-5064-0052-9

B2652　TS123

亚麻温水沤麻机理与新技术/卫德林编译 . —哈尔滨：黑

龙江科学技术出版社，1988 年 . —287 页（被引 8）

ISBN 7-5388-0199-5

B2653 TS193

颜色测量在纺织工业中的应用/徐行，潘忠诚编著 . —北京：纺织工业出版社，1988 年 . —269 页（被引 72）

统一书号 15041·1574

B2654 TS193

颜色理论及其在艺术和设计中的应用［译］/（法）阿格斯顿（Agoston，G.）著；朱晓农，朱晓钢译 . —北京：纺织工业出版社，1987 年 . —171 页

统一书号 15041·1528

B2655 TS102

羊毛标准与检验　上下册/郑世清，关宝良，何航升编著 . —北京：国家标准局纤维检验局，1982 年 . —266 页，267—469 页

本书主要内容有：羊毛生产与管理；绵羊育种与改良；羊毛纤维生态与理化性能。

B2656 TS102

羊毛标准与检验　上下册合订本精装/郑世清，关宝良，何航升编著 . —北京：国家标准局纤维检验局，1982 年 . —469 页

B2657 TS102

羊毛的防蛀［译］/（澳）D. M. Lewis，Tshaw 编；邢建伟译 . —西安：西北纺织学院染整教研室，1988 年 . —84 页

B2658 TS102

羊毛防缩［译］/（?）K. R. 麦金森著；朱良骅译 . —北京：纺织工业出版社，1987 年 . —366 页（被引 23）

统一书号 15041·1588

本书分羊毛纤维的表皮结构和性能、羊毛纤维的摩擦性能、毡合、防缩等四章。本书附参考文献达 927 篇。

B2659 TS102

羊毛及其初加工（脱贫致富丛书）/张汉武，陶肖君编 . —兰州：甘肃科学技术出版社，1988 年 . —49 页

ISBN 7-5424-0169-6

B2660 TS184

羊毛衫产品设计/唐毓忠编著 . —北京：纺织工业出版社，1988 年 . —246 页（被引 11）

ISBN 7-5064-0006-5

B2661 TS184

羊毛衫加工原理与实践　上册（纺织专科学校教材）/邓秀琴编著 . —北京：中国纺织出版社，1991 年 . —423 页（被引 21）

ISBN 7-5064-0663-2

B2662 TS184

羊毛衫加工原理与实践　下册（纺织专科学校教材）/邓秀琴编著 . —北京：纺织工业出版社，1992 年 . —212 页（被引 24）

ISBN 7-5064-0695-0

B2663 TS184

羊毛衫生产（纺织高等教育"十二五"部委级规划教材）/唐毓忠编著 . —北京：纺织工业出版社，1982 年 . —195 页（被引 17）

统一书号 15041·1198

ISBN 7-5064-1086-9

本书叙述了羊毛衫的设计、生产工艺、设备及成衣与染整工艺知识。其中主要包括横机的编织原理及组织特性，电脑横机的结构、工作原理及操作，羊毛衫的款式造型与色彩设计，羊毛衫的编织工艺设计，成衣工艺，计算机辅助设计等内容。

B2664 TS184

羊毛衫生产大全　羊毛衫生产工艺、技术、设备与设计/孟家光主编 . —西安：陕西科学技术出版社，1994 年 . —521 页（被引 27）

ISBN 7-5369-1635-3

本书介绍了羊毛衫生产过程中的工艺、技术、设备与产品设计。

B2665 TS102

羊毛学/金·曼达夫编著 . —呼和浩特：内蒙古人民出版社，1981 年 . —362 页（被引 21）

统一书号 16089·84

B2666 TS102

羊毛学/张尚德，张汉武编著 . —西安：陕西科学技术出版社，1986 年 . —612 页（被引 58）

统一书号 16202·79

B2667 TS102

羊毛应用学/赵广盛编著 . —呼和浩特：内蒙古大学出版社，1992 年 . —442 页

ISBN 7-81015-277-7

本书内容包括：国内外羊毛与稀有动物纤维的资源及毛纺工业概况，羊毛纤维的物理、化学性能、净毛率等方面的羊毛基础理论知识，羊毛拍卖质量标准等。

B2668 TS184

羊毛整理的化学技术/岑乐衍，岑安国编译 . —北京：北京纺织工程学会，染整专业委员会，1985 年 . —190 页

本书内容包括羊毛原料、净洗漂白、常规整理及特种整理等方面。

B2669　TS103

摇纱机、中打包机修理工作法/纺织工业部生产司编.——北京：纺织工业出版社，1988年.——89页

ISBN 7-5064-0053-7

B2670　TS107

衣用纺织品质量分析与检验/万融编著.——北京：化学工业出版社，1995年.——423页（被引38）

ISBN 7-5025-1514-3

本书对衣用纺织品质量的分析与检验作了极为详细的介绍，为评价、控制、监督、保证和改进衣用纺织品提供了科学依据、手段和方法；本书对衣用纺织品的设计研制、生产加工、贮运销售的全过程管理亦作了介绍，是衣用纺织品质量管理定量化、科学化的重要技术基础。

B2671　TS102

医用功能纤维/赵家祥等编著.——北京：中国石化出版社，1996年.——317页（被引89）

ISBN 7-80043-603-9

本书以情报研究为基础，介绍抗菌纤维、消臭纤维、芳香纤维、高吸水纤维、生物吸收性纤维、生物兼容性纤维、药物纤维、远红外纤维、防辐射纤维以及中空纤维分离膜、电热纤维、磁性纤维等多种医用功能纤维的技术动态应用，并具体提供技术开发思路，供科技人员参考。

B2672　TS103

引进纺织设备值车工作法/陕西省纺织工业总公司行业管理部编.——北京：中国纺织出版社，1997年.——222页

ISBN 7-5064-1337-X

本书介绍了清梳联合机值车、新型并条机值车、转杯纺织机值车和落纱、喷气织机值车（1991年已拍成录像教材）、剑杆织机值车、自动络筒机值车、新型整经机值车、自动结经机值车和祖克尔浆纱机值车等引进设备的工作法。

B2673　TS103

引进技术和设备消化吸收/高春南，朱立群汇编.——北京：全国毛纺织科技情报站，北京毛纺织科学研究所，1991年.——190页

B2674　TS194

印花CAD实用教程　图文计算机设计分色制版操作指南/丁遐主编；吴振延等编著.——北京：中国纺织出版社，1998年.——186页（被引5）

ISBN 7-5064-1401-5

本书以我国目前功能完善的金昌EX6000印花计算机设计分色制版系统为模板，重点介绍印花计算机设计、分色制版的工艺流程，计算机系统的安装、操作及部分常见故障的处理方法。

B2675　TS194

印花布图案设计/吴永编著.——北京：纺织工业出版社，1981年.——201页（被引20）

统一书号15041·1105

本书比较系统地叙述了印花布图案的概念、发展和图案设计的特性；比较详细地论述了图案设计的原理及方法，并介绍了图案设计与印花生产的结合以及同织物材料、服装裁剪的关系等。

B2676　TS194

印花糊料/胡平藩，武祥珊编著.——北京：纺织工业出版社，1988年.——192页（被引78）

ISBN 7-5064-0024-3

本书比较系统地叙述了织物印花物的黏度、流变性、触变性、曳丝性；着重介绍了这些性能与印制效果的关系；影响糊料印花的不同要求，并较全面地介绍了各种常用印花糊料的性能和用途。

B2677　TS190

印染布外观疵点样照/李雅芝主编.——北京：地质出版社，1996年.——81页

ISBN 7-116-02280-5

B2678　TS198

印染厂常用原料分析·标准溶液配制·车间溶液的测定/江苏常州纺织学校编.——常州：江苏常州纺织学校，198?年.——130页

B2679　TS198

印染厂设计（中等纺织专业学校教材）/李瑞恒，崔淑玲编.——北京：纺织工业出版社，1990年.——185页（被引8）

本书主要介绍印染厂设计中工艺设计的原则、步骤和内容。

B2680　X791

印染废水处理/顾鼎言，朱素芬编著.——北京：中国建筑工业出版社，1985年.——300页（被引85）

统一书号15040·4715

本书以总结国内在印染废水处理方面的科研成果和成熟经验为主，并适当选取国外有关数据和新技术。

B2681　X791

印染废水处理/黄长盾，杨西昆，汪凯民编著.——北京：纺织工业出版社，1987年.——552页（被引174）

统一书号15041·1469

本书主要介绍印染废水的特征，废水处理的试验技术，各种处理方法的基本原理和处理设备的设计与计算。

B2682　TS198

印染工厂安全生产技术/丁志云编.——北京：纺织工业出版社，1991年.——215页（被引6）

ISBN 7-5064-0631-4

本书对印染工厂常见事故作了详细分析，对事故多发点进行了专门介绍。同时对印染厂各车间特点作了专门阐述，

对事故起因、应急方法和预防措施作了详细介绍。

B2683 TS198

印染工厂设计/《印染工厂设计》编写组编.—北京：纺织工业出版社，1988年.—218页

ISBN 7-5064-0018-9

本书主要介绍印染工厂工艺设计的原则、步骤和方法，以及有关各公用工程设计。

B2684 TS190

印染后整理技术与发展/中国印染行业协会编.—北京：中国纺织出版社，1996年.—112页（被引5）

ISBN 7-5064-1193-8

本书是印染后整理技术的论文集，针对目前印染后整理行业的生产难题，介绍国内外涤纶真伪产品印染后整理办法和经验。另外，还收集了印染行业"九五"发展思路及2010年展望、印染行业近期目标，以开拓思路、提高企业印染后整理质量、赶超国际水平、赢得产品市场有指导性价值。

B2685 TS190

印染化验与分析/廖佐纳编著.—成都：四川科学技术出版社，1985年.—396页（被引5）

统一书号 15298·44

本书介绍了200多个染化料助剂，从印染工业工厂实用的角度，说明其性质、用途、鉴别分析方法等等，颇为详尽，可供印染厂化验工作人员参照，也是印染技工和工程技术人员学习参考的数据。

B2686 TS190

印染机械 上册/江圣义，方元祥编著.—北京：纺织工业出版社，1982年.—485页（被引20）

统一书号 15041·1213

本书是一本以棉型织物漂、染、印、整等机械设备为主的综合性技术读物，结合工艺要求，对机械设备的结构、原理、性能、维护保养、排除故障等方面作了较为详细的论述。上册一至三篇，下册四至五篇。

B2687 TS190

印染机械 下册/江圣义，方元祥编著.—北京：纺织工业出版社，1985年.—377页（被引8）

统一书号 15041·1332

B2688 TS190

印染机械电气控制/陈效邦编著.—北京：纺织工业出版社，1989年.—203页（被引32）

ISBN 7-5064-0331-5

本书在阐述交、直流电动机拖动原理的基础上，结合印染工艺设备特点选择典型机械、列举了12台80年代从国外引进的印染设备，对其电气控制原理、性能、调试方法及故障诊断等作了较详细的论述。

B2689 TS190

印染基本原理和前处理 ［译］/（以）M. 刘温，（美）S. B. 塞洛主编；杨如馨，顾平译.—北京：纺织工业出版社，1989年.—297页（被引10）

ISBN 7-5064-0345-5

本书深刻而简明地就纺织化学领域中的几个基本课题，如纤维与水和有机溶剂的相互作用、纤维和织物的氢氧化钠和液氨处理、原毛洗毛工艺的新近发展等作出了综述。

B2690 TS190

印染技术 350 问/周宏湘编.—北京：中国纺织出版社，1995年.—292页（被引33）

ISBN 7-5064-1176-8

本书以问答的形式，介绍了棉、毛、麻、丝、化纤织物及其混纺织物的漂染印整加工中经常出现的问题和解决的方法，并多方面介绍了国内在漂染印整加工中积累的丰富经验。

B2691 TS190

印染精华 上下册/全国印染工业科技情报站.—上海：全国印染工业科技情报站，1985年.—195页，213页

本书上册内容有：提高涤棉漂白布的白度及品质；丝光理论的探讨以及高速丝光途径的研究；各种高效助剂在染整加工中的应用；涤棉、涤腈、棉维、丙棉等混纺织物染整工艺；各种新印花工艺和印花产品；热定型机的高速途径；低甲醛树脂、快速树脂整理工艺的研究；仿丝绸、耐久油光防水、摩擦轧光轧花、泡沫整理等整理新技术的介绍等。共刊登文章43篇，并摘要刊登各类文章51篇。下册介绍了印废水、废气、废渣的综合治理经验；印染工业的节能和工艺参数自控的发展方向；退浆率、棉纤维聚合度、丝光效果、阻燃效果等各种测试方法；水洗、轧车的基本知识；印染后整理新产品讲座；第九届国际纺织机械展览会印染设备简介以及国外最新染整加工技术、各种新产品等45篇文章，并摘要刊登各类文章25篇。最后收集了国外主要印染机械制造厂、染料的商品名称以及有关换算表等附表。

B2692 TS190

印染企业安全操作规程/中华人民共和国纺织工业部生产协调司编.—北京：中国纺织出版社，1994年.—152页

ISBN 7-5064-0878-3

本书内容包括印染行业漂练工序、染色工序、印花工序、整装工序及染化药剂的使用等方面的安全操作规程。

B2693 TS190

印染色彩学/朱谱新，王静萱编.—成都：成都科技大学出版社，1993年.—380页

ISBN 7-5616-2721-1

B2694 TS190

印染色糊调液法 ［港台］/赖耿阳编撰.—台南：复汉出版社，1990年.—253页

B2695 TS190

印染设计基础/贾京生著 . —北京：北京工艺美术出版社，1996年 . —44页；26cm

ISBN 7-80526-193-8

本书内容包括：印染设计的概念及准则，印染设计的性质、类别及印染方法，印染设计的形式美法则等。

B2696 TS190

印染试化验/徐穆卿编 . —北京：纺织工业出版社，1985年 . —338页（被引30）

统一书号 15041·1308

本书第一章介绍了印染厂化验工作的基础知识和印染厂常用化工原料，染整助剂和煤、水、油脂等工业原料的分析方法以及试、化验室的安全常识；第二章主要叙述中间工艺流程的质量控制标准和染料的检验方法；第三章介绍部颁标准所规定的正常产品和企业标准暂行的个别产品所涉及的各项试验方法；第四章对常规测试的项目进行了全面介绍。

B2697 TS190

印染助剂基础及其应用/无锡市纺织工程学会 . —无锡：无锡市纺织工程学会，1981年 . —173页

本书主要是对棉、涤纶与其混纺品的部分助剂。第一章着重介绍印染助剂的基础知识、表面活性剂的分类、特性及其在印染加工中的作用原理等。第二章、第三章和第四章分别叙述助剂在练漂、染色和印花工艺中的作用及其应用等。

B2698 TS190

有机活性中间体/高鸿宾编 . —北京：高等教育出版社，1987年 . —142页

ISBN 7-04-001113-1

B2699 TS190

有机活性中间体/穆光照编 . —北京：科学出版社，1988年 . —481页

ISBN 7-03-000528-7

B2700 TS190

有机颜料化学及工艺学/周春隆，穆振义编著 . —北京：中国石化出版社，1997年 . —624页

ISBN 7-80043-635-7

B2701 TS134

原毛准备（毛纺织工人技术读本）/上海市毛麻纺织工业公司编 . —北京：纺织工业出版社，1982年 . —170页（被引14）

统一书号 15041·1199

ISBN 7-5064-0714-0

本书内容包括羊毛的用途、验收和保管，选毛，洗毛，去草，开片和弹毛，山羊绒分梳，羊毛脂的回收。

B2702 TS102

原棉分级与配棉技术/梁湘编著 . —北京：纺织工业出版

社，1989年 . —362页（被引11）

ISBN 7-5064-0365-X

本书比较系统地阐述了棉纤维性状、原棉分级检验技术、配棉技术等，并介绍了世界主要产棉国家的棉花分级标准、性能、特点以及检验和使用方法等。

B2703 TS112

原棉水分电测器的原理及应用指南/韩刚著 . —西安：陕西科学技术出版社，1992年 . —300页（被引7）

ISBN 7-5369-1236-6

本书介绍了原棉水分电测器的原理、结构和应用，论述了电测器的电子学基础、测试原理、传统仪器和新型仪器。

B2704 TS183

圆盘缝合机的使用与维修/胡自力等编著 . —福州：福建科学技术出版社，1994年 . —120页

ISBN 7-5335-0852-1

B2705 TS194

圆网印花/胡平藩，范国彬编 . —北京：纺织工业出版社，1985年 . —251页（被引25）

统一书号 15041·1406

本书介绍了圆网印花机的构造、操作和维护保养知识，电铸圆网的制造，圆网花型的感光制版，以及各种圆网印花工艺；对圆网印花糊料的选择和常见疵病的分析也作了介绍。

B2706 TS106

远红外保健纺织品/姚鼎山编 . —上海：中国纺织大学出版社，1996年 . —91页（被引36）

ISBN 7-81038-132-6

本书主要介绍红外的基本知识，红外的生物效应，远红外纺织品的基本特点，远红外保健纺织品的选择和应用，远红外保健纺织品及其适应证。

B2707 TS11

运转班长 织部 工艺轮训班讲义/上海市棉纺织工业公司编 . —上海：上海市棉纺织工业公司，1981年 . —334页

本书主要内容包括：纺织纤维与纱线，织物，络筒工艺等。

B2708 TS176

造纸机网毯织物［译］/（美）阿尔巴尼国际公司编著；王佩君等译 . —北京：轻工业出版社，1987年 . —227页（被引19）

统一书号 15042·213

本书系统地论述了各种纸机织物的设计、生产、选用、安装以及维护和修补等，对纸机织物缺陷所引起纸病作了较为详细的分析，并提出了解决的办法。还介绍了纸机成型、压榨和干燥部的工作原理、设备及发展方向，论述了目前国际上的最新毯网织物。

B2709 TS102

怎样选择衣料/《怎样选择衣料》编写组编 .—北京：纺织工业出版社，1984 年 .—178 页

统一书号 15041·1287

本书介绍了棉布、呢绒、丝绸、麻布、化纤织物、针织物和部分服装等各个具体品种的原料组成、规格、风格特点和服用性能。

B2710 TS193

扎染技法/崔栋良，聂跃华编著 .—北京：纺织工业出版社，1992 年 .—72 页

ISBN 7-5064-0739-6

本书介绍了扎染中扎、缚、缝、结、撮、夹等的基本方法，各种图案的扎结法，以及需用的工具、料、染色方法和工艺程序等。

B2711 TS190

轧洗烘蒸单元机械 设计、制造与使用/马时中编著 .—北京：纺织工业出版社，1993 年 .—271 页（被引 8）

ISBN 7-5064-0940-2

本书介绍了轧车机械、洗涤机械、烘燥机械以及汽蒸机械的工作原理、结构特征和计算方法，搜集了现代采用的最新颖的机种。

B2712 TS143

(80) 柞蚕茧水缫操作法/辽宁省丝绸公司，辽宁省丝绸科技情报站编 .—沈阳：辽宁省丝绸公司，辽宁省丝绸科技情报站，1981 年 .—62 页

B2713 TS143

柞蚕茧制丝技术/辽宁省丝绸公司编著 .—北京：纺织工业出版社，1984 年 .—360 页（被引 27）

统一书号 15041·1285

本书主要阐述柞蚕茧制丝生产设备构造原理和工艺技术，重点介绍新设备、新工艺和新技术的应用。全书分为柞蚕茧、杀蛹与烘茧、原料茧保管、混茧与选茧、解舒剂与制丝用水、煮漂茧的作用和原理、煮漂联合机煮漂茧、真空渗透煮漂茧、剥茧、立缫机缫丝、自动缫丝机缫丝、复摇与整理包装、成品检验、缫丝工艺设计以及副产物加工与利用等内容。

B2714 TS190

柞蚕丝绸染整技术/《柞蚕丝绸染整技术》编写组编 .—北京：纺织工业出版社，1987 年 .—384 页

ISBN 7-5064-0008-1

本书系统地介绍了柞蚕丝绸的练漂、染色、印花、整理各工序的生产过程、工艺原理和机械设备，以及常用染料、助剂的性能等知识，对新工艺、新技术的应用，柞丝混纺、交织绸的练漂、染色也作了一般的介绍。

B2715 TS176

粘合衬布的生产和应用/孔繁葚，赵玉甡编著 .—北京：纺织工业出版社，1985 年 .—204 页（被引 64）

统一书号 15041·1392

本书简要地介绍了粘合衬布的生产加工技术及其应用。内容包括衬布底布的预整理；热熔胶及剂的性能；黏合衬布的涂层加工、压烫加工及产品性能的测试。对热熔胶的黏合机理及衬布的发展方向等新课题也作了讨论。

B2716 TQ34

粘胶短纤维设备的维修/傅楚珏等编 .—北京：纺织工业出版社，1985 年 .—193 页

统一书号 15041·1386

本书着重地叙述了粘胶短纤维生产设备的维修及故障处理；同时简要地介绍了粘胶短纤维设备的结构和主要技术特性、传动系统和计算、安装顺序和要求等。

B2717 TQ34

粘胶短纤维生产（粘胶纤维生产工人技术读本）/张庸编 .—北京：纺织工业出版社，1984 年 .—190 页

统一书号 15041·1303

本书以通俗的形式，详细地介绍了粘胶短纤维的生产工艺、机械设备和操作技术。对原液制造部分仅作简略介绍，重点放在粘胶短纤维的纺丝成形及后处理部分。在总结我国各地粘胶短纤维生产实践经验的基础上，对目前国内外出现的新技术也作了比较详细的论述。

B2718 TQ34

粘胶短纤维生产工艺与操作（就业训练化纤专业统编教材）/劳动部培训司组织编写 .—北京：中国劳动出版社，1990 年 .—154 页（被引 6）

ISBN 7-5045-0567-6

本书介绍了粘胶短纤维生产的基本原理、工艺流程、生产设备、生产岗位操作及安全要求等。

B2719 TQ34

粘胶丝纺丝机的安装与维修/董荣存，杨捷编 .—北京：纺织工业出版社，1986 年 .—200 页

统一书号 15041·1463

本书着重介绍了以 R535A 型为代表的半连续离心式粘胶丝纺丝机的结构、安装与维护、检修等，并简要地介绍了粘胶丝纺丝机的发展概况、类型及其应用。

B2720 TQ34

粘胶丝纺丝及后处理（粘胶纤维生产工人技术读本）/黄家玉，赵燕，彭宝珍编 .—北京：纺织工业出版社，1982 年 .—212 页（被引 5）

统一书号 15041·1233

本书叙述了粘胶长丝及强力粘胶丝纺丝和后处理的基本原理、工艺条件、生产设备、疵点成因、操作法、质量管理以及有害气体的排除与回收等。

B2721 TQ34

粘胶纤维［译］/（苏）A.T. 谢尔科夫著；王庆瑞等

译．—北京：纺织工业出版社，1985年．—370页

统一书号 15041·1355

本书探讨了粘胶纤维生产的化学和工艺学的理论基础与工艺技术流程，并阐述了生产高强度、高模量（棉型）短纤维的基本规律。

B2722 TQ34

粘胶纤维工艺学（高等纺织院校教材）/杨之礼，王庆瑞，邬国铭编．—北京：纺织工业出版社，1989年．—392页

ISBN 7-5064-0371-4

本书为1981年出版的《纤维素与粘胶纤维》（上、中、下册）的第二版。本版书名改为《粘胶纤维工艺学》。在修订中，对第一版的内容作了较多的删节、调整和补充，特别是增加了近几年来国内外在粘胶纤维生产技术上新进展的内容。

B2723 TQ34

粘胶纤维浆粕制造（粘胶纤维生产工人技术读本）/许少石，黄世钊编．—北京：纺织工业出版社，1983年．—186页

统一书号 15041·1237

本书以粘胶纤维浆粕的制造方法为内容，并简要地介绍纤维素化学的基本知识。

B2724 TQ34

粘胶纤维生产分析检验/孔行权编．—北京：纺织工业出版社，1985年．—306页

统一书号 15041·1327

本书在1962年中国财政经济出版社出版的《粘胶纤维生产化学分析》一书的基础上进行了修改，主要内容包括：试验误差与数据处理、试剂配制、浆粕分析、化工原料分析、水质分析、控制分析、废气与永的测定以及成品检验等；还介绍了几种精密仪器，如紫外光谱、原子吸收光谱、凝胶渗透色谱仪与粒子计数仪等在粘胶纤维工业中的应用。

B2725 TQ34

粘胶纤维生产基本知识（粘胶纤维生产工人技术读本）/周玉瑄，程基沛编．—北京：纺织工业出版社，1982年．—192页

统一书号 15041·1164

本书以通俗形式，介绍了各种粘胶纤维的性能特点、生产方法、应用范围及有关的原材料、辅助工程、安全技术和环境保护等知识。

B2726 TQ34

粘胶纤维生产技术问答/程基沛，黄家玉，许少石编．—北京：纺织工业出版社，1987年．—338页

统一书号 15041·1526

本书介绍了长丝、短纤维及强力丝等粘胶纤维的生产技术。

B2727 TQ34

粘胶纤维生产设备/劳动部培训司组织编写．—北京：中国劳动出版社，1990年．—90页

ISBN 7-5045-0575-7

本书与《粘胶短纤维生产工艺与操作》和《粘胶长丝生产工艺与操作》配套使用。本书主要内容包括粘胶纤维生产中粘胶原液生产设备、纺丝生产设备及后加工生产设备的结构和工作原理。

B2728 TQ34

粘胶纤维原液制造（粘胶纤维生产工人技术读本）/杨希安，吴慧俊编．—北京：纺织工业出版社，1983年．—119页

统一书号 15041·125

本书着重介绍了普通粘胶纤维生产有关原液制造的基本原理、工艺过程、生产设备及其操作要点等，并简要地介绍了强力粘胶纤维原液制造的生产特点。

B2729 TQ34

粘胶长丝生产工艺与操作（就业训练化纤专业统编教材）/劳动部培训司组织编写．—北京：中国劳动出版社，1990年．—150页（被引5）

ISBN 7-5045-0566-8

本书主要内容包括：粘胶长丝生产概述，碱纤维素的制造，碱纤维素制造各工序的岗位要求与操作等。

B2730 TS142

粘性丝纱机的安装与维修/董荣存，杨捷编．—北京：纺织工业出版社，1986年．—199页

B2731 TS103

张力控制系统/陈振翼，杨公源，沈洪勋编．—北京：纺织工业出版社，1988年．—234页（被引120）

ISBN 7-5064-0066-9

本书专门论述纺织生产中卷绕装置的张力控制问题。

B2732 TS184

长筒袜编织与后加工/王秉恩，杨智慧编译．—北京：纺织工业出版社，1992年．—168页

ISBN 7-5064-0725-6

本书介绍了长筒袜和连裤袜的基本概念，编织所使用的原料，袜机的结构原理和调整方法及电子计算机在织袜机上的应用等内容。

B2733 TS155

长纤维准备工程理论与实务 ［港台］（科学图书大库）/陈信咏编译．—台北：徐氏基金会，1991年．—194页

ISBN 957-18-0144-5

B2734 TS194

照相雕刻/程菊英编．—北京：纺织工业出版社，1987年．—206页（被引6）

统一书号 15041·1525

本书系统地介绍了照相雕刻的生产过程、基本原理、操作方法，各工序常见疵病及分析。

B2735 TS181

针纺织品商品养护/上海市商品储运公司等编．—北京：中国财政经济出版社，1980年．—146页

统一书号 4166·178

本书主要内容包括针、纺织品的原材料和包装材料，品种和包装，保管养护等知识。

B2736 TS181

针纺织品商品知识/中国职业技术培训学会商粮供教育研究会编．—北京：中国展望出版社，1989年．—237页

ISBN 7-5050-0541-3

B2737 TS181

针纺织品商品知识 上下册（国内贸易部编中等技工学校商品经营与核算系列教材）/孙玉华主编．—北京：中国审计出版社，1996年．—439页，142页

ISBN 7-5044-2992-9

本书主要包括针纺织商品的基础知识、质量检验、保管和养护等内容。

B2738 TS181

针纺织品商品知识与养护/戴娟萍主编．—北京：中国财政经济出版社，1996年．—212页

ISBN 7-5005-2874-4

本书主要包括针纺织商品的基础知识、质量检验、保管和养护等内容。

B2739 TS11

针棉织品（消费者知识丛书）/马逢伯编．—北京：中国农业机械出版社，1987年．—103页

统一书号 4216·292

本书介绍了针棉织品分类、组织结构和特性，针织内衣等商品的分类、品种、质量等知识。

B2740 TS18

针织（纺织工业知识丛书）/诸哲言，李泰亨编著．—北京：纺织工业出版社，1982年．—229页（被引22）

统一书号 15041·1175

ISBN 7-5064-0104-5

本书包括纬编、经编、成形产品、针织准备及染整、裁缝等内容。

B2741 TS184

针织布染色整理专题调查报告［港台］/何耀仁等撰写．—台北：台湾纺织工业研究中心，1995年．—139页

ISBN 957-99537-5-9

B2742 TS188

针织厂设计/杨尧栋主编．—北京：纺织工业出版社，1988年．—488页（被引15）

ISBN 7-5064-0038-3

本书以纬编、经编、织袜、羊毛衫生产为主，全面叙述了厂址选择、总平面布置、厂房型式和柱网尺寸的选择、车间布置、机器排列、厂内运输、定员设计与技术经济指标等，其中尤以工艺设计为重点，本书对空气调节、给排水和环境保护等其他专业设计也作了扼要的介绍。

B2743 TS184

针织成衣工艺学（中等纺织专业学校教材）/孙忠诚主编．—北京：纺织工业出版社，1989年．—208页

ISBN 7-5064-0268-8

本书对针织成衣工艺作了全面的介绍，其中包括服装的技术发展和分类；针织面料的基本知识；针织裁剪；针织缝纫的主要缝迹，缝针及缝线等。

B2744 TS181

针织电子应用技术/华东纺织工学院编．—上海：华东纺织工学院，1983年．—61页

本书介绍电子技术在针织横机，棉毛机大圆机，经编机上的具体应用。

B2745 TS941.6

针织缝纫工艺/李世波编著．—北京：纺织工业出版社，1985年．—311页；19cm（被引58）

统一书号 15041·1363

B2746 TS184

针织缝纫工艺 第2版/李世波，金惠琴编著．—北京：中国纺织出版社，1995年．—342页（被引30）

ISBN 7-5064-0316-1

本书第2版中增加了外衣面料品种开发、服饰辅料、纸样设计与制作、样板规格缩放、缝制设备的选用、生产线的编成、缝纫机维修保养原理及服装生产用计算机系统概论等章节，其他各章节内容也作了较大的删节、调整、修改与补充。全书新增和重编部分约占三分之二的篇幅。

B2747 TS184

针织缝纫工艺 第3版/李世波，金惠琴编著．—北京：中国纺织出版社，2006年．—462页（被引43）

ISBN 7-5064-3635-3

本书第3版对针织服装设计制作全过程，包括原辅料、工艺设备、服装设计制作技术、生产经营管理技能等各个环节都作了全面系统的介绍。

B2748 TS183

针织缝纫机的构造、安装和使用（针织厂保全工技术读本）/马寿森等编著；季志尧绘图．—北京：纺织工业出版社，1985年．—252页（被引7）

统一书号 15041·1330

本书主要叙述针织缝纫机的基本结构和使用检修知识。对常用的 GN1-1 型、GN2-1 型包缝机，GC1-2 型平缝机，GK5-1 型双针绷缝机和 GK10-3 型三针绷缝机的机械结构、工作原理、成缝过程、各机件运动配合和调节方法作了分析和介绍。此外，还简单地介绍了 GI5-1 型锁眼机和 GJ4-2 型钉钮机的结构、调节和使用检修知识。

B2749　TS183
针织缝纫机修理工作法/纺织工业部生产司编 .—北京：纺织工业出版社，1987 年 .—130 页
　　统一书号 15041·1549
　　本书主要介绍 GN1-1 型包缝机、GN2-1 型高速包缝机等针织缝纫机的修理工作范围、组织分工、工时定额等方面内容。

B2750　TS186
针织服装设计/李文杰编著 .—北京：轻工业出版社，1990 年 .—208 页；26cm（被引 18）
　　ISBN 7-5019-0789-7

B2751　TS18
针织概论（职业技术教育教材）/贺庆玉主编 .—北京：纺织工业出版社，1991 年 .—187 页（被引 30）
　　ISBN 7-5064-0598-9
　　本书介绍了针织原料、针织准备，针织物染整和成衣等，并介绍了常用针织物的组织结构及其特性、主要针织机的纺织机构及其织造原理等。

B2752　TS18
针织概论　第 2 版（职业技术教育教材）/贺庆玉主编 .—北京：中国纺织出版社，2003 年 .—252 页（被引 31）
　　ISBN 7-5064-2567-X
　　本书第 2 版详细地介绍了针织原料、针织准备、纬编、经编、袜子和羊毛衫等针织成形产品的编织，介绍了针织物染整和针织成衣等内容。

B2753　TS18
针织概论　第 3 版（纺织高职高专"十二五"部委级规划教材）/贺庆玉主编 .—北京：中国纺织出版社，2012 年 .—234 页（被引 12）
　　ISBN 978-7-5064-8294-3
　　本书第 3 版主要介绍了针织原料、针织准备、纬编针织、经编针织和袜品、无缝内衣、羊毛衫等成形产品的编织；常用针织物的组织结构及其特性、针织物染整和针织成衣等内容。对针织工业的发展概况，主要针织机的编织机构及其编织原理也作了简单介绍。

B2754　TS18
针织概论　第 4 版（"十三五"职业教育部委级规划教材）/陈绍芳 .—北京：中国纺织出版社，2018 年 .—260 页
　　ISBN 978-7-5180-4845-8
　　本书第 4 版主要介绍了针织原料、针织准备，以及纬编

针织、经编针织、袜品、无缝内衣、羊毛衫等产品的编织，常用针织物的组织结构及其特性、针织物染整和针织成衣等内容。对针织工业的发展概况、主要针织机的编织机构及其编织原理也做了介绍。

B2755　TS184
针织工艺概论［译］/（英）大卫·J. 斯潘舍著；黎国滋，孙千佛等译 .—北京：纺织工业出版社，1992 年 .—419 页（被引 13）
　　ISBN 7-5064-0826-0
　　本书介绍了横机、圆机等经编机和特利柯经编机、钩编机产品及各种类型机器的发展历史、机械动作、结构、产品性能等。

B2756　TS184
针织工艺概论/赵展谊主编 .—北京：中国纺织出版社，1998 年 .—224 页（被引 39）
　　ISBN 7-5064-1517-8
　　本书主要论述了针织工业的基本情况、织前准备、纬编和经编的基本概念、编织工艺原理等内容。

B2757　TS184
针织工艺概论　第 2 版（纺织高等教育"十一五"部委级规划教材）/赵展谊主编 .—北京：中国纺织出版社，2008 年 .—183 页（被引 13）
　　ISBN 978-7-5064-4657-0
　　本书第 2 版主要介绍了针织工程的基本情况、织前准备、纬编和经编的基本概念、编织工艺原理、织物组织结构和基本性能、花纹设计、成形产品编织原理、针织新技术应用和发展方向等内容。

B2758　TS184
针织工艺实验教程［译］（高等纺织院校教学参考书）/（苏）库德利亚文（Кудрявин, Л. А.）主编；中国纺织大学针织教研室译 .—北京：纺织工业出版社，1987 年 .—474 页
　　统一书号 15041·1480
　　本书根据苏联教学大纲所规定的顺序共分 36 个实验，由大学生在学校实验室内独立完成。

B2759　TS184
针织工艺学　第 1 册　纬编（中等纺织专业学校教材）/江苏省南通纺织工业学校主编 .—北京：纺织工业出版社，1984 年 .—359 页
　　统一书号 15041·1326
　　ISBN 7-5064-0284-X
　　本书详细地介绍了纬编工艺的基本原理、单面纬编针织物基本组织的结构与特性、单面纬编针织机的主要结构及其编织原理等内容。

B2760　TS184
针织工艺学　第 2 册　织袜（中等纺织专业学校教

材）/江苏省南通纺织工业学校主编.—北京：纺织工业出版社，1984年.—253页

统一书号 15041·1339

ISBN 7-5064-0284-X

本书叙述了织袜的基本概念、单针筒、双针筒机上袜子的编织工艺及花色组织，单针筒和双针筒袜机的结构及工作原理等。

B2761 TS184

针织工艺学 第3册 经编（中等纺织专业学校教材）/江苏省南通纺织工业学校主编.—北京：纺织工业出版社，1984年.—234页（被引9）

统一书号 15041·1319

ISBN 7-5064-0284-X

本书介绍了单梳、双梳、多梳经编针织物的基本结构与特性，对舌针、钩针、槽针经编机上的成圈机件和成圈过程作了详细叙述。

B2762 TS184

针织工艺学实验指导书（中等纺织专业学校教材）/江苏省南通纺织工业学校主编.—北京：纺织工业出版社，1988年.—203页

ISBN 7-5064-0072-3

本书编排了纬编工艺部分的实验12次，织袜工艺部分的实验6次，经编工艺部分的实验9次，总共为27次。

B2763 TS184

针织工艺学习题集（中等纺织专业学校教材）/纺织工业部中专针织专业委员会编.—北京：纺织工业出版社，1989年.—41页

ISBN 7-5064-0388-9

本书收集纬编习题198道，织袜习题111道，经编习题112道，针织成衣习题68道。

B2764 TS184

针织工艺与设备/冯怡编译.—南京：江苏科学技术出版社，1991年.—169页（被引5）

ISBN 7-5345-1209-3

本书主要内容有：纬编与经编基本组织及织造，特殊织物编织与设备，提花选针与电子技术的应用，送经与线圈长度，横机编织原理与设备，多梳栉双针床经编机与织物等。

B2765 TS184

针织工艺与设备（高等纺织院校教材）/许吕崧，龙海如主编.—北京：中国纺织出版社，1999年.—288页（被引175）

ISBN 7-5064-1427-9

本书介绍了针织和针织物的基本概念，纬编和经编针织机的基本构造与工作原理，常用针织物的编织方法与工艺分析，袜子的成形编织工艺与袜机的机构特点等。

B2766 TS183

针织横机生产技术/金航云编著.—上海：上海科学技术出版社，1985年.—459页（被引24）

统一书号 15119·2383

本书主要介绍针织横机的编织生产技术。

B2767 TS183

针织横机修理/初级职业技术教育培训教材编审委员会主编.—上海：上海科学技术出版社，1991年.—214页

ISBN 7-5323-2375-7

B2768 TS184

针织花纹的形成与设计［译］/（苏）古赛娃（Гусева，А.А.），（苏）伯斯毕洛夫（Поспелов，Е.П.）著；王爱风，张祖勤译.—北京：纺织工业出版社，1987年.—348页

统一书号 15041·1551

本书阐述各类针织物的花色效应，针织机上花纹形成的原理和各种选针机构花纹形成可能性，并提出各种选针机构的花纹设计方法。

B2769 TS183

针织机设计原理（高等纺织院校教材）/陈明主编.—北京：纺织工业出版社，1982年.—436页（被引38）

统一书号 15041·1141

本书分别介绍了针织机械设计的特点，针织机典型零件的设计，圆形纬编机的设计，经编机的设计，横机的设计，圆袜机的设计，平袜机的结构分析，以及针织机的总体设计。

B2770 TS181

针织基础 第1分册 纬编（纺织技工学校教材）/上海市技工学校针织教材编写组编.—北京：纺织工业出版社，1992年.—452页

ISBN 7-5064-0744-2

本书主要介绍了纬编生产工艺和设备。

B2771 TS181

针织基础 第2分册 织袜（纺织技工学校教材）/上海市技工学校针织教材编写组编.—北京：纺织工业出版社，1992年.—312页

ISBN 7-5064-0785-X

本书详细地介绍了袜口罗纹设备、单针筒袜机、双针筒袜机及缝头设备的结构、工作原理、传动与速比主要机件的安装要求、常见故障及其检修方法等。

B2772 TS181

针织基础 第3分册 经编（纺织技工学校教材）/上海市技工学校针织教材编写组编.—北京：纺织工业出版社，1993年.—195页

ISBN 7-5064-0896-1

本书简要地介绍了各种经编机的成圈过程；经编机主要机构的工作原理等内容。

B2773　TS181

针织基础知识　试用/劳动人事部培训就业局组织编写 .—北京：中国劳动出版社，1988 年 .—164 页

ISBN 7-5045-0207-3

B2774　TS181

针织简论（纺织技工学校教材）/上海市技工学校针织教材编写组组编 .—北京：纺织工业出版社，1991 年 .—201 页

ISBN 7-5064-0605-5

本书介绍了针织纬编、经编、织袜生产从原料到成品的工艺过程，并结合工艺介绍了主要针织设备的结构、技术特征以及这些设备所编织的产品等内容。

B2775　F768.1

针织品商品知识（商业职工中级业务技术培训丛书）/天津市第一商业局《教材编审组》编 .—天津：天津市第一商业局教材编审组，1986 年 .—504 页

B2776　TS182

针织人造毛皮后整理/秦慧琛编 .—北京：中国纺织出版社，1995 年 .—93 页

ISBN 7-5064-1165-2

本书系统地介绍了针织人造毛皮后整理的设备、工艺、生产操作和成品检验，对产品内在质量的测试方法、剪毛刀的磨刀方法及其调试和维修等知识也作了详细介绍。

B2777　TS181

针织生产工艺基础［译］/（苏）奥菲尔曼（П. Оффермани），（苏）达乌什·马尔顿（X. Таущ-Мартон）著；许吕崧，蒋文惠，潘伯荣译 .—北京：纺织工业出版社，1990 年 .—290 页

ISBN 7-5064-0444-3

本书收集了大量的资料，比较系统地阐述了针织物的组织结构、各种型式针织机的成圈工艺及机械结构性能、花纹组织的编织、花纹形成原理及采用电子控制花纹的新技术。

B2778　TS181

针织生产设计（高等纺织院校教材）/王爱凤主编 .—北京：纺织工业出版社，1993 年 .—314 页

ISBN 7-5064-0834-1

本书详细介绍了针织纬编与经编坯布、袜子、毛衫和手套产品的工艺设计基本原理和方法等。

B2779　TS184

针织物分析与设计［港台］/平见瑞主编 .—台湾：出版者不详，1988 年 .—354 页

B2780　TS190

针织物染整（高等纺织院校教材）/孔繁超主编 .—北京：中国纺织出版社，1983 年 .—333 页（被引 87）

ISBN 7-5064-0074-X

本书以棉、蚕丝、化学纤维针织坯布为主，简要地介绍了针织物纤维材料的基本性能，比较系统地叙述了针织物染整的基本原理和加工工艺，针织物染整设备以及它们的结构特征。

B2781　TS190

针织物染整工艺学（中等纺织专业学校教材）/刘昌龄，杨佩珍编 .—北京：纺织工业出版社，1990 年 .—438 页（被引 8）

ISBN 7-5064-0534-2

本书介绍了针织物染整加工的工艺过程和条件，介绍了棉、丝、化学纤维等主要针织物纤维材料的基本结构和性能等。

B2782　TS190

针织物印染与整理（针织工人技术读本）/上海市针织工业公司编 .—北京：纺织工业出版社，1989 年 .—336 页（被引 14）

ISBN 7-5064-0214-9

本书主要介绍针织物染整加工的整个过程，内容包括：原料及染化料等的基本知识，针织物的练、漂、染、印、整加工基本原理等。

B2783　TS184

针织物组织与产品设计（高等纺织院校教材）/杨尧栋，宋广礼主编 .—北京：中国纺织出版社，1998 年 .—438 页（被引 162）

ISBN 7-5064-1101-6

本书主要介绍针织物各种基本组织与花色组织的性能、编织工艺和花型设计方法等内容。

B2784　TS184

针织物组织与产品设计　第 2 版（普通高等教育"十一五"国家级规划教材）/宋广礼，蒋高明主编 .—北京：中国纺织出版社，2008 年 .—339 页（被引 51）

ISBN 978-7-5064-5247-2

本书系统地介绍了针织物各种基本组织与花色组织的结构、性能、编织工艺和产品设计方法，包括纬编的圆机产品、横机产品和袜机产品以及经编产品；内容涉及织物分析、原料选择、工艺参数设计、产品结构设计和上机工艺等。

B2785　TS184

针织物组织与产品设计　第 3 版/宋广礼，杨昆主编 .—北京：中国纺织出版社，2016 年 .—366 页

ISBN 978-7-5180-2224-3

本书系统地介绍了针织物各种基本组织与花色组织的结构、性能、编织工艺及产品设计方法。

B2786　TS184

针织物组织与设计/乔绪乐编著 .—北京：北京大学出版社，1985 年 .—373 页（被引 7）

统一书号 15195·179

ISBN 7-301-18195-7

本书共分五章，较系统、全面地讲述了经、纬编组织的形成原理及基本方法和一些生产中比较实用的变化组织及花色组织；对各种经、纬编的花纹形成机构和花纹设计，也作了介绍。

B2787 TS184

针织物组织与设计（中等纺织专业学校教材）/许瑞超，焦晓宇编.—北京：纺织工业出版社，1993年.—251页（被引6）

ISBN 7-5064-0858-9

本书阐述了各类纬编、经编织物的组织结构以及它们在织物上形成的各种花色效应，并系统介绍了纬编、经编织物的分析方法和设计方法。

B2788 TS181

针织学 第1分册 纬编（高等纺织院校教材）/天津纺织工学院主编.—北京：纺织工业出版社，1980年.—413页

统一书号 15041·1062

本书对纬编针织物的基本组织结构，纬编机的成圈原理，编织工艺分析和主要成圈机件的设计原理作了详细叙述等。

B2789 TS181

针织学 第2分册 织袜（高等纺织院校教材）/天津纺织工学院主编.—北京：纺织工业出版社，1980年.—310页（被引11）

统一书号 15041·1064

本书就织袜的基本概念，单针筒、双针筒素袜及花袜的编织工艺，单针筒袜机及双针筒袜机的结构原理，以及袜机牵拉机构的工作原理等方面作了详细阐述。

B2790 TS181

针织学 第3分册 经编（高等纺织院校教材）/天津纺织工学院主编.—北京：纺织工业出版社，1980年.—453页

统一书号 15041·1079

ISBN 7-5064-0311-0

本书主要叙述了各种经编机的成圈机件及成圈过程，以及经编过程中经纱张力的控制等。

B2791 TS184

针织衣料制造与消费/陆彩丽等编译.—北京：纺织工业出版社，1990年.—294页（被引7）

ISBN 7-5064-0393-5

本书主要内容有针织物组织、针织坯布各种衣料的织造、染整加工等。

B2792 TS183

针织圆纬引进设备与工艺/李泰亨等编著.—北京：纺织工业出版社，1993年.—278页（被引16）

ISBN 7-5064-0893-7

本书主要介绍了多针道针织机、特殊机构针织机等的结构、工作原理、产品设计、生产工艺及其性能特点等。

B2793 TS143

真空渗透煮茧/朱锦荣编著.—绵阳：四川省绵阳地区纺织工程学会，1983年.—81页

B2794 TS190

真丝绸染整/杨丹编著.—北京：纺织工业出版社，1983年.—383页（被引75）

ISBN 7-5064-0764-7

本书比较系统地介绍了真丝绸的精练、染色、印花、整装各工序的生产过程和基本原理等。

B2795 TS190

真丝绸染整新技术/周宏湘编著.—北京：纺织工业出版社，1997年.—386页（被引74）

ISBN 7-5064-1245-4

B2796 TS146

真丝绸织造技术/裘愉发编.—北京：纺织工业出版社，1988年.—291页（被引22）

ISBN 7-5064-0144-4

本书针对真丝绸产品生产中经常遇到的质量问题，介绍上海、江苏、浙江等地区真丝绸产品生产各工序，包括原料选用、浸渍、络丝、并丝、捻丝、定形等，并列举了有代表性的七种产品的工艺实例。

B2797 TS18

真丝针织企业工人初、中级技术培训讲义（1） 真丝针织准备工序/无锡市纺织工程学会编辑出版部编辑；费建明，魏福宝编写.—无锡：无锡市纺织工程学会，1997年

B2798 TS18

真丝针织企业工人初、中级技术培训讲义（2） 真丝横机/无锡市纺织工程学会编辑出版部编辑；方芳编写.—无锡：无锡市纺织工程学会，1997年

B2799 TS18

真丝针织企业工人初、中级技术培训讲义（3） 真丝经编机/无锡市纺织工程学会编辑出版部编辑；张培德，杜佳菲，王得利编写.—无锡：无锡市纺织工程学会，1997年

B2800 TS18

真丝针织企业工人初、中级技术培训讲义（4） 真丝纬编大圆机/无锡市纺织工程学会编辑出版部编辑；李义有，王俊润编写.—无锡：无锡市纺织工程学会，1998年.—204页

B2801 TS18

真丝针织企业工人初、中级技术培训讲义（5） 真丝台

车/无锡市纺织工程学会编辑出版部编辑；费建明编写.—无锡：无锡市纺织工程学会，1997年

B2802 TS18

真丝针织企业工人初、中级技术培训讲义（6） 真丝成衣（服装）/无锡市纺织工程学会编辑出版部编辑；邹笑言编写.—无锡：无锡市纺织工程学会，1997年

B2803 TS18

真丝针织企业工人初、中级技术培训讲义（7） 真丝染整/无锡市纺织工程学会编辑出版部编辑；陈刚编写.—无锡：无锡市纺织工程学会，1997年

B2804 TS18

真丝针织生产技术/徐辉等编著.—北京：中国纺织出版社，1996年.—321页（被引25）

ISBN 7-5064-1163-6

B2805 TS115

整经/陈榕生，任焕金，董健编著.—北京：纺织工业出版社，1981年.—186页

统一书号 15041·1135

B2806 TS115

整经 第2版/任焕金，陈榕生，严永耀编著.—北京：纺织工业出版社，1992年.—200页（被引5）

ISBN 7-5064-0356-0

本书根据棉纺织厂整经运转工岗位技术标准中应知应会内容，主要介绍了整经工序的任务与要求。包括：整经机的结构与作用，生产工艺的计算与配置、运转生产的技术知识、设备维护和安全知识等。

B2807 TS195

整理/上海纺织工业专科学校.—上海：上海纺织工业专科学校，1982年.—68页

B2808 TS195

整理/张振编著.—北京：纺织工业出版社，1982年.—105页（被引502）

统一书号 15041·1171

B2809 TS115

织补技术（饮食服务技工学校试用教材）/吴兴扬，刘建东编.—北京：中国商业出版社，1984年.—165页

统一书号 15237·007

B2810 TS115

织布/王德普编.—北京：纺织工业出版社，1984年.—309页（被引5）

统一书号 15041·1155

B2811 TS115

织布保全 第2版（棉纺织保全技工教材）/刘华实，魏泰编著.—北京：中国纺织出版社，1995年.—353页（被引5）

ISBN 7-5064-0115-0

本书系统介绍了GA615型织机和1515A-75多梭、多臂织机的平装方法，并简要介绍了平装原理、工具的检验和维护、安装准备工作、平车准备和拆车、木件平装、校车和试车、矫轴与配键、GA615型织机和多梭、多臂机构的基本知识。

B2812 TS118

织布厂的噪声和振动控制［译］/（日）织机研究委员会编；北京纺织工程学会编译.—北京：北京纺织工程学会，1983年.—92页

B2813 TS115

织布挡车工操作经验/纺织工业部生产司编.—北京：纺织工业出版社，1982年.—106页

统一书号 15041·1231

本书在全部转载《一九五一织布工作法》的同时，并介绍了上海市纺织工业局和陈小妹、刘秀萍、李凤珍等同志的织布挡车操作经验；书末还附有"棉织自动布机挡车工操作测定方法"（试行稿）。

B2814 TS115

织布基础 试用本（就业训练棉纺织专业统编教材）/劳动部培训司组织编写.—北京：劳动人事出版社，1988年.—201页

ISBN 7-5045-0214-6

本书共分六章，主要叙述了从棉纱织成成品布的基本工艺过程和操作方法，介绍了织布机和附属设备的基本原理、构造和维护知识。同时也简要地介绍了有关织造生产运转机管理方面的知识。

B2815 TS115

织布生产技术问答/张秋君编写.—杭州：浙江科学技术出版社，1982年.—92页

统一书号 15221·27

本书主要内容包括：织机的分类和各机构的配合，开口运动，梭子和梭子的飞行，打纬运动送经和卷取等。

B2816 TS11

织部教练员培训教材/无锡市纺织工业局生产技术科.—无锡：无锡市纺织工程学会，1993年.—76页

B2817 TS101

织部试验工序（棉纺织运转工必读）/朱蕴玉编著.—南京：江苏科学技术出版社，1989年.—176页

ISBN 7-5345-0536-4

本书内容共三章：概述、织部试验及织部化验。

B2818 TS11

织部运转工人应知辅导材料 第 1 分册 准备工序/陈其玉等，无锡市纺织工程学会编 .—无锡：无锡市纺织工程学会，1982 年 .—107 页

第一分册准备络筒、整经、穿经挡车工。

B2819 TS11

织部运转工人应知辅导材料 第 2 分册 浆纱、调浆工工序/无锡市纺织工程学会 .—无锡：无锡市纺织工程学会，1982 年 .—130 页

B2820 TS11

织部运转工人应知辅导材料 第 2 分册 浆纱工序/无锡市纺织工程学会 .—无锡：无锡市纺织工程学会，1982 年 .—100 页

第二分册准备浆纱挡车、帮车、调浆工。

B2821 TS11

织部运转工人应知辅导材料 第 3 分册 织布工序/董秋雁编；无锡市纺织工程学会 .—无锡：无锡市纺织工程学会，1982 年 .—98 页

第三分册织布挡车、帮接、换纬工。

B2822 TS11

织部运转工人应知辅导材料 第 4 分册 整理工序/梁松元等，无锡市纺织工程学会编 .—无锡：无锡市纺织工程学会，1982 年 .—138 页

第四分册整理分等、验布、修布、车折、打包、棉布检查工。

B2823 TS11

织部运转工人应知辅导材料 第 5 分册 试验化验/陈钰英等，无锡市纺织工程学会编 .—无锡：无锡市纺织工程学会，1982 年 .—161 页

第五分册织部试验、化验工。

B2824 TS11

织部运转工人应知辅导材料 修订本 第 1 分册 准备工工序/无锡市纺织工程学会 .—无锡：无锡市纺织工程学会，1990 年 .—145 页

B2825 TS11

织部运转工人应知辅导材料 修订本 第 3 分册 织布工工序/无锡市纺织工程学会 .—无锡：无锡市纺织工程学会，1990 年 .—118 页

B2826 TS147

织绸疵点分析/何秉武，陈逸芬，周克孝编 .—北京：纺织工业出版社，1984 年 .—107 页（被引 6）

统一书号 15041 · 1364

ISBN 7-5064-0754-X

本书主要介绍丝绸织造过程中的常见疵病。全书共分经

向疵点、纬向疵点和其他疵点三部分，对各类疵点的形态、后果、造成原因以及预防办法作了比较详细的叙述。

B2827 TS101

织疵预防与处理/陈文濂编著 .—北京：纺织工业出版社，1992 年 .—81 页

ISBN 7-5064-0742-6

本书从织疵形成原因的分析入手，提出了在织造过程中，织疵的处理责任范围、工作法的灵活运用、织疵的预防措施及对各类织疵的处理方法。

B2828 TS103

织机的改造方向（纺织工业经济丛书）/纺织工业部经济研究中心编辑 .—常州：纺织工业部经济研究中心发行，1986 年 .—81 页

B2829 TS103

织机调整基本原理/无锡市纺织工程学会 .—无锡：无锡市纺织工程学会，1980 年 .—100 页

本书主要内容包括：织造工程概述，织机调整与安装原理，织造工艺参变数的调整，织机主要机械故障与织疵的关系分析等。

B2830 TS105

织前准备基础 试用（就业训练化纤专业统编教材）/劳动部培训司组织编写 .—北京：劳动人事出版社，1988 年 .—218 页

ISBN 7-5045-0214-6

本书介绍了纺织厂织前各工序的任务和要求，主要机械设备的结构与作用，常见故障的产生原因及修理产品质量及斑点的防止，运输操作技术知识和新设备新技术。

B2831 TS184

织袜（针织工人技术读本）/上海市针织工业公司编 .—北京：纺织工业出版社，1988 年 .—249 页（被引 6）

ISBN 7-5064-0092-8

本书主要介绍了袜品的织造过程，内容包括：原料的选用、织前准备、编织、缝头、常用的织物组织和各工种的操作知识，还介绍了主要织袜设备的一般结构和作用原理，以及织袜管理的基本知识。

B2832 TS184

织袜工人应知辅导材料 络倒罗纹缝头保全检修工（针织企业技术标准）/无锡市纺织工程学会 .—无锡：无锡市纺织工程学会，1983 年 .—137 页

B2833 TS184

织袜工人应知辅导材料 袜机保全检修工/无锡市纺织工程学会 .—无锡：无锡市纺织工程学会，1983 年 .—160 页

B2834 TS184

织袜工艺与设备 试用（就业训练针织专业统编教

材）/劳动部培训司组织编写 .—北京：劳动人事出版社，
1988 年 .—139 页

    ISBN 7-5045-0210-3

    本书主要内容包括：概述，织前准备，Z161 型计件罗纹
机，单针筒袜机的编织机构等。

B2835 TS184

织袜运转工人应知辅导材料　袜子（针织企业技术标
准）/无锡市纺织工程学会 .—无锡：无锡市纺织工程学会，
1982 年 .—118 页

B2836 TS101

织物光泽及测试/徐士欣，左广编 .—北京：北京纺织科
学研究，1993 年 .—74 页

B2837 TS105

织物和针织物实验指导书/西北纺织工学院纺织材料教
研室编 .—西安：西北纺织工学院，1980 年 .—61 页

B2838 TS105

织物结构与设计/陈秋水主编 .—上海：中国纺织大学出
版社，1998 年 .—148 页（被引 131）

    ISBN 7-81038-183-0

    本书主要介绍织物组织，织物分析和织物设计方法，并
简要介绍纹织物装造的基本原理，同时还介绍了计算机辅助
设计的理论与实践。

B2839 TS105

织物结构与设计（高等纺织院校教材）/蔡陛霞主编 .—
北京：纺织工业出版社，1979 年 .—303 页（被引 654）

    统一书号 15041·1065

    本书主要内容介绍织物分析、织物的组织与结构，并简
要介绍纹织物的装造与设计方法。

B2840 TS105

织物结构与设计　第 2 版/蔡陛霞主编 .—北京：纺织工
业出版社，1986 年 .—343 页

    统一书号 15041·1419

    ISBN 7-5064-0278-5（1993 重印）

    本书介绍了织物分析、织物的组织与结构和纹织物的装
造与设计方法。

B2841 TS105

织物结构与设计　第 3 版（纺织高等教育教材）/蔡陛
霞主编；荆妙蕾修订主编 .—北京：中国纺织出版社，2004
年 .—281 页（被引 277）

    ISBN 7-5064-3048-7

    本书内容主要介绍织物分析、织物组织与结构，并简要
介绍了纹织物的装造、电子提花原理以及服用织物设计的内
容与方法。

B2842 TS105

织物结构与设计　第 4 版（普通高等教育"十一五"国
家级规划教材）/蔡陛霞主编 .—北京：中国纺织出版社，
2008 年 .—302 页（被引 243）

    ISBN＊7-5064-4898-X

    ISBN 978-7-5064-4898-7

    本书内容包括：机织物的分析方法、织物组织结构、织
物外观形成原理及上机工艺要求；纹织物的装造、电子提花
原理；服用纺织品设计的基本内容及方法，棉、毛、丝、
麻、化纤等不同风格大类典型产品的特征及设计实例。

B2843 TS105

织物结构与设计　第 5 版/荆妙蕾主编 .—北京：中国纺
织出版社，2014 年 .—345 页（被引 25）

    ISBN 7-5180-0418-8

    本书内容包括机织物组织结构及织物分析方法、织物外
观形成原理及上机工艺要求；纹织物的装造、电子提花原
理；服用纺织品设计的基本内容及形式等。

B2844 TS106

织物起绒技术/牛家宝编译 .—北京：纺织工业出版社，
1990 年 .—153 页（被引 8）

    ISBN 7-5064-0485-0

    本书主要介绍了各种针织绒类产品的起绒原理、加工技
术、起绒的主要设备、起绒针布、起绒作用、起绒织物的后
整理、起绒加工技术。还介绍了起绒过程中易产生的毛病及
其解决措施，织物起绒前后的测试方法，起绒的助剂，起绒
疑难问题的解答等。

B2845 TS195

织物砂洗技术/周宏湘，吴庆源编著 .—北京：中国纺织
出版社，1993 年 .—128 页（被引 10）

    ISBN 7-5064-0998-4

    本书介绍了砂洗的概念、砂洗的物理加工、化学加工和
常见的疵病与防止措施等。

B2846 TS106

织物涂层/罗瑞林编著 .—北京：中国纺织出版社，1994
年 .—164 页（被引 103）

    ISBN 7-5064-1004-4

    本书内容包括：涂层剂及其添加剂、直接涂层、层压、
涂层织物测定方法等 8 章。

B2847 TS194

织物印花/黄茂福，杨玉琴编 .—上海：上海科学技术出
版社，1983 年 .—332 页

    统一书号 15119·2279

    本书较为详尽地介绍了棉、粘胶、合成纤维织物的印花
原理和印花工艺，以及各类染料和药剂的应用理论与性能；
较系统地介绍了花筒的雕刻、平板筛网和圆网的制作以及印
花工艺的制订；对于新颖的印花技术，如转移印花、多色淋染
印花、圆网印花和常压高温汽蒸工艺等，也作了适当的叙述。

B2848 TS194

织物印花疵病分析及防止/何政民编.—北京：纺织工业出版社，1993年.—281页（被引9）

ISBN 7-5064-0895-3

本书对辊筒、圆网和平网印花生产中经常发生的60多种印花疵病，从其形态、产生原因和克服方法三个方面作了分析。

B2849 TS194

织物印花色浆调制/胡木升编.—北京：纺织工业出版社，1988年.—174页（被引25）

ISBN 7-5064-0059-6

本书比较系统地介绍了各种常用印花色浆的原糊、贮备液、自制染化料，重点叙述了各类印花染料、印花色浆的特点、性质、处方、调制操作和注意事项。

B2850 TS195

织物阻燃整理/张济邦，袁德馨编.—北京：纺织工业出版社，1987年.—161页（被引86）

统一书号 15041·1484

本书共分九章，包括阻燃整理概况，纺织纤维热裂解和燃烧性能分析，纤维素纤维织物、毛织物、合成纤维织物、混纺织物、麻织物和丝织物的阻燃整理，阻燃织物性能测试和标准等。

B2851 TS105

织物组织与纹织学 上册（高等纺织院校教材）/浙江丝绸工学院，苏州丝绸工学院编.—北京：中国纺织出版社，1981年.—256页（被引55）

统一书号 15041·1095

ISBN 7-5064-0514-8

本书上册系统地讲述织物的各种组织，包括原组织、变化组织、联合组织、重组织、双层组织、起绒组织、纱罗组织等，并扼要地介绍了织物的几何结构与上机技术计算。

B2852 TS105

织物组织与纹织学 下册（高等纺织院校教材）/浙江丝绸工学院，苏州丝绸工学院编.—北京：中国纺织出版社，1982年.—430页（被引16）

统一书号 15041·1142

ISBN 7-5064-0515-6

本书下册系统地讲述纹织设计的内容。在对纹织学的基本原理包括纹样设计、意匠、轧纹板、装造等作了详细阐述之后，结合产品实例，分类叙述了各种纹织物，包括单层、重纬、重经、双层、起绒、纱罗、高花、被面、像景等。

B2853 TS105

织物组织与纹织学 上册 第2版（高等纺织院校教材）/浙江丝绸工学院，苏州丝绸工学院编.—北京：中国纺织出版社，1998年.—278页

ISBN 7-5064-0514-8

本书第2版在系统地讲述织物组织原理和构作方法以后，又进一步讲述提花织物的文制工艺，并按丝织物特征，分章阐述各类提花织物的纹制设计。

B2854 TS105

织物组织与纹织学 下册 第2版（高等纺织院校教材）/浙江丝绸工学院，苏州丝绸工学院编.—北京：中国纺织出版社，1998年.—414页（被引14）

ISBN 7-5064-0515-6

本书第2版在系统地讲述织物组织原理和构作方法以后，又进一步讲述提花织物的文制工艺，并按丝织物特征，分章阐述各类提花织物的纹制设计。

B2855 TS105

织造（纺织技术工人培训教材）/游泽树，王振荣，周锦万编.—武汉：湖北科学技术出版社，1984年.—161页

统一书号 15304·14

本书主要介绍织物组织的基础知识，织机的主要机构，织机的辅助机构等。

B2856 TS105

织造参变数的理论与实践/董作成编著.—北京：纺织工业出版社，1988年.—360页（被引15）

ISBN 7-5064-0163-0

本书对织机经位置线、梭口、综平度、纱线张力、击梭与制梭、开口装置、经停与纬停作了较系统而详细的阐述与分析。

B2857 TS105

织造参变数的理论与实践/董作成编著.—北京：纺织工业出版社，1980年.—360页（被引11）

统一书号 15041·1078

本书对织机经位置线、梭口、综平度、纱线张力、击梭与制梭、开口装置、经停与纬停、空气参数等各项织造工艺参变数的基本原理，相互关系等，作了较系统而详细的阐述与分析等。

（1982年1版2印被引20）

B2858 TS105

织造断头统计分析［译］/（苏）盖佐诺克（Гецонок，Б.И.）著；曹瑞译.—北京：纺织工业出版社，1986年.—109页

统一书号 15041·1492

本书讨论了有关织造工艺过程可靠性的概念，指明作为综合因素作用结果的纱线断头之随机性质。根据分布律原理叙述断头率的观察试验设计法和所研究诸参数的统计控制法，以便对整个织造过程的稳定性作出评估。书中还提出了各种实际建议措施。

B2859 TS105

织造概论讲义图册/上海纺织工学院编.—上海：上海纺织工学院，1981年.—47页

B2860　TS105

织造工程学［港台］（纺织染整系列教材）/洪茂林主编.—高雄：复文图书出版社，1989年.—542页

B2861　TS105

织造工艺计算/吴啸雄译.—无锡：无锡市纺织工程学会，1983年.—106页

B2862　TS103

织造机械（纺织机械系列教材）/夏金国，李金海主编.—北京：中国纺织出版社，1999年.—239页（被引95）

ISBN 7-5064-1431-7

本书着重叙述了织造准备机械和织机的类型，结构组成与工作原理，分析了它们的工作性能及应用特点，还扼要地阐明了相关的基本工艺理论。

B2863　TS105

织造学　上册（高等纺织院校教材）/朱苏康，陈元甫主编.—北京：中国纺织出版社，1996年.—197页（被引35）

ISBN 7-5064-1211-X

本书介绍了代表性织物的构成法后，着重叙述机织物制造中开口、引纬、打纬、卷取、送经、选混储纬、断头处理、布边等新工艺和部分新设备的基本理论，以及产质量电控系统的基本知识。

B2864　TS105

织造学　下册（高等纺织院校教材）/朱苏康，陈元甫主编.—北京：中国纺织出版社，1996年.—203页（被引155）

ISBN 7-5064-1212-8

本书介绍络筒、整经、浆纱、穿结经、纬纱热湿处理、并捻等加工流程，设备选择以及对原纱质量控制的基本理论和知识，为了提高学习外语的效果，文中在部分主要技术用语后列出了英文词汇。

B2865　TS102

织造用化纤丝问答/章友鹤编著.—北京：纺织工业出版社，1987年.—220页（被引8）

统一书号 15041·1501

本书内容包括：化纤丝的分类、性质和用途，化纤丝的包装和唛头标志识别，化纤丝的合理使用和保管及化纤丝的质量检验和鉴别四个部分，以问答形式共100题。

B2866　TS102

植物纤维化学（高等学校轻工专业试用教材）/陈国符，邬义明主编；天津轻工业学院等合编.—北京：轻工业出版社，1980年.—237页

统一书号 15042·1547

B2867　TS102

植物纤维化学　第2版（高等学校轻工专业教材）/邬

义明主编.—北京：中国轻工业出版社，1991年.—270页

ISBN 7-5019-0948-2

B2868　TS102

植物纤维化学　第3版（高等学校专业教材）/杨淑蕙主编.—北京：中国轻工业出版社，2001年.—244页

ISBN 7-5019-2969-6

本书第3版内容包括：植物纤维原料的化学成分及生物结构，木素，纤维素及其衍生物，半纤维素等。

B2869　TS102

植物纤维化学　第4版/裴继诚主编.—北京：中国轻工业出版社，2012年.—317页（被引166）

ISBN 978-7-5019-8744-3

本书第4版主要内容包括：植物纤维原料的化学成分及生物结构，木素，纤维素，半纤维素。

B2870　TS102

植物纤维化学　第5版（中国轻工"十三五"规划教材　教育部高等学校轻工类专业教学指导委员会"十三五"规划教材）/裴继诚主编.—北京：中国轻工业出版社，2020年.—302页

ISBN 978-7-5184-2889-2

本书第5版主要研究植物纤维原料的生物结构及其所含各组分，重点研究纤维素、半纤维素和木素三种主要组分的化学结构、生物合成、聚集状态、物理性质、化学性质和生化性质等内容。

B2871　TS102

植物纤维化学结构的研究方法/陈嘉翔，余家鸾编著.—广州：华南理工大学出版社，1989年.—247页

ISBN 7-5623-0065-8

本书介绍了研究纤维素、半纤维素和木素等化学结构的方法，包括各种化学方法和仪器分析方法，如各种光谱、色谱、核磁共振和电镜、能谱等。

B2872　TS143

制丝（纺织工业知识丛书）/席德衡，赵庆长同编.—北京：纺织工业出版社，1982年.—246页（被引14）

统一书号 15041·1226

本书简明地介绍了家蚕茧和柞蚕茧的性能和质量检验，烘茧、剥选茧、煮茧、缫丝、复摇和整理各工序的工艺过程、设备构造、疵点丝产生原因和生产管理注意事项，以及生丝检验的内容和方法等。

B2873　TS144

制丝工艺化学/陈德基编.—北京：中国纺织出版社，1995年.—369页（被引17）

ISBN 7-5064-0928-3

B2874　TS143

制丝工艺设计与质量管理（中等纺织专业学校教

材）/荣光远编；纺织工业部教育司组织编写．—北京：纺织工业出版社，1993 年．—325 页（被引 14）

    ISBN 7-5064-0815-5

    本书包括绪论、原料茧试验，立缫、自动缫、高档生丝、优质土丝、双宫丝和简装生丝工艺设计，微型计算机、价值工程、回归分析和正交试验在制丝工艺设计中的应用等。

B2875　TS143

制丝工艺学　上册（中等纺织专业学校教材）/成都纺织工业学校编．—北京：纺织工业出版社，1986 年．—327 页（被引 6）

    统一书号 15041·1440

    ISBN 7-5064-0523-7

    本书分上下两册。上册包括绪论、制丝原料、茧的收购、干燥和贮藏、混茧、剥茧和选茧，煮茧。

B2876　TS143

制丝工艺学　下册（中等纺织专业学校教材）/成都纺织工业学校编．—北京：纺织工业出版社，1986 年．—517 页（被引 26）

    统一书号 15041·1460

    ISBN 7-5064-0524-5

    本书分上下两册。下册包括缫丝，复摇整理，生丝检验，质量、产量和缫折，工艺设计，制丝副产物加工。

B2877　TS144

制丝化学/苏州丝绸工学院制丝化学教研室编．—苏州：苏州丝绸工学院制丝化学教研室，1980 年．—95 页

B2878　TS143

制丝化学实验（讲义）/苏州丝绸工业学校．—苏州：苏州丝绸工业学校，1985 年

B2879　TS142

制丝设备维修（职工技术培训读物）/四川省丝绸公司编．—成都：四川科学技术出版社，1986 年．—292 页

    统一书号 15298·188

    本书主要内容包括总论；循环式煮茧机；立缫机；D101 型自动缫丝机；ZD721 型自动缫丝机；复摇机。

B2880　TS143

制丝学（高等纺织院校教材）/苏州丝绸工学院，浙江丝绸工学院编．—北京：纺织工业出版社，1980 年．—603 页（被引 163）

    统一书号 15041·1070

    本书主要内容包括蚕茧；丝的结构和性能；混、剥、选茧；煮茧；缫丝等。

B2881　TS143

制丝学　上册　第 2 版（高等纺织院校教材）/苏州丝绸工学院，浙江丝绸工学院编．—北京：纺织工业出版社，1993 年．—251 页（被引 8）

    ISBN 7-5064-0861-9

    本书内容包括蚕茧；茧的干燥、贮藏与茧质评定；混剥选茧；煮茧。

B2882　TS143

制丝学　下册　第 2 版（高等纺织院校教材）/苏州丝绸工学院，浙江丝绸工学院编．—北京：纺织工业出版社，1993 年．—454 页（被引 82）

    ISBN 7-5064-0862-7

    本书内容包括：缫丝、复摇整理、生丝质量与检验、工艺设计等。

B2883　TS143

制丝学实验/郑小坚，章伯元，王建南编．—苏州：苏州大学生物技术学院，199? 年．—39 页

    本书包括十五个实验：茧丝及其他纤维形态结构的观察；蚕丝与其他纤维的识别；煮茧；生丝公量检验等。

B2884　TS148

制丝用水/张时康编著．—北京：纺织工业出版社，1983 年．—228 页（被引 14）

    统一书号 15041·1257

    本书比较全面地论述了有关制丝用水各方面的问题，包括水的化学性质，水的杂质及其性质，水质指标与制丝生产的关系，制丝用水水质情况，水质要求，水质分析，水质改良和制丝污水处理等。

B2885　TS143

制丝助剂/王福成编著．—无锡：无锡市纺织工程学会，1985 年．—109 页

B2886　TS103

中国纺织机械选用指南/孔庆福主编．—北京：中国纺织出版社，1999 年．—313 页

    ISBN 7-5064-1579-8

    本书收集了点以来全国备机械生产企业生产的各种类型的纺织机械设备，包括棉纺织、毛纺织、麻纺织、丝、绢纺、针织等设备以及纺织仪器。按产品类别、工序顺序分别介绍：产品用途、主要技术参数、结构特征、淘汰产品代用品情况，系列产品标准型及其孳生型的系列型号，主要结构与工艺性能的区别，成套型主机与其辅机、专件、器材的关系。较系统地介绍纺机产品的发展、生产年代及其型号演变，纺机制造企业的变异以及最新通讯的信息等。

B2887　TS106

中国纺织面料流行样本　94/95 秋冬季/中国纺织总会纺织产品开发中心，天衣设计发展公司联合编辑．—北京：中国纺织出版社，1994 年．—303 页

    ISBN 7-5064-1133-4

    该样本收集了国内许多著名纺织企业开发生产的新产品实物（新原料、新工艺、新花色、新品种）样品，有棉、

毛、麻、丝、化纤及各种混纺产品，分印染、针织、色织三大类。

B2888 TS142

中国丝绸机械/徐作耀主编．—北京：中国纺织出版社，1998 年．—468 页（被引 22）

ISBN 7-5064-1277-2

B2889 TS512

中国细毛羊皮组织学图谱/俞从正主著；程凤侠参著．—北京：中国轻工业出版社，1999 年．—126 页；27cm

ISBN 7-5019-2184-9

本书主要内容包括：细毛羊皮组织结构；细毛羊皮在剪绒毛皮加工过程中组织结构变化；成品缺陷分析和不同质量成品的组织结构对比；常用制片及染色方法。

B2890 TS102

中空纤维实用新技术/全国化纤信息中心站编．—北京：编者自发行，1994 年．—215 页

B2891 X791

中小型及乡镇纺织印染厂污染防治/林少宁，蒯琳萍编著．—北京：中国环境科学出版社，1992 年．—305 页

ISBN 7-80093-033-5

本书介绍了乡镇及中小型纺织印染厂治理污染、保护环境的重要性，以及污染源、污染治理技术及其环境管理等。

B2892 TS155

中长纤维纺织工艺/俞伯琴，万长荣，季礼编著．—北京：纺织工业出版社，1980 年．—225 页（被引 12）

统一书号 15041·1099

本书介绍了中长化纤的选配和特性，检验方法，原料、半制品、成品质量的管理，织物的风格，现有棉纺织设备适纺中长化纤的改造，中长化纤纺纱定型设备的机构特点、工艺计算等。

B2893 TS190

中长纤维织物染整/陈锡云编著．—北京：纺织工业出版社，1989 年．—306 页（被引 9）

ISBN 7-5064-0274-2

本书系统地介绍了涤粘、涤腈中长纤维混纺织物的漂、染、印、整加工工艺及其发展趋势。

B2894 TS143

煮茧/施树基编著．—绵阳：四川省纺织工程学会，1981 年．—176 页

B2895 TS143

煮茧（制丝工人技术读本）/朱锦荣编．—北京：纺织工业出版社，1983 年．—129 页

统一书号 15041·1246

本书通俗简明地叙述了煮茧运转工必须掌握的有关设备、工艺、操作、技术管理和计算等方面的基础知识，在第一版的基础上增加了新设备、新工艺等内容。

B2896 TS143

煮茧 第 2 版（制丝工人技术读本）/朱锦荣编．—北京：纺织工业出版社，1990 年．—161 页（被引 22）

ISBN 7-5064-0512

本书通俗简明地叙述了煮茧运转工必须掌握的有关设备、工艺、操作、技术管理和计算等方面的基础知识，在第一版的基础上增加了新设备、新工艺等内容。

B2897 TS143

煮茧理论和实践/许逊编著．—苏州：苏州丝绸工学院丝绸系，1989 年．—143 页

B2898 TS143

煮茧原理与工艺/陈德本编著．—北京：科学普及出版社，1991 年．—240 页（被引 8）

ISBN 7-110-01811-3

本书介绍了缫丝工业的基础工序—煮茧工艺，及其所涉及的有关问题，如煮茧机构造、工艺、化学助剂、技术标准和煮茧机类型等问题。

B2899 TS124

苎麻纺纱学（高等纺织院校教材）/姜繁昌，邵宽，周岩编．—北京：纺织工业出版社，1986 年．—577 页（被引 154）

统一书号 15041·1437

ISBN 7-5064-0281-5

本书共分六篇，各篇分别阐述苎麻的脱胶及纤维性状；自梳前准备至细纱、捻线各工序使用的设备、加工原理、工艺参数及质量控制；绢纺式梳理成条工艺以及苎麻短麻纺等。

B2900 TS128

苎麻纺织厂设计/刘松余主编．—北京：纺织工业出版社，1987 年．—217 页（被引 5）

统一书号 15041·1559

ISBN 7-5064-0239-4

本书叙述苎麻纺织厂厂址选择、总平面设计、工艺流程选择、设备选型与设备、车间布置以及劳动定员等，着重介绍长麻纺工艺设计的基础资料和基本数据，同时提供短麻纺工艺概况。

B2901 TS123

苎麻纺织概论（讲义）/株洲苎麻纺织印染厂编．—株洲：株洲苎麻纺织印染厂，1981 年

B2902 TS122

苎麻纺织设备安装工程预算定额 试行/纺织工业部．—北京：纺织工业部发行，1989 年

B2903 TS123

苎麻绢式梳理及制条/许符节著 . —株洲：湖南省株洲市煤田印刷厂，1987 年

本书比较系统地叙述了从精干麻到制条的绢纺式工艺技术。包括梳前准备、切麻、圆梳、拣麻与分磅等。

B2904 TS124

苎麻纱线生产工艺与质量控制/郁崇文，张元明，姜繁昌编著 . —上海：中国纺织大学出版社，1997 年 . —432 页（被引 166）

ISBN 7-81038-146-6

本书共有四篇，分别阐述苎麻纤维性状，苎麻脱胶工艺与质量控制，苎麻长纤维纺纱工艺与质量控制，苎麻短纤维与棉、化纤等混纺工艺以及花式纱线和新型纺纱等。

B2905 TS123

苎麻脱胶、浆纱化验应用技术/株洲苎麻纺织印染厂编 . —株洲：株洲苎麻纺织印染厂，1984 年 . —111 页

B2906 TS123

苎麻脱胶与纺纱/许符节编著 . —株洲：株洲苎麻纺织科技情报站，1985 年 . —422 页

B2907 TS123

苎麻脱胶与纺纱 修增订本/许符节编著 . —株洲：株洲苎麻纺织科技情报站，1990 年 . —504 页（被引 5）

本书比较系统地叙述了苎麻从脱胶到纺纱的工艺技术，内容包括：苎麻（原麻）、脱胶、梳前准备、梳理概述、毛式梳理、绢式梳理、并合牵伸、针梳并条、粗纱、细纱、新型纺纱、并捻与质量检查等。

B2908 TS125

苎麻织物的设计与生产/濮美珍编著 . —北京：纺织工业出版社，1988 年 . —172 页（被引 13）

ISBN 7-5064-0138-X

本书分别叙述了苎麻织物的发展历史及产品分类、苎麻织物的设计与计算，并对纯苎麻布，苎麻与化纤混纺布等也作了详细介绍。

B2909 TS125

助剂化学及工艺学/冯亚青，王利军等合编 . —北京：化学工业出版社，1997 年 . —480 页；26cm（被引 237）

ISBN 7-5025-1790-1

B2910 TS190

助剂化学及工艺学 第 2 版/冯亚青，陈立功主编 . —北京：化学工业出版社，2015 年 . —388 页；26cm

ISBN 978-7-122-22895-6

本教材对塑料、橡胶、涂料、石油化工产品和纺织染整助剂等按其作用功能综合编排分类。全书共十章，包括绪论、增塑剂、抗氧剂、热稳定剂、光稳定剂、阻燃剂、交联剂与偶联剂、乳化剂与分散剂、流动性能与流变性改进剂、

其他助剂等内容。

B2911 TS104

转杯纺纱/张百祥，周慈念，梁金茹编著 . —北京：纺织工业出版社，1990 年 . —160 页（被引 70）

ISBN 7-5064-0486-9

本书内容包括转杯纺纱的工艺原理、机构作用分析、成纱结构及其特点、适纺原料、号数与适制产品、技术经济分析等。

B2912 TS104

转杯纺纱（气流纺纱）/叶鸿玑，徐潼，郝德顺等编著 . —济南：济南出版社，1990 年 . —174 页

ISBN 7-80572-133-5

本书详细阐述了转杯纺纱原理、纺纱器构造、纺纱机的排风排杂系统、工艺计算、生产工艺流程等。

B2913 TS103

转杯纺纱机的使用与维修/马克永编著 . —北京：中国纺织出版社，1999 年 . —225 页（被引 5）

ISBN 7-5064-1498-8

本书分概论，平揩车工作内容、程序及维修保养工作，纺纱器的检修与调整，影响成纱质量和筒纱外观质量的原因及解决方法，转杯纺纱机常见故障及解决方法，对 BD200SN 型转杯纺纱机气流及集杂方式的分析等。

B2914 TS106

装饰纹织设计与应用/侯怀德编著 . —上海：百家出版社，1989 年 . —144 页

ISBN 7-80576-046-2

本书主要介绍纺织装饰类纹织物的设计与应用。前四章讲述纹织物的上机装造和纹织工艺的基本原理；后八章结合各类装饰纹织物讲述具体的设计方法和技巧。

B2915 TS194

装饰织物印花实用技术/陈邦伟编 . —北京：中国纺织出版社，1996 年 . —136 页（被引 9）

ISBN 7-5064-1213-6

本书着重介绍印花工艺的基本原理、工艺流程、工艺特点、技术要求，分析实际生产中遇到的问题，并提出解决办法。

B2916 TS112

自动结经机构造、安装与使用/董健编著 . —北京：纺织工业出版社，1987 年 . —187 页

统一书号 15041·1439

本书按照棉纺织生产工人、保全保养工人应知应会的要求，对自动结经机作了全面详尽的介绍。

B2917 TS142

自动缫丝机理论与管理/杭州纺织机械厂，杭州新华丝厂编 . —北京：纺织工业出版社，1985 年 . —300 页（被引 25）

统一书号 15041·1384

本书共分总论、纤度感知器、探索机构、给茧机、丝条故障检测和切断防止装置、卷绕机构、索绪机、理绪机、分离机和传动系统十章。

B2918　TS104

自捻纺纱/姚瑞源，蒋金仙编著．—北京：纺织工业出版社，1985 年．—135 页（被引 11）

统一书号 15041·1342

本书重点介绍了自捻纺纱的加捻原理、加捻机构与加捻工艺，书中还介绍了自捻纺纱的原料与产品及国内外自捻纺纱的发展情况。

B2919　TS103

自调匀整装置/祝柏荣编著．—北京：纺织工业出版社，1980 年．—334 页（被引 82）

统一书号 15041·1403

ISBN 7-5064-0493-1

本书对自调匀整装置作了较为详细的叙述和分析，包括各种型式自调匀整装置的作用原理、主要特点及工作分析，各环节（元件）的性能分析、测试方法，匀整效果的评定、综合评价及发展趋势等。

B2920　TS102

阻燃纤维及织物/眭伟民，黄象安，陈佩兰编著．—北京：纺织工业出版社，1990 年．—290 页（被引 198）

ISBN 7-5064-0427-3

本书包括纤维的燃烧、阻燃剂及其阻燃作用、纤维和织物阻燃方法、阻燃黏胶纤维等。

B2921　TS103

祖克浆纱机原理及使用/萧汉滨编著．—北京：中国纺织出版社，1999 年．—248 页（被引 84）

ISBN 7-5064-1542-9

B2922　TS141

最新纺丝技术［译］/（日）纤维学会编；周晓沧，邓灿华，张林译．—出版地不详：出版者不详，1993 年．—235 页

B2923　TS02

纺织产品设计名师谈创新（纺织创造丛书）/曾德福，何汶定编．—北京：纺织工业出版社，1992 年．—144 页

ISBN 7-5064-0875-9

记述了一些纺织品设计名师在服装设计、针织花型设计、色织产品设计、毛纺织产品设计、精纺产品设计、装饰布图案设计、内外销图案设计等方面获得创新成功的经验。

B2924　F407.8

纺织物资储运管理（纺织工业物资管理知识丛书）/天津市纺织工业局《纺织工业物资管理知识丛书》编写组编．—天津：天津科学技术出版社，1985 年．—234 页

统一书号 15212·132

B2925　TS145

丝织物装造及其应用/丁雪君，阮正蛟编．—苏州：苏州丝绸工学院书店出版，1989 年．—244 页

2.1.3　2000—2020 年

B2930　TQ34

3D 纤维增强聚合物基复合材料［译］/（澳）L. Tong, A. P. Mouritz, M. K. Bannister 著；黄涛、矫桂琼译．—北京：科学出版社，2008 年．—191 页；24cm

ISBN 978-7-03-020109-6

本书共分 9 章，内容包括：3D 纤维预成型件制造、预成型件固化、研究力学性能的微观力学模型、3D 机织复合材料等。

B2931　TS112

FA 系列棉纺设备值车操作指导　精梳、并条、粗纱操作/无锡纺织机械试验中心编．—北京：中国纺织出版社，2001 年．—148 页

ISBN 7-5064-1974-2

本书介绍了精梳、并条、粗纱工序的任务、设备、运转操作、测定与技术标准、管理制度等内容。

B2932　TS112

FA 系列棉纺设备值车操作指导　清梳联操作/无锡纺织机械试验中心编．—北京：中国纺织出版社，2001 年．—88 页

ISBN 7-5064-1974-2

本书介绍了清梳联工序的任务、设备、运转操作、测定与技术标准、管理制度等内容，特别是对值车工的应会知识作了详细介绍。

B2933　TS112

FA 系列棉纺设备值车操作指导　细纱、并纱、倍捻操作/无锡纺织机械试验中心编．—北京：中国纺织出版社，2001 年．—113 页

ISBN 7-5064-1974-2

本书介绍了细纱、并纱、倍捻工序的任务、设备、运转操作、测定与技术标准、管理制度等内容。

B2934　TS108

FC 国际纺织标准与检测培训教材/伏广伟主编．—北京：中国纺织工业协会检测中心，2006 年

"FC 国际纺织品标准与检测培训班"是由中国纺织信息中心/中国纺织工业协会检测中心与国际权威标准机构共同举办的国际纺织标准与检测技术高端培训项目。该培训教材内容囊括了国际标准化组织（ISO）、美国（AATCC、ASTM）等标准体系的常用标准。

B2935 TQ34

FRTP 复合材料成型及应用/方国治，藤一峰等编著 .—北京：化学工业出版社，2017 年 .—157 页；24cm

ISBN 978-7-122-30083-6

本书总结了国内外目前广泛应用的各种典型 FRTP 制品的设计、生产方法，全面系统地论述了 FRTP 的特点、应用、设计、制造等实用技术理论与实例。

B2936 TS103

GA308 型浆纱机的原理及使用（纺织新技术书库）/汤其伟主编 .—北京：中国纺织出版社，2005 年 .—160 页（被引 26）

ISBN 7-5064-3528-4

本书内容包括经轴退绕张力调节装置、双浆槽和高压上浆装置、分层预烘和全烘燥机构、织轴卷绕机构、传动机构等。

B2937 TS112

GB 1103. 1—2012《棉花 第 1 部分：锯齿加工细绒棉》宣贯教材/徐水波主编；中国纤维检验局编 .—北京：中国标准出版社，2012 年 .—224 页

ISBN 978-7-5066-6878-1

本书内容包括 GB 1103—2012 棉花国家标准修订工作概述、条文解释、专题介绍几个部分。其中条文解释作为标准起草和征求意见达成的共识，也是对条文的准确释义。对于标准涉及的难点和重点问题，在条文解释的基础上，本教材列出了若干专题，作进一步说明。

B2938 TS103

HXFA299 型精梳机的生产与工艺（纺织新技术书库）/周金冠主编 .—北京：中国纺织出版社，2008 年 .—141 页（被引 11）

ISBN 978-7-5064-4945-8

本书主要阐述我国最新研制已达国际先进水平的 HX-FA299 型精梳机的结构特征与实用工艺，内容包括其主要结构的创新及工作要求、各主要工艺的综合应用与工艺示例以及精梳实际应用中的相关要素等。

B2939 TS195

Lyocell 纺织品染整加工技术（纺织新技术书库）/唐人成等编著 .—北京：中国纺织出版社，2001 年 .—414 页（被引 107）

ISBN 7-5064-2063-5

本书在介绍 Lyocell 纤维制造、结构和性能的基础上，详细论述了 Lyocell 纺织品的染整工艺流程以及前处理、初级原纤化/酶去原纤化/次级原纤化、染色和后整理加工技术和典型的染整加工设备。

B2940 TS102

Lyocell 纤维生产工艺及原理/赵庆章编著 .—北京：中国纺织出版社有限公司，2020 年 .—115 页；24cm

ISBN 978-7-5180-7854-7

本书对 Lyocell 纤维发展的历史沿革、纤维素结构、NMMO 溶剂的性质、Lyocell 纤维用浆粕制备工艺及检测方法、Lyocell 纤维的制备工艺及溶剂回收、Lyocell 纤维的应用等进行了详细的论述。着重介绍了 Lyocell 纤维生产工艺及影响因素，同时从技术经济的角度分析了 Lyocell 纤维发展所面临的问题与发展前景，并针对这些问题提出了相关建议。

B2941 TQ34

PTT 纤维及制品的开发（纺织新技术书库）/钱以竑主编；王府梅，赵俐编著 .—北京：中国纺织出版社，2006 年 .—408 页

ISBN 7-5064-3740-6

PTT 是 20 世纪末问世的又一项重要的纤维用高分子合成材料。本书详细介绍了 PTT 聚合物和纤维的物化性能，对其生产、织造和染整的原理和工艺进行了阐述，书中还汇集了一些生产实例，便于读者在产品研发时参考。

B2942 TS1

Springer 纺织百科全书（注释本）A-F［译］/（德）鲁埃特（Hans-Karl Rouette）著；中国纺织出版社专业辞书出版中心译 .—北京：中国纺织出版社，2008 年 .—926 页

ISBN 7-5064-4714-0

本书共计 3 册，系统地阐述了各类通用和最新专业术语。对于重要的词目，本书除了对它们本身进行完整的描述之外，还着重解释它们在生态学、工艺学及应用方面的相互关系。全书涉及染色、印花、整理、涂层等各种加工的纺织品，如服装材料、医用纺织品和土工布等。书中对于纺织品染整加工中特有的环境污染问题也给予了高度的关注。书中的知识点还包括高分子化学、染料化学、水和表面活性剂化学、胶体化学、物理化学、高分子物理学。

B2943 TS1

Springer 纺织百科全书（注释本）G-Q［译］/（德）鲁埃特（Hans-Karl Rouette）著；中国纺织出版社专业辞书出版中心译 .—北京：中国纺织出版社，2008 年 .—927—1803 页

ISBN 7-5064-4714-0

B2944 TS1

Springer 纺织百科全书（注释本）R-Z［译］/（德）鲁埃特（Hans-Karl Rouette）著；中国纺织出版社专业辞书出版中心译 .—北京：中国纺织出版社，2008 年 .—1804—2871 页

ISBN 7-5064-4714-0

B2945 TS183

编织机的结构与维修/刘艳君，朱文俊，刘让同编著 .—北京：中国轻工业出版社，2001 年 .—248 页

ISBN 7-5019-3073-2

本书内容有："标准"牌 JBZ170-2 型编织机的结构与编织原理，"天琴"JBZ245-2 型提花轮型提花编织机的结构与维修，工业横机的结构、性能与维修等。

B2946　TS184

编织机花样/黄钢，石梅编译．—北京：中国轻工业出版社，2005 年．—94 页；29cm

ISBN 7-5019-4989-1

本书内容包括：春夏季编织花样、秋冬季编织花样、编织机技法、编织花样与机织花卡。

B2947　TS103

变频器、PLC 在纺织工业中的应用/高孝纲编著．—北京：机械工业出版社，2009 年．—356 页（被引 6）

ISBN 978-7-111-26876-5

本书第一篇是从应用角度出发，较全面、系统地介绍了纺织机械的调速特性，自控系统组成和特性分析，以及变频器、PLC、纺织用电动机、传感器等的基本知识。第二篇介绍了变频器、PLC 在八大类百余种纺织机械中的综合应用实例，注重实际应用，对主要机台例如梳棉机、粗纱机、细纱机、浆纱机、化纤长丝、短丝纺丝及后加工设备等负载性质和控制系统，给予了较详细的分析。最后还介绍了风机、水泵的变频调速。

B2948　TS102

变异山羊绒理化性能/杨建忠，李发洲编著．—上海：东华大学出版社，2019 年．—183 页

ISBN 978-7-5669-1673-0

B2949　TS102

变异山羊绒纤维形态图谱/杨建忠，李发洲主编．—上海：东华大学出版社，2011 年．—182 页

ISBN 978-7-81111-798-1

本书介绍了变异山羊绒纤维特征；变异与未变异山羊绒纤维细度与细度分布情况测试结果与分析；以图谱形式呈现了扫描电子显微镜变异与未变异山羊绒纤维细度与鳞片状态、山羊绒各成分鳞片结果等。

B2950　TS190

表面活性剂化学及纺织助剂（普通高等教育"十一五"国家级规划教材）/陆大年主编．—北京：中国纺织出版社，2009 年．—190 页

ISBN 978-7-5064-5479-7

本书为普通高等教育"十一五"国家级规划教材，是作者在长期从事表面活性剂化学及其应用的教研工作基础上编写的。为了提高表面活性剂在轻工领域的应用水平，本教材主要介绍了表面活性剂的各种理论结果、基本性能及其影响因素，重点介绍了在纺织领域的各种应用。本书可作为高等学校应用化学、精细化工、轻化工程及相关专业的教材，也可供相关专业科研和工程技术人员参考。

B2951　TQ423.9

表面活性剂应用技术/张天胜主编．—北京：化学工业出版社，2001 年．—591 页；21cm（被引 287）

ISBN 7-5025-3313-3

本书从实用角度出发阐述各类表面活性剂在洗涤剂工业、化妆品工业、制药工业、食品工业、纺织工业、石油工业、废水处理等领域的实用技术。

B2952　TS112

并粗维修（现代棉纺设备维修技术丛书）/吴予群主编．—北京：中国纺织出版社，2007 年．—439 页

ISBN 978-7-5064-4570-2

本书着重阐述了并粗工序设备技术特征与工艺品质常识、设备主要机构及其作用和原理、设备维修技术与故障处理等相关知识、设备状态与产品质量等。同时介绍了相关机械、电气、安全生产的基本知识和新设备、新技术的应用与发展现状等方面的内容。

B2953　TS102

布言布语：纤维材料形态与表现（高等学校教材）/宗明明，张珣，王瑞华编著．—北京：化学工业出版社，2007 年．—218 页

ISBN 978-7-122-00500-7

本书从纤维材料的形态与表现入手，借鉴传统手工艺，通过对纤维材料不同特性、形态、肌理的表现，融材料观念于设计，并加以艺术表现，赋予艺术设计作品更多更丰富的文化内涵，使纤维艺术设计材料的表现更加贴近现代设计需求，具有更强的艺术魅力。本书内容深入浅出，可读性和可操作性强。

B2954　TS102

蚕丝、蜘蛛丝及其丝蛋白（天然高分子基新材料丛书）/邵正中著．—北京：化学工业出版社，2015 年．—289 页

ISBN 978-7-122-23016-4

本书是国内第一本从理论到实践详细描述蚕丝和蜘蛛丝及其丝蛋白的专著。作者为研究蚕丝、蜘蛛丝等动物丝蛋白领域的国内外权威专家，本书凝聚了作者多年来在动物丝蛋白方面的研究成果，内容涉及：蚕丝和蜘蛛丝的生物学特性及其结构与性能，仿生制备和在材料科学领域的应用；最后还介绍了目前在动物丝和丝蛋白材料研究与应用中的瓶颈及其研究前景和可能性。

B2955　TS102

蚕丝·染料·光谱·电化学/马明明著．—西安：西安出版社，2010 年．—240 页

ISBN 978-7-80712-617-1

本书共五章，内容包括：蚕丝蛋白功能接口的电化学构筑与应用、电化学方法测定丝素蛋白和丝胶蛋白、电化学方法测定某些染料染色纤维上染率、光谱法研究蚕丝、染料与某些物质作用及应用等。

B2956　TS102

蚕丝工程学/朱良均主编．—杭州：浙江大学出版社，2020 年．—279 页；26cm

ISBN 978-7-308-19468-6

全书共 14 章，包括：1. 绪论。2. 蚕茧性状。3. 茧丝性

状。4. 蚕茧检验。5. 蚕茧干燥。6. 干燥设备。7. 缫丝准备。8. 煮茧工程。9. 缫丝工程。10. 复摇整理。11. 制丝水质。12. 工艺设计。13. 生丝检验。14. 质量管理。

B2957 TS102

蚕丝及再生丝素蛋白材料及其应用/吴惠英，周燕，左保齐等编著 .—北京：中国纺织出版社，2017 年 .—121 页

ISBN 978-7-5180-3561-8

本书简要介绍了蚕丝的结构、组成以及蚕丝再生加工可形成的多种再生丝素蛋白形态，系统介绍了蚕丝在新型溶解体系中表现出的溶解性能和溶解机理，分析了该溶解体系对改善再生丝素蛋白材料性能的影响，详细阐述了再生丝素蛋白纤维、再生丝素蛋白静电纺纳米纤维及再生丝素蛋白水凝胶的形成过程、结构与性能以及在生物医用材料领域中的应用。

B2958 TS102

蚕丝加工工程（普通高等教育"十二五"部委级规划教材）/陈文兴，傅雅琴主编 .—北京：中国纺织出版社，2013 年 .—248 页（被引 33）

ISBN 978-7-5064-9883-8

本书共分 9 章，系统地介绍了蚕茧的形成与结构性能，收烘与茧质量鉴定，混剥选茧、煮茧、缫丝和复摇整理，生丝质量检验，制丝加工原理，工艺与设备及制丝用水等知识。

B2959 TS102

蚕丝检测技术（纺织检测知识丛书）/董锁拽主编 .—北京：中国纺织出版社，2018 年 .—178 页

ISBN 978-7-5180-4754-3

本书主要介绍了蚕丝检测相关的基础知识，包括检测目的、检测标准和规范、检测项目及检测方法，是一本较好的丝类产品检测实操用书。

B2960 TS193

草木纯贞 植物染料染色设计工艺（现代纺织艺术设计丛书）/朱莉娜著 .—北京：中国社会科学出版社，2018 年 .—210 页

ISBN 978-7-5203-1685-9

植物染料染色设计工艺对于服装也至关重要，新的技术发展能够带来新的机遇，只有把握好新技术的发展前景及其使用前景，才能准确地预测服装业发展的未来，引导和掌控服装行业的发展。植物染色技术安全、稳定，会有极其广泛的应用前景。

B2961 TS193

测色配色应用技术/杨晓红主编 .—北京：中国纺织出版社，2010 年 .—177 页（被引 27）

ISBN 978-7-5064-6607-3

纺织品颜色的测量以及颜色配方的确定是纺织品染整生产和贸易过程中的重要环节。测色配色应用技术是高职院校染整技术专业的主干课程。本书以纺织品染整测色配色工作过程为依托，以典型工作任务为主线，以提高学生职业能力为目的，系统地介绍了纺织品测色配色过程的基本知识和方法步骤，每部分最后给出的综合训练，为读者进行测色与配色相关技能训练提供了参考。

B2962 TS102

产业化新型纺织材料（纺织服装高等教育"十二五"部委级规划教材）/杨乐芳主编 .—上海：东华大学出版社，2012 年 .—138 页

ISBN 978-7-5669-0022-7

本书着重介绍了产业化前景良好的生态友好型的新型纺织材料。主要内容包括：产业化生态型天然纤维、产业化生态型再生纤维、产业化生态型合成纤维等。

B2963 TS106

产业用纺织品（纺织服装高等教育"十一五"部委级规划教材）/熊杰主编 .—杭州：浙江科学技术出版社，2007 年 .—212 页（被引 17）

ISBN 978-7-5341-3059-5

本书以纺织工程专业的本科生为读者对象，针对目前纺织品在工农业和其他各行各业的应用特点编写本书稿。

B2964 TS106

产业用纺织品（普通高等教育"十一五"部委级规划教材 高职高专）/张玉惕主编 .—北京：中国纺织出版社，2009 年 .—216 页（被引 16）

ISBN 978-7-5064-5695-1

本书主要介绍了产业用纺织品的分类与用途、性能指标及其影响因素和测定方法，阐述了产业用纺织品在不同应用领域的性能要求、基本设计思路和加工方法；并对一些新型纤维的特性和应用、特种织物的结构和制造及其主要产品在应用过程中的作用原理作了介绍。本书介绍的产业用纺织品内容具有时代性，实用性强，对纺织品设计、加工和开拓应用范围具有一定的指导意义。

B2965 TS106

产业用纺织品（普通高等教育"十五"国家级规划教材）/晏雄主编 .—上海：东华大学出版社，2003 年 .—273 页（被引 122）

ISBN 7-81038-677-8

本书介绍了产业用纺织品的一系列相关内容。主要包括产业用纺织品概述、产业用纤维材料、产业用纺织品的加工技术、产业用纺织品及其应用、产业用纺织品的发展前景等五个方面。

B2966 TS106

产业用纺织品 第 2 版（普通高等教育"十五"国家级规划教材）/晏雄主编 .—上海：东华大学出版社，2013 年 .—273 页（被引 6）

ISBN 978-7-5669-0206-1

本书从产业用立场出发，对产业用纤维与织物的分类、性能特点，产业用纤维制品的制造、加工技术的特殊要求，

以及其应用领域和未来发展前景都作了较为系统的介绍。

B2967 TS106

产业用纺织品 第3版（普通高等教育"十五"国家级规划教材）/晏雄主编.—上海：东华大学出版社，2018年.—273页

ISBN 978-7-5669-1368-5

本书从产业用立场出发，对产业用纤维与织物的分类、性能特点，产业用纤维制品的制造、加工技术的特殊要求，以及其应用领域和未来发展前景都作了较为系统的介绍。

B2968 TS106

产业用纺织品设计与生产（纺织服装高等教育"十一五"部委级规划教材）/尉霞主编.—上海：东华大学出版社，2009年.—272页（被引21）

ISBN 978-7-81111-598-7

本书详细介绍了产业用纺织品的分类、特点及纤维原料、生产加工、后加工技术和设计方法，并对土工布、工业用纺织品、过滤用纺织品、农林水产渔业用纺织品、医用纺织品、交通运输用纺织品、防护用纺织品、体育及休闲用纺织品、军事国防和航空航天用纺织品、密封衬垫隔热绝热纺织品的分类与特性、设计、生产作了较为系统的介绍。

B2969 TS102

产业用纤维［港台］/黄玲娉，梁雅卿著.—台北县：台湾纺织工业研究中心，2003年.—248页

ISBN 957-9674-49-3

B2970 TS102

产业用纤维制品学（普通高等教育"十一五"国家级规划教材 本科）/晏雄主编.—北京：中国纺织出版社，2010年.—229页

ISBN 978-7-5064-6070-5

本书上篇主要侧重产业用纤维制品的基础知识，介绍了产业用纤维材料、产业用纤维制品设计、产业用纤维制品的加工技术和产业用纤维制品检测；下篇侧重产业用纤维制品的应用，主要介绍了土木、建筑用纤维制品，农用纤维制品，医疗、卫生用纤维制品，交通、运输用纤维制品，造纸用纤维制品，体育、休闲用纤维制品和军事、国防、航空航天用纤维制品。

B2971 TS102

产业用纤维制品学 第2版/晏雄，邓炳耀主编.—北京：中国纺织出版社，2019年.—330页；26cm

ISBN 978-7-5180-5874-7

本书是高等纺织院校纺织工程专业的主要专业教材之一，内容分为上篇和下篇。上篇介绍产业用纤维制品的基础知识，包括产业用纤维制品的定义、分类、特点，产业用纤维制品的设计、加工及检测等；下篇主要介绍产业用纤维制品近年来在各行各业的推广应用等。

B2972 TS102

产业专利分析报告 第14册 高性能纤维/杨铁军主编.—北京：知识产权出版社，2013年.—263页

ISBN 978-7-5130-1792-3

本书收集了一个特定行业的专利态势分析报告。每个报告从相关行业的专利（国内、国外）申请、授权、申请人的已有专利状态、其他国家的专利状况、同领域领先企业的专利壁垒等方面入手，充分结合相关资料，展开分析，并得出分析结果。本书是了解相关行业技术发展现状并预测未来走向，帮助企业做好专利预警的必备工具书。

B2973 TS102

常见毛用动物毛纤维质量评价技术/李维红主编.—北京：中国农业科学技术出版社，2017年.—131页；21cm

ISBN 978-7-5116-3166-4

本书主要包括四章。第一章简要介绍了七种常见毛用动物，主要描述了其产地、性能及毛纤维的特点。第二章介绍了七种常见毛用动物毛纤维的结构特点、用途和微观结构。第三章对七种常见毛用动物毛纤维物理、化学性能做了较为详细的介绍。第四章对几种常见毛用动物毛纤维的质量评价技术做了介绍。

B2974 TS102

超细纤维生产技术及应用（材料新技术丛书）/张大省，王锐编著.—北京：中国纺织出版社，2007年.—378页（被引79）

ISBN 978-7-5064-4249-7

本书以超细纤维的生产技术为线索，分别介绍了超细纤维发展的历史沿革、直接纺丝法超细纤维制造、复合纺丝法超细纤维制造、共混纺丝法超细纤维制造、超细纤维制造的关键设备、超细纤维织物染整及静电纺丝法制备超细纤维的研究工作等内容。

B2975 TS184

成形针织产品设计与生产（纺织高等教育教材）/宋广礼主编.—北京：中国纺织出版社，2006年.—241页（被引57）

ISBN 7-5064-3676-0

本书以横机羊毛衫为主，介绍了针织成形产品的工艺、设备和产品设计方法，包括纺织工艺设备、产品组织结构、成形工艺设计以及成衣和染整加工工艺。此外，书中还介绍了新型计算机无缝内衣圆机的原理、设备、工艺和产品设计方法。

B2976 TS186

成形针织服装设计/李学佳主编.—北京：中国纺织出版社有限公司，2019年.—254页；26cm

ISBN 978-7-5180-6546-2

本书共九章，主要内容包括成形针织服装概述、成形针织服装组织设计、成形针织服装色彩设计、成形针织服装规格设计、成形针织服装造型设计、成形针织横机产品设计、成形针织袜类产品设计、成形针织服装成衣设计、成形针织

服装整理设计等。

B2977　TS186

成形针织服装设计：制板与工艺/王琳著．—北京：中国纺织出版社有限公司，2020年．—202页；24cm

ISBN 978-7-5180-7107-4

本书从针织服装设计理论着手，从工艺设计到制板，再到成衣加工等一系列针织设计、生产流程进行介绍，并结合实际生产经验，根据不同案例提出解决方案。

B2978　TS190

成衣染整/汪青主编．—北京：化学工业出版社，2009年．—257页（被引10）

ISBN 978-7-122-05398-5

本书在介绍各类服装纤维材料特点和性能的基础上，给出了各类服装材料的染整加工原理、染化料和工艺选择原则，并给出了相应的染整工艺实例；为顺应现代纺织产品生态化的潮流，对生态化检验进行了简单介绍，并介绍了服装检验和保养的基本知识。全书内容共分14章。

B2979　TS107

出入境纺织品检验检疫500问（纺织检测知识丛书）/仲德昌编著．—北京：中国纺织出版社，2008年．—266页

ISBN 978-7-5064-4934-2

本书根据近年来广大外贸客户在办理纺织产品出入境过程中所遇到的疑问和困难，由长期工作在检验检疫一线的专家搜集、组织、整理而成，内容涉及纺织产品的原料、纱线、织物、制品、服装出入境的基础知识、检验监管模式、相关法律法规、检验检疫标准方法、样品检测和检验结果证书等既常见又容易被忽视或不易解决的问题。

B2980　TS190

大地之华：台湾天然染色事典［港台］（台中县编织工艺馆丛书）/陈景林，马毓秀著．—台中：台中县立文化中心，2002年．—255页

ISBN 957-01-2719-8

陈景林和马毓秀在台中县文化中心编织馆的支持下，用台湾本土上百种植物做了实验，染出上千片植物染的试片，并将研究成果出版成《大地之华——台湾天然染色事典》上下两册。

B2981　TS190

大地之华：台湾天然染色事典（续）［港台］（台中县编织工艺馆丛书）/陈景林，马毓秀著．—台中：台中县立文化中心，2004年．—256页

ISBN 957-01-9374-3

B2982　TS123

大麻微生物脱胶机制与应用/蔡柏岩著．—哈尔滨：黑龙江科学技术出版社，2009年．—134页

ISBN 978-7-5388-6251-5

本书内容包括：绪论、大麻沤麻液中的细菌多样性、大麻脱胶功能菌株的选育、大麻脱胶功能菌株在沤麻中的应用。

B2983　TS106

大提花织物分析与设计/郁兰，王慧玲主编．—北京：化学工业出版社，2014年．—167页

ISBN 978-7-122-20900-9

本书主要内容包括大提花织物设计、纹样设计、提花机工作过程和装造工艺设计、意匠设计，以及提花床品、台布、丝绸、窗帘、沙发布、毛巾等织物的分析与设计等。

B2984　TS195

蛋白质纤维制品的染整（21世纪职业教育重点专业教材）/周庭森等编．—北京：中国纺织出版社，2002年．—241页（被引62）

ISBN 7-5064-2014-7

本书重点介绍羊毛织物和蚕丝织物的练漂、染色和整理加工工艺及设备。对蛋白质纤维制品如毛绒线、毛衫、丝绒、真丝绸成衣等的前处理、染色和整理也作了介绍。

B2985　TS195

蛋白质纤维制品的染整　第2版（普通高等教育"十一五"部委级规划教材　高职高专，普通高等教育项目化教学教改教材）/杭伟明，张永霞主编．—北京：中国纺织出版社，2009年．—172页

ISBN 978-7-5064-5801-6

本书系统介绍了羊毛织物、蚕丝织物的前处理、染色、后整理等工艺。本书编写采用项目式教学模式，通过教学环节培养学生对理论知识的理解和运用能力，尤其要加强对学生动手能力的培养。

B2986　TS115

挡车工基本技能（全国职业培训推荐教材　职业技能短期培训教材）/柳吹伦，祁丽萍编写．—北京：中国劳动社会保障出版社，2005年．—97页

ISBN 7-5045-4798-0

本书主要介绍了纺部生产基本知识、细纱值车工操作、细纱落纱工操作、摇车工操作、气流纺操作、织布挡车工基础知识、有梭织机挡车工操作、无梭织机挡车工操作，以及安全基础知识。

B2987　TS115

挡车工基本技能（职业技能培训系列教材）/于学成，张夏著．—北京：中国林业出版社，2009年．—109页

ISBN 978-7-5038-5683-9

本书内容包括纤维及纱线的相关知识及开清棉、梳棉、并条、粗纱、细纱、织物的相关知识等。

B2988　TS102

导电性纺织品技术评估［港台］/吴伟钦撰写．—台北：台湾纺织工业研究中心，2003年．—150页

ISBN 957-9674-58-2

B2989 TS190

等离子体清洁技术在纺织印染中的应用（纺织新技术书库）/陈杰瑢编著．—北京：中国纺织出版社，2005 年．—373 页（被引 105）

ISBN 7-5064-3503-9

本书系统、深入地介绍了低温等离子体清洁加工技术在纺织、染整工业中的应用。全书共分七章，介绍了等离子体的基本知识；低温等离子体在纺织纤维前处理、纺织品染色、纺织品印花以及纺织品整理加工中的应用等内容。

B2990 TQ34

涤纶短纤维纺丝工（职业技能鉴定国家题库石化分库试题选编）/中国石油化工集团公司职业技能鉴定指导中心编．—北京：中国石化出版社，2006 年．—356 页；26cm

ISBN 7-80229-157-7

本书为《职业技能鉴定国家题库石化分库试题选编》丛书之一，由中国石油化工集团公司职业技能鉴定指导中心按照《国家职业标准》和《职业技能鉴定国家题库开发技术规程》组织编写。内容包括：涤纶短纤维纺丝工初级工、中级工、高级工、技师、高级技师的国家职业标准、鉴定要素细目表、理论知识和技能操作试题，是涤纶短纤维纺丝工进行职业技能鉴定的必备学习资料。

B2991 TQ34

涤纶长丝纺丝工（职业技能鉴定国家题库石化分库试题选编）/中国石油化工集团公司职业技能鉴定指导中心编．—北京：中国石化出版社，2006 年．—342 页；26cm

ISBN 7-80229-158-5

本书为《职业技能鉴定国家题库石化分库试题选编》丛书之一，由中国石油化工集团公司职业技能鉴定指导中心按照《国家职业标准》和《职业技能鉴定国家题库开发技术规程》组织编写。内容包括：涤纶长丝纺丝工初级工、中级工、高级工、技师、高级技师的国家职业标准、鉴定要素细目表、理论知识和技能操作试题，是涤纶长丝纺丝工进行职业技能鉴定的必备学习资料。

B2992 TQ34

涤纶短纤维后处理工（职业技能鉴定国家题库石化分库试题选编）/中国石油化工集团公司职业技能鉴定指导中心编．—北京：中国石化出版社，2006 年．—361 页；26cm

ISBN 7-80229-159-3

本书为《职业技能鉴定国家题库石化分库试题选编》丛书之一，由中国石油化工集团公司职业技能鉴定指导中心按照《国家职业标准》和《职业技能鉴定国家题库开发技术规程》组织编写。内容包括：涤纶短纤维后处理工初级工、中级工、高级工和技师的国家职业标准、鉴定要素细目等。

B2993 TQ34

涤纶长纤维后处理工（职业技能鉴定国家题库石化分库试题选编）/中国石油化工集团公司职业技能鉴定指导中心编．—北京：中国石化出版社，2006 年．—336 页；26cm

ISBN 7-80229-160-7

内容包括：涤纶长纤维后处理工初级工、中级工、高级工和技师的国家职业、鉴定要素细目等。

B2994 TS154

涤纶长丝纺丝工（石油化工职业技能培训教材）/中国石油化工集团公司人事部，中国石油天然气集团公司人事服务中心编．—北京：中国石化出版社，2008 年．—242 页

ISBN 978-7-80229-627-5

本书内容包括：熔体纺丝工艺原理、纺丝工艺、卷绕、主要设备、开停车及故障处理、辅助工程、涤纶 POY 后加工处理、质量控制、安全节能及环保。

B2995 TS154

涤纶短纤维纺丝工（石油化工职业技能培训教材）/中国石油化工集团公司人事部，中国石油天然气集团公司人事服务中心编．—北京：中国石化出版社，2008 年．—186 页

ISBN 978-7-80229-628-2

本书为《石油化工职业技能培训教材》系列之一，涵盖石油化工生产人员《国家职业标准》中，对该工种初级工、中级工、高级工、技师、高级技师五个级别的专业理论知识和操作技能作出要求。主要内容包括：工艺原理、设备使用与维护、纺丝与后处理工艺操作、故障判断与处理、安全环保等。

B2996 TS190

涤纶及其混纺织物染整加工/贺良震，季莉，邵改芹著．—北京：中国纺织出版社，2009 年．—158 页（被引 8）

ISBN 978-7-5064-5997-6

本书以涤纶及其混纺织物染整加工生产实践为基础，从原料分类、坯布分类、前处理加工、染料助剂选择、工艺设计与设备操作、产品的染色加工和后整理、产品检验等多个方面，论述了产品加工的控制方法和控制重点。作者结合近年来涤纶及其混纺织物产品的发展情况，讨论了新产品开发的思路及其工艺。

B2997 TS156

涤纶织物环保阻燃整理技术/路艳华，林杰著．—北京：中国纺织出版社，2016 年．—136 页

ISBN 978-7-5180-2428-5

本书概述了涤纶织物的结构与性能，阻燃剂及阻燃整理的历史、现状及未来，系统介绍了阻燃机理、阻燃协同效应和阻燃整理的方法，并根据涤纶分子结构和超分子结构特点，对多种环保型无机阻燃剂进行了复配，合成了无卤环保型笼形倍半硅氧烷、聚磷酸铵双重包覆微胶囊阻燃剂，并将以上阻燃剂用于涤纶织物的阻燃涂覆整理，在此基础上，研究了低给液泡沫阻燃技术在涤纶织物阻燃中的应用。

B2998 TS102

电磁功能纺织材料/施楣梧，王群著．—北京：科学出版社，2016 年．—279 页（被引 7）

ISBN 978-7-03-043459-3

本书从纺织材料结构特征、材料电磁学特性和电磁测量技术出发，阐述了电磁功能纺织材料的抗静电技术、电磁屏蔽、电磁波散射等基础知识，提出了基于材料工程技术和纺织工程技术的电磁功能纺织材料制备方法，介绍了电磁辐射防护服的屏蔽效能测量系统与测量方法。

B2999　TQ34

电纺纳米纤维在环境催化和能量存储中的应用/郭泽宇，楠顶著．—北京：科学出版社，2017年．—220页

ISBN 978-7-03-054448-3

本书从环境污染控制和能量储存的角度，深入浅出地总结了电纺纳米碳纤维及石墨烯复合功能材料用于室温下低浓度氮氧化物（NO_x）的吸附和催化氧化，以及电纺多孔碳纳米纤维、硅碳复合电极材料用于锂离子电池负极材料的基本方法和基本理论。全书共分为两个部分：第一部分为环境催化应用部分；第二部分为能量存储应用部分。

B3000　X791

电化学水处理技术降解染料废水研究/班福忱，孙剑平，叶友林著．—北京：九州出版社，2017年．—152页

ISBN 978-7-5108-5136-0

本书以电化学法处理染料废水为研究主线，以自制的电化学反应器为试验装置，以模拟染料废水为研究对象，针对阴阳极同时作用电化学法、三维电极紫外光氧化法、复极性电-多相催化氧化法去除染料废水进行深入研究，系统探讨了反应过程中影响因素及最佳反应条件。

B3001　TS183

电脑横机操作教程/桐乡市职业教育中心学校编著；钟凌主编．—杭州：中国美术学院出版社，2013年．—86页

ISBN 978-7-5503-0520-5

本教材从认识电脑横机开始，由了解电脑横机、操作电脑横机到运用电脑横机和维修保养电脑横机，共设四个大项目，十七个子项目，紧紧围绕工作任务的需求来组织课程内容，突出理论知识与操作能力的联系。

B3002　TS183

电脑横机编织技术（电脑横机系列丛书）/朱文俊主编．—北京：中国纺织出版社，2011年．—331页（被引32）

ISBN 978-7-5064-7459-7

本书围绕电脑横机编织技术，系统介绍了羊毛衫设计的基本技术、电脑横机的工作原理与结构、电脑横机的主要控制原理及有关控制技术、羊毛衫设计工艺软件与制版系统的应用，同时就羊毛衫各类组织结构与成型进行了分类阐述，有的部分还配有相应的图表，实用性与可操作性较强。

B3003　TS183

电脑横机操作教程/朱学良编．—北京：中国纺织出版社，2013年．—70页

ISBN 978-7-5064-9997-2

本书围绕电脑横机操作技术，介绍了国产电脑横机（慈星横机）的结构，穿纱方法，档案管理，主要工作参数输

入，纱嘴查找、更换、停放点设置，主接口、运行接口的操作，横机的维护与保养以及常见问题的处理。

B3004　TS183

电脑横机操作教程（"十三五"职业教育部委级规划教材）/朱学良编著．—北京：中国纺织出版社，2019年．—116页

ISBN 978-7-5180-6381-9

此书介绍了国产电脑横机慈星机的结构、具体的使用方法、针织基础知识及编织常见问题的分析。

B3005　TS183

电脑横机的使用与产品设计（纺织新技术书库）/郭凤芝主编．—北京：中国纺织出版社，2009年．—131页

ISBN 978-7-5064-5699-9

本书系统地介绍电脑横机的使用方法和产品设计，内容包括电脑横机主要机构的构造和工作原理、电脑横机的花型准备系统和使用方法、电脑横机的上机操作、电脑横机花纹组织和成形产品的设计，书中还详细地介绍电脑横机的产品设计实例。

B3006　TS183

电脑横机机械与控制技术（电脑横机系列丛书）/朱文俊主编．—北京：中国纺织出版社，2013年．—223页（被引7）

ISBN 978-7-5064-9847-0

本书针对电脑横机机械与控制技术，系统介绍了电脑横机各机构工作时的控制技术、电脑横机的给纱过程控制、电脑横机机头三角工作过程的控制技术、电脑横机摇床控制技术、罗拉以及起底板控制技术，以及电脑横机各系统协同工作的分析。

B3007　TS183

电脑横机织物组织设计与实践/龚雪鸥编著．—北京：清华大学出版社，2019年．—133页

ISBN 978-7-302-54199-8

本书以针织工艺教学实践为基础，以电脑横机织物组织结构创新为主线，内容涵盖纬编针织工艺与电脑横机编织基本原理、电脑横机的使用、花型准备系统的应用、组织设计、图案与色彩的实现、组织结构创新探索以及电脑横机技术应用领域等多个方面。织物组织设计是电脑横机产品开发的基础，也是产品设计创新的关键环节。

B3008　J523.6

电脑绣花花样设计系统应用教程/张志刚主编．—北京：中国纺织出版社，2010年．—230页

ISBN 978-7-5064-6461-1

本书介绍富怡电脑绣花图艺设计系统的功能和使用方法。内容包括：富怡电脑绣花图艺设计系统入门、花样设计的数字化、图形工具、改版、字母、花样设计的输出、自动亮片绣和RDP2000使用案例。

B3009 J523.6

电脑绣花图案设计与实践教程/张元美编著 .—上海：东华大学出版社，2018年 .—116页

ISBN 978-7-5669-1475-0

本教材是针对电脑绣花图案的设计与操作撰写的书籍。主要讲解电脑软件中绣花图案的设计与实际操作的步骤方法。其中第一章主要是对刺绣相关内容的概述；第二章和第三章是对电脑绣花软件的功能特点讲述；第四章和第五章详解绣花图案设计的丰富和色彩搭配的原则；第六章和第七章以服装为绣花载体，分别从休闲装、礼服、职业装和童装四个不同的服装种类详细讲述了不同类型服装中绣花图案的设计特点和制作步骤。

B3010 TS117

电容式条干仪在纱线质量控制中的应用（纺织检测知识丛书）/李友仁编著 .—北京：中国纺织出版社，2006年 .—288页（被引26）

ISBN 7-5064-4055-5

本书主要内容：一是正确运用数理统计的有关方法，科学地评价纱线质量；二是就新一代条干仪所提供的衡量条干不匀的各项质量特征值、特征图、特征曲线给予较详细的说明，并对其应用做些实质性探讨；三是有关纱条条干波谱分析，包括必须掌握的基本概念、基本方法、基本思路等。

B3011 TS101

电晕辐照技术（纺织新技术书库）/张建春，郭玉海著 .—北京：中国纺织出版社，2003年 .—163页（被引47）

ISBN 7-5064-2560-2

本书介绍电晕放电对纤维材料的作用机理及其在纺织工业中的应用，涉及辐照对羊毛纤维结构和染色性能的影响，辐照消除织物极光和改善织物的粘接性能等。

B3012 TS183

电子提花技术与产品开发/李志祥等编著 .—北京：中国纺织出版社，2001年 .—317页（被引129）

ISBN 7-5064-1847-9

本书内容包括电子提花机、电子多臂机的控制原理和结构特点，以及安装调整、测试技术、与机电一体化相关的接口技术、程序设计器原理、程序（中英文对照）等。此外还介绍了应用计算机辅助设计进行新品种设计的实例。

B3013 TS183

电子提花商标机和织带机/李志祥主编 .—北京：中国纺织出版社，2003年 .—222页（被引27）

ISBN 7-5064-2405-3

本书对电子提花商标机和电子提花织带机的运动原理、主要机构、安装调试以及电路系统原理等，特别是对电子提花机原理作了比较详细的分析和论述。

B3014 TS194

雕刻与制版（印染职工技术读本）/王中夏，胡平藩编著；上海印染行业协会组织编写 .—北京：中国纺织出版社，

2006年 .—286页（被引5）

ISBN 7-5064-3864-X

本书详细介绍了圆网印花、平网印花、滚筒印花及转移印花制版工艺及操作要求，以及各工序加工过程中容易出现的问题的解决方法。对计算机图案处理系统等的设备软件、工艺及操作等也作了较详细的叙述。

B3015 TS102

动压射流剥离微纤丝机理与细胞破胞力计算及建模理论/杨春梅，白岩，李三平著 .—哈尔滨：东北林业大学出版社，2016年 .—207页

ISBN 978-7-5674-0976-7

本书介绍了采用微米切削技术将木材加工到几微米厚度，采用几兆帕的高压水流将微米木丝沿12000r/min的超高速平行轴偏心对碾磨盘的楔角方向喷射，机械偏心高速旋转形成超高动压的摩擦力、高速液流的切削刀、楔形结构的流体动压压力复合作用在切开的细胞壁上，将微、纳米细木丝进一步交错剪切，使微、纳米木纤维在高速离心力作用下切薄到初生壁和次生壁完全破壁。

B3016 TS102

多孔纤维材料热湿传递模型及应用/李凤志，李翼著 .—北京：科学出版社，2019年 .—152页；24cm

ISBN 978-7-03-061246-5

本书以服装、人体模型及着装人体热湿传递模型发展及应用为主线，介绍了作者10余年在服装热功能分析领域的主要工作。以服装热功能分析CAD系统的建立为背景，阐述了服装热功能分析及热舒适性评估的理论框架，分析了在这个框架下着装人体热湿传递模型发展的不足。接着介绍作者发展的服装热湿耦合模型理论基础及发展的各种服装基础模型，改进的人体热调节模型，以及在此基础上发展的着装人体热调节模型。

B3017 TS102

多组成纺丝技术评估 Road map［港台］/林新贺撰写 .—台北：台湾纺织工业研究中心，2002年 .—95页

ISBN 957-9674-52-3

B3018 TS104

多组分纱线工艺设计/常涛著 .—北京：中国纺织出版社，2012年 .—275页

ISBN 978-7-5064-9144-0

本书根据纺纱企业实际设计、开发新纱线的步骤进行编写，共分为六章，包括纺纱工艺设计的步骤、原料与选配、产品质量预测、纺纱工艺流程的确定、各工序工艺设计及纺纱设备配备计算。其中各工序工艺设计按照工艺表、工艺相关知识、工艺设计步骤、多组分混纺纱线实际案例、半成品或成品质量控制进行编写。

B3019 TS106

法兰克福家用纺织品博览会趋势解读/肖海著 .—北京：中国纺织出版社，2007年 .—144页（被引11）

ISBN 978-7-5064-4312-8

本书介绍了各个展馆的主题内容,解读了2006/07季以四大材质为主题的趋势指南,探讨了形式的构成、色彩与艺术和科学思维之间的内在联系,归纳了家用纺织品展示的基本要素和表现技巧。

B3020 TS101

防护性纺织品开发与应用［港台］/沈佩玲撰写.—台北:台湾纺织产业综合研究所,2004年.—170页

ISBN 957-29972-4-6

B3021 TS106

防护用纺织品［译］/(英)理查德·A.斯科特编;龚小舟,凌文漪,杨大祥等译.—北京:中国纺织出版社,2016年.—379页

ISBN 978-7-5180-2220-5

本书在叙述防护服发展历史及设计原理的基础上,针对不同种类的防护服进行了较为全面的介绍,这里涉及的防护服种类包括化学防护服、抗紫外线防护服、呼吸道防护服、防弹服、抗静电服、生化防护服、消防服、防刺服、飞行服及石油/天然气防护服。

B3022 TS106

防水透气织物舒适性(纺织新技术书库)/戴晋明等编著.—北京:中国纺织出版社,2003年.—212页(被引56)

ISBN 7-5064-2626-9

本书讲述了服装卫生学常识、服装材料的舒适性、防水透气织物、湿量和水蒸气转移、防水膜和水蒸气转移、热流量和水蒸气转移等八章内容。

B3023 TS105

防水透湿织物生产技术/李显波主编.—北京:化学工业出版社,2006年.—237页(被引69)

ISBN 7-5025-8718-7

本书主要介绍了织物的防水透湿机理、防水透湿高密织物、防水透湿涂层织物、防水透湿层压织物的结构特点和性能、生产工艺技术和设备,防水透湿织物的性能测试方法及应用。

B3024 TS106

仿真与仿生纺织品(纺织产品开发丛书)/顾振亚,田俊莹,牛家嵘等编著.—北京:中国纺织出版社,2007年.—256页(被引27)

ISBN 7-5064-4267-1

本书主要围绕模拟与仿生纺织品所涉及的生物特征及原理、设计思想、新合纤原料的特征特性、织物组织结构、染整加工技术等方面展开论述。

B3025 TS102

纺材实验指导(国家中职示范校建设校本教材)/李君主编.—北京:人民日报出版社,2014年.—235页

ISBN 978-7-5115-2727-1

本书主要内容包括:纺织纤维、纱线、织物的基本结构参数测试;物理性质测试;品质评定。每个项目又具体包括试样准备、仪器基本工作原理、仪器使用方法、测试数据整理及指标计算等方面内容。

B3026 TS104

纺纱产品质量控制(纺织高职高专"十二五"部委级规划教材)/常涛编著.—北京:中国纺织出版社,2012年.—146页

ISBN 978-7-5064-8911-9

本书根据纺纱企业实际生产半成品及成品的质量检测与控制情况,分为四个模块介绍了以下内容:棉卷的质量测试、分析与质量控制,棉条的质量测试、分析与质量控制,粗纱的质量测试、分析与质量控制,纱线的质量测试、分析与质量控制。

B3027 TS104

纺纱工程 上册(纺织高等教育"十二五"部委级规划教材 教育部卓越工程师教育培养计划纺织工程系列教材)/谢春萍,王建坤,徐伯俊主编.—北京:中国纺织出版社,2012年.—398页

ISBN 978-7-5064-9090-0

本书介绍了纺纱基本原理,国产新型棉纺设备的机构特点、运动分析、工艺参数调节、优质高产的成熟经验,国外纺纱新技术的发展趋势,并对国产典型机械的传动和工艺计算、工艺调节作了介绍。

B3028 TS104

纺纱工程 下册(纺织高等教育"十二五"部委级规划教材 教育部卓越工程师教育培养计划纺织工程系列教材)/谢春萍,吴敏,王建坤主编.—北京:中国纺织出版社,2012年.—238页

ISBN 978-7-5064-9365-9

本书分为四章,内容包括:纱线质量控制、纺纱工艺设计、纱线产品开发、上机试纺实验。

B3029 TS104

纺纱工程 上册 第2版("十二五"普通高等教育本科国家级规划教材)/谢春萍,王建坤,徐伯俊主编.—北京:中国纺织出版社,2015年.—398页;26cm

ISBN 978-7-5180-2222-9

本书系统介绍了纺纱基本原理,国产新型棉纺设备的机构特点、运动分析、工艺参数调节、优质高产的成熟经验,国外纺纱新技术的发展趋势,并对国产典型机械的传动和工艺计算、工艺调节做了介绍。实验主要包含每个工序设备的结构、原理、传动系统、工艺参数调节及影响等内容。

B3030 TS104

纺纱工程 下册 第2版("十二五"普通高等教育本科国家级规划教材)/谢春萍,王建坤,徐伯俊主编.—北京:中国纺织出版社,2015年

B3031 TS104

纺纱工程 上册 第 3 版（"十三五"普通高等教育本科部委级规划教材）/谢春萍，王建坤，任家智主编.—北京：中国纺织出版社，2019 年.—415 页

ISBN 978-7-5180-5875-4

上册包括绪论、配棉与混棉、开清棉、梳棉、精梳、并条、粗纱、细纱、后加工、纺纱原理与工艺参数调节实验。系统介绍了纺纱基本原理；国外纺纱新技术的发展趋势。实验主要包括每个工序设备的结构、原理、传动系统、工艺参数调节剂影响等内容。

B3032 TS104

纺纱工程 下册 第 3 版（"十三五"普通高等教育本科部委级规划教材）/谢春萍，苏旭中，王建坤主编.—北京：中国纺织出版社，2019 年.—249 页

ISBN 978-7-5180-5898-3

下册包括纱线质量控制、纺纱工艺设计、纱线产品开发、上机试纺与质量控制实验共四章。系统介绍和分析了纱线生产全过程中的质量控制问题；纱线工艺设计的一般原则、方法、步骤和典型产品的工艺设计；纱线品种开发的原则、方法、步骤。

B3033 TS104

纺纱工艺设计（国家级职业教育规划教材 高等职业技术院校现代纺织技术专业任务驱动型教材）/常涛编著.—北京：中国劳动社会保障出版社，2010 年.—306 页

ISBN 978-7-5045-8357-4

本书根据高等职业技术院校教学实际，由人力资源和社会保障部教材办公室组织编写。主要内容包括：纯棉纱的工艺设计、化纤纱的工艺设计、混纺纱的工艺设计。

B3034 TS104

纺纱工艺设计与实施（纺织服装高等教育"十二五"部委级规划教材 高职高专纺织类项目教学系列教材）/张冶主编.—上海：东华大学出版社，2011 年.—302 页（被引 10）

ISBN 978-7-81111-904-6

本书以典型纱线产品为载体，从五个维度和综合应用程度逐渐递进的纱线产品工艺设计情境出发，以典型纱线产品作为引导案例，阐述了普梳纱、精梳纱、混纺纱、新型纺纱和新型纱线的工艺设计思路和方法，从而将棉纺系统中的原料选配、工艺原理、工艺计算、质量控制、计划调度等专业内容紧密联系。

B3035 TS104

纺纱工艺设计与实施 第 2 版（纺织服装高等教育"十三五"部委级规划教材）/刘梅城主编.—上海：东华大学出版社，2019 年.—360 页

ISBN 978-7-5669-1604-4

本书创造性地建立了"以纺纱产品统领纺纱流程，以产品的复杂性递进教学"的教学理念，主要根据所纺纱线产品，合理选配原料并进行纺纱工艺的配置与实施，涉及五个

学习情境：普梳纱工艺设计（基础纱线产品）、精梳纱工艺设计（高档纱线产品）、混纺纱工艺设计（表现原料多样性和纱线产品丰富性）、新型纺纱和新型纱线设计（体现纺纱技术发展）、生产计划调度（多产品生产、建立全局统筹观念）。

B3036 TS104

纺纱工艺设计与质量控制（纺织高等教育"十五"部委级规划教材）/郁崇文主编.—北京：中国纺织出版社，2005 年.—362 页（被引 151）

ISBN 7-5064-3455-5

本书包括棉纺、毛纺、麻纺、绢纺等纺纱加工中的工艺设计和有关产品质量控制等内容，系统地介绍了上述各纺纱加工中的工艺设计原则、参数选用范围和工艺设计实例以及各道加工工序中的质量控制标准和方法。

B3037 TS104

纺纱工艺设计与质量控制 第 2 版（普通高等教育"十一五"国家级规划教材 本科）/郁崇文主编.—北京：中国纺织出版社，2011 年.—316 页（被引 43）

ISBN 978-7-5064-7037-7

本书包括了棉纺、毛纺、麻纺及绢纺等纺纱加工系统中的工艺设计和有关产品质量控制等内容，系统地介绍了上述各纺纱加工系统中的工艺设计原则、参数选用范围及质量控制指标。

B3038 TS104

纺纱工艺学（纺织服装高等教育"十一五"部委级规划教材）/任家智主编.—上海：东华大学出版社，2010 年.—172 页（被引 40）

ISBN 978-7-81111-677-9

本书是纺织工程的专业基础教材，介绍了纺纱的基本原理、纺纱设备及纺纱工艺，包括原料的选配、开清棉、梳棉、精梳、并条、粗纱、细纱、后加工、毛绢麻纺及新型纺纱共十章，主要阐述纺纱原料的选配、纺纱设备的工作原理、纺纱工艺参数设计原理、纺纱过程中半制品及成纱的质量指标控制、纺纱新技术新工艺等内容。

B3039 TS104

纺纱工艺学（纺织服装高等教育"十二五"部委级规划教材）/郁崇文主编.—上海：东华大学出版社，2015 年.—291 页（被引 18）

ISBN 978-7-5669-0869-8

本书以棉纺为主线，按其加工流程的工序编排各章，介绍各工序的基本作用原理和工艺参数的设置原则，并结合具体实例进行工艺的设计和计算；而且，特地设置一章对纺纱产品进行全面的工艺设计示例，力求使读者能掌握实际应用能力；最后，对毛纺、麻纺和绢纺的加工做简要介绍。

B3040 TS104

纺纱工艺与质量控制（普通高等教育"十一五"国家级规划教材 高职高专）/张喜昌主编.—北京：中国纺织出版

社，2008 年 . —273 页（被引 14）

ISBN 978-7-5064-5159-8

本书分两篇：上篇为纺纱工艺，主要介绍了棉纺、毛纺、麻纺、绢纺等纺纱加工中各工序工艺参数的选择及设计；下篇为质量控制，主要介绍纱线生产全过程的质量控制问题，包括质量指标、检验方法以及影响质量的主要因素及相应措施。

B3041 TS104

纺纱技术（全国纺织高职高专规划教材）/孙卫国主编 . —北京：中国纺织出版社，2005 年 . —305 页（被引 15）

ISBN 7-5064-3392-3

本书主要介绍了成纱基本过程及纺纱系统、原料初步加工、原料选配与混合、开松与除杂、梳理、牵伸、纱条不匀与匀整、加捻、卷绕成形、纺纱主要设备及工艺过程、成纱质量检测与标准等内容。

B3042 TS104

纺纱技术（纺织服装高等教育"十二五"部委级规划教材）/罗建红主编 . —上海：东华大学出版社，2015 年 . —382 页

ISBN 978-7-5669-0812-4

本书内容为原料的选配、开清棉流程设计及设备使用、梳棉机工作原理及工艺设计、清梳联流程设计、并条机工作原理及工艺设计、粗纱机工作原理及工艺设计、细纱机工作原理及工艺设计、后加工流程设计及设备使用、精梳机工作原理及工艺设计、其他纺纱技术流程设计及设备使用构成。

B3043 TS104

纺纱气圈理论/周炳荣著 . —上海：东华大学出版社，2010 年 . —136 页（被引 15）

ISBN 978-7-81111-756-1

本书属于纺纱机械和纺纱技术方面的专门著作。其内容有环锭纺气圈理论、纺纱时钢丝圈在钢领上位置倾侧、转杯纺纱曲线形状和张力等八章。

B3044 TS103

纺纱设备与工艺（普通高等教育"十一五"国家级规划教材 高职高专）/魏雪梅主编 . —北京：中国纺织出版社，2009 年 . —318 页（被引 16）

ISBN 978-7-5064-5377-6

本书主要阐述了纺纱基本原理和棉纺设备的主要机构、作用特点、工艺配置、典型机械的传动与工艺计算和提高产品质量的主要技术途径，并介绍了新型纺纱的基本原理和其他纺纱系统及设备。

B3045 TS104

纺纱实训/赵双主编 . —济南：山东画报出版社，2018 年 . —178 页；26cm

ISBN 978-7-5474-2979-2

本书包含九个模块：纱线及其应用、开清棉工序、梳棉工序、精梳前的准备工序、精梳工序、并条工序、粗纱工序、细纱工序、纺纱技工技术要求。

B3046 TS104

纺纱实验教程（纺织高等教育"十一五"部委级规划教材）/杨锁廷主编 . —北京：中国纺织出版社，2007 年 . —274 页（被引 6）

ISBN 7-5064-4407-0

本书内容包括纺纱设备认识实习、纺纱原理实验、工艺上机与检验、资料的整理与分析等四章。

B3047 TS104

纺纱实验教程（普通高等教育"十一五"国家级规划教材）/郁崇文主编 . —上海：东华大学出版社，2009 年 . —168 页

ISBN 978-7-81111-593-2

本书较系统地介绍了纺纱加工各个过程中的基本实验方法和原理。书中包含纤维原料初加工实验、纺纱工艺与设备实验、纺纱原理实验、上机试纺实验以及实验中所需要的有关数据整理与实验设计等方面的内容，共五章。

B3048 TS104

纺纱系统与设备（纺织高等教育"十五"部委级规划教材）/郁崇文主编 . —北京：中国纺织出版社，2005 年 . —514 页（被引 59）

ISBN 7-5064-3489-X

全书包括总论以及涵盖了棉纺、毛纺、麻纺、绢纺和新型纺纱等五篇共二十五章内容，系统介绍了上述各纺纱加工系统中的加工流程、加工设备及其应用。

B3049 TS104

纺纱新技术/邹专勇主编 . —北京：中国纺织出版社有限公司，2020 年 . —194 页；26cm

ISBN 978-7-5180-7306-1

本书介绍了现代纺纱技术的分类与发展趋势，每种纺纱新技术的纺纱原理、装置、工艺与成纱特点等，重点阐述了环锭纺纱新技术、喷气涡流纺纱、转杯纺纱、摩擦纺纱等，同时也介绍了自捻纺纱、平行纺纱、喷气纺纱、静电纺微纳米纤维纺纱、色纺纱等技术。

B3050 TS104

纺纱新技术新工艺新设备与产品质量检测新方法及新标准实务全书（上、中、下册）/李娜主编 . —呼和浩特：远方出版社，2005 年 . —3 册

ISBN 7-80595-897-1

B3051 TS104

纺纱学（面向 21 世纪高等学校教材 纺织科学系列）/薛少林主编 . —西安：西北工业大学出版社，2002 年 . —259 页（被引 84）

ISBN 7-5612-1500-2

全书系统地介绍了纺纱基本原理及其在生产工艺中的应用，并对纺纱原料初步加工及纺纱主要设备作了简要介绍。

B3052　TS104

纺纱学（普通高等教育"十五"国家级规划教材）/杨锁廷主编．—北京：中国纺织出版社，2004年．—336页（被引194）

ISBN 7-5064-2869-5

本书内容包括：纺纱原料的准备、原料的选择和混合、开松与除杂、梳理、牵伸、匀整、加捻、卷绕等十章。

B3053　TS104

纺纱学（普通高等教育"十一五"国家级规划教材　本科）/郁崇文主编．—北京：中国纺织出版社，2009年．—291页（被引141）

ISBN 978-7-5064-5348-6

本书包含绪论、原料选配和初加工、梳理前准备、梳理、精梳、并条、粗纱、细纱、后加工和纺纱工艺设计共十章，并配有反映有关纺纱原理、纺纱加工过程的动画和录像的光盘。本书较系统地介绍了纺纱的纤维原料及其初加工、纺纱流程及其加工原理、工艺和设备等。

B3054　TS104

纺纱学　第2版（"十二五"普通高等教育本科国家级规划教材）/郁崇文主编．—北京：中国纺织出版社，2014年．—312页（被引10）

ISBN 978-7-5180-0707-3

本书共十二章，包括了纺纱过程中从原料初加工到各种纺纱系统的纱线形成的主要加工技术。

B3055　TS104

纺纱学　第3版/郁崇文主编．—北京：中国纺织出版社，2019年．—317页；26cm

ISBN 978-7-5180-6367-3

本书较系统地介绍了纺纱的流程及其加工原理、工艺和设备等，书中还介绍了纺纱加工技术、装备等的最新发展。全书共十二章，包含绪论、原料选配和初加工、梳理前准备、梳理、精梳、并条、粗纱、细纱、后加工等，同时介绍了棉、毛、麻、绢各纺纱系统。有关纺纱原理、纺纱加工过程的动画视频和录像资料可扫描封底二维码获取和观看。

B3056　TS104

纺纱原理/任家智主编．—北京：中国纺织出版社，2002年．—201页（被引95）

ISBN 7-5064-2137-2

本书系统地阐述了纺纱原料的选配、混合、开松与除杂、梳理、精梳、牵伸、加捻与卷绕等内容，并吸收了纺纱技术原理研究的最新成果。

B3057　TS104

纺纱原理/王建坤，李凤艳，张淑洁主编．—北京：中国纺织出版社有限公司，2020年．—313页；26cm

ISBN 978-7-5180-7726-7

本书将不同纤维纺纱的基本原理与共性知识高度凝练，从纺纱过程的理论体系和学习认知两个维度总结梳理知识点，力求准确、客观、简洁。全书共九章，包含绪论、原料选配、开松、梳理、精梳、牵伸、加捻、卷绕、新型成纱等，系统地阐释了短纤维纺纱加工全流程的基本原理，并融入纺纱新工艺、新技术、新设备等方面的应用与研究成果。

B3058　TS101

纺纱原料及检验（国家级职业教育规划教材　高等职业技术院校现代纺织技术专业教材）/杨建民主编．—北京：中国劳动社会保障出版社，2012年．—153页

ISBN 978-7-5045-9404-4

本书主要介绍纺织原料的结构、性能、质量评定及应用等基础知识，介绍有关纺织原料各项性能指标检验的国际、国家标准。

B3059　TS104

纺纱质量管理/朱祎俊，黄秀珍主编．—北京：国家行政学院出版社，2018年．—109页

ISBN 978-7-5150-2108-9

本书在科学性、先进性、普及性和实用性的基础上，讲述了以下几方面的基础知识，即要求熟悉质量和全面质量管理的基本知识、掌握纺织质量管理的基本方法、熟悉有关质量检测技术的应用等。

B3060　TS104

纺纱质量控制（高等教育"十二五"部委级规划教材"本科教学工程"全国纺织专业规划教材）/毕松梅主编．—北京：化学工业出版社，2016年．—125页（被引8）

ISBN 978-7-122-25913-4

本书介绍了现代纺织企业纱线质量控制的方法和技术，包括成品与半制品的主要检测指标、测试方法与质量控制要点；详细讨论了如何提高纱线强力、纱线外观疵点的形成及控制措施，以及如何通过优化工艺设计提高企业质量管理水平等。

B3061　TS104

纺纱质量控制（"十三五"普通高等教育本科部委级规划教材）/曹继鹏主编．—北京：中国纺织出版社，2017年．—213页

ISBN 978-7-5180-4124-4

本书从纺纱质量控制系统角度出发，介绍了纱线质量标准、纺纱原料及半制品与成纱质量的关系，以及纱条不匀、纱线强力、棉结和杂质、毛羽及纱疵的分析与控制，最后还介绍了纺纱工艺设计的有关内容。

B3062　TS176

纺粘法非织造布（纺织新技术书库）/郭合信主编；何锡辉，赵耀明副主编．—北京：中国纺织出版社，2003年．—469页（被引102）

ISBN 7-5064-2690-0

本书结合生产实际，介绍了纺粘法非织造布的生产技术，涉及其生产原料、市场，纺粘法生产各个工序的生产原理、设备、工艺、操作和质量标准等。

B3063 TS1

纺织　古老技艺的方法样式和传统［译］/（美）克里斯蒂安·马汀（Christina Martin）著；刘悦译 . —长沙：湖南科学技术出版社，2016 年 . —57 页

ISBN 978-7-5357-8980-8

本书主要内容包括：纤维—五花八门、纺纱—拧成一股绳、纺车—纺出千丝万缕的大轮子、染色—色彩里的奥秘、基本概念—纺织的内涵、辫绳—最早的编结方法等。

B3064 TS101-39

纺织 CAD/CAM（面向 21 世纪高等学校教材　纺织科学系列）/段亚峰主编 . —西安：西北工业大学出版社，2002 年 . —319 页（被引 22）

ISBN 7-5612-1509-6

本书从实用的角度出发，系统地阐述了纺织 CAD/CAM 的基本概念、图像与程序设计基础，尤其是纺纱工艺与织物规格 CAD、织物组织 CAD、纹织 CAD 等的构成、设计原理、开发方法和应用技巧等内容。

B3065 TS101-39

纺织 CAD/CAM（普通高等教育"十一五"国家级规划教材　本科）/祝双武主编 . —北京：中国纺织出版社，2007 年 . —280 页（被引 18）

ISBN 978-7-5064-4549-8

本书系统地阐述了纺织 CAD/CAM 的概念及其应用、纺织 CAD/CAM 的技术基础以及织物工艺 CAD 系统、织物组织结构数学模型及 CAD 系统、织物仿真技术等内容。

B3066 TS101-39

纺织 CAD/CAM 技术/李竹君主编 . —北京：中国劳动社会保障出版社，2010 年 . —194 页

ISBN 978-7-5045-8728-2

本书训练学生使用织物 CAD 软件绘制织物的结构图的能力。本书给出具体织物结构绘制任务，由易到难安排若干任务，涵盖织物 CAD 图绘制相关内容。

B3067 TS101-39

纺织 CAD/CAM 技术　第 2 版（"十二五"职业教育国家规划教材　高等职业技术院校现代纺织技术专业教材）/李竹君主编 . —北京：中国劳动社会保障出版社，2016 年 . —198 页

ISBN 978-7-5167-1183-5

本书分为小提花织物设计及织制、纹织物设计两个课题，内容包括织物组织设计、纱线设计、织物织造设计、织物模拟、单纱上浆、单纱整经、织物小样织制等。

B3068 TS1

纺织标准学（纺织高职高专"十一五"部委级规划教材）/朱进忠主编 . —北京：中国纺织出版社，2007 年 . —178 页（被引 12）

ISBN 978-7-5064-4245-9

本书介绍了纺织标准的基本知识、基本理论和基本经验，纺织标准的制定、修订、编写、审定发布、贯彻实施的原则、方法、程序，并介绍了棉纺织、毛纺织、麻纺织、化纤、针织、服装等产品标准、基础标准、方法标准的形式和内涵。

B3069 TS102

纺织材料（全国纺织高职高专规划教材）/张一心主编 . —北京：中国纺织出版社，2005 年 . —426 页（被引 170）

ISBN 7-5064-3560-8

本书介绍了纺织材料的品种以及纺织材料化学性质、工艺性质和物理机械性质，还分别介绍了加工工艺与产品质量的关系，纺织材料性能的检测、评价及影响因素的分析等方面的基础理论知识和基本技能。

B3070 TS102

纺织材料　第 2 版（普通高等教育"十一五"国家级规划教材　高职高专）/张一心主编 . —北京：中国纺织出版社，2009 年 . —343 页（被引 72）

ISBN 978-7-5064-5683-8

本书介绍了纺织材料的品种以及纺织材料化学性质、工艺性质和物理机械性质，还分别介绍了加工工艺与产品质量的关系，纺织材料性能的检测、评价及影响因素的分析等方面的基础理论知识和基本技能。

B3071 TS102

纺织材料　第 3 版/张一心主编 . —北京：中国纺织出版社，2017 年 . —343 页；26cm

ISBN 978-7-5180-3278-5

本书着力于使读者了解纺织材料的种类以及纺织材料化学性质、工艺性能和力学性能，并熟悉其对加工工艺和产品质量的影响，通过对纺织材料性能的检测、评价及影响因素的分析，使读者获得合理使用原料、科学选用工艺参数、控制和评价产品质量、商品检验及鉴别等方面的基础理论知识和基本技能。

B3072 TS102

纺织材料（中等职业教育规划新教材）/邱丽梅主编 . —上海：上海交通大学出版社，2017 年 . —200 页

ISBN 978-7-313-16959-4

本书分为 15 个项目，主要内容包括：纺织材料、天然纤维素纤维、天然蛋白质纤维、合成纤维、再生纤维、新型纤维、纤维长度测试、纤维细度及生丝抱合力的测试、纺织纤维的鉴定、纤维吸湿性及其测试、纱线基础知识、纱线的性能及其测试、织物基础知识、织物性能及其测试。

B3073 TS102

纺织材料（高职高专纺织专业系列教材）/周美凤主编 . —上海：东华大学出版社，2010 年 . —248 页（被引 26）

ISBN 978-7-81111-671-7

本书以纺织纤维、纱线、织物为依托，以纤维、纱线、织物的结构与性能为主线，以项目（模块）—任务课程形式

逐渐展开纺织材料的相关知识，系统地介绍了纺织纤维、纱线、织物的种类，各种纺织材料基本结构与性能的关系、性能检验、质量评定等内容。每个任务按照相关知识、实操训练和知识拓展三个结构层次展开，理论内容以"够用为度"，实训内容以"职业能力培训"为主。

B3074　TS102

纺织材料　第2版（纺织服装高等教育"十二五"部委级规划教材　高职高专纺织专业系列教材）/周美凤主编．—上海：东华大学出版社，2012年．—252页

　　ISBN 978-7-5669-0083-8

　　本书以纺织纤维、纱线、织物为依托，以纤维、纱线、织物的结构与性能为主线，介绍了纺织纤维、纱线、织物的种类，各种纺织材料基本结构与性能的关系、性能检验、质量评定等内容。

B3075　TS103

纺织材料大型仪器实验教程（"十三五"普通高等教育本科部委级规划教材　2017江苏省高等学校重点教材）/潘志娟主编．—北京：中国纺织出版社，2018年．—274页

　　ISBN 978-7-5180-5366-7

　　本书分为纺织材料形貌与结构实验、力学性能、表面与电学性能、色泽与光学性能、纺织材料功能以及纺织品生态性定量分析共五个部分。

B3076　TS102

纺织材料基础（职工培训教材）/瞿才新，张荣华主编．—北京：中国纺织出版社，2004年．—308页（被引85）

　　ISBN 7-5064-2995-0

　　本书主要介绍了纺织纤维、纱线、织物的结构、性能，结构和性能之间的关系，性能测试方法以及对纺织生产过程的影响。

B3077　TS102

纺织材料基础（纺织高职高专"十二五"部委级规划教材）/瞿才新，张荣华主编．—北京：中国纺织出版社，2012年．—262页（被引12）

　　ISBN 978-7-5064-8663-7

　　本书介绍了棉、麻、丝、毛、化纤等各种纺织纤维及其制成品的分类、基本形态结构、性能表征方法和相互联系，同时介绍了它们的理化、力学性能及这些性能的影响因素、测试与评价原理、方法。

B3078　TS102

纺织材料基础　第2版（"十三五"职业教育部委级规划教材　2015江苏省高等学校重点教材）/瞿才新，张荣华，周彬主编．—北京：中国纺织出版社，2017年．—242页

　　ISBN 978-7-5180-3490-1

　　系统地介绍了棉、麻、丝、毛、化学纤维（常规化学纤维、差别化学纤维、功能化学纤维）等各种纺织纤维及其制成品（纱线、织物）的分类、基本形态结构、性能表征方法和相互联系；介绍了它们的理化、机械性能（热、湿、力、

光、电、服用等）及这些性能的影响因素、测试与评价原理、方法。

B3079　TS102

纺织材料基础研究/张守运著．—哈尔滨：东北林业大学出版社，2016年．—169页

　　ISBN 978-7-5674-0963-7

　　本书以纺织材料的定义与内涵为本，详细地介绍了纤维、纱线、织物和其他纤维集合及复合体的结构与性能特征、成形和加工对其影响、测量和评价的依据与基本方法。

B3080　TS102

纺织材料检测（纺织服装高等教育"十二五"部委级规划教材）/耿琴玉，瞿才新主编．—上海：东华大学出版社，2013年．—299页（被引8）

　　ISBN 978-7-5669-0332-7

　　本书包括纺织纤维鉴别、纺织纤维性能检测与质量评定、纱线性能检测与质量评定、织物性能检测与质量评定和纺织品综合分析五个部分。

B3081　TS102

纺织材料检测实训教程（纺织服装高等教育"十二五"部委级规划教材　高职高专纺织类项目教学系列教材）/严瑛主编．—上海：东华大学出版社，2012年．—219页（被引5）

　　ISBN 978-7-5669-0085-2

　　本教材的主要内容由四个部分组成，包括纺织材料检测基本知识、纤维的结构和性能测试、纱线的结构和性能测试以及织物的结构和性能测试，首先简单介绍纺织用纤维、纱线和织物的分类与识别，然后分三个模块重点阐述纤维、纱线和织物的结构与性能的测试，每个模块下设置相应的实训项目，每个实训项目下具体介绍测试原理、操作步骤及测试结果分析。

B3082　TS102

纺织材料热湿传递数学模型及设计反问题/徐定华著．—北京：科学出版社，2014年．—153页

　　ISBN 978-7-03-039052-3

　　本书以基于人体舒适性的轻薄型高保温纺织材料为背景，介绍了热质传递数学模型及材料设计问题。纺织材料结构特征与性能特征等决定其热质传递特征，从而决定了纺织品的热湿舒适性、高保暖性（高散热性）和热防护性等。由于纺织材料的广泛背景和新型材料的研发价值，本书能为功能性材料设计与研发提供理论基础，为新材料研制提出新思路。

B3083　TS102

纺织材料实验技术（纺织高等教育"十五"部委级规划教材）/余序芬主编．—北京：中国纺织出版社，2004年．—441页（被引527）

　　ISBN 7-5064-2798-2

　　本书系统介绍了纺织材料的实验技术，其内容包括实验误差分析、实验数据处理和统计分析、检测方法标准等基础

知识，以及纺织纤维结构与性能等。

B3084　TS102

纺织材料实验实训教程（"十三五"普通高等教育本科部委级规划教材　南山应用型教材）/王晓，栾文辉主编.—北京：中国纺织出版社，2017年.—172页

ISBN 978-7-5180-3117-7

本书分为纺织纤维的结构与性能测试、纱线的结构与性能测试、织物的结构与性能测试纺织材料的综合实训项目等四章，系统地介绍了纺织纤维、纱线、织物的结构与性能测试及纺织材料的综合性实训项目。

B3085　TS102

纺织材料性能及识别（中等职业教育染整技术专业规划教材）/郭葆青，陈莉菁主编.—北京：化学工业出版社，2011年.—203页

ISBN 978-7-122-12018-2

本书采用通俗易懂的语言及丰富的图片使学习者能较容易地了解和掌握纺织材料的品种、性能及其鉴别方法，并根据实际工作当中常遇到的纺织材料问题进行分析，从而提高学习者解决实际问题的能力，使之更适应企业工作的要求。

B3086　TS102

纺织材料性能与检测技术（纺织服装高等教育"十一五"部委级规划教材　"十一五"浙江省重点教材建设项目　高职高专纺织类项目教学系列教材）/杨乐芳主编.—上海：东华大学出版社，2010年.—329页

ISBN 978-7-81111-767-7

本书是基于工作过程系统化开发的项目化教材，是为了适应"教、学、做"合一的教学方法和"工学融合"的教学改革的要求编写的，主要介绍织物、纱线、纤维三种形式的纺织材料的形成过程、基本结构、性能特点及检测方法。

B3087　TS102

纺织材料学（普通高等教育"十五"国家级规划教材）/于伟东主编.—北京：中国纺织出版社，2006年.—419页（被引1817）

ISBN 7-5064-3876-3

本书详细地介绍了纤维、纱线、织物和其他纤维集合体及复合体的结构与性能特征、成形和加工对其影响、测量和评价的依据与基本方法。内容涉及纺织材料的基础理论和应用范畴，包括纤维的分类，结构与形态，力、热光、电、湿、表面性质，纤维初加工和纤维的鉴别与质量评定等。

B3088　TS102

纺织材料学　第2版（"十三五"普通高等教育本科部委级规划教材　纺织科学与工程一流学科建设教材）/于伟东主编.—北京：中国纺织出版社，2018年.—451页（被引5）

ISBN 978-7-5180-5206-6

本书以纺织材料的定义与内涵为本，详细地介绍了纤维、纱线、织物和其他纤维集合体及复合体的结构与性能特征、成形和加工对其影响，测量和评价的依据与基本方法。内容涉及纺织材料的基础理论和应用范畴，包括纤维、纱线、织物的分类，结构与形态，力、热、光、电、湿、表面性质，纤维初加工和纤维的鉴别与质量评定等。

B3089　TS102

纺织材料学（普通高等教育"十一五"国家级规划教材：本科　纺织工程专业双语教材）/刘妍，熊磊编著.—北京：中国纺织出版社，2007年.—180页（被引156）

ISBN 978-7-5064-4441-5

本书讨论了纤维、纱线与织物（包括机织物、针织物及非织造布）的结构、机械性能、物理性能及使用性能，涉及的纤维包括天然纤维（如棉、毛、麻、丝等）、传统化学纤维及新型化学纤维。

B3090　TS102

纺织材料学（高等院校专业教材）/张萍主编.—北京：中国轻工业出版社，2008年.—324页（被引8）

ISBN 978-7-5019-6526-7

本书阐述了纺织材料的概念及纺织材料与纺织品性能的关系，系统介绍了棉、麻、毛、丝、化学纤维以及由其制成的纱线和织物的基本结构和形态特征；纺织纤维、纱线、织物的性能及其影响因素、加工工艺、主要指标和测试方法；新型纺织纤维的主要品种；纤维、纱线、织物三者之间的内在联系；常见织物的品种及风格；面料的选用及鉴别方法；织物的染整加工；服装辅料基本知识及服装的管理。

B3091　TS102

纺织材料学（纺织服装高等教育"十一五"部委级规划教材）/姜怀主编.—上海：东华大学出版社，2009年.—422页（被引154）

ISBN 978-7-81111-520-8

本书为纺织科学与工程专业本科生的基础教材，详细介绍了纺织纤维、纱线和织物的结构与性能特征，成形和加工对其影响，测试与评价的依据及方法。

B3092　TS102

纺织材料学　第2版（纺织服装高等教育"十二五"部委级规划教材）/宗亚宁，张海霞主编.—上海：东华大学出版社，2013年.—430页（被引7）

ISBN 978-7-5669-0290-0

本书详细介绍了纺织纤维、纱线和织物的结构与性能特征，成形和加工对其的影响，测试和评价的依据与方法。

B3093　TS102

纺织材料学　第3版（纺织服装高等教育"十三五"部委级规划教材）/宗亚宁，张海霞主编.—上海：东华大学出版社，2019年.—430页

ISBN 978-7-5669-1581-8

本书介绍纺织纤维、纱线和织物的结构与性能特征，成形和加工过程对纺织材料的影响，测试和评价的依据与方法。内容涉及纺织材料的基础理论和涵盖范畴，包括：纤维

的分类、结构与形态特征，吸湿、力学、热学、光学、电学、声学等性质，以及纤维的鉴别与质量评定；纱线的分类、结构与形态特征及其力学性质和质量评定；织物的分类、结构与基本组织，力学性能、耐久性、润湿性、保形性、舒适性、风格与评价、防护功能和安全性及质量评定。

B3094 TS102

纺织材料学（纺织高等教育"十二五"部委级规划教材 教育部卓越工程师教育培养计划纺织工程系列教材）/张海泉主编 . —北京：中国纺织出版社，2013 年 . —342 页（被引 125）

ISBN 978-7-5064-9706-0

本书介绍了纺织纤维、纱线和织物的结构与性能，性能的测试方法与质量的评价依据。包括纤维的分类、结构与形态，纤维的力学、吸湿、热学、光学、电学性质及纤维的鉴别与品质评定；纤维性能与加工工艺及产品性能的关系；纱线的分类、形态特征、力学性质与质量评定；织物的分类、结构、力学性能、服用性能及质量评定。

B3095 TS102

纺织材料学/林海涛，蒋芳主编 . —成都：四川大学出版社，2017 年 . —326 页

ISBN 978-7-5690-0458-8

本书以纺织材料的定义与内涵为本，详细地介绍了纤维、纱线、织物和其他纤维集合及复合体的结构与性能特征，成形和加工对其影响，测量和评价的依据与基本方法。内容涉及纺织材料的基础理论和应用范畴，包括纤维的分类，力学、热学、光学、电学等性质，纱线的分类、结构与力学性质；织物的广义概念及性质等主要内容。

B3096 TS102

纺织材料学实验讲义/周建萍，杨元编写 . —无锡：江南大学纺织服装学院，2005 年 . —82 页

B3097 TS102

纺织材料学实验（纺织服装高等教育"十二五"部委级规划教材）/张海霞，宗亚宁主编 . —上海：东华大学出版社，2015 年 . —268 页

ISBN 978-7-5669-0780-6

本书系统介绍纺织材料的实验技术，其内容包括纺织标准、试验用标准大气、抽样和数据整理等基础知识，纺织纤维、纱线、织物、产业用纺织品结构性能测试方法，纺织品安全卫生性能测试方法，十项综合性实验项目，以及目前常用的纺织材料大型测试系统，体现了新标准、新仪器、新形式的教学要求，教学实验项目齐全。

B3098 TS102

纺织材料与检测（全国中等职业技术学校纺织专业教材）/人力资源和社会保障部教材办公室组织编写 . —北京：中国劳动社会保障出版社，2009 年 . —252 页

ISBN 978-7-5045-7859-4

为了更好地适应全国中等职业技术学校纺织专业的教学

需求，人力资源和社会保障部教材办公室和中国纺织服装教育学会组织全国有关学校的职业教育研究人员及一线的教师和行业专家，开发了纺织专业教材《织物组织结构与设计》《纺织材料与检测》，以后，还将根据教学需要，陆续开发相关纺织专业教材。

B3099 TS102

纺织材料与检测（高等院校高职高专纺织服装类"十二五"部委级规划教材 新指针产学结合系列丛书）/范尧明主编 . —上海：学林出版社，2012 年 . —326 页

ISBN 978-7-5486-0369-6

本书是按照"项目课程"的基本要求，以项目为载体，工作过程为导向开发的项目化教材，按先易后难的顺序，重点设置了二十五个实训。以"实践性"为主线贯穿全书，把典型工作任务细化到具体纺织产品，通过任务引领来突显纺织材料的基本理论知识、性能及检验、质量评价，旨在提高学生对纺织材料的认识以及对材料性能的检验、鉴别及评价。

B3100 TS102

纺织材料与检测（21 世纪高职高专"十二五"规划教材）/李大鹏主编 . —天津：天津大学出版社，2013 年 . —258 页

ISBN 978-7-5618-4786-2

本书主要介绍纺织材料的基础知识和纺织材料检测的部分内容。全书共分为两个部分：纺织材料部分和检测部分。本书内容围绕实际和教学需要展开，形式上突出重点，强调技能训练。本书着力于使读者了解纺织材料的基础理论知识和部分的检测方法。

B3101 TS102

纺织材料与检测/钱军，王鹏主编 . —北京：中国地质大学出版社，2013 年 . —221 页

ISBN 978-7-5625-3224-8

本书对常见纺织纤维的种类、基本工艺性能指标和服用性能；纱线的种类、结构和基本性能指标与测试；织物的种类、结构、基本性能和服用性能指标及测试等方面进行了详尽的阐述。适用于高职类纺织及相关专业学生教学或技术人员自学。

B3102 TS102

纺织材料与检测（纺织服装高等教育"十二五"部委级规划教材 高职高专纺织类项目教学系列教材）/杨乐芳，张洪亭，李建萍主编 . —上海：东华大学出版社，2014 年 . —316 页（被引 5）

ISBN 978-7-5669-0448-5

本书是基于工作过程系统化开发的项目化教材，是为了适应"教、学、做"合一的教学方法和"工学融合"的教学改革的要求编写的，主要介绍织物、纱线、纤维这三种形式的纺织材料的形成过程、基本结构、性能特点及其检测方法。

B3103 TS102

纺织材料与检测 第 2 版（纺织服装高等教育"十三五"部委级规划教材）/杨乐芳，张洪亭，李建萍主编．—上海：东华大学出版社，2018 年．—314 页

ISBN 978-7-5669-1358-6

本书是基于工作过程系统化开发的项目化教材，是为了适应"教、学、做"合一的教学方法和"工学融合"的教学改革的要求编写的，主要介绍织物、纱线、纤维这三种形式的纺织材料的形成过程、基本结构、性能特点及其检测方法。

B3104 TS104

纺织操作工（进城务工实用知识与技能丛书）/张勇编．—重庆：重庆大学出版社，2007 年．—103 页

ISBN 978-7-5624-3882-3

本书主要内容有：安全文明生产、纺织操作工的基本知识、络筒、整经、浆纱。

B3105 TS104

纺织操作技术（"农家书屋"必备书系·第 8 卷·农村实用技术常识之 16）/刘利生主编．—西安：陕西科学技术出版社，2008 年．—87 页

ISBN 978-7-5369-4331-5

本书主要内容包括纺织操作安全文明生产、络筒、整经、浆纱、整理，附穿经与结经。

B3106 TS101

纺织测试技术与质量控制 = Textile Measuring Technology and Quality Control（纺织服装高等教育"十二五"部委级规划教材）/（瑞士）理查德·福特（Richard Furter）著．—上海：东华大学出版社，2012 年．—310 页

ISBN 978-7-5669-0075-3

本书首先从总体上介绍了全球纺织工业的发展概况，然后结合纺织的基础概念以及纤维和纱线的脱机与在线检测方面的最新科技，分别从工业生产与实际应用两个角度，着重叙述了最新的纺织产业动态信息、检测技术与质量控制方法。

B3107 TS101

纺织测试数据处理（纺织高职高专"十一五"部委级规划教材）/胡颖梅，隋全侠主编．—北京：中国纺织出版社，2008 年．—234 页

ISBN 978-7-5064-5215-1

本书针对高职高专学生的学习需求，以面向纺织生产实际为出发点，在编写过程中力求通俗易懂，以"必需、够用"为度，尽量淡化统计方法的数学推导，而强调与纺织生产实践相结合，并且将统计计算与计算机应用有机结合。全书共分六章，内容包括纺织测试数据处理概述、纺织测试数据的获得和整理、纺织产品质量控制与数据处理、纺织工艺设计试验数据处理、纺织测试试验简单设计、常用数据分析工具等。

B3108 TS103

纺织测试仪器操作规程（纺织高职高专教育教材）/翟亚丽主编．—北京：中国纺织出版社，2007 年．—245 页（被引 18）

ISBN 978-7-5064-4141-4

本书重点介绍了近年来国内外纺织行业中具有代表性的各种试验仪器的结构原理、操作与计量、检定规程、维修保养、常见故障及其排除方法等内容。

B3109 TS105

纺织产品基本物理性能检测/张晓红主编．—北京：中国纺织出版社，2019 年．—189 页；26cm

ISBN 978-7-5180-6634-6

本书主要从纺织产品的基本物理性能入手，从产品质量控制和市场贸易的角度，对纤维、纱线和织物等不同阶段的产品所涉及的相关质量要求和测试方法做了较为详细的阐述。

B3110 TS105

纺织产品设计与工艺研究/张萍著．—北京：中国纺织出版社，2013 年．—153 页

ISBN 978-7-5064-9613-1

本书概述了纺织品设计的基本方法、内容及未来发展展望，详细介绍了织物设计元素，如原料、纱线、组织、密度、织缩、幅宽的确定以及织物结构设计的方法和织物设计的工艺计算。

B3111 TS105

纺织产品生态安全性能检测（纺织检测知识丛书）/田文主编．—北京：中国纺织出版社，2019 年．—391 页

ISBN 978-7-5180-5888-4

纺织产品的生态安全性能已经成为纺织产品最重要的质量安全要求和纺织品服装国际贸易中技术性贸易措施的核心内容。本书以国内外相关的法规和标准作为引子，详细介绍与纺织产品生态安全性能有关的有害物质管控的缘由、对应的检测技术与最新技术的发展，相对应的检测标准与发展趋势，从测试原理、样品准备、测试步骤、仪器条件、质控要求以及在具体检测过程中应注意的技术细节与难点等问题进行了详细阐述。

B3112 TS105

纺织产品使用性能评价及检测/顾学明主编．—北京：中国纺织出版社，2019 年．—312 页；26cm

ISBN 978-7-5180-6635-3

本书主要针对服装穿着和使用相关的染色牢度性能、洗涤护理性能、服用物理和功能性能、童装绳带安全性以及标签要求等的试验方法、标准要求进行了梳理和解读。对涉及的检测标准的适用范围、试验原理及仪器设备、试验步骤及结果评定、关键点和注意事项等进行深入浅出的解读。对同一测试项目的国内、国外标准差异性进行比较和分析。此外，对于常见测试项目不合格结果的产生原因、影响因素和改进措施给出专业的见解。

B3113　TS1

纺织产业与绿色纺织品概论［港台］/陈永钦著.—台北：台湾纺织产业综合研究所，2009年.—287页

ISBN 978-986-84863-3-1

B3114　TS108

纺织厂空气调节/河南纺织高级技工学校编.—郑州：河南纺织高级技工学校，2002年.—144页

B3115　TS108

纺织除尘与空调（纺织高等教育"十二五"部委级规划教材）/张昌主编.—北京：中国纺织出版社，2011年.—245页

ISBN 978-7-5064-7892-2

本书首先讨论了纺织环境对纺织工艺和职工身体健康的重要性，然后以纺织环境工程中常用的除尘与空调、制冷系统为主线，阐述了纺织除尘和空调制冷的基本原理，介绍了近年来在纺织企业中应用的新型除尘、空调设备和节能技术。书中文字简练且流畅，插图丰富且清晰，理论知识与工程实际相得益彰。

B3116　TS108

纺织除尘与空调　第2版（"十三五"普通高等教育本科部委级规划教材）/张昌主编.—北京：中国纺织出版社，2017年.—253页

ISBN 978-7-5180-3315-7

本书内容包括纺织环境概述、纺织除尘技术、通风机、纺织除尘系统设计实例、空气调节基本理论、空调喷水室、制冷设备、纺织环境工程节能技术等。

B3117　TS1

纺织传感网技术（"十三五"普通高等教育本科部委级规划教材　教育部卓越工程师教育培养计划纺织工程系列教材）/刘基宏编著.—北京：中国纺织出版社，2017年.—210页

ISBN 978-7-5180-3481-9

本书从传感网数据采集和数据传输及分析两个方面对纺织传感网技术进行了比较系统的介绍。传感网数据采集主要包括条形码编写与采集、RFID系统架构与数据采集、温湿度系统架构与数据采集，数据传输部分主要包括Wi-Fi数据传输系统架构。文中根据工程教育认证对本科生解决复杂问题的综合能力的培养要求，精心选择了对应的四种典型纺织工程案例，并针对每一种案例的特点，重点阐述其实现理论与实现方法，工程案例中对纺织品编码技术、细纱管锭对位系统、车间温湿度管理系统、单锭检测与管理系统进行了介绍。

B3118　TS115

纺织挡车工/丁蕴，柳吹伦，祁丽萍主编.—昆明：云南科学技术出版社，2005年.—127页

ISBN 7-5416-2194-3

本书主要介绍了纺布基本知识、细纱运转操作、气流纺操作、织布挡车工基础知识、织布生产基础知识等。

B3119　TS1

纺织导论/顾平主编.—北京：中国纺织出版社，2008年.—211页

ISBN 978-7-5064-5293-9

本书主要介绍纺织纤维、纱线、织物成形系统（机织、针织、非织造及其他成形方法）、织物染整以及纺织品测试与保养等内容，同时阐述了纤维、纱线、织物的结构、性能及其基本生产工艺等知识。

B3120　TS1

纺织导论（高等院校高职高专纺织服装类"十二五"部委级规划教材　新指针产学结合系列丛书）/张荣华主编.—上海：学林出版社，2012年.—210页

ISBN 978-7-5486-0370-2

本书介绍了整个纺织生产的工艺流程、纤维原料、纺纱、机织、针织、非织造及染整的基本知识、生产工艺过程、各种纺织产品的类型特征，以及纺织技术的演变和我国古代纺织技术的成就，同时对中国纺织工业取得的成就做了简单阐述，简要介绍了纺织新产品和纺织新技术。

B3121　TS1

纺织导论（高等教育"十二五"部委级规划教材　"本科教学工程"全国纺织专业规划教材）/薛元主编.—北京：化学工业出版社，2013年.—178页

ISBN 978-7-122-18462-7

本书从纤维、纱线、织物三个层面，浅显易懂地介绍了各类纺织材料的结构与性能，纺织纤维集合体的成形加工过程、工艺方法以及特点。对非织造布、涂层织物以及纺织品的染整加工等也进行了介绍。

B3122　TS1

纺织导论双语教程/赵磊，陈宏武主编.—北京：中国纺织出版社有限公司，2019年.—254页；26cm

ISBN 978-7-5180-6624-7

本书本着与市场充分接轨的原则，聘请纺织外贸企业的专家、纺织专业技术骨干语言专家参与教材编写工作，实现外贸型企业和学校的良性互动。书中对纺织材料、纺纱技术、机织技术、针织技术、非织造技术、纺织品染整技术的介绍以项目任务为载体，内容定位上精准明确，以高职学生使用为主，留学生使用为辅，同时注重英语和汉语的简练、规范。

B3123　TS108

纺织电工（纺织技工学校教材）/张自勇主编.—北京：中国纺织出版社，2013年.—314页

ISBN 978-7-5064-9651-3

本书介绍了纺织电工应知应会的基础知识和基本操作技能。其主要内容有常用电工仪表、工具及材料的基本知识，常用低压电气组件，基本电气识图，基本的操作技能，PLC和变频器在纺织设备中的应用，照明、供电、配电及安全用

电知识等。

B3124 TS108

纺织电气基础/丁跃军主编 . —北京：中国纺织出版社，2008 年 . —324 页

ISBN 978-7-5064-4713-3

本书重点介绍了纺织电气基础知识，其中包含常见光电磁现象、常用电器知识、常见电路原理、安全用电知识和安全操作技能以及变频器、可编程控器、单片机工作原理等技术内容。

B3125 TS108

纺织电气控制基础（"十三五"职业教育部委级规划教材）/徐帅主编 . —北京：中国纺织出版社，2017 年 . —181 页

ISBN 978-7-5180-4148-0

本书在细致分析纺织设备电气控制原理的基础上，精心选择纺织常用组件和典型控制电路，并进行重组和排序，最终以项目化形式介绍了传感器、电力拖动、交流调速、PLC控制等基础电气控制技术。还本着以人为本的原则，介绍了一些生活常用电路及其操作技能，如仪表使用和照明电路等。书中对于常用传感器、控制电路、控制器和变频器等纺织常用器件的介绍均以项目任务为载体，从实用的角度安排学习内容，做到了理论知识的精简和应用知识的提炼。

B3126 TS108

纺织电气控制技术（高等教育"十二五"部委级规划教材 "本科教学工程"全国纺织专业规划教材）/赵春生主编 . —北京：化学工业出版社，2013 年 . —226 页

ISBN 978-7-122-17966-1

本书主要内容包括：常用低压电器及控制线路、纺织设备低压电气控制、S7-200 系列可编程控器、变频器的应用、触摸屏的应用、纺织设备电气综合控制。

B3127 TS1

纺织顶岗实习指导教程（纺织服装高等教育"十二五"部委级规划教材 高职高专纺织类项目教学系列教材）/罗炳金编 . —上海：东华大学出版社，2012 年 . —166 页

ISBN 978-7-81111-953-4

本书内容包括纺织纤维及其应用、纺线及其应用、机织物及其设计、纺纱工艺、机织工艺等。

B3128 TS102

纺织服装材料实验教程/奚柏君主编 . —北京：中国纺织出版社有限公司，2019 年 . —98 页

ISBN 978-7-5180-5456-5

《纺织服装材料实验教程》是培养纺织工程、服装设计与工程、服装与服饰设计等专业的实验教学课程教材之一，是与纺织材料学、服装材料学理论课程配套的实验教程。根据不同专业的人才培养目标及企事业单位对专业人才的要求，本教程介绍了纺织、服装材料检测的基础知识以及纤维、纱线、织物三种形式的结构、性能特点和检测方法。

B3129 TS102

纺织服装材料学/王晓，刘刚中主编 . —北京：中国纺织出版社，2017 年 . —178 页

ISBN 978-7-5180-3728-5

本书从多角度出发，系统地介绍了纺织纤维、纱线、织物的种类、形态、结构与性能特征，成形和加工对其影响，测量和评价的依据与基本方法，毛皮、皮革、服装辅料的种类、性能特点，还介绍了新型纺织材料以及有关服装的维护和保养的知识。

B3130 TS107

纺织服装产品检验检测实务/程朋朋，陈道玲，陈东生著 . —北京：中国纺织出版社有限公司，2019 年 . —494 页

ISBN 978-7-5180-6355-0

本书重点介绍了纺织、服装生产所需的各种检测技术和规程，涉及各项测试的方法、适用范围、试验条件、检测仪器和有关标准。本书采用最新标准，且突出了对实际操作的指导，可以为纺织与服装生产管理、品质管理等提供所必须掌握的知识。

B3131 TS1

纺织服装概论/吕立斌主编 . —北京：中国纺织出版社，2018 年 . —199 页

ISBN 978-7-5180-4830-4

本书从纤维、纱线、织物、纺织品的染整加工、服装及设计几个层面着手，浅显易懂地介绍了各类纺织纤维的结构与性能，纺织纤维集合体的成形加工过程，染整加工技术，服装的概况及设计方法等。

B3132 TS1

纺织服装概论/万明主编 . —北京：中国纺织出版社有限公司，2020 年 . —313 页；26cm

ISBN 978-7-5180-7461-7

本书分为纺织和服装两大部分，分别从纺织纤维、纺纱技术、织造工程、染整技术、服装材料、服饰文化、服装色彩、服装设计、服装款式与结构、服饰品牌、服装生产工艺与管理、服装市场营销等方面，介绍了纺织服装全产业链的生产加工流程、产品形态及性能特点，并从宏观框架、基础概念、最新成就及跨行业应用等方面描绘了大纺织的概貌。具有图文并茂、深入浅出、条理清晰、融会贯通的特点。

B3133 TS1

纺织服装面料设计与应用 机织物设计［译］（国际时尚设计丛书）/（英）简·珊顿著；王越平译 . —北京：中国纺织出版社有限公司，2020 年 . —220 页

ISBN 978-7-5180-6504-2

这是一本纺织服装面料的专业图书，以图解方式重点讲解了机织物的设计，内容包括设计准备工作、平纹组织、斜纹组织、色纱与织物组织的配合、经纱和纬纱扭曲的网目组织、花式组织、经浮纬浮花式织物以及双层织物。

B3134　TS102

纺织复合材料（"十三五"普通高等教育本科部委级规划教材）/钱坤主编 . —北京：中国纺织出版社，2018 年 . —237 页

ISBN 978-7-5180-4887-8

本书主要介绍了常用高性能纤维的物理及化学特性、复合材料预制件的结构和制备技术、常用聚合物基体种类及基本性能、聚合物基复合材料接口相关知识、聚合物基复合材料成型工艺，以及纺织复合材料的力学性能和测试方法等方面内容。

B3135　TS102

纺织复合材料设计/顾伯洪，孙宝忠编著 . —上海：东华大学出版社，2018 年 . —526 页；26cm

ISBN 978-7-5669-1483-5

本书以纺织复合材料的多尺度几何结构为主线，在简要介绍单向和层合复合材料的力学和设计的基础上，着重探讨二维和三维结构的机织、针织、非织及编织复合材料，柔性复合材料，混编复合材料，夹芯复合材料，缝编和 Z-pinned 复合材料的力学和设计。

B3136　TS1

纺织概论（纺织高等教育"十五"部委级规划教材）/蒋耀兴主编 . —北京：中国纺织出版社，2005 年 . —387 页（被引 52）

ISBN 7-5064-3222-6

本书涵盖了纺织原料、纺纱工艺、机织工艺、针织工艺、非织造工艺等内容。全书共分 6 篇，重点介绍纺织工程的纤维原料、工艺原理、工艺流程和设备等基础知识及现代纺织科技的最新进展情况。

B3137　TS1

纺织概论（高职高专"十一五"规划教材）/魏雪梅主编 . —北京：化学工业出版社，2008 年 . —203 页（被引 5）

ISBN 978-7-122-03220-1

本书介绍了纺织原料和纱线、织物的性能及其质量评定，纺纱、机织技术的基本原理、生产工艺流程和主要工艺与设备，简要介绍了针织生产原理及典型设备。通过本课程的学习，可掌握纺织原料、纺织工艺原理、工艺流程和主要纺织设备的基础知识，了解现代纺织技术的最新进展，为从事纺织产品开发、纺织工程管理、纺织企业管理、纺织品贸易、服装设计等工作奠定基础知识。

B3138　TS1

纺织概论　第 2 版（高职高专"十二五"规划教材）/魏雪梅主编 . —北京：化学工业出版社，2014 年 . —208 页

ISBN 978-7-122-21106-4

本教材介绍了纺织原料、纱线和织物的结构与性能及其质量评定方法，纺纱、机织和针织技术的基本原理，棉纺、毛纺、麻纺、绢纺纺纱系统的工艺流程和主要设备与工艺，机织、针织的工艺流程和主要设备与工艺。

B3139　TS1

纺织概论（国家级职业教育规划教材　高等职业技术院校现代纺织技术专业任务驱动型教材）/刘森主编；中国纺织服装教育学会，人力资源和社会保障部教材办公室组织编写 . —北京：中国劳动社会保障出版社，2010 年 . —80 页

ISBN 978-7-5045-8631-5

本书全面地论述了纺织类专业将要学习的纺纱、机织、针织、染整、服装技术的基本原理以及纺织材料、纺织产品的类型与特征。内容包括纺织与纺织专业、纺织材料、纺纱技术、机织技术、针织技术、染整技术、服装技术、纺织检测技术。

B3140　TS1

纺织概论（纺织服装高等教育"十三五"部委级规划教材）/杨楠编 . —上海：东华大学出版社，2018 年 . —105 页

ISBN 978-7-5669-1290-9

本书介绍纺织的基本内涵、发展历史和现状，纺织专业学习中涉及的纤维、纱线、织物成形技术（包括机织、针织）等内容，以及纤维、纱线和织物的结构与性能及其生产工艺等知识。

B3141　TS101

纺织工程 CAD 技术应用及实例：基于 Auto CAD 2009 软件平台/杨松林，刘文学主编 . —北京：化学工业出版社，2010 年 . —352 页

ISBN 978-7-122-08159-9

本书介绍了纺织工程二维、三维 CAD 制图基础，给出了纺织工程二维、三维 CAD 图形绘制实例，其中二维图形绘制实例 120 余个，三维图形造型与装配实例 40 余个。纺织工程数据处理实例 6 个，常用纺织工程图形参数化程序设计实例 10 余个。并以实例说明纺织工程常用图形符号库的开发过程及软件。

B3142　TS101

纺织工程化学（纺织服装高等教育"十一五"部委级规划教材）/祝志峰主编 . —上海：东华大学出版社，2010 年 . —287 页（被引 29）

ISBN 978-7-81111-690-8

本书将有机化学及高分子科学的基础知识与现代纺织技术紧密地结合，在简要介绍有机化学基础知识、高分子科学基本原理和表面活性剂化学的基础之上，讨论了纤维素、蛋白质的结构和性能重要的合纤用高分子的合成方法、结构与性质；非织造布的黏合原理、黏合接口上的物理化学作用、黏合理论、黏合破坏和影响黏合强度的因素；浆料的黏合与成膜作用；淀粉、聚乙烯醇及聚丙烯酸类浆料的结构与性能；苎麻脱胶、绢丝精练以及毛纤维化学加工等生产过程中的化学问题。

B3143　TS101

纺织工程化学品（化学品实用技术丛书）/朱谱新等编著 . —北京：中国纺织出版社，2005 年 . —380 页

ISBN 7-5064-3554-3

本书针对纺织工业快速发展对纺织工程化学品的需要，全面介绍了纺织工程化学品的理论基础及其应用技术。本书特点是将高分子化学和物理、表面化学等相关领域的理论和最新成果引入纺织工程化学品的论述中，从读者感兴趣的角度对纺织工程化学品的原理及应用进行了深入讨论。

B3144 TS108

纺织工人职业卫生与安全知识读本（中国—加拿大职业卫生与安全丛书）/汤强，陈晔，王世强主编.—重庆：重庆大学出版社，2012年.—108页

ISBN 978-7-5624-6450-1

本书主要分为职业卫生与安全管理两部分。职业卫生部分主要内容包括：棉纺织企业存在的职业病危害因素、可能产生的职业病、职业病的预防和控制措施、劳动者怀疑自己得了职业病后怎么办；安全生产部分主要内容包括：基础管理、设备设施管理、作业环境与职业健康、职业病管理。

B3145 TS108

纺织工业节能减排与清洁生产审核/奚旦立主编.—北京：中国纺织出版社，2008年.—550页

ISBN 978-7-5064-5016-4

本书主要内容为：纺织工业概况，纺织工业产排污系数，棉纺行业，印染行业，毛纺织及染整，麻纺织及染整等。

B3146 TS101

纺织工业清洗技术/魏竹波，康保安编.—北京：化学工业出版社，2003年.—289页

ISBN 7-5025-4598-0

本书介绍了纺织工业清洗方法、清洗剂及清洗剂研制方法等内容。

B3147 TS108

纺织工业用水定额（用水定额系列丛书）/张继群，陈莹，杨书铭编著.—北京：中国质检出版社，中国标准出版社，2014年.—69页

ISBN 978-7-5066-7067-8

本书主要介绍了纺织工业行业的用水取水概况与历史，解读国家与地方的取水定额、产业政策、指导意见、标准，提出使用条件和应注意的地方，介绍行业的先进节水工艺、技术、设备、典型企业。

B3148 TS103

纺织工业中的表面活性剂（表面活性剂科学技术丛书）/梅自强主编.—北京：中国石化出版社，2001年.—505页（被引46）

ISBN 7-80043-783-3

本书包括表面活性剂在化学纤维生产和上浆，棉麻织物、毛织物和纯合成纤维织物染整，蚕丝及丝绸织物加工中的应用等内容。

B3149 TS1

纺织工艺管理（现代纺织企业管理丛书）/李新娥编著.—北京：中国纺织出版社，2008年.—308页（被引6）

ISBN 978-7-5064-5186-4

本书着重论述了纺纱、织造各工序的工艺技术管理，纺织新产品开发的工艺技术管理，特点是从生产实际出发，理论联系实际，实用性、可操作性强。书中制作了图片、表格以辅助相关知识的理解，图文并茂，生动有趣，并附有案例分析，以方便学习者借鉴。

B3150 TS103

纺织工艺设备实训（高职高专"十二五"部委级规划教材）/陈锡勇，陶建勤主编.—北京：化学工业出版社，2014年.—201页

ISBN 978-7-122-20639-8

本教材主要内容包括五个模块：第一模块为纺织典型生产工艺设计，第二模块为纺织典型设备工艺实施，第三模块为纺织典型设备维护，第四模块为纺织品来样分析，第五模块为纺织典型设备生产操作。重点介绍了典型工艺设计、典型工艺实施、典型设备维护、来样分析及典型生产操作。

B3151 TS103

纺织工艺设备实训 第2版/陶建勤，陈锡勇主编.—北京：化学工业出版社，2019年.—157页

ISBN 978-7-122-33251-6

本教材主要内容包括纺织典型生产工艺设计、纺织典型设备工艺实施、纺织典型设备维护、纺织品来样分析、纺织典型设备生产操作，主要阐述了工艺设计与工艺实施、设备维护、来样分析及生产操作，重点介绍了典型工艺设计、典型工艺实施、典型设备维护、来样分析及典型生产操作。

B3152 TS1

纺织工艺设计（"十三五"普通高等教育本科部委级规划教材）/王晓梅主编.—北京：中国纺织出版社，2016年.—217页

ISBN 978-7-5180-2478-0

本书详细介绍了纺纱工艺设计和织造工艺设计的内容和步骤，对纺纱工艺流程的选择、原料选配、开清棉、梳棉、并条、精梳、粗纱、细纱等，织造工艺流程中的整经、穿结经、织造等，以及各种工艺计算都有详细的论述，并结合纺织工艺设计的实例加以说明。本书可作为本科院校纺织工艺课程以及毕业设计实习的教材，也可作为纺织厂工人实践培训教材，还可供纺织企业技术人员参考。

B3153 TS1

纺织工艺设计与计算（纺织高职高专"十一五"部委级规划教材）/倪中秀主编.—北京：中国纺织出版社，2007年.—239页（被引8）

ISBN 978-7-5064-4446-0

本书主要介绍了纤维、纱线和织物的技术规格计算以及纺织工艺配备计算，包括纱线种类和原料选配、织物种类和技术规格、纺织工艺流程、设备选择、卷装计算、产量计

算、配棉量计算、用纱量计算、设备配台计算以及织物结构与性能的基本知识等。

B3154 TS1

纺织工艺设计与计算 第 2 版/倪中秀，罗建红主编 . —北京：中国纺织出版社有限公司，2019 年 . —249 页；26cm

ISBN 978-7-5180-6368-0

本书介绍了原棉、棉纱和棉布的技术规格的计算以及纺织工艺配备计算，包括纱线种类和原料选配、织物种类和技术规格、纺织工艺流程、机器选择、卷装计算、产量计算、配棉量计算、用纱量计算、机器配台计算等以及织物的结构与性能的基本知识。

B3155 TS1

纺织工艺与设备 上册（纺织职业技术教育教材）/任家智主编；言宏元主审 . —北京：中国纺织出版社，2004 年 . —294 页（被引 187）

ISBN 978-7-5064-2685-5

本书介绍了纺纱工艺与设备，包括原料的选配、开清棉、梳棉、精梳、并条、粗纱、细纱、后加工等九章内容。主要阐述了原棉的混配与化学纤维的选配，典型机台的传动与工艺计算，以及各工序加工化学纤维的特点。

B3156 TS1

纺织工艺与设备 下册（纺织职业技术教育教材）/毛新华主编 . —北京：中国纺织出版社，2004 年 . —295—458 页（被引 56）

ISBN 978-7-5064-3013-5

本册介绍了机织工艺与设备，包括整经、浆纱、穿结经、开口、辅助运动和机构、织造工艺参数等内容。

B3157 TS1

纺织工艺与设备实训（纺织高职高专"十一五"部委级规划教材）/陈锡勇主编 . —北京：中国纺织出版社，2010 年 . —246 页

ISBN 978-7-5064-6727-8

本书主要内容包括纺织工艺设计、纺织设备维护及纺织试验与生产操作，主要阐述工艺设计与应用、设备特征与维护及生产操作与测试，重点介绍典型工艺设计、典型设备维护、产品测试及典型生产操作。

B3158 TS101

纺织化学/魏玉娟主编 . —北京：化学工业出版社，2014 年 . —244 页

ISBN 978-7-122-19556-2

本书是针对纺织行业有关化学基础知识及相关化学加工处理而编写的教材，突出实际应用，注重实验教学。本书将现代化学基本原理与当前迅速发展的材料、能源、环境和生命科学密切联系起来，突出了化学原理在纺织工程实践中的应用，并结合编者多年来积累的教学经验和研究成果编写而成。全书主要叙述了纺织行业中常用有机化合物的分类与命名、结构与性质以及基本反应原理；各类天然纺织纤维及合成纤维的基本性能、化学加工方法及工艺要点；论述了纺织用表面活性剂、染料的基本概念及其应用性能；为强化实践教学，全面介绍了有机化学实验的基本要求、基本操作和 11 个纺织化学实验。

B3159 TS101

纺织化学（普通高等教育"十一五"部委级规划教材本科）/刘妙丽主编 . —北京：中国纺织出版社，2007 年 . —301 页（被引 20）

ISBN 978-7-5064-4447-7

本书第一部分为纺织化学基础理论，内容包括物质结构基础知识、有机化学基础知识、胺、染料、浆料、高分子化合物、合成纤维、天然纤维等；第二部分为纺织化学实验，内容包括纺织化学实验的一般知识和 10 个专业实验项目。

B3160 TS101

纺织化学 第 2 版/刘妙丽主编 . —北京：中国纺织出版社有限公司，2019 年 . —301 页；26cm

ISBN 978-7-5180-6182-2

本书第一篇为纺织化学基础理论，内容包括物质结构基础知识、有机化学基础知识、胺、染料、浆料、高分子化合物、合成纤维、天然纤维、表面活性剂、定量化学分析等；第二篇为纺织化学实验，内容包括纺织化学实验的一般知识和 10 个专业实验项目。

B3161 TS101

纺织化学基础（全国高职高专教育"十一五"规划教材，高职高专服装纺织类专业教学指导委员会推荐教材）/吴萍主编 . —北京：高等教育出版社，2009 年 . —177 页

ISBN 978-7-04-026330-0

本书简明扼要地介绍了纺织行业中用到的有机化学和分析化学知识。重点介绍现代纺织技术中涉及的纺织材料结构和某些纺织材料的前处理、表面活性剂、浆料、黏合剂、染料等方面的知识；重点介绍分析化学基础知识和在纺织品检测中用到的分析原理和方法。

B3162 TS101

纺织化学品（精细化工产品配方与生产工艺丛书）/邓舜扬编著 . —北京：中国石化出版社，2001 年 . —406 页（被引 15）

ISBN 7-80164-024-1

本书主要介绍印染助剂，包括前处理和漂洗剂、上浆剂、油剂、匀染剂和固色剂，以及整理剂和印花材料等，还介绍了纤维的新功能，如保健、美体、远红外保暖、防污和耐洗等功能。

B3163 TS103

纺织机电基础（高职高专"十二五"规划教材）/岳强，陈罡主编 . —北京：化学工业出版社，2014 年 . —159 页

ISBN 978-7-122-20078-5

本教材共分为 6 个项目，内容包括：机械制图相关知

识、机械基础、电路基础、电子技术基础、自动控制基础和纺织机电一体化。

B3164 TS103

纺织机电技术基础（纺织服装高等教育"十三五"部委级规划教材）/刘桂阳主编.—上海：东华大学出版社，2016年.—197页

ISBN 978-7-5669-0695-3

本书分为七章：机械识图基础；通用零件和常用机构；机械传动；用电常识；纺织设备用电机；纺织设备基本电控装置；纺织设备机电一体化。主要内容包括图样的基础知识、投影与三视图、机件的表达方法等。

B3165 TS103

纺织机电技术与应用/由君主编.—济南：山东画报出版社，2018年.—136页；26cm

ISBN 978-7-5474-2981-5

本书主要内容是纺织机器设备的基本机电知识，主要包括机械识图基础、机构的工作原理及基本理论、通用零件的结构及基础知识、电工基础、电机与电气控制基础及传感器知识。

B3166 TS103

纺织机电一体化（普通高等教育"十一五"国家级规划教材）/马崇启主编.—北京：中国纺织出版社，2010年.—270页（被引20）

ISBN 978-7-5064-6344-7

本书内容主要包括计算机控制系统中的微型计算机、计算机控制系统中的总线与多机通信、计算机控制系统的接口技术及抗干扰措施、计算机控制系统中的常用数据处理技术、计算机控制系统中的控制策略及常用执行组件的原理及应用，同时对机电一体化技术在清梳联、并条机、精梳机、粗纱机、细纱机、自动络筒机、整经机、浆纱机及织机中的应用进行了介绍。

B3167 TS103

纺织机电一体化 第2版（"十二五"普通高等教育本科国家级规划教材）/吕汉明主编.—北京：中国纺织出版社，2016年.—264页

ISBN 978-7-5180-2475-9

本书包括机电一体化技术基础和纺织机械机电一体化两部分。机电一体化技术基础主要包括计算机控制系统中的微型计算机、总线与多机通信、接口技术及抗干扰措施、常用数据处理技术、控制策略及常用执行元件的原理及应用等。纺织机械机电一体化主要以清梳联、并条机、精梳机、粗纱机、细纱机、自动络筒机、整经机、浆纱机、织机及纺纱车间物流为例介绍了机电一体化在纺织机械上的应用。

本书是高等纺织院校纺织工程专业本科生教材，也可作为相关领域工程技术人员的参考用书。

B3168 TS103

纺织机械概论（纺织高等教育"十二五"部委级规划教材）/陈革，杨建成主编.—北京：中国纺织出版社，2011年.—332页

ISBN 978-7-5064-7318-7

本书介绍了纺织机械的分类，分析了纺纱机械、织造机械、针织机械、染整机械、非织造机械、化纤机械的基本工艺原理、核心技术、关键设备，还简要介绍了国内外纺织机械制造业的现状、光机电一体化技术在各类纺织机械上的应用情况、现代纺织机械设计的发展趋势。

B3169 TS103

纺织机械基础（纺织高等教育"十二五"部委级规划教材）/孟长明主编.—北京：中国纺织出版社，2014年.—192页

ISBN 978-7-5180-0251-1

本书主要介绍了纺织机械通用零件结构知识，纺织机械的基本原理和结构。包括：纺织机械的常用材料、机构，摩擦润滑知识。还有整经、倍捻、浆纱等前道准备机械和织机的开口、引纬、打纬、卷取送经等机构的基础内容。还增加了纺织机械机电一体化技术的内容。

B3170 TS103

纺织机械基础概论（纺织职业技术教育教材）/周琪苏主编.—北京：中国纺织出版社，2005年.—258页

ISBN 7-5064-3358-3

本书主要介绍机构的工作原理、通用零件结构知识、机械图的识别、力学的基本理论。内容包括：平面机构的结构分析、机械识图基础、力学基础知识、平面连杆机构、凸轮机构、其他常用机构、带传动和链传动、齿轮传动等。

B3171 TS103

纺织机械基础概论 第2版（普通高等教育"十一五"国家级规划教材 高职高专）/周琪苏主编.—北京：中国纺织出版社，2008年.—262页

ISBN 978-7-5064-4667-9

本书主要介绍了机构的工作原理、通用零件结构知识、机械图的识别、力学的基本理论。内容包括：平面机构的结构分析、机械识图基础、力学基础知识、平面连杆机构、凸轮机构、其他常用机构、带传动和链传动、齿轮传动、机械变速传动、轮系、联接、轴及轴承、联轴器和离合器、弹簧等。

B3172 TS103

纺织机械基础概论 第3版（"十二五"职业教育国家规划教材）/周琪苏，梁海峰主编.—北京：中国纺织出版社，2014年.—262页

ISBN 978-7-5180-0862-9

本书为纺织机械基础教材，主要介绍了机构的工作原理、通用零件结构知识、机械图的识别、力学的基本理论。内容包括：平面机构的结构分析、机械识图基础、力学基础知识、平面连杆机构、凸轮机构、其他常用机构、带传动和链传动、齿轮传动、机械变速传动、轮系、联接、轴及轴承、联轴器和离合器、弹簧等。

B3173 TS103

纺织机械基础实验教程 （"十三五"普通高等教育本科部委级规划教材）/金晓，曹贻儒主编 . —北京：中国纺织出版社，2016 年 . —218 页

ISBN 978-7-5180-2907-5

纺织机械基础实验教学是培养纺织类应用型人才的一个重要环节和手段。通过对机械制图、互换性原理与测量技术、机械工程材料、工程力学、机械原理、机械设计等机械基础课程的相关实验内容进行筛选和重组，使其形成有机联系，从而构成了一门完整而系统的综合性实验课程。实验内容包括六大模块，共计 35 个实验项目。

B3174 TS103

《纺织机械噪声测试规范》系列国家标准宣贯教材（"十三五"职业教育部委级规划教材）/孙凉远主编 . —北京：中国纺织出版社，2004 年 . —148 页

ISBN 7-5064-3022-3

本书详细介绍纺织机械噪声测量方法和如何利用噪声测量的方法寻找主要噪声源，以便对其进行控制，从而指导使用者正确理解标准的内容。

B3175 TS103

纺织机械设计基础/陈革，孙志宏主编 . —北京：中国纺织出版社有限公司，2020 年 . —220 页；26cm

ISBN 978-7-5180-7478-5

本书从化纤机械、纺纱机械、针织机械、织造机械、染整机械、纺织器材中提炼出关键技术和共性机构（装置或系统），介绍了关键共性机构（装置或系统）的设计原理和设计方法，主要包括纺丝成形装置、梳理机构、牵伸机构、自调匀整系统、圈条装置、卷绕机构、纺织气流技术、针织成圈机构、织机引纬机构、织机打纬机构、多电机同步控制系统的设计基础，并融入了机电一体化技术在纺织机械上的应用设计，反映了纺织机械设计的主要成果。

B3176 TS103

纺织机械原理与现代设计方法/杨建成，周国庆编著 . —北京：海洋出版社，2006 年 . —301 页（被引 16）

ISBN 7-5027-6666-9

本书介绍了现代设计方法的基本概念与内涵、原理方案设计、评价与决策，选择了纺织机械中典型的卷绕机作为案例，叙述了其设计方法，最后重点介绍了应用现代设计方法对环锭纺纱机和织机的整机进行总体设计。

B3177 TS1

纺织计算机应用技术（纺织高职高专"十一五"部委级规划教材）/苏玉恒主编 . —北京：中国纺织出版社，2007 年 . —202 页（被引 5）

ISBN 978-7-5064-4547-4

本书介绍了计算机在纺织生产设备、工艺及管理方面的应用。内容包括绪论、纺织计算机辅助设计技术、纺织计算机控制技术、纺织计算机数据处理技术、纺织企业计算机管理技术及纺织电子商务技术，共六章。

B3178 TS1

纺织技术（高等职业技术院校纺织品贸易与检验专业教材）/范尧明主编 . —北京：中国劳动社会保障出版社，2016 年 . —278 页

ISBN 978-7-5167-1757-8

本教材为高等职业技术院校纺织品检验与贸易专业教材，主要内容有：开清棉、梳棉、精梳、并条、粗纱、细纱、并纱、倍捻等各工序的工艺过程，主要设备的机构组成、作用及工作原理，新型纺纱技术，整经、浆纱、织造各工序工艺流程等。

B3179 TS1

纺织技术导论/李竹君，刘森主编 . —北京：化学工业出版社，2012 年 . —113 页

ISBN 978-7-122-14960-2

本书简明介绍了纺织的内涵、基本概念和作用地位，纺织技术的演变及我国古代纺织技术的成就，并就纺织类专业将要学习的纺织、针织、染整、服装技术的基本原理以及纺织材料、纺织产品的类型与特征作了导向式的描述。

B3180 TS107

纺织检测技术（纺织高职高专"十二五"部委级规划教材 高等职业技术学院任务驱动型教材）/瞿才新主编 . —北京：中国纺织出版社，2011 年 . —254 页

ISBN 978-7-5064-7559-4

本书主要介绍原料、轧花、纺纱、织造、针织加工过程中为保证成品质量而进行的各类检测，重点介绍在半成品和生产过程中的质量控制技术与手段；系统介绍了纺织检测基础知识、原料检测技术、棉纺检测技术、织前准备检测技术、织造检测技术、针织检测技术等内容。该书与生产实际联系紧密，实用性强。

B3181 TS103

纺织浆料检测技术（化学品实用技术丛书）/范雪荣，荣瑞萍，纪惠军编著 . —北京：中国纺织出版社，2007 年 . —299 页（被引 146）

ISBN 978-7-5064-4255-8

本书简明扼要地介绍了淀粉和变性淀粉、聚乙烯醇、聚丙烯酸类三大纺织浆料的基本知识及与经纱上浆相关的基本性能和测定方法，还介绍了常用纺织浆料退浆效果和环保性能检测、定性鉴别和定量测定方法。

B3182 TS103

纺织浆料学（纺织新技术书库）/周永元编著 . —北京：中国纺织出版社，2004 年 . —595 页（被引 401）

ISBN 7-5064-2779-6

本书系统地论述了经纱上浆的机理、上浆工艺参数、浆料选用的原则、各种浆料及辅料的性能、浆料的配合与调制以及适用于各种纱线的浆液配方等。

B3183 TS103

纺织浆料与浆纱学（纺织服装高等教育"十四五"部委

级规划教材）/吴长春编 .—上海：东华大学出版社，2021年 .—252 页

ISBN 978-7-5669-1830-7

本书运用化学、高分子化学和高分子物理的基本原理和知识，根据纺织浆料的上浆工艺特点，比较详细地论述了经纱上浆的机理与目的、上浆工艺参数、浆料选用原则、合成浆料的制备、各种常用浆料与辅助浆料的性能与应用、浆料的配合与调制，以及适用于各种纱线的参考浆液配方、新型上浆工艺及浆纱质量控制等知识。

B3184 TS1

纺织结构成型学 2 多维成形（纺织服装高等教育"十三五"部委级规划教材）/胡吉永主编 .—上海：东华大学出版社，2016 年 .—344 页

ISBN 978-7-5669-0980-0

本书分为织前准备篇、结构成型工艺与设备篇、织物组织结构与设计篇。织前准备篇介绍络筒、整经、浆纱、穿结经等织前准备工序；结构成型工艺与设备篇包括机织成型工艺与设备、针织成型工艺与设备、非织造成型工艺与设备。

B3185 TS1

纺织结构成型学 3 纺织品染整（纺织服装高等教育"十三五"部委级规划教材）/郭腊梅编 .—上海：东华大学出版社，2016 年 .—121 页

ISBN 978-7-5669-0981-7

本书主要介绍纺织品的染色前预处理、染色和印花、染色后整理以及一些通过助剂整理而使纺织品获得附加功能的加工过程，内容涉及化学处理的原理、工艺及技术，并阐述有关化学助剂和染整药剂的化学性能及其与纤维之间的作用。

B3186 TS102

纺织结构复合材料/陶肖明等著 .—北京：科学出版社，2001 年 .—324 页（被引 228）

ISBN 7-03-008135-8

本书主要包括：纺织结构复合材料及其特点；先进纺织结构复合材料的制造工艺；纺织结构复合材料的性能及评定；三维纺织结构复合材料等。

B3187 TS102

纺织结构复合材料冲击动力学/顾伯洪，孙宝忠著 .—北京：科学出版社，2012 年 .—549 页

ISBN 978-7-03-033245-5

本书内容包括：实验研究二维和三维机织物、针织物、编织物、层压复合材料、三维机织复合材料、三维针织复合材料、三维编织复合材料的弹道冲击和低速横向冲击性能，采用分析模型和有限元模型计算上述材料的冲击破坏，在频域中揭示复合材料的冲击损伤机理和结构稳定性。

B3188 TS101

纺织精细化学品（纺织服装高等教育"十二五"部委级规划教材）/袁红萍主编 .—上海：东华大学出版社，2012

年 .—181 页

ISBN 978-7-5669-0032-6

本书有针对性地介绍了纺织工业生产过程中所涉及的表面活性剂、染料和有机颜料、合成黏合剂、涂料及水质处理剂等内容。

B3189 TS1-53

纺织科技论文 周玉麟选集/周玉麟著 .—北京：中国纺织出版社，2011 年 .—167 页

ISBN 978-7-5064-7757-4

本选集包含论文 11 篇、译文 9 篇、考察报告及其他 8 篇。本选集的内容以"织造"为重点，兼顾其他。力求从理论和实践结合的高度解决好三个方面的问题：一是为织造行业的科研（超前、实用、成气候、可持续）和技术改造指明一些主攻方向；二是为行业的"老、大、难"质量问题的解决和新品种开发等提供一些信息、措施；三是为行业结构调整等作出一些有益探索。

B3190 TS1

纺织科技前沿（纺织新技术书库）/葛明桥，吕仕元等编著 .—北京：中国纺织出版社，2004 年 .—614 页（被引75）

ISBN 7-5064-2754-0

本书介绍了纺织科技发展简史，主要国家纺织产业结构调整的基本情况，纺织染工艺与设备，以及生物技术、纳米技术、超声波技术等在纺织品中的应用等。

B3191 TS1

纺织科学入门（纺织高等教育"十二五"部委级规划教材）/武继松，张如全主编 .—北京：中国纺织出版社，2011年 .—116 页（被引 5）

ISBN 978-7-5064-7804-5

本书简明扼要地介绍了纺纱、机织、针织、非织造和染整加工原理以及纱线、机织物、针织物、非织造材料等基本知识。

B3192 TS1

纺织科学中的纳米技术（纺织新技术书库）/刘吉平，田军编著 .—北京：中国纺织出版社，2003 年 .—459 页（被引 120）

ISBN 7-5064-2569-6

本书系统地阐述了纳米技术的有关概念，纳米科学在纺织领域中应用，国内外纺织行业研究开发纳米技术的最新信息，此领域的新成果及新理论等内容。

B3193 TS108

纺织空调除尘节能技术（纺织新技术书库）/周义德主编 .—北京：中国纺织出版社，2009 年 .—306 页（被引 78）

ISBN 978-7-5064-5541-1

本书针对目前纺织行业空调除尘、空压、冷冻专业在系统设计、运行管理中存在的问题，从车间环境标准（温湿度、含尘浓度、照度）的确定、厂房建筑节能设计、空调除

尘空压冷冻系统节能设计、新型空调除尘节能技术、纺织车间防排烟技术、变频自动控制节能技术应用等进行分析介绍。

B3194 TS108-53

纺织空调除尘文集：缘起于实践的探索/严立三编著.—上海：东华大学出版社，2015 年.—95 页

ISBN 978-7-5669-0941-1

本书为一本自选文集，汇聚了作者自 20 世纪 70 年代末至今所撰写的关于纺织空调除尘技术的科技论文，以及有关科普知识、教育教学方面的文章，还有少量译文和短讯，以当年发表在期刊上的时间为序排列。将它们汇集成册，可便于有需要的读者查阅。

B3195 TS108

纺织空调空压技术 500 问（纺织生产技术问答丛书）/董惠民，翟荣祖，张秉笃编.—北京：中国纺织出版社，2007 年.—288 页

ISBN 978-7-5064-4383-8

本书以问答的形式，比较系统地介绍了有关纺织厂的空气调节、供热采暖、滤尘技术、制冷技术以及空气压缩技术等方面的基础知识、应用技术及管理经验等问题。

B3196 TS108

纺织空压技术（纺织新技术书库）/李宗耀编.—北京：中国纺织出版社，2001 年.—239 页（被引 28）

ISBN 7-5064-1995-5

本书提供较为全面的空压技术数据，从空气性质和空压机工作原理的管理规程及设计选用，并介绍目前主要品牌的空压机等。

B3197 TS101

纺织酶学/范雪荣，王强主编.—北京：中国纺织出版社有限公司，2020 年

ISBN 978-7-5180-7207-1

本书介绍了酶的基本知识、纺织工业中常用的酶、纺织品的酶前处理技术、纺织品的酶催化染色和脱色技术、纺织品酶整理技术、纺织品的酶催化功能整理技术等内容。

B3198 TS106

纺织面料（纺织高职高专"十一五"部委级规划教材）/邓沁兰主编.—北京：中国纺织出版社，2008 年.—198 页（被引 26）

ISBN 978-7-5064-5240-3

本书共 11 章，简单介绍了纤维、纱线的基础知识，重点介绍了各类纺织面料的性能特点、染整加工、鉴别、使用、储藏和保养等内容，同时对新型纺织面料也进行了一定的介绍。

B3199 TS106

纺织面料 第 2 版（纺织高职高专"十二五"部委级规划教材）/邓沁兰主编.—北京：中国纺织出版社，2012

年.—226 页（被引 17）

ISBN 978-7-5064-8233-2

本书主要包括纺织纤维、纱线、纺织面料的组织结构，纺织面料的染整加工，纺织面料的性能，新型纺织面料介绍，纺织面料的鉴别，纺织面料的使用、储藏和保养，纺织面料的发展方向等内容。

B3200 TS105

纺织面料设计/黄翠蓉主编.—北京：中国纺织出版社，2007 年.—243 页（被引 34）

ISBN 978-7-5064-4174-2

本书介绍了纺织面料设计的基本知识，主要从服用面料、装饰用面料和特殊功能用面料三大部分入手，较全面地介绍了各类面料的原料组成、生产技术、工艺流程、产品特征以及使用功能等方面的内容。

B3201 TS105

纺织面料设计师 基础知识（国家职业资格培训教程—纺织面料设计师系列）/李斌红主编；中国就业培训技术指导中心组织编写.—北京：中国劳动社会保障出版社，2009 年.—281 页（被引 5）

ISBN 978-7-5045-7811-2

本书内容根据《国家职业标准·纺织面料设计师》（试行）要求编写，是纺织面料设计师职业技能鉴定国家题库命题的直接依据。介绍了各级别纺织面料设计师应掌握的基础知识，涉及职业道德、纺织面料设计概论、市场营销基本知识、相关法律和法规知识等内容。

B3202 TS105

助理纺织面料设计师 国家职业资格三级（国家职业资格培训教程—纺织面料设计师系列）/伏广伟主编；中国就业培训技术指导中心组织编写.—北京：中国劳动社会保障出版社，2009 年.—374 页

ISBN 978-7-5045-7994-2

本书内容根据《国家职业标准·纺织面料设计师》（试行）要求编写，是助理纺织面料设计师职业技能鉴定国家题库命题的直接依据。本书介绍了助理纺织面料设计师应掌握的能力要求和相关知识，涉及根据调研计划进行产品调研、产品调研报告的编写、流行趋势信息收集、纺织面料色彩流行特点、纺织面料风格流行特点、机织物的风格特征及性能、机织物来样设计、机织物仿样的延展设计、机织物生产机械与工艺、针织物的特征和实用性能、针织物来样设计、针织物仿样的延展设计、针织物生产机械与工艺、织物图案的造型特征和实用性、织物图案来样设计、织物图案仿样的延展设计、织物图案加工方法与工艺、计划调整、生产工艺制定等内容。

B3203 TS105

纺织面料设计员 国家职业资格四级（国家职业资格培训教程—纺织面料设计师系列）/伏广伟主编；中国就业培训技术指导中心组织编写.—北京：中国劳动社会保障出版社，2010 年.—425 页

ISBN 978-7-5045-8100-6

《纺织面料设计员 国家职业资格四级》由中国就业培训技术指导中心按照标准、教材、题库相衔接的原则组织编写，是国家职业技能鉴定推荐辅导用书。书中内容根据《国家职业标准 纺织面料设计师》（试行）要求编写，是纺织面料设计员职业技能鉴定国家题库命题的直接依据。《纺织面料设计员 国家职业资格4级》介绍了纺织面料设计员应掌握的能力要求和相关知识，涉及单项产品调研，产品调研结果的整理，纺织产品的原料鉴别、织物分析步骤、技术规格分析、基本性能分析，机织物的配色设计、纱量计算、计算机辅助机织物设计、打样，针织物的配色设计、用纱量计算、计算机辅助针织物设计、打样，图案配色设计、描稿与修复、计算机辅助图案设计，印花图案打样，抄报生产试制结果，汇总生产试制信息，达标分析等内容。

B3204 TS105

纺织面料设计师 国家职业资格二级（国家职业资格培训教程—纺织面料设计师系列）/伏广伟主编；中国就业培训技术指导中心组织编写．—北京：中国劳动社会保障出版社，2011年．—328页

ISBN 978-7-5045-8798-5

本书介绍了纺织面料设计师应掌握的能力要求和相关知识，涉及市场调研计划的制定、方案的落实、结果的分析、调研报告的撰写、季节流行要素、季节流行色彩、纺织面料流行风格的确定、产品市场定位、成本和价格分析、新产品生产技术的可行性分析、机织物、针织物和织物图案的改进设计和综合设计等。

B3205 TS106

高级纺织面料设计师 国家职业资格一级（国家职业资格培训教程—纺织面料设计师系列）/伏广伟主编；中国就业培训技术指导中心组织编写．—北京：中国劳动社会保障出版社，2011年．—258页

ISBN 978-7-5045-8963-7

本书介绍了高级纺织面料设计师应掌握的能力要求和相关知识，涉及市场调研计划审定、市场发展预测、流行趋势和消费心理、季节的主题概念表达、主题概念的色彩和风格、产品开发方向、纺织商品学基本知识、创新设计理论、机织与针织创新产品生产工艺、创新产品与配套生产设备、织物图案创新设计理论和产品生产工艺、特殊工艺纺织面料设计方案改进、制定市场推广策划方案、指导实施新产品市场推广方案、指导制定产品年度开发规划并实施、组织完成系列产品设计、审核产品设计方案及设计工艺、培训教案编写方法、对纺织面料设计师进行业务培训与指导等内容。

B3206 TS107

纺织面料识别与检测（纺织服装高等教育"十二五"部委级规划教材 高职高专染整类项目教学系列教材）/季莉，贺良震主编．—上海：东华大学出版社，2014年．—236页

ISBN 978-7-5669-0447-8

本书以纺织品的形成过程为切入点，以常见纺织面料的识别和常用指标的检测为依托，系统地叙述了纤维、纱线、

面料的相关知识要点，较详细地阐述了纺织产品加工过程中涉及的纺织面料的相关知识。

B3207 TS107

纺织面料实物大全 后整理工艺/伏广伟主编．—北京：中国纺织出版社有限公司，2019年．—53页

ISBN 978-7-5180-5850-1

本书收录了历年来后整理工艺织物中相对流行、时尚、具有代表性的面料产品，使用文字、图片及实样相结合，更整洁、更直观地呈现了面料的组织纹理及特性，将面料实物与风格特征、产品规格相结合，让读者对织物品种、织物特征及结构特点有了深刻理解，加深了对面料的认识。

B3208 TS107

纺织面料实物大全 新型纤维面料/伏广伟主编．—北京：中国纺织出版社有限公司，2019年．—50页

ISBN 978-7-5180-5851-8

本书收录了历年来新型纤维面料中相对流行、时尚、具有代表性的面料产品，使用文字、图片及实样相结合，更整洁、更直观地呈现了面料的组织纹理及特性，将面料实物与风格特征、产品规格相结合，让读者对织物品种、织物特征及结构特点有了深刻理解，加深了对面料的认识。

B3209 TS107

纺织面料实物大全 针织面料一/伏广伟主编．—北京：中国纺织出版社有限公司，2019年．—34页

ISBN 978-7-5180-5852-5

本书收录了历年来针织物中相对流行、时尚、具有代表性的面料产品，使用文字、图片及实样相结合，更整洁、更直观地呈现了面料的组织纹理及特性，将面料实物与风格特征、产品规格相结合，让读者对织物品种、织物特征及结构特点有了深刻理解，加深了对面料的认识。

B3210 TS107

纺织面料实物大全 针织面料二/伏广伟主编．—北京：中国纺织出版社有限公司，2019年．—31页

ISBN 978-7-5180-5853-2

本书收录了历年来针织物中相对流行、时尚、具有代表性的面料产品，使用文字、图片及实样相结合，更整洁、更直观地呈现了面料的组织纹理及特性，将面料实物与风格特征、产品规格相结合，让读者对织物品种、织物特征及结构特点有了深刻理解，加深了对面料的认识。

B3211 TS107

纺织面料实物大全 棉机织物/伏广伟主编．—北京：中国纺织出版社有限公司，2019年．—85页

ISBN 978-7-5180-5856-3

本书收录了历年来棉机织物中相对流行、时尚、具有代表性的面料产品，使用文字、图片及实样相结合，更整洁、更直观地呈现了面料的组织纹理及特性，将面料实物与风格特征、产品规格相结合，让读者对织物品种、织物特征及结构特点有了深刻理解，加深了对面料的认识。

B3212 TS107

纺织面料实物大全 毛机织物/伏广伟主编.—北京：中国纺织出版社有限公司，2019年.—49页

ISBN 978-7-5180-5857-0

本书收录了历年来毛机织物中相对流行、时尚、具有代表性的面料产品，使用文字、图片及实样相结合，更整洁、更直观地呈现了面料的组织纹理及特性，将面料实物与风格特征、产品规格相结合，让读者对织物品种、织物特征及结构特点有了深刻理解，加深了对面料的认识。

B3213 TS107

纺织面料实物大全 丝机织物/麻机织物/伏广伟主编.—北京：中国纺织出版社有限公司，2019年.—67页

ISBN 978-7-5180-5858-7

本书收录了历年来丝机织物和麻机织物中相对流行、时尚、具有代表性的面料产品，使用文字、图片及实样相结合，更整洁、更直观地呈现了面料的组织纹理及特性，将面料实物与风格特征、产品规格相结合，让读者对织物品种、织物特征及结构特点有了深刻理解，加深了对面料的认识。

B3214 TS107

纺织面料实物大全 化纤机织物/伏广伟主编.—北京：中国纺织出版社有限公司，2019年.—97页

ISBN 978-7-5180-5859-4

本书收录了历年来化纤机织物中相对流行、时尚、具有代表性的面料产品，使用文字、图片及实样相结合，更整洁、更直观地呈现了面料的组织纹理及特性，将面料实物与风格特征、产品规格相结合，让读者对织物品种、织物特征及结构特点有了深刻理解，加深了对面料的认识。

B3215 TS102

纺织敏感材料与传感器/胡吉永主编.—北京：中国纺织出版社有限公司，2019年.—413页；26cm

ISBN 978-7-5180-6622-3

本书围绕纺织敏感材料与不同类别传感器的开发及应用系统集成等多方面内容分章编写，介绍纺织敏感材料及其传感系统设计、制备、使用中的理论问题、共性问题、热点问题和前瞻性问题，涉及纺织敏感材料的概念和内涵，典型纺织敏感材料的设计和基本纺织加工技术，传感系统的封装技术以及性能评价技术等，重点介绍基本纺织材料如何结合纺织加工技术设计、开发相关纺织敏感材料和传感器件等。

B3216 TS101

纺织纳米工程/王进美，冯国平等编.—北京：化学工业出版社，2009年.—254页；24cm（被引18）

ISBN 978-7-122-03905-7

本书以纳米材料在纺织工程中的应用为主题，阐述了关于纳米材料与纳米纺织品及服装加工的一系列科学与工程应用问题，对涉及保护人类健康、提高人类生活质量的各类纳米功能性整理技术进行了介绍。

B3217 TS101

纺织纳米科技专论 1［港台］/台湾纺织工业研究中心.—台北：台湾纺织工业研究中心，2002年.—1册

B3218 TS101

纺织纳米科技专论 2［港台］/纺织工业研究中心.—台北县：台湾纺织工业研究中心，2002年.—1册

B3219 TS106-39

纺织品 CAD/CAM/郑天勇主编.—北京：化学工业出版社，2007年.—240页（被引21）

ISBN 978-7-122-00596-0

本书介绍了纺织信息化技术及应用、各类纺织品CAD/CAM发展现状和趋势、纺织品CAD/CAM技术实现所需的各相关学科的基础知识，系统阐述了各类纺织品CAD/CAM系统的计算机设计原理和实现技术。

B3220 TS106-39

纺织品 CAD 应用实战（纺织高职高专"十一五"部委级规划教材）/邓中民主编.—北京：中国纺织出版社，2008年.—140页（被引5）

ISBN 978-7-5064-4689-1

本书以多年从事纺织品CAD理论研究与系统开发所积淀的科研成果为依托，汲取国内外该领域应用研究之精华，实用性强，重在使纺织类学生学会纺织产品CAD理论及应用与操作实践。通过学习，使读者对机织物和针织物组织结构及变化规律有较深入的了解；对纺织、针织花色组织的形成原理和设计方法有比较系统的掌握和运用，便于快速适应纺织行业企业和研究机构计算机产品设计需求。

B3221 TS106-39

纺织品 CAD 原理与应用（纺织高等教育"十五"部委级规划教材）/顾平主编.—北京：中国纺织出版社，2005年.—312页（被引51）

ISBN 7-5064-3460-1

本书综合介绍了纺织品CAD系统的组成、主要功能、技术现状及发展趋势；系统地介绍了各类机织物、针织物组织的数学模型与计算机生成法，纹织CAD系统功能和实现方法。

B3222 TS107

纺织品安全评价及检测技术（食品与消费品安全监管技术丛书）/柳映青主编.—北京：化学工业出版社，2016年.—456页

ISBN 978-7-122-25132-9

本书主要针对国内外主要的纺织服装技术法规、检测标准进行分析解读、比较、整理，结合国际上对纺织服装常见的贸易技术壁垒措施进行纺织服装安全评价；集国内生产企业实际情况和出入境检验检疫的同志在工作岗位中的实践经验积累，对纺织服装产品涉及的检测方法根据标准来源、适用范围、测试原理、仪器设备、样品准备、测试程序、结果表述、记录报告、关键点及注意事项等进行深入浅出的

解读。

B3223 TS107

纺织品标准应用（现代纺织工程丛书）/吴卫刚，周蓉主编.—北京：中国纺织出版社，2003年.—703页（被引30）

ISBN 7-5064-2545-9

本书包括纺织纤维标准应用、纱线标准应用、织物标准应用、基础标准及试验方法标准应用等内容。

B3224 TS193

纺织品的染色与印花（染料和颜料实用著色技术）/徐捷，张红鸣编著.—北京：化学工业出版社，2006年.—915页（被引12）

ISBN 7-5025-7726-2

本书回顾了染料和颜料的应用历史；概括介绍了染料与颜料的应用范围、分类、命名等；重点分类介绍直接染料、活性染料、还原染料、酸性染料等各类染料在纺织品染色和印花中的应用。

B3225 TS107

纺织品服用性能检测/洪杰主编.—北京：中国纺织出版社有限公司，2019年.—146页；26cm

ISBN 978-7-5180-6423-6

本书内容分为纺织品检测基本知识、织物物理性能检测、织物保形性能检测、纺织品色牢度检测、织物舒适性能检测及纺织品功能性检测六部分。

B3226 TS107

纺织品服用性能与功能（普通高等教育"十一五"部委级规划教材 高职高专）/张玉惕主编.—北京：中国纺织出版社，2008年.—191页（被引19）

ISBN 978-7-5064-5153-6

本书主要介绍纺织品服用性能所包含的内容、指标、测定方法以及影响因素，阐述了功能纺织品的基本设计思路，对功能纤维及其服用纺织品的加工工艺、功能及用途作了介绍。

B3227 TS194

纺织品服装面料印花设计：灵感与创意［译］（国际时尚设计丛书）/（英）约瑟芬·斯蒂德（Josephine Steed），（英）弗朗西斯·史蒂文森（Frances Stevenson）著；常卫民译.—北京：中国纺织出版社，2018年.—176页

ISBN 978-7-5180-5042-0

本书是一本关于当代纺织品服装面料印花设计的专业书籍，全书立足于灵感与创意，介绍了纺织品设计的概念、纺织品设计师的工作、职业规划、必要专业知识与技能等；同时从纺织品调研出发，讲解了调研工作的内容、工具、计划等，详细阐述了色彩、外观、组织结构、纹理、图案、绘画技巧、混合媒介、视觉表现等内容，并配有针对性的案例说明，其中不乏设计大师的作品与相关访谈。

B3228 TS106

纺织品服装知识与实务/王婉芳编著.—上海：上海财经大学出版社，2013年.—200页

ISBN 978-7-5642-1717-4

本书内容包括：纺织纤维、纱线与纺织品成型、纺织品染色与整理、衣着类纺织面料及其性能、纺织品检测与识别等。

B3229 TS106

纺织品功能性设计（纺织高等教育"十一五"部委级规划教材）/吴坚主编.—北京：中国纺织出版社，2007年.—326页（被引39）

ISBN 978-7-5064-4172-8

本书系统介绍了纺织品功能性设计的原理和设计方法，并且介绍了纺织品各种功能性指标的检测方法。

B3230 TS195

纺织品功能整理/田俊莹，杨文芳，牛家嵘等编著.—北京：中国纺织出版社，2015年.—237页

ISBN 978-7-5180-1979-3

本书内容包括功能整理的发展状况、安全防护功能整理、卫生保健功能整理、舒适性功能整理、环境友好型功能整理技术、功能整理的评价与标准，以及功能整理的最近研究进展七大部分。

B3231 TS195

纺织品化学整理［译］（轻化工程专业双语教材）/（英）W. D. 辛德勒（Wolfgang D. Schindler），P. J. 豪瑟（Peter J. Hauser）编著；王强，范雪荣译.—北京：中国纺织出版社，2007年.—219页

ISBN 978-7-5064-4266-4

全书系统介绍了国外纺织品化学整理，特别是功能整理方面的内容，包括柔软整理、免烫和耐久压烫整理、拒水拒油整理、易去污整理、阻燃整理、防滑整理、抗静电整理、抗起球整理、弹性整理、防紫外线整理、抗微生物整理、生物整理等内容。

B3232 TS107

纺织品检测（纺织高职高专"十二五"部委级规划教材）/范尧明主编.—北京：中国纺织出版社，2014年.—139页

ISBN 978-7-5180-0727-1

本书以项目的形式，对使用最频繁的纺织品检验检测项目进行分类编写。每个项目涉及一个具体的检测内容。在内容的编写中，编入了项目任务、工作要求、知识要点、任务实施。在任务实施中又设置了操作仪器、用具及试样、测试标准、操作步骤、任务拓展等内容，最后完成与企业检测等效的测试报告。检测内容与过程与企业接轨，学习的知识与就业工作内容接轨。

B3233 TS107

纺织品检测技术及管理（纺织检测知识丛书）/张红霞

主编 .—北京：中国纺织出版社，2007 年 .—330 页

ISBN 7-5064-4265-5

本书介绍了纺织品及其检测方面的相关知识，包括纺织品技术法规、纺织品标准、纺织品主要的项目检测、实验室管理以及与之相关的国内外检验机构、认证认可和国际贸易相关的法律法规等。

B3234 TS107

纺织品检测实务（纺织检测知识丛书）/张红霞主编 .—北京：中国纺织出版社，2007 年 .—232 页（被引 11）

ISBN 978-7-5064-4265-7

本书内容包括：纺织品技术法规、纺织品标准、纺织品主要项目的检测、纺织品检测仪器与检测方法、抽样理论与方法、误差分析、实验室管理以及与之相关的国内外检验机构等。

B3235 TS107

纺织品检测实务（纺织服装高等教育"十三五"部委级规划教材）/杨慧彤，林丽霞主编 .—上海：东华大学出版社，2016 年 .—252 页

ISBN 978-7-5669-1079-0

本书重点介绍了纺织品及其检测方面的相关知识，包括纺织品技术法规、纺织品标准、纺织品主要项目的检测、纺织品检测仪器与检测方法、抽样理论与方法、误差分析、实验室管理以及与之相关的国内外检验机构、认证认可机构和国际贸易相关的法律法规等内容。

B3236 TS107

纺织品检测实务/翁毅主编 .—北京：中国纺织出版社，2012 年 .—230 页（被引 7）

ISBN 978-7-5064-8538-8

本书从检测基本要素、纤维质量检验、纱线质量检验、织物质量检验等方面来展开分析讨论，按工作过程、项目化编写。注重解决在其他书籍中较少出现、容易被忽视，又必须加以重视的、在检测过程中要注意的问题。

B3237 TS107

纺织品检测实务 第 2 版/翁毅主编 .—北京：中国纺织出版社，2018 年 .—247 页；26cm

ISBN 978-7-5180-5486-2

本书从纺织检测的基本要素、纺织纤维检验、纱线质量检验、织物质量检验四方面展开讨论，按工作过程、项目化编写，每个项目包括工作任务、工作要求、知识点、任务实施四个模块。

B3238 TS107

纺织品检测实训（纺织高职高专教育教材）/李南主编 .—北京：中国纺织出版社，2010 年 .—208 页

ISBN 978-7-5064-6291-4

本教材包括纺织品来样分析与纺织品性能检测共十个实训项目。纺织品来样分析主要涉及纺织品来样中织物原料的定性定量分析、织物中纱线结构的分析、织物结构的分析；纺织品性能检测主要涉及纺织品常规项目的检测、功能性的检测以及生态指标的检测。

B3239 TS107

纺织品检测专论［港台］/台湾纺织工业研究中心 .—台北：台湾纺织工业研究中心，2003 年 .—1 册

B3240 TS107

纺织品检验/褚结主编 .—北京：高等教育出版社，2008 年 .—306 页（被引 5）

ISBN 978-7-04-026191-2

本书系统地介绍了纺织品检验的基础知识、纺织标准、纺织品检验抽样、纺织品检验度量、检验数据与检验记录、检验报告与检验证书等纺织品检验的知识。

B3241 TS107

纺织品检验（全国纺织高职高专规划教材）/田恰主编 .—北京：中国纺织出版社，2006 年 .—316 页（被引 12）

ISBN 7-5064-3825-9

本书系统地介绍了纺织品检验基础知识、纺织纤维的鉴别、纱线质量的检验、织物质量的检验、服装质量的检验、色差的评定等内容。

B3242 TS107

纺织品检验基础知识/广东省质量技术监督局编；程学源主编 .—广州：花城出版社，2012 年 .—309 页

ISBN 978-7-5360-6492-8

本书结合权威性资料，较全面地介绍了纺织服装产品检验的基本知识。涉及内容是纺织服装产品质量监督检验人员应当掌握的相关基本知识，本书采用理论和实践相结合，图文并茂，供相关人员持证上岗考试前的练习和参考。

B3243 TS107

纺织品检验实用教程/王明葵主编；福建省纤维检验局，国家纺织服装产品质量监督检验中心（福建）编著 .—厦门：厦门大学出版社，2011 年 .—266 页（被引 7）

ISBN 978-7-5615-3925-5

本书根据对纺织产品质量检验人员的要求，从应知应会的角度，全面系统地介绍了纺织产品知识、纺织产品检验的一般事项，并详细阐述了纺织品的检验指标、检验原理、检验方法及检验过程中应注意的事项，包括纱线、织物物理性能检验，纺织品中纤维的鉴别、染色牢度的检验，纺织品基本安全性能、功能性的检验，同时对我国纺织产品标准、国内外纺织品检验方法标准进行了介绍。

B3244 TS107

纺织品检验学/翟亚丽主编 .—北京：化学工业出版社，2009 年 .—258 页（被引 21）

ISBN 978-7-122-03612-4

全书共分十二章，较详细而系统地阐述了纺织品及进出口纺织质量检测方法，为评价、控制、监督、保证和改进纺织质量提供了科学的依据、手段和方法，是纺织品质量管理

定量化、科学化的技术基础。

B3245 TS107

纺织品检验学/蒋耀兴主编 . —北京：中国纺织出版社，2001 年 . —424 页（被引 108）

ISBN 7-5064-1959-9

本书重点介绍了关于纺织检验的基础知识，纺织质量与质量管理方法，纺织原料，国际、国内纺织标准与标准化等内容。

B3246 TS107

纺织品检验学 第 2 版（纺织高等教育"十一五"部委级规划教材）/蒋耀兴主编 . —北京：中国纺织出版社，2008 年 . —258 页（被引 7）

ISBN 978-7-5064-5211-3

本书内容包括：纺织品检验基础知识，纺织质量与质量管理方法，纺织标准与标准化，纺织原料、纱线、织物、服装以及产业用纺织品的质量评定方法、原理，纺织产品基本安全技术规范，官能检验方法在纺织品检验中的应用，国家标准或行业标准所规定的关于纺织品理化检验、安全性检验等。

B3247 TS107

纺织品检验学 第 3 版（"十三五"普通高等教育本科部委级规划教材）/蒋耀兴主编 . —北京：中国纺织出版社，2017 年 . —288 页

ISBN 978-7-5180-4149-7

本书内容包括：纺织品检验基础知识，纺织质量与质量管理方法，纺织标准与标准化，纺织原料、纱线、织物、服装及产业化纺织品的质量评定方法、原理，纺织品基本安全技术规范，官能检验方法在纺织品检验中的应用，国家标准或行业标准所规定的关于纺织品理化检验、安全性检验和功能性检测的试验方法及原理，纺织品检验的抽样方法及原理等。

B3248 TS107

纺织品检验学（21 世纪商品学专业核心教材）/霍红，姜华珺，陈化飞主编 . —北京：中国物资出版社，2006 年 . —316 页（被引 20）

ISBN 7-5047-2468-8

本书较系统地阐明了纤维和纺织品测试的基本原理，对国内外发展的新测试方法和典型仪器进行了介绍。

B3249 TS107

纺织品检验学 第 2 版（"十二五"高等教育精品课程系列教材）/霍红，陈化飞主编 . —北京：中国财富出版社，2014 年 . —382 页

ISBN 978-7-5047-5132-4

本教材在一版教材的基础上，调整了章节顺序安排，使教材的逻辑性更强。增加了常见纺织纤维、纱线、服装的质量评定，生态纺织品及检测，进出口纺织质量检验等知识，丰富了教材的知识体系。

B3250 TS107

纺织品鉴别与欣赏/易洪雷编 . —杭州：浙江大学出版社，2011 年 . —199 页

ISBN 978-7-308-09022-3

本书主要针对非纺织专业学生的知识结构，从宏观视野与文化艺术欣赏的角度，简要介绍纺织工业的概况、纺织品的概念和分类、纺织品的结构特征与质量评定、纺织品市场流通的各主要环节，以及纺织品的识别和纤维材料的主要鉴别方法，而专业性较强的纺织加工则放在纺织工业的发展与历史背景中，通过分析纺织加工技术的演变过程，以浅显易懂的道理加以阐述。

B3251 TS195

纺织品抗菌及防螨整理（印染新技术丛书）/商成杰编著 . —北京：中国纺织出版社，2009 年 . —268 页（被引 43）

ISBN 978-7-5064-5345-5

本书系统阐述了抗菌和防螨织物的结构、性能、生产方法、用途和发展趋势，重点介绍了织物抗菌和防螨整理的原理、基本知识、研究方法、抗菌和防螨性能的评价方法，此外，还给出了抗菌和防螨整理的工艺配方、生产流程和制造工艺实例。

B3252 TS1

纺织品纳米技术开发与应用 ［港台］/林新贺撰写 . —台北：台湾纺织工业研究中心，2002 年 . —116 页

ISBN 957-9674-46-9

B3253 TS192

纺织品前处理 336 问/曾林泉编 . —北京：中国纺织出版社，2011 年 . —166 页

ISBN 978-7-5064-7602-7

本书以问答的形式，用通俗的语言，对纺织品前处理必备的知识点和生产中常见的问题和解决办法，进行了深入浅出的解答，并多方面地介绍了国内企业在前处理加工过程中积累的丰富经验。本书内容包括原布准备、烧毛、退浆、煮练、漂白、丝光、短流程、前处理设备及管理等，共 336 个问题。

B3254 TS190

纺织品清洁染整加工技术（印染新技术丛书）/吴赞敏主编 . —北京：中国纺织出版社，2007 年 . —337 页（被引 34）

ISBN 7-5064-4071-7

本书内容包括：国内外有关纺织品清洁生产法规和相关政策；新型绿色纺织纤维材料的生产和应用性能；环保型染化料和助剂及应用；纺织品前处理、染色、印花和整理中绿色清洁加工的新工艺、新设备和新技术；染整加工中废热、废水和废弃物处理以及循环利用的技术方法。

B3255 TS190

纺织品清洁染整加工技术 第 2 版/吴赞敏主编 . —北京：中国纺织出版社有限公司，2020 年 . —224 页；26cm

ISBN 978-7-5180-7649-9

本书主要内容包括：国内外有关纺织品清洁生产相关政策；新型绿色纺织纤维材料的生产和应用性能；环保型染化料和助剂及应用；纺织品前处理、染色、印花和整理中绿色清洁加工的新工艺、新设备和新技术；染整加工中废热、废水和废弃物处理以及循环利用的技术方法。

B3256 TS190

纺织品染色［译］（轻化工程专业双语教材）/（英）阿瑟·D. 布罗德贝特（Arthur D. Broadbent）著；马渝莊，陈英等译.—北京：中国纺织出版社，2004 年.—379 页；25cm（被引 39）

ISBN 7-5064-2607-2

本书讲述了纤维与纺织品染色、纺织品整理等方面的内容。重点介绍了染色基本原理和相关内容，对现代染色工艺的最佳选择、应用、控制和改造做了详细的说明。

B3257 TS193

纺织品染色常见问题及防治（印染新技术丛书）/曾林泉编.—北京：中国纺织出版社，2008 年.—314 页（被引 9）

ISBN 978-7-5064-5295-3

本书主要介绍了纺织品染色中常出现的一些问题及防治办法。对连续染色、冷轧堆染色、卷染、浸染、纱线染色、各类型织物的染色中出现的典型问题、防治办法以及回修技术做了较全面的阐述。

B3258 TS193

纺织品染色工艺过程操作与管理/王飞主编.—成都：西南交通大学出版社，2015 年.—65 页

ISBN 978-7-5643-3936-4

本书主要项目有棉织物活性染料染色、棉纱线活性染料筒子纱染色、棉织物还原染料染色、真丝织物酸性染料染色、涤纶织物分散染料染色、腈纶织物阳离子染料染色、涤/棉混纺织物分散/活性染料染色等。

B3259 TS190

纺织品染整基础［译］（轻化工程专业双语教材）/（美）华伦·S. 珀金斯（Warren S. Perkins）著；陈英等译.—北京：中国纺织出版社，2004 年.—244 页（被引 10）

ISBN 7-5064-2344-8

本书系统介绍了纺织化学品、染整前处理、颜色系统、染色原理、染料、染色和印花、整理、纺织品加工设备等内容。

B3260 TS190

纺织品染整技术 290 问/黄光编著.—北京：中国纺织出版社，2014 年.—242 页

ISBN 978-7-5180-0716-5

本书以问答的形式对纺织品在染整过程中所出现的问题以染整基本原理为基础进行了分析和解答，着重阐述了染色工序中所出现问题的原因和解决办法，具有很强的实用性和

可操作性。全书共分八篇，包括：纺织品前处理、染料与染色、涂料染色、牛仔染色、纺织品后整理、工艺与设备、常见疵病问题分析、其他问题。

B3261 TS190

纺织品染整相关原理与技术/陈一飞编著.—北京：化学工业出版社，2010 年.—177 页

ISBN 978-7-122-06820-0

本书主要讲述了染料的基础知识及染色的基本原理，染整过程中用到的一些设备。重点介绍了活性染料、分散染料、直接染料染色的工艺流程、技术要点和涉及的疵病回修。

B3262 TS105

纺织品上浆原理与技术/陈一飞编著.—北京：化学工业出版社，2012 年.—135 页

ISBN 978-7-122-14459-1

本书重点介绍了短纤梭织物准备工程实务，如何做好长纤梭织厂的准备工程、长纤梭织物的准备工程、短纤梭织厂的生产管理、梭织厂的生产管理，喷水织机用浆料的特性及准备工程注意事项、新合纤织物和强捻丝织物的制造工程及条件等。

B3263 TS105

纺织品设计（全国纺织高职高专规划教材）/谢光银主编.—北京：中国纺织出版社，2005 年.—433 页（被引 35）

ISBN 7-5064-3449-0

本书涵盖了纺织品设计的基本理论、服用织物设计、装饰织物设计和产业织物设计，并具有大量典型的纺织品设计实例。

B3264 TS105

纺织品设计：原理与方法/李栋高著.—上海：东华大学出版社，2005 年.—365 页（被引 23）

ISBN 7-81038-958-0

本书讨论了遵从创新诱导机制推进设计、开展和建立以产品活力和产品生命力等经济特征为约束进行设计的应用原则，结合模拟丝绸和仿毛织物风格仿真目标的实现，对纺织品设计的原理和应用作出了全面系统的讨论。

B3265 TS105

纺织品设计（纺织服装高等教育"十二五"部委级规划教材）/周蓉，聂建斌主编.—上海：东华大学出版社，2011 年.—250 页（被引 17）

ISBN 978-7-81111-869-8

主要介绍纺织品设计的基本思路、原理和方法，同时针对棉、毛、丝、麻等多种类别的产品的特点介绍具体的设计过程和要点，并给出典型设计实例，另外还介绍了织物定位设计、性能设计的基本思想和方法，随附光盘则提供了各种典型纺织面料的图片。

B3266 TS105

纺织品设计概论（现代纺织艺术设计丛书）/胡国瑞著 .—重庆：西南师范大学出版社，2007 年 .—117 页

ISBN 978-7-5621-3702-3

本书介绍了现代纺织品与现代纺织品设计、主要类型、设计原则、理念与方法、审美特征、色彩设计与现代纺织品设计师和纺织品市场等内容。

B3267 TS105

纺织品设计的面料再造（现代纺织艺术设计丛书）/王庆珍著 .—重庆：西南师范大学出版社，2007 年 .—117 页

ISBN 978-7-5621-3739-9

本书详细地介绍了纺织品面料再造与设计过程中的各种面材、线材、色彩以及手法的运用，并对皮革、蕾丝、弹性面料的再造做了详细的说明。

B3268 TS105

纺织品设计基础（纺织服装高等教育"十三五"部委级规划教材）/张萍著 .—上海：东华大学出版社，2017 年 .—148 页

ISBN 978-7-81111-984-8

本书从织物设计原理出发，阐述纺织品设计的方法和思路，各种类型的织物设计内容、织物设计元素（如原料、纱线、组织、密度、织缩、幅宽）的确定、织物结构设计的方法，以及织物设计的工艺计算，具体涉及棉织物、棉型化纤织物、中长纤维织物、毛及毛型化纤织物等。本书的研究方法和结论适用于棉、毛、丝、麻及化纤织物的设计与生产。

B3269 TS105

纺织品设计实用技术/沈干编著 .—上海：东华大学出版社，2009 年 .—280 页（被引 19）

ISBN 978-7-81111-590-1

本书主要内容包括纺织产品设计概述、纺织产品的综合分析、经纬组合与线型设计、织物幅宽与筘箅入数设计、多臂织物组织与纹制工艺设计、提花织机及装造类型的选用等十二章。

B3270 TS105

纺织品设计新势力［译］/（英）布拉德利·奎恩（Bradley Quinn）著；郭成钢翻译 .—杭州：浙江人民美术出版社，2011 年 .—320 页（被引 11）

ISBN 978-7-5340-3034-5

本书由布拉德利·奎恩著，展示的是世界上最具远见、目前正活跃在第一线的设计师。这 36 位（组合）设计师得以入选本书，是因为他们对时装面料和室内装潢面料作出的杰出贡献。

B3271 TS105

纺织品设计学（普通高等教育"十五"国家级规划教材）/李栋高主编 .—北京：中国纺织出版社，2006 年 .—402 页（被引 39）

ISBN 7-5064-3855-0

本书介绍的是建立在现代设计方法理论基础上的以消费形态为目标，概念设计为核心，结合利用纤维材料科学和纺织系统工程技术实现纺织品设计的技术方法体系，书中主要讨论了纺织品为实现不同的设计目标所需要的思维逻辑、设计理念以及相关的技术方法与设计原理。

B3272 TS105

纺织品设计与工艺基础/刘元风主编 .—北京：中国纺织出版社，2012 年 .—121 页

ISBN 978-7-5064-8241-7

本书包含了纺织材料、纺织品设计与织造、色彩学、染色工艺学与艺术染色、图案设计与印花工艺、纺织品风格与功能，纺织品检测、纺织品服装服饰应用等艺术设计与工程技术相结合的内容，既有艺术设计的理念，又有工程实施的方法，具有鲜明的艺工融合、学科交叉的特色。

B3273 TS1

纺织品生态加工技术（纺织新技术书库）/房宽峻编著 .—北京：中国纺织出版社，2001 年 .—250 页（被引 141）

ISBN 7-5064-2005-8

本书主要介绍从纤维原料、纺纱、织造、印染、整理到服装加工等各工艺环节中的生态技术；生态纺织品的开发途径以及生产过程中"三废"综合处理的方法。

B3274 TS194

纺织品数码喷墨印花技术/薛朝华，贾顺田编著 .—北京：化学工业出版社，2008 年 .—197 页（被引 64）

ISBN 978-7-122-01486-3

本书主要介绍了喷墨印花机的工作原理，各种类型纺织品喷墨印花机，专用喷墨印花软件，各种类型纺织品喷墨印花墨水的组成、性质以及纺织品直接喷墨印花应用工艺。还介绍了常用纺织品加工的一般前处理、喷墨印花特殊前处理和喷墨印花织物后整理方面的知识。

B3275 TS194

纺织品数码印花技术（纺织服装高等教育"十三五"部委级规划教材）/王华 .—上海：东华大学出版社，2019 年 .—296 页

ISBN 978-7-5669-1584-9

本书围绕数码印花这一核心简述了印花技术的历程，并对相关概念进行了解析，侧重介绍了数码印花设备、印花染料墨水、分色软件的应用以及涂料及直喷数码印花工艺流程和操作规范；同时，书中还列举了纺织品数码印花技术的实际应用案例。

B3276 TS107

纺织品微生物检测技术/郭会清等编著 .—北京：中国质检出版社，中国标准出版社，2018 年 .—318 页

ISBN 978-7-5066-8529-0

本书通过对公共用纺织品、废旧纺织品微生物污染现状的普查，确定了纺织品中需关注的细菌菌落总数、大肠菌

群、金黄色葡萄球菌等18种微生物。通过对纺织品可能携带的微生物及其关键检测技术的研究，建立了纺织品微生物检测通则及18种微生物的39种检测方法，具体方法包括传统细菌培养分离方法、微生物测试片法、微孔滤膜法、基质辅助激光解吸电离飞行时间质谱法、LAMP法、DPO-PCR法、荧光定量PCR法等。

B3277　TS190

纺织品物理机械染整（纺织新技术书库）/马晓光主编.—北京：中国纺织出版社，2002年.—288页（被引36）

ISBN 7-5064-2299-9

本书系统地介绍了现代物理高新技术在纺织品染整加工中的应用，论述了目前新颖的和一些应用较为广泛的纺织品物理机械染整加工技术。

B3278　TS107

纺织品瑕疵分析与案例说明［港台］/黄振麒等著.—台北：台湾纺织产业综合研究所，2011年.—260页

ISBN 978-986-86795-4-2

B3279　TS107

纺织品性能测试：方法、技术及应用［译］（纺织科学与工程高新科技译丛）/（澳）王立晶编著；潘志娟，王萍，卢业虎等译.—北京：中国纺织出版社有限公司，2020年.—222页；24cm

ISBN 978-7-5180-6638-4

本书从纺织品性能的测试工艺、技术、标准等角度出发，对军用纺织品舒适性、服装套装热舒适性、可穿戴智能纺织品、建筑与办公场所用纺织品的声学性能、医用纺织品、智能纤维增强复合材料、环保纺织品、电子纺织品以及热学性能等的检测与评价方法和相关标准进行了系统的阐述。

B3280　TS107

纺织品性能测试实验/任永花，范立红编著.—北京：化学工业出版社，2017年.—122页

ISBN 978-7-122-29311-4

本书包括织物耐皱性、耐磨性、缩水性、色牢度、服用性能和部分功能性实验等共24项内容。各实验项目的基本原理、试验方法及试验结果的整理和计算，均根据新的国家标准叙述。

B3281　TS107

纺织品性能检测（国家中等职业教育改革发展示范校建设项目成果教材）/刘金凤主编.—成都：西南交通大学出版社，2015年.—157页

ISBN 978-7-5643-3928-9

本书以从事纺织品检测相关工作的完成程序为主线编写，主要包括纺织品性能检测的基础知识、纺织品原料、纱线、纺织品的结构、服用性能、安全性能以及质量的评测这七个模块，并通过拓展阅读使每个模块的知识体系更加完善。

B3282　TS107

纺织品性能与检测/赵云国主编.—北京：中国纺织出版社有限公司，2019年.—206页；26cm

ISBN 978-7-5180-5470-1

本书含理论部分和实验部分。理论部分主要介绍了纺织品质量标准，纺织材料的性能检验、染整半制品质量检验、染整成品质量检验及安全性能检验等内容。实验部分主要包括常见的轻化工产品性能检验，还介绍了最新的有关纺织产品的测试技术、测试设备及测试标准。

B3283　TS109

纺织品循环加工及其再利用［译］（纺织新技术书库）/（美）王佑江著；马会英译.—北京：中国纺织出版社，2008年.—275页（被引31）

ISBN 978-7-5064-4965-6

本书主要以美国和德国为例，对一些有效的循环加工工艺技术做了详尽的介绍和分析，主要包括废弃纺织品的回收加工、易于循环再利用纺织产品的设计、纺织生产过程中的废水处理、纺织化学品的循环加工和再利用等内容。

B3284　TS194

纺织品印花（21世纪职业教育重点专业教材）/李晓春主编.—北京：中国纺织出版社，2002年.—302页（被引82）

ISBN 7-5064-2015-5

本书系统地介绍了常用纺织品的印花原理、工艺和设备。内容包括平网印花、圆网印花、转移印花、滚筒印花和喷墨印花等，同时还介绍了一些特殊印花工艺和产品。

B3285　TS194

纺织品印花（中等职业教育染整技术专业规划教材）/周曙红主编.—北京：化学工业出版社，2011年.—225页（被引9）

ISBN 978-7-122-10629-2

本书介绍了纺织品印花材料特性、印花坯布前准备以及印花过程的常用设备，系统地论述了纺织品印花花样设计、印花原理和印花工艺，较详尽地阐述了不同织物印花时的工艺选择及实施方法，并就生产运转中常见的问题及相应的防止措施进行了介绍。对于新颖的印花相关技术，如无版制网、数码喷射印花等也作了适当的叙述，同时还介绍了一些特殊印花工艺和产品。

B3286　TS194

纺织品印花320问/曾林泉编.—北京：中国纺织出版社，2011年.—229页（被引13）

ISBN 978-7-5064-7251-7

本书以问答的形式，对纺织品印花加工必备的知识点和生产中常见问题及解决办法进行了深入浅出的解答，并多方面地介绍了国内在印花加工过程中积累的丰富经验。本书内容包括纺织品印花的基本知识、雕刻及制网（版）、色浆调制及助剂应用、平网印花、圆网印花、数码印花、特殊品种印花、回修、配色仿样、设备等，共320个问题。

B3287 TS194

纺织品印花工艺制订与实施（纺织服装高等教育"十二五"部委级规划教材 高职高专染整类项目教学系列教材）/陈英华主编.—上海：东华大学出版社，2015年.—313页

ISBN 978-7-5669-0655-7

本教材以常见印花品种纤维素纤维、蛋白质纤维、涤纶及其混纺织物的实用涂料印花、直接印花、防拔染印花为项目，采用任务驱动模式，重点介绍圆网印花、平网印花和喷墨印花的设备特点、制版工艺、糊料特性、印花方法、工艺原理和印花工艺，并且含有典型生产品种的真实印花工艺、开放式印花实验方案，体现了高新、高效、清洁。

B3288 TS194

纺织品印花实用技术（纺织新技术书库）/王授伦主编.—北京：中国纺织出版社，2002年.—429页（被引92）

ISBN 7-5064-2418-5

本书较全面地介绍了织物印花技术，汇集和分析了若干印花实用工艺、印花用塑料、助剂、常用设备及使用方法。全书内容分织物印花设备、印花塑料、涂料印花、现代网版雕刻技术等九章。

B3289 TS1

纺织品与服装保养技术/张一心主编.—北京：化学工业出版社，2007年.—339页

ISBN 978-7-5025-9285-1

本书主要介绍了纤维和纱线的分类、基本知识、特性，纺织品分类，纺织品的服用性能、规格质量指标、国家标准、行业标准、洗涤、熨烫、污

B3290 TS1

纺织品与皮肤［译］（纺织科学与工程高新科技译丛）/（德）彼得·埃尔斯纳，（美）凯瑟琳·哈奇，（德）沃尔特·维格尔-阿尔贝蒂编；廖青，张鸣雯译.—北京：中国纺织出版社有限公司，2019年.—170

ISBN 978-7-5180-5766-5

经过合理设计的服装允许人们在不同条件下生存，不论是撒哈拉沙漠还是极地恶劣气候，进行湖泊、海底、月球探索，抑或是太空行走均得以实现。此外，服装还具有保护人体不受环境中有害物质侵害的功能。几千年来，织物在辅助人体进行体温和湿度调节方面发挥了极大的作用，这在很大程度上取决于纤维、纱线及织造技术的提高及织物整理技术的发展。

B3291 TS1

纺织品与市场开发/张弦主编.—北京：化学工业出版社，2005年.—181页（被引8）

ISBN 7-5025-6762-3

本书以纺织品为基础，全面介绍了纺织品与纺织品开发的内容和方法，如市场调查和预测、消费行为与心理、纺织品标准与检验、纺织品流通和运输等问题，及时反映了纺织品与纺织品市场开发的新趋势、新成就。

B3292 TS195

纺织品整理365问/曾林泉主编.—北京：中国纺织出版社，2010年.—212页

ISBN 978-7-5064-6891-6

本书以问答的形式，用通俗的语言，对纺织品后整理必备的知识点和生产中常见的问题及解决办法进行了深入浅出的解答，并多方面地介绍了国内在后整理加工中积累的丰富经验。本书内容包括物理机械整理、常规整理、功能整理、特殊织物及品种整理、涂层整理、助剂应用及回修、设备等，共365个问题。

B3293 TS195

纺织品整理基础/耿亮主编.—北京：中国劳动社会保障出版社，2016年.—205页

ISBN 978-7-5167-2522-1

本教材为高职高专纺织品检验与贸易专业教材。教材依据专业建设的需要，整合了相关内容，主要包括：纺织品整理概述、棉纺品的整理、麻制品整理、毛织物整理、丝织物整理、化学纤维及混纺产品的整理。

B3294 TS195

纺织品整理加工用化学品（化学品实用技术丛书）/陈国强，王祥荣，李战雄等编著.—北京：中国纺织出版社，2009年.—374页（被引20）

ISBN 978-7-5064-5508-4

本书以纺织品整理加工用化学品的化学结构组成分类为主线，主要包括有机硅、有机氟、聚氨酯、聚丙烯酸酯、壳聚糖及其衍生物、纳米材料、生物酶等，简明阐述了这类化学品的特点、结构与性能、制备原理和方法以及它们在纺织品后整理过程中的作用机理和使用方法。

B3295 TS195

纺织品整理学/郭腊梅主编；赵俐，崔运花副主编.—北京：中国纺织出版社，2005年.—348页；26cm（被引79）

ISBN 7-5064-3610-8

本书介绍了主要纤维的结构和性能，以及染整用水和表面活性剂等的化学知识，在此基础上，着重于纺织品染整工艺原理的阐述，阐述了纺织品染整前处理、染色、印花、整理的工艺过程和主要特点。

B3296 TS107

纺织品质量标准与检测/陈春侠，樊理山主编.—北京：中国纺织出版社，2018年.—157页；26cm

ISBN 978-7-5180-5141-0

根据广大一线检测技术人员对国外纺织检测标准进行的收集、汇总、整理，按照项目分别解读。内容包括不同国家纺织服装及羽绒产品检测方法的基本原理、测试比较、主要标准差异及关注点，以 AATCC、ASTM、BS、DIN、EN、ISO、JIS 和 NF 为主。内容新颖全面，解释简明扼要，适合进出口企业有关人士及出入境检验检疫的同志阅读，也可作为纺织专业学生参考。

B3297 TS101

纺织品质量控制及价格核算/张萍著.—北京：中国纺织出版社，2018年.—149页；24cm

ISBN 978-7-5180-4803-8

本书结合质量控制理论和生产实际经验，总结出纺织产品质量控制的因素和实际预防方法，分析和阐述了影响产品质量的因素；详尽阐述原料方面、半成品方面、成品的质量控制因素，主要疵点的形成原因及解决方法。

B3298 TS104

纺织品质量控制与检验/王瑞主编.—北京：化学工业出版社，2006年.—228页（被引15）

ISBN 7-5025-8438-2

本书介绍了纺织品基本知识，以及服装用、农业用、土工用、建筑用、汽车用、过滤等各种不同用途纺织品的主要特性、品质等级、技术要求及项目指标的检测方法。

B3299 TS104

纺织品质量控制与检验（高等职业技术院校现代纺织技术专业任务驱动型教材）/常涛，郭学先编著.—北京：中国劳动社会保障出版社，2011年.—309页

ISBN 978-7-5045-8986-6

本书按纺纱产品和机织产品两大类分为两个模块，即纺纱产品质量检测与控制和机织产品质量检测与控制。纺纱产品质量检测与控制模块分为棉卷、生条、精梳条、熟条、粗纱、细纱、筒纱（捻线）的质量检测与控制七个课题；机织产品质量检测与控制模块分为经轴、织轴、穿结经的质量检测与控制，有梭机织造质量与控制、喷气织机织造质量与控制。

B3300 TS104

纺织品质量缺陷及成因分析　显微技术法 ［译］/（德）Karl Mahall 著；张嘉红译.—北京：中国纺织出版社，2008年.—149页

ISBN 978-7-5064-4918-2

本书译自原书第2版，全面系统地介绍了利用显微法对纺织品进行质量缺陷分析的技术；详细说明了如何根据检测结果分析推断产生质量缺陷的成因。

B3301 TS1

纺织染概论/刘森主编.—北京：中国纺织出版社，2004年.—352页（被引16）

ISBN 7-5064-2862-8

本书介绍了纺织业的发展历史和现状，纺纱、机织、针织及染整技术的基本原理，纺织产品的类型特征，纺织企业的生产及质量管理等内容。

B3302 TS1

纺织染概论　第2版（纺织高职高专"十一五"部委级规划教材）/刘森主编.—北京：中国纺织出版社，2008年.—208页（被引9）

ISBN 978-7-5064-4939-7

本书较全面、简明地介绍了纺织业的发展历史和现状，纺纱、机织、针织及染整技术的基本原理，纺织材料及纺纱、机织、针织、染整的生产工艺过程，纺织产品的类型特征，纺织企业的生产及质量管理；扼要地叙述了纺织技术的演变及我国古代纺织技术的成就，并对纺织工业与纺织技术的发展前景做了展望；简要介绍了纺织新产品和纺织新技术。

B3303 TS1

纺织染概论　第3版（"十三五"职业教育部委级规划教材）/刘森，杨璧玲主编.—北京：中国纺织出版社，2017年.—205页

ISBN 978-7-5180-3285-3

本书较全面、简明地介绍了纺纱、机织、针织、非织造及染整技术的基本原理与生产工艺过程，纺织纤维及纺织产品的类型和特征、检验方法与品质评定、产品的应用等；扼要地叙述了纺织业的发展历史、现状和内涵特征，并对纺织技术的发展前景作了展望。

B3304 TS190

纺织染料降解催化剂/米立伟，卫武涛著.—北京：中国纺织出版社有限公司，2019年.—148页

ISBN 978-7-5180-6393-2

本书全面系统地介绍了 MOF 诱导法、泡沫铜原位构筑法、离子置换法、生物质原位构筑法及双功能催化剂构筑法在铜基类芬顿催化剂制备领域的工艺实例，专业实战性强，实用价值高。

B3305 TS190

纺织染整添加剂生产与应用技术（工业添加剂生产与应用技术丛书）/宋小平主编.—北京：中国石化出版社，2007年.—342页（被引5）

ISBN 7-80229-208-5

本书介绍了纺织前处理添加剂（浆料、油剂、渗透剂、润湿剂、漂白剂、净洗剂）、印染添加剂和织物后整理添加剂共320种纺织染整添加剂的生产应用技术。

B3306 TS190

纺织染整助剂　性能·制备·应用（实用精细化学品丛书）/王慎敏，王志远主编.—北京：化学工业出版社，2012年.—224页（被引5）

ISBN 978-7-122-13734-0

本书首先简要介绍了纺织染整助剂的概念、作用和分类，表面活性剂的分类、性质和用途，在此基础上介绍了纺织品前处理助剂、印染助剂、后整理助剂。共编入了三百多个纺织染整助剂产品，每个产品较详细地介绍了产品的性能、制备工艺和应用技术。

B3307 TS190

纺织染整助剂生产工艺与技术/宋小平主编.—北京：科学技术文献出版社，2017年.—480页

ISBN 978-7-5189-2114-0

本书全面系统地介绍各类精细化工品的产品性能、生产方法、工艺流程、生产配方（原料）、生产设备、生产工艺、产品标准、产品用途、安全与贮运，对促进我国精细化工的技术发展、推动精细化工产品技术进步，以及满足国内工业生产的应用需求和适应消费者需要都具有重要意义。

B3308 TS105

纺织上浆疑难问题解答（纺织新技术书库）/周永元，洪仲秋，万国江，王正虎，施佩娟，陈波编著．—北京：中国纺织出版社，2005年．—399页；21cm（被引48）

ISBN 7-5064-3453-9

本书以问答的形式介绍了上浆工作中日常遇到的生产技术问题，涉及浆料的性能、浆纱工艺、浆纱设备、浆纱质量、测试与标准、绿色浆料等专业知识。

B3309 TS103

纺织设备安装基础知识（纺织设备安装规程丛书）/师鑫编著．—北京：中国纺织出版社，2008年．—360页

ISBN 7-5064-4850-5

本书从纺织设备安装工程的特性与内容及其应具备的条件和施工准备开始，系统地讲述了设备安装基础、安装与装配、工器具与材料、设备安装程序、施工进度、质量与安全等全部内容，重点介绍了设备安装与装配的关系和设备安装程序，详细、具体地通过一些实例，阐述了设备安装的各种技法和设备安装的每一程序、步骤和方法。

B3310 TS103

纺织设备电气控制（全国纺织机电专业规划教材）/马子余主编．—北京：中国纺织出版社，2012年．—151页（被引6）

ISBN 978-7-5064-8464-0

本书主要介绍了自动控制基本知识、常用低压电器、变频调速控制技术、棉纺机械电气控制和织机电气控制的原理及操作方法，重点介绍了新型棉纺织设备的电气控制原理及应用分析。

B3311 TS103

纺织设备管理（现代纺织企业管理丛书）/金永安主编；姜生，穆征副主编．—北京：中国纺织出版社，2007年．—204页（被引9）

ISBN 7-5064-4460-7

本书系统地介绍了纺织设备前期管理、纺织设备资产管理、纺织设备使用和维护管理、纺织设备故障与技术状态管理、纺织设备修理管理等内容。

B3312 TS103

纺织设备机电一体化技术（普通高等教育"十一五"国家级规划教材）/穆征主编．—北京：中国纺织出版社，2008年．—229页（被引12）

ISBN 978-7-5064-5206-9

本书以新型纺织设备为对象，以纺织工艺流程为主线，内容涵盖新型纺织技术、精密机械技术、微电子技术、信息处理技术、自动控制技术、计算机技术、检测传感技术等，主要介绍开清棉、梳棉、并条、粗纱、细纱、络筒、整经、浆纱、织造等工序中典型设备的机电一体化技术应用情况。

B3313 TS103

纺织设备维修管理基础/夏鑫主编．—北京：中国纺织出版社，2014年．—268页

ISBN 978-7-5180-0405-8

本书主要介绍了维修保养纺织设备所必需的钳工基本技能、机械基础知识、气压和液压知识、电气基础知识、零部件装配知识等，还介绍了管理纺织设备所必需的选型、购置、安装、试车等知识，以及各种机械机构、光、电、气、液新技术在纺织设备上应用情况。

B3314 TS101

纺织生物技术（现代生物技术丛书）/陈坚，华兆哲，堵国成等编著．—北京：化学工业出版社，2008年．—300页（被引25）

ISBN 7-122-02277-3

本书主要阐述了纺织酶制剂生物制造技术、纺织品生物前处理、纺织品生物后处理、纺织材料生物处理过程的优化与控制、纺织工业废水生物处理及纺织材料的生物降解、着色、改性技术。

B3315 TS101

纺织实验技术（纺织高职高专教育教材）/夏志林主编．—北京：中国纺织出版社，2007年．—273页（被引15）

ISBN 978-7-5064-4256-5

本书分为纤维实验、纱线实验和织物实验三部分，主要介绍常用的及最新的纺织试验方法，对相关的试验方法和仪器进行比较，并介绍了每种实验相关的性能检测技术和知识。

B3316 TS1

纺织实用技术（纺织高职高专教育教材）/张荣华主编．—北京：中国纺织出版社，2009年．—143页（被引5）

ISBN 978-7-5064-5606-7

本书主要介绍纺织工程的原料选配、开清棉、梳棉、精梳、并条、粗纱、细纱、络筒、整经、浆纱、穿结经、织造等工序的基本原理、工艺流程、技能训练项目和要求。

B3317 TS101

纺织试验设计及最优化/郁崇文，汪军，王新厚，胡良剑编著．—上海：东华大学出版社，2019年．—271页

ISBN 978-7-5669-1621-1

本书结合大量的纺织工程应用实例，对工程应用中经常遇到的试验方案设计，试验数据处理，回归方程的建立与分析，以及最优化方法进行了阐述和实例分析，并配有相关的函数表和程序，便于教学、自学和实际应用。

B3318 TS102

纺织物理/于伟东，储才元编著．—上海：东华大学出版

社，2002 年 . —425 页；26cm（被引 1416）

　　ISBN 7-81038-427-9

　　本书包括十二章内容，不仅介绍了纺织材料科学和技术领域中的经典理论，而且引入了许多近现代的观点和应用实例。

B3319　TS102

　　纺织物理　第 2 版/于伟东，储才元编著 . —上海：东华大学出版社，2009 年 . —425 页；26cm（被引 75）

　　ISBN 978-7-81111-525-3

　　本书介绍了纺织纤维的微细结构及其理论，纤维的吸放湿、力学、电学、光学、声学、热学、表面性质和纤维弱节特征及其与纤维结构间的关系等。

B3320　TS102

　　纺织纤维鉴别方法（纺织新技术书库）/邢声远主编；孔丽萍副主编 . —北京：纺织工业出版社，2004 年 . —439 页；21cm（被引 87）

　　ISBN 7-5064-3085-1

　　本书分为总论、物理鉴别法以及化学鉴别法三篇。分别阐述了纺织纤维及其制品鉴别的重要作用、感官法鉴别纺织纤维、燃烧法鉴别纺织纤维等。

B3321　TS102

　　纺织纤维与产品　上　基础理论/耿琴玉主编 . —苏州：苏州大学出版社，2007 年 . —292 页（被引 5）

　　ISBN 978-7-81090-916-7

　　本书为江苏省教育厅重点精品教材建设项目，主要介绍了纤维及其产品所涉及的基础知识、种类及特征，新纤维及产品等内容。

B3322　TS102

　　纺织纤维与产品　下　测试技术/吴佩云，耿琴玉主编 . —苏州：苏州大学出版社，2007 年 . —220 页（被引 5）

　　ISBN 978-7-81090-916-7

　　本书为江苏省教育厅重点精品教材建设项目，主要介绍了纤维测试技术，纱线测试技术和织物测试技术。

B3323　TS102

　　纺织纤维与面料分析（高职高专纺化类项目教学系列教材）/陈葵阳主编；高亚宁副主编 . —上海：东华大学出版社，2012 年 . —147 页

　　ISBN 978-7-5669-0035-7

　　本书是高等院校纺织服装类"十二五"部委级规划教材，根据专业实际岗位能力的需求，以工作任务为导向，以"织物→纱线→纤维"为主线、从"面料感性认识→结构理性分析→印染加工性能分析→纤维综合应用"构建项目教学内容，将理论教学内容与实践教学内容融为一体，突出纺织纤维及面料印染加工的特性与应用的关系，加强面料分析与纤维鉴别技能训练，是一本实用性强，理论、知识与技能一体化的高职高专特色教材。

B3324　TS102

　　纺织纤维与纱线检测/甘志红主编 . —上海：东华大学出版社，2014 年 . —129 页；26cm

　　ISBN 978-7-5669-0580-2

　　本教材按照"项目课程"的基本要求，采用任务驱动的方式进行编写，比较系统地阐明了纺织纤维和纱线检测的基础知识、纺织纤维的鉴别方法，重点介绍常规纺织纤维和纱线的物理机械性能的检测方法与程序、新型检测仪器设备的操作使用，以及国内有关纺织纤维、纱线品质评定的最新标准，同时在拓展任务中介绍其他常用纱线的品质评定标准和检测方法。

B3325　TS102

　　纺织新材料/李栋高，蒋蕙钧编著 . —北京：中国纺织出版社，2002 年 . —312 页；20cm（被引 58）

　　ISBN 7-5064-2079-1

　　本书包括：由纺丝新技术形成的纺织新材料、由纺织材料再加工技术形成的新材料、由调感与改性技术形成的纺织新材料三篇内容。

B3326　TS102

　　纺织新材料（双语版）/王春霞，陈嘉毅主编 . —北京：中国纺织出版社有限公司，2019 年 . —199 页

　　ISBN 978-7-5180-6751-0

　　本书采用英汉对照的形式，介绍新型纺织纤维，包括纤维素纤维（如木棉纤维、彩棉纤维和竹纤维）、蛋白质纤维（如牛奶蛋白纤维、大豆蛋白纤维和改性羊毛）、合成纤维（如聚酯纤维）及高性能纤维（如碳纤维、玻璃纤维、芳纶、高强聚乙烯纤维）等。

B3327　TS102

　　纺织新材料/杨乐芳，刘健主编 . —上海：东华大学出版社，2020 年 . —232 页

　　ISBN 978-7-5669-1751-5

　　本书主要介绍产业化前景良好的生态友好型、环境保护型的纺织新材料。主要内容分三篇：第一篇是生态型纤维，包括天然纤维、再生纤维和合成纤维；第二篇是差别化纤维，包括中空纤维、异形纤维、复合纤维和超细纤维；第三篇是高技术纤维，包括耐强腐蚀纤维、耐高温纤维、功能纤维、智能纤维、高强高模和高弹性纤维。

B3328　TS102

　　纺织新材料的开发及应用（纺织高职高专"十二五"部委级规划教材）/梁冬主编 . —北京：中国纺织出版社，2012 年 . —300 页

　　ISBN 978-7-5064-9091-7

　　书中介绍了各类新型纺织材料，包括新型天然纤维、新型再生纤维、差别化纤维、高性能纤维、功能纤维等的加工方法、性能及应用。

B3329　TS102

　　纺织新材料的开发及应用　第 2 版（"十三五"职业教

育部委级规划教材）/梁冬．—北京：中国纺织出版社，2018年．—268页

　　ISBN 978-7-5180-5234-9

　　本书对纺织新材料的发展状况、生产工艺、化学组成、形态结构、性能特点及应用作了较全面的介绍，包括新型天然动植物纤维、新型生物质再生纤维、差别化纤维、高性能纤维、功能纤维等。

B3330　TS102

纺织新材料及其识别/北京纺织工程学会编．—北京：中国纺织出版社，2010年．—296页

　　ISBN 978-7-5064-6650-9

　　本书力求较全面地介绍各种纺织纤维的种类、特性、生产工艺、用途及简易识别方法，包括天然纤维、化学纤维、功能性纤维、高科技纤维、环保纤维，预测了纺织纤维的发展趋势。

B3331　TS102

纺织新材料及其识别（纺织新技术书库）/邢声远，江锡夏，文永奋，邹瀹胜编．—北京：中国纺织出版社，2002年．—374页；21cm（被引150）

　　ISBN 7-5064-1725-1

　　本书较全面地介绍各种纺织纤维的种类、特性、生产工艺、用途及简易识别方法，包括天色纤维、化学纤维、功能纤维、高科技纤维、环保纤维，预测了纺织纤维的发展趋势。

B3332　TS10-49

纺织新境界　纺织新原料与纺织品应用领域新发展（院士科普书系　第三辑）/郁铭芳等编著．—北京，广州：清华大学出版社，暨南大学出版社，2002年．—278页；21cm（被引40）

　　ISBN 7-302-04338-8

　　本书内容包括新型纺织纤维、纺织品应用领域的新发展、新技术服装材料、综合利用和环保事业等。

B3333　TS1-39

纺织信息系统应用/祝双武，高婵娟主编．—上海：东华大学出版社，2009年．—204页

　　ISBN 978-7-81111-654-0

　　本书主要介绍现代企业信息系统及其在纺织企业中的应用。全书共分七章，在充分阐述信息系统的基本概念、信息系统的技术基础及纺织信息系统应用状况的基础上，重点介绍了管理信息系统、制造资源规划、计算机集成制造系统等。

B3334　J523.1-53

纺织艺术设计论文集/田青，龚雪鸥主编．—北京：中国建筑工业出版社，2011年．—333页

　　ISBN 978-7-112-12941-6

　　本书的主要内容包括：染织艺术设计专业丝网印课程教学实践的新感悟、浅谈数码印花技术与服装设计领域的关系、毛毡手工艺初探与创新、印染工艺之综合运用等。

B3335　TS190

纺织印染电气控制技术 400 问（纺织生产技术问答丛书）/孙同鑫主编．—北京：中国纺织出版社，2007年．—314页（被引5）

　　ISBN 7-5064-4093-8

　　本书包含纺织电气的一些基础知识、工厂输配电技术、纺织设备电气控制技术和印染设备电气控制技术等四方面的内容。

B3336　X791

纺织印染工业废水治理技术/杨书铭，黄长盾编．—北京：化学工业出版社，2002年．—387页；21cm（被引360）

　　ISBN 7-5025-3758-9

　　本书全面介绍了纺织印染工业废水的特点及各种废水的治理技术，针对不同的纺织印染工业废水，从治理方案设计，设备、构筑物的具体设计和施工，废水治理的运行情况等作了详细的论述。

B3337　TS190

纺织印染实用加工技术/陈一飞编著．—北京：化学工业出版社，2008年．—233页

　　ISBN 7-122-01767-2

　　本书主要讲述了纤维与纺织品的染色、印花、整理以及助剂，对纺织服装及其流行趋势、纺织品清洁生产也进行了叙述。重点介绍了超细涤纶仿真丝绸面料和真丝绸的印花加工工艺。

B3338　TS190

纺织印染助剂生产与应用/王祥荣编著．—南京：江苏科学技术出版社，2004年．—585页；21cm（被引114）

　　ISBN 7-5345-4151-4

　　本书介绍了印染助剂的基本知识，各类表面活性剂的性质、用途、制备方法，表面活性剂的分析方法、性能及测试方法等。

B3339　TS101

纺织应用化学（纺织高等教育教材）/魏玉娟主编．—北京：中国纺织出版社，2007年．—323页（被引15）

　　ISBN 7-5064-4307-4

　　本书将有机化学知识与现代纺织技术基础紧密结合起来，从应用化学角度出发，阐述了各类天然蛋白质纺织纤维的基本性能、加工原理、加工方法及工艺要点。

B3340　TS101

纺织应用化学（纺织服装高等教育"十一五"部委级规划教材）/张幼珠等编著．—上海：东华大学出版社，2009年．—248页（被引16）

　　ISBN 978-7-81111-597-0

　　全书共分五章，在阐述高分子化合物的基本概念、基础理论和基本知识的前提下，系统、全面地介绍了各类纺织材

料、纺织浆料的结构、性能、改性及其应用和有关化学理论，并引入新型纺织纤维及浆料的有关内容；介绍了各类表面活性剂及纺织助剂的结构、性能及其在纺织工业中的应用；介绍了纺织工业用水的水质指标、分析、改良及废水处理等内容。

B3341 TS101

纺织应用化学与实验（全国纺织高职高专规划教材）/伍天荣主编．—北京：中国纺织出版社，2003 年．—245 页（被引 22）

ISBN 7-5064-2683-8

本书第一部分介绍了纺织行业各工序可能遇到的应用化学方面的知识。第二部分是配套实验。

B3342 TS101

纺织应用化学与实验　第 2 版（普通高等教育"十一五"国家级规划教材　高职高专）/伍天荣主编．—北京：中国纺织出版社，2007 年．—219 页

ISBN 978-7-5064-4488-0

本书将现代纺织技术中涉及的纺织材料结构和某些纺织材料的染整加工所涉及的化学知识介绍给学生。重点介绍了纺织行业各工序可能遇到的化学方面的知识，同时介绍了有关的化学基础知识，打破了现行高等院校普通化学教学内容安排的模式。

B3343 TS101

纺织用化工新产品与新技术/汪多仁编著．—南京：江苏科学技术出版社，2001 年．—400 页（被引 18）

ISBN 7-5345-3314-7

本书阐述纺织用化学品的新技术、新配方和新应用。作者尽可能完整地收录近年国内外相关纺织用化工产品。

B3344 TS190

纺织用染化料性能评价及检测/于涛主编．—北京：中国纺织出版社有限公司，2020 年．—354 页

ISBN 978-7-5180-6636-0

本书在介绍纺织用染化料的分类、特性和用途的基础上，着重阐述了纺织用染料（颜料）、助剂和相关化学品的鉴别、基本物性的试验方法和使用性能的评价方法及检测技术。详细介绍了与染化料生态安全性能有关的有害物质管控的背景知识和相关的检测技术。

B3345 TS101

纺织有机化学/李成琴，黄晓东主编．—上海：东华大学出版社，2008 年．—345 页（被引 5）

ISBN 7-81111-303-1

本书着重阐述有机化学基础知识及基本原理，突出有机化合物的结构与性质的关系，在此基础上对于在纺织工业上应用较普遍的染料、表面活性剂、糖类化合物、氨基酸和蛋白质、高分子化合物、合成纤维等进行专章讨论。

B3346 TS101

纺织有机化学　第 2 版/黄晓东，李成琴主编．—上海：东华大学出版社，2014 年．—345 页；26cm

ISBN 978-7-5669-0442-3

全书共十七章，第二至十一章为有机化学基础，按脂肪族和芳香族混合体系编写，主要介绍各类有机化合物的分类、命名、结构、形状及其应用；第十二至十七章为专章，主要讨论纺织工业中应用较多的糖类化合物、氨基酸和蛋白质、表面活性剂、染料、高分子化合物和合成纤维、红外光谱和核磁共振谱等。

B3347 TS107

纺织原料及制品质量检验（检验检疫系列丛书）/刘俊，谢堂堂，杨忠主编．—北京：中国质检出版社，2018 年．—328 页

ISBN 978-7-5026-4610-3

本书重点对主要纺织原料和制品进行了论述，根据多年的实践经验和科学发展的需求，提出了最新的研究成果：纺织原料（棉花）种植阶段关键病害检测技术，以及制品安全、卫生、环保检测手段和鉴定方法。

B3348 TS102

纺织原料前处理/孙小寅主编．—北京：化学工业出版社，2014 年．—198 页；26cm

ISBN 978-7-122-21564-2

本书主要内容是现代纺织技术中涉及的纺织应用化学基础，纺织纤维的化学结构及性质以及天然纺织原料的初步加工原理和工艺技术等。

B3349 TS190

纺织助剂化学/董永春主编．—上海：东华大学出版社，2010 年．—280 页；26cm（被引 20）

ISBN 978-7-81111-540-6

本书在介绍纺织助剂所涉及的表面活性剂化学、高分子化学、生物酶化学以及纳米材料化学知识的基础上，全面系统地论述了现代纺织工业中所使用的各种纺织助剂的化学结构和组成、合成反应和制备方法以及应用特性，并结合目前生态纺织的要求讨论了纺织助剂的环境生态学问题。

B3350 TS190

纺织助剂化学与应用（化学品实用技术丛书）/董永春编著．—北京：中国纺织出版社，2007 年．—457 页；21cm（被引 34）

ISBN 978-7-5064-4418-7

本书从聚合物类、表面活性剂类和生物酶类等多个层面，较为全面而系统地论述了纺织助剂的化学结构、合成方法、应用性能以及相关产品，并结合目前纳米科技和绿色化学的发展，讨论了纳米复合纺织助剂以及纺织助剂的环境学和生态学等方面的问题。

B3351 TS101

非传统再生纺织资源产业研究/陈李红，严新锋著．—上

海：东华大学出版社，2019 年．—184 页

ISBN 978-7-5669-1636-5

本书根据纺织行业的特点，分析非传统再生纺织资源产业的内涵及产业化影响因素，研究我国各区域非传统再生纺织资源产业发展潜力及保障措施。在此基础上，提出非传统再生纺织资源产业化评估的量化指标体系。

B3352　TS193

非诱变性芳胺中间体及其偶氮染料/尹志刚，宫国梁，赵德丰著．—北京：化学工业出版社，2004 年．—247 页

ISBN 7-5025-5462-9

本书首先对禁用染料进行了分析，在此基础上，提出了非诱变性芳胺及其偶氮染料分子的设计思想。然后对磷杂吖嗪类非诱变性芳胺和非诱变性联苯胺以及由它们形成的偶氮染料在性能、合成设计、工艺过程、分析检验等方面作了详细阐述。最后对苯系二胺类偶氮染料及其金属络合染料进行了诱变性分析和评价。

B3353　TS17

非织造布（环保材料生产及应用丛书）/邢声远，张建春，岳素娟编著．—北京：化学工业出版社，2003 年．—540 页；21cm（被引 78）

ISBN 7-5025-4386-4

本书对非织造生产技术进行全面系统地介绍，并详细介绍了非织造布所用原料及复合技术，非织造布产品的特性及具体应用等内容。

B3354　TS174

非织造布后整理/焦晓宁，刘建勇主编．—北京：中国纺织出版社，2008 年．—254 页；26cm（被引 37）

ISBN 978-7-5064-4695-2

本书分别从整理的目的、意义、整理原理、整理剂、整理后性能测试等方面对非织造布后整理进行了比较系统的介绍。

B3355　TS174

非织造布技术概论/马建伟，郭秉臣，陈韶娟主编．—北京：中国纺织出版社，2004 年．—173 页；26cm（被引 91）

ISBN 7-5064-2870-9

本书介绍了非织造布生产的基本原理和方法，内容包括非织造布工艺与设备、纤维原料、黏合剂、产品开发和应用、性能测试等。

B3356　TS174

非织造布技术概论　第 2 版/马建伟，陈韶娟主编．—北京：中国纺织出版社，2008 年．—196 页（被引 16）

ISBN 978-7-5064-4999-1

本书简要介绍了非织造布生产的基本原理和方法，内容包括一般非织造布的生产方法、简单工艺与设备、纤维原料、黏合剂、产品的应用和性能测试等。

B3357　TS17

非织造布学（天津市高等教育"九五"重点教材）/郭秉臣主编．—北京：中国纺织出版社，2002 年．—505 页（被引 339）

ISBN 7-5064-2322-7

本书系统地介绍了非织造布这个新兴工业及其产品的生产工艺原理、设备原理和产品开发，内容包括非织造布的分类、应用领域、生产方法、设备及工艺原理等。

B3358　TS174

非织造布用黏合剂（化学品实用技术丛书）/程博闻主编．—北京：中国纺织出版社，2007 年．—389 页（被引 21）

ISBN 978-7-5064-4096-7

本书主要介绍黏合剂的黏合理论，非织造布用黏合剂基本原料，天然及改性黏合剂、橡胶类黏合剂、聚合物黏合剂、热熔黏合剂的组成和制备，黏合剂在非织造布中的应用及黏合剂的鉴别和性能测试等内容。

B3359　TS172

非织造材料及其应用/王洪，靳向煜，吴海波编著．—北京：中国纺织出版社有限公司，2020 年．—193 页；26cm

ISBN 978-7-5180-7462-4

本书对首先非织造材料常用纤维原料进行分类并介绍，再从宏观和微观角度对非织造材料的结构特征进行介绍。最后按照应用领域，分别介绍了过滤用非织造材料、非织造基电池隔膜、医疗卫生用非织造材料以及车用、土工、建筑和农用等产业用非织造材料的结构性能、成网和加固工艺及发展趋势。

B3360　TS172

非织造材料与工程学/郭秉臣主编．—北京：中国纺织出版社，2010 年．—327 页（被引 60）

ISBN 978-7-5064-6451-2

本书系统地介绍了非织造材料这个新兴工业及其各种产品的生产过程、工艺原理和设备基本原理。内容主要包括非织造布的分类、发展、产品应用领域、生产方法，干法非织造材料、湿法非织造材料、聚合物直接成网法非织造材料的加工工艺原理和理论、实际应用等内容。

B3361　TS174

非织造工艺学（全国纺织高职高专教材）/言宏元主编．—北京：中国纺织出版社，2000 年．—143 页（被引 46）

ISBN 7-5064-1807-X

本书介绍了非织造布生产的基本原理、工艺和应用。内容包括非织造布工艺与设备、产品与应用、性能测试等。

B3362　TS174

非织造工艺学　第 2 版（普通高等教育"十一五"国家级规划教材　高职高专）/言宏元主编．—北京：中国纺织出版社，2010 年．—238 页

ISBN 978-7-5064-6236-5

本书系统地介绍了非织造布的生产工艺及其应用，内容

包括非织造布使用的原料、生产工艺原理与设备、产品开发与应用以及产品性能测试等。

B3363 TS174

非织造工艺学 第3版（"十二五"职业教育国家规划教材）/言宏元主编．—北京：中国纺织出版社，2015年．—275页

ISBN 978-7-5180-1496-5

本书系统地介绍了非织造布的生产工艺及其应用，内容包括非织造布使用的原料、生产工艺原理与设备、产品开发与应用以及产品性能测试等。

B3364 TS17

非织造技术产品开发/郭秉臣主编．—北京：中国纺织出版社，2009年．—191页

ISBN 978-7-5064-5673-9

本书介绍了非织造布产品开发的意义、思路、内容及方法。重点阐述了利用原料变化、工艺变化、复合技术、功能整理技术及高新技术等开发新产品的方法。

B3365 TS17

非织造实验教程（纺织服装高等教育"十三五"部委级规划教材）/靳向煜主编．—上海：东华大学出版社，2017年．—195页

ISBN 978-7-5669-1118-6

本书主要内容包括非织造工艺与实验设备、专用原料检测与仪器，以及非织造材料测试技术的认知性实验、工艺分析研究性实验、样品质量分析研究性实验和综合性设计性实验等，内容系统、全面，有较强的实践性和可操作性。

B3366 TS17

非织造学（普通高等教育"十五"国家级规划教材）/柯勤飞，靳向煜主编．—上海：东华大学出版社，2004年．—340页（被引442）

ISBN 7-81038-714-6

本书介绍了非织造材料加工工艺及理论、设备机构原理及产品结构与性能。

B3367 TS17

非织造学 第2版（普通高等教育"十一五"国家级规划教材）/柯勤飞，靳向煜主编．—上海：东华大学出版社，2010年．—356页（被引119）

ISBN 978-7-81111-765-3

本书系统介绍了非织造材料加工工艺及理论、设备机构原理及产品结构与性能。全书共分十章，内容涉及非织造用原料、非织造各类工艺技术以及相关交叉学科的基本理论。

B3368 TS17

非织造学 第3版（普通高等教育"十一五"国家级规划教材 纺织服装高等教育"十三五"部委级规划教材）/柯勤飞，靳向煜主编．—上海：东华大学出版社，2016年．—357页

ISBN 978-7-5669-1020-2

本书系统地介绍了非织造材料加工工艺及理论、设备机构原理及产品结构与性能。全书共分十章，内容不仅涉及非织造用原料、非织造各类工艺技术以及相关交叉学科的基本理论，并且引入了诸多新工艺、新产品、新应用领域和非织造发展的新趋势。

B3369 X791

废旧纺织品回收及其再利用技术/唐世君，杨中开编著．—北京：中国纺织出版社，2016年．—192页

ISBN 978-7-5180-3045-3

本书系统地介绍了我国废旧纺织品的来源、数量、回收体系、分类方法、循环利用的技术途径及其关键技术，重点分析了纺织品组分快速检测技术、物理法再生利用技术、化学法再生利用技术及其工艺路线。同时概述了国外废旧纺织品综合利用现状，展望了我国废旧纺织品综合利用的应用前景和发展方向。

B3370 TS105

服用纺织品设计/张萍编著．—北京：中国轻工业出版社，2009年．—153页

ISBN 978-7-5019-6900-5

本书的特色是系统阐述了织物技术设计的基本计算、纺织品的基本设计方法、色织物的仿样设计方法和劈花设计方法，体现了设计技能教育和理念教育的有机结合。本书前五章内容主要讲述纺织品的实用设计方法及各种产品的设计技巧、注意事项；后四章主要阐述仿真产品的设计理念及应用。

B3371 TS105

服用纺织品性能与应用/田琳主编；魏春艳，陈素英，杨晓副主编．—北京：中国纺织出版社，2014年．—270页

ISBN 978-7-5180-0538-3

本书是普通高等教育"十二五"规划教材。主要包括服用纺织品的特点、原料构成、生产方法、典型产品特征、服用纺织品性能、新型服用纺织纤维及产品、服装用其他材料、服用纺织品的染整及服用纺织品选择、鉴别、维护等内容。

B3372 TS107

服用纺织品质量分析与检测（纺织检测知识丛书）/万融，邢声远编著．—北京：中国纺织出版社，2006年．—329页

ISBN 7-5064-3927-1

本书较详细、系统地阐述了服用纺织品质量及其检测和分析的方法，并提出了影响纺织品质量的各种因素和改善质量的措施，为评价、控制、监督、保证和改进纺织品质量提供了科学的依据、手段和方法，是服用纺织品质量管理定量化、科学化的技术基础。

B3373 TS941.15

服装材料（中等职业教育国家规划教材）/刘小君主

编 .—北京：高等教育出版社，2002 年 .—117 页；26cm
（被引 19）

ISBN 7-04-010611-6；978-7-04-010611-4

本书较为详细地阐述了纺织物的原料、基本组织、性能；概述了常用服装面、辅料的有关知识；并对服装材料的识别方法、使用注意点，服装材料与服装设计、制作、营销的关系等均作了介绍。

B3374 TS941. 15

服装材料 第 2 版（中等职业教育国家规划教材）/刘小君主编 .—北京：高等教育出版社，2005 年 .—155 页；26cm（被引 17）

ISBN 7-04-018005-7

本书系统阐述了纺织物的原料、基本组织、性能和常用服装面料，典型品种的组织特点，常用服装辅料的作用、主要品种特点及用途等。

B3375 TS941. 15

服装材料 第 3 版（中等职业教育国家规划教材）/刘小君主编 .—北京：高等教育出版社，2012 年 .—155 页；26cm（被引 17）

ISBN 978-7-04-035477-5

本书包括纺织物的原料、纺织物的基本组织、纺织物的性能、常用服装面料、常用服装辅料、服装材料的识别、服装的消费、洗涤与保管、服装材料与服装设计等内容。

B3376 TS941. 15

服装材料习题集（中等职业教育服装类专业国家规划教材配套教学用书）/刘小君主编 .—北京：高等教育出版社，2006 年 .—70 页

ISBN 7-04-018238-6

本书是中等职业学校服装设计与工艺、服装制作与营销专业国家规划教材《服装材料》的配套习题，以 2001 年教育部颁布的"服装材料学基本要求"为依据，以《服装材料》教学内容为范围，题型包括名词解释、填空、判断、填表、实践、市场调研等，并附有参考答案。

B3377 TS941. 15

服装材料（"十二五"职业教育国家规划教材）/沈雁主编 .—北京：高等教育出版社，2017 年 .—154 页

ISBN 978-7-04-047786-3

本书主要内容包括先进材料、棉、麻、毛、化纤、服装材料再造等。

B3378 TS941. 15

服装材料 第 2 版（中职课程改革成果教材）/于丽娟 .—北京：高等教育出版社，2018 年

ISBN 978-7-04-049339-9

本书分为七个项目，分别是初识服装面料、休闲装面辅料运用、正装面辅料运用、童装面辅料运用、运动装面辅料运用、服装材料与服装企业管理、服装洗涤与维护。

B3379 TS941. 15

服装材料 第 2 版 习题集/沈雁主编 .—北京：高等教育出版社，2020 年

ISBN 978-7-04-054480-0

本书分为七大项目，内容包括：初识服装面料、休闲装面辅料运用、正装面辅料运用、童装面辅料运用、运动装面辅料运用、服装材料与服装企业管理、服装洗涤与维护，每个项目中包含若干任务，每个任务均有针对性的练习题及参考答案。

B3380 TS941. 15

服装材料（服装类专业课程改革成果教材）/王利君主编；浙江省教育厅职成教教研室编 .—北京：高等教育出版社，2010 年 .—168 页；26cm

ISBN 978-7-04-030174-8

本书围绕织物原料认识与鉴别、织物品种认识与应用、服装辅料认识与搭配、织物质量与性能分析、衣料与服装设计制作保养五个方面，系统阐述了纤维、纱线、机织物、针织物、非织造等服装材料的种类、组成、结构、性能和风格等知识，以及常见衣料的服装适用性、加工工艺特点与保养要点。

B3381 TS941. 15

服装材料（现代服装工程技术）/蒋蕙钧主编 .—南京：江苏科学技术出版社，2004 年 .—453 页；20cm（被引 32）

ISBN 7-5345-4014-3

本书结合大量图示，从实用角度介绍了纺织纤维的分类、织物的成形方法、服装的耐用性能、服装布料的外观风格等。

B3382 TS941. 15

服装材料/马学平主编 .—北京：北京邮电大学出版社，2008 年 .—122 页

ISBN 978-7-5635-1684-1

本书共分为七个项目以及实践模块，包括服装材料的原料，服装面料的基本组织，纺织面料与服装，服装面料，面料的鉴别，服装与面料的保管、洗涤、熨烫，服装的辅助材料七个项目。

B3383 TS941. 15

服装材料（服装职业教育实用系列教材）/梁桂屏，梁蓉主编 .—广州：世界图书广东出版公司，2011 年 .—138 页

ISBN 978-7-5100-3740-5

本书介绍了目前市场上主流的服装材料的构成，讲解了机织物、针织物、毛皮与皮革、服装辅料、非织造布与新型服装材料，介绍了服装材料的应用知识。

B3384 TS941. 15

服装材料（中等职业教育"十三五"服装专业规划教材）/刘琼，曾勇主编 .—北京：北京理工大学出版社，2017 年 .—170 页

ISBN 978-7-5682-4480-0

本书主要从服装用纤维与纱线、织物构造与性能、面料、辅料、服装材料的保养和整理等几个角度出发，介绍了服装材料的有关性能和纤维原料、纱线结构、织物结构、后整理的种类和特点，以及服装用织物的服用和成衣加工性能。

B3385 TS941.15

服装材料/沈雁主编．—上海：东华大学出版社，2019年

ISBN 978-7-56691-680-8

本书分基础篇和运用篇。基础篇主要介绍纺织纤维、纱线和织物的类别和主要性能等知识。运用篇主要介绍裙裤装、衬衫和外套的面料运用及辅料运用和服装洗护与保管等知识，重点介绍常见服装款式的面料选择，内容实用，文字简练，图例丰富且代表性强，表达浅显生动。

B3386 TS941.15

服装材料创意设计（现代服装设计教学丛书）/鲁葵花，秦旭萍，徐慧明编著．—长春：吉林美术出版社，2004年．—78页；29cm（被引80）

ISBN 7-5386-1619-5

本书介绍了色彩学基础理论，装饰色彩的构成原理、规律、方法、步骤，服装色彩设计构思、灵感来源及流行色的产生、发展规律等方面内容。

B3387 TS941.15

服装材料机理设计/吴国智编著．—沈阳：辽宁科学技术出版社，2005年

ISBN 7-5381-4662-8

本书介绍在服装材料学的基础上，进一步对服装材料进行二次设计。

B3388 TS941.15

服装材料基础与应用（普通高等教育"十二五"规划教材）/汪秀琛主编．—北京：中国轻工业出版社，2012年．—195页

ISBN 978-7-5019-8560-9

本书主要内容包括服用纤维、纱线、织物的形成、类别等。此外，还对服装材料的起源及发展进行了阐述，对服装材料的回收处理也作了介绍。

B3389 TS941.15

服装材料及其应用（服装设计专业系列丛书）/广东、北京、广西中等职业技术学校教材编写委员会组编．—广州：岭南美术出版社，2005年．—171页

ISBN 7-5362-3136-9

本书内容包括：服装材料概述、纺织面料的基本结构和特性、常用服装面料、服装材料的鉴别与质量、服装辅料等。

B3390 TS941.15

服装材料及其应用（广东省教育厅推荐教材 中等职业学校教学用书）/广东省中等职业学校教材编写委员会组编．—广州：广东科技出版社，2008年．—187页

ISBN 978-7-5359-4563-1

本书分六个项目：迈进服装材料世界、认识纺织面料结构、认识和选用常见的服装面料、鉴别与测试服装面料等内容。

B3391 TS941.15

服装材料及其应用/吴微微，全小凡编著．—杭州：浙江大学出版社，2000年．—299页；26cm（被引55）

ISBN 7-308-02408-3

本书在介绍服装材料的类别、性能、风格及其构造方式和后整理等理论知识的基础上，将材料知识与服装造型风格、成衣生产工艺等应用知识相结合，是一本较为完整、较为系统的理论与应用相结合的服装材料教材。

B3392 TS941.15

服装材料认识与应用/龚黎根，郑丹主编．—青岛：中国海洋大学出版社，2014年．—145页

ISBN 978-7-5670-0734-5

本书基于服装企业岗位工作任务分析，为满足从事服装设计、打版、跟单、营销、面料采购等岗位工作所需要的服装材料知识与技能而设计的，内容包括认识服装用纤维、认识纺织面料、合理选用服装面料、鉴别服装面料成分与外观质量、认识和选用服装辅料。

B3393 TS941.15

服装材料设计（纺织服装高等教育"十二五"部委级规划教材）/王革辉编著．—上海：东华大学出版社，2011年．—165页

ISBN 978-7-81111-788-2

本书从服装设计师应该具备的服装材料学知识的角度来阐述服装材料各种特性的成因，以及各种服装面料和辅料的特点，并通过大量的图片来直观地表现这些材料的特点。

B3394 TS941.15

服装材料设计 第2版（纺织服装高等教育"十三五"部委级规划教材）/王革辉编著．—上海：东华大学出版社，2016年．—166页

ISBN 978-7-5669-1038-7

本书共9章，内容包括纤维、纱线、织物概述、常用机织面料、常用针织面料、服装用毛皮与皮革、服装辅料等。

B3395 TS941.15

服装材料设计与应用（服装高等教育"十二五"部委级规划教材）/谢琴主编；孟祥令，张岚，杨默副主编．—北京：中国纺织出版社，2015年．—182页（被引12）

ISBN 978-7-5180-1507-8

本书主要内容有纺织服装纤维材料基础、服装面料的基础设计、服装面料的再造设计、服装面料的应用设计、服装辅料材料的应用基础设计等内容。

B3396 TS941.15

服装材料审美构成/王珉编著.—北京:中国轻工业出版社,2011年.—136页;29cm(被引24)

　　ISBN 978-7-5019-7394-1

　　本书介绍了服装材料审美概述、服装材料审美艺术的基本特征、服装材料审美构成与创新、服装材料审美与服装设计等内容。

B3397 TS941.15

服装材料学/杨静,秦寄岗编著;清华大学美术学院主编.—武汉:湖北美术出版社,2002年.—274页;28cm(被引71)

　　ISBN 7-5394-1291-7

　　本书全面、系统地阐述了服装材料的原理、生产、结构、品种、性能、质感以及鉴别、应用、发展等方面的内容,将材料各方面的理论与服装的实际应用相结合,以适应服装发展的需要。

B3398 TS941.15

服装材料学/张辛可编著.—石家庄:河北美术出版社,2005年.—182页(被引31)

　　ISBN 7-5310-2441-1

　　本书对棉、麻、丝、毛、人造纤维、合成纤维、皮革、针织材料等重要纤维和织物的分类、风格特征、服用性能和应用特点以及鉴别、洗涤、保管等方法都作了介绍。

B3399 TS941.15

服装材料学(服装专业应用型系列教材)/倪红主编.—南京:东南大学出版社,2006年,—230页(被引8)

　　ISBN 7-5641-0077-X

　　本书既介绍了服装材料的基本知识,又涉及了当今服装材料的最新研究成果,对服装材料在服装设计、生产、贸易中的重要作用作了重点介绍。

B3400 TS941.15

服装材料学/丁国强编著.—武汉:湖北美术出版社,2006年.—92页

　　ISBN 7-5394-1864-8

　　本书主要介绍纤维与纱线、机织类服装面料、针织类服装面料、服装面料的鉴别、其他类服装材料、服装面料与服装设计等内容。

B3401 TS941.15

服装材料学(新编服装高等教育系列教材)/刘国联主编.—上海:东华大学出版社,2006年.—269页;26cm(被引87)

　　ISBN 7-81111-022-9

　　本书介绍了服装用纤维、纱线、面料、辅料等各种材料的结构特征和性能,还介绍了常用服装的面料应用、新型服装面料的分类与加工原理、服装在穿用过程中的性能变化、服装管理、服装与环境等内容。

B3402 TS941.15

服装材料学　第2版(纺织服装高等教育"十二五"部委级规划教材)/刘国联主编.—上海:东华大学出版社,2011年.—289页;26cm(被引13)

　　ISBN 978-7-81111-914-5

　　本书系统介绍了服装用纤维、纱线、面料、辅料等各种材料的结构特征和性能,还介绍了常用服装的面料加工原理及在穿用过程中的性能变化、服装管理、服装与环境等内容。

B3403 TS941.15

服装材料学　第3版(纺织服装高等教育"十三五"部委级规划教材)/刘国联主编.—上海:东华大学出版社,2018年.—302页

　　ISBN 978-7-5669-1398-2

　　本书介绍了服装用纤维、纱线、面料、辅料等各种材料的结构特征和性能,还介绍了常用服装的面料应用、新型服装面料的分类与加工原理、服装在穿用过程中的性能变化、服装管理、服装与环境等内容。

B3404 TS941.15

服装材料学/王革辉主编.—北京:中国纺织出版社,2006年.—190页;26cm(被引195)

　　ISBN 7-5064-3726-0

　　本书从服装的设计、加工、使用、维护和储存等多角度出发,系统介绍了决定服装材料有关性能的纤维原料、纱线结构、织物结构、后整理的种类、特点和服装适用性;介绍了常用服装面料的品种及其特点和适用性,毛皮和皮革的种类和性能特点以及服装衬料、里料、絮料、垫料和扣紧材料等服装辅料的种类、性能和选用方法;还介绍了一些有代表性的服装新材料以及有关服装的维护和保养的知识。

B3405 TS941.15

服装材料学　第2版(普通高等教育"十五"国家级规划教材)/王革辉主编.—北京:中国纺织出版社,2010年.—194页(被引94)

　　ISBN 978-7-5064-6217-4

　　本书从服装的设计、加工、使用、维护和储存等多角度出发,介绍了决定服装材料有关性能的纤维原料、纱线结构、织物结构、后整理的种类和特点、服装用织物的服用和成衣加工性能;还介绍了常用服装面料的品种及其特点和适用性,毛皮和皮革的种类和性能特点以及服装衬料、里料、絮料、垫料和扣紧材料等服装辅料的种类、性能和选用方法等。

B3406 TS941.15

服装材料学　第3版("十三五"普通高等教育本科部委级规划教材)/王革辉主编.—北京:中国纺织出版社有限公司,2020年

　　ISBN 978-7-5180-7420-4

　　本书从服装的设计、加工、使用、维护和储存等多角度出发,介绍了决定服装材料有关性能的纤维原料、纱线结构、织物结构、后整理的种类和特点、服装用织物的服用和

成衣加工性能；还介绍了常用服装面料的品种及其特点和适用性、毛皮与皮革的种类及性能特点、服装辅料的种类与性能及选用方法；又介绍了一些有代表性的服装新材料以及有关服装的维护和保养的知识。

B3407 TS941.15

服装材料学（21世纪高等院校服装专业创新型精品规划教材）/李素英，侯玉英主编.—北京：北京理工大学出版社，2009年.—120页（被引8）

ISBN 978-7-5640-2680-6

本书共分九章，分别详细阐述了服装材料与纤维性能及鉴别方法、服装面料的特征及适用性、服装辅料、新型服装材料等内容。

B3408 TS941.15

服装材料学（21世纪高等院校艺术设计专业规划教材）/梁列峰，陈凌云，侯石明主编.—哈尔滨：哈尔滨工程大学出版社，2010年.—96页

ISBN 978-7-81133-643-6

本书共八章内容，包括服装用纤维、服装用纱线、服装用织物、服装辅料、功能性服装材料等。

B3409 TS941.15

服装材料学（高等院校应用型设计教育规划教材·服装艺术与工程系列）/邬红芳，杨莉编著.—合肥：合肥工业大学出版社，2010年.—148页

ISBN 978-7-5650-0034-8

本书从服装的要求出发，系统、全面、翔实地介绍了服装用纤维原料、纱线、织物、裘皮和皮革等各类服装材料的种类、结构和形态，以及它们的性能、特点、搭配方式及服装保养、加工等多方面内容，并形象地配备了各种实物小样图片。

B3410 TS941.15

服装材料学/肖琼琼，罗亚娟主编.—北京：北京理工大学出版社，2010年.—137页（被引5）

ISBN 978-7-5640-3522-8

本书在理论基础方面主要阐述服装用纤维原料、织物分类、结构特征、服用性能及纺织工艺基础知识，还包括服装辅料、面料的选择和应用及服装的保养和整理等理论知识；在实践方面主要阐述服装材料在服装设计中的应用，以及服装面料的二次造型设计。

B3411 TS941.15

服装材料学（普通高等教育"十二五"规划教材）/肖琼琼，罗亚娟主编；汤橡，秦臻副主编.—北京：中国轻工业出版社，2015年.—138页

ISBN 978-7-5184-0394-3

本书主要从理论基础和实践上来讲解，在理论基础方面主要阐述服装用纤维原料、织物分类、结构特征、服用性能及纺织工艺基础知识，还包括服装辅料、面料的选择应用及服装的保养和整理等理论知识；在实践方面主要阐述服装材料在服装设计中的应用，以及服装面料的二次造型设计。

B3412 TS941.15

服装材料学（21世纪全国普通高等院校美术·艺术设计专业"十二五"精品课程规划教材）/陈丽华编著.—沈阳：辽宁美术出版社，2011年.—104页（被引8）

ISBN 978-7-5314-4428-2

本书由服装材料概述、服装用织物的形成、服装材料的服用性能与风格特征、常用服装面料等八章组成。

B3413 TS941.15

服装材料学/何天虹主编.—南京：南京大学出版社，2011年

ISBN 978-7-305-08338-9

本书介绍了服装用纤维的特性、分类及用途，纱线的分类、结构特征及性能，各种织物的特征与风格，织物整理、染色和印花的基本知识，毛皮与皮革的特点与选用，各种服装辅料的选择和应用，新型服装材料的应用及服装保养的基本常识等内容。

B3414 TS941.15

服装材料学（纺织服务高等教育"十二五"部委级规划教材）/陈东生，吕佳主编.—上海：东华大学出版社，2013年.—180页

ISBN 7-5669-0344-0

本书系统地介绍了纤维、纱线、面料、辅料等服装材料的种类、特点及性能，并结合实例图片分析常见织物的特点及选用依据。同时，对服装材料的鉴别方法以及后期收藏保管专业知识内容进行了归纳与总结。在此基础上，为拓展服装材料的应用方法及领域，结合现代设计理念和趋势加入了面料再造的方法和部分实例。

B3415 TS941.15

服装材料学（高等教育"十二五"部委级规划教材，"本科教学工程"全国服装专业规划教材）/陈东生主编.—北京：化学工业出版社，2014年.—172页

ISBN 978-7-122-19116-8

本书从服装行业所需基本知识出发，介绍了服装用纤维、纱线、织物的种类、结构及相关性能。同时介绍了市场常见面料及辅料的品种、特征、鉴别方法，分析了服装用材料的服用与加工性能以及服装的使用消费与收藏保管。最后对新型服装材料进行了较全面的介绍。

B3416 TS941.15

服装材料学（"十二五"职业教育国家级规划教材）/倪红主编；姜淑媛，余艳娥副主编.—北京：中国纺织出版社，2016年.—287页（被引7）

ISBN 7-5180-2861-0

本书既系统介绍了服装材料的基本知识，又引入了当今服装材料的最新研究成果，并对服装材料在服装设计、生产、贸易中的重要作用作了重点介绍，它能帮助读者了解服装材料、认识服装材料，掌握应用服装材料和材料再设计的能力，为从事服装相关工作提供了坚实的基础

B3417 TS941.15

服装材料学 基础篇（普通高等教育"十一五"国家级规划教材 本科）/吴微微主编 .—北京：中国纺织出版社，2009 年 .—228 页（被引 16）

　　ISBN 978-7-5064-5611-1

　　本书分基础篇和应用篇两册，在介绍服装材料的类别、性能、风格及其构造方式和后整理等理论知识的基础上，将材料知识与服装造型风格、成衣生产工艺、市场和品质管理等应用知识相结合。

B3418 TS941.15

服装材料学 应用篇（普通高等教育"十一五"国家级规划教材）/吴微微主编 .—北京：中国纺织出版社，2009 年 .—175 页（被引 7）

　　ISBN 978-7-5064-5806-1

　　本书分基础篇和应用篇两册，在介绍服装材料的类别、性能、风格及其构造方式和后整理等理论知识的基础上，将材料知识与服装造型风格、成衣生产工艺、市场和品质管理等应用知识相结合。

B3419 TS941.15

服装材料学 基础篇 第 2 版（"十二五"普通高等教育本科国家级规划教材）/吴微微主编 .—北京：中国纺织出版社，2016 年 .—201 页

　　ISBN 978-7-5180-2108-6

　　本书分基础篇和应用篇两册，在介绍服装材料的类别、性能、风格及其构造方式和后整理等理论知识的基础上，将材料知识与服装造型风格、成衣生产工艺、市场和品质管理等应用知识相结合。

B3420 TS941.15

服装材料学 应用篇 第 2 版（"十二五"普通高等教育本科国家级规划教材）/吴微微主编 .—北京：中国纺织出版社，2016 年 .—160 页

　　ISBN 978-7-5180-2185-7

　　本书分基础篇和应用篇两篇，其特点是在介绍服装材料的类别、性能、风格及其构造方式和后整理等理论知识的基础上，将材料知识与服装造型风格、成衣生产工艺、市场和品质管理等应用知识相结合。

B3421 TS941.15

服装材料学教程/马大力，陈红，徐东 .—北京：中国纺织出版社，2002 年 .—256 页；26cm（被引 44）

　　ISBN 7-5064-2003-1

　　全书共九章，主要介绍服用纺织纤维材料、服用织物的形成、织物的性能、纺织衣料的识别与选用、裘皮与皮革面料的识别与选用、新型服装材料等内容。

B3422 TS941.15

服装材料学实验教程/陈东生，袁小红主编 .—上海：东华大学出版社，2015 年 .—232 页

　　ISBN 978-7-5669-0662-5

本书列举了服装材料的原料鉴别、外观质量检测和内在质量各方面的测试，服装材料的一般性能、舒适性能、风格评价以及服装辅料检测、服装检测等 16 项试验。

B3423 TS941.15

服装材料应用（国家级职业教育规划教材）/人力资源和社会保障部教材办公室组织编写 .—北京：中国劳动社会保障出版社，2010 年 .—280 页

　　ISBN 978-7-5045-8467-0

　　本书包括九个课题，认识服装材料及服用性能，棉型面料及其服装应用，麻型面料及其服装应用，丝绸面料及其服装应用，毛型面料及其服装应用，针织面料及其服装应用，毛皮、皮革及其服装应用，服装材料的选配，服装新材料。

B3424 TS941.15

服装材料应用/朱远胜主编；季荣，陈敏副主编 .—上海：东华大学出版社，2006 年 .—226 页；26cm（被引 30）

　　ISBN 7-81111-021-0

　　本书通过大量图片对服装材料及其应用等内容作了讲解。包括纤维和纱线、服装常用面料、服装常用辅料、服装材料的染整、服装材料的质量与鉴别、服装材料与服装工艺、服装材料与服装设计。

B3425 TS941.15

服装材料应用 第 2 版（纺织服装高等教育"十一五"部委级规划教材）/朱远胜主编 .—上海：东华大学出版社，2009 年 .—241 页；26cm（被引 7）

　　ISBN 978-7-81111-497-3

　　本书通过大量图片对服装材料及其应用等内容作了详细的讲解，包括纤维和纱线、服装常用面料、服装常用辅料、服装材料的染整、服装材料的质量与鉴别、服装材料与服装工艺、服装材料与服装设计等。

B3426 TS941.15

服装材料应用 第 3 版（纺织服装高等教育"十三五"部委级规划教材）/朱远胜主编；季荣，陈敏副主编 .—上海：东华大学出版社，2016 年 .—277 页

　　ISBN 978-7-5669-0879-7

　　本书通过大量图片对服装材料及其应用等内容作了详细的讲解，包括纤维和纱线、服装常用面料、服装常用辅料、服装材料的染整、服装材料的质量与鉴别、服装材料与服装工艺、服装材料与服装设计。

B3427 TS941.15

服装材料与设计应用/李丹月主编 .—北京：化学工业出版社，2018 年 .—188 页

　　ISBN 978-7-122-32815-1

　　本书主要阐述了服装材料中纤维、纱线、服用织物设计及织物染整等相关概念；同时介绍了传统服装面料、国内外新型纺织服装面料的服用性能特点，对服装面料的鉴别方法及保养方法进行了归纳总结。

B3428　TS941.15

服装材料与测试技术（纺织服装高等教育"十二五"部委级规划教材）/康强主编；负秋霞副主编.—上海：东华大学出版社，2014年.—261页

ISBN 978-7-5669-0489-8

本书共分为七章，分别从服装用纤维原料、纱线、织物、面料、辅料及服装保养等方面进行了详细的阐述，每章分为理论知识、实训操作和课后练习三个模块。

B3429　TS941.15

服装材料与应用（新指针产学结合系列丛书）/陈洁，濮微主编.—上海：学林出版社，2012年.—151页

ISBN 978-7-5486-0391-7

本书从成衣开始层层剖析，直观地切入材料学习中，介绍了服装材料由纤维、纱线、面料、后整理等方面的理论与实际应用。

B3430　TS941.15

服装材料与应用（新世纪高职高专教改项目成果教材、高职高专教育服装设计与工艺专业教材）/吕航，赖秋劲主编.—北京：高等教育出版社，2003年.—142页（被引21）

ISBN 7-04-012488-2

本书共分九章，阐述了服装材料的原料、结构、品种、性能、发展等诸多方面的内容。

B3431　TS941.15

服装材料与应用　第2版（全国高职高专教育规划教材）/吕航，赖秋劲主编.—北京：高等教育出版社，2012年.—183页

ISBN 978-7-04-036257-2

本书共十章，阐述了服装材料的原料、结构、品种、性能、应用、发展等诸多方面的内容。

B3432　TS941.15

服装材料与应用　第3版（"十二五"职业教育国家规划教材）/吕航，赖秋劲主编.—北京：高等教育出版社，2014年.—179页

ISBN 978-7-04-039459-7

本书共分十章，主要内容包括绪论、纺织纤维、纱线、织物的构成、机织服装材料、针织服装材料、其他服装材料、服装辅料的认识与应用、服装材料的选用和服装材料的洗涤熨烫与保管。

B3433　TS941.15

服装材料与应用（高等院校设计专业"十三五"规划应用型教材）/赖秋劲，吕航主编.—长沙：湖南大学出版社，2016年.—148页

ISBN 978-7-5667-1109-0

本书通过大量图片对服装材料及其应用等内容作了详细的讲解。包括纤维和纱线、服装常用面料、服装常用辅料、服装材料的染整、服装材料的质量与鉴别、服装材料与服装工艺、服装材料与服装设计。

B3434　TS941.15

服装材料与应用（21世纪高等院校服装专业创新型精品规划教材）/陈娟芬，闵悦主编.—北京：北京理工大学出版社，2010年.—154页（被引6）

ISBN 978-7-5640-3599-0

本书阐述了服装材料的纤维和纱线、织物组织结构及染整等基本理论知识，并以常用服装为载体，对服装面料和辅料进行了详细介绍。

B3435　TS941.15

服装材料与应用（服装高等教育"十二五"部委级规划教材；高等院校应用型服装专业规划教材）/陈娟芬主编.—北京：中国纺织出版社，2014年.—214页

ISBN 978-7-5180-0803-2

本书分为服装材料基础知识模块、服装材料应用模块和服装材料再设计模块三大模块，服装材料基础知识模块阐述了服装材料的纤维、纱线和服用织物染整等基本理论知识；服装材料应用模块阐述服装常用面料，并以典型服装为载体，对服装面料和辅料进行应用介绍；服装材料再设计模块阐述了加法设计、减法设计和变形设计面料设计方法。

B3436　TS941.15

服装材料与应用/邵小华主编.—成都：电子科技大学出版社，2009年.—134页

ISBN 978-7-81114-875-6

本书系统地介绍了常用服装面料的品种、特点和服用性能；毛皮、皮革的种类和性能特点；服装衬料、里料、絮填料和扣紧材料等服装辅料，以及具有代表性的新型材料特点和应用；同时还介绍了服装及其材料的保养、保健等方面的知识。

B3437　TS941.15

服装材料与应用（服装设计师书系）/王淮，杨瑞丰编著.—沈阳：辽宁科学技术出版社，2005年.—170页（被引14）

ISBN 7-5381-4274-6

本书介绍了服装衬料与里料、垫料与填料、紧固件及其他辅料的选择和应用，在服装辅助材料中讲述了辅助材料的分类、规格、性能特点及应用范围。

B3438　TS941.15

服装材料与应用（纺织服装高等教育"十二五"部委级规划教材　高职高专服装项目化系列教材）/许淑燕主编.—上海：东华大学出版社，2013年.—144页

ISBN 978-7-5669-0178-1

本书以服装材料应用为设计主线，介绍了纤维识别、纱线识别、面料识别、下装面辅料选用、上装面辅料选用等内容。

B3439　TS941.15

服装材料与应用（高等职业教育服装职业信息化教学新形态系列教材）/薛飞燕，乔燕主编.—北京：北京理工大学

出版社，2019 年 .—121 页

ISBN 978-7-5682-7960-4

本书阐述了服装的原料、结构、织物品种、织物风格、服用性能、应用等内容；以服装材料相关理论知识为基础，同时融合大量实例图片，力求做到理论与实际相结合。

B3440 TS941.15

服装材料与应用（潮流时装设计与制作系列）/薛飞燕，芮滔主编 .—北京：化学工业出版社，2017 年 .—152 页

ISBN 978-7-122-30631-9

本书主要介绍了各类服用材料的分类、组成、形态、结构与性能。

B3441 TS941.15

服装材料与应用（中等职业教育课程改革创新教材 中职中专服装设计与工艺专业系列教材）/李春梅主编 .—北京：科学出版社，2017 年 .—193 页

ISBN 978-7-03-048733-9

本书从对服装行业的职业认知及对业内服装材料应用的角度出发，结合服装产品的研发、设计、裁剪、缝制、检验、销售等岗位的知识、能力的需求，介绍了各种类型服装的面辅料的识别与选用。

B3442 TS941.15

服装材料与运用（纺织服装高等教育"十三五"部委级规划教材）/唐琴，吴基作主编 .—上海：东华大学出版社，2018 年 .—232 页

ISBN 978-7-5669-1365-4

本书分为三篇：第一篇为基础篇，包括四个项目，分别为服装与服装材料的关系、服装面料的基础知识、辅料的基本知识，以及服装的标识、整理与保养；第二篇为运用篇，包括六个项目，主要涉及面料与辅料在正装、休闲装、运动装、礼服和童装设计中的应用及服装面料的再造设计；第三篇为职业篇，包括四个项目，分别为服装材料与工艺、服装跟单与服装材料、服装设计与服装材料、服装生产管理与服装材料。

B3443 TS941.15

服装材料与再造设计/郝燕妮著 .—沈阳：辽宁大学出版社，2011 年 .—60 页

ISBN 978-7-5610-6467-2

本书以图文并茂的形式，介绍了服装材料基础、服装材料艺术再造设计、服装材料再造设计工艺手法等内容，具有较好的创新性、艺术性和实用性。

B3444 TS941.15

服装材料与造型（服装中职教育"十二五"部委级规划教材）/肖红主编 .—北京：中国纺织出版社，2014 年 .—121 页（被引 5）

ISBN 978-7-5180-0107-1

本书主要围绕服装材料展开，以构成服装的材料种类、性能与应用为主线进行编写，包括服装面料构成、服装辅料、服装材料性能与加工技术、服装造型与服装材料应用、服装洗涤与整烫等内容。

B3445 TS941.15

服装材料再造设计/郭文君著 .—长春：吉林大学出版社，2013 年 .—83 页

ISBN 978-7-5601-9773-9

本书内容顺应国际服装与纺织品设计潮流，具有较强的创新性。结合现代服装设计的理念，科学地界定了服装材料再造设计的概念，明确了材料再造设计的目的与方法。

B3446 TS941.15

服装工效学：织物热湿舒适性评价与智能预测模型/柯宝珠著 .—北京：中国纺织出版社，2014 年 .—126 页

ISBN 978-7-5180-0895-7

本书以基于人体热湿舒适性的功能性纺织材料与服装热湿传递测试方法为背景，构建了基于 BP 神经网络技术、以客观指标为输入参数的织物主观热湿舒适性预测模型，并介绍了面向用户界面的织物热湿舒适性智能预测软件的开发。

B3447 TS941.15

服装面辅材料的选择与应用（服装设计与工艺自学丛书）/濮微编著 .—上海：中国纺织大学出版社，2000 年 .—197 页（被引 18）

ISBN 7-81038-290-X

本书主要内容包括服用纤维、纱线、织物的形成、类别、性能与应用，服用裘皮、皮革、服装辅料的概况以及服装材料管理、识别及具体应用的实例。此外，还对服装材料的起源及发展进行了阐述，对服装材料的回收处理也作了介绍。

B3448 TS941.4

服装面辅料及服饰/陈继红，肖军编著 .—上海：东华大学出版社，2003 年 .—275 页；21cm（被引 45）

ISBN 7-81038-617-4

本书从服装切入，图文并茂，对不同季节、不同穿着对象的各型服装，都匹配了合适的服装面料，对具体的服装面料还进行了详细的分析。

B3449 TS941.4

服装面辅料及应用（纺织服装高等教育"十一五"部委级规划教材）/陈继红，肖军编著 .—上海：东华大学出版社，2009 年 .—210 页

ISBN 978-7-81111-638-0

本书从服装切入，图文并茂，对不同季节、不同穿着对象的各型服装，都匹配了合适的服装面料，对具体的服装面料还进行了详细的分析。同时通过大量的彩图展示各类服装面料的外观。

B3450 TS941.4

服装面辅料世界 2000/封志学，叶斌主编 .—上海：中国纺织大学出版社，2000 年 .—147 页

ISBN 7-81038-258-6

本书介绍了服装的流行趋势、面料、材料垫料、纽扣配件、拉链等服装面料及辅料。

B3451　TS941.4

服装面辅料世界 2000/封志学，叶斌主编 . —上海：东华大学出版社，2000 年 . —171 页

ISBN 978-7-81038-575-6

B3452　TS941.4

服装面辅料世界 2003/封志学，叶斌主编 . —上海：东华大学出版社，2003 年 . —172 页

ISBN 7-81038-668-9；978-7-81038-668-5

本书介绍了 2004 年春夏的流行布料、色彩趋势，通过展示国内著名面、辅料企业，提供了大量相关市场信息、行业动态等。

B3453　TS941.4

服装面辅料世界 2003/封志学，叶斌主编 . —上海：东华大学出版社，2003 年 . —171 页

ISBN 7-81038-575-5

本书通过面料、衬垫料、纽扣配件、拉链、线带花边等对服装面辅料进行阐述。附展览动态和企业名录。

B3454　TS941.4

服装面辅料世界 2004 A/封志学，叶斌主编 . —上海：东华大学出版社，2004 年 . —204 页

ISBN 7-81038-619-0

本书以画册形式、英汉双语方式对国内服装界的面辅料资源进行介绍，对主要生产企业，介绍企业概况、主要产品与特点等。

B3455　TS941.4

服装面辅料世界 2004 B/封志学，叶斌主编 . —上海：东华大学出版社，2004 年 . —220 页

ISBN 7-81038-844-4

本书设有"流行趋势""面料""衬料垫料""纽扣配件""拉链""线带花边""衣架道具""商标引务""综合辅料""机械系统""展览动态""企业名录""会员申请表"十三个栏目。

B3456　TS941.4

服装面辅料世界 2005 B/封志学，叶斌主编 . —上海：东华大学出版社，2005 年 . —220 页

ISBN 7-81038-951-3

本书设有"流行趋势""面料""衬料垫料""纽扣配件""拉链""线带花边""衣架道具""商标引务""综合辅料""机械系统""展览动态""企业名录""会员申请表"等栏目。

B3457　TS941.4

服装面辅料世界 2005 春/封志学，叶斌主编 . —上海：

东华大学出版社，2005 年 . —220 页

ISBN 7-81038-906-8

本书设有"流行趋势""面料""衬料垫料""纽扣配件""拉链""线带花边""衣架道具""商标引务""综合辅料""机械系统""展览动态""企业名录""会员申请表"十三个栏目。

B3458　TS941.4

服装面料的性能设计/王府梅编著 . —上海：中国纺织大学出版社，2000 年 . —243 页；20cm（被引 454）

ISBN 7-81038-312-4

本书通过分析针织物的四大服用性能以及物理性能，进而引申出面料重要服用性能的设计原理与方法，并详细地介绍了新方法的优缺点。

B3459　TS941.5

服装面料及其服用性能/于湖生主编 . —北京：中国纺织出版社，2003 年 . —295 页；21cm（被引 45）

ISBN 7-5064-2699-4

本书主要介绍服装面料及其服用性能的基本知识。对天然纤维织物、化学纤维织物、常见色织物、高功能和多功能织物及常见织物，特别是绿色环保纤维产品和新型纤维产品等作了探讨。并介绍了服用性能与纤维种类、纱线和织物结构的关系，服装面料及其他纺织品的舒适性、卫生性、抗静电性、阻燃性、起球和磨损性，织物的风格、光泽和服装面料服用性能的设计原理，以及皮革、毛皮和羽绒制品及其服用性能等。

B3460　TS941.6

服装面料特殊造型/胡天虹编著 . —广州：广东科技出版社，2001 年 . —114 页；21cm（被引 38）

ISBN 7-5359-2892-7

本书介绍了 100 款不同针法、不同效果的面料造型，每款除用料、制作方法有文字说明外，还有彩色效果图和针法连线图。

B3461　TS941.7

服装面料学（中国高等院校设计专业教学实录）/陈丽华编著 . —沈阳：辽宁美术出版社，2006 年 . —104 页

ISBN 7-5314-3443-1

本书注重服装材料的基础理论与实际应用，内容包括服装材料概述、服装材料的服用性能与风格特征、常用服装材料、新型服装材料等。

B3462　TS941.15

服装面料艺术再造（普通高等教育"十一五"国家级规划教材　本科）/梁惠娥主编；张红宇，王鸿博，高卫东编著 . —北京：中国纺织出版社，2008 年 . —132 页；26cm（被引 103）

ISBN 978-7-5064-5091-1

本书系统介绍了面料艺术再造的概念、再造原则、灵感来源以及面料艺术再造的实现方法和实例等。

B3463 TS190

复合机能性纺织品染色技术专论 ［港台］/台湾纺织工业研究中心 .—台北：台湾纺织工业研究中心，2003 年 .—1 册

B3464 TS103

高产梳棉机工艺技术理论的研究/孙鹏子著 .—上海：东华大学出版社，2002 年 .—141 页（被引 106）

ISBN 7-81038-360-4

本书主要介绍"高产梳棉发展简史""梳棉机主要部件直径问题""新型三刺辊系统与传统多刺辊系统的比较分析"等。

B3465 TS106

高端产业用纺织品（"十三五"普通高等教育本科部委级规划教材 纺织类高等院校工程专业学位研究生优秀教材）/钟智丽主编 .—北京：中国纺织出版社，2018 年 .—408 页

ISBN 978-7-5180-4911-0

本书内容包括：高端产业用纺织品概论、农业用纺织品、建筑用纺织品、过滤与分离用纺织品、土工用纺织品、隔离与绝缘用纺织品、包装用纺织品等。

B3466 TQ316

高分子材料加工工艺学（高等院校高分子材料与工程专业系列教材 纺织高等教育"九五"部级重点教材）/邬国铭主编 .—北京：中国纺织出版社，2000 年 .—421 页；26cm（被引 212）

ISBN 7-5064-1025-7

本书重点讨论了化学纤维、塑料、橡胶等高分子材料的主要品种及其制品的生产原料、成型加工工艺、加工方法、材料或其制品的性能和产品质量控制。对高分子胶黏剂、涂料和高分子复合材料的成型加工工艺也作了简明介绍。

B3467 TQ316

高分子材料加工原理（高等院校高分子材料与工程专业系列教材 纺织高等教育"九五"部级重点教材）/沈新元主编 .—北京：中国纺织出版社，2000 年 .—406 页；26cm（被引 359）

ISBN 7-5064-1521-6

本书介绍化学纤维、塑料、橡胶、胶黏剂和涂料的基本概念、生产方法和品质指标后，详细分析了这些高分子材料的加工原理。

B3468 TS106

高级家用纺织品设计师（国家职业资格培训教程）/中国纺织出版社编 .—北京：中国纺织出版社，2012 年 .—175 页

ISBN 978-7-5064-7857-1

本书介绍了高级家用纺织品设计师应掌握的工作技能及相关知识，涉及家纺设计的规划与指导、织物设计制作、印染图案设计制作、绣品设计制作、纺织品空间装饰设计、产品造型设计、设计师的培训与指导。

B3469 TQ340

高技术纤维/西鹏，高晶，李文刚等编著 .—北京：化学工业出版社，2004 年 .—462 页；20cm（被引 162）

ISBN 7-5025-5965-5

本书包括高技术纤维的特性与分类，纤维结构的表征，纤维的特性及测试方法、碳纤维、高强高模纤维、芳香族纤维、防护功能纤维、传导纤维、高感性纤维、无机纤维等内容。

B3470 TS106

高科技纺织品研发创新之策略与实务 ［港台］/陈永钦著 .—台北：台湾区丝织工业同业公会，2005 年 .—295 页

ISBN 957-41-3216-1

B3471 TS102

高科技纤维概论/王曙中，王庆瑞，刘兆峰编著 .—上海：东华大学出版社，2014 年 .—437 页

ISBN 978-7-5669-0529-1

本书主要介绍近 30 年来新发展起的采用高技术新工艺研制生产的，以芳香族纤维、碳纤维为代表的高强、高模、耐高温的高性能纤维，在仿真仿生技术的基础上开发的超真纤维、高感性纤维和具有特殊功能（如抗静电、膜分离、医疗保健、光、电、热等功能）的纤维。书中叙述了这些纤维的制造工艺技术、结构与性能、大分子高次构造的基础理论、纤维的应用领域和高科技纤维的发展新趋势。

B3472 TS102

高科技新功机能性纤维材料与应用 ［港台］/吴文演编著 .—新竹：著者自发行，2013 年 .—297 页

ISBN 957-41-1671-9

B3473 TQ34

高吸附纤维及其应用/安树林主编 .—北京：化学工业出版社，2014 年 .—234 页

ISBN 978-7-122-18536-5

本书全面阐述了高吸附纤维技术及应用的最新理论和科技成果，对高吸附纤维制备的基础理论、基本方法进行了系统总结，还重点介绍了高吸水纤维、高吸油纤维、金属离子吸附纤维、活性炭吸附纤维、离子交换吸附纤维、中空纤维膜吸附等高吸附纤维的发展概况、制备方法和结构、性能测试及应用领域。

B3474 TS115

高效棉纺精梳关键技术/任家智，贾国欣著 .—北京：中国纺织出版社，2017 年 .—201 页

ISBN 978-7-5180-3879-4

本书主要对高效棉纺精梳机的高速化、高效梳理、扩展适纺范围、平衡优化设计等关键技术进行阐述与分析，介绍高速驱动机构、大弧面锡林梳理等方面的创新方案设计及特点等。

B3475 TS106

高性能防护纺织品（纺织产品开发丛书）/霍瑞亭等主编 .—北京：中国纺织出版社，2008 年 .—306 页（被引 28）

ISBN 978-7-5064-4926-7

本书系统地阐述了 NBC 防护纺织品、恶劣天气防护纺织品、热防护纺织品、医用防护纺织品、静电防护纺织品、辐射防护纺织品的防护机理、加工技术、性能评价和应用范围，内容充实，反映了高性能防护纺织品的最新成果。

B3476 TS941.7

高性能服装：材料、发展及应用［译］（纺织科学与工程高新科技译丛）/（英）麦克洛克林（McLoughlin John），（英）塔斯尼姆·萨比尔（Tasneem Sabir）编著；陈雁，何佳臻，王立川译 .—北京：中国纺织出版社有限公司，2020 年 .—339 页

ISBN 978-7-5180-6637-7

本书第一部分介绍高性能织物的纤维结构，涉及纤维类型、纺丝方法、编、织、后整理及并合技术整个过程。第二部分介绍高性能服装的发展。第三部分介绍高性能服装的应用领域和可穿戴技术，包括运动装、防护衣、医药、军事和智能纺织品等。

B3477 TQ34

高性能化学纤维生产及应用（"十三五"普通高等教育本科部委级规划教材 化纤专业开放教育系列教材）/张清华主编 .—北京：中国纺织出版社，2018 年 .—272 页

ISBN 978-7-5180-4928-8

本书主要包括高性能纤维概述、碳纤维、芳纶、超高分子量聚乙烯纤维、聚酰亚胺纤维、聚四氟乙烯纤维、聚苯硫醚纤维、聚醚醚酮纤维、碳化硅纤维、连续玄武岩纤维、其他高性能纤维以及高性能纤维的分析与检测方法等内容。

B3478 TQ34

高性能纤维［译］（材料新技术丛书）/（英）J. W. S. Hearle 主编；马渝茳译 .—北京：中国纺织出版社，2004 年 .—392 页

ISBN 7-5064-2980-2

本书内容包括高性能纤维的制造、性能、应用及市场情况。详细介绍了高模高强纤维，碳纤维，玻璃纤维，陶瓷纤维，耐热、耐化学纤维等，同时对这些高性能纤维生产的数量低、价格高的织物的经济性做了评述。

B3479 TQ34

高性能纤维/朱美芳，周哲编著 .—北京：中国铁道出版社，2017 年 .—214 页；26cm

ISBN 978-7-113-23960-2

本书系统论述了高性能纤维的基本概念、品种范围和发展趋势，着重论述了高性能纤维的主要品种碳纤维、芳香族聚酰胺纤维（芳纶）、超高分子量聚乙烯纤维、聚苯硫醚纤维、聚酰亚胺纤维、聚四氟乙烯纤维以及新型的碳纳米管和石墨烯纤维的性能特点、研究进展与产业化进程等内容。

B3480 TQ34

高性能纤维的结构与性能［译］（纺织科学与工程高新科技译丛）/（美）加雅南·巴特编（G. Bhat）编著；朱志国，马涛，汪滨译 .—北京：中国纺织出版社有限公司，2020 年 .—426 页

ISBN 978-7-5180-6643-8

本书介绍了目前出现的一些高性能纤维的结构、性能及应用，主要有高性能聚丙烯腈基碳纤维、高性能沥青基碳纤维、高性能碳纳米纤维和碳纳米管、液晶芳香族聚酯纤维、高性能刚性棒状聚合物纤维、高性能聚乙烯纤维、高性能聚丙烯纤维、高性能尼龙纤维、高性能芳香族聚酰胺纤维、静电纺纳米纤维、高性能聚酰亚胺纤维、源自蚕和蜘蛛丝的高性能纤维、高性能羊毛纤维。

B3481 TS101

工程参数的最优化设计/郁崇文，汪军，王新厚编著 .—上海：东华大学出版社，2003 年 .—313 页（被引 325）

ISBN 7-81038-703-0

本书结合大量纺织工程应用实例，对在工程应用中经常遇到的试验方案设计、试验数据处理、回归方程的建立与分析等进行理论阐述和实例分析。

B3482 TS1

工程建设标准体系 纺织工程部分/黄承平等编著 .—北京：中国建筑工业出版社，2007 年 .—72 页

统一书号 15112·14443

本书内容包：1. 纺织工程建设标准化的发展历史及现状；2. 纺织工程建设标准体系的制定；3. 纺织及服装专业标准分体系；4. 化纤及化纤原料专业标准分体系；5. 工艺设备安装专业标准分体系；6. 信息技术应用专业标准分体系。

B3483 TS102

功能纺织材料和防护服装（纺织新技术书库）/郝新敏，杨元编著 .—北京：中国纺织出版社，2010 年 .—257 页（被引 33）

ISBN 978-7-5064-6909-8

本书系统地论述了防水透湿材料、屏蔽材料、阻燃隔热材料、生物质纤维材料、吸附材料、智能材料等各种材料的结构与性能、制备方法、测试方法及其在防护服装领域的应用情况。

B3484 TS106

功能纺织品（印染新技术丛书）/商承杰编著 .—北京：中国纺织出版社，2006 年 .—596 页（被引 163）

ISBN 7-5064-3847-X

本书全面阐述了各种功能纺织品的结构、性能、生产方法、用途和发展趋势，并详细介绍了抗菌、防螨、防红外线、阻燃、免烫、香味、防静电等功能整理的原理及发展概况；此外还给出了各类功能纤维和织物的制造工艺、应用方法和工艺实例。

B3485 TS106

功能纺织品 第 2 版/商成杰编著.—北京：中国纺织出版社，2017 年.—575 页

ISBN 978-7-5180-4093-3

本书阐述了各种功能纺织品的基本原理、生产工艺和发展趋势，并详细介绍了卫生功能、健康功能、舒适功能、护肤功能、易护理功能等纺织品的作用机理、结构性能、制造方法以及评价标准。

B3486 TS106

功能纺织品开发与应用（21 世纪纺织品新进展丛书）/姜怀主编.—北京：化学工业出版社，2013 年.—779 页（被引 5）

ISBN 978-7-122-14677-9

本书介绍了纺织品功能化的思路、途径和方法，从纺织品服用功能、卫生保健医疗功能、附加功能、生态功能、产业用特殊功能开发结合典型产品进行了阐述，对功能纺织品前处理、印染后整理以及产品性能检测评价进行了讨论，并对功能性纺织品的未来发展进行了展望。

B3487 TS102

功能静电纺纤维材料/丁彬，俞建勇著.—北京：中国纺织出版社有限公司，2019 年.—406 页；26cm

ISBN 978-7-5180-4912-7

本书内容涉及静电纺丝技术的起源、发展及基本理论；静电纺纳米纤维材料的种类及结构；静电纺纳米纤维材料在空气过滤、液体过滤、油水分离、自清洁、防水透湿、吸附与催化、生物医用与生化分离、传感、能源、隔热等领域的功能化应用；功能静电纺纤维材料的研究展望。

B3488 TS102

功能纤维及功能纺织品/朱平主编.—北京：中国纺织出版社，2006 年.—265 页（被引 113）

ISBN 7-5064-3893-3

本书介绍了目前研究、生产较为成熟的功能纤维和功能整理织物品种，包括阻燃、抗菌、抗静电、抗紫外线、远红外、医用、保健、智能等功能纤维和纺织品。

B3489 TS102

功能纤维及功能纺织品 第 2 版（"十三五"普通高等教育本科部委级规划教材 普通高等教育"十一五"国家级规划教材 本科）/朱平主编.—北京：中国纺织出版社，2016 年.—267 页

ISBN 978-7-5180-2369-1

本书注重吸收近几年国内外的研究成果，从研究发展概况、基本原理、生产及性能评价等几个方面，介绍了目前研究、生产较为成熟的功能纤维和功能整理织物品种，包括阻燃、抗菌、抗静电、抗紫外线、远红外、医用、保健、智能等功能纤维和纺织品。

B3490 TS102

功能纤维与纺织品/张梅编.—长春：吉林科学技术出版社，2008 年.—252 页；26cm

ISBN 978-7-5384-1522-3

本书包括冷热防护技术与纺织品、抗静电纤维与纺织品、抗紫外线纤维与纺织品等内容。

B3491 TS102

功能纤维与智能材料（纺织新技术书库）/高洁等编著.—北京：中国纺织出版社，2004 年.—268 页（被引 39）

ISBN 7-5064-2691-9

本书系统总结了我国及其世界发达国家或地区在功能纤维与智能材料方面的新技术和生产经验。重点介绍了材料的功能化方法、各种功能纤维的结构和性能。

B3492 TS107

功能性纺织产品性能评价及检测（纺织检测知识丛书）/党敏主编.—北京：中国纺织出版社有限公司，2019 年.—243 页

ISBN 978-7-5180-5890-7

全书涵盖了吸湿快干纺织品、防水透湿纺织产品、电磁波屏蔽等纺织产品的国内外检测技术，并对检测技术进行了比较和分析。在性能评价上，阐述了标准的科学性和适用性。

B3493 TS1

功能性纺织技术（纺织服装高等教育"十三五"部委级规划教材）/辛斌杰，陈卓明，刘岩著.—上海：东华大学出版社，2017 年.—399 页

ISBN 978-7-5669-1284-8

本书对功能性纺织品的制备技术进行较为系统的介绍，如湿法纺丝、旋涂成膜和磁控溅射表面功能化等技术。同时还包含对功能性纺织品技术的系统总结和相关科学研究试验的介绍。

B3494 TS107

功能性纺织品检测与评价方法的研究/纺织工业部标准化研究所编著.—北京：中国质检出版社，中国标准出版社，2014 年.—153 页

ISBN 978-7-5066-7733-2

本书内容包括：概论；防污性能检测与评价方法研究；防水性能检测与评价方法研究；防蚊性能检测与评价方法研究；负离子检测与评价方法研究；微磁场性能检测与评价方法研究等。

B3495 TS107

功能性纺织品开发及加工技术/辛斌杰，陈卓明，刘岩编.—北京：中国纺织出版社有限公司，2021 年.—222 页

ISBN 978-7-5180-8077-9

本书对功能性纺织品的制备技术进行了较为系统的阐述，着重介绍了一些具有良好应用前景的成纤聚合物及其制备方法，包括通过湿法纺丝和静电纺丝制备聚苯胺、聚砜酰胺以及由这些成纤聚合物与功能性材料混合而成的复合材料等。

B3496 TS106

功能性医用敷料（材料新技术丛书）/秦益民编著．—北京：中国纺织出版社，2007 年．—281 页（被引 71）

ISBN 978-7-5064-4250-3

本书全面阐述了功能性医用敷料的发展历史、最新研究成果及发展趋势，系统地总结了国际市场上各种高科技功能性医用敷料的结构和性能，并介绍了医用敷料的功能化方法、各种功能性医用敷料的临床应用和测试方法。

B3497 TS106

功能性医用敷料 第 2 版（材料新技术丛书）/秦益民编著．—北京：中国纺织出版社，2014 年．—281 页（被引 5）

ISBN 978-7-5180-0463-8

本书全面阐述了功能性医用敷料的发展历史、最新研究成果及发展趋势，系统地总结了国际市场上各种高科技功能性医用敷料的结构和性能，并介绍了医用敷料的功能化方法、各种功能性医用敷料的临床应用和测试方法。

B3498 TQ34

光催化抗菌纤维（博士文丛 第 7 辑）/张留学著．—兰州：兰州大学出版社，2008 年．—206 页（被引 5）

ISBN 978-7-311-03061-2

本文回顾了光催化技术的发展历史，综述了贵金属沉积、金属离子掺杂、半导体复合等技术的研究现状，并基于作者对光催化技术的认识，就今后光催化技术研究的发展方向及重点、热点提出一些看法。

B3499 TS107

《国家纺织产品基本安全技术规范 GB 18401—2003》实施指南/纺织工业部标准化研究所，国家棉纺织产品质量监督检验中心编著．—北京：中国标准出版社，2005 年．—162 页（被引 5）

ISBN 7-5066-3871-1

本书介绍了本标准产生的历史背景、制定标准的原则与发布实施的意义，逐条讲解了标准条文的理解要点，详细列举了如何把握纺织产品的分类和取样原则，并对试验方法的要点及需要注意的问题进行了归纳。

B3500 TS186

国际针织服装设计［译］/（英）卡罗尔·布朗著；张鹏，陈晓光译．—上海：东华大学出版社，2019 年．—200 页；29cm

ISBN 978-7-5669-1530-6

本书对针织服装设计进行了全方位的阐述，包括针织业的发展概况、调研与设计、色彩与肌理、创新技术、从设计到成品的实现过程，为读者呈现了一个清晰的脉络。

B3501 TS113

国家职业标准 棉花加工工/中华人民共和国劳动和社会保障部制定．—北京：新华出版社，2001 年．—31 页

ISBN 7-5011-5260-8

本棉花加工工国家职业标准是根据《中华人民共和国劳动法》的有关规定，为了进一步完善国家职业标准体系，为职业技能培训和鉴定工作提供科学、规范的依据。

B3502 TS11-65

国家职业标准 并条工/中华人民共和国劳动和社会保障部制定．—北京：中国纺织出版社，2006 年．—22 页

统一书号 155064·6

B3503 TS11-65

国家职业标准 穿经工/中华人民共和国劳动和社会保障部制定．—北京：中国纺织出版社，2006 年．—20 页

B3504 TS11-65

国家职业标准 粗纱工/中华人民共和国劳动和社会保障部制定．—北京：中国纺织出版社，2006 年．—21 页

统一书号 155064·20

本《标准》依据有关规定将本职业分为四个等级，包括职业概况、基本要求、工作要求和比重表四个方面的内容。

B3505 TS11-65

国家职业标准 浆纱工/中华人民共和国劳动和社会保障部制定．—北京：中国纺织出版社，2006 年

统一书号 155064·8

B3506 TS11-65

国家职业标准 筒并摇工/中华人民共和国劳动和社会保障部制定．—北京：中国纺织出版社，2006 年．—35 页

统一书号 155064·3

B3507 TS11-65

国家职业标准 纤维梳理工/中华人民共和国劳动和社会保障部制定．—北京：中国纺织出版社，2006 年．—23 页

统一书号 155064·1

B3508 TS11-65

国家职业标准 整经工/中华人民共和国劳动和社会保障部制定．—北京：中国纺织出版社，2006 年．—20 页

B3509 TS11-65

国家职业标准 织布工/中华人民共和国劳动和社会保障部制定．—北京：中国纺织出版社，2006 年．—21 页

B3510 TS102-65

国家职业标准 纺织纤维检验工/中华人民共和国劳动和社会保障部制定．—长春：中国劳动社会保障出版社，2002 年．—40 页

本标准依据有关规定将本职业分为五个等级，包括职业概况、基本要求、工作要求和比重表四个方面，对职业活动范围、工作内容、技能要求和知识水平作了明确规定。

B3511 TS107

国外纺织检测标准解读（纺织检测知识丛书）/刘中勇主编 .—北京：中国纺织出版社，2011 年 .—604 页

ISBN 978-7-5064-7506-8

本书根据广大一线检测技术人员对国外纺织检测标准进行的收集、汇总、整理，依据在纺织服装检验测试过程中的经验积累，按照项目分别解读。内容包括不同国家（以AATCC、ASTM、BS、DIN、EN、ISO、JIS 和 NF 为主）纺织服装及羽绒产品中检测方法的基本原理、测试比较、主要标准偏差异及关注点。

B3512 TS131

国外现代毛纺织新技术与管理/倪云凌编著 .—上海：上海三联书店，2000 年 .—510 页

ISBN 7-5426-1425-8

本书内容有：世界羊毛原料的资源分布与市场情况、国外羊毛的商业分等和工业分级、产品与原料、羊毛的初加工和毛条制造、精梳毛纺的工艺和设备、粗疏毛纺等。

B3513 TS106

过滤介质及其选用（材料新技术丛书）/王维一，丁启圣等编著 .—北京：中国纺织出版社，2008 年 .—390 页

ISBN 978-7-5064-4854-3

本书详细论述了液固、气固及特殊过滤用的各类主要介质的品种、性能、工作原理及其生产设备，包括滤布用合成纤维、织造布、非织造布及其多层和涂层产品、滤纸、滤片、筛、网、烧结金属和塑料及陶瓷滤芯组件、松散粉末、纤维、颗粒状介质、膜和膜组件、多孔片和多孔管等，对过滤介质特性的测定标准、方法及装置也有详细介绍。

B3514 TQ34

海洋源生物活性纤维（高新纺织材料研究与应用丛书）/秦益民编 .—北京：中国纺织出版社有限公司，2019年 .—226 页

ISBN 978-7-5180-6392-5

本书在介绍生物活性纤维的发展历史、基本性能、制备方法的基础上，介绍了海洋生物科技领域的新研究进展以及海洋源生物材料在功能纤维领域的应用，介绍了海藻酸盐纤维、甲壳素纤维、壳聚糖纤维、海丝纤维、胶原蛋白纤维等海洋源生物活性纤维的发展历史、制备方法、生物活性及其在医疗、卫生、美容等功能纺织材料领域中的应用。

B3515 TS190

含氨纶弹性织物染整（织物染整技术丛书）/徐谷仓，沈淦清编著 .—北京：中国纺织出版社，2004 年 .—394 页（被引 51）

ISBN 7-5064-3112-2

本书阐述了氨纶的发展概况、结构特性、弹性机理和理化性能。介绍了含氨纶弹性织物（以棉/氨为主）的工艺设计，弹性织物的织造技术和织造的生产管理等。

B3516 TS102

汉麻纤维的结构与性能/张建春等编著 .—北京：化学工业出版社，2009 年 .—320 页（被引 109）

ISBN 978-7-122-05152-3

本书详细介绍了国内外汉麻纤维的研究现状；系统分析了汉麻纤维的结构与性能，包括汉麻纤维的化学组成、超分子结构、形态结构、吸湿性、抗菌性、吸附性、防紫外性、绿色环保性等。

B3517 S563

汉麻综合利用技术/张建春，张华，张华鹏，郭玉海编著 .—北京：长城出版社，2006 年 .—738 页；21cm（被引148）

ISBN 7-80017-818-8

本书重点介绍汉麻的发展历史、汉麻的种植技术、汉麻育种及其技术进展、汉（大）麻酚类物质、汉（大）麻潜在的医疗价值、汉麻纺织加工技术、汉麻复合材料、汉麻造纸应用技术、汉麻再生纤维素纤维等方面的内容。

B3518 TS1

行走的纺织/冯宪编著 .—上海：上海科学技术文献出版社，2020 年 .—222 页；24cm

ISBN 978-7-5439-7999-4

本书内容包括：纺织的产生与意义、纺织材料的来源及演进、现代纺织的生产链、现代纺织融合的先进科学技术、"互联网+"给纺织行业发展带来变化、现代纺织发展的三大举措、值得关注的现代纺织品检测、1949 年以来我国纺织业取得的成就等。

B3519 TS941.63

绗缝产品设计与工艺（中等职业教育规划新教材）/余灵慧主编 .—上海：上海交通大学出版社，2016 年 .—181 页

ISBN 978-7-313-15720-1

本书全面讲解了绗缝的图案设计与工艺制作的相关内容，主要包括绗缝基础概述、工具材料准备、基础工艺、色彩搭配图案的设计、绗缝工艺。

B3520 TS190

合成染料及颜料/杨建洲，张昌辉编 .—北京：化学工业出版社，2005 年 .—658 页

ISBN 7-5025-6009-2

本书详细介绍了芳香族苯系、萘系、蒽系、杂环系、脂肪及脂环有机原料及中间体 752 个。

B3521 TQ34

合成纤维［译］/（英）J.E. 麦金太尔编著；付中玉译 .—北京：中国纺织出版社，2006 年 .—308 页

ISBN 7-5064-3971-9

本书简述了合成纤维的发展历史，具体介绍了聚酰胺纤维、聚酯纤维、丙烯腈系纤维、聚烯烃纤维及其改性纤维的共聚、纺丝工艺、物理性能、染色性能、应用及发展前景。

B3522　TQ34

合成纤维（当代石油和石化工业技术普及读本）/王少春执笔.—北京：中国石化出版社，2000年.—91页

ISBN 7-80043-960-7

本书内容包括涤纶、锦纶、丙纶、氨纶、聚对苯二甲酸丁二酯纤维、碳纤维等合成纤维未来发展展望。

B3523　TS190

合成纤维及混纺纤维制品的染整（21世纪职业教育重点专业教材）/罗巨涛主编.—北京：中国纺织出版社，2002年.—373页（被引87）

ISBN 7-5064-2013-9

本书全面地阐述了合成及混纺织物染整加工的基本理论，涤纶、氨纶及其各种混纺织物及纱线、成衣的染整加工工艺，以及新合纤的染整加工方法。

B3524　TS190

合成纤维及其混纺制品染整（纺织职业教育"十二五"部委级规划教材）/刘仁礼主编.—北京：中国纺织出版社，2015年.—105页

ISBN 978-7-5180-1474-3

本书主要介绍了涤纶、腈纶、锦纶及涤棉混纺织物的染整加工工艺、生产技术及操作步骤和注意事项，并简要介绍了含氨纶弹性织物、新合纤织物的染整加工特点。

B3525　TS105

黑白经纬　织物组织设计图集　上册/沈干编著.—北京：化学工业出版社，2005年.—149页

ISBN 7-5025-6065-3

本书包括织物组织设计的基本方法和织物上机图设计集两章。介绍了织物组织设计法则、织物组织设计的方法、小花纹组织设计、多臂织物组织结构的合理应用、平纹变化组织图集、小花纹变化组织图集。

B3526　TS105

黑白经纬　织物组织设计图集　下册/沈干编著.—北京：化学工业出版社，2005年.—153—415页（被引5）

ISBN 7-5025-6272-9

本书包括织物组织设计图集和织物设计彩色篇两章，介绍了平纹、斜纹、缎纹、小花纹等变化组织的图集和一些彩色图集。

B3527　TS184

横机羊毛衫生产工艺与CAD/姚晓林编著.—北京：中国纺织出版社，2007年.—224页（被引8）

ISBN 7-5064-4293-0

本书内容包括羊毛衫的编织工艺、工艺单的计算、羊毛衫所用纱线的种类及质量要求、横机的主要机构及编织工艺、羊毛衫成衣工艺、放码及用料计算以及后整理工艺，并针对羊毛衫CAD软件，阐述了羊毛衫下数工艺与计算机辅助花型设计的方法。

B3528　TS190

红花染料与红花染工艺研究/杨建军，崔岩著.—北京：清华大学出版社，2018年.—497页

ISBN 978-7-302-48928-3

本书运用文献、实物、工艺相互对比印证的方法，通过对红花的起源与传播、红花染工艺发展的考证，将红花色素萃取方法和染色技术等总结归纳为标准化、数据化配比，用于指导红花染工艺的规范化操作。

B3529　TS106

红外辐射与纺织品（21世纪纺织品新进展丛书）/姜怀，胡守忠，孙熊，林兰天等编著.—北京：化学工业出版社，2016年.—468页

ISBN 978-7-122-26277-6

本书系统介绍了红外辐射、红外技术在纺织科研、功能纺织材料开发、生产设备更新方面的实际应用，内容涉及基本原理、功能构成机制、生产工艺、性能评价等理论知识和技术探讨等。

B3530　TS102

红外技术与纺织材料/徐卫林编著.—北京：化学工业出版社，2005年.—156页（被引43）

ISBN 7-5025-7227-9

本书对红外辐射在纺织材料中的透射、反射以及吸收的一些规律进行了量化的分析和测量；系统详细地探讨了强红外辐射对含水纺织材料的干燥以及热定型方面的实际应用效果。

B3531　TS102

红外技术与纺织材料　第2版/徐卫林编著.—北京：化学工业出版社，2011年.—201页（被引8）

ISBN 978-7-122-10590-5

本书对红外辐射在纺织材料中的透射、反射以及吸收的一些规律进行了量化的分析和测量，探讨了强红外辐射对含水纺织材料的干燥以及定型方面的实际应用效果。

B3532　TS184

互联网针织CAD原理与应用/蒋高明主编.—北京：中国纺织出版社有限公司，2019年.—182页；26cm

ISBN 978-7-5180-6071-9

本书详细介绍了采用BS结构的互联网针织CAD原理，重点讲解了基于互联网针织CAD系统的界面交互、云计算、虚拟展示和人工智能等关键技术。尤其对针织物花型设计、工艺设计、织物仿真、虚拟展示、数据输出和产品检索六大功能模块作了详细的介绍。对各类纬编、横编和经编产品进行了设计示例。

B3533　TS106

花式纱线开发与应用（纺织新技术书库）/周惠煜等编著.—北京：中国纺织出版社，2002年.—248页（被引93）

ISBN 7-5064-2298-0

本书针对国内生产花式纱线的6大类机种，收集了常用

的 12 种机型设备的技术资料，并对其生产花式纱线的原理、关键性技术问题和典型的 60 种花式纱线的生产方法、织物的组织结构、色彩应用及在织物设计中的合理配置均作了详细的分析和介绍。

B3534 TS106

花式纱线开发与应用 第 2 版（纺织产品开发丛书）/周惠煜等编著 .—北京：中国纺织出版社，2009 年 .—256 页（被引 18）

ISBN 978-7-5064-5080-5

本书系统详尽地介绍了花式纱线的种类及其加工工艺、生产设备和计算机程序设计方法，以及花式纱线在服装服饰面料、家用纺织品中的应用方法，包括原料的选用、组织结构设计、色彩搭配等。编著者依据多年的工作经验，总结出花式纱线生产中易出现的问题及解决方案。

B3535 TQ34

化纤/中国石油天然气集团公司，中国石油化工集团公司制定 .—北京：中国石化出版社，2008 年 .—293 页

ISBN 978-7-80229-559-9

B3536 TS155

化纤仿毛技术原理与生产实践（纺织新技术书库）/张建春等编著 .—北京：中国纺织出版社，2003 年 .—766 页（被引 25）

ISBN 7-5064-2692-7

本书介绍了化纤仿毛的技术原理与生产实践，包括化纤仿毛技术的结构基础，化纤仿毛织物织造、染色、整理工艺技术等内容。

B3537 TS15

化纤生产技术（高职高专项目导向系列教材）/赵若冬主编 .—北京：化学工业出版社，2014 年 .—105 页

ISBN 978-7-122-20585-8

本书重点阐述了化纤基础理论知识和主要性能指标；选择了三个典型化纤产品生产项目，每个项目包含了 4~6 个任务，从合成纤维高聚物聚合开始，到前纺和后纺，每个任务再以任务介绍、相关知识、任务实施、任务评价、知识拓展为模块，阐述了化纤产品生产流程与设备、生产工艺及影响因素，生产工艺卡片、生产实施操作步骤等。

B3538 TQ34

化纤与纺织技术/张守运著 .—哈尔滨：东北林业大学出版社，2017 年 .—109 页；26cm

ISBN 978-7-5674-1049-7

本书把中国化纤行业作为研究对象，从中国化纤行业的现状入手，探讨中国化纤行业的发展战略。

B3539 TS156

化纤长丝织物大全/中国长丝织造协会编著；徐文英主编 .—北京：中国纺织出版社，2018 年 .—188 页

ISBN 978-7-5180-5154-0

本书对目前常用的化纤长丝织物品种进行了分类整理，对各类产品的特性和特征进行了介绍，对主要产品的加工工艺进行了简述。

B3540 TS156

化纤长丝织造操作技术指南/中国长丝织造协会编著；徐文英主编 .—北京：中国纺织出版社，2017 年 .—284 页

ISBN 978-7-5180-3672-1

本书内容包括：准备工序基础知识、定形、倒筒、整经、并轴与分绞、穿经与接经、织造生产及设备、织造工序操作工工作标准、织造岗位技术标准与竞赛规则等。

B3541 TS102-53

化学纤维成形机理的探索：刘兆峰教授团队论文选集/胡祖明，于俊荣，陈蕾，曹煜彤选编 .—上海：东华大学出版社，2011 年 .—664 页

ISBN 978-7-81111-925-1

本书主要分为高性能纤维和服用纤维两部分。

B3542 TS102

化学纤维成型工艺学/祖立武主编 .—哈尔滨：哈尔滨工业大学出版社，2014 年 .—379 页

ISBN 978-7-5603-4583-3

本书阐述了用熔体纺丝方法生产的纤维工艺；用溶液纺丝方法生产的纤维工艺；介绍了再生纤维素纤维和主要高性能纤维的生产工艺；介绍纤维成型原理及拉伸、热定型原理。

B3543 TS102

化学纤维加工原理 上册/王延伟主编 .—兰州：甘肃文化出版社，2004 年 .—179 页

ISBN 7-80714-031-3

本书主要介绍高聚物的结构、高聚物分子运动、高聚物流体的流变性、高聚物熔体的纺丝原理。

B3544 TS102

化学纤维加工原理 下册/王延伟，辛长征主编 .—兰州：甘肃文化出版社，2005 年

ISBN 7-80714-031-3

B3545 TS102

化学纤维鉴别与检验（材料新技术丛书）/沈新元编 .—北京：中国纺织出版社，2013 年 .—319 页

ISBN 978-7-5064-9098-6

本书全面阐述了化学纤维的基本概念，化学纤维鉴别与检验的概念、内容与方法；重点介绍了化学短纤维与化纤长丝的检验与质量控制；并介绍了部分差别化纤维、功能纤维、智能纤维和生态纤维新品种的检验。

B3546 TS102

化学纤维设备/刘淑强主编 .—上海：东华大学出版社，2019 年 .—227 页；26cm

ISBN 978-7-5669-1666-2

本书主要介绍化学纤维的纺丝成形及后处理设备，包括涤纶、腈纶、锦纶、丙纶、氨纶、维纶和黏胶纤维设备，以及超细纤维生产技术及设备、静电纺丝技术及设备、纺粘纺丝技术及设备、熔喷纺丝技术及设备。

B3547　TS102

化学纤维生产工艺学（纺织服装高等教育"十三五"部委级规划教材）/闫承花主编.—上海：东华大学出版社，2018年.—269页

ISBN 978-7-5669-1321-0

本书介绍了化学纤维的基本知识，阐述了化学纤维的生产原理，详细介绍了涤纶、锦纶、丙纶、腈纶、氨纶、芳纶、黏胶纤维、玉米纤维、聚苯硫醚纤维和碳纤维等大型产业化纤维的原料、生产工艺、性能及应用；并概述了芳砜纶、聚芳酯纤维、PBO纤维和PBI纤维等新型纤维的生产方法。

B3548　TS102

化学纤维实验教程/化学纤维实验教程编写组.—北京：中国纺织出版社，2003年.—138页（被引8）

B3549　TS106

环保纺织品之发展趋势与国际协议研究［港台］/赖怡君，尚曼华，曾淑芬撰.—台北：台湾纺织产业综合研究所，2008年.—160页

ISBN 978-986-83547-9-1

B3550　TS190

环保色料与应用/董川，双少敏，卫艳丽等编著.—北京：化学工业出版社，2009年.—237页

ISBN 978-7-122-04278-1

本书首先对色料进行了概述，通过对色料的研究及发展趋势进行了分析，首次提出了环保色料的理念，详细介绍了各种环保色料，其中包括高分子环保色料、荧光型环保色料、天然植物色素、新型环保可降解色料等。

B3551　TS104

环锭纺花色纱线的开发与纺制（纺织新技术书库）/周济恒编著.—北京：中国纺织出版社，2017年.—211页

ISBN 978-7-5180-3536-6

本书内容包括环锭纺花式纱线的开发技巧和生产经验、开发实际案例分析、开发中各种问题的形成原因及解决方法，以及优秀纺织企业花式纱线开发的实践经验等。

B3552　TS106

环境光催化净化功能纺织品关键技术/董永春主编.—北京：中国纺织出版社有限公司，2020年.—310页；24cm

ISBN 978-7-5180-7310-8

本书首先简述了环境净化纺织品的定义、作用和分类方法等，然后在系统介绍光催化技术原理和应用的基础上，针对环境中所存在的污染物，重点论述了基于不同光催化技术

的环境净化功能纺织品的制备方法、作用原理和应用技术以及循环利用等。

B3553　TS1

黄道婆走进现代纺织大观园　纺织新技术、新工艺和新设备（国家重点图书）/季国标，梅自强，周翔，邢声远编著.—北京：清华大学出版社，暨南大学出版社，2002年.—290页（被引28）

ISBN 7-302-04939-4

本书介绍了化学纤维纺丝新方法与新工艺、纺纱、织机、针织、染整等内容。

B3554　TS190

活性染料染色/宋心远，沈煜如编著.—北京：中国纺织出版社，2009年.—598页（被引112）

ISBN 978-7-5064-5771-2

本书介绍了活性染料的发展、结构特征，介绍了染料结构和性能的关系，特别是活性基的结构和反应性及纤维固色反应性的关系，非常有利于染色者选择染料和制定工艺；还介绍了活性染料的反应动力学，这对深入理解和控制染色过程非常有益；同时介绍了各类纺织品的染色方法和工艺，特别重点介绍了清洁染色工艺。

B3555　TS106

机能性纺织品［港台］/黄玲娉，梁雅卿著.—台北：台湾纺织产业综合研究所，2005年.—409页

ISBN 957-29972-1-1

B3556　TS106

机能性纺织品之制造与评估［港台］/王立主等著.—台北：台湾区丝织工业同业公会，2005年.—293页

ISBN 957-41-2943-8

B3557　TS105

机织产品设计（纺织服装高等教育"十一五"部委级规划教材　高职高专纺织类项目教学系列教材）/关立平主编.—上海：东华大学出版社，2008年.—260页（被引6）

ISBN 978-7-81111-402-7

本书分析了各类机织产品的基本特点，阐述了机织产品的规格设计与计算、纱线结构的设计、机织产品的配色设计、织前准备设计等内容。

B3558　TS105

机织工程　上册（纺织高等教育"十二五"部委级规划教材　教育部卓越工程师教育培训计划纺织工程系列教材）/高卫东，王鸿博，牛建设主编.—北京：中国纺织出版社，2014年.—302页

ISBN 978-7-5180-0498-0

本书系统介绍了机织物织造基本原理，国内外新型织造准备和织造设备的机构特点、运动分析、工艺参数调节、优质高产的措施及发展趋势。在每章均安排实验部分，包括设备机构认识实验和上机工艺实验。

B3559 TS105

机织工程 下册（纺织高等教育"十二五"部委级规划教材 教育部卓越工程师教育培养计划纺织工程系列教材）/王鸿博，高卫东，黄晓梅主编.—北京：中国纺织出版社，2014年.—253页（被引8）

ISBN 978-7-5180-0504-8

本书系统介绍各种机织物组织结构构成方法、织物外观特点及形成原理，织物样品分析方法及典型机织物的设计方法等内容。

B3560 TS105

机织工艺/熊艳丽主编.—天津：天津大学出版社，2013年.—236页

ISBN 978-7-5618-4799-2

本书介绍了纺织企业中机织工艺设计和质量控制等内容，全书共三个学习情境，每个学习情境包括4~6个学习任务，每个学习任务后附有任务实施和形式多样的思考和练习。

B3561 TS105

机织工艺（纺织服装高等教育"十二五"部委级规划教材 高职高专纺织类项目教学系列教材）/崔鸿钧，陈爱香主编.—上海：东华大学出版社，2014年.—320页

ISBN 978-7-5669-0443-0

本教材介绍了机织工艺的设计依据和机织物生产过程中各工序的工艺原理、生产工艺参数确定，以及上机调整、常用设备及其操作技术、各工序制品的疵点和质量控制等内容。

B3562 TS105

机织工艺 第2版（纺织服装高等教育"十三五"部委级规划教材）/陈爱香，崔鸿钧主编.—上海：东华大学出版社，2019年.—320页

ISBN 978-7-5669-1559-7

本书依据机织物生产的工艺过程设置教学项目，围绕每个教学项目设计工作任务，明确相应的知识目标和技能目标。全书设置项目导入、络筒工艺设计、整经工艺设计、浆纱工艺设计、穿结经与纬纱准备工艺设计、有梭织造工艺设计、剑杆织造工艺设计、喷气织造工艺设计、喷水织造工艺设计、片梭织造工艺设计和织物（坯布）质量检验共11个项目，涉及25个工作任务；每个工作项目围绕认识设备、设计工艺和上机操作调整工艺参数等工作任务展开。

B3563 TS105

机织工艺原理（面向21世纪高等学校教材 纺织科学系列）/王绍斌主编.—西安：西北工业大学出版社，2002年.—300页（被引46）

ISBN 7-5612-1508-8

本书全面叙述了机织物生产的工艺原理和设备，并着重介绍了络筒、整经、浆纱及织造生产的新工艺、新设备的基本理论和工艺调节、质量控制方面的基本知识。

B3564 TS105

机织技术（纺织服装高等教育"十三五"部委级规划教材）/梁平主编.—上海：东华大学出版社，2017年.—335页

ISBN 978-7-5669-0961-9

本书以现代机织设备为基础，系统阐述机织的基本理论，现代机织生产的工艺过程，机织设备的工作原理、结构和性能，机织工艺参数设计与调整，以及产品质量检测与调控方法。项目分别为络筒工艺设计、整经工艺设计、浆纱工艺设计、穿结经与纬纱准备工艺设计、有梭织造工艺设计、剑杆织造工艺设计、喷气织造工艺设计、喷水织造工艺设计、片梭织造工艺设计和织物（坯布）质量检验。

B3565 TS105

机织技术（全国纺织高职高专规划教材）/刘森主编.—北京：中国纺织出版社，2006年.—396页（被引29）

ISBN 7-5064-3766-X

本书主要介绍现代机织新技术、新工艺、新设备和操作技术，并对机织技术发展方向、纺织品的市场快速反应、纺织行业热点探讨等内容进行了专门介绍。

B3566 TS105

机织技术实验教程（纺织服装高等教育"十一五"部委级规划教材 高职高专纺织专业系列教材）/李丽君，崔鸿钧编著.—上海：东华大学出版社，2009年.—214页（被引5）

ISBN 978-7-81111-577-2

基于高职院校现代纺织技术专业学生所必须具备的能力要求，本教材根据实践教学的认知规律和学生实践能力与创新能力培养的需要，安排了设备认识、工艺参数测定和质量检验等实验。教材编写形式以便于通过现场教学和分组讨论以及分析性、综合性等实践教学环节的实施，强调提高学生的学习主动性和获取知识能力的培养要求。每个项目的开始均设有"学习目标"，以明确"知识目标"和"技能目标"的内容，做到重点突出，便于自学。

B3567 TS105

机织面料设计（纺织高职高专教育教材）/邓沁兰主编.—北京：中国纺织出版社，2012年.—186页

ISBN 978-7-5064-8393-3

本教材根据企业机织面料设计的工作过程，较详细地阐述了织物分析、织物组织设计、织物工艺设计、织物CAD模拟设计及织物小样织制等内容。本教材理论与生产实践相结合，列举了大量企业实际生产中的实例，具有较高的实用参考价值。

B3568 TS105

机织生产技术700问（纺织生产技术问答丛书）/黄柏龄，于新安主编.—北京：中国纺织出版社，2007年.—433页（被引15）

ISBN 7-5064-4309-0，978-7-5064-4309-8

本书分织前准备和织造工程两篇，以问答形式对机织工

程各工序在生产中遇到的技术问题作了系统论述。

B3569 TS105

机织实训/赵双主编.—济南：山东画报出版社，2018年.—92页；26cm

ISBN 978-7-5474-2980-8

本书系统地讲述了络筒、整经、浆纱、穿结经、织布、检验等工序的具体操作。

B3570 TS105

机织学（普通高等教育"十五"国家级规划教材）/朱苏康主编.—北京：中国纺织出版社，2004年.—367页（被引292）

ISBN 7-5064-2807-5

本书分为准备篇和织造篇。准备篇介绍络筒、整经、浆纱、穿结经等织前准备工程；织造篇介绍开口、引纬、打纬、卷取和送经等织物在织机上的形成过程，织机传动和断头自停，机织物加工综合讨论等。

B3571 TS105

机织学（普通高等教育"十一五"国家级规划教材 本科）/朱苏康，高卫东主编.—北京：中国纺织出版社，2008年.—320页（被引120）

ISBN 978-7-5064-4890-1

本书分为准备篇、织造篇和综合篇。准备篇介绍络筒、整经、浆纱、穿结经等织前准备工程；织造篇介绍开口、引纬、打纬、卷取和送经等织物在织机上的形成过程，织机传动及断头自停，织机综合讨论；综合篇介绍织坯整理，各种机织物加工流程和工艺设备等。

B3572 TS105

机织学 第2版（"十二五"普通高等教育本科国家级规划教材）/朱苏康，高卫东主编.—北京：中国纺织出版社，2015年.—321页

ISBN 978-7-5180-1204-6

本书分为准备篇、织造篇和综合篇。准备篇介绍络筒、整经、浆纱、穿结经等织前准备工程；织造篇介绍开口、引纬、打纬、卷取和送经等织物在织机上的形成过程，织机传动及断头自停，织机综合讨论；综合篇介绍织坯整理，各种机织物加工流程及工艺设备等。

B3573 TS105

机织实验教程（纺织高等教育"十一五"部委级规划教材）/朱苏康主编.—北京：中国纺织出版社，2007年.—255页（被引10）

ISBN 978-7-5064-4378-4

本书内容包括机织基础知识（基础实验方法及实验仪器设备简介、应用数理统计基础）、机织工程的认识性实验、工艺分析研究性实验、质量分析研究性实验和综合性、设计性实验等。

B3574 TS105

机织实验教程 第2版（"十二五"普通高等教育本科国家级规划教材）/朱苏康主编.—北京：中国纺织出版社，2015年.—255页

ISBN 978-7-5180-1280-0

本书内容包括机织基础知识（基础实验方法及实验仪器设备简介、应用数理统计基础）、机织工程的认识性实验、工艺分析研究性实验、质量分析研究性实验和综合性、设计性实验等。

B3575 TS105

机织试验与设备实训/佟昀主编.—北京：中国纺织出版社，2008年.—193页（被引6）

ISBN 978-7-5064-5298-4

本书第一部分为机织试验，系统介绍了织造各工序在工艺、设备、操作、质量控制、管理等方面的试验。第二部分为机织实训，介绍了织物整理操作要点（如验布、折布定等、织疵分析等），并重要介绍了较为典型国产和引进设备的结构、关键部件、工艺流程、安装与调试、上机工艺参数调试、故障检修、挡车操作要点等。

B3576 TS105

机织试验与设备实训 第2版/佟昀主编.—北京：中国纺织出版社，2015年.—223页

ISBN 978-7-5180-1179-7

本书分为两部分。第一部分为机织试验，系统介绍了织造各工序在工艺、设备、操作、质量控制、管理等方面的试验；第二部分为机织实训，介绍了织物整理操作要点（如验布、折布定等，织疵分析等）。

B3577 TS105

机织物分析与设计（高等院校高职高专纺织服装类"十二五"部委级规划教材）/刘华主编.—上海：学林出版社，2012年.—142页

ISBN 978-7-5486-0366-5

本书在介绍不同品种机织物的分析方法的基础上，由浅入深地介绍牛仔布、府绸、花呢等典型织物结构的机织面料的设计与上机工艺设计，每一部分都按照纺织面料设计师的岗位工作过程，通过调研或仿样，形成设计理念，制定具体详细的生产工艺，借助CAD模拟，制作产品的实物，完成产品评价。

B3578 TS105

机织物结构与设计实训教程（纺织高职高专"十一五"部委级规划教材）/刘培民主编.—北京：中国纺织出版社，2009年.—201页

ISBN 978-7-5064-5723-1

本书介绍了有关机织物分析与认识方面的实际知识与基本技能，详细提供了机织物CAD设计与小样试织方面的实训指导，同时附有各类织物样品与小样试织方面的光盘影像。

B3579 TS193

机织物浸染实用技术/崔浩然著．—北京：中国纺织出版社，2010年．—340页（被引7）

ISBN 978-7-5064-5982-2

本书主要对目前国内印染企业常用染料的实用性能做了翔实的介绍，在此基础上，对各类染料的实用方法与工艺案例也做了明确具体的说明与提示，特别是对浸染的三大顽症的产生原因与预防措施以及染疵的修复方法做了分析。

B3580 TS105

机织物设计基础学（纺织服装高等教育"十一五"部委级规划教材）/谢光银主编．—上海：东华大学出版社，2010年．—248页（被引27）

ISBN 978-7-81111-720-2

本书介绍了纺织品起源等纺织品的文化知识、纺织品的分类及其特点，分析了纺织品发展的未来方向，阐述了纺织品设计中较基础的几何结构设计理论和机织物规格设计中常用的几种设计方法。

B3581 TS105

机织物设计原理/谢光银编著．—北京：化学工业出版社，2005年．—238页（被引53）

ISBN 7-5025-6185-4

本书采用织物几何结构的基础理论为研究方法，提出了有较好应用基础的机织物的理论设计法，并对织物几何结构现有的理论中几何结构相的划分进行了扩展。

B3582 TS105

机织物样品分析与设计（纺织服装高等教育"十三五"部委级规划教材）/武燕，王锋荣，黄紫娟主编．—上海：东华大学出版社，2017年．—245页

ISBN 978-7-5669-0793-6

本书共包含5个项目22个任务，具体涉及棉型、毛型、麻型、丝型等织物的常见品种的特征和主要规格，以及条格起花、经起花、透孔小提花、纱罗或网目组织、单层、重纬、剪花、双层等织物的仿样或创新设计的步骤和方法等内容。

B3583 TS105

机织物组织与设计（中英文本）（纺织工程专业双语教材）/聂建斌主编．—北京：中国纺织出版社，2004年．—221页（被引13）

ISBN 7-5064-3131-9

本书用英语介绍织物的组织与结构、织物的设计方法等内容。

B3584 TS105

机织学实验教程（"十三五"普通高等教育本科部委级规划教材）/陆浩杰主编．—北京：中国纺织出版社，2017年．—165页

ISBN 978-7-5180-3587-8

本书准备篇主要涉及络筒机、倍捻机、单纱上浆机、小样整经机等织前准备设备，研究和讨论设备的操作步骤、工艺参数的设定对成品质量的影响；织造篇主要涉及半自动小样织机、全自动小样织机、大提花小样织机，讨论织布的操作步骤和工艺规格计算；课程设计篇是综合性实验，包括纺织品设计学课程设计、纺织工艺设计，研究和讨论织物设计、工艺规格计算及车间设计等。

B3585 TS935.7，TS176

机制地毯/薛士鑫主编．—北京：化学工业出版社，2004年．—581页

ISBN 7-5025-5078-X

本书较为全面地介绍了现代化生产各类机织地毯（如雪尼尔地毯、威尔顿地毯、阿克明斯特地毯、簇绒地毯、针刺地毯和缝编地毯）的工艺、技术和生产设备的基础理论知识。内容涉及原料、纺纱、簇绒、染色、印花、后整理以及铺装、使用、保养等各个方面。

B3586 TS107

基于低秩分解的织物疵点检测方法研究/李春雷．—北京：中国纺织出版社有限公司，2019年．—193页

ISBN 978-7-5180-6631-5

本书第一章为绪论部分；第二章对低秩稀疏分解理论进行介绍；第三至第十二章阐述了基于低秩分解的织物疵点检测方法。

B3587 TS104

集聚纺纱原理（纺织新技术书库）/竺韵德，俞建勇，薛文良主编．—北京：中国纺织出版社，2010年．—191页

ISBN 978-7-5064-6407-9

本书综合阐述了各类集聚纺纱技术的结构特点及其作用原理，从理论上进行了多方位、多种类的系统研究，并进行相关的实验分析，取得了相应的研究成果。其主要涉及采用三维精制图技术和现代计算流体力学，进行纤维束集聚过程的数值模拟；采用分层模型计算方法，对集聚过程纤维微观集聚过程进行力学计算；采用张力传递原理，进行集聚槽阻捻机理的研究分析。同时还对不同集聚原理的纱线特性进行专题实验，并对相应纱线进行相应物理量的测试对比分析。

B3588 TS103

计算机编织机原理与应用/朱文俊编著．—北京：化学工业出版社，2006年．—287页（被引9）

ISBN 7-5025-9078-1

本书叙述了编织产品的设计方法、设备的工作原理、以及产品设计。

B3589 TS190

计算机测色配色应用技术（纺织服装高等教育"十二五"部委级规划教材 高职高专染整类项目教学系列教材）/王华清主编．—上海：东华大学出版社，2012年．—189页

ISBN 978-7-5669-0039-5

本教材以染整企业染色打样工作领域的工作任务和职业

能力分析作为切入口，以计算机测色配色对象为载体设计教学任务，并按照项目引领任务驱动的教学要求组织教学内容，共包括六个项目，即颜色基础知识、颜色的数字表示方法、纺织品测色、染料助剂性能测试、计算机配色、利用 E-mail 传输 qtx 文档和文本文档等色样档案。

B3590 TS183

电脑横机操作技术（国家中职示范校优质核心专业课程系列教材 灵武职教中心国家中职示范校建设成果）/陈民芳，张洪斌主编 . —西安：西安交通大学出版社，2016 年 . —190 页

ISBN 978-7-5605-7403-5

本书全面、系统地叙述了电脑横机基本知识、工作原理及电脑横机操作程序，包括电脑横机编织程序导入、运行；设置电脑横机编织参数；调节电脑横机编织机件及电脑横机维护保养等。

B3591 TS183

电脑横机使用与维修/张淑敏主编 . —北京：中国纺织出版社，2011 年 . —132 页

ISBN 978-7-5064-7988-2

本书主要内容包括针织基础知识，电脑横机的使用、结构分析、测试、拆装与调试、日常保养和常见故障分析等。

B3592 TS183

电脑横机制版（中等职业教育规划新教材）/候峰，钟凌主编 . —上海：上海交通大学出版社，2014 年 . —172 页

ISBN 978-7-313-10884-5

本书主要介绍了电脑横机制版的相关知识，共分四大模块 15 个任务，包括制版软件的使用入门、无花形部件制版、童装制版操作实例、制版软件的深入运用等。

B3593 TS106

技术纺织品（纺织高等教育"十一五"部委级规划教材）/陈韶娟，马建伟主编 . —北京：中国纺织出版社，2008 年 . —227 页（被引 20）

ISBN 978-7-5064-5032-4

本书主要介绍了芳纶制品、碳纤维制品、抗菌纺织品、医用纺织品、智能纺织品、土工合成材料、建筑用纺织品等 18 种技术纺织品的发展现状、生产方法、加工原理、应用与测试，使读者能概要性地了解技术纺织品的概念、发展前景和常见技术纺织品的结构性能和用途。

B3594 TS105

家用大提花织物设计与市场开发（纺织高职高专"十一五"部委级规划教材）/姜淑媛主编 . —北京：中国纺织出版社，2010 年 . —126 页

ISBN 978-7-5064-6502-1

本书介绍了家用大提花织物设计基础知识，单层纹织物设计、纬二重纹织物设计、纬三重纹织物设计、经二重纹织物设计、经高花经纹织物设计、表里换层双层纹织物设计、毛巾纹织物设计、特种工艺纹织物设计、地毯纹织物、多色经纹织物等 11 个典型家用大提花织物设计工作领域、工作项目及内容。

B3595 TS102

家用纺织材料（纺织服装高等教育"十二五"部委级规划教材）/姜淑媛，金鑫，方莹主编 . —上海：东华大学出版社，2013 年 . —265 页

ISBN 978-7-5669-0329-7

本书设置基础知识认知、岗位知识及其运用两个单元和六个学习情境。学习情境包括：家用天然纤维的认识与应用、家用化学纤维的认识与应用、家用纺织纤维及纱线的性能指标与应用、常见家纺面料性能指标及其选择、家纺辅料性能要求及其选择以及家纺产品检验，每个情境以若干个项目任务展开论述。

B3596 TS1

家用纺织品产品设计与工艺/高飞主编 . —徐州：中国矿业大学出版社，2019 年

ISBN 978-7-5646-4389-8

本系列教材选取家纺产业典型性产品进行系统介绍。本系列教材分提花、印花、绣花和手工印染四个分册，每个分册围绕产品分枕套、抱枕、被套、床单、床罩、床旗和室内软装饰物件七个部分，每部分有若干个学习任务，每个学习任务一般包括学习任务目标、学习任务重点及难点、课前学习任务、学习任务实施、学习任务资源等。便于教师教学和学生学习。

B3597 TS186

家用纺织品行业毛巾织布工操作指导（纺织技工学校教材）/杨东辉主编；中国家用纺织品行业协会编 . —北京：中国纺织出版社，2007 年 . —104 页

ISBN 978-7-5064-4443-9

本书介绍了纤维、纱线、织物的基本知识，机械、电工电子技术的基本知识和空气调节基本知识，毛巾生产工艺流程、组织设计，毛巾织机的主要机构及其作用，毛巾织布工机台操作方面的专业知识和操作方法与要求等；分析了毛巾生产中常见织疵的产生原因与预防及织疵处理方法等。

B3598 TS105

家用纺织品配饰设计与产品开发（纺织高等教育"十二五"部委级规划教材）/毛成栋著 . —北京：中国纺织出版社，2015 年 . —126 页

ISBN 978-7-5180-1964-9

本书介绍了家用纺织品的一个分支——家纺配饰的设计与产品开发方面的相关内容。主要对家纺配饰的种类、家纺配饰使用原料设计、家纺装饰绳设计、家纺装饰带设计、家纺花边设计及家纺饰物设计等做了全面的阐述与研究。

B3599 TS105

家用纺织品设计师（国家职业资格培训教程）/纺织行业职业技能鉴定指导中心，中国家用纺织品行业协会组织编写 . —北京：中国纺织出版社，2012 年 . —222 页

ISBN 978-7-5064-8249-3

本书按照助理家纺设计师、家纺设计师和高级家纺设计师的技能要求依次递进，体现了高级别涵盖低级别的要求。介绍了家用纺织品设计师应掌握的工作技能及相关知识，涉及市场调查、织物设计制作、印染图案设计制作、绣品设计制作、纺织品空间装饰设计、产品造型设计等内容。

B3600 TS105

家用纺织品设计师基础知识/纺织行业职业技能鉴定指导中心，中国家用纺织品行业协会组织编写；杨东辉主编．—北京：中国纺织出版社，2011年．—187页

ISBN 978-7-5064-7630-0

本书介绍了家用纺织品设计师应掌握的基础知识，涉及家用纺织品的定义、功能、要素、分类、特征，家用纺织品常用材料、工艺，设计原理、设计创意表达及表现手法和文案写作，同时也介绍了家用纺织品设计师应有的职业道德、市场营销学的知识和相关法律法规知识。

B3601 TS105

家用纺织品设计与工艺（纺织高职高专"十一五"部委级规划教材）/庞冬花，刘雪燕主编．—北京：中国纺织出版社，2009年．—212页（被引10）

ISBN 978-7-5064-5381-3

本书介绍了家用纺织品的基础工艺、分类设计、常用家用纺织品的结构与工艺等。

B3602 TS105

家用纺织品设计与市场开发（普通高等教育"十一五"国家级规划教材 高职高专）/姜淑媛主编．—北京：中国纺织出版社，2007年．—220页

ISBN 978-7-5064-4339-5

本书系统介绍了家用纺织品的分类、特点及作用；家用纺织品常用原料及选用原则；家用纺织品常用织物组织及设计、织物的形成；家用纺织品色彩与图案设计；家用纺织品造型与配套设计等内容。

B3603 TS105

家用纺织品设计与市场开发 第2版（"十二五"职业教育国家规划教材）/姜淑媛，刘曰兴，王玉平主编．—北京：中国纺织出版社，2015年．—245页

ISBN 978-7-5180-1643-3

本书重点介绍了市场调查与信息处理、家纺材料的构成与选用、家纺面料的结构设计、按照产品功能性要求开发面料、典型家纺产品加工工艺设计、家纺色彩及图案设计、款式配套设计、家纺艺术特殊表现技法、家用纺织品使用说明书撰写、市场营销方案的制定、家纺网络营销等知识。

B3604 TS105

家用纺织品生产管理与成本核算（纺织高职高专"十一五"部委级规划教材）/祝永志主编．—北京：中国纺织出版社，2009年．—202页

ISBN 978-7-5064-5750-7

本书是以现代家纺企业基础性生产管理为轴心展开工艺、设备、操作、环境和原材料五大管理。这五大管理构成了生产管理的基础条件，是源头管理。其他方面的管理有不少是这五大管理派生出来的，全面质量管理也是依托于这五大基础管理而全方位展开的。现代家纺产品的成本核算分成两部分：家纺面料与家纺成品成本核算。

B3605 TS105

家用纺织品图案设计与应用（纺织高职高专"十一五"部委级规划教材）/王福文，牟云生主编．—北京：中国纺织出版社，2008年．—224页（被引26）

ISBN 978-7-5064-4932-8

本书从家用纺织品图案的历史渊源、发展进程、东西方文化差异和互补以及家用纺织品图案设计的基本要素、基本原理入手，对家纺图案设计的各个层面、各种形式、各种风格、各类技法进行了较为全面和详尽的介绍。

B3606 TS105

家用纺织品图案设计与应用 第2版（"十二五"职业教育国家规划教材）/张建辉，王福文主编．—北京：中国纺织出版社，2015年．—200页

ISBN 978-7-5180-0119-4

本书从家用纺织品图案的历史渊源、发展进程、东西方文化差异和互补以及家用纺织品图案设计的基本要素和基本原理入手，对家用纺织品图案设计的各个层面、各种形式、各种风格与各类技法进行了较为全面和详尽的介绍。

B3607 TS105

家用纺织品造型与结构设计（纺织高等教育"十五"部委级规划教材）/沈婷婷主编；陈蔚茹副主编．—北京：中国纺织出版社，2004年．—184页（被引41）

ISBN 7-5064-3137-8

本书着重阐述了家用纺织品造型与结构设计的基本原理，分别介绍了家用纺织品造型设计三要素：款式、材质、色彩与图案的特点及应用，并从设计构思角度结合实例分析了各类家用纺织品的造型设计特点和配套设计方式。

B3608 TS105

家用纺织品织物设计与应用（纺织高职高专"十一五"部委级规划教材）/杜群主编．—北京：中国纺织出版社，2009年．—225页（被引13）

ISBN 978-7-5064-5725-5

本书内容主要包括家纺织物的整体设计、风格特征设计、色彩与图案设计、纤维原料选用、纱线设计、织物密度与紧度设计、织物组织设计、工艺设计的方法；并介绍了色织物、纹织物两大典型织物的设计过程和设计方法；还对不同用途家用纺织品的常用织物品种、特点及设计要点作了简要介绍。

B3609 TS105

家用纺织品织物设计与应用 第2版（"十二五"职业教育国家规划教材）/杜群，罗炳金编著．—北京：中国纺织

出版社，2016 年 . —225 页

ISBN 978-7-5180-0117-0

本书主要包括家纺织物的整体设计、风格特征设计、色彩与图案设计、纤维原料选用、纱线设计、织物密度与紧度设计、织物组织设计、工艺设计的方法；并以职业岗位工作内容为线索介绍了色织物、纹织物两大典型织物的设计过程和设计方法；还对不同用途家用纺织品的常用织物品种、特点及设计要点作了简要介绍。

B3610　TS1

甲壳素·纺织品　抗病·健身·绿色材料/许树文等编著 . —上海：东华大学出版社，2002 年 . —97 页（被引 71）

ISBN 7-81038-455-4

本书简要介绍了甲壳素的来源、性能、用途及其独特的保健功能；重点阐述了甲壳素纤维的制造方法和纺纱工艺方案以及开发各种甲壳素纺织品的途径和方法。

B3611　TS102

茧丝加工技术（桑蚕专业系列教材）/孙孝龙主编 . —北京：中国农业出版社，2015 年 . —155 页

ISBN 978-7-109-20545-1

本书设 5 个项目共 16 个学习任务，按照茧丝生产和加工流程，理论与实践相结合，重点介绍了蚕茧、蚕丝的特性和加工方法，阐述了蚕丝的检验和评价方法，并拓展了相关知识和应用。

B3612　TS102

茧丝检验/胡祚忠主编 . —北京：中国农业科学技术出版社，2015 年 . —166 页

ISBN 978-7-5116-2348-5

本书在介绍蚕茧标准与检测方法的同时，分析了蚕茧标准存在的问题，并提出了修订建议；本书还介绍了作者为解决蚕茧质量检测难题，研制成功的蚕茧质量快速检测系列仪器设备。

B3613　TS103

剑杆织机生产常见问题及解答（纺织生产技术问答丛书）/王鸿博，高卫东主编 . —北京：中国纺织出版社，2009 年 . —217 页

ISBN 978-7-5064-5536-7

本书对剑杆织机生产过程中遇到的技术问题进行了系统介绍，重点介绍了剑杆织机在品种开发、维修保养、操作及上机工艺等方面的常见问题及解决方法。

B3614　TS103

剑杆织机实用技术（纺织新技术书库）/王鸿博，邓炳耀，高卫东主编 . —北京：中国纺织出版社，2004 年 . —423 页（被引 36）

ISBN 7-5064-2868-7

本书介绍了几种典型剑杆织机的引纬形式与引纬原理、主要技术特征、主要机构、辅助机构及其电气系统，以及剑杆织机的常见故障。

B3615　TS1

健康纺织品开发与应用（新型纺织产品开发宝典）/王进美，田伟主编 . —北京：中国纺织出版社，2005 年 . —292 页（被引 80）

ISBN 7-5064-3548-9

本书主要阐述生态纺织品的一系列标准与标志问题，对涉及保护人类健康、提高人们生活水平的各类功能性能技术，包括抗紫外线、远红外线、抗电磁波、抗菌与抗病毒、药物保健、自洁防污、空气负离子也进行了比较详细的阐述。

B3616　TS118

节能棉纺纱厂设计/李景龙著 . —上海：东华大学出版社，2011 年 . —179 页

ISBN 978-7-81111-769-1

本书主要内容有：建厂设计过程，厂址选择和规划，纺纱产品方案，纺纱厂房型式与车间布局，工艺计算与施工图，空调设计与附房布局等。本书全部采用国家最新标准。

B3617　TS104

紧密纺技术（纺织新技术书库）/李济群，瞿彩莲编著 . —北京：中国纺织出版社，2006 年 . —385 页（被引 36）

ISBN 7-5064-4040-7

本书在检索积累大量国内外有关紧密纺技术信息并认真分析研究的基础上，全面系统介绍了紧密纺技术，包括它的概念、由来、系统结构、关键件和工艺以及紧密纺技术的经济效益等问题。能有助于促进紧密纺技术及其产品在国内更科学地交流，更规范地普及。

B3618　TS101

近代织物力学和稳定性分析理论/张义同编著 . —北京：北京大学出版社，2003 年 . —151 页（被引 14）

ISBN 7-301-06228-1

本书由国家自然科学基金研究成果专著出版基金资助。共有三个部分：织物的细观本构理论、增量变形稳定性分析理论以及屈曲分析。

B3619　TS106

浸胶帘子布性能影响研究/郭怡著 . —北京：国防工业出版社，2015 年 . —134 页

ISBN 978-7-118-10111-9

本书内容包括浸胶帘子布的应用、生产工艺过程与设备、性能指标及影响因素分析研究、帘子布的生产、工艺改进、设备改进等内容。

B3620　TS190

禁用染料和环保型染料/章杰编著 . —北京：化学工业出版社，2001 年 . —266 页

ISBN 7-5025-3082-7

本书介绍禁用染料的背景、含义、影响、检测、新内容。环保型染料的含义、环保型直接染料和环保型酸性染料、环保型活性染料等。

B3621 TS184

经编产品设计/浦海凯主编 . —杭州：浙江科学技术出版社，2015 年 . —82 页

ISBN 978-7-5341-6528-3

本书内容包括普通平纹系列设计、弹性平纹系列设计、网眼系列设计、起绒起圈系列设计、高速经编机花色系列设计、全幅衬纬系列及双轴向和多轴向系列经编产品的设计。

B3622 TS184

经编服装设计与案例（针织服装设计丛书）/沈雷，沈顺年，唐颖等编著 . —北京：中国纺织出版社，2009 年 . —151 页

ISBN 978-7-5064-5895-5

本书从高速发展的经编产业出发，针对经编针织服装独有的结构性能及工艺特点，从经编运动休闲装，经编职业装，经编内衣、泳装三个方面出发，将基本理论和形象设计相结合，全面阐述了经编针织服装设计的基本理论和方法。同时，附有设计案例讲解。

B3623 TS184

经编工艺设计/郭俊华主编 . —杭州：浙江科学技术出版社，2015 年 . —102 页

ISBN 978-7-5341-6533-7

本书由浅入深地认识、绘制和设计经编织物组织，把经编织物组织和织物结构的表示方法、经编基本组织、经编变化组织、经编花色组织、经编织物的形成与经编工艺设计单元等学习内容构建成训练项目，把学会一种经编织物组织与软件设计制订为一个工作任务。

B3624 TS184

经编工艺设计与质量控制（纺织新技术书库）/许期颐，陆明，陈英群编著 . —北京：中国纺织出版社，2007 年 . —243 页（被引 10）

ISBN 978-7-5064-4625-9

本书简单介绍了各种经编织物、经编设备和经编组织；详细、系统地阐述了经编产品工艺设计和经编非弹力织物、弹力织物和骨架织物的工艺参数计算，深入分析了原料、设备、工艺、操作和温湿度在生产过程中对产品质量的影响和控制，产生疵点的原因和消除方法等。

B3625 TS184

经编工艺与技术（纺织服装高等教育"十三五"部委级规划教材）/吴昊，陈燕主编 . —上海：东华大学出版社，2017 年 . —163 页

ISBN 978-7-5669-1185-8

本书全面而系统地讲述了经编的概念及其技术发展，经编针织物的结构及其物理机械性能，经编生产工艺流程和经编原料，整经工艺、整经机的结构和工作原理，经编机的常用机型、基本结构、工作原理及工艺技术，成圈机构、梳栉横移机构、送经机构、牵拉卷取机构等机构的结构、作用及技术，经编针织物基本组织、变化组织及花色组织的结构特征、形成原理和编织工艺，经编针织物的分析与工艺设计等。

B3626 TS186

经编间隔织物/柯文新，林光兴著 . —北京：中国纺织出版社，2015 年 . —160 页

ISBN 978-7-5180-1783-6

本书总结经编间隔织物的研发历程，梳理经编间隔织物的分类方法，分析间隔织物的结构特点和主要性能，列举许多有代表性的、产销量较大的品种的工艺设计以及设计的思路、重点。借此，较为系统提出经编间隔织物在服装、家用、产业用三大领域的研发方向与应用前景。

B3627 TS184

经编生产技术/徐忠清主编 . —杭州：浙江科学技术出版社，2015 年 . —127 页

ISBN 978-7-5341-6530-6

本书通过理实一体化项目教学，认识常见 HK32 型、HKS2-3（E）型、HKS3-M（P）型、HKS3-1 型、TM3 型、HKS4-1（P）型高速特里科经编机和 RS2（3）MSUS 型双轴向衬纬经编机的技术规格参数、机构调试和上机产品示例等内容。

B3628 TS184

经编针织物生产技术 经编理论与典型产品/蒋高明编著 . —北京：中国纺织出版社，2010 年 . —854 页

ISBN 978-7-5064-6803-9

本书内容包括：经编基本概念、整经、经编机构造、经编组织、经编原料、各类经编针织物的形成和经编工艺计算等，尤其对特里科经编织物、弹性拉舍尔经编织物、贾卡拉舍尔经编织物、缝编织物以及钩编织物的生产设备和工艺作了介绍。

B3629 TS190

经编织物染整技术/陈旭龙，徐忠清主编 . —杭州：浙江科学技术出版社，2015 年 . —128 页

ISBN 978-7-5341-6622-8

本书通过理实一体化项目教学，认识常见特里科经编织物的前处理、纺织品染色基础、染色方法及染色设备操作工艺流程、经编织物的染整技术、印花、后整理等内容。

B3630 TS105

经纱上浆材料（化学品实用技术丛书）/朱谱新等编著 . —北京：中国纺织出版社，2005 年 . —462 页（被引 83）

ISBN 7-5064-3568-3

本书主要介绍了高聚物的结构与性能、浆纱与浆料、淀粉及变性淀粉、聚乙烯醇、丙烯酸系浆料、聚酯浆料、其他浆料、混合浆料、浆纱油剂等的结构、种类、选择、制备及性能测试等方面的内容。

B3631 TQ34

腈纶纺丝操作工（石油化工职业技能培训教材）/中国石油化工集团公司人事部，中国石油天然气集团公司人事服

务中心编 . —北京：中国石化出版社，2007 年 . —231 页

ISBN 978-7-80229-443-1

本书内容包括：硫氰酸钠湿法一步法，硫氰酸钠湿法二步法，DMF 干法三种工艺路线的纺丝单元的工艺原理、工艺操作、工艺控制方法、设备使用与维护、事故判断与处理、安全生产要求、三废处理、节能和清洁生产等。

B3632 TQ34

腈纶聚合装置操作工（石油化工职业技能培训教材）/中国石油化工集团公司人事部，中国石油天然气集团公司人事服务中心编 . —北京：中国石化出版社，2007 年 . —211 页

ISBN 978-7-80229-431-8

本书内容包括：湿法一步法聚合系统，湿法二步法聚合系统，干法聚合系统的工艺原理、工艺操作、工艺控制方法、设备使用与维护等。

B3633 TQ34

腈纶生产工学（高分子材料生产工学丛书）/李青山，沈新元主编 . —北京：纺织工业出版社，2000 年 . —232 页

ISBN 7-5064-1483-X

本书介绍了腈纶工业发展过程，丙烯腈聚合原理及工艺过程，腈纶纺丝及后加工原理、工艺和设备，对腈纶产品开发、性能及应用也作了介绍，并介绍了三废治理有关知识。

B3634 TQ34

腈纶生产工艺及应用［译］（纺织新技术书库）/（美）James C. Masson 编；陈国康等译 . —北京：中国纺织出版社，2004 年 . —413 页

ISBN 7-5064-2867-9

本书介绍聚丙烯纤维生产的科学技术，对其染色进行深入说明，讨论其在传统服装的用途及家居装饰和产业用途中的加工等。

B3635 TS102

腈纶纤维负载催化技术/史显磊著 . —北京：化学工业出版社，2019 年 . —155 页

ISBN 978-7-122-35760-1

本书从开发新型、绿色的催化体系出发，介绍了一系列以腈纶为载体的负载催化新方法、新技术，并融合了催化剂的设计理念、制备方法、表征手段和催化应用的基本知识。

B3636 TS135

精纺毛织物生产技术教程（"十三五"普通高等教育本科部委级规划教材 应用型系列教材）/潘峰，王文志主编 . —北京：中国纺织出版社，2018 年 . —271 页

ISBN 978-7-5180-4412-2

本书主要介绍了精纺毛织物生产基础知识，准备工程各工序设备、工艺、质量、运转管理、操作法等，织造工程的设备等。重点介绍了精纺毛织物生产技术工人应掌握的一些基础知识、运转工人操作技术标准和保全保养工人应知应会的内容。

B3637 TS112

精梳机研发创新与生产工艺设计（纺织新技术书库）/周金冠编著 . —北京：中国纺织出版社，2010 年 . —121 页

ISBN 978-7-5064-6479-6

本书主要阐述精梳机研发创新与生产工艺设计，内容包括精梳机研发创新中的工艺设计原则与工艺设计要求，精梳机研发与设计领域的拓展，新型精梳机的工艺设计与示例等。

B3638 TS134

精梳毛纺织引进设备值车工作法/李景云主编 . —北京：中国纺织出版社，2000 年 . —220 页

ISBN 7-5064-1645-X

本书介绍了毛精纺原料及工艺流程情况，毛纺织各道生产指标、定额、工艺参数、工艺部件及温湿度对产品的影响以及值车工作法等内容。

B3639 TQ34

静电纺纳米纤维与组织再生/莫秀梅主编 . —上海：东华大学出版社，2019 年 . —191 页

ISBN 978-7-5669-1597-9

本书包括静电纺纳米纤维概论，同轴静电纺及乳液静电纺载药和活性因子纳米纤维，明胶/壳聚糖复合纳米纤维，胶原蛋白/壳聚糖复合纳米纤维及其在皮肤组织再生中的应用，胶原蛋白/壳聚糖/P 复合纳米纤维及其在小血管组织再生中的应用，丝素蛋白/P 复合纳米纤维及其在神经组织再生中的应用，静电纺纳米纱线增强三维支架用于骨组织工程，静电纺纳米纤维支架的三维化构建及软骨组织工程应用。

B3640 TQ34

静电纺丝传感界面/周翠松等著 . —北京：化学工业出版社，2017 年 . —212 页

ISBN 978-7-122-29317-6

本书是在综合国内外相关文献的基础上，结合作者的研究工作撰写而成。全书围绕静电纺丝传感界面的构建及应用进行了详细介绍，内容涉及静电纺丝技术的基本原理、化学传感界面的制备、表面功能化修饰技术、电化学、光化学等多种信号放大策略，以及在化学传感领域的应用研究。

B3641 TQ34

静电纺丝与纳米纤维/丁彬，俞建勇主编 . —北京：中国纺织出版社，2011 年 . —393 页

ISBN 978-7-5064-7267-8

本书介绍了静电纺纳米纤维的种类与结构、功能化应用及批量化制造。内容涉及静电纺丝技术的起源、发展以及基本原理；静电纺纳米纤维的种类、结构、测试技术、表面功能化修饰技术；静电纺纳米纤维在生物医学、过滤、个体防护、传感、自清洁、催化、能源、光电磁、复合增强、食品工程、化妆品等领域的应用研究；静电纺纳米纤维批量化制造设备及技术发展的现状。

B3642 TS101

静电技术在纺织领域的应用/曹继鹏，孙鹏子著．—北京：中国纺织出版社，2013年．—143页

ISBN 978-7-5064-9630-8

本书简要论述了静电技术在纺纱、纺丝、植绒及印花等几个方面应用研究的发展简史、基本原理和主要研究领域，着重对静电技术在梳理方面的应用研究进行了论述。通过在梳棉机前后罩板处分别加装静电型棉网清洁器进行系列实验，研究了在梳棉机上应用静电型棉网清洁对生条质量的影响。

B3643 X791

旧衣零抛弃 2014/2015 我国废旧纺织品回收与再利用研究报告/中国纺织工业联合会环境保护与资源节约促进委员会、北京服装学院"低碳与废旧纺织品回收再利用"研究团队编著．—北京：中国纺织出版社，2015年．—155页

ISBN 978-7-5180-1629-7

本书从地方、企业、科研等多个方面对我国废旧纺织品回收、再利用现状进行综合分析，并结合对"旧衣零抛弃"活动的调查研究及国内外研究成果，展现了我国废旧纺织品产业现阶段全貌。

B3644 TQ34

聚丙烯腈纤维（合成纤维及应用丛书）/张放台等编著．—北京：化学工业出版社，2014年．—327页

ISBN 978-7-122-19763-4

本书主要对聚丙烯腈纤维的原料与聚合工艺、纤维的制备技术、纤维的结构与性能、纤维的改性技术以及纤维的应用领域等进行了系统且全面的介绍。

B3645 TQ34

聚丙烯腈纤维预氧化机理与工艺/于美杰，徐勇著．—北京：化学工业出版社，2015年．—122页

ISBN 978-7-122-23983-9

本书从制备工艺与流程、PAN纤维热行为和反应机理、原丝组分对热行为的影响、纤维结构转变与性能变化、纤维张力的变化规律、氧的扩散机理及影响、纤维SEM-TEM组织结构、纤维HRTEM精细结构遗传与演变等方面研究讨论了聚丙烯腈纤维预氧化机理与工艺，解决了若干实际问题。

B3646 TQ34

聚对苯撑苯并二噁唑纤维/黄玉东等编著．—北京：国防工业出版社，2017年．—202页

ISBN 978-7-118-11402-7

本书主要介绍了PBO纤维的单体合成技术，聚合物制备技术，纤维纺丝及后处理工艺，结构与性能的关系，纤维的增强改性技术，纤维的表面处理技术，PBO纤维主要应用领域与发展前景。

B3647 TQ34

聚芳酯纤维（高性能纤维技术丛书）/何勇等编著．—北京：国防工业出版社，2017年．—232页

ISBN 978-7-118-11087-6

本书结合国内外大量其他专家的研究成果，着重介绍了聚芳酯的基本特征、化学结构与聚合方法、流变性能、材料开发以及其研究的最新动向等，在对聚芳酯的基本知识做了详尽阐述的同时，也基本反映了国内外在该领域的科研前沿、热点和技术发展水平。

B3648 TQ34

聚合物材料用化学助剂/肖卫东等编著．—北京：化学工业出版社，2003年．—453页

ISBN 7-5025-4650-2

本书从聚合物材料的合成、加工、应用等方面详细阐述了各种助剂的特性、作用机理、使用方法，并介绍了聚合物材料中化学助剂的分析测定方法及助剂的毒性与防护方法。

B3649 TQ34

聚合物纤维结构的形成［译］（国外优秀科技著作出版专项基金资助）/（阿根廷）戴维·R.萨利姆（David R. Salem）著；高绪珊，吴大诚等译．—北京：化学工业出版社，2004年．—432页

ISBN 7-5025-6089-0

全书涉及纤维成形条件及大分子性质之间关系的微观结构的研究进展，并研究了纤维结构和其宏观性能间的关系，内容包括熔体纺丝纤维结构的形成、柔性链结构的形成、PE超高分子量的凝胶纺丝和超拉伸等。

B3650 TS102

聚乳酸纤维/刘淑强著．—上海：东华大学出版社，2012年．—196页（被引9）

ISBN 978-7-5669-0168-2

本书以聚乳酸纤维为主体，主要探讨聚乳酸纤维的基本概况、熔融纺丝、耐热改性、纱线、织物及染整加工，对每个工序的加工工艺进行了优化分析，研究了纤维、纱线、织物的形貌结构与物理化学性能，并对加工工艺、结构与性能之间的关系进行了分析与探索。

B3651 TS102

聚乳酸纤维及其纺织品/吴改红，刘淑强著．—上海：东华大学出版社，2014年．—243页

ISBN 978-7-5669-0503-1

本书以聚乳酸纤维为主体，主要探讨聚乳酸纤维的基本概况、熔融纺丝、耐热改性、纱线、织物、染整以及降解，对每个工序的工艺进行了优化分析，研究了纤维、纱线、织物的形貌结构与物理化学性能以及降解行为，并对加工工艺、结构与性能之间的关系进行了分析与探索。

B3652 TS102

聚四氟乙烯微孔膜及纤维/郝新敏，杨元，黄斌香编著．—北京：化学工业出版社，2011年．—281页

ISBN 978-7-122-10790-9

本书系统介绍了聚四氟乙烯微孔膜及纤维的加工技术、性能特点及其应用。重点阐述了作者在聚四氟乙烯薄膜微孔

控制技术、选择性透过膜加工技术、复合膜生产技术、超疏水改性技术、亲水改性技术以及膜裂法生产聚四氟乙烯纤维的工艺技术等方面的最新科研成果,并突出介绍了聚四氟乙烯微孔膜及纤维在防风保暖、防水透湿、极端气候防护、医用防护、核生化防护等防护服装和环保领域的应用。

B3653 TQ34

聚酰胺纤维(合成纤维及应用丛书)/朱建民主编.—北京:化学工业出版社,2014年.—384页

ISBN 978-7-122-18608-9

本书介绍了聚酰胺纤维及其主要原料的生产工艺及应用的相关知识。具体包括:聚酰胺的合成、聚酰胺纤维的结构与特性、聚酰胺纤维的生产、聚酰胺纤维的改性技术、聚酰胺纤维的应用、聚酰胺纤维的安全生产与回收利用。

B3654 TQ34

聚酰亚胺高性能纤维(高新纺织材料研究与应用丛书)/张清华等著.—北京:中国纺织出版社,2019年.—196页

ISBN 978-7-5180-6257-7

本书从聚合物的合成、前驱体的环化反应、纤维的湿法及干法纺丝成形、可溶性聚酰亚胺的合成及纤维的制备、纤维的结构性能关系等方面介绍纤维的制备方法,此外,对聚酰亚胺纳米纤维、中空纤维膜、杂化改性以及纤维的应用和发展等内容也分别进行了概述。

B3655 TQ34

聚酰亚胺纤维(高性能纤维技术丛书)/高连勋著.—北京:国防工业出版社,2017年.—180页

ISBN 978-7-118-11130-9

本书简要回顾了聚酰亚胺纤维的国内外研究历程与发展趋势,重点介绍聚酰亚胺纤维的纺制方法以及纤维化学结构与纤维综合性能的相关性。在纤维的纺制方法中,着重介绍一步法和两步法纺丝工艺过程及其优缺点;在纤维结构与性能相关性方面,对已经报道的纤维化学结构与性能进行了比较详尽的梳理和对比分析。同时对聚酰亚胺纤维的应用开发进行了简要评述。

B3656 TQ34

聚乙烯醇纤维(合成纤维及应用丛书)/赵寰主编.—北京:化学工业出版社,2014年.—317页

ISBN 978-7-122-18577-8

本书主要对聚乙烯醇纤维的原料、聚乙烯醇纤维的制造、聚乙烯醇纤维的结构与性能、聚乙烯醇纤维的改性、聚乙烯醇纤维的应用以及生产的健康、安全与环保等进行了系统介绍。

B3657 TQ34

聚酯棉新素材应用介绍〔港台〕/张世贤编著.—台北:五南图书出版股份有限公司,2001年.—130页

ISBN 957-11-2381-1

B3658 TQ34

聚酯纤维科学与工程(现代纺织工程丛书)/郭大生,王文科编著.—北京:中国纺织出版社,2001年.—688页

ISBN 7-5064-1650-6

本书在系统研究聚酯纤维原料生产和纺丝过程及后加工领域诸多理论问题的基础上,阐述了聚酯长丝生产中各种工艺过程的技术要求和设备特点。

B3659 TS144

绢麻纺概论(纺织职业技术教育教材)/吴洁编.—北京:中国纺织出版社,2001年.—156页(被引28)

ISBN 7-5064-2089-9

本书主要介绍了绢纺工程、麻纺工程的基本知识,阐述了绢丝纺、亚麻纺纱、黄洋麻纺纱的原料种类和性能选配,加工工艺过程,工艺、设备、半制品质量控制及生产管理等内容,并列举了一些工厂成熟的工艺实例。

B3660 TQ34

凯芙拉纤维增强尼龙6复合材料的制备及性能/郑玉婴,林卓哲著.—北京:科学出版社,2017年.—150页;21cm

ISBN 978-7-03-052067-8

本书详细介绍了凯芙拉纤维表面阴离子接枝尼龙6及其性能;尼龙6/凯芙拉纤维复合材料的结晶行为、熔融行为、界面结晶效应及力学性能与破坏形态。

B3661 TS102

壳聚糖及纳米材料在柞蚕丝功能改性中的应用/路艳华,林杰著.—北京:中国纺织出版社,2012年.—169页

ISBN 978-7-5064-8854-9

本书概述了柞蚕丝的历史、研究现状及未来展望,系统介绍了壳聚糖、壳聚糖季铵盐、反应性壳聚糖季铵盐、壳聚糖双胍盐酸盐、纳米壳聚糖、纳米二氧化钛/壳聚糖在柞蚕丝上的应用,分析了以上材料对柞蚕丝纤维分子结构、聚集态结构、力学性能、染色性能、抗皱性能和抗菌性能影响,还介绍了低分子量壳聚糖、壳聚糖季铵盐、反应性壳聚糖季铵盐等材料的制备方法和结构分析方法。

B3662 TS190

可降解及新型功能色料/董川,马琦,马骏著.—北京:化学工业出版社,2012年.—222页

ISBN 978-7-122-13339-7

本书从生态环保、可持续发展的角度出发,着重介绍了可降解环保色料的研究及应用,特别是编入了作者所在课题组近年来有关可降解环保色料的相关成果和研究进展。

B3663 TS102

拉曼光谱在纺织品纤维成分快速分析中的应用/吴淑焕等编著.—北京:电子工业出版社,2015年.—233页

ISBN 978-7-121-26573-0

本书系统地介绍了拉曼光谱学的基础理论、拉曼光谱仪器以及化学计量学在拉曼光谱方法中的应用,同时在概述纺织品纤维成分分析现有技术的基础上重点阐述了拉曼光谱

方法与化学计量学在纺织品纤维成分分析工作中的应用。

B3664 TS187

拉舍尔毛毯的质量与检验（纺织新技术书库）/何志贵等编著．—北京：中国纺织出版社，2003 年．—317 页（被引 7）

ISBN 7-5064-2603-X

本书详细介绍了拉舍尔毛毯的定义、分类、加工历史与发展现状、生产工序与质量控制、产品性能与用途及检验、包装、运输与保养知识。

B3665 TS190

离子液体在纺织染整中的应用/程德红著．—北京：中国纺织出版社，2017 年．—95 页

ISBN 978-7-5180-4220-3

本书概述了离子液体的研究现状及未来发展趋势，系统介绍了离子液体作为功能助剂和功能材料在纺织品染色、功能整理中的应用。详细论述了离子液体作为绿色溶剂在染料萃取、分离、染色方面的应用，以及离子液体作为功能助剂在真丝织物、棉织物和涤纶织物整理方面的应用。

B3666 J523.2

恋恋植物染　与四季的美好相遇/谷雨，郭大泽编著．—南宁：广西美术出版社，2016 年．—143 页

ISBN 978-7-5494-1491-8

本书讲述了来自全球不同的设计师和手工艺人利用植物染创作的故事，展示传统的植物染材和它们染出的美丽颜色，介绍经典又简单易学的植物染工艺，为有兴趣实践的读者提供有效的指导。

B3667 TS104

罗拉牵伸原理/张文赓著．—上海：东华大学出版社，2011 年．—75 页（被引 10）

ISBN 978-7-81111-820-9

本书从纤维运动的本质，即力学条件，对牵伸过程作全面的分析，特别对摩擦力与纤维运动的关系、牵伸区中摩擦力界（场）及其分布以及演化为控制力和引导力分布的实际理念作了深入的探讨。

B3668 TS102

绿色纤维　麻纤维的加工技术与产品开发/王琳琳等主编．—哈尔滨：东北林业大学出版社，2003 年．—302 页

ISBN 7-81076-443-8

本书内容包括麻原料的概述，麻纤维脱胶与改性，麻混纺纱线的开发，麻类织物的染色与整理，麻织物的服用性能，麻纤维产品的设计与开发等。

B3669 TS102

绿色纤维——TENCEL/张玉莲编．—北京：中国纺织出版社，2001 年．—108 页（被引 57）

ISBN 7-5064-1604-2

本书从绿色消费的视角出发，阐述了绿色纤维——Ten-cel 的开发，介绍了 Tencel 纤维的生产、加工技术，全面详尽地阐述了 Tencel 纤维的生产、纺纱、织造及染整加工技术。对世界主要国家环保纺织品的发展现状与趋势也作了简要介绍。

B3670 TS102

绿色纤维和生态纺织新技术（环保材料生产及应用丛书）/朱美芳，许文菊编著．—北京：化学工业出版社，2005 年．—185 页（被引 35）

ISBN 7-5025-7499-9

本书介绍了近年来绿色纤维及纺织品的理论、开发、生产、加工和应用，主要内容包括：绿色棉纤维及纺织品、Lyocell 纤维及纺织品、甲壳素纤维及纺织品等。

B3671 TS125

麻产品技术纵览与展望/赵翰生，季卫坤，邢声远编著．—北京：化学工业出版社，2020 年．—148 页；24cm

ISBN 978-7-122-37322-9

本书对我国麻纺织产业的历史，麻类作物资源、分布和药用价值，麻纺织初加工、主要生产技术和产品，以及我国麻纺织生产现状与未来麻产品的创新与发展等进行了阐述。

B3672 TS134

毛纺工程（纺织高职高专"十一五"部委级规划教材）/平建明主编．—北京：中国纺织出版社，2007 年．—262 页（被引 37）

ISBN 7-5064-4472-0

本书包括原毛初步加工、羊毛与化学纤维的选配、粗梳毛纺与精梳毛纺等内容，主要阐述毛纺设备的主要机构与作用、运动分析、工艺原理、典型机台的传动与工艺计算等内容。

B3673 TS134

毛纺工艺与设备（纺织高等教育"十二五"部委级规划教材）/季萍，王春霞主编．—北京：中国纺织出版社，2018 年．—198 页

ISBN 978-7-5180-4261-6

本书系统介绍了毛纺工艺及设备，主要包括毛纺原料、毛纺产品及毛纺纺纱系统、羊毛初步加工、精梳毛纺、粗梳毛纺、绒线生产等。其中精梳毛纺分精梳毛条制造、精纺前纺、精纺后纺三项内容。同时以毛纺生产各工序的"目的、设备、工艺原则及质量要求"作为主线对毛纺加工系统进行介绍。

B3674 TS13

毛纺生产技术 275 问（纺织生产技术问答丛书）/余平德，张益霞，朱宝瑜主编．—北京：中国纺织出版社，2007 年．—301 页（被引 15）

ISBN 978-7-5064-4599-3

本书主要以问答形式介绍了羊毛初步加工、粗梳毛纺与精梳毛纺等工序中有关设备、工艺、质量控制等方面的生产技术问题，同时对毛纺新原料及计算机、纳米材料、生物

酶、低温等离子体等新技术在毛纺生产中的应用进行了阐述。

B3675　TS186

毛巾类家用纺织品的设计与生产（纺织新技术书库）/刘付仁，张康虎编 . —北京：中国纺织出版社，2008年 . —322 页（被引 7）

　　ISBN 978-7-5064-5326-4

　　本书主要从毛巾类家用纺织品的生产实践出发，介绍了毛巾产品从纱线准备到最后成品的生产工艺流程、各工序的质量控制和常见问题的解决办法，重点介绍了毛巾工艺设计及后整理工艺，同时以适当的篇幅对欧美、日本和国内毛巾市场的产品风格进行了介绍。

B3676　TS135

毛精纺厂各工序设备值车工作法/刘纪营，王霞编著 . —北京：中国纺织出版社，2003 年 . —335 页

　　ISBN 7-5064-2422-3

　　本书介绍了精梳毛纺织生产基础知识，条染复精梳车间，纺纱车间，织布车间，染整车间各工序设备值车工作法及计量器具操作规程等。

B3677　TS135

毛精纺生产技术教程（"十三五"普通高等教育本科部委级规划教材　应用型系列教材）/张淑梅，张国生主编 . —北京：中国纺织出版社，2017 年 . —260 页

　　ISBN 978-7-5180-3533-5

　　介绍了毛精纺生产的基础知识，包括毛纺纺纱系统、毛纺原料，"7S"管理，前纺和后纺各工序的设备、工艺、温湿度、运转管理及挡车工操作法等。

B3678　TS102

毛绒生产学/郑文新主编 . —北京：科学普及出版社，2011 年 . —162 页

　　ISBN 978-7-110-06301-9

　　本书介绍了毛绒生产的相关内容，包括毛绒的分类、毛绒纤维的结构、毛绒的生长发育、毛绒生产概况及主要品种、毛绒采集与质量控制技术、毛绒的市场销售等。

B3679　TS206

毛衫产品设计（纺织高等教育"十一五"部委级规划教材）/毛莉莉等编著 . —北京：中国纺织出版社，2009 年 . —163 页（被引 20）

　　ISBN 978-7-5064-5869-6

　　本书介绍了毛衫设计与棉针织服装设计，以及梭织服装设计的不同点，毛衫产品设计的特点与规律，重点对毛衫风格设计、毛衫面料设计、毛衫色彩与图案设计、毛衫造型与装饰设计、毛衫设计图的表现、毛衫产品工艺设计以及毛衫品牌设计等内容进行了介绍。

B3680　TS195

毛纤维新型整理技术/姚金波，滑钧凯，刘建勇编著 . —

北京：中国纺织出版社，2000 年 . —141 页（被引 166）

　　ISBN 7-5064-1791-X

　　本书介绍了羊毛防缩与机可洗制品、仿羊绒加工与仿山羊绒制品、凉爽毛织物的开发，毛织物的形状记忆整理与光泽整理等。

B3681　TS190

毛织物染整技术（织物染整技术丛书）/上海市毛麻纺织科学技术研究所编；方雪娟，张德良主编 . —北京：中国纺织出版社，2006 年 . —443 页（被引 63）

　　ISBN 7-5064-3724-4

　　本书系统介绍了毛织物染整加工技术的工艺与设备，总结了近年来毛织物染整新技术及工艺，并对毛纺常用纤维、新型纱线结构、产品设计、服装加工、穿着性能与染整加工的关系作了简述。

B3682　TS136

毛织物设计与工艺（纺织服装高等教育"十一五"部委级规划教材）/徐蕴燕主编 . —上海：东华大学出版社，2008 年 . —162 页（被引 16）

　　ISBN 978-7-81111-404-1

　　本书根据企业的毛织物工艺员、设计员、管理员的岗位任务分项编写。从原料选用到最终成品实现都做了详细介绍。包括识别精纺和粗纺毛织物的各类产品固有特征、毛织物的色彩设计与实现、精纺和粗纺毛织物的原料选用、纺织染整各道工艺设计、产品设计单制作等内容。

B3683　TS136

毛织物设计与生产（纺织服装高等教育"十一五"部委级规划教材）/沈兰萍主编 . —上海：东华大学出版社，2009 年 . —264 页（被引 11）

　　ISBN 978-7-81111-549-9

　　本书以毛织物产品品种为主线，从原料选择、纱线设计、组织设计、织物密度紧度设计、花型色彩设计到纺织工艺设计、后整理工艺设计等进行了详细的论述，并列举了不同品种的设计生产实例。

B3684　TS101

酶在纺织印染工业中的应用/李群，赵昔慧主编 . —北京：化学工业出版社，2005 年 . —281 页（被引 86）

　　ISBN 7-5025-8048-4

　　本书从专业和实用两个角度介绍了酶对纺织材料的作用原理、酶应用研究方法、酶在纺织品前处理中的应用、酶在退浆中的应用等内容。

B3685　TS101

酶在纺织中的应用（纺织新技术书库）/周文龙编著 . —北京：中国纺织出版社，2002 年 . —378 页（被引 466）

　　ISBN 7-5064-2302-2

　　本书系统介绍了纤维素酶、蛋白酶、淀粉酶、果胶酶、双氧水分解酶、脂肪酶、漆酶、木质素酶等酶制剂在纺织应用中的基本原理、产品、工艺和设备。

B3686 TS941.733

迷彩伪装技术（纺织新技术书库）/张建春著.—北京：中国纺织出版社，2002年.—284页；26cm（被引60）

ISBN 7-5064-2118-6

本书系统地论述了迷彩伪装的发展历史，各种侦查器材的原理和特点，以及迷彩伪装的基本原理，详细探讨了迷彩织物印染工艺、热红外伪装、变色迷彩、雪地防紫外伪装和纳米伪装材料等迷彩伪装技术，最后提出了测试评价迷彩伪装性能的方法和标准。

B3687 TS102

绵羊毛质量控制技术/牛春娥主编.—北京：中国农业科学技术出版社，2011年.—321页

ISBN 978-7-5116-0390-6

本书介绍了绵羊毛纤维的用途、特点和结构，绵羊毛供需与贸易，绵羊毛质量特性，绵羊毛质量安全与风险评估，绵羊毛生产流程与质量控制关键点分析等内容。

B3688 TS102

绵羊与羊毛（"澳大利亚农业职业教育培训包"译著系列丛书）/张玲，乔志宏等编译.—北京：中国农业出版社，2016年.—362页

ISBN 978-7-109-21192-6

本书第一部分介绍了澳大利亚国家能力标准、考评指南和资格证书的相关内容；第二部分详细介绍了绵羊与羊毛生产的国家能力标准，规定了绵羊与羊毛生产1至5级资格认定所要达到的能力、技能要求和相关考核标准，规范了绵羊与羊毛生产各级执业资格认定的具体实施细则。

B3689 TS115

棉纺挡车技术/詹树改，邢顾华主编.—北京：中华工商联合出版社，2002年.—390页；20cm

ISBN 7-80100-881-2

本书包括：纺部生产通用技术知识概述，开清棉工序，梳棉工序，精梳工序，粗纱工序，细纱工序，并纱工序等十章。

B3690 TS11

棉纺工程 第2版/史志陶主编.—北京：中国纺织出版社，1989年

B3691 TS11

棉纺工程 第3版（纺织职业技术教育教材）/史志陶主编.—北京：中国纺织出版社，2004年.—381页；26cm（被引141）

ISBN 7-5064-2770-2

本书包括原棉与化纤的选配、开清棉、梳棉、清梳联、精梳、并条、后加工和转杯纺纱等内容，主要阐述原棉的混配与化纤的选择、棉纺设备的主要机构与作用、运动分析、工艺原理等，重点介绍近几年定型新设备的使用及产品控制技术。

B3692 TS11

棉纺工程 第4版（普通高等教育"十一五"国家级规划教材 高职高专）/史志陶主编；陈锡勇副主编.—北京：中国纺织出版社，2007年.—394页（被引30）

ISBN 978-7-5064-4516-0

本书主要阐述棉纺原料的选择与使用、棉纺设备的主要机构与作用、运动分析、工艺原理、提高产量和质量的先进经验与主要技术途径、典型机台的传动与工艺计算以及加工化纤的工艺；重点介绍了近几年定型新设备的使用及产品控制技术。

B3693 TS11

棉纺工程 第5版（"十二五"职业教育国家规划教材立项选题）/史志陶主编.—北京：化学工业出版社，2014年

B3694 TS11

棉纺技术/郑帅主编.—武汉：武汉大学出版社，2015年.—245页；26cm

ISBN 978-7-307-16129-0

本书以纺纱原理及设备为基础，重点突出棉纺织工艺参数的设计原理、方法及其对成纱质量的影响，以突出应用性与实践性；系统性地讲述了棉纺织技术各道基础工序，便于学生理解与掌握；穿插新型棉纺工程技术和工艺自动化知识，体现了现代棉纺新技术、新工艺、新设备及棉纺技术的发展趋势，突出重点，削繁就简。

B3695 TS11

棉纺技术 ［港台］/庄承运著.—台湾：国彰出版社，2006年.—506页

ISBN 957-9591-83-0

B3696 TS114

棉纺生产技术350问（纺织生产技术问答丛书）/任欣贤，薛少林，谢建彬主编.—北京：中国纺织出版社，2007年.—285页（被引31）

ISBN 978-7-5064-4393-7

本书内容包括棉纺原料的选配与混合、开清棉、梳棉、精梳、并条、粗纱、细纱、筒并捻八章。阐述了棉纺生产中从原料准备到加工成纱线过程中的常见问题及解决办法。

B3697 TS114

棉纺试验 第3版（纺织检测知识丛书）/刘荣清，王柏润编著.—北京：中国纺织出版社，2008年.—300页（被引9）

ISBN 978-7-5064-5171-0

本书重点介绍棉纺半制品、纱线测试项目、试验仪器和试验方法以及有关指标的计算。书中介绍在线检测新技术概念及其应用，汇集国内外棉纺测试仪器的主要技术特征及检查维护要求，阐述常用棉纺纱线及半制品的质量标准、统计值和资料数理统计方法。

B3698 TS114

棉纺运转操作工/徐卫东主编；人力资源和社会保障部教材办公室组织编写 .—北京：中国劳动社会保障出版社，2018 年 .—256 页

ISBN 978-7-5167-3329-5

本书详细介绍了棉纺运转操作工要求掌握的最新实用知识和技术，教材共分十章，涵盖了棉纺纺纱企业员工必须了解的综合知识、职业道德、相关法律法规及环境保护和安全防护，重点阐述了棉纺纺纱各工序的工艺、设备、运转操作规程。

B3699 TS11

棉纺织行业梳理工操作指导（纺织技工学校教材）/中国棉纺织行业协会编著 .—北京：中国纺织出版社，2017 年 .—141 页

ISBN 978-7-5180-3491-8

本书根据《梳理设备维修职业标准》的要求，对棉纺织基础知识、梳棉工序的任务和设备、设备维修工作任务及职责、设备维修质量检查项目及考核标准、各项管理制度等内容进行了介绍。

B3700 TS11

棉纺织行业织布工（无梭织机）操作指导（纺织技工学校教材）/中国棉纺织行业协会编；朱北娜主编 .—北京：中国纺织出版社，2006 年 .—102 页

ISBN 7-5064-3865-8

本书根据织布工国家职业标准的要求，针对织布的工艺流程、织布工序的任务及设备、运转操作、测定方法与标准、各项管理制度等内容进行了介绍。

B3701 TS11

棉纺织理论与实践教程（中等职业教育规划新教材）/边继玲主编 .—上海：上海交通大学出版社，2014 年 .—359 页

ISBN 978-7-313-11384-9

本书系统地讲述了纺织原料及原料的选配与混合、纺纱、织布、漂染、后整理等工序的工艺原理和流程；详细阐述了纺纱、织布、漂染、后整理工序的工艺品质和操作技术。

B3702 TS112

棉纺织设备电气控制（纺织高职高专教育教材）/张伟林主编 .—北京：中国纺织出版社，2008 年 .—261 页（被引 12）

ISBN 978-7-5064-5203-8

本书内容包括棉纺织设备常用传感器的应用以及自动抓棉机、开清棉机、成卷机、梳棉机、清梳联合机、并条机、粗纱机、细纱机、转杯纺纱机、络筒机、整经机、浆纱机、剑杆织机和喷气织机等设备的电气控制。

B3703 TS111

棉纺织生产基础知识与技术管理（现代纺织企业管理丛书）/章友鹤主编 .—北京：中国纺织出版社，2011 年 .—173 页

ISBN 978-7-5064-7207-4

本书从纺织原料性能、纺纱与织布技术特点及质量控制技术，到工艺管理、设备管理、运转操作管理、生产现场 6S 管理、全面质量管理等内容及方法做了较系统的阐述，着眼于提高车间与班组管理者分析和解决实际问题的能力。

B3704 TS111

棉纺质量控制（纺织新技术书库）/徐少范编 .—北京：中国纺织出版社，2002 年 .—333 页（被引 217）

ISBN 7-5064-2138-0

本书主要叙述纱线质量问题，包括条干均匀度、重量不匀率、强力、棉结杂质和白星、毛羽等，介绍了纱线生产过程中的质量控制问题。

B3705 TS111

棉纺质量控制 第 2 版（纺织检测知识丛书）/徐少范，张尚勇主编 .—北京：中国纺织出版社，2011 年 .—264 页（被引 56）

ISBN 978-7-5064-7987-5

本书按照最新棉纱线质量标准要求提出纱线质量控制的原理和措施。根据棉纱的条干均匀度、重量不匀率、强力、棉结杂质和白星、毛羽、纱疵、煤灰纱与色差、混合均匀等，对纱线生产各工序提出了具体的质量控制措施；包括原棉选配、异纤控制、半制品质量参考指标等。

B3706 TS113

棉花加工工 初级 中级 高级/姚兰新主编 .—北京：中国劳动社会保障出版社，2001 年 .—270 页

ISBN 7-5045-3218-5

本书由基础知识、初级、中级、高级四部分组成。每一部分均包含学习要点、试题精选与解答、模拟试题等内容。

B3707 TS113

棉花加工工 初级（职业技能培训鉴定教材）/丁卫东主编 .—北京：中国劳动社会保障出版社，2008 年 .—184 页

ISBN 978-7-5045-6863-2

本书内容包括：职业素质和法律知识；安全生产及消防常识；籽棉采摘、管理与棉花加工工艺等。

B3708 TS113

棉花加工工 中级（职业技能培训鉴定教材）/丁卫东主编 .—北京：中国劳动社会保障出版社，2007 年 .—176 页

ISBN 978-7-5045-6803-8

本书内容包括籽棉预处理、轧花、剥绒、打包、棉花加工气力输送与除尘设备等。每一单元内容在涵盖职业技能鉴定考核基本要求的基础上，详细介绍了本职业岗位工作中要求掌握的最新实用知识和技术。

B3709 TS113

棉花加工工 高级（职业技能培训鉴定教材）/丁卫东

主编．—北京：中国劳动社会保障出版社，2008年．—197页

ISBN 978-7-5045-6871-7

本书主要内容包括籽棉的堆储和预处理、轧花、机采棉清理加工技术、锯齿剥绒、MDY400型打包机、气力输送和棉花加工厂的筹建等。

B3710 TS113

棉花加工新工艺与设备/徐炳炎主编．—西安：西安地图出版社，2000年．—301页（被引14）

ISBN 7-80545-962-2

本书系统介绍了棉花加工新工艺、新设备，详细阐述了棉花加工厂建设和生产车间工艺设计的有关问题，引用了相关的国家标准和行业标准，给出了大量工艺设计参数和大部分棉花加工主辅设备的技术参数。

B3711 TS102

棉花检验与加工（纺织职业技术教育教材）/徐红，单小红主编．—北京：中国纺织出版社，2006年．—290页（被引22）

ISBN 7-5064-4014-8

本书在介绍棉花的生产、性状及品种的基础上，系统、详尽地介绍了棉花检验与加工技术。

B3712 TS102

棉花质量检验/全国棉花质量检验人员执业资格考试专家委员会编．—北京：中国计量出版社，2001年．—470页

ISBN 7-5026-1412-5

本书主要包括棉花质量检验基础知识和专业知识两部分内容。基础知识部分有：摄论、检验基础知识、计量、标准化、质量法律法规等；专业知识部分有："棉花、细线棉"检验技术、棉纤维物理性能试验方法等。

B3713 TS102

棉花质量检验 第2版/中国纤维检验局组编．—北京：中国计量出版社，2008年．—533页

ISBN 978-7-5026-2793-5

B3714 TS102

棉花中农药残留检测技术（纺织新技术书库）/谢文，董锁拽主编．—北京：中国纺织出版社，2017年．—139页

ISBN 978-7-5180-3226-6

本书内容包括有机磷类农药、氨基甲酸酯、苯氧羧酸类农药、草甘膦及其代谢物、烟碱类农药、植物生长调节剂、除虫菊酯类、有机氯类农药等。通过课题研究解决了棉花中农药残留检测问题，重点介绍样品提取和净化的前处理技术，并介绍了每个前处理方法的关键控制点。

B3715 TS114

棉结杂质和短绒的控制（《梳理技术》专题选编1）/《梳理技术》编辑委员会著．—南通：《梳理技术》编辑部，2006年．—240页

B3716 TS117

棉纱条干不匀分析与控制（纺织检测知识丛书）/刘荣清主编．—北京：中国纺织出版社，2007年．—142页（被引26）

ISBN 7-5064-4257-4，978-7-5064-4257-2

本书阐明条干不匀和条干不匀率的含义，分析改善条干不匀的重要性和意义以及不同品种对条干不匀的要求，叙述条干不匀的检测方法，解析条干不匀的检测指标及其应用，重点分析纺纱原料、半制品，论述了转杯纺条干的控制，并以实例综合介绍改善条干不匀的途径和方法。

B3717 TS102

棉纤维检验/金运海主编．—北京：中国商业出版社，2004年．—416页（被引13）

ISBN 7-5044-5057-X

本书以棉花产品标准和试验方法标准为纲，以满足棉花检验实际应用为目标并将有关棉花方面的法律、法规及规章附于书后以便学习贯彻。

B3718 TS102

棉纤维质量检验/金运海主编．—北京：中国商业出版社，2008年．—413页

ISBN 978-7-5044-6146-9

本书介绍了棉花生产常识、棉纤维结构和性能、棉花国家标准、棉纤维检验取样、棉纤维类别和类型检验、棉花品级检验、棉纤维长度检验、棉纤维回潮率检验、棉纤维含杂率检验、籽棉衣分检验等。

B3719 TS941.15

面料·立裁·纸样［译］（国际服装丛书）/（英）威尼弗雷德·奥尔德里奇（Winifred Aldrich）著；张浩，郑嵘译．—北京：中国纺织出版社，2001年．—206页；27cm（被引28）

ISBN 7-5064-1908-4

如何根据面料的不同特性裁剪出造型效果完美的纸样，是服装设计师技巧训练中难度较大的问题之一。本书着重讨论了在纸样裁剪中需考虑的相关因素。

B3720 TS941.15

面料与服装设计（服装高职高专"十一五"部委级规划教材）/朱远胜主编．—北京：中国纺织出版社，2008年．—252页；26cm（被引50）

ISBN 978-7-5064-5059-1

本书从面料与服装设计的关系出发，结合大量精美图片，详细讲述了服装用织物、服装用皮革、服装面料的纹样、服装分类与面料选择、面料品种与服装设计、面料再造与服装设计六大方面内容。

B3721 TS941.15

面料造型创意设计/孙荪编著．—上海：上海科学技术出版社，2011年．—112页；21cm（被引20）

ISBN 978-7-5478-0667-8

本书内容包括面料造型创意设计理论概述、面料风格及特点、材料和工具、面料造型创意设计的方法、表现手法分析、设计作品欣赏。本书全面介绍面料造型创意设计的相关内容，为服装设计艺术发展提供非常广阔的天空，是现今服装设计发展的主流方向，是第一次系统地整理该理论的图书。

B3722　TS106
膜纺织品专题调查［港台］/陈冈宏撰写．—台北：台湾纺织产业综合研究所，2005年．—125页
ISBN 986-81915-3-X

B3723　TS106
纳米技术与纳米纺织品（纺织服装高等教育"十二五"部委级规划教材）/覃小红主编；刘雍，李妮副主编．—上海：东华大学出版社，2011年．—237页（被引25）
ISBN 978-7-81111-833-9
本书综合论述纳米技术、纳米纤维的具体分类和制备机理以及纺纱、织造、后整理加工过程中的纳米效应形成机理、纳米纺织品结构形态和性能、纳米纺织品的设计。

B3724　TS102
纳尺度纺织纤维科学工程（纺织服装高等教育"十三五"部委级规划教材　纺织科学与工程一流学科建设教材）/覃小红主编．—上海：东华大学出版社，2019年．—237页
ISBN 978-7-5669-1548-1
本书内容要涉及纳米材料的制备技术、天然纤维织物和化学纤维织物中的纳米技术、纳米智能纺织品、纳米功能纺织品、分形纤维纺织品、静电纺纳米纺织品及其应用与实例等内容。

B3725　TS106
纳米纺织品及其应用/高绪珊，吴大诚等编著．—北京：化学工业出版社，2004年．—202页（被引98）
ISBN 7-5025-5995-7
本书阐述了纳米纺织品的制备；材料科学与光、电学交叉开发的纳米纺织品；材料科学与生物科学交叉开发的纳米纺织品等内容。

B3726　TS102
纳米复合材料（纳米材料与应用技术丛书）/徐国财，张立德编著．—北京：化学工业出版社，2002年．—352页
ISBN 7-5025-3546-2
本书叙述了纳米复合材料的制备方法、性质、表征、应用等内容，较全面地反映了有机基无机纳米复合材料所涉及的基本概念、基本理论等基本知识，概括了纳米复合材料的发展及其应用。

B3727　TS102
纳米复合纤维材料（纳米科学与技术）/朱美芳著．—北京：科学出版社，2014年．—419页

ISBN 978-7-03-040070-3
本书介绍了纳米复合纤维材料的基本概念、研究进展和发展趋势，用于纳米复合纤维的功能纳米材料的制备与改性，纳米复合纤维材料的加工方法、基本结构与性能，并按通用纤维、高性能纤维、生物质纤维及静电纺纤维的纳米复合，以及纤维和织物表面的纳米功能化，分别介绍了不同类型的纳米复合纤维材料的研究进展等。

B3728　TS102
纳米科学与技术（全套80册）/朱美芳等著．—北京：科学出版社，2015年．—419页
ISBN 978-7-03-042826-4
在总结近年来国内外研究与应用成果的基础上，介绍了纳米复合纤维材料的基本概念、研究进展和发展趋势，用于纳米复合纤维的功能纳米材料的制备与改性，纳米复合纤维材料的加工方法、基本结构与性能，并按通用纤维、高性能纤维、生物质纤维及静电纺纤维的纳米复合，以及纤维和织物表面的纳米功能化，分别介绍了不同类型的纳米复合纤维材料的研究进展，同时介绍了纳米复合纤维材料的相关应用领域。

B3729　TS101
纳米技术于纺织领域之应用［港台］/黄玲娉，梁雅卿撰写．—台北：台湾纺织工业研究中心，2002年．—129页
ISBN 957-9674-48-7

B3730　TS102
纳米时尚（"纳米改变世界"青少年科普丛书）/吴沅主编．—上海：华东理工大学出版社，2015年．—48页
ISBN 978-7-5628-4223-1
本书第一章诠释了纳米纺织；第二章介绍了天然纤维与纳米技术；第三章介绍了人造纤维与纳米技术；第四章通过对各种纳米纺织品的介绍展示了纳米纺织品家族的繁花似锦；第五章介绍了纳米纺织品的创新发展。

B3731　TS102
纳米纤维/吴大诚，杜仲良，高绪珊编著．—北京：化学工业出版社，2003年．—176页（被引473）
ISBN 7-5025-3544-6
全书主要涉及天然和人造蜘蛛丝、静电纺丝纤维、含纳米微粒的纤维和分形纤维等几类纳米纤维。

B3732　TS102
纳米纤维［港台］（纳米材料研究与应用系列）/吴大诚，杜仲良，高绪珊编著．—台北：五南图书出版有限公司，2004年．—286页
ISBN 957-11-3476-7
全书共分7章，主要涉及天然和人造蜘蛛丝、静电纺丝纤维、含纳米微粒的纤维和分形纤维等几类纳米纤维。

B3733　TS102
纳米纤维发展趋势分析［港台］/吴其章撰．—台北：台

湾纺织产业综合研究所，2009 年 . —189 页

ISBN 978-986-84863-4-8

B3734 TS102

纳米纤维静电纺丝（纳米材料前沿）/杨卫民，李好义，阎华，吴昌政编著 . —北京：化学工业出版社，2018 年 . —217 页

ISBN 978-7-122-30469-8

本书依据作者研究团队的聚合物熔体微分静电纺丝技术以及国内外纳米纤维静电纺丝的新研究进展，从工艺的角度出发，着重介绍了熔体静电纺丝技术的原理、仿真分析及工艺进展，并介绍了熔体静电纺丝的工业化技术及应用，最后对聚合物纳米静电纺丝技术的未来进行了展望。

B3735 TS156

黏胶短纤市场博弈原理/季柳炎著 . —北京：中国纺织出版社有限公司，2019 年 . —237 页；26cm

ISBN 978-7-5180-5546-3

本书详细阐述了黏胶短纤、涤纶短纤以及棉花三种纺织原料之间的轮动关系以及通过历史事件对轮动关系进行现象型解读。通过宏观经济分析方法，借以数据，详细剖析了如何利用宏观经济数据、央行的货币政策解读黏胶短纤市场的波动。开创性地利用中国传统文化的时空观对历年黏胶短纤的价格运行做了细致分析。通过引入西方市场技术分析法，对黏胶短纤运行周期进行有机划分。对中美贸易战背景下的黏胶短纤市场进行了预测和展望。

B3736 TS116

牛仔布生产技术（纺织服装高等教育"十二五"部委级规划教材　高职高专纺织专业系列教材，牛仔产品系列丛书）/李竹君，刘森主编 . —上海：东华大学出版社，2013 年 . —188 页

ISBN 978-7-5669-0205-4

本书全面地介绍了牛仔布的发展历史和生产整理技术。主要内容包括：牛仔布品种及其最新发展、牛仔布原料、牛仔布的经纬纱准备、染色及上浆工艺与设备、牛仔布的织造工艺与设备、牛仔布的后整理方法、牛仔布检验及质量标准、牛仔服装的后整理方法等。

B3737 TS116

牛仔布生产技术　第 2 版/李竹君，刘森主编 . —上海：东华大学出版社，2016 年 . —186 页；26cm

ISBN 978-7-5669-0987-9

本书介绍了牛仔布的发展历史和生产整理技术，主要内容包括牛仔布品种及其最新发展、牛仔布原料、牛仔布的经纬纱准备、染色及上浆工艺与设备、牛仔布的织造工艺与设备、牛仔布的后整理方法、牛仔布检验及质量标准、牛仔成衣洗水技术等。

B3738 TS116

牛仔布生产与质量控制/香港理工大学纺织及制衣学系，

香港服装产品开发与营销研究中心编著 . —北京：中国纺织出版社，2002 年 . —190 页（被引 59）

ISBN 7-5064-2056-2

本书全面系统地介绍了牛仔布的发展历史、生产工艺、技术、设备与牛仔布品种。主要包括牛仔布品种的最新发展、球经片染牛仔布生产工艺的最新进展、各工序生产工艺参数、国内外牛仔布质量检验标准。

B3739 TS190

牛仔成衣洗水实用技术/李国锋编著 . —北京：中国纺织出版社，2014 年 . —211 页

ISBN 978-7-5180-0668-7

本书结合目前各洗水厂的现状，比较全面地介绍了牛仔成衣的各种特性，洗水厂所用原材料、设备、化工助剂。各种工艺的实际操作，可能产生的问题以及这些问题产生的原因，预防办法，解决方案。还介绍牛仔成衣件染的各种方式方法。同时还介绍了目前洗水行业所使用的最新的特殊处理工艺及工艺组合最新的效果。

B3740 TS190

偶氮染料的微生物脱色/严滨著 . —北京：化学工业出版社，2013 年 . —210 页

ISBN 978-7-122-15029-5

本书介绍了偶氮染料的结构、特性和危害，对比了各种染料废水处理方式的优劣，介绍了微生物对染料脱色的过程、机理，同时从分子生物学角度对偶氮还原酶基因的克隆、表达和突变等方面的典型应用做了描述。

B3741 TS193

配色与打样/蔡苏英主编 . —北京：中国纺织出版社，2013 年 . —135 页

ISBN 978-7-5064-9808-1

本教材系统介绍染整打样规范、配色基本原理与原则、审样内容与要求、打样匀染性与准确率影响因素、计算机测色配色原理与方法等，综合训练学生的辨色能力、仿色方法与技巧、色差评定方法、计算机测色与辅助配色等技能，重点培养学生常用染料单纤维制品浸染、轧染及印花仿色能力，适度拓展涤棉混纺织物打样、放大样与修色等技能，同时对印染企业打样过程中的常见问题、影响大小符样率的因素等进行了分析。

B3742 TS104

喷气涡流纺纱技术及应用（纺织新技术书库）/李向东 . —北京：中国纺织出版社，2018 年 . —228 页

ISBN 978-7-5180-5678-1

本书介绍了喷气涡流纺纱的技术原理，阐述了喷气涡流纺纱线结构与性能特点，提出了喷气涡流纺成纱工艺与质量要求、机器操作注意事项及专件器材的维护保养等，并对喷气涡流纺纱线相关织物产品及其后续应用领域的研究开发及运用等方面进行了拓展分析。

B3743 TS103

喷气织机安装实训教程（21 世纪高职高专院校推荐教材 新型纺织设备原理与使用丛书）/王剑平编著．—上海：东华大学出版社，2005 年．—176 页

ISBN 7-81038-968-8

本书内容包括安全注意事项、经纱的准备和安装、运转操作和上机、动力部分、开口部分、打纬部分、引纬部分、喷气织机的操作控制等。

B3744 TS103

喷气织机使用疑难问题（纺织新技术书库）/张俊康编著．—北京：中国纺织出版社，2001 年．—168 页（被引 46）

ISBN 7-5064-2090-2

本书以津田驹 ZA200 系列织机为例，介绍其特殊性能，并针对实践中遇到的疑难问题，给出相应的解答和措施。

B3745 TS103

喷气织机引纬原理与工艺（新型纺织设备原理与使用丛书）/张平国主编．—北京：中国纺织出版社，2005 年．—187 页（被引 78）

ISBN 7-5064-3571-3

本书主要介绍喷气引纬机构各部件的组成、运动原理、特点，喷气织造原理及工艺参数的设定，分析了喷气织机的生产特点、喷气织机对纱线质量的要求、喷气织机对织前准备的要求、喷气织机工艺参数设置要点等。

B3746 TS103

喷水织机原理与使用（新型纺织设备原理与使用丛书）/裴愉发，吕波主编．—北京：中国纺织出版社，2008 年．—321 页（被引 20）

ISBN 978-7-5064-4812-3

本书介绍了喷水织机的发展和技术水准，开口、引纬、打纬、卷取、送经等五大运动机构的基本原理及主要技术特征，启动动、选纬器、储纬器、多臂机等辅助机构及辅助设备，电控电路的原理，生产技术管理，织造能力的配置，运行故障的成因及消除，织造工艺的设定和调整，产品开发和织物常见病疵的消除。

B3747 TS105

喷水织造实用技术（纺织新技术书库）/裴愉发，吕波主编．—北京：中国纺织出版社，2003 年．—684 页（被引 42）

ISBN 7-5064-2438-X

本书介绍了喷水织机的发展及应用现状、喷水织造的原料及开发、喷水织机织物设计与开发、织造工艺参数设定和调整、喷水织造的生产技术管理等。

B3748 TS105

喷水织造实用技术 300 问（纺织新技术书库）/裴愉发，吕波主编．—北京：中国纺织出版社，2006 年．—484 页（被引 15）

ISBN 7-5064-3894-1

本书从喷水织造的发展、常用原料、织物品种、准备工

程、织造工程、生产管理和印染后整理等方面，采用通俗易懂的问答形式，将生产中筛选出的 300 个最具代表性问题的产生原因、解决办法进行剖析、解释。

B3749 TS106

膨体长丝生产技术/胡子坡主编．—北京：中国纺织出版社，2018 年．—266 页

ISBN 978-7-5180-4379-8

本书主要介绍了膨体长丝生产的基础知识，包括纤维概论、原辅料性能、设备特点、生产工艺、操作规程、质量控制及测试方法、全面质量管理、安全生产、产品创新及论文的撰写等内容。

B3750 TS107

皮革与纺织品环保指标及检测/马贺伟，罗建勋编著．—北京：中国轻工业出版社，2017 年．—167 页

ISBN 978-7-5184-1408-6

本书第一章主要围绕技术性贸易壁垒进行介绍，第二章对分析测试过程中所用的主要仪器设备进行介绍，第三章至第十三章对 11 项常见的有害物质的来源、国内外法规及限量要求、检测方法现状等进行了逐一介绍，第十四章对当前国际贸易影响最大的欧盟 REACH 法规中的部分内容进行了介绍，之后以附录的形式列出了欧盟 REACH 法规中高度关注物质（SVHC）。

B3751 TS101

企业级典型 Web 实时监控系统软件开发/李洪波主编．—北京：清华大学出版社，2013 年．—625 页

ISBN 978-7-302-32025-8

本书以企业级实时信息系统开发为立足点，以培养卓越工程师为目标，以纺织业 Web 实时监控系统为背景，以达到企业级项目工程化的目的。

B3752 TS193

气流染色实用技术/刘江坚编著．—北京：中国纺织出版社，2014 年．—252 页

ISBN 978-7-5180-0499-7

本书内容包括气流染色的工艺条件、适用范围、染色工艺设计和过程控制。对气流染色加工中出现的问题，进行分析并提出解决方法。从实际应用出发，对影响染色的各种因素及规律进行系统分析，给出工艺和设备的控制方法，在染色工艺与设备功能的结合方面作出了较为详细的阐述。

B3753 TS106

汽车用纺织品［译］（纺织新技术书库）/（英）冯庆祥（Walter Fung），（英）迈克·哈德卡斯特尔（Mike Hardcastle）著；宋广礼等译．—北京：中国纺织出版社，2004 年．—439 页（被引 32）

ISBN 7-5064-2667-6

本书介绍汽车用纺织品设计、开发和生产中所涉及的各方面内容，涵盖汽车用纺织品所使用的原料要求、织物的生产加工方法及其特点等。

B3754 TS106

汽车用纺织品/西鹏，顾晓华，黄家安等编著 .—北京：化学工业出版社，2006 年 .—416 页（被引 14）

ISBN 7-5025-8722-5

本书介绍了汽车用纺织品的分类、设计，汽车用纺织品的原料，汽车用纺织品的加工，汽车用纺织品的处理技术，汽车用纺织品的检验以及在汽车功能性产品上的应用。

B3755 TS106

汽车用纺织品的开发与应用/姜怀等主编 .—上海：东华大学出版社，2009 年 .—548 页（被引 23）

ISBN 978-7-81111-547-5

本书以人体工效学和"以人为本，全面协调可持续的科学发展观"为依据，运用系统理论和方法，分析论述汽车用纺织品的分类、性能要求和组织结构；汽车用纺织品发展的必要性和重要性等。

B3756 TS17

汽车用非织造布（纺织新技术书库）/冷纯廷，李赞编著 .—北京：中国纺织出版社，2017 年 .—258 页

ISBN 978-7-5180-3309-6

本书从汽车用非织造布的性能要求出发，分析了纤维原料的不同品种、截面形状、光学性能、化学特性、物理指标等对汽车用非织造布的影响，并根据非织造布不同的制造工艺、生产设备、产品结构、性能要求、相关标准等方面介绍了在汽车内装饰材料不同品种中的应用。

B3757 TS104

牵伸加压摇架的结构分析与使用（纺织新技术书库）/唐文辉等编著 .—北京：中国纺织出版社，2009 年 .—218 页（被引 19）

ISBN 978-7-5064-5797-2

本书全面系统地介绍了国内外圆柱螺旋弹簧加压摇架、板簧加压摇架、整体气囊杠杆式气加压摇架和独立气囊直压式气加压摇架的品种、系列、形式、规格和技术特征，并按压力源、加压组件、加压组件、锁紧组件、紧固机构和气路系统，对各种牵伸加压摇架进行结构性能分析。同时也介绍了牵伸加压摇架的检测、行业标准和各种牵伸加压摇架安装、调整和使用。

B3758 TS190

前处理技术/王树根主编 .—北京：中国劳动社会保障出版社，2018 年 .—138 页

ISBN 978-7-5167-3397-4

本书内容包括：棉织物的前处理、麻纤维制品的前处理、羊毛纤维制品的前处理、化纤及其混纺织物的前处理、特殊品种的前处理等。

B3759 TS104

嵌入式复合纺纱技术/徐卫林，陈军 .—北京：中国纺织出版社，2012 年 .—190 页

ISBN 978-7-5064-8661-3

ISBN 978-7-5064-8775-7（精装）

嵌入式复合纺纱技术是我国拥有自主知识产权的新型纺纱技术，不仅可应用于棉麻毛丝纺纱领域，实现高档轻薄面料的超高支纱线的纺制，而且可使传统纺纱难以利用的原料可纺，具有资源优化利用及充分利用、缩短加工流程、降低能源消耗及原料消耗等方面的优点。本书主要对嵌入式复合纺纱技术的纺纱原理进行详细的阐述与分析，介绍普适性细纱机的改造方案以及各种不同原料及纱支纱线的开发等。"嵌入式复合纺纱技术及其产业化"获得 2009 年国家科技进步奖一等奖。

B3760 TS106

轻纺产品化学分析［译］/范钦国著；顾乐华，刘志华译 .—北京：中国纺织出版社，2007 年 .—321 页

ISBN 7-5064-4420-8，978-7-5064-4420-0

本书详细介绍了轻纺材料的分析与鉴别方法；轻纺产品在加工过程中接触或残留哪些化学药品、受到何种损伤、损伤程度如何等的分析与检测方法；以及含有这些化学药品的纺织废水如何分析与处理等。

B3761 TS106

轻纺化学产品工程中的纳米复合材料　合成及应用/马建中，鲍艳，高党鸽等编著 .—北京：化学工业出版社，2015 年 .—411 页

ISBN 978-7-122-22745-4

本书介绍了纳米粒子的合成及高分子基纳米复合材料的合成原理及表征，分行业介绍了高分子纳米复合材料在制革、印染、造纸、油墨、染料等产业的应用。

B3762 TQ047

轻化工助剂（高等学校专业教材）/沈一丁主编 .—北京：中国轻工业出版社，2004 年 .—347 页；26cm（被引 91）

ISBN 7-5019-4333-8

本教材共分为四章，重点介绍了造纸化学品、皮革化学品、纺织染整助剂，对那些无污染或少污染的轻化工助剂，也给予了介绍。

B3763 TS112

清梳联工艺设备与管理/李妙福主编 .—上海：东华大学出版社，2006 年 .—288 页（被引 74）

ISBN 7-81111-059-8

本书阐述了当前国内外清梳联设备及配套器材的技术水准、技术特征和近期发展趋势。

B3764 TS103

圈·领之道　钢领钢丝圈的技术分析、发展与使用/秋黎凤编著 .—西安：西北工业大学出版社，2017 年 .—83 页

ISBN 978-7-5612-5709-8

本书全面介绍了钢领、钢丝圈的演进过程，从加捻和卷绕基础理论出发，分析了纱条捻度、纱条张力、气圈基础理论和细纱断头等因素对钢领、钢丝圈的要求，以及钢领、钢丝圈与各种纱线断头之间的关系。有制造要点，有选配方

案，有生产实例，从产、学、研、用几个角度探讨了钢领、钢丝圈之"道"。

B3765 TS190

染料工业技术/肖刚，王景国主编 .—北京：化学工业出版社，2004 年 .—614 页

ISBN 7-5025-4896-3

本书内容包括染料工业发展历史和趋势，纤维用染料，有机颜料，荧光增白剂的开发研究、重要品种和复配增效，重要染料中间体的生产，染料商品化加工技术，染料产品及中间体质量检测，颜色测量及计算机配色技术。

B3766 TS190

染料化学（21 世纪职业教育重点专业教材）/郑光洪，冯西宁编 .—北京：中国纺织出版社，2001 年 .—436 页

ISBN 7-5064-2021-X

本书重点介绍了各类常用染料的化学结构及其分类与应用性能之间的相互关系，以及染料发色的基本原理。

B3767 TQ610.1

染料化学（纺织高等教育教材）/何瑾馨编 .—北京：中国纺织出版社，2004 年 .—224 页；26cm（被引 468）

ISBN 7-5064-2969-1

本书着重阐述了染料的化学结构与其应用性能和颜色坚牢度的关系、染料应用中所涉及的化学反应及其影响因素。同时，介绍了染料及其中间体合成中的一些主要化学反应。

B3768 TS190

染料化学/何瑾馨主编 .—北京：中国纺织出版社，2009 年 .—307 页（被引 186）

ISBN 978-7-5064-5142-0

本书按照染料的应用分类，叙述了各类染料、颜料和荧光增白剂的基本特性和应用范畴；着重阐述染料的化学结构与其应用性能和颜色坚牢度的关系、染料应用中所涉及的化学反应及其影响因素；同时，介绍了染料及其中间体合成中的一些主要化学反应。

B3769 TS190

染料化学 第 2 版（"十三五"普通高等教育本科部委级规划教材）/何瑾馨主编 .—北京：中国纺织出版社，2016 年 .—306 页

ISBN 978-7-5180-2910-5

本书按照染料的应用分类，叙述了各类染料、颜料和荧光增白剂的基本特性和应用范畴；着重阐述了染料的化学结构与其应用性能和颜色坚牢度的关系，染料应用中涉及的化学反应及其影响因素；同时，介绍了染料及其中间体合成中的一些主要化学反应。

B3770 TS190

染料化学（全国纺织高职高专规划教材）/路艳华，张峰主编 .—北京：中国纺织出版社，2005 年 .—196 页；26cm（被引 83）

ISBN 7-5064-3408-3

本书重点介绍了各种染料发色的基本原理以及化学结构与其应用性能之间的关系。同时介绍了无机颜料和有机颜料、禁用染料及其代用染料以及天然染料、功能染料等相关内容。

B3771 TQ610.1

染料化学（普通高等教育"十一五"国家级规划教材 高职高专）/路艳华，张峰主编 .—北京：中国纺织出版社，2009 年 .—196 页；26cm（被引 59）

ISBN 978-7-5064-5817-7

本书对染料、颜料的基本概念，染料的命名和分类，各种染料的现状及应用前景做了概述，重点介绍了各种染料发色的基本原理以及化学结构与其应用性能之间的关系。还介绍了无机颜料和有机颜料、禁用染料及其代用染料以及天然染料、功能染料等相关内容。

B3772 TS190

染料化学/程万里主编 .—北京：中国纺织出版社，2010 年 .—296 页

ISBN 978-7-5064-6078-1

本书以染料的应用分类为线索，并兼顾染料的结构分类，着重阐述了染料的化学结构与其颜色、染色性能和染色牢度等性能的关系，同时也介绍了各种类型染料及其重要中间体的合成方法。

B3773 TS190

染料化学工艺学/高建荣编著 .—北京：化学工业出版社，2015 年 .—294 页

ISBN 978-7-122-23355-4

本教材以染料化学及产品工艺的基础理论和共性技术为体系，概述了发色理论、典型合成反应与工艺学，主要染料类别及功能染料及研究进展；着重介绍了染料产品创制及工艺设计原理、新工艺、新技术和科技创新思想。

B3774 TS190

染料化学基础/赵雅琴，魏玉娟编著 .—北京：中国纺织出版社，2006 年 .—320 页

ISBN 7-5064-3835-6

本书系统地阐述了染料的基本概念、分类、命名、发色理论、常用中间体及重要单元反应。按应用分类，介绍了各类常用染料的化学结构特征、分类，结构与颜色的关系，结构与应用性能的关系，染料的应用方法及其染色机理，对无机颜料、有机颜料、荧光增白剂、禁用染料及其他用染料等以及各类染料的发展方向也都作了介绍。

B3775 TS190

染料化学及染色（"十三五"普通高等教育本科部委级规划教材）/高树珍，赵欣，王海东主编 .—北京：中国纺织出版社，2019 年 .—264 页

ISBN 978-7-5180-5870-9

本书介绍了染料的基本知识，包括染料的概念、分类、

命名、吸收定律和吸收光谱曲线、染料的结构与性能（颜色的深浅、耐日晒色牢度等）之间的关系、合成各种结构染料常见的反应、八大应用类型染料最基本的结构特征、结构分类以及结构与性能之间的关系，并在此基础上介绍了各种类型染料的发展趋势等。

B3776 TS190

染料生产技术/宋小平主编．—北京：科学出版社，2014年．—501页

ISBN 978-7-03-040313-1

本书共7章，重点介绍了酸性染料、酸性媒介染料、直接染料、分散染料、阳离子染料和碱性染料、活性染料及还原染料的生产技术，并全面系统地介绍各种染料的产品性能、生产原理、工艺流程、技术配方、生产设备、生产工艺、产品标准及产品用途等内容。

B3777 TS190

染料生产技术/童国通主编．—北京：化学工业出版社，2017年．—191页

ISBN 978-7-122-29721-1

《染料生产技术》以染料化学基本理论和共性技术、典型染料产品生产技术与工艺以及染料三废处理技术为体系，简述染料分类、结构与性质、结构与颜色、发色理论等，重点介绍了分散染料、阳离子染料、活性染料、酸性染料、功能性染料几类重要染料的合成原理、生产技术与工艺以及相关最新研究发展，突出联系工业实际。

B3778 TS190

染料生产技术概论/于松华主编．—北京：中国纺织出版社，2008年．—185页

ISBN 978-7-5064-4821-5

本书主要阐述了染料生产发展历史、原染料合成技术、商品染料加工助剂及其作用原理、商品染料的生产加工、染料加工设备、商品染料的检测等内容，重点讨论了与染料生产加工技术相关的基本理论、基本概念、主要工艺过程、主要加工方法，并就染料生产加工中助剂的作用、常用加工设备以及商品染料的检测等方面作了较为系统的介绍。

B3779 TS190

染料颜料后处理加工技术及其相关设备/杨军浩著．—上海：华东理工大学出版社，2006年．—131页

ISBN 7-5628-1870-3

本书介绍了染料、颜料后处理加工中喷雾造粒干燥技术和其在染料、颜料生产中的应用，高速胶体磨和高压均质机在分散、还原染料超细粉后处理加工中的应用等内容。

B3780 TS193

染色/徐克仁编著；上海印染行业协会组织编写．—北京：中国纺织出版社，2007年．—366页（被引19）

ISBN 7-5064-4248-5，978-7-5064-4248-0

本书介绍了机织物染色时常用的各类染料的基本结构、染色理论及设备，系统地阐述了各类染料的染色工艺及操作，同时介绍了各种混纺、交织织物的染色方法及质量控制等。

B3781 TS193

染色打样技能训练（纺织服装高等教育"十二五"部委级规划教材 宁波市高校特色教材）/袁近主编．—上海：东华大学出版社，2012年．—194页

ISBN 978-7-5669-0043-2

本书按照染整企业的产品加工形态以及染色打样岗位人员必须掌握的知识和技能分为九个项目，即染色打样常用仪器设备操作规程、染色打样基础知识、染色基础样卡制作、针织物的染色打样技术及操作、纱线的染色打样技术及操作、机织物的染色打样技术与操作、散纤维染色打样、成衣染色打样、计算机测配色基础知识及操作技能。

B3782 TS193

染色打样技术（纺织服装高等教育"十二五"部委级规划教材 宁波市高校特色教材）/钱建栋主编．—上海：东华大学出版社，2014年．—176页

ISBN 978-7-5669-0587-1

本书主要内容包括染色打样基本知识、来样分析、染色打样设备、染色打样染料与助剂的使用等。

B3783 TS193

染色打样技术 第2版（纺织服装高等教育"十三五"部委级规划教材）/钱建栋主编．—上海：东华大学出版社，2019年．—176页

ISBN 978-7-5669-1585-6

本书主要内容包括染料及其选用、常用助剂及其选择、染色打样常用仪器和设备、来样分析、染色打样基础知识、常用染色打样工艺、对色与调色、计算机测配色等，深入浅出地讲解染色打样所需的理论知识，同时重点突出染色打样的操作过程和步骤，具有很强的实用性和可操作性。

B3784 TS193

染色打样实训/杨秀稳主编．—北京：中国纺织出版社，2009年．—255页（被引11）

ISBN 978-7-5064-5764-4

本书第一篇介绍染色打样所需掌握的安全、染整仪器设备、染整助剂、染料性能指标及小样制备方面的常识，属于配色打样人员应知应会的内容。第二篇以配色打样为主线，介绍纤维鉴别、染料选择与配色原理、染色方案设计、对色与调色及计算机测配色方面的基本知识与技巧，附录《染色小样工》技能鉴定的理论模拟试题与参考答案。

B3785 TS193

染色打样实训 第2版/杨秀稳主编．—北京：中国纺织出版社，2015年．—272页

ISBN 978-7-5180-1581-8

本书共分为两篇。第一篇染色打样基础，介绍染色打样所需掌握的安全知识、染整仪器设备、染料性能与染色理论基础、染整助剂、纤维及面料基础及小样制备方面的常识，

属于配色打样人员应知应会的内容。第二篇配色打样，以配色打样为主线，介绍纤维鉴别、染料选择与配色原理、染色方案设计、对色与调色、计算机测配色基本知识与技巧及配色打样技术的培养训练方案。

B3786 TS193

染色工艺与质量控制/冒亚红主编．—北京：中国纺织出版社，2014年．—153页

ISBN 978-7-5064-9812-8

本书以项目化教学为依据，简要地介绍了染料的基础知识、染色的基本理论，全面地介绍了常用染料的染色特点、原理、方法和工艺，同时对不同的染色产品质量检测进行了阐述，具有较好的实用性和可参照性。

B3787 TS193

染色技术（高等职业技术院校染整技术专业教材）/尚润玲，丁文才主编．—北京：中国劳动社会保障出版社，2016年．—222页

ISBN 978-7-5167-2168-1

本书主要内容包括纤维素纤维制品染色、蛋白质纤维及其混纺织物染色、合成纤维及其混纺织物染色、新型合成纤维及其混纺织物染色。

B3788 TS193

染色季 充满生机的植物染色［译］/（美）萨莎·迪尔（Sasha Duerr）著；宫本丽译．—武汉：华中科技大学出版社，2018年．—196页

ISBN 978-7-5680-3434-0

本书以季节为划分，介绍了从常见的蔬果、花卉、树木和草中可获得的丰富的植物染料，并为我们展示了很多操作性极强的染色项目。

B3789 TS193

染色实用技术答疑/崔浩然著．—北京：中国纺织出版社，2013年．—279页

ISBN 978-7-5064-9867-8

本书对染整企业生产中的实际问题，包括产品质量问题、节能减排问题、降耗增效问题等，以问答的方式，逐一做了翔实的解答。

B3790 TS193

染色艺术/钟绍琳编著．—长沙：湖南美术出版社，2014年．—101页

ISBN 978-7-5356-6574-4

本书概括了染色艺术的历史与发展情况，从历史、功能、材料、技法及表现形式等方面，结合染色艺术作品的创作、设计，融入染色艺术的教学实践以及染色艺术作品赏析，对染色艺术这一个概念进行阐述。观点明确，语言简练，列举了大量的教学实例与染色艺术作品。能引导读者对当代的染色艺术发展与教育方面的诸种问题进行更为深入的思考和探索。

B3791 TS193

染色与整理技术实务 上下册［港台］/台湾纺织产业综合研究所．—新北：台湾纺织产业综合研究所，2004年；30cm

B3792 TS193

染色原理与过程控制/陈英，管永华主编．—北京：中国纺织出版社，2018年．—227页

ISBN 978-7-5180-5389-6

本书包含染色过程中各环节所涉及的基本概念和基本理论，包括吸附与平衡、扩散与速率、上染过程控制和固色过程控制，按A、B、C、D类纤维分类论述染色与染色过程控制的相关原理，并选择典型染色案例进行应用分析，双组分纤维的染色及染色过程控制（包含染色案例的分析）单列一章论述。

B3793 TS193

染色植物［译］/（法）尚黛尔·德尔芬，（法）埃里克·吉东著；林苑译．—北京：生活·读书·新知三联书店，2018年．—169页

ISBN 978-7-108-06091-4

本书讲述了染色植物这种现代人相对陌生的植物类别的各种奇闻趣事，揭示出它给人类生活带来的色彩斑斓、美好幸福的憧憬，以及与之相关的印染工人的辛酸。

B3794 TS190

染整材料化学 染整技术专业（中等职业教育国家规划教材）/任冀澧主编．—北京：高等教育出版社，2002年．—262页

ISBN 7-04-010379-6

本书内容包括：纤维基础知识、纤维素纤维、蛋白质纤维、合成纤维、新型纤维、纱线和织物的基本知识、染料概述、染料的结构和颜色、常用染料的结构和性能、颜料和荧光增白剂、禁用染料及其代用染料、表面性能与表面活性剂、表面活性剂的应用、合成聚合物等。

B3795 TS190

染整测试/王国栋主编．—北京：化学工业出版社，2011年．—188页

ISBN 978-7-122-09772-9

本书简要地介绍了染整测试常用的仪器设备的使用以及染整测试的基本操作技能，系统地论述了染整车间各种加工液的快速测试、各种染料及助剂的应用性能测试，印染半成品及成品的性能检测，同时对印染水质检测及印染废水的处理作了详细的介绍。

B3796 TS190

染整打样/潘荫缝主编．—北京：化学工业出版社，2012年．—129页

ISBN 978-7-122-14845-2

本书主要介绍了基于人工测配色操作技术的染整打样的工作任务所需的知识和技能，包括实验室安全常识、打样常

用仪器设备、打样操作基础、色彩基础、仿色方法、配色打样操作、常用染料染色打样工艺与操作、印花打样工艺与操作、染色打样综合实训等。

B3797 TS190

染整打样/魏丽丽主编.—成都：西南交通大学出版社，2015年.—106页

ISBN 978-7-5643-3934-0

本书主要内容包括化验室安全常识、染整打样常用仪器设备、染整打样操作基础、色彩基础、仿色方法、配色打样操作、常用染料染色打样工艺与操作、印花打样工艺与操作、染色打样综合实训、中级染色小样工考证、计算机测配色等。

B3798 X791

染整废水处理（全国纺织高职高专规划教材）/王淑荣主编.—北京：中国纺织出版社，2005年.—188页（被引39）

ISBN 7-5064-3412-1

本书主要介绍染整废水产生的过程及危害、特点，常用的废水处理方法的工艺流程、基本原理、染整工业生产用水标准和排放标准等，同时还较为详细地介绍了可持续发展、清洁生产的有关内容。

B3799 X791

染整废水处理（普通高等教育"十一五"国家级规划教材 高职高专）/王淑荣，杨蕴敏主编.—北京：中国纺织出版社，2009年.—191页（被引9）

ISBN 978-7-5064-5359-2

本书主要介绍染整废水产生的过程及危害、特点，常用的废水处理方法的工艺流程、基本原理，染整工业生产用水标准和排放标准等，同时还较为详细地介绍了可持续发展、清洁生产的有关内容。

B3800 X791

染整废水处理 第2版（"十三五"职业教育部委级规划教材 普通高等教育"十一五"国家级规划教材：高职高专）/何方容主编.—北京：中国纺织出版社，2018年.—197页

ISBN 978-7-5180-4387-3

本书主要介绍染整废水产生的过程及危害、特点，常用的废水处理方法的工艺流程、基本原理，染整工业生产用水标准和排放标准等，同时还较为详细地介绍了可持续发展、清洁生产的有关内容。

B3801 TS190

染整概论［译］/（英）布罗德贝特著；马渝茳，陈英等译.—北京：中国纺织出版社，2004年.—400页（被引25）

ISBN 7-5064-2607-2

本书讲述了纤维与纺织、染色、纺织品整理等方面的内容。重点介绍了染色基本原理和相关内容，对现代染色工

的最佳选择、应用、控制和改造作了详细的说明。

B3802 TS190

染整概论/丁文才，尚润玲主编.—北京：中国劳动社会保障出版社，2016年.—202页

ISBN 978-7-5167-2824-6

本书内容包括染整生产概况、前处理、染色、印花、整理、测色与配色。每章配有思考与练习，供学生练习与实践，巩固所学内容。

B3803 TS190

染整概论（纺织服装高等教育"十一五"部委级规划教材）/宋慧君主编.—上海：东华大学出版社，2009年.—190页（被引13）

ISBN 978-7-81111-545-1

本书概要地介绍了纺织纤维的基本结构与主要化学性能、纱线与织物的基本知识以及各类纤维纺织物的染整加工工艺、加工原理和常用机械设备，注重理论与生产实践的结合；同时，还介绍了一些新型纺织纤维的结构与性能及染整加工的新工艺。

B3804 TS190

染整概论（纺织高等教育"十二五"部委级规划教材）/宋慧君，刘宏喜主编.—上海：东华大学出版社，2014年.—193页

ISBN 978-7-5669-0419-5

本书概要地介绍了纺织纤维的基本结构与主要化学性能，纱线与织物的基本知识，各类纤维纺织物的染整加工工艺、加工原理和常用机械设备，以及染整清洁生产基本知识与措施等。

B3805 TS190

染整概论（纺织服装高等教育"十三五"部委级规划教材）/宋慧君，刘宏喜主编.—上海：东华大学出版社，2017年.—193页

ISBN 978-7-5669-1269-5

本书概要地介绍纺织纤维的基本结构与主要化学性能，纱线与织物的基本知识，以及各类纤维纺织物的染整加工工艺、加工原理和常见机械设备，染整清洁生产的基本知识和措施，注重理论与生产实践的结合，同时对一些新型纺织纤维的结构与性能及染整加工的新工艺作简单介绍。

B3806 TS190

染整工业节能减排技术指南/陈立秋编著.—北京：化学工业出版社，2009年.—583页（被引37）

ISBN 978-7-122-03585-1

本书针对节能减排工作必须切实贯彻清洁生产的相关政策、法规，优化了工艺技术，应用高效环保的染化料助剂，创新组合生产设备；阐述了国内外染整行业在节能减排方面的重大应用成果。

B3807　TS190

染整工业资源综合利用技术/陈立秋，白蒙，程晗等编著．—北京：化学工业出版社，2015年．—846页

ISBN 978-7-122-20361-8

本书阐述了国内外染整行业实施循环经济方面的重大应用成果，精选了行业资深专家、学者、一线科技工作者的论点、实用文献，介绍了染整工业资源综合利用企业管理的进步、生产用水、生产用电、生产的供热用热、染整生产的余热回收、资源综合应用的物料回收、染整织物生产的生态资源应用、资源节约型的染整工艺装备、一次准印染工艺装备等内容，具有较强的实用性和参考借鉴价值。

B3808　TS190

染整工业自动化（印染新技术丛书）/陈立秋编著．—北京：中国纺织出版社，2005年．—583页（被引55）

ISBN 7-5064-3570-5

本书论述了染整生产涉及的自动测量及自动控制机理；阐明了染整生产过程变量测控对工艺的重要性；通过介绍染整工艺实用传感器、控制器的性能及自动化应用案例，提供业内人士有关染整信息化、自动化的知识，加强其对自动化装备的应用能力及研发能力。

B3809　TS190

染整工艺　第1册　纤维素纤维制品的染整　染整技术专业（中等职业教育国家规划教材）/沈淦清主编；陈晓敏，马文玲分册主编．—北京：高等教育出版社，2002年．—198页

ISBN 7-04-010380-X

本书主要内容包括绪论、棉织物前处理、棉织物染色、棉织物整理、棉织物的特种前处理及后整理、麻及再生纤维素纤维制品的染整、特种棉制品的染整。

B3810　TS190

染整工艺　第2册　蛋白质纤维、合成纤维及其混纺制品的染整　染整技术专业（中等职业教育国家规划教材）/沈淦清主编．—北京：高等教育出版社，2002年．—227页（被引7）

ISBN 7-04-010381-8

本书第一篇：羊毛制品的染整；第二篇：蚕丝制品的染整；第三篇：合成纤维及其混纺制品的染整；第四篇：选学部分，主要介绍以上三类纤维制品中一些有代表性的产品染整工艺及相关的新技术。

B3811　TS190

染整工艺　第3册　纺织品印花　染整技术专业（中等职业教育国家规划教材）/沈淦清主编；郑光洪，张泽分册主编．—北京：高等教育出版社，2005年．—201页

ISBN 7-04-016527-9

本书较详尽地介绍了天然纤维、合成纤维和蛋白质纤维的机织物、针织物和成衣等各类型的纺织品印花加工的基本原理、基本工艺和常用设备，并对近年来出现的纺织品印花新技术作了适当的介绍。

B3812　TS190

染整工艺操作/丁飞飞主编．—成都：西南交通大学出版社，2015年．—186页

ISBN 978-7-5643-3910-4

本书主要阐述各种纤维织物前处理、染色、印花和后整理的工艺技术及其原理。本书利用任务驱动的形式，使教学过程与工作过程相对接，在教学中实施工作过程导向的理论实践一体化教学。

B3813　TS190

染整工艺设计/李锦华主编．—北京：中国纺织出版社，2009年．—222页（被引15）

ISBN 978-7-5064-5395-0

本书包括染整工厂设计，染整设备的选型、配置及机台排列，染整产品工艺设计。工艺设计以棉布染整产品为主，兼顾其他类型的染整产品，内容包括确定染整产品方案，制定工艺流程、工艺处方、工艺条件及工艺实施的有关说明，以利于根据实际需要进行选择。

B3814　TS190

染整工艺设计与产品开发/贺良震，李锦华，姜生主编．—北京：中国纺织出版社，2012年．—157页

ISBN 978-7-5064-8553-1

本书内容包括纺织面料识别、常规染整工艺设计、染整设备配置、典型产品工艺设计和新产品开发等。将上述内容以产品的染整工艺设计为主线进行了重组。产品工艺设计以典型常见织物为主，兼顾其他类型的织物，内容包括确定染整产品方案，具体制定染整产品的工艺流程、工艺处方、工艺条件及工艺实施的有关说明，并配有大量实际生产案例，具有较强的实用性和可操作性。

B3815　TS190

染整工艺实验教程（纺织高等教育教材）/陈英主编．—北京：中国纺织出版社，2004年．—165页（被引414）

ISBN 7-5064-2791-5

本书内容包括织物的前处理、染色、印花和后整理中所涉及的典型工艺实验以及纤维鉴别、织物上染料鉴别、测色配色方法、皮革染整和染整综合实验，同时将织物的半成品检验和成品的质量以及性能测试方法融合到相关实验中。

B3816　TS190

染整工艺实验教程（纺织服装高等教育"十一五"部委级规划教材）/陈英主编．—北京：中国纺织出版社，2009年．—200页（被引182）

ISBN 978-7-5064-5595-4

本书内容包括材料的测定与鉴别、织物的预处理、纺织品染色、纺织品印花、皮革染整和染整综合实验等七部分，其中部分实验可开设成综合性或设计性实验。

B3817　TS190

染整工艺实验教程　第2版/陈英，屠天民主编．—北京：中国纺织出版社，2016年．—207页

ISBN 978-7-5180-1580-1

本书为高等院校轻化工程专业（染整）用实验教材，含实验45个和综合实验1组。内容包括纤维材料和染化料的测定与鉴别、纺织品前处理、纺织品染色、纺织品印花、纺织品整理、皮革染整、纺织品安全性检测和染整综合实验8部分，其中部分实验（带#）可开设为综合性或设计性实验。

B3818 TS190

染整工艺学教程　第1分册（普通高等教育"十五"国家级规划教材）/阎克路主编 .—北京：中国纺织出版社，2005年 .—470页（被引362）

ISBN 7-5064-3224-2

本书主要讨论各类纤维织物前处理和整理的工艺技术及其原理。内容包括棉及棉型织物的前处理、合成纤维织物的前处理和整理、蚕丝和羊毛织物的前处理和整理等。

B3819 TS190

染整工艺学教程　第2分册（纺织高等教育"十五"部委级规划教材）/赵涛主编 .—北京：中国纺织出版社，2005年 .—458页（被引451）

ISBN 7-5064-3225-0

本书简要介绍了染料的化学基础知识，阐述了染色基本理论，各类染料在各主要纤维上的染整工艺原理、工艺条件及流程，各类染料的印花方法及工艺。

B3820 TS190

染整工艺与原理　上册（普通高等教育"十一五"国家级规划教材　本科）/阎克路主编 .—北京：中国纺织出版社，2009年 .—308页（被引159）

ISBN 978-7-5064-5778-1

本书除了介绍水和表面活性剂的基础知识外，主要讨论了各类纤维织物前处理和整理的工艺技术及其原理。书中内容包括：棉及棉型织物的前处理（烧毛、退浆、精练、漂白和丝光）、合成纤维织物的前处理和整理（其中热定形另列一章介绍）、蚕丝和羊毛织物的前处理和整理、织物的一般整理、防缩整理、防皱整理和特种功能整理。

B3821 TS190

染整工艺与原理　下册（普通高等教育"十一五"国家级规划教材　本科）/赵涛主编 .—北京：中国纺织出版社，2009年 .—349页（被引373）

ISBN 978-7-5064-5547-3

本书简要概述了各类纺织用染料的化学基础知识及其应用性能，重点阐述了染色基本理论，各类染料在各主要纤维上的染色工艺原理、工艺条件及流程，各类染料的印花方法及工艺。

B3822 TS190

染整工艺与原理　第2版　上册（"十三五"普通高等教育本科部委级规划教材）/阎克路主编 .—北京：中国纺织出版社有限公司，2019年 .—308页

ISBN 978-7-5180-6610-0

本书主要内容包括：棉及棉型织物的前处理（烧毛、退浆、精练、漂白和丝光），合成纤维织物的前处理和整理（其中热定形另列一章介绍），蚕丝和毛织物的整理，织物的一般整理、防缩整理、防皱整理和特种功能整理。

B3823 TS190

染整工艺与原理　第2版　下册（"十三五"普通高等教育本科部委级规划教材）/赵涛主编 .—北京：中国纺织出版社有限公司，2019年 .—347页

ISBN 978-7-5180-6611-7

本书简要介绍了各类纺织纤维用染料的化学基础知识及其应用性能，重点阐述了染色基本理论，各类染料在各种主要纤维上的染色原理、工艺条件及流程，各类染料的印花方法及工艺。

B3824 TS190

染整化学基础（中等职业教育国家规划教材　染整技术专业）/戴正明主编 .—北京：高等教育出版社，2002年 .—265页

ISBN 7-04-010378-8

本书主要内容包括脂肪烃、脂肪烃的衍生物、脂环烃和芳烃、芳烃的衍生物、高分子化合物等。

B3825 TS190

染整化学基础/郑少婕主编 .—北京：中国劳动社会保障出版社，2016年 .—138页

ISBN 978-7-5167-2116-2

本书主要内容包括化学物质、化学分析、化学分析基本操作、溶液酸碱含量测定、溶液氯化物含量测定、溶液氧化剂与还原剂含量测定、染整用液测定等。

B3826 TS190

染整化学基础　理论部分（21世纪职业教育重点专业教材）/陆宁宁，谢冬主编 .—北京：中国纺织出版社，2002年 .—403页

ISBN 7-5064-2018-X

本书共有五章，包括"实验室的基本知识""常用玻璃仪器及使用""常用分析仪器及使用""有机化学实验"等。

B3827 TS190

染整化学基础　实验部分（21世纪职业教育重点专业教材）/谢冬主编 .—北京：中国纺织出版社，2002年 .—151页

ISBN 7-5064-2018-X

本书共有五章，包括"实验室的基本知识""常用玻璃仪器及使用""常用分析仪器及使用""有机化学实验"等。

B3828 TS190

染整技术　第1册（全国纺织高职高专规划教材）/林细姣主编 .—北京：中国纺织出版社，2005年 .—247页（被引30）

ISBN 7-5064-3405-9

本书系统地介绍了各类纺织纤维制品前处理的工艺原

理、加工工艺及常用设备，重点介绍了目前印染企业常用的加工方法，并对短流程前处理工艺和新型纤维的前处理作了较为系统的介绍。

B3829 TS190

染整技术 第 2 册（全国纺织高职高专规划教材）/沈志平主编 .—北京：中国纺织出版社，2005 年 .—273 页

ISBN 7-5064-3406-7

本书简要地阐述了染料的基础知识、染色的基本理论和染色设备，介绍了常用染料的染色特点、原理、方法、工艺以及测配色技术，并对目前应用较为成熟的新材料、新设备、新工艺、新助剂作了适当的介绍。

B3830 TS190

染整技术 第 3 册（全国纺织高职高专规划教材）/王宏主编 .—北京：中国纺织出版社，2005 年 .—191 页（被引 26）

ISBN 7-5064-3404-0

本书系统地介绍了纺织品的印花原理、印花设备及各种染料的印花工艺，并就如何防止和解决实际生产中出现的具体问题进行了分析。

B3831 TS190

染整技术 第 4 册（全国纺织高职高专规划教材）/林杰主编 .—北京：中国纺织出版社，2005 年 .—242 页（被引 40）

ISBN 7-5064-3407-5

本书介绍了纺织品的一般整理、树脂（防皱）整理、功能整理的工艺原理、工艺条件、工艺分析及设备，并详细介绍了模拟整理、生物酶整理、成衣整理等相关内容。

B3832 TS190

染整技术 第 1 册（普通高等教育"十一五"国家级规划教材 高职高专）/林细姣主编 .—北京：中国纺织出版社，2009 年 .—238 页（被引 15）

ISBN 978-7-5064-5364-6

本书全面介绍了各类纺织纤维制品前处理的基本知识，包括前处理加工的原理、工艺、设备等。全书共分八章。

B3833 TS190

染整技术 第 2 册（普通高等教育"十一五"国家级规划教材 高职高专）/沈志平主编 .—北京：中国纺织出版社，2009 年 .—273 页（被引 159）

ISBN 978-7-5064-5136-9

本书简要地阐述了染料的基础知识、染色的基本理论和染色设备，系统介绍了常用染料的染色特点、原理、方法、工艺以及测配色技术，并对目前应用较为成熟的新材料、新设备、新工艺、新助剂做了适当的介绍，具有较强的实用性和可参照性。

B3834 TS190

染整技术 第 3 册（普通高等教育"十一五"国家级规

划教材 高职高专）/王宏主编 .—北京：中国纺织出版社，2008 年 .—189 页（被引 24）

ISBN 978-7-5064-5170-3

本书系统地介绍了常用纺织品的印花原理、工艺和设备，并就如何防止和解决实际生产中出现的问题进行了分析，注重理论与生产实际的结合。同时，书中还介绍了较成熟的印花新材料、新工艺，如喷墨印花、转移印花等内容，其目的是努力培养学生综合运用知识进行工艺设计能力、工艺控制能力和创新意识。

B3835 TS190

染整技术 第 4 册（普通高等教育"十一五"国家级规划教材 高职高专）/林杰主编 .—北京：中国纺织出版社，2009 年 .—238 页（被引 29）

ISBN 978-7-5064-5486-5

本书比较系统地介绍了纺织品的一般整理、树脂（防皱）整理、功能整理的工艺原理、工艺条件、工艺分析及设备。为了适应纺织品整理的发展，本书还详细介绍了模拟整理、生物酶整理、成衣整理等相关内容。

B3836 TS190

染整技术 后整理分册（普通高等教育"十二五"部委级规划教材 高职高专；普通高等教育"十二五"国家级规划教材 高职高专）/田丽主编 .—北京：中国纺织出版社，2014 年 .—245 页

ISBN 7-5180-0927-5

本书系统地介绍了纺织品一般整理、树脂（防皱）整理、功能整理的工艺原理、工艺条件、工艺分析及设备。为了适应纺织品整理技术的发展，还增加了丝织物整理、涂层整理、模拟整理、生物酶整理、成衣整理等相关内容。

B3837 TS190

染整技术 前处理分册（"十三五"职业教育部委级规划教材）/王华清主编 .—北京：中国纺织出版社有限公司，2020 年 .—294 页

ISBN 978-7-5180-7512-6

本书介绍了前处理加工的重要性和前处理加工技术的发展，系统介绍了各类纺织纤维制品前处理的基本知识，包括前处理加工的原理、工艺及设备等。全书采用项目化结构形式，共设置了 7 个学习情境，每个学习情境下又设置了多个学习任务。书后还附有实验项目指导书供学生进行实战练习。

B3838 TS190

染整技术 染色分册（普通高等教育"十二五"部委级规划教材 普通高等教育"十一五"国家级规划教材）/沈志平主编 .—北京：中国纺织出版社，2014 年 .—209 页（被引 75）

ISBN 978-7-5180-1111-7

本书简要地阐述了各类纤维制品染色用染料及设备的选用、染色过程的控制、常用染料染色的特点、原理、方法和工艺，并对目前应用较为成熟的新材料、新设备、新工艺、

新助剂作了适当的介绍，具有较强的实用性和参考性。

B3839　TS190

染整技术　印花分册（"十三五"职业教育部委级规划教材　普通高等教育"十一五"国家级规划教材　高职高专）/潘云芳主编.—北京：中国纺织出版社，2017年.—193页

ISBN 978-7-5180-0207-8

本书简要介绍了纺织品印花的基本知识、印花原理和印花设备，系统地介绍了印花制版、印花原糊的选用和调制、各种纤维织物的印花工艺、纺织品印花检测与控制以及疵病防治。

B3840　TS190

染整技术基础（纺织服装高等教育"十二五"部委级规划教材）/王开苗，陈利主编.—上海：东华大学出版社，2015年.—157页

ISBN 978-7-5669-0672-4

本书着重介绍纤维高分子化合物类别、结构特征和分析鉴别方法，纺织纤维结构与性能，代表性纺织品种类别、组织结构特点和识别方法，染料的类别与质量评价，染料颜色，染料结构与应用性能，以及染色基本原理、基本方法和染色设备。

B3841　TS190

染整技术实验（全国纺织高职高专规划教材）/蔡苏英主编.—北京：中国纺织出版社，2005年.—319页（被引67）

ISBN 7-5064-3409-1

本书包括：染整实验基础知识及常用仪器、表面活性剂性能测试、纺织材料性能测试、染料性能实验、前处理工艺实验、染色工艺实验等共九章内容。

B3842　TS190

染整技术实验/蔡苏英主编.—北京：中国纺织出版社，2009年.—288页（被引48）

ISBN 978-7-5064-5400-1

本书介绍了染整试验人员必备的安全常识与操作规程，染整助剂、染料、纺织材料的分析测试方法，常用纺织品练漂、染色、印花、整理工艺方法及产品质量评价方法，配色打样基本方法与技巧。

B3843　TS190

染整技术实验　第2版/蔡苏英主编.—北京：中国纺织出版社，2016年.—288页

ISBN 978-7-5180-2606-7

本书介绍了染整试化验人员必备的安全常识、溶液配制、配方计算及常用试化验仪器设备的操作规程；纺织材料、染整助剂、染料的分析测试方法；常用纺织品的前处理、染色、印花、后整理工艺操作及产品质量评价方法；生态纺织品检测与印染车间快速测定方法等。

B3844　TS190

染整加工工艺学/高树珍，赵欣，丁斌著.—哈尔滨：东北林业大学出版社，2013年.—244页

ISBN 978-7-5674-0356-7

本书内容包括纺织原料概述、表面活性剂及印染用水、前处理、染色、织物的整理、现代技术在染整加工中的应用。

B3845　TS190

染整节能（纺织新技术书库）/徐谷仓，陈立秋编.—北京：中国纺织出版社，2001年.—408页（被引87）

ISBN 7-5064-1988-2

本书系统地分析了染整行业节能的管理途径，包括如何加强染整企业的能源管理、能源计量管理和能耗定额管理。重点介绍了染整节能的技术途径，包括染整企业进行热平衡测算的实例和染整节能的新技术等。

B3846　TS190

染整节能减排新技术/刘江坚编著.—北京：中国纺织出版社，2015年.—289页

ISBN 978-7-5180-0894-0

本书对近年来染整加工中节能减排新技术的发展状况进行了较为全面的论述，涉及染整工艺、装备、染化料以及染整企业节能管理等方面。除了对现有常规工艺和装备提出发掘节能减排的思路和方法外，还重点介绍了目前先进节能减排新技术的研究成果和应用情况。

B3847　TS190

染整设备（中等职业教育国家规划教材　染整技术专业）/戴铭辛，金灿主编.—北京：高等教育出版社，2002年.—215页（被引7）

ISBN 7-04-010384-2

本书以工艺为纽带，对染整设备的组成、工作原理、结构特点、维护保养等方面作了较为详细的介绍，并对一些新型染整设备和发展趋势作了具体的分析。

B3848　TS190

染整设备（21世纪职业教育重点专业教材）/李连祥主编.—北京：中国纺织出版社，2002年.—372页（被引42）

ISBN 7-5064-2016-3

本书分为棉及棉型织物染整设备、毛织物染整设备和丝织物染整设备三部分，结合工艺要求，讲述了棉、毛、丝织物染整设备的结构组成、工作原理、使用性能及维护保养等。

B3849　TS190

染整设备（全国纺织高职高专规划教材）/廖选亭主编.—北京：纺织工业出版社，2006年.—256页（被引22）

ISBN 7-5064-3773-2

本书以棉、毛、丝织物的染整设备为主线，详细阐述了各常用通用装置、机械、设备的类型、作用、结构、原理和维护保养之法以及常见常用设备和新型设备。

B3850　TS190

染整设备（普通高等教育"十一五"国家级规划教材）/廖选亭主编 . —北京：中国纺织出版社，2009 年 . —243 页（被引 14）

ISBN 978-7-5064-5623-4

本书阐述了各类染整设备的通用装置、设备的类型、作用、结构、原理和维护保养方法以及常见的专用染整设备和新型设备。

B3851　TS190

染整设备/赵欣，龚真萍，汝吉东主编 . —哈尔滨：东北林业大学出版社，2010 年 . —355 页

ISBN 978-7-81131-691-9

本书介绍了各种染整设备的基本知识，包括通用装置、净洗机、烘燥机、烧毛机、丝光机、染色机、印花机等。

B3852　TS190

染整设备操作与维护（纺织服装高等教育"十一五"部委级规划教材　高职高专染整类项目教学系列教材）/贺良震等编著 . —上海：东华大学出版社，2009 年 . —198 页（被引 6）

ISBN 978-7-81111-572-7

本书以纺织品染整加工的工作过程为依托，以典型设备应用为主线，以提高学生综合能力为目的，逐渐展开染整设备应用的相关知识，系统地介绍了单元装置、前处理设备、染色设备、印花设备和后整理设备的基本组成、操作方法和维护要点。

B3853　TS190

染整设备原理·操作·维护/金灿主编 . —北京：中国纺织出版社，2013 年 . —218 页

ISBN 978-7-5064-9813-5

本书以染整工艺为纽带，结合生产的实际要求，着重对棉织物以及针织物、纱线、丝绸和成衣染整加工设备的类型、工作原理、结构特点、使用方法、故障分析和维护保养知识进行了详细介绍，同时，讲解了产品质量和安全生产方面的问题，并对一些新设备进行了详细介绍。

B3854　TS190

染整生产疑难问题解答/唐育民编 . —北京：中国纺织出版社，2004 年 . —421 页（被引 35）

ISBN 7-5064-2871-7

本书对棉、毛、丝、麻、化纤及其混纺织物、丝绸、纱线在染整生产中遇到的疑难问题进行解答，并注重介绍国内外 21 世纪的新型纺织纤维、新型染料及新技术。

B3855　TS190

染整生产疑难问题解答　第 2 版/唐育民编 . —北京：中国纺织出版社，2010 年 . —273 页（被引 5）

ISBN 978-7-5064-5999-0

本书采用问答形式编写，内容包括：纺织纤维篇、染整前处理篇、染料与配色篇、染色与印花篇、后整理篇、表面

活性剂与助剂篇共 464 题。

B3856　TS190

染整实验（21 世纪职业教育重点专业教材）/蔡苏英主编 . —北京：中国纺织出版社，2002 年 . —278 页（被引 57）

ISBN 7-5064-2022-8

本书比较系统地介绍了染整助剂、染料、纺织材料应用性能的测试方法；常用纺织品练漂、染色、印花、整理基本工艺方法及产品质量检验方法；同时还介绍了染整实验安全知识和常用仪器设备的使用与保养知识。

B3857　TS190

染整实验　染整技术专业（中等职业教育国家规划教材）/王建明主编；陈英，许志忠副主编 . —北京：高等教育出版社，2002 年 . —121 页（被引 6）

ISBN 7-04-010383-4

本书共讲述 35 个实验，其内容包括染整加工、成品及半成品检验的各个环节，按照前处理、染色、印花、后整理的顺序安排实验内容。

B3858　TS193

染整实用仿色技术（纺织服装高等教育"十二五"部委级规划教材）/张冀鄂，丁文才编著 . —上海：东华大学出版社，2011 年 . —172 页

ISBN 978-7-81111-916-9

本书主要内容包括仿色基础知识、电子计算机测配色、配色打样实验设备及测配色实际操作指导等，较系统地介绍了配色的工作过程。

B3859　TS190

染整试化验（印染新技术丛书）/林细姣主编 . —北京：中国纺织出版社，2005 年 . —473 页（被引 67）

ISBN 7-5064-3425-3

本书介绍染整试验常用仪器的使用与保养，阐述纺织纤维、印染助剂及染料的应用性能与测试，印染工艺流程中主要工艺参数检测与控制、质量检测等内容。

B3860　TS190

染整试化验及成品检测 400 问/曾林泉编 . —北京：中国纺织出版社，2014 年 . —230 页

ISBN 978-7-5180-0258-0

本书以问答的形式，用通俗的语言，对印染化验及成品检测工作中必备的知识点和常见的问题，进行了深入浅出的介绍和解答。本书内容包括基础知识、试剂配制、安全管理、助剂药品及染化料分析、印染工艺检测、水质分析、配色仿样、成品检测、仪器设备的操作及维护等，共 434 个问题。

B3861　TS190

染整新技术/李美真编著 . —北京：科学出版社，2013 年 . —346 页（被引 7）

ISBN 978-7-03-036517-0

本书比较全面系统介绍了近年来纺织染整领域的高新技术内容，阐述了这些新技术的基本理论、应用方法、研究现状和发展前景，归纳整理了本学科领域近年来大量的学术研究成果。

B3862 TS190

染整应用化学/李淑华，顾晓梅主编.—北京：化学工业出版社，2010年.—142页

ISBN 978-7-122-07930-5

本书介绍了染整专业后续课程中所涉及的化学知识，强化了染化料的配制、分析测试和染整工艺品质控制等过程中的重要职业技能的培养。

B3863 TS190

染整助剂（高职高专染整类项目教学系列教材）/刘建平等编著.—上海：东华大学出版社，2009年.—242页（被引21）

ISBN 978-7-81111-578-9

本书以染整助剂基本性能、前处理助剂、印花助剂、后整理助剂的生产方法及工艺应用为任务，融入染整助剂基本原理及性能评价构建项目。

B3864 TS190

染整助剂/刘杰，商德发，孙聆芳编著.—哈尔滨：东北林业大学出版社，2007年.—362页（被引6）

ISBN 978-7-81131-000-9

本书对染整助剂的基本理论、分类方法、性能测试以及产品应用等进行了系统阐述。

B3865 TS190

染整助剂化学/陈国强，王祥荣著.—北京：中国纺织出版社，2009年.—192页（被引28）

ISBN 978-7-5064-5988-4

本书主要介绍了表面活性剂、生物酶和高分子化合物等纺织品染整助剂主要原料的结构、种类以及它们的应用性能；重点介绍了表面活性剂的作用机理和影响因素；按纺织品染整加工的工序依次介绍了各类前处理助剂、染色助剂、印花助剂及后整理助剂的结构与性能。

B3866 TS190

染整助剂及其应用（21世纪专家推荐教材）/罗巨涛主编.—北京：中国纺织出版社，2000年.—345页（被引202）

ISBN 7-5064-1605-0

本书包括总论、表面张力和表面吸附、表面活性剂在溶液中的表面活性、表面活性剂的化学结构与性能的关系、添加剂对表面活性剂溶液性质的影响等12章内容。

B3867 TS190

染整助剂及其应用/夏建明主编.—北京：中国纺织出版社，2013年.—272页（被引6）

ISBN 7-5064-9884-7

本书以染整加工的工艺过程为依托，以染整助剂典型产品的应用为主线，采用项目化构架，系统介绍了表面活性剂及作用机理、前处理助剂、染色助剂、印花助剂和后整理助剂的相关知识，以及染整助剂的性能检测方法和应用方法。

B3868 TS190

染整助剂及应用（高等职业技术院校染整技术专业教材）/肖鹏业主编.—北京：中国劳动社会保障出版社，2017年.—110页

ISBN 978-7-5167-2835-2

本书内容包括前处理助剂、染色助剂、印花助剂、整理助剂等。

B3869 TS190

染整助剂新品种应用及开发（纺织新技术书库）/陈胜慧主编.—北京：中国纺织出版社，2002年.—581页（被引32）

ISBN 7-5064-2354-5

本书着重介绍了近年来国内外最新的印染助剂产品及应用，还详细讲解了产品开发实际工作，并简略介绍了中外检索工具及专业刊物和书籍、网络资源、主要技术及服务等。

B3870 TS190

染整助剂应用/贺良震，季媛编著.—上海：东华大学出版社，2008年.—169页（被引12）

ISBN 978-7-81111-487-4

本书介绍了前处理助剂、染色助剂、印花助剂和后整理助剂的应用方法和检测方法。

B3871 TS190

染整助剂应用 第2版（纺织服装高等教育"十二五"部委级规划教材）/贺良震，季媛编著.—上海：东华大学出版社，2013年.—169页

ISBN 978-7-5669-0333-4

本书以纺织品染整加工的工作过程为依托，以染整助剂典型产品应用为主线，以项目课程形成逐渐展开染整助剂应用相关知识，系统地介绍了前处理助剂、染色助剂、印花助剂和后整理助剂的应用方法和检测方法。

B3872 TS190

染整助剂应用测试/刘国良编.—北京：中国纺织出版社，2005年.—362页（被引199）

ISBN 7-5064-3353-2

本书以染整助剂在印染生产各工序中的应用为主线，介绍了各类染整助剂对印染生产和印染产品所起的作用，该助剂的主要组成（或结构）和应用进展情况，以及助剂应用性能的测试方法。

B3873 TS190

染整助剂综合实训（纺织服装高等教育"十二五"部委级规划教材）/刘建平主编.—上海：东华大学出版社，2011年.—215页

ISBN 978-7-81111-931-2

本书是基于染整助剂市场背景、生产、性能测试、应用试验、评价、优化及大生产应用实例编写的教材，内容包括实训指导书、项目实施案例、职业技能培训和鉴定。

B3874 TQ34

人造纤维纺织业劳工有害物暴露评估研究［港台］/汪禧年、陈孟瑜研究主持.—新北：台湾劳动及职业安全卫生研究所，2014 年.—29 页

ISBN 978-986-04-0738-9

B3875 TS106

绒毛织物设计与生产/盛明善、陈雪珍著.—北京：中国纺织出版社，2007 年.—304 页（被引6）

ISBN 978-7-5064-3728-8

本书收录了传统的棉织、丝织、毛织等多种绒毛产品的织物组织结构分析及生产实践的成功经验；还介绍了绒毛织物特有的织造技术和产品质量管理要求，提出了绒毛织物的织物紧度设计理论。

B3876 TS102

熔纺聚氨酯纤维（纺织新技术书库）/郭大生、王文科编著.—北京：中国纺织出版社，2003 年.—639 页（被引34）

ISBN 7-5064-2487-8

本书重点描述了熔纺聚氨酯纤维的纺丝工艺过程、反应原理、工程装置的特点，并全面介绍了其加工、织造以及染整等后加工技术。

B3877 TS113

如何进行棉花的加工/郑海柱主编.—北京：中国财政经济出版社，2010 年.—118 页

ISBN 978-7-5095-1731-4

本书内容包括概述、棉花检验概述、棉花初加工、棉花深加工。

B3878 TS105

三维机织物/郭兴峰主编.—北京：中国纺织出版社，2015 年.—204 页

ISBN 978-7-5180-1815-4

本书详细介绍三维机织物的组织结构及其织造的原理、设备与技术，分类型介绍多层织物、型材织物、间隔织物、蜂窝织物、管状织物、预型体织物的设计与织造方法。为了指导三维机织物的设计和应用，还介绍了三维机织物的细观结构。

B3879 TS102

桑皮纤维及其产业化开发（纺织新技术书库）/瞿才新编著.—北京：中国纺织出版社，2017 年.—182 页

ISBN 978-7-5180-3268-6

本书分析了桑皮纤维的结构及化学成分，利用桑皮纤维的性能设计与开发了桑皮纤维混纺纱产品、桑皮纤维机织面料、桑皮纤维家纺面料、桑皮纤维户外休闲面料、桑皮纤维基针织产品、桑皮基生物医用产品。

B3880 TS104

色纺纱生产与质量控制/方斌、邹专勇主编.—北京：中国纺织出版社，2016 年.—190 页

ISBN 978-7-5180-2976-1

本书主要阐述色纺纱的发展，相对于白纱生产的不同之处和特点。以一线生产为基础，重点介绍色纺纱生产的运转操作流程、工艺配棉管理、打样调色、设备电气维护及保养等相关知识，列举了色纺纱生产所碰到的一些常见问题并详细分析，最后一章主要介绍一些新型的色纺纱纺纱原理和一些新型色纺纱设备。

B3881 TS190

色素化学：有机染料和颜料的合成、性能和应用［译］/（瑞士）海因利希·左林格（Heinrich Zollinger）著；吴祖望、程侣柏、张壮余译.—北京：化学工业出版社，2005 年.—437 页

ISBN 7-5025-7563-4

本书共16章，全面系统地介绍了纺织及其他领域应用的各类染料以及近年来迅速发展的高科技领域应用的功能性色素的基础理论、合成及应用。

B3882 TS106

色织产品设计与工艺/马昀主编.—北京：中国纺织出版社，2010 年.—175 页

ISBN 978-7-5064-6357-7

本书精心设计了九个学习型工作任务，指引读者在完成典型工作任务的过程中，逐步掌握各类色织产品的外观设计、规格设计、工艺设计等技能。

B3883 TS105

色织工艺学（普通高等教育"十一五"国家级规划教材 高职高专）/董敬贵主编.—北京：中国纺织出版社，2008 年.—242 页（被引6）

ISBN 7-5064-5201-4

本书主要介绍色织生产各工序的工艺、生产设备及工作原理，并对工艺参数的确定进行了详细的介绍，对各工序生产工艺的确定均列举了实例。

B3884 TS111

纱疵分析与控制实践（纺织检测知识丛书）/王学元编著.—北京：中国纺织出版社，2011 年

ISBN 978-7-5064-7393-4

本书系统地介绍了纱疵的基本特征、形成机理、分析和控制方法，阐述了常发性纱疵、偶发性纱疵、条干型纱疵的影响因素，从工艺、设备、操作、原料、生产环境等各方面探讨了纱疵的控制措施。讲解了生产流程各环节的质量管理控制要点、各工序值车工操作要求和各工序常见疵点。

B3885 TS193

纱线筒子染色工程（印染新技术丛书）/邹衡主编．—北京：中国纺织出版社，2004年．—433页（被引69）

ISBN 7-5064-3036-3

本书系统介绍了纱线筒子染色的数学模型、设备、工艺和常见质量问题，还就常规纤维纱线的前处理、染色、烘干等内容进行了分章论述。

B3886 TS106

纱线形成技术（纺织新技术书库）/刘国涛，徐旻编著．—北京：中国纺织出版社，2008年．—331页

ISBN 978-7-5064-4849-9

本书主要介绍棉、毛、丝、麻纤维的物理与化学处理方法及根据产品性能与质量要求优选纤维原料、纺纱工艺（含主要新型纺纱）原理、主体纺纱设备的结构特点及其作用原理和运动分析等内容，同时对纺纱优质高产的先进经验和主要技术途径等内容进行了讲解。

B3887 TS104

纱线质量检测与控制（纺织检测知识丛书）/刘恒琦主编．—北京：中国纺织出版社，2008年．—231页（被引31）

ISBN 978-7-5064-4728-7

本书介绍了短纤维纱线的质量检测与质量控制，包括检测成品与半制品主要质量指标所涉及的测试仪器、测试方法与质量控制要点，纱线质量的评定和测试数据的统计分析方法，质量的在线检测和信息化管理等内容。

B3888 TS194

筛网印花（印染新技术丛书）/胡平藩等编著．—北京：中国纺织出版社，2005年．—544页（被引62）

ISBN 7-5064-3160-2

本书系统介绍了筛网印花设备、筛网印花工艺设计、筛网制版技术及对不同织物进行印花加工时的工艺选择和实施方法。

B3889 TS102

山羊绒及其制品质量检验/宁夏回族自治区纺织纤维检验局编．—银川：宁夏人民出版社，2017年．—399页

ISBN 978-7-227-06754-2

本书是国内第一本较为全面地综合阐述山羊绒知识的著作，主要是综合各方面的法律法规、数据、信息、课件、标准等汇编而成，其内容覆盖基础知识、试验操作及法律法规三个方面。

B3890 TS102

山羊绒纤维鉴别图谱/张志主编；中国标准化协会山羊绒及山羊绒制品标准化推进委员会，中国内蒙古鄂尔多斯羊绒集团编．—呼和浩特：内蒙古人民出版社，2005年．—102页（被引20）

ISBN 7-204-08088-2

本书采取图文并茂的形式，介绍了山羊绒纤维的细度与鳞片结构参数、山羊绒纤维外观形态，以及如何正确鉴别山羊绒与绵羊毛纤维。

B3891 TS102

山羊绒制品工程/李龙，李欢意编著．—上海：东华大学出版社，2004年．—156页（被引91）

ISBN 7-81038-719-7

本书系统地讲述了山羊绒的资源、结构与性能，原绒及其质量控制，山羊绒制品，功能整理，以及山羊绒与其他纤维混纺等。

B3892 TS101

商品知识：针棉制品（超市从业人员岗位组合培训 知识系列）/杨春丽主编；劳动和社会保障部教材办公室组织编写．—北京：中国劳动社会保障出版社，2006年．—181页

ISBN 7-5045-5863-X

本书介绍了针棉制品的不同种类和选购保养等知识。

B3893 TS102

神奇的负离子纤维［港台］（元气系列125）/吴建勋编著．—新北：元气斋出版社，2017年．—202页

ISBN 978-986-93514-7-8

B3894 TS101

生态纺织的构建与评价/姜怀主编；上海市纺织工程学会，上海纺织控股（集团）公司，东华大学编著．—上海：东华大学出版社，2005年．—364页（被引45）

ISBN 7-81038-986-6

本书论述了生态纺织构建的思路和原则，分析了纺织品中外源性化学物的毒性、作用机理和生态纺织品的标准，研讨了绿色原料、绿色纺织品和绿色染化料的开发与应用等内容。

B3895 TS101

生态纺织工程（纺织新技术书库）/张世源编．—北京：中国纺织出版社，2004年．—435页（被引90）

ISBN 7-5064-2866-0

本书系统介绍了纺织生态学的基础理论、纺织品及纤维原料的生态性、环保型染料、废弃纺织品生态处理、纺织工业废水生态治理等。

B3896 TS107

生态纺织品检测技术/邢声远等编著．—北京：清华大学出版社，2006年．—326页（被引42）

ISBN 7-302-11422-6

本书扼要介绍了纺织品中有毒、有害物质对人体健康环境造成的危害，以及国际上和我国有关生态纺织品的法律法规和标准、申请生态纺织品标志的程序和手续等。

B3897 TS107

生态纺织品检测培训读本/邢声远，周硕，霍金花编著．—北京：化学工业出版社，2008年．—447页（被引9）

ISBN 978-7-122-01462-7

本书简要介绍了生态纺织品方面的基本知识、纺织品生态性的检测项目与相关的法律法规和标准，以及纺织品生态性检测中常用的仪器和设备、试剂与气体。较为详细地介绍了纺织品生态性的检测原理和检测方法。

B3898　TS106

生态纺织品与环保染化料（纺织新技术书库）/陈荣圻，王建平编著 .—北京：中国纺织出版社，2002 年 .—517 页（被引 223）

ISBN 7-5064-2142-9

本书根据近年国际生态纺织品的发展趋势，提出了对策与措施，对于最负盛名的 Oeko-Tex 标准 100 的 2002 年最新版本作了详细的介绍。

B3899　TS106

生态纺织品与环保染化助剂/施亦东编著 .—北京：中国纺织出版社，2014 年 .—165 页

ISBN 978-7-5180-0245-0

本书通过介绍生态纺织品的相关法律法规和标准、清洁生产和生态设计的基本概念，提高学生的生态环保意识和认识纺织品国际贸易中面临的"绿色壁垒"，针对当前纺织品生产加工和消费中存在的问题，提出应对策略，介绍了新型染料和纺织助剂的生态开发趋势。

B3900　TS106

生态家用纺织品（纺织新技术书库）/张敏民编著 .—北京：中国纺织出版社，2006 年 .—334 页（被引 14）

ISBN 7-5064-3902-6

本书提出了"生态家用纺织品"概念及其分类、分级方法，详细分析了家用纺织品有害物质来源及控制措施，介绍了生态家用纺织品的生产、标准、质量检测、生态认证等内容，并对生态家用纺织品的设计与开发提出了具体实施方法，同时对我国家纺行业发展生态产品提出了分类、分步实施的设想。

B3901　TS107

生态轻纺产品检测标准应用（现代纺织工程丛书）/周传铭主编 .—北京：中国纺织出版社，2004 年 .—320 页（被引 13）

ISBN 7-5064-2715-X

本书重点对轻纺织产质量检工作中应注意的法规性、技术性和专业性问题作了详尽的介绍与论述。

B3902　TS190

生态染整技术/高淑珍，赵欣编著 .—北京：化学工业出版社，2003 年 .—277 页（被引 95）

ISBN 7-5025-4384-8

本书运用染整专业和其他学科的基础理论知识，从实践和理论两个方面对目前正在兴起的电化学、超声波、微波技术等生态染整加工技术进行全面讲述。

B3903　TS101

生物科技于纺织领域之应用［港台］/黄玲娉，梁雅卿撰写 .—台北：台湾纺织工业研究中心，2002 年 .—184 页

ISBN 957-9674-48-5

B3904　TS106

生物医学纤维及其应用/沈新元主编 .—北京：中国纺织出版社，2009 年 .—328 页

ISBN 978-7-5064-5533-6

本书介绍了生物医学纤维的基本概念、发展历史与发展趋势，生物医学纤维的制备技术与基本要求，生物学评价方法和标准以及天然高分子基生物医学纤维和合成聚合物基生物医学纤维的制备技术、结构性能及用途，同时介绍了生物医学纤维在医疗领域的应用。

B3905　TS106

生物医用纺织材料科技发展/中国工程院著 .—北京：高等教育出版社，2015 年 .—136 页

ISBN 978-7-04-042406-5

本书主要内容是中国工程院科技论坛"生物医用纺织材料"的会议研讨内容及有关材料，收入了与会专家就有关领域的深入研讨等。

B3906　TS106

生物医用纺织品（纺织新技术书库）/王璐，金马汀等编著 .—北京：中国纺织出版社，2011 年 .—355 页（被引 29）

ISBN 978-7-5064-7889-2

本书较为系统地总结了生物医用纺织品研发的一般思路及技术流程，比较详细地阐述了移植用制品、体外用制品、人工器官用制品、卫生保健（护）用品等四大领域中的典型生物医用纺织产品。

B3907　TS106

生医纺织品专题调查［港台］/刘湘仁撰写 .—台北：台湾纺织产业综合研究所，2005 年 .—198 页

ISBN 986-81915-4-8

B3908　TS101

实用纺织化学分析/何志贵等主编 .—北京：中国标准出版社，2007 年 .—416 页（被引 11）

ISBN 978-7-5066-4430-3

本书介绍纺织化学分析常规测试项目的检测分析原理、操作步骤、关键点与注意事项，特别是对目前涉及纺织品安全、卫生、环保与反欺诈的项目检测进行了介绍。

B3909　TS1

实用纺织染技术/邵灵玲主编 .—北京：中国纺织出版社，2014 年 .—276 页

ISBN 978-7-5064-8526-5

本书结合古代纺织技术的演变、纺织业发展的现状，以纺织产品的生产加工过程为主线设计教学项目和任务，较全

面地介绍了纺纱、机织、针织、染整技术的基本原理及生产工艺过程。理论与实践紧密结合，具有较强的实用性和可操作性。

B3910 TS941.15

实用服装材料学/梁蓉，梁桂屏编著．—广州：中山大学出版社，2007年．—187页（被引6）

ISBN 978-7-306-02846-4

本书对服装材料的种类、性能特点及其应用等作了详细的讲解。

B3911 TS105

实用机织面料设计与创新（"十三五"普通高等教育本科部委级规划教材）/佟昀编．—北京：中国纺织出版社，2018年．—225页

ISBN 978-7-5180-4514-3

本书内容包括面料识别、白坯、色织仿样、创新设计及毛织、化纤面料设计以及非遗民族纺织品设计与织造，如云锦、缂丝、蜀锦、宋锦、壮锦、侗锦、漳绒等，由相关非遗传承人讲解或提供资源。面料创新设计包括：色彩与纹样设计、立体、青花风格；曲线、经纬管状、孔隙、剪花、浮纹效应织物，及功能型时尚化纤面料设计，案例来源于企业，分析、设计、生产、依交期进行配台计算等各环节相衔接。

B3912 TS190

实用牛仔产品染整技术（牛仔布工业丛书）/刘瑞明编著．—北京：中国纺织出版社，2003年．—178页（被引44）

ISBN 7-5064-2488-6

本书对靛蓝染色、丝光以及各种染料在浆染联合机上的应用进行了详细的阐述，还对颜色的分析、染料的分析以及水洗整烫、特种整理等作了介绍。

B3913 TS193

实用着色与配色技术/张红鸣，徐捷编著．—北京：化学工业出版社，2001年．—815页

ISBN 7-5025-3281-1

本书从颜色的基本知识着手介绍了有关测色与配色的理论，对颜色的测量、计算机配色的原理与应用，在不同基质材料上着色与配色，着色剂的要求和选择作了详细的叙述。

B3914 TS115

世界棉纺织前沿技术/秦贞俊编著．—北京：中国纺织出版社，2010年．—207页（被引26）

ISBN 978-7-5064-6450-5

本书收集了1999年的巴黎国际纺织机械展览会、2007年的慕尼黑国际纺织机械展览会和2008年的上海国际纺织机械展览会所展示的当代棉纺织机械及检测仪器的技术进步情况。介绍了世界棉纺织前沿技术及国际上最新技术的信息，论述了棉纺织设备发展的动向。

B3915 TS193

柿汁染色的理论与实际［港台］/许北九（Heo，

BukGu）著．—台中：台中市政府文化局葫芦墩文化中心，2015年．—113页

ISBN 978-986-047-560-9

B3916 TS104

梳理的基本理论/张文赓，郁崇文著．—上海：东华大学出版社，2012年．—81页（被引35）

ISBN 978-7-5669-0034-0

本书以梳理的基本理论为主线，主要探讨梳理过程中纤维的运动和作用力、针面上纤维负荷量的变化及其与产质量的关系，尤其将盖板梳理与罗拉梳理统一阐述，提出了以切向运动为主的新理论系统。

B3917 TS104

梳理针布的工艺特性、制造和使用（纺织新技术书库）/费青，阙浩英，陈海涛等编著．—北京：中国纺织出版社，2007年．—593页（被引51）

ISBN 978-7-5064-4365-4

本书详细叙述了各种梳理针布（棉纺、毛纺、麻纺、绢纺、非织造布梳理机用针布等）的工艺特性、规格设计、制造设备、制造工艺以及针布的选用、适用范围、包卷、维护等内容，同时还介绍了国内外各主要针布（厂）制造梳理针布的设备、工艺及针布规格。

B3918 TS103

梳理针布的设计与选配/曹继鹏著．—北京：中国纺织出版社，2016年．—152页

ISBN 978-7-5180-2476-6

本书简要论述了针布的发展历史，从针布齿形、参数、新型纤维梳理、针布配套等方面对梳理针布的设计和选配问题进行了较为详尽的论述，尤其是针对国外针布提供的梳棉机针布配套情况，对国外针布的配套理论进行了深入解析。

B3919 TS112

梳棉机工艺技术研究/孙鹏子主编．—北京：中国纺织出版社，2012年．—440页（被引29）

ISBN 978-7-5064-8343-8

本书对梳棉机工艺技术问题进行了较详细的探讨，重点研究了梳棉机主要部件速度的选择、主要部件工艺隔距的确定、棉网清洁器的作用及工艺参数的选择、梳针刺辊、梳针分梳板对棉及化纤梳理的效果、锡林与盖板隔距与锡林直径、盖板踵趾差、盖板植针宽度的理论关系等工艺技术。

B3920 TS1

数码纺织技术与产品开发/周赳编．—北京：中国纺织出版社，2012年．—306页（被引14）

ISBN 978-7-5064-8801-3

本书主要分为数码织花技术及其应用和数码印花技术及其应用两部分，系统地介绍了数码织花技术和数码印花技术的发展及其应用背景，基于纺织产品的数码创新理念，结合纺织品的数码化创新设计实例来详细描述数码设计技术和生产技术在纺织产品开发中的应用特点，为数码纺织产品在设

计理念、设计原理、设计方法上的创新提供技术参考。

B3921 TS194

数码喷印技术与应用（纺织新技术书库）/杨诚著 .—北京：中国纺织出版社，2018 年 .—393 页

ISBN 978-7-5180-4419-1

本书着重介绍近年来国外开发研制的具有代表性的纺织试验仪器的结构、检测分析原理、性能参数、发展历史、操作特点与实际应用，以及使用与购置时的注意事项，揭示它们的技术创新点。对纺织品安全卫生环保项目的检测仪器在纺织类书籍中做了介绍。向读者展示了近年来国内外纺织测试仪器的新进展，提供借鉴、吸收新型纺织检测技术的平台，并可作为选购国内外同类检测仪器时的参考。

B3922 TS194

数码提花艺术［港台］/姜绥祥，华涛编著 .—香港：香港理工大学，2013 年 .—217 页

ISBN 978-9-623-67762-2

本书展现了六位蜚声国际的艺术家和设计师的作品。六位艺术家分别是新井淳一、路易丝·莱米克斯、博鲁伯、菲利帕·布鲁克、利亚·库克、黄文英以及利兹·威廉姆森，虽然他们来自不同的国家，但无论作为个人还是作为一个整体，他们代表了当今提花织造艺术的最高水平。

B3923 TS194

数码印花工艺教程/张为海主编 .—北京：中国纺织出版社，2015 年 .—124 页

ISBN 978-7-5180-1981-6

本书综合数码印花研发机构及数码印花生产技术人员的实战经验，全方位地讲解了数码印花的发展历程、特点及分类，数码印花配套设备及重要部件（喷头），数码印花图案设计及制作等；重点讲述了数码印花颜色管理及其软件系统，热转印、涂料及直喷数码印花工艺流程和操作规范。

B3924 TS194

数码印花图案设计/周李钧著 .—北京：中国纺织出版社有限公司，2019 年 .—168 页

ISBN 978-7-5180-5549-4

本书分类阐述运用 Photoshop 软件进行图案设计的具体方法，以及数码印花的工艺特点及其发展与现状、图案的基础知识、Photshop 软件的基本操作等内容。通过设计实例详尽地介绍精细几何图案、T 恤图案、女装面料图案、围巾图案和家纺图案的特点和设计方法，步骤详尽，具有较强的实用性。

B3925 TS103

数字化纺织智能电气控制系统研究/孙文杰著 .—北京：中国纺织出版社，2018 年 .—181 页；26cm

ISBN 978-7-5180-5489-3

本书内容包括导论、智能纺织材料及纺织系统、纺机电气控制、数字化纺机传感器技术、数字化纺机电机控制技术、数字化纺机变频调速控制技术、剑杆织机智能电控系统设计。

B3926 TS194

数字喷墨印花技术（印染新技术丛书）/房宽峻编著 .—北京：中国纺织出版社，2008 年 .—301 页（被引 106）

ISBN 978-7-5064-4633-4

本书内容包括：数字喷墨印花的原理、设备、工艺、图案设计与制作及活性染料墨水的喷墨印花、酸性染料墨水的喷墨印花、分散染料墨水的喷墨印花等。

B3927 TS194

数字喷墨与应用/赵树海，陈杰编著 .—北京：化学工业出版社，2014 年 .—170 页

ISBN 978-7-122-20151-5

本书主要介绍了喷墨技术原理、颜色原理、喷墨着色剂的选择，以及喷墨技术在纺织、印刷等行业的应用情况。

B3928 TS102

双稳态可变形复合材料结构/张征，柴国钟，姜少飞编著 .—北京：科学出版社，2018 年 .—213 页；24cm

ISBN 978-7-03-055191-7

本书取材于双稳态可变形复合材料结构的最新研究进展和作者近年来从事相关研究工作的成果。全书共 8 章，系统阐述双稳态可变形复合材料结构的基本理论、实验方法和数值模型。通过理论、实验与数值模拟，对双稳态结构变形机理、环境影响和黏弹性本构进行重点分析与详细讨论。

B3929 TS193

双组分纤维纺织品的染色（纺织新技术书库）/唐人成，梅士英，程万里编著 .—北京：中国纺织出版社，2003 年 .—616 页（被引 106）

ISBN 7-5064-2684-6

本书介绍了双组分纤维组合的必要性和方法，纤维按染色性能分类和多组分纤维纺织品染色的基础知识，详细论述了各种双组分纤维纺织品染色的基本原理和方法，并对新型染化料在双组分纤维纺织品染色中的应用和部分新型纤维的染色性能作了简述。

B3930 TS106

水性高分子织物涂层剂/李杰，王胜鹏，晋苗苗，罗运军编 .—北京：中国科学技术出版社，2013 年 .—188 页

ISBN 978-7-5046-6242-2

本书是一本实际生产应用中的专著。本书内容包括：水性高分子织物涂层剂的概论部分，水性聚氨酯织物涂层剂，水性聚丙烯酸酯织物涂层剂，水性有机硅织物涂层剂，天然高分子类织物涂层剂，其他类织物涂层剂等。通过对各种织物剂的分类和应用现状，详细阐述了各种织物剂的制备、应用在生产实践中的发展过程和应用的现状。

B3931 TS145

丝绸导论/潘志娟主编；冯岑，潘姝雯副主编 .—北京：中国纺织出版社有限公司，2019 年 .—192 页

ISBN 978-7-5180-5869-3

本书首先介绍了丝绸之路、丝绸文化及其传播，然后阐

述了桑蚕丝的生产，丝绸面料的设计、织造、印染等丝绸面料的加工技术。在此基础上，系统讲述各种不同风格的代表性丝绸面料及其鉴别，丝绸服饰文化及其发展则讲述了古今中外丝绸服装的文化、创新及时尚元素，并介绍了丝绸在服饰以外的综合应用。

B3932　TS14

丝绸实用小百科（现代纺织工程丛书）/钱小萍主编．—北京：中国纺织出版社，2001年．—571页（被引27）

ISBN 7-5064-1986-6

本书介绍了丝织原料种类及性能，真丝针织工程，丝织物结构，图案配色及室内装饰，丝织物设计，计算机辅助设计，丝绸制品的洗涤保管收藏等各方面的基本知识。

B3933　TS145

丝纺织工艺学（纺织高等教育"十五"部委级规划教材）/俞加林主编．—北京：中国纺织出版社，2005年．—507页（被引40）

ISBN 7-5064-3488-1

本书介绍了丝纺织加工的全过程，共分三篇。第一篇成纱篇介绍了天然丝和化学纤维长丝的生产、加工工艺及风格改良；第二篇织造篇介绍了丝织生产的织前准备和织造工艺；第三篇产品工艺篇包括传统桑蚕丝产品、色织产品、各种仿真产品及功能性、产业用丝织品的典型产品规格和加工工艺要点。

B3934　TS190

丝绒染整技术/吴长生编著．—北京：中国纺织出版社，2012年．—134页

ISBN 978-7-5064-8120-5

本书简要介绍了我国丝绒染整技术的发展过程，作者结合几十年丝绒染整生产实践，详细阐述了丝绒染整生产的全过程。书中内容丰富，实用性强，对解决生产中的关键问题以及促进丝绒染整技术的发展、提高产品质量水平，均起着重要的作用。

B3935　TS145

丝针织生产技术与新产品开发/陈慰来主编．—北京：中国纺织出版社，2010年．—250页

ISBN 978-7-5064-6484-0

本书以真丝针织产品的生产工艺为主线，阐述真丝针织应用的原料种类特性及其加工的设备、工艺路线、技术参数，并对真丝针织绸、真丝针织服装的质量标准按国家标准进行阐述。最后介绍近年来开发的创新产品。

B3936　TS145

丝织工艺（中等职业教育规划新教材）/黄永娟主编．—上海：上海交通大学出版社，2017年．—205页

ISBN 978-7-313-16903-7

本书分22个项目，介绍了原料的织前处理、络丝、并丝、捻丝、整经、浆丝、分绞、穿结经、卷纬及准备工程综述，丝织机、开口运动、引纬运动、打纬运动、送经运动、卷取运动等。

B3937　TS145

丝织物设计与产品/李超杰编著．—上海：东华大学出版社，2006年．—170页（被引6）

ISBN 7-81111-064-4

本书主要论述了织物和织物结构、织物组织、提花织物的织物纹样设计、提花织物纹样的意匠法、纹板踏制法、丝绸织物生产工艺的选择、纺织产品原料介绍、织物分析、丝绸产品设计列举、丝绸像景介绍等。

B3938　TS105

梭织技术与织纹分析［港台］/蔡玉珊著．—台湾：台中县文化中心，2000年．—273页

ISBN 957-02-6441-1

本书2007年再版（增订本），284页，ISBN 978-957-41-4825-7。

B3939　TS105

梭织物表现技法与结构创作［港台］/章以庆著．—台北：作者自发行，2003年．—201页

ISBN 957-41-1380-9

B3940　TS102

台湾编织植物纤维研究［港台］/张丰吉著；台中县立文化中心编．—台中：台中县立文化中心，2000年．—221页

ISBN 957-02-1137-7

本书介绍中国台湾地区一般编织常用的麻、竹、藤、茜草、假茎、叶脉、棉花、鞘皮、棕榈树皮、纸捻等类别的纤维，并将其特性、加工处理技术及作品欣赏作专论。

B3941　TS106

太阳能纺织品发展趋势［港台］/陈冈宏撰写．—新北：台湾纺织产业综合研究所，2006年．—171页

ISBN 978-986-81915-8-7

B3942　TS106

特殊织物生产技术专论［港台］/台湾纺织工业研究中心．—台北：台湾纺织工业研究中心，2003年．—1册

B3943　TS106

特种功能纺织品的开发（纺织新技术书库）/王树根，马新安等编著．—北京：中国纺织出版社，2003年．—248页（被引85）

ISBN 7-5064-2657-9

本书介绍了生产特种功能纺织品的原理和方法，介绍了整理或涂层的一般工艺流程、工艺条件、配方和评价方法，特种纤维的性能、结构、生产方法及产品性能和用途。

B3944　TS194

特种印花　新颖印花技术工具书（现代纺织工程技术丛书）/王雪燕，赵川，任燕编著．—北京：化学工业出版社，

2014 年 . —188 页

ISBN 978-7-122-20571-1

本书系统介绍了各种特种印花的方法、原理、工艺流程、工艺特点、技术要求等，包括光泽印花、隐影动态印花、光敏印花、易去除印花、多色微点印花、多色流淋印花、喷射印花、转移印花、发泡印花及起绒印花、烧拔印花及防烧拔印花、凹凸立体印花、模拟印花、消光印花、气息印花等。内容丰富，技术先进。

B3945 TS184

提花工艺与设计（纺织服装高等教育"十二五"部委级规划教材）/罗炳金，赵秀芳主编 . —上海：东华大学出版社，2014 年 . —132 页

ISBN 978-7-5669-0541-3

本书内容分三大模块，即装造工艺模块、纹样设计与意匠编辑模块和生产实际应用模块，系统地阐述纹织物生产的基本原理、工艺设计方法、纹织 CAD 操作功能及其应用，以及电子提花机在纹织物生产中的实际应用。

B3946 TS184

提花工艺与纹织 CAD/包振华主编 . —北京：中国纺织出版社，2009 年 . —223 页

ISBN 978-7-5064-5877-1

本书分为提花工艺设计与纹织 CAD 软件操作两部分。提花工艺设计部分从工艺设计的角度讲述纹样设计、意匠设计、提花机装造等内容；纹织 CAD 软件操作部分主要讲述纹织 CAD 软件操作的基本操作方法、纹样编辑与修改、工艺设计等内容。最后通过几个具体实例说明提花工艺与纹织 CAD 在生产中的实际应用。

B3947 TS184

提花工艺与纹织 CAD 第 2 版/包振华主编 . —北京：中国纺织出版社，2015 年 . —272 页

ISBN 978-7-5180-1004-2

本书以大提花产品的设计与生产过程为主线，采用模块化形式组织和编排教材内容，在各模块下以项目或任务驱动方式组织教学活动，通过纹织物的色彩与图案设计、纹织物的结构设计、提花工艺设计、意匠编辑与纹样处理、装造设计等五个模块编写大提花产品的设计与生产过程，最后以纹织物设计实例综合展示几种典型大提花产品设计的过程，让读者能全面掌握大提花织物设计的全过程。

B3948 TS184

提花面料花型设计与工艺（纺织服装高等教育"十三五"部委级规划教材）/徐颖著 . —上海：东华大学出版社，2017 年 . —79 页

ISBN 978-7-5669-1174-2

本书分五个项目，包括提花面料花型设计要求、服装面料花型设计、床品面料花型设计、窗帘面料花型设计、抱枕花型设计。每个项目有详细的练习过程和要求，帮助读者更好地掌握提花面料的花型设计要求，花型的布局、排列和层次设计，以及色彩设计和运用设计方法等知识。

B3949 TS184

提花织物的设计与工艺（纺织新技术书库）/翁越飞主编 . —北京：中国纺织出版社，2003 年 . —369 页（被引 93）

ISBN 7-5064-2437-1

本书系统地阐述了提花织物纹织设计的基本原理和工艺方法，并通过对典型范例的分析，介绍了各类纹织物的纹样特点，纹制处理及后处理工艺等。

B3950 TS190

天然彩色棉的基础和应用（印染新技术丛书）/张镁，胡伯陶，赵向前编著 . —北京：中国纺织出版社，2005 年 . —346 页（被引 78）

ISBN 7-5064-3220-X

本书主要分为基础和应用两大部分。基础部分主要从理论和实验方面阐述了天然彩色的形成和培育、形态结构、超微结构、物理化学性能及色素的形成和特性等内容，并与普通白棉做了对比；应用部分根据彩色棉的特点，介绍了几种彩色棉产品的纺纱、织造、后整理方法。

B3951 TS102

天然产物在绿色纺织品生产中的应用/李群，赵昔慧著 . —北京：化学工业出版社，2008 年 . —179 页（被引 21）

ISBN 978-7-122-02136-6

本书从研究和生产两个角度介绍了天然产物的基础知识，天然产物与绿色化学、绿色纺织印染工业的关系。重点介绍了绿色化学、绿色纺织品原理、天然油脂、淀粉、甲壳质、矿物、色素、香料、生物酶等的来源、提取与改性方法，列举了这些天然产物在纺织印染工艺中的应用范例。

B3952 TS102

天然纺织纤维初加工化学/王春霞，季萍主编 . —北京：中国纺织出版社，2014 年 . —145 页

ISBN 978-7-5180-0105-7

本书以论述天然纺织纤维初加工化学的原理及工艺为主。内容主要包括毛纤维的洗涤和炭化、麻纤维的脱胶、绢纺原料精练的原理及工艺过程。另外还介绍了天然纺织纤维的化学性质、羊毛杂质、纤维素伴生物、丝胶及蚕丝杂质的化学性质，并且介绍了天然纺织纤维初加工化学助剂的基础理论知识。

B3953 TS102

天然纺织纤维加工化学/邓一民主编 . —重庆：西南师范大学出版社，2010 年 . —233 页

ISBN 978-7-5621-5022-0

本书由两大部分组成：1. 天然纤维化学加工基础知识，主要介绍了天然纺织纤维化学加工性能、化学加工用水处理和废水处理；2. 天然纺织纤维的前处理及其化学加工，主要介绍了近十年来天然纺织加工的研究成果。

B3954 TS102

天然纺织纤维原料过程工程原理与应用/陈洪章，彭小伟著 . —北京：科学出版社，2012 年 . —440 页

ISBN 978-7-03-034060-3

本书在过程工程理论指导下，针对纺织纤维工业存在的可再生原料短缺问题，从"过程集成"和"结构与功能"角度梳理可再生性生物质纺织纤维工业原料炼制的科学原理、新技术以及产业化应用情况，以期梳理出纺织纤维工业生态产业链中关键共性问题，达到可再生性生物质纺织纤维工业原料生物量全利用，创建清洁生产工艺，使可再生性生物质纺织纤维工业原料资源多组分分层多级集成利用，促进可再生性生物质纺织纤维工业的和谐发展。

B3955 TS193

天然染料及其染色应用（纺织新技术书库）/于颖著.—北京：中国纺织出版社有限公司，2020年.—214页

ISBN 978-7-5180-7644-4

本书阐述了天然染料的应用、分类，提取及染色新方法，天然助剂和染料的开发及印花，新型天然染料手绘和印花色浆的制备，天然染料数码喷墨印花用墨水的制备，并指出天然染料在应用中存在的问题，同时对天然染料的研究现状作了概述。

B3956 TS193

天然染料在真丝染色中的应用/路艳华著.—北京：中国纺织出版社，2017年.—131页

ISBN 978-7-5180-2995-2

本书详细地分析了天然染料对真丝织物的染色性能。

B3957 TS102

天然纤维复合材料/鲁博，张林文，曾竟成等编著.—北京：化学工业出版社，2005年.—502页

ISBN 7-5025-7603-7

本书依据天然纤维复合材料的研究现状，针对其发展的需要，介绍了天然纤维复合材料的起源，其所用的原材料、成型工艺、结构设计、原材料及产品性能测试等。

B3958 TS102

天然纤维清洁加工技术/赵欣等编著.—哈尔滨：东北林业大学出版社，2004年.—297页

ISBN 7-81076-592-2

本书阐述了原料皮的低污染储存、清洁脱毛工艺、清洁浸灰碱工艺、清洁脱灰技术、清洁脱脂工艺技术、清洁浸酸鞣制工艺等目前国内外制革清洁化工艺的实用新技术、方法和理论。

B3959 TS102

天然纤维与特殊合成纤维［港台］（科学图书大库）/许永绥编著.—台北：徐氏基金会，2000年.—415页

ISBN 957-18-0366-9

B3960 TS193

筒子（经轴）纱染色生产技术/童耀辉编著.—北京：中国纺织出版社，2007年.—325页（被引21）

ISBN 978-7-5064-4254-1

本书从筒子（经轴）纱染色生产流程、设备、原理和工艺等方面进行了介绍，尤其是设备操作方面介绍较详细，其中部分资料取自目前世界上著名的生产实例，工艺和质量部分则主要来自生产实践。

B3961 TS193

筒子纱低浴比染色实用技术/罗湘春，陈镇，罗业编著.—北京：中国纺织出版社有限公司，2019年.—102页；24cm

ISBN 978-7-5180-6418-2

本书分为我国纺织行业概况、染色基本理论、筒子纱染色、低浴比染色、筒子纱低浴比染色技术五章，具体内容包括：纺织工业、印染行业、纺织机械行业、染色过程与原理、染色速率、筒子纱染色的发展等。

B3962 TS102

图解纤维材料/张大省，周静宜主编.—北京：中国纺织出版社，2015年.—233页

ISBN 978-7-5180-1754-6

本书第一部分是关于纤维的基础知识简单明了地重点介绍天然纤维及化学纤维的分类、命名及其主要性能；还将主要化学纤维的化学结构列出；并顺便介绍化学纤维的主要名词解释及几种主要的化学纤维基本生产方法图例等。第二部分重点"图解纤维材料"的内容，为使广大读者尽可能读来易懂并节省宝贵的时间，以"看图识字"的方式，用扫描电子显微镜、光学显微镜和光学相机照片并配以简短的文字说明，介绍一些主要纤维的微观与宏观形态结构及其应用。

B3963 TS186

图解针织服装 CAD 应用设计/杜和编著.—北京：中国纺织出版社，2006年.—292页

ISBN 7-5064-3546-2

本书通过图解的方式，对彩路设计的功能应用做了阐述。并以针织服装设计为主，其他工作模块为辅，用大量的原创设计步骤图例，演示了运用彩路软件设计的操作过程。

B3964 TS106

涂层和层压纺织品［译］/（英）沃尔特·冯（Walter-Fung）著；顾振亚，牛家嵘，田俊莹主译.—北京：化学工业出版社，2006年.—327页（被引50）

ISBN 7-5025-7753-X

本书包括了材料、生产方法、典型产品、产品性能测试及评价，乃至对环境的影响等方面，最后还对涂层与层压技术的未来作了展望。

B3965 TS190

涂料印染技术（纺织新技术书库）/余一鹗编.—北京：中国纺织出版社，2003年.—242页（被引79）

ISBN 7-5064-2674-9

本书以实践为基础，详细介绍了涂料印染所涉及的助剂以及涂料直接印花、涂料拔染印花、涂料特种印花及其相关的新材料和新技术的应用。

B3966　TS106

土工袋技术原理与实践/刘斯宏著 . —北京：科学出版社，2017 年 . —190 页（被引 5）

ISBN 978-7-03-051555-1

本书较为全面、系统地介绍了土工袋技术的原理与实践应用，集中体现了作者多年来关于土工袋技术的研究理论及成果，并结合多个工程实践，研究了土工袋应用于不同结构物的工作机理及其工程特性。

B3967　TS186

袜品工艺与技术/颜晓茵主编 . —上海：东华大学出版社，2017 年 . —176 页

ISBN 978-7-5669-1184-1

本书系统概述了现代各类袜子产品的款式设计、工艺设计、后整理工艺乃至装饰技法运用的方法，对单针筒袜品和双针筒袜品的生产工艺进行详细阐述，针对日常生活中常见的花色袜品从款式设计、组织设计到生产工艺进行较为详细的实例讲述。

B3968　TS123

微观亚麻/任忠海，郭雅琳主编 . —哈尔滨：东北林业大学出版社，2005 年 . —281 页

ISBN 7-81076-690-2

本书中内容分两大部分。第一部分是编者们科研工作的小结，揭示了一些有关亚麻纤维的微观结构和所测得的结果；第二部分是当前国际上有关亚麻纤维微观结构的文献。

B3969　TS107

微纳米纺织品与检测（纺织服装高等教育"十三五"部委级规划教材　纺织科学与工程一流学科建设教材）/覃小红主编 . —上海：东华大学出版社，2019 年 . —186 页

ISBN 978-7-5669-1283-1

本书综合了纳米技术在纺织领域的应用机理、纳米效应形成工艺、制备过程、微纳米功能纺织品的应用及检测等方面的重要研究成果。

B3970　TS193

微泡发生器流体动力学机理及其仿真与应用/李浙昆著 . —成都：西南财经大学出版社，2017 年 . —337 页

ISBN 978-7-5504-3190-4

本书内容主要分为三个部分。第一部分：以射流式微泡发生器为例，研究了微泡发生器流体动力学机理、微泡生成机理等。第二部分：应用实例研究，研究了射流式微泡发生器、旋流式微泡发生器等。第三部分：采用电导法检测液位、泡沫层厚度的研究，研发了检测液位等。

B3971　TS184

纬编工技能标准/林光兴著 . —北京：中国纺织出版社，2015 年 . —20 页

ISBN 978-7-5180-2217-5

在长期实践、深入调研和系统总结的基础上，提出纬编工职业各等级（初级工、中级工、高级工、技师、高级技

师）的技能标准。

B3972　TS184

纬编工艺与产品设计（纺织服装高等教育"十三五"部委级规划教材）/王秀燕主编 . —上海：东华大学出版社，2018 年 . —144 页

ISBN 978-7-5669-1294-7

本书主要介绍了纬编与纬编针织物的基本概念，纬编针织机的基本构造与工作原理，纬编基本组织、变化组织及花色组织的结构特点、性能、用途及编织工艺，选针机构的工作原理与花型设计等内容。

B3973　TS184

纬编工艺与技术（纺织服装高等教育"十三五"部委级规划教材）/张永革主编 . —上海：东华大学出版社，2016 年 . —196 页

ISBN 978-7-5669-1026-4

本教材系统、全面地介绍了纬编生产基本知识与基本操作，包括纬编基本组织和花色组织结构、性能、用途及编织工艺，圆机、横机成品产品的结构、性能及编织工艺，选针机构工作原理及花纹设计，纬编面料分析及生产工艺参数的确定，针织技术的发展趋势等内容。

B3974　TS187

纬编针织产品质量控制（纺织检测知识丛书）/徐红，丛新婷等编著 . —北京：中国纺织出版社，2008 年 . —226 页

ISBN 978-7-5064-5294-6

本书分"原料的质量控制及车间温湿度控制""圆机产品的质量控制""横机产品质量控制"和"质量管理概论"四个篇章，系统介绍了纬编针织原料的质量控制、生产车间的温湿度控制，圆机产品、横机产品各工段的工艺流程，影响各工段的质量因素及控制方法。

B3975　TS183

纬编针织设备与工艺/丁钟复主编 . —北京：化学工业出版社，2009 年 . —168 页

ISBN 978-7-122-05812-6

本书主要介绍了纬编针织物的基本概念、各种针织圆纬机的基本结构、工作原理和上机工艺、常见针织物组织的结构、性能及现代针织机技术和发展的趋势。

B3976　TS184

纬编针织新产品开发（纺织产品开发丛书）/黄学水编著 . —北京：中国纺织出版社，2010 年 . —275 页（被引 9）

ISBN 978-7-5064-6387-4

本书以纬编新产品设计开发为主线，根据新产品性能、风格及服用要求，结合织物的热、湿舒适性及抗菌保健等原理，对纬编新产品从原料、编织、染整等各个环节进行全方位的设计开发。本书重点介绍了纬编新产品的设计思路、工艺原理、工艺技术及流程，包括新产品设计思路、原料性能、编织设计、染整设计、开发生产过程中常出现的问题及注意事项以及产品风格、性能测试等。

B3977 TS106-39

纹织 CAD 操作与应用实训/罗炳金主编 . —杭州：浙江大学出版社，2011 年 . —202 页

ISBN 978-7-308-08721-6

本书设置 8 个学习项目：纹织 CAD 功能与织物仿真、纹织物分析与 CAD 意匠制作、单层纹织物设计与织物 CAD 模拟、重纬纹织物设计与织物 CAD 模拟、重经纹织物设计与织物 CAD 模拟、多层纹织物设计与织物 CAD 模拟、提花毛巾织物的设计与模拟、纹织物的综合设计与模拟，并以项目为驱动，通过对典型纺织品的分析，介绍了单层纹织物、重纬纹织物、重经纹织物、双层纹织物和提花毛巾织物的纹样、意匠和纹制处理特点及其设计过程，使学生边操作、边实践、边设计，加强学生的纹织 CAD 技术应用能力的培养。

B3978 TS106-39

纹织 CAD 应用案例及织物模拟/丁一芳，诸葛振荣编著 . —上海：东华大学出版社，2007 年 . —192 页（被引 9）

ISBN 978-7-81038-997-6

本书系统地介绍了浙大经纬计算机公司开发的纹织 CAD 和织物模拟软件的应用，着重讲述了运用上述软件设计各类提花织物的方法和步骤。书中还简明扼要地阐述了纹织工艺设计必备的基础知识，并对冲孔机的使用方法和维护要点进行了说明，兼具实用和新颖的特点。

B3979 TS106-39

纹织 CAD 原理及应用/张森林编著 . —上海：东华大学出版社，2005 年 . —179 页（被引 37）

ISBN 7-81038-980-7

本书系统地阐述了织物的一些基本概念、纹织 CAD 的基本原理及实际应用。第一至第三章讲述织物的一些基本概念；第四至第六、七章讲述纹织 CAD 的基本原理和使用方法；第八章讲述纹织 CAD 在实际提花织物设计中的应用实例。

B3980 TS106-39

纹织工艺与 CAD 设计（纺织服装高等教育"十三五"部委级规划教材）/张会青，王静主编 . —上海：东华大学出版社，2018 年 . —204 页

ISBN 978-7-5669-1289-3

本书主要介绍大提花织机工作原理、纹织 CAD 系统、各种纹织物的基本生产和工艺原理、纹织物的设计方法及典型纹织物的设计生产等内容，并通过列举典型纹织物的设计生产实例及计算机辅助设计过程，使理论与实践相结合，具有较强的实用性、针对性和可操作性。

B3981 TS106

纹织工艺与设计/罗炳金主编 . —上海：东华大学出版社，2008 年 . —133 页（被引 7）

ISBN 978-7-81111-481-2

本书阐述了纹织物生产的基本原理、工艺设计方法、纹织 CAD 操作功能及其应用以及电子提花机在纹织物生产中的实际应用。

B3982 TS106

纹织物设计（普通高等教育"十一五"国家级规划教材 本科）/田琳主编 . —北京：中国纺织出版社，2009 年 . —225 页（被引 7）

ISBN 978-7-5064-5424-7

本书主要介绍提花机原理、纹织 CAD 系统、纹织物的基本生产原理、纹织物的设计方法及典型纹织物的设计生产等内容，并列举了典型纹织物的设计生产实例。

B3983 TS102

无机纳米粒子 柞蚕丝素复合膜的制备、结构及性能研究/徐孝旭著 . —沈阳：辽宁科学技术出版社，2012 年 . —95 页

ISBN 978-7-5381-7778-7

本书分 5 部分，内容包括：绪论，切变速度和 Ca^{2+} 离子对再生柞蚕丝素蛋白溶液构象转变的影响，纳米 TiO_2-柞蚕丝素复合膜的制备及其结构表征，纳米 $CaCO_3$-柞蚕丝素复合膜的制备及其结构表征，结论与展望。

B3984 TS192

洗涤工程管理（"十二五"普通高等院校规划教材）/杨强主编 . —北京：中国传媒大学出版社，2015 年 . —311 页

ISBN 978-7-5657-1427-6

本书概括介绍了服装常用纺织纤维材料、服装去渍技术、洗涤剂、干洗技术、服装熨烫技术、洗涤设备、洗涤设备维修保养规范、皮革服装、洗衣店经营概述等内容。

B3985 TS133

洗毛与染色［译］（"十三五"普通高等教育本科部委级规划教材 应用型系列教材）/（澳）澳大利亚羊毛发展有限公司及其子公司国际羊毛局著；高晓艳等编译 . —北京：中国纺织出版社有限公司，2020 年 . —185 页；26cm

ISBN 978-7-5180-6965-1

本书第一篇为洗毛，主要介绍洗毛的流程、各流程的主要工艺参数与所用的设备、洗毛过程中的质量控制、洗毛污水的处理及回收等内容；第二篇为染色，主要介绍羊毛染色所用的染料、染色前处理、染色工艺与染色设备、染色引起的环境问题及解决方法等内容。

B3986 TS192

洗衣厂洗涤及洗涤剂配制/张仁里，廖文胜编著 . —北京：化学工业出版社，2003 年 . —369 页（被引 16）

ISBN 7-5025-4719-3

本书共有两部分内容。第一部分叙述植物纤维、染色、水洗、去渍以及与洗涤相关的设备；第二部分叙述系列洗涤剂及其生产原料、配制原理、使用方法、洗涤程序等，并简述了生产方法及安全事项。

B3987 TS114

细纱保全（现代纺织工程技术丛书）/詹树改主编 . —北京：化学工业出版社，2014 年 . —350 页

ISBN 978-7-122-21152-1

本书以课题形式讲解了细纱机机架、牵伸、卷捻、车头、车尾等部分的安装顺序、校正的重点、工艺要求及相关知识。从机器的弹线、安装到试车生产，详细介绍细纱机每个机件的性能、规格、作用到专件维修、故障处理、疵品原因分析，力图通过反复的训练，全方位地教会读者正确使用。

B3988　TS112

细纱机安装与维修/王显方主编 . —北京：中国纺织出版社，2014 年 . —212 页

ISBN 978-7-5180-0562-8

本书重点阐述了细纱工序设备技术特征、设备状态和工艺参数对产品质量的影响；FA506 细纱机的拆、装过程、装配原理、装配工艺，并配有 FA506 细纱机整个拆装过程的录像片。同时介绍了有关细纱机维修原则、制度、方法；细纱保全保养工人技术等级考核应知应会试题；细纱机大小修理接交技术条件等内容。

B3989　TS104

细纱维修（现代棉纺设备维修技术丛书）/吴予群主编 . —北京：中国纺织出版社，2009 年 . —496 页（被引 5）

ISBN 978-7-5064-5632-6

本书着重阐述了设备技术特征与工艺品质常识、设备主要机构及主要工艺部件的作用和原理、设备维修技术与机电、安全生产等基本知识。同时介绍了相关的维修装配原理、新设备、新技术的应用与发展现状等。

B3990　TS102

先进纺织复合材料（高新纺织材料研究与应用丛书）/高晓平著 . —北京：中国纺织出版社有限公司，2020 年 . —197 页；24cm

ISBN 978-7-5180-7685-7

本书介绍复合材料定义、分类、特性和应用领域，阐述几种常用高性能纤维如玻璃纤维、碳纤维、芳纶纤维等的物理、化学和力学性能及其主要应用领域。以纺织结构复合材料为研究对象，阐述增强体特别是三维结构增强体的制备技术、树脂基复合材料成型工艺及其对力学性能的影响、复合材料界面改性技术。研究纺织复合材料的强度特性及纺织结构和增强体纤维束取向排列对复合材料力学性能的影响机理，分析复合材料力学性能的温度效应。同时，基于有限元数值模拟，研究纺织复合材料细观尺度拉伸性能。

B3991　TS102

纤维材料改性/陈衍夏主编 . —北京：中国纺织出版社，2009 年 . —390 页（被引 64）

ISBN 978-7-5064-5819-1

本书内容包括纤维材料改性中的问题及关注点、纤维材料改性的方法、生物质及天然纤维材料的改性、纤维材料形态及风格的改性、舒适性改性、卫生健康功能加工及改性、纺织材料的智能化、无机纤维及材料改性、纤维增强改性复合材料等。

B3992　TS102

纤维材料工艺学/张旺玺编著 . —郑州：黄河水利出版社，2010 年 . —231 页

ISBN 978-7-80734-747-7

本书以聚酯纤维、聚丙烯腈纤维、聚酰胺纤维等为重点，介绍了几种重要的合成纤维，并根据纤维化学结构对纤维类别进行了归整。每章后还附有英语辅助阅读材料。

B3993　TS101

纤维材料近代测试技术（纺织高等教育"十五"部委级规划教材）/潘志娟主编 . —北京：中国纺织出版社，2005 年 . —383 页（被引 143）

ISBN 7-5064-3463-6

本书上篇介绍了纤维结构的主要测试技术与方法，包括纤维组分与相对分子质量的测定原理与方法，纤维分子结构和聚集态结构的主要测试技术及其具体应用等。下篇介绍了纤维及其集合体材料的性能测试技术与方法。

B3994　TS102

纤维材料设计（中国高等美术院校课程教学经典案例）/唐保平著 . —北京：北京工艺美术出版社，2013 年 . —24 页

ISBN 978-7-5140-0416-8

本书内容涉及课程设置的背景、课程内容、课程目标、教学理念、教学方法等。

B3995　TS102

纤维材料实验教程/杨中开主编 . —北京：中国纺织出版社，2017 年 . —198 页

ISBN 978-7-5180-4091-9

本书介绍了常见成纤聚合物的合成，纤维原料相对分子质量及其分布、热性能、热机械性能、黏流性能、结晶性能和原液性能的表征方法，常见纤维的制备方法，纤维结构与性能测试，化纤纺丝综合性实验等内容。

B3996　TS102

纤维材料学（纺织高等教育"十五"部委级规划教材）/李栋高主编 . —北京：中国纺织出版社，2006 年 . —419 页（被引 142）

ISBN 7-5064-3869-0

本书系统工程的角度，对纤维及其集合体的结构、性能以及它们之间的结构关系、利用的方法和原理，进行了全面系统讨论，并着重对纤维在纺织以外的利用形式、纤维成型同步成纱的集合方法、纤维的改性改形利用以及纤维材料的差别化技术与复合化技术进行了说明。

B3997　TS102

纤维成型技术教程/沈青编著 . —上海：东华大学出版社，2015 年 . —161 页

ISBN 978-7-5669-0779-0

本书的内容分成 7 个部分，第 1 章介绍纤维的历史；第 2 章介绍纤维的定义、结构和分类；第 3 章介绍 16 种以不同

的应用命名的纤维，如工业纤维、复杂纤维、军用纤维、智慧纤维等等；第 4 章介绍主要的纤维及来源，如天然的、合成的等；第 5 章介绍 23 种纺丝技术，如熔融纺丝、湿法纺丝、干纺、凝胶纺等；第 6 章介绍纤维的测试与表征技术；第 7 章主要以实例介绍不同的纤维成型，涉及 11 个例子，如一步法合成技术直接制备纳米纤维等。

B3998 TS10

纤维定性鉴别与定量分析（纺织检测知识丛书）/吴淑焕，潘伟，李翔等主编 . —北京：中国纺织出版社，2011 年 . —95 页（被引 11）

ISBN 978-7-5064-7326-2

本书分为 2 章。第 1 章讲述各类纤维的定性鉴别方法；第 2 章讲述混纺物中各种纤维成分的定量分析方法，这种方法是当前各类检测机构经常使用到的。定性鉴别和定量分析是纺织纤维检验中两个必不可少的步骤。

B3999 TS102

纤维纺丝工艺与质量控制　上册（普通高等教育"十一五"部委级规划教材　高职高专）/杨东洁主编 . —北京：中国纺织出版社，2008 年 . —293 页

ISBN 978-7-5064-5263-2

本书系统地介绍了化学纤维的主要性能指标、化学纤维成型原理、化学纤维拉伸和热定型原理；黏胶纤维、聚丙烯腈纤维（腈纶）、聚乙烯醇缩醛纤维（维纶）、聚氨酯弹性纤维（氨纶）的生产工艺及质量控制；新型化学纤维的性能及生产。

B4000 TS102

纤维纺丝工艺与质量控制　下册（普通高等教育"十一五"部委级规划教材　高职高专）/辛长征主编 . —北京：中国纺织出版社，2009 年 . —320 页

ISBN 978-7-5064-5948-8

本书系统地介绍了聚酯纤维、聚酰胺纤维、聚丙烯纤维、纺熔法非织造材料的生产工艺与质量控制、高速纺丝工艺与质量控制以及熔纺纤维的改性等内容。

B4001 TS101

纤维和纺织品的测试原理与仪器/李汝勤等编著 . —上海：中国纺织大学出版社，1995 年 . —546 页（被引 179）

ISBN 7-81038-052-4

本书较系统地介绍了纤维和纺织品测试的基本原理，并对国内外新发展的测试方法和典型仪器进行介绍。书中涉及测试技术基本理论、纤维和纺织品结构与性能测试、纺织纤维鉴别和混纺比测定等多方面的内容。

B4002 TS101

纤维和纺织品测试技术　第 2 版/李汝勤等编著 . —上海：东华大学出版社，2005 年 . —463 页（被引 226）

ISBN 7-81038-052-4

本书针对纤维和纺织品的性能、质量、原料等的测试原理、方法、仪器等作了全面的介绍。

本书第 1 版题名《纤维和纺织品的测试原理与仪器》。

B4003 TS101

纤维和纺织品测试技术　第 3 版/李汝勤等编著 . —上海：东华大学出版社，2009 年 . —367 页（被引 37）

ISBN 978-7-81111-576-5

本书第 3 版开始附加教学光盘，内容除便于教师讲课的各章 PPT 外，重点对反映测试技术发展的以下四部分内容进行实际操作录像：（1）新纤化学纤维测试系统；（2）乌斯特棉纤维测试系统；（3）生态纺织品测试技术；（4）纤维结构分析技术。

B4004 TS101

纤维和纺织品测试技术　第 4 版（纺织服装高等教育"十二五"部委级规划教材）/李汝勤，宋钧才，黄新林主编 . —上海：东华大学出版社，2015 年 . —375 页（被引 31）

ISBN 978-7-5669-0729-5

本书内容包括：测量方法与误差；纤维长度、卷曲和热收缩测试、纤维细度、成熟度和异形度测试、纺织材料强伸性能测试等。

B4005 TS102

纤维化学（21 世纪职业教育重点专业教材）/解子燕主编 . —北京：中国纺织出版社，2002 年 . —193 页（被引 36）

ISBN 7-5064-2020-1

本书介绍了纤维概念和高分子材料的基本知识，系统叙述了常用纺织纤维如纤维素纤维、蛋白质纤维、主要合成纤维的结构和性能的关系；对天丝纤维、再生蛋白纤维的生产过程、结构、特性也作了介绍。

B4006 TS102

纤维化学［港台］/林清安著 . —台北：丝织公会，2006 年 . —387 页

ISBN 978-957-41-4174-6

B4007 TS102

纤维化学及面料（全国纺织高职高专规划教材）/杭伟明主编 . —北京：中国纺织出版社，2005 年 . —185 页

ISBN 7-5064-3413-X

本书介绍了高分子化合物的基础知识，叙述了纤维、蛋白质纤维、主要合成纤维和新型纤维的结构、性能及其与纺织染整的关系。

B4008 TS102

纤维化学及面料/杭伟明主编 . —北京：中国纺织出版社，2009 年 . —180 页

ISBN 978-7-5064-5491-9

本书简要介绍了高分子化合物的基础知识，系统叙述了纤维素纤维，蛋白质纤维，主要合成纤维和新型纤维的结构、性能及其与纺织染整的关系。最后介绍了纱线和面料的基础知识，以增强本书的实用性。

B4009 TS102

纤维化学与物理（纺织高等教育教材）/蔡再生编 . —北京：中国纺织出版社，2004 年 . —307 页（被引 521）

ISBN 7-5064-3002-9

本书介绍了高分子化学、高分子物理的基础知识，总结了纺织纤维的一些基本理化性能，阐述了纤维素纤维、蛋白质纤维、合成纤维的化学组成、形态结构、聚集态结构和性能等内容。

B4010 TS102

纤维化学与物理（普通高等教育"十一五"国家级规划教材　本科）/蔡再生主编 . —北京：中国纺织出版社，2009 年 . —304 页（被引 202）

ISBN 978-7-5064-5431-5

本书简明地介绍了高分子化学、高分子物理的基础知识；概要地总结了纺织纤维的一些基本理化性能；系统地阐述了纤维素纤维、蛋白质纤维、合成纤维的化学组成、形态结构、聚集态结构和性能。本书的内容既突出纺织纤维的基本知识和性能，又兼顾到纺织纤维的最新发展状况。

B4011 TS102

纤维化学与物理　第 2 版（"十三五"普通高等教育本科部委级规划教材）/蔡再生主编 . —北京：中国纺织出版社有限公司，2020 年 . —307 页；26cm

ISBN 978-7-5180-6612-4

本书内容包括：高分子化学基础、高分子物理基础、纺织纤维总论、纤维素纤维、蛋白质纤维、合成纤维。

B4012 TS102

纤维化学与物理（普通高等教育"十五"国家级规划教材）/詹怀宇主编 . —北京：科学出版社，2005 年 . —563 页（被引 740）

ISBN 7-03-015081-3

本书从纤维分子结构、形态结构、聚集态结构及纤维的物理、机械性能和化学性质的角度，详细介绍了植物纤维、动物纤维、合成纤维的结构、性能及应用。

B4013 TS102

纤维化学与物理/程海明，陈敏主编 . —成都：四川大学出版社，2017 年 . —282 页

ISBN 978-7-5690-0994-1

本书第 1 章为绪论，包括纤维的基本知识，如纤维的来源与分类、纤维的有关术语、纤维的生产方法，以及纤维的发展及应用前景等。第 2 章为高分子物理基础，因学分和课时的限制，一些学校轻化工程专业的教学计划中未专门开设高分子物理课程，而纤维化学与物理的主要内容是从高分子物理的基本内容发展而来的，因此需要补充介绍。第 3 章至第 5 章分别介绍蛋白纤维、纤维素纤维和合成纤维。

B4014 TS102

纤维及假捻加工技术实务 ［港台］/台湾纺织产业综合研究所 . —新北：台湾纺织产业综合研究所，2004 年 . —1 册

B4015 TS102

纤维集合体力学/顾伯洪，孙宝忠编著 . —上海：东华大学出版社，2014 年 . —553 页（被引 8）

ISBN 978-7-5669-0547-5

本书在叙述纤维集合体的发展历史的基础上，介绍纤维集合体多尺度结构、结构表征指标和力学性质，以材料、结构、性质一体化设计为主线，着重阐述纤维集合体结构力学分析建模方法、力学性质预测和纤维集合体结构设计。

B4016 TS102

纤维检验与分析（高等职业技术院校纺织品检验与贸易专业教材　国家级职业教育规划教材）/周彬主编 . —北京：中国劳动社会保障出版社，2016 年 . —140 页

ISBN 978-7-5167-1706-6

本书主要内容有：纺织纤维的认识与鉴别、纺织纤维可纺性分析与检测、纺织纤维的质量评定。

B4017 TS102

纤维鉴别与面料分析/蔡苏英，陶丽珍主编 . —北京：化学工业出版社，2014 年 . —158 页

ISBN 978-7-122-18872-4

本教材系统介绍各类纺织品的风格特征与识别技巧；产品规格表征、单位计算与参数分析；面料定性与定量分析方法原理、实用技术。

B4018 TS102

纤维鉴别与面料分析　第 2 版（高职高专"十三五"部委级规划教材　"十二五"江苏省高等学校重点教材）/陶丽珍，蔡苏英主编 . —北京：化学工业出版社，2018 年 . —149 页

ISBN 978-7-122-31195-5

本书系统介绍各类纺织品的风格特征与识别技巧，各类纤维的鉴别与分析，产品规格表征、单位计算与参数分析，面料定性与定量分析方法原理、实用技术，纺织产品性能测试方法及影响因素等。

B4019 TS101

纤维实验室科普系列丛书　纤维认知/段玲，贾一亮主编 . —上海：东华大学出版社，2016 年 . —97 页

ISBN 978-7-5669-1178-0

本书介绍了关于纤维来源、特征与应用的一些基本常识，旨在提高读者对纺织类原料——纤维方面知识的了解。

B4020 TS101

纤维实验室科普系列丛书二　织物识别/段玲，贾一亮主编 . —上海：东华大学出版社，2016 年 . —82 页

ISBN 978-7-5669-1178-0

本书介绍了关于织物的基本常识、织物的基本结构及参数、织物的加工方式以及织物的识别方法，旨在提高读者对织物方面知识的了解。

B4021 TS101

纤维实验室科普系列丛书三　面料护理/段玲，贾一亮主编．—上海：东华大学出版社，2016年．—100页

ISBN 978-7-5669-1178-0

本书介绍了关于面料的鉴别、选购与护理等知识，旨在提高读者对面料护理知识的了解。

B4022 TS101

纤维实验室科普系列丛书四　理化测试/段玲，贾一亮主编．—上海：东华大学出版社，2016年．—113页

ISBN 978-7-5669-1178-0

本书介绍了织品质量检测的常见检测项目、检测方法以及常用的纺织检测仪器设备，旨在提高大众消费者对纺织服装面料检测方面知识的了解。

B4023 TS102

纤维素科学与材料/蔡杰等编著．—北京：化学工业出版社，2015年．—345页

ISBN 978-7-122-21839-1

本书为《天然高分子基新材料》丛书之一，全面系统地描述了纤维素的生物合成与分离、链结构与聚集态结构、溶胀与溶解、衍生化反应以及纤维素新材料（再生纤维素纤维、膜、纳米纤维、气凝胶和水凝胶）。

B4024 TS190

纤维素纤维织物的染整/吴建华主编．—北京：中国纺织出版社，2015年．—288页

ISBN 978-7-5180-1485-9

本书系统地介绍了纤维素纤维织物的染整前处理、染色及后整理的加工原理、生产工艺与设备。重点介绍了棉机织物的染整前处理工艺、染色工艺及整理工艺。对麻类织物的染整、再生纤维素纤维中的黏胶纤维织物、铜氨纤维织物、Tencel纤维及竹纤维织物的染整等也做了介绍。

B4025 TS190

纤维素纤维制品的染整（21世纪职业教育重点专业教材）/朱世林主编．—北京：中国纺织出版社，2002年．—505页（被引117）

ISBN 7-5064-2012-0

本书系统地介绍了棉布、棉针织物、棉色织物及纱线、麻制品、成衣等前处理、染色及后整理加工工艺和设备，重点介绍目前印染企业常用的工艺方法。

B4026 TS190

纤维素纤维制品的染整　第2版（普通高等教育"十一五"部委级规划教材）/蔡苏英主编．—北京：中国纺织出版社，2011年．—323页（被引18）

ISBN 978-7-5064-7204-3

本教材是在《纤维素纤维制品的染整》第1版（朱世林主编）的基础上改编的。本书以纤维素纤维制品为载体，介绍了棉机织物、棉针织物、棉色织物与纱线、棉绒类织物、麻类织物、再生纤维素纤维制品、成衣等前处理等。

B4027 TS190

纤维素纤维制品染整/刘仁礼主编．—北京：化学工业出版社，2011年．—198页

ISBN 978-7-122-11766-3

本书主要介绍了棉织物烧毛、退浆、煮练、漂白等前处理过程；棉织物染色工艺、设备与操作；棉织物常规整理、防皱整理和功能性整理；新型再生纤维素制品的染整；棉/氨弹性织物的染整；成衣染整；测色配色技术与染色工艺设计。

B4028 TS101

纤维物理［港台］/石尔玺等撰．—台北：台湾编织工业研究中心，2000年．—437页

ISBN 957-9674-19-1

B4029 TS102

纤维物语：纤维材质的探索与设计［港台］/陈景林著．—台中：台中市立葫芦墩文化中心，2011年．—119页

ISBN 978-986-03-0815-0

B4030 TS102

纤维新材料/孙晋良主编．—上海：上海大学出版社，2007年．—912页（被引98）

ISBN 7-81118-073-1

本书广泛收集了纤维新材料领域的理论和实践成果，重点介绍了纤维新材料的国内外发展现状、材料的性质、结构、性能、用途以及发展前景，并简要介绍了制作工艺。

B4031 TS123

纤维亚麻生产与加工/杨学，李柱刚，王珣著．—哈尔滨：黑龙江人民出版社，2017年．—386页

ISBN 978-7-207-11160-9

本书介绍了纤维亚麻生长发育规律、纤维亚麻遗传与育种、纤维亚麻栽培、纤维亚麻良种繁育及优良品种、纤维亚麻加工及综合利用、亚麻白粉病抗病基因分子生物学研究等7章内容。

B4032 TS101

纤维应用物理学/高绪珊，吴大诚等编著．—北京：中国纺织出版社，2001年．—648页（被引234）

ISBN 7-5064-1794-4

本书全面论述纤维结构的形成和表征，纤维结构与性能的关系，以及在化学纤维制造过程中纤维结构的形成，在纺织、染整加工和纺织品使用过程中结构性能的变化。

B4033 TS101

纤维状粒子悬浮流动力学分析/朱泽飞，林建忠著．—上海：中国纺织大学出版社，2000年．—150页

ISBN 7-81038-276-4

本书通过理论分析、数值计算和实验研究，全面分析了柱状粒子在气流场受到的各种力，包括Stokes阻力、Basset力、压力梯度力、热泳力等。

B4034　TS104

现代纺纱技术（天津市高校"十五"规划教材）/杨锁廷主编.—北京：中国纺织出版社，2004年.—415页（被引122）

　　ISBN 7-5064-3006-1

　　本书主要介绍我国纺织工业的现状及"十五"规划目标，新型纤维性能及其加工技术、新型纱线及其加工技术、纺纱新设备等。

B4035　TS104

现代纺纱技术/贾格维主编.—北京：中国劳动社会保障出版社，2012年.—194页

　　ISBN 978-7-5045-9414-3

　　本书主要内容包括开清棉、梳棉、精梳、并条、粗纱、细纱、络筒与捻线、转杯纺纱等纺纱设备的基本操作，及设备的维护和保养、维修。通过本书学习使学生掌握进行纺纱设备的运转操作及操作巡回，能进行纺纱设备的清洁、维护和保养，能进行纺纱设备的一般维修作业等。

B4036　TS103

现代纺纱设备（纺织服装高等教育"十三五"部委级规划教材）/张梅主编.—上海：东华大学出版社，2018年.—199页

　　ISBN 978-7-5669-1292-3

　　本书内容主要包括现代纺纱设备的机械类型、机构组成与工作原理等，以棉型环锭纺纱设备为主，对典型现代纺纱设备的机械传动、工艺计算、工艺参数选择和质量控制等进行介绍，同时介绍了国内外现代纺纱设备的发展现状和发展趋势。

B4037　TS104

现代纺纱与操作技术/王震声，朱如华主编.—上海：学林出版社，2012年.—253页

　　ISBN 978-7-5486-0422-8

　　本书介绍设备的工作原理和工作任务、机械构成，又介绍了机台的值车法，适用于高等、中等和初等职业教育和一线技术工人培训。

B4038　TS107

现代纺织测试技术/张毅，李树锋主编.—北京：中国纺织出版社，2017年.—277页

　　ISBN 978-7-5180-3353-9

　　本书以新型纺织材料检测技术手段为主线，对纺织材料检测所涉及的原料、实验室分离手段及常见的纺织材料检测技术进行了阐述。主要教学知识点以概述的形式将本章的学习要求交代给学生。

B4039　TS102

现代纺织复合材料/黄故主编.—北京：中国纺织出版社，2000年.—246页（被引215）

　　ISBN 7-5064-1661-1

　　本书对现代纺织复合材料的现状及发展趋势，纺织复合材料中常用高性能纤维的特点、高性能纱线的结构及整经，现代编织复合材料、现代针织复合材料骨架的制作工艺及力学性能等作了阐述。

B4040　TS108

现代纺织空调工程/高龙主编.—北京：中国纺织出版社，2018年.—334页

　　ISBN 978-7-5180-5343-8

　　本书以现代纺织空调工程设计和运行管理为主线，从车间环境标准（温湿度、含尘浓度、照度）的确定、纺织建筑热工设计、空调除尘空压冷冻系统设计、新型纺织空调节能技术、纺织风机和水泵、纺织车间防排烟设计、纺织空调自动控制技术、纺织空调运行管理等方面进行了分析介绍。并利用建筑物理、纺织空调除尘、空压冷冻等专业的基本理论，分析研究了纺织空调除尘、空压冷冻等系统优化设计及工程应用效果。

B4041　TS107

现代分析测试技术在纺织上的应用（纺织检测知识丛书）/王建平主编.—北京：中国纺织出版社有限公司，2019年.—255页

　　ISBN 978-7-5180-5889-1

　　本书对紫外—可见光谱、红外光谱、气相色谱、高效液相色谱、核磁共振、电感耦合等离子体发射光谱/质谱、热分析、X射线衍射和电子显微等现代分析测试技术从基本原理、发展历程、仪器构成和实验技术等多个方面进行了详细介绍，并结合作者多年的实践，专门介绍了现代分析测试技术在未知纺织材料剖析中的综合运用。

B4042　TS941.15

现代服装材料及其应用（现代服装设计与工程专业系列教材）/薛元主编.—杭州：浙江大学出版社，2005年.—217页（被引12）

　　ISBN 7-308-04480-7

　　本书主要介绍了各类服装用料的分类、组成、形态、结构与性能。从纤维、纱布、织物三个层面介绍了各类服装材料成形加工的过程、工艺方法以及性能特点，并介绍了各类服装用辅料的种类、性能和选用原则等。

B4043　TS941.15

现代服装材料及其应用/卢娜，董楚涵，徐智泉编著.—上海：上海交通大学出版社，2018年

　　ISBN 978-7-313-20265-9

　　本书在着重研究基本服装材料的种类、特点和性能知识的基础上，对新型服装材料进行了比较全面的扩展。而且在服装材料的选择和应用上形成特色，重点突出了服装材料的应用，并结合大量的实例探讨服装材料选择和应用的原则和依据等。

B4044　TS941.15

现代服装材料学/刘颖著.—沈阳：辽宁教育出版社，2010年.—193页

ISBN 978-7-5382-9008-0

本书将理论性较强的服装材料学做进一步的理论联系实际的表述，无论是纤维、纱线还是织物、非织造物以及各种辅助材料，都着重强调了其材料的性能特征及其适用性。

B4045 TS941.15

现代服装材料学（新编服装院校系列教材）/周璐瑛主编.—北京：中国纺织出版社，2000 年.—154 页；26cm（被引 137）

ISBN 7-5064-1672-7

本书从消费观念入手，对服装所用的各种材料，如纺织面料、毛皮制品、辅料以及当前一些新型材料等进行了全面而系统地介绍，着重阐述了各种纤维的形态与服用性能及其识别方法，介绍了纱线、织物的结构与性能等，同时简述了面料的缝制加工特点、后整理及洗涤保养方法。

B4046 TS941.15

现代服装材料学（新编服装院校系列教材）/周璐瑛，吕逸华等编著.—北京：中国纺织出版社，2001 年.—230 页（被引 6）

ISBN 7-5064-1824-X

B4047 TS941.15

现代服装材料学 第 2 版（服装高等教育"十二五"部委级规划教材）/周璐瑛，王越平主编.—北京：中国纺织出版社，2011 年.—246 页（被引 14）

ISBN 978-7-5064-7200-5

本书对服装所用的各种材料，如纺织面料、毛皮制品、辅料等进行了全面介绍。以纺织服装面料的加工工艺流程为顺序，阐述了各种纤维的形态与服用性能、纤维识别的方法，介绍了纱线、织物的结构、性能与应用。除传统材料外，对当前流行的新纤维、新纱线、新面料作了阐述，此外还对面料的缝制加工特点、后整理及洗涤保养方法等作了介绍。

B4048 TS941.15

现代服装材料与应用（服装高等教育"十二五"部委级规划教材 本科）/刘艳梅等编著.—北京：中国纺织出版社，2013 年.—306 页（被引 7）

ISBN 978-7-5064-9287-4

本书重点突出了服装材料的应用，针对服装设计、服装工程（生产）、特殊/功能性服装的特点，分别分析了各自对于服装材料的要求，并结合大量的实例探讨了服装材料选择和应用的原则和依据等。教材的另一个特点是增加了服装材料的分析和设计部分的内容，使服装设计与面料设计的关系更加紧密，突出服装与材料相辅相成的特点。

B4049 TS941.15

现代服装面料再造设计（21 世纪高等学校美术与设计专业规划教材）/邓美珍，周利群主编.—长沙：湖南人民出版社，2008 年.—112 页；25cm×26cm（被引 32）

ISBN 978-7-5438-5381-2

本书主要从服装面料再造设计的造型手段与技法入手，较全面系统地论述了服装面料再造设计的思维方式和表现技法以及不同类别再造形式的设计特点。

B4050 TS111

现代化棉纺织生产技术的发展（纺织印染实用技术类丛书）/秦贞俊主编.—上海：东华大学出版社，2012 年.—137 页

ISBN 978-7-81111-946-6

本书以质量管理的实践为重点，比较详细地讲述了各类质量问题的产生原因及正确采用高科技仪器的检测控制与消除质量问题的方法。

B4051 TS105

现代机织技术（纺织服装高等教育"十一五"部委级规划教材 高职高专纺织类项目教学系列教材）/崔鸿钧，李丽君，陈爱香主编.—上海：东华大学出版社，2010 年.—311 页（被引 21）

ISBN 978-7-81111-705-9

本书共分 6 个项目，10 个学习情境，主要介绍机织物生产过程、织前准备和织造各工序的工艺原理、工艺参数确定和质量控制。

B4052 TS105

现代机织技术/张素俭主编.—北京：中国劳动社会保障出版社，2010 年.—237 页

ISBN 978-7-5045-8677-3

本书主要内容包括整经、浆纱、穿结经、织造等机织设备的基本操作，以及设备的维护和保养、维修。通过本书学习使学生掌握机织设备的运转操作及操作巡回，能进行机织设备的清洁、维护和保养，能进行机织设备的一般维修作业（更换机织设备传动皮带；更换机织设备齿轮、链轮；检测和修理机织设备各机构等）。

B4053 TS105

现代机织技术（纺织服装高等教育"十二五"部委级规划教材）/蔡永东主编.—上海：东华大学出版社，2014 年.—387 页（被引 19）

ISBN 978-7-5669-0420-1

本书分为织造设备原理与构造、织造工艺设计与质量控制、织造综合技能训练三大模块，内容包括：络筒机；整经机；浆纱机；其他前织设备；无梭织机；络筒工艺设计与质量控制等。

B4054 TS105

现代机织技术 第 2 版（纺织服装高等教育"十三五"部委级规划教材）/蔡永东主编.—上海：东华大学出版社，2018 年.—387 页

ISBN 978-7-5669-1334-0

本书分为"织造设备原理与构造""织造工艺设计与质量控制""织造综合技能训练"三大模块。包括络筒机、整经机、浆纱机、无梭织机等教学单元。

B4055 TS106

现代家用纺织品的设计与开发（家用纺织品设计丛书）/龚建培主编 .—北京：中国纺织出版社，2004 年 .—319 页（被引 197）

ISBN 7-5064-2928-4

本书从多学科的角度介绍了现代家用纺织品设计及开发中品牌建设、自主创新、文化内涵等方面的发展趋势，着重探讨了各类家用纺织品设计及开发中的原则、特点、表现方法等。

B4056 TS186

现代经编产品设计与工艺（纺织新技术书库）/蒋高明编著 .—北京：中国纺织出版社，2002 年 .—456 页（被引 137）

ISBN 7-5064-2536-X

本书介绍现代经编的基本概念、经编原料、产品分析与设计的方法和经编产品后整理工艺等。

B4057 TS184

现代经编工艺与设备（纺织新技术书库）/蒋高明编著 .—北京：中国纺织出版社，2001 年 .—452 页（被引 193）

ISBN 7-5064-2143-7

本书主要介绍卡尔迈耶现代经编新设备、新技术、新产品等方面的内容，包括经编基本概念、整经、各种经编机的主要技术特征和构造原理、经编组织等。

B4058 TS104

现代精梳生产工艺与技术（纺织新技术书库）/周金冠编著 .—北京：中国纺织出版社，2006 年 .—224 页（被引 63）

ISBN 7-5064-3633-7

本书阐述了我国现代精梳生产技术与实用工艺。内容包括新型精梳的准备工艺、精梳机主要机构的工作要求、钳板与分离接合工作分析等。

B4059 TS131

现代毛纺技术/潘峰，周天胜主编 .—北京：中国纺织出版社，2017 年 .—188 页

ISBN 978-7-5180-3276-1

本书介绍了原毛初步施工、羊毛与化学纤维的选配、粗梳毛纺与精梳毛纺等内容。主要阐述毛纺设备的主要机构与作用、运动分析、工艺原理、质量管理的先进经验与主要技术途径、典型机台的传动与工艺计算等内容，同时对引进设备作了简要的介绍。

B4060 TS114

现代棉纺纺纱新技术（纺织印染实用技术类丛书）/秦贞俊主编 .—上海：东华大学出版社，2008 年 .—387 页（被引 79）

ISBN 978-7-81111-393-8

本书内容包括：世界棉纺织工业的技术进步，世界棉纺织工业的技术进步之一：短流程清梳联、全自动络纱机、纺纱质量及检测技术、纺织产品的开发、棉纺织工业发展的展望等。

B4061 TS114

现代棉纺工程/史志陶主编 .—北京：化学工业出版社，2018 年 .—390 页

ISBN 978-7-122-20863-7

本书包括原料的选配、开清棉、梳棉、成卷工艺与简易式清梳联技术、精梳、并条、粗纱、细纱、后加工以及其他纺纱技术；主要阐述原料的选择使用，棉纺设备的主要机构与作用、运动分析、工艺原理，提高产量、质量的经验与主要技术途径，典型机台的传动与工艺计算以及加工化纤的工艺；重点介绍了近几年定型新设备的使用及产品控制技术。

B4062 TS114

现代棉纺技术/常涛编著 .—北京：中国纺织出版社，2012 年 .—256 页

ISBN 978-7-5064-8881-5

本书根据纺纱企业实际生产中操作与工艺调整的情况，本书分为三个模块，即纺纱设备及工艺流程、纺纱工艺的调整、纺纱设备的操作。每个模块下又分为若干任务。全书依照任务驱动思路进行编写，任务设计、工艺调整、设备操作等都来自纺纱企业。

B4063 TS114

现代棉纺技术（高职高专纺织专业系列教材）/张曙光主编 .—上海：东华大学出版社，2007 年 .—385 页（被引 47）

ISBN 978-7-81111-112-5

本书全面地阐述了现代棉纺生产设备与工艺的相关内容。

B4064 TS114

现代棉纺技术 第 2 版（纺织服装高等教育"十二五"部委级规划教材）/张曙光主编 .—上海：东华大学出版社，2012 年 .—380 页（被引 10）

ISBN 978-7-5669-0123-1

本书以国产新型棉纺设备为基础，比较全面地阐述了现代棉纺生产设备的机构与工作原理、棉纺工艺原理与工艺配置、传动与工艺计算、综合技术讨论，具体包括原料选配、开清棉、梳棉、清梳联、精梳、并条、粗纱、细纱、后加工、新型纺纱等工序的相关内容，较系统地归纳了有关棉纺生产过程与工艺原理的知识点及其相互关系。

B4065 TS114

现代棉纺技术 第 3 版（纺织服装高等教育"十三五"部委级规划教材）/张曙光，耿琴玉，张冶著 .—上海：东华大学出版社，2017 年 .—380 页

ISBN 978-7-5669-1239-8

本书以国产新型棉纺设备为基础，比较全面地阐述了现代棉纺生产设备的机构与工作原理、棉纺工艺原理与工艺配

置、传动与工艺计算、综合技术讨论，具体包括原料选配、开清棉、梳棉、清梳联、精梳、并条、粗纱、细纱、后加工、新型纺纱等工序的相关内容，较系统地归纳了有关棉纺生产过程与工艺原理的知识点及其相互关系。

B4066 TS114

现代棉纺牵伸的理论与实践（纺织新技术书库）/唐文辉，朱鹏等编著 . —北京：中国纺织出版社，2012 年 . —310 页（被引 22）

ISBN 978-7-5064-7986-8

本书在总结我国现代棉纺细纱大牵伸实践和结合科学实验的基础上，全面系统介绍现代棉纺牵伸的基本理论及其实践发展，总结棉纺细纱大牵伸成功的基本经验，提炼出牵伸过程的基本规律，为现代大牵伸装置的设计和提高产品质量及工艺应用服务。

B4067 TS111

现代棉纺织工程产品质量的监控与管理（纺织印染实用技术类丛书）/秦贞俊主编 . —上海：东华大学出版社，2011 年 . —130 页（被引 8）

ISBN 978-7-81111-895-7

本书以质量管理的实践为重点，比较详细地讲述了各类质量问题的产生原因及正确采用高科技仪器的检测控制与消除质量问题的方法。

B4068 TS102

现代配棉技术（纺织检测知识丛书）/邱兆宝著 . —北京：中国纺织出版社，2009 年 . —119 页（被引 15）

ISBN 978-7-5064-5839-9

本书阐述了现代配棉技术的基本概念，着重分析了 HVI 指标及其运用，通过原棉质量评价模型、配棉技术经济模型和纱线质量预测模型，开发了面向工程技术人员的配棉技术管理决策支持系统软件，该软件可与 HVI 测试仪、纱线质量测试仪实现网络一体化。

B4069 TS102

现代配棉技术 第 2 版（纺织检测知识丛书）/邱兆宝著 . —北京：中国纺织出版社，2014 年 . —122 页

ISBN 978-7-5180-0573-4

本书阐述了现代配棉技术的基本概念，着重介绍了 HVI 数据及其运用、原棉质量评价模型、配棉技术经济模型和成纱质量预测模型，并通过实例，展示了依据上述模型开发的配棉技术管理决策支持系统（软件）。

B4070 TS103

现代喷气织机及应用（纺织印染实用技术类丛书）/秦贞俊主编 . —上海：东华大学出版社，2008 年 . —201 页（被引 31）

ISBN 978-7-81111-392-1

本书内容包括：喷气织机的技术进步、原纱断裂强度的检测、纱线毛羽对喷气织机效率的影响、无梭织机的技术进步、喷气织机的构造及生产实践、喷气织机电控原理及故障

分析处理等。

B4071 TS190

现代染整实验教程/屠天民主编 . —北京：中国纺织出版社，2009 年 . —196 页（被引 15）

ISBN 978-7-5064-5336-3

本书内容包括纺织纤维理化性能测试、纤维分析、染化料基本性能测试、颜色测试等轻化工程专业（染整方向）的基础技术实验，练漂、染色、印花和后整理等染整工艺实验，以及染整产品质量检验与测试实验。最后部分的染整工艺设计与实验内容，适用于开展设计性、综合性实验教学。

B4072 TS1

现代丝绸、纺织、机电技术研究与进展/白伦，芮延年主编 . —北京：化学工业出版社，2007 年 . —492 页

ISBN 978-7-122-01157-2

本书为第六届国际丝绸、纺织和第二届纺织高层论坛，与第四届中日机电国际学术交流会会议论文集，介绍了近年现代丝绸、纺织、机电技术研究与进展。

B4073 TS105

现代织造技术（天津市高校"十五"规划教材）/郭兴峰编著 . —北京：中国纺织出版社，2004 年 . —243 页（被引 48）

ISBN 7-5064-3132-7

本书介绍了现代无梭织机的引纬技术，内容包括喷气、剑杆、片梭、喷水和多梭口等五种织机的引纬过程、工作原理、引纬机构特点等。

B4074 TS105

现代织造原理与应用（浙江省高等教育重点教材）/祝成炎，张友梅主编 . —杭州：浙江科学技术出版社，2002 年 . —374 页（被引 33）

ISBN 7-5341-1940-5

本书系统地阐述现代织造，尤其是丝织生产工艺过程中各个工序的加工技术原理，并理论联系实际，将原理与生产实际知识相结合进行讨论，各章题目和文中部分专业术语后列出了相应的英文词汇。

B4075 TS105

现代织造原理与应用/祝成炎，周小红主编 . —北京：中国纺织出版社，2017 年 . —288 页

ISBN 978-7-5180-2948-8

本书共十七章，内容包括现代织造工程的概述、络前准备、络丝、并丝、捻丝、定形、整经、浆丝、并轴、穿结经、开口、引纬、打纬、卷取、送经、多色纬制织、织造综合讨论。

B4076 TS105

现代准备与织造工艺（纺织新技术书库）/郭兴峰主编 . —北京：中国纺织出版社，2007 年 . —402 页（被引 19）

ISBN 978-7-5064-4094-3

本书主要介绍整经、浆纱，以及喷气、剑杆、片梭、喷水等现代准备和织造各工序的工艺原理、工艺制定和质量控制。

B4077 TS102

新编服装材料学/张怀珠编著．—上海：中国纺织大学出版社，1993 年．—216 页（被引 52）

ISBN 7-81038-016-8

B4078 TS102

新编服装材料学 第 2 版/张怀珠，袁观洛编著．—上海：中国纺织大学出版社，2001 年．—245 页（被引 42）

ISBN 7-81038-362-0

本书对纱线、机织物、针织物、裘皮和皮革、衬衣等常用服装材料的组成、性能和使用知识作了系统的介绍，特别是对服装材料的分析、鉴别和选择以及服装的使用、保养等有关知识作了系统介绍。

B4079 TS941.15

新编服装材料学 第 3 版/张怀珠，袁观洛，王利君编著．—上海：东华大学出版社，2004 年．—255 页；20cm（被引 27）

ISBN 7-81038-841-X

本书对纱线、机织物、针织物、裘皮和皮革、衬布等常用服装材料的组成、性能和使用知识作了介绍，特别对服装材料的分析、鉴别和选择以及服装的使用、保养等有关知识作了介绍。

B4080 TS102

新编服装材料学 第 4 版（高等院校纺织服装类"十三五"部委级规划教材）/张怀珠，袁观洛，王利君编著．—上海：东华大学出版社，2017 年．—232 页

ISBN 978-7-5669-1198-8

本书对纱线、机织物、针织物、裘皮和皮革、衬布等常用服装材料的组成、性能和使用知识作了系统的介绍，特别对服装材料的分析、鉴别和选择以及服装的使用、保养等有关知识作了系统的介绍。

B4081 TS102

新编服装材料学（高等服装院校教材）/陈东生，甘应进主编．—北京：中国轻工业出版社，2001 年．—155 页（被引 107）

ISBN 7-5019-3016-3

本书扼要地概述了服装款式设计的基本概念和基础理论，系统地阐述了人体结构构成和时装画的表现技法、服装设计的形式等。

B4082 TS102

新编服装材料学（服装高等教育"十二五"部委级规划教材）/杨晓旗，范福军编著．—北京：中国纺织出版社，2012 年．—254 页（被引 14）

ISBN 978-7-5064-7817-5

本书系统地介绍了服装材料的服用性能及其形成要素，包括纤维、纱线、织造、染整等相关基础理论和基础知识，分析了材料性能对服装设计、加工工艺和服用的影响，对织物面料、皮质材料和服装辅料的种类、特性、应用特点、辨识选择、打理方法作了详细的讲述，阐述了材料美学的基本知识，并结合案例指导学生掌握综合应用材料的能力。

B4083 TS145

新编丝织工艺学（全国纺织高职高专教材）/杨懿乐，张玉惕主编．—北京：中国纺织出版社，2001 年．—348 页（被引 10）

ISBN 7-5064-1614-X

本书分为上下两篇，上篇为丝织准备工程，下篇为丝织织造工程。内容包括：准备各工序的工艺过程、主要准备设备的结构和工作原理；织造工艺设计、织造设备故障与维修等。

B4084 TS190

新编丝织物染整（轻化工程高等教育教材）/陈国强主编．—北京：中国纺织出版社，2006 年．—242 页（被引 44）

ISBN 7-5064-3849-6

本书以长丝（含长丝）织物为主线，简明地阐述各类纺织纤维的基本结构及其染整性能、染整前处理、染色、印花和整理的基本原理、工艺过程、技术条件和加工设备等。

B4085 TS145

新编制丝工艺学（全国纺织高职高专教材）/王小英主编；刘丰香等编写．—北京：中国纺织出版社，2001 年．—303 页（被引 30）

ISBN 7-5064-1905-X

本书系统地介绍了制丝的生产工艺过程、原理、设备的构造和作用，以及最近发展的制丝新技术、新设备、新工艺等知识。

B4086 TS102

新纤维素材及其应用［港台］/李崇堡编著．—台湾：国彰出版社，2002 年．—304 页

ISBN 957-9591-74-1

本书主要介绍生物材料、纳米材料、褐藻门、纤维素、生物活性。

B4087 TS104

新型纺纱技术（"十三五"普通高等教育本科部委级规划教材）/王建坤，张淑洁主编．—北京：中国纺织出版社有限公司，2019 年．—219 页

ISBN 978-7-5180-6633-9

本书对现代纺纱工程中原料、设备、新技术、新工艺等作了详细分析。介绍了新型纺织纤维原料的分类，各种新结构环锭纺纱的原理、装置、工艺特点、纱线结构与性能，多种新型纺纱技术的发展现状、成纱原理、纱线结构与性能、适纺性能与产品等。

B4088 TS106

新型纺纱与花式纱线/肖丰主编 . —北京：中国纺织出版社，2008 年 . —243 页（被引 25）

ISBN 978-7-5064-4759-1

本书上篇新型纺纱部分主要介绍转杯纺纱、喷气纺纱、摩擦纺纱、涡流纺纱、平行纺纱等新型纺纱方法的设备、工艺过程、纺纱原理、工艺、成纱特点及产品开发等；同时也介绍了环锭纺纱新技术如紧密纺、赛络纺、赛络菲纺及缆型纺。下篇花式纱线部分主要介绍结子纱、包芯纱、竹节纱、绳绒线、断丝线、圈圈线等主要花式纱线的纺制工艺过程、原理、成纱特点及应用情况。

B4089 TS102

新型纺织材料及应用（纺织高等教育教材）/宗亚宁主编 . —北京：中国纺织出版社，2009 年 . —180 页（被引 23）

ISBN 978-7-5064-5929-7

本书介绍了目前国内比较流行的新型纺织材料，并且对不同种类的纺织纤维进行了分类；对新型天然纤维、新型再生纤维、差别化纤维、功能性纤维、高性能纤维的品种特性、应用领域作了详细论述，并介绍了新型纱线、智能纺织品和纤维增强复合材料的性能特点和生产原理。

B4090 TS102

新型纺织材料及应用（纺织高等教育"十五"部委级规划教材）/杨建忠，崔世忠，张一心等编著 . —上海：东华大学出版社，2003 年 . —193 页（被引 201）

ISBN 7-81038-520-8

本书对近年来新型纺织材料及其应用作了全面介绍，包括彩色棉花，大豆蛋白纤维，水溶性纤维，弹性纤维等，并对纳米技术等先进技术进行系统介绍。

B4091 TS102

新型纺织材料及应用 第 2 版（纺织服装高等教育"十二五"部委级规划教材）/杨建忠主编 . —上海：东华大学出版社，2011 年 . —251 页（被引 36）

ISBN 978-7-81111-896-4

本书对近年来的新型纺织原料及其产品开发作了较为全面的介绍，包括彩色棉花、改性羊毛、新型纤维素"天丝"、大豆蛋白纤维、水溶性纤维、弹性纤维、功能性纤维、差别化纤维和高性能纤维等。

B4092 TS106

新型纺织产品设计与生产（纺织新技术书库）/沈兰萍主编 . —北京：中国纺织出版社，2001 年 . —173 页（被引 158）

ISBN 7-5064-1893-2

本书从织物设计的原理出发，阐述了纺织产品开发的思路和方法。对各类产品的设计方法、手段、生产工艺与要点进行了详细介绍。

B4093 TS106

新型纺织产品设计与生产 第 2 版（纺织高等教

材）/沈兰萍主编 . —北京：中国纺织出版社，2009 年 . —271 页（被引 20）

ISBN 978-7-5064-5980-8

B4094 TS101

新型纺织化学品/商成杰编著 . —北京：中国纺织出版社，2010 年 . —310 页

ISBN 978-7-5064-6263-1

本书系统讲述了各种纺织化学品的基本知识、化学组成、作用机理、性状及规格、应用工艺，还重点介绍了抗菌整理剂、防紫外整理剂、防螨整理剂、防蚊虫整理剂、阻燃整理剂、香味微胶囊、护肤（维生素、芦荟、丝素、胶原蛋白、微量营养元素）整理剂等功能化学品的发展趋势、制造方法、结构与性能的关系、配方实例以及评价标准。

B4095 TS103

新型纺织酶制剂的发酵与应用/陈坚，华兆哲，堵国成著 . —北京：化学工业出版社，2007 年 . —340 页（被引 32）

ISBN 978-7-122-00791-9

本书介绍新型纺织酶制剂的发酵条件研究和应用。

B4096 TS106

新型纺织纱线/王善元著 . —上海：东华大学出版社，2006 年 . —400 页

ISBN 7-81111-149-7

本书综合二十多年来国内外以及作者最新科研成果和工业最新产品，包括：（1）传统环锭纺纱线成纱方法，结构和性能上的进步。（2）新型纺纱的成纱方法，结构和性能上的完美和扩大生产。（3）长丝变形加工上的发展和完善，成纱结构和性能上的提高。

B4097 TS106

新型纺织纱线/王善元，于修业编著 . —上海：东华大学出版社，2007 年 . —344 页（被引 63）

ISBN 978-7-81111-083-8

本书综合介绍了各种新型纱线的成纱原理、方法、工艺以及成纱结构、性能和应用等，主要涉及传统环锭纺纱的变革与进步。

B4098 TS102

新型纺织纤维/邢声远，董奎勇，杨萍编著 . —北京：化学工业出版社，2013 年 . —188 页

ISBN 978-7-122-15972-4

本书立足纺织纤维的功能型应用，结合典型应用案例，采用通俗的语言深入浅出地说明了各类型新型纺织纤维的特点、用途和发展趋势。在给出严格正确的科学定义和知识的同时，配以大量应用图片，在说明读者深刻感受新材料科学知识和技术的同时，为他们深入学习和进一步完整理解有关的科学知识和技术提供引导。

B4099 TS102

新型服用纺织纤维及其产品开发（纺织产品开发丛

书）/王建坤主编．—北京：中国纺织出版社，2006 年．—392 页（被引 81）

ISBN 7-5064-3772-4

本书介绍了新型服用纺织纤维生产、消费和产品开发的现状和发展趋势；新型服用纺织纤维的分类；天然纤维改性理论和改性技术以及改性天然纤维的性能和产品开发；新型再生纤维素纤维的生产、性能和产品开发以及生产新型再生纤维素纤维的绿色环保特点等。

B4100 TS941.15

新型服装材料（新编服装材料丛书）/马大力，冯科伟，崔善子编著．—北京：化学工业出版社，2006 年．—150 页；26cm（被引 34）

ISBN 7-5025-7664-9

本书主要介绍了新型服装材料的发展概况和各种新型服装材料的特点、用途，材料创新的方法与思路，以及时尚面料实际应用的实例。

B4101 TS105

新型机织设备与工艺（高职高专纺织专业系列教材）/蔡永东编．—上海：东华大学出版社，2003 年．—374 页（被引 58）

ISBN 7-81038-699-9

本书介绍了各类新型前纺设备，如自动络筒机、高速整经机、新型浆纱机等的设备原理和工艺配置；以及无梭织机的织造原理及工艺配置等内容。

B4102 TS105

新型机织设备与工艺 第 2 版/蔡永东主编．—上海：东华大学出版社，2008 年．—418 页（被引 24）

ISBN 978-7-81111-300-6

本书内容围绕机织生产实际和教学需要展开，形式上突出重点，强调技能训练，各章的章首介绍本章内容提要，章后附有本章学习知识要点及形式多样的思考与训练等，以提高教材的可读性，增加学生的学习兴趣和自学能力。本书较系统地阐明了机织物生产中的各工序的设备、生产工艺及质量控制等内容。

B4103 TS105

新型机织设备与工艺（纺织服装高等教育"十三五"部委级规划教材 山东省高水平应用型专业建设教材）/王静，张会青主编．—上海：东华大学出版社，2019 年．—235 页

ISBN 978-7-5669-1293-0

本书内容主要包括机织物形成过程中络筒、整经、浆纱、穿结经、纬纱准备、开口、引纬、打纬、卷取、送经等主要工序的任务和要求、设备工作原理、工艺参数设定原理及设计实例。

B4104 TS103

新型浆纱设备与工艺/萧汉滨编著．—北京：中国纺织出版社，2006 年．—389 页（被引 34）

ISBN 7-5064-4044-X

本书介绍国内外新型浆纱机，内容包括预湿上浆及高压上浆机构，微机操纵自动监控及其他辅助装置等。在工作原理、工艺设计、使用操作及安装维修方面有系统论述。

B4105 TS103

新型精梳机纺纱工艺设计实例（纺织新技术书库）/周金冠著．—北京：中国纺织出版社，2012 年．—143 页

ISBN 978-7-5064-8218-9

本书主要内容是新型精梳机的纺纱工艺设计实例，包括各档次的精梳纱产品、双精梳产品、涤棉混纺等产品，以及精梳准备工艺的实例。书中实例全部为生产实践项目，其中有的是国家科技研发项目，有的是新机的科技成果鉴定项目，还有的是经验交流会的项目。

B4106 TS190

新型染整工艺设备（纺织新技术书库）/陈立秋编著．—北京：中国纺织出版社，2002 年．—684 页（被引 134）

ISBN 7-5064-2409-6

本书以当前染整行业应用的国内外新型染整工艺设备为基础，重点阐述了国家"新型染整设备及工艺技术一条龙项目"中首批立项的设备及机电一体化技术的应用。

B4107 TS104

新型纱线产品开发与创新设计（"十三五"江苏省高等学校重点教材 纺织服装高等教育"十三五"部委级规划教材）/张圣忠，赵菊梅，谢永信编著．—上海：东华大学出版社，2018 年．—176 页；26cm

ISBN 978-7-5669-1478-1

本书内容包括：认识与分析新型纱线、订单来样纱线开发与设计——经典色纺麻灰纱线开发、市场流行纱线产品开发与设计——功能性纤维多元混纺纱线开发及创新创意纱线产品开发与设计——新型纱线创新开发思路，同时介绍新型纱线创新创意设计的基本要素、构思方法和实施要求。

B4108 TQ34

新型纤维材料概论/张袁松主编．—重庆：西南师范大学出版社，2012 年．—213 页

ISBN 978-7-5621-5623-9

本书介绍了新型天然纤维、新型再生纤维素纤维、新型再生蛋白质纤维、差别化纤维、功能性纤维、高性能纤维、新型纱线与新型织物、绿色环保纺织品。

B4109 TS102

新型纤维材料及其应用/董卫国主编．—北京：中国纺织出版社，2018 年．—187 页

ISBN 978-7-5180-5127-4

本书介绍了目前常见的几种新型纤维材料及其在各个领域的应用，主要有高性能无机纤维，高性能有机纤维，导电纤维，发光纤维，相变纤维，发热纤维，超细纤维和纳米纤维，蛋白质改性纤维，导湿纤维，阻燃纤维，抗菌纤维，吸附型纤维，新型生物质纤维等。

B4110 TS102

新型纤维材料学/何建新主编 . —上海：东华大学出版社，2014 年 . —410 页（被引 6）

ISBN 978-7-5669-0558-1

本书首先介绍新型纤维的历史、分类、特点、应用和发展趋势，以及纤维材料学的相关基础知识；进而以新型纤维的制备、加工、改性及其结构和性能研究为基础，介绍新型生物质纤维、无机纤维、新型再生纤维素纤维、新型再生蛋白纤维、新型聚酯纤维等。

B4111 TS190

新型纤维及织物染整（织物染整技术丛书）/宋心远等编著 . —北京：中国纺织出版社，2006 年 . —515 页（被引 84）

ISBN 7-5064-3410-5

本书系统地阐述了近年来染整行业中出现的几类较为重要的新型纤维，如超细纤维、聚氨酯纤维、PTT 纤维、PLA 纤维、大豆蛋白纤维、蚕蛹蛋白纤维等的生产方法、结构特性等。

B4112 TQ34

新型与特种纤维/张兴祥，韩娜，王宁编著 . —北京：化学工业出版社，2014 年 . —153 页

ISBN 978-7-122-17977-7

本书以国内外先进、特种、新型纤维材料为内容，对其基本概念、前沿技术及其各行业方面的应用进行了重点介绍，涉及新型纤维成型技术与成型工艺，包括碳纳米管、石墨烯和碳纳米纤维、芳香族高性能纤维、全氟聚合物纤维、本征导电聚合物纤维、吸水纤维和水溶性纤维、吸油纤维、储热调温纤维、吸附与分离纤维和无机陶瓷纤维等。

B4113 TS102

新型再生纤维素纤维/逢奉建编著 . —沈阳：辽宁科学技术出版社，2009 年 . —297 页（被引 11）

ISBN 978-7-5381-5891-5

本书全面系统地介绍了近年来国内外新型再生纤维素纤维及纺织品的理论、开发、生产、加工、应用、检测及发展趋势等。并用较大的篇幅介绍了几种国内具有自主知识产权的新型再生纤维素纤维的制造、纺织、印染加工技术与工艺，为纺织企业进行新型再生纤维素纤维产品研发提供了新的思路和较成熟的工艺技术。

B4114 TS184

新型针织（纺织高新技术科普丛书）/杨荣贤等编著 . —北京：中国纺织出版社，2000 年 . —193 页（被引 33）

ISBN 7-5064-1880-0

本书主要介绍了新型针织设备与工艺、新型服用针织品、新型装饰用针织品及产业用针织品的用途、原料、结构及生产工艺等内容。

B4115 TS184

新型针织物设计与实例/刘艳君主编 . —北京：化学工业

出版社，2006 年 . —254 页（被引 20）

ISBN 7-5025-9079-X

本书内容为针织原料、针织物设计、方法与步骤、纬编针织物组织及其表示方法，经编生产工艺设计。

B4116 TS103

新型织造设备与工艺/毛新华主编 . —北京：中国纺织出版社，2000 年 . —251 页（被引 47）

ISBN 7-5064-1667-0

本书介绍引纬、开口、送经、多梭口织机等内容。

B4117 TS183

新一代电脑横机［译］/（？）Samuel Raz 著；王智，施建国等译 . —香港：开益出版社，2003 年 . —323 页

B4118 TS102

形状记忆纺织材料/胡金莲等编著 . —北京：中国纺织出版社，2006 年 . —404 页（被引 61）

ISBN 7-5064-3860-7

本书主介绍了形状记忆聚合物的概念、分类、合成、结构与性能的关系。并对形状记忆聚合物在纺织工业中的应用、多功能形状记忆纺织材料、形状记忆织物的评价作了详细介绍。

B4119 TQ34

循环再利用化学纤维生产及应用/王华平主编；汪丽霞等副主编；化学纤维工业协会组织编写 . —北京：中国纺织出版社，2018 年 . —198 页

ISBN 978-7-5180-5089-5

本书对近年产生和发展的高性能纤维的功能特性、制造工艺、原理、分类以及应用进行了系统阐述。全书共分八章，主要包括绪论、资源前处理、物理化学循环再利用技术等内容。

B4120 TS123

亚麻的加工利用技术/冯昊，王立娟编著 . —北京：科学出版社，2010 年 . —272 页（被引 10）

ISBN 978-7-03-028425-9

本书第 1 章主要介绍亚麻及其植物学特性，重点介绍了亚麻的纤维结构、特点、分布和应用情况；第 2 章介绍了亚麻茎、韧皮部纤维的分离、处理及在纺织工业上的一系列加工技术和应用，并首次介绍了环境友好型漂白和染色；第 3 章介绍了亚麻木质部的结构、化学组成和应用；第 4 章介绍亚麻籽油、亚麻籽木脂素和亚麻籽胶的成分、生物功效及应用价值。

B4121 TS123

亚麻纺纱、织造与产品开发（纺织职业技术教育教材）/严伟，李崇丽，吕明科编 . —北京：中国纺织出版社，2005 年 . —326 页（被引 54）

ISBN 7-5064-3221-8

本书主要介绍了亚麻纤维从原料到纺纱、织造各工序的

全部过程，内容包括亚麻的起源，种植区域的划分，纺纱、织造的基本知识，生产各工序的设备，工艺计算和生产管理知识及国内亚麻纺织品开发的新产品，新技术的研究等。

B4122　TS123

亚麻纺纱学 （"十三五"普通高等教育本科部委级规划教材）/赵欣，王大伟主编 . —北京：中国纺织出版社，2016年 . —189 页

　　ISBN 978-7-5180-2899-3

　　本书按亚麻纺纱生产工艺流程的顺序，较系统地介绍了从亚麻原料准备到加工成亚麻纱的基本原理、麻纺设备以及在生产中的应用，包括亚麻原料、亚麻初加工、亚麻梳理、长麻工程、短麻工程、粗纱工程、粗纱煮练与漂白、细纱工程。

B4123　TS123

亚麻纺织与染整/赵欣，高树珍，王大伟主编 . —北京：中国纺织出版社，2007 年 . —213 页（被引 52）

　　ISBN 978-7-5064-4351-7

　　本书除了介绍亚麻纤维的结构、化学组成以及反应性能外，还介绍了亚麻纤维的前处理、染色、色织物的生产过程、亚麻织物的后整理加工以及各过程中有关性能指标的测试，并对相关工艺参数及助剂作了适当的分析和介绍。

B4124　TS123

亚麻纺织与染整　第 2 版 （"十三五"普通高等教育本科部委级规划教材）/赵欣，高树珍，王大伟主编 . —北京：中国纺织出版社，2017 年 . —214 页

　　ISBN 978-7-5180-4286-9

　　本书除了介绍亚麻纤维的结构、化学组成以及反应性能外，还介绍了亚麻纤维的前处理、染色、色织物的生产过程、亚麻织物的后整理加工以及各过程中有关性能指标的测试，并对相关工艺参数及助剂作了适当的分析和介绍。

B4125　TS123

亚麻生物化学加工与染整 （纺织新技术书库）/史加强主编 . —北京：中国纺织出版社，2005 年 . —275 页（被引60）

　　ISBN 7-5064-3399-0

　　本书着重对亚麻纺织生产加工中，亚麻原茎生物脱胶工程、亚麻粗纱化学脱胶工程和亚麻染整技术这三个重要环节的工艺原理、工艺技术和实践经验进行了阐述和分析。

B4126　TS123

亚麻纤维及应用/贾丽华，陈朝晖，高洁编著 . —北京：化学工业出版社，2007 年 . —244 页（被引 58）

　　ISBN 7-5025-9299-7

　　本书介绍了亚麻纤维的结构、组成、性能和脱胶、后整理工艺及其应用。包括亚麻纤维的化学组成、物理性质、力学性能、化学性质，亚麻纤维中纤维素共生物的结构及对亚麻性质的影响等。

B4127　TS123

亚麻籽脱毒及木酚素的提取与抗氧化活性/杨宏志，邓景致，王霞著 . —哈尔滨：黑龙江教育出版社，2013 年 . —249 页

　　ISBN 978-7-5316-7168-8

　　本书对亚麻及亚麻籽特征、亚麻的分布及产量、亚麻籽的成分及功能、亚麻籽的开发利用等进行了阐述，同时提供了详尽的亚麻木酚素的提取工艺、亚麻木酚素的综合抗氧化活性和亚麻籽脱毒工艺的研究报告。

B4128　TS193

颜色科学/何国兴编著 . —上海：东华大学出版社，2004 年 . —333 页

　　ISBN 7-81038-766-9

　　本书全面地介绍了颜色科学的基本概论和基本理论，CIE 标准色度系统，颜色测量原理和方法，电脑配色、电子分色、视频色彩和计算机仿真等技术原理与方法等。

B4129　TS19，O432.3

颜色科学与计算机测色配色实用技术/薛朝华编著 . —北京：化学工业出版社，2004 年 . —226 页；26cm（被引 273）

　　ISBN 7-5025-4873-4

　　本书从颜色科学基本理论、测量方法及应用几个方面叙述了标准色度学系统。详细介绍了色差、颜色测量仪器及计算配色技术在纺织印染、皮革染色、毛皮行业、涂料和塑料工业中的应用。

B4130　TS193

颜色科学与技术/林茂海，吴光远，郑元林等编著 . —北京：中国轻工业出版社，2019 年 . —183 页

　　ISBN 978-7-5184-2281-4

　　本书包括颜色产生机制与颜色现象、颜色的定性和定量描述、光源的色度学、颜色测量、色彩管理和色貌理论等；可了解颜色的描述方式，包括定性描述和定量描述的基本理论和方法，掌握颜色计算、测量、传递的基本方法，熟悉运用各种测色仪器。

B4131　TS193

羊毛染色 ［译］/（英）戴维·M. 刘易斯编，天津德凯化工股份有限公司译 . —北京：中国纺织出版社，2010 年 . —274 页

　　ISBN 978-7-5064-6827-5

　　本书是英国染色工作者学会出版的畅销书之一，从羊毛的结构、羊毛的染色理论、羊毛染色用助剂、各种毛用染料的特点和应用工艺、混纺毛织物的染色、羊毛织物印花等方面进行了全面介绍。

B4132　TS184

羊毛衫/崔付洋主编 . —杭州：浙江科学技术出版社，2009 年 . —121 页

　　ISBN 978-7-5341-3501-9

　　本书以羊毛衫生产的工艺流程为主线，从羊毛衫原料纱

讲起，介绍了针织横机的结构、羊毛衫常用组织的结构、编织原理及方法，还介绍了圆盘缝合机以及羊毛衫各衣片的缝合，最后简述了羊毛衫的后整理。

B4133 TS184

羊毛衫设计与工艺/王利平主编.—北京：中国纺织出版社，2018年.—264页

ISBN 978-7-5180-4389-7

本书内容注重教学的针对性和实践性，主要包括羊毛衫的分类、原料种类、色彩设计、组织设计、外观设计、工艺设计、针织横机、针织圆机、电脑横机制板工艺、成衣染整工艺、功能整理及成品检验等内容。

B4134 TS184

羊毛衫设计与生产（"十三五"普通高等教育本科部委级规划教材）/陈晓东主编.—北京：中国纺织出版社，2016年.—185页

ISBN 978-7-5180-2422-3

本书全面、系统地叙述了羊毛衫的设计、生产工艺、设备及成衣工艺知识。其中主要包括横机的编织原理及产品的组织特性，电脑横机的结构、工作原理及操作，羊毛衫的款式造型与色彩设计，羊毛衫的编织工艺设计，成衣工艺，计算机辅助设计等内容。

B4135 TS184

羊毛衫设计与生产工艺（纺织高等教育"十五"部委级规划教材）/孟家光主编.—北京：中国纺织出版社，2006年.—393页（被引111）

ISBN 7-5064-3634-5

本书全面、系统地叙述了羊毛衫的产品设计与羊毛衫生产工艺、技术及设备知识，主要包括羊毛衫的款式与配色设计、羊毛衫产品的工艺设计等内容。

B4136 TS184

羊毛衫设计与生产工艺（纺织高等教育"十二五"部委级规划教材）/徐艳华，袁新林编著.—北京：中国纺织出版社，2014年.—244页

ISBN 978-7-5180-0210-8

本书详细介绍了羊毛衫产品的设计方法、羊毛衫产品的生产工艺制定内容及相关设备的原理分析与操作。第一章主要介绍羊毛衫与羊毛衫生产的基础知识；第二章详细讲解横机的调试与操作；第三章具体讲解羊毛衫组织织物的设计与编织工艺；第四章详细分析不同款式毛衫服装的设计与生产工艺。

B4137 TS184

羊毛衫设计与生产实训教程/徐艳华，袁新林主编.—北京：中国纺织出版社，2011年.—238页

ISBN 978-7-5064-7539-6

本书详细介绍了羊毛衫产品的设计方法、羊毛衫产品的生产工艺制定内容及相关设备的原理分析与操作。

B4138 TS184

羊毛衫生产工艺（纺织职业技术教育教材）/丁钟复主编.—北京：中国纺织出版社，2002年.—338页（被引46）

ISBN 7-5064-2128-3

本书详细介绍了羊毛衫生产工艺，羊毛衫所用的原料和用纱要求，各类横机包括电脑横机的主要机构、纺织原理、操作方法和保养，羊毛衫织物的组织结构、组织特性等。

B4139 TS184

羊毛衫生产工艺 第2版（纺织高职高专"十一五"部委级规划教材）/丁钟复主编.—北京：中国纺织出版社，2007年.—221页（被引5）

ISBN 978-7-5064-4474-3

本书详细介绍了羊毛衫生产工艺，羊毛衫所用的原料和用纱要求，各类横机包括电脑横机的主要机构、编织原理、操作方法和保养，羊毛衫织物的组织结构、组织特性、羊毛衫产品设计、成衣、染整等，此外还介绍了羊毛衫生产中新技术的应用。

B4140 TS184

羊毛衫生产工艺（纺织高职高专"十二五"部委级规划教材）/匡丽赟编著.—北京：中国纺织出版社，2012年.—245页

ISBN 978-7-5064-8506-7

本书主要介绍了羊毛衫生产工艺、羊毛衫所用原料和用纱要求，各类横机包括电脑横机的主要机构、编织原理、操作方法、羊毛衫各种织物组织结构及编织、羊毛衫工艺设计、成衣工艺、成衣染整等，此外还介绍了电脑横编织机打版系统、电脑横机制板工艺等。

B4141 TS184

羊毛衫生产工艺与CAD应用（纺织高等教育"十二五"部委级规划教材）/姚晓林编著.—北京：中国纺织出版社，2012年.—224页

ISBN 978-7-5064-8850-1

本书包括横机羊毛衫生产工艺与CAD应用两大部分，生产工艺部分主要阐述横机羊毛衫的产品工艺单和放码用料的计算方法；CAD应用部分针对高速发展和普及的计算机辅助针织设计软件，从计算机辅助花型设计、下数范本制作与修改、工艺单的制定等方面，阐述计算机辅助工艺与花型设计的方法，并加入了方格纸以及与电脑横机接驳的相关内容，以满足教学与生产的需要。

B4142 TS184

羊毛衫生产工艺与设计/周建编著.—北京：中国纺织出版社，2017年.—161页

ISBN 978-7-5180-3547-2

本书主要介绍了毛衫生产工艺流程、横机三维结构与机件功能作用、毛衫测量和规格尺寸的应用、解读与填写毛衫生产工艺单；以步骤式教学，结合织物图、线圈图、编织图、意匠图来指导常用织物的操作和毛衫制作全过程；以装袖类和插袖类版型为例介绍了毛衫的生产工艺与原理；同时

还介绍了毛衫设计与思维程序、毛衫装饰工艺与设计等。

B4143 TS184

羊毛衫生产实际操作/李华，张伍连编著．—北京：中国纺织出版社，2010 年．—250 页

ISBN 978-7-5064-6466-6

本书介绍了普通横机的基本结构、编织原理、横机操作时的基本工具与使用方法，常用组织结构的表示方法、具体编织与操作步骤，羊毛衫成型途径与具体编织方法、羊毛衫编织工艺单的表示方法与具体操作等。

B4144 TS184

羊毛织物后整理［译］（"十三五"普通高等教育本科部委级规划教材 应用型系列教材）/（澳）澳大利亚羊毛发展有限公司及其子公司国际羊毛局著；高晓艳等编译．—北京：中国纺织出版社有限公司，2019 年．—164 页

ISBN 978-7-5180-3479-6

本书主要介绍了羊毛纤维科学和羊毛织物后整理两部分内容。具体的内容包括：羊毛纤维的结构、物理性质、化学特性，羊毛纤维的优点，各道整理工序的目的，各道整理工序的实施措施，如何有效评价各道整理工序及特殊织物的专用整理流程等。

B4145 TS1-53

姚穆教授文集/《姚穆教授文集》编辑委员会编．—西安：西北纺织工学院学报编辑部，2001 年．—307 页

本《文集》收录了姚穆教授 1950—2020 年发表的研究论文。

B4146 TS106

衣用纺织品学（纺织高等教育"十五"部委级规划教材）/蒋蕙钧主编．—北京：中国纺织出版社，2006 年．—290 页（被引 15）

ISBN 7-5064-3810-0

本书从材料科学和消费科学的角度，介绍了衣用纺织品的结构属性、风格类型和服用性能，并针对感性消费是衣用纺织品主要的消费形态这一特点，又从风格的物理本质及服用性能的感性内涵两个方面，对衣用纺织品满足消费需求的方法原理进行了说明。

B4147 TS102

"一带一路"沿线国家特种动物纤维/王华著．—北京：中国纺织出版社有限公司，2019 年．—161 页；26cm

ISBN 978-7-5180-6198-3

本书主要介绍了"一带一路"沿线国家特种纤维资源，探讨了羊驼毛、貂毛、负鼠毛、牦牛绒、驼绒、兔毛和兔绒以及羊绒这几种特种动物绒毛纤维的资源分布、纤维品质特性及其表征、物理及力学性能、纤维的改性与加工工艺和服用性能。提出充分利用国际稀有资源，开发羊驼毛、貂毛、负鼠毛、拉马毛纤维纱线及织物，将特种动物毛纤维实际应用于毛纺织工程。

B4148 TS102

医疗保健性纺织品开发与应用［港台］/邓丽喜撰写．—台北：台湾纺织工业研究中心，2003 年．—173 页

ISBN 957-9674-55-8

B4149 TS102

医用纺织材料与防护服装/郝新敏，张建春，杨元编著．—北京：化学工业出版社，2008 年．—298 页（被引 14）

ISBN 978-7-122-01814-4

本书全面介绍了医用纺织材料的现状、研究进展、产品特性及加工方法、市场前景和未来发展趋势等。上篇为材料篇，系统介绍了各种医用功能纤维、医用纺织品、医用橡胶材料等的制造技术、性能、应用及展望；下篇为应用篇，涉及医用防护服装、面部呼吸防护装备、医用防护手套、医用防护鞋等。

B4150 TS190

艺术染整工艺设计与应用/梁惠娥，顾鸣，刘素琼主编．—北京：中国纺织出版社，2009 年．—188 页（被引 39）

ISBN 978-7-5064-5788-0

本书主要内容包括：艺术染整与手工印染的传承创新关系，艺术染整与传统绞缬、现代扎染的包容关系，传统物理性防染原理与艺术染整视觉创新的因果关系，艺术染整与印染科技、数字技术、艺术设计等多学科交叉互渗的集成关系，艺术染整新工艺在面料、服装、家纺和纤维艺术设计中的应用和赏析等。

B4151 TS190

艺术染整工艺原理与实践/陈秀芳著．—上海：东华大学出版社，2018 年．—139 页

ISBN 978-7-5669-1452-1

本书前四章阐述了艺术染整的理论内容，介绍纤维、染料等基础知识，第五章为实践内容，介绍扎染、蜡染及印花的工艺处方和操作过程，第六章为拓展阅读，介绍纺织品功能整理和性能测试。

B4152 TS193

隐色染料功能化研究/张俊，董川著．—北京：化学工业出版社，2019 年．—157 页；24cm

ISBN 978-7-122-33095-6

本书采用紫外、荧光等多种方法系统研究了隐色染料的显色反应，对隐色染料在热敏染料微胶囊、书写印刷、教学教具等领域的应用进行了深入探索。隐色染料是一种重要的功能材料，其重要特征是染料颜色的变化，发色褪色可以通过多种条件实现，广泛应用于如成像、显影、存储技术以及分析和生物科学等领域。

B4153 TS194

印花（印染职工技术读本）/胡平藩编著；上海印染行业协会组织编写．—北京：中国纺织出版社，2006 年．—416 页（被引 49）

ISBN 7-5064-3725-2

本书较详尽地介绍各种印花设备的操作要领，印花原理、工艺选择及实施方法，并对生产运转中的问题，提供了相应的防止和解决措施，对新颖印花技术等作了适当的叙述。

B4154 TS194

印花CAD实用教程 图文计算机设计分色制版操作指南 金昌EX9000（纺织新技术推荐教材）/胡克勤主编．—上海：东华大学出版社，2004年．—154页

ISBN 7-81038-808-8

本书介绍了印花计算机设计、分色描绘原理、印花制版工艺、印花CAD系统安装、设计、分色方法及部分常见故障处理和图像处理注意事项。

B4155 TS194

印花分色CAD基础教程 金昌EX9000操作详解/王旭娟编著．—北京：清华大学出版社，2013年．—243页

ISBN 978-7-302-30229-2

本书为印花分色CAD教材，内容涵盖较广泛，适用于学生课堂适用。编写的体例结构按照课堂要求规划而立，具有创新性。

B4156 TS194

印花面料设计（高等艺术院校精品特色课程）/王利编著．—天津：天津大学出版社，2011年．—124页（被引11）

ISBN 978-7-5618-3836-5

本书内容包括：现代织物印花、印花工艺原理与纹样设计、印花面料纹样设计的方法、印花面料纹样设计的过程、印花面料设计课程介绍、印花纹样设计作品图例。

B4157 TS194

印花设计（高等院校染织艺术设计专业系列教材）/潘文治，高波，李中元编著．—武汉：湖北美术出版社，2006年．—124页（被引9）

ISBN 7-5394-1810-9

本书由印花设计概述、发展简史、印花工艺分类等6个章节构成。

B4158 TS194

印花纹样设计与应用/王利编著．—北京：中国纺织出版社，2017年．—162页

ISBN 978-7-5180-3608-0

本书详细地解读了设计与技术、设计与艺术、设计与产品、设计与市场的相互依存与相互转换的关系。同时，结合当下企业普遍应用的纺织产品开发的综合模式以及市场运作的规律，通过设计企划、设计实践等对设计的方法和规律进行了分析和详解。

B4159 TS190

印染CAD/王维明主编．—北京：中国纺织出版社，2017年．—155页

ISBN 978-7-5180-3918-0

本书选用市场占有率最高的金昌EX9000印花分色设计软件，系统讲解了印染CAD软件在纺织品印花图案分色与描稿应用中的基础操作和应用技巧。主要介绍了纺织品印花基础知识、印染CAD软件简介及其操作与技巧的知识。

B4160 TS190

印染CAD/CAM/宋秀芬主编．—北京：中国纺织出版社，2009年．—166页

ISBN 978-7-5064-5342-4

本书对CAD/CAM概论，颜色数字化的过程与理论，颜色的数字化表示、计算及测量，同色异谱颜色成立的条件及评价，并系统介绍了染色（印花）CAD/CAM系统的组成、工艺流程、功能特点及使用操作等知识。

B4161 TS190

印染CAD/CAM 第2版/宋秀芬主编．—北京：中国纺织出版社，2015年．—196页

ISBN 978-7-5180-1326-5

本书以CAD/CAM基本概念、系统组成和集成以及颜色数字化理论（包括影响颜色的相关因素、色的基础特征、加法混色和减法混色、色的表示方法、三刺激值的计算和色差、颜色的测量、同色异谱颜色、孟赛尔颜色系统、配色知识等）为基础，详细介绍了CAD/CAM在纺织品染色和印花过程中的应用，如染色和印花CAD/CAM系统的工艺流程、组成、功能特点及使用操作等。

B4162 TS190

印染产品质量控制（21世纪职业教育重点专业教材）/曹修平主编．—北京：中国纺织出版社，2002年．—241页（被引26）

ISBN 7-5064-2017-1

本书阐述了产品质量管理的理论，印染产品质量要求，印染产品质量影响因素分析，印染产品质量控制因素分析等内容。

B4163 TS190

印染产品质量控制 第2版（普通高等教育"十一五"部委级规划教材 高职）/曹修平主编．—北京：中国纺织出版社，2006年．—196页（被引18）

ISBN 7-5064-4025-3

本书简要介绍了产品质量控制理论体系，比较系统地论述了各印染加工厂工序对产品质量指标的要求、质量的评价方法，分析了影响质量的因素以及控制措施，介绍了印染产品常见疵病的特征、产生原因、预防和修复措施。

B4164 TS190

印染产品质量控制 染整技术专业（中等职业教育国家规划教材）/王柏华主编．—北京：高等教育出版社，2002年．—70页（被引7）

ISBN 7-04-010385-0

本书主要内容包括：印染产品质量及质量控制概论、练漂产品质量控制、染色产品质量控制、印花产品质量控制、

整理产品质量控制、典型印染产品质量问题分析。本书从生产实际和可操作的角度进行编写，使学生获得与当前国内国际理念接轨的、完整的质量观，以培养学生分析问题、解决问题的能力。

B4165 TS198
印染厂设计/崔淑玲，朱俊萍，朱仁雄编著．—北京：中国纺织出版社，2007年．—199页（被引8）
ISBN 978-7-5064-4519-1
本书首先介绍了新形势下的基本建设程序与设计的基本内容，重点谈论了棉型机织物印染厂工艺设计的原则、步骤和基本方法，简要介绍了印染厂建设所需其他专业设计。

B4166 TS193
印染打样实训/陆水峰，王国栋主编．—杭州：浙江工商大学出版社，2020年．—152页；26cm
ISBN 978-7-5178-3663-6
本书根据印染打样实训过程设计三大模块，涵盖了印染基础、染色、印花。具体内容包括印染打样、自动滴液系统和化料系统、活性染料浸染棉织物打样等。

B4167 TS193
印染仿色技术/童淑华编著．—北京：中国纺织出版社，2014年．—164页
ISBN 978-7-5180-0613-7
本书按照真实的工作过程设计三大模块：看色、做色、调色。这三大模块即为仿色的三种能力，围绕三大模块安排十个项目：颜色基础知识、人工测色、计算机测色、来样审核、印染基础知识、仿色工艺设计、仿色打板操作、人工调色、计算机配色、做大货。

B4168 X791
印染废水处理技术（印染新技术丛书）/朱虹，孙杰，李剑超编著．—北京：中国纺织出版社，2004年．—407页（被引407）
ISBN 7-5064-3062-2
本书共六章，对印染废水治理技术的基本原理、工艺流程、工程实例等进行了介绍和研究，针对不同纺织产品所产生的印染废水提出了不同的治理方案。

B4169 X791
印染废水处理技术及典型工程/张林生主编．—北京：化学工业出版社，2005年．—282页（被引272）
ISBN 7-5025-7074-8
本书主要内容：纺织印染工艺概述、印染工艺的清洁生产、印染废水处理技术概论、印染废水的物理处理方法等。

B4170 X791
印染废水的多格室水解—膜生物法处理技术/王世和，吴慧芳，晏再生著．—北京：科学出版社，2011年．—201页
ISBN 978-7-03-033002-4
本书系统地介绍了印染废水的多格室水解—膜生物法处理技术，内容包括：印染废水的预处理技术研究、多格室水解—膜生物流化床工艺基础特性研究、多格室水解—膜生物法处理印染废水的小试研究、推荐工艺及技术经济分析等。

B4171 X791
印染废水透视度与脱色处理技术/陈一飞编著．—北京：化学工业出版社，2010年．—141页（被引14）
ISBN 978-7-122-08069-1
本书主要介绍了纺织品印染生产过程中所产生的废水，分析了不同地区生产企业染整污水的成分。重点研究了印染废水透视度、色度、SS（悬浮物总颗粒）的相关性。同时简述了印染企业实施清洁生产的方法和技术措施，并对目前印染废水脱色处理的常用方法作了介绍。

B4172 X791
印染废水污染防治技术指南（污染防治技术政策系列丛书）/国家环境保护总局科技标准司编著．—北京：中国环境科学出版社，2002年．—133页（被引122）
ISBN 7-80163-463-2
本书全面分析研究了国内、国际的印染行业污水处理技术的应用水平、现实状况和发展趋势，客观认真地为我国各地城镇印染行业的废水处理提出了切实可行的治理工艺、技术及相应的装备选用意见。

B4173 TS190
印染概论（中等纺织专业学校教材）/成国泰，郑光洪等编．—北京：纺织工业出版社，1991年．—210页（被引18）
ISBN 7-5064-0555-5
本书包括练漂、染色、印花、整理四部分。

B4174 TS190
印染概论 第2版（全国纺织高职高专规划教材）/郑光洪，蒋学军，杜宗良编．—北京：中国纺织出版社，2005年．—232页（被引39）
ISBN 7-5064-3226-9
本书概述了有关纺织品前处理、染色、印花、整理的基本知识，对主要染整设备附有示意图，对染整工艺作了简单的应用介绍。同时结合近年来国内外染整行业的发展趋势，增加了漂、染、印、整等方面的应用新技术，并对禁用染料、清洁生产、印染废水处理的基本知识作了专门介绍。

B4175 TS190
印染概论 第2版（普通高等教育"十一五"国家级规划教材）/郑光洪主编．—北京：中国纺织出版社，2008年．—223页（被引18）
ISBN 978-7-5064-5145-1
本教材简单明了地介绍了纺织品染整加工的基本知识，并结合目前国内染整工艺的发展趋势，介绍了纺织品的前处理、染色、印花、整理及绿色环保染整加工新技术。附赠的光盘内提供了印染生产现场的视频和PPT课件等，使教学内容更加丰富，教学形式更加生动和直观，便于老师和学生的

教与学。

B4176 TS190

印染概论 第3版/郑光洪主编.—北京：中国纺织出版社，2017年.—212页

ISBN 978-7-5180-3111-5

本书介绍了纺织品染整加工的基本知识，并结合目前国内染整工艺的发展趋势，介绍了纺织品的前处理、染色、印花、整理及绿色环保染整加工新技术。

B4177 TS198

印染工厂设计/崔淑玲，朱俊萍，朱仁雄编著.—北京：中国纺织出版社，2007年.—199页

ISBN 7-5064-4519-1

本书重点讨论了棉型机织物印染厂工艺设计的原则，步骤和基本方法，并专门设置了针织厂染整工设计一章；针对环保内容，介绍了印染厂清洁生产和节水节能设计；对其他专业设计（如总图运输、厂房建筑结构、给水排水、采暖通风、供电、仓储、设计概预算等）本书也作了一般性介绍，为方便教学、还单列了毕业设计档编写一章。

B4178 TS190

印染工艺［译］（工艺美术制作教程）/（西）伊娃·帕斯夸尔·I.米罗著；蒋昳译.—杭州：浙江人民美术出版社，2020年.—153页

ISBN 978-7-5340-7676-3

本书分为五个主要章节。第一章简述了纺织品印花的历史。第二章阐述了纤维和面料的特点，以及常用面料的鉴别方法。第三章介绍了适用于不同技法的印花材料和工具，并提供了使用工作室的安全建议。第四章详尽说明了基本的纺织品印花流程与工艺类别，涵盖了雕版印刷、丝网印刷、拔染印花、烂花印花，以及蜡染、手绘镶嵌纹样等工艺。在第五章的案例解析中，展示了六个设计项目以及完整的创意与制作过程。

B4179 TS194

印染行业染化料配制工（印花）操作指南/中国印染行业协会编.—北京：中国纺织出版社，2007年.—171页

ISBN 978-7-5064-4453-8

本书系统介绍了印染行业染化料配制工的常用知识。本书内容包括纤维及织物概述，印花用染料、化学药剂和助剂，印花糊料，印花方式对色浆的要求与调制，图案与印花生产，各种织物（纤维素纤维织物、涤棉混纺织物、涤纶模拟丝绸、真丝绸、天然Tencel织物、锦纶织物、腈纶织物等。

B4180 X791

印染行业污染防治技术体系构建 以浙江省为例/张艳君，许强，史惠祥编.—北京：化学工业出版社，2014年.—129页

ISBN 978-7-122-21639-7

本书从印染行业的污染排放特征、清洁生产技术、污染治理技术以及污染治理的运行管理技术四方面，介绍了印染行业污染防治技术体系。

B4181 TS190

印染技术（纺织服装高等教育"十二五"部委级规划教材）/纪惠军主编.—上海：东华大学出版社，2012年.—237页（被引7）

ISBN 978-7-5669-0033-3

本书以各种织物为主线，结合当前印染行业的生产实际和近年来染整技术的发展进行编写，内容包括：纤维素纤维织物、涤纶及其混纺织物和蛋白质纤维织物染整加工的基本原理、基本工艺和常用染整设备，对生态纺织品的标准也作了简要介绍。

B4182 TS190

印染技术500问（印染新技术丛书）/薛迪庚，马兰宇编著.—北京：中国纺织出版社，2006年.—465页（被引13）

ISBN 7-5064-3682-5

本书将企业技术人员必备的知识点和生产中常见问题提炼分解成近500个问答。归纳为原料、工艺和环保三大篇共十章，便于读者学习和查询。

B4183 TS190

印染配色仿样技术/曾林泉编.—北京：化学工业出版社，2010年.—330页（被引5）

ISBN 978-7-122-06587-2

本书主要介绍了印染配色仿样方面有关技术，对拼色原理、颜色评估办法、小样染色工艺及操作、人工配色仿样技巧、印花配色仿样技巧、染色大机仿样技术、计算机配色仿样技术等作了较全面的阐述，同时对染色实验常用仪器、色牢度测试方法及染色实用测试方法也作了简单的介绍。

B4184 TS190

印染前处理（印染职工技术读本）/冯开隽，薛嘉栋编著；上海印染行业协会组织编写.—北京：中国纺织出版社，2006年.—410页（被引29）

ISBN 7-5064-4064-4

本书介绍了天然纤维和化学纤维，以及二十世纪末在纺织印染业出现的主要新型纤维的结构和性能；并介绍了用这些纤维制成的纯纺和混纺、交织织物前处理的基本原理、工艺、设备和操作要点。

B4185 TS190

印染染化料配制工/胡平藩，姚江元编.—北京：中国纺织出版社，2013年.—321页

ISBN 978-7-5064-9255-3

本书根据国家职业标准对印染企业配色工种职业能力的要求，由浅入深地介绍纺织物、染化料、印花糊料等相关知识以及印花色浆配方和色浆调制操作要点。同时还简要地介绍了印花工艺设计程序、各种印花方式、印花方法和不同印花方式的色浆排列原则。

B4186 TS190

印染烧毛工/印染工种培训教材编写委员会组织编写 . —北京：中国纺织出版社，2011 年 . —162 页

　　ISBN 978-7-5064-7627-0

　　本书将印染烧毛工分为三等，即初级工、中级工和高级工三种，从刚进厂分配到烧毛机工作开始，经过初级工培训，掌握最基础的工艺技术与操作技能；再经过中级工技术培训，则能胜任中级工的工艺技术与操作技能，最后经过高级工技术培训，则能全面掌握烧毛机所有的工艺技术与操作技能，全面胜任高级工的全部工作。

B4187 TS190

印染洗涤工/钱灏编著 . —北京：中国纺织出版社，2011 年 . —213 页

　　ISBN 978-7-5064-8025-3

　　本书按照国家职业标准的内容和要求较为详尽地介绍了水洗工必须掌握的职业道德、水洗基础知识，包括无机化学知识、染化料助剂知识、纺织纤维及结构知识和染整工艺基础知识。

B4188 TS190

印染用水和废水处理（高等职业技术院校染整技术专业教材）/徐长绘主编 . —北京：中国劳动社会保障出版社，2016 年 . —245 页

　　ISBN 978-7-5167-2844-4

　　本书主要内容包括印染用水质量要求、印染用水水质分析、印染生产用水处理、印染废水质量标准、印染废水监测分析、印染生产废水处理等。

B4189 TS190

印染整理业安全卫生辅导研究［港台］/林国照，潘致弘著 . —台湾：台湾劳动及职业安全卫生研究所，2015 年 . —133 页

　　ISBN 978-986-04-4768-2

B4190 TS190

印染质量控制与管理/王维明主编 . —北京：中国纺织出版社有限公司，2019 年 . —228 页

　　ISBN 978-7-5180-5871-6

　　本书详细地阐述印染产品质量的控制与管理，简要介绍了产品质量管理理论及统计质量控制的常用方法，系统讲解了生产技术管理、生产现场管理、能源管理与节能减排、精细化管理、信息管理、产品开发与产权保护等相关知识在对印染产品质量进行控制与管理中的重要作用。

B4191 TS190

印染助剂（"十五"国家重点图书）/邢凤兰，徐群，贾丽华主编 . —北京：化学工业出版社，2002 年 . —533 页（被引 234）

　　ISBN 7-5025-3963-8

　　本书叙述了纺织用各种纤维的性能以及纺织印染加工过程中应用的各类化学药剂的有关理论问题和实际应用技术，并介绍了常用助剂品种的化学结构、生产方法及工艺路线等内容。

B4192 TS190

印染助剂 第2版/邢凤兰，徐群，贾丽华等主编 . —北京：化学工业出版社，2008 年 . —386 页

　　ISBN 978-7-122-02131-1

　　本书在介绍纺织用各种纤维、表面活性剂和高分子化合物等知识的基础上，按前处理过程、印染过程和后整理加工过程分别叙述了纺织印染加工中的各类助剂，具体介绍了各种助剂的化学结构、生产方法及工艺路线，同时对有关理论和实际应用情况进行了说明。

B4193 TS190

荧光增白剂实用技术/董仲生编著 . —北京：中国纺织出版社，2006 年 . —547 页

　　ISBN 7-5064-3917-4

　　本书主要叙述了荧光增白剂的基本概念、增白原理、命名、合成技术、商品代加工技术，以及在纺织、造纸、洗涤剂、塑料不同行业中的应用及加工配合，并对荧光增白剂产品质量的检验以及人们比较关心的使用安全性和对环境的影响等做了阐述，同时给出了我国现行的荧光增白剂产品国家标准或行业标准一览表。

B4194 TS193

优质高效节能减排染色技术40例/崔浩然著 . —北京：中国纺织出版社，2012 年 . —321 页

　　ISBN 978-7-5064-8394-0

　　本书介绍了与实现"优质、高效、节能、减排"密切相关的40例实用染色技术，包括常用染料性能缺陷的剖析与对策；活性染料的冷轧堆节能技术等。

B4195 TS102

优质羊毛生产技术/郭健主编 . —兰州：甘肃科学技术出版社，2014 年 . —251 页

　　ISBN 978-7-5424-2051-0

　　本书主要针对优质细羊毛生产的各个环节，就细毛羊育种、繁殖、饲养管理、疫病防控和羊毛生产等技术，全面系统地进行了阐述。用以指导细毛羊生产场、个体经营者及广大牧民进行优质细毛羊标准化、产业化生产与经营。

B4196 TS190

有机染料合成工艺/陈孔常等编著 . —北京：化学工业出版社，2002 年 . —282 页

　　ISBN 7-5025-3797-X

　　本书以结构分类对染料工业中的偶氮染料、芳甲烷及呫吨染料、次甲基（甲川）染料、氮杂环染料、氨基酮及内酯染料、蒽醌及靛族染料、酞菁类化合物等重要类型化合物的合成方法作了具体的介绍。

B4197 TS190

有机颜料：品种与应用/沈永嘉主编 . —北京：化学工业

出版社，2001 年 . —511 页

ISBN 7-5025-3275-7

本书介绍了有机颜料的生产方法，重点介绍了常用的有机颜料在各种常用的应用对象中的性能和牢度，近几年才出现的非传统颜料，如变色颜料和作为荧光标识材料使用的无色荧光颜料等，以及与有机颜料的生产和应用有关的生态学与毒理学。

B4198 TS190

有机颜料：品种与应用　第 2 版/沈永嘉主编 . —北京：化学工业出版社，2007 年 . —285 页

ISBN 978-7-122-00417-8

本书全面、系统地介绍了绪论、有机颜料的分类、晶体结构与同质多晶性、合成颜料的基本反应及颜料化、双偶氮颜料等内容。

B4199 TS190

有机颜料：结构、特性及应用/周春隆，穆振义编著 . —北京：化学工业出版社，2002 年 . —485 页

ISBN 7-5025-3404-0

本书依据有机颜料结构类别介绍其化学结构特性、合成方法与重要品种，并对有机颜料物理化学特性，多功能颜料助剂、应用性能检测与评价等进行了较为系统的论述。

B4200 TS190

有机颜料索引卡/周春隆，穆振义编 . —北京：中国石化出版社，2004 年 . —680 页

ISBN 7-80164-465-4

本书收集了国内外公开报道的有机颜料化学结构、CAS 登记号、EU 登记号、化学类别、分子式、相对分子质量、通用名称及化学文摘名称、国外主要颜料商品名称、物理形态与使用注释、物化性能、简单合成工艺、国内主要生产厂、颜料应用特征、光谱反射曲线及 X 射线粉末衍射曲线图等内容。

B4201 TS190

有机中间体的制备与合成/林原斌，刘展鹏，陈红飙编著 . —北京：科学出版社，2006 年 . —903 页

ISBN 7-03-016179-3

本书精选了 1200 余种常用有机中间化合物的制备与合成方法，将有机化合物的制备与合成结合起来，介绍给读者一个有关制备与合成的完整内容。

B4202 TS102

有色纺织纤维检验在法庭科学中的应用/王景翰，杨鸣编著 . —北京：科学出版社，2014 年 . —285 页

ISBN 978-7-03-040247-9

本书是作者多年教学实践、科研以及案例鉴定成果的积累，同时汇集大量的国内外相关数据，内容包括纺织品和纤维的基本理论及其检验技术，染料的基本理论及其检验技术，还介绍了一些有代表性的案例。

B4203 TS106

渔用网片与防污技术/石建高主编 . —上海：东华大学出版社，2011 年 . —446 页（被引 12）

ISBN 978-7-81111-915-2

本书详细介绍了渔用纤维材料的基本概念与分类、纤维的尺寸与形态、渔用合成纤维的表征和共性及渔用聚乙烯和聚丙烯纺丝的生产工艺、渔网线的基本物理和机械性能、渔网线的生产技术与设备、渔网编织线的结构及编织工艺、渔用机织有结网片和无结经编网的生产技术、渔用网片定型处理设备与工艺等内容。

B4204 TS102

原棉加工技术与设备（英文版）/（乌兹）阿里舍·萨利莫夫（Alisher Salimov），（中国）王华，（乌兹）蒂穆尔·图伊希耶夫（Timur Tuychiev），（乌兹）沙赫鲁克·马吉乌夫（Shakhrukh Madjidov）著 . —上海：东华大学出版社，2019 年 . —174 页；28cm

ISBN 978-7-5669-1576-4

本书叙述了以下内容：有关棉花文化的信息；原棉的采购、验收和储存；轧棉厂的棉花加工；原棉的技术操作、运输；原棉的干燥；原棉的清洁；轧棉的技术操作；棉籽的技术操作、脱毛；以及纤维和纤维废料的工艺操作加工；棉厂纤维产品包装的工艺操作；棉厂的标准化、认证和劳动密集型工程机械化。

B4205 TS194

圆网印花产品疵病分析及防止/胡木升编著 . —北京：中国纺织出版社，2000 年 . —140 页（被引 13）

ISBN 7-5064-1804-5

本书对圆网印花产品中每一种常见疵病的各种形态注意了收集，并以此展开分析，介绍了产生原因和克服办法，拟为解决圆网印花常见疵病，根据各自圆网印花形态进行了分析及采取措施，提供分析和解决疵病的思路。

B4206 TS194

圆网印花机的应用/佶龙机械工业有限公司编著 . —北京：中国纺织出版社，2010 年 . —167 页

ISBN 978-7-5064-6799-5

本书对圆网印花机的发展、工艺作了简要介绍，对圆网印花机的结构与性能、安装与调试以及圆网印花机的专件、制网设备、圆网印花机的传动与控制作了详细介绍，并比较了常用的国内外印花机的性能，重点介绍了圆网印花机的常见故障防治。

B4207 TS106

运动用纺织品［译］（纺织新技术书库）/（瑞典）R.斯素著；王建明，关芳兰译 . —北京：中国纺织出版社，2008 年 . —422 页（被引 14）

ISBN 978-7-5064-4867-3

本书系统地介绍了运动用纺织纤维和材料，涵盖了运动用高性能纤维的发展、运动服装的设计原理，探讨了运动服装能否真正保护运动员在比赛中避免受伤、是否能在恶劣天

气条件下保护运动员以及航海用纺织品等内容，揭示了运动用纺织品越来越依赖纺织科技和创新的发展趋势，即未来的运动纺织品会朝着轻质、柔软、防止受伤、传热、弹性、抗菌、耐穿及美观等方向发展。

B4208 TS105

再生竹织物的织造与染整/曾林泉编著 .—北京：化学工业出版社，2011 年 .—220 页

ISBN 978-7-122-10546-2

本书系统介绍了再生竹织物的纺纱、织造及漂、染、印、整加工工艺，其中包括再生竹纤维的结构性能、加工工艺原理等，内容丰富，实践性强。

B4209 TS193

扎染工艺与设计（服装高等教育"十二五"部委级规划教材）/王利编著 .—北京：中国纺织出版社，2015 年 .—112 页（被引 5）

ISBN 978-7-5180-2252-6

本书对中国传统的织物印花、染色工艺及分类，作了比较清晰的概述，并立足于传统的扎染工艺，从扎染的操作过程和步骤、扎结方法染色工艺，以及扎结工艺与纹样构成形式、扎染纹样与现代纺织产品开发等不同层面，进行了系统的梳理和总结。

B4210 TS145

柞蚕丝绸综论/姜淑瑗，刘爱莲著译 .—沈阳：辽宁美术出版社，2004 年 .—115 页

ISBN 7-5314-3071-1

本书讲述了柞蚕丝的利用、柞蚕业的兴起及发展，介绍了柞蚕丝织物的特点、生产加工工艺过程及如何保养等，汇集了近现代四十余种优良的柞蚕丝织物的生产技术数据、外观效果及性能指标、设计者、销售情况等。它将每一个优良的柞蚕丝织物活生生地展现在读者面前，以全方位的视角给人们讲述着蚕丝的佳话。

B4211 TS193

柞蚕丝染色整理及综合利用/程德红著 .—北京：中国纺织出版社有限公司，2019 年 .—139 页；24cm

ISBN 978-7-5180-5465-7

本书概述了丝胶蛋白提取、纺丝应用及柞蚕丝染色和功能整理，系统介绍了丝胶蛋白的提取工艺技术及以丝胶蛋白作为纺丝原料的应用，并对柞蚕丝的染色和功能整理技术进行了说明；详细叙述了以离子液体金属配合物萃取丝胶蛋白的萃取分离工艺、丝胶蛋白静电纺丝工艺，建立了丝胶蛋白回收及再利用的新方法。同时，用天然染料黄连素染色柞蚕丝，解决了天然染料染色牢度问题，并以离子液体金属配合物作为功能助剂，获得了具有抗紫外、抗静电、抗菌等多种功能的柞蚕丝织物。

B4212 TQ34

长丝工艺学/白伦，谢瑞娟，李明忠主编 .—上海：东华大学出版社，2011 年 .—329 页

ISBN 978-7-81111-819-3

本书系统介绍桑蚕生丝和涤纶长丝的加工原理和工艺，简要介绍锦纶长丝、丙纶长丝、腈纶长丝、维纶长丝等的加工工艺以及化纤长丝纺丝新技术。

B4213 TQ34

长丝工艺学 第 2 版（纺织服装高等教育"十三五"部委级规划教材）/白伦主编 .—上海：东华大学出版社，2018 年 .—329 页

ISBN 978-7-5669-1441-5

本书第 2 版介绍桑蚕生丝和涤纶长丝的加工原理和工艺，简要地介绍锦纶长丝、丙纶长丝、腈纶长丝、维纶长丝等其他化学纤维长丝的加工工艺，以及化纤长丝的纺丝新技术。

B4214 TS186

针编织服装设计与工艺/丁希凡编著 .—上海：东华大学出版社，2006 年 .—157 页

ISBN 7-81111-013-X

本书全面地介绍了有关针编织服装的历史、设计过程和设计表达，以及手工、机械工艺编织及应用设计等最新知识，并分析了针编织服装的流行趋势。

B4215 TS174

针刺法非织造布工艺技术与质量控制（纺织新技术书库）/冯学本主编 .—北京：中国纺织出版社，2008 年 .—344 页（被引 16）

ISBN 978-7-5064-5015-7

本书主要介绍针刺法非织造布生产各工序的工艺因果关系、设备分类、工艺操作、故障排除以及后整理加工的特点。特别对生产中经常遇到的疑难问题作了解答。同时，本书对典型针刺产品的市场与用途、原料与产品质量的辨别方法、质量标准以及目前有代表性的针刺法非织造布产品开发案例均作了介绍。

B4216 TS184

针织产品设计/张佩华，沈为主编 .—北京：中国纺织出版社，2008 年 .—217 页（被引 33）

ISBN 978-7-5064-4946-5

本书按针织产品的大类，分别介绍了针织产品的组织结构和设计方法，并以常用和典型针织产品为实例，介绍了产品设计过程中的原料和设备选用、编织工艺、织物参数、花色效应及形成原理、性能和用途等。

B4217 TS184

针织产品设计与开发/秦晓，吴益峰主编 .—北京：化学工业出版社，2015 年 .—136 页

ISBN 978-7-122-22604-4

本书主要讲述各类针织产品的分析、设计与开发。结合针织面料的分类与特点，通过大量针织面料设计与开发的实例，重点从针织面料的分析方法、上机工艺的设计、开发注意要点等方面介绍不同种类针织产品设计与开发的方法和特

点，使读者掌握基本针织产品的分析与设计方法。

B4218　TS184

针织产品与设计（全国纺织高职高专规划教材）/陈国芬主编.—上海：东华大学出版社，2005年.—404页（被引44）

ISBN 7-81038-933-5

本书主要介绍了针织产品与产品设计的内容与方法。特别是以原料选用、组织结构设计、上机工艺、织物性能与花纹效应设计、针织物分析、典型针织设备加工花色针织品的方法和技术等为重点的产品与设计。

B4219　TS184

针织产品与设计　第2版（普通高等教育"十一五"国家级规划教材）/陈国芬主编.—上海：东华大学出版社，2010年.—408页（被引9）

ISBN 978-7-81111-746-2

本书第2版主要介绍了以针织产品的原料选用、组织结构设计与上机工艺、针织物性能与花纹设计关系、针织物分析、典型针织设备加工花色针织品的方法和技术等为重点的针织产品与设计。

B4220　TS188

针织厂设计　第2版（纺织高等教育"十一五"部委级规划教材）/李津主编.—北京：中国纺织出版社，2007年.—291页

ISBN 978-7-5064-4563-4

本书第2版介绍了针织企业建设的方针、政策、设计程序及设计要求，针织生产设计的基础知识及相关针织设备的技术特点等。

B4221　TS186

针织成型服装设计（高等院校纺织服装类"十二五"部委级规划教材　针织专业系列教材）/陈继红主编.—上海：东华大学出版社，2010年.—166页

ISBN 978-7-81111-779-0

本书分析了针织成型服装的织物组织设计、原料设计、结构设计和工艺设计；介绍了针织成型服装生产设备及操作；提出了针织成型服装原型结构设计及各类针织成型服装纸样设计原理；详细阐述了针织成型服装的编织生产工艺、成衣工艺及后整理工艺；给出了各类针织成型织物和针织成型服装的编织设计实例。

B4222　TS183

针织大圆机保全工技能鉴定培训教材/广东省纺织协会组织编写.—北京：中国纺织出版社，2017年.—183页

ISBN 978-7-5180-4477-1

本书从纬编针织及机械的基础知识，到编制花色组织与上机工艺的确定，针织大圆机的操作规程，设备的安装调试与保全保养，以及调机与疵点消除方法等方面，较系统全面地介绍了针织大圆机保全的整套工艺与流程，涵盖了针织大圆机保全工的日常工作及工艺提升等方面的内容。

B4223　TS183

针织大圆机的使用与维护（纺织生产技术工人读本）/李志民主编.—北京：中国纺织出版社，2004年.—197页（被引25）

ISBN 7-5064-3121-1

本书介绍了针织大圆机的主要结构及编织原理，重点介绍了针织大圆机的安装调试、维修保养、生产管理和操作规程，还介绍了纬编针织物的基本组织及常用花色组织等内容。

B4224　TS183

针织大圆机实用宝典/全国针织科技信息中心编.—天津：编者自发行，2005年

本书集合行业内十余位专家数十年的经验而成，权威、专业、实用。宝典采用问答形式，对大圆机实际使用中遇到的各种问题予以解答，主要内容涉及圆机的工作原理、设计、安装、维修、调试以及实际生产中各种面料产生疵点的原因及疵点排除方法。

B4225　TS183

针织大圆机维修与产品设计/马建兴，孙旭东，李志民编著.—北京：中国轻工业出版社，2011年.—181页（被引14）

ISBN 978-7-5019-8093-2

本书介绍了大圆机的主要结构与成圈原理，重点介绍了针织大圆机的装配方法、保全保养方法、安装调试方法，在编织生产过程中出现故障的处理方法和空气压缩机的安全操作过程，以及面料开发设计方法与步骤和设计新产品的生产实例，简单介绍了针织大圆机的生产管理知识。

B4226　TS183

针织大圆机新产品开发（纺织产品开发丛书）/李志民，孙玉钗，程中浩编著.—北京：中国纺织出版社，2006年.—247页（被引49）

ISBN 7-5064-3979-4

本书简单介绍了针织大圆机的种类、结构及常用原料，并以大量的针织面料生产实际案例为基础，详细介绍了在普通单面机、双面机大圆机、罗纹机、卫衣机、毛圈机上开发生产新型面料的方法和内容、上机生产工艺和调试方法，同时以附录的形式介绍了经销针织面料的成本核算方法、大圆机大修后拆散部件的组装方法、新引进的大圆机或大修后大圆机的验收方法。

B4227　TS186-39

针织服装CAD与应用（高职高专服装设计专业系列教材）/倪一忠，刘传强主编.—上海：东华大学出版社，2008年.—176页；26cm

ISBN 978-7-81111-479-9

本书介绍了全成型或半成型针织服装的CAD设计，并列举了相应的设计实例。

B4228 TS186-39

针织服装 CAD 制板案例精选/罗春燕主编；罗春燕，马仲岭，虞海平编著 .—北京：人民邮电出版社，2008 年 .—250 页

ISBN 978-7-115-18759-8

本书以最新版本的富怡（Richpeace）服装 CAD 软件为基础，介绍如何进行针织服装的制板、放码、排料等操作。本书将流行的针织服装款式，配上结构图、放缝图、推板图，再结合 CAD 软件的各种功能，以具体的操作步骤指导读者如何设计服装。

B4229 TS186

针织服装产品设计（纺织服装高等教育"十一五"部委级规划教材）/倪军，李艳艳主编 .—上海：东华大学出版社，2011 年 .—108 页

ISBN 978-7-81111-882-7

本书主要从设计的角度对针织服装产品进行了比较全面的阐述，本书分为五个篇章，分别从概述篇、材质篇、设计篇、制作篇、赏析篇五个方面介绍针织服装产品设计，概述篇主要介绍针织服装产品的发展状况、未来发展趋势、针织服装产品的分类等内容；材质篇主要介绍各类纤维、纱线品种及性能分析；设计篇主要介绍针织服装产品的造型设计、色彩设计、纱线设计、组织结构设计、肌理设计、装饰设计、材料混搭组合设计等几个方面的内容；制作篇主要介绍手工编织服装、横机编织服装的特点以及针织服装产品的生产工艺流程；赏析篇主要介绍国际知名的服装设计师及品牌。

B4230 TS186

针织服装缝制工艺与设备/刘艳君主编 .—北京：中国纺织出版社，2008 年 .—253 页（被引 20）

ISBN 978-7-5064-4915-1

本书系统地介绍了针织服装缝制所用设备的结构、性能与工作原理，不同缝制设备在针织服装生产中的应用，针织服装缝制工艺设计，针织服装缝制中常用线迹结构与性能，针织服装各部件的缝制工艺与方法，针织服装缝纫质量控制及计算机技术在针织服装中的应用等。

B4231 TS186-39

针织服装结构 CAD 设计（服装高等教育"十一五"部委级规划教材）/赵俐主编 .—北京：中国纺织出版社，2009 年 .—333 页

ISBN 978-7-5064-5513-8

本书全面、系统地介绍了美国 PGM 公司的服装 CAD 软件，由浅入深地讲述 PDS·9 系统中各种工具的应用方法。

B4232 TS186

针织服装结构设计（服装高等教育"十一五"部委级规划教材）/谢梅娣，赵俐编著 .—北京：中国纺织出版社，2010 年 .—188 页；26cm（被引 12）

ISBN 978-7-5064-6408-6

本书内容涵盖针织服装结构设计基础、针织裤装结构、针织裙装结构、针织服装衣身结构、针织服装衣领结构、针织服装衣袖结构和综合举例。

B4233 TS186

针织服装结构设计　第 2 版（"十三五"普通高等教育本科部委级规划教材　纺织科学与工程一流学科建设教材）/谢梅娣，赵俐编著 .—北京：中国纺织出版社，2019 年 .—216 页；26cm

ISBN 978-7-5180-5931-7

本书共八章，内容包括：针织服装结构设计基础、针织服装中常见部件的缝制方法、针织裙装结构、针织裤装结构、针织服装衣身结构、针织服装衣领结构、针织服装衣袖结构、综合实例。

B4234 TS186

针织服装结构与工艺设计/毛莉莉等编著 .—北京：中国纺织出版社，2006 年 .—340 页；26cm（被引 30）

ISBN 7-5064-3727-9

本书从针织服装的特点入手，较详细地介绍了针织服装结构与工艺设计的基本原理与方法。

B4235 TS186

针织服装结构原理与制图（时装厂纸样师讲座）/谢丽钻编著 .—北京：中国纺织出版社，2008 年 .—236 页；26cm（被引 5）

ISBN 978-7-5064-5285-4

本书根据服装结构的基本原理和理论体系，将针织服装与机织服装的制图方法结合起来，既保持了针织服装结构的风格和特色，又在一定程度上拓展了服装结构的理论，从而制定了针织服装女装基本样。

B4236 TS186

针织服装结构原理与制图　第 2 版（"十二五"职业教育国家规划教材）/谢丽钻编著 .—北京：中国纺织出版社，2016 年 .—294 页；26cm

ISBN 978-7-5180-2342-4

本书以工厂生产实际为基础，结合现代服装时尚，以丰富的结构制图实例，阐述了针织服装结构制图的基本原理、针织服装制图与机织服装制图的不同点以及 150 多种不同款式类型的针织男女上下装、裙装、童装、针织服装配件的制图方法。

B4237 TS186

针织服装结构原理与制图　第 3 版（"十三五"职业教育部委级规划教材）/谢丽钻编著 .—北京：中国纺织出版社有限公司，2020 年 .—290 页；26cm

ISBN 978-7-5180-7452-5

本书以工厂生产实际为基础，结合现代服装时尚，以结构制图实例，阐述了针织服装结构制图的基本原理、针织服装制图与机织服装制图的不同点以及 100 多种不同款式类型的针织男女上下装、裙装、童装、针织服装配件的制图方法。

B4238 TS186

针织服装色彩与款式设计/宋晓霞，王永荣编著．—上海：上海科学技术文献出版社，2013年．—133页

ISBN 978-7-5439-5546-2

本书力求覆盖针织服装款式与色彩设计从纱线至成衣全流程，注重技术与艺术的完美结合，使用对象为服装设计与工程、服装艺术设计本科生。

B4239 TS186

针织服装设计/薛福平编著．—北京：中国纺织出版社，2002年．—153页；26cm（被引71）

ISBN 7-5064-2330-8

本书以服装设计理论为主线，基于针织服装外衣化、时装化的趋势以及针织面料在针织服装设计中的重要作用，重点讲述了针织面料设计、针织服装的款式设计、规格设计、结构设计与样板制作、缝制工艺设计以及毛衫和补正内衣的设计与制作等内容。

B4240 TS186

针织服装设计概论 第2版/薛福平主编．—北京：中国纺织出版社，2008年．—292页（被引13）

ISBN 978-7-5064-5008-9

本书涵盖针织服装设计、技术及工艺的基础知识与应用，注重专业理论的更新，填充了毛衫与补正内衣的设计与制作。

B4241 TS186

针织服装设计/宋晓霞编著．—北京：中国纺织出版社，2006年．—173页；24cm（被引108）

ISBN 7-5064-3680-9

本书从设计的角度出发对针织服装进行了比较全面的阐述，介绍了国内外针织服装业的现状及发展趋势，针织服装的分类与设计特点，针织服装的设计原理及色彩搭配方法，针织服装的系列设计原理与方法，针织服装工艺设计等内容。

B4242 TS186

针织服装设计/谭磊主编．—北京：中国纺织出版社，2008年．—296页（被引19）

ISBN 978-7-5064-5292-2

本书介绍了针织面料的相关知识、针织服装的设计特点、针织服装的规格设计与结构设计以及针织服装的裁剪和缝制等内容。

B4243 TS186

针织服装设计（纺织服装高等教育"十一五"部委级规划教材）/王勇编著．—上海：东华大学出版社，2009年．—117页（被引15）

ISBN 978-7-81111-559-8

本书基于作者多年的理论和实践教学经验及设计体会，从设计的角度对针织服装进行较为系统的阐述，介绍了针织服装分类及针织服装发展的背景和趋势。

B4244 TS186

针织服装设计 第2版（纺织服装高等教育"十二五"部委级规划教材）/王勇编著．—上海：东华大学出版社，2015年．—130页；26cm

ISBN 978-7-5669-0858-2

本书从设计的角度出发对针织服装进行了比较全面的阐述，介绍了国内外针织服装业的现状及发展趋势、针织服装的分类与设计特点、针织服装的设计原理及色彩搭配方法、针织服装的系列设计原理与方法、针织服装工艺设计等内容。

B4245 TS186

针织服装设计（新版）（纺织服装高等教育"十三五"部委级规划教材）/王勇编著．—上海：东华大学出版社，2017年．—103页；29cm

ISBN 978-7-5669-1153-7

本书从设计的角度对针织服装进行较为系统的阐述，将抽象的理论知识结合国际知名针织服装品牌及新锐设计师不同风格的设计作品进行说明，力求使读者能够更直观地理解和掌握针织服装设计的相关知识和方法技巧，并在全球化的设计语境下能够着眼于国际视野，打破思维的局限，提升创造力，以推进本土服装设计新生力量的发展。

B4246 TS186

针织服装设计（"本科教学工程"全国服装专业规划教材 高等教育"十二五"部委级规划教材）/沈雷编著．—北京：化学工业出版社，2014年．—151页

ISBN 978-7-122-20933-7

本书全面涵盖了针织服装设计师所需要掌握的基础知识以及提升设计能力的方式方法，从针织服装设计概述、针织服装的设计思维、针织服装设计的基本要素、针织服装分类设计、针织服装设计表达的技巧、针织服装的品牌规划设计等方面进行详细全面的讲解与拓展。

B4247 TS186

针织服装设计（纺织服装高等教育"十二五"部委级规划教材）/吴益峰，朱琪主编．—上海：东华大学出版社，2014年．—243页；26cm

ISBN 978-7-5669-0485-0

本书主要讲述了裁剪类针织服装和成型类针织服装的设计。文中结合针织服装的特点，重点从面料设计、色彩设计、款式设计、结构设计等方面介绍针织服装设计的方法和特点，同时通过一些设计实例说明针织服装设计的具体应用，使读者基本掌握针织服装的设计方法。

B4248 TS186

针织服装设计 第2版（纺织服装高等教育"十三五"部委级规划教材）/秦晓，朱琪，吴益峰主编．—上海：东华大学出版社，2018年．—246页；26cm

ISBN 978-7-5669-1453-8

本书包括针织服装设计的基础部分、技术部分和设计部分，基础部分介绍了针织和针织服装的概念以及传统针织服

装；技术部分介绍了针织物的组织结构以及针织纱线、材质肌理设计；设计部分介绍了针织服装的形式美法则、设计风格、造型设计、色彩和图案设计以及系列设计，也介绍了针织服装流行的一些内容。

B4249 TS186

针织服装设计（"十三五"职业教育部委级规划教材）/曾丽编著.—北京：中国纺织出版社，2018年.—192页；26cm

ISBN 978-7-5180-5174-8

本书内容包括针织服装设计的基础部分、技术部分和设计部分，基础部分介绍了针织和针织服装的概念以及传统针织服装；技术部分介绍了针织物的组织结构以及针织纱线、材质肌理设计；设计部分介绍了针织服装的形式美法则、设计风格、造型设计、色彩和图案设计以及系列设计，也介绍了针织服装流行的内容。

B4250 TS186

针织服装设计基础（针织服装设计丛书）/桂继烈主编.—北京：中国纺织出版社，2001年.—261页；26cm（被引136）

ISBN 7-5064-1861-4

本书内容包括服装色彩设计基础知识，服装造型与结构设计——原理与方法，针装设计特点及样板设计等基本理论，详细地介绍了常用款式的衣身、袖子、领子、裤子样板的制作程序、方法和实例。

B4251 TS186

针织服装设计基础（针织服装系列教材）/郭凤芝主编.—北京：化学工业出版社，2008年.—176页；26cm（被引30）

ISBN 978-7-122-02983-6

本书主要介绍针织服装与梭织服装的区别，针织结构的变化作为服装设计元素对服装设计的影响，服装设计中针织面料的正确选择和应用，针织裁剪服装的样板制作和缝制加工，针织成形服装的设计编织、整理，针织服装的立体造型设计，针织服装品牌策划，针织服装设计与成本等内容。

B4252 TS186

针织服装设计基础（"十三五"普通高等教育本科部委级规划教材）/刘艳君主编.—北京：中国纺织出版社，2016年.—280页；26cm

ISBN 978-7-5180-0920-6

本书首先简要介绍了服装的一般概念与分类、服装色彩设计的基础知识、服装造型的构成要素与造型美原理。其次详细地介绍了针织服装设计与生产概述、针织服装的结构与样板设计的特点和方法、针织面料的特性对针织服装款式与样板设计的影响、原型法和规格演算法针织服装样板设计原理及步骤，并通过实例说明了这些方法的具体应用。最后对针织服装的裁剪工程及计算机技术在服装设计中的应用作了阐述。

B4253 TS186-39

针织服装设计与 CAD 应用（纺织高等教育"十二五"部委级规划教材）/匡丽赟编著.—北京：中国纺织出版社，2012年.—260页；26cm

ISBN 978-7-5064-8286-8

本书共分两篇。第一篇主要介绍针织服装设计的基础知识及用 Illustrator 和 Photoshop 进行针织服装设计的方法，可以帮助读者快速熟悉和掌握该软件的使用。第二篇具体讲解了使用法国力克公司的 Kaledo 设计软件进行针织面料组织结构设计。

B4254 TS186

针织服装设计与工艺（高职高专"十一五"规划教材）/贺树青主编.—北京：化学工业出版社，2009年.—220页（被引9）

ISBN 978-7-122-06281-9

本书分三大部分内容：设计理论、工艺基础、综合设计。根据针织服装的特点，从针织服装设计、工艺两方面分别介绍。整体内容按针织服装的设计—工艺制作—市场运作等程序设计。

B4255 TS186

针织服装设计与工艺（"十三五"普通高等教育本科部委级规划教材）/柯宝珠编著.—北京：中国纺织出版社有限公司，2019年.—159页；26cm

ISBN 978-7-5180-5707-8

本书共分为四篇：基础知识篇、设计应用篇、制作工艺篇——成形类针织服装、制作工艺篇——裁剪类针织服装。详细介绍了针织服装与机织服装的区别、针织服装的设计思维与系列设计的表现形式、电脑辅助针织服装设计的方法。

B4256 TS186

针织服装设计与工艺（服装高等教育"十五"部委级规划教材）/沈雷主编.—北京：中国纺织出版社，2005年.—225页；26cm（被引114）

ISBN 7-5064-3208-0

本书从高速发展的针织服装产业出发，针对针织服装独具的结构性能及工艺特点，从针织服装的设计思维、造型、色彩、工艺等方面，阐述针织服装的基本理论和基本方法。

B4257 TS186

针织服装艺术设计　第 2 版（服装高等教育"十二五"部委级规划教材）/沈雷编著.—北京：中国纺织出版社，2013年.—204页；29cm

ISBN 978-7-5180-0043-2

本书从针织服装的教学要求出发，系统介绍了针织服装的设计与流行预测。全书从设计思维、基本要素、设计表达及计算机辅助设计等几方面详细阐述了针织服装的设计要领及其方法步骤，并结合两组典型的主题设计实例讲解了如何把握针织服装的流行趋势。最后的附录呈现了国际针织服装设计大师的作品赏析。

B4258 TS186

针织服装艺术设计 第3版（"十三五"普通高等教育本科部委级规划教材）/沈雷编著.—北京：中国纺织出版社有限公司，2019年.—229页；26cm

ISBN 978-7-5180-5453-4

本书从针织服装教学要求出发，系统介绍了针织服装的设计与流行预测。全书从设计思维、基本要素、设计表达及计算机辅助设计等几方面详细阐述了针织服装的设计要领及方法步骤，并结合系列主题设计实例讲解了如何把握针织服装的流行趋势。附录中为读者呈现了国际针织服装设计大师的作品。

B4259 TS186

针织服装设计与工艺（纺织服装高等教育"十二五"部委级规划教材 针织专业系列）/谭磊主编.—上海：东华大学出版社，2012年.—279页；26cm

ISBN 978-7-5669-0045-6

本书立足于针织服装的特点，介绍了针织面料的结构与性能，详细阐述了针织服装结构设计的常用方法，包括规格演算法、原型法、基样法、比例法，并通过实例说明了设计方法的具体应用。

B4260 TS186

针织服装设计与生产（普通高等教育"十一五"国家级规划教材 高职高专）/贺庆玉主编.—北京：中国纺织出版社，2007年.—304页；26cm（被引30）

ISBN 978-7-5064-4246-6

本书系统地介绍了针织面料的服用性能及缝制特性、针织服装款式造型、设计风格及特点、常用针织服装结构设计与制图方法、用料计算、排料与裁剪、缝制工艺与设备等内容。

B4261 TS186

针织服装设计与生产工艺/李津主编；毛莉莉副主编.—北京：中国纺织出版社，2005年.—326页（被引40）

ISBN 7-5064-3462-8

本书系统地介绍了针织服装的设计方法及生产工艺。主要内容包括针织服装与人体的关系，针织物的结构及外观风格，色彩及配色基础知识，针织服装造型设计原理，常用针织服装结构制图及设计方法，裁剪与排料、用料计算，针织服装的缝制工艺与设备特点等。

B4262 TS186

针织服装设计与生产实训教程/彭立云，董薇等编著.—北京：中国纺织出版社，2008年.—256页（被引9）

ISBN 978-7-5064-5146-8

本书共分四章，分别介绍针织服装基础知识、针织服装缝制基础实训、针织服装样板设计与生产工艺实训、针织服装设计综合实训。

B4263 TS186

针织服装样板设计与工艺（纺织服装高等教育"十三

五"部委级规划教材）/鲍卫君，张芬芬主编.—上海：东华大学出版社，2020年.—159页；26cm

ISBN 978-7-5669-1679-2

针织面料有纬编和经编两大类，本教材的内容是针对纬编针织面料进行服装样板结构与工艺设计。

B4264 TS186

针织服装制板与工艺（纺织服装高等教育"十二五"部委级规划教材）/董薇主编.—上海：东华大学出版社，2015年.—280页；26cm

ISBN 978-7-5669-0731-8

本书是纺织服装高等教育"十二五"部委级规划教材，从五个方面进行阐述：针织服装制板入门、针织服装工艺入门、针织服装艺术加工、针织服装的打板与工艺和针织服装的后整理。

B4265 TS18

针织概论（"本科教学工程"全国纺织专业规划教材高等教育"十二五"部委级规划教材）/魏春霞主编.—北京：化学工业出版社，2014年.—202页

ISBN 978-7-122-18978-3

本书介绍了针织工业的发展概况、主要针织机的编织机构及其编织原理；主要介绍针织原料、针织准备、纬编针织、经编针织和袜品、无缝内衣以及羊毛衫等成形产品的编织，常用针织物的组织结构及其特性、针织物染整和针织成衣等内容。

B4266 TS184

针织工艺学（纺织服装高等教育"十三五"部委级规划教材 东华大学纺织工程专业精品教材）/龙海如，秦志刚主编.—上海：东华大学出版社，2017年.—257页

ISBN 978-7-5669-1140-7

本书分为绪论、纬编工艺学和经编工艺学。主要介绍了针织与针织物的基本概念，针织机的基本构造与工作原理，常用纬编与经编针织物组织的结构特点、性能、用途和编织工艺，成形针织工艺与产品，以及纬编和经编的织物与工艺计算等内容。

B4267 TS184

针织工艺学 第2版（纺织高职高专"十一五"部委级规划教材）/贺庆玉，刘晓东主编.—北京：中国纺织出版社，2009年.—326页（被引32）

ISBN 978-7-5064-5639-5

本书主要介绍了针织与针织物的基本概念，针织原料和针织准备，针织机的主要机构与工作原理，经、纬编针织物的基本组织和主要花色组织的结构特点、性能、用途和上机编织工艺，成形针织产品的编织原理等。

B4268 TS184

针织工艺学 经编分册（纺织职业技术教育教材）/沈雷主编.—北京：中国纺织出版社，2000年.—216页（被引31）

ISBN 7-5064-1805-3

本书介绍了经编针织物的组织结构与特性，对高速经编机、提花经编机等的主要机构和工作原理作了较为详细的叙述，并简要介绍了经编生产质量控制和工艺设计等方面的内容。

B4269　TS184

针织工艺学　纬编分册（纺织职业技术教育教材）/贺庆玉主编.—北京：中国纺织出版社，2000年.—340页（被引28）

ISBN 7-5064-1806-1

本书内容包括："纬编准备——络纱""纬编基本组织""普通单面纬编针织"和"圆型针织的特殊装置"等。

B4270　TS184

针织工艺与服装CAD/CAM/万振江主编.—北京：化学工业出版社，2004年.—281页（被引17）

ISBN 7-5025-5319-3

本书主要论述针织工艺与服装CAD/CAM的基本概念、图像、数据库及编程基础等，内容包括纬编针织物花型CAD/CAM系统、羊毛衫CAD/CAM系统、织袜CAD/CAM系统、经编针织物花型CAD/CAM系统等。

B4271　TS183

针织横机的安装调试与维修（纺织生产技术工人读本）/孟海涛，刘立华编著.—北京：中国纺织出版社，2008年.—287页

ISBN 978-7-5064-5306-6

本书系统地介绍了横机的主要结构、安装调试和维修保养知识，对横机的编织原理、编织功能、使用及常见故障的分析与排除方法等予以全面的介绍，此外还结合生产实际，介绍了横机的操作和生产管理。

B4272　TS181

针织技术/许瑞超，王琳主编.—上海：东华大学出版社，2009年.—297页（被引26）

ISBN 978-7-81111-560-4

本书系统、全面地讲述了针织和针织物的基本概念及针织物的物理机械性能，纬编针织机、经编针织机的基本结构、工作原理和工艺，针织物基本组织、花色组织的结构及其形成原理和编织方法等。

B4273　TS181

针织技术基础（高等职业技术院校纺织品检验与贸易专业教材　国家级职业教育规划教材）/张苹主编.—北京：中国劳动社会保障出版社，2016年.—276页

ISBN 978-7-5167-1710-3

本书内容包括：针织及针织物概述；纬编基本组织生产技术；纬编花色组织生产技术；圆机成形产品生产技术；横机成形产品生产技术等。

B4274　TS181

针织技术与针织设备维修习题册/楼振华主编.—长沙：中南大学出版社，2016年.—74页

ISBN 978-7-5487-2188-8

本书在对针织基本知识系统继承的基础上，按照原理—组织—机械—工艺—维修的顺序进行综合练习，习题内容涵盖了针织基本知识和针织设备的基本结构以及针织设备的维修保养等知识。

B4275　TS186

针织毛衫设计（针织服装设计丛书）/沈雷编著.—北京：中国纺织出版社，2001年.—120页；26cm（被引57）

ISBN 7-5064-1872-X

针织毛衫是用纱支较粗的毛纱，毛型化纤或棉线等编制成的针织服装，是具有毛型感的针织服装的统称，属于针织服装系列中的一个重要门类。现今的针织毛衫除以羊毛作为原料外，还广泛采用羊绒、驼绒、兔毛、毛型腈纶等各种动物纤维及化学纤维，品种极为丰富，款式、色彩、装饰常随季节及时尚的变化而不断更新。

B4276　TS186

针织内衣设计（针织服装设计丛书）/沈雷主编；沈雷，王蕾等编著.—北京：中国纺织出版社，2001年.—106页；26cm（被引47）

ISBN 7-5064-1873-8

本书从针织面料、款式、色彩搭配等方面入手，分别介绍了女式针织内衣、男式针织内衣、儿童针织内衣的设计以及内衣与外衣的整体设计，并详细阐述了针织内衣的洗涤保养及正确选购针织内衣的原则与方法。

B4277　TS186

针织时装设计（针织服装设计丛书）/沈雷主编；周力，张露编著.—北京：中国纺织出版社，2001年.—111页；26cm（被引46）

ISBN 7-5064-1883-5

本书全面涵盖了针织服装设计师所需要掌握的基础知识以及提升设计能力的方式方法，从针织服装设计概述、针织服装的设计思维、针织服装设计的基本要素、针织服装分类设计、针织服装设计表达的技巧、针织服装的品牌规划设计等方面进行详细全面的讲解与拓展。

B4278　TS186

针织毛衫设计创意与技巧（针织服装设计丛书）/沈雷，吴艳，罗志刚编著.—北京：中国纺织出版社，2009年.—205页（被引22）

ISBN 978-7-5064-5376-9

本书从针织服装产业出发，针对针织服装的结构性能和工艺特点，阐述了针织服装设计的基本理论和基本方法。

B4279　TS186

针织毛衫造型与色彩设计（针织服装设计系列丛书）/沈雷等著.—上海：东华大学出版社，2009年.—251

页（被引 25）

ISBN 978-7-81111-613-7

本书分为造型篇和色彩篇两篇，主要介绍了针织毛衫的结构性能特征、针织毛衫造型设计的构思、针织毛衫色彩设计的特点、针织毛衫的图案对色彩设计的影响等内容。

B4280 TS186

针织毛衫装饰设计（针织服装设计系列丛书）/沈雷，薛在年，刘栓枝著 . —上海：东华大学出版社，2009 年 . —153 页（被引 21）

ISBN 978-7-81111-612-0

本书主要介绍针织毛衫装饰设计知识，内容包括装饰概论、针织毛衫的设计要素、针织毛衫的基本装饰方法及效果和针织毛衫的装饰设计等。

B4281 TS186

针织毛衫组织设计（针织服装设计系列丛书）/沈雷，郭利芳，李晓英著 . —上海：东华大学出版社，2009 年 . —148 页（被引 26）

ISBN 978-7-81111-609-0

本书从流行入手，分析组织结构对毛衫风格的影响，探讨常见组织及变化组织的设计技巧和工艺，并辅以电脑横机的编织实例。

B4282 TS186

针织内衣款式与装饰设计（针织服装设计系列丛书）/沈雷等著 . —上海：东华大学出版社，2009 年 . —238 页（被引 6）

ISBN 978-7-81111-611-3

本书分为十一章，内容包括：针织内衣的世界、针织内衣的设计原则、女式针织内衣款式设计、男式针织内衣款式设计、儿童针织内衣款式设计、装饰概述、针织内衣装饰设计原则及手法、针织内衣装饰的布局等。

B4283 TS186

针织毛衫设计与工艺/闵悦，李琴，钟诚著 . —北京：北京理工大学出版社，2010 年 . —80 页（被引 5）

ISBN 978-7-5640-3638-6

本书阐述了针织毛衫设计与制作的基本过程、概念、方法，介绍了毛衫行业国家标准术语、符号、代号及毛衫编织的原材料与设备。其中重点讲述了毛衫制作原理，并系统介绍了毛衫的产品设计方法及应用知识。

B4284 TS186

针织面料疵点分析/孙旭东主编 . —北京：中国轻工业出版社，2010 年 . —188 页

ISBN 978-7-5019-7688-1

本书主要介绍针织面料在生产过程中，由于各种不利因素，所产生的织疵原因和消除方法以及预防措施；同时简单介绍了针织物在染色印花中产生的疵点和消除方法以及针织物的基础知识，生产管理知识以及针织物的工艺参数和经编、纬编生产的辅助工序。

B4285 TS184

针织设备与工艺（全国纺织高职高专规划教材）/许瑞超，张一平主编 . —上海：东华大学出版社，2005 年 . —336 页（被引 34）

ISBN 7-81038-895-9

本书主要介绍针织和针织物的基本概念，针织机的基本结构、工作原理和工艺，常见针织物组织的结构、性能，成形针织产品的主要生产机种、编织原理以及一些新的发展趋势等。

B4286 TS184

针织设计的肌理艺术［港台］/施雅玲（Ya-Lin Shih）著 . —新北：新一代图书有限公司，2012 年 . —201 页

ISBN 978-986-6142-17-8

B4287 TS181

针织生产基础知识/虞振宏主编 . —北京：中国纺织出版社，2010 年 . —200 页

ISBN 7-5064-6728-5

本书重点介绍纬平针织物、罗纹织物、双罗纹织物、集圈织物、提花织物、添纱织物、衬垫织物与绒布、毛圈与天鹅绒、各种复合组织等针织物生产基础知识，同时还介绍了针织物的染色、印花、整理方面的基础知识与生产常识，针织染整理企业与生产管理等。

B4288 TS181

针织生产计算（纺织新技术书库）/朱文俊主编 . —北京：中国纺织出版社，2009 年 . —254 页

ISBN 978-7-5064-5520-6

本书全面地介绍了与针织有关的计算。纬编内容包括纱线、络纱、纬编针织物参数、单面纬编圆机、双面圆纬机、纬编生产的综合计算；经编内容包括整经、单针床经编机、双针床经编机、经编生产的综合计算等。

B4289 TS181

针织生产技术 380 问（纺织生产技术问答丛书）/沈大齐，桂训虞编著 . —北京：中国纺织出版社，2007 年 . —363 页（被引 10）

ISBN 7-5064-4305-8

本书以问答形式介绍了针织生产中日常遇到的技术问题，涉及针织新原料及其产品开发，针织新产品生产工艺，产品设计和生产中可能遇到的问题，提高针织产品质量的方法，针织新设备的特点，针织设备的维修和保养，针织产品印染新工艺、功能性整理及应对绿色壁垒的方法，针织服装的设计方法，企业如何开展电子商务、贸易及如何加强企业信息化建设，一些重要的国内外标准的背景和主要内容。

B4290 TS190

针织物染整/吴赞敏主编 . —北京：中国纺织出版社，2009 年 . —288 页（被引 25）

ISBN 978-7-5064-5446-9

本书系统地介绍了针织物常用纤维，棉、丝、麻和化学

纤维的结构和性能，其针织物染整加工的基本理论和工艺，染整加工设备和染色方法的选择，以及控制和改善染整加工质量的基本方法。本书还叙述了新型纤维和染化料助剂、新型设备、高能物理和生物技术等在针织物染整加工中的应用。

B4291　TS190

针织物染整工艺学（全国纺织高职高专规划教材）/李晓春主编 .—北京：中国纺织出版社，2005 年 .—377 页（被引 31）

ISBN 7-5064-3227-7

本书详细论述了各类天然纤维、化学纤维及其混纺、交织针织物的练漂、染色、印花、整理等内容，并对新型纤维针织物的染整加工技术、计算机测色、配色等作了介绍。

B4292　TS190

针织物染整技术（织物染整技术丛书）/范雪荣，王强等编著 .—北京：中国纺织出版社，2004 年 .—452 页（被引 122）

ISBN 7-5064-2944-6

本书系统介绍了针织工业常用纤维的结构和性能，主要是针织产品的染整加工工艺流程、前处理、染色、印花和后整理的基本原理、基本工艺和常用设备。

B4293　TS184

针织物样品分析与设计（纺织新技术书库）/宋艳辉，林龙卿，孙旭东编著 .—北京：中国纺织出版社，2011年 .—126 页（被引 10）

ISBN 978-7-5064-6957-9

本书从针织基础知识入手，详细论述了针织物样品分析的内容、方法与步骤，以及针织物设计的思路、方法与运用的规则。

B4294　TS194

针织物印花技术问答（130 问）（纺织印染实用技术类丛书）/胡木升编著 .—上海：东华大学出版社，2010 年 .—138 页

ISBN 978-7-81111-695-3

本书首先分析了针织物的结构特点，并与机织物进行对比区别，阐述了针织物的品种规格和常用纤维的应用性能，归纳了针织物印花生产过程中遇到的问题和难点以及需要考虑和注意的事项，分别探讨针织物印花生产设备的选型、印花工艺的选择和确定、印花生产操作注意事项等内容，同时注意结合生产实际，以问答形式予以叙述，通俗易懂。

B4295　TS184

针织物组织与设计/雷励，葛俊伟，张玉红主编 .—北京：化学工业出版社，2014 年 .—156 页

ISBN 978-7-122-21526-0

本书主要介绍了纬编针织物组织与分析，多针道圆纬机针织物、提花圆机针织物、绒类针织物、无缝内衣织物以及横机织物的组织与设计，经编基础组织与变化组织生产工艺

设计等内容。

B4296　TS184

针织新产品设计（纺织新技术书库）/万振江主编 .—北京：中国纺织出版社，2001 年 .—223 页（被引 32）

ISBN 7-5064-1651-4

本书主要论述了针织生产工艺设计、针织物组织及设计方法，比较系统地介绍了针织设计的内容，主要原材料与针织物性能的关系等。

B4297　TS181

针织学［港台］/台湾经济工业局编 .—台北：台湾编织工业研究中心，2003 年 .—146 页

ISBN 957-9674-50-701

本书介绍了针织与针织物的基本概念，针织机的基本构成与工作原理，常用纬编与经编针织物组织的结构特点、性能与用途等内容。

B4298　TS181

针织学（面向 21 世纪高等学校教材　纺织科学系列）/赵展谊主编 .—西安：西北工业大学出版社，2002年 .—302 页（被引 49）

ISBN 7-5612-1507-X

本书主要论述了针织生产的基本过程，织前准备，纬编和经编的概念，成圈工艺过程，织物组织结构和主要性能，花色织物设计，常用针织设备的结构和原理等。

B4299　TS181

针织学（普通高等教育"十五"国家级规划教材）/龙海如主编 .—北京：中国纺织出版社，2004 年 .—324 页（被引 296）

ISBN 7-5064-2933-0

本书介绍了针织与针织物的基本概念，针织机的基本构成与工作原理，常用纬编与经编针织物组织的结构特点、性能与用途等内容。

B4300　TS181

针织学/龙海如主编 .—北京：中国纺织出版社，2008年 .—306 页（被引 149）

ISBN 7-5064-4922-6

本书主要介绍了针织与针织物的基本概念，针织机的基本构造与工作原理，常用纬编与经编针织物组织的结构特点、性能、用途和编织工艺，成形针织产品的编织原理，以及纬编和经编的工艺计算等内容。

B4301　TS181

针织学　第 2 版/龙海如主编 .—北京：中国纺织出版社，2014 年 .—316 页

ISBN 978-7-5180-0797-4

本书主要介绍了针织与针织物的基本概念，针织机的基本构造与工作原理，常用纬编与经编针织物组织的结构特点、性能、用途和编织工艺，成形针织产品的编织原理，以

及纬编和经编的工艺计算等内容。

B4302 TS181

针织学（纺织高等教育"十二五"部委级规划教材）/蒋高明主编．—北京：中国纺织出版社，2012年．—256页

ISBN 978-7-5064-9038-2

本书主要介绍了针织的基本概念，针织准备工序，针织机的构造与工作原理，针织物组织的结构、特点、性能、用途和编织工艺，针织物分析与工艺计算等内容。

B4303 TS181

针织学 第 2 版/蒋高明主编．—北京：中国纺织出版社，2015年．—251页

ISBN 978-7-5180-2225-0

本书介绍了针织的基本概念、针织准备工序，针织机的构造与工作原理，针织物组织的结构、特点、性能、用途和纺织工艺，针织物分析与工艺计算等内容。

B4304 TS181

针织学 双语教材（原著第3版）（纺织高等教育"十一五"部委级规划教材）/（英）戴维·J. 斯潘塞编著；杨昆等译．—北京：中国纺织出版社，2007年．—319页

ISBN 978-7-5064-4090-5

本书介绍了针织的基本概念、基本术语、基本理论，纬编和经编的工艺、设备和织物结构，横编设备和产品，袜品的编织设备和工艺。此外，本书还介绍了针织科学研究、计算机在针织上的应用和产业用针织产品等。

B4305 TS181

针织学概论（纺织服装高等教育"十二五"部委级规划教材）/孙颖，赵欣主编．—上海：东华大学出版社，2014年．—188页

ISBN 978-7-5669-0542-0

本书分针织概述、纬编、经编三篇，主要内容包括针织工程的基本情况，针织与针织物的基本概念，常用纬编与经编针织物组织的结构特点、基本性能、用途和编织工艺，成型产品的编织原理，以及针织工艺参数计算。

B4306 TS181

针织原理（纺织高等教育"十二五"部委级规划教材）/宋广礼，杨昆主编．—北京：中国纺织出版社，2013年．—232页（被引5）

ISBN 978-7-5064-9998-9

本书主要讲述针织、针织物和针织机的基本概念和术语，讲述针织物的结构和性能特点，讲述各种针织物组织及其形成方法，讲述针织机的基本构造及其工作原理，讲述针织生产的基本工艺要素。

B4307 TS186

针织装设计与制作 800 例（服装设计与制作系列丛书）/李佳泓编绘．—北京：中国纺织出版社，2001年．—159页

ISBN 7-5064-1681-6

本书收集、整理了800余幅国际最新流行的各类针织装的效果图，并对每一款式的设计、用料及制作要点进行了说明。

B4308 TS195

整理技术（高等职业技术院校染整技术专业教材）/张莉莉，姜秀娟主编．—北京：中国劳动社会保障出版社，2016年．—197页

ISBN 978-7-5167-2347-0

本书主要内容包括织物整理的作用、方法和发展，一般性整理，多功能整理，成衣整理，整理工艺应用等。

B4309 TS195

整装/费浩鑫，杨栋梁编著．—北京：中国纺织出版社，2009年．—318页

ISBN 978-7-5064-5543-5

本书简要地介绍了机织物印染后整理的基本目的、主要原理、常用方法和工艺特点以及成品检验与包装，较系统地阐述了各类织物后整理（织物的物理或机械整理和化学整理）及检验与包装的工艺要求和操作注意点，并对工厂实际生产运转中经常发生的一些具体技术问题进行了分析，提出了相应的技术措施和解决办法。

B4310 TS115

织布工（喷气织机、剑杆织机）**技能培训教程**/浙江省棉纺织行业协会，浙江纺织服装职业技术学院编．—上海：东华大学出版社，2013年．—119页

ISBN 978-7-5669-0327-3

本书针对织造专业织布工岗位需要，以《国家职业技能标准——织布工》的技能要求为依据，介绍织造生产的基础知识。

B4311 TS194

织花图案设计（纺织服装高等教育"十二五"部委级规划教材）/周赳，张爱丹著．—上海：东华大学出版社，2015年．—174页

ISBN 978-7-5669-0950-3

本书分为八章，结合实例介绍了织花图案设计从纹样题材、纹样构图、纹样描绘技法、分品种纹样设计、纹样色彩设计、纹样数码化设计的基本方法，对典型设计案例进行了分析和效果展示，为织花图案的创意设计提供了理论与实践参考。

B4312 TS105

织品设计与应用 ［港台］/吴文演编著．—新竹：著者自发行，2014年．—298页

B4313 TS105

织品素材与应用 ［港台］/吴文演编著．—新竹：著者自发行，2015年．—147页

ISBN 978-957-43-2715-7

B4314 TS184

织袜工 基础知识（职业技能培训鉴定教材——织袜工系列）/胡晓雪，李秀芬，张英成主编；人力资源和社会保障部教材办公室组织编写.—北京：中国劳动社会保障出版社，2015 年.—143 页

ISBN 978-7-5167-2156-8

本书介绍了织袜工应掌握的基础知识。全书分为七章，主要内容包括职业道德，袜子，针织用纺织材料，针织基础知识，袜品的分类与标准，袜子的染色，法律、法规相关规定。

B4315 TS184

织袜工 初级/胡晓雪，李秀芬，张英成主编；人力资源和社会保障部教材办公室组织编写.—北京：中国劳动社会保障出版社，2016 年.—132 页

ISBN 978-7-5167-2339-5

本书详细介绍了初级织袜工应掌握的相关知识和技能要求，分为八部分，内容包括棉袜产品与工艺、织袜设备、织造、袜品的质量、缝头、袜子后整理等。

B4316 TS194

织物拔染印花/刘治禄主编.—北京：化学工业出版社，2017 年.—256 页

ISBN 978-7-122-27247-8

本书首先介绍了糊料、拔染剂和助剂，然后详细介绍了棉织物直接染料、棉织物活性染料、冰染料、牛仔布靛蓝、涤纶织物分散染料、酸性染料、腈纶织物阳离子染料等各类染料地色拔染印花技术与工艺。此外，还介绍了涤棉混纺织物地色拔染印花以及织物拔染印花的发展和研究方向。

B4317 TS194

织物单面防印印花（纺织印染实用技术类丛书）/刘治禄主编.—上海：东华大学出版社，2008 年.—205 页

ISBN 978-7-81111-317-4

本书以单面印花、单面防印印花在印花机上完成的印花方式进行编写，是一本理论联系实际的印花书。

B4318 TS195

织物的功能整理（染整新技术丛书）/薛迪庚编著.—北京：中国纺织出版社，2000 年.—190 页（被引 176）

ISBN 7-5064-1607-7

本书介绍近代开发的二十余种织物的功能整理。经过这些整理的纺织品突破了原有局限，为消费者提供各种其他方面的功能，如止血、抗冻疮、消痒、抗菌、抗静电、防臭、防虫、防紫外线、防辐射、拒污、拒油、抗皱等。

B4319 TS101

织物防水透湿原理与层压织物生产技术（纺织新技术书库）/张建春，黄机质，郝新敏编著.—北京：中国纺织出版社，2003 年.—375 页（被引 159）

ISBN 7-5064-2583-1

本书介绍了防水透湿织物的发展状况，服装舒适性的基本要求，层压织物防水透湿的基本原理和防水透湿层压织物产品及核生化防护服的开发等。

B4320 TS193

织物仿色打样实用技术/崔浩然编著.—北京：中国纺织出版社，2010 年.—380 页

ISBN 978-7-5064-6558-8

本书全面阐述了棉、锦纶、涤纶等纤维的纯纺织物与混纺（交织）织物的仿色打样技术。分析了当前仿色打样设备的优点与缺陷，以及仿色打样对水质的要求，并提出具体应对举措；分析了染前的各项预处理，对各种纤维染样性能的影响。同时，还介绍了常用染料、助剂的实用特性，以及各种适用的染样工艺与检测方法。

B4321 TS193

织物间歇式染色技术/刘江坚编著.—北京：中国纺织出版社，2012 年.—325 页

ISBN 978-7-5064-9254-6

本书详细论述了织物在间歇式染色中所涉及的基础知识和染色原理，以及采用的加工方法及设备。从实际应用出发，对影响织物染色的各种因素及规律进行系统分析，给出工艺和设备的控制方法，尤其是对染色工艺与设备功能的结合方面作出了较为详细的阐述。

B4322 TS107

织物检测与性能设计/张萍著.—北京：中国纺织出版社，2018 年.—184 页

ISBN 978-7-5180-5407-7

本书介绍了织物的选用及鉴别，织物的拉伸性能、耐磨性能、刚柔性与悬垂性、抗皱性与免熨性、起毛起球性、舒适性等性能的检测以及织物的质量评定，还介绍了 Tencel 织物、机织过滤布、棉麻混纺色织布、配色模纹织物等织物的工艺设计。

B4323 TS195

织物检验与整理/张振，过念薪编著.—北京：中国纺织出版社，2000 年.—191 页（被引 7）

ISBN 7-5064-1732-4

本书系统地介绍了整理工序的基本任务，整理机械的技术特征、结构和传动计算，运转管理中验布、折布、量布、分等等操作要点，棉本色布等质量标准，设备管理、安全生产基本知识，以及棉布质量考核、检查与统计方法等内容。

B4324 TS105

织物结构设计中的数与序（中国美术院校艺术设计学科教材丛书）/颜凡著.—杭州：中国美术学院出版社，2007 年.—73 页

ISBN 978-7-81083-586-2

本书从研究"数""序"的构成关系与特点出发，重点分析织物本身的特点以及表现出来的艺术特征，研究织物呈

现的风貌及其审美特点，拓展后就织物艺术设计的领域，寻找织物设计的创新点。

B4325　TS105

织物结构与设计（全国纺织高职高专规划教材）/沈兰萍主编．—北京：中国纺织出版社，2005年．—288页（被引67）

ISBN 7-5064-3326-5

本书主要介绍机织物和针织物的种类、组织结构及设计方法。阐述了棉、毛、丝、麻等机织物以及针织物的结构参数设计、规格设计及上机计算方法，并列举了实例。

B4326　TS105

织物结构与设计　第2版/沈兰萍主编．—北京：中国纺织出版社，2012年．—308页（被引8）

ISBN 978-7-5064-8803-7

本书从织物与织物组织的概念出发，详细介绍了织物组织的分类、各组织的绘图方法及其织物上机图的绘作方法；介绍了机织物的种类、设计原则和设计方法，阐述了棉型、毛型、丝、麻等机织物的结构参数设计、规格设计及上机计算方法，并分别列举了设计实例；从培养学生实践动手能力出发，介绍了设计开发产品的要求、内容和评价方法。

B4327　TS105

织物结构与设计（普通高等教育"十一五"国家级规划教材）/蔡陛霞主编；荆妙蕾修订主编．—北京：中国水利水电出版社，2008年．—302页（被引34）

ISBN 978-7-5084-4898-5

本书内容主要包括：机织物的分析方法、织物组织结构、织物外观形成原理及上机工艺要求；纹织物的装造、电子提花原理；服用纺织品设计的基本内容及方法，棉、毛、丝、麻、化纤等不同风格大类典型产品的特征及设计实例。

B4328　TS105

织物结构与设计/王树英主编．—北京：化学工业出版社，2008年．—158页（被引11）

ISBN 978-7-122-02955-3

本书在介绍了织物结构的构成、织物组织的设计方法的基础上，讲述了三原组织、变化组织、联合组织和复杂组织，并通过案例的形式讲述了各类织物的设计要点。

B4329　TS105

织物结构与设计（纺织服装高等教育"十二五"部委级规划教材）/聂建斌，卢士艳主编．—上海：东华大学出版社，2014年．—244页

ISBN 978-7-5669-0521-5

本书应高校纺织专业双语教学需要而编写，主要用英语介绍织物的组织与结构、织物的设计方法等，其对应的中文教材为《织物结构与设计》。

B4330　TS105

织物结构与设计（纺织职业教育"十二五"部委级规划教材）/巴亮主编．—北京：中国纺织出版社，2015年．—140页

ISBN 978-7-5180-1822-2

本书从织物与织物组织的概念出发，详细介绍织物组织的分类、各组织的绘图方法及其织物上机图的绘制方法；并介绍了各类组织的分析与试织，介绍了小样试织评价方法，小样试织中出现问题时改正方法，培养学生实际动手能力。

B4331　TS105

织物结构与设计学（普通高等教育"十五"国家级规划教材）/顾平主编．—上海：东华大学出版社，2004年．—277页（被引394）

ISBN 7-81038-733-2

本书分为15章，包括织物与织物组织的概念、三原组织、变化组织、联合组织、重组织、双层及多层组织、起毛起绒组织、纱罗组织、织物几何结构参数等内容。

B4332　TS105

织物结构与性能/刘让同，李亮编．—武汉：武汉大学出版社，2012年．—230页（被引7）

ISBN 978-7-307-09406-2

本教材介绍了织物分类、织物结构的表征体系和研究方法、织物性能的内容与测试方法、织物在工业农业国防等领域的应用、研究前沿等内容。

B4333　TS105

织物结构与应用（纺织服装高等教育"十一五"部委级规划教材　高职高专纺织专业系列教材）/缪秋菊，蒋秀翔主编．—上海：东华大学出版社，2007年．—147页（被引36）

ISBN 978-7-81111-024-1

本书主要介绍了机织物的组织结构构成原理与基本设计方法，同时，列举了各种织物组织结构在面料中应用的实例，以便于读者更好地理解织物组织结构，有效设计和选择不同类型、不同风格的机织物组织结构及其织物。

B4334　TS195

织物抗皱整理（印染新技术丛书）/陈克宁，董瑛编著．—北京：中国纺织出版社，2005年．—342页（被引116）

ISBN 7-5064-3372-9

本书对织物抗皱整理的发展历史和趋势进行了概括，对抗皱整理的机理和化学反应进行了理论上的分析，比较了各种类别的整理剂的特点，介绍和分析了各种整理剂和整理工艺的应用情况，并对织物各项性能指标的测试和甲醛含量的监测作了详细的介绍。

B4335　TS105

织物飘逸美感及其评价/张玉惕著．—上海：东华大学出版社，2014年．—200页

ISBN 978-7-5669-0492-8

本书从中古时期的古诗、古画等作品中体现的服饰飘逸

美感出发，对纺织品产生飘逸行为的原因，及其所形成的飘逸波的类型、评价指标、影响因素等进行研究。

B4336　TS195

织物清洗技术（纺织服装高等教育"十二五"部委级规划教材）/乔建芬主编．—上海：东华大学出版社，2011年．—190页

ISBN 978-7-81111-871-1

本书是高等院校纺织服装类"十二五"部委级规划教材，重点介绍了衣物洗涤工作程序、纺织纤维的鉴别与织物保养、织物清洗技术、织物清洗剂、织物清洗机械设备等清洗过程的主要技术、主要设备、操作步骤、质量指标、技能实训要求等。其内容由浅入深，通俗易懂，侧重操作技能的训练。

B4337　TS190

织物染整基础（印染职工技术读本）/胡平藩编著．—北京：中国纺织出版社，2007年．—312页（被引10）

ISBN 978-7-5064-4173-5

本书系统地阐述了近年来染整行业中出现的几类较为重要的新型纤维，如超细纤维、聚氨酯纤维、PTT纤维、PLA纤维、大豆蛋白纤维、蚕蛹蛋白纤维等的生产方法、结构特性等。

B4338　TS105

织物设计技术188问（纺织生产技术问答丛书）/李枚萼主编．—北京：中国纺织出版社，2007年．—160页（被引9）

ISBN 978-7-5064-4603-7

本书主要包括机织物结构设计理论、织物原料选择、纱线结构、织物组织、织物性能风格及织物设计方法等方面的内容，对纺织企业在生产中遇到的一些实际问题给予较好的解答。

B4339　TS105

织物设计与CAD/刘铁山，叶仲琪，孙颖编著．—哈尔滨：东北林业大学出版社，2005年．—327页

ISBN 7-81076-816-6

本书内容分为两部分，第一部分阐述了棉、毛、丝、麻机织物常见的品种风格的设计方法。第二部分介绍了经编、纬编针织物和羊毛衫的设计方法。

B4340　TS105

织物设计与CAD应用（"十三五"职业教育部委级规划教材）/杜群编著．—北京：中国纺织出版社，2016年．—189页

ISBN 978-7-5180-2580-0

本书分"色织CAD"和"纹织CAD"两篇，介绍了应用CAD软件设计典型类型色织物和纹织物的方法，以及利用CAD设计工艺文件织制小提花和大提花织物小样的步骤与方法。

B4341　TS105

织物设计与分析［港台］/曾雯卿，黄竣群，蔡鸿宜著．—台北：五南图书出版股份有限公司，2017年．—202页

ISBN 978-957-11-8966-6

本书的织物设计是纺织工厂、企业生存之关键与发展方向，唯有品种、花色不断地翻新，改变产品之结构与实现产品的升级，才能促进生产与提升经济效益，故织物设计实为生产当中最重要的一环。

B4342　TS106

织物涂层技术（印染新技术丛书）/罗瑞林编著．—北京：中国纺织出版社，2005年．—453页（被引122）

ISBN 7-5064-3299-4

本书介绍了围绕织物涂层技术涉及的涂层剂、涂层工艺的基本知识、设备和产品的新发展以及市场状况、环境保护条例、企业经营意向和产品质量检验标准等方面的知识。

B4343　TS194

织物网点印花技术/刘昕，陈海生，刘雷著．—北京：化学工业出版社，2018年．—204页

ISBN 978-7-122-31203-7

本书主要内容包括印花技术的发展、织物印花前处理、网版和网点的基本概念、网点印花理论、智能配色模型、网点印花的分色制版理论与实践、网点印花工艺技术和印花后处理技术等。

B4344　TS105

织物性能检测/马顺彬，张炜栋主编．—上海：东华大学出版社，2018年．—226页

ISBN 978-7-5669-1353-1

本书较系统地阐明了表征织物质量的指标及其测试原理、方法和测试结果处理等内容，具体涉及织物的基本知识及其力学性质、外观保持性、生态安全性、舒适性、纤维含量分析和织物风格等相关指标的测试，并分析了影响织物性能的主要因素。

B4345　TS105

织物性能与检测（纺织高职高专"十一五"部委级规划教材）/徐蕴燕主编．—北京：中国纺织出版社，2007年．—272页（被引65）

ISBN 978-7-5064-4283-1

本书较系统地阐述了棉、毛、丝、麻、化纤织物的质量指标及测试、检验方法，各类产品等级综合评定内容，阐明了提高织物质量的有效途径。

B4346　TS105

织物学［译］（国际服装丛书　美国纽约时装学院核心教材）/（美）阿瑟·普莱斯，艾伦·C.科恩，英格丽特·约翰逊著；祝成炎，虞树荣等译．—北京：中国纺织出版社，2003年．—460页（被引35）

ISBN 7-5064-2348-0

本书系统介绍了与纺织品有关的各个方面，包括纤维、

纱线、机织、后整理等，还包括各类原料的选用、生产、应用及流通等各领域内的相关法律法规等。

B4347 TS105

织物样品分析与设计（纺织新技术书库）/盛明善编著.—北京：中国纺织出版社，2003年.—267页（被引40）

ISBN 7-5064-2425-8

本书系统地阐述了包括棉、毛、麻、丝和化纤的各种纺织品（机织物）的样品分析内容、方法与程序。全书分样品分析、织物设计、织物工艺用纱量计算和各种纺织品的风格特征简介四章。

B4348 TS105

织物样品分析与设计 第2版（现代纺织工程技术丛书）/盛明善，沈红文编著.—北京：化学工业出版社，2013年.—211页

ISBN 978-7-122-16962-4

本书第2版系统介绍了各类机织物的样品分析内容、方法与程序。包括各种纺织原料的鉴别方法，混纺纱线不同原料的含量分析方法，从不规则小样品分析中获得纱线细度、经纬纱密度和缩率等的方法，以及平方米织物重量和用纱量的计算方法。在织物设计方面，既介绍了传统设计方法，又介绍了多种特殊新颖织物的设计方法（如弹力织物、磨毛起皱织物、经纬起毛织物等），以及织物几何结构理论的织物设计法等，并提供了重要实践经验数据。

B4349 TS194

织物印花实用技术/胡木升编著.—北京：中国纺织出版社，2015年.—277页

ISBN 978-7-5180-1674-7

本书着重归纳总结了织物印花生产各环节提高印花产品质量及印制效果的经验、体会与诀窍等方面的实用技术，汇集若干印花品种的生产要领和印制实例。阐述了筛网印花生产中应该考虑和注意的问题，总结了织物印花生产几个主要环节的一些实际做法和体会。对提高印花轮廓清晰度、色泽鲜艳度提出了有关措施。书中介绍了若干印花品种生产原理、印花生产特点、较易产生的问题以及解决措施。

B4350 TS194

织物印花与打版/陈敏，张泽，姚书林编.—北京：中国纺织出版社，2013年.—187页

ISBN 978-7-5064-9815-9

本书是以纺织品印花的生产工艺过程为主线，把花型、印花设备、工艺和操作技巧等有机结合起来，详尽地介绍了审样、制版、印花色浆、印花生产工艺控制、印花工艺设计等印花工艺过程。

B4351 TS194

织物印花与特种印刷/刘咏，王兆进编著.—北京：印刷工业出版社，2007年.—229页（被引8）

ISBN 978-7-80000-677-7

本书从介绍纺织纤维分类及特性，纱线结构、特性及用途，织物分类及前处理入手，全面系统地讲述了各种传统和新型的印花工艺、印花材料、印花设备等。

B4352 TS105

织物与织造工程技术实务 上下册［港台］/台湾纺织产业综合研究所.—新北：台湾纺织产业综合研究所，2004年.—2册

B4353 TS105

织物组织分析与设计（纺织服装高等教育"十二五"部委级规划教材）/林晓云主编.—上海：东华大学出版社，2011年.—189页

ISBN 978-7-81111-897-1

本书主要内容包括三原组织分析与设计、上机图绘制、变化组织分析与设计、联合组织分析与设计、复杂组织分析与设计等。

B4354 TS105

织物组织分析与设计 第2版/林晓云，马旭红著.—上海：东华大学出版社，2017年.—189页（被引6）

ISBN 978-7-5669-1243-5

B4355 TS105

织物组织分析与应用（纺织高职高专"十一五"部委级规划教材）/侯翠芳主编.—北京：中国纺织出版社，2010年.—249页

ISBN 978-7-5064-6744-5

本书介绍了有关机织物认识和各种织物组织分析方面的基本方法和实用技能，通过大量织物样品图片，展示了各种织物组织的特征和织物分析与应用的实例，详细介绍了应用各种织物组织进行小样试织的基本步骤和具体要求。

B4356 TS105

织物组织结构与设计（全国中等职业技术学校纺织专业教材）/人力资源和社会保障部教材办公室组织编写；冯秋玲主编.—北京：中国劳动社会保障出版社，2009年.—306页

ISBN 978-7-5045-7827-3

本书针对当前中职教育的特点，具有理论知识浅显易懂，实践技能丰富实用的特点，同时，教材在新技术的更新上，以及通过多媒体开拓学生专业知识视野上，也有一定突破。

B4357 TS105

织物组织结构与纹织 CAD 应用/余晓红主编.—上海：东华大学出版社，2018年.—141页

ISBN 978-7-5669-1335-7

本书将织物组织结构的相关知识点进行划分，然后设计了若干工作任务，具体包含学习目标、任务描述、相关知识点和任务实施等内容，并列举了很多应用纹织 CAD 进行织物组织设计的实例。

B4358 TS105

织物组织学实验教程（"十三五"普通高等教育本科部委级规划教材）/段亚峰主编．—北京：中国纺织出版社，2016年．—152页

ISBN 978-7-5180-2552-7

本书介绍织物分析和组织结构试织实验中常用的基本原材料，试样结构性能与外观风格特征，教学中所涉及的实验仪器、实验设备和工具等。

B4359 TS105

织物组织与纺织品快速设计（面向21世纪高等学校教材 纺织科学系列）/沈兰萍主编．—西安：西北工业大学出版社，2002年．—241页（被引52）

ISBN 7-5612-1505-3

本书从织物与织物组织的概念出发，介绍了机织物及针织物的种类、特点、用途、组织的设计原则、组织结构绘图的方法，以及纺织品设计的方法，棉、毛、丝、麻、白坯、色织等机织物及针织物的结构参数设计、规格设计及上机计算，并列举了设计实例。

B4360 TS105

织物组织与结构学/顾平主编．—上海：东华大学出版社，2010年．—250页（被引81）

ISBN 978-7-81111-530-7

本书主要内容包括织物组织、结构与设计三个部分。织物组织部分系统论述三原、变化、联合、重、双层及多层、起毛起绒、纱罗和三维等大类组织的构成原理、组织结构与上机图的构作方法及其织物的外观效应；织物结构部分着重阐述紧密织物和方形织物的紧度、结构及其相对紧密度理论与应用；织物设计部分以棉、毛、丝、麻型织物为例具体论述纺织产品的设计。

B4361 TS105

织物组织与结构学 第2版/王国和主编．—上海：东华大学出版社，2018年．—250页

ISBN 978-7-5669-1359-3

本书首先系统论述三原、变化、联合、重、双层及多层、起毛起绒、纱罗和三维等大类组织的构成原理、组织图与上机图的构作方法及其织物的外观效应；然后着重阐述紧密织物和方形织物的紧度、结构及其相对紧密度理论与应用；最后以棉、毛、丝、麻型织物为例具体论述纺织产品的设计要点。本书还附带光盘，提供了CAI多媒体课件、织物组织动画演示及其上机实验录像、织物效果模拟、典型纺织品种及其实样图片、附录等环节的素材与工具。

B4362 TS105

织物组织与设计/沈兰萍主编．—北京：化学工业出版社，2014年．—254页（被引8）

ISBN 978-7-122-20833-0

本书从机织物与机织物组织的概念出发，详细介绍了机织物组织的分类、各组织的绘图方法、织物上机图的绘制方法及各组织的应用领域；介绍了机织物设计原则和设计方法，阐述了机织物的结构参数设计、规格设计、上机计算方法和设计实例；从高等院校培养学生创新思维、实践动手能力出发，介绍了织物分析、织物设计与试织的要求、内容和评价方法。

B4363 TS105

织造工程/牛建设主编．—北京：化学工业出版社，2015年．—277页

ISBN 978-7-122-23214-4

本书系统介绍了织造设备及织造工艺。内容包括：络筒、整经、浆纱、穿结经、纬纱准备、并捻、开口、引纬、打纬、卷取送经、织机其他机构、织物整理及机织物加工工艺流程及设备等十三章。

B4364 TS101

织造工艺与质量控制/马芹主编．—北京：中国纺织出版社，2008年．—233页（被引10）

ISBN 7-5064-4881-5

本书主要介绍了织物织造过程各个工序的生产工艺参数及其确定、各工序的质量要求、生产加工对产品质量的影响、织物或纱线半制品的质量指标与检验、各种制品的疵点形成原因与质量控制等内容。

B4365 TS103

织造机械（纺织高等教育"十一五"部委级规划教材）/陈革主编．—北京：中国纺织出版社，2009年．—250页（被引29）

ISBN 978-7-5064-5550-3

本书主要内容有织造准备机械的整经、浆纱、穿结经，织机的开口、引纬、打纬、卷取、送经以及辅助机构，还新增了织造机械的机电一体化技术等内容。

B4366 TS105

织造技术/刘森，李竹君主编．—北京：化学工业出版社，2015年．—339页

ISBN 978-7-122-23177-2

本教材系统介绍了机织物织造基本原理，国内外现代织造准备和织造设备的机构特点、运动分析、工艺参数调节、优质高产的措施及发展趋势。主要内容包括：络筒、捻线、整经、浆纱、穿结经、纬纱准备，以及织机五大运动机构及织机辅助装置、织造参变量、织造操作技术与质量控制、下机织物整理及机织技术的发展现状与趋势等。

B4367 TS103

织造设备与工艺（普通高等教育"十一五"国家级规划教材 高职高专）/韩文泉主编．—北京：中国纺织出版社，2009年．—282页（被引8）

ISBN 978-7-5064-5312-7

本书系统介绍了织造的设备原理及生产工艺过程，特别是国内外新型织造设备的特点、先进生产技术的应用以及工艺上机、运转操作、质量控制等内容。

B4368 TS105

织造学实验教程/李曼丽主编 . —北京：中国纺织出版社有限公司，2020 年 . —157 页

ISBN 978-7-5180-7697-0

本书分为准备篇、织造篇、课程设计篇。准备篇主要涉及络筒机、倍捻机、单纱上浆机、小样整经机等织造前准备设备，研究和讨论设备的操作步骤、工艺参数的设定对成品质量的影响。织造篇主要涉及半自动小样织机、全自动小样织机、大提花小样机，讨论织布的操作步骤和工艺规格计算。课程设计篇是综合性实验，包括纺织品设计学课程设计、纺织工艺设计，研究和讨论织物设计、工艺规格计算和车间设计等。

B4369 TS105

织造原理（教育部教学改革试点专业教材）/朱保林主编 . —北京：中国纺织出版社，2002 年 . —210 页（被引 50）

ISBN 7-5064-2106-2

本书主要介绍织机的开口、引纬、打纬、卷取和送经运动的基本原理及织前准备的络筒、整经、浆纱、穿经、纬纱定捻和卷纬工序的工作原理。

B4370 TS105

织造原理（纺织高等教育"十二五"部委级规划教材）/郭兴峰主编 . —北京：中国纺织出版社，2014 年 . —236 页

ISBN 978-7-5180-1172-8

本书系统地介绍了由纱线加工成机织物的生产过程中各工序的工艺原理、工艺技术及产品质量，内容贯彻以工艺为主的原则，紧密联系生产实际。主要包括经纱准备工程的络筒、整经、浆纱、穿结经和纬纱准备工程，在织机上形成织物的开口、引纬、打纬、卷取与送经等主要工艺运动和原理，织物检验与整理。

B4371 TS101

织造质量控制（纺织新技术书库）/郭嫣，王绍斌编著 . —北京：中国纺织出版社，2005 年 . —319 页（被引 23）

ISBN 7-5064-3433-4

本书介绍了各种织物的生产工艺流程、质量要求；以棉纺织生产为主，介绍了织造各工序的质量指标、质量指标的测试和控制方法等；并针对纺织企业的生产特点，介绍了全面质量管理和 ISO 9000 认证在纺织企业中的应用。

B4372 TS101

织造质量控制与新产品开发（纺织高等教育"十二五"部委级规划教材）/郭嫣主编 . —北京：中国纺织出版社，2012 年 . —221 页

ISBN 978-7-5064-8853-2

本教材介绍了机织物不同产品的生产工艺流程、质量要求，介绍了织造各个工序（络筒、整经、浆纱、织造等工序）的质量指标、各个质量指标的测试方法和控制手段等；同时介绍了国家标准《棉本色布》《精梳涤棉混纺本色布》和《精梳毛织品》在产品评价标准中的方法，介绍了全面质

量管理和数理统计方法在纺织企业中的应用。

B4373 TS101

织造质量控制与新产品开发　第 2 版（"十三五"普通高等教育本科部委级规划教材）/郭嫣主编 . —北京：中国纺织出版社有限公司，2019 年 . —230 页；26cm

ISBN 978-7-5180-6181-5

本书介绍了机织物不同产品的生产工艺流程、质量要求，以棉纺织生产为主线，介绍了织造各个工序（络筒、整经、浆纱、织造等工序）的质量指标、各个质量指标的测试方法和控制手段等；同时介绍了国家标准《棉本色布》《精梳涤棉混纺本色布》和《精梳毛织品》在产品评价标准中的应用方法；介绍了全面质量管理和数理统计方法在纺织企业中的应用。

B4374 TS105

织造综合实训指导教程/阙佛兰主编 . —北京：国家行政学院出版社，2017 年 . —151 页

ISBN 978-7-5150-2056-3

本书针对织造实训内容，编写了实训任务、工艺设计指导及相关知识。分析典型织物工艺设计的工作任务，明确工作任务的对象、要求、步骤等内容；确定典型织物工艺设计的选取方案。以典型织物工艺设计为学习情境、创设实践，详细阐述典型织物工艺设计实施方案。

B4375 TS193

植物印染家饰布［港台］/陈姗姗作 . —台北：福地出版社，2005 年 . —96 页

ISBN 986-7378-27-X

本书以图文并茂的方式全面系统地介绍了如何利用各种材料进行装饰布印染的方式方法。

B4376 TS102

植物纤维化学实验教程/任世学，姜贵全，屈红军编 . —哈尔滨：东北林业大学出版社，2008 年 . —106 页

ISBN 978-7-81076-994-5

本书内容包括植物纤维原料中少量组成分析、木质素分析、纤维素分析、半纤维素分析等。

B4377 TS143

制丝工艺（中等职业教育规划新教材）/李华敏主编 . —上海：上海交通大学出版社，2017 年 . —324 页

ISBN 978-7-313-16977-8

本书以我国制丝工业普遍采用的工艺和设备为基础，系统阐述了制丝生产过程、制丝工艺原理、常用设备的结构以及性能等，并扼要介绍了我国目前常用的加工工艺，将制丝工艺中的理论讲解与生产实际相结合。

B4378 TS103

制鞋与纺织品用胶粘剂/肖卫东，何培新，何本桥编著 . —北京：化学工业出版社，2003 年 . —351 页

ISBN 7-5025-4142-X

本书较全面地介绍了制鞋与纺织品用胶粘剂的制备、应用原理、生产配方实例、制备工艺过程、典型产品性能、操作使用方法、检测方法及行业有关标准。

B4379　TS101

品质模型及地域分异系统构建/张丽娟著 . —哈尔滨：哈尔滨地图出版社，2006 年 . —158 页

ISBN 7-80717-360-2

本书以构建基于棉纤维发育生理生态过程的棉花质量形成模型和基于农业与纺织部门可以共同使用的棉纤维综合质量指数模型为基础，以建立棉纤维综合质量模拟模型为实例，研制基于模型和 GIS 的棉纤维综合质量地域分异评价系统，并进行应用。

B4380　TS1

智能纺织品设计与应用/顾振亚，陈莉等编著 . —北京：化学工业出版社，2006 年 . —197 页（被引 83）

ISBN 7-5025-7846-3

本书内容基本覆盖了所有与智能纺织品设计、开发相关的领域，系统、详细地介绍了国内外智能纺织品设计、发展的现状和最新研究动态以及实际应用效果。

B4381　TS1

智能纺织品开发与应用（21 世纪纺织品新进展丛书）/姜怀主编 . —北京：化学工业出版社，2013 年 . —445 页（被引 17）

ISBN 978-7-122-15102-5

本书系统介绍了纺织品智能化的思路、途径和方法；在对智能材料（形状记忆合金 SMA、形状记忆聚合物 SMP、环境敏感凝胶 ESG、变色材料 CCM、相变材料 PCM）和智能结构（感知器、控制器、驱动器）进行讨论的基础上，结合实例探讨了智能纺织品的设计与应用，并对智能型纺织品的未来发展进行了展望。

B4382　TS1

智能纺织品与服装面料创新设计［译］/（美）利百加·佩尔斯-弗里德曼著；赵阳，郭平建译；张艾莉审校 . —北京：中国纺织出版社，2018 年 . —192 页

ISBN 978-7-5180-4201-2

本书主要介绍了世界各地在智能纺织品和服装面料创新设计方面的发展和应用。书的前两章简单介绍了与智能纺织品相关的概念、发展历史，综述了不同功能的智能材料及其背后的技术支持。

B4383　TB381

智能高分子材料（高分子新材料丛书）/陈莉主编 . —北京：化学工业出版社，2005 年 . —361 页

ISBN 7-5025-6152-8

本书以高分子材料的智慧化为基础，详细介绍了形状记忆高分子、智能高分子凝胶、智能纺织品、聚合物基电流变体、智能高分子膜等领域的基础理论及应用技术。

B4384　TS106

智能型纺织品发展趋势［港台］/刘嘉麟撰写 . —台北：台湾纺织产业综合研究所，2004 年 . —186 页

ISBN 957-29972-0-3

B4385　TS194

中国传统纺织品印花研究/郑巨欣著 . —杭州：中国美术学院出版社，2008 年 . —179 页；26cm（被引 50）

ISBN 978-7-81083-693-7

包括传统纺织品印花的类型学研究、夹缬工艺研究、纺织品印金研究等五章。

B4386　TS105

中国传统经典纺织品纹样史（"十三五"普通高等教育本科部委级规划教材）/李建亮主编 . —北京：中国纺织出版社有限公司，2020 年 . —200 页；26cm

ISBN 978-7-5180-6825-8

本书按纹样类别讲述传统纺织品纹样的发展变化，考察各个时期纺织品纹样的艺术特点及发展规律。内容包括：几何纹样、动物纹样、植物纹样、人物纹样、吉祥纹样、应景纹样、文字纹样等。

B4387　TS193

中国传统植物染料现代研发与生态纺织技术/周启澄，王璐，张斌等编著 . —上海：东华大学出版社，2015 年 . —207 页（被引 9）

ISBN 978-7-5669-0727-1

本书简要回顾了植物染料的历史贡献，阐述了植物染料复兴的必然趋势，系统总结近十余年我国传统植物染料现代开发的科技成果，从植物染料生产、植物染料制备、植物染料染色应用等方面作了详细的描述。

B4388　TS195

中国纺织品整理及进展　第 1 卷/孙铠，沈淦清总主编；本卷主编王柏华 . —北京：中国轻工业出版社，2013 年 . —300 页

ISBN 978-7-5019-9397-0

本书分别对各种纺织材料的染整技术进行全面总结，包括棉麻、丝、羊毛整理，以及各种功能纺织品的整理技术。

B4389　TS195

中国纺织品整理及进展　第 2 卷/孙铠，沈淦清总主编；本卷主编王际平 . —北京：中国轻工业出版社，2015 年 . —224 页

ISBN 978-7-5184-0427-8

本书介绍纺织化学与染整工程学科的最新进展，便于本学科研发人员了解创新研究成果，拓展研发思路。包括形状记忆高分子材料及其在纺织上的应用、医用抗菌纺织品开发、无甲醛免烫整理、硅基非水介质生态染色技术体系、纳米构造纺织品仿生结构生色等。

B4390 TS193

中国植物染传薪/田青主编.—北京:中国建筑工业出版社,2019年.—493页;29cm

ISBN 978-7-112-23612-1

本书在体现学术内涵主体的基础上,反映课题研究涉及的植物染色理论与实践。包括中国植物染概论、中国植物染现存文化遗产、中国植物染实验色标样本、中国植物染理论研究文选、中国植物染教学实践创作五章内容。

B4391 TS193

中国植物染技法/黄荣华著.—北京:中国纺织出版社,2018年.—235页

ISBN 978-7-5180-4800-7

本书首先介绍中国传统植物染的历史演变和发展,主要介绍传统天然染料的来源及萃取、天然手工染色技法、中国传统染色技法、天然染色的混合技法,最后介绍植物染作品设计与赏析、应用领域和发展前景,以及植物染料优劣的辨析。

B4392 TS102

中国主要产绒地区山羊绒质量研究/陈如熙,马惠光主编.—银川:阳光出版社,2014年.—316页

ISBN 978-7-5525-1339-4

本书系统阐述了我国主要产绒地区28个山羊品种所产山羊绒的物理性状和化学组成的分析研究成果;不同理化因素对山羊绒物理性状和化学组成的影响以及对山羊绒组织学结构影响的电镜观察和研究。

B4393 TS102

竹纤维及其产品加工技术(纺织新技术书库)/张世源主编;周湘祁副主编.—北京:中国纺织出版社,2008年.—346页(被引42)

ISBN 978-7-5064-4675-4

本书较系统地介绍了竹纤维即竹原纤维、竹浆纤维、竹炭纤维的制取,竹纤维的微观结构、物理性能、生化性能以及竹原纤维、竹浆纤维、竹炭纤维的纺纱、织造和染整加工等内容。

B4394 TS102

竹纤维性能及其纺织加工应用/王戈,王越平,程海涛著.—北京:中国纺织出版社,2017年.—175页

ISBN 978-7-5180-3367-6

本书系统地介绍了竹纤维的结构、化学组成、力学和亲水等理化性能,重点阐述了可用于纺织的竹纤维的制取、鉴别与评价,并针对竹纤维在纺织、染整加工及其产品中的开发前景进行了探讨。

B4395 TS102

竹纤维制备技术/陈礼辉,黄六莲,曹石林著.—北京:科学出版社,2013年.—312页(被引5)

ISBN 978-7-03-039137-7

本书主要介绍了用于造纸工业领域的竹浆料纤维制备新技术;用于纺织工业领域的竹浆粕纤维制备技术,包括竹材水预水解、蒸汽预水解硫酸盐法制备浆粕新技术,竹材常规硫酸盐法制备竹浆粕新技术,浆粕低污染漂白新技术。

B4396 TS102

竹原纤维及其产品的制备与工艺/张毅,王春红,彭建新编著.—北京:中国纺织出版社,2014年.—179页(被引5)

ISBN 978-7-5180-0417-1

本书系统地介绍了竹原纤维的制备技术、竹原纤维纺纱织造技术、竹原纤维非织造布成型技术,以及竹原纤维增强复合材料的制备技术,并针对竹原纤维及其相关产品的产业化前景进行了探讨。

B4397 TS123

苎麻纤维素化学与工艺学(脱胶和改性)/王德骥编著.—北京:科学出版社,2001年.—349页(被引138)

ISBN 7-03-008226-5

本书从纤维化学角度出发,论述了苎麻纤维的脱胶、改性化学和工艺学,全书共分八章。

B4398 TS105

助理家用纺织品设计师(国家职业资格培训教程)/杨东辉主编,姜淑媛等编写;纺织行业职业技能鉴定指导中心,中国家用纺织品行业协会组织编写.—北京:中国纺织出版社,2012年.—227页

ISBN 978-7-5064-8247-9

本书介绍了职业标准中助理家用纺织品设计师应掌握的工作技能及相关知识,涉及家纺市场调查与分析、织物设计制作、印染图案设计制作、绣品设计制作等内容。

B4399 TS104

转杯纺实用技术(纺织新技术书库)/马克永著.—北京:中国纺织出版社,2006年.—253页(被引9)

ISBN 7-5064-3895-X

本书介绍了我国转杯纺的发展概况及纺纱原理、转杯纺新纱种开发、生产中常见纱疵的产生原因和解决方法,纺纱器的组成、维修及调整,并对转杯纺生产中常见问题作了解析。

B4400 TS104

转杯纺系统生产技术(纺织新技术书库)/汤龙世编著.—北京:中国纺织出版社,2005年.—456页(被引11)

ISBN 7-5064-3553-5

本书介绍了转杯纺系统纺纱技术的发展和相关技术,介绍了转杯纺系统设备的性能以及使用情况,对转杯纺系统生产运转、设备管理以及产品质量控制、产品开发等进行了比较详细的阐述。

B4401 TS106

装饰用纺织品("十三五"普通高等教育本科部委级规划教材)/王文志,刘刚中主编.—北京:中国纺织出版社,

2017 年 . —228 页

ISBN 978-7-5180-3359-1

本书内容包括装饰用纺织品的含义、功能、特性及分类，装饰用纺织品与室内环境设计的关系，装饰用纺织品设计基础知识及纤维材料的应用，装饰用纺织品色彩与图案设计，机织物、针织物及非织造布设计及其加工技术，床上用品类、窗帘帷幔类、地面铺设类设计及工艺，墙面贴饰类纺织品、家具饰类纺织品、卫生盥洗与餐厨类纺织品及室内陈设类纺织品，装饰用纺织品性能指标与检测。

B4402 TS106

装饰用纺织品（"十三五"普通高等教育本科部委级规划教材）/崔红，毕红军主编 . —北京：中国纺织出版社，2018 年 . —190 页

ISBN 978-7-5180-5291-2

本书介绍了装饰用纺织品纤维原料、加工技术、图案与色彩设计、产品开发、处理技术以及新纤维、新技术在产品开发方面的应用。

B4403 TS106

装饰与产业用纺织品/李新娥，卢士艳主编 . —郑州：郑州大学出版社，2003 年 . —251 页（被引 7）

ISBN 978-7-81048-823-6

本书简要介绍了常用纺织原料和新型纺织原料的基本性能，纱线和织物的生产技术；较系统地介绍了装饰用纺织品与产业用纺织品，并对它们的种类、规格、原料、结构特点、功能及发展趋势等作了较为详细的文字和图片说明。

B4404 TS106

装饰织物设计与生产/谢光银主编 . —北京：化学工业出版社，2005 年 . —276 页（被引 32）

ISBN 7-5025-6229-X

本书分别介绍了纹织与装饰织物设计与生产的基础知识，设计与生产理论，原材料的选择，图案与色彩设计，纹织物的装造等理论知识及应用。

B4405 TS142

自动缫丝机保全保养工技术培训教材/钱有清主编 . —北京：中国纺织出版社，2010 年 . —157 页

ISBN 978-7-5064-6652-3

本书是自动缫丝机保全保养工技术培训教材，内容包含缫丝基本知识、自动缫丝机基本构成、自动缫丝机安装与调试、自动缫丝机的维修保养、保全保养工基础操作规程及考核方法、钳工基本知识、自动缫丝机保全应知题。

B4406 TS108

最新纺织厂空调技术知识问答/陈民权，周国顺主编 . —北京：中国纺织出版社，2000 年 . —215 页（被引 16）

ISBN 7-5064-1734-0

本书以问答的形式，较系统地介绍了有关纺织厂空气调节的基本知识及应用技术。包括空气调节基础知识、空调设备、空调管理与温湿度调节、空调节能技术、空调测试、空调工程测试计算实例等。共 200 余题。

B4407 TS941.15

服装材料概论（新编服装材料丛书）/马大力，晏细红，刘晓洁编著 . —北京：化学工业出版社，2005 年 . —236 页

ISBN 7-5025-7186-8

本书介绍了服装材料的基本知识，讲解了服装材料的分类、生产和基本品种，同时结合选用目的介绍了面料的各项功能和评价方法，以及辅料的品种与选配和服装保养知识等。

B4408 TS941.15

服装材料检测技术与实务（新编服装材料丛书）/马大力，张毅，王瑾编著 . —北京：化学工业出版社，2005 年 . —185 页

ISBN 7-5025-7549-9

本书介绍了纺织、服装生产与贸易中所需的各种检测技术和规程，涉及各项测试的目的、方法、适用范围、试验条件、检测仪器和有关标准。

B4409 TS941.15

服装材料选用技术与实务（新编服装材料丛书）/马大力，杨颐，陈金怡等编著 . —北京：化学工业出版社，2005 年 . —166 页

ISBN 7-5025-7444-1

本书重点针对商品企划、产品开发、服装设计和市场分析人员的知识需要，介绍了与服装材料的识别与选用有关的内容。

2.2 资料汇编与报告

收录与编辑说明：

　　我国纺织行业在长期研究和生产实际中产生了大量技术资料与研究报告，作为一种重要的文献资源被广泛收藏于国家图书馆和各地方图书馆以及大学图书馆。本部分收录 1950—2020 年纺织工程与技术类以图书形式出版的资料汇编与技术报告相关文献 564 种（记录号 B4410—B4973），其中汇编 520 种、报告 44 种。所有文献按其正题名音序排列，正题名后标注了文献类型，［汇］为汇编类文献，［告］为报告类文献。

B4410 TS112-532

1511/1515 布机改造及经济效益研究会选辑 ［汇］/中国纺织工程学会纺织专业委员会编 .—北京：1511、1515 布机改造及经济效益研究会，1985 年 .—193 页

B4411 TS103

1511/1515 型自动换梭织机革新项目汇编 ［汇］/上海市棉纺织科学技术研究所 .—上海：上海市棉纺织科学技术研究所，1983 年 .—354 页

B4412 TS1

1957 年纺织工业技术成就 棉纺织、动力部分 ［汇］/全国纺织工业技术成就会议编 .—北京：纺织工业出版社，1958 年 .—297 页

统一书号 15041·251

B4413 TS1

1957 年纺织工业技术成就 毛纺织部分 ［汇］/全国纺织工业技术成就会议编 .—北京：纺织工业出版社，1958 年 .—82 页

统一书号 15041·252

B4414 TS1

1957 年纺织工业技术成就 麻纺织部分 ［汇］/全国纺织工业技术成就会议编 .—北京：纺织工业出版社，1958 年 .—54 页

统一书号 15041·253

B4415 TS1

1957 年纺织工业技术成就 丝纺织部分 ［汇］/全国纺织工业技术成就会议编 .—北京：纺织工业出版社，1958 年 .—120 页

统一书号 15041·254

B4416 TS1

1957 年纺织工业技术成就 印染、针织部分 ［汇］/全国纺织工业技术成就会议编 .—北京：纺织工业出版社，1958 年 .—193 页

统一书号 15041·255

B4417 TS1

1960—1961 年学术资料选编 ［汇］/辽宁纺织科学研究所编 .—沈阳：辽宁纺织科学研究所，1962 年 .—230 页；26cm

B4418 TS1

1986 年鉴定项目情况介绍 ［汇］/纺织工业部纺织科学研究院计划处 .—北京：纺织工业部纺织科学研究院计划处，1986 年 .—26 页

B4419 F426.81

2000 年新疆纺织市场预测及纺织工业规划初步探讨 ［告］/新疆科学技术情报研究所编辑 .—乌鲁木齐：新疆科学技术情报研究所，1983 年 .—96 页

B4420 TS108

安全用电技术资料汇编 纺织工业部分 ［汇］/上海市纺织工业局整理 .—上海：科技卫生出版社，1958 年 .—28 页

统一书号 15119·976

B4421 TS102

澳大利亚羊毛纤维研究概况和加工技术 ［告］（出国参观考察报告 编号〔65〕012）/赴澳大利亚羊毛加工技术考察小组编 .—北京：中国科学技术情报研究所，1965 年 .—66 页

B4422 TS1-53

白予生论文选编 ［汇］/陕西省纺织工程学会编 .—西安：陕西省纺织工程学会，2017 年 .—167 页

B4423 TS1

北京市纺织系统科技成果汇编 第 1 集 ［汇］/北京纺织科学研究所情报组编 .—北京：北京纺织科学研究所情报组，1972 年 .—40 页

B4424 TS1-53

毕业论文专集（逢甲大学纺织工程学系）第三十一届 ［港台］/逢甲大学纺织工程学系 .—台中：逢甲大学纺织工程学系，1998 年 .—772 页

B4425 TS190

变形聚酯织物染料及染整工艺 ［汇］/江苏省丝绸工业科技情报中心站，苏州市纺织科学研究所编 .—苏州：编者自发行，1974 年 .—1 册

B4426 TS103

变性淀粉应用技术资料汇编 ［汇］/上海市棉纺织工业行业协会编 .—上海：上海棉纺织工业行业协会，1989 年 .—202 页

B4427 TS14-53

蚕丝理化性能研究论文选编 ［汇］/苏州丝绸工学院编 .—苏州：苏州丝绸工学院，1988 年 .—250 页

B4428 TS122

槽筒式络筒机的自动化 自动络筒技术交流会部分经验汇编 ［汇］/棉纺织工业科技情报站，陕西省纺织科学研究所情报组编 .—西安：全国棉纺织工业科技情报站，陕西省纺织科学研究所情报组，1973 年 .—80 页

B4429 TS106

产业用纺织品技术开发资料汇编 ［汇］/河南纺织科研所情报研究室 .—郑州：河南纺织科研所情报研究室，出版时间不详 .—254 页

B4430 TS106-53
产业用纺织品论文集［汇］/全国产业用纺织品调研中心．—北京：全国产业用纺织品调研中心，1992 年．—139 页

B4431 TS103
常用纺织浆料质量与检测［告］/中国棉纺织行业协会浆料生产应用部编．—北京：中国棉纺织行业协会浆料生产应用部，1997 年．—247 页

B4432 TS102-53
朝鲜维尼纶技术论文集［汇］/纺织工业部合成纤维调查研究组摘译．—北京：中国科学技术情报研究所，1963 年．—209 页

B4433 TS143-53
陈基达制丝论文集［汇］/苏州丝绸工学院编．—苏州：苏州丝绸工学院，1993 年．—274 页

B4434 TS123
充气沤麻资料汇编［汇］/黑龙江省充气沤麻研究小组，黑龙江省纺织科技情报中心站编．—哈尔滨：黑龙江省充气沤麻研究小组，黑龙江省纺织科技情报中心站，1962 年．—127 页；26cm

B4435 TS103
穿综用螺旋式分纱机［汇］（工业技术资料）/上海第五织布厂编．—上海：上海人民出版社，1974 年．—18 页

B4436 TS103
次氯酸钠氧化米粉上浆研究［告］（科学技术研究报告）/中华人民共和国科学技术委员会编．—北京：中华人民共和国科学技术委员会，1965 年．—35 页；26cm

B4437 TS132
粗梳毛纺机器定型工作报告（5 分册）［汇］/毛纺织染整机器定型工作组编．—北京：毛纺织染整机器定型工作组，1957 年．—1188 页

B4438 TS103
大纤库机构介绍［告］/江苏省丝绸工业科技情报中心站，苏州市纺织科学研究所编译．—苏州：编者自发行，1974 年．—85 页

B4439 TS123
带壳苎麻的脱胶试验报告［告］/上海纺织科学研究院编．—上海：上海纺织科学研究院，1959 年．—58 页；26cm

B4440 TS190
低弹织物染整译文选编［汇］/江苏省丝绸工业科技情报中心站，苏州科学研究所编辑．—苏州：江苏省丝绸工业科技情报中心站，苏州科学研究所，1977 年．—52 页

B4441 TS154
涤纶模拟丝绸加工译丛［译］/纺织工业部纺织科学研究院，苏州市丝绸科学研究所编译．—北京：纺织工业部发行，1980 年．—209 页

B4442 TQ34
涤纶树脂生产分析方法汇编［汇］/旅大市合成纤维研究所编．—北京：石油化学工业出版社，1971 年．—126 页；26cm
统一书号 15063·化 5

B4443 TS15
涤纶丝织物及针织品加工技术交流资料［汇］/江苏省丝绸工业科技情报中心站编．—苏州：苏州市纺织科学研究所情报组，1973 年．—55 页

B4444 TS114
涤-棉纺织技术交流资料汇编 第 1 辑［汇］/棉纺织工业科技情报服务站，印染工业科技情报服务站编．—上海：上海市纺织科学研究院，1972 年．—196 页

B4445 TS114
涤-棉纺织技术交流资料汇编 第 2 辑［汇］/棉纺织工业科技情报服务站编．—西安：陕西省纺织科学研究所，1974 年．—177 页

B4446 TS114
涤-棉纺织技术交流资料汇编 第 3 辑［汇］/棉纺织工业科技情报站编辑．—西安：陕西省纺织科学研究所，1977 年

B4447 TS190
涤-棉布染整技术交流资料汇编 第 1 辑［汇］/印染工业科技情报服务站编．—上海：上海市纺织科学研究院，1972 年．—316 页；19cm

B4448 TS190
涤-棉布染整技术交流资料汇编 第 2 辑［汇］/印染工业科技情报服务站，无锡纺织研究所编．—无锡：无锡纺织研究所，1974 年．—383 页；19cm

B4449 TS190
涤-棉布染整技术交流资料汇编 第 3 辑［汇］/印染工业科技情报服务站，山东省纺织科技情报站编．—上海：上海市纺织科学研究院，1977 年．—473 页；19cm

B4450 TS114
棉-维纺织技术交流资料汇编［汇］/棉纺织工业科技情报服务站，印染工业科技情报服务站编．—上海：上海市纺织科学研究院，1972 年．—107 页

B4451 TS190

棉-维布染整技术交流资料汇编［汇］/印染工业科技情报服务站编辑．—上海：上海市纺织科学研究院，1972年．—70页

B4452 TS102-53

涤粘中长纤维纺织工艺论文和经验汇编专辑［汇］/无锡市第四棉纺织厂科学技术协会编写．—无锡：无锡市第四棉纺织厂科学技术协会，1982年．—224页

B4453 TS114

贰道粗纱平车工作法经验介绍［告］/江苏省纺织工业管理局等编著．—上海：华东纺织管理局，中国纺织工会上海市委员会，1953—1956年．—82页

B4454 TS106

帆布工艺资料汇集　第1辑［汇］/上海华成帆布厂编．—上海：上海华成帆布厂，1959年．—1册

B4455 TQ34

芳纶纤维（专辑）［汇］/华东纺织工学院芳纶科研组编译．—上海：华东纺织工学院芳纶科研组，1983年．—144页

B4456 TS1

纺织工业适用技术汇编［汇］/纺织工业部科学技术情报研究所．—北京：纺织工业部科学技术情报研究所，1985年．—325页；26cm

B4457 TS103

纺织标准检测仪器设备汇编［汇］/孙敏等主编．—北京：北京纺织标准仪器开发公司，1990年．—501页

B4458 TS101

纺织测试解决方案［告］/SDL国际有限公司中国总部．—北京：编者自发行，2004年．—159页

B4459 TS108

纺织工业安全生产档案汇编［汇］/纺织工业部生产司安全处，中国纺织报社数据室编．—北京：纺织工业出版社，1988年．—233页
统一书号 4041·1675
ISBN 7-5064-0109-6

B4460 TS1

纺织工业部"七五"国家科技攻关成果汇编［汇］/纺织工业部科技发展司编．—北京：内部发行，1992年．—232页

B4461 TS1

纺织工业工艺技术路线汇编（1989年）［汇］/纺织工业部科技发展司，纺织工业部科学技术委员会主编．—北京：纺织工业部发行，1989年．—260页

B4462 TS1

纺织工业技术成就（1957年合订本）［汇］/全国纺织工业技术成就会议编．—北京：纺织工业出版社，1959年．—1册

B4463 TS1

纺织工业技术革命资料选辑　棉字第一号［汇］/纺织工业出版社编．—北京：纺织工业出版社，出版时间不详．—1册

B4464 TS1

纺织工业技术资料［汇］/华东纺织工学院麻纺教研组等编．—上海：科技卫生出版社，1958年．—31页
统一书号 15119·927

B4465 TS1

"九五"第一批纺织工业科技成果推广指南［汇］/中国纺织总会科技发展部，中国纺织总会科技发展中心，纺织行业科技成果管理办公室编．—北京：中国纺织总会，1997年．—101页

B4466 TS1

纺织工业科技成果公报　1986—1988［汇］/中国纺织总会科技发展部．—北京：中国纺织总会，1988年．—118页

B4467 TS1

纺织工业科技成果公报　1989—1991［汇］/中国纺织总会科技发展部．—北京：中国纺织总会，1992年．—97页

B4468 TS1

纺织工业科技成果公报　1992—1993［汇］/中国纺织总会科技发展部．—北京：中国纺织总会，1994年．—115页

B4469 TS1

纺织工业科技成果公报　1994—1995［汇］/中国纺织总会科技发展部．—北京：中国纺织总会，1996年．—143页

B4470 TS1

纺织工业科技成果选编　1975—1978［汇］/纺织工业部科技司编．—北京：纺织工业部发行，1979年．—74页

B4471 TS1

纺织工业科技情报服务效果选编［汇］/纺织工业部科学技术情报研究所编．—北京：纺织工业部科学技术情报研究所，1981年．—87页；25cm

B4472 TS1

纺织工业适用技术汇编［汇］/纺织部科技情报研究所．—北京：全国人造纤维工业科技情报站，1985年．—325页

B4473 TS1
纺织工业应用优选法成果汇编［汇］/杭州市推广优选法领导小组办公室棉纺织工业局编.—杭州：杭州市推广优选法领导小组办公室棉纺织工业局，1973年.—61页；19cm

B4474 TS103
纺织机械常用材料选编［汇］/纺织部纺机研究所编.—北京：纺织部纺机研究所，1992年.—170页

B4475 TS103
纺织机械企业上等级指南［汇］/中国纺织机械器材工业协会.—北京：中国纺织机械器材工业协会，1990年.—306页

B4476 TS1-53
纺织技术论文与资料选辑 1980年［汇］/新疆维吾尔自治区科学技术情报研究所，纺织工程学会编辑.—乌鲁木齐：纺织工程学会，1981年.—83页

B4477 TS1
纺织技术研究报告汇集 纺纱技术类［港台］/民兴纺织公司技术研究室编.—台中：大学图书供应社，1966年.—127页

B4478 TS1-53
纺织建设论文选集［汇］/华东纺织工学院编.—上海：华东纺织工学院，1953年.—295页；26cm

B4479 TS1
纺织结构调整专项资金项目成果汇编［汇］/中华人民共和国工业和信息化部消费品工业司编.—北京：中华人民共和国工业和信息化部消费品工业司，2009年.—155页

B4480 TS1
纺织科技汇编［汇］/天津棉纺一厂科协.—天津：天津棉纺一厂，1991年.—31页

B4481 TS1
纺织科学研究院研究汇编 第一集［汇］/纺织科学研究院编.—北京：纺织科学研究院，1958年.—250页

B4482 TS1
纺织科学研究院研究汇编 第二集 第1-3分册［汇］/纺织科学研究院编.—北京：纺织科学研究院，1958年.—318页
第1分册 棉纺织，131页； 第2分册 毛纺织，74页； 第3分册 染化，113页。

B4483 TS106
纺织品、针棉织品文件汇编［汇］/湖北省纺织品公司编.—武汉：湖北省纺织品公司，1976年.—314页

B4484 TS1
纺织品设计技术开发与推广第一期计划技术成果 弹性研究布样专册 下册［港台］/台湾设计研发中心编.—台北：台湾纺织业拓展会，2000年.—27页

B4485 TS1
纺织品设计技术开发与推广第一期计划技术成果汇编 纺织品与计算机辅助设计篇［港台］/黄伟基，林香吟计划主持.—台北：台湾纺织业拓展会，2000年.—232页

B4486 TS1
纺织品设计技术开发与推广第一期计划技术成果汇编 纺织品与设计篇［港台］/黄伟基，林香吟计划主持.—台北：台湾纺织业拓展会，2000年.—350页

B4487 TS103
纺织器材科技成果汇编［汇］/纺织工业部物资局编.—北京：纺织工业部发行，1983年.—134页

B4488 TS1
纺织新特产品工艺技术汇编 1993［汇］/陕西省纺织科学研究所，全国棉纺织工业科技信息站编辑.—西安：编者自发行，1993年.—64页

B4489 TS19
纺织印染后整理实用新技术选编［汇］/张宇，罗明编辑.—成都：四川省纺织厅科技情报中心站，1992年.—181页

B4490 TS17-53
非织造布论文选集 1988—1992［汇］/纺织工业部非织造部技术开发中心.—北京：编者自发行，1992年.—234页

B4491 TS190
分散、阳离子、活性染料有关问题的解答［汇］/上海市纺织科学研究院印染工业科技情报站编.—上海：上海市纺织科学研究院印染工业科技情报站，1976年.—74页

B4492 Z89：TS19
分散染料索引［汇］/《染料工业》杂志编辑部编.—北京：化工部染料工业科技情报中心站，1984年.—62页

B4493 TS1-53
逢甲大学纺织工程学系第三十四届毕业摘要论文集［港台］/逢甲大学纺织工程学系.—台中：逢甲大学出版，1990年.—258页

B4494 TS17
福建鑫华新型非织造布项目可行性研究报告［告］/中国纺织建设规划院.—北京：内部交流，2007年.—132页

B4495　TQ34-53

复合纤维译文集［汇］/上海纺织工学院化学纤维教研组编译．—北京：科学技术情报研究所，1973年．—81页；19cm

B4496　TS102-53

干法纺丝译文集［译］/（日本）佐野雄二著；吉林省化学纤维研究所译．—长春：吉林省化学纤维研究所，1979年．—84页；26cm

B4497　TQ34

高吸湿性合成纤维锦纶-4的研究　6册合订［汇］/吉林省化学纤维研究所著．—长春：吉林省化学纤维研究所，1975年．—6册合订

B4498　TS190

各类染料气候牢度的测试根据［汇］/天津市印染厂编写．—天津：天津市印染厂，1973年．—26页

B4499　TS105

各种纺织浆料及其应用［汇］（纺织工艺技术专题文献选编）/编著者不详．—出版地不详：出版者不详，1997年．—131页

B4500　TS102

《绵羊毛》国家标准学习手册［汇］/张克才组织编写．—南京：《纤维标准与检验》江苏省发行站，1993年．—94页

B4501　TS137

贯彻羊毛国家标准宣讲材料［汇］/吉林省标准局编．—长春：编者自发行，1980年

B4502　TS1

广州市纺织工业局技术情报中心1966—1967年技术资料目录　第3册［汇］/广州市纺织工业局技术情报中心编．—广州：广州市纺织工业局技术情报中心，1968年．—54页

B4503　TS1

广州市纺织工业局科研技改成果选编［汇］/广州市纺织工业局技术室编辑．—广州：广州市纺织工业局技术室，1973年．—61页

B4504　TS1

广州市纺织科技成果选编　1976［汇］/广州市纺织工业局技术科，广州市纺织工业科技情报中心站编．—广州：广州市纺织工业局技术科，广州市纺织工业科技情报中心站，1977年．—22页

B4505　TS112

国产棉纺设备技术改造及新技术应用专集　上下集［汇］/河南纺织科学技术研究所情报中心．—郑州：编者自发行，1990年．—104页

B4506　TS103

国产梳棉机资料汇编［汇］/上海纺织工学院编．—上海：上海纺织工学院，1973年．—150页

B4507　TS183

国产针织和染整设备汇编　1989［汇］/全国针织工业科技情报站．—天津：全国针织工业科技情报站，1989年．—244页

B4508　TS103

国际纺织机械介绍汇编［汇］/中国纺织总会《国际纺织机械介绍汇编》编委会编．—北京：中国纺织总会，1994年．—90页

B4509　TS13

国际羊毛局技术资料汇编［汇］/国际羊毛局．—北京：国际羊毛局，1989年．—104页

B4510　TS103

国内变性浆料开发应用技术汇编［汇］/陕西省纺织科学研究所，全国棉纺织工业科技信息站编辑．—西安：编者自发行，1993年．—64页

B4511　TS11

国内纺织科技交流资料摘编［汇］/天津市纺织工业研究所情报组编．—天津：天津市纺织工业研究所情报组，1972年．—37页；26cm

B4512　TS1

国内外纺织品流行趋势预测［汇］/纺织工业部情报所资料室．—北京：编者自发行，1991年．—85页

B4513　TS102

国内外纺织品原料市场信息摘编　1988—1989［汇］/纺织工业部科技情报研究所编．—北京：纺织工业部科学技术情报研究所，1989年．—57页

B4514　TS102

国内外新型化纤［汇］/北京毛纺织科学研究所，全国毛纺织科技情报站编．—北京：北京毛纺织科学研究所，1988年．—244页

B4515　TS12

国内外苎麻科技资料目录1950—1986［汇］/湖南农学院图书馆科技情报室，湖南农学院苎麻研究所科技情报室．—长沙：编者自发行，1987年．—111页

B4516　TS12

国内外苎麻科技资料目录1987—1989［汇］/湖南农学院图书馆科技情报室，湖南农学院苎麻研究所科技情报

室．—长沙：编者自发行，1990 年．—55 页

B4517　TS103
　　国外倍捻机技术资料［汇］/上海市纺织科学研究院编辑．—上海：上海市纺织科学研究院，1977 年．—152 页

B4518　TS14
　　国外蚕丝科技研究进展［译］/（日）宫庆一郎等编著．—北京：中国农业科学院蚕业研究所，1983 年．—141 页

B4519　TS102
　　国外涤纶长丝资料汇编［汇］/纺织工业部设计院编．—北京：纺织工业部设计院，1982 年．—186 页

B4520　TS18
　　国外对针织物尺寸稳定性的研究及其应用［汇］/华东纺织工学院针织教研组编．—上海：华东纺织工学院，1980 年．—77 页

B4521　TS108
　　国外纺织厂机械化运输［汇］/石家庄市纺织工业局科技组，石家庄市纺织研究所编写．—石家庄：石家庄市纺织工业局科技组，石家庄市纺织研究所，1975 年．—329 页

B4522　TS1
　　国外纺织工业技术经济参考资料　上下册［汇］/纺织工业部科学技术情报研究所编．—北京：纺织工业部科学技术情报研究所，1982 年．—180 页，349 页
　　　上册，化纤部分；下册，纺织部分。

B4523　TS1
　　国外纺织工业科学技术情况参考资料［汇］/上海市纺织科学研究院编．—上海：上海市纺织科学研究院，1970 年．—90 页

B4524　TS1
　　国外纺织化纤工业重点科研项目简介［汇］/纺织工业部科学技术情报研究所，全国纺织工业各专业科技情报站编辑．—北京：纺织工业部科学技术情报研究所，1978 年．—59 页

B4525　TS103
　　国外纺织机械节能　专辑 1［汇］/郑州纺织机械厂技术情报室编译．—郑州：郑州纺织机械厂技术情报室，1981 年．—92 页

B4526　TS103
　　国外纺织机械节能　专辑 2［汇］/郑州纺织机械厂编．—郑州：郑州纺织机械厂，1982 年．—125 页

B4527　TS103
　　国外纺织机械节能　专辑 3［汇］/郑州纺织机械研究所

编．—郑州：郑州纺织机械研究所，1983 年．—105 页

B4528　TS103
　　国外纺织机械资料汇编［汇］/轻工业部科学技术史等编．—北京：编者自发行，1985 年

B4529　TS103
　　国外纺织机噪声控制有关资料［汇］/上海纺织工学院科技情报研究室编．—上海：编者自发行，出版时间不详．—30 页

B4530　TS1
　　国外纺织技术　第 1 辑［汇］/上海纺织工学院国外科技资料编译组编．—上海：上海科学技术情报研究所，1973 年．—89 页（被引 16）
　　　统一书号 151634·143

B4531　TS1
　　国外纺织技术　第 2 辑［汇］/上海纺织工学院编．—上海：上海科学技术情报研究所，1974 年．—96 页
　　　统一书号 151634·180

B4532　TS1
　　国外纺织技术　第 3 辑［汇］/上海纺织工学院编．—上海：上海科学技术情报研究所，1975 年．—93 页
　　　统一书号 151634·225

B4533　TS1
　　国外纺织技术　第 4 辑［汇］/上海纺织工学院编．—上海：上海科学技术情报研究所，1975 年．—66 页
　　　统一书号 151634·226

B4534　TS1
　　国外纺织技术资料［汇］/上海外国语学院英语系三年级（七六届）3 班译．—上海：上海市纺织科学研究院，1976 年．—31 页

B4535　TS190
　　国外纺织染料助剂使用指南　2000［汇］/中国纺织科技信息研究院．—北京：中国纺织科技信息研究院，2000 年．—272 页
　　纺织品的染整加工，是一个干/湿处理过程，在加工过程中需要使用大量的纺织化学品，以赋予织物鲜艳的色彩及优良的性能，因此，正确及合理地选择加工所使用的染料、助剂，对于提高产品质量、降低生产成本具有十分重要的意义。《中国/国外纺织染料助剂使用指南》是由中国纺织信息中心编辑的纺织染料、助剂产品品种及其使用方法的专业性手册。

B4536　TS190
　　国外纺织染料助剂使用指南　2004—2005［汇］/中国纺织信息中心．—北京：中国纺织信息中心，2006 年．—

284 页

本指南是由中国纺织信息中心编辑的纺织染料、助剂产品品种及其使用方法的专业性手册。

B4537 TS190
国外纺织染料助剂使用指南 2009—2010［汇］/中国纺织信息中心 . —北京：中国纺织信息中心，2010 年 . —325 页

B4538 TS1-53
国外纺织实用新技术文集 纺织分册［汇］/编著者不详 . —出版地不详：出版者不详，出版时间不详 . —211 页

B4539 TS1-53
国外纺织实用新技术文集 化纤分册［汇］/编著者不详 . —出版地不详：出版者不详，出版时间不详 . —214 页

B4540 TS1-53
国外纺织实用新技术文集 针织分册［汇］/编著者不详 . —出版地不详：出版者不详，出版时间不详 . —171 页

B4541 TS1
国外纺织先进技术纵览 1991［汇］/何光荣，陆菊芳，董晓红等编写 . —四川：四川省纺织工业厅科技情报中心站，1991 年 . —486 页

B4542 TS106
国外纺织样品剖析集：毛纺分册 上下册［汇］/纺织工业部科技情报研究所文献资料室，北京服装学院严枫等 . —北京：纺织工业部科学技术情报研究所，出版时间不详 . —28 页，30 页

B4543 TS190
国外辐射化学在染整工业上的应用研究［告］/安徽省科学技术情报研究所，安徽印染厂编辑 . —合肥：安徽省科学技术情报研究所，安徽印染厂，1979 年 . —56 页

B4544 TS190
国外合成纤维纺织染整技术交流资料汇编［汇］/轻工业部科技组编译 . —北京：编者自发行，1973 年 . —429 页

B4545 TS102
国外合成纤维品种、用途参考资料 上下册［汇］/江苏省纺织科技情报中心站，无锡纺织研究所技术情报组编 . —无锡：江苏省纺织科技情报中心站，无锡纺织研究所技术情报组，1975 年 . —308 页，550 页

B4546 TS102
国外化纤最新资料汇编 1992［汇］/编著者不详 . —出版地不详：出版者不详，1993 年 . —102 页

B4547 TS103
国外化学浆料参考资料［汇］/江苏省纺织科技情报中心站，无锡纺织研究所技术情报组编译 . —无锡：江苏省纺织科技情报中心站，无锡纺织研究所技术情报组，1974 年 . —105 页

B4548 TS103
国外化学浆料及上浆新技术参考资料［汇］/江苏省纺织科技情报中心站，无锡纺织研究所技术情报组编译 . —无锡：江苏省纺织科技情报中心站，无锡纺织研究所技术情报组，1977 年 . —159 页

B4549 TS102
国外化学纤维 品种·规格·质量·用途［汇］/纺织工业部科学技术情报研究所 . —北京：纺织工业部科学技术情报研究所，1986 年 . —135 页

B4550 TS102
国外化学纤维 1980 年发展趋向［汇］/轻工业部科技司，科学研究院编 . —北京：轻工业部科技司，科学研究院，1974 年 . —22 页

B4551 TS103
国外浆纱设备技术资料汇编［汇］/河南省轻工业局编辑 . —郑州：河南省轻工业局，1978 年 . —221 页

B4552 TS184
国外经编弹性织物资料选编［汇］/纺织科学研究院纺织所 . —北京：编者自发行，1993 年 . —10 页

B4553 TQ34
国外聚丙烯纤维的制造 聚合与纺丝［告］/上海市纺织科学研究院编译 . —上海：上海市纺织科学研究院，1970 年 . —158 页

B4554 TS19
国外聚酯-棉混纺织物的印染［告］/上海市纺织科学研究院印染工业科技情报服务站编译 . —上海：上海市纺织科学研究院，1972 年 . —166 页

B4555 TS104
国外离心式气流纺纱技术资料 第 1 辑［汇］/上海市纺织科学研究院编译 . —上海：上海市纺织科学研究院，1970 年 . —85 页

B4556 TS104
国外离心式气流纺纱技术资料 第 2 辑［汇］/上海市纺织科学研究院编 . —上海：上海市纺织科学研究院，1971 年 . —72 页

B4557 TS104
国外离心式气流纺纱技术资料 第 3 集［汇］/上海市

纺织科学研究院编译.—上海：上海市纺织科学研究院，1972年.—78页

B4558 TS104
国外离心式气流纺纱技术资料 第4辑［汇］/上海市纺织科学研究院编译.—上海：上海市纺织科学研究院，1973年.—136页

B4559 TS13
国外毛纺样品剖析专辑 1989［汇］/北京纺织科学研究所编.—北京：北京纺织科学研究所，1989年.—1册

B4560 TS13
国外毛纺样品剖析专辑 1990［汇］/北京纺织科学研究所编.—北京：北京纺织科学研究所，1990年.—40页

B4561 TS19
国外毛纺织染整参考资料［汇］/毛纺织工业科技情报服务站.—北京：毛纺织工业科技情报服务站，1973年.—99页

B4562 TS13-53
国外毛纺织染最新论文集 1 国外特种动物纤维开发和研究［汇］/高春南主编.—北京：北京毛纺织科学研究所，198？年.—185页

B4563 TS13-53
国外毛纺织染最新论文集 2 国外毛纺织科学研究［汇］/高春南主编.—北京：北京毛纺织科学研究所，［199-年］.—130页

B4564 TS13-53
国外毛纺织染最新论文集 3 毛纺织科学技术发展方向［汇］/高春南主编.—北京：北京毛纺织科学研究所，200？年.—93页

B4565 TS13-53
国外毛纺织染最新论文集 4 毛纺工艺与技术［汇］/高春南主编.—北京：北京毛纺织科学研究所，201？年.—86页

B4566 TS190
国外毛染整工艺设备发展趋势及上海毛染整设备的现状与差距［汇］/上海毛麻纺织科学技术研究所情报室编译.—上海：上海毛麻纺织科学技术研究所情报室，1984年.—79页

B4567 TS19
国外毛织物染整发展概况［汇］/天津市纺织工业研究所情报组，天津市纺织局毛麻丝公司生产组编.—天津：天津纺织工业研究所，1972年.—69页

B4568 TS112
国外棉纺粗纱机的发展［汇］/天津市纺织工业科技情报服务站编译.—天津：天津市纺织工业科技情报服务站，1974年.—98页

B4569 TS11
国外棉纺织工业生产和技术动向［汇］/上海市纺织科学研究学院编译.—上海：上海市纺织科学研究所，1976年.—98页

B4570 TS11
国外棉纺织工业生产和技术动向 初稿［汇］/上海市纺织科学研究技术情报研究室编译.—上海：上海市纺织科学研究所，1975年.—111页

B4571 TS11
国外棉纺织技术现状及发展趋势-国外纺织新技术跟踪之二［汇］/纺织工业部科技情报研究所编.—北京：纺织工业部科学技术情报研究所，1991年.—53页

B4572 TS195
国外棉针织物的防缩整理［汇］/全国针织工业科技情报服务站，天津市针织技术研究所情报组整理.—天津：全国针织工业科技情报站，1973年.—67页

B4573 TS103
国外喷气织机技术资料 1973［汇］/上海市纺织科学研究院编译.—上海：上海市纺织科学研究院，1973年.—160页

B4574 TS103
国外喷气织机技术资料 1977［汇］/上海市纺织科学研究院编译.—上海：上海市纺织科学研究院，1977年.—47页

B4575 TS104
国外气动纺纱资料［汇］/山东省纺织科学研究所科技数据室编辑.—济南：山东省纺织科学研究所科技资料室，1970年.—18页；26cm

B4576 TS104
国外气流纺纱技术资料 第5集［汇］/上海市纺织科学研究院编译.—上海：上海市纺织科学研究院，1977年.—201页

B4577 TS19
国外染整动态 1-2［汇］/上海市纺织科学研究院，印染工业科技情报服务站编译.—上海：上海市纺织科学研究院，1974年.—51页

B4578 TS19
国外染整技术译文选辑 2002年［汇］/《国外染整译

文选辑》编辑组编辑 .—上海：上海市纺织科学研究院，
2002 年 .—356 页

B4579 TS19
国外染整技术资料［汇］/上海市纺织科学研究院编
译 .—上海：上海纺织科学研究院，1971 年 .—92 页

B4580 TS102
国外人造蛋白纤维制造资料［汇］/朱积煊编译 .—上
海：上海纺织科学研究院，1961 年 .—72 页；26cm

B4581 TS102
国外特种纤维［汇］/化学工业部科学技术情报研究所
编 .—北京：化学工业部科学技术情报研究所，1979 年 .—
231 页

B4582 TS19
国外维纶染整加工参考资料［汇］/山东省轻工业局纺
织科技情报服务站，山东省轻工业局第二科学研究所编 .—
济南：山东省轻工业局纺织科技情报服务站，山东省轻工业
局第二科学研究所，1973 年 .—26 页；19cm

B4583 TQ
国外维尼纶文摘 第 1-4 辑［汇］/吉林省地方工业技
术研究所编 .—吉林：吉林省地方工业技术研究所，1973
年 .—300 页

B4584 TS112
国外细纱机高速参考资料［汇］/上海市纺织科学研究
院编译 .—上海：上海棉纺织工业公司技术研究委员会，
1970 年 .—9 页

B4585 TS19
国外纤维、纱布、印染测试仪器汇集［汇］/刘增录，
吕善模主编 .—北京：中国纤维检验局，1985 年 .—701 页

B4586 TS108
国外现代化纺织化纤工厂资料选编［汇］/纺织工业部
科学技术情报研究所，全国纺织工业各专业科技情报站编
辑 .—北京：纺织工业部科学技术情报研究所，1978 年 .—
104 页

B4587 TS112
国外新型精梳棉机专辑［汇］/上海棉纺织工业公司技
术研究委员会编译 .—上海：上海棉纺织工业公司技术研究
委员会，1961 年 .—156 页；19cm

B4588 TS122
A242A 型并条机机件略图［汇］/中华人民共和国沈阳
纺织机械厂著 .—沈阳：中华人民共和国沈阳纺织机械厂，
1975 年 .—87 页

B4589 TS112
国外新型棉纺并条机［汇］/徐铭久，崔文光编译 .—沈
阳：沈阳纺织机械厂，1980 年 .—73 页

B4590 TS19
国外印染技术动向［汇］/上海市纺织科学研究院，印
染工业科技情报服务站编 .—上海：上海市纺织科学研究院，
1975 年 .—74 页

B4591 TS19
国外印染新产品［汇］/山东省纺织科学研究所，常州
印染科学研究所编印 .—常州：常州印染科学研究所，1984
年 .—119 页

B4592 TS152
国外粘胶纤维设备资料汇编［汇］/郑州纺织机械研究
所编 .—郑州：郑州纺织机械研究所，1983 年 .—126 页

B4593 TS184
国外针织工业技术水准［告］/全国针织工业科技情报
服务站，天津市针织技术研究所情报组编 .—天津：全国针
织工业科技情报站，1972 年 .—110 页

B4594 TS184
国外针织工业水平与新一代产品的开发［汇］/金智才
编 .—长春：吉林，辽宁针织科技情报站发行，1983 年 .—
206 页；18cm

B4595 Z89：TS
国外针织技术索引 2［汇］/石家庄市纺织工业局科技
组，石家庄市纺织研究所编辑 .—石家庄：石家庄市纺织工
业局科技组，1975 年 .—120 页

B4596 TS18
国外针织技术资料［汇］/上海市纺织科学研究院编
译 .—上海：上海市纺织科学研究院，1972 年 .—214 页

B4597 TS190
国外针织物染整设备［汇］/全国针织工业科技情报服
务部编 .—天津：天津市针织技术研究所，1973 年 .—103 页

B4598 TS106
国外织带制绳技术参考资料［汇］/上海市纺织科学研
究院编译 .—上海：上海市纺织科学研究院，1970 年 .—
74 页

B4599 TS103
国外织机噪声控制资料选编［汇］/上海市纺织科学研
究院，上海科学技术情报研究所编 .—上海：上海科学技术
情报研究所，1977 年 .—37 页
统一书号 151634·372

B4600　TS186

国外织袜机械的发展动态［汇］/上海针织科学技术研究所编著 . —安阳：河南省安阳市科学技术情报研究所，1982 年 . —1 册

B4601　TS195

国外织物化学整理参考资料［汇］/江苏省纺织科技情报中心站，无锡纺织研究所技术情报组编辑 . —无锡：江苏省纺织科技情报中心站，无锡纺织研究所技术情报组，1975 年 . —120 页

B4602　TS195

国外织物起球试验及其仪器［汇］/上海市纺织科学研究院编译 . —上海：上海市纺织科学研究院，1975 年 . —95 页

B4603　TS195

国外织物整理技术资料［汇］/上海市纺织科学研究院印染工业科技情报服务站编译 . —上海：上海市纺织科学研究院，1972 年 . —214 页

B4604　TS112

国外自动络筒机［汇］/石家庄市轻工局科技组编 . —石家庄：石家庄市轻工局科技组，1973 年 . —228 页

B4605　TS104

国外自拈纱及其它两种纺纱技术参考资料［汇］/上海市纺织科学研究院编译 . —上海：上海市纺织科学研究院，1970 年 . —30 页；19cm

B4606　TS103

国营天津纺织机械厂技术资料［汇］/国营天津纺织机械厂制 . —天津：国营天津纺织机械厂，1960 年 . —112 页

B4607　TS192

过氧化氢的制法及其在漂白工程中的应用［告］/纺织工业部华东供销分局编 . —北京：纺织工业出版社，1959 年 . —19 页

统一书号 15041·294

B4608　TS103

汗绒布二用织机［汇］/上海求兴机器厂编 . —上海：上海求兴机器厂，1954 年 . —22 页

B4609　TS103

合成浆料［汇］（国外纺织技术专题资料）/北京纺织科学研究所编辑 . —北京：北京纺织科学研究所，1974 年 . —32 页

B4610　TS190

合成染料、颜料与涂料的产品及其试验　**1-2**［汇］/编著者不详 . —出版地不详：出版者不详，出版时间不详 . —

842 页，843-1312 页

B4611　TS102

合成纤维动态［汇］/上海合成纤维科技情报服务站编 . —上海：合成纤维研究所，1972 年 . —38 页；26cm

B4612　TS195

合成纤维纺织品防污、防皱、抗静电整理英、美专利文献资料汇编［汇］/北京纺织工程学会 . —北京：北京纺织工程学会，1984 年 . —119 页

B4613　TS158

合成纤维工厂设计资料汇编　维纶［汇］/上海市合成纤维研究所，全国合成纤维工业科技情报站同编 . —上海：上海市合成纤维研究所，全国合成纤维工业科技情报站，1975 年 . —144 页

B4614　TS158

合成纤维工厂设计资料汇编　涤纶　上下册［汇］/上海市合成纤维研究所，全国合成纤维工业科技情报站同编 . —上海：上海市合成纤维研究所，全国合成纤维工业科技情报站，1982 年 . —225 页，186 页

B4615　TS158

合成纤维工厂设计资料汇编　腈纶［汇］/上海市合成纤维研究所，全国合成纤维工业科技情报站同编 . —上海：上海市合成纤维研究所，全国合成纤维工业科技情报站，1982 年 . —63 页

B4616　TS158

合成纤维工厂设计资料汇编　锦纶［汇］/上海市合成纤维研究所，全国合成纤维工业科技情报站同编 . —上海：上海市合成纤维研究所，全国合成纤维工业科技情报站，1992 年 . —142 页

B4617　TS158

合成纤维工厂设计资料汇编　图册［汇］/上海市合成纤维研究所，全国合成纤维工业科技情报站同编 . —上海：上海市合成纤维研究所，全国合成纤维工业科技情报站，出版时间不详 . —71 页

B4618　TS102

合成纤维原料　第 1 辑［汇］（化学纤维译丛）/梁光溥编 . —上海：上海市科学技术编译馆，1964 年 . —60 页；26cm

B4619　TS102

合成纤维原料　第 2 辑［汇］（化学纤维译丛）/梁光溥编 . —上海：上海市科学技术编译馆，1964 年 . —86 页；26cm

B4620 TS102

合成纤维原料 第3辑［汇］（化学纤维译丛）/梁光溥编．—上海：上海市科学技术编译馆，1965年．—68页；26cm

B4621 TS190

合成长丝染整技术译文专辑［汇］/江苏省丝绸工业科技情报站，苏州丝绸科学研究所情报室编译．—苏州：编者自发行，1979年．—80页

B4622 TS1

合理化建议33种［汇］/华北纺织管理局编．—上海：华东纺织管理局，1951年．—69页；19cm

B4623 TS1

合理化建议汇编 第四辑［汇］/华东纺织管理局编．—上海：华东纺织管理局，195？年；19cm

B4624 TS1

河北省棉纺织科技成果资料选编 1974—1976［汇］/河北省轻工业研究所，河北省棉纺科技情报站编辑．—石家庄：编者自发行，1977年．—72页

B4625 TS1

河南纺织：1958年技术革新选辑［汇］/河南省纺织工业局编辑．—郑州：编者自发行，1959年．—107页

B4626 TS1

河南纺织管理局各厂合理化建议及技术改造汇编 第1辑［汇］/纺织工业部河南纺织管理局．—郑州：编者自发行，1957年．—78页；19cm

B4627 X791

黑液碱回收及综合利用［告］/北京市造纸研究所编．—北京：北京市造纸研究所，1971年．—249页（被引15）

B4628 TS1

湖北省棉纺织技术革新成果及科研动态选编［汇］/湖北省轻工业局科技处编辑．—武汉：编者自发行，1976年．—144页

B4629 TS1

华东纺织管理局各厂先进经验参考资料［汇］/纺织工业部华东纺织管理局，中国纺织工会上海市委员会编．—上海：编者自发行，1956年．—47页；26cm

B4630 TS1

华东纺织管理局各厂先进经验汇编参考资料 1-4分册［汇］/纺织工业部华东纺织管理局，中国纺织工会上海市委员会编．—上海：编者自发行，1956年．—583页；21cm
　　1.棉纺分册，244页；2.棉织分册，118页；3.印染分册，174页；4.原动分册，47页。

B4631 TS15

化纤仿毛产品资料汇编［汇］/江苏省纺织研究所情报研究室，江苏省纺织工业科技情报中心站．—南京：编者自发行，1990年．—204页

B4632 TS102

化纤仿真实用技术专集［汇］/编著者不详．—出版地不详：出版者不详，1991年．—321页

B4633 TS153

化纤长丝束直接制条工艺与设备研究报告 腈纶部分 BR211多区拉断直接制条机技术总结［告］/上海第二十毛纺厂，上海纺织科学研究所，上海第一纺织厂．—上海：上海第一纺织厂，1975年．—75页

B4634 TS102

化学纤维参考资料［汇］/山东省轻工业局第二科学研究所编辑．—济南：山东省轻工业局第二科学研究所，1971年．—47页；26cm

B4635 TS102

化学纤维工业参考资料［汇］/黑龙江省科学技术情报研究所编辑．—哈尔滨：黑龙江省科学技术情报研究所，1970年．—19页；26cm

B4636 TS124

黄麻纺织技术革新经验选辑［汇］/纺织工业部生产技术司编．—北京：纺织工业出版社，1959年．—170页
　　统一书号 15041·402

B4637 TS124

黄麻纺织先进经验汇编 第1辑［汇］/中华人民共和国纺织工业部毛麻丝纺织管理局编辑．—北京：纺织工业出版社，1957年．—136页
　　统一书号 15041·170

B4638 TS122

黄麻离心精纺机的研究（研究报告1-4）［告］/上海纺织科学研究院编．—上海：上海纺织科学研究院，1960年．—100页；26cm

B4639 TS105

机织学习参考资料［汇］/华东纺织学院机械专修科编．—上海：华东纺织学院机械专修科，1954年．—320页；26cm

B4640 TS1-53

纪念中国纤维检验局恢复建局30周年征文集［汇］/中国纤维检验局编著．—北京：中国计量出版社，2009年．—280页
　　ISBN 978-7-5026-3213-7

B4641 TS1

技术革新汇编 第1-2编［汇］/哈尔滨亚麻纺织厂编.—哈尔滨：哈尔滨亚麻纺织厂，1958年

B4642 TS1

技术革新汇编 第1期［汇］/青岛国棉二厂研究室编.—青岛：青岛国棉二厂研究室，1959年

B4643 TS1

技术革新资料 纺织工业［汇］/上海科学技术出版社编辑.—上海：上海科学技术出版社，1959年.—1册

B4644 TS1

技术革新资料 纺织印染 1-7［汇］/上海科学技术出版社编辑.—上海：上海科学技术出版社，1959年.—1册

B4645 TS1

济南市纺织系统应用优选法成果选编［汇］/济南市纺织工业局推优办公室，济南市纺织科技情报服务站编辑.—济南：济南市纺织工业局推优办公室，济南市纺织科技情报服务，1977年.—51页

B4646 TS104

减少纱疵提高纺纱质量工艺技术措施汇编［汇］/《棉纺织技术》编辑部编辑.—西安：全国棉纺织工业科技情报站陕西省纺织科学研究所，1991年.—64页

B4647 TS103-53

剑杆织机学术论文集［汇］/上海纺织工程学会编.—上海：上海市、湖北省、沙市纺织工程学会，1985年.—239页

B4648 TS103

箭杆织机专辑［汇］/纺织工业部科学技术情报研究所编.—北京：纺织工业部科学技术情报研究所，1967年.—107页

B4649 TS1-53

江苏省纺织工程学会1977年度学术论文集［汇］（江苏省纺织工程学会年会）/江苏省纺织工程学会编.—南京：江苏省纺织工程学会，1998年.—330页

B4650 TS19-53

江苏省纺织工程学会1988—1992年度印染学术论文专辑［汇］（江苏省纺织工程学会年会）/江苏省纺织工程学会印染专业委员会编.—常州：《染整技术》杂志编辑部，1993年.—317页

B4651 TS1-53

江苏省纺织工程学会1998年度学术论文集［汇］（江苏省纺织工程学会年会）/江苏省纺织工程学会编.—南京：江苏省纺织工程学会，1999年.—271页

B4652 TS103

浆料处理部分：漂泊 打浆 精选［汇］/轻工业部科学研究设计院造出新设备室编.—北京：轻工业出版社，1960年

B4653 TS103

浆料代用品研究汇编 第一辑 废物利用浆料［汇］/纺织科学研究院，纺织工业出版社编.—北京：纺织工业出版社，1959年.—88页
统一书号15041·314

B4654 TS103

浆料代用品研究汇编 第二辑 矿物浆料［汇］/纺织科学研究院，纺织工业出版社编.—北京：纺织工业出版社，1958年.—30页
统一书号15041·312

B4655 TS103

浆料代用品研究汇编 第三辑 非淀粉浆料［汇］/纺织科学研究院，纺织工业出版社编.—北京：纺织工业出版社，1959年.—38页
统一书号15041·303

B4656 TS103

浆料代用品研究汇编 第四辑 化学浆料［汇］/纺织科学研究院，纺织工业出版社编.—北京：纺织工业出版社，1959年.—38页
统一书号15041·306

B4657 TS103

浆料代用品研究汇编 第五辑 野生植物浆料［汇］/纺织科学研究院，纺织工业出版社编.—北京：纺织工业出版社，1959年.—93页
统一书号15041·301

B4658 TS103

胶辊胶圈应用技术资料汇编［汇］/无锡二橡胶股份有限公司编辑.—无锡：无锡二橡胶股份有限公司，2002年.—132页

B4659 TS103

进口设备汇编 1994［汇］/中国纺织总会.—北京：中国纺织总会，1994年.—244页

B4660 TS103

进口设备汇编 1996［汇］/国家纺织工业局.—北京：中国纺织科学技术信息技术研究所研究室，1996年.—435页

B4661 TS103

进口设备汇编 1998［汇］/国家纺织工业局.—北京：中国纺织科学技术信息技术研究所研究室，1998年.—

239 页

B4662 TS103

进口设备汇编 **2000**［汇］/中国纺织信息中心（进口设备汇编）编辑部．—北京：国家纺织工业局，2001 年

为了加速纺织行业科技进步，提高纺织工业整体水平，交流进口设备情况，中国纺织科技信息研究所从 1983 年起至 1996 年，已陆续整理、编印了六册《进口设备汇编》，对各地各企业引进技术、进口设备起到了很好的参考作用。

B4663 TS112

进口设备汇编 **1-6 分册**［汇］/纺织工业部新技术办公室，纺织科技情报研究所．—北京：纺织工业部发行，1983 年

共六个分册，分别为：棉纺织部分、毛纺织部分、丝绸部分、化纤部分、针织部分、印染部分、

B4664 TS183

进口设备续编 针织部分 **1983—1985 年**［汇］/全国针织工业科技情报站编．—天津：全国针织工业科技情报站，1985 年．—85 页

B4665 TS190

禁用染化料及代用情况资料汇编［汇］/中国丝绸工业总公司，中国纺织工程学会丝绸专业委员会．—北京：中国纺织工程学会丝绸专业委员会，1995 年．—265 页

B4666 TS190

禁用染化料及代用情况资料汇编 续集［汇］/中国丝绸工业总公司，中国纺织工程学会丝绸专业委员会．—北京：中国纺织工程学会丝绸专业委员会，1997 年．—148 页

B4667 TQ34

腈纶纤维［告］/上海市合成纤维研究所，上海第二人造纤维厂腈纶车间编辑．—上海：上海市合成纤维研究所，上海第二人造纤维厂腈纶车间，1971 年．—204 页；26cm

B4668 TS134

精粗毛纺梳毛技术资料汇编 **1，2**（油印本）［汇］/北京毛纺织科学研究所，全国毛纺织科技情报站．—北京：北京毛纺织科学研究所，1987 年．—259 页，366 页

B4669 TS112

九十年代初期生产的成套棉纺设备的建议（**1-3**）［汇］（成套新设备建议之一）/纺织工业部科学技术委员会．—北京：纺织工业部科学技术委员会，1989 年．—40? 页

B4670 TQ34

聚丙烯纤维［告］/化学工业部科学技术情报研究所编．—北京：化学工业部科学技术情报研究所，1981 年．—201 页

B4671 TQ34

聚氯乙烯纤维 **第 1 辑**［汇］（化学纤维译丛）/上海市科学技术编译馆汇编．—上海：上海市科学技术编译馆，1965 年．—86 页；26cm

B4672 TQ34

聚酰胺纤维 尼龙［汇］（上海市工业生产比先进比多快好省展览会化学工业技术交流参考资料）/薛济明编．—上海：科学技术出版社，1958 年．—32 页

B4673 TS190

聚酰胺纤维混纺织物染整试验报告［告］/纺织工业部纺织科学研究院编．—北京：纺织工业部纺织科学研究院，1959 年．—76 页

B4674 TQ34

聚乙烯醇长丝［告］/吉林省化学纤维研究所编译．—长春：吉林省化学纤维研究所，1975 年．—124 页

B4675 TQ34-53

聚酯合成反应研究：译文集［汇］/大连合成纤维研究所译．—北京：化学工业出版社，1981 年．—135 页

统一书号 15063·3282

B4676 TQ34

聚酯纤维［告］/旅大市合成纤维研究所编辑．—沈阳：辽宁科学技术情报研究所，1964 年．—84 页；26cm

B4677 TS190

聚酯纤维混纺织物染整的资料［汇］/纺织科学研究院编．—北京：纺织科学研究院，1959 年．—118 页

B4678 TS142

绢纺机器定型调查资料汇编［汇］/纺织科学研究院上海分院织纺机器定型工作组编．—上海：纺织科学研究院上海分院绢纺机器定型工作组，出版时间不详．—2 册（298 页）；26cm

B4679 TS142

绢纺织机器工艺设计任务书［告］/绢纺准织会纺机器定型工作组编．—上海：上海纺织科学研究院，1958 年．—105 页；26cm

B4680 TS190

卡普纶长丝织物染整工艺的研究报告［告］/北京纺织科学研究院，上海丝绸工业公司编．—北京：北京纺织科学研究院，上海丝绸工业公司，1959 年．—267 页

B4681 TS1

科技成果推广项目汇编［汇］/中国纺织科学研究院．—北京：中国纺织科学研究院，出版时间不详．—87 页

B4682 TS1-53

科技论文汇编［汇］/天津棉纺一厂科协.—天津：天津棉纺一厂，1991年.—88页

B4683 TS1-53

科技论文选辑 **1**［汇］/华东纺织工学院编.—上海：华东纺织工学院，1964年.—150页

B4684 TS190

科学技术成果报告 锦纶染料筛选［汇］/中国科学技术情报研究所编.—北京：科学技术文献出版社，1980年

B4685 TS1

科研成果报告汇编 **第6集 1978—1979**［汇］/上海市纺织科学研究院编.—上海：中华人民共和国科学技术委员会发行，1980年.—190页

B4686 TS1

科研成果报告汇编 **第7集 1980—1985**［汇］/上海市纺织科学研究院编.—上海：中华人民共和国科学技术委员会发行，1986年.—238页

B4687 TS108-53

空气调节学术论文汇编［汇］/中国纺织工程学会编.—北京：纺织工业出版社，1960年.—86页
统一书号 15041·634

B4688 TS104

控制落棉的经验介绍［告］/全国棉纺织技术专业会议清棉研究组编.—上海：上海市纺织工业管理局，1954年.—80页；26cm

B4689 TS103

力织工程参考资料 **4**［汇］/浙江杭州工业学校.—杭州：浙江杭州工业学校，出版时间不详.—183页

B4690 TS103

力织工程参考资料 **5**［汇］/浙江杭州工业学校.—杭州：浙江杭州工业学校，出版时间不详.—74页

B4691 TS103

力织工程问题解答［汇］/浙江杭州工业学校.—杭州：浙江杭州工业学校，出版时间不详.—82页

B4692 TS1

辽宁纺织科技双革汇编 **第4辑**［汇］/辽宁省纺织科技情报中心服务站，辽宁省纺织科学研究所编辑.—沈阳：辽宁省纺织科学研究所，1979年.—35页

B4693 TS1

辽宁纺织科技双革汇编 **第5辑**［汇］/辽宁省纺织科技情报中心服务站，辽宁省纺织科学研究所编辑.—沈阳：辽宁省纺织科学研究所，1979年.—62页

B4694 TS1

辽宁纺织科技双革汇编 **第6辑**［汇］/辽宁省纺织科技情报中心服务站，辽宁省纺织科学研究所编.—沈阳：辽宁省纺织科学研究所，1979年.—56页

B4695 TS1

辽宁纺织科技双革汇编 **第7辑**［汇］/辽宁省纺织科技情报中心服务站，辽宁省纺织科学研究所编辑.—沈阳：辽宁省纺织科学研究所，1979年

B4696 TS1

辽宁纺织科技双革汇编 **第8辑**［汇］/辽宁省纺织科技情报中心服务站，辽宁省纺织科学研究所编辑.—沈阳：辽宁省纺织科学研究所，1980年.—45页

B4697 TS14

辽宁省丝绸工业科研成果选编 **1978—1981**［汇］/辽宁省丝绸科技情报站编.—沈阳：辽宁省丝绸科学研究所，1982年.—103页

B4698 TS1

论文经验汇编 **上下册**［汇］/中国纺织工业企业管理协会设备管理工作委员会.—北京：中国纺织工业企业管理协会设备管理工作委员会，1992年.—331页，299页

B4699 TS1-53

论文选编.下册，**1979—1984**［汇］/西北纺织工学院学术委员会编辑.—西安：西北纺织工学院科研科，1985年.—494页

B4700 TS1-53

论文选集［汇］/河南省纺织工程学会编.—郑州：河南省纺织工程学会，1963年.—429页；26cm

B4701 TS13

毛纺工业应用动物纤维技术资料精选 **第1分册 国产绵羊毛**［汇］/上海市毛麻纺织科学技术研究所组编.—上海：上海市毛麻纺织科学技术研究所，1991年.—269页

B4702 TS13

毛纺工业应用动物纤维技术资料精选 **第2分册 进口羊毛**［汇］/上海市毛麻纺织科学技术研究所组编.—上海：上海市毛麻纺织科学技术研究所，1991年.—441页

B4703 TS13

毛纺工业应用动物纤维技术资料精选 **第3分册 特种动物纤维**［汇］/上海市毛麻纺织科学技术研究所组编.—上海：上海市毛麻纺织科学技术研究所，1991年.—456页

B4704　TS132

毛纺机纺制化纤的参考资料［汇］/纺织科学研究院编译.—北京：纺织科学研究院，1958 年.—98 页

B4705　TS13

毛纺先进经验汇编　1956 年［汇］/纺织工业部毛麻丝纺织管理局编.—北京：纺织工业出版社，1958 年.—140页；21cm

统一书号 15041·206

B4706　TS131

毛纺原料应用［汇］/南京羊毛市场培训中心编.—南京：南京羊毛市场培训中心，1997 年.—97 页

B4707　TS138

毛纺织工厂设计参考资料［汇］/张益霞，童敬茹编著.—西安：陕西科学技术出版社，1990 年.—203 页

ISBN 7-5369-0923-3

B4708　TS135

毛纺织品多功能整理新编　1989—1992［汇］/北京毛纺织科学研究所，全国毛纺织工业情报站.—北京：北京毛纺织科学研究所，1993 年

B4709　TS135

毛纺织品多功能整理新编　1993—2006［汇］/北京毛纺织科学研究所，全国毛纺织工业情报站.—北京：北京毛纺织科学研究所，2007 年.—112 页

B4710　TS193

毛纺织品色样的染色处方和染色牢度汇编［汇］/中华人民共和国纺织工业部编.—北京：中华人民共和国纺织工业部，1961 年.—297 页

B4711　TS193

毛纺织染化试验方法汇编［汇］/上海市毛麻纺织科学技术研究所.—上海：上海毛麻纺织科学技术研究所，出版时间不详.—222 页

B4712　TS19-53

毛纺织染学术论文汇编［汇］/中国纺织工程学会编.—北京：纺织工业出版社，1960 年.—199 页

统一书号 15041·736

B4713　TS19

毛纺织染整技术资料汇编［汇］/高春南，陈丽莲汇编.—北京：全国毛纺织科技情报站，北京毛纺织科学研究所，出版时间不详.—130 页

B4714　TS19

毛印染技术新编　下［汇］/朱立群，陈丽莲，陶江编.—北京：北京毛纺织研究所，198? 年.—315 页

B4715　TS19

毛印染技术汇编［汇］/全国毛纺织科技信息中心.—出版地不详：全国毛纺织产品调研中心，出版时间不详

B4716　TS136

毛织物的综合评价与选用［汇］/北京毛纺织科学研究所编.—北京：北京毛纺织科学研究所，出版时间不详.—128 页

B4717　TS136

毛织物化学定形的研究［汇］/上海市纺织科学研究院编.—北京：中华人民共和国科学技术委员会，1965 年.—20 页；30cm

B4718　TS19

毛织物染整先进经验汇编　1956 年［汇］/纺织工业部毛麻丝纺织管理局编.—北京：纺织工业出版社，1958年.—286 页；21cm

统一书号 15041·216

B4719　TS136

毛织先进经验汇编　1956 年［汇］/纺织工业部毛麻丝纺织管理局编.—北京：纺织工业出版社，1958 年.—133 页

统一书号 15041·207

B4720　TS19-53

棉布印染学术论文汇编［汇］/中国纺织工程学会编.—北京：纺织工业出版社，1960 年.—251 页

统一书号 15041·730

B4721　TS114

棉-涤纶生产技术：纺纱部分［汇］/天津市纺织工业研究所情报组编.—天津：天津市纺织工业研究所，1972年.19cm

B4722　TS114

棉-涤纶生产技术：织造部分［汇］/天津市纺织工业研究所情报组编.—天津：天津市纺织工业研究所，1972年.—20 页；19cm

B4723　TS114

棉-涤纶生产技术：国外纺织部分［汇］/天津市纺织工业研究所情报组编.—天津：天津市纺织工业研究所，1972年.—33 页；19cm

B4724　TS11

棉纺毕业设计参考资料　上（设备部分）［汇］/西北纺织工学院编.—西安：西北纺织工学院，1990 年.—274 页

B4725　TS114

棉纺超大牵伸研究资料选辑［译］/（英）马格莱脱·哈纳著；中国纺织工程学会编译.—北京：纺织工业出版社，

1956 年 . —274 页

B4726 TS114

棉纺超大牵伸研究资料选辑 第 1 辑 日东式超大牵伸 〔汇〕/中国纺织工程学会编辑 . —北京：纺织工业出版社，1955 年 . —86 页

B4727 TS114

棉纺超大牵伸研究资料选辑 第 2 辑 丰田式超大牵伸 〔汇〕/中国纺织工程学会编辑 . —北京：纺织工业出版社，1956 年 . —75 页

B4728 TS114

棉纺超大牵伸研究资料选辑 第 3 辑 〔汇〕/中国纺织工程学会编辑 . —北京：纺织工业出版社，1956 年 . —112 页
统一书号 15041 · 23

B4729 TS114

棉纺超大牵伸研究资料选辑 第 4 辑 〔汇〕/中国纺织工程学会编辑 . —北京：纺织工业出版社，1957 年 . —274 页
统一书号 15041 · 130

B4730 TS11

棉纺技术问答选辑 〔汇〕/章柟华编 . —北京：纺织工业出版社，1960 年 . —196 页
统一书号 15041 · 380

B4731 TS11-532

棉纺技术专题讲座 〔汇〕/上海国棉十七厂红专大学技术教研组编 . —上海：科技卫生出版社，1958 年 . —59 页
统一书号 15119 · 1061

为使纺织厂的广大职工能掌握更多新技术，特介绍上海市国棉十七厂红专大学教学所用之技术专题讲座，分成棉纺和棉织两部分，本书可供棉纺织厂作专业培训教材或教学参考用书。

B4732 TS112

棉纺连续自动化的纺纱 纺织译文专辑 〔汇〕/纺织工业部科学技术情报研究所编 . —北京：纺织工业部科学技术情报研究所，1967 年 . —264 页

B4733 TS11-53

棉纺论文选集 〔汇〕/华东纺织工学院编 . —上海：华东纺织工学院，1953 年 . —4 册（213 页，253 页，162 页，180 页）；26cm

B4734 TS114-53

棉纺细纱大牵伸学术论文汇编 〔汇〕/中国纺织工程学会编 . —北京：纺织工业出版社，1960 年 . —118 页
统一书号 15041 · 731

B4735 TS11

《棉纺学》讲习班报告汇编 〔汇〕/高校《棉纺学》编委会编 . —成都：成都纺织工业学校棉纺教研组，1983 年 . —174 页

B4736 TS11

棉纺学参考资料汇编 〔汇〕/华东纺织工学院棉纺教研室编 . —上海：华东纺织工学院，1983 年 . —384 页

B4737 TS112-53

棉纺引进设备学术讨论会论文选辑 〔汇〕/中国纺织工程学会编 . —北京：中国纺织工程学会，1983 年 . —276 页

B4738 TS1

棉纺织、针织、印染技术革新汇编 〔汇〕/辽宁纺织工业第三次比武大会编 . —沈阳：编者自发行，1959 年 . —118 页

B4739 TS118

棉纺织定额资料汇编 〔汇〕/中央纺织工业部定额资料汇编工作组编 . —北京：中央纺织工业部定额汇编工作组，1953 年 . —144 页；26cm

B4740 TS11

棉纺织高产优质技术经验汇编 〔汇〕/国营上海第一棉纺织厂编 . —上海：上海科学技术出版社，1958 年 . —110 页
统一书号 15119 · 1490

B4741 TS11

棉纺织合理化建议选集 1955 〔汇〕/中华人民共和国纺织工业部技术司编 . —北京：纺织工业出版社，1956 年 . —62 页；19cm
统一书号 15041 · 13

B4742 TS11

棉纺织技术革新 〔汇〕/上海国棉十五厂等编 . —上海：上海科学技术出版社，1958 年 . —69 页

B4743 TS11

棉纺织技术革新经验 〔汇〕/江西省轻工业厅编 . —南昌：江西人民出版社，1958 年 . —64 页
统一书号 15110 · 32

B4744 TS11

棉纺织技术革新科研动态汇编 〔汇〕/棉纺织工业科学技术情报站 . —北京：棉纺织工业科学技术情报站，1975 年 . —114 页

B4745 TS11

棉纺织技术革新资料汇编 第 1 辑 清花车间的自动化和半自动化 〔汇〕/纺织工业出版社编 . —北京：纺织工业出版社，1960 年 . —107 页

统一书号 15041·643

B4746 TS11

棉纺织技术革新资料汇编 第2辑 准备车间的技术革新［汇］/纺织工业出版社编．—北京：纺织工业出版社，1960年．—84页；19cm

统一书号 15041·644

B4747 TS11

棉纺织技术革新资料汇编 第3辑 机物料修制经验［汇］/纺织工业出版社编．—北京：纺织工业出版社，1960年．—65页；19cm

统一书号 15041·645

B4748 TS11

棉纺织技术革新资料汇编 第4辑 细纱机锭胆的修制［汇］/纺织工业出版社编．—北京：纺织工业出版社，1960年．—66页；19cm

统一书号 15041·646

B4749 TS11

棉纺织技术革新资料汇编 第5辑 降低细纱断头的几项措施［汇］/纺织工业出版社编．—北京：纺织工业出版社，1960年．—66页；19cm

统一书号 15041·647

B4750 TS11

棉纺织技术革新资料汇编 第6辑 提高开清棉机工艺效能［汇］/纺织工业出版社编．—北京：纺织工业出版社，1960年．—64页；19cm

统一书号 15041·648

B4751 TS11

棉纺织技术革新资料汇编 第7辑 金属锯条的包卷和使用［汇］/纺织工业出版社编．—北京：纺织工业出版社，1960年．—58页

统一书号 15041·649

B4752 TS11

棉纺织技术革新资料汇编 第8辑 布机高速研究与减少无故停车的措施［汇］/纺织工业出版社编．—北京：纺织工业出版社，1960年．—66页

统一书号 15041·650

B4753 TS11

棉纺织技术革新资料汇编 第9辑 高速布机换梭机构的研究与改进［汇］/纺织工业出版社编．—北京：纺织工业出版社，1960年．—119页

统一书号 15041·651

B4754 TS11

棉纺织技术革新资料汇编 第10辑 梳棉工序手工操

作的机械化和自动化［汇］/纺织工业出版社编．—北京：纺织工业出版社，1960年．—78页

统一书号 15041·652

B4755 TS11

棉纺织技术革新资料汇编 第11辑 细纱机钢领钢丝圈的渗硫处理［汇］/纺织工业出版社编．—北京：纺织工业出版社，1960年．—62页

统一书号 15041·653

B4756 TS11

棉纺织技术革新资料汇编 第12辑 修理与自制布机机物料的经验［汇］/纺织工业出版社编．—北京：纺织工业出版社，1960年．—129页；19cm

统一书号 15041·732

B4757 TS11

棉纺织技术革新资料汇编 第13辑 小型织厂的机械化半机械化［汇］/纺织工业出版社编．—北京：纺织工业出版社，1960年．—54页；19cm

统一书号 15041·655

B4758 TS11

棉纺织技术革新资料汇编 第14辑 铁木布机的技术改进［汇］/纺织工业出版社编．—北京：纺织工业出版社，1960年．—37页

统一书号 15041·656

B4759 TS112

棉纺织设备［告］（国外纺织技术专题资料）/北京纺织科学研究所编辑．—北京：北京纺织科学研究所，1974年．—100页

B4760 TS11

棉纺资料［汇］/上海棉纺工业同业公会筹备会．—上海：上海棉纺工业同业公会筹备会，1950—1951年

B4761 TS115

棉针纺品高级整理资料汇编［汇］/纺织工业部科学技术情报研究所等编．—北京：纺织工业部科学技术情报研究所，1983年．—119页

B4762 TS118

棉织厂技术检查指示汇编［译］/（苏）苏联日用品工业部技术司编；符文耀译．—北京：纺织工业出版社，1957年．—128页

统一书号 15041·169

B4763 TS115

棉织生产工艺设计参考资料［汇］/无锡轻工业学院编．—无锡：无锡轻工业学院，1975年．—1册

B4764　TS1

南通纺织科技资料［汇］/江苏省南通市生产指挥组科技组，江苏省南通市纺织工业局编 .—南通：江苏省南通市生产指挥组科技组，江苏省南通市纺织工业局，1974 年 .—50 页

B4765　TS112

南通一、三棉引进设备技术消化资料汇编　第 1-8 分册［汇］/南通一、三棉引进设备技术消化组编 .—无锡：江苏省纺织科技情报中心站，1981 年 .—508 页

　　　　第 1 分册　开清棉、梳棉，64 页；　第 2 分册　精梳，66 页；　第 3 分册　并条、粗纱，75 页；　第 4 分册　细纱，41 页；　第 5 分册　滤尘与空压站，21 页；　第 6 分册　自动络筒，67 页；　第 7 分册　整经浆纱，85 页；　第 8 分册　织机，89 页。

B4766　TQ34

尼龙-4 纤维　国外文献选编［汇］/中国人民解放军后字 277 部队研究设计所，湖南化工研究所编辑 .—长沙：中国人民解放军后字 277 部队研究设计所，湖南化工研究所，1973 年 .—75 页；26cm

B4767　TQ34

年产八万吨聚丙烯装置设备总结［告］/北京石油化工总厂设计院编 .—上海：上海化学工业设计院石油化工设备设计建设组，1978 年 .—133 页

B4768　TS103

欧洲纺织机械与技术［汇］/张长瑞编辑 .—出版地不详：欧洲工业导报出版社，1978 年 .—45 页

B4769　TS103

配合机台加速挖掘电气设备潜力的经验［汇］（全国棉纺织高速度、高产量、高质量、高技术经验交流会议资料选辑　第 5 辑）/纺织工业出版社 .—北京：纺织工业出版社，1958 年 .—39 页
　　　　统一书号 15041·311

B4770　TS104

喷气纺纱资料汇编　上下册［汇］/河南纺织科学技术研究所情报中心 .—郑州：编者自发行，1990 年 .—48 页，46 页

B4771　TS103

喷气织机研究汇编［汇］/上海市纺织科学研究院编 .—上海：上海市纺织科学研究院，1969 年 .—104 页

B4772　TS112

普通布机大平车操作法经验介绍［汇］/江苏省纺织工业管理局编 .—南京：江苏省纺织工业管理局，1953 年 .—130 页

B4773　TS104

气流纺纱的进展　1968—1974 年　世界文献概况［汇］/北京纺织科学研究所编 .—北京：北京纺织科学研究所，1977 年 .—63 页

B4774　TS1

轻纺工业（1，2 两册）台港及海外中文报刊资料专辑 1986［汇］/季啸风主编 .—北京：书目文献出版社，1987 年 .—69 页，75 页
　　　　统一书号 15201·13

B4775　TS1

轻纺工业技术参考资料　1963 年　第一册　人造丝浆部分［汇］/黑龙江省轻工业设计研究所情报室编 .—哈尔滨：黑龙江省轻工业设计研究所情报室，1963 年 .—42 页；26cm

B4776　TS112

清钢并联合机技术资料［汇］/棉纺织工业科技情报服务站，陕西省纺织科学研究所编辑 .—西安：棉纺织工业科技情报服务站，陕西省纺织科学研究所，1973 年 .—114 页

B4777　TQ34

腈氯纶合成纤维（丙烯腈一氯乙烯共聚纤维）研究报告汇编［汇］/吉林省地方工业技术研究所汇编 .—吉林：吉林省地方工业技术研究所，1971 年

B4778　TS184

全幅衬纬经编技术（国外针织技术情报专题）［汇］/天津市针织技术研究所情报室等编辑 .—天津：天津市针织技术研究所情报室，1977 年 .—164 页

B4779　TS1

全国纺织工业学术报告汇编［汇］（全国纺织工业学术报告）/深圳市纺织企业管理协会等编 .—深圳：编者自发行，199? 年 .—77 页

B4780　TS105

全国浆纱生产技术经验交流资料汇编［汇］/纺织工业部生产司编 .—北京：纺织工业部生产司，1981 年 .—298 页

B4781　TS11

全国棉纺织技术经验资料选辑［汇］/华东纺织管理局技术处编 .—上海：华东纺织管理局技术处，1958 年 .—290 页；26cm

B4782　TS105

全国色织行业生产技术经验汇编［汇］/纺织工业部生产协调司 .—北京：纺织工业部生产协调司，出版时间不详 .—398 页

B4783　TS105

全国织布生产技术学习班介绍材料之一　自动布机挡车

工操作法 试行本［汇］（全国织布生产技术学习班介绍材料）/石家庄市纺织工业局布机操作法修订小组.—石家庄：石家庄市纺织工业局布机操作法修订小组，1975年.—37页

B4784 TS105
全国织布生产技术学习班介绍材料之六 自动布机保养工作及维修质量标准［汇］（全国织布生产技术学习班介绍材料）/石家庄国棉二厂织造车间.—石家庄：石家庄国棉二厂织造车间，1975年.—46页

B4785 TS105
全国织布生产技术学习班介绍材料之八 浆纱操作纲要 试行［汇］（全国织布生产技术学习班介绍材料）/石家庄棉纺二厂准备车间.—石家庄：石家庄棉纺二厂准备车间，1975年.—23页

B4786 TS193-53
染色学术论文资料选辑 1992年度［汇］/中国纺织工程学会染整专业委员会编.—上海：中国纺织工程学会染整专业委员会，1992年.—455页

B4787 TS193-53
染色学术论文资料选辑 1995年度［汇］/中国纺织工程学会染整专业委员会编.—上海：中国纺织工程学会染整专业委员会，1995年

B4788 TS19-53
染整节能学术论文、资料选辑 1985年［汇］/中国纺织工程学会染整专业委员会编.—上海：中国纺织工程学会染整专业委员会，1985年.—322页

B4789 TS19-53
染整节能学术论文、资料选辑 1991年10月［汇］/中国纺织工程学染整专业委员会编.—上海：中国纺织工程学会染整专业委员会，1992年.—277页

B4790 TS19-53
染整节能学术论文、资料选辑 1991年12月［汇］/中国纺织工程学染整专业委员会编.—上海：中国纺织工程学会染整专业委员会，1992年.—183页

B4791 TS19-53
染整前处理学术论文、资料选辑 1991年［汇］/中国纺织工程学会染整专业委员会编.—上海：中国纺织工程学会染整专业委员会，1991年.—277页

B4792 TS19
染织资料［汇］/上海市染织工业同业公会筹备会编.—上海：上海市染织工业同业公会筹备会，1950年.—28页；26cm

B4793 TQ34
人造丝浆译文选辑［汇］/董纪震，李繁亭译.—北京：中国财政经济出版社，1962年.—112页
统一书号 15166·070

B4794 TQ34
人造纤维纺丝设备 专辑［汇］/广东省科学技术情报研究所编辑.—广州：广东省科学技术情报研究所，1965年.—36页

B4795 TS124
韧皮纤维精练工艺［告］/贺先煜编.—武汉：湖北人民出版社，1958年.—24页

B4796 TS103
日本纺织染化纤试验仪器汇编［汇］/石家庄市轻工局科技组编译.—石家庄：石家庄市轻工局，1973年.—15页

B4797 TQ34
日本粘胶纤维工业生产技术［汇］/令吾著.—北京：中国科学技术情报研究所，1966年.—79页

B4798 TS193
日本郡是产业株式会社关于真丝绸染技术资料介绍［汇］/苏州市纺织科学研究所情报组编译.—北京：苏州市纺织科学研究所，1973年.—22页

B4799 TS19
溶剂染整加工［告］/印染工业科技情报报务站编辑.—上海：上海市纺织科学研究院，1974年.—112页

B4800 TS193
瑞士、西德、英国染料应用及加工后处理考察报告［汇］/谢兰景编辑.—北京：化学工业部科学技术情报研究所，1983年.—47页

B4801 TS105
色织工业 试化验基础知识［汇］/纺织工业部生产司编.—常州：常州市纺织工程学会，1983年.—287页

B4802 TS1-53
山东纺织工业技术成就选编［汇］/山东省纺织科学研究所编辑.—济南：山东省纺织科学研究所，1970年.—37页；26cm

B4803 TS1-53
山东省纺织工业技术成就选编 第1-2册［汇］/山东省纺织研究所技术情报组编辑.—济南：山东省纺织研究所技术情报组，1970年.—102页，26页；25cm

B4804 TS1
山东省纺织工业技术成就与技术革新资料汇编

［汇］/山东省纺织工业管理局编 . —济南：山东省纺织工业管理局，1963 年 . —283 页；26cm

B4805 TS1

山东省纺织科学研究所科技成果汇编 **1958—1988 年**
［汇］/山东省纺织研究所技术情报组 . —济南：山东省纺织研究所，1988 年 . —45 页

B4806 TS102

陕西省野生纤维的利用 ［汇］/陕西省农业展览会编 . —西安：陕西人民出版社，1959 年 . —37 页
统一书号 16094 · 157

B4807 TS1

上 海 纺 织 工 业 科 学 技 术 成 果 选 编 **1966—1973**
［汇］/上海市纺织科学研究院编辑 . —上海：上海市纺织科学研究院，1974 年 . —172 页

B4808 TS1

上 海 纺 织 工 业 科 学 技 术 成 果 选 编 **1974—1975**
［汇］/上海市纺织科学研究院编辑 . —上海：上海市纺织科学研究院，1976 年 . —158 页

B4809 TS1

上 海 纺 织 工 业 科 学 技 术 成 果 选 编 **1976—1977**
［汇］/上海市纺织工业局编辑 . —上海：上海市纺织科学研究院，1978 年 . —62 页

B4810 TS1

上 海 纺 织 工 业 科 学 技 术 成 果 选 编 **1978—1979**
［汇］/上海市纺织工业局编辑 . —上海：上海市纺织科学研究院，1980 年 . —40 页

B4811 TS1

上 海 纺 织 工 业 科 学 技 术 成 果 选 编 **1980—1981**
［汇］/上海市纺织工业局编辑 . —上海：上海市纺织科学研究院，1983 年 . —93 页

B4812 TS1-53

上海纺织新产品论文选集 **1984** ［汇］/上海市纺织工程学会 . —上海：上海市纺织工程学会，1985 年 . —583 页

B4813 TS1-53

上海工程技术大学纺织学院论文集 ［汇］/上海工程技术大学纺织学院学报编辑委员会编 . —上海：上海工程技术大学纺织学院，1980 年 . —158 页

B4814 TS104

上海国棉七厂生产优级纱的经验 ［汇］/上海国棉七厂编 . —北京：科学技术出版社，1958 年 . —37 页
统一书号 15119 · 690

B4815 TS103

上海国棉十二厂，天津国棉二厂制造铁木细纱机的经验
［汇］/上海国棉十二厂，天津国棉二厂编 . —北京：纺织工业出版社，1959 年 . —28 页；19cm
统一书号 15041 · 347

B4816 TS13

上海毛麻纺织工业技术革新成果选：电子技术的应用
［汇］/《上海毛麻纺织工业技术革新成果选》编写组编 . —上海：上海人民出版社，1974 年 . —200 页（被引 6）
统一书号 15171 · 178

B4817 TS13

上海毛麻纺织技术革新动态汇编 ［汇］/上海市毛麻纺织工业公司革委会编 . —上海：上海科学技术情报研究所，1972 年 . —157 页
统一书号 1634070

B4818 TS1

上海市 1958 年科学技术研究主要项目 ［汇］/上海市科学规划临时办公室汇编 . —上海：上海市科学规划临时办公室，1958 年 . —13 页

B4819 TS1

上 海 市 纺 织 工 业 科 学 技 术 成 果 选 编 **1966—1973**
［汇］/上海市纺织科学研究院编 . —上海：上海市纺织科学研究院，1974 年 . —172 页

B4820 TS1

上 海 市 纺 织 工 业 科 学 技 术 成 果 选 编 **1974—1975**
［汇］/上海市纺织科学研究院编 . —上海：上海市纺织科学研究院，1976 年 . —158 页

B4821 TS1

上海市纺织工业科学技术成果选编 **1980** ［汇］/上海市纺织科学研究院编 . —上海：上海市纺织科学研究院，1980 年 . —40 页；26cm

B4822 TS1

上海市纺织工业科学技术成果选编 **1983** ［汇］/上海市纺织工业局编 . —上海：上海市纺织工业局，1983 年 . —93 页；25cm

B4823 TS1

上海市纺织科学研究所研究汇编 **第 1 集** ［汇］/上海市纺织科学研究所编 . —上海：上海市纺织科学研究所，1960 年

B4824 TS1

上海市纺织科学研究所研究汇编 **第 2 集** **第 1 分册**
棉纺部分 ［汇］/上海市纺织科学研究所编 . —上海：上海市纺织科学研究所，1960 年 . —197 页

B4825 TS1

上海市纺织科学研究所研究汇编 第 2 集 第 2 分册 染化部分 [汇] /上海市纺织科学研究所编 .—上海：上海市纺织科学研究所，1960 年 .—118 页

B4826 TS1

上海市纺织科学研究所研究汇编 第 2 集 第 3 分册 试验部分 [汇] /上海市纺织科学研究所编 .—上海：上海市纺织科学研究所，1960 年 .—81 页

B4827 TS1

上海市纺织科学研究所研究汇编 第 2 集 第 4 分册 [汇] /上海市纺织科学研究所编 .—上海：上海市纺织科学研究所，1960 年 .—137 页

B4828 TS1

上海市纺织科学研究所研究汇编 第 3 集 第 1 分册 棉纺部分 [汇] /上海市纺织科学研究所编 .—上海：上海市纺织科学研究所，1962 年 .—101 页

B4829 TS1

上海市纺织科学研究所研究汇编 第 3 集 第 2 分册 织造部分 [汇] /上海市纺织科学研究所办公室编 .—上海：上海市纺织科学研究所，1962 年 .—78 页

B4830 TS1

上海市纺织科学研究所研究汇编 第 3 集 第 3 分册 纤维材料试验部分 [汇] /上海市纺织科学研究所办公室编 .—上海：上海市纺织科学研究所，1962 年 .—125 页

B4831 TS1

上海市纺织科学研究所研究汇编 第 3 集 第 4 分册 毛麻丝部分 [汇] /上海市纺织科学研究所办公室编 .—上海：上海市纺织科学研究所，1962 年 .—78 页

B4832 TS1

上海市纺织科学研究所研究汇编 第 3 集 第 5 分册 染化等部分 [汇] /上海市纺织科学研究所办公室编 .—上海：上海市纺织科学研究所，1962 年 .—65 页

B4833 TS1

上海市纺织科学研究所研究汇编 第 4 集 [汇] /上海市纺织科学研究所办公室编 .—上海：上海市纺织科学研究所，1965 年 .—256 页

B4834 TS1

上海市纺织科学研究所研究汇编 第 5 集 [汇] /上海市纺织科学研究院编辑 .—上海：上海市纺织科学研究院，1966 年 .—558 页

B4835 TS13

上海市毛麻纺织公司各厂试化验技术革命汇编 [汇] /上海市毛纺织工业公司技术研究室编 .—上海：上海市毛纺织工业公司，1960 年 .—17 页；26cm

B4836 TS184-53

实用经编论文选 [汇] /王道兴主编 .—北京：中国纺织出版社，2006 年 .—250 页（被引 16）

ISBN 7-5064-3949-2

本书汇集了作者在经编行业已发表的论文和国内一些专家、学者的文章共 44 篇。内容涉及经编发展史、经编新原料和新产品、经编工艺和设备、经编产业的发展前景等。

B4837 TS103

世界纺织设备 [汇] /上海市纺织科学研究院译 .—上海：上海市纺织科学研究院，1980 年 .—115 页

B4838 TS18

手工业的技术革新 第 5 辑 棉针织、缝纫、皮革业 [汇] /湖北省工业厅，湖北省手工业生产合作社联合社编 .—武汉：湖北人民出版社，1958 年 .—29 页；19cm

统一书号 15106·64

B4839 TS11

手工业生产经验选编 棉织业 [汇] /全国手工业生产合作社联合总社筹委会生产局编 .—北京：财政经济出版社，1958 年 .—68 页

统一书号 15005·56

B4840 TS104-53

梳理理论与试验研究论文集 [汇] （纺织新技术书库）/华用士等著 .—北京：中国纺织出版社，2012 年 .—223 页

ISBN 978-7-5064-9143-3

B4841 TS132

梳毛机除草技术及工艺设备 1993—2005 [汇] /北京毛纺织科学研究所，全国毛纺织工业情报站 .—北京：北京毛纺织科学研究所，2006 年 .—137 页

B4842 TS112

梳棉机现状及发展前景 [告] /全国纺织机械科技情报站 .—北京：全国纺织机械科技情报站，1984 年 .—74 页

B4843 TS115

梳棉资料之一 梳棉机落棉经验介绍 [汇] /全国棉纺织技术专业会议梳棉研究组 .—上海：华东纺织管理局，1954 年 .—32 页

B4844 TS103

梳棉资料之二 磨盖板机平修工作经验介绍 [汇] /全国棉纺织技术专业会议梳棉研究组 .—上海：华东纺织管理局，1954 年 .—66 页

B4845　TS103.2

　　梳棉资料之三　磨盖板机运转操作经验介绍［汇］/全国棉纺织技术专业会议梳棉研究组.—上海：华东纺织管理局，1955年.—24页

B4846　TS112

　　梳棉资料之四　往复磨辊检修经验介绍［汇］/全国棉纺织技术专业会议梳棉研究组.—上海：华东纺织管理局，1955年.—12页

B4847　TS112

　　梳棉资料之六　梳棉机压缩棉条装置［汇］/全国棉纺织技术专业会议梳棉研究组.—上海：华东纺织管理局，1955年

B4848　TS112

　　梳棉资料之七　梳棉机斩刀油箱自动加油装置［汇］/全国棉纺织技术专业会议梳棉研究组.—上海：华东纺织管理局，1955年

B4849　TS14

　　丝绸　纺织：浙江省工业"双革"展览会技术资料汇编［汇］/浙江省工业展览馆编.—杭州：浙江省工业展览馆，1966年

B4850　TS14

　　丝绸工业应用优选法成果选编［汇］/杭州市推广优选法领导小组办公室，杭州市丝绸工业局编.—杭州：杭州市推广优选法领导小组办公室，杭州市丝绸工业局，1973年.—112页

B4851　Z88：TS

　　丝绸科技文献目录集　1986—1993年　共8册［汇］/浙江丝绸工学院图书馆编.—杭州：浙江丝绸工学院图书馆，1986—1993年

　　本目录集自1986年至1993年出版8册。1986年，159页；1987年，180页；1988年，256页；1989年，172页；1990年，128页；1991年，116页；1992年，92页；1993年，115页。

B4852　TS14-53

　　丝绸学术论文选辑［汇］/中国纺织工程学会编.—北京：中国纺织工程学会，1965年.—157页

B4853　TS190-53

　　丝绸印染译文选编［汇］/四川省科学技术情报研究所编.—成都：四川省科学技术情报研究所，1980年.—32页

B4854　TS14

　　丝织参考资料［汇］/华东纺织工学院丝织61班编.—上海：华东纺织工学院，1960年

B4855　TS14

　　丝织工业先进经验汇编［汇］/浙江省工业厅丝绸工业专业公司等编.—杭州：编者自发行，1985年.—108页

B4856　TS1

　　四川纺织科技资料汇编［汇］/四川省轻工局编.—成都：四川省轻工业局，1972年.—138页

B4857　TS19-53

　　宋子刚学术论文集［汇］/宋子刚.—北京：中国商业联合会，2008年.—269页

B4858　TS11

　　苏联的棉纺［汇］/安集贤，黄克复撰.—北京：中华全国科学技术普及协会，1954年.—30页；照片，18cm

B4859　TS1-53

　　苏联纺织工业文选　第1辑［汇］/纺织工业部翻译科编译.—北京：纺织工业出版社，1954年.—85页

B4860　TS1

　　苏联纺织生产合理化建议选集［汇］/纺织工业部翻译科编译.—北京：纺织工业出版社，1954年.—108页；18cm

B4861　TS1

　　苏联纺织专家特鲁耶甫采夫报告汇编［汇］/纺织工业部专家工作室编译.—北京：纺织工业出版社，1957年.—172页

　　统一书号 15041·203

B4862　TS102-53

　　苏联化学纤维论文选集［译］/（苏）罗果文等著；余振浩选译.—北京：纺织工业出版社，1958年.—273页

　　统一书号 15041·239

B4863　TS13

　　苏联毛纺织工业技术革新经验选集［译］/（苏）苏联日用品工业部技术管理局编；王文光译.—北京：纺织工业出版社，1959年.—50页

　　统一书号 15041·478

B4864　TS193

　　苏联有机染料技术条件汇编［汇］/苏联化学工业部有机染料工业管理局编.—北京：纺织工业出版社，1959年.—453页

　　统一书号 15063·0196

B4865　TS1

　　苏联织厂技术革新选辑　第1辑［汇］/符文耀，许柯译.—北京：纺织工业出版社，1960年.—87页

　　统一书号 15041·762

B4866 TS1
苏联织厂技术革新选辑 第 2 辑 ［汇］/庄海帆，许柯译；符文耀校.—北京：纺织工业出版社，1960 年.—100 页
统一书号 15041·763

B4867 TS1-63
苏州丝绸工学院 1976—1986 科技成果与学术论著目录汇编 ［汇］/苏州丝绸工学院科研处.—苏州：苏州丝绸工学院，1986 年.—39 页

B4868 TS103
踏盘设计数据资料 ［汇］/山东省纺织工业管理局纺织科学研究所，青岛第六棉纺织厂编.—青岛：第六棉纺织厂，1964 年.—31 页；26cm

B4869 TQ34-53
特种合成纤维译文集 ［汇］/上海合成纤维研究所编.—上海：上海科学技术文献出版社，1980 年.—199 页
（被引 7）
统一书号 15192·105

B4870 Z88：TS
特种纤维文献目录 1971—1987 第 1-6 册 ［汇］/上海市毛麻纺织科学技术研究所.—上海：上海毛麻纺织科学技术研究所，1989 年.—41 页，？页，48 页，？页，40 页，36 页

B4871 TS134
提高毛纱质量、降低细纱断头率经验汇编 ［汇］/纺织工业出版社编.—北京：纺织工业出版社，1959 年.—117 页
统一书号 15041·531

B4872 TS134
提高毛条质量经验汇编 ［汇］/纺织工业出版社编.—北京：纺织工业出版社，1960 年.—125 页
统一书号 15041·532

B4873 TS103
提高新型织机综合经济效益国外文献资料摘编 ［汇］/石家庄市纺织公司课题组.—石家庄：石家庄市纺织公司课题组，1990 年.—142 页

B4874 TS146
提花绸缎品种设计参考资料 ［汇］/华东纺织工学院著.—上海：华东纺织工学院，1960 年

B4875 TS1-53
天津纺织工学院译文集 ［汇］/天津纺织工学院学报编辑部编.—天津：天津纺织工学院，1983 年.—150 页；25cm

B4876 TS1
天津市纺织工业双革成果选编 ［汇］/天津市纺织工业研究所资料室，天津市针织技术研究所资料室编.—天津：天津市纺织工业研究所资料室，天津市针织技术研究所资料室，1973 年.—57 页；26cm

B4877 TS1
天津市纺织工业双革资料汇编 1965 ［汇］/天津市纺织工业局科技处，天津市纺织工业局科技情报中心站编.—天津：天津市纺织工业局，1965 年.—41 页；26cm

B4878 TS1
天津市纺织工业双革资料汇编 1970 针织部分 ［汇］/天津市针织工业技术情报站编.—天津：天津市针织工业技术情报站，1970 年.—54 页

B4879 TS1
天津市纺织行业 1971 年部分双革成果资料汇编 复制部分 ［汇］/天津市针织技术研究所情报资料组汇编.—天津：天津市针织技术研究所情报室，1971 年.—23 页

B4880 TS1
天津市纺织行业 1971 年部分双革成果资料汇编 针织部分 ［汇］/天津市针织技术研究所情报资料组汇编.—天津：天津市针织技术研究所情报室，1971 年.—23 页

B4881 TS195-53
涂层与复合论文资料汇编 1 ［汇］/纺织工业部纺织科学研究院技术经济研究室.—北京：纺织工业部纺织科学研究院技术经济研究室，1987 年.—336 页

B4882 TS193
涂料染色工艺技术汇编 ［汇］/编著者不详.—出版地不详：出版者不详，1992 年.—235 页

B4883 TS194-53
涂料印花学术论文资料选辑 1985 年度 ［汇］/胡平藩著.—上海：中国纺织工程学会染整专业委员会，1986 年.—322 页

B4884 TS194-53
涂料印花学术论文资料选辑 1986 年度 ［汇］/中国纺织工程学会染整专业委员会.—上海：中国纺织工程学会染整专业委员会，1986 年.—178 页

B4885 TS1
推广应用"优选法"成果选编 ［汇］/湖北省武汉市推广"优选法"办公室编辑.—武汉：湖北省武汉市推广"优选法"办公室，1972 年.—2 册（168 页，172 页）；26cm

B4886 TS102-53
王天予蚕丝论文选集 ［汇］/西南农业大学丝绸工程系，重庆纺织工程学会丝绸专业委员会汇编.—重庆：西南农业大学，1990 年.—302 页

B4887 TS114

威廉迪根生普通布机大平车操作法经验介绍［告］/江苏省纺织工业管理局编．—南京：江苏省纺织工业管理局，1953年．—130页

B4888 TS183-53

纬编针织机三角键形的新设计译文专集［汇］/全国针织工业科技情报站，天津市针织技术研究所情报室编译．—天津：全国针织工业科技情报站，天津市针织技术研究所情报室，1977年．—87页

B4889 TS103

乌斯特3型条干仪操作指导［汇］/张国胜，殷雪岩译．—天津：天津进出口商品检验局纺织品检验所，1993年．—96页

B4890 TS1-53

武汉纺织工学院论文选编 2［汇］/武汉纺织工学院科研处编．—武汉：武汉纺织工学院科研处，1987年．—76页

B4891 TS1-53

武汉纺织工学院论文选编 3［汇］/武汉纺织工学院科研处编．—武汉：武汉纺织工学院科研处，1988年．—84页

B4892 TS1

武汉纺织工业科技双革成果汇编 1976［汇］/武汉纺织工业局编．—武汉：武汉纺织工业局，1977年．—28页

B4893 TS104

西安纺织科技术资料 编号77-2 新型滑润油的试验报告 基础油内添加乙基硅油［汇］/西安市纺纱工业科技情报站，西安市纺纱科研情报研究室编．—西安：编者自发行，1975年．—33页

B4894 TS1

西安工程大学科技成果汇编［汇］/西安工程大学科技处编．—西安：西安工程大学，2008年．—133页

本书从学术论文、会议论文、科研项目、教材专著、专利、获奖项目、综合统计等方面介绍了西安工程大学科研成果。

B4895 TS1

西方国家的纺织技术 1997［汇］/龚文抗主编．—北京：中国国际贸易促进委员会，中国国际商会，1997年．—160页

B4896 TS1

西方国家的纺织技术 1998［汇］/龚文抗主编．—北京：中国国际贸易促进委员会，中国国际商会，1998年．—144页

B4897 TS1

西方国家的纺织技术 1999［汇］/龚文抗主编．—北京：中国国际贸易促进委员会，中国国际商会，1999年．—76页

B4898 TS102

细旦超细旦纤维织物的开发及其染整加工［汇］（纺织工艺技术专题文献选编）/编著者不详．—出版地不详：出版者不详，1997年．—138页

B4899 TS104

细纱值车工操作经验［汇］/无锡市纺织工业局编．—无锡：无锡人民出版社，1959年．—23页

B4900 TS11

陕西省纺织工程学会：论文选集，棉纺织部分［汇］/陕西省纺织工程学会编．—西安：陕西省科学技术协会，1964年．—193页

B4901 TS1

先进工作法与合理化建议汇编 1951［汇］/华东纺织管理局合理化建议审查委员会编辑．—上海：华东纺织管理局，1952年．—196页；22cm

B4902 TS1

先进工作法与合理化建议汇编 1952［汇］/华东纺织管理局编．—上海：华东纺织管理局，1952年．—315页；22cm

B4903 TS1

先进工作法与合理化建议汇编 1953［汇］/华东纺织管理局合理化建议审查委员会编辑．—上海：华东纺织管理局，1953年．—137页；22cm

B4904 TS102

纤维素原料［告］/颜振康著．—上海：上海市纺织工程学会，上海市化学化工学会，出版时间不详．—9页；27cm

B4905 TS102

纤维制备机理研究论文译丛［汇］/李晓旭编译．—哈尔滨：东北林业大学出版社，2013年．—149页

ISBN 978-7-5674-0281-2

本书主要内容包括：热磨制浆过程中欧洲赤松纤维分离机制的研究，中密度纤维板性能与木材纤维特性之间关系的多变量模型，热磨参数对纤维分离质量及能耗影响的实验研究等。

B4906 TQ34

硝酸一步法制腈纶纤维操作规程［告］/吉林化学工业公司研究院编．—吉林：吉林化学工业公司研究院，1973年．—101页

B4907 TS102

新疆维吾尔自治区改良种羊毛试制研究工作总结报告〔告〕/新疆维吾尔自治区纺织工业局羊毛试制研究工作组编.—乌鲁木齐：新疆维吾尔自治区纺织工业局羊毛试制研究工作组，1960年.—190页

B4908 TS104

新型纺纱工艺技术汇编 1993〔汇〕/《棉纺织技术》编辑部.—西安：全国棉纺织工业科技信息站陕西省纺织科学研究所，1993年.—64页

B4909 TS104

新型纱线〔告〕/无锡市纺织工程学会编.—无锡：无锡市纺织工程学会，1984年.—287页

B4910 TS102-53

新型纤维材料及其在产业用纺织品上的开发与应用论文集〔汇〕/上海市纺织工程学会，江苏省纺织工程学会，浙江省纺织工程学会主办.—上海：上海市纺织工程学会，2008年.—180页；29cm

B4911 TQ34

新型粘胶纤维纺丝工艺 专辑〔告〕/广东省科学技术情报研究所编辑.—广州：广东省科学技术情报研究所，1965年.—87页

B4912 TS103

新型无梭织机及前织设备使用经验汇编 上册1 自动络筒部分〔汇〕/江苏省纺织工程学会编.—北京：纺织工业出版社，1993年.—2册（535页）
　　ISBN 7-5064-1021-4

B4913 TS103

新型无梭织机及前织设备使用经验汇编 上册2 整经浆纱部分〔汇〕/江苏省纺织工程学会编.—北京：纺织工业出版社，1993年.—2册（535页）
　　ISBN 7-5064-1021-4

B4914 TS103

新型无梭织机及前织设备使用经验汇编 下册1 片梭、喷气、喷水织机〔汇〕/江苏省纺织工程学会编.—北京：纺织工业出版社，1994年.—2册（672页）
　　ISBN 7-5064-1022-2

B4915 TS103

新型无梭织机及前织设备使用经验汇编 下册2 剑杆织机、辅助设备及选型〔汇〕/江苏省纺织工程学会编.—北京：纺织工业出版社，1994年.—2册（672页）
　　ISBN 7-5064-1022-2

B4916 TS103

新型织机设备使用工艺技术汇编 2〔汇〕/全国棉纺织工业科技信息站，陕西省纺织科学研究所.—西安：全国棉纺织工业科技信息站，1993年.—64页

B4917 TS103

新型织机资料汇编〔汇〕/河南省纺织科技情报中心站，河南省纺织科研所情报室编.—郑州：河南省纺织科技情报中心站，河南省纺织科研所情报室，1987年.—133页

B4918 TS1-53

研究生论文摘要汇编 1978-1987〔汇〕/无锡轻工业学院科研处编.—无锡：无锡轻工业学院，1988年.—37页

B4919 TS103

衣料风格测试仪〔告〕/川端季雄编.—北京：北京毛纺织科学研究所，1982年.—120页

B4920 TS103

引进技术进口设备汇编 1986〔汇〕/纺织工业部编.—北京：纺织工业部，1986年.—264页

B4921 TS103

引进技术进口设备汇编 1988〔汇〕/纺织工业部编.—北京：纺织工业部，1988年.—327页

B4922 TS112

引进络筒机使用和1332型络筒机改造 工艺技术汇编 1，2两册〔汇〕/全国棉纺织工业科技情报站，陕西省纺织科学研究所.—西安：全国棉纺织工业科技情报站，1992年.—64页，64页

B4923 TS194

印花布雕刻技术经验总结汇编〔汇〕/纺织工业部生产司.—北京：纺织工业部生产司，1983年.—158页

B4924 TS194

印花工艺和图案设计资料汇编〔汇〕/印染工业科技情报服务站编辑.—上海：上海市纺织科学研究院，1972年.—167页

B4925 X791

印染厂废水处理利用〔告〕/建筑工程部建筑科学研究院市政工程研究所编.—北京：建筑工程部建筑科学研究院市政工程研究所，1959年.—15页

B4926 TS19

印染工业技术改造中技术改进参考资料〔汇〕/上海市印染情报网，江苏省印染情报站合编.—上海：编者自发行，1984年.—275页

B4927 TS19

印染工业节能资料〔汇〕/石家庄市纺织工程学会.—石家庄：石家庄市纺织工程学会，1983年.—62页

B4928 TS19

印染工业双革调查资料汇编［汇］/轻工业部棉印染双革调查组汇编．—北京：轻工业部棉印染双革调查组，1975年．—126页

B4929 TS19-53

印染新技术新材料论文集［汇］/潘跃进主编．—北京：中国印染行业协会印花技术专业委员会，2009年．—333页；29cm

B4930 TS103

英国PSL摩擦纺织机资料汇编［汇］/河南省纺织科技情报中心站．—郑州：河南省纺织科研所情报室，1988年．—53页

B4931 TS1

应用"优选法"成果选编 纺织专辑［汇］/郑州市"优选法"推广办公室，郑州市纺织工业局汇编．—郑州：郑州市"优选法"推广办公室，郑州市纺织工业局，1974年．—68页

B4932 TS1

优选法参考资料［汇］/山东省轻工业局第二科学研究所编．—济南：山东省轻工业局，1972年．—2册（20页，38页）；26cm

B4933 TS1

优选法在纺织工业中的应用［告］/上海市科学技术交流站等著．—上海：上海市科学技术交流站，1972年

B4934 TS14

优选法在丝绸工业中的应用［汇］/浙江丝绸科技情报服务站编．—杭州：浙江丝绸科技情报服务站，1972年．—78页

B4935 TS195

有机硅油应用作纺织物防水整理技术资料汇编 第1-2集［汇］/武汉市五七化工厂汇编．—武汉：武汉市五七化工厂，1971年．—41页，40页

B4936 TS114-53

原棉开清棉学术论文汇编［汇］/中国纺织工程学会编．—北京：纺织工业出版社，1960年．—241页
统一书号 15041·733

B4937 TS183

圆形纬编机的电子提花新技术 译文专集［汇］/全国针织工业科技情报站，天津市针织技术研究所情报室编译．—天津：全国针织工业科技情报站，天津市针织技术研究所情报室，1973年．—127页

B4938 TQ34

粘胶纤维设备安装工程预算定额（试行）［汇］/纺织工业部《粘胶纤维设备安装工程预算定额》组编写．—北京：纺织工业部，1985年．—158页

B4939 TS1-63

浙江丝绸工学院科研成果学术论著目录汇编 1987-1989［汇］/浙江丝绸工学院科研处．—杭州：浙江丝绸工学院，1990年．—69页

B4940 TS1-63

浙江丝绸工学院科研成果学术论著目录汇编 1990-1991［汇］/浙江丝绸工学院科研处．—杭州：浙江丝绸工学院，1992年．—52页

B4941 TS186

针织棉毛机曲线三角技术资料汇编［汇］/纺织部科学技术情报研究所，全国针织工业科学情报站编．—北京：纺织工业部，1980年．—页码不详

B4942 TS186

针织人造毛皮科学实验技术总结［告］/通化市人造毛皮实验厂编．—通化：通化市人造毛皮实验厂，1972年．—120页

B4943 TS18-53

针织学论文汇编［汇］/中国纺织工程学会编．—北京：纺织工业出版社，1960年．—139页
统一书号 15041·729

B4944 TS18

针织译丛 第1-2辑［汇］/华东纺织工学院针织品教研组编．—北京：纺织工业出版社，1960年．—第一辑82页，第二辑76页
统一书号 15041·796

B4945 TS183-63

针织用针新产品目录及使用指南［汇］/全国纺织器材工业科技情报站针织用针分站编．—咸阳：全国纺织器材工业科技情报站针织用针分站，1993年．—173页

B4946 TS14-53

真丝绸泛黄文献汇编［汇］/丹东柞蚕丝绸科学研究所翻译．—北京：全国丝绸工业科技情报站，辽宁省丝绸科情报站，1979年．—150页

B4947 TS1

郑州市纺织科技成果汇编：1966—1975［汇］/郑州市科学技术委员会，郑州市纺织工业局编．—郑州：郑州市科学技术委员会，1975年．—93页

B4948 TS195

织物后整理新工艺新技术选编 1994［汇］/四川省纺

织工业厅科技情报中心站编．—成都：四川省纺织工业厅，1994年．—213页

B4949 TS195-53
　　织物后整理译文集 ［汇］/唐志翔，杨栋梁编译．—北京：纺织工业出版社，1986年．—174页
　　统一书号 15041·1454

B4950 TS105
　　织物结构与性能讲座资料 ［汇］/西北纺织工学院纺织材料教研室编著．—西安：西北工学院，1982年．—66页

B4951 TS195
　　织物阻燃剂 ［汇］/编著者不详．—出版地不详：出版者不详，出版时间不详．—119页

B4952 TS186
　　制袜 ［告］/王敏泰编著．—上海：上海科学技术出版社，1958年．—17页

B4953 TS1-53
　　中国标准化协会纤维分会　优秀论文汇编 ［汇］/中国标准化协会纤维分会．—南京：中国标准化协会纤维分会，1993年．—395页

B4954 TS174-53
　　中国纺织大学非织造工艺技术研究论文集 ［汇］/靳向煜主编．—上海：中国纺织大学出版社，1997年．—266页
（被引23）
　　ISBN 7-81038-101-6

B4955 TS19-53
　　中国纺织工程学会　染整前处理学术论文、资料选辑1994年度 ［汇］/中国纺织工程学会染整专业委员会编．—上海：中国纺织工程学会染整专业委员会，1994年

B4956 TS1
　　中国纺织工业专利和专有技术　1990年版 ［汇］/《中国纺织工业专利和专有技术》编辑委员会编．—北京：纺织工业出版社，1990年．—390页
　　ISBN 7-5064-0571-7

B4957 TS1
　　中国纺织科技获奖三十年　1978—2008年 ［汇］/中国纺织工业协会编．—北京：中国纺织出版社，2009年．—192页
　　ISBN 978-7-5064-6076-7
　　值改革开放30年之际，为纪念我国纺织工业科技奖工作30周年，充分发挥科技奖的激励作用，促进行业技术进步，中国纺织工业协会出版《中国纺织科技获奖三十年》一书。该书收集了1978—2008年30年间中国纺织行业获国家、原纺织工业部、原中国纺织总会、原国家纺织工业局及中国纺织工业协会科学技术奖的获奖项目，并对其中部分获奖项目进行了介绍。

B4958 TS1
　　中国纺织科技奖励　2009—2015年 ［汇］/中国纺织工业联合会科技奖励办公室，纺织之光科技教育基金会编．—北京：中国纺织出版社，2016年．—175页
　　ISBN 978-7-5180-3292-1
　　本书收集了2009—2015年中国纺织行业获国家科学技术奖、"纺织之光"中国纺织工业联合会（中国纺织工业协会）科学技术奖的所有获奖项目，并对部分获国家科学技术奖和纺织科技奖的项目进行了介绍。

B4959 TS1
　　中国棉纺织、针织、染整技术考察团针织染整组考察资料 ［汇］/针织染整赴港技术考察组编辑．—天津：全国针织工业科技情报站，1979年．—54页

B4960 TS19
　　中国印染行业节能减排先进技术推荐目录汇编　2007—2009 ［汇］/中国印染行业协会编．—北京：中国纺织出版社，2010年．—110页；29cm
　　ISBN 978-7-5064-6920-3
　　本书内容涉及工艺、助剂、设备和环境保护等领域。本书对91项节能减排先进技术，按前处理、染色、印花、后整理、废水废气处理、节能和在线检测与自动控制分类整理。

B4961 TS105
　　中长纤维纺织技术 ［告］/北京纺织科学研究所编辑．—北京：北京纺织科学研究所，1974年．—94页

B4962 TS105
　　中长纤维-腈纶纺织技术交流资料汇编 ［汇］/棉纺织工业科技情报服务站编辑．—西安：陕西省纺织科学研究所，1974年．—124页

B4963 TS108
　　周口棉纺织印染厂　混纺织工程扩初设计（审定本） ［汇］/周口棉纺织印染厂筹建处编．—周口：周口棉纺织印染厂筹建处，1976年．—86页
　　统一书号 15176·28

B4964 TS122
　　苎麻纺织机器定型的调查与试验资料 ［汇］/苎麻纺织机器定型工作组编．—出版地不详：苎麻纺织机器定型工作组，1958年．—302页；26cm

B4965 Z89：TQ
　　专利专题索引　6-12　化学纤维1 ［汇］/中国科学技术情报研究所编辑．—北京：科学技术文献出版社，1974年．—53页

B4966　Z89：TQ

专利专题索引　**6-15**　**化学纤维 2**［汇］/中国科学技术情报研究所编辑．—北京：科学技术文献出版社，1974年．—66 页（被引 17）

统一书号 15176·47

B4967　Z89：TQ

专利专题索引　**6-21**　**化学纤维 3**［汇］/中国科学技术情报研究所编辑．—北京：科学技术文献出版社，1975年．—71 页

统一书号 17176·81

B4968　TS1

专题研究资料［汇］/中国纺织工程学会上海分会筹委会编．—上海：中国纺织工程学会上海分会筹委会，出版时间不详．—1 册；25cm

B4969　TS194

转移印花［汇］/上海市纺织科学研究院印染工业科技情报服务站．—上海：上海市纺织科学研究院，1974 年．—

73 页

B4970　TS194-53

转移印花文献集［汇］/宋绍宗等编．—北京：北京纺织科学研究所，1992 年

B4971　TS115

自动、普通布机械布工作法　1951［告］/苏南棉纺织同业公会筹委会，无锡市纺织厂同业公会筹委会．—无锡：苏南棉纺织同业公会筹委会，1951 年．—42 页

B4972　X791

综合利用资料选编　轻纺部分［汇］/中国科学技术情报研究所重庆分所编．—重庆：中国科学技术情报研究所重庆分所，1971 年．—42 页

B4973　TS19

阻燃剂及纺织品的阻燃整理［汇］（纺织工艺技术专题文献选编）/编著者不详．—出版地不详：出版者不详，1997年．—120 页

2.3　会议论文集

收录与编辑说明：

　　我国纺织行业召开的各种会议是研究与生产人员学术交流和技术交流的重要方式，会议产生的会议录（会议论文集）是反映纺织行业发展与进步的重要文献。本部分收录 1950—2020 年纺织工程与技术类以图书形式出版的会议录（会议论文集）共 943 种（记录号 B4980—B5922）。所有文献按照会议主题名音序排列，相同主题会议按会议举办年排序。排序时为了集中相同会议主题，忽略了"××××年"和"第×届"等，并将会议冠名"××杯"置后。

B4980　TS1-532

21 世纪纺织高新技术论坛文集/中国纺织科技信息研究所业务室．—北京：会议主办者发行，1998 年．—139 页

B4981　TS102-532

21 世纪高技术、高性能、高附加值新型化纤及应用发展论坛论文集/中国纺织工程学会．—成都：会议主办者发行，2004 年

B4982　TS1-532

21 世纪现代纺织与产业用纺织品发展研讨会报告文集/中国纺织工程学会，中国非织造布和产业用纺织品行业协会，全国产业用纺织品科技情报站．—上海：会议主办者发行，2000 年．—124 页

　　本文为 21 世纪现代纺织与产业用纺织品发展研讨会报告文集。研讨会的主题为：21 世纪现代纺织对产业用纺织品发展的影响，高科技纤维和纤维新材料的开发及其在相关产业领域的应用。

B4983　TS1-532

21 世纪信息技术生态纺织品国际研讨会论文集/科学技术协会．—北京：会议主办者发行，2002 年

B4984　TS1-532

21 世纪中青年论坛—高新技术改造传统纺织工业学术研讨会论文集/中国工程院农业轻纺与环境工程学部，国家纺织工业局规划发展司，中国科协学会部，中国纺织工程学会编．—北京：会议主办者发行，1999 年．—254 页

B4985　TS106

ISO/TC38/SC19 纺织品及纺织制品燃烧性能分委员会第九次会议情况/中国纺织标准化代表团．—北京：会议主办者发行，1993 年．—26 页

B4986　TS106

ISO/TC38 第十次年会情况报告/中国纺织标准化代表团．—北京：会议主办者发行，1990 年．—83 页

B4987 TS106

ISO/TC38 第十一次年会总结报告/中国纺织标准化代表团.—英国/北京：会议主办者发行，1993 年.—24 页

本次会议于 1993 年 5 月 17—21 日在英国曼彻斯顿会议中心举行，在会议期间和会后参观和考察了 JAMES·H. HEAL 纺织公司等有关单位，本书对该次会议及参观考察情况作了总结介绍。

B4988 TS103-532

M751 及 M751A 热定型机制造及使用总结交流会会议资料汇编/山东省轻工业局纺织科技情报服务站等编.—济南：会议主办者发行，1973 年.—79 页

B4989 TS103-28

阿特兰替克市纺织设备展览会/上海纺织科学研究院编.—上海：会议主办者发行，1960 年.—16 页；26cm

B4990 TS103

北京 CT6 型片梭织机展示交流会上的报告/编者不详.—北京：会议主办者发行，1994 年.—29 页

B4991 TS1-532

北京科学讨论会论文集　纺织部分　1964 年/北京科学讨论会编.—北京：会议主办者发行，1964 年

B4992 TS102-532

丙烯腈技术交流协作会议技术资料选编/抚顺市科学技术情报所编.—抚顺：会议主办者发行，1976 年.—39 页；26cm

B4993 TS106-532

中国（上海）产业用化纤及新纤维技术与市场论坛论文集　2004/中国化学纤维工业协会.—上海：会议主办者发行，2004 年

B4994 TS106-532

中国（上海）产业用化纤及高科技纤维技术与市场论坛论文集　2005/中国化学纤维工业协会.—上海：会议主办者发行，2005 年

B4995 TS102-532

超柔软易染聚酯纤维论文集　2011/中国纺织工业协会，上海纺织（集团）有限公司，东华大学.—上海：会议主办者发行，2011 年

B4996 TS1-53

第一届陈维稷优秀论文奖论文汇编/中国纺织工程学会编.—北京：纺织工业出版社，1990 年.—369 页

ISBN 7-5064-0564-4

第一届陈维稷优秀论文奖评选范围包括两部分，一部分是 1989 年全国学术年会征文，主题是"八五"和 2000 年纺织工业科技发展趋向和对策；另一部分是 1986 年以来各省市

学会、各专业委员会和总会学术委员会组织召开的各种学术会议中评选出来的优秀论文。本书刊出二等奖压缩稿 2 篇，三等奖压缩稿 57 篇，内容包括棉纺织、毛纺织、麻纺织、丝绸、针织、染整、纺机器材、机电自动化和计算机、新产品开发、服饰等方面。

B4997 TS1-53

第二届陈维稷优秀论文奖论文汇编/中国纺织工程学会编.—北京：纺织工业出版社，1992 年.—267 页

ISBN 7-5064-0802-3

第二届征文主题是质量品种，本书汇集了二等奖 2 篇全文、三等奖论文 39 篇压缩稿。

B4998 TS1-53

第三届陈维稷优秀论文奖论文汇编/中国纺织工程学会编.—北京：中国纺织出版社，1994 年.—188 页

ISBN 7-5064-1082-6

第三届征文主题是纺织工业的技术改造，本书汇集二、三等奖论文 34 篇，以及表扬奖论文目录。

B4999 TS1-53

第四届陈维稷优秀论文奖论文汇编/中国纺织工程学会编.—北京：中国纺织出版社，1997 年.—235 页

ISBN 7-5064-1373-6

第四届征文以"九五"和 21 世纪初我国纺织工业科技发展战略研讨为主题，本书刊出二等奖 4 篇全文，三等奖 43 篇压缩稿，并附表扬奖 66 篇论文目录。

B5000 TS1-53

第五届陈维稷优秀论文奖论文汇编/中国纺织工程学会编.—北京：中国纺织出版社，1999 年.—282 页

ISBN 7-5064-1627-1

第五届征文主题是"科教兴纺、加快两个根本转变的步伐，推进纺织工业步入健康发展的道路"，本书刊出二等奖 1 篇全文和三等奖 43 篇的压缩稿，并附表扬奖 71 篇论文目录。

B5001 TS1-53

第六届陈维稷优秀论文奖论文汇编/中国纺织工程学会编.—北京：中国纺织出版社，2001 年.—267 页

ISBN 7-5064-1892-4

第六届征文主题是"围绕扭亏解困、用高科技改造传统纺织工业，使纺织工业走上良性发展的道路"，本书共收入二等奖 1 篇全文和三等奖 42 篇压缩稿，并附表扬奖 60 篇论文目录。

B5002 TS1-53

第七届陈维稷优秀论文奖论文汇编/中国纺织工程学会编.—北京：中国纺织出版社，2004 年.—156 页

ISBN 7-5064-2825-3

第七届征文主题围绕着顶替进口面料，改善我国纺织行业的工艺技术装备，提高产品质量等问题，该书汇集了三等奖论文 25 篇压缩稿，表扬奖 47 篇论文目录。

B5003　TS1-53

第八届陈维稷优秀论文奖论文汇编/中国纺织工程学会编．—北京：会议主办者发行，2005年．—453页

第八届征文主题围绕着如何保持我国纺织经济持续、快速、协调、健康发展，走出一条科技含量高、经济效益好、资源消耗低、环境污染少、人力资源得到充分发挥的新型工业化道路等问题，本书共收入二等奖2篇全文和三等奖65篇压缩稿，并附表扬奖84篇论文目录。

B5004　TS1-532

第九届陈维稷优秀论文奖论文汇编/中国纺织工程学会编．—北京：会议主办者发行，2006年．—627页

本书共收入第九届获奖论文，二等奖5篇全文和三等奖74篇全文，并附表扬奖162篇论文目录。

B5005　TS1-53

第十届陈维稷优秀论文奖论文汇编/中国纺织工程学会编．—北京：会议主办者发行，2007年．—316页

本论文集收录第十届陈维稷优秀论文获奖论文63篇，其中一等奖论文8篇，二等奖论文55篇，并附获得表扬奖论文名单。

B5006　TS103-532

促设备、器材、专件技术进步经验交流研讨会论文集 2010"经纬股份杯"/中国纺织工程学会．—无锡：会议主办者发行，2010年

B5007　TS102-532

弹性纤维材料研究开发及纺织加工研讨会论文集 2003中国连云港/全国合成纤维科技信息中心，东华大学，上海纺织科技情报所．—连云港：会议主办者发行，2003年

B5008　TS1-532

东钱湖论坛第二次会议—纳米材料与产业化研讨会论文集/中国科学院，中国工程院，浙江大学．—宁波：会议主办者发行，2002年

B5009　TS106

法兰克福家用纺织品博览会趋势解读/肖海著．—北京：中国纺织出版社，2007年．—144页

ISBN 978-7-5064-4312-8

本书介绍了各个展馆的主题内容，解读了2006/2007季以四大材质为主题的趋势指南，探讨了形式的构成、色彩与艺术和科学思维之间的内在联系，归纳了家用纺织品展示的基本要素和表现技巧。

B5010　TS104-532

全国提高纱线质量暨纺纱器材创新产品应用技术研讨会论文集 2006"无锡明珠杯"/中国纺织工程学会．—济南：会议主办者发行，2006年

B5011　TS103-532

纺纱主机及关键器材、专件科技创新与应用技术经验交流研讨会论文集 2008"经纬股份杯"/中国纺织工程学会．—北京：会议主办者发行，2008年

B5012　TS103-532

纺纱器材专件创新研制及应用技术交流研讨会论文集 2015"三友杯"/中国纺织工程学会，全国纺织器材科技信息中心．—台州：会议主办者发行，2015年

B5013　TS1

纺织部出国考察与技术座谈资料目录/纺织部科技情报研究所资料室．—北京：会议主办者发行，1988年．—37页

B5014　TS101-532

纺织电子学术研讨论文集 "长岭杯"/中国纺织工程学会编．—宝鸡：会议主办者发行，2002年．—288页

B5015　F426.81-532

纺织服装产业链创新大会论文集 2010年/中国纺织工程学会，中国服装协会，中国纺织工业协会，中国纺织信息中心．—福州：会议主办者发行，2010年

B5016　TS1-532

纺织高技术发展战略研讨报告会文集/纺织工业部科技发展司编．—北京：会议主办者发行，1990年．—204页

B5017　F426.81-532

提高经济效益 振兴纺织工业：纺织工业技术经济和管理现代化研究会年会论文选/纺织工业部经济研究中心．—北京：会议主办者发行，1985年．—139页

B5018　TS103-532

第五届纺织机械先进制造技术交流会论文集/中国纺织工程学会，中国机械制造工艺协会．—武汉：会议主办者发行，2013年

论文集内容涉及先进制造技术发展现状与趋势；数控切削加工技术的创新；提高毛坯物理机械性能、材质一致性的制造方法以及毛坯近净成型技术的开发应用与效益（包括外协）；新型加工方法的创新，包括激光、超塑、快速原型制造、增材制造等的应用等。

B5019　TS103-532

纺织机械自动化征文大赛论文集 2017"汇川杯"/中国纺织工程学会，中国纺织机械协会．—苏州：会议主办者发行，2017年

B5020　TS1-532

纺织科技成果产业化对接会资料汇编/中国纺织工业协会．—北京：会议主办者发行，2001年

B5021　TS1-532

第 35 届纺织科学国际学术研讨会论文集（英文本）/浙江理工大学，日本纤维机械学会纺织科学研究会编 .—杭州：浙江大学出版社，2007 年 .—721 页

　　ISBN 978-7-89490-343-3

　　本书收集了"第 35 届纺织科学国际学术研讨会"的大量论文，由来自全球 41 所高校、研究所及企业的一百余位专家撰写。论文展示了纺织科学领域的最新科研成果和发展方向，对业内人士有启示作用。

B5022　TS1-532

第六届纺织生物工程及信息国际会议（英文版）/香港纺织生物工程及信息学会 .—西安：会议主办者发行，2013 年

B5023　TS1-532

第七届纺织生物工程及信息学研讨会（英文版）/香港理工大学 .—香港：会议主办者发行，2014 年 .—1069 页；27cm

　　ISBN 978-1-6343-9674-5

B5024　TS1-532

第三届纺织涂层、复合、功能纺织品技术交流会论文集/中国纺织工程学会，浙江省纺织工程学会，浙江省印染行业协会 .—杭州：会议主办者发行，2007 年

B5025　TS17

非织造布国际会议论文集/IDEA 92.—华盛顿/北京：中文译者发行，1993 年 .—146 页

　　美国非织造布工业协会（INDA）主办的国际非织造布会议及展览于 1992 年 10 月在华盛顿举行，为便于国内从事非织造布生产、科研、教学的有关人员了解国外非织造布生产和市场发展动向，本论文集收集了该会议 22 篇论文翻译后交流。

B5026　TS114

高产梳棉机及清钢联学术讨论会　高产梳棉机研制工作组三十周年纪念专刊/山东纺织工程学会 .—青岛：会议主办者发行，1987 年 .—86 页

B5027　TS102-532

高技术纤维及其面料开发应用论坛论文集/中国纺织工程学会，全国合成纤维科技信息中心 .—金华：会议主办者发行，2010 年

B5028　TS194-532

高科技数码喷墨印花技术、设备、产品交流会论文集 2002 年/中国纺织工程学会，北京纺织工程学会 .—北京：会议主办者发行，2002 年

B5029　TS1-532

高科技与服装论坛论文集　2000 年/宁波市科技局 .—宁波：会议主办者发行，2000 年

B5030　TS103-532

高效能精梳机工艺技术交流与应用研讨会论文集　2007年"东飞马佐里杯"/中国纺织工程学会 .—济宁：会议主办者发行，2007 年

B5031　TS1-532

高新技术在产业用纺织品领域推广应用研讨会论文集 2002 年/中国纺织工业协会，东华大学，全国产业用纺织品科技情报站 .—上海：会议主办者发行，2002 年

B5032　TS106-532

高新技术在产业用纺织品领域推广应用研讨会论文集 2004 年/中国纺织工业协会，东华大学，全国产业用纺织品科技情报站 .—上海：会议主办者发行，2004 年

B5033　TS102-532

高性能纤维研发与应用技术研讨会论文集　2004 年/中国纺织工程学会 .—北京：会议主办者发行，2004 年

B5034　TS1-532

第一届功能性纺织品及纳米技术应用研讨会论文集/纺织行业生产力促进中心，中国纺织科学研究院，北京纺织工程学会 .—北京：会议主办者发行，2001 年

B5035　TS1-532

第二届功能性纺织品及纳米技术应用研讨会论文集/纺织行业生产力促进中心，中国纺织科学研究院，北京纺织工程学会 .—北京：会议主办者发行，2002 年 .—189 页

B5036　TS1-532

第三届功能性纺织品及纳米技术应用研讨会论文集/纺织行业生产力促进中心，中国纺织科学研究院，北京纺织工程学会 .—北京：会议主办者发行，2003 年 .—407 页

B5037　TS1-532

第四届功能性纺织品及纳米技术应用研讨会论文集/纺织行业生产力促进中心，中国纺织科学研究院，北京纺织工程学会 .—北京：会议主办者发行，2004 年 .—340 页

B5038　TS1-532

第五届功能性纺织品及纳米技术应用研讨会论文集/纺织行业生产力促进中心，中国纺织科学研究院，北京纺织工程学会，天津工业大学"改性与功能纤维"天津市重点实验室 .—北京：会议主办者发行，2005 年 .—426 页

B5039　TS1-532

第六届功能性纺织品及纳米技术应用研讨会论文集/纺织行业生产力促进中心，中国纺织科学研究院，北京纺织工程学会 .—北京：会议主办者发行，2006 年 .—386 页

B5040 TS1-532

第七届功能性纺织品及纳米技术应用研讨会论文集/纺织行业生产力促进中心，中国纺织科学研究院，北京纺织工程学会，天津工业大学"改性与功能纤维"天津市重点实验室.—北京：会议主办者发行，2007 年

B5041 TS1-532

第八届功能性纺织品及纳米技术应用研讨会论文集"绿典杯"/纺织行业生产力促进中心，中国纺织科学研究院，北京纺织工程学会，天津工业大学"改性与功能纤维"天津市重点实验室等.—北京：会议主办者发行，2008年.—564 页

B5042 TS1-532

第九届功能性纺织品及纳米技术应用研讨会论文集"铜牛杯"/中国纺织工程学会，中国阻燃学会.—盛泽：会议主办者发行，2009 年.—552 页

B5043 TS1-532

第十届功能性纺织品及纳米技术应用研讨会论文集"雪莲杯"/纺织行业生产力促进中心，中国纺织科学研究院，北京纺织工程学会，常州市人民政府等.—常州：会议主办者发行，2010 年

B5044 TS1-532

第十一届功能性纺织品、纳米技术应用及低碳纺织研讨会"力恒杯"/中国纺织科学研究院等.—北京：会议主办者发行，2011 年.—513 页

B5045 TS19-532

第一届广东纺织助剂行业年会论文集/中国纺织工程学会，广东纺织助剂行业协会.—顺德：会议主办者发行，2009 年

B5046 TS19-532

第二届广东纺织助剂行业年会论文集/中国纺织工程学会，广东纺织助剂行业协会.—顺德：会议主办者发行，2010 年

B5047 TS19-532

第四届广东纺织助剂行业年会论文集/中国纺织工程学会，广东纺织助剂行业协会.—顺德：会议主办者发行，2012 年

B5048 TS19-532

第五届广东纺织助剂行业年会论文集/中国纺织工程学会，广东纺织助剂行业协会.—广州：会议主办者发行，2013 年

B5049 TS19-532

第六届广东纺织助剂行业年会论文集/广东纺织助剂行业协会.—顺德：会议主办者发行，2014 年

B5050 TS19-532

第七届广东纺织助剂行业年会论文集/广东纺织助剂行业协会，广东纺织面料行业协会.—顺德：会议主办者发行，2015 年

B5051 TS19-532

第八届广东纺织助剂行业年会论文集/广东纺织助剂行业协会.—顺德：会议主办者发行，2016 年

B5052 TS19-532

第九届广东纺织助剂行业年会论文集 "星火杯"/广东纺织助剂行业协会.—顺德：会议主办者发行，2017 年.—423 页

B5053 TS19-532

第十届广东纺织助剂行业年会论文集/广东纺织助剂行业协会.—顺德：会议主办者发行，2018 年.—422 页

B5054 TS19

聚酯弹力丝编物和织物染整工艺与加工设备 1972 广交会/全国针织工业科技情报服务站，天津市针织技术研究所情报组编.—广州/天津：会议主办者发行，1973 年

B5055 TS1-63

第 63 届广交会纺织交易团中心展出产品集锦 1980 广交会/江苏省纺织品流行色调研组，镇江市纺织工业研究所编.—广州/镇江：会议主办者发行，1980 年

B5056 TS1-53

国际纺织服装工业展览会技术讲座专题资料汇编/江苏省纺织研究所，江苏省纺织科技情报中心站，江苏省纺织工程学会.—北京：会议主办者发行，1986 年.—168 页

B5057 TS103

第四届国际纺织机械展览会及西德纺织机械厂参观报告/中华人民共和国科学技术委员会情报局编.—北京：会议主办者发行，1964 年

B5058 TS103-28

第六届国际纺织机械展览会简介/上海市纺织科学研究院编.—上海：会议主办者发行，1971 年.—30 页

B5059 TS103-28

第七届国际纺织机械展览会参观专题技术报告/轻工业部纺织机械参观组编.—上海：会议主办者发行，1976 年.—50 页

B5060 TS103-28

第九届国际纺织机械展览会工作报告附件/上海市纺织工业局代表团编.—上海：会议主办者发行，1983 年.—52 页；26cm

B5061 TS103

国外现代化纺机发展趋势 ITMA'83/上海毛麻纺织科学技术研究所，陆恩隆译．—上海：会议主办者发行，1983年．—47页

B5062 TS103-28

国际纺织机械展览会回顾 ITMA'87 羊毛染色设备/上海市毛麻纺织科学技术研究所．—上海：会议主办者发行，1987年．—41页

B5063 TS103-28

国际纺织机械展览会回顾 ITMA'87 羊毛织物的前处理和后处理/上海市毛麻纺织科学技术研究所．—上海：会议主办者发行，1987年．—33页

B5064 TS103-28

国际纺织机械展览会回顾 ITMA'87 自动化和羊毛印花/上海市毛麻纺织科学技术研究所．—上海：会议主办者发行，1987年．—38页

B5065 TS103

国外现代化织部机械发展趋势 ITMA'87 专辑 1/上海市毛麻纺织科学技术研究所．—上海：会议主办者发行，1988年．—31页

B5066 TS103

国外现代化织部机械发展趋势 ITMA'87 专辑 2/上海市毛麻纺织科学技术研究所．—上海：会议主办者发行，1988年．—37页

B5067 TS103

第四届大阪国际纺织机械展览会考察报告/纺织工业部参观团．—北京：会议主办者发行，1989年．—11页

B5068 TS103-28

第十届国际纺织机械展览会参观报告/纺织工业部纺织科学研究院赴巴黎参观团．—北京：会议主办者发行，1990年．—43页

B5069 TS103-28

第十一届国际纺织机械展览会 ITMA'91/上海纺织工程学会．—上海：会议主办者发行，1991年．—39页

B5070 TS103-28

第十一届国际纺织机械展览会专辑 ITMA'91/江苏省纺织工业厅，江苏省纺织机械器材工业公司，中国纺机科技情报站江苏分站．—上海：会议主办者发行，1992年．—96页

B5071 TS103-28

第十二届国际纺织机械展览会报道 ITMA'95/中国纺织科学研究院，《纺织科学研究院》编辑部．—上海：会议主办者发行，1995年．—37页

B5072 TS103

第八届中国国际纺织机械展览会评估报告/中国国际贸易促进委员会纺织行业分会，中国纺织机械器材工业协会．—上海：会议主办者发行，2002年．—381页

B5073 TS106-532

国际纺织科学技术论坛论文集 2009/姚穆主编．—北京：中国纺织出版社，2010年．—633页

ISBN 978-7-5064-6094-1

本论文集涵盖了六个方面：纺织工程、染整工程、服装和艺术设计、材料科学、化学化工、经济与管理。内容丰富、学术性较强，且以全英文的形式出版。

B5074 TS106-532

全国纺织产品开发协作暨国际纺织品博览会·花式线与织物开发研讨会论文集/中国纺织工程学会．—北京：会议主办者发行，2000年

B5075 TS1-53

姚穆教授八十华诞庆典暨国际纺织前沿科学技术论坛论文集 上/西安工程大学．—西安：会议主办者发行，2009年．—416页

B5076 TS1-53

姚穆教授八十华诞庆典暨国际纺织前沿科学技术论坛论文集 下/西安工程大学．—西安：会议主办者发行，2009年．—417—843页

B5077 TS106-532

国际纺织生物医用材料论坛论文集 2007（英文版）/东华大学．—上海：东华大学出版社，2007年

本书是有关纺织生物医用材料研究应用的论文。

B5078 TS106-532

国际纺织生物医用材料论坛论文集 2010（英文版）/东华大学．—上海：会议主办者发行，2010年

B5079 TS106-532

国际纺织生物医用材料论坛论文集 2012（英文版）/东华大学．—上海：东华大学出版社，2012年．—256页

ISBN 978-7-5669-0166-8

本书收录了2012年国际纺织生物医用材料论坛上公开的50余篇论文，报道了国内外各院校和其他研究机构在纺织生物医用材料领域的最新研究成果以及可降解聚氨酯材料、合成新型生物材料等纺织材料在组织工程和其他生物医用方面的应用与发展前景。

B5080 TS106-532

国际纺织生物医用材料论坛论文集 2019（英文

版）/中国纺织工程学会，中国生物材料学会．—上海：会议主办者发行，2019 年

B5081　TS1-532
　　国际纺织装备制造业高峰论坛论文集　**2006**/中国纺织工业协会，中国纺织机械器材工业协会．—北京：会议主办者发行，2006 年

B5082　TS1-532
　　第一届国际功能性纺织品及提高纺织品附加值技术研讨会暨第三届印染在线网年会论文集　**2014**"德科纳米"杯/印染在线网．—杭州：会议主办者发行，2014 年

B5083　TS1-532
　　第二届国际功能性纺织品及提高纺织品附加值技术研讨会论文集　**2015**"约克夏杯"/印染在线网．—广州：会议主办者发行，2015 年

B5084　TS1-532
　　第三届国际功能性纺织品及提高纺织品附加值技术研讨会论文集　**2016**"韩国纤佰欧"/印染在线网．—常州：会议主办者发行，2016 年

B5085　TS186-64
　　第八届中国·国际经编设计大赛作品选集/袁蓉，濮新达主编．—北京：中国纺织出版社，2013 年．—82 页；29cm
　　ISBN 978-7-5064-9698-8
　　本书主要展示入围的优秀服装和家纺产品设计，更好地推出设计师原创作品。

B5086　TS13-532
　　国际毛纺研究会议（西德亚亨）论文汇编　上/上海毛麻纺织研究所．—上海：会议主办者发行，1975 年．—223 页

B5087　TS13-532
　　国际毛纺研究会议（西德亚亨）论文汇编　下/上海毛麻纺织研究所．—上海：会议主办者发行，1975 年．—185 页

B5088　TS13-532
　　第五届国际毛纺研究会议论文汇编/上海毛麻纺织研究所．—上海：会议主办者发行，1979 年．—2 册；26cm

B5089　TS1-532
　　第十二届国际羊毛会议论文集　**2010**/东华大学．—北京：中国纺织出版社，2010 年．—1009 页
　　ISBN 978-7-5064-6832-9

B5090　TS13-532
　　第八届国际毛纺织研讨会论文精选　**1990**　新西兰/周启澄等编译．—上海：会议主办者发行，1990 年．—240 页

B5091　TS13-532
　　第 77 届国际毛纺织组织大会论文集/中国毛纺织行业协会．—北京：会议主办者发行，2008 年

B5092　TS11-532
　　国际棉花棉纺织高层论坛暨供需洽谈会会刊/中国纺织工程学会，山东省棉花协会，中国储备棉管理总公司．—济南：会议主办者发行，2008 年

B5093　TS19
　　北京国际染整技术与发展会议会务指南　**1996**/中国纺织工业设计院．—北京：会议主办者发行，1996 年．—97 页

B5094　TS19
　　北京国际染整技术与发展会议交流资料　**1996**/中国纺织工业设计院．—北京：会议主办者发行，1996 年．—154 页

B5095　TS19-532
　　北京国际染整技术与发展会议论文集　**1996**/中国纺织工业设计院．—北京：会议主办者发行，1996 年．—314 页

B5096　TS193-532
　　国际涂料应用学术讨论会论文集　**1990**/中国纺织工程学会，《国际涂料应用学术讨论会论文集》编写组编．—深圳：会议主办者发行，1990 年

B5097　TS193-532
　　国际涂料应用和特种印花学术交流会论文集　**2004**/中国纺织工程学会．—上海：会议主办者发行，2004 年

B5098　TS1-532
　　海峡两岸纺织学术研讨会论文集　**1992**/中国纺织工程学会．—北京：会议主办者发行，1992 年．—208 页

B5099　TS1-532
　　海峡两岸纺织科技研讨会论文集/西安工程大学．—西安：会议主办者发行，2010 年．—354 页

B5100　TS1-532
　　第二届两岸纺织科技研讨会论文集　**2009**/中国纺织工程学会，中国产业用纺织品行业协会．—武汉：会议主办者发行，2009 年

B5101　TS1-532
　　第三届两岸纺织科技研讨会论文集　**2011**/中国纺织工程学会，陕西省纺织工程学会，中国纺织工业协会．—西安：会议主办者发行，2011 年

B5102　TS1-532
　　第四届两岸纺织科技研讨会论文集　**2011**［港台］/台南应用科技大学生活科技学院服饰设计管理系编．—台南：会议主办者发行，2011 年．—359 页

ISBN 978-986-6541-45-2

B5103 TS1-532

第五届两岸纺织科技研讨会论文集 2012/中国纺织工程学会，山西纺织工程学会 .—太原：会议主办者发行，2012 年

B5104 TS102-532

海峡两岸产业用纺织材料技术创新与人才培养论坛论文集/华南理工大学，台湾产业用纺织品协会 .—广州：会议主办者发行，2013 年

B5105 TS1-532

海峡两岸纺织科技与品牌经营研讨会论文集/中国纺织科学研究院编 .—绍兴：会议主办者发行，2005 年 .—146 页

B5106 F426.81-532

海峡两岸家用纺织品行业合作研讨会论文集 2001年/中国家用纺织品行业协会 .—海宁：会议主办者发行，2001 年

B5107 TS106-532

第 6 届海峡两岸三地纺织学术论坛暨第 31 届纤维纺织科技研讨会论文集 [港台]/谢建腾主编，台湾纺织工程学会 .—台北：会议主办者发行，2015 年 .—200 页

ISBN 978-986-84400-9-8

B5108 TS104-532

海峡两岸新型纺纱技术和纤维高峰论坛论文集/中国纺织工程学会 .—上海：会议主办者发行，2009 年

B5109 TS19-532

海峡两岸印染技术交流会论文集/中国纺织工业协会 .—绍兴：会议主办者发行，2002 年

B5110 TS18-53

合成纤维在针织工业中的应用座谈会资料汇编/全国针织工业科技情报服务站，天津市针织技术研究所情报组编 .—天津：会议主办者发行，1973 年 .—130 页

B5111 TS102-532

合纤新原料及非织造新材料产业链开发与市场前瞻研讨会论文集（2005 温州）/全国合成纤维科技信息中心，全国非织造布科技信息中心 .—温州：会议主办者发行，2005 年

B5112 TS19-532

河南省纺织工程学会染整针复制学术委员会学术会议论文集 "鸿盛杯"/河南省纺织工程学会 .—郑州：会议主办者发行，2012 年

B5113 TS102-532

化纤非织造材料行业战略联盟研讨会论文集 2013/全国合成纤维科技信息中心，全国非织造布科技信息中心，上海长三角非织造材料工业协会 .—南昌：会议主办者发行，2013 年

B5114 TS102-532

化纤非织造材料行业战略联盟研讨会论文集 2014/全国合成纤维科技信息中心，全国非织造布科技信息中心，上海长三角非织造材料工业协会 .—常德：会议主办者发行，2014 年

B5115 TS102-532

化纤、非织造材料和相关行业振兴战略研讨会论文集 2019/全国合成纤维科技信息中心，全国非织造布科技信息中心 .—宁波：会议主办者发行，2009 年

B5116 TS102-532

化纤新材料及毛纺新面料开发应用研讨会论文汇编 2006/中国纺织工程学会，合成纤维科技信息中心，全国毛纺织科技信息中心 .—苏州：会议主办者发行，2006 年

B5117 TS102-532

化纤新原料及非织造新材料开发应用研讨会论文集 2004/全国合成纤维科技信息中心，全国非织造布科技信息中心 .—北京：会议主办者发行，2004 年

B5118 TS19-53

化纤印染设备不锈钢选用与焊接编写工作会议交流资料选编/邵阳第二纺织机械厂编 .—邵阳：会议主办者发行，1977 年

B5119 TS1-532

江苏纺织学术论文集 2017 "阳光杯"/江苏省纺织工程学会 .—江阴：会议主办者发行，2017 年

B5120 TS11-532

江苏省纺织工程学会棉织专业委员会 2000 年度学术论文集/江苏省纺织工程学会，中国纺织工程学会 .—扬州：会议主办者发行，2000 年

江苏省纺织工程学会棉织专业委员会七届四次年会。

B5121 TS11-532

江苏省纺织工程学会棉织专业委员会 2001 年度学术论文集/江苏省纺织工程学会，中国纺织工程学会 .—镇江：会议主办者发行，2001 年

江苏省纺织工程学会棉织专业委员会七届五次年会。

B5122 TS11-532

江苏省纺织工程学会棉织专业委员会 2002 年度学术论文集/江苏省纺织工程学会，中国纺织工程学会 .—南通：会议主办者发行，2002 年

江苏省纺织工程学会棉织专业委员会八届一次年会。

B5123 TS11-532

江苏省纺织工程学会棉织专业委员会 2003 年度学术论文集/江苏省纺织工程学会,中国纺织工程学会.—江阴:会议主办者发行,2003 年

江苏省纺织工程学会棉织专业委员会八届二次年会。

B5124 TS11-532

江苏省纺织工程学会棉织专业委员会九届一次会议暨学术研讨会论文集/中国纺织工程学会,江苏省纺织工程学会.—常州:会议主办者发行,2006 年

B5125 TS11-532

江苏省纺织工程学会棉织专业委员会九届三次会议暨学术研讨会论文集/江苏省纺织工程学会,中国纺织工程学会.—常州:会议主办者发行,2008 年

B5126 TS11-532

江苏省纺织工程学会棉织专业委员会十届二次年会暨第四届织造科技论坛论文集/江苏省纺织工程学会.—常州:会议主办者发行,2013 年

B5127 TS105-532

江苏省纺织工程学会色织学术委员会第四次学术论文讨论会交流资料集/江苏省纺织工程学会,色织学术委员会,第四次学术论文讨论会.—江苏:会议主办者发行,1988 年.—37 页

B5128 TS105-532

江苏省纺织工程学会色织学术委员会第四次学术论文讨论会论文集/江苏省纺织工程学会,色织学术委员会,第四次学术论文讨论会.—江苏:会议主办者发行,1988 年.—100 页

B5129 TS19-532

江苏省纺织工程学会 2003 年度印染学术讨论会论文集/江苏省纺织工程学会.—淮安:会议主办者发行,2004 年

B5130 TS19-532

江苏省纺织工程学会 2004 年度印染学术讨论会论文集/江苏省纺织工程学会,中国纺织工程学会.—常州:会议主办者发行,2005 年

B5131 TS1-53

江苏省纺织工业技术改造专题学术年会论文选辑/江苏省纺织工程学会.—江苏:会议主办者发行,1986 年.—355 页

本汇编收集了江苏省纺织工程学会于 1986 年 12 月 16 日至 20 日在徐州与四届二次理事会同时召开的全省纺织工业技术改造学术讨论会上的学术论文和各行业技术改造的建议共计 67 篇。

B5132 TS1

江苏省纺织技术交易会资料/扬州市工人文化宫编.—扬州:会议主办者发行,1985 年.—28 页

B5133 TS19-532

江苏省印染助剂情报站第 21 届年会论文集/中国印染行业协会中国纺织工程学会,江苏省印染助剂情报站.—厦门:会议主办者发行,2005 年

B5134 TS19-532

江苏省印染助剂情报站第 22 届年会论文集/中国纺织工程学会,中国印染行业协会江苏省纺织工程学会.—苏州:会议主办者发行,2006 年

B5135 TS19-532

全国印染助剂行业研讨会暨江苏省印染助剂情报站第 24 届年会论文集/中国染料工业协会印染助剂专业委员会,江苏省印染助剂情报站.—无锡:会议主办者发行,2008 年

B5136 TS19-532

全国印染助剂行业研讨会暨江苏省印染助剂情报站第 25 届年会论文集/中国染料工业协会印染助剂专业委员会,江苏省印染助剂情报站.—海口:会议主办者发行,2009 年

B5137 TS19-532

全国印染助剂行业研讨会暨江苏省印染助剂情报站第 27 届年会论文集/中国染料工业协会印染助剂专业委员会,江苏省印染助剂情报站,《印染助剂》编辑部.—南京:会议主办者发行,2011 年

B5138 TS19-532

全国印染助剂行业研讨会暨江苏省印染助剂情报站第 30 届年会论文集/中国染料工业协会印染助剂专业委员会,江苏省印染助剂情报站,《印染助剂》编辑部.—常州:会议主办者发行,2014 年

B5139 TS19-532

江苏印染学术年会论文集 2006/江苏省纺织工程学会印染专业委员会编.—常州:会议主办者发行,2006 年.—530 页;27cm

B5140 TS19-532

江苏印染学术年会论文集 2008/江苏省纺织工程学会印染专业委员会编.—常州:会议主办者发行,2008 年.—529 页;26cm

B5141 TS19-532

江苏印染学会年会论文集 2010"佶龙杯"/江苏省纺织工程学会印染专业委员会编.—南通:会议主办者发行,2010 年.—601 页;26cm

B5142　TS1-532

　　江苏织造学术年会论文集　2004 "蓝箭杯" /江苏省纺织工程学会，中国纺织工程学会，常州市纺织工程学会.—常州：会议主办者发行，2004 年

B5143　TS1-532

　　江苏织造学术年会论文集　2005 "必佳乐杯" /江苏省纺织工程学会，中国纺织工程学会，常州市纺织工程学会.—无锡：会议主办者发行，2005 年

B5144　TS193--532

　　染色一次成功暨节能减排技术交流会　2008 "美高杯" /中国纺织工程学会，浙江省纺织工程学会，浙江省印染行业协会.—杭州：会议主办者发行，2008 年

B5145　TS198-532

　　印染行业节能减排技术交流会论文集　2009 "东方能源杯" /浙江省纺织工程学会，浙江省印染行业协会.—杭州：会议主办者发行，2009 年

B5146　TS19-532

　　节能减排与印染新技术交流会论文集　2010 "宏华数码杯" /浙江省纺织工程学会，浙江省印染行业协会.—杭州：会议主办者发行，2010 年

B5147　TS19-532

　　节能减排与印染新技术交流会论文集　2011 "开创环保杯" /浙江省印染行业协会.—杭州：会议主办者发行，2011 年

B5148　TS19-532

　　节能减排与印染新技术交流会论文集　2012 "开创环保杯" /浙江省纺织工程学会，浙江省印染行业协会.—杭州：会议主办者发行，2012 年

B5149　TS19-532

　　节能减排与印染新技术交流会论文集　2013 "东升数码杯" /浙江省印染行业协会.—杭州：会议主办者发行，2013 年

B5150　TS19-532

　　节能减排与印染新技术交流会论文集　2014 "开源环保杯" /浙江省印染行业协会.—杭州：会议主办者发行，2014 年

B5151　TS19-532

　　节能减排与印染新技术交流会论文集　2015 "聚能杯" /浙江省印染行业协会.—杭州：会议主办者发行，2015 年

B5152　TS1-532

　　扩大自动络筒机推广应用、节约用工、提升产品质量档

次研讨会论文集　2009 "东飞马佐里杯" /中国纺织工程学会.—杭州：会议主办者发行，2009 年

B5153　F426.81-532

　　辽宁纺织 "入世" 对策论坛论文集　2001 年/辽宁省科学技术协会，辽宁省纺织工程学会，中国纺织工程学会.—沈阳：会议主办者发行，2001 年

B5154　F426.81-532

　　辽宁纺织工业技术革命比武大会汇编/辽宁省纺织工程学会，中国纺织工程学会.—沈阳：会议主办者发行，1958 年.—252 页

B5155　F426.81-532

　　辽宁纺织工业技术革命第二次比武大会技术资料汇编（油印本）/辽宁省纺织工程学会，中国纺织工程学会.—沈阳：会议主办者发行，1958 年.—212 页

B5156　TS1-532

　　辽宁纺织工业第三次比武大会　毛麻、丝绸技术革新汇编/辽宁省纺织工程学会，中国纺织工程学会.—沈阳：会议主办者发行，1959 年.—46 页

B5157　TS1-532

　　辽宁纺织工业第三次比武大会资料汇编/辽宁省纺织工程学会，中国纺织工程学会.—沈阳：会议主办者发行，1959 年.—92 页

B5158　TS1-532

　　绿色纺织新技术在家纺行业应用研讨会论文集/中国纺织工程学会.—西安：会议主办者发行，2001 年

B5159　TS12-532

　　中国纺织工程学会麻纺织专业委员会 1999 年度学术交流会论文集/中国纺织工程学会.—出版地不详：会议主办者发行，1999 年

B5160　TS11-532

　　棉纺企业产品结构调整暨色纺纱开发研讨会论文集 2015/中国纱线网，河南省纺织行业协会.—信阳：会议主办者发行，2015 年

B5161　TS11-532

　　中国纺织工程学会 2016 年棉纺织科技报告会论文集/中国纺织工程学会.—无锡：会议主办者发行，2016 年

B5162　TS11-532

　　中国纺织工程学会 2017 年棉纺织科技报告会论文集/中国纺织工程学会.—无锡：会议主办者发行，2017 年

B5163　TS11-532

　　棉纺织新技术应用及产品开发研讨会论文集　2013

年/中国纺织工程学会.—上海：会议主办者发行，2013年

B5164 TS11-532

棉纺重定量高效工艺纺纱新技术研讨会论文集　2006年/中国棉纺织行业协会.—北京：会议主办者发行，2006年

B5165 TS17-532

面向21世纪非织造技术创新及市场开拓研讨会/中国纺织工程学会.—上海：会议主办者发行，2000年

B5166 TS102-532

耐高温芳砜纶纤维开发应用研讨会论文集　2009年/中国纺织工程学会，上海纺织协会.—上海：会议主办者发行，2009年

B5167 TS1-532

内地、香港纺织学术研讨会论文集　1998年/中国纺织工程学会，香港纺织及服装学会.—北京：会议主办者发行，1998年

B5168 TS17-532

欧洲国际非织造布学术年会论文集　1996/中国纺织总会科技发展部，中国纺织科学研究院，中国非织造布/产业用纺织品行业协会.—北京：会议主办者发行，1996年.—280页

B5169 TS104-532

喷气涡流纺专题研讨会论文集　2014/中国棉纺织行业协会.—杭州：会议主办者发行，2014年

B5170 TS104

全国"用好细纱器材专件，提高纺纱质量"研讨会论文集　2007/中国棉纺织行业协会，河北纺织行业协会.—石家庄：会议主办者发行，2007年

B5171 F426.81-532

PPT产业链开发与市场前景展望论文汇编　2004　无锡/中国纺织工程学会，全国合成纤维科技信息中心，全国毛纺织科技信息中心.—无锡：会议主办者发行，2004年

B5172 TS1-532

全国博士生学术会议（纺织）论文集　2009/国务院学位办，东华大学.—上海：会议主办者发行，2009年

B5173 TS15-532

全国产业装饰用化纤及应用学术交流年会论文集1994/中国纺织工程学会化纤专业委员会.—蔡家坡：会议主办者发行，1994年.—176页

B5174 TS104-532

全国传统纺环锭细纱机技术进步专题研讨会论文集2003/中国纺织工程学会棉纺织专业委员会.—东台：会议主办者发行，2003年

B5175 TS13-532

全国创新型毛纺半精纺工艺技术研讨会论文资料汇编2006年/中国毛纺织行业协会，中国纺织机械器材工业协会.—青岛：会议主办者发行，2006年

B5176 TS13-532

全国创新型毛纺半精梳技术研讨会资料汇编　2007年/中国毛纺织行业协会，中国纺织机械器材工业协会.—西宁：会议主办者发行，2007年

B5177 TS13-532

全国创新型毛纺半精梳技术研讨会资料汇编　2008年/中国毛纺织行业协会，中国纺织机械器材工业协会.—杭州：会议主办者发行，2008年

B5178 TS13-532

全国创新型毛纺半精梳技术研讨会资料汇编　2009年"青锋杯"/中国毛纺织行业协会，中国纺织机械器材工业协会.—上海：会议主办者发行，2009年

B5179 TS13-532

全国创新型毛纺半精梳技术研讨会资料汇编　2010年"青锋杯"/中国毛纺织行业协会，中国纺织机械器材工业协会.—北京：会议主办者发行，2010年

B5180 TS13-532

全国创新型毛纺半精梳技术研讨会资料汇编　2011年"青锋杯"/中国毛纺织行业协会，中国纺织机械器材工业协会.—银川：会议主办者发行，2011年

B5181 TS13-532

全国创新型毛纺半精梳技术研讨会资料汇编　2013年"青锋杯"/中国毛纺织行业协会，中国纺织机械器材工业协会.—济南：会议主办者发行，2013年

B5182 TS13-532

全国创新型毛纺半精梳技术研讨会资料汇编　2014年/中国毛纺织行业协会，中国纺织机械器材工业协会.—蒙阴：会议主办者发行，2014年

B5183 TS19-532

全国大圆机纯棉产品染整工艺与设备研讨会资料汇编/全国针织工业科技情报站编.—天津：会议主办者发行，1991年.—98页

B5184 TS19-532

全国灯芯绒、卡其染整技术和发展交流会论文集　2003年/中国纺织工程学会，中国印染行业协会.—湖州：会议主办者发行，2003年

B5185　TS19-532

全国涤粘中长纤维织物生产技术经验交流会染整部分资料汇编/纺织工业部生产司.—北京：会议主办者发行，1980年.—211页

B5186　TS104-532

全国纺纱技术创新研讨会论文集　2017"兰翔杯"/中国纺织工程学会，中国纱线网.—德州：会议主办者发行，2017年

B5187　TS104-532

全国纺纱梳理技术应用研讨会论文集　2009"金轮杯"/中国纺织工程学会，中国棉纺织行业协会.—南通：会议主办者发行，2009年

B5188　TS104-532

全国纺纱新技术、新纤维应用研讨会论文集　2011年/中国棉纺织行业协会.—常州：会议主办者发行，2011年

B5189　TS104-532

全国纺纱新技术应用研讨会论文集　2012年/中国棉纺织行业协会.—青岛：会议主办者发行，2012年

B5190　TS104-532

全国纺纱新技术应用研讨会论文集　2015年/中国棉纺织行业协会.—常熟：会议主办者发行，2015年

B5191　TS104-532

全国纺纱新技术与产品开发交流会论文集　2014年/中国纺织工程学会.—上海：会议主办者发行，2014年

B5192　TS115-532

全国纺织保全会议经验介绍　1　增进棉卷均匀的几个方法/全国纺织保全会议编订.—北京：纺织工业出版社，1953年.—90页

B5193　TS103-532

全国纺织保全会议经验介绍　2　梳棉机的几项修整工作/全国纺织保全会议编订.—北京：纺织工业出版社，1953年.—33页

B5194　TS103-532

全国纺织保全会议经验介绍　3　细纱机罗拉及钢领修理方法/全国纺织保全会议编订.—北京：纺织工业出版社，1953年.—36页

B5195　TS107-532

全国纺织标准与检测论坛论文集　2007/中国纺织工程学会，中国纺织工业协会，中国纺织信息中心.—海宁：会议主办者发行，2007年

B5196　TS107-532

全国纺织标准与质量研讨会论文集　2008/中国纺织工程学会，中国纺织工业协会，中国纺织信息中心.—嘉兴：会议主办者发行，2008年

B5197　TS107-532

全国纺织服装标准与质量管理论坛论文集　2012/中国纺织工程学会，中国纺织工业联合会.—盛泽：会议主办者发行，2012年

B5198　TS106-532

全国纺织产品开发工作会议论文集/中国纺织信息中心，国家纺织工业局纺织产品开发中心.—上海：会议主办者发行，2000年

B5199　TS1-532

第7届全国纺织服装信息研究会馆长论坛暨2012图书馆国际研讨会论文集/全国纺织服装信息研究会.—上海：会议主办者发行，2012年

B5200　TS1-532

第8届全国纺织服装信息研究会馆长论坛论文集/全国纺织服装信息研究会.—西安：会议主办者发行，2013年

B5201　TS1-532

第9届全国纺织服装信息研究会馆长论坛论文集/全国纺织服装信息研究会.—苏州：会议主办者发行，2014年

B5202　TS1-532

第10届全国纺织服装信息研究会馆长论坛论文集/全国纺织服装信息研究会.—北京：会议主办者发行，2015年

B5203　TS1-532

第11届全国纺织服装信息研究会馆长论坛论文集/全国纺织服装信息研究会.—太原：会议主办者发行，2016年

B5204　TS1-532

第12届全国纺织服装信息研究会馆长论坛论文集/全国纺织服装信息研究会.—盐城：会议主办者发行，2017年

B5205　TS1-532

第13届全国纺织服装信息研究会馆长论坛论文集/全国纺织服装信息研究会.—上海：东华大学出版社，2018年
ISBN 978-7-5669-1493-4

B5206　TS1-532

第14届全国纺织服装信息研究会馆长论坛论文集/全国纺织服装信息研究会.—上海：东华大学出版社，2019年
ISBN 978-7-5669-1668-6

B5207　TS1-532

第15届全国纺织服装信息研究会馆长论坛论文集/全国

纺织服装信息研究会 . —上海：东华大学出版社，2020 年

B5208　TS107-532

全国纺织服装质量管理与实验室建设论文集　**2010**/中国纺织工业协会中国纺织信息中心 . —成都：会议主办者发行，2010 年

B5209　TS107-532

全国纺织服装质量管理与实验室建设论文集　**2011**/中国纺织工业协会中国纺织信息中心 . —常州：会议主办者发行，2011 年

B5210　TS1-532

全国纺织高新面料开发研讨会论文集　**2006**/中国纺织工程学会，上海市纺织工程学会 . —上海：会议主办者发行，2006 年

B5211　TS19-532

全国纺织工业技术革新技术革命经验交流大会资料汇编棉布练漂技术革新/纺织工业出版社编 . —北京：纺织工业出版社，1960 年 . —176 页
　　统一书号 15041 · 705

B5212　TS19-532

全国纺织工业技术革新技术革命经验交流大会资料汇编棉布染色技术革新/纺织工业出版社编 . —北京：纺织工业出版社，1960 年 . —50 页
　　统一书号 15041 · 706

B5213　TS19-532

全国纺织工业技术革新技术革命经验交流大会资料汇编棉布印花技术革新/纺织工业出版社编 . —北京：纺织工业出版社，1960 年 . —90 页
　　统一书号 15041 · 707

B5214　TS19-532

全国纺织工业技术革新技术革命经验交流大会资料汇编棉纺梳并粗技术革新/纺织工业出版社编 . —北京：纺织工业出版社，1960 年 . —102 页
　　统一书号 15041 · 702

B5215　TS19-532

全国纺织工业技术革新技术革命经验交流大会资料汇编棉纺细纱技术革新/纺织工业出版社编 . —北京：纺织工业出版社，1960 年 . —126 页
　　统一书号 15041 · 703

B5216　TS19-532

全国纺织工业技术革新技术革命经验交流大会资料汇编棉印花技术革新/纺织工业出版社编 . —北京：纺织工业出版社，1960 年 . —90 页

B5217　TS115-532

全国纺织工业技术革新技术革命经验交流大会资料汇编棉织技术革新/纺织工业出版社编 . —北京：纺织工业出版社，1960 年 . —220 页
　　统一书号 15041 · 704

B5218　TS114-532

全国纺织工业技术革新技术革命经验交流大会资料汇编野杂纤维、化学纤维与棉混纺/纺织工业出版社编 . —北京：纺织工业出版社，1960 年 . —74 页
　　统一书号 15041 · 708

B5219　TS1-28

全国纺织工业科研技革展览会技术资料选辑　第 1 册棉纺、棉织类/广西壮族自治区绢纺工业研究所，纺织科技情报站汇编 . —南宁：会议主办者发行，1977 年 . —210 页

B5220　TS1-28

全国纺织工业科研技革展览会技术资料选辑　第 2 册印染、毛纺织、麻纺织、丝绸类/广西壮族自治区绢纺工业研究所，纺织科技情报站汇编 . —南宁：会议主办者发行，1977 年 . —204 页

B5221　TS1-28

全国纺织工业科研技革展览会技术资料选辑　第 3 册针织、复制、器材、仪器类/广西壮族自治区绢纺工业研究所，纺织科技情报站汇编 . —南宁：会议主办者发行，1977 年 . —200 页

B5222　TS19-532

全国纺织化学品免烫、柔软整理剂质量及应用技术研讨会论文集/中国纺织科学研究院，中国纺织工程学会染整专业委员会 . —北京：会议主办者发行，1999 年 . —276 页

B5223　TS1

第二届全国纺织技术成果交易会　**1988**/纺织部技术组织开发中心 . —北京：会议主办者发行，1988 年 . —218 页

B5224　TS103-532

全国纺织浆料和浆纱生产技术管理学术研讨会论文集"丰源杯"/中国纺织工程学会，江苏省纺织工程学会 . —常州：会议主办者发行，2009 年

B5225　TS103-532

全国纺织浆料和浆纱生产技术经验交流会论文集　"润力杯"/中国纺织工程学会 . —无锡：会议主办者发行，2006 年

B5226　TS1-532

全国纺织节能与降低生产成本研讨会论文集　**2015**/中国纱线网，浙江省棉纺织行业协会，杭州市纺织工程学会 . —杭州：会议主办者发行，2015 年

B5227 TS1-532

全国纺织科技成果推介及产业化对接会论文汇编/中国纺织工业协会.—绍兴：会议主办者发行，2002 年

B5228 TS1-532

全国纺织科技创新学术研讨会论文集 "江苏工院杯"/中国纺织工程学会，江苏省纺织工程学会.—南通：会议主办者发行，2016 年

B5229 TS1-532

第四次全国纺织科技信息工作会议资料之二：纺织科技信息成果选编/中国纺织科技信息研究所.—大连：会议主办者发行，1995 年 .—172 页

B5230 TS1-532

全国纺织科学技术大会资料交流材料汇编/中国纺织工程学会.—北京：会议主办者发行，2004 年

B5231 TS108-532

全国纺织空调除尘行业提高纺织品质量深化节能减排技术研讨会论文集 2008 年/中国纺织工程学会，中国纺织勘察设计协会.—扬州：会议主办者发行，2008 年

B5232 TS108-532

全国纺织空调除尘技术交流会论文集/中国纺织工程学会.—北京：会议主办者发行，2000 年

B5233 TS108-532

全国纺织空调除尘节能减排学术研讨会论文集 2007 年/中国纺织工程学会纺织空调除尘编辑部.—杭州：会议主办者发行，2007 年

B5234 TS108-532

全国纺织空调除尘新技术、新设备、新成果研讨会暨纺织空调除尘规范、标准讨论会论文集/中国纺织工程学会.—无锡：会议主办者发行，2007 年

B5235 TS108-532

全国纺织空调除尘新技术及应用研讨会论文集 2009/中国纺织工程学会.—无锡：会议主办者发行，2009 年

B5236 TS108

全国纺织空调除尘高效节能减排技术研讨会论文集 2010/中国纺织工程学会，常州市纺织工程学会，江苏省纺织工程学会.—常州：会议主办者发行，2010 年

B5237 TS105-532

第十届全国纺织品设计大赛暨国际理论研讨会作品集 2010 年 亚洲纤维艺术作品展/田青，张红娟编著.—北京：中国建筑工业出版社，2010 年 .—202 页；29cm
　ISBN 978-7-112-11895-3

B5238 TS105-532

第十一届全国纺织品设计大赛暨国际理论研讨会论文集 2011 年/田青，龚学鸥主编.—北京：中国建筑工业出版社，2011 年 .—333 页；29cm
　ISBN 978-7-112-12941-6

B5239 TS105-532

第十一届全国纺织品设计大赛暨国际理论研讨会作品集 2011 年 国际拼布艺术展—传承与创新/田青主编.—北京：中国建筑工业出版社，2011 年 .—200 页；29cm
　ISBN 978-7-112-12939-3

B5240 TS105-532

第十二届全国纺织品设计大赛暨国际理论研讨会 2012 年国际植物染艺术设计大展暨理论研讨会国际植物染论文集/田青，龚学鸥主编.—北京：中国建筑工业出版社，2012 年 .—348 页；29cm
　ISBN 978-7-112-14072-5

B5241 TS105-532

第十三届全国纺织品设计大赛暨国际理论研讨会论文集 2013 年/田青，龚学鸥主编.—北京：中国建筑工业出版社，2013 年 .—444 页；29cm
　ISBN 978-7-112-15183-7

B5242 TS105-532

第十三届全国纺织设计大赛暨国际理论研讨会 2013 年国际纹织艺术设计大展/田青主编.—北京：中国建筑工业出版社，2013 年 .—201 页；29cm
　ISBN 978-7-112-15155-4

B5243 TS105-532

第十四届全国纺织品设计大赛暨国际理论研讨会 2014 年 国际刺绣艺术设计大展作品集/张宝华主编.—北京：中国建筑工业出版社，2014 年 .—89 页；29cm
　ISBN 978-7-112-16518-6

B5244 TS105-532

第十四届全国纺织品设计大赛暨国际理论研讨会论文集 2014 年/田青，龚雪鸥主编.—北京：中国建筑工业出版社，2014 年 .—389 页；29cm
　ISBN 978-7-112-16521-6
本书汇集了 "2014 年第十四届全国纺织品设计大赛暨国际理论研讨会" 中的近 70 篇优秀论文，展现了纹织文化、传统纹织工艺在当代生活中的再放异彩。

B5245 TS105-532

第十五届全国纺织品设计大赛暨国际理论研讨会 2015 年 国际印花艺术设计大展论文集/田青，龚雪鸥主编.—北京：中国建筑工业出版社，2015 年 .—403 页；29cm
　ISBN 978-7-112-17924-4
本书汇集了 "2015 年第十五届全国纺织品设计大赛暨国

际理论研讨会：2015 年国际印花艺术设计大展——传承与创
新"活动中的多篇优秀论文，并且展现了印花文化以及传统
印花工艺在当代生活中的再放异彩。

B5246　TS105-532

　　**第十五届全国纺织品设计大赛暨国际理论研讨会　2015
年　国际印花艺术设计大展作品集**/张宝华主编.—北京：中
国建筑工业出版社，2015 年.—110 页；29cm

　　ISBN 978-7-112-17923-7

　　本书汇集了"2015 年第十五届全国纺织品设计大赛暨国
际理论研讨会：2015 年国际印花艺术设计大展——传承与创
新"活动中的多件优秀作品。此次大赛活动以"印迹智慧"
为研讨主题，让传统印花工艺与现代印花科技碰撞出智慧的
火花，推动染织艺术设计教育的发展。

B5247　TS105-532

　　**第十六届全国纺织品设计大赛暨国际理论研讨会　2016
年　纺织服装艺术设计　清华大学美术学院染织服装艺术设
计系建系 60 周年师生作品集**/肖文陵，张宝华，吴波主
编.—北京：中国建筑工业出版社，2016 年.—99 页；29cm

　　ISBN 7-112-19209-9

B5248　TS105-532

　　**第十六届全国纺织品设计大赛暨国际理论研讨会论文集
2016 年　（汉英）纺织服装艺术设计　清华大学美术学院染
织服装艺术设计系建系 60 周年师生作品展**/田青，龚雪鸥主
编.—北京：中国建筑工业出版社，2016 年.—450 页；29cm

　　ISBN 7-112-19208-3

B5249　TS105-532

　　**第十七届全国纺织品设计大赛暨国际理论研讨会论文集
2017 年　国际防染艺术展**/田青，龚学鸥主编.—北京：中
国建筑工业出版社，2017 年.—423 页；29cm

　　ISBN 978-7-112-20513-4

　　本书汇集了"2017 年第十七届全国纺织品设计大赛暨国
际理论研讨会：2017 年国际防染艺术展——传承与创新"中
的七十余篇优秀论文，包括《中国服装品牌设计中的传统印
染元素》《纤维艺术植物的水墨意境研究》等文章。

B5250　TS105-532

　　**第十七届全国纺织品设计大赛暨国际理论研讨会作品集
2017 年　国际防染艺术展**/张宝华主编.—北京：中国建筑
工业出版社，2017 年.—104 页；29cm

　　ISBN 7-112-20508-0

B5251　TS195-532

　　**全国纺织品特种整理论坛论文汇编　2007 "亨斯
迈"**/全国印染科技信息中心印染编辑部.—杭州：会议主办
者发行，2007 年

B5252　TS194-532

　　全国纺织品新型印花技术培训班参考资料　2014 "宏

大"/中国纺织工程学会.—上海：会议主办者发行，
2014 年

B5253　TS105-4

　　**首届全国纺织品与创意设计教学研讨会论文集
2013**/绍兴文理学院纺织服装学院编.—上海：东华大学出版
社，2013 年.—174 页

　　ISBN 978-7-5669-0301-3

　　本次研讨会论文集共收录论文 39 篇，主要内容包括：专
业建设与人才培养、课程建设与教学模式改革、实验室建设
与实践教学。

B5254　TS105-532

　　**第三届全国纺织品与创意设计教学研讨会论文集
2019**/绍兴文理学院纺织服装学院编.—绍兴/北京：中国纺
织出版社有限公司，2019 年.—305 页；26cm

　　ISBN 978-7-5180-6629-2

　　本书汇集了第三届全国纺织品与创意设计教学研讨会的
论文共 73 篇，内容不仅涉及纺织品设计、纱线设计、创新人
才培养模式，还介绍了纺织专业各课程教学改革与实践、新
工科人才培养的探索与实践、微课在纺织教学中的应用探
究、SPOC 混合教学在高校课程改革中的探索与实践等内容，
适合高等院校纺织相关专业的师生阅读和参考。

B5255　TS108-532

　　**全国纺织企业空调除尘系统节能工作会议论文集
2011**/中国纺织工程学会.—郑州：会议主办者发行，2011 年

B5256　TS19-532

　　第二届全国纺织染整总工程师技术论坛论文集/中国纺
织工程学会.—中山：会议主办者发行，2013 年

B5257　TS19-532

　　**全国纺织数字化染整前沿技术研讨会论文集　2011
年**/中国纺织工程学会.—常州：会议主办者发行，2011 年

B5258　TS106-532

　　**全国纺织纤维混纺及面料加工技术研讨会论文集　2013
年**/中国纺织工程学会.—厦门：会议主办者发行，2013 年

B5259　TS102-532

　　**全国纺织新材料新技术发展论坛论文集　"齐鲁腈纶
杯"**/中国纺织工程学会山东省纺织工程学会.—济南：会议
主办者发行，2015 年

B5260　TS194-53

　　**第四届全国纺织印花学术研讨会论文集　"佶龙
杯"**/中国纺织工程学会.—绍兴：会议主办者发行，2009
年.—388 页；29cm

B5261　TS194-532

　　第五届全国纺织印花学术研讨会论文集　"佶龙

杯"/中国纺织工程学会 .—绍兴：会议主办者发行，2011
年 .—388 页；29cm

B5262 TS194-532
第六届全国纺织印花学术研讨会论文集 "佶龙
杯"/中国纺织工程学会 .—青岛：会议主办者发行，2013
年 .—388 页；29cm

B5263 X791-532
全国纺织印染废水深处理及回用和污水达标排放学术研
讨会论文集/中国纺织工程学会，中国印染行业协会，常州
市纺织工程学会 .—常州：会议主办者发行，2005 年

B5264 TS19-532
全国纺织印染助剂行业研讨会（恒业成）暨第 31 届年
会论文集/中国印染工业协会 .—武夷山：会议主办者发行，
2015 年

B5265 TS19-532
中国染料工业协会纺织印染助剂专业委员会成立大会暨
全国纺织印染助剂信息交流会论文集/中国染料工业协会 .—
上海：会议主办者发行，2008 年

B5266 TS19-532
第四届中国纺织印染助剂行业学术年会论文集 "闰土
杯"/中国纺织工程学会 .—宁波：会议主办者发行，
2010 年

B5267 TS19-532
第五届全国纺织印染助剂学术交流会论文集 "亚伯
杯"/中国纺织工程学会 .—宁波：会议主办者发行，
2011 年

B5268 TS17-532
全国非织造布行业科技大会论文集 2017/中国产业用
纺织品行业协会 .—昆山：会议主办者发行，2017 年

B5269 J523.5-532
全国服装服饰图案设计与印制技术研讨会论文集
2014/中国纺织工程学会 .—广州：会议主办者发行，2014 年

B5270 TS1-532
全国服装及纺织面料质量控制论坛论文集 2012/中国
纺织工程学会 .—苏州：会议主办者发行，2012 年

B5271 TS1-532
全国服装用高新面料开发研讨会论文集 2003/全国染
整新技术应用推广协作网 .—北京：会议主办者发行，
2003 年

B5272 TS1-532
全国服装用高新面料开发研讨会论文集 2004/全国染

整新技术应用推广协作网 .—上海：会议主办者发行，
2004 年

B5273 TS104-532
全国高效能精梳机工艺技术研讨会论文资料集 2000
年/中国纺织工程学会 .—南京：会议主办者发行，2000 年

B5274 TS104-532
全国高效能精梳机工艺技术开发与创新研讨会论文集
2009/中国纺织工程学会 .—杭州：会议主办者发行，2009 年

B5275 TS104-532
全国高效能精梳机工艺技术开发与创新研讨会论文集
2011/中国纺织工程学会 .—杭州：会议主办者发行，2011 年

B5276 TS1-28
全国工业交通展览会技术资料 纺织馆/全国工业交通
展览会编 .—北京：纺织工业出版社，1958 年

B5277 TS106-532
全国高新技术在过滤材料和工业呢毡领域推广应用交流
会论文集 2006 年/全国产业用纺织品科技情报站，全国产
业用纺织品技术协作网，东华大学 .—无锡：会议主办者发
行，2006 年

B5278 TS106-532
全国过滤材料和工业呢毡高新技术推广应用研讨会论文
集 2007 年/全国产业用纺织品科技情报站 .—杭州：会议主
办者发行，2007 年

B5279 TS106-532
全国过滤材料和工业呢毡高新技术推广应用交流会论文
集 2008 年/全国产业用纺织品科技情报站 .—青岛：会议主
办者发行，2008 年

B5280 TS106-532
全国过滤材料和工业呢毡高新技术推广应用交流会论文
集 2009 年/全国产业用纺织品科技情报站，全国产业用纺
织品技术协作网 .—大连：会议主办者发行，2009 年

B5281 TS106-532
全国过滤材料和工业呢毡高新技术推广应用交流会论文
集 2010 年/全国产业用纺织品科技情报站，全国产业用纺
织品技术协作网 .—厦门：会议主办者发行，2010 年

B5282 TS106-532
全国过滤材料和工业呢毡高新技术推广应用交流会论文
集 2011 年/全国产业用纺织品科技情报站，全国产业用纺
织品技术协作网 .—滕州：会议主办者发行，2012 年

B5283 TS106-532
全国过滤材料生产技术与应用交流会论文集/中国纺织

工程学会.—天台：会议主办者发行，2000 年

B5284 TS102-532

第三届全国过滤材料生产技术与应用研讨会论文集/中国产业用纺织品行业协会.—无锡：会议主办者发行，2003 年

B5285 TS103-532

全国合理选用新型优质纺纱器材提高纱线质量整体水平技术研讨会论文集 "三友杯"/中国纺织工程学会.—台州：会议主办者发行，2012 年

B5286 TS106-532

全国花式线及织物产品开发技术交流会论文集/中国纺织工程学会.—东台：会议主办者发行，1999 年

B5287 TS106-532

第八届全国花式纱线技术进步研讨交流会论文集/中国纺织工程学会.—无锡：会议主办者发行，2001 年

B5288 TS106-532

第十届全国花式纱线及其织物技术进步研讨会论文集/中国纺织工程学会.—苏州：会议主办者发行，2003 年

B5289 TS106-532

第十一届全国花式纱线及其织物技术进步研讨会论文集/中国纺织工程学会.—杭州：会议主办者发行，2004 年

B5290 TS106-532

第十二届全国花式纱线及其织物技术进步研讨会论文集/中国纺织信息中心，国家纺织产品开发中心，中国纺织工程学会信息专业委员会.—无锡：会议主办者发行，2005 年

B5291 TS106-532

第十三届全国花式纱线及其织物技术进步研讨会论文集/中国纺织工程学会.—苏州：会议主办者发行，2006 年

B5292 TS106-532

第十四届全国花式纱线及其织物技术进步研讨会论文集/中国纺织工程学会.—江阴：会议主办者发行，2007 年

B5293 TS106-532

第十五届全国花式纱线及其织物技术进步研讨会论文集/中国纺织信息中心，国家纺织产品开发中心，中国纺织工程学会信息专业委员会.—宁波：会议主办者发行，2009 年

B5294 TS106-532

第十六届全国花式纱线及其织物技术进步研讨会论文集/中国纺织信息中心，国家纺织产品开发中心，中国纺织工程学会信息专业委员会.—张家港：会议主办者发行，2010 年

B5295 TS106-532

第十七届全国花式纱线及其织物技术进步研讨会论文集/中国纺织信息中心，国家纺织产品开发中心，中国纺织工程学会信息专业委员会.—常州：会议主办者发行，2011 年

B5296 TS106-532

第十八届全国花式纱线及其织物技术进步研讨会论文集/中国纺织工程学会.—上海：会议主办者发行，2013 年

B5297 TS106-532

第十九届全国花式纱线及其织物技术进步研讨会论文集/中国纺织工程学会.—上海：会议主办者发行，2015 年

B5298 TS106-532

第二十届全国花式纱线及其织物技术进步研讨会论文集/中国纺织工程学会.—西安：会议主办者发行，2017 年

B5299 TQ43-532

全国化纤工业跨世纪发展战略学术研讨会论文集 1999/中国纺织工程学会.—昆明：会议主办者发行，1999 年

B5300 TS102-532

全国化纤新材料、新面料及其染整技术论坛论文汇编 2005/2006/全国合成纤维科技信息中心，全国印染科技信息中心.—扬州：会议主办者发行，2005 年

B5301 TS103-532

全国环锭细纱机技术进步和纺纱器材、专件应用技术交流会论文集 2005 年"经纬杯"/中国纺织工程学会全国纺织器材科技信息中心.—无锡：会议主办者发行，2005 年

B5302 TS104=3-532

全国环锭细纱机科技创新及纺纱器材、专件应用技术交流研讨会论文集 2007 年"经纬股份杯"/中国纺织工程学会.—无锡：会议主办者发行，2007 年

B5303 TS190-532

全国活性染料座谈会技术资料/天津印染厂编.—天津：会议主办者发行，1973 年.—31 页

B5304 TS103-532

全国剑杆织机使用经验及品种开发研讨会论文专刊 1998/中国纺织工程学会.—绍兴：会议主办者发行，1998 年

B5305 TS103-532

全国浆料和浆纱技术 2000 年会论文集/中国棉纺织行业协会.—苏州：会议主办者发行，2000 年.—214 页

B5306　TS103-532
　　全国浆料和浆纱技术 2001 年会论文集/中国棉纺织行业协会 . —杭州：会议主办者发行，2001 年

B5307　TS103-532
　　全国浆料和浆纱技术 2002 年会论文集/中国棉纺织行业协会 . —北京：会议主办者发行，2002 年

B5308　TS103-532
　　全国浆料和浆纱技术 2003 年会论文集/中国棉纺织技术协会 . —厦门：会议主办者发行，2003 年

B5309　TS103-532
　　全国浆料和浆纱技术 2004 年会论文集/中国棉纺织行业协会 . —青岛：会议主办者发行，2004 年

B5310　TS103-532
　　全国浆料和浆纱技术 2005 年会论文集/中国棉纺织行业协会 . —宜昌：会议主办者发行，2005 年

B5311　TS103-532
　　全国浆料和浆纱技术 2006 年会论文集/中国棉纺织行业协会 . —北京：会议主办者发行，2006 年

B5312　TS103-532
　　全国浆料和浆纱技术 2007 年会论文集/中国棉纺织行业协会 . —无锡：会议主办者发行，2007 年

B5313　TS103-532
　　全国浆料和浆纱技术 2008 年会论文集/中国棉纺织行业协会 . —洛阳：会议主办者发行，2008 年

B5314　TS103-532
　　全国浆料和浆纱技术 2009 年会论文集/中国棉纺织行业协会 . —常州：会议主办者发行，2009 年

B5315　TS103-532
　　全国浆料和浆纱技术 2010 年会论文集/中国棉纺织行业协会 . —上海：会议主办者发行，2010 年

B5316　TS103-532
　　全国浆料和浆纱技术 2011 年会论文集/中国棉纺织行业协会 . —无锡：会议主办者发行，2011 年

B5317　TS103-532
　　全国浆料和浆纱技术 2012 年会论文集/中国棉纺织行业协会 . —徐州：会议主办者发行，2012 年

B5318　TS103-532
　　全国浆料和浆纱技术 2013 年会论文集/中国棉纺织行业协会 . —苏州：会议主办者发行，2013 年

B5319　TS103-532
　　西达·中国纺织上浆产业创新发展论坛暨全国浆料和浆纱技术 2014 年会论文集/中国棉纺织行业协会 . —长沙：会议主办者发行，2014 年

B5320　TS103--532
　　润力·中国纺织上浆产业创新发展论坛暨全国浆料和浆纱技术 2015 年会论文集/中国棉纺织行业协会 . —常州：会议主办者发行，2015 年

B5321　TS104-532
　　中国织造技术创新发展论坛暨全国浆料和浆纱技术 2016 年会论文集/中国棉纺织行业协会 . —兰溪：会议主办者发行，2016 年

B5322　TS103-532
　　第五届浆纱和浆料应用技术研讨会征文文集/全国棉纺织科技信息中心，中国棉纺织技术信息网 . —无锡：会议主办者发行，2005 年

B5323　TS103-532
　　第六届全国浆料和浆纱应用技术研讨会文集/全国棉纺织信息中心 . —西安：会议主办者发行，2006 年

B5324　TS103-532
　　第七届全国浆料和浆纱应用技术研讨会文集/全国棉纺织科技信息中心，棉纺织技术杂志社，中国棉纺织科技信息中心 . —桂林：会议主办者发行，2007 年

B5325　TS103-532
　　第八届全国浆料与浆纱应用技术研讨会文集/全国棉纺织科技信息中心 . —苏州：会议主办者发行，2008 年

B5326　TS103-532
　　第九届全国浆纱与浆料应用技术研讨会暨无 PVA 上浆论坛文集　2019 "伊埃斯" 杯/全国棉纺织科技信息中心 . —青岛：会议主办者发行，2009 年

B5327　TS103-532
　　第十届全国浆料与浆纱应用技术研讨会文集/全国棉纺织科技信息中心 . —黄山：会议主办者发行，2010 年

B5328　TS103-532
　　第十一届全国浆纱与浆料应用技术研讨会文集/全国棉纺织科技信息中心，山东纺织工程学会，山东省纺织工业协会 . —济南：会议主办者发行，2011 年

B5329　TS103-532
　　第十二届全国浆纱与浆料应用技术研讨会文集/全国棉纺织科技信息中心，中国纺织科技信息网 . —青岛：会议主办者发行，2012 年

B5330　TS103-532
第十三届全国浆纱与浆料应用技术研讨会文集/全国棉纺织科技信息中心.—郑州：会议主办者发行，2013年

B5331　TS103-532
第十四届全国浆纱与浆料应用技术研讨会文集/全国棉纺织科技信息中心，《棉纺织技术》期刊社，中国纺织科技信息网.—南京：会议主办者发行，2014年

B5332　TS103-532
全国胶辊胶圈应用技术交流会议资料/中国纺织工程学会.—无锡：会议主办者发行，1998年

B5333　TS103-532
第八届全国胶辊胶圈应用技术经验交流会文集/中国棉纺织行业协会，全国胶辊、胶圈专业组，上海骏马橡胶厂.—上海：会议主办者发行，2000年

B5334　TS103-532
第九届全国胶辊胶圈应用技术经验交流会论文集/中国棉纺织行业协会.—宁波：会议主办者发行，2002年

B5335　TS103-532
第十届全国胶辊胶圈应用技术经验交流会论文集/中国棉纺织行业协会.—安庆：会议主办者发行，2004年

B5336　TS11-532
第十一届中国棉纺织行业协会"五爱杯"胶辊胶圈等纺织牵伸部件应用技术经验交流会论文集/中国棉纺织行业协会.—无锡：会议主办者发行，2006年

B5337　TS112-532
中棉行协纺纱专件器材技术研讨会暨第十二届中棉行协胶辊胶圈技术交流会论文集　第一届"同和杯"/中国棉纺织行业协会.—常州：会议主办者发行，2008年

B5338　TS104-532
全国紧密纺纱技术研讨会论文集　2006"德昌杯"/中国纺织工程学会.—宁波：会议主办者发行，2006年

B5339　TS104-532
全国紧密纺纱技术开发应用研讨会论文集　2008"同和杯"/中国纺织工程学会，中国纺织工业协会.—常州：会议主办者发行，2008年

B5340　TS104-532
全国紧密纺纱技术研讨会论文集　2010/中国纺织工程学会，中国棉纺织行业协会，山东省纺织工业协会.—淄博：会议主办者发行，2010年

B5341　TS184-532
全国经编技术交流会论文集　2005年/中国纺织工程学会.—常德：会议主办者发行，2005年

B5342　TS184-532
全国经编技术交流会论文集　2007年/中国纺织工程学会，中国纺织工业协会.—成都：会议主办者发行，2007年

B5343　TS184-532
全国经编技术交流会论文集　2009年/中国纺织工程学会.—昆明：会议主办者发行，2009年

B5344　TS184-532
全国经编技术交流会论文集　2011年/中国纺织工程学会.—汕头：会议主办者发行，2011年

B5345　TS104-532
全国精并粗技术研讨会论文集　2016年/中国纺织工程学会，浙江省纺织行业协会，中国纱线网.—杭州：会议主办者发行，2016年

B5346　TS1-532
全国精梳、无结纱产品、设备、技术交流会交流资料2008年/中国棉纺织行业协会，中国纺织机械器材工业协会.—昆山：会议主办者发行，2008年

B5347　TS1-532
第四十六次全国科技论坛——纺织产业升级新技术融合论坛论文集/中国纺织工程学会.—泉州：会议主办者发行，2015年

B5348　TS17-53
全国跨世纪非织造布发展战略研讨会论文集/纺织工业非织造布技术开发中心.—沈阳：会议主办者发行，2000年.—182页

B5349　TS13-532
全国毛纺行业技术改造研讨会论文集　2013/中国纺织工程学会，全国毛纺织科技信息中心.—苏州：会议主办者发行，2013年

B5350　TS13-532
第二届全国毛纺行业技术改造研讨会论文集　2014"德凯杯"/中国纺织工程学会.—苏州：会议主办者发行，2014年

B5351　TS138-532
全国毛纺织行业节能节水暨染整技术交流研讨会论文集　2008年/中国毛纺织行业协会.—苏州：会议主办者发行，2008年

B5352　TS138-532
全国毛纺行业节能降耗暨染整技术应用研讨会论文集2009/中国毛纺织行业协会.—上海：会议主办者发行，

2009 年

B5353 TS138-532

全国毛纺行业节能降耗暨染整技术应用研讨会论文集 2010/中国毛纺织行业协会 .—上海：会议主办者发行，2010 年

B5354 TS138-532

全国毛纺行业节能环保暨染整技术应用研讨会论文集 2011/中国毛纺织行业协会 .—上海：会议主办者发行，2011 年

B5355 TS138-532

全国毛纺行业节能减排暨染整技术应用经验交流研讨会论文集 2012/中国毛纺织行业协会 .—上海：会议主办者发行，2012 年

B5356 TS138-532

全国毛纺行业节能环保暨染整技术研讨会论文集 2013 "联宽杯"/中国毛纺织行业协会 .—上海：会议主办者发行，2013 年

B5357 TS13-532

第 23 届全国毛纺年会论文集/中国纺织工程学会 .—上海：会议主办者发行，2003 年

B5358 TS13-532

第 24 届全国毛纺年会论文集/中国纺织工程学会 .—黄山：会议主办者发行，2004 年

B5359 TS13-532

第 25 届全国毛纺年会论文集/中国纺织工程学会，全国毛纺产品调研中心，全国毛纺织科技信息中心，《毛纺科技》杂志社 .—杭州：会议主办者发行，2005 年

B5360 TS13-532

第 26 届全国毛纺年会论文集/中国纺织工程学会，全国毛纺产品调研中心，全国毛纺织科技信息中心 .—青岛：会议主办者发行，2006 年

B5361 TS13-532

第 27 届全国毛纺年会论文集/中国纺织工程学会，《毛纺科技》杂志社 .—无锡：会议主办者发行，2007 年

B5362 TS13-532

第 28 届全国毛纺年会论文集/中国纺织工程学会，《毛纺科技》杂志社 .—苏州：会议主办者发行，2008 年

B5363 TS13-532

第 30 届全国毛纺年会论文集/中国纺织工程学会 .—无锡：会议主办者发行，2010 年

B5364 TS13-532

第 31 届全国毛纺年会论文集/中国纺织工程学会，中国毛纺科技信息中心 .—扬州：会议主办者发行，2011 年

B5365 TS13-532

第 32 届全国毛纺年会论文集/中国纺织工程学会 .—宁波：会议主办者发行，2012 年

B5366 TS13-532

全国毛纺纱线与毛针织服装产业链技术交流论坛论文集 2011 "慈星杯"/中国毛纺织行业协会，中国纺织机械器材工业协会 .—慈溪：会议主办者发行，2011 年

B5367 TS138

全国毛纺织专业会议 1957 技术资料第一部分 I 纺部技术经验/纺织工业部毛麻丝纺织管理局 .—北京：会议主办者发行，1957 年 .—214 页

B5368 TS13-532

全国毛麻纺织专业学术年会论文资料/江苏省无锡市第二毛纺织染厂编 .—无锡：会议主办者发行，1988 年

B5369 TS19-532

第十一届全国毛染整技术和染料助剂应用经验交流研讨会论文集 2006/中国毛纺织行业协会 .—上海：会议主办者发行，2006 年

B5370 TS19-532

第十二届全国毛染整技术和染料助剂应用经验交流会论文集 2007/中国毛纺织行业协会 .—泰安：会议主办者发行，2007 年

B5371 TS19-532

全国棉织印染家纺技术对接交流会论文集 2014 年/中国纺织工程学会 .—南通：会议主办者发行，2014 年

B5372 TS1-532

全国棉纺织、色织、印染产品开发年会论文集 2003 年/中国印染行业协会 .—枣庄：会议主办者发行，2003 年

B5373 TS11-532

全国棉纺织高速、高产量、高质量、高技术经验交流会议资料选辑 第 1 辑：细纱机高速高产经验/编者不详 .—北京：纺织工业出版社，1959 年 .—172 页
统一书号 15041.302

B5374 TS11-532

全国棉纺织高速、高产量、高质量、高技术经验交流会议资料选辑 第 2 辑：细纱当车工和落纱工的高速操作经验/编者不详 .—北京：纺织工业出版社，1958 年 .—42 页
统一书号 15041.31

B5375　TS11-532

全国棉纺织高速、高产量、高质量、高技术经验交流会议资料选辑　第3辑：布机高速高产经验/编者不详.—北京：纺织工业出版社，1959年.—116页

统一书号 15041.305

B5376　TS11-532

全国棉纺织高速、高产量、高质量、高技术经验交流会议资料选辑　第4辑：布机当车工高速操作经验/编者不详.—北京：纺织工业出版社，1958年.—18页

统一书号 15041.304

B5377　TS11-532

全国棉纺织高速、高产量、高质量、高技术经验交流会议资料选辑　第5辑：配合机台加速挖掘电气设备潜力的经验/编者不详.—北京：纺织工业出版社，1958年.—39页

统一书号 16541·311

B5378　TS11-532

全国棉纺织行业第一届技术改造研讨会、全国新型棉纺设备应用推广暨技术改造研讨会论文集/全国棉纺织科技信息中心，中国纺织工程学会.—无锡：会议主办者发行，2002年

B5379　TS11-532

全国棉纺织行业提高棉纱质量开发新产品研讨会论文集 2006"乌斯特杯"/中国纺织工程学会，安徽省纺织工程学会.—黄山：会议主办者发行，2006年

B5380　TS11-532

第一届全国棉纺织行业中青年科技工作者论坛论文集 "金昇杯"/中国纺织工程学会.—金坛：会议主办者发行，2005年

B5381　TS11-532

第二届全国棉纺织行业中青年科技工作者论坛论文集 "金昇杯"/中国纺织工程学会.—金坛：会议主办者发行，2007年

B5382　TS11-532

第三届全国棉纺织行业中青年科技工作者论坛暨清、梳、精、并专题技术研讨会论文集/中国纺织工程学会，山东纺织工程学会.—淄博：会议主办者发行，2013年

B5383　TS11-532

全国棉纺织技术（学术）年会、中国棉纺织技术信息网第一届专家论坛论文集 2003年/全国棉纺织科技信息中心，中国棉纺织技术信息网，《棉纺织技术》期刊社.—青岛：会议主办者发行，2003年

B5384　TS11-532

全国棉纺织技术年会暨新型织造及准备技术研讨会论文集 2004年/全国棉纺织科技信息中心.—北京：会议主办者发行，2004年

B5385　TS11-532

全国棉纺织技术（学术）年会暨第二届新型织造技术研讨会论文集 2005年/全国棉纺织科技信息中心，中国棉纺织技术信息网.—武汉：会议主办者发行，2005年

B5386　TS11-532

全国棉纺织企业节电技术研讨会论文集 2011年/中国棉纺织行业协会，中国纱线网.—杭州：会议主办者发行，2011年

B5387　TS18-532

全国棉针织内衣质量评比和经验交流会议资料：降低棉针织内衣缩水部分/全国针织工业科技情报站编.—天津：会议主办者发行，1979年.—94页

B5388　TS19-532

中国国际染整技术与发展会议论文集 2003年/中国纺织工业协会，中国印染行业协会.—杭州：会议主办者发行，2003年

B5389　TS105-532

全国牛仔布行业年会论文集 2005/中国棉纺织行业协会.—长沙：会议主办者发行，2005年

B5390　TS105-532

全国牛仔布行业年会暨转杯纺技术研讨会论文集 2006/中国棉纺织行业协会.—海口：会议主办者发行，2006年

B5391　TS105-532

全国牛仔布行业年会论文集 2007/中国棉纺织行业协会.—佛山：会议主办者发行，2007年

B5392　TS105-532

全国牛仔布行业年会论文集 2008/中国棉纺织行业协会.—海宁：会议主办者发行，2008年

B5393　TS105-532

全国牛仔布行业年会论文集 2009/中国棉纺织行业协会.—上海：会议主办者发行，2009年

B5394　TS105-532

全国牛仔布行业年会论文集 2011/中国棉纺织行业协会.—成都：会议主办者发行，2011年

B5395　TS105-532

全国牛仔布行业年会论文集 2012/中国棉纺织行业协会.—石狮：会议主办者发行，2012年

B5396　TS19-532

全国前织、整理技术经验交流会论文集/中国纺织工程学会，江苏省纺织工程学会，常州市纺织工程学会 . —常州：会议主办者发行，2002 年

B5397　TS1-532

全国前织生产技术管理经验交流会论文集　"常纺院杯"/中国纺织工程学会，江苏省纺织工程学会 . —常州：会议主办者发行，2008 年

B5398　TS104-532

全国清梳技术研讨会论文集　2016/中国纺织工程学会，中国纱线网 . —武汉：会议主办者发行，2016 年

B5399　TS104-532

全国清梳联学术研讨交流会论文集　1999/中国纺织工程学会 . —郑州：会议主办者发行，1999 年

B5400　TS104-532

全国清梳新技术及清梳联推广专题研讨会论文集　2007/中国纺织工程学会 . —扬州：会议主办者发行，2007 年

B5401　TS193-532

第四届全国染色学术讨论会论文集/中国纺织工程学会 . —无锡：会议主办者发行，1999 年

B5402　TS193-532

第五届全国染色学术讨论会论文集/中国纺织工程学会 . —无锡：会议主办者发行，2003 年

B5403　TS193-532

第六届全国染色学术研讨会论文集　"亨斯迈"杯/中国纺织工程学会 . —苏州：会议主办者发行，2006 年

B5404　TS193-532

第七届全国染色学术研讨会论文集/中国纺织工程学会编 . —扬州：会议主办者发行，2009 年 . —360 页；29cm

B5405　TS193-532

第八届全国染色学术研讨会论文集/中国纺织工程学会 . —苏州：会议主办者发行，2013 年
"联胜杯"第八届全国染色学术研讨会论文集

B5406　TS19-532

首届全国染整行业技术改造研讨会论文集/中国纺织工程学会 . —滨州：会议主办者发行，2002 年

B5407　TS19-532

第二届全国染整行业技术改造研讨会论文集/中国纺织工程学会 . —邯郸：会议主办者发行，2004 年

B5408　TS19-532

第三届全国染整行业技术改造研讨会论文集/中国纺织工程学会 . —西樵：会议主办者发行，2006 年

B5409　TS19-532

第四届全国染整行业技术改造研讨会论文集/中国纺织工程学会，中国印染行业协会 . —济南：会议主办者发行，2008 年 . —188 页

B5410　TS19-532

第五届全国染整行业技术改造研讨会论文集/中国纺织工程学会，中国纺织信息中心，中国纺织工业协会 . —泰安：会议主办者发行，2010 年

B5411　TS19-532

第六届全国染整行业技术改造研讨会暨中国染整行业创新论坛论文集　"黑迈杯"/中国纺织工程学会 . —嘉善：会议主办者发行，2012 年

B5412　TS198-532

全国染整行业节能减排新技术研讨会论文集　2009/中国纺织工程学会 . —济南：会议主办者发行，2009 年 . —212 页；29cm

B5413　TS198-532

第五届全国染整机电装备节能减排新技术研讨会论文集　2010 "科德杯"/中国纺织工程学会 . —苏州：会议主办者发行，2010 年

B5414　TS198-532

第六届全国染整节能减排新技术研讨会论文集　2011 "科德杯"/中国纺织工程学会 . —常州：会议主办者发行，2011 年

B5415　TS198-532

第七届全国染整节能减排新技术研讨会论文集　2014 "科德杯"/中国纺织工程学会 . —杭州：会议主办者发行，2014 年

B5416　TS198-532

第五届全国染整环保节能学术讨论会论文集　2000/中国纺织工程学会 . —无锡：会议主办者发行，2000 年

B5417　TS19-532

第三届全国染整机电装备技术发展研讨会论文集/中国纺织工程学会 . —常州：会议主办者发行，2004 年

B5418　TS19-532

第四届全国染整机电装备技术发展研讨会论文集/中国纺织工程学会 . —无锡：会议主办者发行，2008 年 . —339 页；29cm

B5419　TS19-532

第六届全国染整机电装备暨资源综合利用新技术研讨会论文集　"海大杯"/中国纺织工程学会.—无锡：会议主办者发行，2012 年

B5420　TS19-532

全国染整可持续发展技术交流会论文集　2013/中国纺织工程学会.—上海：会议主办者发行，2013 年

B5421　TS19-532

全国染整可持续发展技术交流会论文集　2014/中国纺织工程学会.—上海：会议主办者发行，2014 年

B5422　TS19-532

第五届全国染整前处理学术讨论会论文集　2001/中国纺织工程学会.—扬州：会议主办者发行，2001 年

B5423　TS19-532

第六届全国染整前处理学术讨论会论文集　2004/中国纺织工程学会.—济南：会议主办者发行，2004 年

B5424　TS19-532

第七届全国染整前处理学术研讨会论文集　2007"传化杯"/中国纺织工程学会.—杭州：会议主办者发行，2007 年.—435 页；29cm

B5425　TS19-532

第八届全国染整前处理学术研讨会论文集　2009"康地恩杯"/中国纺织工程学会.—青岛：会议主办者发行，2009 年.—367 页；30cm

B5426　TS19-532

第九届全国染整前处理学术研讨会论文集　2012"源明杯"/中国纺织工程学会.—烟台：会议主办者发行，2012 年

B5427　TS19-532

第十届全国染整前处理学术研讨会论文集　2015"传化杯"/中国纺织工程学会.—绍兴：会议主办者发行，2015 年

B5428　TS198-532

第三届全国染整清洁生产、节水节能、降耗新技术交流会论文集　2006/中国纺织工程学会，全国印染科技信息中心.—无锡：会议主办者发行，2006 年

B5429　TS19-532

全国染整新技术和环保化学品研讨会论文集　2003/全国染整新技术应用推广协作网.—上海：会议主办者发行，2003 年

B5430　TS19-532

全国染整新技术和环保化学品研讨会论文集　2007"亨斯迈"/中国纺织工程学会，上海市纺织工程学会，全国染整新技术应用推广协作网.—上海：会议主办者发行，2007 年

B5431　TS19-532

全国染整新技术和环保化学品研讨会资料集　2009/全国染整新技术应用推广协作网，上海市纺织工程学会染整专业委员会，上海市印染行业协会编.—上海：会议主办者发行，2009 年.—117 页；30cm

B5432　TS19-532

全国染整新技术环保化学品和节能减排实用新技术交流研讨会论文集　2011/上海市纺织工程学会，上海印染行业协会，全国染整新技术应用推广协作网，全国印染科技信息中心.—上海：会议主办者发行，2011 年

B5433　TS105-532

全国色织布行业年会论文集　2009/中国棉纺织行业协会，中国色织行业协会.—宁波：会议主办者发行，2009 年

B5434　TS105-532

全国色织布行业年会论文集　2012/中国棉纺织行业协会.—深圳：会议主办者发行，2012 年

B5435　TS105-532

全国色织布行业年会论文集　2013/中国棉纺织行业协会.—海安：会议主办者发行，2013 年

B5436　TS105-532

全国色织布行业年会论文集　2014/中国棉纺织行业协会.—常州：会议主办者发行，2014 年

B5437　TS105-532

全国色织布行业年会论文集　2015/中国棉纺织行业协会.—张家港：会议主办者发行，2015 年

B5438　TS105-532

全国色织布行业年会论文集　2016/中国棉纺织行业协会.—临清：会议主办者发行，2016 年

B5439　TS105-532

全国色织布行业年会论文集　2017/中国棉纺织行业协会.—上海：会议主办者发行，2017 年

B5440　TS19-532

第三届全国纱线筒子（经轴）染色技术研讨会论文集/中国棉纺织行业协会.—无锡：会议主办者发行，2006 年

B5441　TS19-532

第四届全国纱线筒子（经轴）染色技术研讨会论文

集/中国棉纺织行业协会 . —萧山：会议主办者发行，2008 年

B5442 TS19-532
全国生物酶在染整工业中的应用技术交流会论文汇编/中国印染行业协会 . —杭州：会议主办者发行，2003 年

B5443 TS17-532
全国第十三次水刺非织造布生产技术与应用交流会论文集/中国产业用纺织品行业协会 . —绍兴：会议主办者发行，2008 年

B5444 TS17-532
全国第十四次水刺非织造布生产技术与应用交流会论文集/中国产业用纺织品行业协会 . —南京：会议主办者发行，2009 年

B5445 TS17-532
全国第十七次水刺非织造布生产技术与应用交流会论文集/中国产业用纺织品行业协会 . —苏州：会议主办者发行，2012 年

B5446 F426.81-532
全国丝绸工业技术革命经验交流会议一大会报告及大会发言资料选录/全国丝绸工业技术革命经验交流会议编 . —上海：上海市丝绸工业公司，1958 年 . —130 页；26cm

B5447 TS14-532
全国丝绸学术年会论文集　**2000**/中国纺织工程学会 . —重庆：会议主办者发行，2000 年

B5448 TS19-532
全国特种印花和特种整理学术交流会论文集/中国纺织工程学会 . —苏州：会议主办者发行，2006 年

B5449 TS103-532
全国推广应用新型纺织器材科技成果技术研讨会论文集　**2008**/中国纺织工程学会 . —成都：会议主办者发行，2008 年

B5450 TS103-532
全国推广应用创新型纺织器材提高成纱质量技术研讨会论文集　**2010"无锡锡海杯"**/中国纺织工程学会 . —扬州：会议主办者发行，2010 年

B5451 TS103-532
全国第二届无梭织机开发应用学术交流会论文集　**1998**/中国纺织工程学会 . —上海：会议主办者发行，1998 年

B5452 TS103-532
全国无梭织机使用经验与品种开发研讨会论文集　**2002**/中国棉纺织行业协会 . —杭州：会议主办者发行，2002 年

B5453 TS103-532
全国无梭织机使用技术与产品开发交流研讨会　**2005"泰坦杯"**/中国纺织工程学会等 . —杭州：会议主办者发行，2005 年

B5454 TS103-532
全国无梭织机应用技术研讨会论文集　**2007**/中国棉纺织行业协会，浙江省棉纺织行业协会 . —常州：会议主办者发行，2007 年

B5455 TS103-532
全国无梭织机设备管理和维护保养技术经验研讨会论文汇编/中国纺织工程学会 . —常州：会议主办者发行，2001 年

B5456 TS104-532
全国细纱技术研讨会论文集　**2012**/中国棉纺织行业协会，中国纱线网 . —郑州：会议主办者发行，2012 年

B5457 TS104-532
全国现代纺纱技术研讨会论文集　**2005**/中国纺织工程学会，无锡市纺织工程学会 . —无锡：会议主办者发行，2005 年

B5458 TS104-532
全国现代纺纱技术研讨会论文集　**2006"苏拉杯"**/中国纺织工程学会，中国纺织工业协会 . —上海：会议主办者发行，2006 年

B5459 TS104-532
全国现代纺纱技术研讨会论文集　**2008**/中国纺织工程学会 . —上海：会议主办者发行，2008 年

B5460 TS104-532
全国现代纺纱技术研讨会论文集　**2010**/中国纺织工程学会 . —无锡：会议主办者发行，2010 年

B5461 TS104-532
全国新型纺纱技术协作网会刊/全国新型纺纱技术协作网，上海纺织工程学会，中国纺织工程学会 . —上海：会议主办者发行，2004 年

B5462 TS103-532
全国新型纺纱设备、新技术、新产品及精梳纱、无结纱技术交流研讨会论文集　**2002 年**/中国棉纺织行业协会 . —广州：会议主办者发行，2002 年

B5463 TS104-532
第七次全国新型纺纱学术会论文资料集/中国纺织工程学会棉纺织专业委员会新型纺学组，浙江省纺织工程学会 . —杭州：会议主办者发行，1993 年 . —156 页

B5464　TS104-532

第八次全国新型纺纱学术会论文资料集/中国纺织工程学会.—杭州：会议主办者发行，1996 年

B5465　TS104-532

第九次全国新型纺纱学术会论文资料集/中国纺织工程学会.—杭州：会议主办者发行，1998 年

B5466　TS104-532

第十次全国新型纺纱学术会论文资料集/中国纺织工程学会棉纺织专业委员会新型纺学组.—杭州：会议主办者发行，2000 年.—169 页

B5467　TS104-532

第十一次全国新型纺纱学术会论文资料集/中国纺织工程学会，全国棉纺织科技信息中心，陕西省纺织工程学会.—西安：会议主办者发行，2002 年

B5468　TS1-53

第十三届全国新型纺纱学术会论文资料集/中国纺织工程学会.—郑州：会议主办者发行，2006 年.—169 页

B5469　TS104-532

第十四届全国新型纺纱学术会论文集/中国纺织工程学会.—上海：会议主办者发行，2008 年

B5470　TS104-532

第十五届全国新型纺纱学术会论文集/中国纺织工程学会.—杭州：会议主办者发行，2010 年

B5471　TS104-532

第十六届全国新型纺纱学术会论文集/中国纺织工程学会.—榆次：会议主办者发行，2012 年

B5472　TS104-532

第十七届全国新型纺纱学术会论文集/中国纺织工程学会新型纺纱专业委员.—青岛：会议主办者发行，2014 年

B5473　TS19-532

全国新型染料助剂/印染实用新技术研讨会论文集 2015“博奥-艳棱杯”/中国纺织工程学会.—上海：会议主办者发行，2015 年

B5474　TS106-532

全国新型纱线与技术创新研讨会论文集/中国纱线网.—杭州：会议主办者发行，2013 年

B5475　TS194-532

全国新颖印花生产技术交流会资料集 2008 中山 DIC“色料杯”/浙江省印染行业协会编.—杭州：会议主办者发行，2008 年.—245 页；29cm

B5476　TS194-532

全国印花学术和生产发展研讨会论文汇编 1998/中国纺织工程学会.—上海：会议主办者发行，1998 年

B5477　TS194--532

全国印花先进生产工艺技术研讨会论文集 2001/中国纺织工程学会.—杭州：会议主办者发行，2001 年

B5478　TS1-532

全国印染、棉纺织、色织产品开发年会论文集 2004“茶梅杯”/中国印染行业协会，中国棉纺织行业协会，中国色织行业协会.—江阴：会议主办者发行，2004 年

B5479　TS1-532

全国棉纺织、色织、印染产品开发年会论文集 2005“日舒杯”/中国印染行业协会，中国棉纺织行业协会，中国色织行业协会.—上海：会议主办者发行，2005 年

B5480　TS1-532

全国棉纺织、色织、印染产品开发年会论文集 2006“绍兴杯”/中国印染行业协会，中国棉纺织行业协会，中国色织行业协会.—绍兴：会议主办者发行，2006 年

B5481　TS1-532

全国印染、棉纺织、色织产品开发年会论文汇编 2007“宏华数码”/中国棉纺织行业协会，中国色织行业协会，中国印染行业协会.—杭州：会议主办者发行，2007 年

B5482　TS1-532

全国棉纺织、色织、印染产品开发年会论文集 2008 年“三荣杯”/中国印染行业协会，中国棉纺织行业协会，中国色织行业协会.—晋江：会议主办者发行，2008 年

B5483　TS19-532

全国印染产业链技术交流会——染化料、设备、节能减排研讨会暨产品推介会论文集 2012/国联资源网，印染世界商情网.—南京：会议主办者发行，2012 年

B5484　TS19-532

开源首届全国印染行业管理创新年会论文集/中国印染行业协会.—常州：会议主办者发行，2012 年

B5485　TS19-532

开源第二届全国印染行业管理创新年会论文集/中国印染行业协会.—杭州：会议主办者发行，2013 年

B5486　TS19-532

开源第三届全国印染行业管理创新年会论文集/中国印染行业协会.—佛山：会议主办者发行，2014 年

B5487　TS198-532

全国印染行业节能减排创新技术研讨会论文集/中国印

染行业协会，全国印染科技信息中心．—常州：会议主办者
发行，2011 年

B5488 TS19-532
第四届全国印染行业新材料、新技术、新工艺、新产品
技术交流会论文集 2005/中国印染行业协会．—上海：会议
主办者发行，2005 年

B5489 TS19-532
第五届全国印染行业新材料、新技术、新工艺、新产品
技术交流会论文集 2006"传化杯"/中国印染行业协会．—
上海：会议主办者发行，2006 年

B5490 TS19-532
第七届全国印染行业新材料、新技术、新工艺、新产品
技术交流会论文集 2008/中国印染行业协会．—上海：会议
主办者发行，2008 年

B5491 TS19-532
第八届全国印染行业新材料、新技术、新工艺、新产品
技术交流会暨全国印染行业印花年会论文集 2009/中国印
染行业协会．—上海：会议主办者发行，2009 年

B5492 TS19-532
第九届全国印染行业新材料、新技术、新工艺、新产品
技术交流会论文集 2010"佶龙杯"/中国印染行业协会，
上海印染行业协会，浙江印染行业协会．—上海：会议主办
者发行，2010 年

B5493 TS19-532
第十届全国印染行业新材料、新技术、新工艺、新产品
技术交流会论文集 2011"佶龙机械"/中国印染行业协
会．—上海：会议主办者发行，2011 年

B5494 TS19-532
第十一届全国印染行业新材料、新技术、新工艺、新产
品技术交流会论文集 2012/中国印染行业协会．—上海：会
议主办者发行，2012 年

B5495 TS19-532
第十二届全国印染行业新材料、新技术、新工艺、新产
品技术交流会论文集 2013/中国印染行业协会．—上海：会
议主办者发行，2013 年

B5496 TS19-532
第十三届全国印染行业新材料、新技术、新工艺、新产
品技术交流会论文集 2014/中国印染行业协会．—上海：会
议主办者发行，2014 年

B5497 TS19-532
全国印染行业应对危机与产业升级研讨会论文集/中国
印染行业协会，全国印染科技信息中心．—诸暨：会议主办

者发行，2009 年．—220 页；29cm

B5498 TS19-532
全国印染后整理学术研讨会论文集 1993/中国纺织工
程学会．—：会议主办者发行，1993 年

B5499 TS19-532
第五届全国印染后整理学术讨论会论文集 2001/中国
纺织工程学会．—青岛：会议主办者发行，2001 年

B5500 TS19-532
第六届全国印染后整理学术研讨会论文集 2005/中国
纺织工程学会．—青岛：会议主办者发行，2005 年

B5501 TS19-532
第七届全国印染后整理学术研讨会论文集 2008/中国
纺织工程学会编．—苏州：会议主办者发行，2008 年．—389
页；29cm

B5502 TS19-532
第八届全国印染后整理学术研讨会论文集 2011"润禾
杯"/中国纺织工程学会．—绍兴：会议主办者发行，
2011 年

B5503 TS19-532
第九届全国印染后整理学术研讨会论文集 2014"诺葳
杯"/中国纺织工程学会．—青岛：会议主办者发行，
2014 年

B5504 TS19-532
第二届全国印染机电学术讨论会论文集/中国纺织工程
学会．—薛城：会议主办者发行，1998 年

B5505 TS19-532
全国印染实用新技术交流会论文集 2007/中国印染行
业协会，浙江省印染行业协会．—杭州：会议主办者发行，
2007 年

B5506 TS19-532
全国印染实用新技术与环保高效化学品应用研讨会论文
集/中国印染行业协会，浙江省印染行业协会．—杭州：会议
主办者发行，2006 年

B5507 TS19-532
第三届全国印染新技术暨助剂新产品新成果学术交流会
论文集 2009"浙江宏达杯"/中国纺织工程学会．—上虞：
会议主办者发行，2009 年

B5508 TS103-532
全国用好自动络筒机扩大无结纱生产技术交流研讨会论
文集 2006"青岛宏大杯"/中国纺织工程学会，浙江省纺
织工程学会．—青岛：会议主办者发行，2006 年

B5509　TS103-532

第三届全国用好自动络筒机扩大无结纱生产技术交流研讨会论文集/中国纺织工程学会 . —北京：会议主办者发行，2008 年 . —182 页

B5510　TS18-532

第四次全国针布制造使用经验交流会论文集/中国纺织工程学会 . —无锡：会议主办者发行，1998 年

B5511　TS187--532

全国针织产品质量攻关经验交流会资料汇编/全国针织工业科技情报站编 . —天津：会议主办者发行，1991 年 . —96 页

B5512　TS18-532

全国针织技术交流会论文集　**2013**/中国纺织工程学会 . —厦门：会议主办者发行，2013 年

B5513　TS18-532

全国针织技术交流会论文集　**2014**/中国纺织工程学会针织专业委员会 . —常州：会议主办者发行，2014 年

B5514　TS18-532

全国针织技术交流会论文集　**2015**/中国纺织工程学会针织中医药文化，江南大学，教育部针织技术工程研究中心 . —无锡：会议主办者发行，2015 年

B5515　TS18-532

全国针织技术交流会论文集　**2016**/中国纺织工程学会 . —无锡：会议主办者发行，2016 年

B5516　TS18-532

全国针织技术交流会论文集　**2017**/中国纺织工程学会，江南大学 . —无锡：会议主办者发行，2017 年

B5517　TS18-532

全国针织技术交流会论文集　**2018**/中国纺织工程学会，江南大学 . —无锡：会议主办者发行，2018 年

B5518　TS183--532

全国针织器材学术交流研讨会论文交流资料汇编/中国纺织工程学会 . —北京：会议主办者发行，1998 年

B5519　TS19-532

第 **16** 届全国针织染整学术研讨会论文集　**2003**/中国纺织工程学会，全国针织科技信息中心 . —常熟：会议主办者发行，2003 年

B5520　TS19-532

第 **17** 届全国针织染整学术研讨会论文集　**2004**/中国纺织工程学会，全国针织科技信息中心 . —南昌：会议主办者发行，2004 年

B5521　TS19-532

第 **18** 届全国针织染整学术研讨会论文集　**2005**/中国纺织工程学会，全国针织科技信息中心 . —邵阳：会议主办者发行，2005 年

B5522　TS19-532

第 **19** 届全国针织染整学术研讨会论文集　**2006**/中国纺织工程学会，全国针织科技信息中心 . —北京：会议主办者发行，2006 年

B5523　TS19-532

第 **20** 届全国针织染整学术研讨会论文集　**2007**/中国纺织工程学会，全国针织科技信息中心 . —厦门：会议主办者发行，2007 年

B5524　TS19-532

第 **21** 届全国针织染整学术研讨会论文集　**2008**/中国纺织工程学会，全国针织科技信息中心 . —洛阳：会议主办者发行，2008 年

B5525　TS19-532

第 **22** 届全国针织染整学术研讨会论文集　**2009**/中国纺织工程学会，全国针织科技信息中心 . —成都：会议主办者发行，2009 年

B5526　TS19-532

全国针织染整新技术研讨会论文集　**2011**/中国纺织工程学会 . —青岛：会议主办者发行，2011 年

B5527　TS193--532

全国针织物及纱线染色技术研讨会论文集　**2010**/中国纺织工程学会 . —苏州：会议主办者发行，2010 年

B5528　TS187-532

全国针织用纱质量控制及新产品开发研讨会论文集　**2010**/中国纺织工程学会 . —杭州：会议主办者发行，2010 年

B5529　TS105-532

全国织造技术研讨会论文集　**2013** 年/中国棉纺织行业协会 . —无锡：会议主办者发行，2013 年

B5530　TS105-532

全国织造生产技术研讨会论文集　"篮箭杯"/中国纺织工程学会，江苏省纺织工程学会 . —苏州：会议主办者发行，2006 年

B5531　TS19-532

第二届全国中青年染整工作者论坛论文集　**2005** "汽巴精化杯"/中国纺织工程学会 . —杭州：会议主办者发行，2005 年

B5532 TS104-532

第五届全国转杯（新型纺纱）技术交流会论文资料汇编/中国纺织工业协会，高新技术推广应用委员会编.—出版地不详：会议主办者发行，2002年

B5533 TS105-532

第三届全国准备和织造技术暨新产品开发研讨会论文集 **2006**/全国棉纺织科技信息中心.—济南：会议主办者发行，2006年

B5534 TS103-532

第十五届全国浆纱与浆料应用暨"红旗-祥盛杯"准备织造节能创新研讨会文集/全国棉纺织科技信息中心.—青岛：会议主办者发行，2015年

B5535 TS105-532

全国准备及织造技术暨新产品开发研讨会论文集 **2007**/全国棉纺织科技信息中心.—郑州：会议主办者发行，2007年

B5536 TS103-532

全国自动络筒技术研讨会 **2012**/中国棉纺织行业协会，杭州市纺织工程学会.—杭州：会议主办者发行，2012年

B5537 F426.81--532

全球纺织服装供应链大会论文集 **2012**/中国纺织工业联合会，中国纺织信息中心.—宁波：会议主办者发行，2012年

B5538 F426.86--532

全球品牌服装供应链与色彩应用大会 **2008**/中国纺织工业协会，中国纺织信息中心.—上海：会议主办者发行，2008年

B5539 X791-532

染整废水处理学术讨论会论文、资料选辑 **1986**/中国纺织工程学会染整专业委员会编.—重庆：会议主办者发行，1986年.—155页

B5540 TS198-532

染整清洁生产、节水、节能、降耗新技术交流会 **2005**/中国纺织工程学会.—苏州：会议主办者发行，2005年

B5541 TS19-532

染整新技术学术讨论会选辑（上、下册）/中国纺织工程学会染整专业委员会.—出版地不详：会议主办者发行，1984年.—264页

B5542 TS19-532

染整助剂及应用学术讨论会选辑 **1985**/中国纺织工程学会染整专业委员会.—出版地不详：会议主办者发行，1987年

B5543 TS104-532

浙江省2008纱线质量控制研讨会论文集/中国纺织工程学会，浙江省纺织工程学会.—杭州：会议主办者发行，2008年

B5544 TS1-532

山东纺织工程学会十一届第三次优秀论文评选获奖论文集/山东省科学技术协会.—济南：会议主办者发行，2004年

B5545 TS1-532

山东纺织工程学会十一届第四次优秀论文评选获奖论文集/山东省科学技术协会.—济南：会议主办者发行，2006年

B5546 TS1-532

山东纺织工程学会十二届第二次优秀论文评选获奖论文集/山东省科学技术协会.—济南：会议主办者发行，2011年

B5547 TS1-532

山东纺织工程学会十二届第三次优秀论文评选获奖论文集/山东省科学技术协会.—济南：会议主办者发行，2012年

B5548 TS1-53

陕西省纺织工程学会1979年学术年会论文集/陕西省纺织工程学会.—西安：会议主办者发行，1979年.—168页

B5549 TS1-532

陕西省纺织工程学会2010年学术年会论文集/陕西省纺织工程学会.—西安：会议主办者发行，2010年

B5550 .TS1-532

陕西省纺织工程学会2012年学术年会论文集/陕西省纺织工程学会.—西安：会议主办者发行，2012年

B5551 TS1-532

陕西省纺织工程学会2014年学术年会论文集/陕西省纺织工程学会.—西安：会议主办者发行，2014年

B5552 TS1-532

陕西省纺织工程学会2016年学术年会论文集/陕西省纺织工程学会.—宝鸡：会议主办者发行，2016年

B5553 TS1

第八届上海多国纺织工业展览会 上海国际产业纺织品和非织造布展览会展览场刊 国内部分/上海纺织控股集团.—上海：会议主办者发行，1999年.—144页

B5554 TS1-532

上海纺织服装创意设计研究生学术论坛论文集 **2012**/上海市学位委员会.—上海：会议主办者发行，2012年

B5555 TS1-532

上海纺织服装创意创新研究生学术论坛暨第七届纺织服

装创新国际论坛论文集 2013/上海市学位委员会 . —上海：
会议主办者发行，2013 年

B5556 TS1-532

上海纺织服装创意创新研究生学术论坛暨第八届纺织服
装创新国际论坛论文集 2014/中国纺织工程学会服装服饰
专业委员会，上海市学位委员会 . —上海：会议主办者发行，
2014 年

B5557 TS1-532

上海纺织服装创意创新研究生学术论坛暨第九届纺织服
装创新国际论坛论文集 2015/中国纺织工程学会服装服饰
专业委员会，上海市学位委员会 . —上海：会议主办者发行，
2015 年

B5558 TS1-532

上海纺织服装创意创新研究生学术论坛暨第十届纺织服
装创新国际论坛论文集 2016/上海市教育委员会，上海市
学位委员会 . —上海：会议主办者发行，2016 年

B5559 TS1-532

上海纺织服装创意创新研究生学术论坛暨第十一届纺织
服装创新国际论坛论文集 2017/上海纺织工程学会，上海
工程技术大学，上海市纺织科学研究院有限公司 . —上海：
会议主办者发行，2017 年

B5560 TS1-532

上海纺织服装创意创新研究生学术论坛暨第十二届纺织
服装创新国际论坛论文集 2018/上海纺织工程学会，上海
市学位办，上海市教育委员会 . —上海：会议主办者发行，
2018 年

B5561 TS1-532

上海纺织服装创意创新研究生学术论坛暨第十三届纺织
服装创新国际论坛论文集 2019/上海纺织工程学会，上海
市学位办，上海市教育委员会 . —上海：会议主办者发行，
2019 年

B5562 TS108-532

上海纺织工程学会空调除尘学术年会论文集 2005
年/上海纺织工程学会，中国纺织工程学会 . —上海：会议主
办者发行，2005 年

B5563 TS1-532

上海纺织科技与创新论坛论文集 2012 年度/上海市纺
织工程学会 . —上海：会议主办者发行，2012 年

B5564 TS1-28

上海工业技术革命展览会技术资料 纺织工业/上海科
学技术出版社编 . —上海：上海科学技术出版社，1959
年 . —1 册

B5565 TS17-532

第六届上海国际非织造布讨论会论文集 1995 上下
册/全国非织造布科技信息中心 . —上海：会议主办者发行，
1995 年 . —191 页，61 页

B5566 TS17-532

第七届上海国际非织造布讨论会论文集 1997/中国纺
织工程学会 . —上海：会议主办者发行，1997 年

B5567 TS17-532

第八届上海国际非织造布研讨会论文集 1999/中国纺
织工程学会非织造布技术分会 . —上海：会议主办者发行，
1999 年 . —370 页

B5568 TS17-532

第十届上海国际非织造材料研讨会暨亚洲国际非织造材
料研讨会论文集 2003/中国技术市场协会 . —上海：会议主
办者发行，2003 年

B5569 TS1-532

上海国际服装文化节纺织服装创新论坛论文集 2011
年/上海工程技术大学，上海纺织控股（集团）公司，上海
国际服装文化节组委会，上海市纺织工程学会 . —上海：会
议主办者发行，2011 年

B5570 TS11-532

上海棉纺学术年会论文选集 1983/上海市纺织工程学会
棉纺学术委员会 . —上海：会议主办者发行，1984 年 . —
636 页

B5571 TS19-532

上海染整新技术、节能环保交流研讨会暨上海印染 2013
学术年会论文集/上海市纺织工程学会，上海市印染行业协
会 . —上海：会议主办者发行，2013 年

B5572 TS19-532

上海染整新技术、节能环保交流研讨会暨上海印染 2015
学术年会论文集/上海市纺织工程学会，上海市印染行业协
会，上海纺织节能环保中心 . —上海：会议主办者发行，
2015 年

B5573 TS19-532

上海染整新技术、节能环保交流研讨会暨上海印染 2017
学术年会论文集/上海市纺织工程学会，上海市印染行业协
会，上海纺织节能环保中心 . —上海：会议主办者发行，
2017 年

B5574 TS1-28

上海市工业生产比先进比多快好省展览会纺织工业技术
交流参考资料 I （1-19）/上海国棉十五厂编 . —上海：上
海科学技术出版社，1958 年 . —1 册

B5575　TS1-28
　　上海市工业生产比先进比多快好省展览会纺织工业技术交流参考资料Ⅲ（1-5）/上海元丰纺织厂等编.—上海：上海科学技术出版社，1958年.—1册

B5576　TS1-28
　　上海市科学技术研究工作跃进展览会纺织工业技术交流参考资料Ⅳ（1-10）/上海市印染工业公司实验室编.—上海：上海科学技术出版社，1958年.—1册

B5577　TS1-28
　　上海市工业生产比先进比多快好省展览会纺织工业技术交流参考资料Ⅶ1-7（合订本）/工足袜厂等编.—上海：上海科学技术出版社，1958年.—1册

B5578　TS1-28
　　上海市工业装备革新展览会技术资料汇编　第7辑/上海市生产技术局，上海市科学技术协会编.—上海：会议主办者发行，1965年.—388页

B5579　TS1-532
　　上海市科学技术协会科技论坛——2006年中国（上海）全国现代纺织技术进步研讨会资料汇编/中国纺织工程学会，上海市纺织工程学会.—上海：会议主办者发行，2006年

B5580　TS19-532
　　上海印染新技术交流研讨会暨上海印染2003年会论文集/上海市纺织工程学会染整专业委员会等编.—上海：会议主办者发行，2003年.—392页

B5581　TS19-532
　　上海印染新技术交流研讨会论文集　2005年/上海纺织工程学会，中国纺织工程学会，上海印染行业协会编.—上海：会议主办者发行，2005年
　　上海印染新技术交流研讨会暨上海印染2005年会

B5582　TS19-532
　　上海印染新技术交流研讨会暨上海印染2007年会论文集/上海市纺织工程学会染整专业委员会编.—上海：会议主办者发行，2007年.—386页；29cm

B5583　TS19-532
　　上海印染新技术交流研讨会暨上海印染2009年会论文集"洁润丝"/上海市纺织工程学会染整专业委员会编.—上海：会议主办者发行，2009年.—420页；29cm

B5584　TS19-532
　　上海印染学术年会论文选集　1982/上海纺织工程学会印染学术委员会.—上海：上海第九印染厂，1982年.—355页

B5585　TS19-532
　　上海印染学术年会论文选集　1984/上海纺织工程学会印染学术委员会.—上海：会议主办者发行，1984年.—293页

B5586　TS19-532
　　上海印染学术年会论文选集　1986/上海纺织工程学会印染学术委员会.—上海：会议主办者发行，1987年.—274页

B5587　TS19-532
　　上海印染学术年会论文选集　1988/上海纺织工程学会印染学术委员会.—上海：会议主办者发行，1988年.—230页

B5588　TS19-532
　　上海印染学术年会学术论文资料集　1990/上海市纺织工程学会染整专业委员会.—上海：会议主办者发行，1990年.—220页

B5589　TS19-532
　　上海印染学术年会学术论文资料集　1992/上海市纺织工程学会染整专业委员会.—上海：会议主办者发行，1992年.—297页

B5590　TS19-532
　　上海印染学术年会学术论文资料集　1994/上海市纺织工程学会染整专业委员会.—上海：会议主办者发行，1994年.—335页

B5591　TS19-532
　　上海印染学术年会学术论文资料集　1996/上海市纺织工程学会染整专业委员会.—上海：会议主办者发行，1996年.—360页

B5592　TS19-532
　　上海印染学术年会学术论文资料集　1998/上海市纺织工程学会印染学术委员会.—上海：会议主办者发行，1998年.—466页

B5593　TS1-532
　　第83届世界纺织大会论文集/东华大学编辑.—上海：会议主办者发行，2004年

B5594　TS1-532
　　第89届世界纺织大会论文集/武汉纺织大学编辑.—武汉：会议主办者发行，2014年

B5595　TS15-532
　　苏州化学纤维厂科协第二届年会优秀论文集/苏州化学纤维厂科协.—苏州：会议主办者发行，1990年.—121页

B5596　TS104-532

提高棉纱混纺纱条干均匀度工艺及设备学术讨论会选辑/中国纺织工程学会棉纺织专业委员会编．—出版地不详：会议主办者发行，1986年．—143页

B5597　TS1-532

无锡市纺织工程学会1980年会专辑/无锡市纺织工程学会编．—无锡：会议主办者发行，1980年．—102页

B5598　TS1-532

无锡市纺织工程学会1981年会专辑/无锡市纺织工程学会编．—无锡：会议主办者发行，1981年．—84页

B5599　TS1-532

无锡市纺织工程学会1982年会专辑/无锡市纺织工程学会编．—无锡：会议主办者发行，1982年．—101页

B5600　TS1-532

无锡市纺织工程学会1984年会专辑/无锡市纺织工程学会编．—无锡：会议主办者发行，1984年．—87页

B5601　TS1-532

无锡市纺织工程学会1986年会专辑/无锡市纺织工程学会编．—无锡：会议主办者发行，1986年．—81页

B5602　TS1-532

无锡市纺织工程学会1987年会专辑/无锡市纺织工程学会编．—无锡：会议主办者发行，1987年．—86页

B5603　TS1-532

无锡市纺织工程学会第七届会员代表大会暨1989年会专辑/无锡市纺织工程学会编．—无锡：会议主办者发行，1990年．—152页

B5604　TS1-532

无锡市纺织工程学会1991年会专辑/无锡市纺织工程学会编．—无锡：会议主办者发行，1991年．—100页

B5605　TS1-532

武汉科技学院服装学院论坛论文集　2008/武汉纺织大学．—武汉：会议主办者发行，2008年

B5606　TS1-532

武汉纺织大学服装学院学术论坛论文集　2011/武汉纺织大学．—武汉：会议主办者发行，2011年

B5607　TS1-532

武汉纺织大学服装学院学术论坛论文集　2013/武汉纺织大学．—武汉：会议主办者发行，2013年

B5608　TS1-532

武汉纺织大学服装学院学术论坛论文集　2014/武汉纺织大学．—武汉：会议主办者发行，2014年

B5609　TS1-532

武汉市纺织工程学会1964年会论文选编/湖北省科学技术协会，武汉市纺织工程学会，湖北省科学技术情报研究所编．—武汉：会议主办者发行，1965年

B5610　TS11-532

西北区第一届棉纺织会议会刊/西北军政委员会工业部编．—西安：会议主办者发行，1951年

B5611　TS1-532

第一届先进纺织材料及加工技术国际会议论文集/浙江理工大学．—杭州：浙江大学出版社，2008年．—583页
ISBN 978-7-89490-517-8

B5612　TS102-532

第二届先进纺织材料及加工技术国际会议论文集/浙江理工大学先进纺织材料与制备技术教育部重点实验室等主编．—杭州：浙江大学出版社，2010年．—577页
ISBN 978-7-308-07958-7
本书收集了先进纺织材料及加工技术方面的论文，并编制成册。

B5613　TS102-532

第二届先进纺织材料及加工技术国际会议论文集（英文版)/浙江理工大学，浙江省纺织工程学会．—杭州：会议主办者发行，2010年

B5614　TS102-532

纤维学会2009春季国际会议论文集/美国纤维学会，东华大学．—北京：中国纺织出版社，2009年．—1600页
ISBN 978-7-50645-635-7
本书是与2009年度纤维国际会议配套出版的论文集，本次会议由美国纤维学会主办，东华大学协办。全书共收录了国内外400余篇关于纺织纤维、材料方面的最新研究动态及成果的论文，其中国内论文361篇、国外论文65篇。本论文集由9部分组成，英文编写，并由ISTP收录。

B5615　TS107-532

现代纺织与检测技术研讨会论文集　2011/《中国纤检》杂志社福建省纤维检验局．—福州：会议主办者发行，2011年

B5616　TS1-532

现代服装纺织高科技发展研讨会论文集　2005/中国服装协会，中国缝制机械协会，北京纺织工程学会．—北京：会议主办者发行，2005年

B5617　TS104-532

现代梳理技术交流研讨会论文集　2007"太平洋杯"/中国纺织工程学会，上海市纺织工程学会，杭州市纺

织工程学会 . —杭州：会议主办者发行，2007 年

B5618 TS15-532
新世纪积极调整产业结构，发展化纤新技术、新产品学术年会论文集/中国纺织工程学会 . —北京：会议主办者发行，2002 年

B5619 TS103-532
新型纺纱机械和工艺技术研讨交流论文集/中国纺织工程学会纺机器材专业委员会 . —上海：会议主办者发行，2004 年

B5620 TS104-532
浙江省第四届新型纺纱技术研讨会论文集/中国纺织工程学会，中国棉纺织行业协会，浙江省纺织工程学会 . —杭州：会议主办者发行，2008 年

B5621 TS104-532
新型纺纱质量控制分析、新产品展示技术研讨会论文集 **2005**/全国新型纺纱技术协作网，上海纺织工程学会，中国纺织工程学会 . —上海：会议主办者发行，2005 年

B5622 TS102-532
新型化纤原料的生产及在棉纺织行业应用研讨会论文集 **2006**/中国纺织工程学会 . —成都：会议主办者发行，2006 年

B5623 TS104-532
新型精梳机生产工艺技术研讨会论文集 **2006**/中国纺织工程学会 . —杭州：会议主办者发行，2006 年

B5624 TS102-532
新型纤维及非织造新技术、新材料产业链论坛论文集 **2006**/全国合成纤维科技信息中心，全国非织造布科技信息中心 . —大连：会议主办者发行，2006 年

B5625 TS102-532
新型纤维及非织造新技术、新材料产业链论坛资料汇编 **2007**/全国合成纤维科技信息中心，全国非织造布科技信息中心，上海长三角非织造材料工业协会 . —三亚：会议主办者发行，2007 年

B5626 TS102-532
第五届新纤维、非织造材料及后整理产业链论坛论文集/全国合成纤维科技信息中心 . —南宁：会议主办者发行，2008 年

B5627 TS102-532
新型纤维与纱线研讨发布会论文集 **2010**/中国纱线网 . —杭州：会议主办者发行，2010 年

B5628 TS18-532
第四届新型合成纤维在针织行业的推广应用技术研讨会论文集/全国合成纤维科技信息中心，全国针织科技信息中心 . —杭州：会议主办者发行，2003 年

B5629 TS18-532
第五届新型合成纤维在针织行业的推广应用技术研讨会论文集/全国合成纤维科技信息中心，全国针织科技信息中心 . —大连：会议主办者发行，2004 年

B5630 TS102-532
第六届新型化纤原料在针织行业的推广应用技术研讨会及样品展示会论文集/全国合成纤维科技信息中心，全国针织科技信息中心 . —青岛：会议主办者发行，2005 年

B5631 TS18-532
第七届全国新型原料在针织行业的推广应用技术研讨会论文集/全国合成纤维科技信息中心，全国针织科技信息中心 . —南宁：会议主办者发行，2006 年

B5632 TS18-532
第八届全国新型原料在针织行业的推广应用技术研讨会论文集/全国合成纤维科技信息中心，全国针织科技信息中心 . —贵阳：会议主办者发行，2007 年

B5633 TS18-532
第九届新型原料在针织行业的推广应用技术研讨会论文集/全国合成纤维科技信息中心，全国针织科技信息中心 . —兰州：会议主办者发行，2008 年

B5634 TS18-532
第十届新型原料在针织及相关行业的推广应用技术研讨会论文集/全国合成纤维科技信息中心，全国针织科技信息中心，东华大学 . —日照：会议主办者发行，2009 年

B5635 TS18-532
第十一届新型化纤原料在针织及其他相关行业应用技术研讨会论文集/全国合成纤维科技信息中心，全国针织科技信息中心 . —郑州：会议主办者发行，2010 年

B5636 TS102-532
第十二届新型化纤原料在针织及其他相关行业应用技术研讨会论文集/全国合成纤维科技信息中心，全国针织科技信息中心 . —兰州：会议主办者发行，2011 年

B5637 TS105-532
新型织造的新技术、新装备与新产品国际研讨会暨 **2009** 全国喷气织机技术协作网全国喷水织机技术协作网年会论文资料选编/全国喷气织机技术协作网，全国喷水织机技术协作网，上海市纺织工程学会 . —上海：会议主办者发行，2009 年 . —31 页；29cm

B5638 TS1-532

第二届新型制造技术研讨会论文集/全国棉纺织科技信息中心 . —武汉：会议主办者发行，2005 年

B5639 TS105-532

休闲面料发展趋势及染整技术研讨会论文集 **2004**/中国纺织工程学会 . —厦门：会议主办者发行，2004 年

B5640 TS106-532

首届亚欧土工用纺织材料会议论文集 **EAGS2017**/中国产业用纺织品工业协会，欧洲非织造布协会 . —北京：会议主办者发行，2017 年

B5641 TS1-532

亚太纺织工业领袖论坛论文集 **2011**/格林威智登公司，东华大学 . —上海：会议主办者发行，2011 年

B5642 TS1-532

第十二届亚洲纺织会议暨 **2013** 年纺织学术年会论文集（英文版）/中国纺织工程学会 . —上海：会议主办者发行，2013 年

B5643 TS1-532

亚洲高科技纺织品展览会学术报告会论文集论文翻译集 **2000**/编者不详 . —出版地不详：会议主办者发行，2000 年 . —116 页

B5644 TS107-532

医用防护用纺织生产技术、产品开发和应用研讨会论文集 **2003**/中国产业用纺织品行业协会 . —海口：会议主办者发行，2003 年

B5645 TS103-28

意大利工业展览会上展出的纺织机械/上海市纺织科学研究院，印染工业科技情报服务站编 . —上海：会议主办者发行，1972 年 . —21 页

B5646 TS183-28

意大利工业展览技术简讯 针织技术部分/针织座谈小组编 . —上海：会议主办者发行，1972 年 . —12 页

B5647 TS19-532

印染产品与染化料质量安全技术研讨会论文集 **2010** **"宏达杯"**/浙江省纺织品与染化料质量检验中心 . —绍兴：会议主办者发行，2010 年

B5648 TS19-532

低碳节能高效印染技术论坛暨"印染在线网"年会论文集 **2011 "利博科技杯"**/广东省纺织协会印染在线网 . —广州：会议主办者发行，2011 年

B5649 TS1-521

探索纺织行业可持续发展之路圆桌会议暨第二届印染在线网年会论文集 **2012**/中国纺织工业联合会，广东省纺织协会 . —广州：会议主办者发行，2012 年

B5650 TS182-532

涤纶变形丝在针织工业中的应用（与日本"可乐丽公司"技术座谈资料）/全国针织工业科技情报服务站，天津市针织技术研究所情报组编 . —天津：会议主办者发行，1972 年 . —64 页

B5651 TS1-532

与瑞士山德士化学公司技术交流座谈资料/印染工业科技情报服务站，毛纺织工业科技情报服务站整理 . —北京：会议主办者发行，1972 年 . —40 页

B5652 TS19-532

柞蚕丝绸漂练印染技术交流会议资料汇编/地方国营辽宁柞蚕丝绸公司编 . —辽宁：会议主办者发行，1956 年 . —214 页；21cm

B5653 TS19-532

第三届长三角科技论坛：染整行业技术进步与自主创新纺织分论坛论文集/中国纺织工程学会，江苏省纺织工程学会，浙江省纺织工程学会 . —南京：会议主办者发行，2006 年

B5654 TS106-532

第六届长三角科技论坛：产业用纺织品/非织造布的技术升级与产品创新纺织分论坛论文集/中国纺织工程学会，江苏省纺织工程学会 . —南通：会议主办者发行，2009 年

B5655 TS1-532

第八届长三角科技论坛：纺织高峰分论坛论文集 "泰坦杯"/上海市纺织工程学会，浙江省纺织工程学会，江苏省纺织工程学会，上海纺织协会 . —上海：会议主办者发行，2011 年

B5656 TS102-532

第九届长三角科技论坛：新型纤维材料的研发与应用纺织分论坛论文集/江苏省纺织工程学会，上海市纺织工程学会，浙江省纺织工程学会 . —连云港：会议主办者发行，2012 年

B5657 TS1-532

第十届长三角科技论坛：纺织分论坛论文集/浙江省纺织工程学会，江苏省纺织工程学会，上海市纺织工程学会 . —兰溪：会议主办者发行，2013 年

B5658 TS1-532

第十一届长三角科技论坛：纺织分论坛论文集 "德福伦"杯/上海市纺织工程学会，浙江省纺织工程学会，江苏

省纺织工程学会 . —上海：会议主办者发行，2014 年

B5659 TS1-532

第十一次江苏科技论坛暨第十二届长三角科技论坛——互联网+纺织家纺产业转型升级纺织分论坛论文集/江苏省纺织工程学会，上海市纺织工程学会，浙江省纺织工程学会 . —南通：会议主办者发行，2015 年

B5660 TS14-532

第十三届长三角科技论坛：丝绸分论坛论文集/浙江省纺织工程学会，上海市纺织工程学会，江苏省纺织工程学会 . —湖州：会议主办者发行，2016 年

B5661 TS1-532

第十四届长三角科技论坛：纺织分论坛论文集/浙江省纺织工程学会，江苏省纺织工程学会，上海市纺织工程学会 . —上海：会议主办者发行，2017 年

B5662 TS1-532

长三角生态纺织研究生学术论坛论文集 2013/长三角研究生教育创新计划协作委员会，江苏省学位委员会办公室，江南大学 . —无锡：会议主办者发行，2013 年

B5663 TS19-532

浙江省纺织印染助剂情报网第 13 届年会论文集 2003/浙江省纺织助剂情报站 . —宁波：会议主办者发行，2003 年

B5664 TS19-532

浙江省纺织印染助剂情报网第 14 届年会论文集 2004/浙江省纺织助剂情报站 . —杭州：会议主办者发行，2004 年

B5665 TS19-532

浙江省纺织印染助剂情报网第 15 届年会论文集 2005/浙江省纺织助剂情报网 . —宁波：会议主办者发行，2005 年

B5666 TS19-532

浙江省纺织印染助剂情报网第 16 届年会论文集 2006/浙江省纺织助剂情报站 . —杭州：会议主办者发行，2006 年

B5667 TS19-532

浙江省纺织印染助剂情报网第 17 届年会论文集 2007/浙江省纺织助剂情报站 . —桐乡：会议主办者发行，2007 年

B5668 TS19-532

浙江省纺织印染助剂情报网第 18 届年会论文集 2008/浙江省纺织助剂情报站 . —萧山：会议主办者发行，2008 年

B5669 TS19-532

浙江省纺织印染助剂情报网第 19 届年会论文集 2009/浙江省纺织助剂情报站 . —宁波：会议主办者发行，2009 年

B5670 TS19-532

浙江省纺织印染助剂情报网第 20 届年会论文集 2010 "印染在线杯"/浙江省纺织印染助剂情报网 . —萧山：会议主办者发行，2010 年

B5671 TS19-532

浙江省纺织印染助剂情报网第 21 届年会论文集 2011 "润禾杯"/浙江省纺织印染助剂情报网 . —武汉：会议主办者发行，2011 年

B5672 TS19-532

浙江省纺织印染助剂情报网第 22 届年会论文集 2012 "润禾杯"/浙江省纺织印染助剂情报网 . —萧山：会议主办者发行，2012 年

B5673 TS19-532

浙江省纺织印染助剂情报网第 23 届年会论文集 2013 "科隆杯"/浙江省纺织印染助剂情报网 . —绍兴：会议主办者发行，2013 年

B5674 TS19-532

浙江省纺织印染助剂情报网第 24 届年会论文集 2014 "皇马杯"/浙江省纺织印染助剂情报网 . —上虞：会议主办者发行，2014 年

B5675 TS19-532

浙江省纺织印染助剂情报网第 25 届年会论文集 2015 "耐素杯"/浙江省纺织印染助剂情报网 . —萧山：会议主办者发行，2015 年

B5676 TS19-532

浙江省纺织印染助剂行业第 26 届学术年会论文集 2016 "联合化学杯"/浙江省纺织印染助剂行业协会 . —杭州：会议主办者发行，2016 年

B5677 TS19-532

浙江省纺织印染助剂行业第 27 届学术年会论文集 2017 "润禾杯"/浙江省纺织印染助剂行业协会 . —绍兴：会议主办者发行，2017 年

B5678 TS17-532

第二届针刺非织造布生产技术与应用交流会论文集/中国产业用纺织品行业协会 . —常熟：会议主办者发行，2005 年

B5679 TS17-532

第三届针刺非织造布生产技术与应用交流会论文集/中

国产业用纺织品行业协会 .—杭州：会议主办者发行，
2006 年

B5680 TS17-532

第四届全国针刺非织造布、过滤材料生产技术与应用交流会论文集/中国产业用纺织品行业协会，中国纺织工程学会产业用纺织品专业委员会 .—厦门：会议主办者发行，2007 年

B5681 TS17-532

第五届全国针刺非织造布生产技术与应用交流会论文集/中国纺织工程学会，中国产业用纺织品行业协会 .—张家港：会议主办者发行，2008 年

B5682 TS17-532

第六届全国针刺非织造布生产技术与应用交流会论文集/中国纺织工程学会，中国产业用纺织品行业协会 .—常熟：会议主办者发行，2009 年

B5683 TS18-532

针织面料技术开发论坛论文集 2011"申洲杯"/中国纺织工业协会 .—上海：会议主办者发行，2011 年

B5684 TS18-532

针织内衣降低缩水变形和针织外衣生产技术座谈会资料汇编 针织内衣降低缩水变形分册/全国针织工业科技情报站编 .—天津：会议主办者发行，1975 年 .—76 页

B5685 TS18-532

针织内衣降低缩水变形和针织外衣生产技术座谈会资料汇编 针织外衣生产技术分册/全国针织工业科技情报站汇编 .—天津：会议主办者发行，1975 年 .—195 页

B5686 TS187-532

针织内衣质量座谈会资料汇编/全国针织工业科技情报服务站，天津市针织技术研究所情报组编 .—天津：会议主办者发行，1973 年 .—82 页

B5687 K876.9-532

织品与纸质保存修护国际交流研讨会论文集［港台］/蔡斐文主编；陈婉平等译 .—台南：台湾文化资产保存研究中心筹备处，2005 年 .—190 页
ISBN 986-00-4173-3

B5688 TS105-532

全国织造学术研讨会暨 2003 年会技术资料汇编/中国纺织工程学会，江苏省纺织工程学会，常州市纺织工程学会 .—常州：会议主办者发行，2003 年

B5689 TS105-532

全国织造新产品开发学术研讨会暨 2004 织造年会论文集/中国纺织工程学会，江苏省纺织工程学会，常州市纺织

工程学会 .—常州：会议主办者发行，2004 年

B5690 TS105-532

全国织造技术创新学习研讨会暨 2005 织造年会论文集"四星杯"/中国纺织工程学会，江苏省纺织工程学会，常州市纺织工程学会 .—金华：会议主办者发行，2005 年

B5691 TS105-532

全国织造产品设计开发学术研讨会暨 2007 织造年会论文集 "强民杯"/中国纺织工程学会，江苏省纺织工程学会，常州市纺织工程学会 .—常州：会议主办者发行，2007 年

B5692 TS105-532

全国织造新产品开发学术研讨会暨 2008 织造年会论文集 "常纺院杯"/中国纺织工程学会，江苏省纺织工程学会，常州市纺织工程学会 .—常州：会议主办者发行，2008 年

B5693 TS105-532

全国织造产业开发设计学术研讨会暨 2009 织造年会论文集 "蓝剑杯"/中国纺织工程学会，常州市纺织工程学会 .—常州：会议主办者发行，2009 年

B5694 TS103-532

全国浆纱织造学术论坛暨 2010 织造年会论文集 "军达杯"/中国纺织工程学会，常州市纺织工程学会 .—常州：会议主办者发行，2010 年

B5695 TS103-532

全国浆纱、织造学术论坛暨 2011 织造年会论文集"丰源杯"/中国纺织工程学会，江苏省纺织工程学会，常州市纺织工程学会 .—宁波：会议主办者发行，2011 年

B5696 TS105-532

全国织造新产品开发学术研讨会暨 2012 织造年会论文集 "常纺院杯"/中国纺织工程学会，江苏省纺织工程学会，常州市纺织工程学会 .—常州：会议主办者发行，2012 年

B5697 TS105-532

全国织造科技创新学术研讨会暨 2013 织造年会论文集"润力杯"/中国纺织工程学会，江苏省纺织工程学会，常州市纺织工程学会 .—常州：会议主办者发行，2013 年

B5698 TS105-532

全国织造新产品开发学术研讨会暨 2014 织造年会论文集/中国纺织工程学会，江苏省纺织工程学会 .—常州：会议主办者发行，2014 年

B5699 TS105-532

全国织造科技创新学术研讨会暨 2015 织造年会论文集"梶泉杯"/中国纺织工程学会，江苏省纺织工程学会棉织专业委员会 .—常州：会议主办者发行，2015 年

B5700 TS105-532

全国织造新产品开发学术研讨会暨 2017 织造年会论文集/中国纺织工程学会 . —常州：会议主办者发行，2017 年

B5701 TS1-532

中非纺织服装国际论坛论文集 2015/东华大学主办；邱夷平主编 . —上海：东华大学出版社，2015 年 . —281 页

ISBN 978-7-5669-0784-4

中非纺织服装国际论坛会议每年召开一次，大会通过组委会专家评审委员会将评审出来的会议获奖论文编辑成册，论文多来自中非国家纺织服装高等院校的教授、学者、博硕士生，论文学术水准较高，研究问题新颖，观点明确，数据真实可靠，主要反映中非国家纺织服装新发展、新研究、新技术。

B5702 TS1-532

中非纺织服装国际论坛论文集 2016/肯尼亚莫伊大学，东华大学主办；邱夷平主编 . —上海：东华大学出版社，2016 年 . —372 页

ISBN 978-7-5669-1091-2

B5703 TS1-532

中非纺织服装国际论坛论文集 2017/东华大学主办；邱夷平主编 . —北京：中国纺织出版社，2017 年 . —277 页；29cm

ISBN 978-7-5180-4158-9

本书收录中非国家纺织服装学者论文约 60 篇，内容涵盖纺织工程、纳米技术、纺织材料、可穿戴技术、服装设计与技术、纺织品管理与营销、纺织历史与中非文化交流等，反映了中非国家纺织服装的新发展、新研究、新技术。

B5704 TS1-532

中非纺织服装国际论坛论文集 2018/东华大学主办；邱夷平主编 . —北京：中国纺织出版社，2018 年 . —441 页

ISBN 978-7-5180-5010-9

B5705 TS1-532

中非纺织服装国际论坛论文集 2019/东华大学，肯尼亚莫伊大学主办；邱夷平主编 . —北京：中国纺织出版社有限公司，2019 年 . —451 页

ISBN 978-7-5180-6625-4

本书是中非纺织服装国际论坛会议论文集，会议每年召开一次，将通过大会组委会专家评审委员会评审出来的获奖论文编辑成册，论文多来自中非国家纺织服装高等院校的教授、学者、博硕士生，论文学术水准较高，研究问题新颖，观点明确，数据真实可靠，主要反映中非国家纺织服装新发展、新研究、新技术。

B5706 F426.81

第七届中国（大朗）国际毛织产品交易会会刊/中国毛纺织行业协会，中国贸促会纺织行业分会 . —东莞：会议主办者发行，2008 年 . —80 页

B5707 F426.81-62

第十届中国（大朗）国际毛织产品交易会会刊/中国毛纺织行业协会，中国贸促会纺织行业分会 . —东莞：会议主办者发行，2011 年 . —100 页

B5708 F426.81-62

第十一届中国（大朗）国际毛织产品交易会会刊/中国毛纺织行业协会，中国贸促会纺织行业分会 . —东莞：会议主办者发行，2012 年 . —110 页

B5709 F426.81-62

第十二届中国（大朗）国际毛织产品交易会会刊/中国毛纺织行业协会，中国贸促会纺织行业分会 . —东莞：会议主办者发行，2013 年 . —110 页

B5710 F426.81-532

中国（虎门）纺织服装产业转型升级合作论坛论文集 2012/中国纺织工业联合会，中国纺织信息中心 . —东莞：会议主办者发行，2012 年

B5711 TS15-532

中国（苏州）化纤与纺织品嫁接高新论坛论文集 2004/中国化学纤维工业协会 . —苏州：会议主办者发行，2004 年

B5712 TS1-532

中国（西樵）纺织科技成果展示交易会暨全国纺织科技成果产业化研讨会论文集 2009/中国纺织工程学会，中国纺织工业协会，中国纺织信息中心 . —西樵：会议主办者发行，2009 年

B5713 TS1-532

中国安全防护纺织服装产业创新发展论坛论文集 2011/中国产业用纺织品行业协会 . —西安：会议主办者发行，2011 年

B5714 TS113-532

彩色棉在挑战 中国首次彩色棉研讨会论文集/李源和组编 . —北京：金盾出版社，2007 年 . —248 页

ISBN 978-7-5082-4457-0

本书是中国首次彩色棉研讨会的论文集。收入本书的有原中国农业科学院棉花研究所所长汪若海、原四川省农业科学院棉花研究所所长黄观武等彩色棉专家、学者的论文，中国第一个彩色棉负责人的言论及中国第一个彩色棉赴美国考察团的考察报告，展现了 20 世纪 90 年代中国彩色棉产业化开发前期的一段真实历史，记录了一批彩色棉人推进中国彩色棉事业的奋斗足迹。

B5715 TS14-532

中国蚕桑丝织民俗文化论坛论文集 2012/嘉兴市文化广电新闻出版局编 . —杭州：浙江古籍出版社，2013 年

ISBN 978-7-5540-0029-8

本书共收录33篇论文，就中国蚕桑丝织民俗对植桑、养蚕、缫丝、染色、纺织各个生产环节中的生产流程技艺和知识性的民俗文化对策，作了颇为详尽的勾勒、梳理和研析，这在中国民俗学的研究中是不多见的。本书的出版必将对保护和传承中国蚕桑丝织民俗文化起到良好的理论和实践并举的推进作用，有利于促进区域间的交流与合作，发挥其对于当代和谐社会建设的重要作用。

B5716　TS106-532
第一届全国产业用纺织品学术年会论文集/中国纺织工程学会产业用纺织品专业委员会.—北京：会议主办者发行，1995年.—137页

B5717　TS106-532
中国产业用纺织品行业协会会员大会暨研讨会论文集 **2002**/中国纺织工程学会.—杭州：会议主办者发行，2002年

B5718　TS102-532
中国超细纤维合成革产业高新技术与发展论坛论文集/中国产业用纺织品行业协会，中国塑料加工工业协会.—北京：会议主办者发行，2006年

B5719　TS102-532
第二届中国超细纤维合成革产业高新技术与发展论坛论文集/中国造船工程学会，中国产业用纺织品行业协会.—北京：会议主办者发行，2009年

B5720　TS17-532
全国纺粘法非织造布行业会议论文集 **2001年**/中国产业用纺织品行业协会.—温州：会议主办者发行，2001年

B5721　TS17-532
全国纺粘法和熔喷法非织造布行业第十次年会论文集 **2003年**/中国产业用纺织品行业协会.—独山子：会议主办者发行，2003年

B5722　TS17-532
全国纺粘法和熔喷法非织造布行业第十一次年会论文集 **2004年**/中国产业用纺织品行业协会.—济南：会议主办者发行，2004年

B5723　TS17-532
全国纺粘法和熔喷法非织造布行业第十二次年会论文集 **2005年**/中国产业用纺织品行业协会.—汉川：会议主办者发行，2005年

B5724　TS17-532
中国第13届纺粘和熔喷法非织织布行业年会 **2006**/中国产业用纺织品行业协会.—天津：会议主办者发行，2006年

B5725　TS17-532
中国第14届纺粘和熔喷法非织造布行业年会论文集 **2007**/中国产业用纺织品行业协会.—厦门：会议主办者发行，2007年

B5726　TS17-532
中国第15届纺粘和熔喷法非织造布行业年会：坚持创新发展之路研讨会论文集 **2008**/中国产业用纺织品行业协会.—西安：会议主办者发行，2008年

B5727　TS17-532
中国第16届纺粘和熔喷法非织造布行业年会论文集 **2009**/中国产业用纺织品行业协会.—成都：会议主办者发行，2009年

B5728　TS17-532
中国第17届纺粘和熔喷法非织造布行业年会：创新科技引领全球研讨会论文集 **2010**/中国产业用纺织品行业协会.—苏州：会议主办者发行，2010年

B5729　TS17-532
中国第18届纺粘和熔喷法非织造布行业年会：常州广宇纺熔科技创新研讨会论文集 **2011**/中国产业用纺织品行业协会.—常州：会议主办者发行，2011年

B5730　TS17-532
中国第19届纺粘和熔喷法非织造布行业年会暨产能、市场、技术研讨会论文集 **2012**/中国产业用纺织品行业协会.—海口：会议主办者发行，2012年

B5731　TS17-532
中国第20届纺粘和熔喷法非织造布行业年会论文集 **2013**/中国产业用纺织品行业协会.—上海：会议主办者发行，2013年

B5732　TS17-532
中国第22届纺粘和熔喷法非织造布行业年会论文集 **2015**/中国产业用纺织品行业协会.—上海：会议主办者发行，2015年

B5733　TS17-532
中国产业用纺织品行业协会纺粘法非织造布分会第四届会员大会暨第23届纺粘和熔喷法非织造布行业年会论文集 **2016**/中国产业用纺织品行业协会.—南宁：会议主办者发行，2016年

B5734　TS17-532
中国第24届纺粘和熔喷法非织造布行业年会论文集 **2017**/中国产业用纺织品行业协会.—遵义：会议主办者发行，2017年

B5735 TS1-532

中国纺织服装科技创新与可持续发展高层论坛论文集
2009/中国纺织工程学会，中国纺织工业协会.—北京：会议主办者发行，2009 年

B5736 TS1-53

中国纺织学会 **1983** 年年会论文集/中国纺织工程学会，纺织工业部纺织科学研究院.—北京：会议主办者发行，1983 年.—256 页

B5737 TS19-532

中国纺织工程学会染整机电学术讨论会论文、资料选辑 **1988**/中国纺织工程学会染整专业委员会.—上海：会议主办者发行，1990 年.—126 页

B5738 TS198-532

中国纺织工程学会染整节能学术论文、资料选辑 **1985**/中国纺织工程学会染整专业委员会.—上海：会议主办者发行，1985 年.—322 页

B5739 TS198-532

中国纺织工程学会染整节能学术论文、资料选辑 **1991**/中国纺织工程学会染整专业委员会.—上海：会议主办者发行，1991 年.—183 页

B5740 TS19-532

中国纺织工程学会染整前处理学术论文、资料选辑 **1991**/中国纺织工程学会染整专业委员会.—上海：会议主办者发行，1991 年.—277 页

B5741 TS19-532

中国纺织工程学会染整涂层及其他整理学术论文、资料选辑 **1990**/中国纺织工程学会染整专业委员会.—上海：会议主办者发行，1990 年.—245 页

B5742 TS19-532

中国纺织工程学会染整新技术学术讨论会选辑 上 **1984**/中国纺织工程学会染整专业委员会.—上海：会议主办者发行，1984 年.—180 页

B5743 TS19-532

中国纺织工程学会染整新技术学术讨论会选辑 下 **1984**/中国纺织工程学会染整专业委员会.—上海：会议主办者发行，1984 年.—183—444 页

B5744 TS194-532

中国纺织工程学会涂料印花学术讨论会论文、资料选辑 **1986**/中国纺织工程学会染整专业委员会.—上海：会议主办者发行，1986 年.—178 页

B5745 TS1-532

中国纺织工程学会第一次全国会员代表大会专辑

1954/中国纺织工程学会.—北京：会议主办者发行，1954 年

B5746 TS19-532

中国纺织工程学会雕刻、制网学术讨论会 **1994**/中国纺织工程学会.—北京：会议主办者发行，1994 年

B5747 TS102-532

中国纺织工程学会纺织材料性能及质量检测学术年会论文集 **1993**/中国纺织工程学会.—北京：会议主办者发行，1993 年

B5748 TS941.2-532

中国纺织工程学会服装服饰专业委员会 **2014** 学术报告会论文集/中国纺织工程学会服装服饰专业委员会.—上海：会议主办者发行，2014 年

B5749 TS102-532

中国纺织工程学会化纤专业委员会学术年会暨生物基纤维材料与汉麻产业发展论坛论文集/中国纺织工程学会化纤专业委员会，中国化学纤维工业协会.—昆明：会议主办者发行，2013 年

B5750 TS102-532

中国纺织工程学会化纤专业委员会学术年会暨战略性新兴产业与生物基纤维材料高峰论坛论文集 **2014**/中国纺织工程学会，中国化学纤维工业协会.—天津：会议主办者发行，2014 年

B5751 TS15-532

中国工程科技论坛暨 **2015** 中国纺织工程学会化纤专业委员会学术年会论文集/中国纺织工程学会，中国化学纤维工业协会.—萧山：会议主办者发行，2015 年

B5752 TS15-532

中国纺织工程学会化纤专业委员会 **2016** 年会暨中国化纤科技大会论文集/中国纺织工程学会，中国化学纤维工业协会.—连云港：会议主办者发行，2016 年

B5753 TS15-532

中国纺织工程学会化纤专业委员会 **2017** 年会暨中国化纤科技大会论文集/中国纺织工程学会，中国化学纤维工业协会.—南通：会议主办者发行，2017 年

B5754 TS19-532

中国纺织工程学会六省二市印染整理学术讨论会论文集/中国纺织工程学会.—新乡：会议主办者发行，1993 年

B5755 TS11-532

中国纺织工程学会棉纺织专业委员会 **2004** 年全国传统纺并条粗纱技术进步学术研讨会论文集/中国纺织工程学会棉纺织专业委员会.—苏州：会议主办者发行，2004 年

B5756　TS103-532

中国纺织工程学会棉精梳机学术交流会论文集/中国纺织工程学会．—上海：会议主办者发行，1997年

B5757　TS114-532

棉纺梳并粗学术论文汇编中国纺织工程学会1959年会/中国纺织工程学会编．—北京：纺织工业出版社，1960年．—270页

统一书号 15041·636

B5758　TS13-532

中国纺织工程学会1959年会　毛纺织染学术论文汇编/中国纺织工程学会编．—北京：纺织工业出版社，1960年．—270页

B5759　TS192-532

中国纺织工程学会1959年会　棉布练漂学术论文汇编/中国纺织工程学会编．—北京：纺织工业出版社，1960年．—284页

统一书号 15041·786

B5760　TS114-532

中国纺织工程学会1959年会　棉纺细纱高产优质学术论文汇编/中国纺织工程学会编．—北京：纺织工业出版社，1960年．—298页

统一书号 15041·778

B5761　TS18-532

中国纺织工程学会1959年会　针织学术论文汇编/中国纺织工程学会编．—北京：纺织工业出版社，1960年．—139页

B5762　TS193-532

中国纺织工程学会1959年年会　麻纺织染学术论文汇编/中国纺织工程学会编．—北京：纺织工业出版社，1960年．—187页

统一书号 15041·728

B5763　TS19-532

中国纺织工程学会1962年会　棉布染整学术论文选辑/中国纺织工程学会编．—北京：中国财政经济出版社，1963年．—165页

统一书号 15166·132

B5764　TS11-532

中国纺织工程学会1962年会　棉纺织学术论文选辑/中国纺织工程学会编．—北京：中国财政经济出版社，1963年．—417页

统一书号 15166·133

B5765　TS19-532

中国纺织工程学会1963年会　染整学术论文选辑/中国

纺织工程学会编．—北京：中国财政经济出版社，1964年．—234页

统一书号 15166·214

B5766　TS14-532

中国纺织工程学会1964年会　丝绸学术论文选辑/中国纺织工程学会编．—北京：中国财政经济出版社，1965年．—157页

统一书号 15166·267

B5767　TS103-532

中国纺织工程学会　片梭织机学术会议论文集/中国纺织工程学会．—青岛：会议主办者发行，1998年

B5768　TS18-532

中国纺织工程学会　第五次针布学术研讨交流会论文集/中国纺织工程学会．—上海：会议主办者发行，2001年

B5769　TS1-532

首届中国纺织技术与经济发展高层论坛论文集/中国纺织工程学会，中国纺织工业协会．—北京：会议主办者发行，2008年

B5770　TS105-64

中国纺织面料暨花样设计大赛　2006/中国纺织面料暨花样设计大赛组委会．—北京：会议主办者发行，2006年

B5771　TS15-532

第四届北京国际化纤会议交流资料汇编/中国纺织工业出版社．—北京：会议主办者发行，1994年．—558页

B5772　TS105-64

第1-3届中国高校纺织品设计大赛　"越隆杯"/段亚峰主编．—北京：化学工业出版社，2013年．—127页

ISBN 978-7-122-15772-0

本作品集汇集了"越隆杯"中国高校纺织品设计大赛第1届至第3届的优秀作品，同时对大赛的举办及整个过程进行了全面详细的介绍。

B5773　TS105-64

第4-6届中国高校纺织品设计大赛/中国高校纺织品设计大赛组委会编著．—北京：中国纺织出版社，2015年．—220页

ISBN 978-7-5180-1834-5

本书紧紧围绕中国纺织产业转型升级主题，以"提升中国纺织品设计与新产品研发水平，促进中国纺织高等教育与纺织生产贸易企业的产、学、研密切合作，打造中国纺织品设计开发教学与学术交流平台，发掘和推荐优秀纺织品设计开发人才"为宗旨。

B5774　TS105-64

第7-9届中国高校纺织品设计大赛　"红绿蓝杯"/段

亚峰主编 . —北京：中国纺织出版社，2018 年 . —207 页；29cm

　　ISBN 978-7-5180-5534-0

B5775　TS106-532

　　中国工程院高层论坛——过滤材料的生产、技术创新及其应用论文集/中国纺织工程学会，中国产业用纺织品行业协会 . —晋江：会议主办者发行，2010 年

B5776　TS19-532

　　中国公用纺织品洗涤高峰论坛论文集　2016/中国商业联合会 . —南京：会议主办者发行，2016 年

B5777　TS106-532

　　中国首届功能性家用纺织品论坛论文集　2004/中国家用纺织品行业协会 . —北京：会议主办者发行，2004 年 . —167 页

　　本书收入论文几十篇，有我国功能性家纺发展现状及前景，天年素对人体心电的作用效应，防螨纤维及织物的研究进展，智慧枕——睡眠科技的新起点，新功能家用纺织品介绍等。

B5778　TS106-532

　　中国功能性家用纺织品论坛论文集　2006 "天年杯"/"天年杯" 2006 中国功能性家用纺织品论坛会组委会编 . —珠海：会议主办者发行，2006 年 . —198 页

　　中国家用纺织品行业协会主办，本论坛包括对功能性家用纺织品发展的思考、生物频谱床垫的生物效应研究、几种功能性纤维在纺织品中的应用、多功能磁性纤维的研究、负离子家用纺织品的开发与应用等。

B5779　TS106-532

　　中国功能性家用纺织品论坛论文集　2008 "健龙杯"/中国家用纺织品行业协会 . —北京：会议主办者发行，2008 年

B5780　TS1-532

　　中国功能性家纺论坛论文集　2010/中国家用纺织品行业协会，中国化学纤维工业协会，中国棉纺织行业协会，中国印染行业协会，中国纺织工业协会 . —海门：会议主办者发行，2010 年

B5781　TS106-532

　　中国国际产业用纺织品及非织造布论坛暨德国高新产业用纺织技术论坛论文集　2002/中国产业用纺织品行业协会 . —上海：会议主办者发行，2002 年

B5782　TS106-532

　　上海国际产业用纺织品和非织造布研讨会暨第二届高新技术在产业用纺织品领域推广应用研讨会报告文集 2003/中国纺织工业协会，东华大学，全国产业用纺织品科技情报站 . —上海：会议主办者发行，2003 年

B5783　TS106-532

　　第六届中国国际产业用纺织品及非织造布论坛论文集 2004/中国产业用纺织品行业协会 . —上海：会议主办者发行，2004 年

B5784　TS106-532

　　上海国际产业用纺织品和非织造布研讨会暨第四届高新技术在产业用纺织品（防护材料和新型柔性材料）领域推广应用研讨会　2005/中国纺织工业协会，全国产业用纺织品科技情报站，东华大学 . —上海：会议主办者发行，2005 年

B5785　TS106-532

　　中国国际产业用纺织品及非织造布高端论坛论文集 2009/中国纺织工业协会，中国产业用纺织品行业协会 . —上海：会议主办者发行，2009 年

B5786　TS1-532

　　中国国际纺织工业自动化技术交流年会论文集　2003 年/中国纺织工业协会 . —杭州：会议主办者发行，2003 年

B5787　TS19-532

　　第三届中国国际纺织化学品技术交流展示会：绿色染整论文集/周翔主编 . —北京：会议主办者发行，2000 年 . —148 页

　　本论文集收录染整与生态环境相关论文 14 篇。

B5788　TS103-532

　　中国国际纺织机械发展战略论坛论文集 2000/中国国际纺织机械发展战略论坛组委会编 . —北京：会议主办者发行，2000 年 . —185 页

B5789　TS103-532

　　中国国际纺织机械展览会专辑 CITME'88/孙同英，马光瑶，沈洪勋编 . —北京：纺织工业部纺织技术组织开发中心，1988 年 . —125 页

B5790　TS103-532

　　中国国际纺织机械展览会专辑 CITME'90/纺织工业部科技发展司，纺织工业部技术组织开发中心，纺织工业部科技情报研究所 . —北京：会议主办者发行，1990 年 . —64 页

B5791　TS103-532

　　中国国际纺织机械展览会专辑 CITME'92/纺织工业部纺织技术组织开发中心，纺织工业部科学技术委员会，中国纺织工程学会 . —北京：会议主办者发行，1992 年 . —149 页

B5792　TS103-532

　　中国国际纺织机械展览会专辑 CITME'94/纺织工业部纺织技术组织开发中心 . —北京：会议主办者发行，1994 年 . —584 页

B5793　TS103-532

　　中国国际纺织机械展览会专辑 CITME'96/纺织工业部纺

织技术组织开发中心 . —北京：会议主办者发行，1996
年 . —230 页

B5794　TS103-532
中国国际纺织机械展览会专辑 CITME'98/中国纺织技术
开发总公司，国家纺织工业局科学技术开发委员会，中国纺
织机械器材工业协会 . —北京：会议主办者发行，1998
年 . —219 页

B5795　TS19-532
中国国际纺织助剂、染料新专利、新成果技术研讨会论
文集　第二届"上海化工供销"杯/中国纺织工程学会 . —苏
州：会议主办者发行，2008 年

B5796　TS17-532
中国国际非织造布/产业用纺织品展览会技术讲座资料
汇编　1994/吴慧莉主编 . —北京：中国纺织科学研究院发
行，1994 年 . —76 页

B5797　TS17-532
中国国际非织造布会议论文集　2014/中国产业用纺织
品行业协会 . —上海：会议主办者发行，2014 年

B5798　TS17-532
中国国际非织造布会议论文集　2017/中国产业用纺织
品行业协会 . —上海：会议主办者发行，2017 年

B5799　TS17-532
中国国际非织造布/产业用纺织品研讨会论文集
1998/中国纺织科学研究院编 . —北京：会议主办者发行，
1998 年 . —459 页
　　在会议征集论文中选编优秀论文 42 篇以及摘要 5 篇，全
书 60 余万字。

B5800　TS17-532
中国国际非织造布和产业用纺织品研讨会论文集
2000/中国纺织科学研究院编 . —北京：会议主办者发行，
2000 年 . —376 页

B5801　TS184-532
首届中国国际服用经编产业论坛论文集/首届中国（国
际）服用经编产业论坛论文集编委会主编 . —上海：上海远
东出版社，2008 年 . —190 页
　　ISBN 978-7-80706-741-2
　　在科技高度发达的今天，人类生存的四大要素仍是衣食
住行。常见的服用织物有梭织物和针织物，按针织的纺织方
式，可分为纬编和经编两大类。尽管针织业起步较晚，但发
展迅速，部分发达国家针织品的产量已超过梭织品的产量。
近年来，中国作为集聚地的快速崛起，成为我国纺织行业一
朵绚丽的奇葩。

B5802　TS106-532
第十一届中国国际过滤材料研讨会论文集/中国纺织工
程学会 . —上海：会议主办者发行，2000 年

B5803　TS102-532
第四届北京国际化纤会议论文集（世界化纤工业的发展
趋势和战略）/北京国际化纤会议组织委员会 . —北京：会议
主办者发行，1992 年 . —341 页

B5804　TS15-532
中国国际化纤会议论文集　2002　发展论坛/中国纺织
工业协会，中国化学纤维工业协会 . —上海：会议主办者发
行，2002 年 . —189 页
　　本书是第九届中国国际化纤会议论文摘要集。

B5805　TS15-532
中国国际化纤会议论文集　2002　市场 & 技术论坛/中
国纺织工业协会，中国化学纤维工业协会 . —上海：会议主
办者发行，2002 年 . —156 页
　　本书是第九届中国国际化纤会议论文摘要集。

B5806　TS102-532
第 10 届中国国际化纤会议论文集/中国纺织工业协会，
中国化学纤维工业协会 . —福州：会议主办者发行，2004 年

B5807　TS102-532
第 12 届中国国际化纤会议论文集/中国纺织工业协会，
中国化学纤维工业协会 . —江阴：会议主办者发行，2006 年
　　本书是第十二届中国国际化纤会议论文摘要集，本次会
议主要探讨了中国化纤工业运行和发展中存在的主要矛盾以
及解决对策。

B5808　TS105-64
首届中国国际家用纺织品设计大赛获奖作品集
2003/首届中国国际家用纺织品设计大赛组委会编 . —北京：
中国纺织出版社，2003 年 . —241 页
　　ISBN 7-5064-2755-9
　　本书收集了大赛获奖作品 126 件（套）。作品涵盖了床
上用品、毛巾、布艺、工艺绣品、家居装饰、窗帘、桌布、
手帕、地毯等家用纺织品的各种用途。

B5809　TS105-532
中国国际家用纺织品发展论坛会论文集　2003"孚日
杯"/中国家用纺织品行业协会 . —北京：会议主办者发行，
2003 年

B5810　TS105-64
中国国际家用纺织品设计大赛获奖作品集　2004/2004
年中国国际家用纺织品设计大赛组委会编 . —北京：会议主
办者发行，2004 年 . —209 页
　　本书前有卷首语，组织机构；正篇分为：花絮、产品设
计篇、创意设计篇、论文篇几部分。设计两篇中金、银、铜

奖作品均配上评委点评。

B5811 TS106-532

中国国际家用纺织品发展论坛会论文集 2005"国际家纺产业园杯"/中国国际家用纺织品发展论坛会组委会编.—上海：会议主办者发行，2005年.—451页

中国纺织工业协会主办。本书收入的文章包括《中国家用纺织品行业现状及发展前景》《德国家纺行业现状及发展趋势》《现代新兴产业园区在区域产业集群中的特殊作用》等。

B5812 TS105-64

中国国际家用纺织品设计大赛获奖作品集 2005/2005年中国国际家用纺织品设计大赛组委会编.—北京：会议主办者发行，2005年.—288页

中国家用纺织品行业协会、中国国际贸易促进委员会纺织行业分会、法兰克福展览（香港）有限公司主办。本书前有卷首语，组织机构；正篇分为：花絮、产品设计篇、创意设计篇、论文篇等几部分。设计两篇中金、银、铜奖作品均配上评委点评。

B5813 TS105-64

中国国际家用纺织品设计大赛获奖作品集 2006/2006年中国国际家用纺织品设计大赛组委会编.—北京：会议主办者发行，2006年.—186页

中国家用纺织品行业协会、中国国际贸易促进委员会纺织行业分会、法兰克福展览（香港）有限公司主办。本书前有卷首语，组织机构；正篇分为：花絮、产品设计金榜篇、产品设计篇、参赛产品选登、创意设计篇等几部分。

B5814 TS105-64

中国国际家用纺织品设计大赛获奖作品集 2007/2007年中国国际家用纺织品设计大赛组委会编.—北京：会议主办者发行，2007年.—192页

本书前有卷首语，组织机构；正篇分为：花絮、产品设计金榜篇、产品设计篇、参赛产品选登、创意设计篇等几部分。

B5815 TS105-64

中国国际家用纺织品创意设计、论文大赛获奖作品集 2008/2008年中国国际家用纺织品设计大赛组委会编.—北京：会议主办者发行，2008年.—121页

中国家用纺织品行业协会、中国国际贸易促进委员会纺织行业分会、法兰克福展览（香港）有限公司主办。本书前有卷首语，组织机构；正篇分为：花絮、产品设计金榜篇、产品设计篇、参赛产品选登、创意设计篇等几部分。

B5816 TS105-64

中国国际家用纺织品创意设计及论文大赛获奖作品集 2009/中国国际家用纺织品创意设计及论文大赛组委会编.—北京：中国纺织出版社，2009年.—170页

ISBN 978-7-5064-5953-2

本书收集了"2009年中国国际家用纺织品创意设计及论文大赛"的获奖作品203件（套），获奖论文16篇，作品涵盖床上用品、毛巾、地毯、布艺、工艺绣品、家居装饰品等。

B5817 TS105-64

中国国际家用纺织产品设计大赛获奖作品集 2014"张謇杯"/张謇杯·中国国际家用纺织产品设计大赛组委会编.—南京：江苏科学技术出版社，2014年.—107页

ISBN 978-7-5537-3670-9

本书主要内容包括：中国家纺品牌产品流行风尚奖、中国家纺品牌产品文化概念奖、产品设计奖金奖、产品设计奖银奖、产品设计奖铜奖、产品设计奖优秀奖、产品设计奖入围作品。

B5818 TS105-64

中国国际家用纺织品创意设计大赛获奖作品集 2014"海宁家纺杯"/2014海宁家纺杯·中国国际家用纺织产品创意设计大赛组委会编.—南京：江苏凤凰科学技术出版社，2014年.—127页

ISBN 978-7-5537-3669-3

本书收录2014海宁家纺杯·中国国际家用纺织品创意设计大赛评委会评出的金奖1名、银奖3名、铜奖5名、优秀奖30名、最佳创意设计应用奖5名，最佳设计创新意识奖、最佳设计题材奖、最佳手绘技法奖、最佳传统纹样表现奖4个奖项各2名，共52件作品，全面展示家纺创意品的整体和细节，配以创意分析、专业解读，向纺织品设计师传达最新家纺创意，为其提供最快、最前沿的家纺创意信息。

B5819 TS105-64

中国国际家用纺织产品设计大赛获奖作品集 2015"张謇杯"/张謇杯·中国国际家用纺织产品创意设计大赛组委会编.—南京：江苏凤凰科学技术出版社，2016年.—103页

ISBN 978-7-5537-5603-5

本书内容涵盖2015年张謇杯中国国际家用纺织产品创意设计大赛优秀作品50余例，按产品设计奖项分为金奖作品、银奖作品、铜奖作品、优秀奖作品、入围作品选登五个章节。

B5820 TS105-64

中国国际家用纺织产品设计大赛获奖作品赏析 2016"张謇杯"/杨兆华，王剑锋主编.—北京：中国文联出版社，2016年.—111页

ISBN 978-7-5190-2475-8

本书全面分析了参赛作品的设计创新思想和文化元素，揭示了中国现代家居的发展方向和流行趋势，对家居产品的工艺技法、传统与现代结合、非遗文化的运用、功能性产品等进行了分析，并结合大量的图画，展现给读者鲜活的图文信息。

B5821 TS105-64

中国国际家用纺织产品设计大赛获奖作品赏析 2017

"张謇杯" /杨兆华，徐新民主编 . —北京：中国文联出版社，2018 年 . —103 页

ISBN 978-7-5190-3684-3

本书全面分析了参赛作品的设计创新思想和文化元素，揭示了中国现代家居的发展方向和流行趋势，对家居产品的工艺技法、传统与现代结合、非遗文化的运用、功能性产品等进行了分析，并结合大量的图画，展现给读者鲜活的图文信息，同时，吸收了部分专家的文章，介绍了长三角、珠三角、环渤海三大都市圈的文化对家纺产品设计的启示，并结合有关成功案例加以阐述，以及对家纺品牌战略研究，推动家纺创新发展的文章。

B5822 TS122-532

中国国际麻类纤维及纺织技术与发展会议论文集 2004/中国纺织工业协会，中国服装协会，中国纺织企业文化建设协会 . —北京：会议主办者发行，2004 年

B5823 TS12-532

第二届中国国际麻类纤维纺织技术与发展会议 2006 暨震泽麻纺产业发展研讨会论文集/中国麻纺行业协会 . —震泽：会议主办者发行，2006 年

B5824 TS13-532

中国国际毛纺织发展会议论文集 2002 年/中国纺织工业协会 . —上海：会议主办者发行，2002 年

B5825 TS13-532

A Collection of Theses for the First China International Wool Textile Conference. Volume 1/姚穆主编 . —西安：西北纺织工学院出版，1994 年 . —336 页

B5826 TS13-532

A Collection of Theses for the First China International Wool Textile Conference. Volume 2/姚穆主编 . —西安：西北纺织工学院出版，1994 年 . —337—696 页

B5827 TS13-532

第一届中国国际毛纺织会议论文题名录 1994/西北纺织工学院 . —西安：西北纺织工学院出版，1994 年 . —19 页

B5828 TS13-532

第二届中国国际毛纺织会议：会议指南 1994/西北纺织工学院 . —西安：西北纺织工学院出版，1998 年 . —99 页

B5829 TS13-532

第二届中国国际毛纺织会议论文汇编 上 1998/西北纺织工学院 . —西安：西北纺织工学院出版，1998 年 . —366 页

B5830 TS13-532

第二届中国国际毛纺织会议论文汇编 下 1998/西北纺织工学院 . —西安：西北纺织工学院出版，1998 年 . —366 页

B5831 TS13-532

第三届中国国际毛纺织会议论文集 上册 2002/西安工程科技学院编 . —西安：中国纺织出版社，2002 年 . —313 页

ISBN 7-5064-2373-1

B5832 TS13-532

第三届中国国际毛纺织会议论文集 下册 2002/西安工程科技学院编 . —西安：中国纺织出版社，2002 年 . —700 页

ISBN 7-5064-2373-1

B5833 TS11-532

中国国际毛纺织会议暨 IWTO 羊毛论坛论文集 2006/姚穆主编 . —西安：西安工程大学，2007 年 . —上册 432，下册 433—875 页

本书由中国工程院院士姚穆主编，收录了 2006 中国国际毛纺织会议暨 IWTO 羊毛论坛中数百篇优秀的论文，从原料、纺纱、织造讲到产品开发，内容全面、翔实。

B5834 TS13-532

中国国际毛纺织会议暨 IWTO 羊毛论坛论文集 2006（英文本）/姚穆，姜寿山主编 . —西安/北京：中国纺织出版社，2007 年 . —657 页

ISBN 978-7-5064-4382-1

本书由中国工程院院士姚穆主编，收录了 2006 中国国际毛纺织会议暨 IWTO 羊毛论坛中纤维性能与测试、纺纱与纱线、织造与织物、染色与染料、后整理工艺与技术、特种物理加工技术、贸易与管理 7 个专题共 110 篇英文论文。

B5835 TS11-532

中国国际棉纺织发展战略研讨会论文集 1999A/99 中国国际棉纺织发展战略研讨会组委会 . —青岛：会议主办者发行，1999 年 . —150 页

B5836 TS11-532

中国国际棉纺织发展战略研讨会论文集 1999B/99 中国国际棉纺织发展战略研讨会组委会 . —青岛：会议主办者发行，1999 年 . —173 页

B5837 TS11-532

第二届中国国际棉纺织大会论文集 2001/中国棉纺织行业协会 . —新疆：会议主办者发行，2001 年

B5838 TS11-532

第三届中国国际棉纺（色）织大会论文集 2003/中国棉纺织行业协会 . —贵阳：会议主办者发行，2003 年

B5839 TS11-532

第四届中国国际棉纺织会议暨第二届中国国际针织论坛论文集 2005/中国纺织工业协会，中国棉纺织行业协会，中国色织行业协会 . —昆明：会议主办者发行，2005 年

B5840 TS11-532

第五届中国国际棉纺织会议论文集 2007/中国纺织工业协会，中国棉纺织行业协会，中国色织行业协会.—重庆：会议主办者发行，2007年

B5841 TS11-532

第六届中国国际棉纺织会议论文集 2009/中国棉纺织行业协会.—清远：会议主办者发行，2009年

B5842 TS102-532

第二届中国国际棉花会议论文集 2001 新千年世界棉花市场和中国棉花业展望/中国棉花协会.—桂林：会议主办者发行，2001年

B5843 F416.81-532

第三届中国国际棉花会议论文集 2003 加入WTO后的中国棉花和纺织业对全球市场的影响/农业部农村经济研究中心，中国棉花协会，中华全国供销总社棉麻局.—九寨沟：会议主办者发行，2003年.—140页

B5844 TS102-532

第四届中国国际棉花会议论文集 2005/中国棉花协会.—上海：会议主办者发行，2005年

B5845 TS102-532

第五届中国国际棉花会议论文集 2007 入世五年的中国棉业与全球未来市场/中国棉花协会，中国棉纺织行业协会，农业部.—乌鲁木齐：会议主办者发行，2007年

B5846 TS102-532

第六届中国国际棉花会议论文集 2009 应对金融危机，促进中国与世界棉业可持续发展/中国棉花协会.—南京：会议主办者发行，2009年

B5847 TS102-532

第七届中国国际棉花会议论文集 2011 风险与机遇：中国与世界棉业的未来发展之路/中国棉花协会.—大连：会议主办者发行，2011年

B5848 TS102-532

第八届中国国际棉花会议论文集 2013/中国棉花协会.—青岛：会议主办者发行，2013年

B5849 TS102-532

第九届中国国际棉花会议论文集 2015 质量消费传承创新/中国棉花协会.—宁波：会议主办者发行，2015年

B5850 TS19-532

第三届中国国际染整技术与发展大会论文集 2001/中国印染行业协会，中国纺织工业协会.—苏州：会议主办者发行，2001年

B5851 TS14-532

第六届中国国际丝绸会议暨第二届国际纺织高层论坛论文集/中国丝绸协会，中国纺织工业协会，苏州大学.—苏州：会议主办者发行，2007年

B5852 TS19-532

第八届中国国际丝绸会议、第四届亚洲防护服会议暨环保纺织染整会议论文集/中国丝绸协会.—苏州：会议主办者发行，2013年

B5853 TS102-532

中国国际纤维纱线科技发展高层论坛暨第29届全国毛纺年会论文集 2009/中国纺织工程学会，中国纺织工业协会.—上海：会议主办者发行，2009年

B5854 TS13-532

第二届中国国际羊绒论坛论文集/中国毛纺织行业协会，中国食品土畜进出口商会.—北京：会议主办者发行，2007年

B5855 TS18-532

中国国际针织新技术论坛演讲与交流资料 2007年/雅式出版有限公司，中国纺织工程学会.—深圳：会议主办者发行，2007年

B5856 TS106-532

中国过滤用纺织品创新发展论坛论文集 2009/中国造船工程学会，中国产业用纺织品行业协会.—烟台：会议主办者发行，2009年

B5857 TS11-532

中国杭州棉纺织市场与技术论坛论文集 2003/中国棉纺（色）织行业协会.—杭州：会议主办者发行，2003年

B5858 TS11-532

中国棉纺织论坛暨中国棉纺织行业协会三届三次理事会论文集 2006/中国棉纺织行业协会.—杭州：会议主办者发行，2006年

B5859 TS1-532

中国新纤维在毛纺行业中应用研讨会论文集 2004/中国纺织工程学会，全国合成纤维科技信息中心，全国毛纺织科技信息中心.—呼和浩特：会议主办者发行，2004年

B5860 TS15-532

中国化纤新材料新装备和纺织面料整理加工研讨会论文集/中国纺织工程学会，中国纺织信息中心，全国合成纤维科技信息中心.—北京：会议主办者发行，2003年

B5861 X791-532

中国科协第322次青年科学家论坛——纺织业污染深处理新型技术与排放标准/中国科学技术协会.—苏州：会议主办

办者发行，2017 年

B5862　TS11-532
　　中国科协 2014 海峡两岸超仿棉加工技术应用研究青年科学家研讨会论文集/中国科学技术协会，中国纺织工程学会 .—苏州：会议主办者发行，2014 年

B5863　TS19-532
　　中国第二届绿色纺织品及生态染整研讨会论文集/中国纺织工程学会 .—上海：会议主办者发行，2001 年

B5864　TS106-532
　　中国第三届绿色纺织品及生态染整加工研讨会论文集/上海东美化工有限公司 .—广州：会议主办者发行，2002 年

B5865　TS12-532
　　中国麻纺织发展研讨会论文集　2000/中国麻纺织行业协会 .—北京：会议主办者发行，2000 年

B5866　TS13-532
　　中国毛纺织及毛针织技术研讨会论文集　2005/中国纺织工程学会，全国毛纺织科技信息中心，全国针织科技信息中心 .—珠海：会议主办者发行，2005 年

B5867　TS11-532
　　中国棉纺织行业技术进步战略学术研讨会论文集 2006/中国纺织工程学会，中国棉纺织行业协会，中国纺织信息中心 .—济南：会议主办者发行，2006 年

B5868　TS11-532
　　中国棉纺织行业协会办公室主任工作会议暨信息统计、通讯工作会议论文集　2012/中国棉纺织行业协会 .—泰安：会议主办者发行，2012 年

B5869　TS11-532
　　中国棉纺织行业协棉纺织产业升级高峰论坛暨 2014 中国棉纺织总工程师论坛论文集/中国棉纺织行业协会 .—银川：会议主办者发行，2014 年

B5870　TS11-532
　　中国棉纺织行业新纤维及其应用技术研讨会论文集/中国纺织工程学会 .—西安：会议主办者发行，2001 年

B5871　TS11-532
　　中国棉纺织论坛论文集　2004/中国棉纺织行业协会，中国色织行业协会 .—杭州：会议主办者发行，2004 年

B5872　TS11-532
　　中国棉纺织总工程师论坛论文集　2007/中国棉纺织行业协会 .—安庆：会议主办者发行，2007 年

B5873　TS11-532
　　中国棉纺织总工程师论坛论文集　2011/中国棉纺织行业协会 .—南通：会议主办者发行，2011 年

B5874　TS11-532
　　中国棉纺织总工程师论坛论文集　2012/中国棉纺织行业协会 .—郑州：会议主办者发行，2012 年

B5875　TS11-532
　　中国棉纺织总工程师论坛论文集　2013/中国棉纺织行业协会 .—南通：会议主办者发行，2013 年

B5876　TS11-532
　　中国棉业发展高峰论坛论文集　2008/中国棉花协会 .—杭州：会议主办者发行，2008 年

B5877　TS11-532
　　中国棉业发展高峰论坛暨国际棉花贸易洽谈会论文集 2010/中国棉花协会 .—三亚：会议主办者发行，2010 年

B5878　TS11-532
　　中国棉业发展高峰论坛论文集　2012/中国棉花协会 .—成都：会议主办者发行，2012 年

B5879　TS11-532
　　中国棉业发展高峰论坛论文集　2014/中国棉花协会 .—厦门：会议主办者发行，2014 年

B5880　J523-64
　　中国国际家用纺织品设计大赛获奖作品集　2006 叠石桥杯/中国国际家用纺织品设计大赛组委会编 .—北京：会议主办者发行，2006 年 .—223 页

B5881　TS105-64
　　第二届民族家用纺织品设计大赛获奖作品集　2007 东方情缘 · 叠石桥杯/中国民族家用纺织品设计大赛组委会编 .—北京：中国纺织出版社，2007 年 .—235 页
　　ISBN 7-5064-4744-4
　　本书收集了大赛获奖作品 143 件（套），获奖论文 11 篇，作品涵盖了床上用品、毛巾、地毯、布艺、工艺绣品、家居装饰等，产品设计新颖独特，为广大消费者的家居布置提供有力的信息支持。

B5882　J523-532
　　中国国际家用纺织品设计大赛获奖论文集　2007 叠石桥杯/中国国际家用纺织品设计大赛组委会编 .—北京：中国纺织出版社，2007 年 .—253 页
　　ISBN 978-7-5064-4744-7
　　本书收集了大赛获奖作品 143 件（套），获奖论文 11 篇，作品涵盖了床上用品、毛巾、地毯、布艺、工艺绣品、家居装饰等。

B5883 TS105-532

中国牛仔年会论文集 2013/中国棉纺织行业协会.—武汉：会议主办者发行，2013年

B5884 TS105-532

中国牛仔年会论文集 2014/中国棉纺织行业协会.—泰安：会议主办者发行，2014年

B5885 TS105-532

中国牛仔年会论文集 2015/中国棉纺织行业协会.—兰溪：会议主办者发行，2015年

B5886 TS105-532

中国牛仔年会暨黑牡丹·牛仔行业市场论坛论文集 2016/中国棉纺织行业协会.—常州：会议主办者发行，2016年

B5887 TS106-532

首届中国汽车用纺织品创新论坛论文汇编 "宏达杯"/中国汽车工程学会，中国纺织工业协会，中国产业用纺织品行业协会.—上海：会议主办者发行，2007年

B5888 TS1-532

中国汽车用纺织品创新发展论坛论文集 旷达2009/中国纺织工程学会，中国产业用纺织品行业协会.—常州：会议主办者发行，2009年

B5889 TS19-532

中国染料和印染行业产品生态安全论坛论文集 2009/中国印染行业协会，中国染料工业协会.—绍兴：会议主办者发行，2009年

B5890 TS19-532

中国印染和染料行业产品生态安全论坛论文集 2010/中国印染行业协会，中国染料工业协会.—上海：会议主办者发行，2010年

B5891 TS19-532

中国染整技术与发展会议论文集 2005/中国印染行业协会.—：会议主办者发行，2005年

B5892 TS104-532

中国纱线质量技术论坛暨第三届全国纺织新材料、新产品、新技术应用研讨会、"经纬股份杯"纱线质量技术论坛论文集/全国棉纺织科技信息中心.—北京：会议主办者发行，2004年

B5893 TS104-532

中国纱线质量暨新产品开发技术论坛论文集 2005"经纬股份杯"/全国棉纺织科技信息中心.—济南：会议主办者发行，2005年

B5894 TS104-532

中国纱线质量暨新产品开发技术论坛文集 2006/全国棉纺织科技信息中心.—青岛：会议主办者发行，2006年

B5895 TS104-532

中国纱线质量暨新产品开发技术论坛文集 2007/全国棉纺织科技信息中心.—杭州：会议主办者发行，2007年

B5896 TS104-532

中国纱线质量暨新产品开发技术论坛文集 2008/全国棉纺织科技信息中心，中国棉纺织技术信息网，《棉纺织技术》期刊社.—济南：会议主办者发行，2008年

B5897 TS104-532

中国纱线质量暨新产品开发技术论坛文集 2009/全国棉纺织科技信息中心，中国棉纺织技术信息网，《棉纺织技术》期刊社.—上海：会议主办者发行，2009年

B5898 TS104-532

中国纱线质量暨新产品开发技术论坛文集 2010"锦峰杯"/全国棉纺织科技信息中心.—苏州：会议主办者发行，2010年

B5899 TS104-532

中国纱线质量暨新产品开发技术论坛文集 2011"太行纺机杯"/全国棉纺织科技信息中心.—石家庄：会议主办者发行，2011年

B5900 TS104-532

中国纱线质量暨新产品开发技术论坛文集 2012"日照裕华杯"/全国棉纺织科技信息中心.—济南：会议主办者发行，2012年

B5901 TS104-532

中国纱线质量暨新产品开发技术论坛文集 2013/全国棉纺织科技信息中心.—西安：会议主办者发行，2013年

B5902 TS104-532

中国纱线质量暨新产品开发技术论坛文集 2014"日照裕华杯"/全国棉纺织科技信息中心.—济南：会议主办者发行，2014年

B5903 TS104-532

中国纱线质量暨新产品开发技术论坛文集 2015"五爱·金猫杯"/全国棉纺织科技信息中心.—无锡：会议主办者发行，2015年

B5904 TS104-532

中国纱线质量技术论坛论文集 2019"白鲨杯"/全国棉纺织科技信息中心，江苏省纺织工业协会，《棉纺织技术》期刊社.—苏州：会议主办者发行，2019年

B5905　TS14-532

中国丝绸史学术讨论会论文集/浙江丝绸工学院丝绸史研究室编 .—杭州：会议主办者发行，1984 年 .—267 页

B5906　TS102-532

中国无锡海岛纤维纺、织、染技术研讨会论文集 2003/全国合成纤维科技信息中心，全国化纤产品调研中心，上海纺织科技情报所 .—无锡：会议主办者发行，2003 年

B5907　TS103-532

西部浆料与浆纱技术研讨会论文专辑　2001/中国纺织工程学会，全国棉纺织科技信息中心 .—西安：会议主办者发行，2001 年

B5908　TS103-532

第三届中国西部浆料及浆纱技术研讨会文集　2003/全国棉纺织科技信息中心 .—成都：会议主办者发行，2003 年

B5909　TS106-532

中国医疗卫生用纺织品创新发展论坛论文集　2009/中国纺织工程学会，中国产业用纺织品行业协会 .—武汉：会议主办者发行，2009 年

B5910　TS19-532

中国印染行业协会印花技术专业委员会年会暨绿色印花新技术、新产品交流会论文集　2009 "中国轻纺城"/中国纺织工程学会，中国印染行业协会 .—绍兴：会议主办者发行，2009 年

B5911　TS19-532

第九届中国印染行业协会印花技术专业委员会年会论文集　"中大·洁润丝"/中国印染行业协会 .—常熟：会议主办者发行，2011 年

B5912　TS19-532

第十届中国印染行业协会印花技术专业委员会年会论文集/中国印染行业协会 .—佛山：会议主办者发行，2013 年

B5913　TS102-532

首届中国竹纤维产业发展峰会论文汇编　"云竹杯"/中国纺织工程学会，中国针织工业协会 .—上海：会议主办者发行，2007 年

B5914　F426.81-532

木棉产业导引：首届中国木棉产业发展研讨会文集/李文华，熊定国编 .—北京：中国纺织出版社，2009 年 .—195 页
ISBN 978-7-5064-5950-1

本书是第一本系统、全面介绍木棉及木棉产业的出版物，可作为林业和纺织等行业科研工作者、在校大学生、研究生、有关企业的管理和科研人员、政府工作者、新闻工作者的参考用书。

B5915　TS1-532

中日纺织学术交流会论文集　2006/中国纺织工程学会 .—厦门：会议主办者发行，2006 年

B5916　TS102

中日技术交流论坛-新材料与先进制造技术研讨会论文集　2002 年/中日科技与经济交流协会，宁波市人民政府 .—宁波：会议主办者发行，2002 年

B5917　TS14-532

中日丝绸科学会议　1/苏州丝绸工学院科研处编 .—苏州：苏州丝绸工学院，1989 年 .—62 页

B5918　TS14-532

中日丝绸科学会议　2（中日文）/苏州丝绸工学院科研处编 .—苏州：苏州丝绸工学院，1989 年 .—227 页

B5919　TS17-532

中西部地区发展非织造布和产业用纺织品交流、洽谈会论文集/中国非织造和产业用纺织品行业协会 .—成都：会议主办者发行，2000 年

B5920　TS17-532

第二次中西部地区非织造布产业发展战略研讨会论文集/中国纺织工程学会 .—西安：会议主办者发行，1998 年

B5921　TS1-532

中西部纺织学术研讨会论文集　2007/四川纺织工程学会，湖南纺织工程学会，湖北纺织工程学会 .—成都：会议主办者发行，2007 年

B5922　TS12-532

首届苎麻行业国际研讨会论文集/苎麻技术开发中心 .长沙 .—湖南：会议主办者发行，1989 年 .—410 页

本书收录此次会议中文论文 79 篇。

2.4　纺织手册

收录与编辑说明：

本部分收录 1950—2020 年出版的各类纺织手册，包括各种"设计手册""工艺手册""管理手册"等共 365 种（记录号 B5930—B6294），所有文献按正题名音序排列。

B5930 TS112-62

1511M 型自动换梭织机保全手册/江苏省无锡市纺丝系统革委会生产组编 .—无锡：江苏省无锡市纺丝系统革委会生产组，1972 年 .—290 页；14cm

B5931 TS193-62

86 配色手册/中国丝绸流行色研究中心编 .—上海：中国丝绸流行色研究中心，1986 年 .—36 页

B5932 TS103-62

ATK-100 型自动织机安装调整手册［译］/（苏）坎南宁（Г. И. Кананин）著；中华人民共和国纺织工业部专家工作室译 .—北京：纺织工业出版社，1955 年 .—106 页；21cm

B5933 TS103-62

AUTOCONER-238 型自动络筒机使用手册 /王嘉荣，金铁鸣编著 .—北京：中国纺织出版社，1994 年 .—255 页（被引 5）

ISBN 7-5064-1002-8

本书主要介绍 AUTOCONER-238 型自动络筒机的机构及作用原理，电气基本线路，M. I. C. 系统操作，电子清纱器电脑操作、安装与调试，设备维护修理及设备操作规程，并对该机进行综合技术分析。

B5934 TS103-62

AUTOCONER-238 型自动络筒机使用手册 第 2 版/王嘉荣，金铁鸣，盛毛慎编著 .—北京：中国纺织出版社，1997 年 .—322 页（被引 5）

ISBN 7-5064-1002-8

本书是在对引进新设备、新技术进行消化吸收的基础上进行编写的。主要介绍奥托康纳（AUTOCONER）-238 型自动络筒机的机构及作用原理，电气基本线路，M. I. C. 系统操作，电子清纱器计算机操作、安装与调试，设备维护修理及设备操作规程。同时还对奥托康纳-238 型络筒机的 147 型电气控制进行了详细介绍。

B5935 TS103-62

BD200SN FA601 型转杯纺纱机、纺纱器检修与调整手册/马克永著 .—西安：全国棉纺织科技信息中心，棉纺织技术编辑部，1995 年 .—90 页

B5936 TS13-62

澳毛手册/官征谊，彭燕丽，赵武编 .—北京：中国纺织出版社，2008 年 .—272 页

ISBN 7-5064-4699-5

本书主要包括澳大利亚羊毛的生产、检测、国际贸易及相关数据统计、相关组织机构、澳毛大事记和专业词汇等内容。

B5937 TQ423-62

表面活性剂应用手册/刘程主编 .—北京：化学工业出版社，1992 年 .—729 页；20cm（被引 625）

ISBN 7-5025-0943-7

本书介绍了表面活性剂的分类和各种性能，以及在洗涤剂（包括家用、工业用）、化妆品、制药、食品工业、造纸工业、纺织工业、皮革、毛皮工业、石油工业、金属加工工业中的应用。

B5938 TQ423-62

表面活性剂应用手册 第 2 版/刘程，张万福，陈长明主编 .—北京：化学工业出版社，1995 年 .—881 页；26cm（被引 709）

ISBN 7-5025-1535-6

B5939 TQ423-62

表面活性剂应用手册 第 3 版/刘程，李江华，刘博等编著 .—北京：化学工业出版社，2004 年 .—1095 页；26cm（被引 297）

ISBN 7-5025-5606-0

本书介绍了表面活性剂的分类、性能等理论基础，论述其在工业领域的实际应用，并介绍了大量的专利技术和配方实例。

B5940 K876.9-62

博物馆纺织品文物保护技术手册/国家文物局博物馆与社会文物司主编；本册主编赵丰 .—北京：文物出版社，2009 年 .—230 页（被引 38）

ISBN 978-7-5010-2672-2

本书主要由纺织品文物保护技术、纺织品文物保护简易操作法、纺织文物保护案例三部分组成，分别包括理念与原则、考古现场保护等内容。

B5941 S886-62

蚕茧收烘业务手册/山东省茧丝公司编印 .—济南：编者自发行，1977 年

B5942 S886-62

蚕茧收烘业务手册/江苏省丝绸进出口分公司编 .—苏州：编者自发行，1983 年

B5943 S886-62

蚕茧收烘业务手册/江苏省丝绸总公司编 .—苏州：编者自发行，1992 年 .—139 页

本书是对 1983 年江苏省丝绸进出口分公司编印的《蚕茧收烘业务手册》进行了修改、补充。新编的《蚕茧收烘业务手册》系统地介绍了茧站建设、蚕茧收购、烘茧技术和茧站管理。

B5944 TS193-62

测色配色 CAD 应用手册（纺织新技术书库）/金远同等编著 .—北京：中国纺织出版社，2001 年 .—116 页（被引 62）

ISBN 7-5064-1976-9

本书介绍了现代测色配色 CAD 的应用技术和实践知识，

另外，对现代测色配色 CAD 系统的软硬件特点，特别是软件方面的功能以及对这项技术的一些色度学基本知识和测配色光学基本原理作了重点介绍。

B5945　TS102-62

产业用纤维材料手册［译］/（日）日本产业用纤维材料研究会编；韩家宜等译.—北京：纺织工业出版社，1986年.—436页（被引27）

统一书号 15041·1416

本书对工业、农业、海洋、渔业、交通、建筑、体育、医疗等领域所用的绳、线、网、弦、带、篷、帆、毡、人造革、屋面材料、软管、袋器、隔膜、帘子布、包覆、密封、捆束、绝热、隔声材料等的发展、现状、性能、制造方法及今后展望作了较系统介绍，并综合论述了纤维材料的功能、性能与纺制加工技术。

B5946　TS106-62

常用纺织品手册/邢声远主编.—北京：化学工业出版社，2012年.—395页

ISBN 978-7-122-12252-0

本手册中选择了带有普遍性的常用纺织品 400 余种进行介绍，重点介绍其结构、性能特点、选材和生产加工、分类款式、质量指标和规格等。本手册在编写时注重科学性、知识性、数据性和实用性，力求做到内容丰富，资料翔实，信息量大，语言简练，查阅方便。

B5947　TS103-62

常用紧固件手册/纺织机械研究所.—北京：编者自发行，1985年.—64页

B5948　TS183-62

电脑横机实用手册/宋广礼主编.—北京：中国纺织出版社，2010年.—326页；21cm（被引29）

ISBN 978-7-5064-6037-8

本书主要介绍了羊毛衫生产和电脑横机的基础知识，包括原料、组织工艺等。书中还介绍了电脑横机的基本结构、工作原理和设备的使用、维护、保养和操作方法，以及电脑横机程序的设计方法。

B5949　TS18-62

出口针棉毛织品织造与作价手册/金宏林等编著.—北京：中国对外经济贸易出版社，1995年.—148页

ISBN 7-80004-457-2

本书所要涉及的只是针织服装、毛针织衫、床单、毛浴巾等主要商品。对这几类商品从其商品知识和工艺流程来谈谈价格计算问题。

B5950　TS183-62

电脑横机实用手册　第 2 版/宋广礼主编.—北京：中国纺织出版社，2013年.—345页；24cm

ISBN 978-7-5064-9359-8

本书主要介绍了羊毛衫生产和电脑横机的基础知识，包括原料、组织工艺等；介绍了电脑横机的基本结构、工作原理和设备的使用、维护、保养和操作方法；介绍了电脑横机程序的设计方法。

B5951　TS183-62

电脑横机花型设计实用手册/姜晓慧，王智编著.—北京：中国纺织出版社，2014年.—160页；24cm（被引7）

ISBN 978-7-5180-0587-1

本书从最基本的线圈讲起，通过线圈图和织物模拟图对电脑横机的花型设计作了详细的说明。其中主要介绍了电脑横机的基础知识、电脑横机的基本组织结构，利用电脑横机如何编织提花织物、嵌花织物、成形织物及特殊结构织物。

B5952　TS117-62

电容式条干仪波谱分析实用手册/肖国兰编著.—北京：中国纺织出版社，1998年.—565页（被引43）

ISBN 7-5064-1477-5

本书整理了纺纱工程中不同工序、不同机型的牵伸工艺计算和大量电容式条干仪波谱图、不匀曲线图的实例分析，涉及棉、毛、麻、绢、化纤各种传统纺纱系统及转杯纺、静电纺、摩擦纺等新型系统等。

B5953　TS195-62

防霉剂手册/马振瀛编著.—北京：轻工业出版社，1988年.—204页

ISBN 7-5019-0083-3

B5954　TS174-62

纺粘和熔喷非织造布手册/刘玉军主编.—北京：中国纺织出版社，2014年.—610页（被引6）

ISBN 978-7-5064-9001-6

本书以生产流程为顺序，从基础理论开始，介绍了常用原料、辅料、添加剂，原料的输送及计量，熔体制备，纺丝，成网，纤网固结，在线处理，在线检测，卷绕与分切等工艺设备，以及生产线主体钢结构，制冷、供电、供水等配套公共工程方面的知识。

B5955　TS101-39

纺织 CAD 应用手册　第 1—4 卷/周邦雄主编.—长春：吉林音像出版社，2004年.—410页，411—856页，857—1310页，1311—1751页

ISBN 7-88833-286-8

本书从实用的角度出发，全面系统地介绍纺织 CAD 技术的基础知识、设计原理及软件开发与具体应用技巧等内容，以便广大纺织技术人员了解和掌握现代纺织科学的前沿技术。

B5956　TS101-62

纺织测试手册［译］/（日）纤维性能评价研究委员会编；张亮恭等译.—北京：纺织工业出版社，1983年.—472页（被引68）

统一书号 15041·1236

本书叙述了纺织材料从纤维的纺织加工到印染、针织、复制、缝纫等各项产品的性能测试体系，说明了一般试验事项，分别介绍了按照纺织性能进行分项的测试方法、按照纺织材料进行分项的测试方法以及影响纤维性能和织物性能的主要因素。

B5957 TS108-62

纺织厂机物料手册/顾廷鹏编.—上海：上海科学技术出版社，1959年.—402页

统一书号 15119·1342

本书叙述纺织厂常用机物料的性质、用途、规格、检验标准，以及如何合理使用材料和节约办法；并充实一些理论知识和新颖物料，可作技术革新的参考。

B5958 TS1-62

纺织产品价格工作手册　棉纺织、印染、色织分册/中华人民共和国纺织工业部.—北京：纺织工业部，1986年.—426页

B5959 TS108-62

纺织厂弱电设计手册（草稿）/范式正编.—北京：纺织工业部，1957年.—102页

B5960 TS103-62

纺织电气实用手册/孙同英主编.—北京：中国纺织机械器材工业协会，全国纺织机械科技情报站，1990年.—711页

本书详细阐述了国产纺织电气产品的设计原理、关键数据、典型电路分析、使用与维护等。同时还向国内纺织、纺机行业介绍了国外电机和电气传动的新技术，计算机在纺织、纺机行业中的应用。以发展的眼光论述了纺织机械机电一体化的发展方向。

B5961 TS103-62

纺织风机选用手册/戴义，徐冠勤，许文元编.—北京：中国纺织出版社，1993年.—257页（被引22）

ISBN 7-5064-1045-1

本书是一本纺织通风机专业的工具书。

B5962 TS108-62

纺织工厂设计手册　毛纺织工艺部分　油印本/纺织工业部基本建设设计院编.—北京：纺织工业部基本建设设计院，1958年.—132页

B5963 F768.1-62

纺织服装营销员手册（纺织业工商管理系列丛书）/香港理工大学纺织及制衣学系等编著.—北京：中国纺织出版社，2002年.—382页（被引6）

ISBN 7-5064-2355-3

本书分为商业、质量、技术三部分，介绍了纺织品出口管理制度，各国纺织品及服装安全使用条例和规定，与国际贸易有关的名词术语，纺织品测试方法和检验制度，服装尺寸测量方法，各国洗涤标签制度等内容。

B5964 TS108-62

纺织工厂设计手册　织绸工艺部分　油印本/纺织工业部基本建设设计院编.—北京：纺织工业部基本建设设计院，1959年.—77页

B5965 TS108-62

纺织工厂设计手册　丝绸印染工艺部分　油印本/纺织工业部基本建设设计院编.—北京：纺织工业部基本建设设计院，1959年.—82页

B5966 TS108-62

纺织工厂设计手册　缫丝厂工艺部分　油印本/纺织工业部基本建设设计院编.—北京：纺织工业部基本建设设计院，1959年.—83页

B5967 TS108-62

纺织工厂设计手册　采暖通风供热部分　第1册　油印本/纺织工业部基本建设设计院编.—北京：纺织工业部基本建设设计院，1959年.—161页

B5968 TS108-62

纺织工厂设计手册　采暖通风供热部分　第2册　油印本/纺织工业部基本建设设计院编.—北京：纺织工业部基本建设设计院，1959年

B5969 TS108-62

纺织工厂设计手册　采暖通风供热部分　第3册　油印本/纺织工业部基本建设设计院编.—北京：纺织工业部基本建设设计院，1959年.—121页

B5970 TS108-62

纺织工厂设计手册　水道部分　第1册　油印本/纺织工业部基本建设设计院编.—北京：纺织工业部基本建设设计院，1959年.—149页

B5971 TS108-62

纺织工厂设计手册　水道部分　第2册　油印本/纺织工业部基本建设设计院编.—北京：纺织工业部基本建设设计院，1959年.—322页

B5972 TS108-62

纺织工厂设计手册　锅炉部分　第1篇　油印本/纺织工业部基本建设设计院编.—北京：纺织工业部基本建设设计院，1959年.—61页

B5973 TS108-62

纺织工厂设计手册　锅炉部分　第2篇　油印本/纺织工业部基本建设设计院编.—北京：纺织工业部基本建设设计院，1959年.—46页

B5974　TS108-62

纺织工厂设计手册　锅炉部分　第 3 篇　油印本/纺织
工业部基本建设设计院编．—北京：纺织工业部基本建设设
计院，1959 年．—92 页

B5975　TS108-62

纺织工厂设计手册　锅炉部分　第 4 篇　油印本/纺织
工业部基本建设设计院编．—北京：纺织工业部基本建设设
计院，1959 年．—36 页

B5976　TS108-62

纺织工厂设计手册　修机部分　油印本/纺织工业部基
本建设设计院编．—北京：纺织工业部基本建设设计院，
1959 年．—53 页

B5977　TS108-62

纺织工厂设计手册　动力部分　油印本/纺织工业部基
本建设设计院编．—北京：纺织工业部基本建设设计院，
1959 年．—65 页

B5978　TS108-62

纺织工厂设计手册　供热管道　油印本/纺织工业部基
本建设设计院编．—北京：纺织工业部基本建设设计院，
1959 年．—71 页

B5979　TS108-62

纺织工厂设计手册　冷冻部分　油印本/纺织工业部基
本建设设计院编．—北京：纺织工业部基本建设设计院，
1959 年．—48 页

B5980　TS108-62

纺织工厂设计手册　电气部分　油印本/纺织工业部基
本建设设计院编．—北京：纺织工业部基本建设设计院，
1959 年．—179 页

B5981　TS108-62

纺织工厂设计手册　土建部分　油印本/纺织工业部基
本建设设计院编．—北京：纺织工业部基本建设设计院，
1959 年．—5 册

B5982　TS108-62

纺织工业动力工程手册　第一卷　电工部分 ［译］/
（苏）高尔东克等著；顾时希等译．—北京：纺织工业出版
社，1958 年．—627 页

　　统一书号 15041·230

B5983　TS1-62

纺织工业工程手册 ［译］/（美）诺伯特·劳埃德·恩
里克；华东纺织工学院管理工程系译．—北京：纺织工业
出版社，1984 年．—322 页（被引 18）

　　统一书号 15041·1324

　　本书以纺织企业为对象，较为全面地介绍了工业工程各

个方面的基础知识，列举实例阐述了操作测定、设备维修、
物资储存、质量控制、信息管理、成本利润评定等几项
工作。

B5984　TS103-62

纺织工业技术装备简明手册（内部发行）/吴永升主
编．—北京：纺织工业部技术装备司，中国纺织机械器材协
会，1992 年．—422 页

B5985　TS103-62

纺织工业技术装备手册/吴永升主编．—北京：中国纺织
出版社，2000 年．—1061 页（被引 5）

　　ISBN 7-5064-1688-3

　　本书着重介绍了化纤生产、纺纱、织造、针织及染整等
行业常规工艺流程，适度建设规模专业设备配台数量；部分
纺织机械系列产品的主要技术以及纺织机械器材企业与产品
目录。

B5986　TS1-62

纺织工业企业设计手册　第 1 册　砖砌煤气发生炉　油
印本/纺织工业部基本建设设计院编．—北京：纺织工业部基
本建设设计院，1958 年．—11 页

B5987　F407.81-62

纺织工业建设项目咨询手册/中国国际工程咨询公司轻
纺项目部编．—北京：中国计划出版社，1992 年．—341 页

　　ISBN 7-80058-208-6

　　本书分六部分：报告选编、文件选编、咨询案例、统计
资料、名词解释、附录，分别介绍了世界工程业咨询业发展
概况、中国咨询业的发展及纺织工业的新技术、新设备的解
释等内容。

B5988　TS1-62

纺织工业企业设计手册　第 3 册　工艺部分　油印
本/纺织工业部基本建设设计院编．—北京：纺织工业部基本
建设设计院，1958 年．—36 页

B5989　TS1-62

纺织工业企业设计手册　工艺部分　油印本/纺织工业
部基本建设设计院编．—北京：纺织工业部基本建设设计院，
1958 年．—2 册（128 页，152 页）

B5990　TS1-62

纺织工业实用手册/吴雪刚，曹承露编．—北京：纺织工
业出版社，1990 年．—550 页（被引 34）

　　ISBN 7-5064-0461-3

　　本书由纺织材料、纱线及纺织品、纺织生产经营管理及
纺织生产技术管理四部分组成。

B5991　F426.81-62

纺织行业较大危险因素辨识与防范指导手册/国家安全
生产监督管理总局．—北京：煤炭工业出版社，2017 年．—

30 页

ISBN 978-7-5020-5575-2

本书结合了纺织行业企业的安全特点，针对易发生较大以上事故的商场作业场所、环节、部位和作业行为，依据国家及行业法规、标准和技术规范，通过吸取相关事故教训，运用对照经验法、模拟法、事故分析法等，提出了纺织行业企业较大危险因素辨识的主要内容及防范措施等。

B5992 F407.81-62

纺织工业质量管理手册 第1分册 质量管理政策法规
上下册/陕西省纺织质量管理协会编.—西安：陕西科学技术出版社，1989 年.—787 页，637 页（被引 6）

ISBN 7-224-00876-1

本书系统地介绍了纺织工业的方针目标管理，质量保证体系，产品研制、生产和辅助过程的质量管理，质量检验与监督，质量改进，质量审核，质量成本，质量审计，质量奖惩以及质量管理小组和采购、仓储、销售和服务。此外，还介绍了质量教育、标准化、计量测试、班组建设和质量责任制等基础工作，汇编了有关质量方面的政策性文件和法规。

B5993 F407.81-62

纺织工业质量管理手册 第2分册/陕西省纺织质量管理协会编.—西安：陕西科学技术出版社，1991 年.—532 页

ISBN 7-5369-1078-9

B5994 TS103-62

纺织机械常用材料手册/中国纺织机械器材工业协会编著；亓国红主编.—北京：中国纺织出版社，2013 年.—188 页

ISBN 978-7-5180-0098-2

本书收集和选编了从事纺织机械研发所必备的金属和非金属材料的数据。内容包括上、下两篇和一个附录。上篇包括黑色金属材料概述，铸钢和铸铁，碳钢及合金钢化学成分和力学性能，碳钢及合金钢的钢板、钢管、钢棒、型钢、钢丝、钢带，以及常用中外黑色金属材料对照；下篇包括有色金属材料及合金牌号表示法，铸造有色金属合金，有色金属及其合金加工产品的成分、性能及用途，有色金属的板材、带材、棒材、线材、管材，以及非金属材料等；附录为本手册金属材料部分主要引用标准及其与国外先进标准之间的关系。本手册架构来自国内主要纺织机械生产企业，覆盖面广，实用性强；选材采用最新的国家或行业标准，内容编排多以表格的形式出现，简明扼要，使用与查阅方便。

B5995 TS108-62

纺织行业职工保健手册/崔力争，关砚生主编.—北京：北京科学技术出版社，1992 年.—101 页

ISBN 7-5304-1137-3

B5996 TS103-62

纺织机械故障诊断与日常维护实用手册/王振华主编.—长春：吉林音像出版社，2003 年.—1874 页

ISBN 7-88833-263-3

本书分上中下三册，共九编。分别从纺织机械的设备及其主要技术参数、型号与选用方法、设备安全运行检查要点、故障检测技术手段与方法等诸多方面进行了阐述。

B5997 TS103-62

纺织机械优选紧固件手册/中国纺织机械协会，全国纺织机械与附件标准化技术委员会编著；王静怡主编.—北京：中国纺织出版社，2016 年.—202 页

ISBN 978-7-5180-2723-1

本书介绍了纺织机械紧固件应用基础知识及优选紧固件品种、规格、技术要求、结构型式和尺寸、推荐性能等级（或材料）、标记等技术。内容包括：紧固件基础知识、螺栓、螺柱、螺钉、螺母、垫圈、挡圈、销、铆钉、木螺钉、自攻螺钉和紧固件组合件。

B5998 TS103-62

纺织机械质量工作手册/江苏省纺织机械器材工业公司编.—南京：江苏省纺织机械器材工业公司，1987 年.—234 页

B5999 TS103-62

纺织机械轴承手册/孔庆福编著.—北京：中国纺织机械工业总公司，1987 年.—556 页

B6000 TS103-62

纺织机械锥齿轮、蜗杆、蜗轮精度贯标应用手册/齿轮精度行标工作组.—北京：编者自发行，1993 年.—57 页

B6001 F407.81-62

纺织计量工作手册/上海纺织标准计量研究所，归礼根，刘恒琦，朱正大等编写.—上海：上海纺织工业局计量标准管理所，1984 年.—695 页

B6002 F407.81-62

纺织计量工作手册 新编/上海纺织标准计量研究所.—上海：上海纺织标准计量研究所，1988 年.—813 页

B6003 TS1-62

纺织技术手册/港纺协会编.—香港：金箭科技，199? 年.—373 页

B6004 F426.81-62

纺织技术经济统计手册/钱尧年主编.—北京：纺织科学研究院技术经济研究室，1987 年.—480 页

B6005 TS107-62

纺织检测机构手册/中国纺织总会科技发展部.—北京：中国纺织总会科技发展部，1996 年.—121 页

B6006 TS108-62

纺织空调除尘技术手册/黄翔主编.—北京：中国纺织出版社，2003 年.—822 页（被引 62）

ISBN 7-5064-2347-2

本书内容包括空调、除尘、制冷、通风机、水泵、压缩空气站、供热、通风、自动控制和工程设计实例等。

B6007　F426.81-62

纺织经济手册　1987/纺织工业部经济研究中心编.—北京：纺织工业出版社，1987 年

B6008　TS107-62

纺织品检验实用手册/付成彦主编.—北京：中国标准出版社，2008 年.—251 页（被引 6）

ISBN 978-7-5066-4854-7

本书针对纺织产品质量检测人员，从应知应会的角度，全面介绍了纺织产品知识，纺织产品检验的一般事项，纱线、织物物理性能检验，纺织品中纤维的鉴别、染色牢度的检验，纺织品基本安全性能、功能性的检验；同时对我国纺织产品标准，国内外纺织品检验方法标准进行了介绍。

B6009　F768.1-62

纺织品服装国际贸易基础知识：暨纺织品服装外贸业务手册　2008 年版/施用海，吴鹤松主编.—北京：中国商务出版社，2008 年.—550 页

ISBN 978-7-80181-779-2

本书为《纺织品服装国际贸易基础知识》与《纺织品服装外贸业务手册》的合编本。前者提供比较系统的基础知识，后者集中纺织品服装贸易的多项必备资料。

B6010　TS106-62

纺织品入门手册　第 2 版［港台］/姚兴川主编；王立主等撰写.—台北：台湾纺织产业综合研究所，2009 年.—326 页

B6011　F768.1-62

纺织品贸易工作手册/薛庆时等编.—常州：纺织工业部经济研究中心发行，1986 年

B6012　TS193-62

纺织品色彩设计与染色印花新技术、新工艺及印染质量控制实用手册　卷 1—4/周邦雄主编.—北京：银声音像出版社，2005 年.—394 页，395—770 页，771—1164 页，1165—1571 页

ISBN 7-88362-533-3

本书内容包括：纺织品色彩与纺织品染色印花预处理；纺织品色彩设计与配色计算机应用；纺织品染色新技术、新工艺及染色质量控制；纺织品印花新技术、新工艺及印花质量控制；染色印花助剂选用调配工艺技术。

B6013　TS106-62

纺织品设计手册［译］/（英）杰奎·威尔逊（Jacquie Wilson）著；郭兴峰，王建坤译.—北京：中国纺织出版社，2004 年.—157 页

ISBN 7-5064-2812-1

本书介绍了西方国家纺织品设计师从事纺织品设计的过程，主要包括纺织品设计的类型和功能、设计的原理和要素、设计实践以及设计的商业特点等。

B6014　TS101-62

纺织品质管理手册/张兆麟编著.—北京：中国纺织出版社，2005 年.—317 页

ISBN 7-5064-3502-0

本书介绍了纺织、印染、成衣生产加工中的品质管理的实验基础知识，疵点分析及其防止方法和对策，品质管理的检查事项等。

B6015　TS103-62

纺织器材生产手册/《纺织器材生产手册》编写组编.—北京：纺织工业出版社，1984 年.—324 页（被引 7）

统一书号 15041·1266

B6016　F407.81-62

纺织企业管理手册/《纺织企业管理手册》编审委员会编.—北京：纺织工业出版社，1989 年.—600 页

ISBN 7-5064-0257-2

本书较为全面系统地介绍纺织企业传统管理和现代化管理的基本经验和基础知识。

B6017　F407.81-62

纺织企业管理手册　第 2 版/《纺织企业管理手册》编审委员会编.—北京：中国纺织出版社，1997 年.—716 页

ISBN 7-5064-0257-2

本书全面、系统地介绍了纺织企业现代化管理的经验和知识，包括现代企业制度，企业经营，对外贸易和经济合作，计划管理和生产组织，原料管理，工艺管理，运转管理，品质管理，设备管理，标准与计量管理，能源管理，劳动人事管理，物资管理，财务与经济核算，技术进步，现代化管理方法，信息管理，电子计算机应用，企业文化，企业公共关系等。

B6018　TS108-62

纺织企业生产安全事故应急工作手册（生产安全事故应急工作指导丛书）/陈欣主编.—北京：中国劳动社会保障出版社，2009 年.—284 页

ISBN 978-7-5045-7817-4

本书主要内容包括：应急体系与应急管理概述，纺织企业生产事故概述，纺织企业事故应急预案的编制，纺织企业生产事故的预防与预警，教育、培训和演练，纺织企业生产事故应急的响应工作，纺织企业生产事故应急的恢复工作，以及相关法规规范附录。

B6019　TS103-62

纺织器材生产手册　上/《纺织器材生产手册》编写组编.—北京：纺织工业出版社，1984 年.—498 页

统一书号 15041·1254

B6020 TS103-62

纺织器材生产手册 下/《纺织器材生产手册》编写组编.—北京：纺织工业出版社，1983 年.—173 页

统一书号 15041·1268

B6021 TS103-62

纺织器材使用手册 上/纺织工业部物资局主编.—北京：纺织工业出版社，1981 年.—294 页；21cm（被引 5）

统一书号 15041·1112

本书分为上、下两册，上册为纺部器材，下册为织部器材。上册介绍了金属针布、刺辊锯条、弹性针布、棉条筒、纱管、胶辊、胶圈、钢丝圈等八种主要纺部器材的作用，应具备的条件、类型、规格、技术要求、使用、维护保养与管理，并有专章介绍了纺部器材的修理方法。

B6022 TS103-62

纺织器材使用手册 下/纺织工业部物资局主编.—北京：纺织工业出版社，1981 年.—276 页；21cm（被引 42）

统一书号 15041·1123

下册分别介绍了钢筘、钢丝综、综框、停经片、打结器、打结刀、梭子、皮结、缓冲皮圈、投梭棒、侧板、边撑刺辊、刺片等十三种主要织部器材的作用，应具备的条件、类型、规格、技术要求、使用、维护保养与管理，并有专章介绍了织部器材的修理方法。

B6023 TS1-62

纺织染工程手册 ［港台］/蒋乃镛编著.—香港：香港金文书店，1974 年.—353 页（被引 6）

B6024 TS1-62

纺织染工程手册 1951/黄希阁编.—上海：中国纺织染工程研究所，1951 年.—148 页

B6025 TS1-62

纺织染工程手册 下册/蒋乃镛编.—上海：大东书局，1951 年.—301 页

B6026 TS1-62

纺织染工程手册 增补三版/蒋乃镛编.—上海：中国文化事业社，1951 年.—351 页（被引 11）

B6027 TS190-62

纺织染整助剂品种手册/化学工业部染料工业科技情报中心站编.—沈阳：化学工业部沈阳化工研究院，1985 年.—530 页

B6028 TS190-62

纺织染整助剂实用手册/陈溥，王志刚编.—北京：化学工业出版社，2003 年.—642 页；21cm（被引 43）

ISBN 7-5025-4312-0

本书是我国最新出版的全面、系统介绍纺织染整助剂的实用手册。它介绍了纺织染整助剂的定义、分类、沿革和现状等。分为前处理剂、印染助剂、后整理助剂 3 大类，21 个小类，500 余种。

B6029 TS190-62

纺织染整助剂手册/陈溥，王志刚编.—北京：中国轻工业出版社，1995 年.—526 页；20cm（被引 25）

ISBN 7-5019-1752-3

本手册在对纺织染整助剂的定义、作用、分类、沿革和现状等作简要论述的基础上，分前处理助剂、印染助剂、后整理助剂 3 大类、16 小类，较全面系统地汇集了我国主要生产厂家历年生产的助剂品种和批量投产的科研新品种共 372 种。每个品种都从品名、组成、性能、简要制法、用途、包装贮运、生产单位等方面进行了介绍。此外，还介绍了作为纺织助剂的常用化工原料 104 种。

B6030 TS1-62

纺织手册 ［港台］/香港棉纺业同业公会，香港生产力促进局编订.—香港：香港棉纺业同业公会，2001 年.—1册；21cm

ISBN 962-8040-51-0

B6031 TS1-62

纺织手册 ［港台］/纺织手册出版委员会.—台北：台湾纺织学会，1979 年.—1140 页

B6032 TS102-62

纺织纤维检验检测与质量性能测试及质量控制技术标准实用手册 第 1—4 卷/谢军主编.—长春：银声音像出版社，2004 年.—440 页，441—921 页，925—1384 页，1385—1849 页

ISBN 7-88362-405-9

本书主要介绍了纺织纤维的结构与性能测试、绿色纤维——Tencel 的开发及质量检验技术，以及化学纤维检测、质量测定与控制技术、纱线的结构与性能测试等内容。

B6033 TS102-62

纺织纤维鉴别手册/李青山主编.—北京：纺织工业出版社，1996 年.—197 页；19cm（被引 150）

ISBN 7-5064-1192-X

在日常生活与生产中，了解纤维是哪种纤维，织物是由哪种纤维或哪几种纤维织成，对生活与生产都有非常重要的意义。它可以使您掌握纤维与织物的特性，方便您更好地使用。

B6034 TS102-62

纺织纤维鉴别手册 第 3 版（纺织新技术书库）/李青山主编.—北京：中国纺织出版社，2009 年.—286 页；21cm（被引 37）

ISBN 978-7-5064-5083-6

本书共分 16 部分，内容包括感官鉴别法、相对密度法、点滴分析法、新型复合纤维检测与鉴别等。

B6035 TS102-62

纺织纤维与产品鉴别应用手册（化工产品手册）/邢声远，周硕，曹小红编 .—北京：化学工业出版社，2016年 .—229 页

　　ISBN 7-122-25922-6

B6036 TS190-62

纺织印染助剂实用手册/邢凤兰，王丽艳，高淑珍等编著 .—北京：化学工业出版社，2014 年 .—321 页

　　ISBN 978-7-122-20515-5

　　本书在简要介绍纺织品（棉、毛、丝、麻）生产工艺的基础上，按纺织助剂、印染助剂、后整理助剂共 420 个品种分别进行介绍。其中，纺织助剂 173 个，印染助剂 139 个，后整理助剂 108 个。对各品种从品名、别名、英文名、组成、分子式或结构式、性质、质量指标、制法、应用、生产厂家等各方面进行了介绍。

B6037 TS102-62

纺织原料手册　棉分册/《纺织原料手册》（棉分册）编写组编 .—北京：中国纺织出版社，1996 年 .—647 页；20cm
（被引 27）

　　ISBN 7-5064-1178-4

　　本手册主要内容是以棉花品种、纤维质量为重点，分棉花生产、流通、外棉三大部分。并介绍了我国七个主要产棉省（自治区）的品种演变及纺用价值；20 世纪 90 年代棉花加工的新工艺及成套设备；国家制定的有关棉花流通的现行各项政策及体制改革的趋向；国内外现行原棉检测仪器使用，以及近年来各国棉花的概况和国际棉花标准化、贸易等组织机构的作用等情况。

B6038 TS103-62

纺织针布使用手册/庄元凯主编；《纺织针布使用手册》编写组编著 .—西安：陕西科学技术出版社，1993 年 .—222页（被引 16）

　　ISBN 7-5369-1739-2

　　本书包括国内外针布的发展，棉、毛、麻、绢、非织造布和废纺等针布的功能、分类和有关标准，针布特性和选配原则，针布的设计和制造等。

B6039 TS17-62

非织造布生产加工新技术工艺及性能测试与质量控制标准实用手册（全四卷）/刘辉主编 .—长春：银声音像出版社，2004 年 .—1818 页

　　ISBN 7-88362-242-0

B6040 F426.81

非织造布和产业用纺织品用户指南（中英文本）/中国纺织科学技术总公司编 .—上海：中国纺织大学出版社，2001 年 .—285 页

　　ISBN 7-81038-396-5

　　本书主要内容是境内外企业名录及其基本情况介绍，也包括对行业基本情况的介绍，有关的国家标准和行业标准，

产业用纺织品生产常用词汇的中英文对照等内容。

B6041 TS103-62

钢领钢丝圈使用手册/竺钦安主编 .—上海：上海市纺织工程学会，1990 年 .—38 页

　　本书较系统地介绍了国内的棉纺和毛纺钢领钢丝圈在纺纱中的作用和性能特点；提供了如何正确选用钢领钢丝圈，上车步骤，衰退钢领如何修复使用等方法。

B6042 TS114-62

工农技术人员手册　棉纺工程手册　增订版　第 2版/谈祖彦编 .—上海：中华书局，1951 年 .—130 页

B6043 TS136-62

国内外常见毛织物品种手册/郑雄周，邢声远编 .—石家庄：河北省毛纺织产品调研组，1986 年 .—247 页

　　ISBN 978-3739-3624-01

B6044 TS108-62

工人岗位规范手册（能力、知识）**纺织卷**/上海市经济委员会编 .—上海：上海科学普及出版社，1990 年 .—772 页

　　ISBN 7-5427-0300-5

　　本书包括纺织系统主体工种的主要岗位 570 个左右，分为棉纺、棉印染、毛纺织、丝绸、针织、复制、服装、化纤、化纤加工、纺织器材等十篇。

B6045 TS112-62

国外新型棉纺织设备手册/李妙福编 .—上海：上海科学普及出版社，1989 年 .—507 页（被引 13）

　　ISBN 7-5427-0196-7

　　本书介绍了国外棉纺织机械的先进工艺和技术。

B6046 TS103-62

国外针布手册　上下册/纺织工业部物资局编 .—北京：纺织工业部物资局，1981 年 .—182 页，167 页

B6047 TS102-62

合成纤维长丝加工手册　上册[译]/（日）安家胜三，奈良宽久著；北京化纤工学院化纤机械教研室译 .—北京：纺织工业出版社，1981 年 .—360 页

　　统一书号 15041·1075

　　本书叙述了合成纤维长丝各种膨体（加弹）加工技术的基本原理、应用范围、设备以及各种新工艺措施。此书共分上下两册，上册介绍目前比较成熟的膨体加工技术和设备。

B6048 TS102-62

合成纤维长丝加工手册　下册[译]/（日）奈良宽久，安家胜三著；清江合成纤维厂设备科，朝阳合成纤维厂数据室译 .—北京：纺织工业出版社，1982 年 .—324 页

　　统一书号 15041·1158

　　本书叙述了合成纤维长丝各种膨体（加弹）加工技术的基本原理、应用范围、设备以及各种新工艺措施。此书共分

上下两册，下册介绍膨体加工新技术以及发展，以及膨体卷曲丝的后加工技术与生产管理、试验方法等。

B6049　TS190-62

化工产品手册　2　染料、有机颜料　第 2 版/化学工业部染料工业科技情报中心站编.—北京：化学工业出版社，1995 年.—1441 页

　　ISBN 7-5025-1256-X

B6050　TS102-62

化工产品手册　纺织纤维　第 4 版/邢声远主编.—北京：化学工业出版社，2005 年.—512 页（被引 22）

　　ISBN 7-5025-6174-9

本书全面介绍了各种纺织纤维的结构式或化学组成、物化性质、质量标准、用途、制法、消耗定额、包装及贮运、生产厂家等。

B6051　TS190-62

化工产品手册　染整助剂　第 6 版/莒晓艳，朱领地，王月欣等编.—北京：化学工业出版社，2016 年.—283 页

　　ISBN 978-7-122-24272-3

本书共收集染整助剂 450 余种，主要为纺织印染领域应用的化学品，每个产品有中英文名称、组成或结构、物化性质、质量标准、用途、制法、安全性及参考生产单位。

B6052　TQ34-62

化纤产品实用手册/朱中平，朱晨曦等编.—北京：中国物资出版社，1996 年.—454 页

　　ISBN 7-5047-1075-X

B6053　TQ34-62

化纤原料与化工料手册/薛玉泉等编.—北京：纺织工业出版社，1983 年.—298 页

　　统一书号 15041·1256

B6054　TS102-62

化学纤维及原料实用手册/中国化纤总公司编.—北京：纺织工业出版社，1996 年.—454 页（被引 30）

　　ISBN 7-5064-1190-3

B6055　TS102-62

化学纤维简明手册/纺织工业部化学纤维局手册编写组编.—北京：纺织工业出版社，1982 年.—240 页（被引 6）

　　统一书号 15041·1215

B6056　TS102-62

化学纤维简明手册　1986/纺织工业部化学纤维局手册编写组编.—北京：纺织工业出版社，1987 年.—345 页

　　ISBN 7-5064-0016-2

B6057　TS102-62

化学纤维生产分析检验手册　上册［译］/（苏）帕克什维尔等著；董纪震等译.—北京：中国财政经济出版社，1962 年.—392 页

　　统一书号 15166·085

本书分为上下两册，内容叙述黏胶、铜氨、醋酸、合氯纶和聚酰胺等纤维生产的原料、半制品和成品的分析方法以及纺织试验的主要方法。此外，书中载有重要试剂及高分子物的主要的物理和化学特性表，也载有化学纤维的分类及其重要性质等数据。

B6058　TS102-62

化学纤维生产分析检验手册　下册［译］/（苏）帕克什维尔等著；董纪震等译.—北京：中国财政经济出版社，1962 年.—393—737 页（被引 6）

　　统一书号 15166·090

本书分为上下两册，内容叙述黏胶、铜氨、醋酸、合氯纶和聚酰胺等纤维生产的原料、半制品和成品的分析方法以及纺织试验的主要方法。此外，书中载有重要试剂及高分子物的主要的物理和化学特性表。也载有化学纤维的分类及其重要性质等数据。

B6059　TS102-62

化学纤维手册/沈新元编著.—北京：中国纺织出版社，2008 年.—1022 页（被引 71）

　　ISBN 978-7-5064-4820-8

本书系统介绍了化学纤维的基本知识，阐述了化学纤维的生产原理，重点介绍了黏胶、聚酰胺、聚酯、聚丙烯、聚丙烯腈等化学纤维大品种的原料、生产工艺、性能、改性及应用，并对高性能纤维、功能纤维、智能纤维和生态纤维等新产品作了论述。本书内容丰富、新颖，具有较强的实用性和可读性，对指导生产具有重要意义。本书的出版将为企业界和学术界提供一本关于化学纤维的综合性著作，具有重要意义。

B6060　TS102-62

化学纤维手册　基础篇［译］/（日）日本纤维学会编；《化学纤维手册》编译小组译；李之工，徐学庄译校.—北京：中国财政经济出版社，1966 年.—234 页

　　统一书号 15166·284

这一手册译自日本纤维学会《化纤便览》1966 年新版。原书共有七篇，译本依此分成七册出版，即"基础篇""人造纤维篇""合成纤维篇""纺纱篇""织造篇""染整篇""试验篇"。这一手册可供我国化学纤维制造、纺织和染整专业的生产技术人员、科学研究人员以及大专院校师生参考。

"基础篇"，阐述了作为化学纤维原料的线型高分子物和化学纤维的物理化学基础，包括线型高分子物的溶液理论、染色理论、合成理论以及化学纤维的微细结构、流变性质和辐射化学等；介绍了化学纤维及其纱线和织物的各种性质，包括这些性质的分析鉴定方法和试验数据。

B6061　TS102-62

化学纤维手册　人造纤维篇［译］/（日）日本纤维学

会编;《化学纤维手册》编译小组译;罗瑞林, 朱义卿等翻译.—北京:中国财政经济出版社, 1966 年.—263 页

统一书号 15166·288

"人造纤维篇", 阐述了黏胶纤维、铜氨纤维和醋酸纤维的制造工艺, 提供了各项工艺数据。

B6062 TS102-62

化学纤维手册 合成纤维篇 [译]/(日)日本纤维学会编;《化学纤维手册》编译小组译.—北京:中国财政经济出版社, 1966 年.—263 页

B6063 TS102-62

化学纤维手册 纺纱篇 [译]/(日)日本纤维学会编;《化学纤维手册》编译小组译.—北京:中国财政经济出版社, 1966 年

B6064 TS102-62

化学纤维手册 织造篇 [译]/(日)日本纤维学会编;《化学纤维手册》编译小组译.—北京:中国财政经济出版社, 1966 年

B6065 TS102-62

化学纤维手册 染整篇 [译]/(日)日本纤维学会编;《化学纤维手册》编译小组译.—北京:中国财政经济出版社, 1966 年

B6066 TS102-62

化学纤维手册 试验篇 [译]/(日)日本纤维学会编;《化学纤维手册》编译小组译.—北京:中国财政经济出版社, 1966 年

B6067 TS102-62

化学纤维性能简明手册 [译]/(苏)查理·Z. 卡洛尔-波尔钦斯基著;张轫刚, 周承元译.—北京:中国财政经济出版社, 1965 年.—268 页

统一书号 15166·225

本书以表格形式介绍各类化学纤维、无机纤维和化学纤维变形纱线的物理机械性质、化学性质、染色性质和鉴别方法等, 并用曲线图说明纤维的几种主要的力学性质。书中还用工艺流程图介绍各类化学纤维的制造方法。本书最后还附有各类化学纤维的显微照相图和 X 射线衍射图一百多幅。

B6068 TS190-62

化学助剂分析与应用手册 上中下册/黄茂福主编.—北京:中国纺织出版社, 2001 年.—1046 页, 1047—2230 页, 2231—3248 页(被引 230)

ISBN 7-5064-1947-5

本书共分三十六章, 介绍了常用的酸、碱、盐、氧化剂、还原剂和有机化合物的性状、规格及化学分析方法, 还分别介绍了 4000 多种化学助剂的分子组成、性状、应用范围及使用方法。

B6069 TS124-62

黄麻纺织手册/浙江麻纺织厂《黄麻纺织手册》编写组编.—北京:纺织工业出版社, 1982 年.—757 页(被引 20)

统一书号 15041·1178

B6070 TS114-62

混棉手册 1950/中国原棉研究学会出版委员会编辑.—上海:中国原棉研究学会, 1950 年.—96 页

B6071 TS105-62

机织学习手册 第 1 册 浆纱/中国纺织染工程研究所编辑委员会编著.—上海:中国纺织图书杂志社, 1952 年.—102 页

B6072 TS107-62

家用纺织品检测手册 (家用纺织品设计丛书)/吴坚, 李淳主编.—北京:中国纺织出版社, 2004 年.—244 页(被引 49)

ISBN 7-5064-3032-0

本书介绍了家用纺织品的分类、检测指标、检测原理和检测方法。除家用纺织品原料分析与鉴别外, 还对家用纺织品的舒适性能、外观性能、耐用性能、功能性和生态纺织品的检测, 以及国内外家用纺织品的检测标准进行了介绍。

B6073 F426.81-62

技术经济手册:纺织卷/中国技术经济研究会主编.—北京:今日中国出版社, 1992 年.—858 页

ISBN 7-5072-0460-X

本书主要为纺织工业部门各行业、各学科、各单位(企业)提供纺织工业技术经济数据和研究方法, 也可为国民经济其他部门及其他学科提供有关的参考资料, 是一部基础工具书、专业参考书和广义资料书。

B6074 TS106-62

家用织物生产手册 第 1 分册/天津市纺织装饰品工业公司, 上海市巾被工业公司主编.—北京:纺织工业出版社, 1988 年.—432 页

ISBN 7-5064-0100-2

本书介绍毛巾、床单、线毯、围巾、手帕及线带等织造家织物和线产品的分类, 家织物的原料的理化性质, 织物设计, 准备工程各工序的主要机械的技术特征, 机械传动, 机械计算, 工艺配置, 提高产品质量措施, 主要物料规格与选用等。

B6075 TS106-62

家用织物生产手册 第 2 分册/天津市纺织装饰品工业公司, 上海市巾被工业公司主编.—北京:纺织工业出版社, 1989 年.—284 页

ISBN 7-5064-0294-7

本书主要介绍织造(毛巾织机、织带机)、制线(并线机、捻线机、拖浆机)生产中机械的技术特征、机械传动与计算、工艺配置、疵品形成原因及解决方法, 还收集了空气

调节、生产计算及消耗定额核算、机械排列、设备完好技术条件等资料。

B6076 TS106-62

家用织物生产手册 第 3 分册/天津市纺织装饰品工业公司，上海市巾被工业公司主编 . —北京：纺织工业出版社，1992 年 . —512 页

ISBN 7-5064-0745-0

本书介绍印染前处理、染色、印花及印染后处理工序的原理、工艺流程、用料处方、操作方法、注意事项、疵点产生原因及解决办法。

B6077 TS106-62

家用织物生产手册 第 4 分册/天津市纺织装饰品工业公司，上海市巾被工业公司主编 . —北京：纺织工业出版社，1992 年 . —364 页

ISBN 7-5064-0768-X

本书第四分册主要介绍成品包装、常规试化验、水质检验与处理、染整设备、试化验仪器、染整工艺有关参数等资料。

B6078 TQ43-62

胶粘剂生产与应用手册（服装体系）/程时远，陈正国主编 . —北京：化学工业出版社，2003 年 . —613 页；26cm（被引 112）

ISBN 7-5025-4329-5

本书较系统地介绍了胶黏剂及相关材料的生产与流程，以及在纺织、服装、造纸、印刷、包装、建筑装饰、光电子、医疗卫生等行业中的应用等内容。

B6079 F426.81-62

江苏纺织工业计划工作手册 第 1 分册 化纤工业/江苏省纺织工业厅计划处编 . —南京：江苏纺织工业技术经济和管理现代化研究会，1983 年 . —166 页

B6080 F426.81-62

江苏纺织工业计划工作手册 第 2 分册 棉纺织印染工业/江苏省纺织工业厅计划处编 . —南京：江苏纺织工业技术经济和管理现代化研究会，1983 年 . —387 页

B6081 F426.81-62

江苏纺织工业计划工作手册 第 3 分册 毛麻纺织工业/江苏省纺织工业厅计划处编 . —南京：江苏纺织工业技术经济和管理现代化研究会，1983 年 . —236 页

B6082 F426.81-62

江苏纺织工业计划工作手册 第 4 分册 丝绸工业/江苏省纺织工业厅计划处编 . —南京：江苏纺织工业技术经济和管理现代化研究会，1983 年 . —223 页

B6083 F426.81-62

江苏纺织工业计划工作手册 第 5 分册 针织复制工业/江苏省纺织工业厅计划处编 . —南京：江苏纺织工业技术经济和管理现代化研究会，1983 年 . —255 页

B6084 F746.81-62

进出口纺织品检验技术手册/上海出入境检验检疫局编写组编著 . —北京：中国质检出版社，2012 年 . —527 页

ISBN 978-7-5066-6667-1

本书描述了我国纺织服装的发展现状，阐述了国内外有关纺织服装的技术法规和检测技术，以纺织原料、纱线、织物为总线，重点介绍了进出口纺织原料和纱线的通用检测技术、纺织品的基本规格和常规物理性能、纤维成分、色牢度、纺织品安全及生态性能以及纺织品常规功能性检测技术等，主要编写内容是以检测项目为基本点，比较不同国家的标准异同，特别是指出差异性。

B6085 TS190-62

进口染料助剂应用手册 染料分册/纺织工业部科技情报研究所编 . —北京：纺织工业部科学技术情报研究所，1980 年 . —827 页

B6086 TS190-62

进口染料助剂应用手册 助剂分册/纺织工业部科技情报所编 . —北京：纺织工业部科学技术情报研究所，1987 年 . —254 页

B6087 TS190-62

近期世界染料及有机颜料手册/谢兰景，杜淑敏编译 . —北京：化学工业部科技情报研究所，1987 年 . —734 页

B6088 TS190-62

精细化工常用中间体手册/黎钢主编 . —北京：化学工业出版社，2009 年 . —923 页

ISBN 978-7-122-03428-1

本书精选了合成材料、农药、染料、香料、医药等精细化工领域常用的中间体 724 种，每种中间体都介绍了其英文名、别名、结构式、分子式、性质、规格、生产工艺、用途、安全与防护以及参考生产厂家等内容，其中生产工艺和用途是本书的重点，都有制备和应用实例作详细说明。

B6089 TS15-62

聚丙烯腈系爱克斯纶纤维技术手册/上海市毛麻纺织工业公司译 . —北京：纺织工业部生产司，1963 年 . —235 页

本书内容包括：爱克斯纶纤维在制条、纺、织、针织、染整等加工过程中采用的加工方法，并对纤维的性能、产品的试验方法和使用方法等也作了较全面的叙述。

B6090 TQ34-62

聚乙烯醇纤维手册/水佑人等编 . —北京：纺织工业出版社，1981 年 . —277 页（被引 32）

统一书号 15041·1076

本书共分两个部分。第一部分为聚乙烯醇的制造，介绍以电石、天然气与石油为基础原料，生产聚乙烯醇的工艺流

程，工艺常用图表，物化数据，主要设备，原材料规格以及消耗定额。第二部分为聚乙烯醇纤维的制造，介绍短纤维、丝束、长丝以及牵切纺的工艺流程，常用生产图表，生产经验数据，工艺计算方法，原材料规格及消耗定额。

B6091　TQ34-62

聚酯纤维手册/贝聿泷编 .—北京：纺织工业出版社，1981 年 .—378 页

统一书号 15041·1055

本书主要内容为聚酯及其原料对苯二甲酸、对苯二甲酸二甲酯以及聚酯纤维制造的工艺流程、工艺参数、主要设备特征、原材料规格以及消耗定额等。为便于查找，尽量采用图表形式。

B6092　TQ34-62

聚酯纤维手册　第 2 版/贝聿泷，徐炽编 .—北京：纺织工业出版社，1991 年 .—488 页

ISBN 7-5064-0608-X

本书介绍了聚酯纤维的制造过程，包括聚酯纤维的历史和展望、聚酯中间体的制造、聚合过程、纺丝、后加工以及聚酯工业用丝、工艺计算、工厂设计的工艺要求等。

B6093　TS144-62

绢与麻的精炼脱胶技术手册/闵乃同，闵宁一编著 .—南宁：广西壮族自治区出版社，1988 年 .—462 页

B6094　TS124-62

麻纺工艺与质量控制及标准应用手册　上卷/周邦雄主编 .—长春：吉林音像出版社，2003 年 .—466 页

ISBN 7-88833-285-4

本书系统地阐述了苎麻、亚麻、黄麻、洋麻纺纱的原料种类、性能选配、加工工艺及其设备、制品质量控制及生产管理等内容，还收集了最新最全的麻纺织标准，适于广大从事麻纺工作的专业人员阅读。

B6095　TS124-62

麻纺工艺与质量控制及标准应用手册　中卷/周邦雄主编 .—长春：吉林音像出版社，2003 年 .—467—952 页

ISBN 7-88833-285-4

B6096　TS124-62

麻纺工艺与质量控制及标准应用手册　下卷/周邦雄主编 .—长春：吉林音像出版社，2005 年 .—953—1432 页

ISBN 7-88833-285-4

B6097　TS126-62

麻纺织品手册（现代纺织工程丛书）/李桂珍等主编 .—北京：中国纺织出版社，2003 年 .—385 页（被引 10）

ISBN 7-5064-2317-0

本书重点介绍亚麻、大麻及黄麻织物，共 793 种，具体内容包括织物的名称、风格、用途、织物组织结构、使用原料、组织规格、色纱排列等。

B6098　TS136-62

毛纺织品手册（现代纺织工程丛书）/陈琦等编著 .—北京：中国纺织出版社，2001 年 .—492 页（被引 11）

ISBN 7-5064-2011-2

本书重点介绍精纺及粗纺毛织物，并以彩色图片的形式展示了各类毛织物，同时对每类产品的纺织及染整工艺特点进行了详细的说明。

B6099　F416.81-62

毛纺织工业质量管理手册［译］/澳大利亚国际援助署，国际羊毛局著；北京服装学院等译 .—北京：中国纺织出版社，2001 年 .—119 页（被引 17）

ISBN 7-5064-1896-7

本书介绍澳毛的客观检验及其重要性，中国毛纺企业质量管理现状和措施，澳大利亚和中国羊毛生产与销售，中国羊毛处理加工的质量问题等。

B6100　F426.81-62

棉纺织企业计划统计工作手册/江苏纺织工业技术经济和管理现代化研究会 .—南京：江苏纺织工业技术经济和管理现代化研究会，1992 年 .—399 页

本书是在《江苏纺织工业计划工作手册》基础上改进而来。

B6101　TS190-62

毛纺织染整工艺简明手册/《毛纺织染整工艺简明手册》编写组编著 .—北京：中国纺织出版社，1997 年 .—492 页（被引 18）

ISBN 7-5064-1320-5

本书主要包括毛织物产品及设计、毛纺原料纱线和毛织物品质指标及评定、羊毛初步加工、粗梳毛纺、毛条制造、精梳毛纺、络纱、并线、捻线、蒸纱、织造、染色、整理等方面有关的生产要点、工艺参数、质量标准、技术要求等内容。

B6102　TS190-62

毛纺织染整手册　上册　第 1 分册　/上海市毛麻纺织工业公司编 .—北京：轻工业出版社，1977 年 .—619 页

统一书号 15042·1413

B6103　TS190-62

毛纺织染整手册　上册　第 2 分册　/上海市毛麻纺织工业公司编 .—北京：轻工业出版社，1977 年 .—621—940 页（被引 14）

统一书号 15042·1414

B6104　TS190-62

毛纺织染整手册　下册　第 1 分册　/上海市毛麻纺织工业公司编 .—北京：轻工业出版社，1977 年 .—315 页（被引 11）

统一书号 15042·1431

B6105　TS190-62

　　毛纺织染整手册　下册　第 2 分册 /上海市毛麻纺织工业公司编 .—北京：轻工业出版社，1977 年 .—316—656 页（被引 5）

　　　　统一书号 15042·1432

B6106　TS190-62

　　毛纺织染整手册　上册　第 1 分册/上海市毛麻纺织工业公司编 .—北京：纺织工业出版社，1981 年 .—619 页

　　　　统一书号 15041·1150

　　　　本书包括原料、原毛准备、和毛给油、粗梳毛纺、毛条制造、精梳毛纺等六篇。

B6107　TS190-62

　　毛纺织染整手册　上册　第 2 分册/上海市毛麻纺织工业公司编 .—北京：纺织工业出版社，1981 年 .—620—940 页（被引 6）

　　　　统一书号 15041·1151

　　　　本书包括第七篇产品设计和第八篇织造两部分。

B6108　TS190-62

　　毛纺织染整手册　下册　第 1 分册/上海市毛麻纺织工业公司编 .—北京：纺织工业出版社，1981 年 .—315 页

　　　　统一书号 15041·1152

　　　　本书包括第九篇染色和第十篇整理两部分。

B6109　TS190-62

　　毛纺织染整手册　下册　第 2 分册/上海市毛麻纺织工业公司编 .—北京：纺织工业出版社，1981 年 .—316—656 页

　　　　统一书号 15041·1153

　　　　本书包括第十一篇试化验和第十二篇工厂设计两部分。

B6110　TS190-62

　　毛纺织染整手册　第 2 版　上册 /上海市毛麻纺织工业公司编 .—北京：中国纺织出版社，1995 年 .—1259 页（被引 70）

　　　　ISBN 7-5064-0900-3

　　　　本书是 1977 年出版的同名手册的修订本，由上下册组成。上册包括：原料、原毛准备、和毛给油、粗梳毛纺、毛条制造、精梳毛纺产品设计织造等 8 篇，下册包括：染色、印花及整理、产品质量要求等 5 篇。

B6111　TS190-62

　　毛纺织染整手册　第 2 版　下册/上海市毛麻纺织工业公司编 .—北京：中国纺织出版社，1994 年 .—1074 页（被引 56）

　　　　ISBN 7-5064-0984-4

　　　　本书主要介绍染色、漂白、印花及整理、试化验、成品品质要求、工厂设计等 5 篇。修订时，对成熟的新工艺、新技术、新设备作了较大的补充，与上册配套，是毛纺织厂必备的工具书。

B6112　TS190-62

　　毛纺织染整手册　第 3 版　上册 /中国毛纺织行业协会编 .—北京：中国纺织出版社，2018 年 .—1027 页

　　　　ISBN 978-7-5180-5040-6

　　　　本书共 15 篇，分上下两册。上册主要介绍毛纺织行业的原料、原毛准备、和毛给油、粗梳毛纺、毛条制造、精梳毛纺、产品设计、织造等，修订时针对毛纺行业目前使用的新材料、新工艺、新设备和新技术作了较多补充，是毛纺织行业的必备工具书。

B6113　TS190-62

　　毛纺织染整手册　第 3 版　下册/中国毛纺织行业协会编 .—北京：中国纺织出版社，2018 年 .—1030-2051 页

　　　　ISBN 978-7-5180-5041-3

　　　　本书主要介绍染色、漂白、印花以及整理、试化验、成品质量要求、工厂设计、山羊绒及其制品加工、羊精梳毛纺等，修订时结合行业需求新增了山羊绒及其制品加工和半精梳毛纺两篇内容，同时针对毛纺行业目前使用的新材料、新工艺、新设备和新技术作了较多补充，是毛纺织行业的必备工具书。

B6114　TS131-62

　　毛纺织物理试验方法汇编/上海毛麻纺织科学技术研究所 .—上海：上海毛麻纺织科学技术研究所，1984 年 .—221 页

B6115　TS132-62

　　毛纺织引进设备参考资料　粗纺手册/毛纺教研室编 .—上海：中国纺织大学，199? 年 .—279 页

B6116　TQ34-62

　　毛丽华（V-17）—聚丙烯腈纤维技术手册/山东省轻工业局纺织科技情报服务站，山东省轻工业局第二科学研究所编 .—济南：山东省轻工业局纺织科技情报服务站，山东省轻工业局第二科学研究所，1973 年 .—71 页；26cm

B6117　TS102-62

　　绵羊毛分级整理技术手册/田可川主编 .—北京：中国农业出版社，2018 年 .—48 页；24cm

　　　　ISBN 978-7-109-24183-1

　　　　本书内容包括：羊毛分级目标、羊毛分级的环境与基础设施、剪毛前场地工具和人员的准备、剪毛工序、套毛分类、羊毛分级整理质量控制等。

B6118　TS19-62

　　棉布印染工艺设计手册/纺织工业部基本建设设计院编 .—北京：纺织工业部基本建设设计院，1959 年 .—274 页

B6119　TS114-62

　　棉纺工程手册/公私合营大成纺织染第三厂工程师室编印 .—常州：编者自发行，1957 年 .—1 册

B6120　TS114-62

棉纺加工新技术与产品新工艺优化设计及质量检验实用手册/徐健涛主编 . —上海：科技文化出版社，2005 年 . —4 册（1692 页）

本书内容包括：棉纺织基础知识；棉纺材料加工新工艺；棉纺材料成纱新工艺；棉纺产品质量检验与标准等。

B6121　TS114-62

棉纺试验技术手册/上海纺织标准计量研究所编 . —上海：上海纺织标准计量研究所，1987 年 . —267 页

B6122　TS114-62

棉纺手册［译］/（苏）别里钦（Н. М. Белин）主编；中国纺织工程学会上海分支俄文棉纺小组译 . —北京：纺织工业出版社，1955 年 . —506 页（被引 9）

统一书号 15041·5

B6123　TS114-62

棉纺手册　1955 年增订版［译］/（苏）别里钦（Н. М. Белин）主编；中国纺织工程学会上海分支俄文棉纺小组译 . —北京：纺织工业出版社，1959 年 . —737 页（被引 37）

统一书号 15041·285

B6124　TS114-62

棉纺手册　上册/上海市棉纺织工业公司《棉纺手册》编写组编 . —北京：轻工业出版社，1976 年 . —446（被引 8）

统一书号 15042·1380

本书包括总述、原棉、开清棉、精梳、并条、粗纱共 7 章。

B6125　TS114-62

棉纺手册　下册/上海市棉纺织工业公司《棉纺手册》编写组编 . —北京：轻工业出版社，1976 年 . —530 页

统一书号 15042·1386

本书包括细纱、筒捻摇成、化纤纺纱、布面纱疵、质量检验、生产核算、空调与电气、附录，共 8 章。

B6126　TS114-62

棉纺手册　上册/上海市棉纺织工业公司《棉纺手册》编写组编 . —北京：纺织工业出版社，1976 年 . —446 页（被引 13）

统一书号 15041·1008

本书包括总述、原棉、开清棉、精梳、并条、粗纱共 7 章。

B6127　TS114-62

棉纺手册　下册/上海市棉纺织工业公司《棉纺手册》编写组编 . —北京：纺织工业出版社，1976 年 . —530 页

统一书号 15041·1009

本书介绍了细纱、络筒、捻线、摇纱、成包各工序国产定型设备的系列和技术特征、机械计算以及工艺配置和高产优质经验。

B6128　TS114-62

棉纺手册　第 2 版　第 1 分册/上海市棉纺织工业公司《棉纺手册》编写组编 . —北京：纺织工业出版社，1987 年 . —487 页（被引 22）

统一书号 15041·1514

ISBN 7-5064-0246-7（1990 年重印本）

本书包括总述、纺纱原料、开清棉、梳棉共四章。主要内容为：纤维、纱线品种分类和号数（支数、旦数）等的换算；纺纱原料的特性和检验方法；原料的混配；国产定型设备的主要技术特征、传动计算、工艺配置和质量控制；新型纺纱和各工序新技术新工艺；纱线标准和检验方法，以及主要工艺零部件和专用器材等。

本书还有 2001 年重印 1—3 册合订本。ISBN 7-5064-0246-7。

B6129　TS114-62

棉纺手册　第 2 版　第 2 分册/上海市棉纺织工业公司《棉纺手册》编写组编 . —北京：纺织工业出版社，1987 年 . —562 页

统一书号 15041·1515

ISBN 7-5064-0244-0（1990 年重印本）

本书包括精梳、并条、粗纱、细纱、自捻纺纱、转杯纺纱、后加工共七章。

B6130　TS114-62

棉纺手册　第 2 版　第 3 分册/上海市棉纺织工业公司《棉纺手册》编写组编 . —北京：纺织工业出版社，1987 年 . —432 页（被引 17）

统一书号 15041·1516

ISBN 7-5064-0247-5（1990 年重印本）

本书包括纺纱品种与工艺设计示例、布面纱疵、质量检验和常用数理统计、生产核算、空调与环保、常用符号、计量单位换算及常用纺织纤维商品名称等内容。

B6131　TS114-62

棉纺手册　第 3 版（1—3 分册）/上海纺织控股（集团）公司，《棉纺手册》（第 3 版）编委会编 . —北京：中国纺织出版社，2004 年 . —1273 页（被引 386）

ISBN 7-5064-3065-7

本书介绍了棉纺原料、开清棉、梳棉、精梳、并条、粗纱、细纱（包括新型纺纱）及后加工各工序设备的技术特征、传动计算、工艺品质、新技术、新工艺、辅助设备和专用器材等内容。

B6132　TS114-62

棉纺学习手册　机械计算/胡允祥，杜良楔编译 . —上海：中国纺织图书杂志社，1953 年 . —139 页

B6133　TS114-62

棉纺织保全手册/邢声远，刘学贵编 . —北京：纺织工业出版社，1980 年 . —560 页（被引 7）

统一书号 15041·1047

B6134 TS118-62

棉纺织厂安全技术手册/全苏纺织工业和轻工业劳动保护研究院编；中央纺织工业部翻译科译 .—北京：纺织工业出版社，1954 年 .—244 页

本书由全苏纺织工业和轻工业劳动保护研究院编制，其中详细地叙述了纺织生产和修机间中的安全技术措施。引述了几种最合理的护罩和联系装置。无论纺织厂还是出产新机器的制造厂都能使用这本手册来制造这些装置。在已有类似装置的地方，本手册则能帮助工作人员更有效地去掌握它们。本书的对象是纺织厂中的工程技术人员和安全技术工作人员。它也可作为在指导工人正确看管机器时的有益参考书。

B6135 TS118-62

棉纺织厂疵品手册（油印本）/余存惠编著 .—上海：上海国棉五厂，1954 年 .—117 页

B6136 TS118-62

棉纺织厂化学检验手册/上海市纺织工业局生产技术处编 .—北京：中国财政经济出版社，1962 年 .—229 页（被引 11）

统一书号 15166·06

B6137 TS118-62

棉纺织厂化学检验手册 第 2 版 增订本/上海市纺织工业局生产技术处编 .—北京：中国财政经济出版社，1964 年 .—282 页（被引 11）

统一书号 15166·06

B6138 TS118-62

棉纺织厂化学检验手册 修订本/上海市纺织工业局生产技术处编 .—北京：纺织工业出版社，1980 年 .—441 页（被引 13）

统一书号 15041·1056

本书是在 1964 年版本的基础上修订的，着重叙述：棉纺织厂化学检验工作中所用各种标准溶液的制备与标定；水、煤、润滑油、浆料、化学纤维的定性、定量检验方法等。修订时新增加了试剂配制的原理，以及化学浆料、锅炉用水、污水、镀铬溶液等方面的分析资料。

B6139 TS114-62

棉纺织工艺简明手册 纺纱部分/《棉纺织工艺简明手册》编写组编 .—北京：纺织工业出版社，1990 年 .—546 页（被引 5）

ISBN 7-5064-0330-7

本书以棉纺织生产工艺配置为主，详细介绍了各工序采用不同原料、不同机型时的生产工艺配置和产品质量标准。

B6140 TS114-62

棉纺织工艺简明手册 织造部分/《棉纺织工艺简明手册》编写组编 .—北京：纺织工业出版社，1990 年 .—701 页（被引 6）

ISBN 7-5064-0460-5

本书内容以工艺配置为主，并包括原料应用、品种开发和生产核算等需要经常查阅的有关数据与资料，通过精选加工后汇编成册。

B6141 TS111-62

棉纺织品质手册/上海第十七棉纺织厂 .—上海：编者自发行，1990 年

B6142 TS111-62

棉纺织实用手册/李妙福编著 .—石家庄：石家庄市纺织工程学会，1986 年 .—647 页

B6143 TS111-62

棉纺织实用物资手册/上海市棉纺工业公司供销科编 .—上海：上海市棉纺工业公司，1984 年 .—1360 页

为了适应纺织工业日益发展及供销人员新老更替的需要，进一步加强物资管理，根据棉纺织行业的具体情况组织编写了《棉纺织实用物资手册》一书，分两篇，共二十一章，第一篇棉纺织物资管理计九章，第二篇棉纺织实用物资计十二章，共 200 余万字。

B6144 TS112-62

棉纺织新工艺新设备及产品检测方法与标准实用手册 上中下册/本书编委会编 .—合肥：安徽文化音像出版社，2003 年 .—666 页，667—1342 页，1343—2003 页

为了提高我国棉纺织行业工人的技术技能，提高我国棉纺织产品的质量，让我国棉纺织产品走进国际市场，并立于不败之地，特组织了有关方面专家编写了本书。本书主要内容包括：棉纺织原料；棉纺新工艺与新设备；棉纺试验与产品质量检验检测；棉织新工艺与新设备；棉织物试验与检测方法；棉纺织计算；棉纺织工厂设计；棉纺织品标准汇编。

B6145 TS111-62

棉纺织质量管理手册/上海第十七棉纺织厂 .—上海：编者自发行，1979 年 .—173 页

B6146 TS111-62

棉纺织质量手册/无锡市纺织工程学会编 .—无锡：编者自发行，1985 年 .—209 页

B6147 TS102-62

棉花质量监督检验规范与生产加工技术标准实用手册 上中下册/李斯主编 .—北京：万方数据电子出版社，2002 年 .—622 页，623—1301 页，1302—1992 页

B6148 TS116-62

棉帘子布帆布手册/陕西省第九棉纺织厂 .—蔡家坡：全国帘子布生产衔接座谈会，1980 年 .—420 页

B6149 TS11-62

棉印染、色织纺织品手册（现代纺织工程丛书）/肖佩华主编 .—北京：中国纺织出版社，2002 年 .—322 页

ISBN 7-5064-2130-5

本书共收集了 551 件棉纺织样品，对每件样品的经纬密度、色彩搭配、色纱排列、织纹组织或纹板图、风格和用途进行了详细剖析，并附有图片。

B6150 TS115-62

棉织简明手册/蒋乃镛编．—武汉：武汉市纺织专业训练班，1963 年．—40 页

B6151 TS115-62

棉织试验技术手册/上海市棉纺织工业公司中心实验室编．—上海：上海市棉纺织工业公司中心实验室，1983 年．—162 页

B6152 TS115-62

棉织手册 ［译］/（苏）鲍罗亭著；中国纺织工程学会上海分会俄文棉织小组译．—北京：纺织工业出版社，1955 年．—469 页（被引 7）

B6153 TS115-62

棉织手册 上册/上海市棉纺织工业公司《棉织手册》编写组编．—北京：轻工业出版社，1977 年．—370 页（被引 11）

统一书号 15042·1389

本书是一本工具书，编写内容力求简单明了。各种工艺参数、工艺配方、计算公式、各种机械和主要辅助器材规格等方面的数据，均用表格和图表的形式编入手册，便于日常查阅。对成熟的新工艺、新技术和提高产品质量的有效措施，手册内也作了简要介绍。

B6154 TS115-62

棉织手册 下册/上海市棉纺织工业公司《棉织手册》编写组编．—北京：轻工业出版社，1977 年．—526 页

统一书号 15042·1403

本书共分八章。分别介绍了织造、整理两工序主要机械的技术特征、机械传动与计算、工艺配置、提高产品质量的方法等。对于化纤织物生产，如各种化学纤维的性能，涤纶、维纶、丙纶、黏胶纤维以及中长纤维等纯纺、混纺物的生产工艺配置等专门作了叙述。此外，还收集了生产计算、棉织各工序机械的安装与排列、浆料和浆液质量的检验方法、半制品与成品试验、化学纤维混纺定量分析、空气调节、棉织工艺常用数据与计算公式等资料。

B6155 TS115-62

棉织手册 上册/上海市棉纺织工业公司《棉织手册》编写组编．—北京：纺织工业出版社，1977 年．—370 页

统一书号 15041·1010

本书分上、下两册。上册设有八章。主要介绍了棉织用纱分类及纱线的一般物理机械性能；本色棉布主要技术设计；络筒、整经、浆纱、穿经、卷纬等各道工序主要机械的技术特征，机械传动及机械计算，工艺配置，提高产品质量的方法，主要消耗材料的规格、选用和检验方法等。

B6156 TS115-62

棉织手册 下册/上海市棉纺织工业公司《棉织手册》编写组编．—北京：纺织工业出版社，1977 年．—526 页

统一书号 15041·1011

本书下册包括织造、整理、化纤织物生产、生产计算、设备安装、试验与化验、空调、附录，共八章。

B6157 TS115-62

棉织手册 第 2 版 上册/上海市棉纺织工业公司《棉织手册》编写组编．—北京：纺织工业出版社，1989 年．—608 页（被引 5）

ISBN 7-5064-0298-X

本书第 2 版分上、下两册，共十八章。上册共有八章，主要介绍棉型织物用纱分类及纱线的一般物理机械性能，本色棉布主要设计项目，络纱、整经、浆纱、穿经、卷纬工序主要机械的主要特征、机械传动、机械计算、工艺配置、提高产品质量的方法，主要消耗材料的规格及其选用和经验。

B6158 TS115-62

棉织手册 第 2 版 下册/上海市棉纺织工业公司《棉织手册》编写组编．—北京：纺织工业出版社，1989 年．—716 页（被引 8）

ISBN 7-5064-0153-3，7-5064-0298-X（2001 年重印本）

本书第 2 版分上、下两册，共十八章。下册分十章，分别介绍织造、整理机械的主要特征，机械传动与计算，工艺配置与选用，提高产品质量的措施等。此外还收集了生产和劳动等各种定额核算、棉织各工序机械安装与排列、浆料和浆液的检验方法、半成品与成品的试验方法、化纤混纺定量分析、空气调节、化纤混纺织物织制工艺实例和棉织常用数据、计算公式和法定计量单位换算等。

B6159 TS115-62

棉织手册 第 3 版/江南大学，无锡市纺织工程学会，《棉织手册》（第 3 版）编委会编．—北京：中国纺织出版社，2006 年．—1543 页（被引 28）

ISBN 7-5064-4070-9

本书系统介绍了棉织常用纤维、纱线的特征与性能；络筒、整经、浆纱及调浆、穿（结）经、纬纱准备、有梭织机、片梭织机、喷气织机、剑杆织机以及坯布整理各工序设备的主要技术特征、工艺配置、维护保养、新技术、新工艺等内容。

B6160 TS106-62

耐酸布制造及使用手册/中央轻工业部重庆工业试验所编．—重庆：中央轻工业部重庆工业试验所，1953 年．—7 页；26cm

B6161 TS941.714.7-62

牛仔布和牛仔服装实用手册/梅自强主编．—北京：中国纺织出版社，2000 年．—189 页；26cm（被引 57）

ISBN 7-5064-1827-4

本书全面系统地介绍牛仔布和牛仔服装生产的有关知识和布艺技术资料。内容包括：牛仔布品种、规格和用途；牛仔布原料；牛仔布染料、染色机理及其检测方法等。

B6162　TS941.714.7-62

牛仔布和牛仔服装实用手册　第 2 版/梅自强主编 . —北京：中国纺织出版社，2009 年 . —209 页；26cm（被引 29）

ISBN 978-7-5064-5858-0

本书全面系统地介绍牛仔布和牛仔服装生产的有关知识和工艺技术资料。主要内容包括：牛仔布品种、规格和用途；牛仔布原料；牛仔布染料、染色机理及其检测方法等。

B6163　TS192-62

漂白手册［译］/（比）索尔维公司编著；丁晓芬，阎克路，周珅等译 . —北京：中国纺织出版社，2005 年 . —155 页（被引 5）

ISBN 7-5064-3573-X

本书介绍了印染前处理，尤其对漂白工艺中所用的各种化学品的特性、浓度换算，漂白液的滴定分析以及漂白织物的评定，纤维的鉴别以及非纤维素残余物的分析，漂白用水的硬度及换算等，作了详细的论述。

B6164　TS19-62

轻化工业助剂实用手册　造纸、食品、印染工业卷/李友森主编 . —北京：化学工业出版社，2002 年 . —599 页

ISBN 7-5025-3753-8

B6165　TS103-62

清梳联合机使用手册（纺织新技术书库）/张小平，汤水利，刘灵敏编著 . —北京：中国纺织出版社，2007 年 . —340 页（被引 17）

ISBN 978-7-5064-4445-3

本书介绍了国内清梳联合机的发展过程，各工序的任务、工艺流程，清梳联合机每个工序中各单元机的结构及其作用。各单元机的安装规范、空车运转及过棉调试，阐述了清梳联合机的运转操作以及维修保养。

B6166　TS103-62

清梳联合机使用手册　第 2 版/李泉主编 . —北京：中国纺织出版社，2015 年 . —355 页

ISBN 978-7-5180-1872-7

本书共分八章，对清梳联技术的形成和发展，纺织原料的基本知识，清梳联的工艺流程，单元机的结构特点及功能，主要单元的安装使用要求、运转及工艺调试，清梳联设备的维护保养及生产管理等方面进行了系统阐述。本书在第一版的基础上对新一代 JWF 系列国产清梳联进行了全面介绍，不仅能够帮助用户循序渐进掌握新型清梳联设备的操作使用，而且能够帮助读者快速了解国产清梳联设备及技术的发展现状。

B6167　TS190-62

染料应用手册　第 1 分册　直接染料/上海市纺织工业局《染料应用手册》编写组编 . —北京：纺织工业出版社，1983 年 . —337 页（被引 17）

统一书号 15041·1227

本书按染料应用分类，编成十个分册，每一分册对各类染料的结构性能、商品特征、应用原理和生产工艺都作了必要的叙述，对染料同类商品则分品种介绍染色性能、色牢度和应用情况。除介绍常用染料外，也列入有发展前途的品种。

B6168　TS190-62

染料应用手册　第 2 分册　酸性染料/上海市纺织工业局《染料应用手册》编写组编 . —北京：纺织工业出版社，1983 年 . —228 页（被引 30）

统一书号 15041·1228

B6169　TS190-62

染料应用手册　第 3 分册　酸性媒介、酸性络合与中性染料/上海市纺织工业局《染料应用手册》编写组编 . —北京：纺织工业出版社，1984 年 . —246 页

统一书号 15041·1271

B6170　TS190-62

染料应用手册　第 4 分册　阳离子染料/上海纺织工业局编 . —北京：纺织工业出版社，1984 年 . —162 页（被引 118）

统一书号 15041·1304

B6171　TS190-62

染料应用手册　第 5 分册　分散染料/刘正超等编 . —北京：纺织工业出版社，1985 年 . —258 页

统一书号 15041·1357

B6172　TS190-62

染料应用手册　第 6 分册　活性染料/刘正超等编 . —北京：纺织工业出版社，1985 年 . —226 页（被引 32）

统一书号 15041·1335

B6173　TS190-62

染料应用手册　第 7 分册　还原染料与可溶性还原染料/上海市纺织工业局《染料应用手册》编写组编 . —北京：纺织工业出版社，1982 年 . —276 页

统一书号 15041·1177

B6174　TS190-62

染料应用手册　第 8 分册　硫化染料与缩聚染料/上海市纺织工业局《染料应用手册》编写组编 . —北京：纺织工业出版社，1985 年 . —94 页（被引 26）

统一书号 15041·1380

B6175　TS190-62

染料应用手册　第 9 分册　不溶性偶氮染料/刘正超等编 . —北京：纺织工业出版社，1985 年 . —178 页

统一书号 15041 · 1367

B6176 TS190-62

染料应用手册 第10分册 酞菁、苯胺黑、涂料与荧光增白剂/刘正超等编．—北京：纺织工业出版社，1985年．—118页

统一书号 15041 · 1387

B6177 TS190-62

染料应用手册（合订本）上册/上海市纺织工业局《染料应用手册》编写组编．—北京：纺织工业出版社，1989年．—1071页（被引52）

ISBN 7-5064-0314-5

本书叙述了直接染料、酸性染料、酸性媒介染料、酸性铬合染料、中性染料、分散染料的商品冠称、品种分类、染色原理、应用特性、染色和印花工艺，并列出了国内外同类商品的规格、染色牢度、化学类属、结构式、性状及使用情况；书末附有国外商品的英文名称索引。

B6178 TS190-62

染料应用手册（合订本）下册/上海市纺织工业局《染料应用手册》编写组编．—北京：纺织工业出版社，1989年．—1082页（被引29）

ISBN 7-5064-0343-9

本书叙述了阳离子染料、活性染料、还原染料、可溶性还原染料、硫化染料、缩聚染料、不溶性偶氮染料、涂料、酞菁、苯胺黑、荧光增白剂的商品冠称、品种分类、染色原理、应用特性、染色和印花工艺，并列出了国内外染料同类商品的规格、色牢度、化学类属、化学结构式、性状及使用情况；书末附有国外商品染料的英文名称索引，以及外国染化料公司名录。

B6179 TS190-62

染料应用手册 上下册 第2版/房宽峻主编．—北京：中国纺织出版社，2012年．—971页，972—2119页

ISBN 978-7-5064-8254-7

本书在简要介绍染料应用理论的基础上，依次介绍了纤维素纤维染色和印花用直接染料、活性染料、还原染料、可溶性还原染料、硫化染料和不溶性偶氮染料，蛋白质纤维和聚酰胺纤维染色和印花用酸性染料、酸性媒介染料、酸性络合染料及中性染料，聚酯纤维染色和印花用分散染料，聚丙烯腈纤维染色和印花用阳离子染料，并介绍了涂料、天然染料和荧光增白剂。

B6180 TS193-62

染色学习手册 第一册 染棉/中国纺织染工程研究所编译委员会编著．—上海：中国纺织图书杂志社，1952年．—100页

B6181 TS190-62

染整设备实用手册/孔庆福编．—北京：中国纺织机械工业总公司，1993年．—577页

B6182 TS190-62

染整手册 1986［港台］/染化杂志社编．—台北：染织图书出版社，1986年．—2册；27cm

B6183 TS190-62

染整手册 1 染料、颜料篇（染织图书）［港台］/谢克裕著．—台北：染化杂志社，染织图书出版社，1986年．—449页

B6184 TS190-62

染整手册 2 助剂、名录篇（染织图书）［港台］/谢克裕著．—台北：染化杂志社，染织图书出版社，1986年．—260页

B6185 TS105-62

色织整理实用手册：整理工人培训试用本/上海色织整理二厂．—上海：上海色织整理二厂，1981年．—135页

B6186 TS143-62

生丝检验手册/对外贸易部商品检验总局编．—北京：财政经济出版社，1956年．—160页

B6187 F407.81-62

上海纺织品公司统计手册 油印本/上海纺织品公司计划业务科商情室汇编．—上海：上海纺织品公司计划业务科商情室，1984年．—170页；26cm

B6188 TS143-62

生丝检验手册/《生丝检验手册》编委会编．—南宁：广西科学技术出版社，2017年．—244页

ISBN 978-7-5551-0569-5

本书介绍了生丝检测的基础理论、检验技术、操作要求及实验室管理经验。全书共八章，内容包括：生丝概述、生丝检验概述、生丝包装检查、外观检验、重量检验、质量检验、生丝检验分级、生丝电子检测技术。

B6189 TS134-62

实用毛纺手册/阎龙主编．—北京：全国毛纺织工业科技站，天津纺织工程学会毛纺分会，1990年．—431页

B6190 TS136-62

实用毛织物手册/郑雄周，邢声远编著．—长春：吉林科学技术出版社，1987年．—426页（被引11）

ISBN 7-5384-0022-2

B6191 TS112-62

实用棉纺机械计算手册/沈穆浚，冯宗铠编撰．—上海：中华书局，1952年．—642页

B6192 TS102-62

实用配棉手册/章宗德，吴云鹤编著．—武汉：湖北省纺织工程学会配棉委员会，1992年．—173页

B6193　TS102-62

实用人造棉花工艺手册（人民实用工艺手册）/郑锡铭著.—上海：广益书局，1951年.—44页；18cm

本书分为总说、材料的选用和处理、制造程序三章，内容包括"人造棉花的原理""人造棉花的性状""人造棉花的应用""人造棉花制造程序"等。

B6194　TS190-62

丝绸染整手册　上册/上海市丝绸工业公司编.—北京：纺织工业出版社，1982年.—548页（被引26）

统一书号 15041·1119

本手册共六篇分上、下两册，上册包括坯绸原料、练染、印花三篇。

B6195　TS190-62

丝绸染整手册　下册/上海市丝绸工业公司编.—北京：纺织工业出版社，1982年.—326页（被引47）

统一书号 15041·1137

本书分为上、下两册。下册汇集了丝绸的机械整理和化学整理，以及各种常用印染设备、通用装置、通用单元机、专用机械和常用试验仪器等方面的有关数据。

B6196　TS190-62

丝绸染整手册　第2版/陆锦昌，方纫芝主编；上海市丝绸工业公司编.—北京：中国纺织出版社，1995年.—1204页（被引24）

ISBN 7-5064-1103-2

本书包括坯绸原料、练染、印花、整理、设备、附录六部分。主要介绍丝绸工业常用纤维的性能及鉴别、质量检验方法，天然丝、再生纤维素纤维、合成纤维织物及其混纺、交织物的练染印整加工工艺；所用染化料、助剂的性能与测试方法等。

B6197　TS145-62

丝织典型品种工艺设计手册/苏州丝绸工学院丝织教研室朱俊芳，陈根尧，叶锡瀛编著.—苏州：苏州丝绸工学院丝织教研室，1981年.—294页

B6198　TS145-62

丝织典型品种工艺设计手册　修订本/苏州丝绸工学院丝织教研室朱俊芳，陈根尧，叶锡瀛编著.—苏州：苏州丝绸工学院丝织教研室，1985年.—308页

B6199　TS14-62

丝织手册　上册/上海市丝绸工业公司编.—北京：纺织工业出版社，1982年.—501页（被引10）

统一书号 15041·1127

本书包括丝织原料、准备工程、织造工程、丝织物装造和纹制等四章。

B6200　TS14-62

丝织手册　下册/上海市丝绸工业公司编.—北京：纺织工业出版社，1982年.—292页

统一书号 15041·1204

B6201　TS14-62

丝织手册　第2版　上下册/王进岑主编.—北京：中国纺织出版社，2000年.—774页，775—1510页（被引24）

ISBN 7-5064-1162-8

本书主要包括丝织原料，准备工程，织造工程，丝织物设计，丝织物质量检验标准，丝织技术测试，丝织物组织等内容。

B6202　TS190-62

丝织物染整手册［译］/（苏）A.A.高皮耶夫编；杨肖涯等译.—北京：纺织工业出版社，1959年.—488页

统一书号 15041·461

B6203　TS193-62

台湾蓝草木情：植物蓝靛染色技术手册［港台］/马芬妹著/摄影.—南投：台湾工艺研究所，2007年.—248页

ISBN 978-986-01-0592-6

B6204　TS195-62

特种整理手册/全国印染工业科技情报站编.—上海：全国印染工业科技情报站，1983年.—59页

B6205　TS106-62

土工合成材料测试手册/南京水利科学研究院主编.—北京：水利电力出版社，1991年.—233页（被引164）

ISBN 7-120-01318-1

本书内容分三大部分：原材料的物理、力学性质，包括厚度、单位面积质量、孔径大小、抗拉、撕裂、顶破等；水力特性，包括渗透性、抗渗性、淤堵特性等；材料与土作用特性，包括摩擦、拔拉等。

B6206　TS106-62

威灵顿产业用纺织品手册［译］（国家"九五"重点图书）/（美）S.阿达纳（Sebit Adanur）主编；徐朴等译.—北京：中国纺织出版社，2000年.—672页；26cm（被引104）

ISBN 7-5064-1646-8

本书介绍了产业用纺织品从纤维选用到纺纱、织布、后整理的生产加工的全过程，并介绍了有关的测试方法与仪器，对各类产业用纺织品的应用也作了全面的介绍。

B6207　TQ34-62

维尼纶生产手册/北京维尼纶厂编.—北京：北京维尼纶厂，1972年

B6208　TS106-39

纹织CAD应用手册（纺织新技术书库）/陈纯，陈进勇编著.—北京：中国纺织出版社，2001年.—182页（被引40）

ISBN 7-5064-1973-4

国家 863/CIMS 目标产品发展项目研究成果。本书介绍纹织 CAD/CAM 系统的基本知识，以 Top 98 系统为例，介绍组成、性能和功能，以及纹织 CAD/CAM 系统的设计和实现。

B6209 TS115-62

乌斯特单纱与股线拉伸试验使用手册 上下合订本/徐鑫耀编译 . —上海：上海乌斯特技术服务站，1988 年 . —251 页

B6210 TS103-62

乌斯特条干均匀度仪使用手册/刘恒琦等译校 . —北京：纺织部标准化研究所，1984 年 . —129 页（被引 16）

B6211 TS103-62

无梭织机实用手册（现代纺织工程丛书）/中国纺织机械器材工业协会编；吴永升主编 . —北京：中国纺织出版社，2006 年 . —638 页

ISBN 7-5064-4058-X

本书上篇介绍了无梭织机中剑杆织机、喷气织机、喷水织机、片梭织机、生产效率分析等基础知识。下篇介绍了主机配套装置、器材和辅助设备等的技术要求、使用条件、适用范围等内容。

B6212 TS105-62

无梭织造简明手册/张敬主编 . —北京：纺织工业出版社，1992 年 . —515 页（被引 34）

ISBN 7-5064-0783-3

本书主要介绍高速织造用纱线的要求，无梭织机以及与之配套使用的络筒、整经、浆纱、穿结经等工序主要引进设备的技术特征、机械传动、工艺配置、提高产品质量的方法等。

B6213 TS112-62

小型锯齿轧花机剥绒机使用手册 修订本/湖北省棉花公司编 . —武汉：湖北省棉花公司，1973 年 . —147 页

B6214 TQ464.8-62

新编酶制剂实用技术手册/姜锡瑞，段钢编著 . —北京：中国轻工业出版社，2002 年 . —446 页；20cm（被引 279）

ISBN 7-5019-3651-X

本书介绍了酶制剂基础知识，酶制剂在淀粉糖工业中的应用技术，酶制剂在食品工业中的应用技术，酶制剂在纺织、皮革、造纸工业中的应用技术等。

B6215 TS103-62

新型纺织测试仪器使用手册/慎仁安主编 . —北京：中国纺织出版社，2005 年 . —415 页（被引 37）

ISBN 7-5064-3527-6

本书介绍了近年来国外开发研制的具有代表性的纺织试验仪器的结构、检测分析原理、性能参数、发展历史、操作特点与实际应用，以及使用与购置时的注意事项等。

B6216 F416.81-62

新编中国暨世界纺织统计手册 **2000 年** **中英文本**/钱尧年主编 . —北京：中国科学技术出版社，2000 年 . —469 页

ISBN 7-5046-2875-1

本书包罗了 20 世纪 50 年代至 20 世纪末的近 50 年时间跨度内有关中国以及全球主要纤维生产国的经济概貌，纤维、纺织品和成衣三大领域的生产、装备、国际贸易、消费和劳务等方面的历年统计数据。

B6217 TS190-62

新型染整助剂手册（纺织新技术书库）/商成杰主编 . —北京：中国纺织出版社，2002 年 . —516 页（被引 96）

ISBN 7-5064-2434-7

本书系统介绍了常用的纺织纤维前处理助剂、染色助剂和印花助剂、功能整理剂和后整理剂，还分别介绍了产品的化学组分、性状和规格指标、使用方法以及制造方法等。

B6218 TS190-62

袖珍毛纺织染整手册/上海第一毛纺织厂技术服务部编 . —北京：纺织工业出版社，1993 年 . —277 页（被引 8）

ISBN 7-5064-0973-9

本书主要内容有：毛纺工业简况、毛纺原料、原毛准备、毛织物设计、粗梳毛纺、精梳毛纺、毛织、染色、整理、附录等 10 项。

B6219 TS102

羊毛工业大全 **上中下册**（纤维工业丛书）/上海市毛纺织工业同业公会编译 . —上海：中国纺织染工程研究所，1952 年 . —285 页，254 页，221 页

B6220 TS102

羊毛工业便览 **第 1 册**［译］/（日）大野一郎原著；上海市毛麻纺织科学技术研究所译 . —上海：上海市毛麻纺织科学技术研究所，1985 年 . —194 页

本书原著分上下册，由日本羊毛产业协会于 1970 年出版。

B6221 TS102

羊毛工业便览 **第 2 册**［译］/（日）大野一郎原著；上海市毛麻纺织科学技术研究所译 . —上海：上海市毛麻纺织科学技术研究所，1985 年

B6222 TS102

羊毛工业便览 **第 3 册**［译］/（日）大野一郎原著；上海市毛麻纺织科学技术研究所译 . —上海：上海市毛麻纺织科学技术研究所，1985 年 . —248 页

B6223 TS102

羊毛工业便览 **第 4 册** **上**［译］/（日）大野一郎原著；上海市毛麻纺织科学技术研究所译 . —上海：上海市毛麻纺织科学技术研究所，1985 年 . —102 页

B6224 TS102

羊毛工业便览　第4册　下［译］／（日）大野一郎原著；上海市毛麻纺织科学技术研究所译.—上海：上海市毛麻纺织科学技术研究所，1985年.—173页

B6225 TS102

羊毛工业便览　附录［译］／（日）大野一郎原著；上海市毛麻纺织科学技术研究所译.—上海：上海市毛麻纺织科学技术研究所，1985年.—73页

B6226 TS184-62

羊毛衫生产简明手册／孟家光主编.—北京：纺织工业出版社，2001年.—456页（被引39）

ISBN 7-5064-1706-5

本书介绍羊毛衫生产的工艺、技术、设备与产品设计知识。

B6227 TS184-62

羊毛衫生产简明手册　第2版／孟家光主编.—北京：中国纺织出版社，2009年.—521页（被引24）

ISBN 978-7-5064-5341-7

本书全面、系统地介绍了羊毛衫生产的工艺、技术、产品设计与设备等知识。其中主要包括羊毛衫生产的工艺流程、羊毛衫织物的结构与特点、羊毛衫生产原料的准备工程、横机与圆机产品的编织工艺设计、普通横机与电脑横机的结构与工作原理、普通圆机与电脑圆机的结构与工作原理。

B6228 TS190-62

印染分析化验手册（现代纺织工程丛书）／曾林泉编.—北京：中国纺织出版社，2007年.—677页（被引11）

ISBN 7-5064-4264-7

本书介绍了分析化学基础理论，分析化验常用仪器设备的原理及其使用与保养等基本知识；介绍了印染分析与化验的技能与知识，如印染及锅炉水质分析、常用染化药剂的分析、车间常用液的测定、阴阳离子分组鉴定、常用印染助剂的分离与检验、配色仿样等。

B6229 TS19-62

棉布印染实用手册／上海市纺织工程学会《棉布印染实用手册》编辑委员会编.—北京：中国财政经济出版社，1965年.—613页

统一书号15166·258

B6230 F407.81-62

印染企业管理手册／无锡市明仁纺织印染有限公司编著.—北京：中国纺织出版社，2007年.—302页

ISBN 7-5064-4049-0

本书介绍了印染企业生产车间和辅助生产车间各个岗位的生产工作规范以及基本科室的日常业务与管理的工作规范，印染企业日常业务运作，印染企业产品核价、流动资金周转定额测定等内容。

B6231 TS19-62

印染手册　上册／上海市印染工业公司编.—北京：纺织工业出版社，1978年.—481页

统一书号15041·1003

ISBN 7-5064-0917-8（1993年重印本）

本书主要叙述了棉、黏胶纤维、富强纤维、涤纶、维纶等纤维织物及其混纺织物印染加工的工艺、处方，以及国产定型设备的主要技术特征，常用的染色工厂用液分析方法和质量检验方法，多种纤维和有色织物上染料的简易鉴别法，常用数据便查表、单位换算表等。上册有练漂、染色、印花等三篇。

（本上下册是1965年出版的《棉布印染实用手册》改编的）

B6232 TS19-62

印染手册　下册／上海市印染工业公司编.—北京：纺织工业出版社，1981年.—564页

统一书号15041·1028

ISBN 7-5064-0918-6（1993年重印本）

本书包括整理、检验、设备、附录四部分。

B6233 TS19-62

印染手册　上下册合订本／上海市印染工业公司编.—北京：中国纺织出版社，1978年.—1045页（被引157）

ISBN 7-5064-0917-8（1995年重印本）

本书主要叙述了棉、黏胶纤维、富强纤维、涤纶、维纶等纤维织物及其混纺织物印染加工的工艺、处方，以及国产定型设备的主要技术特征，常用的印染用液分析方法和质量检验方法，多种纤维和有色织物上染料的简易鉴别法，常用数据便查表、单位换算表等。本手册原分上、下两册，为方便使用，将其合为一册。

B6234 TS19-62

印染手册　第2版（现代纺织工程丛书）／周良官主编；上海印染工业行业协会，《印染手册》（第2版）编修委员会编著.—北京：中国纺织出版社，2003年.—1334页（被引87）

ISBN 7-5064-2324-3

本书以实用性、普及性及指导性为准则，通俗易懂地介绍了印染工艺的新技术、新设备、新型染化料，以及环保措施等，并提供相关的便查表。

B6235 TS190-62

印染助剂品种手册／化学工业部染料情报中心站编.—北京：化学工业部科学技术情报研究所，1980年.—175页

本书主要内容：国内生产和试制的助剂产品的结构、性能、用途、生产过程（反应方程式）、消耗定额等。产品命名采用国内应用单位的习惯名，并附有国外相应的商品名。

B6236 TQ34-62

粘胶纤维手册／徐义林编.—北京：纺织工业出版社，

1981 年 .—222 页（被引 34）

统一书号 15041·1081

本书第一章介绍以木材、棉短绒、甘蔗渣为基础原料，生产浆粕的工艺流程、工艺参数、常用图表、主要设备、原材料规格以及消耗定额。第二章黏胶纤维，介绍黏胶丝、强力黏胶帘子线、黏胶短纤维、高湿模量纤维和富强纤维的工艺流程、工艺参数、常用图表、物化数据、主要设备、原材料规格以及消耗额定。

B6237 TS183-62

针织大圆机实用手册/邓淑芳，李哲，白羽著 .—北京：中国纺织出版社，2014 年 .—168 页

ISBN 978-7-5180-0595-6

本书分为设备调试维修及原理分析、面料工艺控制与织疵排除两大部分。书中对针织大圆机技术人员在实际工作中遇到的各类技术问题进行了详细的解答，帮助技术人员更加深入地理解大圆机的原理、性能、调试方法以及面料生产的相关工艺。本书实用性和可操作性强，适合企业一线技术人员自学提高，是针织生产企业必备的工具书。

B6238 TS186-62

针织服装设计手册/刘艳君主编 .—北京：化学工业出版社，2009 年 .—360 页（被引 6）

ISBN 978-7-122-04659-8

本书的编写结合了最新的针织服装生产的实际情况、新的科研成果、新设备与新技术等有关资料和标准，主要内容包括针织面料的特性及其对服装生产中的影响，针织服装生产工序，常用线迹的结构、特性及其在针织服装生产中的应用，缝型的结构及其在针织服装生产中的应用。

B6239 F768.1-62

针织品商品手册/上海针织品采购供应站编 .—北京：中国财政经济出版社，1986 年 .—553 页

统一书号 15166·149

B6240 F426.81-62

针织企业质量管理 福安公司质量手册/虞振宏，赖德强，许飙编著 .—北京：中国纺织出版社，2010 年 .—1000 页

ISBN 978-7-5064-6608-0

本书主要介绍了针织染整专业管理，全面优质管理，针织染整企业各类标准，大型针织染整企业质量专题报告、企业内部生产审计报告、企业经济活动分析，针织染整企业推行全面优质管理实施方法与取得成果等。

B6241 TS18-62

针织手册 第 3 卷 染整生产 上册［译］／（苏）苏联针织工业科学研究院编；中国纺织工程学会上海分会俄文印染小组译 .—北京：纺织工业出版社，1957 年 .—267 页

统一书号 15041·55

B6242 TS18-62

针织手册 第 3 卷 染整生产 下册［译］／（苏）苏联针织工业科学研究院编；中国纺织工程学会上海分会俄文印染小组译 .—北京：纺织工业出版社，1957 年

B6243 TS18-62

针织手册 第 1 分册 原料 试验 空调/上海市针织工业公司，天津市针织工业公司主编 .—北京：纺织工业出版社，1981 年 .—277 页

统一书号 15041·1098

《针织手册》共分六个分册，本书是第一分册，包括针织原料、针织品试验及空气调节三篇。书中介绍了针织用各种天然纤维和化学纤维的结构与特性，纱线主要物理机械性能及品质标准，各种原料的鉴别，短纤纱、化纤长丝、弹力丝主要性能的试验以及针织品的静特性、服用性、耐久性的试验方法等。此外，还介绍了针织厂各生产车间的温湿度要求，提供了空调工程计算参数、图表、常用空调设备的主要性能和设计参考数据等有关资料。

B6244 TS18-62

针织手册 第 2 分册 纬编 经编/上海市针织工业公司，天津市针织工业公司主编 .—北京：纺织工业出版社，1982 年 .—659 页

统一书号 15041·1133

《针织手册》共分六分册，本书是第二分册。本分册包括纬编、经编两篇。书中主要介绍了纬编和经编生产中所需要的各种工艺数据、计算公式，包括产品设计、主要机件的规格、疵点产生原因与消除方法、消耗定整、安装规格等。

B6245 TS18-62

针织手册 第 3 分册 织袜/上海市针织工业公司，天津市针织工业公司主编 .—北京：纺织工业出版社，1981 年 .—279 页（被引 7）

统一书号 15041·1124

《针织手册》共有六个分册，本书是第三分册。本分册主要介绍了袜子生产工艺和设备的各项数据和技术资料，包括袜子的结构与基本规格，纱线卷绕、袜口罗纹编织、织袜及缝头的主要工艺设计，各主要设备和机种的规格、安装要求及维修保养，各主要工序疵点的产生原因及消除方法，生产管理定额和设备的配置及排列等。

B6246 TS18-62

针织手册 第 4 分册 羊毛衫 手套/上海市针织工业公司，天津市针织工业公司主编 .—北京：纺织工业出版社，1981 年 .—307 页

ISBN 7-5064-0626-8

《针织手册》共分六个分册，本书是第四分册，包括第七篇羊毛衫和第八篇手套两部分。书中主要介绍了羊毛衫、手套生产过程的工艺参数和各种设备。其中有：纱线的卷绕，羊毛衫、手套的规格尺寸，各种织物组织结构及编织方法，羊毛衫、手套的工艺计算方法，各主要设备的技术特征、规格、安装及维修保养要求，生产工序中疵点的产生原

因及消除方法，以及生产管理定额等。

B6247 TS18-62

针织手册 第 5 分册 染整/上海市针织工业公司，天津市针织工业公司主编 .—北京：纺织工业出版社，1983 年 .—563 页

统一书号 15041·1167

《针织手册》共分六个分册，本书是第五分册。本书从总结生产经验的角度出发，详细介绍了棉纱线、合纤丝、棉针织物、化纤针织物的染整工艺、配方及注意事项。此外，还介绍了针织染整设备的技术特征。附录中还列表说明针织物染整工艺所用染料、常用化学品及助剂的主要特征和使用方法。书末附有各种数据的便查表，供读者查阅。

B6248 TS18-62

针织手册 第 6 分册 成衣/上海市针织工业公司，天津市针织工业公司主编 .—北京：纺织工业出版社，1981 年 .—192 页

统一书号 15041·1108

《针织手册》共分六个分册。本书是第六分册，主要介绍针织成衣生产中所需要的工艺数据、计算方法、衣服款式、图表以及必要的说明，包括样板、排料计算、缝纫工艺与设备、整理包装规格、缝纫生产计算及消耗定额等。

B6249 TS18-62

针织工程手册 经编分册/宗平生主编；《针织工程手册》编委会编 .—北京：纺织工业出版社，1997 年 .—592 页（被引 11）

ISBN 7-5064-1114-8

本书介绍了经编生产中所需要的各种设备、工艺数据、计算公式，其中包括经编组织，经编产品品种，经编针织物的结构参数及产品设计等。

B6250 TS18-62

针织工程手册 纬编分册/钱峰主编；《针织工程手册》编委会编 .—北京：纺织工业出版社，1996 年 .—663 页（被引 5）

ISBN 7-5064-1170-9

本书介绍了纬编针织原料、纬编织物参数设计、纬编织物花纹设计、纬编准备设备等内容。

B6251 TS18-62

针织工程手册 染整分册/叶萌主编；《针织工程手册》编委会编 .—北京：中国纺织出版社，1995 年 .—830 页（被引 27）

ISBN 7-5064-1071-0

本书从总结生产经验的角度出发，详细介绍了针织物的练漂、印花及天然纤维针织物、化学纤维针织物等内容。

B6252 TS18-62

针织工程手册 人造毛皮分册/陈志钧主编；《针织工程手册》编委会编 .—北京：中国纺织出版社，1995 年 .—378

页（被引 18）

ISBN 7-5064-1115-6

本书介绍了主要原料、材料，织物与毛绒基本组织，毛条法长毛绒生产工艺与设备等。

B6253 TS18-62

针织工程手册 第 2 版 经编分册/《针织工程手册·经编分册》（第 2 版）编委会编 .—北京：中国纺织出版社，2011 年 .—524 页

ISBN 978-7-5064-7160-2

本书全面介绍了经编组织和经编产品、各种类型经纱准备设备、高速特里科经编机、贾卡拉舍尔经编机、多梳拉舍尔经编机、双针床拉舍尔经编机、轴向衬纬经编机、缝编机和钩边机，另外还对经编工艺和经编工厂设计作了全面介绍。

B6254 TS18-62

针织工程手册 第 2 版 纬编分册/冯勋伟主编；《针织工程手册·纬编分册》（第 2 版）编委会编 .—北京：中国纺织出版社，2012 年 .—600 页

ISBN 978-7-5064-7900-4

本书主要介绍了纬编针织与针织物的基本知识，圆型纬编、平型纬编和袜类的原料与产品、生产工艺、织造与准备设备、辅助与检测装置、主要工艺参数与技术经济指标、车间生产条件等。

B6255 TS18-62

针织工程手册 第 2 版 染整分册/陈祥勤主编；《针织工程手册·染整分册》（第 2 版）编委会编 .—北京：中国纺织出版社，2010 年 .—606 页

ISBN 978-7-5064-6469-7

本书介绍了各类纤维针织物及纱线、合纤丝的练漂、染色、印花、后整理等工艺流程，各加工工序适用的设备、加工处方、注意事项和常见疵点，同时对针织厂漂染化验、漂染用水及废水处理也作了较详细的叙述。

B6256 TS183-62

针织科技翻译与设备手册/金智才编著 .—上海：上海市纺织科学研究院，1981 年 .—456 页

B6257 TS183-62

针织设备引进与使用手册/赵宝珩编著 .—北京：纺织工业出版社，1993 年 .—256 页

ISBN 7-5064-0992-5

本书除介绍国外主要针织设备外，也介绍国内已引进设备的生产品种、工艺流程、生产定额、设置配置、劳动定员、消耗定额及生产措施。

B6258 TS105-39

织物组织 CAD 应用手册（纺织新技术书库）/夏尚淳编著 .—北京：中国纺织出版社，2001 年 .—129 页（被引 33）

ISBN 7-5064-1980-7

本书介绍织物组织 CAD 的历史和现状、硬件系统、运行环境、软件安装、软件系统、模拟设计、实战练习等几个部分。

B6259 TS105-62

织物组织手册 ［译］／（美）奥依尔斯诺（G. H. Oelsner）著；董健译 . —北京：纺织工业出版社，1984 年 . —293 页（被引 21）

统一书号 15041 · 1294

本书简明通俗地介绍了从简单的三原组织到各种复杂变化组织的特点及演变方法等，并附有 1800 多幅织物组织结构，供织物设计人员借鉴和使用。此外，还介绍了组织与色彩的配置技巧，有助于设计人员开阔思路，设计新品种。

B6260 TS143-62

制丝手册 上册／浙江省第一轻工业局丝绸公司编 . —北京：轻工业出版社，1977 年 . —432 页

统一书号 15042 · 1401

本书上册包括制丝原料、工艺设计、剥选茧、煮茧、立缫、自动缫等六章。

B6261 TS143-62

制丝手册 下册／浙江省第一轻工业局丝绸公司编 . —北京：轻工业出版社，1977 年 . —517 页

统一书号 15042 · 1402

本书下册包括复摇、生丝疵点产生原因及防止方法、生丝检验、副产品、制丝用水、丝厂设计等六章及附录。

B6262 TS143-62

制丝手册 **第 2 版** 上册／浙江省丝绸公司编 . —北京：纺织工业出版社，1987 年 . —505 页（被引 6）

统一书号 15041 · 1569

ISBN 7-5064-0110-X

本书上册包括制丝原料、工艺设计、剥选茧、煮茧、立缫、自动缫等六章。

B6263 TS143-62

制丝手册 **第 2 版** 下册／浙江省丝绸公司编 . —北京：纺织工业出版社，1988 年 . —468 页（被引 14）

统一书号 15041 · 1570

ISBN 7-5064-0111-8

本书下册包括复摇、影响生丝质量的原因及防止方法、生丝检验、副产品、制丝用水、丝厂设计等六章及附录。

B6264 TS143-62

制丝手册 **第 2 版** **上下册合订本**／浙江省丝绸公司编 . —北京：中国纺织出版社，1994 年 . —973 页

ISBN 7-5064-0111-8

本书第 2 版是在 1977 年版本的基础上修改、补充后编写的。上册包括制丝原料、工艺设计、剥选茧、煮茧、立缫、自动缫等六章；下册包括复摇、影响生丝质量的原因及防止方法、生丝检验、副产品、制丝用水、丝厂设计等六章及附录。

B6265 TS190-62

中国纺织染料助剂使用指南 **2001**／李瑞萍主编 . —上海：中国纺织大学出版社，2001 年 . —390 页（被引 8）

ISBN 7-81038-402-3

本书分染料和助剂两篇，收录了 1486 个品种，其中染料篇介绍了 58 家生产单位 482 个品种，助剂篇介绍了 93 家生产单位的 1004 个产品。

B6266 TS190-62

中国纺织染料助剂使用指南 **2007—2008**／尹耐冬主编 . —北京：中国纺织信息中心，2007 年 . —622 页

本书分染料和助剂两篇，全书约 124 万字，收录了 2398 个品种，其中染料品种 562 个，助剂品种 1836 个。

B6267 TS190-62

中国纺织染料助剂使用指南 **2010—2011**／尹耐冬主编 . —北京：中国纺织信息中心，2010 年 . —582 页

本书分染料和助剂两篇，全书约 115 万字，收录了 2430 个品种，其中染料品种 580 个，助剂品种 1850 个。

B6268 TS103-62

中国纺织实验仪器贸易实用手册／国家纺织计量站中国纺织信息中心 . —北京：国家纺织计量站中国纺织信息中心，2002 年 . —264 页

本书收集了纺织实验仪器贸易领域数十家龙头企业的基本情况、联系方式，以及这些企业生产的数百种纺织实验仪器，它基本反映了此领域的全貌和产品水平。

B6269 TS101-62

中国航空材料手册 **7** **涂料** **绝缘材料** **纺织材料**／《中国航空材料手册》编辑委员会编 . —北京：中国标准出版社，1989 年 . —641 页；26cm（被引 328）

ISBN 7-5066-0113-3

B6270 TS101-62

中国航空材料手册 **第 10 卷** **燃料与润滑材料** **纺织材料** **第 2 版**／《中国航空材料手册》编辑委员会编 . —北京：中国标准出版社，2002 年 . —407 页；30cm（被引 876）

ISBN 7-5066-2465-6

本卷着重介绍了燃料与润滑材料、纺织材料的基本组成，主要物理、化学、力学性能，工艺参数及应用的技术数据。

B6271 F426.81-62

中国纺织手册 **1993**／纺织工业部经济研究中心，中国化学纤维工业协会编 . —北京：纺织工业出版社，1993 年 . —360 页

ISBN 7-5064-0963-1

B6272 F426.81-62

中国纺织手册 **1994**／中国纺织经济研究中心，中国化学纤维工业协会编 . —北京：中国纺织出版社，1994 年 . —324 页

ISBN 7-5064-1125-3

B6273 F426.81-62
中国纺织手册 1995/中国纺织经济研究中心编.—北京：中国纺织出版社，1995年.—320页
ISBN 7-5064-1184-9

B6274 F426.81-62
中国纺织手册 1996/中国纺织经济研究中心，中国化学纤维工业协会编.—北京：中国纺织出版社，1996年.—329页
ISBN 7-5064-1305-1

B6275 TS190-62
助剂品种手册/黄茂福主编.—北京：纺织工业出版社，1990年.—419页
ISBN 7-5064-0446-X
本书汇集了国产助剂产品的化学组成、性能、出厂标准、用途、应用方法及注意事项等内容。

B6276 TS193-62
着色配色技术手册/李青山主编.—北京：中国纺织出版社，2016年.—749页
ISBN 978-7-5180-2138-3
本书共分十三篇四十二章，从颜色的基本知识和材料着色的基本理论着手，介绍了有关测色与配色的理论和实践，对颜色的测量、计算机的配色原理与应用，在不同基质材料上的着色与配色技术，对着色剂的要求和选择作了叙述。

B6277 TQ34-62
中国纤维手册 1989/纺织工业部经济研究中心，中国化学纤维工业协会编.—北京：中国展望出版社，1989年.—452页
ISBN 7-5050-0597-9
本书是一本汇集中国和世界化学纤维工业和纤维加工业的资料性工具书，1989年开始，以后每年出版，内容保持连续性，逐年补充最新资料。《中国纤维手册》的内容分为国内纺织和国外纺织两大部分，并在附录中收入中国主要化学纤维企业名录，它的所有数据都采用国内外政府部门和权威性机构的统计月报、年报和研究报告的资料，内容力求精确、系统、全面。

B6278 TQ34-62
中国纤维手册 1990/纺织工业部经济研究中心，中国纺织品进出口总公司编.—北京：文津出版社，1990年.—448页
ISBN 7-80554-067-5
本书是一本汇聚中国和世界化学纤维工业和纤维加工业的资料性工具书。

B6279 TQ34-62
中国纤维手册 1991—1992/纺织工业部经济研究中心，中国纺织品进出口总公司编.—北京：文津出版社，1991

年.—412页
ISBN 7-80554-105-1
本书分国内、国际两部分。国内部分介绍了中国国民经济和纺织工业的基本经济指标、纺织工业的结构、主要纤维品的产量和生产能力，纤维制品的进出口贸易；国际部分介绍了世界化学纤维及纤维制品的生产和生产能力，以及进出口贸易等。

B6280 TS12-62
苎麻纺织企业管理实用手册/赵兴华编著.—株洲：湖南省纺织工程学会，1988年.—2册

B6281 TS193-62
专色配色手册 亮光铜版 活页装/徐建军著.—北京：化学工业出版社，2007年.—1册；5cm×22cm
ISBN 7-5025-9196-6
本手册为专色色样与专色墨调配配方，含基本色27个，配方色574个，基本涵盖了孟塞尔颜色系统中的各个色系、各级明度以及彩度的变化。

B6282 TS193-62
专色配色手册 哑光铜版 活页装/徐建军著.—北京：化学工业出版社，2007年.—1册；5cm×22cm
ISBN 7-5025-9197-4
本手册为专色色样与专色墨调配配方，含基本色27个，配方色574个，基本涵盖了孟塞尔颜色系统中的各个色系、各级明度以及彩度的变化。

B6283 TS193-62
专色配色手册 亮光铜版 活页装/徐建军著.—北京：化学工业出版社，2007年.—1册；25cm
ISBN 978-7-5025-9194-6
本手册为专色色样与专色墨调配配方，含基本色27个，配方色574个，基本涵盖了孟塞尔颜色系统中的各个色系、各级明度以及彩度的变化。

B6284 TS193-62
专色配色手册 哑光铜版 活页装/徐建军著.—北京：化学工业出版社，2007年.—1册；25cm
ISBN 978-7-5025-9195-3
本手册为专色色样与专色墨调配配方，含基本色27个，配方色574个，基本涵盖了孟塞尔颜色系统中的各个色系、各级明度以及彩度的变化。

B6285 TS193
专业人员用配色图典 第4册 3色配色篇 [译]/（日）澀川育由，高桥由美编；黄游华译.—上海：世界图书出版公司，2000年.—140页
ISBN 7-5062-2770-3
本书分别由色调内容构成。首先，把整体分成白色/淡色/鲜艳色、冷色、暖色/深色、黑色/灰色4大块，再将各种色调在可能的范围内划分阶段，用印刷来表现。

B6286 TS193

专业人员用配色图典 第5册 色的印象篇 [译]/（日）澁川育由，高桥由美编；何文晔译．—上海：世界图书出版公司，2000年．—128页

ISBN 7-5062-2816-5

本书是"专业系列"的第二部，为满足广大读者的迫切要求，按颜色的印象分类。按照这种分类，抓住印象特征，就能掌握配色的具体目标以及合乎外部要求的感觉。

B6287 TS102

最新纺织材料性能品质测试评定与质量检验分析鉴别实务全书 上中下册/曹瑜主编．—呼和浩特：远方出版社，2005年．—430页，431—876页，877—1318页

ISBN 7-80595-981-1

本书主要内容有：纺织纤维化学与物理基本理论、新型纺织材料的开发及应用、纺织材料性能质量测试评定、纺织材料质量检验等。

B6288 TS190-62

最新纺织品染料品种优化选择与性能检测及染印配方设计应用手册 全四卷/周中强编．—西安：西北电子工业出版社，2004年．—4册

ISBN 7-88362-398-2

B6289 TS1-62

最新纺织染实用手册 [译]/（日）小出铃雄著；韦炬明等译．—北京：纺织工业出版社，1989年．—308页

ISBN 7-5064-0323-4

本书介绍了原料、纺纱、织布、染色、整理及服装缝制的技术数据，并提供了纺织品设计的方法及质量检验和纺织厂公害的防止等数据。

B6290 TS156-62

最新国外化纤新品种手册 1985/江苏省纺织科技情报中心等著．—南京：江苏省纺织科技情报中心，1985年．—103页

B6291 TS190-62

最新染料使用大全/《最新染料使用大全》编写组编．—北京：纺织工业出版社，1996年．—1892页

ISBN 7-5064-1159-8

B6292 TS190-62

最新染整设备与染料使用管理手册 第1—4卷/李小谷主编．—合肥：安徽文化音像出版社，2003年．—474页，475—968页，969—1462页，1463—1931页

ISBN 7-88413-618-X

本书是全面系统介绍染整设备与染料使用的大型工具书。以工艺为纽带，重点介绍染整加工过程中的设备组成、工作原理和结构特点，对新型染整设备和未来发展趋势作了具体的阐述。对染整行业各类染料的使用进行了介绍，同时，将常用染料及印染助剂收录于书后供参考。

B6293 TS18-62

最新针织品加工新技术与染整创新设计图解及染整新工艺实用手册 第一卷/黄勇胜主编．—北京：中国纺织出版社，2007年．—432页

B6294 TS18-62

最新针织品组造技法及创新设计图集速查手册 第1—4卷/洪涛主编．—北京：银声音像出版社，2005年．—432页，433—902页，903—1384页，1385—1858页

ISBN 7-6043-4578-8

2.5 纺织标准汇编

收录与编辑说明：

本部分收录1950—2020年出版的纺织类各种标准汇编，包括国际标准与国外标准汇编中译本、国家标准与纺织行业标准汇编共186种（记录号B6300—B6485），所有文献按正题名音序排列。

B6300 TS1-65

AATCC技术手册 上下册（首译本）/美国纺织化学家和染色家协会编著；中国纺织信息中心编译．—北京：编者自发行，2007年．—562页，1166页

这一版本《AATCC技术手册》中的测试方法是2003年4月前通用的。总结了一些包括已经增加的和其他的一些重要变化的新测试方法。

B6301 TS1-65

AATCC技术手册 83卷 2008/美国纺织化学家和染色家协会编著；中国纺织信息中心编译；伏广伟主编．—北京：中国纺织出版社，2008年．—704页（被引9）

ISBN 978-7-5064-4977-9

本书介绍了由美国纺织化学家和染色家协会（AATCC）提供的2008版技术手册，重点包括116个标准方法、10个评估程序和10个专论。内容涉及纺织品的色牢度性能、染色性能、生物性能、物理性能及纤维鉴别分析方法等。

B6302 TS1-65

AATCC技术手册 85卷 2010/美国纺织化学家和染色家协会编著；中国纺织信息中心编译；伏广伟主编．—北京：中国纺织出版社，2010年．—693页

ISBN 978-7-5064-6623-3

本书介绍了由美国纺织化学家和染色家协会（AATCC）提供的 2010 版技术手册，重点包括 111 个标准方法、10 个评定程序和 13 篇专论。内容涉及纺织品的色牢度性能、染色性能、生物性能、物理性能及纤维鉴别分析方法等。本书对研究纺织品检测技术、掌握检测方法、控制和提高纺织品质量具有指导意义。可供在检测机构、科研院所、纺织品服装企业中从事质量检测、进出口贸易及相关工作的人士学习参考。

B6303 TS1-65

AATCC 技术手册　87 卷　2012/美国纺织化学家和染色家协会编著；中国纺织信息中心编译 . —北京：中国纺织出版社，2013 年 . —662 页

ISBN 978-7-5064-9581-3

本书介绍了由美国纺织化学家和染色家协会（AATCC）提供的 2012 版技术手册，重点包括 116 个标准方法、11 个评定程序和 14 篇专论。内容涉及纺织品的色牢度性能、染色性能、生物性能、物理性能及纤维鉴定分析方法等。

B6304 TS1-65

AATCC 技术手册　89 卷　2014/美国纺织化学家和染色家协会编著；中国纺织信息中心编译，伏广伟主编 . —北京：中国纺织出版社，2014 年 . —664 页

ISBN 978-7-5180-0588-8

本书介绍了由美国纺织化学家和染色家协会（AATCC）提供的 2014 版技术手册，重点包括 120 个标准方法、11 个评定程序和 9 篇专论。内容涉及纺织品的色牢度性能、染色性能、生物性能、物理性能及纤维鉴定分析方法等。本书对研究纺织品检测技术、掌握检测方法、控制和提高纺织品质量具有指导意义。

B6305 TS1-65

AATCC 技术手册　91 卷　2016/美国纺织化学家和染色家协会编著；中国纺织信息中心编译，杨萍主编 . —北京：中国纺织出版社，2016 年 . —678 页

ISBN 978-7-5180-2698-2

本书介绍了由美国纺织化学家和染色家协会（AATCC）提供的 2016 版技术手册，重点包括 123 个测试方法、11 个评定程序和 9 篇专论。内容涉及纺织品的色牢度性能、染色性能、生物性能、物理性能及纤维鉴别分析方法等。本书对研究纺织品检测技术、掌握检测方法、控制和提高纺织品质量具有指导意义。可供在检测机构、科研院所、纺织品服装企业中从事质量检测、进出口贸易及相关工作的人士学习和参考。

B6306 TS1-65

AATCC 技术手册　92 卷　增补册　2017/美国纺织化学家和染色家协会编著；中国纺织信息中心编译；王玲主编 . —北京：中国纺织出版社，2017 年 . —102 页

ISBN 978-7-5180-3828-2

本书与 2016 版相比，更新了 65 个标准、评定程序和专论，其中新增 2 个标准，内容涉及纺织品物理、色牢度、染色及生物性能，评定程序及纤维鉴别分析等。

B6307 TS1-65

AATCC 技术手册　93 卷　2018/美国纺织化学家和染色家协会编著；中国纺织信息中心编译；王玲主编 . —北京：中国纺织出版社，2018 年 . —694 页

ISBN 978-7-5180-4886-1

本书介绍了由美国纺织化学家和染色家协会（AATCC）提供的 2018 版技术手册，重点包括 126 个测试方法、10 个评定程序和 8 篇专论。内容涉及纺织品的色牢度性能、染色性能、生物性能、物理性能及纤维鉴定分析方法等。

B6308 TS1-65

AATCC 技术手册　95 卷　2020/美国纺织化学家和染色家协会编著；中国纺织信息中心编译；王玲主编 . —北京：中国纺织出版社有限公司，2020 年 . —704 页

ISBN 978-7-5180-7351-1

本书介绍了由美国纺织化学家和染色家协会（AATCC）提供的 2020 版技术手册，重点包括 128 个测试方法、3 个实验程序、11 个评定程序和 6 篇专论。内容涉及纺织品的色牢度性能、染色性能、生物性能、物理性能及纤维鉴别分析方法等。

B6309 TS11-65

ASTM 纱线棉纺织技术标准　上下册（美国材料与实验协会标准）/中国际标网，国家纺织实验室联合编译 . —北京：北京互通伟业信息咨询中心，2007 年 . —658 页，659—1318 页

B6310 TS18-65

ASTM 针织技术标准（中文版）/中国际标网，国家纺织实验室联合编译 . —北京：北京互通伟业信息咨询中心，2007 年 . —414 页

B6311 TS18-65

ASTM 针织技术标准（中英对照）/中国际标网，国家纺织实验室联合编译 . —北京：北京互通伟业信息咨询中心，2007 年 . —595 页

B6312 TS103-65

ISO 标准手册　14　纺织机械/林淑芬，赵佩华，沈小平译 . —北京：纺织工业部北京纺织机械研究所，1983 年 . —394 页

B6313 TS103-65

ISO 标准手册　14　续编　1989　纺织机械与附件/纺织部北京纺织机械研究所编 . —北京：纺织工业部北京纺织机械研究所，1983 年 . —94 页

B6314 TS1-65

ISO 纺织技术标准（2011 年中文版）　［译］/中国际标

网，国家纺织实验室联合编译．—北京：北京互通伟业信息
咨询中心，2011 年．—414 页

B6315 TS1-65
JIS 纺织技术标准（2011 年中文版）［译］/中国际标
网，国家纺织实验室联合编译．—北京：北京互通伟业信息
咨询中心，2011 年．—701 页

B6316 TS107
出入境检验检疫行业标准汇编　纺织检验卷　上册/桂
家祥主编；国家认证认可监督管理委员会编．—北京：中国
标准出版社，2012 年．—840 页；30cm
　　ISBN 978-7-5066-6697-8
　　本书是出入境检验检疫行业标准汇编纺织检验卷，收集
了截至 2011 年 7 月 1 日批准发布的行业标准 195 项。纺织检
验卷分为上册和下册，上册内容包括通用标准和方法标准；
下册内容包括规程标准。

B6317 TS107
出入境检验检疫行业标准汇编　纺织检验卷　下册/桂
家祥主编；国家认证认可监督管理委员会编．—北京：中国
标准出版社，2012 年．—951 页；30cm
　　ISBN 978-7-5066-6696-1
　　本书是出入境检验检疫行业标准汇编纺织检验卷，收集
了截至 2011 年 7 月 1 日批准发布的行业标准 195 项。纺织检
验卷分为上册和下册，上册内容包括通用标准和方法标准；
下册内容包括规程标准。

B6318 TS107
**出入境检验检疫行业标准汇编　轻工纺织类　第 1—2
册**/王凤清主编．—北京：中国法制出版社，2004 年．—289
页，290 页
　　ISBN 7-80083-971-0

B6319 TS107
纺织标准化工作手册/上海纺织工业局计量标准管理
所．—上海：编者自发行，1982 年．—829 页
　　标准化是组织现代化生产的重要手段，是科学管理的重
要组成部分，为了使更多的同志掌握标准化专业知识，根据
我国历年标准化档案资料，国家科委、纺织工业部及标准总
局等方面文件，标准化知识，专业技术，技术标准及国家标
准化等汇编成标准化手册，供制定标准和有关工作人员在工
作中参考。

B6320 TS107
纺织标准化工作手册　纺织材料：棉纤维/上海纺织工
业局计量标准管理所．—上海：编者自发行，1982 年．—
337 页

B6321 TS107
纺织标准化工作手册　纺织材料：天然丝/上海纺织工
业局计量标准管理所．—上海：编者自发行，1982 年．—405 页

B6322 TS102-62
纺织材料标准手册（非金属材料标准手册系列）/何志
贵主编．—北京：中国标准出版社，2009 年．—419 页
　　ISBN 978-7-5066-5437-1
　　纺织材料标准作为纺织材料科学、技术和实践的结晶，
为人们提供了判别纺织材料优劣的准则、检测的依据、技术
的支持和提高生活质量的手段。本标准手册以中国国家标
准、纺织工业行业标准为主，相关企业标准为辅，详细介绍
了各类纺织材料的种类、组成、性能要求及选用原则；对相
应产品分别介绍了名称、型号、技术要求及主要用途，并对
其规格尺寸及偏差、产品标记、部分牌号、产品性能、使用
工艺和注意事项也作出了简要介绍。

B6323 TS1-65；TS941.79
纺织服装常用标准及政策法规汇编　上中下册/本书编
委会编．—长春：吉林电子出版社，2002 年．—1—564 页，
565—1121 页，1125—1690 页
　　ISBN 7-900359-13-3
　　本书共分三册，力求全面系统，实用性强，主要内容为
纺织服装行业在选择布料，款式设计，加工制作，进出口贸
易等方面常用的规范标准及政策法规。

B6324 TS1-65
纺织工业标准目录/中国标准出版社，国家纺织工业局
规划发展司科技处编．—北京：中国标准出版社，1999
年．—101 页（被引 5）
　　ISBN 7-5066-1828-1
　　本目录收了截至 1998 年底批准、发布的纺织工业国家标
准、行业标准目录共计 1206 项。目录中"GB"为强制性标
准，"GB/T"为推荐性标准。

B6325 TS1-65
纺织工业标准目录　第 2 版/中国标准出版社第一编辑
室编．—北京：中国标准出版社，2003 年．—121 页
　　统一书号 155066·2-15102
　　本书收集了截至 2002 年底批准、发布的纺织工业国家标
准和行业标准，共计 1444 项，其中纺织工业国家标准 513
项，行业标准 932 项。

B6326 TS107
纺织工业采用国际标准、国外先进标准索引/无锡市纺
织工程学会编．—无锡：无锡市纺织工程学会，1987 年．—
56 页

B6327 TS103-65
纺织机械标准汇编　1980—1985 年/中国纺织机械研究
所编．—北京：中国标准出版社，1988 年．—362 页
　　ISBN 7-5066-0019-6

B6328 TS103-65
纺织机械标准汇编　第 1 卷/中国标准出版社，全国纺
织机械与附件标准化技术委员会编．—北京：中国标准出版

社，2018 年 . —983 页

ISBN 978-7-5066-9073-7

本书收录了截至 2018 年 6 月发布的现行纺织行业标准中有关纺纱机械、非造布机械以及纺织机械专用零部件、器材等 127 项产品标准。

B6329 TS103-65

纺织机械标准汇编　第 2 卷/中国标准出版社，全国纺织机械与附件标准化技术委员会编 . —北京：中国标准出版社，2020 年 . —1432 页

ISBN 978-7-5066-9691-3

《纺织机械标准汇编》由中国标准出版社和全国纺织机械与附件标准化技术委员会整理编纂，因篇幅所限，分卷出版，本卷为第二卷。承续第一卷（2018 年出版），本卷收录了截至 2020 年 4 月发布的现行纺织行业标准中有关纺纱机械、非造布机械、织造机械、染整机械、化纤机械、针织机械、纺织仪器、纺织电气及纺织器材等 174 项产品标准。纺织机械基础通用标准待另册出版。本汇编主要供纺织行业的相关企业、科研单位以及纺织产品经营机构的技术人员和管理人员查询现行有效的标准，据此指导纺织产品的生产经营与流通，为提高纺织行业的整体技术水准和产品质量提供标准技术支撑。本汇编由浙江理工大学浙江省现代纺织装备技术重点实验室和厦门兴全龙机械有限公司协办。

B6330 TS103-65

纺织机械标准资料选编　第 1 册/中华人民共和国纺织工业部 . —北京：技术标准出版社，1979 年 . —92 页

统一书号 15169·3-112

B6331 TS103-65

纺织机械标准资料选编　第 2 册/中华人民共和国纺织工业部 . —北京：技术标准出版社，1980 年 . —150 页

统一书号 15169·2-117

B6332 TS103-65

纺织机械标准资料选编　第 3 册/中华人民共和国纺织工业部 . —北京：技术标准出版社，1981 年 . —341 页

统一书号 15169·3-143

B6333 TS103-65

纺织机械标准资料选编　第 4 册/中华人民共和国纺织工业部 . —北京：技术标准出版社，1980 年 . —205 页

统一书号 15169·3-130

B6334 TS103-65

纺织机械标准资料选编　第 5 册/中华人民共和国纺织工业部 . —北京：技术标准出版社，1980 年 . —165 页

统一书号 15169·3-149

B6335 TS103-65

纺织机械标准资料选编　第 6 册/中华人民共和国纺织工业部 . —北京：技术标准出版社，1981 年 . —181 页

统一书号 15169·3-162

B6336 TS103-65

纺织机械用同步带传动标准及资料汇编/纺织机械用同步带传动行标工作组编 . —北京：纺织工业部纺织机械研究所，1992 年 . —207 页

B6337 TS103-65

纺织机械与器材标准汇编　棉纺机械卷/中国标准出版社编 . —北京：中国标准出版社，2017 年 . —586 页

ISBN 978-7-5066-8530-6

本书共收集截至 2016 年 11 月底由国务院标准化行政主管部门和纺织行业主管部门正式批准发布的棉纺机械标准 65 项，其中国家标准 8 项，行业标准 57 项。

B6338 TS103-65

纺织机械与器材实用标准汇编　2004 版/全国纺织机械与附件标准化技术委员会编 . —北京：中国纺织出版社，2004 年 . —1311 页

ISBN 7-5064-3130-0

本汇编收集了截至 2004 年 7 月底正式批准发布的现行纺织机械、纺织器材国家标准 53 项，行业标准 127 项。

B6339 TS103-65

纺织机械与器材实用标准汇编　2010 版/全国纺织机械与附件标准化技术委员会编 . —北京：中国轻工业出版社，2010 年 . —1490 页

ISBN 978-7-5019-7666-9

本汇编收集了截至 2010 年 1 月底正式批准发布的现行纺织机械、纺织器材国家标准 92 项，行业标准 109 项。

B6340 TS103-65

纺织机械与器材产品标准汇编　2012 版/全国纺织机械与附件标准化技术委员会编 . —北京：中国轻工业出版社，2012 年 . —1564 页

ISBN 978-7-5019-8556-2

本汇编包括全部纺织机械及器材的基础性技术标准，收集了截至 2009 年 8 月底正式批准发布的现行纺织机械、纺织器材国家标准、行业标准，大多为企业制定产品标准时需普遍引用的实用性基础标准，其中 50 多项国家标准为 2000 年后新修订的标准，这些标准都不同程度地采用了相关的国际标准。本汇编按标准号顺序编排，涉及纺机通用术语、测试方法、产品设计通用要求、产品尺寸参数、安全要求、图形符号、包装、涂装等内容。

B6341 TS107；TS18-65

纺织品标准汇编　棉纺织 1　1995/中国纺织总会科技发展部标准处编 . —北京：中国标准出版社，1996 年 . —686 页

ISBN 7-5066-1225-9

B6342 TS107；TS18-65

纺织品标准汇编　棉纺织 2　1995/中国纺织总会科技发

展部标准处编 . —北京：中国标准出版社，1996 年 . —381 页

　　ISBN 7-5066-1224-0

B6343　TS107；TS18-65

　　纺织品标准汇编　毛、麻纺织　1995/中国纺织总会科技发展部标准处编 . —北京：中国标准出版社，1996 年 . —596 页

　　ISBN 7-5066-1226-7

B6344　TS107；TS18-65

　　纺织品标准汇编　丝纺织、化纤　1995/中国纺织总会科技发展部标准处编 . —北京：中国标准出版社，1996 年 . —716 页（被引 6）

　　ISBN 7-5066-1211-9

B6345　TS107；TS18-65

　　纺织品标准汇编　服装、针织　1995/中国纺织总会科技发展部标准处编 . —北京：中国标准出版社，1996 年 . —866 页

　　ISBN 7-5066-1227-5

B6346　TS107

　　纺织品标准汇编　增补卷　增补版/国家纺织工业局规划发展司科技处编 . —北京：中国标准出版社，1999 年 . —676 页（被引 5）

　　ISBN 7-5066-1956-3

B6347　TS107

　　纺织品产品标准汇编　上册　棉纺织/纺织工业部科技司标准处编 . —北京：中国标准出版社，1989 年 . —580 页

　　ISBN 7-5066-0137-0

　　《纺织品产品标准汇编》共汇集了纺织品产品标准 233 个。其中棉纺织标准 84 个，毛纺织标准 36 个，麻纺织标准 23 个，丝纺织标准 36 个，针织、复制标准 40 个，化纤标准 14 个，共约 26 万字。分上中下三册出版。三册均附有截至 1989 年底的纺织工业标准总目录。

B6348　TS107

　　纺织品产品标准汇编　中册　毛麻纺织和化纤/纺织工业部科技司标准处编 . —北京：中国标准出版社，1989 年 . —540 页

　　ISBN 7-5066-0156-7

B6349　TS107

　　纺织品产品标准汇编　下册　丝纺织、针织、复制/纺织工业部科技司标准处编 . —北京：中国标准出版社，1989 年 . —456 页

　　ISBN 7-5066-0180-X

B6350　TS107

　　纺织品基本安全要求及其检测方法标准汇编/中国标准出版社第一编辑室编著 . —北京：中国标准出版社，2008 年 . —274 页

　　ISBN 978-7-5066-4940-7

　　本书收集了纺织品基本安全技术要求标准及其检测方法标准以及相关标准共计 33 项（发布日期截至 2008 年 5 月底），包括 GB 18401—2003《国家纺织产品基本安全技术规范》GB/T 2912.1—1998《纺织品　甲醛的测定》等。

B6351　TS107

　　纺织品基础标准、方法标准汇编/纺织部标准化研究所编 . —北京：中国标准出版社，1988 年 . —781 页

　　ISBN 7-5066-0076-5

B6352　TS107

　　纺织品基础标准、方法标准汇编　续编 1/纺织工业部标准化研究所编 . —北京：中国标准出版社，1990 年 . —768 页

　　ISBN 7-5066-0240-7

B6353　TS107

　　纺织品基础标准、方法标准汇编　续编 2/纺织工业部标准化研究所编 . —北京：中国标准出版社，1993 年 . —737 页

　　ISBN 7-5066-0773-5

B6354　TS101.92-65

　　纺织染试验方法汇编　化验分册/上海市纺织工业局计量标准管理所 . —上海：编者自发行，1986 年 . —67 页

B6355　TS101.92-65

　　纺织染试验方法汇编　纱线分册/上海市纺织工业局计量标准管理所 . —上海：编者自发行，1986 年 . —196 页

B6356　TS101.92-65

　　纺织染试验方法汇编　印染分册/上海市纺织工业局计量标准管理所 . —上海：编者自发行，1987 年 . —385 页

B6357　TS101.92-65

　　纺织染试验方法汇编　织物分册/上海市纺织工业局计量标准管理所 . —上海：编者自发行，1987 年 . —179 页

B6358　TS19-61

　　纺织业最新染整工艺与通用标准全书　上中下册/于向勇主编 . —北京：北京中软电子出版社，2011 年 . —558 页，559—1148 页，1149—1750 页

　　ISBN 7-900057-53-8

B6359　TS172-65

　　非织造材料标准手册/何志贵，陈庆东主编 . —北京：中国标准出版社，2009 年 . —292 页（被引 8）

　　ISBN 978-7-5066-5405-0

　　本书以中国国家标准、纺织工业行业标准为主线，介绍了非织造材料的种类、组成、性能要求和主要技术术语以及选用原则；对每个产品分别介绍名称、型号、技术要求及主要用途，并对其规格尺寸及偏差、产品标记、部分牌号、产

品性能、规格、生产单位、使用工艺和注意事项也作了简要介绍。

B6360 TS107

国际、国外纺织标准汇编 第1集/纺织工业部科技司标准处编.—北京：纺织工业部科技司标准处，1983年.—222页

B6361 TS1-65

国际ISO纺织技术标准 2011年中文版/中国际标网，国家纺织实验室联合编译.—北京：北京互通伟业信息咨询中心，2011年.—414页

B6362 TS1-65

国际纺织标准汇编 中文ISO篇［译］/北京国信企联信息科技研究院翻译.—北京：北京国信企联信息科技研究院，2007年.—524页

B6363 TS1-65

国际纺织标准汇编 日本JIS篇［译］/北京国信企联信息科技研究院翻译.—北京：北京国信企联信息科技研究院，2007年.—691页

B6364 D912.1

国际纺织服装市场遵循的技术法规与标准解析/刘胜利主编；深圳出入境检验检疫局编著.—北京：中国标准出版社，2005年.—356页（被引16）

ISBN 7-5066-3807-X

本书对我国纺织服装主要出口国美国、欧盟及日本等近20个国家的纺织服装相关技术法规、政府非强制性要求和关键控制点等进行了系统的研究分析。

B6365 TS193-65

国际纺织业标准色卡 101—1060/施华民主编.—北京：纺织工业出版社，2001年.—4册

ISBN 7-5064-2102-X

本书分为四册，第一册颜色编号为101—340，第二册颜色编号为341—580，第三册颜色编号为581—820，第四册颜色编号为821—1060，共960色。

B6366 TS17-65

国际非织造物和用可弃物品测试标准/重庆市纺织工业研究所情报室编.—重庆：编者自发行，1988年.—84页

B6367 TS103-65

国际和国外纺织器材标准汇编 第1集 国际标准［译］/陕西纺织器材研究所编译.—咸阳：陕西纺织器材研究所，1984年.—203页

B6368 TS103-65

国际和国外纺织器材标准汇编 第2集 日本工业标准［译］/陕西纺织器材研究所编译.—咸阳：陕西纺织器材研

究所，1985年.—153页

B6369 TS103-65

国际和国外纺织器材标准汇编 第3集 西德标准［译］/陕西纺织器材研究所编译.—咸阳：陕西纺织器材研究所，1985年.—152页

B6370 TS103-65

国际和国外纺织器材标准汇编 第4集 苏联、法国标准［译］/陕西纺织器材研究所编译.—咸阳：陕西纺织器材研究所，1986年.—102页

B6371 TS13-65

国际毛纺织组织仲裁协议及标准总汇/中国毛纺织行业协会编译.—北京：中国纺织出版社，2005年.—1181页

ISBN 7-5064-3359-1

本书收编国际毛纺织组织（IWTO）仲裁协议及有关国际协议（蓝皮书）、国际毛纺织组织规则、国际毛纺织测试方法标准（红皮书）和国际毛纺织组织测试方法标准草案、国际毛纺织组织测试方法标准与ISO标准对应关系、羊毛中植物性杂质及其图片等内容。

B6372 TS13-65

国际羊毛局羊毛标志产品试验方法（续篇）h86-05/北京毛纺织科学研究所，全国毛纺织科技情报站编.—北京：北京毛纺织科学研究所.—289页

B6373 TS1-65

国家纺织标准汇编 第1—5册/中国际标网，国家纺织实验室联合编译.—北京：北京互通伟业信息咨询中心，2011年.—5册

B6374 TS107

国内外纺织标准总目录 2000版/纺织工业标准化研究所编.—北京：编者自发行，2000年.—227页

B6375 D912.1

国内外纺织服装技术法规 2004版/王新主编；国家质检总局检验监管司编.—北京：中国标准出版社，2004年.—247页

ISBN 7-5066-3504-6

本书对我国主要贸易国家涉及纺织品和服装的技术法规，按照纤维成分和标签、护理标签、燃烧性能、有毒有害物质、羽绒产品、原产地等方面进行了系统的阐述。

B6376 TS1-65

国内外纺织服装皮革标准目录总览 2004/江苏省技术监督情报研究所，江苏省质量技术监督局WTO/TBT咨询点编.—北京：中国标准出版社，2004年.—466页

ISBN 7-5066-3545-3

本目录收录了截至2004年5月底以前出版的国内、国际和主要发达国家的所有纺织（含纺机）、服装和皮革标准以

及欧盟、美国和日本的有关纺织技术法规共 9000 余条。

B6377　TS107

国外纺织产品标准（选辑）/上海市标准化协会纺织专业委员会编辑 . —上海：上海市纺织工业局计量标准管理所，1985 年 . —308 页

B6378　TS107

国外纺织品新标准选编/刘增录，吴玉金，汤加乐主编 . —北京：纺织部标准化研究所，1985 年 . —465 页

B6379　T1-65

国外纺织品阻燃标准［译］/纺织工业部印染行业技术开发中心，纺织工业部标准化研究所译 . —北京：纺织工业部印染行业技术开发中心，纺织工业部标准化研究所，1987 年 . —234 页

B6380　TQ34-65

国外化学纤维标准选编［译］/国家标准局纤维检验局，上海化学纤维工业公司编译 . —北京：中国标准出版社，1986 年 . —664 页

统一书号 15169 · 3-324

B6381　T1-65

国外棉纤维试验方法标准汇编/瞿宗德译；严文源校 . —北京：中国纤维检验局，1986 年 . —399 页

本书收集了国际标准及美国、英国、西德、苏联、印度和日本等国家中有关棉纤维各项物理、化学和纺纱性能试验的最新标准共 34 篇。

B6382　T1-65

国外棉纤维试验方法标准汇编　续集/中国纤维检验局 . —北京：中国纤维检验局，1988 年

B6383　T1-65

国外毛纤维试验方法标准汇编/汪家萧，瞿宗德等编译 . —北京：中国纤维检验局，1991 年 . —498 页

本书收集了国际标准化组织（ISO）、国际毛纺织协会（IWTO）以及美国、苏联、澳大利亚、新西兰等国家有关羊毛和其他动物毛最新的净毛率、公量和各项物理、化学项目的取样和检验方法标准等内容。

B6384　TQ34-65

化学纤维标准汇编/纺织工业部化学纤维工业司，上海化学纤维公司 . —北京：纺织工业部化学纤维工业司，1993 年 . —628 页

本汇编收集国内化学纤维标准 86 个，其中产品标准 30 个，方法标准 27 个，检验标准 14 个，其他相关标准 11 个。

B6385　TS102-65

化学纤维与化纤制品生产加工工艺技术标准规范及检测检验实用手册　中、下/徐帮学主编 . —长春：吉林音像出版社，2006 年 . —1053 页，1623 页

ISBN 7-88833-247-1

B6386　TS1-65

家具材料标准解读与选编　纺织卷/全国家具标准化技术委员会，佛山市顺德家具研究开发院有限公司，佛山市顺德区创科家具材料检测有限公司编；张建新主编 . —北京：中国标准出版社，2015 年 . —407 页

ISBN 978-7-5066-7860-5

本书通过对家具用纺织标准及相关家具标准进行梳理，选编和收集了中国软体家具标准及通用技术条件国家/行业标准 6 套，纺织产品标准及环保要求国家/行业标准 14 套，纺织品产品检测方法标准国家/行业标准 31 套，重点研究分析了国内外主要市场的技术法规纺织产品标准、合格评定程序，并将其同我国纺织行业相关标准进行了比较。

B6387　TS107

家用纺织品技术标准汇编/中国标准出版社第一编辑室编 . —北京：中国标准出版社，2007 年 . —501 页

ISBN 978-7-5066-4381-8

本汇编收录了截至 2006 年 11 月底由国家标准化行政主管部门和相关行业标准主管部门批准发布的床上用品类、毛巾类、毯类、手帕类等家用纺织品产品标准、试验方法标准及相关标准 65 项，其中产品标准 16 项、试验方法标准 32 项、相关标准 17 项。

B6388　TS107

家用纺织品技术标准汇编　第 2 版/中国标准出版社第一编辑室编著 . —北京：中国标准出版社，2010 年 . —728 页

ISBN 978-7-5066-5954-3

本汇编收录了截至 2010 年 6 月底由国家标准化行政主管部门和相关行业标准主管部门批准发布的家用纺织品行业常用的现行国家标准、行业标准 88 项。

B6389　F746.81-65

进出口商品检验标准汇编　纺织原料产品　服装类/国家进出口商品检验局编 . —北京：中国标准出版社，1990 年 . —224 页

ISBN 7-5066-0303-9

B6390　F426.81-65

辽宁省本溪市第二纺织厂企业标准汇编/本溪市第二纺织厂标准化委员会编 . —本溪：本溪市第二纺织厂，1990 年 . —444 页

B6391　TS107

美国军用纺织品标准/纺织工业部纺织科学研究院情报室编 . —北京：纺织工业部纺织科学研究院，1986 年 . —454 页

B6392　TS107

美国 ASTM 纺织品标准/刘增录等主编 . —北京：纺织

工业部科技发展司标准处，纺织工业部标准化研究所，1990年 . —203 页

B6393 TS11-65

棉纺织产品质量标准 1953 年试行草案/中央人民政府纺织工业部编 . —北京：中央人民政府纺织工业部，1953年 . —97 页

B6394 TS-65

企业安全生产标准化评定标准汇编 纺织·轻工·食品/"全国安全生产标准化培训宣贯系列教材"编委会编 . —北京：气象出版社，2011 年 . —332 页

本书根据安全生产标准化的相关规定编写，主要汇编了纺织、轻工、食品等企业的相关评定标准，包括《冶金等工贸企业安全生产标准化基本规范评分细则》《纺织企业安全生产标准化评定标准》《造纸企业安全生产标准化评定标准》《食品生产企业安全生产标准化评定标准》《白酒生产企业安全生产标准化评定标准》《啤酒生产企业安全生产标准化评定标准》《乳制品生产企业安全生产标准化评定标准》7 个标准。

B6395 Z88：TS1

全国纺织标准馆藏目录 1958 年版/纺织工业标准化研究所编 . —北京：纺织工业部标准化研究所，1958 年 . —150 页

B6396 Z88：TS1

全国纺织标准馆藏目录 1985 年版/纺织工业部标准化研究所编 . —北京：纺织工业部标准化研究所，1985 年

B6397 Z88：TS1

全国纺织标准馆藏目录 1988 年版/纺织工业部标准化研究所编 . —北京：纺织工业部标准化研究所，1988 年 . —120 页

B6398 Z88：TS1

全国纺织标准目录 1994 年版/全国纺织总会标准化研究所 . —北京：全国纺织总会标准化研究所，1994 年 . —158 页

B6399 TS190-65

染料标准汇编 2007 基础标准和方法卷/中化化工标准化研究所，全国染料标准化技术委员会，中国标准出版社第二编辑室编 . —北京：中国标准出版社，2007 年 . —467 页

ISBN 978-7-5066-4401-3

本卷收录截至 2006 年 12 月底批准发布的染料产品和染料中间体产品的基础标准和方法标准。其中收录国家标准 68 项、行业标准 10 项。

B6400 TS190-65

染料标准汇编 2007 染料产品卷/中化化工标准化研究所，全国染料标准化技术委员会，中国标准出版社第二编

辑室编 . —北京：中国标准出版社，2008 年 . —836 页

ISBN 978-7-5066-4797-7

本书收录截至 2006 年 12 月底前批准发布的染料产品标准 137 项。其中国家标准 22 项，行业标准 115 项。

B6401 TS190-65

染料产品标准汇编 2015 上下册/全国染料标准化技术委员会，中国标准出版社编 . —北京：中国标准出版社，2015 年 . —657 页，658—1293 页

ISBN 978-7-5066-7889-6

本汇编共收集了 2010—2014 年批准发布现行有效的染料产品相关标准 151 项，其中包含国家标准 33 项，化工行业标准 118 项，可以作为从事染料生产、销售、质监和相关监管执法人员的工具书和工作依据使用。

B6402 TS190-65

染料 中华人民共和国国家标准/抚顺市科技情报研究所编 . —抚顺：编者自发行，1980 年 . —80 页

B6403 TS1-65；TS103-65

上海市纺织工业局企业标准汇编/上海纺织工业公司 . —上海：上海市计量标准管理局，1964 年 . —600 页

本汇编包括棉纺织、毛纺织、丝绸、针织、化学纤维、纺织机械、复制、印染等标准。

B6404 TS107

生态纺织产品最新标准规范和技术应用及质量控制手册 上中下卷/周立平主编 . —合肥：安徽文化音像出版社，2004 年 . —534 页，535—1054 页，1055—1575 页（被引 6）

ISBN 7-88413-384-9

本手册共上中下三册。书中分为两部分内容，一部分是依据现行有效标准规范，阐述了纺织产品在各个生产环节中的安全技术；另一部分是相关产品的质量控制方法。

B6405 TS107

生态纺织品标准/中国纺织工业协会产业部组织编写 . —北京：中国纺织出版社，2003 年 . —250 页（被引 37）

ISBN 7-5064-2706-0

书中内容包括三部分：一是生态纺织品的最新标准；二是国内纺织品服装通用标准；三是乌拉圭回合多边谈判结果（部分）。

B6406 TS107

生态纺织品技术标准汇编/中国标准出版社第一编辑室编 . —北京：中国标准出版社，2003 年 . —163 页（被引 9）

ISBN 7-5066-3217-9

本书针对纺织品生产企业、研究与流通部门等，收集了截至 2003 年 6 月底以前，生态纺织品生产、检验工作中常用的技术要求标准、检测方法标准以及相关标准共 22 项。

B6407 F746.81-65

输出入商品检验暂行标准 第二次修订本 第 3 册 纺

织原料（一）/中华人民共和国对外贸易部编辑 .—北京：财政经济出版社，1956 年 .—31 页

B6408 F746.81-65
输出入商品检验暂行标准 第二次修订本 第 4 册 纺织原料（二）/中华人民共和国对外贸易部编辑 .—北京：财政经济出版社，1956 年 .—55 页
统一书号 15005 · 14

B6409 F746.81-65
输出入商品检验暂行标准 第二次修订本 第 15 册 草帽辫、消费用纺织品、针织品/中华人民共和国对外贸易部编辑 .—北京：财政经济出版社，1956 年 .—128 页
统一书号 15005 · 15

B6410 TS103-65
苏联纺机标准译文集［译］/纺织工业部北京纺织机械研究所编译 .—北京：纺织工业部北京纺织机械研究所，1990 年 .—52 页

B6411 TS113-65
苏联籽棉和轧棉厂产品标准汇编［译］/李德贤，金永熙译 .—北京：纺织工业出版社，1957 年 .—70 页
统一书号 15041 · 168

B6412 TS107
台湾省纺织标准 第 1—3 册/纺织工业部科技司标准处编 .—北京：纺织工业部科技司标准处，1983 年 .—272 页，202 页，180 页

B6413 TS102-65
纤维检验技术规范汇集/河北省纤维检验局，河北省标准计量情报研究所，常州市标准计量情报研究所 .—石家庄：河北省纤维检验局，1991 年 .—615 页

B6414 TS103-65
新型纺织设备维修标准/陕西省纺织工程学会编 .—西安：陕西省纺织工程学会，2003 年 .—270 页

B6415 TS103-65
新型纺织设备维修标准 续集/陕西省纺织工程学会编 .—西安：陕西省纺织工程学会，2005 年 .—250 页

B6416 TS187-65
羊绒羊毛针织产品标准汇编/全国纺织品标准化技术委员会毛纺织分会，国家毛纺织产品质量监督检验中心（北京）编 .—北京：中国标准出版社，1998 年 .—132 页
ISBN 7-5066-1561-4

B6417 TS187-65
羊绒羊毛针织产品标准汇编 第 2 版/中国标准出版社第一编辑室编 .—北京：中国标准出版社，2005 年 .—350 页

ISBN 7-5066-3666-2
本书收录了截至 2004 年底发布的毛针织行业（含羊毛、羊绒、牦牛绒）产品标准、检验方法标准及相关标准 46 项。

B6418 TS19-65
印染产品标准集锦/戴兰生主编 .—上海：上海市纺织工业局印染产品质监站，1991 年 .—392 页

B6419 TS19-62
印染新技术、新工艺与质量控制检验标准实用手册 1—4 卷/周邦雄主编 .—北京：银声音像出版社，2004 年 .—396 页，397—824 页，825—1240 页，1241—1639 页
ISBN 7-88362-415-3
本书系统介绍了印染工艺的关键技术和创新工艺，本书分以下几个部分：第一部分是印染与印染技术工艺；第二部分是染色创新工艺与新技术；第三部分是印花创新工艺与新技术；第四部分是印染新工艺设备应用；第五部分是印染常用助剂分析检测技术；第六部分是印染实验室分析检验技术；第七部分是印染产品质量控制技术；第八部分是印染工厂创新设计与布局。

B6420 TS18-62
针织工艺与产品设计及标准应用手册/周邦雄主编 .—长春：吉林音像出版社，2003 年 .—462 页
ISBN 7-88833-190-4

B6421 TS107；TS1-65
中国纺织标准汇编 基础标准与方法标准卷 1/纺织工业标准化研究所编 .—北京：中国标准出版社，2000 年 .—680 页（被引 40）
ISBN 7-5066-2192-4
本书共收集截至 1999 年底的国家质量技术监督局和纺织行业主管部门正式批准发布的纺织品基础标准和方法标准 445 个。

B6422 TS107；TS1-65
中国纺织标准汇编 基础标准与方法标准卷 2/纺织工业标准化研究所编 .—北京：中国标准出版社，2000 年 .—652 页
ISBN 7-5066-2193-2
本书共收集截至 1999 年底的国家质量技术监督局和纺织行业主管部门正式批准发布的纺织品基础标准和方法标准 445 个。

B6423 TS107；TS1-65
中国纺织标准汇编 基础标准与方法标准卷 3/纺织工业标准化研究所编 .—北京：中国标准出版社，2000 年 .—494 页
ISBN 7-5066-2194-0
本书共收集截至 1999 年底的国家质量技术监督局和纺织行业主管部门正式批准发布的纺织品基础标准和方法标准 445 个。

B6424 TS107；TS1-65

中国纺织标准汇编 基础标准与方法标准卷 4/纺织工业标准化研究所编 .—北京：中国标准出版社，2000 年 .—465 页

ISBN 7-5066-2197-5

本书共收集截至 1999 年底的国家质量技术监督局和纺织行业主管部门正式批准发布的纺织品基础标准和方法标准 445 个。

B6425 TS107；TS1-65

中国纺织标准汇编 基础标准与方法标准卷 第 2 版 1/纺织工业标准化研究所编 .—北京：中国标准出版社，2007 年 .—564 页（被引 14）

ISBN 978-7-5066-4522-5

本书共收集截至 2007 年 4 月底由国家标准化行政主管部门、国家发展和改革委员会正式批准发布的纺织品基础标准和方法标准 429 项。

B6426 TS107；TS1-65

中国纺织标准汇编 基础标准与方法标准卷 第 2 版 2/纺织工业标准化研究所编 .—北京：中国标准出版社，2007 年 .—631 页（被引 8）

ISBN 978-7-5066-4525-6

本书共收集了截至 2007 年 4 月底由国家标准化行政主管部门、国家发展和改革委员会正式批准发布的纺织品基础标准和方法标准 429 项。

B6427 TS107；TS1-65

中国纺织标准汇编 基础标准与方法标准卷 第 2 版 3/纺织工业标准化研究所编 .—北京：中国标准出版社，2007 年 .—553 页（被引 9）

ISBN 978-7-5066-4523-2

本书共收集了截至 2007 年 4 月底由国家标准化行政主管部门、国家发展和改革委员会正式批准发布的纺织品基础标准和方法标准 429 项。

B6428 TS107；TS1-65

中国纺织标准汇编 基础标准与方法标准卷 第 2 版 4/纺织工业标准化研究所编 .—北京：中国标准出版社，2007 年 .—448 页（被引 10）

ISBN 978-7-5066-4526-3

本书共收集了截至 2007 年 4 月底由国家标准化行政主管部门、国家发展和改革委员会正式批准发布的纺织品基础标准和方法标准 429 项。

B6429 TS107；TS1-65

中国纺织标准汇编 基础标准与方法标准卷 第 2 版 5/纺织工业标准化研究所编 .—北京：中国标准出版社，2007 年 .—434 页（被引 29）

ISBN 978-7-5066-4524-9

本书共收集了截至 2007 年 4 月底由国家标准化行政主管部门、国家发展和改革委员会正式批准发布的纺织品基础标准和方法标准 429 项。

B6430 TS107；TS101-65

中国纺织标准汇编 纤维检验卷 棉/中国标准出版社第一编辑室编 .—北京：中国标准出版社，2002 年 .—141 页

ISBN 7-5066-2703-5

本书收集截至 2001 年底由国务院标准化行政主管部门批准发布的棉花检验工作中常用到的棉花产品标准及检验方法标准 20 项。

B6431 TS107；TS101-65

中国纺织标准汇编 纤维检验卷 毛、麻、茧/中国标准出版社第一编辑室编 .—北京：中国标准出版社，2002 年 .—374 页（被引 7）

ISBN 7-5066-2704-3

本书收集截至 2001 年底由国务院标准化行政主管部门批准发布的毛纤维及其检验标准 34 项，麻纤维及其检验标准 32 项，蚕茧及其检验标准 4 项。

B6432 TS107；TS102-65

中国纺织标准汇编 化纤卷/纺织工业科学技术发展中心编 .—北京：中国标准出版社，2001 年 .—495 页（被引 12）

ISBN 7-5066-2576-8

B6433 TS107；TS102-65

中国纺织标准汇编 化纤卷 第 2 版/纺织工业科学技术发展中心编 .—北京：中国标准出版社，2011 年 .—896 页

ISBN 978-7-5066-6192-8

《中国纺织标准汇编》是我国纺织工业标准方面的一套大型系列丛书。丛书按行业分类分别立卷，共分为 8 卷 9 册，包括：棉纺织卷（一、二）、毛纺织卷、麻纺织卷、丝纺织卷、化纤卷、服装卷、针织卷、产业用纺织品卷，共收录 637 项标准。本卷共收录截至 2010 年 10 月底由国务院标准化行政主管部门和纺织行业主管部门正式批准发布的化学纤维标准 101 项。

B6434 TS107；TS102-65

中国纺织标准汇编 化纤卷 第 3 版 上册/纺织工业科学技术发展中心编 .—北京：中国标准出版社，2016 年 .—1012 页

ISBN 978-7-5066-8139-1

本书共收集截至 2015 年 9 月底由国务院标准化行政主管部门和纺织行业主管部门正式批准发布的化学纤维标准 222 项，其中本册 111 项。

B6435 TS107；TS102-65

中国纺织标准汇编 化纤卷 第 3 版 下册/纺织工业科学技术发展中心编 .—北京：中国标准出版社，2018 年 .—1082 页

ISBN 978-7-5066-8146-9

本书共收集截至 2015 年 9 月底由国务院标准化行政主管

部门和纺织行业主管部门正式批准发布的化学纤维标准 222 项，其中本册 111 项。

B6436 TS107；TS103-65

中国纺织标准汇编 纺织机械与器材卷 1/全国纺织机械与附件标准化技术委员会，中国标准出版社第一编辑室编 .—北京：中国标准出版社，2001 年 .—691 页

ISBN 7-5066-2341-2

《中国纺织标准汇编》是我国纺织标准方面的一套大型丛书。丛书按行业分类分别立卷，纺织机械与器材卷是其中的一个分卷。本卷按标准分类号，下设七个分册，其中，第一、第二分册为纺织机械与器材基础标准（国家标准 24 项、行业标准 141 项）；第三分册为工艺标准（31 项）；第四分册为纺织机械零部件标准（69 项）；第五分册为纺部和织部机械与器材标准（102 项）；第六分册为染整、化纤和针织机械与器材标准（56 项）；第七分册为纺织仪器、电气和电机标准（18 项）。可供纺织机械及器材设计、生产、使用厂、检测、质量仲裁、标准化部门、大专院校等单位的有关人员使用。本卷汇编由全国纺织机械与附件标准化技术委员会和中国标准出版社共同编纂，收集截至 2000 年 10 月底正式批准发布的纺织机械与器材国家标准、行业标准共 441 项，几乎包括了所有现行纺织机械标准，其中之前从未正式出版的标准 190 余项，大多为企业急需的产品标准。

B6437 TS107；TS103-65

中国纺织标准汇编 纺织机械与器材卷 2/全国纺织机械与附件标准化技术委员会，中国标准出版社第一编辑室编 .—北京：中国标准出版社，2001 年 .—428 页

ISBN 7-5066-2354-4

B6438 TS107；TS103-65

中国纺织标准汇编 纺织机械与器材卷 3/全国纺织机械与附件标准化技术委员会，中国标准出版社第一编辑室编 .—北京：中国标准出版社，2001 年 .—295 页

ISBN 7-5066-2398-6

B6439 TS107；TS103-65

中国纺织标准汇编 纺织机械与器材卷 4/全国纺织机械与附件标准化技术委员会，中国标准出版社第一编辑室编 .—北京：中国标准出版社，2001 年 .—306 页

ISBN 7-5066-2411-7

B6440 TS107；TS103-65

中国纺织标准汇编 纺织机械与器材卷 5/全国纺织机械与附件标准化技术委员会，中国标准出版社第一编辑室编 .—北京：中国标准出版社，2001 年 .—556 页

ISBN 7-5066-2433-8

B6441 TS107；TS103-65

中国纺织标准汇编 纺织机械与器材卷 6/全国纺织机械与附件标准化技术委员会，中国标准出版社第一编辑室编 .—北京：中国标准出版社，2001 年 .—283 页

ISBN 7-5066-2444-3

B6442 TS107；TS103-65

中国纺织标准汇编 纺织机械与器材卷 7/全国纺织机械与附件标准化技术委员会，中国标准出版社第一编辑室编 .—北京：中国标准出版社，2001 年 .—214 页

ISBN 7-5066-2479-6

B6443 TS107；TS106-65

中国纺织标准汇编 产业用纺织品卷 第 2 版/纺织工业科学技术发展中心编；窦茹真主编 .—北京：中国标准出版社，2011 年 .—428 页

ISBN 978-7-5066-6195-9

《中国纺织标准汇编》是我国纺织工业标准方面的一套大型系列丛书。丛书按行业分类分别立卷，共分为 8 卷 9 册。本书包括：棉纺织卷（一、二）、毛纺织卷、麻纺织卷、丝纺织卷、化纤卷、服装卷、针织卷、产业用纺织品卷，共收录 637 项标准。本卷共收录截至 2010 年 10 月底由国务院标准化行政主管部门和纺织行业主管部门正式批准发布的产业用纺织品标准 63 项。

B6444 TS107；TS106-65

中国纺织标准汇编 产业用纺织品卷 第 3 版/纺织工业科学技术发展中心编 .—北京：中国标准出版社，2016 年 .—765 页

ISBN 978-7-5066-8120-9

本书共收集截至 2015 年 12 月底由国务院标准化行政主管部门和纺织行业主管部门正式批准发布的产业用纺织品标准 91 项。

B6445 TS107；TS106-65

中国纺织标准汇编 家用纺织品卷 第 3 版/纺织工业科学技术发展中心编 .—北京：中国标准出版社，2016 年 .—811 页

ISBN 978-7-5066-8117-9

本书内容包括：缝纫线润滑性试验方法；国家纺织产品基本安全技术规范；毛巾产品脱毛率测试方法；配套床上用品；公共用纺织品；涤纶长丝绣花线；缝纫线可缝性测定方法等。

B6446 TS107；TS11-65

中国纺织标准汇编 棉纺织卷 1/纺织工业科学技术发展中心编 .—北京：中国标准出版社，2001 年 .—753 页（被引 8）

ISBN 7-5066-2575-X

B6447 TS107；TS11-65

中国纺织标准汇编 棉纺织卷 2/纺织工业科学技术发展中心编 .—北京：中国标准出版社，2001 年 .—660 页

ISBN 7-5066-2558-1

本书共收集截至 2001 年 6 月底由国务院标准化行政主管部门和纺织行业主管部门正式批准发布的棉纺织标准 189 项。

B6448 TS107；TS11-65

　　中国纺织标准汇编　棉纺织卷　第2版　1/纺织工业科学技术发展中心编 .—北京：中国标准出版社，2011年 .—1224页

　　ISBN 978-7-5066-6188-1

　　本书共收集截至2010年10月底由国务院标准化行政主管部门和纺织行业主管部门正式批准发布的棉纺织标准169项。本卷分2册。棉纺织卷（一）包括棉纺织、印染、色织布等96项标准。棉纺织卷（二）包括床上用品、毛巾、线带、衬布、帆布等73项标准。为了方便读者使用，书末附有截至2010年10月底的纺织工业国家标准和行业标准目录。

B6449 TS107；TS11-65

　　中国纺织标准汇编　棉纺织卷　第2版　2/纺织工业科学技术发展中心编 .—北京：中国标准出版社，2011年 .—641页

　　ISBN 978-7-5066-6187-4

　　本书共收集截至2010年10月底由国务院标准化行政主管部门和纺织行业主管部门正式批准发布的棉纺织标准，包括床上用品、毛巾、线带、衬布、帆布等73项标准。

B6450 TS107；TS11-65

　　中国纺织标准汇编　棉纺织卷　第3版　上册/纺织工业科学技术发展中心编 .—北京：中国标准出版社，2016年 .—1132页

　　ISBN 978-7-5066-8134-6

　　《中国纺织标准汇编》是我国纺织工业标准方面的一套大型系列丛书。丛书按行业分类分别立卷，由纺织行业标准主管部门及标准归口单位负责编纂，中国标准出版社陆续出版。本汇编共分为10卷13册，包括棉纺织卷（上、下）、印染卷、毛纺织卷、麻纺织卷、丝纺织卷、化学纤维卷（上、下）、针织卷、服装卷（上、下）、家用纺织品卷和产业用纺织品卷，共收录1042项标准。本卷为棉纺织卷（上），共收集截至2015年9月底由国务院标准化行政主管部门和纺织行业主管部门正式批准发布的印染标准48项。

B6451 TS107；TS11-65

　　中国纺织标准汇编　棉纺织卷　第3版　下册/纺织工业科学技术发展中心编 .—北京：中国标准出版社，2016年 .—659页

　　ISBN 978-7-5066-8135-3

　　《中国纺织标准汇编》是我国纺织工业标准方面的一套大型系列丛书。本卷为棉纺织卷（下）。本卷共收集截至2015年12月底由国务院标准化行政主管部门和纺织行业主管部门正式批准发布的棉纺织标准159项。

B6452 TS107；TS12-65

　　中国纺织标准汇编　麻纺织卷/纺织工业科学技术发展中心编 .—北京：中国标准出版社，2001年 .—357页（被引12）

　　ISBN 7-5066-2574-1

　　本书收集截至2001年6月底麻纺织国家标准和行业标准49项。

B6453 TS107；TS12-65

　　中国纺织标准汇编　麻纺织卷　第2版/纺织工业科学技术发展中心编 .—北京：中国标准出版社，2011年 .—501页

　　ISBN 978-7-5066-6191-1

　　《中国纺织标准汇编》是我国纺织工业标准方面的一套大型系列丛书。丛书按行业分类分别立卷，共分为8卷9册，包括：棉纺织卷（一、二）、毛纺织卷、麻纺织卷、丝纺织卷、化纤卷、服装卷、针织卷、产业用纺织品卷，共收录637项标准。本卷共收录截至2010年10月底由国务院标准化行政主管部门和纺织行业主管部门正式批准发布的麻纺织标准50项。

B6454 TS107；TS12-65

　　中国纺织标准汇编　麻纺织卷　第3版/纺织工业科学技术发展中心编 .—北京：中国标准出版社，2016年 .—599页

　　ISBN 978-7-5066-8119-3

　　本书共收集截至2015年12月底由国务院标准化行政主管部门和纺织行业主管部门正式批准发布的麻纺织标准63项。

B6455 TS107；TS13-65

　　中国纺织标准汇编　毛纺织卷/纺织工业科学技术发展中心编 .—北京：中国标准出版社，2001年 .—494页

　　ISBN 7-5066-2557-1

B6456 TS107；TS13-65

　　中国纺织标准汇编　毛纺织卷　第2版/纺织工业科学技术发展中心编 .—北京：中国标准出版社，2011年 .—664页

　　ISBN 978-7-5066-6194-2

　　《中国纺织标准汇编》是我国纺织工业标准方面的一套大型系列丛书。丛书按行业分类分别立卷，共分为8卷9册。包括：棉纺织卷（一、二）、毛纺织卷、麻纺织卷、丝纺织卷、化纤卷、服装卷、针织卷、产业用纺织品卷，共收录637项标准。本卷共收录截至2010年10月底由国务院标准化行政主管部门和纺织行业主管部门正式批准发布的毛纺织标准83项。

B6457 TS107；TS13-65

　　中国纺织标准汇编　毛纺织卷　第3版/纺织工业科学技术发展中心编 .—北京：中国标准出版社，2016年 .—878页

　　ISBN 978-7-5066-8136-0

　　本书共收集截至2015年12月底由国务院标准化行政主管部门和纺织行业主管部门正式批准发布的毛纺织标准105项。

B6458　TS107；TS14-65

中国纺织标准汇编　丝纺织卷/纺织工业科学技术发展中心编 .—北京：中国标准出版社，2001 年 .—339 页

ISBN 7-5066-2556-3

B6459　TS107；TS14-65

中国纺织标准汇编　丝纺织卷　第 2 版/纺织工业科学技术发展中心编 .—北京：中国标准出版社，2011 年 .—532 页

ISBN 978-7-5066-6193-5

《中国纺织标准汇编》是我国纺织工业标准方面的一套大型系列丛书。丛书按行业分类分别立卷，共分为 8 卷 9 册，包括：棉纺织卷（一、二）、毛纺织卷、麻纺织卷、丝纺织卷、化纤卷、服装卷、针织卷、产业用纺织品卷，共收录 637 项标准。本卷共收录截至 2010 年 10 月底由国务院标准化行政主管部门和纺织行业主管部门正式批准发布的丝纺织标准 50 项。

B6460　TS107；TS14-65

中国纺织标准汇编　丝纺织卷　第 3 版/纺织工业科学技术发展中心编 .—北京：中国标准出版社，2016 年 .—810 页

ISBN 978-7-5066-8140-7

本书共收录截至 2015 年 12 月底由国务院标准化行政主管部门和纺织行业主管部门正式批准发布的丝纺织标准 78 项。

B6461　TS107；TS18-65

中国纺织标准汇编　针织卷　第 2 版/纺织工业科学技术发展中心编 .—北京：中国标准出版社，2011 年 .—676 页

ISBN 978-7-5066-6190-4

本书共收集截至 2010 年 10 月底由国务院标准化行政主管部门和纺织行业主管部门正式批准发布的针织品标准 58 项。为了方便读者使用，书末附有截至 2010 年 10 月底的纺织工业国家标准和行业标准目录。

B6462　TS107；TS18-65

中国纺织标准汇编　针织卷　第 3 版/纺织工业科学技术发展中心编 .—北京：中国标准出版社，2016 年 .—1115 页

ISBN 978-7-5066-8141-4

本次修订对分类进行了局部调整，将原棉纺织卷（二）更名为家用纺织品卷，把印染标准从原棉纺织卷（一）中分离出来独立成卷，共分为 10 卷 13 册，包括棉纺织卷（上、下）、印染卷、毛纺织卷、麻纺织卷、丝纺织卷、化学纤维卷（上、下）、针织卷、服装卷（上、下）、家用纺织品卷和产业用纺织品卷，共收录 1042 项标准。本册为针织卷，收集的国家标准和行业标准的属性已在本书目录上标明（强制性国家标准代号为 GB，推荐性国家标准代号为 GB/T，推荐性行业标准代号为 FZ/T），年号用四位数表示。

B6463　TS107；TS19-65

中国纺织标准汇编　印染卷　第 3 版/纺织工业科学技术发展中心编 .—北京：中国标准出版社，2016 年 .—435 页

ISBN 978-7-5066-8137-7

《中国纺织标准汇编》是我国纺织工业标准方面的一套大型系列丛书。丛书按行业分类分别立卷，由纺织行业标准主管部门及标准归口单位负责编纂，中国标准出版社陆续出版。本汇编共分为 10 卷 13 册，包括棉纺织卷（上、下）、印染卷、毛纺织卷、麻纺织卷、丝纺织卷、化学纤维卷（上、下）、针织卷、服装卷（上、下）、家用纺织品卷和产业用纺织品卷，共收录 1042 项标准。本卷共收集截至 2015 年 9 月底由国务院标准化行政主管部门和纺织行业主管部门正式批准发布的印染标准 48 项。

B6464　TS107；TS1-65

中国纺织标准汇编　服装与针织品卷/纺织工业科学技术发展中心编 .—北京：中国标准出版社，2001 年 .—731 页（被引 8）

ISBN 7-5066-2570-9

B6465　TS107，TS941.79

中国纺织标准汇编　服装卷　第 2 版/窦茹真主编；纺织工业科学技术发展中心编 .—北京：中国标准出版社，2011 年 .—1076 页

ISBN 978-7-5066-6189-8

本书共收集截至 2010 年 10 月底由国务院标准化行政主管部门和纺织行业主管部门正式批准发布的服装标准 63 项。内容涉及衬衫、棉服装、西裤、羽绒服装、丝绸服装、水洗整理服装等。

B6466　TS107；TS1-65

中国纺织标准汇编　服装卷　第 3 版　上册/纺织工业科学技术发展中心编 .—北京：中国标准出版社，2016 年 .—822 页

ISBN 978-7-5066-8121-6

本书共收集截至 2015 年 12 月底由国家标准化行政主管部门和纺织行业标准主管部门批准发布的服装标准 89 项。其中本册 49 项。

B6467　TS107；TS1-65

中国纺织标准汇编　服装卷　第 3 版　下册/纺织工业科学技术发展中心编 .—北京：中国标准出版社，2016 年 .—600 页

ISBN 978-7-5066-8127-8

本书共收集截至 2015 年 12 月底由国务院标准化行政主管部门和纺织行业主管部门正式批准发布的服装标准 40 项。内容涉及针织帽、睡衣套、夹克衫、婚纱和礼服等。

B6468　TS113-65

中国棉花加工标准汇编/全国棉花加工标准化技术委员会，中华全国供销合作总社郑州棉麻工程技术设计研究所，中国质检出版社第一编辑室编 .—北京：中国标准出版社，

2012 年 . —540 页

ISBN 978-7-5066-6721-0

本书系统化地涵盖了 1998 年至 2011 年底，由棉花加工标委准会委员组织起草、归口和管理的现行有效的国家标准、行业标准共 57 项，以及有关棉花的其他重要文件和法律法规 4 项，全面涵盖了棉花加工、棉花加工机械制造、棉包物流信息化、棉副产品精深加工等领域。本汇编按照 2010 年国家标准化管理委员会公布的标准体系分类方法，分类收录了基础通用标准 3 项，产品标准 36 项，方法标准 9 项，管理标准 9 项。共有国家标准 27 项，行业标准 30 项。

B6469　TS-65

中国强制性国家标准汇编　纺织、轻工、文化及生活用品卷/中国标准出版社编 . —北京：中国标准出版社，1994 年 . —372 页

ISBN 7-5066-0905-3

本书收录的强制性国家标准按专业分类。原则上按类设卷，标准多的类，每卷又分若干分册，标准少的类合卷编排。共分 14 卷：综合卷，农林卷，医药、卫生、劳动保护卷，石油、化工卷，矿业、冶金、能源卷，机械卷，电工卷，电子元器件、信技术卷，通信、广播、仪器、仪表卷，工程建设、建材卷，公路、水路、铁路、车辆、船舶卷，纺织、轻工、文化及生活用品卷，食品卷，环境保护卷。本卷为纺织类（分类代号 W）和轻工、文化与生活用品类（分类代号 Y），1 册，共 50 项强制性国家标准。

B6470　TS-65

中国强制性国家标准汇编　轻工、纺织、文化用品卷/国家标准化管理委员会，中国标准出版社编；张健全主编 . —北京：中国标准出版社，2003 年 . —724 页

ISBN 7-5066-3135-0

本次出版修订主要依据国家质量监督检验检疫总局对 2002 年 12 月 31 日以前批准发布的强制性国家标准的复审结果，还将 2003 年 1 月 1 日至 2003 年 3 月 31 日由国家质量监督检验检疫总局批准发布的强制性国家标准一并收入，本册收入标准 85 项。

B6471　TS-65

中国轻工业标准汇编　轻工机械卷，洗涤机械分册/中国轻工业联合会综合业务部，中国标准出版社第一编辑室编 . —北京：中国标准出版社，2011 年 . —488 页

ISBN 978-7-5066-6236-9

本书收集了截至 2010 年 12 月底发布的有关洗涤机械行业的国家标准、轻工行业标准共计 42 项，其中国家标准 14 项，轻工行业标准 28 项。本汇编由通用技术与安全标准、产品质量标准和包装储运标准三部分组成。

B6472　TS102-65

中国山羊绒品质与技术特征指标/《中国山羊绒质量与技术特征指标》编写委员会，中国标准出版社第三编辑室编著 . —北京：中国标准出版社，2012 年 . —120 页

ISBN 978-7-5066-7004-3

本书全部技术资料，主要科研成果内容、图表、照片均来自于国家质检公益性行业科研专项"山羊绒质量分析与技术特征指标研究"项目（以下简称项目）。本书是对"山羊绒质量分析与技术特征指标研究"项目中的 8 种山羊绒，分品种对其质量及其技术特征指标、资源状况进行归纳汇总。

B6473　TS19-65

中国印染行业技术标准专集/《中国印染行业技术标准专集》编委会编 . —北京：中国标准出版社，2003 年 . —420 页

统一书号 15506·21543

B6474　TS13-65

中华人民共和国纺织工业部部颁标准专辑　毛纺织行业标准汇编　上下册/北京毛纺织科学研究所，全国毛纺织科技情报站编 . —北京：北京毛纺织科学研究所，1985 年 . —144 页，138 页

B6475　TS103-65

中华人民共和国纺织工业部纺织机械标准资料选编　第 1 册/北京技术标准出版社编辑 . —北京：技术标准出版社，1979 年 . —92 页

B6476　TS103-65

中华人民共和国纺织工业部纺织机械标准资料选编　第 2 册/北京技术标准出版社编辑 . —北京：技术标准出版社，1980 年 . —150 页

B6477　TS103-65

中华人民共和国纺织工业部纺织机械标准资料选编　第 3 册/北京技术标准出版社编辑 . —北京：技术标准出版社，1981 年 . —341 页

B6478　TS103-65

中华人民共和国纺织工业部纺织机械标准资料选编　第 4 册/北京技术标准出版社编辑 . —北京：技术标准出版社，1980 年 . —205 页

B6479　TS103-65

中华人民共和国纺织工业部纺织机械标准资料选编　第 5 册/北京技术标准出版社编辑 . —北京：技术标准出版社，1980 年 . —165 页

B6480　TS103-65

中华人民共和国纺织工业部纺织机械标准资料选编　第 6 册/北京技术标准出版社编辑 . —北京：技术标准出版社，1981 年 . —181 页

B6481　TS106-65

中华人民共和国纺织行业标准　特种工业用纺织品/中国纺织总会发布 . —北京：编者自发行 . —294 页

B6482　TS13-65

中华人民共和国国家标准　毛纺织部分　上（中华人民共和国国家标准）/北京毛纺织科学研究所，纺织工业部毛纺产品标准技术归口单位，全国毛纺织科技情报站．—北京：北京毛纺织科学研究所，1987 年．—178 页

B6483　TS190-65

中华人民共和国化学工业部部颁标准　染料及染料中间体产品标准/中华人民共和国化学工业部发布．—北京：技术标准出版社，1982 年．—99 页

统一书号 15169·2-4336

B6484　TS12-65

苎麻纺织标准汇编　第 1 册/全国苎麻纺织工业科技情报站编印．—株洲：编者自发行．—222 页

B6485　TS12-65

苎麻纺织标准汇编　第 2 册/全国苎麻纺织工业科技情报站编印．—株洲：编者自发行．—200 页

第三部分　纺织经济与管理图书

3.1　专著与教材

收录与编辑说明：

　　本部分收录 1950—2020 年出版的纺织经济、管理、贸易类专著与教材 551 种（记录号 C0001—C0551），其中包括译著 32 种、港台版图书 47 种。图书按正题名音序排列，正题名相同的图书出版较早者在先，再版图书不考虑出版时间，均按版次排在其初版图书之后。

C0001　F416.81

1990 年的世界纺织业/中国纺织科技情报研究室编辑.——上海：中国纺织科学技术情报研究室，1990 年.——78 页

C0002　F746.81

2007 后中国纺织服装贸易的对策选择/张燕生，王海峰等编著.——北京：中国商务出版社，2007 年.——173 页

　　ISBN 978-7-80181-761-7

　　本书主要介绍了后配额时代各国与中国的纺织品贸易摩擦影响评估、2007 后美欧对华贸易政策动向、2007 后中国对主要国家纺织品贸易趋势分析等内容。

C0003　F426.81

Life wear 潮流下，台湾机能性时尚纺织品技术创新方向研析［港台］/巫佳宜撰写.——新北：台湾纺织产业综合研究所，2015 年.——163 页

　　ISBN 978-986-91195-5-9

C0004　F426.81

WTO 法律规则与中国纺织业/唐小波，沈秋明编著.——上海：上海财经大学出版社，2000 年.——183 页（被引 44）

　　ISBN 7-81049-460-0

　　本书围绕 WTO 的《纺织品与服装协议》，分析了现代纺织品国际贸易的现状和特点，预测了中国加入 WTO 后纺织业所受到的影响，并根据国际国内新的发展动向提出了对策建议，诸如应合理有效地利用外资，推行和完善纺织品配额有偿招标办法，实施跨国经营等。

C0005　F426.81

WTO 与中国纺织工业/施禹之著.——北京：中国纺织出版社，2001 年.——306 页（被引 159）

　　ISBN 7-5064-1936-X

　　本书从宏观经济背景出发，回顾国际纺织生产贸易发展及其贸易体制的演变过程，描绘出纺织品贸易逐步自由化的发展趋势，详细分析加入 WTO 对中国纺织业生产和贸易的影响。

C0006　F426.81

WTO 与中国棉花/毛树春，喻树迅主编.——北京：中国农业出版社，2002 年.——272 页（被引 111）

　　ISBN 7-109-07608-3

　　本书论述了中国棉业国情，系统地学习了 WTO 的知识和规则，讨论了 WTO 与中国的农业、农村和农民，WTO 与中国的棉纺织工业，WTO 与中国的原棉流通和贸易等内容。

C0007　F426.81

WTO 与中国棉花十年/毛树春，谭砚文主编.——北京：中国农业出版社，2013 年.——327 页

　　ISBN 978-7-109-17788-8

　　本书主要研究我国加入 WTO 十年来，我国棉花产业发展变化的一系列问题：棉花生产，棉花科技进步，棉花种子市场化，棉花价格，棉纺织业，棉花市场监测预警体系，棉花及棉制品贸易，最后探讨了我国棉花消费需求和发展规划。

C0008　F426.81

安徽纺织工业发展对策研究/程少魁等编著.——合肥：安徽人民出版社，1993 年.——163 页

　　ISBN 7-212-00891-5

　　本书内容包括安徽省纺织工业发展问题研究报告以及安徽省纺织工业发展对策经验。

C0009　F426.81

安徽省大办中小型纺织厂的经验/纺织工业出版社编.——北京：纺织工业出版社，1959 年.——45 页

　　统一书号 15041·350

C0010　F426.86

安踏永不止步/王新磊著.——杭州：浙江人民出版社，2010 年.——192 页

　　ISBN 978-7-213-03854-9

　　本书将安踏的成长史置于中国鞋业的整体环境下进行了一次梳理和总结，从中能体会安踏经营者在做决策前的形势压力和做决策时的现实选择。

C0011 F426.81

澳门工业劳动力之转变与发展——2005年全球纺织品及成衣配额制度取消对澳门制衣业工人之冲击与再培训研究

[港台] /许毓涛，郑子杰著．—澳门：澳门理工学院，2003年．—95页

ISBN 99937-33-46-6

C0012 D752

澳门与多纤协议 [港台] /谭展云，林浩然著．—澳门：澳门基金会出版社，1994年．—120页

ISBN 972-81470-3-1

本书分7章，就世界成衣和纺织品市场的格局及未来发展，澳门成衣纺织品贸易的发展与多纤协议的关系，以及两者未来发展的趋势等问题进行论述。书中附有《国际纺织贸易协议》《关税及贸易总协议》乌拉圭回合有关纺织品和服装贸易协议的文本。

C0013 F426.81

变迁：纺织业的天虹传奇 /胡军华，郭继兰编．—上海：上海远东出版社，2012年．—184页

ISBN 978-7-5476-0637-7

本书以史料为基础，重点梳理、提炼纺织行业在全球和中国工业文明中的价值与意义，对目前全球纺织产业的格局进行了剖析，重点体现了在此过程中中国的角色。并且立足于中国纺织行业的当下，以产业集群绍兴为样本，直面纺织业的困惑—巨大产出与巨量就业人数，但并未获得相应的话语权、行业地位、政策支持等等。最后，通过对业界领袖和学界专家的专访，以求解未来全球纺织发展趋势和中国纺织行业的发展方向。

C0014 F316.5

蚕业经济与丝绸贸易 /黄先智主编．—北京：高等教育出版社，2014年．—162页

ISBN 978-7-04-032674-1

本书介绍了世界蚕业生产、丝绸贸易、蚕业科技进步的基本情况，研究了蚕业生产发展的条件、现代蚕业技术体系的形成，讨论了蚕业生产组织模式、蚕业生产成本、茧丝流通及价格波动、蚕业现代化等问题。

C0015 F326.12

产业链视角下中国农业纺织原料发展研究 /赵绪福著．—武汉：武汉大学出版社，2006年．—307页；24cm（被引83）

ISBN 7-307-05093-5

本书为系统研究纺织原料从种养、加工到销售产业链的专著。

C0016 F426.81

产业政策与纺织经济研究 2006—2010 /田丽著．—北京：中国纺织出版社，2014年．—370页

ISBN 978-7-5180-0041-8

本书对"十一五"时期，我国产业政策进行了系统梳理，分析研究；特别是产业政策对纺织行业的影响进行了深入的分析；对纺织经济发展态势进行了分析，并提出政策建议。同时，本书还对影响我国纺织经济发展的若干关键问题进行了专题研究与调查，提出政策建议。本书还从行业发展、纺织品服装出口、国内消费、工业结构调整、吸纳就业及科技进步等6个方面，对纺织工业"十一五"发展水平进行了客观评价。最后，本书还对纺织工业"十二五"发展的重点进行展望。

C0017 F426.81

成功之路 /钱志华主编．—石家庄：河北科学技术出版社，1994年．—249页

ISBN 7-5357-1240-X

本书收集了近年来中央、省、市（地）级报刊发表的有关河北元氏县纺织厂的部分通讯报道、论文，并摘录部分纺织厂领导在不同会议上的经验介绍和文件等。

C0018 F426.81

成功之路：20位纺织厂长谈治厂之道 /高旭主编．—郑州：河南人民出版社，1994年．—205页

ISBN 7-215-02943-3

本书介绍河南省纺织工业20位优秀企业家的先进事迹和治厂经验。

C0019 F407.81

床品企业生产与质量管理（现代纺织企业管理丛书）/吴相昶，徐慧霞，吴奕娟编著．—北京：中国纺织出版社，2012年．—154页

ISBN 978-7-5064-8297-4

本书系统介绍了床品生产制造环节的管理要点，并对生产制造环节各部分的组织架构、岗位设置及岗位职责、岗位作业流程等进行了详细介绍。

C0020 F426.81

创建世界纺织强国 /秦贞俊编著．—上海：东华大学出版社，2014年．—190页

ISBN 978-7-5669-0530-7

本书共分为九章，主要内容包括：总论；纺纱工程的纺前准备；精梳、并条及粗纱；细纱纺纱技术的发展；纺织质量控制与管理；无梭织机的织前准备技术的发展等。

C0021 F426.81

创新、升级之路：西樵纺织集群发展模式研究（改革开放30年广东专业镇发展案例研究丛书）/岳芳敏，蔡进兵，梁莹著．—广州：广东人民出版社，2008年．—261页（被引13）

ISBN 978-7-218-05978-5

本书共分九章，主要内容包括：走进西樵、西樵纺织产业的历史溯源、西樵纺织产业集群的形成、西樵纺织产业集群的创新发展之路、西樵纺织产业集群的升级之路、地方政府：从管理者到服务者等。

C0022 F426.81

创新之舞：国企改革探索/胡裕刚主编，本书编委会编著.—成都：四川人民出版社，2008 年.—196 页

ISBN 978-7-220-07576-6

本书对宜宾丝丽雅集团有限在企业改革发展过程中有关人才、管理、科技、文化、市场、资本、产业等方面工作经验加以总结，对具有丝丽雅特色的管理思想进行了提炼。

C0023 F407.81

从国际价值链移动看纺织产业竞争力［港台］（经济产业技术资讯服务推广计划）/台湾纺织产业综合研究所.—新北：台湾纺织产业综合研究所，2005 年.—163 页

ISBN 9-868-1915-21

C0024 F426.81

打造中国高端棉纺织产业——近现代色织布产业研究报告/中国棉纺织行业协会编著.—北京：中国纺织出版社，2012 年.—319 页

ISBN 978-7-5064-8539-5

本书阐述了中国色织布行业的基本概况、发展历程和在棉纺织行业中所处的地位；分析了中国色织布行业当前生产、标准、工艺、产品、贸易的现状，以及实现可持续发展的途径；介绍了国内生产色织布的重点地区和企业及其特点。

C0025 F426.81

大连市纺织工业的厂长负责制（纺织工业经济丛书）/纺织工业部经济研究中心编辑.—常州：纺织工业部经济研究中心，1984 年.—190 页

C0026 F416.81

当代全球棉花产业/毛树春，李付广主编.—北京：中国农业出版社，2016 年.—1065 页（被引 25）

ISBN 978-7-109-21776-8

本书按产业链思路，从中观层面，分纵横双向论述全球植棉业、棉花初级加工业和棉纺织业的布局、结构、转移、流通、消费、贸易和经济交换的发展过程，取得的经验、存在的问题和未来的发展趋势。系统介绍"一带一路"和 60 多个国家的棉花产业最新情况，分析比较中国、美国近 100 多年以来棉花产业的发展及其可以借鉴的经验。

C0027 F426.81

当代中国的纺织工业（当代中国丛书）/钱之光主编；《当代中国丛书》编辑部编辑.—北京：中国社会出版社，1984 年.—663 页（被引 56）

统一书号 17190·045

C0028 F426.81

当代中国的纺织工业　海外版（当代中国丛书：海外版）/钱之光主编；《当代中国丛书》编辑部编辑.—北京/香港：当代中国出版社，香港祖国出版社，2009 年.—512 页（被引 49）

ISBN 978-7-80170-845-8（精装），978-988-17673-0-1

本书概述了自中华人民共和国成立以来中国纺织工业的发展历程，详细介绍了在纺织加工工艺、纺织品的出口、纺织工业企业管理等方面取得的成就。

C0029 F426.81

地区产业竞争力之演化：湖北纺织工业的发展 1800—2012/严鹏著.—武汉：华中师范大学出版社，2016 年.—273 页

ISBN 978-7-5622-7328-8

本书共分为七章，主要内容包括：湖北传统纺织工业的发展与落后（1800—1861）；湖北纺织业二元工业化的启动（1861—1912）；湖北纺织业二元工业化的不平衡（1912—1929）等。

C0030 F426.81

低碳路径下纺织服装产业发展问题研究（行业战略·管理·运营书系）/姚蕾著.—北京：知识产权出版社，2013 年.—269 页

ISBN 978-7-5130-2306-1

本书以低碳经济、低碳转型、低碳发展为契机，探讨环境要素和纺织服装产业发展中的诸多问题。从两个领域诠释了环境要素与纺织服装产业的关系。其一是环境与产业贸易的关系探讨，其中涉及低碳壁垒、环境规制、贸易的环境效应、碳关税、竞争力与碳排放、中美贸易、中日贸易、贸易环境竞争力等实证研究；其二是对环境与产业经济增长关系的讨论，主要是对环境库兹涅茨曲线（EKC）的验证。

C0031 F407.86

定位时尚：服装纺织从业人员职业生涯规划［译］/（英）海伦·格沃雷克（Helen Goworek）著；史丽敏，邵新艳译.—北京：中国纺织出版社，2008 年.—200 页

ISBN 978-7-5064-5199-4

本书主要内容包括：纺织品设计，服装设计，纸样设计，服装工艺，服装采购，零售，营销，公共关系，时尚传媒，服装和纺织教育等。最后，《定位时尚》在纺织服装业中如何成为成功的应聘者及如何自己创业等方面提供了有意义的职业规划建议。

C0032 F426.81

东北纺织工业实行经济核算的经验/中央人民政府纺织工业部编.—北京：中央人民政府纺织工业部，1951 年.—79 页

C0033 F426.81

东莞纺织服装产业地图　2009—2010（东莞产业地图丛书）/李银满，刘英华主编.—北京：化学工业出版社，2010 年.—216 页

ISBN 978-7-122-09637-1

本书以东莞市纺织服装产业为基础，分为综述篇、镇街篇、产业链篇、环境篇、优秀企业篇五个部分对东莞的纺织

服装产业进行了描述。

C0034 F426.81

鄂尔多斯集团考察（中国国情调研丛书 企业卷）/胡洁等编.—北京：经济管理出版社，2011年.—292页

ISBN 978-7-5096-1325-2

本书主要内容包括：创业与发展历程；战略管理；治理；组织与管理体制；人力资源管理；财务管理与资本运作等。

C0035 F426.81-53

方显廷文集 第1卷/方显廷著；厉以宁，熊性美主编.—北京：商务印书馆，2011年.—466页（被引9）

ISBN 978-7-100-07650-0

本书为方显廷文集第一卷，收录方显廷所著《中国之棉纺织业》。本书是一部对中国棉纺织业进行全面调查与研究的重要经济学著作。内容包括：中国棉纺织业之历史及其区域之分布、中国棉花之生产及贸易、中国棉纺织品之制造及销售、中国棉纺织业之劳工、中国棉纺织业之组织、中国之手工棉织业等。

C0036 F426.81-53

方显廷文集 第2卷/方显廷著；厉以宁，熊性美主编.—北京：商务印书馆，2012年.—649页

ISBN 978-7-100-08750-6

本书收录方显廷对中国旧式工业进行调查研究的论著。包括天津地毯工业、天津针织工业、天津织布工业、天津之粮食业及磨坊业、天津棉花运销概况、华北港口之制鞋业（无中文版）共六种著作。

C0037 F426.81-53

方显廷文集 第3卷/方显廷著；厉以宁，熊性美主编.—北京：商务印书馆，2013年.—536页

ISBN 978-7-100-09485-6

本书是作者经济学著作及论文九种，包括：Industrialization in China：A study of conditions in Tientsin；河北省之工业化与劳工；华北乡村织布业与商人雇主制度；由宝坻手织工业观察工业制度之演变；论华北经济及其前途等。

C0038 F426.81-53

方显廷文集 第4卷/方显廷著；厉以宁，熊性美主编.—北京：商务印书馆，2015年.—631页

ISBN 978-7-100-11658-9

本书收录了方显廷先生关于中国工业概论、中国工业化与乡村工业、部门工业概览、工业文献与述评等方面的著述。包括《中国工业化之统计的分析》《乡村工业与中国经济建设》《我国钢铁工业之鸟瞰》《抗战期间中国工业之没落及其复兴途径》《中国之工业讲义大纲》等19篇。

C0039 F426.81-53

方显廷文集 第5卷 上册/方显廷著；厉以宁，熊性美主编.—北京：商务印书馆，2018年.—407页

ISBN 978-7-100-15439-0

本上册收录了方显廷先生著述14篇，分为"中国经济概论""中国农业土地合作""区域与战时经济论丛"三编。包括《中国经济之症结与统制》《中国农村经济之复兴》《整理地籍刍议》《中国之合作运动》《宁属之资源及其发展途径》等。

C0040 F426.81-53

方显廷文集 第5卷 下册/方显廷著；厉以宁，熊性美主编.—北京：商务印书馆，2018年.—408—783页

ISBN 978-7-100-15439-0

本下册收录了方显廷先生著述10篇，"经济文献述评"编。包括《二十年来之中国经济研究》《统制经济讲义大纲》等。

C0041 F407.81

纺织产业安全问题研究/马晓虹编著.—长春：东北师范大学出版社，2012年.—214页

ISBN 978-7-5602-8657-0

本书综合运用绿色经济、环境经济、产业经济以及产业竞争力相关理论，明确绿色经济的本质以及在实践中的延伸和体现，找到绿色经济与中国纺织产业国际竞争力的结合点，进行定性分析，并最终提出绿色经济背景下提升中国纺织业国际竞争力的对策。

C0042 F407.81

纺织产业工程入门［港台］/林清安编撰.—台北：台湾区丝织工业同业公会，2016年.—561页

ISBN 978-986-91253-1-4

C0043 F407.81

纺织产业生态工程（产业生态工程丛书）/樊理山，张林龙编.—北京：化学工业出版社，2011年.—198页

ISBN 978-7-122-11563-8

本书系统介绍了国内外纺织产业生态工程发展的现状，重点介绍了纺织产业中的生态工程技术，突出地介绍了纺织产业生态工程领域的许多案例，运用生态工程技术将纺织产业作为一个复合生态系统来对待。

C0044 F407.81

纺织产业与循环经济（第二产业与循环经济丛书）/柴金艳，黄海峰主编.—北京：中国轻工业出版社，2010年.—259页（被引12）

ISBN 978-7-5019-7637-9

本书介绍了循环经济的理论，总结了我国纺织产业循环经济的现状、问题和今后发展的具体路径与措施，并辅以案例。

C0045 F407.81

纺织产业在新兴产业之发展利基及成功关键因素分析［港台］/郑凯方计划主持；李信宏等撰.—新北：台湾纺织产业综合研究所，2010年.—287页

ISBN 978-986-84863-9-3

C0046 F426.81

纺织产业重组整合与转型发展战略/郭伟，姜铸，李军训著.—北京：中国纺织出版社有限公司，2019年.—383页；27cm

ISBN 978-7-5180-6792-3

本书探讨了纺织行业在面临新的形势下，提升产业发展能力等一系列问题。上篇对陕西及重庆等地纺织产业，通过产业重塑、退城入园、改造搬迁、调整结构等优化资源配置方式，对推进产业转型升级的重组整合战略进行了分析；下篇对全国几个有代表性的纺织企业，通过协同创新、资本运营、营销创新、品牌引领、卓越质量建设及其他管理创新途径，推动企业转型发展的战略进行了研究。

C0047 TS108

纺织厂电气安全检查须知/中央人民政府纺织工业部华东纺织管理局青岛分局编.—上海：中央人民政府纺织工业部华东纺织管理局青岛分局，1951年.—76页

C0048 TS108

纺织车间生产管理/张娟娟主编.—北京：中国纺织出版社，2015年.—190页；26cm

ISBN 978-7-5180-1298-5

本书从培养纺织车间生产管理一线人才的需要出发，围绕纺织车间生产管理的具体内容，知识和技能要求，从认识车间管理，到车间生产计划、工艺、设备、质量、运转操作、安全、现场管理等10个项目。

C0049 F426.81

纺织创意产业竞争力评价实证研究/董德民著.—北京：经济科学出版社，2015年.—220页

ISBN 978-7-5141-6212-7

本书首先对纺织创意产业进行界定，并构建纺织创意产业分类体系；对浙江省纺织创意产业进行了调研，探究浙江省纺织创意产业发展现状和发展趋势；在文献研究和调研的基础上，提出了纺织创意产业发展的影响因素指标体系，对指标体系进行了修正，最终获得纺织创意资本基础方面6个维度因素。

C0050 F426.81

纺织大国（产业春秋丛书）/刘桂复编著.—济南：济南出版社，1990年.—187页

ISBN 7-80572-330-3

本书是关于我国纺织产业发展的知识型图书。

C0051 F426.81

纺织大王刘国钧的治厂之道/赵贤德著.—长春：吉林文史出版社，2017年.—226页

ISBN 978-7-5472-3732-8

本书主要从多个方面论述了刘国钧的治厂之道。具体从刘国钧办厂的指导思想、人力资源、创新思想、公益思想、职业教育思想、新生思想等方面论述了刘国钧的创业思想和治厂之道。

C0052 F768.1

纺织服装产品市场营销策略（纺织高等教育"十二五"部委级规划教材）/傅师申主编.—北京：中国纺织出版社，2013年.—286页（被引10）

ISBN 978-7-5064-9555-4

本书将市场营销理论与纺织服装产品的营销实践相结合，理论联系实际，在精辟归纳与阐明市场营销学的基本概念、国内外发展历程、核心理论、发展趋势以及纺织服装产品市场营销理论体系与特点的基础上，重点对新经济时代背景下纺织服装产品的营销策略进行了深入的理论探讨与阐述。

C0053 F426.81；F426.86

纺织服装产业技术路线图：广东省纺织服装产业科技管理创新实践/李翼，熊晓云主编.—北京：中国纺织出版社，2010年.—381页（被引12）

ISBN 978-7-5064-6443-7

本书中详细介绍了产业技术路线图的基本绘制方法和步骤，包括前期准备工作、市场需求分析、产业目标分析、技术壁垒分析、研发需求分析及路线图绘制方法等。

C0054 F426.81；F426.86

纺织服装创新创业实践/王显方主编.—西安：西安电子科技大学出版社，2020年.—138页

ISBN 978-7-5606-5753-0

本书内容包括创新创业文件汇编；纺织服装创新创业史；创新；创业；创业计划书；大赛综述；每个任务都安排了相应的训练、思考和测试内容，可以帮助读者通过实际训练及时全面地掌握各个模块的内容。

C0055 F426.81；F426.86

纺织服装的生产与经营（纺织工业经济丛书）/纺织工业部经济研究中心编辑.—常州：纺织工业部经济研究中心，1984年.—83页

C0056 F426.81；F426.86

纺织服装分销管道设计与管理/赵卫旭著.—开封：河南大学出版社，2016年.—181页

ISBN 978-7-5649-2208-5

本书共分为十二章，第一、第二章是关于分销管道的基础理论，重点阐述分销管道的基本结构和影响分销管道设计的因素；第三章至第五章是针对纺织服装行业的分销管道战略设计与管理，该部分内容从纺织服装行业的战略总体、组织和规模设计展开进行；第六章至第十章全面针对纺织服装行业进行分销管道策略的设计及管理等；第十一章是针对纺织服装行业的分销管道诊断与评价；第十二章针对纺织服装行业未来的管道发展进行展望。

C0057　F407.81；F407.86

纺织服装跟单实务/倪武帆，吴英编著．—北京：化学工业出版社，2013年．—225页；26cm

ISBN 978-7-122-18590-7

本书主要内容包括：生产跟单基础、外贸跟单基础、外贸合同履行与跟单流程、招单接单与审单、采购跟单、生产跟单、质量跟单、包装跟单、运输及保险跟单、通关跟单、结算跟单、外包跟单及进口跟单等。

C0058　F407.86

纺织服装进出口操作指南（纺织服装经济与管理系列高等教材）/钱竞芳主编．—北京：中国纺织出版社，2009年．—178页

ISBN 978-7-5064-5392-9

本书以纺织品服装进出口操作的具体流程为主线，从业务关系的建立、贸易磋商和合同的签订开始，分别从进口和出口两个角度，系统阐述了进出口操作环节的程序和注意事项。

C0059　F407.81；F407.86

纺织服装买办与跟单/张志明，杜坚民，臣淑君编著．—上海：东华大学出版社，2009年．—202页；26cm

ISBN 978-7-81111-515-4

本书主要介绍了纺织服装买办的概念与职能、运作和管理、组织和人员三部分内容。

C0060　F746.81

纺织服装贸易概论/王建坤主编．—北京：中国纺织出版社，2009年．—202页

ISBN 978-7-5064-5937-2

本书详细介绍了纺织服装国际贸易的相关体制、相关协议、国际贸易格局、竞争力和发展战略，以及国际贸易术语、纺织服装贸易的准备和磋商、合同的签订和履行，最后列举了多个纺织服装国际贸易案例及分析。

C0061　F407.81；F407.86

纺织服装企业绿色竞争力（现代纺织企业管理丛书）/吴晓玲等编著．—北京：中国纺织出版社，2005年．—197页（被引30）

ISBN 7-5064-3569-1

本书从理论和实践两个层面研究企业绿色竞争力的来源、形成机理、建构方式和评价标准，提出面向国际市场如何提升纺织服装企业绿色竞争力的模式和对策。在对策研究中，重点对ISO 14001认证、生态纺织品开发等问题进行了探讨。

C0062　F407.81；F407.86

纺织服装企业生产与经营管理（服装高等教育"十二五"部委级规划教材）/方勇编著．—北京：中国纺织出版社，2016年．—308页

ISBN 978-7-5180-2524-4

本书包括认识纺织服装企业生产经营管理、扫描纺织服装企业生产管理、扫描纺织服装企业经营管理等内容。

C0063　F407.81

纺织服装企业物流管理（纺织高等教育"十一五"部委级规划教材）/杨卫丰，王亚超主编．—北京：中国纺织出版社，2009年．—228页（被引6）

ISBN 978-7-5064-5373-8

本书结合纺织服装业物流管理的特点，在广泛参考国内外学者相关研究成果及企业实践经验的基础上，结合作者多年的教学与实践，系统介绍了现代物流管理的基本理论和方法。

C0064　F407.81；F407.86

纺织服装企业项目管理（纺织高等教育"十二五"部委级规划教材）/吴建华，王珍义主编．—北京：中国纺织出版社，2012年．—281页

ISBN 978-7-5064-8769-6

本书从项目管理的基本过程和知识领域出发，对纺织服装企业项目管理的流程和方法进行了系统介绍，详细分析了项目管理理论和工具在纺织服装企业的应用。

C0065　F407.81；F407.86

纺织服装前沿课程十二讲（服装高等教育"十二五"部委级规划教材　本科）/陈莹主编．—北京：中国纺织出版社，2012年．—245页

ISBN 978-7-5064-8251-6

本书汇集了纺织服装专业科学与艺术方面的前沿知识，具体内容包括防弹衣与高性能纤维、智能纺织品与服装、合成纤维、电磁屏蔽功能纺织品等12个方面。

C0066　F768.1

纺织服装商品学/李新娥，刘跃军主编．—上海：东华大学出版社，2008年．—235页

ISBN 978-7-81111-435-5

本书介绍了纺织纤维、纱线的分类及其生产技术、织物的分类及其生产技术、染整工程、服装设计与生产、纺织品及服装贸易等基本知识。

C0067　F768.1

纺织服装商品学　第2版/李新娥，刘跃军主编．—上海：东华大学出版社，2014年．—235页

ISBN 978-7-5669-0470-6

本书介绍了纺织纤维、纱线和织物的分类及其生产技术、染整工程、服装设计与生产、纺织品及服装贸易等基本知识。

C0068　F768.1

纺织服装商品学/王府梅主编．—北京：中国纺织出版社，2008年．—246页

ISBN 978-7-5064-4753-9

本书系统介绍了现代服装商品的种类、规格、性能与外观特征、质量要求及其发展方向，突出介绍了近年出现的新

型纤维、新风格织物以及新型功能性纺织品；详细介绍了国内外市场准入技术法规、国际贸易规则、生态纺织品技术标准及主要国家的合格评定现状与发展趋势；总结了出口和境内流通领域中国纺织服装商品常见的质量问题以及退货原因，分析了其中的典型案例。

C0069 F768.1

纺织服装商品学 第2版（"十三五"普通高等教育本科部委级规划教材 纺织科学与工程一流学科建设教材）/王府梅，丁雪梅主编．—北京：中国纺织出版社有限公司，2019年．—288页

ISBN 978-7-5180-6336-6

本书系统介绍了现代纺织服装商品的种类、规格、性能与外观特征、质量要求及其发展方向，突出介绍了近年来出现的新型纤维、新风格织物以及新型功能性纺织品；详细介绍了国内外市场准入的技术法规、国际贸易规则、生态纺织品技术标准及主要国家的合格评定现状与发展趋势；总结了出口和境内流通领域中纺织服装商品常见的质量问题以及退货原因。

C0070 F407.81

纺织服装实用技术培训/王国亭主编．—青岛：中国海洋大学出版社，2017年．—224页

ISBN 978-7-5670-1348-3

本书的建设是与企业的专家一起，通过校企共建的方式，深入生产实际进行调查，对职业岗位所需的专业知识、职业能力和专项能力进行科学分析，站在企业所需的角度，与生产实际紧密相连，渗透职业素质，突出职业技能培养特色，并与职业技能证书的相关知识相配套，与劳动部门颁发的技能鉴定标准相衔接。

C0071 F768.1

纺织服装市场调查与预测 第2版/方勇主编．—北京：中国纺织出版社，2009年．—216页（被引5）

ISBN 978-7-5064-5458-2

本书通过大量相关案例的生动解析，阐述了纺织服装市场调查与预测的基本理论和基本技能。全书分为三大部分：纺织服装市场调查、纺织服装市场预测、纺织服装市场调查与预测案例分析。

C0072 F768.1

纺织服装市场营销/储咏梅主编．—北京：高等教育出版社，2009年．—188页

ISBN 978-7-04-028308-2

本书从市场营销的基本概念入手，通过相关纺织服装营销的案例分析，探讨了纺织服装市场营销活动的特点，研究了纺织服装市场营销环境等问题。

C0073 F768.1

纺织服装市场营销/方勇编著．—北京：化学工业出版社，2014年．—231页

ISBN 978-7-122-20983-2

本书针对我国纺织服装行业的实际状况和纺织服装院校的教学要求，以全新的视野，采用大量的纺织服装市场营销案例分析，系统介绍了纺织服装市场营销的基本理论、流程、方法和操作技巧等。

C0074 F746.81

纺织服装外贸跟单/倪武帆主编．—北京：中国纺织出版社，2008年．—226页

ISBN 978-7-5064-5144-4

本书内容按跟单流程主线编排，主要内容包括：跟单工作基本业务程序、接单与审单、质量跟单、包装跟单、运输及运输保险跟单、结算跟单、通关跟单、外包跟单等。

C0075 F416.81

纺织服装行业国际优秀案例集（"十三五"普通高等教育本科部委级规划教材）/赵晓康，包铭心主编．—北京：中国纺织出版社，2018年．—270页

ISBN 978-7-5180-5228-8

本书遴选了世界第二大商业案例库—加拿大毅伟商学院案例库中18个纺织服装企业的经典案例，以企业由小到大、由区域到全国、国际的成长轨迹作为主线，内容涵盖了经济学、市场营销学、电子商务与物流管理、企业伦理、创业学、战略管理（商业模式理论）、品牌管理等课程的相关内容，描述了ZARA、巴宝莉、彪马等品牌和一些后起之秀的成长演变以及所经历的各种重大机遇和挑战。

C0076 F407.81；F407.86

纺织服装业供应链管理（武汉纺织大学学术著作出版基金资助项目）/黎继子著．—北京：中国纺织出版社，2014年．—291页

ISBN 978-7-5180-0629-8

本书运用最新的供应链管理原理、技术和方法，结合纺织服装企业实际，以运作流程为主线，分析了纺织服装业供应链管理。

C0077 F768.1

纺织服装营销学/王金泉主编．—北京：中国纺织出版社，2006年．—281页

ISBN 7-5064-3903-4

本书运用市场营销的管理理论，结合大量的案例，针对纺织服装行业的现状以及目前的形势和今后的发展，系统地分析了纺织服装的市场结构和特点，讲述了纺织服装市场营销的基本理论。

C0078 F407.81；F407.86

纺织服装质量控制与管理（纺织高等教育"十一五"部委级规划教材 纺织服装经济与管理系列高等教材）/王亚超主编．—北京：中国纺织出版社，2009年．—211页

ISBN 978-7-5064-5570-1

本书结合纺织服装业质量管理的特点，在全面论述现代质量管理原理的基础上，结合国内外的最新成果，以全面质量管理为基础，以质量控制、质量改进为主线，系统介绍了

现代质量管理的基本理论和方法。

C0079　F426.81；F426.86

纺织服装资源　1/香港亿联国际集团有限公司编.—北京：中国纺织出版社，2003 年.—236 页

ISBN 7-5064-2589-0

本书介绍中国纺织服装业的企业情况，反映中国纺织服装企业的规模、产品、技术、联系方式等，为国外买家在中国采购相应产品提供直观的查询方式等。

C0080　F407.81

纺织工程质量管理（纺织服装高等教育"十一五"部委级规划教材）/左保齐主编.—上海：东华大学出版社，2010 年.—127 页

ISBN 978-7-81111-723-3

本书共分七章，内容包括：质量管理概述、纺织质量管理的基本方法、纺织统计过程控制、纺织产品设计中的质量控制、抽样检验、质量管理体系、纺织企业质量管理体系的建立、审核与认证等。

C0081　F426.81

纺织工业"八五"科技发展战略研究/中国纺织工程学会学术委员会编.—北京：纺织工业出版社，1990 年.—376 页

ISBN 7-5064-0548-2

C0082　F426.81

纺织工业大调整（"口述上海"丛书）/黄金平主编；中共上海市委党史研究室，上海市现代上海研究中心编著.—上海：上海教育出版社，2007 年.—532 页

ISBN 978-7-5444-1217-9

本书主要介绍了上海产业结构战略性调整、奏响上海纺织工业大调整的主旋律、服务改革、服从调整等。

C0083　F426.81

纺织工业大事年表（纺织工业经济丛书）/《当代中国的纺织工业》编写组编.—常州：纺织工业部经济研究中心，1984 年.—73 页

本书主要为 1949 年至 1982 年与纺织经济发展有关的事件提纲，按时间先后编写而成。

C0084　F426.81

纺织工业的发展战略问题/中国纺织工业技术经济和管理现代化研究会.—北京：内部发行，1983 年.—354 页

C0085　F426.81

纺织工业的计划工作［译］/（苏）麦兹林（Л. А. Майзлин）著；王允元译.—上海：立信会计图书用品社，1954 年.—118 页

统一书号 805412

C0086　F407.81

纺织工业发展战略学/高章博，吴秉本主编.—上海：同济大学出版社，1989 年.—362 页

ISBN 7-5608-0183-8

本书系统阐述了战略学原理，分析了当前纺织工业面临的形势和任务，介绍了世界纺织工业发达国家和地区的战略和政策措施。对我国纺织工业发展的内外环境以及 2000 年之后发展战略作了具体介绍。同时，针对我国纺织工业现状提出了落实战略目标的重要战略措施和企业的经营战略和策略。

C0087　F426.81

纺织工业光辉的十年/《中国纺织》编辑部编.—北京：纺织工业出版社，1959 年.—422 页（被引 7）

统一书号 15041·519

C0088　F426.81

纺织工业基本建设的项目管理/俞鲤庭编.—常州：纺织工业部经济研究中心，1986 年.—217 页；21cm

C0089　F407.81

纺织工业技术经济分析/高章博主编.—北京：纺织工业出版社，1986 年.—259 页

统一书号 15041·1475

本书结合纺织工业的实际，阐述了技术经济分析的基本原理和方法，并分别介绍了技术经济预测、工程建设项目的可行性研究、价值工程、设备更新和技术引进及其技术经济分析。

C0090　F407.81

纺织工业技术经济和管理现代化论文选辑/中国纺织工业技术经济和管理现代化研究会编.—北京：纺织工业出版社，1982 年.—346 页

统一书号 4041·1206

C0091　F407.81

纺织工业经济管理（高等纺织院校管理工程试用教材）/沈帆等主编.—北京：纺织工业出版社，1989 年.—437 页

ISBN 7-5064-0264-5

本书主要阐述纺织工业生产和再生产运动的发展规律，介绍纺织工业经济管理的基本原理和方法。

C0092　F426.81

纺织工业经济增长中的水资源环境双重脱钩问题研究/李一著.—北京：经济科学出版社，2019 年.—232 页；24cm

ISBN 978-7-5218-0294-8

本书提出了脱钩理论综合分析框架，全面系统地分析了中国纺织工业及其子行业水脱钩态势、驱动因素、反弹效应及减量化效应，为我国纺织工业水资源、水环境的综合化管理改革提出了对策建议。

C0093　TS1
纺织工业科技成果鉴定与奖励（纺织工业科技成果）/纺织工业部科技发展公司 .—北京：纺织工业出版社，1991 年 .—155 页

C0094　F768.1
纺织工业品预测技术与方法/徐星发，朱纪善编 .—北京：中国发明创造者基金会，中国预测研究会，1985 年 .—132 页

C0095　F426.81
纺织工业企业成本核算规程/中华人民共和国纺织工业部制定 .—北京：中国财政经济出版社，1964 年 .—170 页

C0096　F426.81
纺织工业企业管理/中国纺织大学管理工程教研室编 .—北京：纺织工业出版社，1988 年 .—426 页
　　ISBN 7-5064-0169-X
　　本书较系统地介绍了我国纺织企业管理的基本经营方法，以及国外适合我国国情先进的、科学的管理方法。

C0097　F407.81-53
纺织工业企业设备管理文件汇编/中国纺织企业管理协会设备管理学组编 .—北京：纺织工业出版社，1988 年 .—48 页
　　ISBN 7-5064-0292-0

C0098　F407.81
纺织工业企业组织与计划　上册　第一分册［译］/（苏）鲍罗金，（苏）波里雅克著；中央人民政府纺织工业部翻译科译 .—北京：纺织工业出版社，1954 年 .—217 页（被引 9）

C0099　F407.81
纺织工业企业组织与计划　上册　第一分册　再版　修订本［译］/（苏）鲍罗金，（苏）波里雅克著；中央人民政府纺织工业部翻译科译 .—北京：纺织工业出版社，1956 年 .—216 页（被引 9）
　　统一书号 15044·39

C0100　F407.81
纺织工业企业组织与计划　上册　第二分册［译］/（苏）鲍罗金，（苏）波里雅克著；中央人民政府纺织工业部翻译科译 .—北京：纺织工业出版社，1954 年 .—218-526 页（被引 9）

C0101　F407.81
纺织工业企业组织与计划　下册　第一分册　棉纺生产［译］/（苏）查马霍甫斯基著；余振浩译 .—北京：纺织工业出版社，1955 年 .—290 页

C0102　F407.81
纺织工业企业组织与计划　下册　第二分册　毛纺生产［译］/（苏）别斯巴洛夫，（苏）伊辛斯基著；夏循元译 .—北京：纺织工业出版社，1955 年 .—209 页（被引 9）

C0103　F407.81
纺织工业企业组织与计划　下册　第三分册　缫丝与捻丝生产［译］/（苏）乌先柯著；沈益康，潘维栋译 .—北京：纺织工业出版社，1957 年 .—248 页（被引 8）
　　统一书号 15041·58

C0104　F407.81
纺织工业企业组织与计划　下册　第四分册　织布生产［译］/（苏）富利琼别尔克著；纺织工业部翻译科译 .—北京：纺织工业出版社，1955 年 .—313 页（被引 9）

C0105　F407.81
纺织工业设计管理学　增订本［港台］（大学用书）/朱大钧著 .—台北：出版者不详，1982 年 .—462 页

C0106　F407.81
纺织工业设计管理学　增订本　第 4 版［港台］/朱大钧著 .—台北：出版者不详，1982 年 .—462 页；22cm

C0107　F407.81
纺织工业统计/焦子襄，吴若农编 .—北京：纺织工业出版社，1988 年 .—216 页
　　ISBN 7-5064-0043-X
　　本书结合纺织工业的特点，对工业产品统计、工业劳动统计、生产设备统计、原材料统计、财务成本统计等作了较详细的叙述和分析。

C0108　F426.81-53
纺织工业学大庆经验选辑/纺织工业部编 .—北京：纺织工业出版社，1978 年 .—198 页
　　统一书号 15041·1030

C0109　F416.81
纺织工业与国家工业化/陈维稷著 .—北京：中华全国科学技术普及协会，1954 年 .—15 页
　　本书内容包括纺织工业的基本任务，纺织工业的基本知识，我国的纺织工业。

C0110　F407.81
纺织工业增产节约经验　第一辑/中华人民共和国纺织工业部华东供销分局编辑 .—北京：纺织工业出版社，1955 年 .—112 页（被引 8）

C0111　F407.81
纺织工业增产节约经验　第二辑　染化料部分/中华人民共和国纺织工业部华东供销分局编 .—北京：纺织工业出版社，1957 年 .—178 页（被引 7）

统一书号 15041·200

C0112　F426.81

纺织工业总结和推广先进经验的工作/钱大东编著.—北京：工人出版社，1955年.—42页

C0113　F426.81

《纺织行业品牌培育管理体系通用要求》实施指南/钟安华，张莉编著.—武汉：湖北科学技术出版社，2015年.—236页

ISBN 978-7-5352-6960-7

本书主要内容包括：品牌培育管理体系的基本要求、管理职责、资源管理、品牌培育实施、监测、核查、分析与改进、品牌培育管理体系的策划和建立等。

C0114　F426.81

纺织机械工业的组织与管理/吴永升编.—北京：中国纺织出版社，2008年.—222页

ISBN 978-7-5064-4698-3

本书从组织与管理工作的角度出发，通过回顾过去，探讨未来，对纺织机械工业的组织与管理工作提出了一些观点、一些思路和一些做法。

C0115　F426.81

纺织机械工业科技发展"九五"计划和2010年远景目标/编著者不详.—北京：内部发行，1996年.—309页

C0116　F407.81

纺织面料跟单实务（职业院校专业课程改革系列教材）/魏飞飞，倪桂飞主编.—杭州：浙江工商大学出版社，2020年.—159页；26cm

ISBN 978-7-5178-3683-4

本书从跟单员概述、来样分析、打样跟单、染厂选址与合同签订、生产加工过程跟单、包装跟单、发货跟单等几块内容来分析和讲解纺织面料跟单的整个过程。该书将纺织、印染及外贸知识融合在一起。

C0117　F768.1

纺织品/王义宪，孙友梅编.—哈尔滨：黑龙江人民出版社，1979年.—235页

统一书号 15093·053

本书主要按种类分别介绍了棉布、丝绸、呢绒、化纤织品等纺织品知识。

C0118　F768.1

纺织品/杜桂馥，万方编.—北京：中国农业机械出版社，1987年.—183页

统一书号 4216·291

本书全面地介绍了棉布、麻布、呢绒、绸缎、化纤等纺织品的分类、品种、质量、选购、穿用、洗涤等知识。

C0119　F768.1

纺织品　一（《吃穿用十万个为什么》系列丛书）/戚嘉运主编.—北京：中国商业出版社，1994年.—183页

ISBN 7-5044-2476-5

本书从纺织品商品业务技术角度着眼，重点介绍了纺织品相关的纤维常识、品种工艺、质量析疑三个方面内容。

C0120　F768.1

纺织品的绿色商机［港台］/刘育呈撰稿.—新北：台湾纺织产业综合研究所，2012年

C0121　F768.1

纺织品的选用与保管/程瑞珍，唐建铭编写.—南京：江苏科学技术出版社，1986年.—81页

统一书号 17196·063

本书内容主要包括目前市场纺织品的原料、性能、特点、产品分类和选购、缝纫、洗涤、晾晒、熨烫，以及穿用保管等方面的知识。

C0122　F768.1

纺织品的应用科学/戚嘉运编著.—上海：上海科学技术出版社，1982年.—311页（被引32）

统一书号 15119·2200

本书主要介绍纺织品的科学应用，从纤维原料和纺、织、染、整等工艺因素对纺织品性能的影响，结合各项用途所要求的性能来研究如何合理选择和正确使用纺织品。同时综合各类纺织品的性能特点，分别介绍了它们的挑选、鉴别、洗烫、除迹和贮存保管的科学方法。最后针对纺织品中常见的二十多项质量问题，分别从现象、起因和防止途径作了专题探讨。

C0123　F768.1

纺织品服装/高佩群主编.—北京：中国计量出版社，2002年.—183页

ISBN 7-5026-1615-2

本书介绍了纺织品、服装和鞋帽等百余种商品简便易行的质量鉴别方法，以及识别其假冒伪劣特征的技巧。

C0124　F768.1

纺织品服装市场调研与预测（纺织高等教育"十一五"部委级规划教材　纺织服装经济与管理系列高等教材）/刘国联主编.—北京：中国纺织出版社，2009年.—192页（被引8）

ISBN 978-7-5064-5601-2

本书的主要内容包括市场调查基本原理、纺织品服装市场调查方案策划与实施、调查资料的统计分析方法和纺织品服装市场预测等，实践指导部分有纺织品服装市场调研专题和综合案例分析等内容。

C0125　F768.1

纺织品服装市场调研与预测（"十三五"普通高等教育本科部委级规划教材）/胡源主编.—北京：中国纺织出版

社，2018 年 . —330 页

    ISBN 978-7-5180-5428-2

    本书主要包括纺织品服装市场调研和预测两部分内容，市场调研部分包括调研方案的设计、调研方法、问卷设计、抽样、数据分析等，预测部分包括定性调研和定量调研，重点对时间序列预测法、马尔可夫预测法、季节预测法以及回归预测法进行了解读。

C0126　F768.1

纺织品服装消费学（纺织高等教育"十一五"部委级规划教材　纺织服装经济与管理系列高等教材）/戴晓群主编 . —北京：中国纺织出版社，2010 年 . —169 页（被引 5）

    ISBN 978-7-5064-6786-5

    本书把消费者置于被服、外界装饰、社会和自然组成的大环境中，从纺织品服装的分类及功能、被服环境对人体的诸多生理影响、纺织品服装消费决策，到纺织品服装的检验和管理等有关纺织品服装消费的各个方面的科学知识，进行了系统讲述。

C0127　F407.81

纺织品跟单实务/蒋少军主编 . —北京：中国劳动社会保障出版社，2016 年 . —174 页

    ISBN 978-7-5167-2556-6

    本书全面系统地介绍了纺织品织造跟单和纺织品染整跟单的基本知识和操作方法，并对纺织品织造谈判及成本核算、纺织品检验标准的制定及其质量控制进行了阐述。

C0128　F407.81

纺织品工业基地问题研究（纺织工业经济丛书）/纺织工业部经济研究中心编辑 . —常州：纺织工业部经济研究中心，1985 年 . —123 页

    本书是对纺织工业基地问题的专题研究。

C0129　F768.1

纺织品和服装消费心理学/沈蕾等编著 . —上海：中国纺织大学出版社，1997 年 . —246 页（被引 36）

    ISBN 7-81038-104-0

    本书从心理学角度，重点描述了人们在消费纺织品，尤其是服装的心理活动规律，并着重介绍了了解消费者心理活动规律的几种主要的定性和定量的研究方法及一些经典案例。

C0130　F746.81

纺织品及服装外贸（纺织业工商管理系列丛书）/张神勇主编 . —北京：中国纺织出版社，2002 年 . —428 页

    ISBN 7-5064-2225-5

    本书包括纺织服装企业进行进出口贸易的准备、纺织品及服装进出口合同、合同的履行、世界纺织品贸易的展望和纺织服装企业的跨国经营等。

C0131　F746.81

纺织品及服装外贸　第 2 版（纺织高等教育"十一五"

部委级规划教材）/张神勇主编 . —北京：中国纺织出版社，2008 年 . —255 页

    ISBN 978-7-5064-4773-7

    本书介绍了市场调研、进出口合同的签订和履行、纺织品检验和商检条款、合同纠纷的处理等各个环节的原理和方法。对纺织品出口配额管理、电子商务的运用和跨国经营也作了介绍。

C0132　F768.1

纺织品技术规则与国际贸易（现代纺织工程丛书）/《纺织品技术规则与国际贸易》编委会编著 . —北京：中国纺织出版社，2004 年 . —643 页（被引 19）

    ISBN 7-5064-2892-X

    本书重点介绍了以欧、美、日等为代表的发达国家的纺织品环境政策、技术法规和纺织品环境标志；提供了我国的部分环境政策、进出口政策及企业管理政策文本；分析了我国纺织工业、纺织品检测机构面临的机遇和挑战等内容。

C0133　F746.81

纺织品进出口业务入门/王金泉，周艳群编著 . —北京：中国纺织出版社，1997 年 . —134 页

    ISBN 7-5064-1345-0

C0134　F768.1

纺织品经营常识/董作光编写 . —吉林：吉林省商业干部学校，1980 年 . —364 页

    本书主要介绍了纺织商品知识和经营常识。

C0135　F768.1

纺织品经营常识　上册/北京市纺织品公司 . —北京：北京市纺织品公司，1979 年 . —140 页

C0136　F768.1

纺织品经营常识　下册/北京市纺织品公司 . —北京：北京市纺织品公司，1978 年 . —175 页

C0137　F768.1

纺织品经营与贸易/间志俊主编 . —北京：化学工业出版社，2014 年 . —300 页

    ISBN 978-7-5064-4584-9

    本书共分为三篇：第一篇纺织商品基础知识；第二篇纺织品经营战略与策略；第三篇纺织品贸易实务。

C0138　F768.1

纺织品零售业务技术/傅杰英等编 . —上海：上海科学技术出版社，1984 年 . —371 页

    统一书号 15119·2348

    本书主要介绍纺织品零售行业中级营业员需熟悉和掌握的业务技术知识。

C0139　F768.1

纺织品贸易［译］/（苏）莫德斯托娃，（苏）艾捷士

切英著；高同福译.—北京：财政经济出版社，1956年.—
116页

统一书号 4005·95

C0140 F768.1

纺织品贸易从业人员必读（纺织服装经济与贸易丛书）/丁群，吴知非编著.—北京：中国纺织出版社，2013年.—115页

ISBN 978-7-5064-9366-6

本书介绍了纤维、纱线、织物的分类、织物检验、整理等基础知识，对印染厂的生产工艺过程、质量管理作了介绍和阐述，对我国印染业发展趋势作了预测性分析。

C0141 F768.1

纺织品贸易从业人员必读 第2版（纺织服装经济与贸易丛书）/丁群，吴知非编著.—北京：中国纺织出版社，2016年.—139页

ISBN 978-7-5180-2255-7

本书介绍了纤维、纱线、织物的分类、织物检验、整理等基础知识，对印染厂的生产工艺过程、质量管理作了较为详细的介绍和阐述，对我国印染业发展趋势作了预测性分析。

C0142 F768.1

纺织品贸易检测精讲/曾林泉编著.—北京：化学工业出版社，2012年.—264页（被引8）

ISBN 978-7-122-13500-1

本书内容包括：纺织品纤维材料检测、物理指标检测、色牢度检测、功能性检测、生态性检测、外观质量检测及客户标准等，着重介绍了各种检测方法、标准之间的区别与联系，同时列举了大量的研究成果，论述操作细节及要点。

C0143 F768.1

纺织品贸易与跟单基础（高等职业技术院校纺织品检验与贸易专业教材）/钟少锋主编.—北京：中国劳动社会保障出版社，2017年.—168页

ISBN 978-7-5167-3218-2

本书主要内容有：纺织品外贸流程及跟单程式、纺织品供货商的选择、纺织品贸易业务联系的建立与磋商、纺织品的包装和外包跟单、纺织品贸易的合同签订、纺织品的运输与保险、纺织品的商检与报关跟单以及纺织品贸易结算。

C0144 F407.81

纺织品染整跟单实务/贺良震主编.—北京：化学工业出版社，2008年.—185页

ISBN 978-7-122-02854-9

本书系统介绍了纺织品外贸出口染整加工的一般过程，介绍了染整跟单员开展各项工作的总流程、工作职责和操作方法，以及纺织品染整跟单中需要掌握的纺织品基础知识和染整基础知识。

C0145 F768.1

纺织品商品学/商业部纺织品商品教材编审委员会编.—北京：财政经济出版社，1958年.—566页

C0146 F768.1

纺织品商品学 上册/上海纺织品采购供应站等单位合编.—北京：中国财政经济出版社，1961年.—260页

统一书号 4166·003

本书上下册根据党的方针政策，贯彻理论与实际相结合的原则，吸取了国内外纺织品商品科学的重要理论，反映了商业工作和生产工艺中有关纺织品商品新的科学技术成就，力图解决当前商业实践中对该门科学提出的重要问题，以适应教学和实际工作的需要。

C0147 F768.1

纺织品商品学 下册/上海纺织品采购供应站等单位合编.—北京：中国财政经济出版社，1961年.—449页

统一书号 4166·005

C0148 F768.1

纺织品商品学 上册（中等专业学校教材）/中等商业学校日用工业品教材选编组编.—北京：中国财政经济出版社，1961年.—395页

统一书号 4166·017

本书上下册的编写是以党的方针政策为根据，力图使理论与实际相结合，反映我国纺织工业生产方面的新成就和纺织品经营与教学工作中的经验。

C0149 F768.1

纺织品商品学 下册（中等专业学校教材）/中等商业学校日用工业品教材选编组编.—北京：中国财政经济出版社，1961年.—347页

统一书号 4166·018

C0150 F768.1

纺织品商品学/陕西财经学院贸易经济系商品学教研室编.—西安：陕西财经学院，1979年.—125页

C0151 F768.1

纺织品商品学（高等财经院校试用教材）/中国人民大学贸易经济系商品学教研室.—北京：中国人民大学出版社，1982年.—176页；20cm

统一书号 4011·433

本书介绍了天然纤维、化学纤维、纱和线、织造和织物组织、染整、织品的质量、纺织品的品种等相关知识。

C0152 F768.1

纺织品商品学 修订版（高等财经院校教材）/王志良主编.—北京：中国人民大学出版社，1996年.—385页；20cm

ISBN 7-300-02151-4

本书主要包括纺织品的基本概念，纺织品的种类、特

点、质量等内容。

C0153　F768.1

纺织品商品学/黑龙江商学院编 . —哈尔滨：黑龙江人民出版社，1983 年 . —486 页

本书主要探讨机织与针织商品的使用价值。

C0154　F768.1

纺织品商品学（外贸商品学丛书）/对外经济贸易部人事教育局《外贸商品学》编写组，沈北强，李雅芳主编 . —北京：中国对外经济贸易出版社，1988 年 . —352 页

ISBN 7-80004-055-0

本书介绍了纺织品的概念、鉴定、出口管理，以及服装的原料工艺、出口管理、污迹处理与保管等内容。

C0155　F768.1

纺织品商品学：棉布（中等职专业学校试用教材）/上海市纺织品公司编 . —上海：上海市纺织品公司，1980 年 . —187 页

C0156　F768.1

纺织品商品学：呢绒（中等职专业学校试用教材）/上海市纺织品公司编 . —上海：上海市纺织品公司，1980 年 . —165 页

C0157　F768.1

纺织品商品学：丝绸（中等职专业学校试用教材）/上海市纺织品公司编 . —上海：上海市纺织品公司，1980 年 . —218 页

C0158　F768.1

纺织品商品学：化纤（中等职专业学校试用教材）/上海市纺织品公司编 . —上海：上海市纺织品公司，1980 年

C0159　F768.1

纺织品商品与贸易　上册/上海市第一百货商店，上海社会科学院商品学教研组合编 . —上海：编者自发行，1960 年 . —344 页

C0160　F768.1

纺织品商品与贸易　下册/上海市第一百货商店，上海社会科学院商品学教研组合编 . —上海：编者自发行，1960 年 . —539 页

C0161　F768.1

纺织品商品知识/辽宁省商业局教材编审委员会编 . —沈阳：辽宁省商业局教材编审委员会，1982 年 . —94 页

本书比较系统地介绍了棉、麻、化纤、呢绒、绸缎等纺织品的分类、原料、性能、特点、印染、验质和经营、保管等基础知识。

C0162　F768.1

纺织品商品知识（商品知识丛书）/刘云普主编 . —北京：中国国际广播出版社，1994 年 . —263 页

ISBN 7-5078-1185-9

本书主要介绍了天然纤维、化学纤维等纺织品原料，以及各类纺织品的分类、特性、质量标准、使用及保养方法，并介绍了目前市场上畅销的名优特优商品。

C0163　F768.1

纺织品商品知识与养护/山东省商业厅教育处编写 . —济南：山东人民出版社，1983 年 . —399 页

统一书号 4099·410

本书着重介绍了纺织纤维、纱线、棉布、化学纤维及织品、呢绒、绸缎、针棉织品等纺织品的品种规格、结构特点、性能用途、品质要求、保管养护知识及使用方法等，对一般生产工艺过程也作了简要的介绍。

C0164　F768.1

纺织品市场营销/王若明，张芝萍主编 . —北京：中国纺织出版社，2008 年 . —191 页

ISBN 978-7-5064-5202-1

本书阐述了纺织企业从事营销活动的基本理论与方法，主要内容有：纺织品营销环境分析、纺织品市场购买行为分析、纺织品目标市场战略、纺织品市场调查与预测、纺织产品策略、纺织品定价方法与价格策略等。

C0165　F746.81

纺织品外贸操作实务/张彦欣编著 . —北京：中国纺织出版社，2006 年 . —199 页

ISBN 7-5064-3961-1

本书以一些典型的、实际发生的纺织品贸易业务为背景，通过精心设计与组织，将对外贸易与纺织品的专业知识有机地结合起来，使读者掌握从事纺织品对外贸易的主要操作技能。

C0166　F746.81

纺织品外贸跟单实务/张芝萍，田琦主编 . —北京：中国纺织出版社，2008 年 . —178 页（被引 8）

ISBN 978-7-5064-5301-1

本书以纺织品进出口贸易为背景，以出口贸易跟单为主线，全面系统地介绍了纺织品外贸跟单的基本知识和操作方法。

C0167　F768.1

纺织品营销人员必读/邱冠雄，胡美璇编 . —北京：中国纺织出版社，1997 年 . —100 页

ISBN 7-5064-1323-X

本书根据消费者对纺织品的要求介绍纺织品的应用范围，纺织原料的分类和性能，纺织品的基础知识，纺织品的标记、质量保证和保养，纺织品鉴赏价值的知识等内容。

C0168　F416.81

纺织企业安全生产管理/王勇主编.—西安：陕西人民教育出版社，1993年.—214页

ISBN 7-5419-4737-0

本书阐述和综合了安全管理、安全技术、工业卫生、防火防爆等管理方法和规定。

C0169　F416.81

纺织企业安全生产培训教材/王勇主编.—西安：陕西人民教育出版社，1993年.—188页

ISBN 7-5419-4736-2

C0170　F426.81

纺织企业班组管理（现代纺织企业管理丛书）/陆君伟编著.—北京：纺织工业出版社，2006年.—108页（被引9）

ISBN 7-5064-4009-1

本书主要介绍了我国纺织企业班组管理的现状、内容及重要性，有针对地详解了纺织企业班组管理中的生产管理、质量管理、人员培训、安全管理、劳动管理，以及优秀班组的建设和班组长应具备的综合素质等。

C0171　F426.81

纺织企业并购重组下的资源整合与配置及协同创新问题研究/张克英，郭伟，李仰东著.—天津：天津大学出版社，2018年.—176页

ISBN 978-7-5618-6001-4

本书基于经济新常态供给侧改革的背景，针对纺织企业并购重组后的整合资源、优化配置以及协同创新的迫切需求，以纺织企业为研究对象，系统研究优化资源分配和协同创新的发展路径。

C0172　F407.81

纺织企业财务成本管理　上册/纺织工业部财务司，上海市纺织工业局职工大学主编.—北京：纺织工业出版社，1984年.—283页

统一书号 4041·1359

本书介绍了纺织企业成本管理的基本知识、基本原理、基本方法和基本经验。

C0173　F407.81

纺织企业财务成本管理　下册/纺织工业部财务司，上海市纺织工业局职工大学主编.—北京：纺织工业出版社，1985年.—237页

统一书号 4041·1390

C0174　F407.81

纺织企业财务成本管理工作经验/纺织工业出版社编.—北京：纺织工业出版社，1960年.—179页（被引5）

统一书号 4041·601

本书的内容主要是关于北京、上海、郑州和重庆等地纺织企业在财务成本管理方面的工作经验。

C0175　F407.81

纺织企业财务工作大搞群众运动经验/纺织工业出版社编.—北京：纺织工业出版社，1960年.—84页

统一书号 4041·642

本书收集了部分地区纺织企业财务工作大搞群众运动的经验。

C0176　F407.81

纺织企业产品质量管理（纺织工业企业管理丛书）/上海市纺织工业局主编.—北京：纺织工业出版社，1983年.—299页

统一书号 4041·1182

本书分上下两篇。上篇由产品质量管理，由概论、产品管理、产品质量标准与检验、原棉和成品质量管理、各工种（岗位）产品质量管理工作要点、为用户服务、产品质量管理的计划与组织七章组成。下篇由质量控制的统计方法，由数理统计的基础知识、统计假设检验、工序质量控制三章组成，介绍数理统计方法在纺织企业质量控制中的应用。

C0177　F426.81

纺织企业车间管理（现代纺织企业管理丛书）/卞葆，澄子编著.—北京：中国纺织出版社，2008年.—143页

ISBN 978-7-5064-5160-4

本书主要介绍了我国纺织企业班组管理的概念、内容及重要性，有针对性地详解了纺织企业班组管理中的生产管理、质量管理以及优秀班组建设和班组长应具备的综合素质。

C0178　F426.81

纺织企业车间主任培训教材/中国纺织工业企业管理协会情报中心.—北京：中国纺织工业企业管理协会情报中心，1992年.—265页

C0179　F426.81

纺织企业大搞群众运动大闹技术革命的经验/纺织工业部生产司，中国纺织工会全国委员会生产部编.—北京：纺织工业出版社，1960年.—204页

统一书号 15041·641

C0180　F426.81

纺织企业的调度管理（棉纺织生产）［译］/（苏）捷依科甫采夫等著；中华人民共和国纺织工业部翻译科译.—北京：纺织工业出版社，1954年.—155页；21cm（被引6）

本书中汇总了棉纺织生产中调度管理的组织经验，阐述了作业计划的制定和有效核算的方法和技术，介绍了调度机构所用的调度电话、信号设备、自动核算检查器械和组织设备。

C0181　F426.81

纺织企业工业工程/沈昌哲编.—上海：上海市纺织工业企业管理协会，无锡市纺织工业企业管理协会，无锡市纺织工程学会，1984年.—304页

C0182 F407.81

纺织企业管理（纺织服装高等教育"十一五"部委级规划教材）/张一风主编．—上海：东华大学出版社，2008年．—265页

　　ISBN 978-7-81111-361-7

　　本书包括企业管理绪论、纺织生产管理、企业人力资源管理、纺织质量管理、纺织营销管理、现代财务管理、企业管理信息化、经营战略管理等内容。

C0183 F407.81

纺织企业管理　第2版（纺织服装高等教育"十三五"部委级规划教材）/张一风，张慧主编．—上海：东华大学出版社，2019年．—284页

　　ISBN 978-7-5669-1434-7

　　本书共分企业管理绪论、纺织工业管理、纺织产品开发管理、纺织生产管理、纺织"五大"专业管理、纺织质量管理、纺织人力资源管理、纺织营销管理、现代财务管理、企业管理信息化、经营战略管理、企业管理创新共十二章。

C0184 F407.81

纺织企业管理240问（纺织生产技术问答丛书）/张体勋主编．—北京：中国纺织出版社，2008年．—234页

　　ISBN 978-7-5064-4669-3

　　本书紧密结合我国纺织企业实际情况，围绕如何提高纺织产品质量、纺织企业经济效益及纺织企业的市场竞争能力，系统地回答了纺织企业的人力资源管理、薪酬设计与管理、技术开发管理、生产过程管理，生产计划、生产作业计划与控制，生产调度和统计，全面质量管理、设备管理、运转操作管理、原料管理、空调管理、经济核算中的基本原理、基本经验、基本方法和基本操作问题。

C0185 F407.81

纺织企业管理基础（中等纺织专业学校教材）/李长遂主编．—北京：纺织工业出版社，1990年．—405页

　　ISBN 7-5064-0532-6

　　本书全面系统地介绍了纺织企业管理的基础理论与基础知识、传统管理方法与现代管理方法，反映了中华人民共和国成立以来我国纺织企业管理工作的经验。

C0186 F407.81

纺织企业管理基础　第2版（中等纺织专业学校教材）/李长遂主编．—北京：纺织工业出版社，1996年．—465页

　　ISBN 7-5064-0532-6

C0187 F407.81

纺织企业管理基础　第3版（纺织高职高专"十一五"部委级规划教材）/王毅主编．—北京：中国纺织出版社，2008年．—344页

　　ISBN 978-7-5064-4770-6

　　本书分初步认识纺织企业管理、纺织企业决策者理念与方法、纺织企业营销者理念与方法、纺织企业生产管理者运

作方法以及纺织企业成本控制与财务分析5个单元，介绍了现代纺织企业运行与管理中最基本的理论知识、实用技术和方法。

C0188 F407.81

纺织企业管理基础　第4版（"十二五"职业教育国家规划教材）/王毅，潘ër来主编．—北京：中国纺织出版社，2014年．—319页

　　ISBN 978-7-5180-0978-7

　　本书主要讲述了初步认识纺织企业管理、纺织企业决策理念与方法、纺织企业营销理念与方法、纺织企业生产管理运作方法以及纺织企业成本控制与财务分析等内容，详细全面介绍了现代纺织企业运行与管理中最基本的理论知识、实用技术和方法。

C0189 F407.81

纺织企业管理讲义/华东纺织工学院管理工程教研室编．—上海：华东纺织工学院管理工程教研室，1980年．—425页

　　本书较系统地介绍了我国纺织企业管理的基本经营方法，以及国外适合我国国情先进科学管理方法。

C0190 F407.81

纺织企业管理实务/龚国琏主编，《纺织企业管理实务》编委会编．—北京：纺织工业出版社，1991年．—433页

　　ISBN 7-5064-0803-1

　　本书主要内容包括：企业经营与经营机制、目标管理、企业管理的基础工作、企业经济效益分析等13章。

C0191 F407.81

纺织企业管理信息化（纺织服装高等教育"十一五"部委级规划教材）/李英琳主编．—上海：东华大学出版社，2010年．—177页

　　ISBN 978-7-81111-718-9

　　本书主要内容包括：纺织企业管理信息化应用领域、管理信息化的支撑环境、纺织生产信息监控系统、ERP的基本原理和方法等。

C0192 F407.81

纺织企业管理总论（高等纺织院校管理工程试用教材）/邱荣顶，孙景奎编．—北京：纺织工业出版社，1986年．—163页（被引6）

　　统一书号 15041·1452

　　本书以企业管理两重性的理论，紧密结合纺织企业的实际，概括地阐述了社会主义企业管理的基本问题。

C0193 F407.81

纺织企业基础性技术管理（纺织工业企业管理丛书）/上海市纺织工业局主编．—北京：纺织工业出版社，1981年．—405页

　　统一书号 4041·1179

　　本书由工艺管理、设备管理、运转管理、操作管理、空

调管理、计量管理六章组成，是生产技术管理工作最基本的部分。它是上海纺织企业三十多年来的实践总结。

C0194 F407.81

纺织企业计量管理（纺织工业企业管理丛书）/王芸平，于澄编 .—北京：中国纺织出版社，1994 年 .—203 页

ISBN 7-5064-1018-4

本书内容包括：计量管理概论、法定计量单位、纺织企业计量工作水平评估办法等六章。

C0195 F426.81

纺织企业节约用煤经验/纺织工业出版社编 .—北京：纺织工业出版社，1960 年 .—72 页

统一书号 15041·640

本书收集了部分企业节约用煤的工作经验和具体措施。

C0196 F407.81

纺织企业经济管理（纺织工业企业管理丛书）/上海市纺织工业局主编 .—北京：纺织工业出版社，1984 年 .—258 页

统一书号 4041·1183

本书由财务管理、成本管理、经济核算、内销纺织品销售管理、出口纺织品销售管理、物资管理、能源管理七章组成，是对纺织企业内部经济管理的几个主要专业部门的管理理论、方法、要求等的论述。

C0197 F407.81

纺织企业经营管理/何成康主编 .—北京：纺织工业出版社，1987 年 .—322 页

统一书号 15041·1558

本书从原理和方法上阐述了纺织企业由生产型转变为经营型后管理思想和管理工作如何适应外部环境的需要，并介绍了我国纺织企业在"转型"中所取得的经验。

C0198 F407.81

纺织企业经营指南/《纺织企业经营指南》编辑组编 .—北京：纺织工业出版社，1987 年 .—427 页（被引 4）

统一书号 15041·1584

本书介绍了纺织企业，特别是中小型纺织企业如何进行经营决策，加强横向经济联系，实行产销联营，开发新产品，开拓国内外市场，进行技术改造，消化吸收国外先进技术等方面的先进经验。

C0199 F407.81

纺织企业劳动管理/纺织工业部生产司劳动处主编 .—北京：纺织工业出版社，1981 年 .—407 页

统一书号 4041·1185

本书内容包括劳动组织、工资奖励、劳动计划统计以及劳动管理的日常工作等。同时，简要地介绍了国外有关劳动管理的一些情况。

C0200 F426.81

纺织企业入世规则与对策（纺织业工商管理系列丛书）/顾强著 .—北京：中国纺织出版社，2001 年 .—379 页（被引 42）

ISBN 7-5064-1983-1

本书论述了我国纺织工业面临的国际竞争环境，着重分析了入世后我国宏观政策面临的调整以及对我国纺织工业的影响；详细分析了入世对纺织工业企业的机遇和挑战，并提出了相应的对策。

C0201 TS103

纺织企业设备管理/上海市纺织工业局主编 .—北京：纺织工业出版社，1989 年 .—341 页

ISBN 7-5064-0380-3

C0202 TS103

纺织企业设备管理和维修/中国纺织工业企业管理协会设备管理学组主编 .—北京：纺织工业出版社，1991 年 .—151 页

ISBN 7-5064-0681-0

本书阐述了纺织企业设备管理的基本知识、原理和方法，介绍了设备现代化管理知识，包括设备购置、使用、维修以及更新改造等。

C0203 F407.81

纺织企业生产管理　上册/廖胜芳，高章博主编 .—北京：纺织工业出版社，1986 年 .—246 页

统一书号 15041·1495

本书对纺织企业生产过程的组织、计划与控制等基本原理和方法作了系统的阐述，主要包括生产管理概论、生产过程组织、生产计划工作、新产品开发技术组织工作和质量管理等内容。

C0204 F407.81

纺织企业生产管理　下册/邓荣德等编 .—北京：纺织工业出版社，1987 年 .—176 页

统一书号 15041·1576

本书主要介绍纺织企业的设备管理、劳动管理、物资管理。

C0205 F407.81

纺织企业生产管理/刘承晋主编 .—北京：高等教育出版社，2009 年 .—250 页

ISBN 978-7-04-026190-5

本书内容包括：纺织企业生产管理概述、生产计划管理、轮班组管理、现场管理、技术管理、质量管理、生产环境管理等。

C0206 F407.81

纺织企业生产管理与成本核算/韩文泉主编 .—北京：中国劳动社会保障出版社，2013 年 .—124 页；26cm

ISBN 978-7-5167-0189-8

本书主要内容包括纺织品生产管理、成本核算、质量控制与管理（ISO 质量管理）等内容，培养学生从事相关企业管理工作所需要的技能。

C0207 F407.81

纺织企业生产经营管理/纺织工业部综合计划司，上海市纺织工业局主编．—上海：同济大学出版社，1993 年．—566 页

ISBN 7-5608-1324-0

本书以论述企业内部计划、经营管理和生产组织安排为主，并兼述企业与市场、进出口贸易及各类定额管理和现代化管理方法应用等。

C0208 F426.81

纺织企业推行"两参一改"的经验/纺织工业出版社编．—北京：纺织工业出版社，1959 年．—84 页

统一书号 15041·356

C0209 F407.81

纺织企业物资管理/上海市纺织工业局供销处主编．—北京：纺织工业出版社，1985 年．—298 页

统一书号 4041·1354

本书介绍了纺织企业物资管理的基本方法、基本知识和基本经验。

C0210 F426.81

纺织企业现场管理：纺织企业 6S 推行实务（现代纺织企业管理丛书）/陆君伟编著．—北京：中国纺织出版社，2005 年．—146 页（被引 7）

ISBN 7-5064-3591-8

本书以纺织企业现场管理实际案例分析为主，介绍了纺织企业 6S 推行的成功经验，总结出了我国纺织企业的现场管理方法，主要内容包括：纺织企业现场管理概述，纺织企业 6S 管理体系的建立、推行技巧及案例分析等。

C0211 F407.81

纺织企业现代管理（纺织业工商管理系列丛书）/林子务编著．—北京：中国纺织出版社，2001 年．—298 页（被引 30）

ISBN 7-5064-2101-1

本书共分 17 章，深入地介绍了纺织企业管理总论、企业的生产运作、市场运作、财务管理和企业人文等五大方面的内容。

C0212 F416.81

纺织企业消防管理/上海市纺织工业局编．—北京：纺织工业出版社，1991 年．—309 页（被引 5）

ISBN 7-5064-0615-2

本书结合纺织企业的实际，阐述了消防法规和法制管理，介绍了燃烧的原理以及致灾的原因，提出了防火、灭火的原则、措施以及所需器材。

C0213 F426.81

纺织企业与 ISO 9000 质量论证（纺织业工商管理系列丛书）/吴卫刚主编．—北京：中国纺织出版社，2001 年．—321 页

ISBN 7-5064-1889-4

本书较为系统地介绍了 ISO 9000 的状况、标准术语和概念，ISO 9000 标准中的 20 个要素、咨询、内外部审核员贯标案例等内容。

C0214 F426.81

纺织企业中的集体合同/王伯泉编著．—北京：工人出版社，1956 年．—30 页

统一书号 3007·124

C0215 F426.81

纺织企业总结和推广先进操作的经验/中国纺织工会全国委员会编．—北京：纺织工业出版社，1960 年．—100 页

统一书号 15041·565

C0216 F426.81

纺织企业组织与计划　讲义/华东纺织工学院工程经济教研组编．—上海：华东纺织工学院工程经济教研组，1963 年．—352 页；19cm

C0217 F426.81

纺织企业组织与计划（纺织工业企业管理丛书）/上海市纺织工业局主编．—北京：纺织工业出版社，1982 年．—459 页

统一书号 4041·1180

C0218 F407.81

纺织生产成本与经济（纺织服装高等教育"十一五"部委级规划教材）/张一风主编．—上海：东华大学出版社，2009 年．—227 页

ISBN 978-7-81111-332-7

本书内容包括：绪论；纺织生产运作；生产基础理论；生产要素的开发与配置；纺织生产技术分析等。

C0219 F407.81

纺织生产管理（现代纺织企业管理丛书）/朱正锋主编．—北京：中国纺织出版社，2010 年．—252 页

ISBN 978-7-5064-6613-4

本书论述了现代纺织企业生产管理的基本原理、管理设计及管理方法，包括：纺织生产管理概述、生产组织与计划管理、生产工艺管理、设备综合管理、运转操作管理、质量管理、现代纺织生产的特点及发展趋势等内容。

C0220 F407.81

纺织生产管理与成本核算/李桂华主编．—北京：中国纺织出版社，2014 年．—223 页

ISBN 978-7-5064-8532-6

本书以解决纺织生产管理及成本中突出的实务问题为主

旨，针对纺织企业面临的挑战，全面阐述了适应纺织企业中、基层管理的生产组织、计划与控制、工艺、设备、质量、物资、成本管理及现场管理的理论和方法，并对生产运作的财务分析和纺织成本核算作了较详细的介绍。

C0221　F407.81

纺织生产全面质量管理/王以成，左文心，李克俭等.—济南：山东人民出版社，1981年.—203页

统一书号 4099·389

C0222　F407.81

纺织生产自动化经济效果分析［译］/（苏）B.B.舒布恰尼诺夫等著；薛瑞源等译.—北京：中国财政经济出版社，1964年.—193页

统一书号 15166·206

C0223　F407.81

纺织业 ISO 9000：2000 认证实务（行业 ISO 9000：2000 认证实务丛书）/桂家祥，邱晓雨，张红霞，郭琳编.—北京：机械工业出版社，2002年.—180页

ISBN 7-111-09870-6

本书重点介绍纺织业质量管理体系的要求、纺织业实施 ISO 9000 的认证过程与方法，列举纺织制造业和纺织服务业实施 ISO 9000：2000 的案例，并附有纺织业相关法律法规及标准的目录。

C0224　F426.81

纺织战线上的先进小组　第 1 册/中国纺织工会全国委员会编.—北京：纺织工业出版社，1959年.—80页

统一书号 15041·470

C0225　F426.81

纺织战线上的先进小组　第 2 册/中国纺织工会全国委员会编.—北京：纺织工业出版社，1959年.—77页

统一书号 15041·498

C0226　F426.81

纺织战线上的先进小组　第 3 册/中国纺织工会全国委员会编.—北京：纺织工业出版社，1960年.—63页

统一书号 15041·754

C0227　F426.81

非传统再生纺织资源产业研究/陈李红，严新锋著.—上海：东华大学出版社，2019年.—176页

ISBN 978-7-5669-1636-5

本书以资源经济学、产业经济学相关理论为基础，根据纺织行业的特点，分析非传统再生纺织资源产业的内涵及产业化影响因素，研究我国各区域非传统再生纺织资源产业发展潜力及保障措施。全书分为非传统再生纺织资源产业化发展评估研究和非传统再生纺织资源技术开发两部分。

C0228　TS115

伏罗申和他的生产组［译］/（苏）热尔托娃著；凌家隽译.—北京：纺织工业出版社，1956年.—63页

统一书号 15041·77

C0229　F426.81

福建纺织产业知识技术变化趋势研究/刘秀玲著.—北京：经济科学出版社，2017年.—180页

ISBN 978-7-5141-8246-0

本书基于技术创新理论和可视化理论建立了福建省纺织产业知识技术变化趋势分析和预测架构，选取 2006—2012 年福建省纺织产业知识和专利技术数据，以中国和全球纺织产业知识和专利技术为对照，运用 citespace 可视化软件探究了福建省纺织产业知识和技术发展趋势，并根据研究结果提出了福建省纺织产业技术发展的建议。

C0230　F426.81

高阳纺织业发展百年历程与乡村社会变迁/冯小红著.—北京：中国社会科学出版社，2019年.—362页

ISBN 978-7-5203-4435-7

本书在前人研究的基础上，利用大量的档案资料、调查资料和口述资料，详细研究高阳纺织业上百年的发展历程，深入剖析纺织业自身的经营管理模式、纺织区的内部市场结构、纺织区内农业经营模式的转变等经济史论题，并将视角扩大到社会史领域，探讨纺织区内社会结构和社会治理方式的演变。

C0231　F756.81

关贸总协定与中国纺织工业/林乃基主编.—北京：纺织工业出版社，1992年.—208页

ISBN 7-5064-0885-6

本书对关贸总协定作了详细的介绍，并结合纺织工业实际进行了深入的分析。对纺织职工逐步了解、掌握、运用关贸总协定具有实际的作用。

C0232　F407.81

管理工程学入门　制丝工程［译］/（日）鸟崎昭典著；陈基达译.—北京：纺织工业出版社，1983年.—401页

统一书号 4041·1173

本书的作者运用概率论的方法，对制丝工程中若干工艺问题进行了深入的研究。

C0233　F426.81

广东纺织大典/周天生主编.—北京：中国纺织出版社，2006年.—782页

ISBN 7-5064-4062-8

本书收集了与广东纺织行业相关的资料，包括广东纺织历史沿革，我国纺织行业的经济运行情况分析，政府制定的相关政策法规，纺织行业常用技术的基础知识，国内外常用纺织标准目录，国际贸易知识及企业信息等。

C0234 F426.81
广东纺织业引进技术消化吸收创新的模式研究报告 2007—2008/刘森等编著 . —北京：中国纺织出版社，2008年 . —282 页

  ISBN 978-7-5064-5001-0

  本书主要发布广东省重大软科学研究项目——"广东纺织业引进技术消化吸收创新的模式研究"（项目编号：2007A070600002）的研究成果。在课题研究报告中，根据纺织服装业的区域性、行业性特点，在社会调研的基础上做了大量资料整理与分析，形成了调研分析报告、创新建议与方案、鼓励引进设备目录，重点论述了纺织业"引进消化吸收与创新"体系构建，提出了纺织业的消化吸收创新的全新理念。

C0235 F746.81
国际纺织品贸易（纺织工业经济丛书）/《当代中国的纺织工业》编写组编 . —常州：纺织工业部经济研究中心，1984年 . —211 页

C0236 F746.81
国际纺织品贸易/陈澄宇编著 . —北京：纺织工业出版社，1990年 . —268 页；19cm

  ISBN 7-5064-0426-5

C0237 F746.81
国际纺织品贸易实务/张彦欣等编著 . —北京：中国纺织出版社，2005年 . —422 页

  ISBN 7-5064-3549-7

  本书追踪国际贸易实际业务的发展，分析纺织品贸易环境的变化，概括国际纺织品的地理分布和市场特点，并针对我国纺织品贸易的现状，着重介绍国际商务信息的获得、相关的国际惯例和法律法规、国际贸易环境与政策发展趋势及提高我国出口效益的对策等。

C0238 F426.81
国际金融危机下中国纺织产业升级研究：基于日韩产业升级的经验借鉴/赵君丽著 . —上海：上海财经大学出版社，2015年 . —244 页

  ISBN 978-7-5642-2257-4

  本书共分 9 章，包括产业升级的理论分析、国际金融危机对中国纺织产业的冲击、国际金融危机前后中国纺织产业升级的现状和问题分析等内容。

C0239 F426.81
台湾纺织工业升级策略之研究：结合产官学促使产业升级［港台］/台湾经济研究院编 . —台北：台湾经济研究院，1991年 . —82 页；29cm

C0240 F426.81
台湾纺织工业中长期发展策略：协调上、中、下游建立秩序产销体系之研究［港台］（经济产业发展咨询委员会丛书）/柯胜辉等撰 . —台北：经济产业发展咨询委员会，1991年 . —67 页；21cm

C0241 F426.81
台湾纺织业人力供需之研究兼论因应劳工缺乏之道［港台］/刘泰英、陈敦礼主持 . —台北：台湾经济研究院，1989年 . —238 页；29cm

C0242 F426.81
台湾纺织业上、中、下游产销体系之研究［港台］/刘泰英，陈敦礼主持 . —台北：台湾经济研究院，1990年 . —248 页；29cm

C0243 F416.81
国外现代化管理技术及其应用/上海市纺织工业局主编 . —北京：纺织工业出版社，1981年 . —250 页（被引 8）

  统一书号 4041·1181

  本书重点介绍了国外现代化管理的基础技术知识，并力求联系上海纺织工业企业在学习、探索现代化管理技术中所取得的初步成果。

C0244 TS102
国外羊毛生产及其贸易/汪家萧编 . —北京：纺织工业出版社，1988年 . —481 页（被引 15）

  ISBN 7-5064-0025-1

  本书较详细地介绍了世界重要羊毛生产国家的绵羊品种，羊毛生产和资源分布，羊毛的商品特点和商品规格，羊毛市场的现状及其变革，羊毛的贸易方式，购买进口羊毛的程序和方法，原毛的检验方法、标准和如何合理使用羊毛原料。

C0245 F426.81
杭州丝绸蓝皮书 2013/费建明主编 . —杭州：中国美术学院出版社，2013年 . —238 页

  ISBN 978-7-5503-0553-3

  本书是杭州第一次发布的蓝皮书，该书讲述了丝绸在杭州的历史和发展现状，提出如何在新时代抓住机遇，克服现有问题的命题。

C0246 F426.81
和新染织厂生产合同及优胜奖励办法/和新染织厂 . —出版地不详：编者自发行，1952年 . —16 页

C0247 F426.81
河南纺织服装产业报告/郑报传媒编 . —郑州：中州古籍出版社，2012年 . —547 页

  ISBN 978-7-5348-3780-7

  本书深入挖掘河南纺织服装行业企业家艰难曲折的创业历程、执着无悔的奋斗精神、与时俱进的经营理念和爱岗敬业的炽热情怀，展示商界风采，树立豫商形象，对河南服装产业的未来发展进行了展望。

C0248　F426.81

河南纺织管理现代化/高旭主编.—郑州:河南科学技术出版社,1994年.—369页

ISBN 7-5349-1719-0

本书汇编了河南省纺织系统自1987年至1993年获奖企业管理现代化成果52篇。

C0249　F426.81

河南纺织企业转机制抓管理基本经验24例/高旭主编;河南纺织企业管理协会组编.—郑州:河南省新闻出版局,1995年.—193页

C0250　F426.81

恒丰纱厂的发生发展与改造/中国科学院上海经济研究所,上海社会科学院经济研究所编.—上海:上海人民出版社,1958年.—152页

统一书号 4074·205

C0251　F746.81

后配额时代的国际纺织品贸易/赵京霞等著.—北京:中国纺织出版社,2006年.—382页

ISBN 7-5064-4046-6

C0252　F426.81

后配额时代的中国纺织服装业/郭燕编著.—北京:中国纺织出版社,2007年.—330页

ISBN 978-7-5064-4060-8

本书对WTO多边贸易体制下,国际纺织品服装贸易规则、贸易壁垒以及纺织品服装主要进出口国家和地区进行分析,重点阐述了后配额时代,我国纺织服装产业的发展政策和纺织品服装出口贸易的发展战略。

C0253　F426.81

后配额时代的中国纺织品贸易研究/周海燕著.—太原:山西经济出版社,2007年.—236页

ISBN 978-7-80636-969-2

本书讲述在不同的国际纺织贸易制度下中国纺织业的发展历程,后配额时代中国纺织服装业所面临的来自欧美对我国纺织业设限所带来的贸易摩擦,并在此基础上对我国纺织服装业的现状和问题作出了深刻的分析,提出我国纺织业发展应采取的应对措施。

C0254　F426.81

辉煌的二十世纪新中国大纪录:1949—1999,纺织卷/吴文英主编.—北京:红旗出版社,1999年.—1342页

ISBN 7-5051-0394-6

C0255　F746.81

汇率与劳动力成本对中国纺织服装贸易的影响/张家胜编著.—北京:中国纺织出版社,2016年.—155页

ISBN 978-7-5180-2275-5

本书作者通过经验分析和实证研究,就人民币汇率、劳动力成本、纺织服装业产出、人均实际国民收入提出观点,并进行了解释。

C0256　F426.81

机能性纺织品国际品牌采购策略研析[港台]/巫佳宜等撰写.—新北:台湾纺织产业综合研究所,2012年

C0257　F426.81

积极采用国际标准　建立具有中国特色的纺织标准化体系/刘增录等著.—北京:纺织部标准化研究所,1990年.—168页

C0258　F276.3

基于交易的集群创新机制(岭南理论视野丛书)/岳芳敏著.—广州:广东人民出版社,2013年.—189页;25cm

ISBN 978-7-218-08905-8

本书通过对广东南海西樵镇的纺织面料产业集群这一个案例进行的实证研究,探讨传统产业集群中技术服务组织与企业基于交易的互动创新机制,阐释集群中技术服务组织带动和扶持中小企业形成创新能力的作用机理。

C0259　F426.81

基于可持续发展的区域转移与发展研究:以我国纺织服装产业为例/张朝阳,窦俊霞,刘金梁著.—延吉:延边大学出版社,2018年.—337页

ISBN 978-7-5688-4655-4

本书主要论述了国内外有关产业转移的理论及研究现状,分析了纺织服装工业园区在承接和发展纺织服装产业中的有利条件及做出的努力,论证了承接和发展纺织服装产业转移对当地经济社会发展的带动作用,提出了基于可持续发展理念下的我国纺织服装进行区域产业转移的发展的思路及政策建议。

C0260　F426.81

吉林省纺织工业(吉林省经济丛书)/王守安,李柱云著.—长春:吉林人民出版社,1984年.—329页

统一书号 4091·202

本书分为四篇:第一篇为发展概况,第二篇为现状分析,第三篇为专题研究,第四篇为目标测算。

C0261　F426.81

集群经略　产业集群可持续发展的一个例证(经编三部曲)/孙裕著.—北京:中国经济出版社,2010年.—205页

ISBN 978-7-5017-9915-2

本书以浙江海宁经编产业园区的发展历程为实证样本,从经济学角度就产业集群这一发展模式展开专业分析,就园区十年成就的理论根基作了提炼与归纳,具有较强的借鉴参考意义。

C0262　F426.81

记录新中国纺织工业65年:纺织大国崛起历程/陈义方著.—北京:中国纺织出版社,2015年.—475页

ISBN 978-7-5180-1676-1

本书收录的 60 多篇文稿，记录了纺织工业系统在新中国成立后四五十年间，群策群力，艰苦奋斗，将这个庞大的传统产业部门一步一步推向世界前列的史诗般的历程。

C0263 F426.81

记录新中国纺织工业 65 年：建设纺织强国/陈义方著 .—北京：中国纺织出版社，2015 年 .—195 页

ISBN 978-7-5180-1661-7

本书主要收录了作者在改革开放以来，尤其是 20 世纪 90 年代中后期至 21 世纪第一个十年撰写的论述我国纺织工业的文稿。具体收录了《建设纺织强国十论》《改革开放成就中国服装工业》《中国纺织工业与 WTO》等文章。

C0264 F426.81

记录新中国纺织工业 65 年：纺织企业与纺织行业管理/陈义方著 .—北京：中国纺织出版社，2015 年 .—385 页

ISBN 978-7-5180-1684-6

本书收录了《学会用科学的办法管好现代化大企业》、《扎扎实实搞好企业管理——南通国棉二厂调查报告》《三省一市纺织工业体制改革的调查》等文章。

C0265 F746.81

记录新中国纺织工业 65 年：纺织业国际贸易/陈义方著 .—北京：中国纺织出版社，2015 年 .—214 页

ISBN 978-7-5180-1651-8

本书收录了笔者成稿于中国纺织业大举进入国际市场的 20/21 世纪之交和 21 世纪第一个十年前中期的大量文稿，并全面、系统地整理、校勘了几套全球和中国纺织品、服装国际贸易的宏观统计（1960—2010 年），作为附录放在全书后。

C0266 F426.81

技术经济与可行性研究（纺织工业经济丛书）/周立群编 .—常州：纺织工业部经济研究中心，1987 年 .—71 页

C0267 F426.81

佳木斯纺织厂组织"生产运动会"的经验/中共黑龙江省委工业部，黑龙江省总工会编 .—哈尔滨：黑龙江人民出版社，1959 年 .—18 页

统一书号 3093·79

C0268 F768.1

家用纺织品/陈荣生主编 .—北京：中国纺织出版社，2001 年 .—222 页（被引 27）

ISBN 7-5064-2058-9

本书介绍 21 世纪国际家用纺织品市场的综析，有关国家、地区家用纺织品市场，国际上销售量较大的家用纺织品规格特点等。

C0269 F768.1

家用纺织品金牌导购/刘达编 .—北京：中国纺织出版社，2007 年 .—194 页

ISBN 978-7-5064-4571-9

本书主要介绍家用纺织品的销售及导购员所必备的专业知识及销售技能，如家用纺织品的基本知识、导购员的基本素质、销售技巧的基本训练、完美销售的全过程、如何应对不同类型的顾客、如何进行家用纺织品特色销售以及如何进行促销等。

C0270 F407.81

家用纺织品理单跟单（纺织服装跟单手册）/吴相昶，徐慧霞，吴奕娟编著 .—北京：中国纺织出版社，2009 年 .—170 页

ISBN 978-7-5064-5552-7

本书着重介绍了家用纺织品基础知识和家用纺织品理单跟单实际操作。内容涵盖了家用纺织品基础知识、订单业务的开发、面料辅料跟单、生产准备工作、生产流程跟单、成品质量检验、家用纺织品理单跟单工作流程、跟单管理等。

C0271 F407.81

家用纺织品理单跟单 第 2 版/吴相昶，徐慧霞，吴奕娟编著 .—北京：中国纺织出版社，2015 年 .—158 页；26cm

ISBN 978-7-5180-1267-1

C0272 F768.1

家用纺织品营销（纺织高职高专"十一五"部委级规划教材）/王艳主编 .—北京：中国纺织出版社，2009 年 .—207 页（被引 6）

ISBN 978-7-5064-5594-7

本书共 12 个项目，系统地介绍了现代家用纺织品营销基本理论、家用纺织品营销在家纺企业营销实践中的运用等方面的内容。

C0273 F426.81

价值工程在棉纺织厂的应用/上海第十二棉纺织厂企业管理协会编 .—上海：编者自发行，1981 年 .—149 页

本书主要介绍了价值工程的基本原理以及棉纺织厂的应用实例。

C0274 F426.81

坚持"鞍钢宪法"走大庆道路：伊克昭盟绒毛厂介绍/《坚持"鞍钢宪法"走大庆道路》编写组编 .—呼和浩特：内蒙古人民出版社，1975 年 .—101 页

统一书号 3089·112

C0275 F768.1

商检概论与进出口纺织品检验/李廷，陆维民编著 .—上海：中国纺织大学出版社，1999 年 .—311 页

ISBN 7-81038-185-7

本书在总结多年进出口商品检验实践的基础上，参考其他有关的书籍和资料，着重阐述了我国进出口商品检验和管理的历史、现状。介绍了目前国内外最新的尤其是纺织原料、服装和纺织品检验以及发达国家对进口纺织品、进口服装环保项目的进展。

C0276 F768.1
检验检疫概论与进出口纺织品检验 第2版/李廷，陆维民编著．—上海：东华大学出版社，2005年．—312页；23cm

ISBN 7-81038-185-7

本书介绍了进出口商品法定检验及检验的依据、质量监督管理和质量体系认证、动植物检疫及卫生检疫，以及纺织原料检验、服装检验等内容。

C0277 F426.81
建设纺织强国纲要 2011—2020年/中国纺织工业联合会编著．—北京：中国纺织出版社，2014年．—138页（被引8）

ISBN 978-7-5180-0437-9

本书是我国纺织行业首个十年中长期发展纲要。本书共五篇，包括总纲、建设纺织科技强国、建设纺织品牌强国、建设纺织可持续发展强国、建设纺织人才强国。

C0278 F407.81
降低织物成本［译］/（苏）苏姆金著；赵南译．—北京：纺织工业出版社，1955年．—64页

C0279 F416.81
交流与竞争：中日丝绸业近代化比较研究/王翔编著．—北京：中国经济出版社，2003年．—320页

ISBN 7-5017-5797-6

本书内容包括中国丝绸生产的起源与发展、丝绸生产的商品化及其影响、中国丝绸的外传、日本丝绸生产的产生和发展等。

C0280 F746.81
进出口儿童轻纺消费品检验实务/蔡建和主编．—北京：中国纺织出版社，2015年．—441页

ISBN 978-7-5180-1227-5

本书系统介绍了儿童轻纺消费品的分类、国内外相关法律法规、法定检验和委托检验业务、原产地证书和检验检疫证单流程，着重介绍了与儿童轻纺消费品相关的安全、卫生、环保等检测项目内容、质量和风险管理、认证标示知识等内容，并提供了大量可供借鉴的典型案例分析。

C0281 F746.81
进出口纺织品检验检疫实务/郭晓玲主编．—北京：中国纺织出版社，2007年．—214页

ISBN 978-7-5064-4486-6

本书系统地介绍了进出口纺织品检验检疫的基础理论知识，包括进出口纺织品的分类、检验检疫的历史和作用、法定检验的内容和程序、进出口商品委托检验、原产地证明书及检验检疫证书等。

C0282 F746.81
进出口纱线检验/董念慈等编著．—北京：中国纺织出版社，1995年．—292页

ISBN 7-5064-1130-X

C0283 F746.81
进口化纤黄麻检验与信息反馈/高纯金主编．—青岛：青岛海洋大学出版社，1993年．—283页

ISBN 7-81026-416-8

本书论述了化纤和黄麻的重量、质量、检验，提出了实际检验中产生误差的各种原因及消除办法等。

C0284 F426.81
近代大生企业集团资本运作的兴衰/何新易著．—北京：经济科学出版社，2015年．—217页

ISBN 978-7-5141-5275-3

本书运用辩证历史唯物论、制度经济学、现在企业管理、财务管理、金融投资等理论对中国近代社会经济历史背景下的大生企业集团兴衰问题进行理解，对于大生企业集团创始人和实际控制人——张謇以"论从史出""历史同情心"的态度进行理解，探寻其进行融资决策和投资计划的历史处境和思想根源。

C0285 F426.81
近代中国传统丝绸业转型研究（近代中国研究丛书）/王翔著．—天津：南开大学出版社，2005年．—425页（被引92）

ISBN 7-310-02370-6

本书共分九章，内容包括：鸦片战争后的中国丝绸业、中国丝绸业转型的开端、国际竞争的激化与中国丝绸业的危机、丝绸业转型与近代社会变迁等。

C0286 TS184
经编工岗位职责与技能标准/林光兴著．—北京：中国纺织出版社，2015年．—13页

ISBN 978-7-5180-1497-2

本书阐述了经编工的职业细分（工种划分）、各主要工种的岗位职责，提出了经编工职业中初级工、中级工、高级工、技师和高级技师的技能标准。

C0287 F426.81
经济转型与产业升级视角下纺织经济与管理研究/郭伟，张彤主编．—西安：西北工业大学出版社，2009年．—322页

ISBN 978-7-5612-2686-5

本书收编的论文为西安工程大学管理学院2003年以来在经济转型与产业升级大环境下与主题有关的部分研究成果。全书包括三部分，纺织产业升级与战略、纺织竞争力与贸易和纺织企业管理。

C0288 F426.81
经营型开拓型的纺织企业（纺织工业经济丛书）/纺织工业部经济研究中心选编．—常州：纺织工业部经济研究中心，1985年．—177页

C0289 F426.81

"九五"纺织科技发展战略研究/中国纺织工程学会学术委员会编.—北京:中国纺织出版社,1997年.—345页

ISBN 7-5064-1315-9

本书分为两部分。主要内容包括:化学纤维;棉纺织;毛纺织;丝绸;麻纺织;针织;染整;非织造布;产业用纺织品;纺织机械;纺织器材;空调除尘等。

C0290 F426.81

聚酰胺纺织品全球竞合趋势分析 [港台] /李信宏撰写.—新北:台湾纺织产业综合研究所,2005年

C0291 F426.81

崛起中的中原时尚之都:郑州纺织服装产业发展透视/宁俊,曹冬岩主编.—北京:中国纺织出版社,2011年.—152页

ISBN 978-7-5064-7189-3

本书梳理了郑州纺织服装产业的历史与发展现状,全景描述了郑州十大服装品牌的发展史,分析了郑州纺织服装产业发展面临的优势与劣势,对其未来的发展方向进行了深入的探索与展望。

C0292 F426.81

跨世纪的中国纺织工业 ("九五"计划) /中国纺织总会.—北京:中国纺织总会,2010年.—554页

本书包含纺织工业各行业"九五"计划及2010年长远规划。

C0293 F752.658

跨越贸易壁垒:技术性贸易壁垒对中国纺织品服装贸易的影响/王仲辉著.—北京:中国社会科学出版社,2005年.—289页

ISBN 7-5004-5208-X

本书共分7章,内容包括:技术性贸易壁垒的含义、分类、特点及影响;技术性贸易壁垒的通报咨询制度及争端解决机制;一些发达国家技术性贸易壁垒体系及管理制度等。

C0294 F426.81

快速反应:华孚十五年商业思维/孙伟挺著.—北京:中信出版社,2009年.—215页

ISBN 978-7-5086-1252-2

本书介绍了华孚十五年商业思维,华孚集团在15年间如何从小型贸易成长为今日色纺业龙头,展现了"中国创造"这一时代命题的实践与反思,强调了快速反应的经营管理理念。

C0295 F426.81

梭织布工业策略规划与未来展望 [港台] (岚德科学丛书) /丁锡镛等著.—台北:岚德出版社,1990年.—161页

C0296 F426.81

历史性的突破:青岛纺织工业改革之路/郭先登著.—北京:中国纺织出版社,1993年.—226页

ISBN 7-5064-1010-9

本书是关于青岛纺织工业体制改革的调查报告,总结了走企业集团化道路、发挥企业群体优势、调整产品结构、形成新的生产能力等经验。

C0297 F426.81

历史性的突破:青岛纺织工业改革之路 第2版/郭先登著.—北京:中国纺织出版社,1994年.—265页

ISBN 7-5064-1010-9

本书是关于青岛纺织工业体制改革的调查报告,总结了走企业集团化道路、发挥企业群体优势、调整产品结构、形成新的生产能力等经验。

C0298 F426.81

连锁制胜 欧林雅为什么赢 (中国冠军企业案例书系) /殷杉,张舜尧著.—北京:企业管理出版社,2010年.—275页

ISBN 978-7-80255-581-5

本书共15章,包括眼界无穷:欧林雅从哪里来;欧林雅的缔造与实践;欧林雅掌门人特质;用思想力提升学习型团队活力;商业西点军校欧林雅培训学院;执行为王,欧林雅的第一要务等内容。

C0299 F426.81

落实改革 搞活企业 (纺织工业经济丛书) /纺织工业部经济研究中心选编.—常州:纺织工业部经济研究中心,1985年.—127页

C0300 F426.81

马桥故事 浙江海宁经编产业园区的百个第一 (经编三部曲) /张国云主编.—北京:中国经济出版社,2010年.—233页

ISBN 978-7-5017-9916-9

本书内容包括:第1篇一个梦,从"经编的世界"到"世界的经编";第2篇一条路,经编产业不断提升发展;第3篇一张牌,经编品牌不断打响等。

C0301 F426.81

迈向公元2000年的我国纺织工业 [港台] (迎向二十一世纪系列) /刘祥焘著.—台北:台湾经济研究杂志社,1989年.—70页;21cm

C0302 F407.81

毛纺织工业织布工劳动组织 [译] /(苏)苏联轻工业部原著;徐子骍译.—北京:纺织工业出版社,1954年.—66页

C0303 F407.81

毛纺织染工业企业成本核算/徐达文.—北京:纺织工业出版社,1991年.—168页

ISBN 7-5064-06691

C0304　F746.81

贸易保护与中国纺织品进出口/王丽萍著．—北京：中国轻工业出版社，2008 年．—161 页

ISBN 978-7-5019-6351-5

本书分析了新时期贸易保护的特征与发展趋势，对比了与我国纺织品直接相关的几种贸易保护措施的异同点，突出了我国纺织品贸易所面临的严峻国际形势和所遭受的不公平待遇，并且从微观和宏观两个方面分析了贸易保护对我国纺织品进出口的影响机制。并分析了国际社会对华纺织品贸易保护对我国纺织品进口和出口的影响，提出了促进我国纺织品进出口贸易的战略建议，并探讨了它们的具体实施措施。

C0305　F746.81

贸易保护主义对中美经济关系的影响：中美纺织品贸易争端（中美关系研究丛书）/王邦宪编著．—上海：复旦大学出版社，1987 年．—143 页

统一书号 4253·028

本书对中美纺织品贸易发展趋势，世界各国工业发展对纺织品生产和贸易的影响，贸易保护主义与美国限制纺织品进口政策的演变过程，关税和限额限制对中美纺织品贸易的影响，关税和限额限制对美国生产和就业的影响，美国限制纺织品进口的经济代价以及中国对美国纺织品出口等问题作了初探。

C0306　F426.81

棉布产量定额及劳动负担测定方法/华东纺织管理局棉纺织定额工作委员会编．—上海：华东纺织管理局棉纺织定额工作委员会，1953 年．—24 页；26cm

C0307　F416.81

棉布卷染机当车工劳动组织［译］/（苏）苏联日用品工业部编；包启明，杨学礼译．—北京：纺织工业出版社，1957 年．—16 页

统一书号 15041·196

C0308　F416.81

棉纺厂并粗车间副工长的劳动组织［译］/（苏）马格尼茨基等编．—北京：纺织工业出版社，1957 年．—92 页

统一书号 15041·176

C0309　F416.81

棉纺厂精纺车间副工长的劳动组织［译］/（苏）马格尼茨基等编．—北京：纺织工业出版社，1955 年．—150 页；21cm

C0310　F416.81

棉纺厂劳动组织与技术定额制定［译］/（苏）查马霍甫斯基撰．—北京：纺织工业出版社，1953 年．—119 页；21cm

本书叙述了棉纺厂内各车间、各种工人的劳动组织及技术定额制定的基本步骤，各新式、苏式机器产量定额与工人负担的计算等，同时叙述了定额执行情况的检查。

C0311　F416.81

棉纺厂提高生产率和改进产品质量的经验［译］/（苏）恰普林等编．—北京：纺织工业出版社，1957 年．—63 页；19cm

统一书号 15041·191

C0312　F416.81

棉纺生产劳动组织与技术定额制定［译］/（苏）A. 米纳叶夫等编．—北京：纺织工业出版社，1955 年．—294 页

本书内容主要包括棉纺生产劳动组织与技术定额制定原理以及棉纺工厂各个车间的劳动组织与技术定额制定。

C0313　F407.81

棉纺织厂仓库管理/刘椿身编著．—北京：纺织工业出版社，1958 年

统一书号 15041·221

本书有六个章节，分别为仓库管理的任务与组织、仓库建筑、物资收发、物资保管、业务核算、物资盘点与作业计划。

C0314　F426.81

棉纺织厂成本会计/陈文麟编著．—上海：立信会计图书用品社，1950 年．—146 页

本书分八章。介绍了棉纺厂的材料管理，原料、人工与制造费用的成本计算，制造成本的汇计与分析，成本记录，决算表编制等。

C0315　F407.81

棉纺织成本计算（立信会计丛书）/柯镛编著．—上海：立信会计图书用品社，1952 年．—111 页

本书主要叙述车间生产记录方法，新的用棉量、用纱量计算方法，以及简化的棉纺织厂分布成本计算方法。

C0316　F426.81

棉纺织企业成本核算试行办法/纺织工业部编．—北京：纺织工业部，1989 年．—59 页

本书介绍了一种把成本核算与企业内部多级生产经营责任结合起来，企业内部核算责任成本，厂部核算全部成本的改革成本核算方法。

C0317　F407.81

棉纺织企业生产财务技术计划［译］/（苏）札马赫夫斯基等著；中国人民大学工业企业组织与计划教研室译．—北京：中国人民大学出版社，1952 年．—100 页

本书系自苏联《棉纺织生产组织》教程一书中翻译出来的，全书七章。该书在苏联出版于一九四五年，专供编制棉织企业生产技术计划之用。

C0318　F426.81

棉纺织企业高产优低耗的经验/纺织工业部生产司，中国纺织工会全国委员会生产部编．—北京：纺织工业出版社，1960 年．—157 页

统一书号 15041·700

C0319 F407.81

棉纺织企业全面质量管理/上海市棉纺织工业公司编.—北京：纺织工业出版社，1981年.—163页（被引8）

统一书号 4041·1169

本书简要地介绍了世界上质量管理的发展过程以及全面质量管理的基本思想和基本方法，比较系统地阐述了我国棉纺织企业全面质量管理的概念、发展过程及其具体做法，并介绍了数理统计方法在棉纺织生产质量控制中的应用。

C0320 F407.81

棉纺织企业统计/《棉纺织企业统计》编写组.—北京：纺织工业出版社，1981年.—274页

统一书号 4041·1168

本书全面介绍了棉纺织企业统计的基本知识和实用方法。

C0321 F416.81

棉花帝国：资本主义全球化的过去与未来［译］［港台］/（美）斯温·贝克特著；林添贵译.—台北：远见天下文化出版股份有限公司，2017年.—471页

ISBN 978-986-479-168-2

本书以棉花工业历史，来描述资本主义全球化经常用"战争资本主义"概念颠覆"自由资本主义"的神话。

C0322 F426.81

南纺之路/焦锦淼主编.—北京：新华出版社，2002年.—518页

ISBN 7-5011-5692-1

本书从不同侧面和角度观照南阳纺织工业的创业实践，探寻其中规律，思谋南阳工业长远发展的大计，提出了许多较有价值的观点。

C0323 F426.81

南国丝都：顺德蚕桑丝绸业的历史与文化（顺德文丛）/吴建新著.—北京：人民出版社，2011年.—200页

ISBN 978-7-01-010222-1

本书追溯了顺德桑蚕丝绸业的起源，主要包括明清时期、民国时期、1950~1982年顺德桑蚕丝绸业的发展，以及桑蚕丝绸业与顺德的经济、文化历史。

C0324 F426.81

逆全球化视阈下的中国纺织制造业对外投资/周海燕著.—太原：山西经济出版社，2018年.—218页

ISBN 978-7-5577-0329-5

本书在逆全球化背景下，紧扣"一带一路"的倡议背景，研究如何与"一带一路"主要参与国在纺织业开展合作，促进我国纺织业转型升级，并结合"一带一路"倡议的特点提出相应的改进措施，为"一带一路"背景下我国纺织业对外投资提供经验借鉴。

C0325 F426.81

宁波市纺织服装产业发展技术路线图/林建萍等.—北京：化学工业出版社，2013年.—167页

ISBN 978-7-122-17381-2

本书在基于产业技术路线图制定相关理论、方法、原理研究的基础上，分析了国内与国际纺织服装产业发展的现状及差距，研究了宁波纺织服装产业发展特征、优势、劣势、机遇、威胁、挑战等诸多因素；通过技术与市场两方面的要素相结合，以产品为媒介，通过市场需求分析、产业发展目标分析、产业发展的技术壁垒和关键技术难点分析以及研发需求分析等，建立产品与技术之间的关联，明确技术突破主要方向，并结合宁波纺织服装产业链特点确定了八个重点研究领域。

C0326 F426.81

农村纺织品市场（纺织工业经济丛书）/纺织工业部经济研究中心编辑.—常州：纺织工业部经济研究中心，1984年.—82页

本书主要是关于四川省农村纺织品市场的调查报告。

C0327 F426.81

呕心沥血铸三枪/上海三枪集团编.—上海：上海人民出版社，1997年.—299页；20cm（被引8）

ISBN 7-208-02731-5

本书是苏寿南组织实施"三枪"品牌发展战略经验的结晶。

C0328 F426.81

品牌与文化/刘瑞旗著.—北京：中国发展出版社，2013年.—417页

ISBN 978-7-5177-0040-1

C0329 F426.81

品牌与文化 恒源祥掌门人亲口讲述恒源祥的品牌经营之道/刘瑞旗著.—北京：中国发展出版社，2015年.—333页

ISBN 978-7-5177-0407-2

本书为恒源祥集团董事长刘瑞旗先生多年经营品牌与文化的经验分享之作。本书内容包括品牌战略篇、营销管理篇、文化与无形资产篇、财富与智能篇、科技与质量论文篇五部分。

C0330 F426.81

企业管理变革实录/费建明著.—杭州：浙江大学出版社，2001年.—394页

ISBN 7-308-02502-0

本书是反映一家国有企业在经济体制改革大潮中逐步走向社会主义市场经济的企业管理变革历程的书籍，包括管理年鉴、革故鼎新、璞玉浑金三篇。

C0331 F426.81

企业管理变革实录续集：梦萦丝绸/费建明著.—杭州：浙江大学出版社，2013年.—344页

ISBN 978-7-308-11467-7

本书从"思悟之得""持续改善""信解行证""企业愿景"四个方面详细记录了企业发展的艰辛与令人振奋之路。其中充满了饶有趣味的企业管理与变革故事。处处体现出理想与现实的共融，事业与职业的交织，为人与处事的和合，也深藏着获取幸福的钥匙。

C0332　F407.81

企业管理基础（纺织职业技术教育教材）/王毅主编.——北京：中国纺织出版社，2005年.——234页（被引28）

ISBN 7-5064-3494-6

本书内容涉及企业管理基本知识、企业文化与创新、经营环境与战略、营销策划、资金营运、生产运作系统、技术管理、信息管理、人力资源与团队管理等。

C0333　F812.42

企业所得税管理操作指南：纺织工业　2010版/国家税务总局编.——北京：中国税务出版社，2011年.——319页

ISBN 978-7-80235-552-1

本书主要介绍了纺织行业的应纳所得税额的确认和计算、税收征管、风险管理、纳税评估，同时还收录了相关政策。

C0334　F426.81

企业腾飞之路　北京印染厂改革经验/华工编.——北京：中国展望出版社，1985年.——248页

统一书号 4271·119

C0335　F407.81

气候变化、跨国经营与本土纺织品代工企业的发展/周海燕著.——太原：山西经济出版社，2012年.——185页

ISBN 978-7-80767-619-5

本书收录了《论国际投资协议嬗变中的气候变化议题》《低碳外国投资的利弊分析与发展中国家的政策选择》《发展中国家吸引低碳外国投资的战略选择》《后哥本哈根时代中国纺织业的低碳发展策略研究》等文章。

C0336　F426.81

青海藏毯产业集群的演化、绩效与升级/李毅著.——北京：中国财政经济出版社，2014年.——294页

ISBN 978-7-5095-5194-3

本书系统分析了青海藏毯在产业集群化发展过程中出现的一系列问题，提出了可操作性的政策建议。全书分4篇：演化篇、绩效篇、升级篇和专题论文篇。

C0337　F407.8

轻工标准化知识/卢煊初主编.——北京：北京大学出版社，1989年.——342页；19cm

ISBN 7-301-00714-0

本书介绍造纸、家用电器、食品、塑料制品、皮革、制鞋、日化、家具、玩具、陶瓷、玻璃、地毯、灯具、工具五金、建筑五金等15个行业的标准化简述，采用国际标准的原

则和样品剖析的途径及出口创汇等。

C0338　F426.81

商情日记/申辛主编.——北京：新华出版社，2008年.——273页

ISBN 978-7-5011-8295-4

本书收录的商情日记由陆亚萍董事长首创，是她与员工信息交流、心灵沟通的桥梁。亚萍集团的员工，每人都有一本商情日记，里面记录着每个人工作的想法、点子、建议，甚至是生活的烦恼。

C0339　F426.81

情商亚萍　商情日记　2/申辛主编.——北京：新华出版社，2011年.——242页

ISBN 978-7-5011-9463-6

C0340　F426.81

穷干苦干奋发图强的两面红旗　北京拉锁厂、北京床单厂先进事迹介绍/北京出版社编辑.——北京：北京出版社，1964年.——70页

统一书号 3071·180

C0341　F407.81

区域纺织经济学/郭先登著.——北京：中国纺织出版社，1996年.——248页

ISBN 7-5064-1208-X

本书围绕如何促使区域纺织经济实现最大利润和社会经济效益相统一这一主线，论述了现代区域纺织经济的相关活动。

C0342　F426.81

区域纺织业发展实证研究：基于集聚、规模与效率/吴迎新著.——广州：中山大学出版社，2011年.——240页

ISBN 978-7-306-03789-3

本书运用现代计量统计方法，对近10年我国内地31个省、自治区、直辖市纺织业集聚程度、规模水平、技术效率、行业分布、行业结构、各省区市及不同企业的综合实力等进行了研究。

C0343　F426.81；F426.86

趋势：纺织服装业转移升级与发展/朱光好，王革非，陆亚新著.——北京：社会科学文献出版社，2019年.——253页

ISBN 978-7-5201-4820-7

本书着眼于经济新常态下纺织服装产业的发展，对京津冀地区内的服装协同产业的宏观环境、区位优势和产业分工进行分析，并以区域经济协同发展理论为基础，提出了构建产业协作的要素市场平台和优化区域产业分工的对策，希望促进京津冀纺织服装产业协同发展和转型升级。

C0344　F426.81

全国纺织行业管理创新成果经典案例　2011年、2012年（全国纺织行业管理创新成果经典案例）/中国纺织工业企业

管理协会组织编 .—北京：中国纺织出版社，2014 年 .—166 页

ISBN 978-7-5180-0097-5

本书是国内首部专门针对纺织行业管理创新成果的案例集锦，是在开展评选"全国纺织行业管理创新成果大奖"活动的基础上，精选其获奖的 12 家纺织企业案例汇编成集，希望此能够进一步总结和推广纺织企业管理创新经验，促进企业的创新发展，引导企业深化改革，全面提高企业管理现代化水平，推动中国式企业管理科学体系建设。

C0345 F426.81

全国纺织行业管理创新成果经典案例之二（全国纺织行业管理创新成果经典案例）/中国纺织工业企业管理协会组织编 .—北京：中国纺织出版社有限公司，2020 年 .—314 页；24cm

ISBN 978-7-5180-6913-2

本书是针对纺织行业管理创新成果的案例集锦，是在第五、第六、第七届全国纺织行业管理创新成果大奖的基础上，精选获奖的 20 家纺织企业案例汇编而成。

C0346 F426.81

全球产业网络重构中的中国纺织产业转移/李廷，杨峻，顾庆良著 .—上海：上海人民出版社，2012 年 .—273 页（被引 8）

ISBN 978-7-208-11055-7

本书内容包括：中国纺织服装新一轮产业转移的历史背景与时代意义；产业转移相关理论及研究综述等。

C0347 F416.81

全球纺织品及成衣配额制度之取消对澳门社会与经济的影响及其对策 2005[港台]/澳门发展策略研究中心．广州暨南大学特区港澳经济研究所 .—澳门：澳门发展策略研究中心，2001 年 .—92 页

ISBN 99937-41-02-7

C0348 F416.81

全球纺织行业生产力发展现状·趋势·对策研究报告/中国纺织信息中心编著 .—北京：中国纺织出版社有限公司，2019 年 .—126 页；29cm

ISBN 978-7-5180-6502-8

本书共分为六章。第一章介绍世界纺织工业的发展现状和发展脉络，研究了世界纺织工业的发展方向与趋势。第二章介绍中国纺织工业的发展与地位，全方位地分析了中国纺织工业的特征。第三章分析了发达经济体、新兴经济体的纺织产业国际竞争优势，总结了中国纺织工业的竞争优势，并提出保持国际竞争优势的建议。第四章对中国纺织工业面临的新形势与新变化进行了研究。第五章主要探索中国纺织工业的未来与高质量发展路径。第六章进一步提出保障纺织产业高质量发展的政策建议。

C0349 F416.81

全球价值链分工与产业国际竞争力：基于中国纺织品服装产业的实证研究/叶茂升著 .—北京：人民出版社，2018 年 .—233 页

ISBN 978-7-01-019323-6

本书系统梳理了全球价值链（GVC）分工以及产业国际竞争力相关理论，研究了 GVC 分工背景下产业国际竞争力的表现形式，分别从国家宏观和企业微观等两个层面构建了产业国际竞争力新的测算方法。

C0350 F416.81

全球价值链下纺织业集群创新模式研究/王雷著 .—北京：企业管理出版社，2014 年 .—188 页

ISBN 978-7-5164-0796-7

本书通过日韩纺织产业集群的比较分析，解析全球价值链下集群创新模式选择与内外部环境约束条件的关系，识别技术后发国家纺织产业集群创新的关键性约束条件，建立全球价值链下中国纺织产业集群创新模式的选择模型，依据中国典型纺织业集群的战略目标与核心能力提出市场开拓型方案。

C0351 F416.81

全球价值链下中国纺织服装产业升级研究/赵君丽 .—上海：东华大学出版社，2009 年（被引 12）

ISBN 978-7-81111-615-1

本文通过理论和实证分析，试图帮助中国纺织服装产业找到发展中的症结所在，以突破现有的局限，寻找到一条可持续发展的道路，顺利实现产业的升级。全球价值链的垂直分离和整合是当前经济全球化最典型的经济特征，论文从全球价值链的垂直分离与整合两种视角对中国纺织服装产业进行了分析。

C0352 F407.81

染整工业企业管理（中等纺织专业学校教材）/朱世林编 .—北京：纺织工业出版社，1993 年 .—260 页

ISBN 7-5064-0817-1

本书介绍了染整工业企业管理的基础知识及其应用方法，内容包括：染整企业管理的基础工作、计划管理、生产过程、技术管理及市场预测与经营决策等。

C0353 F407.81

染整印花跟单（纺织服装跟单手册）/吴俊，刘庆，王东伟编著 .—北京：中国纺织出版社，2005 年 .—240 页

ISBN 7-5064-3552-7

本书以染整印花跟单的工作流程为主线，将各个环节所需的专业知识要点和跟单工作技能结合起来，详细而全面地讲述了染整印花跟单工作的操作实务。

C0354 F426.81

人纤加工丝产业现况与发展趋势分析[港台]（经济产业技术资讯服务推广计划）/冯启鲁撰写 .—台北：台湾编织工业研究中心，1997 年 .—229 页；30cm

ISBN 957-9674-11-6

C0355 TS1

三十而立，再续辉煌/中国纺织工业企业管理协会 . —北京：中国纺织工业企业管理协会，2011 年 . —326 页

C0356 F426.81

缫丝工业发展动向/许才定编写 . —西安：陕西省丝绸工业科技情报站，西安纺织科学研究所情报室，1980 年 . —58 页；25cm

C0357 F407.81

纱布节约代用经验/商业部纺织品局编 . —北京：纺织工业出版社，1960 年 . —226 页

统一书号 15041·758

本书包含纱布节约代用综合性的经验；利用野杂纤维生产棉布代用品、节约棉布的经验；工业用纱、工业生产用布节约代用的经验；节约公共用布的经验；与组织人们经济生活相结合开展棉布社会节约的经验等。

C0358 F426.86

杉杉关键词/周时奋，曹阳著 . —上海：华东师范大学出版社，2008 年 . —255 页；23cm

ISBN 978-7-5617-6185-4

本书介绍了中国服装产业巨头杉杉集团企业发展史，全书通过一个个小故事的形式，讲述了杉杉集团在多变和复杂局势下，通过不断创新生存下去以致最后成功。

C0359 F407.86

商品企划/马大力编著 . —北京：中国纺织出版社，2003 年 . —171 页；21cm

ISBN 7-5064-2563-7

本书详细阐述了一个服装品牌的建立和企划，根据潮流趋势和新型面料进行的设计企划，针对市场状况的投放企划，根据上货期设计高效的生产企划以及最关键的市场营销企划。

C0360 F407.86

商品为王/马大力，王秀才编著 . —北京：中国纺织出版社，2006 年 . —210 页；26cm

ISBN 7-5064-3750-3

本书吸取了国内外服装商品管理的成功经验和实用理论，结合我国服饰业的现实需要，全面系统地介绍了服装商品管理的方法，创造性地提出了我国服饰商品管理的解决方案。

C0361 F768.1

商品学：纺织品/中国人民大学商品学教研室编 . —北京：中国人民大学出版社，1962 年 . —234 页

统一书号 4011·362

本书是关于纺织品的基础知识，以及关于纺织品商品学的理论问题。

C0362 F768.1

商品学：纺织品部分/杜宝才编 . —北京：中央广播电视大学出版社，1987 年 . —460 页

ISBN 7-304-00066-X

本书介绍了纺织商品发展的历史，棉布、绒、麻织品、丝绸、各种化学纤维、纺织服装、纺织品的检验和养护等内容。

C0363 TS118

上海第二棉纺织厂生产技术经验/上海第二棉纺织厂编 . —上海：科技卫生出版社，1958 年 . —63 页

统一书号 15119·947

C0364 TS198

上海第二印染厂生产技术经验/上海第二印染厂编 . —上海：科学卫生出版社，1958 年 . —83 页

统一书号 15119·948

C0365 D922.1

上海第十二棉纺织厂贯彻全民企业三个条例工作规范/上海第十二棉纺织厂 . —北京：纺织工业出版社，1987 年 . —126 页

ISBN 7-5064-0023-5

C0366 F426.81

上海纺织工业企业现代化管理方法应用实例（纺织工业经济丛书）/纺织工业部经济研究中心编辑 . —常州：纺织工业部经济研究中心，1986 年 . —254 页

C0367 F426.81

上海纺织工业学大庆经验选辑　第 1 辑/纺织工业部编 . —北京：纺织工业出版社，1979 年 . —65 页

统一书号 15041·1049

本书是上海市纺织工业局的经验总结，以及在上海市纺织工业局大庆式局命名大会上，上海市委、纺织工业部和上海市纺织工业局负责同志的讲话。

C0368 F426.81

上海纺织工业学大庆经验选辑　第 2 辑/纺织工业部编 . —北京：纺织工业出版社，1979 年 . —110 页

统一书号 15041·1050

本书是几个公司和一批先进企业的典型经验。

C0369 F426.81

上海纺织工业学大庆经验选辑　第 3 辑/纺织工业部编 . —北京：纺织工业出版社，1979 年 . —90 页

统一书号 15041·1051

本书是先进集体和模范人物的先进事迹。

C0370 F426.81

上海棉纺织工业贯彻高速高效高产高质方针的经验/上海纺织编辑委员会编 . —上海：上海人民出版社，1958

年．—51 页

统一书号 4074·251

C0371 F426.81

上海棉纺织工业要大闹技术革命/上海纺织编辑委员会编．—上海：上海人民出版社，1958 年．—24 页

统一书号 4074·237

C0372 F426.81

上海申新统计年刊/上海申新厂．—上海：上海申新厂，1951 年．—162 页；23cm

C0373 TS108

设备管理现代化原理及其在纺织工业中的应用/上海市纺织工业局．—北京：纺织工业出版社，1989 年．—256 页

ISBN 7-5064-0381-1

C0374 F426.81

深度解析上市公司运营发展/俞亦政编著．—北京：中国纺织出版社，2017 年．—388 页；29cm

ISBN 978-7-5180-3615-8

本书由"纺织服装行业上市公司业绩评估体系的研究""2010—2016 年纺织服装行业上市公司发展报告""探索纺织服装类企业融资的渠道与方式"和"2010—2016 年纺织服装类各主要上市公司运营发展情况图解"四部分组成，是依据作者所带领的研发团队经过 5 个月的辛勤工作在研发过程中完成的研究报告书、学术性论文和部分笔记摘录编撰而成。

C0375 F426.81

生产新高潮是怎样掀起的？ 上海染料厂的体会/上海人民出版社编辑．—上海：上海人民出版社，1965 年．—29 页

统一书号 3074·414

C0376 F426.81

生产学习教导员的工作经验［译］/（苏）别节诺夫（Бэзенов，С.В.），（苏）拉萨德金（А.М.）著；赵耀南译．—北京：纺织工业出版社，1956 年．—86 页；19cm

C0377 F426.81

生产要素价格上涨与纺织产业产值提升的聚落成长计划Ⅱ［港台］（纺织科技研究计划）/林峰标，窦丽娟计划主持．—台北：台湾经济工业局，2010 年．—157 页

C0378 F426.81

石家庄第一棉纺织厂调查/严兰绅，夏维德主编．—北京：中国商业出版社，1994 年．—427 页

ISBN 7-5044-2792-6

本书概述了一棉厂自 1953 年建厂至 1991 年的发展历程和改革开放以来的成就。

C0379 F407.86

时尚的管理与营销［译］/（法）露西尔·萨莱斯等著；祁大伟译．—北京：清华大学出版社，2015 年．—211 页

ISBN 978-7-302-37938-6

本书包括：时尚的挑战，时尚社会简述，纺织服装业的全球经济，时尚商品的设计与生产，系列产品的开发与时尚零售业的特点，时尚推销陈列，时尚设计与知识产权。

C0380 F407.81

实用纺织工业企业管理学/袁肇曾，常亚平编著．—武汉：中国地质大学出版社，1989 年．—365 页

ISBN 7-5625-0251-X

本书是一部全面系统介绍纺织工业企业管理的导论性著作。

C0381 F407.81

实用纺织品质管制学［港台］/马盛镛编著．—台中：出版者不详，1969 年．—226 页

C0382 F768.1

实用纺织商品学（全国纺织高职高专教材）/朱进忠主编．—北京：中国纺织出版社，2000 年．—178 页（被引 16）

ISBN 7-5064-1811-8

本书介绍了纤维、纱线、织物、服装四大类纺织商品的品种类别、生产形式、质量特征、质量检验、用途性能、编码代号、保养使用等方面的内容。

C0383 F768.1

实用纺织商品学 第 2 版（纺织高职高专"十二五"部委级规划教材）/朱进忠主编．—北京：中国纺织出版社，2011 年．—226 页（被引 5）

ISBN 978-7-5064-7522-8

本书介绍了纤维、纱线、织物和服装四大类纺织商品的品种类别、生产形成、质量特征、质量检验、用途性能、编码代号、标志包装、仓储运输、保养使用等方面的内容，涉及面广，实用性强。

C0384 TS101

实用纺织质量管理［港台］/曹江圳，杨青奇，蔡清源编著．—高雄：复文图书出版社，1996 年．—188 页

C0385 TS101

实用纺织质量管理学［港台］/马盛镛编著．—台中：出版者不详，1969 年．—226 页

C0386 F416.81

世界纺织工业概况 第一册/纺织工业部科学技术情报研究所编．—北京：纺织工业部科学技术情报研究所，1980 年．—181 页；26cm

C0387 F416.81

世界纺织工业概况 第二册/纺织工业部科学技术情报研究所编．—北京：纺织工业部科学技术情报研究所，1980 年．—153 页；26cm

C0388 F416.81

世界非织造布工业（技术参考资料）/日本化纤学会；译者不详．—出版地不详：编者自发行，1997年．—59页

C0389 F426.86

世界因你而美丽：波司登/万芊编著．—北京：中国纺织出版社，2016年．—216页；24cm

ISBN 978-7-5180-2200-7

本书以波司登集团创始人高德康的人生经历为主要脉络，记录了波司登从1976年创始至今的发展历程，书中不仅描绘了波司登从一个只有11人的"缝纫组"发展到如今中国纺织行业第一品牌所打的经典"硬仗"，还涉及了波司登的品牌观、价值观、人才观、企业文化等企业"软实力"的核心要素，是管窥波司登"全豹"的极佳门径。

C0390 F407.81

市场营销学/谭颖，李文安主编．—北京：中国纺织出版社，1994年．—197页（被引11）

ISBN 7-5064-1009-5

本书系统阐述了市场营销的基本理论和方法，主要内容包括市场营销环境研究，购买行为分析，市场营销战略及策略的研究，国际市场营销分析等。

C0391 F426.81

税制改革与陕西纺织经济发展研究/徐焕章，张丽丽，宋玉著．—北京：中国纺织出版社，2018年．—156页

ISBN 978-7-5180-5211-0

本书通过实地调研与文献梳理，全面研究了我国税制改革在纺织领域所产生的影响。提出并验证了企业所得税制度、增值税制度以及出口退税制度对陕西纺织经济发展的影响机理及影响程度。从定性和定量两个方面回答了三个问题：①企业所得税制度对陕西省纺织企业融资来源及融资结构的影响；②增值税改革在促进纺织企业固定资产投资方面产生的影响；③出口退税率的调整对纺织企业的外贸出口产生的影响。在此基础上提出纺织行业应以税制改革为发展契机寻求提升行业竞争力的路径与思路。

C0392 TS118

思想插红旗 革新创奇迹 跃进织布工作法在郑州国棉三厂诞生/中共郑州国棉三厂委员会编．—郑州：河南人民出版社，1958年．—51页

统一书号 10105·247

本书介绍了郑州国棉三厂的先进事迹、先进人物和先进技术。

C0393 F426.81-53

苏州丝绸档案汇编 上册/曹喜琛，叶万忠主编．—南京：江苏古籍出版社，1995年．—748页

ISBN 7-80519-625-7

本书内容包括苏州丝绸的组织概况、生产经营、劳资关系、调查统计等相关资料档案。

C0394 F426.81-53

苏州丝绸档案汇编 下册/曹喜琛，叶万忠主编．—南京：江苏古籍出版社，1995年．—749—1498页

ISBN 7-80519-625-7

C0395 F426.81

台湾产业用纺织品市场规模估计与成功案例分析［港台］/刘育呈．—新北：台湾纺织产业综合研究所，2009年．—196页

ISBN 978-986-84863-6-2

C0396 F426.81

台湾地区大型集团企业研究：纺织、塑化篇 2011［港台］/台湾征信所企业股份有限公司著；张伟珊主编．—台北：台湾征信所企业股份有限公司，2013年．—166页

ISBN 978-986-67-2449-7

C0397 F426.81

台湾地区大型集团企业研究：纺织、塑化篇 2013［港台］/台湾征信所企业股份有限公司著；张伟珊主编．—台北：台湾征信所企业股份有限公司，2013年．—188页

ISBN 978-986-67-2446-6

C0398 F426.81

台湾地区纺织产业传［港台］（台湾地区产业传）/黄金凤著．—台北：台湾征信所企业股份公司，1999年．—326页

ISBN 957-8398-58-1

C0399 F426.81

台湾地区纺织产业技术预测：以医疗纺织品为例［港台］/闽洁，刘湘仁，谢沛茹撰写．—新北：台湾纺织产业综合研究所，2009年．—168页

ISBN 978-986-84863-5-5

C0400 F426.81

台湾地区纺织产业现况与发展趋势［港台］/李信宏撰写．—新北：台湾纺织工业研究中心，2002年．—226页

ISBN 957-9674-53-1

C0401 F426.81

台湾地区纺织品天然染料之劣化非破坏评估与鉴识研究 2010—2011 Ⅰ［港台］（纺织科技研究计划）/杜明宏，夏沧琪计划主持．—台北：台湾文化建设委员会文化资产总管理处筹备处，2011年．—162页

C0402 F426.81

台湾地区纺织品天然染料之劣化非破坏评估与鉴识研究 2010—2011 Ⅱ［港台］（纺织科技研究计划）/杜明宏，夏沧琪计划主持．—台北：台湾文化建设委员会文化资产总管理处筹备处，2011年．—145页

C0403 F426.81

台湾切入中国大陆纺织市场通路及供应链之研究［港台］/巫佳宜撰写.—新北：台湾纺织产业综合研究所，2011年.—161页

ISBN 978-986-86795-5-9

C0404 F426.75

台湾人造纤维产业的全球发展策略［港台］/倪碧莹撰写.—台北：台湾纺织工业研究中心，2003年.—153页

ISBN 957-9674-57-4

C0405 F426.81

台湾因应中国大陆纺织业发展的策略［港台］/叶乙昌等著.—台北：台湾区丝织工业同业公会，2003年.—171页

ISBN 957-41-1093-1

C0406 F426.81

台湾之纺织工业［港台］/台湾银行经济研究室编印.—台北：台湾银行，1956年.—149页

C0407 F426.81

台湾制MIT微笑产品织袜及纺织护具产业生产工厂品质管理系统建置指引［港台］（微笑MIT值得信赖）/中卫发展中心.—台北：台湾经济工业局，2014年.—72页；30cm

ISBN 978-9-8604-2454-6

台湾纺织工业升级策略之研究：结合产官学促使产业升级 参见 C0239

台湾纺织工业中长期发展策略：协调上、中、下游建立秩序产销体系之研究 参见 C0240

台湾纺织业人力供需之研究兼论因应劳工缺乏之道 参见 C0241

台湾纺织业上、中、下游产销体系之研究 参见 C0242

C0408 TS18

汤姆金针织机织造工劳动组织［译］/（苏）苏联轻工业部著；蒋承绶译.—北京：纺织工业出版社，1954年.—26页

本书主要介绍了汤姆金针织机织造的技术特点、工作地点组织、看管机器、操作法、织造工人的工作计划等。

C0409 TS118

天津春和织布厂大闹半工半读的经验介绍/纺织工业出版社编.—北京：纺织工业出版社，1958年.—21页；19cm

统一书号 15041·269

C0410 F426.81

通过检查浪费了解生产情况/中共国营上海第一棉纺织厂委员会撰.—上海：劳动出版社，1952年.—37页

C0411 F426.81

透视上市公司 第2卷 纺织卷/余湘频编著.—北京：中国纺织出版社，2015年.—489页

ISBN 978-7-5180-2127-7

本书分别从四个方面：资产质量、成长性、健康稳定性、运营效率，对每个企业，特别是传统制造和零售企业的运营质量和效率进行分析和评价。用数字图表的方式将每一个上市历年的经营状况和发展趋势，按照上面所列的四个维度直观地呈现出来。

C0412 F426.86

袜子战争/刘华著.—杭州：浙江人民出版社，2008年.—237页；25cm

ISBN 978-7-213-03877-8

本书描写了30年来，大唐以袜为刃参战全球化，最终成长为新的国际袜都的成长历程。

C0413 F426.81

外商直接投资对中国纺织业发展的影响研究/孙江永，徐萍萍著.—北京：经济科学出版社，2014年.—265页

ISBN 978-7-5141-4423-9

本书从纺织业外资在中国区位选择的影响因素、纺织业外资对国内资本形成的影响、纺织业外资的技术溢出效应、纺织业外资对就业的影响、纺织业外资对出口的影响等几个方面研究外商直接投资对中国纺织业发展的影响。

C0414 F426.81

微利时代下台湾纺织业的经营策略［港台］/陈永钦等著.—台北：台湾区丝织工业同业公会，2006年.—223页

ISBN 957-41-3772-4

C0415 F426.81

为更多人创造价值：紫荆花的绿色黄麻普惠创新之路/施建军，张文红，林健著.—北京：对外经济贸易大学出版社，2010年.—317页（被引11）

ISBN 978-7-81134-804-0

本书介绍了以实现企业盈利、社会责任和环境责任三重盈利为目标提出了绿色普惠战略。

C0416 F407.81

为国家节约用棉/李宜编著.—北京：工人出版社，1955年.—33页

本书用实际的例子，通俗浅显地说明了为什么要节约用棉的道理，说明了在节约用棉中要去掉哪些不正确的想法以及在实际生产中用些什么办法来节约用棉。

C0417 F407.81

未来纺织工业结构/郭先登著.—出版地不详：出版者不详，1984年.—106页

C0418 F426.81

我国台湾纺织工业产业政策之研究［港台］/林华德著.—台北：台湾经济研究杂志社，1987年.—98页

C0419　F426.81

我国棉纺织新技术发展目标及技术政策的可行性研究/纺织工业部情报研究所编 . —北京：纺织工业部科学技术情报研究所，1993 年 . —75 页

C0420　F416.81

我国台湾、香港与韩国纺织工业竞争趋势之比较分析潜在预测与启示［港台］/刘祥熹撰 . —台北：经济产业发展咨询委员会，1990 年 . —61 页

C0421　F426.81

我们必须改变/吴旭东著 . —太原：三晋出版社，2014 年 . —276 页

ISBN 978-7-5457-0906-3

本书阐述了作为我国最大的纺织机械生产基地的经纬纺织机械通过 2008 年到 2011 年的探索与实践，完美实现了企业"困难起步—大胆改变—跨越发展"的蜕变历程。

C0422　F426.81

我们参观了株洲麻纺厂（湖南建设新面貌小丛书）/德生，李金波编著 . —长沙：湖南人民出版社，1960 年 . —15 页

统一书号 12109·21

C0423　F426.81

我们一起走过：上海纺织二次创业手记/朱匡宇著 . —上海：上海人民出版社，2008 年 . —355 页

ISBN 978-7-208-08237-3

20 世纪 90 年代初期，上海纺织工业经历了前所未有的产业结构大调整，开启了上海传统产业调整、改革的壮丽画卷，历时达十几年，本书作者在上海纺织系统担任主要领导整整 12 年，经历了上海国有纺织业由盛变衰，又转而被迫进行战略调整的整个过程。

C0424　F426.81

五环公司营销谋略荟萃/王军，应治邦主编 . —西安：陕西人民出版社，1993 年 . —272 页

ISBN 7-224-03278-6

C0425　TS118

西北纺织工人怎样学习和创造先进生产经验/中国纺织工会西北区委员会编 . —西安：西北人民出版社，1952 年 . —51 页

C0426　F426.81

纤维、纺织品、服装与饰品（化学·生活·健康丛书）/叶润德，王欢著 . —北京：化学工业出版社，1997 年 . —388 页

ISBN 7-5025-1836-3

本书从消费科学观点出发，围绕消费者的需求，简明扼要地介绍了纤维、纱线、面料、辅料的特性及识别、选用常识；服装质量的鉴别、色彩的选择、穿着的艺术以及对人体健康的影响；服饰（服装与饰品）的选购、服装的洗涤、整理与保养的常识和方法；还介绍了有关服装舒适性、功能性方面的知识。专辟两章介绍各种供能服、首饰、珠宝及种类繁多的各类饰品。

C0427　F768.1

纤维类商品检验学　草稿　纤维检验训练班讲义/东北商品检验局编撰 . —沈阳：编者自发行，1953 年 . —106 页

C0428　F426.81

现代纺织工业发展的探讨/郭先登著 . —北京：中国纺织工业企业管理协会情报中心，1984 年 . —216 页

C0429　F407.81

现代纺织经济学大纲/郭先登著 . —北京：中国纺织出版社，1994 年 . —305 页

ISBN 7-5064-1072-9

本书分现代纺织商品的市场开发、纺织工业的外向型经济、建立适应市场经济的管理结构等 8 章。

C0430　F426.81

现代纺织经济与纺织品贸易（纺织高等教育"十一五"部委级规划教材　纺织服装经济与管理系列高等教材）/高长春主编 . —北京：中国纺织出版社，2008 年 . —191 页

ISBN 978-7-5064-5297-7

本书从现代纺织的概念出发，将主要经济理论与纺织产业相结合，将理论教学与具体案例分析相结合，以不同的视角来解析中国纺织业的发展、特点与国际贸易情况。

C0431　F426.81

现代纺织经济与纺织品贸易　第 2 版/高长春，肖岚主编 . —北京：中国纺织出版社，2018 年 . —171 页

ISBN 978-7-5180-4225-8

C0432　F407.81

现代纺织企业管理/中国纺织大学旭日工商管理学院编 . —北京：中国纺织出版社，1995 年 . —238 页

ISBN 7-5064-1175-X

本书介绍了工业企业与管理、企业环境、企业管理的性质和职能、生产组织、生产计划、设备管理、质量管理、物资管理、市场调查、预测与分类、市场细分与目标市场的选择、经营决策等。

C0433　F407.81

现代纺织企业管理　第 2 版/孙明贵主编 . —北京：中国纺织出版社，2008 年 . —240 页

ISBN 978-7-5064-5208-3

本书以广义纺织企业（纺织品设计与开发、纺织品生产与制造、纺织品贸易与流通等企业）为背景，以现代管理理念和思想为导向，系统介绍了纺织企业管理的基本原理和方法。

C0434 F416.81

现代企业管理（纺织高新技术科普丛书）/戴昌钧等编著．—北京：中国纺织出版社，2002 年．—152 页（被引 6）

ISBN 7-5064-1482-1

本书通过大量实例，全面地反映了管理方法的最新发展及变化动态，其中绝大部分是 80 年代以后风行于世界著名公司且行之有效的管理方法。

C0435 F416.81

现代企业管理技术及其应用　上册/吴德涛主编．—福州：福建科学技术出版社，1986 年．—280 页

统一书号 4211·2

本书共有上下两册，主要包括两部分内容，第一部分是现代化管理技术的基础知识和基本方法，第二部分附录介绍现代化管理技术应用实例。

C0436 F416.81

现代企业管理技术及其应用　下册/吴德涛主编．—福州：福建科学技术出版社，1986 年．—281—579 页

统一书号 4211·2

C0437 F407.81

现代丝绸工业企业管理学　第一分册　工业企业管理原理/许克强主编．—南京：东南大学出版社，1992 年．—337 页

ISBN 7-81023-616-4

本书既介绍传统管理原理，又结合丝绸企业的特点论述了现代化管理原理。

C0438 F407.81

现代丝绸工业企业管理学　第二分册　丝绸企业经营管理/虞先泽主编．—南京：东南大学出版社，1992 年．—360 页

ISBN 7-81023-617-2

本书介绍了丝绸经营的发展历史、基本理论以及丝绸产品为中心，国际市场为主要目标，提高经济效益为目的的丝绸企业经营管理知识等。

C0439 F407.81

现代丝绸工业企业管理学　第三分册　丝绸企业生产管理/姚怡衷主编．—南京：东南大学出版社，1992 年．—474 页

ISBN 7-81023-618-0

本书阐述了生产管理的理论和方法以及丝绸企业生产管理的基本规律和要点。

C0440 F407.81

现代丝绸工业企业管理学　第四分册　丝绸企业技术管理/李南筑主编．—南京：东南大学出版社，1992 年．—419 页

ISBN 7-81023-619-9

本书除介绍了企业技术管理的一般理论外，还针对丝绸工业内的缫丝、丝织、练染和印花行业，阐述了它们各自的企业技术管理的内容。

C0441 F426.81

现代印染企业管理/吴卫刚主编．—北京：纺织工业出版社，2005 年．—282 页（被引 8）

ISBN 7-5064-3274-9

本书主要内容包括：印染企业生产与运作管理、采购管理与准时生产、印染企业设备管理、印染企业 ERP 系统、印染企业信息管理、印染产品开发与创新等。

C0442 F426.81

襄樊棉织厂的道路/中共湖北省委办公厅编．—武汉：湖北人民出版社，1963 年．—74 页

统一书号 4106·213

C0443 F426.81

新疆纺织企业品牌竞争力研究/杨一翁著．—北京：知识产权出版社，2018 年．—149 页

ISBN 978-7-5130-5727-1

本书基于光环效应模型、品牌资产理论和理性行为理论，通过三项研究，使用深度访谈法、焦点小组访谈法和问卷调查法对上述问题进行探索，从而得出研究结论。

C0444 F426.81

新星璀璨（回眸文丛）/袁锦豪，王秀芬主编．—南京：南京师范大学出版社，1996 年．—311 页

ISBN 7-81047-061-2

C0445 F426.81

新中国纺织工业三十年　上册/纺织工业部研究室编．—北京：纺织工业出版社，1980 年．—344 页（被引 21）

统一书号 4041·1094

本书按专题、按行业、按地区分别系统地反映中华人民共和国成立三十年来纺织工业生产建设的成就，总结历史经验，提出今后展望。

C0446 F426.81

新中国纺织工业三十年　下册/纺织工业部研究室编．—北京：纺织工业出版社，1980 年．—419 页

统一书号 4041·1104

本书按专题、按行业、按地区分别系统地反映建国三十年来纺织工业生产建设的成就，总结历史经验，提出今后展望。

C0447 F746.81

羊毛贸易与检验检疫（纺织业工商管理系列丛书）/周传铭，郭喜良主编．—北京：中国纺织出版社，2002 年．—541 页（被引 15）

ISBN 7-5064-2223-9

本书详细论述了世界绵羊毛主要生产国的发展概况，羊毛纤维的结构、性能，国外羊毛的分级和质量管理，羊毛贸

易的一般程序和规定等。

C0448 F768.1

羊毛商品学 ［译］／（苏）A.И. 尼古拉耶夫
（A. И. Николаев）著；陶景亮译.—北京：纺织工业出版社，
1957 年.—310 页

统一书号 15041·160

本书阐述了羊毛的构造、套毛的组成、羊毛各种技术特
性的最新研究和测定方法。又详述了剪毛方法、羊毛疵点、
羊毛的分类法、工业标准和采购标准，并专章介绍了苏联现
行的羊毛品质验收和计价方法以及羊毛的征购方法。最后又
介绍了羊毛的工艺用途和初步加工的常识。

C0449 F426.81

羊行天下：恒源祥的故事／吴基民著.—上海：上海文艺
出版社，2006 年.—273 页

ISBN 7-5321-2977-2

本书为纪实文学。反映"恒源祥"创始人及这一品牌近
一个世纪以来，特别是改革开放以来的坎坷与辉煌。

C0450 F426.81

羊羊羊／刘瑞旗著.—北京：中国发展出版社，2001
年.—252 页

ISBN 7-80087-466-4

本书包括"合作是对付竞争的最好办法""中国名牌融
入世界""企业文化与企业品牌战略""加入 WTO 与企业知
识产权的保护""恒源祥名牌实践中的广告策略"等内容。

C0451 F426.81

**"一带一路"倡议下中国与中亚国家纺织产能合作研
究**／王华著.—北京：中国纺织出版社有限公司，2020 年.—
229 页；26cm

ISBN 978-7-5180-7226-2

本书应用实践调查法和统计分析法研究了中国纺织服装
企业如何对中亚国家纺织服装产业进行投资与产能合作的
问题。

C0452 F426.81

**一项重大的革新 国营上海第二棉纺织厂改变组织形式
适应群众和生产的需要**／上海人民出版社编辑.—上海：上海
人民出版社，1958 年.—28 页

统一书号 3074·162

本书包括解放日报社论等四篇文章，介绍了上海国棉二
厂在整风运动中革新组织形式、领导干部随班参加劳动和实
行了党支部书记不脱产的办法，从而改变了工厂面貌、促进
了生产发展的重要经验。

C0453 F407.81

一针省九针 纺织品企业如何活用知识产权／世界知识
产权组织编辑.—日内瓦：世界知识产权组织，2005 年.—
20 页

ISBN 978-92-805-1832-0

C0454 F454.668

意大利纺织服装工业／《意大利纺织服装工业》编写组
编.—北京：纺织工业出版社，1989 年.—244 页

ISBN 7-5064-0299-8

C0455 F407.81；F407.86

印染·服装跟单实务／林丽霞，杨慧彤主编.—上海：东
华大学出版社，2012 年.—255 页

ISBN 978-7-5669-0079-1

本书重点讲述了纺织印染和服装企业中跟单员所必须掌
握的基本理论和实践操作，主要有生产计划制定、原料采购
跟进、生产跟进、外发加工跟进、生产质量管理跟进、产品
出货跟进等内容，其中的实例及图表均来源于印染与服装生
产企业。书中还引入了跟单岗位急需的外贸知识、5S 知识、
国际礼仪和常用计算机技巧。

C0456 F407.81；F407.86

印染·服装跟单实务 第 2 版／林丽霞，杨慧彤主编.—
上海：东华大学出版社，2015 年.—286 页；26cm

ISBN 978-7-5669-0817-9

本书阐述了服装和印染企业中跟单员必须掌握的基本理
论和实践操作。在学习印染面料和服装加工方面各种物料和
加工方式等知识的基础上，结合在线订单实践操作，让学习
者充分掌握审单与资料收集整理、样衣制作、物料采购、
生产制单制作、生产计划管理与跟催、生产质量控制与验货、
装箱与资料整理等技能。

C0457 F407.81

印染企业管理／姜生主编.—北京：中国纺织出版社，
2012 年.—200 页

ISBN 978-7-5064-8590-6

本书通过情境教学并完成学习任务，系统学习人力资源
管理、生产与技术管理、供应与销售管理、企业综合管理
等，实现对印染企业的全面认知。

C0458 F407.81

印染企业生产管理（纺织服装高等教育"十二五"部委
级规划教材 高职高专染整类项目教学系列教材）／贺良震
编.—上海：东华大学出版社，2012 年.—151 页

ISBN 978-7-5669-0179-8

本书以中小型印染企业的生产组织为切入点，以化纤织
物的染整加工常规流程为依托，通过介绍印染生产组织的基
本特征，深入浅出地叙述了中小型印染企业生产组织与监督
的一般要求和主要作用。

C0459 F407.81

印染企业生产管理实务／张鹏主编.—上海：东华大学出
版社，2021 年.—256 页

ISBN 978-7-5669-1861-1

本书从生产管理基础及印染企业的生产技术管理、质量
管理、其他专业管理、生产运作管理、生产成本控制、环境
管理和安全生产管理八个方面，系统地阐述了印染企业生产

管理的基本知识。

C0460 F407.81

印染企业实务管理/无锡市明仁纺织印染有限公司组织编著.—北京：中国纺织出版社，2006 年.—290 页

ISBN 7-5064-4049-0

本书收集整理了印染企业内部三大类管理数据。第一篇介绍了印染企业生产车间和辅助生产车间各个岗位的生产工作规范以及基本科室的日常业务与管理的工作规范；第二篇介绍了印染企业日常业务运作中各方面的管理制度；第三篇介绍了印染企业产品流动资金周转定额测定等内容。

C0461 F407.81

印染生产管理（纺织服装高等教育"十一五"部委级规划教材 高职高专染整类项目教学系列教材）/张鹏主编.—上海：东华大学出版社，2009 年.—195 页

ISBN 978-7-81111-522-2

本书从印染生产管理基础知识、生产专业管理、生产运作管理、安全生产管理、环境管理五个方面系统地介绍了印染生产管理的基本内容，重点阐述了印染生产专业管理和运作管理的两大内容。

C0462 F407.81

印染生产管理 第 2 版（纺织服装高等教育"十二五"部委级规划教材 高职高专染整类项目教学系列教材）/张鹏主编.—上海：东华大学出版社，2015 年.—195 页

ISBN 978-7-5669-0796-7

本书重点阐述了印染生产专业管理和运作管理两大内容，其中印染生产专业管理具体包括印染企业的工艺管理、质量管理、设备管理、物料管理、生产成本控制，印染生产运作管理具体包括印染生产作业流程、计划和组织、现场管理等。

C0463 F407.81

印染生产组织与控制（普通高等教育"十二五"部委级规划教材 高职高专）/陈敏，邓庆泉，李玉婷编.—北京：中国纺织出版社，2013 年.—177 页

ISBN 978-7-5064-9814-2

本书主要是根据印染企业生产管理各岗位必须具备的知识、技能以及职业素养的要求，以订单任务的分解、排程、进度跟踪以及对生产过程材料流动、资源消耗、作业活动的控制与监督为主线，系统介绍了印染企业完成订单任务的管理方法、手段及技巧。

C0464 TS1

用 TRIZ 理论和方法促进纺织技术创新/施楣梧，高惠芳编著.—北京：中国纺织出版社，2010 年.—162 页（被引 14）

ISBN 978-7-5064-6881-7

本书试图站在纺织企业从业人员的角度考虑创新问题，在介绍 TRIZ 理论理念和基本方法体系的基础上，以纺织技术中的具体工艺和产品实例来解释 TRIZ 理论中的创新方法，

期望能对我国纺织技术创新和产品创新有一点促进作用。

C0465 F426.81

用色彩创造历史：献麒纺织染整心路［港台］/林昆辉著.—台北：献麒纺织工业股份有限公司，2017 年.—389 页

ISBN 978-986-94532-0-2

C0466 F426.81

由国际纺织标杆企业之技术开发趋势预测台湾的发展路径［港台］/郑凯方等著.—新北：台湾纺织产业综合研究所，2008 年.—202 页

ISBN 978-986-84863-0-0

C0467 F426.81

余杭丝绸轻纺业口述史：余杭区政协文史资料 第 32 辑/杭州市余杭区政协文史和教卫体委员会，中国人民政治协商会议编.—杭州：杭州出版社，2018 年.—240 页

ISBN 978-7-5565-0782-5

本书以口述史的形式，让我们重温余杭丝绸轻纺业的历史，充分体现了艰苦奋斗的创业史。全书分"萌芽茁壮""业界劲旅""遍地英雄""各业助推""客座专家"五个部分，叙述了许许多多蚕桑、丝绸从业人士倾情倾力，励精图治，为余杭丝绸轻纺业的发展做出了杰出贡献。

C0468 F426.81

月亮走 我也走 万德明经营实例选/倪志华主编.—上海：学林出版社，1995 年.—184 页

ISBN 7-80510-873-0

C0469 F426.81

云帆万里竞潮头："滨印现象"纵横谈/贾玉忱主编.—济南：济南出版社，1995 年.—329 页

ISBN 7-80572-906-9

C0470 F407.81

运筹学在纺织工业中的应用/刘源张等著.—上海：科学技术出版社，1960 年.—157 页（被引 19）

统一书号 13031·1406

本书是通过实践，集体写成的工作总结。书中讨论了棉纺织厂的配棉、细纱机的看台、经轴储备量、拆布长度和棉纱支数的控制等几个问题。

C0471 J523.6

云南多民族刺绣产业调查与研究/赵晓红，罗梅，高阳著.—北京：经济科学出版社，2017 年.—229 页

ISBN 978-7-5141-7885-2

本书介绍了云南多民族刺绣发展历程和云南多民族刺绣题材技艺，对现代社会云南多民族刺绣的研究与应用意义、基础与优势、发展前景与困境进行了分析。

C0472 F426.81

在改革中奋进：上海二纺机改革经验/上海市经济委员

会，上海市工业经济协会编．—上海：上海科学技术出版社，1992 年．—256 页

ISBN 7-5323-2829-5

本书分总论篇，实践篇，展望篇和附录篇四部分。

C0473 F426.81

在开放的国土上——华源模式透视：一个企业独特的成长道路/蒋波著．—上海：上海科学普及出版社，2000 年．—181 页

ISBN 7-5427-1442-2

本书作者以在华源集团历时 3 年的调研和采访资料为基础，介绍了中国华源集团有限公司自创立起 8 年间的发展过程。

C0474 F407.81

针棉织品经营知识（营业员培训教材）/上海市第一商业局教育处组编．—上海：上海科学普及出版社，1988 年．—223 页

ISBN 7-5427-0029-6

本书按照零售企业的经营范围和传统的经营分工，介绍了棉、麻、毛、丝、化纤针棉织品的经营知识和商品知识。

C0475 F768.1

针棉织品商品学 教材初稿/商业部针棉织品商品教材编审委员会编．—北京：财政经济出版社，1958 年．—436 页

统一书号 4005·437

C0476 F768.1

针棉织品商品学（高等院校教材）/上海针棉织品采购供应站等编．—北京：中国财政经济出版社，1961 年．—395 页

统一书号 4166·007

本书根据党的方针政策，贯彻理论与实际相结合的原则，力图解决当前商业实践中对针棉织品科学提出的重要问题，以适应教学和实际工作的需要。

C0477 F407.86

针织服装跟单（纺织服装跟单手册）/李顺利，左中鹅，何宇华编著．—北京：中国纺织出版社，2008 年．—229 页

ISBN 978-7-5064-5321-9

本书结合针织服装（包括毛衫）跟单基础知识和针织服装跟单实际动作技能，系统介绍了针织服装基础知识、针织面料基本知识、针织服装生产工艺流程以及针织服装跟单程式等。

C0478 F407.86

针织服装品牌企划/沈雷主编．—上海：东华大学出版社，2012 年．—189 页

ISBN 978-7-5669-0152-1

本书从高速发展的针织服装产业出发，针对针织服装独具的结构性能工艺特点，从针织品牌的产品、卖场、宣传与服务四大板块方面，阐述合理有效地企划针织服装品牌的基

本理论和基本方法。

C0479 F407.86

针织服装生产管理（纺织服装高等教育"十二五"部委级规划教材）/陈雁，陈超，余祖慧编著．—上海：东华大学出版社，2011 年．—196 页

ISBN 978-7-81111-884-1

本书主要内容包括：针织服装生产的种类和特点、针织服装生产的物料管理、针织服装生产工艺管理、针织服装生产作业管理和时间计划等。

C0480 F407.81

针织面料跟单（纺织服装跟单手册）/左中鹅，李志民，张明喜编著．—北京：中国纺织出版社，2008 年．—248 页

ISBN 978-7-5064-4663-1

本书从针织面料的生产和染整加工两方面着手，详细地阐述了针织面料跟单人员必备的专业知识和相应生产环节的跟单技能。

C0481 F416.81

针织业供应链关键因素分析［港台］/谢丽雪撰．—新北：台湾纺织产业综合研究所，2004 年．—180 页

ISBN 957-29972-5-4

C0482 D922.1

政府管制法基本问题研究 兼对纺织业政府管制制度的法学考察/茅铭晨编著．—上海：上海财经大学出版社，2008 年．—198 页

ISBN 978-7-5642-0386-3

本书对政府管制的基本问题，如基本理论、研究趋势、实践展望、所调整的基本关系、调整体系等，进行了研究，并对纺织业政府管制制度进行了法学考察。

C0483 F416.81

织布副工长的工作组织［译］/（苏）波嘉迦洛夫（А. Ф. Потягалов）著；中华人民共和国纺织工业部翻译科译．—北京：纺织工业出版社，1954 年．—86 页；19cm

C0484 F426.81

织布业发展策略研究报告［港台］/吴志炎（计划主持人）．—台北：台湾经济研究院，1990 年．—165 页

C0485 F407.81

织厂经营与管理（大学用书）/蒋乃镛著．—上海：中国文化事业社，1950 年．—225 页（被引 33）

本书由《理论实用力织机学》（1932 年）的第 2 篇和第 4 篇增补扩充而成，分为 4 篇，共计 33 个章节。包括织厂经营、织厂管理、织布弊病及修理等内容。

C0486 F407.81

织厂经营与管理 增订再版/蒋乃镛著．—上海：中国文化事业社，1951 年．—225 页

C0487　F426.81

织锦产业平台商业模式新论/黄晓红著．—南京：东南大学出版社，2020 年．—189 页

ISBN 978-7-5641-8039-3

本书对传统产业现代化改造的原因和平台商业模式的出现提供分析框架和解决方案。书中包括纵向链整合与垂直型平台理论模型、中国织锦产品竞争分析与产业链重构、中国织锦产业商业模式与方案选择、织锦产业平台治理、研究结论与政策建议等八章内容。

C0488　F407.81

织造跟单（纺织服装跟单手册）/吴俊，刘庆编著．—北京：中国纺织出版社，2005 年．—255 页

ISBN 7-5064-3398-2

本书内容包括纺织、服装原料的基础知识、针织物和机织物基本知识、织造生产工艺流程、织造跟单程式及管理和谈判技巧与成本核算等。

C0489　F407.81

织造面料跟单/郭瑞良主编．—北京：中国纺织出版社，2009 年．—190 页

ISBN 978-7-5064-5986-0

本书对织造面料跟单工作进行了理论化和系统化阐述，提出了订单生存周期的概念，并以此为主线，介绍了订单生成期、执行期和完成期的基本工作内容及相关的纺织和外贸基础知识。

C0490　F426.81

质量理念与技术创新/冯继斌著．—南宁：广西民族出版社，2002 年．—188 页

ISBN 7-5363-4202-0

本书主要包括质量理念、产品创新、技术探索三个部分。

C0491　F426.81

中国大陆纺织工业产销现况及其变迁［港台］/樊沁萍著．—台北：台湾经济研究院，1983 年．—103 页

C0492　F426.81

中国大陆纺织工业的发展与布局［港台］/靖心慈著．—台北：台湾经济研究院，1985 年．—66 页

C0493　F426.81

中国蚕丝可持续发展/尹希果著．—北京：经济日报出版社，2004 年

ISBN 7-80180-324-8（丛书）

本书为重庆市教委科学研究项目和重庆工商大学专著资助项目，分专辑分别探讨了围绕地方经济发展的重要问题并一一提出解决方案，具有开创性。本书研究了中国蚕丝加工工业的经济可持续发展问题。

C0494　F426.81

中国大陆纺织产业策略报告［港台］/巫佳宜等著．—新北：台湾纺织产业综合研究所，2012 年．—113 页

ISBN 978-986-86795-9-7

C0495　F426.81

中国大陆纺织产业特辑［港台］/陈宣辅著．—新北：台湾纺织产业综合研究所，2011 年．—135 页

ISBN 978-986-86795-2-8

C0496　F426.81

中国内地与香港牛仔布工业/香港理工大学纺织及制衣学系，香港服装产品开发与营销研究中心编著．—北京：中国纺织出版社，2002 年．—137 页

ISBN 7-5064-2300-6

本书根据中国内地和香港牛仔布工业的发展历史、生产能力、产品特点、地理分布及市场情况的大量资料，结合行业营运的宏观经济环境，对内地及香港两地牛仔工业竞争力进行了全面详尽的分析，提出了中国内地入世后牛仔布行业的竞争策略以及香港在特定的新的环境下发展趋势。

C0497　F426.81

中国纺织产业分析和发展战略/常亚平著．—北京：中国纺织出版社，2005 年．—202 页（被引 169）

ISBN 7-5064-3244-7

本书是省部级攻关项目的研究成果总结，从宏观视角分析整个纺织行业的环境及趋势。全书包括产业理论、现代产业国际竞争力理论、中国纺织业的演进、中国纺织业整体国际竞争力研究、中国丝绸产业的国际竞争力研究、中国棉纺织业国际竞争力研究、中国棉纺织业国际竞争力研究、中国纺织业的发展战略等内容。

C0498　F426.81

中国纺织产业国际竞争力/李创著．—北京：中国轻工业出版社，2007 年．—276 页（被引 70）

ISBN 978-7-5019-5918-1

本书以纺织产业为对象开发我国纺织产业国际竞争力研究，提出了我国竞争力分析模型，并构建了一套我国纺织产业国际竞争力评价指标体系，在此基础上，从资源、市场管理、科技、相关产业、政府、环境和不确定因素等八大方面对我国纺织产业进行了全面系统地分析评价。

C0499　F426.81

中国纺织产业基地市（县）、特色城（镇）概览　第 1 辑/中国纺织工程学会编纂委员会．—北京：中国纺织工业协会，2003 年．—197 页

C0500　F426.81

中国纺织产业基地市（县）、特色城（镇）概览　第 2 辑/中国纺织工程学会编纂委员会．—北京：中国纺织工业协会，2004 年．—208 页

C0501　F426.81

中国纺织产业基地市（县）、特色城（镇）概览　第3辑/中国纺织工程学会编纂委员会．—北京：中国纺织工业协会，2012年

C0502　F426.81

中国纺织产业集群的演化理论与实证分析/方澜著．—北京：科学出版社，2011年．—171页（被引6）

　　ISBN 978-7-03-029889-8

　　本文立足于探求中国纺织产业集群的演化理论，设计促进中国纺织产业集群演化的政策，给中国纺织产业的规划和发展提供帮助。研究中主要以理论建模、数学建模与案例分析为主，同时辅以问卷调查与统计分析以及比较分析的研究方法，案例调查主要集中在中国纺织产业集聚表现明显的江浙地区。

C0503　F426.81

中国纺织产业科技创新发展研究/蒋士成，俞建勇主编．—上海：东华大学出版社，2017年．—299页；29cm

　　ISBN 978-7-5669-1352-4

　　本书通过文献资料研究、问卷调查、骨干企业调研等，把握了我国纺织科技创新发展的趋势，找准了存在的问题。梳理了国家经济社会发展与纺织产业科技创新的关系。提出了我国纺织产业科技创新中长期发展战略和路线图。提出了中长期内有助于我国纺织产业形态优化的重大专项以及建议。

C0504　F426.81

中国纺织产业绿色发展路径研究/胥朝阳，金贞子著．—北京：经济科学出版社，2016年．—134页

　　ISBN 978-7-5141-6479-4

　　本书以发展经济学的基本原理为指导，以产权论、系统论、生态论等理论为依据，以纺织产业绿色发展中的知识演进为逻辑主线，运用演绎与归纳相结合的方法，系统阐述纺织业绿色发展中的演进规律，构建了纺织业绿色发展路径的理论分析框架。

C0505　F426.81

中国纺织产业升级研究/马涛著．—长春：东北师范大学出版社，2013年．—142页

　　ISBN 978-7-5602-9103-1

　　本书通过对我国纺织产业的现状分析，测定纺织产业升级的方向，在对产业发展评价和新中国成立后纺织产业政策梳理的基础上探讨纺织产业升级转化过程中的政策绩效，在对影响我国纺织产业升级的各项因素进行实证研究的基础上，明确我国纺织产业升级的路径选择，并提出相关的政策建议。

C0506　F426.81

中国纺织成功企业案例　1996/中国纺织总会．—北京：中国纺织总会，1996年．—613页；32K

C0507　F746.81

中国纺织服装业出口结构与市场秩序优化研究/黄先海，陈晓华著．—北京：经济科学出版社，2013年．—210页

　　ISBN 978-7-5141-4114-6

　　本书分为十二章，主要内容包括：我国纺织服装业对外贸易现状分析、出口结构的已有研究回顾、中国纺织服装产业出口结构的测度及变迁动因分析、优化中国纺织服装业出口秩序的策略选择等。

C0508　F426.81；F426.86

中国纺织服装业上市公司发展研究/胡星辉编著．—北京：经济科学出版社，2016年．—255页；24cm

　　ISBN 978-7-5141-7187-7

　　本书主要阐述了中国纺织工业和中国纺织上市公司发展情况，对中国纺织工业产业转移升级和结构调整情况进行了介绍。然后分具体行业——服装家纺行业、化纤棉纺毛纺麻纺行业、丝绸印染针织机械商贸行业分别进行了分析。

C0509　F426.81；F426.86

中国纺织服装自主品牌国际化/谢少安等著．—北京：中国商务出版社，2017年．—216页

　　ISBN 978-7-5103-2179-5

　　本书分理论篇、背景篇、启示篇、探索篇和对策篇五篇，对纺织服装自主品牌国际化进行了多方面探究。

C0510　F426.81

中国纺织工业/《中国纺织工业》画册编辑部．—北京：纺织工业出版社，1991年．—211页

　　ISBN 7-5064-0696-9

　　本书主要为反映我国纺织工业发展的照片集锦。

C0511　F426.81

中国纺织工业国际竞争力结构提升研究/彭羽著．—北京：对外经济贸易大学出版社，2011年．—206页（被引7）

　　ISBN 978-7-5663-0055-3

　　本文从竞争力的要素投入结构，竞争力的产业组织结构和竞争力的所有制结构三方面解释了造成当前中国纺织工业竞争力现状的主要原因。

C0512　F426.81

中国纺织工业投资指南/陈榕等编辑．—北京：纺织工业出版社，1989年．—319页

　　ISBN 7-5064-0400-1

C0513　F426.81

中国纺织工业指南　1996—1997/中国标准出版社．—北京：中国标准出版社，1996年．—759页

　　ISBN 7-5066-1297-6

C0514　F426.81

中国纺织建设公司研究　1945—1950［译］（中国经济与社会变迁研究系列）/（韩）金志焕著．—上海：复旦大

学出版社，2006 年 . —343 页（被引 23）

　　ISBN 7-309-04864-4

　　本书试图通过对国民政府的棉业统制机关、中纺、民营纱厂三者的分析，来评价国民政府的棉业统制政策，从而辨析国民政府在大陆统治的最后时期棉业统制政策的成效，并对中纺的历史作用、棉业资本家与国民政府的关系以及棉业资本家的政治动向等问题进行评述。

C0515　F426.81

中国纺织经济（纺织业工商管理系列丛书）/谭劲松主编 . —北京：中国纺织出版社，2001 年 . —287 页（被引 74）

　　ISBN 7-5064-1987-4

　　本书从经济运行的角度全面阐述了纺织业的主要特征、纺织业的资源开发与合理配置、纺织业的经济结构与产业政策、纺织业生产与管理、我国纺织品的对外贸易和纺织经济发展的一般规律。

C0516　F426.81

中国纺织经济概论/马晓虹，马涛主编 . —北京：冶金工业出版社，2013 年 . —156 页

　　ISBN 978-7-5024-6336-6

　　本书根据纺织经济课程的教学要求编写，在编写中充分吸收了现代经济学理论和纺织经济学的最新研究成果，并紧密结合新时期我国纺织经济发展的现实背景，对纺织经济进行了概述。

C0517　F426.81-53

中国纺织经济论文集　2012（中国纺织经济论文集）/孙淮滨主编 . —北京：中国纺织出版社，2012 年 . —313 页

　　ISBN 978-7-5064-9462-5

　　本书征集的论文围绕纺织工业发展与对策研究、纺织服装技术经济与管理问题研究、消费市场与时尚艺术问题研究及纺织行业及企业调查研究等方面，进行了较为深入的研究与分析，并对一些值得关注的行业热点经济问题进行了探讨。

C0518　F426.81-53

中国纺织经济论文集　2013（中国纺织经济论文集）/孙淮滨主编 . —北京：中国纺织出版社，2013 年 . —425 页

　　ISBN 978-7-5180-0104-0

　　本书旨对纺织工业发展中长期重要经济与理论问题、行业经济热点问题进行研究，并提出行业发展政策措施建议。

C0519　F426.81-53

中国纺织经济论文集　2014（中国纺织经济论文集）/孙淮滨主编 . —北京：中国纺织出版社，2014 年 . —554 页

　　ISBN 978-7-5180-1266-4

　　本书旨对纺织工业发展中长期重要经济与理论问题、行业经济热点问题进行研究，并提出行业发展政策措施建议。

本书的主要内容：推进化纤行业节能减排、发展化纤低碳经济；印染废水处理及再生回用工程案例研究；纺织工业"十二五"节能与综合利用领域技术标准体系探讨；我国纺织企业碳交易策略研究；基于环境责任的企业主导型废旧纺织品回收模式研究及在我国的推广建议；国际纺织行业节能环保研究趋势分析；低碳经济背景下扩大我国纺织出口贸易的对策；中国纺织业对国民经济发展的贡献研究；技术与管理范式创新下的纺织精细化管理等。

C0520　F426.81-53

中国纺织经济论文集　2015（中国纺织经济论文集）/中国纺织工业联合会，中国纺织经济研究中心编 . —北京：中国纺织出版社，2015 年 . —424 页

　　ISBN 978-7-5180-2251-9

　　本书内容分为行业布局篇、文化篇、产业篇、技术篇和生态篇。

C0521　F426.81-53

中国纺织经济论文集　2016（中国纺织经济论文集）/中国纺织工业联合会，中国纺织经济研究中心 . —北京：中国纺织出版社，2016 年 . —341 页

　　ISBN 978-7-5180-3122-1

　　本书内容包括了三品战略篇、一带一路"走出去"篇、"互联网+"篇、产业研究篇、生态文明篇、非遗文化篇，涵盖了"服务型制造推进纺织服装'三品'战略的研究"等内容。

C0522　F426.81

中国纺织经纬/林及基主编 . —北京：纺织工业出版社，1989 年 . —568 页（被引 7）

　　ISBN 7-5064-0344-7

　　本书概括介绍了纺织工业的历史、现状及其发展前景；对全国纺织教育事业的发展情况及纺织行业人才情况作了比较详细的介绍。

C0523　F768.1

中国纺织品对外贸易/《当代中国的纺织工业》编辑部编 . —常州：纺织工业部经济研究中心，1984 年 . —81 页

C0524　D996.1

中国纺织品贸易的法律环境（"十五"国家重点图书出版规划项目）/孔庆江著 . —北京：中国人民大学出版社，2005 年 . —167 页

　　ISBN 7-300-06222-9

　　本书研究了关贸总协定—世界贸易组织框架内的纺织品贸易制度，阐述了纺织品贸易制度的产生、演化及结构，探讨了纺织品贸易制度与关贸总协定—世界贸易组织协议的关系，分析了纺织品贸易制度对纺织品贸易的影响。最后阐释了中国纺织品贸易面临的新的法律环境及对中国纺织品贸易和政策的影响。

C0525　F426.81

中国纺织企业发展之路研究/王伟著.—南昌：江西科学技术出版社，2018年.—454页

ISBN 978-7-5390-6537-3

本书从我国纺织行业的发展现状出发，对纺织行业的产生、历史、发展、成就、面临问题等多方面进行了较为全面的梳理和研究，从商业模式、可持续成长的融资模式、财务管理、品牌塑造、人力资源管理、协同创新、绿色发展等多方面给出了适应新时代要求的我国纺织企业发展道路的建议。

C0526　F426.81

中国纺织信息化40年发展历程/吴迪著.—北京：中国纺织出版社，2018年.—287页

ISBN 978-7-5180-5464-0

本书以中国纺织工业改革开放40年的发展作为大背景，详尽记述纺织行业信息化建设的历史，深入分析当前两化融合的现状与需求，全面展望新一代信息技术发展趋势。

C0527　F426.81

中国纺织行业管理创新成果蓝皮书：全国纺织行业管理创新成果经典案例之二　2014—2015/中国纺织工业企业管理协会组织编.—北京：中国纺织出版社，2016年.—218页

ISBN 978-7-5180-3090-3

本书视觉独特、时效性强，对于政府部门、行业协会、企业高校和研究机构均有较好的借鉴和启发意义。

C0528　F426.81

中国纺织业与纺织先进技术（英文版）（"十三五"普通高等教育本科部委级规划教材）/钟智丽主编.—北京：中国纺织出版社有限公司，2020年.—197页

ISBN 978-7-5180-5887-7

本书从纺织业全局出发介绍纺织产业发展概况、历程。重点介绍了纺织先进技术的发展、相关原理及其在各领域的应用情况和前景，分析了未来纺织新技术的发展趋势。

C0529　F426.81

中国非织材料指南（中英文本）/向阳主编；上海希达科技公司编.—上海：中国纺织大学出版社，2001年.—625页

ISBN 7-81038-395-7

本书内容包括：中华人民共和国基本概况，中国非织材料发展历史大事记，我国非织材料工业发展现状、面临的挑战与机遇，非织造技术及产品应用简介等。

C0530　F426.81；F426.86

中国工业化进程中纺织服装产业优化升级路径研究/吴建华著.—南京：南京大学出版社，2015年.—112页

ISBN 978-7-305-15023-4

本书共七章，主要内容有工业化进程中中国纺织服装产业发展与借鉴分析、中国纺织产业优化升级方向和条件、中国纺织产业升级的主要路径、纺织产业优化升级路径案例分析等。

C0531　F426.81

中国和世界棉花产销（纺织工业经济丛书）/纺织工业部经济研究中心编辑.—常州：纺织工业部经济研究中心，1987年.—209页

C0532　F426.81

中国茧丝绸产业改革发展纪实　1995—2010/弋辉编著.—北京：中国纺织出版社，2016年.—546页

ISBN 978-7-5180-2974-7

本书全方位、多层次地记录了1995—2010年中国茧丝绸产业在改革和发展进程中所发生的历史事件和取得的进展。

C0533　F426.81

中国近代棉纺织进口替代工业研究　1867—1936（"港口-腹地与近代中国经济转型研究"丛书）/杨敬敏，吴松弟，樊如森作.—济南：齐鲁书社，2020年.—368页

ISBN 978-7-5333-4322-4

本书通过对旧海关统计资料、棉纺织工业专项调查统计资料等多种来源数据的辨析、整理，综合使用历史地理学、计量经济学的研究方法，对近代棉纺织工业进行了再研究。研究揭示了"进口替代"是中国近代棉纺织工业发展中的长时段因素，并讨论了这一因素在时间、空间维度的特征。

C0534　F426.81

中国经编发展与展望/张国云主编.—北京：中国经济出版社，2010年.—290页

ISBN 978-7-5017-9917-6

本书共十个篇章，包括我国经编业历史、科技、设备、产品、集群、产业服务、国际贸易、未来发展，全方位地介绍了我国经编业的现状和特点，述及经编产业的发展前景，让人深受鼓舞。

C0535　F426.81

中国经编行业发展之路　2005—2015/白晓，房娜主编.—北京：中国纺织出版社，2015年.—274页

ISBN 978-7-5180-2109-3

本书首先概括总结了近十年来中国经编业的发展特点，然后分别从产品、集群、企业、人才、贸易、活动、未来发展等方面作了重点介绍。对国内外相关人士了解中国经编业的发展历程，提高经编业创新发展能力，加快经编产业转型升级步伐，前瞻世界经编发展脉络等都具有很好的借鉴作用。

C0536　F426.81

中国企业国际化区位选择影响因素及模式研究：以中国羊绒企业为例/董惠梅著.—北京：知识产权出版社，2008年.—187页

ISBN 978-7-80247-347-8

本书的研究目标是我国企业的国际化模式，具体聚焦于中国企业国际化的空间导向，即中国企业国际化区位选择优先权影响因素及模式研究，整体研究以国际化阶段理论及价值链理论为框架，以中国羊绒企业为例，验证了中国企业国

际化过程。

C0537 F426.81

中国轻纺工业结构研究（中国社会主义经济结构研究丛书）/张朴编著.—北京/太原：中国社会科学出版社，山西人民出版社，1986年.—364页（被引10）

统一书号 4088·155

本书主要阐述了轻纺工业的地位和作用以及与其他产业的关系，轻纺工业的部门结构、产业结构、原材料机构、技术结构、资金结构、所有制结构，轻纺工业结构发展趋势等。

C0538 F426.81

中国入世 WTO 纺织服装业承诺导读与对策/顾强主编.—长春：吉林人民出版社，2002年.—573页（被引23）

ISBN 7-206-03929-4

本书内容包括："关税减让""经济体制""影响货物贸易的政策""与贸易有关的知识产权制度""WTO 成员保留的内容"等。

C0539 F426.81

中国丝绸第一镇盛泽/沈莹宝编著.—北京：中国文史出版社，2016年.—151页

ISBN 978-7-5034-8186-4

本书介绍了盛泽丝绸产业发展史和盛泽丝绸文化特色，从历史、文化、产业链、产品、市场、民俗、风貌等多个侧面对盛泽的丝绸纺织产业进行解读。

C0540 F426.75

中国维纶工业/刘颖隆主编.—重庆：科学技术文献出版社重庆分社，1989年.—260页（被引20）

ISBN 7-5023-1043-6

本书内容包括中国维纶工业的发展、维纶行业各厂情况、中国维纶工业大事记、维纶生产和发展的有关数据和资料，以及国外维纶工业发展概况等。

C0541 F426.75

中国纤维质量监督工作大事记 2008—2014 年/中国纤维检验局编著.—北京：中国质检出版社，2016年.—433页

ISBN 978-7-5026-4322-5

本书以编年体的形式，全面记录了中国纤维质量监督工作从 2008—2014 年走过的七年历程，系统展示了中国纤维质监工作所取得的成就，体现了纤检人奋进创新的精神风貌。本书内容翔实、系统，记述准确、可观、简明，具有史料价值，可作为工具书使用与收藏。

C0542 F426.81

中国羊绒产业链主要环节纵向协作研究/张莹，龙文军著.—北京：中国农业出版社，2016年.—227页

ISBN 978-7-109-22345-5

本书包括以下内容：第一章论述了本书的研究背景、意义、思路、方法等，并对相关概念进行了界定；第二章引述相关理论基础；第三章分析了中国羊绒产业链概况；第四章

至第七章运用产业组织理论的 SCP 范式、计量模型分别对羊绒产业链生产、流通、加工和消费环节进行深入研究等。

C0543 F426.81

中韩纺织业竞争力比较/杜晓燕著.—杭州：浙江大学出版社，2010年.—209页

ISBN 978-7-308-07667-8

本书的主要研究内容是中韩两国纺织业的竞争力对比。内容包括：中韩两国纺织产业的地位和特点、国际竞争力理论研究、实证研究和中韩纺织业竞争力对比分析结果等。

C0544 F426.81

中华人民共和国工业企业基本概况：纺织工业卷（第三次全国工业普查资料）/中国纺织总会，第三次全国工业普查办公室编.—北京：中国统计出版社，1996年.—3183页

ISBN 7-5037-2320-3

本书内容主要是基于1996第三次全国工业普查资料的全国纺织工业企业基本概况。

C0545 F426.81

重塑国有企业形象：北京二毛纺织集团的成功之路/续立滨，赵辉.—北京：新华出版社，1995年.—228页

ISBN 978-7-5011-2788-3

C0546 F426.81

抓住机遇 迎接挑战：中国纺织服装业入世应对方略（**2 册**）/谢志强主编.—延吉：延边人民出版社，1999年.—1591页

ISBN 7-80648-361-6

C0547 F426.81

转型：上海纺织集团调结构、转方式纪实/上海市华夏企业文化研究所编.—上海：上海人民出版社，2012年.—216页

ISBN 978-7-208-10468-6

本书以"创新驱动、转型发展"的立足点对上海纺织七年转型路进行审视，采用写实的手法，突出纪实性，兼顾可读性。

C0548 F416.75

资本主义纺织纤维市场概况 ［译］/（苏）柯斯特罗明（Г. Р. Костромин），（苏）诺维科夫（Н. Н. Новиков）著；冯珹译.—北京：纺织工业出版社，1956年.—71页

统一书号 15041·26

C0549 F416.81

资本主义国家棉纺织设备发展方向的技术经济分析 ［译］/（苏）舒布恰尼诺夫（В. В. Зубчанинов）著；霍本田等译.—北京：中国财政经济出版社，1962年.—163页

统一书号 15166·094

本书对近年来出现在资本主义国家里的新的纺织机器，进行了经济评选。

C0550 F426.81

走出困境/徐孝纯著.—沈阳：辽宁人民出版社，1990年.—239页（被引6）

ISBN 7-205-01579-0

本书介绍北京印染厂厂长徐孝纯同志及其创造的"达美"企业集团的事迹和经验。

C0551 F426.81

走群众路线推广先进经验/武汉市裕华纺织厂总结.—北京：工人出版社，1957年.—72页

统一书号 3007·189

3.2 资料、报告与制度汇编

收录与编辑说明：

本部分收录1950—2020年出版的纺织经济、管理、贸易类以图书形式出版的资料汇编与报告类相关文献178种，其中汇编类文献33种、报告类文献51种、政策法规文献94种，部分文献为行业内部发行。为了便于查找利用，将资料汇编与报告排列在前，按正题名音序排列（记录号C0560—C0642）；政策法规文献在后，按正题名音序排列（记录号C0643—C0738）。汇编与报告类文献在正题名后标注了文献类型，［汇］为汇编类文献，［告］为报告类文献。

C0560 F426.81

WTO与中国纺织工业相关资料汇编［汇］/中国化纤工业协会信息中心.—北京：编者自发行，1999年.—31页

C0561 TS18

出国参观考察报告 捷克化纤针织品生产工艺与设备情况［告］/针织技术考察组编辑.—北京：内部发行，出版时间不详.—28页

C0562 F746.81

出口绸绣统一规格［汇］/轻工业部纺织局，中国纺织进出口总公司著.—北京：编者自发行，1974年.—289页

C0563 TS14

大力发展蚕丝生产问答［汇］/中华人民共和国纺织工业部西南纺织管理局编.—成都：中华人民共和国纺织工业部西南纺织管理局，1955年.—7页

C0564 TS106

地工织物产业专题研究报告［港台］/李信宏撰写.—台北：台湾纺织工业研究中心，1996年.—116页

ISBN 957-9674-03-5

C0565 TS1

访问民主德国特克斯蒂玛设计院的考察报告［告］/纺织工业部设计院.—北京：内部发行，1989年.—29页

C0566 F426.81

纺纱业发展策略研究报告［港台］/林唐裕撰写.—台北：台湾经济研究院，1991年.—212页；29cm

C0567 TS1

纺织工业部纺织科学研究院科技代表团 访问保加利亚报告［告］/纺织工业部纺织科学研究院.—北京：内部发

行，1989年.—14页

C0568 F426.81

纺织工业部主要财务指标资料 1976—1986［汇］/纺织工业部财务室.—北京：内部发行，1987年.—83页

C0569 F426.81

纺织工业企业管理现代化成果汇编［汇］/中国纺织工业企业管理协会，中国纺织工业企业管理协会现代化研究会编.—北京：编者自发行，1991年.—291页

C0570 F426.81

纺织工业引进技术进口设备［汇］（纺织工业经济丛书）/纺织工业部经济研究中心编辑.—常州：纺织工业部经济研究中心，1985年.—178页

纺织工业部经济研究中心在1984年组织了"关于引进技术、进口设备的方针政策"的调查研究工作。本书为七个地区的综合调研报告和各地调研材料的汇编。

C0571 F426.81

纺织工业主要财务资料汇编 1989［汇］/纺织工业部财务室.—北京：内部发行，1990年.—1167页

C0572 F426.81

纺织工业主要财务资料汇编 1990［汇］/纺织工业部财务室.—北京：内部发行，1991年.—1251页

C0573 F426.81

纺织工业主要财务资料汇编 1991［汇］/纺织工业部财务室.—北京：内部发行，1992年.—1187页

C0574 TS19

赴罗马尼亚印染、后整理新工艺及助剂考察情况报告第1—8部分［告］/纺织工业部纺织科学研究院.—北京：

内部交流，1989 年．—50 页

报告共分 8 部分：第 1 部分 中国纺织工业部赴罗马尼亚印染后整理新工艺、助剂考察工作报告；第 2 部分 罗马尼亚纺织研究所机构、科研管理基本情况；第 3 部分 罗马尼亚纺织研究所研究成果情况介绍；第 4 部分 罗马尼亚纺织研究所测试、化学实验室及染整试验工厂情况介绍；第 5 部分 参观三个工厂针织、棉印染、麻印染情况介绍；第 6 部分 协议书关于中华人民共和国纺织工业部纺织科学院和罗马尼亚社会主义共和国布加勒斯特纺织研究所的专家会议；第 7 部分 技术—科学合作计划 1990—1995 年期间；第 8 部分 1990 年 1—2 季度罗方代表团来访前我院需做好准备工作。

C0575 TS14

赴美工业用丝工艺、设备、技术考察报告 1989 年 2 月［告］/纺织部纺织科学研究院考察团．—北京：纺织部纺织科学研究院，1989 年．—30 页

C0576 TS1

赴意大利、联邦德国 轻纺科技考察报告［告］/轻纺科技联合考察组．—北京：内部交流，1987 年．—39 页

C0577 F416.81

各国纺织工业概况［汇］/上海市纺织科学研究院编．—上海：上海市纺织科学研究院，1983 年．—200 页

本书主要是关于 35 个主要国家和地区的纺织工业发展资料。

C0578 F756.81

关贸总协议与纺织工业文件资料汇编［汇］/上海市纺织科技情报中心．—上海：编者自发行，199? 年．—295 页

C0579 F426.81

关于棉纺织厂停工问题［告］/刘长胜著．—上海：中国纺织工会上海市委员会文教部，1951 年．—80 页；13cm

C0580 F426.81

广东省纺织工业产业竞争力研究报告［汇］/中国纺织工业协会．—北京：中国纺织工业协会，2003 年．—272 页

本报告是反映中国纺织工业协会及其各专业协会，尤其是对广东省纺织工业及其服装、针织、化纤、棉纺、印染、丝绸、家纺、毛纺、产业用、纺机 10 个行业竞争力研究成果的大部头集子。

C0581 F426.81

广东省一轻纺织工业历史统计资料 1949—1980［告］/广东省第一轻工业厅编．—广州：广东省第一轻工业厅，1981 年．—319 页

C0582 F768.1

国际纺织品贸易制度演变及 ATC 协议执行以来进展情况的评价［汇］/国家纺织工业局行业管理司政策处．—北京：内部发行，1999 年．—15 页

C0583 F416.81

国际纺织生产成本比较 1981 巴西−西德−印度−日本−韩国−美国［港台］/台湾纺织业外销拓展会编译；林家咏，张茂修译．—台湾：出版者不详，1981 年．—25 页

C0584 TS13

国际羊毛局专题调研 上下册［告］/高春南，朱立群编写．—北京：全国毛纺科技情报站，北京毛纺织科学研究所，出版时间不详．—119 页，277 页

C0585 F416.81

国外对 2000 年纺织工业的展望［告］（纺织工业科技工作会议国外参考资料之三）/纺织工业部科学技术情报研究所，全国纺织工业各专业科技情报站编．—北京：纺织工业部科学技术情报研究所，1978 年．—12 页

C0586 F416.81

国外纺织工业的考察［告］/纺织工业部经济研究中心编辑．—常州：纺织工业部经济研究中心，1985 年．—141 页

本书中，纺织机械制造方面的数据所占比重较大。化学纤维方面，主要集中在对美国、日本两个国家的考察，除在品种、工艺等方面作了了解外，还就管理方面作了较深入的了解，并提出了建设性建议。

C0587 F416.81

国外纺织工业生产动态 1959 年［告］/上海市纺织科学研究所编译．—上海：上海科学技术情报研究所，1960 年．—69 页

C0588 F416.81

国外纺织工业生产动态 1960 年［告］/上海市纺织科学研究所编译．—上海：上海科学技术情报研究所，1960 年．—69 页

C0589 F416.81

国外纺织工业生产动态 1961 年［告］/上海市纺织科学研究所编译．—上海：上海科学技术情报研究所，1962 年．—139 页

C0590 F416.81

国外纺织工业生产动态 1962 年［告］/上海市纺织科学研究所编译．—上海：上海科学技术情报研究所，1962 年．—139 页

C0591 F416.81

国外纺织工业生产动态 1963 年［告］/上海市纺织科学研究院编．—上海：上海科学技术情报研究所，1964 年．—148 页

C0592 F416.81

国外纺织工业生产动态 **1964 年** ［告］/上海纺织科学研究院编.—上海：上海科学技术情报研究所，1965 年.—106 页；26cm

C0593 F416.81

国外纺织工业生产动态 **1965 年** ［告］/上海市纺织科学研究院编.—上海：上海市纺织科学研究院，1966 年.—122 页（被引 41）

C0594 F416.81

国外纺织工业生产动态 **1966 年** ［告］/上海市纺织科学研究院编.—上海：上海市纺织科学研究院，1966 年.—122 页

C0595 F416.81

国外纺织工业展望 **1980** ［告］/轻工业部科技司，科学研究院编译.—北京：轻工业部科技司，科学研究院，1974 年.—27 页

C0596 F416.81

国外纺织和化学纤维工业简讯 **1979** ［告］/纺织工业部科学技术情报研究所编.—北京：纺织工业部科学技术情报研究所，1980 年.—86 页

C0597 F416.81

国外印染工业发展动向 ［告］/上海市纺织科学研究院编译.—上海：上海市纺织科学研究院，1974 年.—5 页

C0598 F416.81

国外针织工业发展趋向 **1980** ［告］/轻工业部科技司，科学研究院编译.—北京：轻工业部科技司，科学研究院，1974 年.—30 页

C0599 F426.81

河南省棉麻物价文件汇编 **1984—1986** ［汇］/河南省棉麻公司编.—郑州：河南省棉麻公司，1987 年.—414 页

C0600 F426.81

河南省棉麻资料汇编 **1963—1975** ［汇］/河南省棉麻公司编.—郑州：河南省棉麻公司，1984 年.—243 页

本数据汇编麻类历年生产、收购、销售、存贮以及种植面积与产量等。

C0601 F426.81

河南省棉麻资料汇编 **1976—1982** ［汇］/河南省棉麻公司编.—郑州：河南省棉麻公司，1985 年.—449 页

本数据汇编麻类 1976 年至 1982 年的生产、收购、销售、存贮以及种植面积与产量等。

C0602 F426.81

黑龙江轻纺工业研究 ［汇］/关士勋等著.—哈尔滨：

《学习与探索》杂志社，1984 年.—137 页

C0603 F746.81

进口棉花资料汇编 ［汇］/上海市纺织原料公司编.—上海：上海市纺织原料公司，1974 年.—326 页

本资料是近年来收集的一些国外资料，上海地区各棉纺织厂在利用进口棉生产实践中积累的经验和体会，进行初步整理汇编而成。

C0604 TS1

罗马尼亚纺织研究所考察报告 **1-4** ［告］/纺织工业部纺织科学研究院.—北京：内部交流，1989 年.—27 页

本报告包括：1. 研究所机构、科研管理基本情况；2. 研究所研究成果情况介绍；3. 研究所测试、化学实验室及染整试验工场情况介绍；4. 研究所纺织测试室及染整试验工场配备的部分仪器、设备表。

C0605 F426.81

棉布计划供应资料汇编 ［汇］/中华人民共和国商业部纺织品局编.—北京：中华人民共和国商业部纺织品局，1960 年.—270 页

C0606 F426.81

棉纺织经营标准 暂行本 ［汇］/中央人民政府纺织工业部编辑.—北京：中央人民政府纺织工业部，1951 年.—103 页

本书内容主要包括棉纺织的定质、定量、定料、定员、保全周期规定、经营检验的标准等内容。

C0607 F426.81

棉织品类经营的方向 ［汇］/天津进步日报社编.—天津：天津进步日报社，1951 年.—37 页

C0608 TS1

青岛、天津、北京参观团传达报告 **1-6** ［告］（五十年代纺织工业史料）/上海申新纺织厂.—上海：上海申新纺织厂总管理处，1949—1955 年.—47 页；20cm

C0609 TS1

人纤加工丝产业专题调查报告 ［港台］/毛乃贞著.—台北：台湾编织工业研究中心，2000 年.—181 页
ISBN 957-9674-36-1

C0610 TS19

日本化学纤维纺织印染技术考察报告 ［告］/林仲等编写；中华人民共和国科学技术委员会情报局编.—北京：中国科学技术委员会，1964 年.—70 页

C0611 F426.81

山西省纺织工业科技发展战略 ［汇］/渠荣篆编.—山西：编者自发行，1989 年.—101 页

C0612 F426.81

陕西省纺织工业统计资料汇编［告］/陕西省纺织工业局编.—西安：陕西省纺织工业局，1964 年.—1 册

C0613 F768.1

上海绸缎［汇］/上海市绸缎商业冈业公会编.—上海：上海市绸缎商业同业公会，1950 年.—76 页；26cm

C0614 F426.81

上海纺织工业全面质量管理专辑［汇］/棉纺学术委员会编.—上海：内部发行，出版时间不详

C0615 F426.81

上海申新纺织厂总管理处暨所属各厂一九五三年第三季度工作综合报告［汇］/上海申新纺织厂编.—上海：上海申新纺织厂，1953 年.—19 页；21cm

C0616 F426.81

上海申新纺织厂总管理处青岛，天津，北京参观团参考总结报告［汇］/上海申新纺织厂总管理处编.—上海：上海申新纺织厂总管理处，1951 年.—164 页；21cm

C0617 TS1

上海市毛纺织工业国产羊毛考察团考查汇报［告］/上海市毛纺织工业同业公会筹备处编.—上海：上海市毛纺织工业同业公会筹备处，1950 年.—72 页；19cm

C0618 TS1

上海市毛纺织工业国产羊毛考察团日记：百日征尘［告］/印陵编.—上海：上海市毛纺织工业同业公会筹备会，1950 年.—105 页；18cm

C0619 F426.81

上海私营棉纺织厂概况［汇］/上海市棉纺织工业同业工会筹备会调研科编.—上海：上海市棉纺织工业同业公会筹备会调研科，1951 年.—137 页；26cm

C0620 F416.81

世界各国纺织工业发展现状　海外市场调查报告　第 5 辑［港台］/台湾征信所企业股份有限公司出版部编.—台北：台湾征信所企业股份有限公司，1979 年.—560 页

C0621 F416.81

世界各国纤维消费量的调查［告］/纺织工业部科学技术情报研究所.—北京：纺织工业部科学技术情报研究所，1985 年.—151 页

C0622 TS1

输欧市场纺织品分类释义资料［港台］/台湾纺织业外销拓展会编.—台湾：台湾纺织业外销拓展会出版部，1989 年.—155 页

C0623 F451.268

苏联和部分东欧国家的纺织科技发展及纺织品贸易概况［告］/纺织工业部科学技术情报研究所.—北京：纺织工业部科学技术情报研究所，1989 年.—24 页

本书主要介绍近几年苏联和部分东欧国家的纺织科技发展及纺织品贸易概况。

C0624 F451.268

苏联棉纺织工业考察报告［告］/纺织工业部.—北京：内部交流，1968 年.—22 页

C0625 F426.81

调整产品结构：振兴上海丝绸［汇］/朱国英.—上海：编者自发行，1989 年.—16 页

C0626 F426.81

台湾纺织厂商在大陆投资现况调查［港台］/何耀仁等著.—台北：台湾经济技术处，2002 年.—143 页

ISBN 957-01-3350-3

C0627 F426.81

台湾纺织工业［告］/厦门市科技情报研究所编.—厦门：编者自发行，出版时间不详.—168 页

本书内容主要包括台湾纺织工业特色、纺织工业经营分析、纺织品细分工业领域分析、图表资料、纺织工业标准索引、主要纺织厂家名录等。

C0628 F426.81

台湾纺织工业现况简介［港台］/台湾纺拓会.—台湾：出版者不详，1992 年.—21 页

本书为台湾纺织工业现况简介，主要包括发展历程、现况简介、当前处境和未来展望四个部分。

C0629 F426.81

台湾区织布工业调查报告［港台］/台湾经济工业局编.—台北：出版者不详，1979 年.—43 页

C0630 F426.75

我国台湾人纤产业国际竞争力分析专题调查［港台］/黄素珍撰.—新竹：工业技术研究院化学工业研究所，1999 年.—1 册

ISBN 957-774-156-8

C0631 F426.81

我国制丝工业技术进步的现状和方向［告］/薛培之.—南京：江苏省纺织研究所，1989 年.—16 页

C0632 F416.81

香港地区及新加坡纺织市场调查研究报告　1987 年［港台］/台湾纺织业外销拓展会市场推广组撰述.—台湾：台湾纺织业外销拓展会市场推广组，1988 年.—97 页

C0633 F426.81

浙江省丝绸价格 **1986** ［告］/浙江省丝绸联合公司编 . —杭州：浙江省丝绸联合公司编，1986 年 . —297 页

C0634 F426.81

浙江省丝绸价格 **1992** ［告］/浙江省丝绸联合公司编 . —杭州：浙江省丝绸联合公司编，1992 年 . —221 页

C0635 TS18

针织布专题调查报告 ［港台］/颜明弘撰写 . —台北：台湾编织工业研究中心，1999 年 . —118 页

C0636 TS1

中国大麻纺织代表团赴罗马尼亚考察报告 **1988 年**［告］/纺织工业部 . —北京：内部交流，1988 年 . —21 页

C0637 TS1

中国纺织工业代表团关于考察英国保加利亚纺织工业的报告 ［告］/纺织工业部 . —北京：内部交流，出版时间不详 . —26 页

C0638 TS1

中国纺织科学技术考察团赴日本、香港地区考察报告［告］/纺织工业部 . —北京：纺织工业部科学技术情报研究所，1979 年 . —28 页，94 页（附件）

C0639 TS1

中国科技合作代表团赴罗马尼亚、波兰、德意志民主共和国参观报告：化纤、纺织及化工通用机械 ［告］/中华人民共和国科学技术委员会情报局编 . —北京：中国科学技术委员会，1964 年

C0640 TS1

中华人民共和国纺织工业部纺织科学研究院 赴埃及考察报告 ［告］/纺织工业部纺织科学研究院 . —北京：内部交流，1992 年 . —18 页

C0641 TS1

中华人民共和国纺织工业部纺织科学研究院 新西兰羊毛技术及贸易考察报告 ［告］/纺织工业部纺织科学研究院 . —北京：内部交流，1996 年 . —4 页

C0642 F426.81

浙江缫丝工业资料汇编 ［汇］/浙江省轻工业厅丝绸工业管理局编 . —杭州：内部发行，1958 年 . —285 页；21cm

C0643 TS108

并条技术管理规则草案/华东纺织管理局技术处 . —上海：华东纺织管理局，1954 年

C0644 TS107

产品质量监督抽查实施规范 **2015** 日用及纺织品/国家质量监督检验检疫总局产品质量监督司编 . —北京：中国质检出版社，2016 年 . —151 页

ISBN 978-7-5066-7822-3

本书汇集了日用及纺织品的产品质量监督抽查实施规范，包括纺织品、服装、鞋类、玩具及童车、学生用品、体育用品。

C0645 TS108

粗纱技术管理规则草案/华东纺织管理局技术处 . —上海：华东纺织管理局，1954 年

C0646 D922.1

纺织工业部法规性文件汇编 **1965—1988**/纺织工业部 . —北京：纺织工业出版社，1990 年 . —430 页

ISBN 7-5064-0585-7

C0647 F426.81

纺织工业产品计划编制说明 **1953 年度** 基层及综合计划单位用/中央纺织工业部华东纺织管理局编 . —上海：中央纺织工业部华东纺织管理局，1952 年 . —10 页；26cm

C0648 F426.81

纺织工业企业设备安全检查要点/纺织工业部生产协调司安全处编 . —北京：纺织工业出版社，1993 年 . —252 页

ISBN 7-5064-0907-0

本书就纺织企业共性部分、通用部分、棉纺织、服装鞋帽、纺织企业炊事等设备，阐述其危险部位的安全检查要点，附录国务院及纺织工业部发布的一些安全管理规定。

C0649 F426.81

纺织工业企业设备管理制度 棉纺织部分 清棉工序/中华人民共和国纺织工业部制定 . —北京：纺织工业出版社，1988 年

ISBN 7-5064-0411-7

C0650 F426.81

纺织工业企业设备管理制度 棉纺织部分 梳棉工序/中华人民共和国纺织工业部制定 . —北京：纺织工业出版社，1989 年 . —22 页

ISBN 7-5064-0412-5

C0651 F426.81

纺织工业企业设备管理制度 棉纺织部分 精梳工序/中华人民共和国纺织工业部制定 . —北京：纺织工业出版社，1989 年 . —22 页

ISBN 7-5064-0413-3

C0652 F426.81

纺织工业企业设备管理制度 棉纺织部分 并粗工序/中华人民共和国纺织工业部制定 . —北京：纺织工业出版社，1989 年 . —22 页

ISBN 7-5064-0414-1

C0653　F426.81

　　纺织工业企业设备管理制度　棉纺织部分　细纱工序/中华人民共和国纺织工业部制定．—北京：纺织工业出版社，1989年．—22页

　　ISBN 7-5064-0415-X

C0654　F426.81

　　纺织工业企业设备管理制度　棉纺织部分　后加工工序/中华人民共和国纺织工业部制定．—北京：纺织工业出版社，1989年．—22页

　　ISBN 7-5064-0416-8

C0655　F426.81

　　纺织工业企业设备管理制度　棉纺织部分　准备工序/中华人民共和国纺织工业部制定．—北京：纺织工业出版社，1989年．—59页

　　ISBN 7-5064-0417-6

C0656　F426.81

　　纺织工业企业设备管理制度　棉纺织部分　织布工序/中华人民共和国纺织工业部制定．—北京：纺织工业出版社，1989年．—22页

　　ISBN 7-5064-0418-4

C0657　F426.81

　　纺织工业企业设备管理制度　棉纺织部分　整理工序/中华人民共和国纺织工业部制定．—北京：纺织工业出版社，1989年．—45页

　　ISBN 7-5064-0419-2

C0658　F426.81

　　纺织工业企业设备管理制度　棉纺织部分　合订本/中华人民共和国纺织工业部制定．—北京：纺织工业出版社，1989年．—240页

　　ISBN 7-5064-0420-6

C0659　F426.81

　　纺织工业企业设备管理制度　毛纺织部分　原毛/中华人民共和国纺织工业部制定．—北京：纺织工业出版社，1990年．—101页（被引5）

　　ISBN 7-5064-0539-3

C0660　F426.81

　　纺织工业企业设备管理制度　毛纺织部分　毛条/中华人民共和国纺织工业部制定．—北京：纺织工业出版社，出版时间不详

C0661　F426.81

　　纺织工业企业设备管理制度　毛纺织部分　精梳/中华人民共和国纺织工业部制定．—北京：纺织工业出版社，1991年．—116页

　　ISBN 7-5064-0570-9

本书介绍了国务院及纺织部有关通知，毛纺织工业的设备的管理条例、制度等。

C0662　F426.81

　　纺织工业企业设备管理制度　毛纺织部分　精织/中华人民共和国纺织工业部制定．—北京：纺织工业出版社，1990年．—58页

　　ISBN 7-5064-0549-0

C0663　F426.81

　　纺织工业企业设备管理制度　毛纺织部分　染整/中华人民共和国纺织工业部制定．—北京：纺织工业出版社，1991年．—184页

　　ISBN 7-5064-0567-9

本书介绍了国务院及纺织部有关通知，毛纺织工业的设备的管理条例、制度等内容。

C0664　F426.81

　　纺织工业企业设备管理制度　毛纺织部分　粗梳/中华人民共和国纺织工业部制定．—北京：纺织工业出版社，1991年．—30页

　　ISBN 7-5064-0569-5

C0665　F426.81

　　纺织工业企业设备管理制度　毛纺织部分　粗织/中华人民共和国纺织工业部制定．—北京：纺织工业出版社，1991年．—37页

　　ISBN 7-5064-0568-7

C0666　F426.81

　　纺织工业企业设备管理制度　毛纺织部分　长毛绒/中华人民共和国纺织工业部制定．—北京：纺织工业出版社，1991年．—73页

　　ISBN 7-5064-0565-2

C0667　F426.81

　　纺织工业企业设备管理制度　毛纺织部分　毛针织/中华人民共和国纺织工业部制定．—北京：纺织工业出版社，1990年．—56页

　　ISBN 7-5064-0447-8

C0668　F426.81

　　纺织工业企业设备管理制度　毛纺织部分　合订本/中华人民共和国纺织工业部制定．—北京：纺织工业出版社，1991年．—580页

　　ISBN 7-5064-0705-1

C0669　F426.81

　　纺织工业企业设备管理制度　黄麻纺织部分/中华人民共和国纺织工业部制定．—北京：纺织工业出版社，1991年．—142页

　　ISBN 7-5064-0614-4

C0670 F426.81

纺织工业企业设备管理制度 苎麻纺织部分/中华人民共和国纺织工业部制定.—北京：纺织工业出版社，1991年.—22 页

ISBN 7-5064-0612-8

C0671 F426.81

纺织工业企业设备管理制度 制丝部分/中华人民共和国纺织工业部制定.—北京：纺织工业出版社，1990 年.—22 页

ISBN 7-5064-0502-4

本书介绍了国务院及纺织部有关通知，制丝纺织工业设备管理条例。

C0672 F426.81

纺织工业企业设备管理制度 丝织部分/中华人民共和国纺织工业部制定.—北京：纺织工业出版社，1990 年.—22 页

ISBN 7-5064-0471-0

本书介绍了国务院及纺织部有关通知，纺织丝织部分设备的管理条例、制度等

C0673 F426.81

纺织工业企业设备管理制度 丝绸印染部分/中华人民共和国纺织工业部制定.—北京：纺织工业出版社，1989 年.—195 页

ISBN 7-5064-0324-2

C0674 F426.81

纺织工业企业设备管理制度 绢纺织部分/中华人民共和国纺织工业部制定.—北京：纺织工业出版社，1991 年.—22 页

ISBN 7-5064-0596-2

本书介绍了国务院及纺织部有关通知，绢纺工业的设备及其管理条例。

C0675 F426.81

纺织工业企业设备管理制度 棉针织部分 内衣、经编/中华人民共和国纺织工业部制定.—北京：纺织工业出版社，1990 年.—22 页

ISBN 7-5064-0451-6

C0676 F426.81

纺织工业企业设备管理制度 棉针织部分 织袜/中华人民共和国纺织工业部制定.—北京：纺织工业出版社，1990 年.—22 页

ISBN 7-5064-0452-4

C0677 F426.81

纺织工业企业设备管理制度棉布印染部分/中华人民共和国纺织工业部制定.—北京：纺织工业出版社，1989 年.—22 页

ISBN 7-5064-0403-6

本书介绍了国务院及纺织部有关通知，纺织工业中棉布印染工业的设备及其管理条例、制度等。

C0678 F426.81

纺织工业企业设备管理制度色织部分 准备、织布、整理工序/中华人民共和国纺织工业部制定.—北京：纺织工业出版社，1990 年.—22 页

ISBN 7-5064-0450-8

C0679 F426.81

纺织工业企业设备管理制度色织部分 漂染工序/中华人民共和国纺织工业部制定.—北京：纺织工业出版社，1990 年.—22 页

ISBN 7-5064-0463-X

本书介绍了国务院及纺织部有关通知，漂染工序的设备的规划、选购及管理制度、条例等。

C0680 F426.81

纺织工业企业设备管理制度复制、线带部分/中华人民共和国纺织工业部制定.—北京：纺织工业出版社，1991 年.—22 页

ISBN 7-5064-0599-7

本书介绍了国务院及纺织部有关通知，毛纺织工业企业中复制、线带部分的设备及其管理技术、条例、制度等。

C0681 F426.81

纺织工业企业设备管理制度帘子布部分/中华人民共和国纺织工业部制定.—北京：纺织工业出版社，1991 年.—22 页

ISBN 7-5064-0595-4

本书介绍了国务院及纺织部有关通知，纺织工业中帘子布部分设备管理条例及其制度等。

C0682 F426.81

纺织工业企业设备管理制度通用设备部分/中华人民共和国纺织工业部制定.—北京：纺织工业出版社，1990 年.—22 页

ISBN 7-5064-0448-6

C0683 F426.81

纺织工业企业设备管理制度胶辊胶圈工序/中国纺织总会全国胶辊胶圈专业组制定.—北京：中国纺织出版社，1999 年.—59 页（被引 8）

ISBN 7-5064-1669-7

C0684 F426.81

纺织工业企业设备管理制度全行业合订本 上册/中华人民共和国纺织工业部制定.—北京：纺织工业出版社，1992 年.—1 册（被引 12）

ISBN 7-5064-0808-2

本书分棉纺织、毛纺织、黄麻纺织及苎麻纺织 4 部分，

介绍其主要设备的大小修理方式、周期范围以及接交技术条件、完好技术条件等内容。

C0685　F426.81
纺织工业企业设备管理制度　全行业合订本　下册/中华人民共和国纺织工业部制定 .—北京：纺织工业出版社，1992 年 .—1 册（被引 12）
ISBN 7-5064-0809-0
本书内容包括：制丝、丝织、丝绸印染、绢纺织、棉针织、棉布印染、色织、复制、线带、帘子布以及通用设备等部分，介绍其主要设备的大小修理方式、周期范围以及接交技术条件、完好技术条件等内容。

C0686　F426.81
纺织工业企业设备维修管理制度　附件—棉纺织部分/中华人民共和国纺织工业部制定 .—北京：中国财政经济出版社，1962 年 .—190 页

C0687　F426.81
纺织工业企业设备维修管理制度　附件—棉纺织部分试行草案/中华人民共和国纺织工业部制定 .—北京：中华人民共和国纺织工业部，1962 年 .—223 页
内含：清花工段+梳棉工段+精梳工段+并粗工段+细纱工段+筒摇成工段+筒管工段+皮辊工段+准备工段+织布工段+整理工段。

C0688　F426.81
纺织工业企业设备维修管理制度　附件—绢纺机部分试行草案/中华人民共和国纺织工业部制定 .—北京：中华人民共和国纺织工业部，1963 年

C0689　F426.81
纺织工业企业设备维修管理制度　附件—针织部分之一/中华人民共和国纺织工业部制定 .—北京：中华人民共和国纺织工业部，1978 年

C0690　F426.81
纺织工业企业设备维修管理制度　附件—针织部分之二/中华人民共和国纺织工业部制定 .—北京：中华人民共和国纺织工业部，1978 年

C0691　F426.81
纺织工业企业设备维修管理制度　棉纺织部分/中华人民共和国纺织工业部制定 .—北京：中华人民共和国纺织工业部，1978 年
棉纺织部分包括：准备工序、清花工序、梳棉工序、精纺工序、并粗工序、织布工序、筒并拈摇成工序。

C0692　F426.81
纺织工业企业设备维修管理制度　丝绸印染部分/中华人民共和国纺织工业部制定 .—北京：中华人民共和国纺织工业部，1979 年

C0693　F426.81
纺织工业企业设备维修管理制度　附件—棉帘子布部分/中华人民共和国纺织工业部制定 .—北京：中华人民共和国纺织工业部，1979 年 .—89 页

C0694　F426.81
纺织工业企业设备维修管理制度　棉印染部分/中华人民共和国纺织工业部制定 .—南京：江苏省纺织工业厅增订翻印，1980 年

C0695　F426.81
纺织工业企业设备维修管理制度　毛纺织染部分　第1-5 分册　毛加工设备/中华人民共和国纺织工业部制定 .—北京：中华人民共和国纺织工业部，1982 年
毛纺织染部分包括 5 个分册：第 1 分册　毛加工设备；第 2 分册　毛条制造设备；第 3 分册　精梳毛纺设备；第 4 分册；第 5 分册　染整设备。

C0696　F426.81
纺织工业企业设备维修管理制度　毛纺织染部分　合订本/中华人民共和国纺织工业部制定 .—北京：中华人民共和国纺织工业部，1982 年 .—1 册

C0697　F426.81
纺织工业企业设备维修管理制度　色织设备部分/中华人民共和国纺织工业部制定 .—北京：中华人民共和国纺织工业部，1982 年 .—146 页

C0698　F426.81
纺织工业企业设备维修管理制度　制丝部分/中华人民共和国纺织工业部制定 .—北京：中华人民共和国纺织工业部，1983 年

C0699　F426.81
纺织工业企业设备维修管理制度　苎麻保养部分/湖南省纺织工业局 .—长沙：湖南省纺织工业局，1979 年 .—136 页

C0700　F426.81
纺织工业企业设备维修管理制度暨上海地区附件—棉纺织部分　精纺工序/上海市纺织工业局技术处 .—上海：上海市纺织工业公司技术科，1978 年

C0701　F407.81
纺织工业统计主要指标计算方法/中国纺织总会 .—北京：中国纺织总会，1995 年 .—248 页

C0702　F407.81
纺织工业统计主要指标计算方法　增补本/国家纺织工业局统计中心 .—北京：国家纺织工业局统计中心，1999 年 .—306 页

C0703 D922.1

纺织机械工业政策法规汇编 1990/纺织工业部技术装备司.—北京：中国纺织机械器材工业协会，1990年.—611页

C0704 F416.81

纺织机械行业劳动定额时间标准（试行） 上/中国纺织机械工业总公司编制.—北京：纺织工业部，1984年.—366页

C0705 F416.81

纺织机械行业劳动定额时间标准（试行） 下/中国纺织机械工业总公司编制.—北京：纺织工业部，1984年.—393页

C0706 F426.81

纺织机械专件产品劳动定额时间标准（试行）/中国纺织机械工业总公司编制.—南京：江苏无锡县严埭印刷厂印刷，1984年.—268页

C0707 F426.81

纺织机械专件产品劳动定额实践标准（试行）/中国纺织机械工业总公司编制.—北京：纺织工业部，1984年.—268页

C0708 F426.81

纺织品价格文件汇编 1982年8月—1984年12月/纺织工业部经济研究中心财务司编辑.—常州：纺织工业部经济研究中心，1985年.—210页

C0709 F768.1

国际商品统一分类制度 输美纺织品美国海关税则号列 1989［港台］/台湾纺织业外销拓展会编.—台湾：台湾纺织业外销拓展会出版部，1989年.—536页

C0710 TS137

国际羊毛局、纯羊毛标志标准及质量控制须知 毛衫、绒线/北京毛纺织科学研究所，纺织工业部毛纺织标准化技术归口单位，国家毛纺织产品质量监督检验测试中心.—北京：北京毛纺织科学研究所，1988年.—101页

C0711 TS102

国内纱线质量水平统计值 1990/纺织科学研究院测试中心，国家棉纺织产品质量监督检验中心编.—北京：编者自发行，1990年.—41页

C0712 TS108

江苏省棉纺织工业企业空调、除尘设计技术规定/江苏省纺织工业厅编.—南京：江苏纺织工业技术经济和管理现代化研究会，1983年.—216页

C0713 TS108

精仿技术管理规则草案/华东纺织管理局技术处.—上海：华东纺织管理局，1954年

C0714 TS111

棉布用纱量定额测定方法/华东纺织管理局棉纺织定额工作委员会编.—上海：华东纺织管理局，1953年.—20页；26cm

C0715 F426.81

棉布质量规章制度汇集/陕西省纺织工业局生产技术处.—西安：陕西省纺织工业局生产技术处，1960年.—124页

C0716 F426.81

棉纺织成本计算规程：1953年度/中央人民政府纺织工业部制订.—北京：纺织工业出版社，1953年.—43页

C0717 F426.81

棉纺织成本计算规程：1954年度/中央人民政府纺织工业部制订.—北京：纺织工业出版社，1954年.—85页

C0718 F426.81

棉纺织、印染产品出厂价格作价办法（根据1965年本翻改）/中华人民共和国纺织工业部.—北京：纺织工业部，1979年.—203页

C0719 F426.81

棉纺织、印染产品计价暂行规定/国家物价局，纺织工业部编.—北京：国家物价局，纺织工业部，1990年.—77页

C0720 TS118

棉纺织企业安全操作规程 纺织企业安全操作规程/中华人民共和国纺织工业部生产协调司编.—北京：中国纺织出版社，1994年.—123页

　　ISBN 7-5064-0986-0

C0721 TS118

棉纺织生产技术管理细则/上海市纺织工业局编.—上海：上海市纺织工业局，1990年.—179页

C0722 TS108

清棉技术管理规则草案/华东纺织管理局技术处.—上海：华东纺织管理局，1954年

C0723 TS101

日本带裙座塔类的强度计算标准/纺织部设计院译.—上海：上海化学工业部设备设计中心站，1979年.—62页

C0724 TS108

梳棉技术管理规则草案/华东纺织管理局技术处.—上海：华东纺织管理局，1954年

C0725 F426.81
印染设备安装工程预算定额（试行）/河南省纺织工业厅，上海市纺织工业局主编．—北京：纺织工业部，1987年．—78页

C0726 F426.81
针织成本计算规程（1953年度试行本）/中央人民政府纺织工业部编．—北京：纺织工业出版社，1953年．—48页

C0727 TS103
中国标准式自动织机零件名称号数表/华东纺织工学院．—上海：华东纺织工学院，198? 年．—64页；15cm×22cm

C0728 F426.81
中国纺织行业管理规章制度全集 上中下册/杨学斌主编．—合肥：安徽文化音像出版社，2003年．—1496页
ISBN 978-7-88413-231-3
本书包括纺织行业行政、人力资源、财务、经营、生产、营销、物流、后勤、广告等方面的管理规章制度，以及纺织行业各细分岗位的岗位职责。

C0729 F426.81
中华人民共和国纺织工业部部门计量检定规程/纺织工业部．—北京：内部发行，出版时间不详．—119页

C0730 F426.81
中华人民共和国纺织工业部纺织成本计算规程/中央人民政府纺织工业部编．—北京：纺织工业出版社，1953年

C0731 F426.81
中华人民共和国纺织工业部暨所属工业企业：记帐凭单制簿记核算办法/纺织工业部编．—北京：纺织工业出版社，1955年．—135页

C0732 F426.81
中华人民共和国纺织工业部所属工业企业：凭单日记账会计核算办法/中华人民共和国纺织工业部订．—北京：纺织工业出版社，1957年．—206页

C0733 F426.81
中央纺织工业部所属经济及企业机械暂行统一会议制度/中央人民政府纺织工业部编．—北京：中央人民政府纺织工业部，1951年．—82页

C0734 F426.81
中央纺织工业部印染成本计算规程：1953年度/中央人民政府纺织工业部财务司编．—北京：纺织工业出版社，1953年．—69页

C0735 F426.81
中央人民政府纺织工业部暨所属企业统一会计制度/中央人民政府纺织工业部编订．—北京：中央人民政府纺织工业部，1952年．—160页；19cm

C0736 F426.81
中央人民政府纺织工业部棉纺织成本计算规程/中央人民政府纺织工业部编．—北京：中央人民政府纺织工业部，1952年．—1册

C0737 F426.81
中央人民政府纺织工业部暂行棉纺织成本计算规程/中央人民政府纺织工业部编．—北京：中央人民政府纺织工业部，1951年．—72页

C0738 TS108
准备工程技术管理规则草案/华东纺织管理局技术处．—上海：华东纺织管理局，1954年

3.3 年鉴与发展报告

收录与编辑说明：

年鉴与发展报告是纺织行业非常重要的参考文献，它系统准确地记录了我国纺织业逐年的发展与进步。本部分收录1950—2020年出版的纺织类年鉴、发展报告、统计年报等共234种（记录号C0750—C0983），其中港台版图书43种。为了便于查找利用，本部分图书按全国性年鉴（报告）在前（C0750—C0917）、地方性年鉴（报告）在后（C0918—C0940），其中又以综合性年鉴（报告）在前、行业性年鉴（报告）在后方式编排。港台版纺织年鉴（C0941—C0983）置地方纺织年鉴之后，以便区分。

C0750 F426.81
纺织工业统计年报 1980年/纺织工业部编．—北京：纺织工业部，1981年．—517页

C0751 F426.81
纺织工业统计年报 1988年/纺织工业部编．—北京：纺织工业部，1989年．—662页

C0752 F426.81
纺织工业统计年报 1991年/纺织工业部编．—北京：纺织工业部，1992年

C0753　F426.81

　　纺织工业统计年报　**1994 年**/中国纺织总会 .—北京：中国纺织总会，1995 年 .—741 页

C0754　F426.81

　　纺织工业统计年报　**1995 年**/中国纺织总会 .—北京：中国纺织总会，1996 年 .—478 页

C0755　F426.81

　　纺织工业统计年报　**1998 年**/中国纺织工业协会统计中心编 .—北京：中国纺织工业协会统计中心，1999 年 .—401 页

C0756　F426.81

　　纺织工业统计年报　**1998 年　企业版**/中国纺织工业协会统计中心编 .—北京：中国纺织工业协会统计中心，1999 年 .—453 页

C0757　F426.81

　　纺织工业统计年报　**1999 年　综合版　上下册**/中国纺织工业协会统计中心编 .—北京：中国纺织工业协会统计中心，2000 年 .—346 页，483 页

C0758　F426.81

　　纺织工业统计年报　**2000 年　企业版**/中国纺织工业协会统计中心编 .—北京：中国纺织工业协会统计中心，2001 年 .—567 页

C0759　F426.81

　　纺织工业统计年报　**2000 年　综合版**/中国纺织工业协会统计中心编 .—北京：中国纺织工业协会统计中心，2001 年 .—252 页

C0760　F426.81

　　纺织工业统计年报　**2001 年**/中国纺织工业协会统计中心编 .—北京：中国纺织工业协会统计中心，2002 年 .—390 页

C0761　F426.81

　　纺织工业统计年报　**2002 年**/中国纺织工业协会统计中心编 .—北京：中国纺织工业协会统计中心，2003 年 .—267 页

C0762　F426.81

　　纺织工业统计年报　**2003 年**/中国纺织工业协会统计中心编 .—北京：中国纺织工业协会统计中心，2004 年 .—409 页

C0763　F426.81

　　纺织工业统计年报　**2006 年**/中国纺织工业协会统计中心编 .—北京：中国纺织工业协会统计中心，2007 年 .—336 页

C0764　F426.81

　　纺织工业统计年报　**2011 年**/中国纺织工业联合会统计中心编 .—北京：中国纺织工业联合会统计中心，2011 年

C0765　F426.81

　　纺织工业统计年报　**2014—2015 年**/中国纺织工业联合会统计中心编 .—北京：中国纺织工业联合会统计中心，2015 年

C0766　F426.81

　　纺织工业统计年报　**2016—2017 年**/中国纺织工业联合会统计中心编 .—北京：中国纺织工业联合会统计中心，2017 年

C0767　F426.81

　　纺织工业统计摘要年报　**1999 年**/中国纺织工业协会统计中心编 .—北京：中国纺织工业协会统计中心，2000 年 .—78 页

C0768　F426.81

　　纺织工业统计资料　**1989**/纺织工业部编 .—北京：纺织工业出版社，1990 年

C0769　TS1

　　纺织科学技术学科发展报告　**2006—2007**（中国科协学科发展研究系列报告、纺织科学技术学科发展报告）/中国科学技术协会主编 .—北京：中国科学技术出版社，2007 年 .—150 页

　　ISBN 978-7-5046-4507-4

　　本书包括综合报告及 8 个专题报告：化学纤维、天然纤维改性、纺纱、织造、染整、服装、非织造布、产业用纺织品。

C0770　TS1

　　纺织科学技术学科发展报告　**2008—2009**（中国科协学科发展研究系列报告、纺织科学技术学科发展报告）/中国科学技术学会主编 .—北京：中国科学技术出版社，2009 年 .—173 页

　　ISBN 978-7-5046-4947-8

　　本书回顾总结了纺织科学技术近两年来国内外科学前沿发展情况、技术进步及应用情况，科技队伍建设与人才培养情况，以及学科发展平台建设情况。

C0771　TS1

　　纺织科学技术学科发展报告　**2010—2011**（中国科协学科发展研究系列报告、纺织科学技术学科发展报告）/中国科学技术协会主编 .—北京：中国科学技术出版社，2011 年 .—177 页

　　ISBN 978-7-5046-5814-2

　　本书包括综合报告和纤维与材料、纺纱工程、机织工艺与产品设计、针织装备技术与产品开发、纺织化学与染整工程、服装设计与工程等。

C0772　TS1

纺织科学技术学科发展报告　2012—2013（中国科协学科发展研究系列报告、纺织科学技术学科发展报告）/中国科学技术协会主编．—北京：中国科学技术出版社，2014年．—211页

ISBN 978-7-5046-6551-5

本书分为综合报告、专题报告共两部分，主要内容包括：纺织科学技术学科的现状与发展、纤维材料工程学科的现状与发展等。

C0773　TS1

纺织科学技术学科发展报告　2016—2017（中国科协学科发展研究系列报告、纺织科学技术学科发展报告）/中国纺织工程学会编著．—北京：中国科学技术出版社，2018年．—229页

ISBN 978-7-5046-7897-3

本书共分为综合报告和专题报告两部分，主要内容包括：纺织科学技术学科的现状与发展；纤维材料工程学科的现状与发展；纺纱工程学科的现状与发展等。

C0774　TS107-54；F752.658.1-54

欧盟标准与中国纺织品贸易年鉴/马林聪主编．—北京：中国标准化杂志社，2005年．—231页

本书主要介绍中国和欧盟纺织品法律法规、专家论坛、欧盟纺织品贸易政策、纺织品生态标签知识及国际生态纺织行业使用标准化的手段防范与化解出口贸易中的各种风险，促使我国有更多的纺织品出口到欧盟及世界各国，为国家创造更多的财富。

C0775　F426.81

全国针棉织品主要产地历史价格数据汇编/商业部纺织局编．—北京：编者自发行，1985年．—6册；19cm×36cm

C0776　F426.79-54

中国表面活性剂行业年鉴　2010—2011/王万绪主编；表面活性剂和洗涤剂行业生产力促进中心编．—北京：中国轻工业出版社，2012年．—417页；26cm

ISBN 978-7-5019-8997-3

本书包括行业综述、产品与市场、技术装备与建设项目、表面活性剂主要原料、行业标准、科技与成果、应用篇章、主要生产企业、2010—2011行业大事记、行业机构与协会组织、企业名录等。

C0777　F426.79-54

中国表面活性剂行业年鉴　2012/表面活性剂和洗涤剂行业生产力促进中心编．—北京：中国轻工业出版社，2013年．—506页；26cm

ISBN 978-7-5019-9406-9

本书包括行业综述、产品与市场、技术装备与项目建设、主要原料及相关产业、标准与检测、科技与成果、应用篇章、上市公司、主要生产企业介绍、2012行业大事记、企业名录等。

C0778　F426.79-54

中国表面活性剂行业年鉴　2013/表面活性剂和洗涤剂行业生产力促进中心编．—太原：山西人民出版社，2014年．—326页；26cm

ISBN 978-7-203-08714-4

本书主要针对2013年国内外表面活性剂行业的发展特征、发展趋势、产品生产与市场、工业应用技术、相关标准与法规修订、主要上市公司营业状况以及下游应用行业的发展进行较为详细的论述。

C0779　F426.79-54

中国表面活性剂行业年鉴　2014/表面活性剂和洗涤剂行业生产力促进中心编．—北京：中国轻工业出版社，2015年．—456页；26cm

ISBN 978-7-5184-0589-3

本书主要针对2014年国内外表面活性剂行业的发展特征、发展趋势、产品生产与市场、工业应用技术、相关标准与法规修订、主要上市公司营业状况以及下游应用行业的发展进行较为详细的论述。

C0780　F426.79-54

中国表面活性剂行业年鉴　2016/表面活性剂和洗涤剂行业生产力促进中心，中国日用化学工业研究院编．—北京：中国轻工业出版社，2016年．—332页；26cm

ISBN 978-7-5184-1165-8

本书主要针对2016年国内外表面活性剂行业的发展特征、发展趋势、产品生产与市场、工业应用技术、相关标准与法规修订、主要上市公司营业状况以及下游应用行业的发展进行较为详细的论述。

C0781　F426.79-54

中国表面活性剂行业年鉴　2017/中国日用化学工业研究院，表面活性剂和洗涤剂行业生产力促进中心编．—北京：中国轻工业出版社，2017年．—356页；26cm

ISBN 978-7-5184-1589-2

本书主要针对2017年国内外表面活性剂行业的发展特征、发展趋势、产品生产与市场、工业应用技术、相关标准与法规修订、主要上市公司营业状况以及下游应用行业的发展进行较为详细的论述。

C0782　F426.79-54

中国表面活性剂行业年鉴　2018/表面活性剂和洗涤剂行业生产力促进中心，中国日用化学工业研究院编．—北京：中国轻工业出版社，2018年．—431页；26cm

ISBN 978-7-5184-2115-2

本书主要针对2018年国内外表面活性剂的行业综述、生产与市场、行业应用、科研与成果、行业大事记等10章内容进行较为详细的论述。

C0783　F426.81

中国产业用纺织品行业发展报告　2012/2013/中国产业用纺织品行业协会编著．—北京：中国纺织出版社，2013

年．—361 页；24cm

    ISBN 978-7-5064-9908-8

    本书阐述了产业用纺织品行业 2012/2013 年整体的运行情况、行业内主要领域的发展情况和产业集群的发展情况；产业链上相关产业，如化纤、玻纤和纺机等相关领域的发展情况等。

C0784 F426.81

    中国产业用纺织品行业发展报告 2014/2015/中国产业用纺织品行业协会编著．—北京：中国纺织出版社，2015 年．—321 页；24cm

    ISBN 978-7-5180-1949-6

    本书阐述了产业用纺织品行业 2014/2015 年整体的运行情况、行业内主要领域的发展情况和产业集群的发展情况；产业链上相关产业，如化纤、玻纤和纺机等相关领域的发展情况等。

C0785 F426.81

    中国产业用纺织品行业发展报告 2016/2017/中国产业用纺织品行业协会编著．—北京：中国纺织出版社，2017 年．—390 页；24cm

    ISBN 978-7-5180-3912-8

    本书收录了 2016 年以来我国产业用纺织品行业运行的情况、行业内主要领域的发展情况和产业集群的发展状况；产业链上相关产业，如化纤、高性能纤维、玻璃纤维、纺织机械等产业的发展情况等。

C0786 F426.81

    中国产业用纺织品技术发展报告 2012/2013/中国产业用纺织品行业协会编著．—北京：中国纺织出版社，2013 年．—481 页；24cm

    ISBN 978-7-5064-9848-7

    本书分为纤维原料、机械设备、卷材与制品、标准与检测四大主要篇章，涵盖产业用纺织品在多个应用领域的新技术、新工艺、新产品，并突出产业用纺织品六大重点发展领域的技术进步，集研究性、实用性与前瞻引导性于一体，体现行业快速发展的瞩目成绩。

C0787 F426.81

    中国产业用纺织品技术发展报告 2014/2015/中国产业用纺织品行业协会编著．—北京：中国纺织出版社，2015 年．—467 页；24cm

    ISBN 978-7-5180-1824-6

    本书共分四篇，重点涵盖了近两年产业用纺织品行业的新技术、新工艺、新产品及研究进展、生产工艺、检测标准等内容。

C0788 F426.81

    中国产业用纺织品技术发展报告 2016/2017/中国产业用纺织品行业协会编著．—北京：中国纺织出版社，2017 年．—476 页；24cm

    ISBN 978-7-5180-3911-1

本书分技术论文与综述、标准与检测和政策与规划三篇，涵盖了近两年来产业用纺织品多个应用领域的新技术、新工艺、新产品，并突出其重点发展领域的技术进步。同时也收录了在 2017 年年初正式发布的《产业用纺织品行业"十三五"发展指导意见》和近两年来的标准与检测发展，以及相关的新政新规等重要内容。

C0789 F426.81

    中国纺织产业集群发展报告 2007/中国纺织工业协会编著．—北京：中国纺织出版社，2007 年．—428 页（被引 16）

    ISBN 978-7-5064-4746-1

    本书主要内容包括五篇：第一篇是中国纺织工业协会领导及国家发改委领导讲话；第二篇介绍了中国纺织产业集群试点工作情况；第三篇介绍 83 家纺织产业集群试点地区情况；第四篇介绍服装、针织、棉纺、毛纺、家纺、化纤行业产业集群地区情况；最后一篇介绍纺织产业集群与专业市场互动发展情况。

C0790 F426.81

    中国纺织产业集群发展报告 2016/中国纺织工业联合会编著．—北京：中国纺织出版社，2016 年．—687 页（被引 6）

    ISBN 978-7-5064-4746-2

    本书共分为两个部分。第一部分阐述了全国纺织产业集群试点工作所走过的历程、现状以及发展方向。第二部分介绍了与中国纺织工业联合会签署共建协议的试点集群。

C0791 F426.81，F426.86

    中国纺织服装电子商务发展报告 2011—2015（中国纺织服装电子商务发展报告）/中国纺织工业联合会编著．—上海：东华大学出版社，2016 年．—160 页

    ISBN 978-7-5669-1124-7

    本书分为发展篇、专题篇、趋势篇、典型篇四篇，主要包括：纺织服装电子商务发展情况；纺织服装电子商务交易情况分类分析；纺织服装电子商务环境建设与公共服务；产业集群电子商务等。

C0792 F426.81，F426.86

    中国纺织服装品牌发展报告 2017 年/《中国纺织服装品牌发展报告》编委会编著．—北京：中国纺织出版社，2017 年．—141 页

    ISBN 978-7-5180-4413-9

    本书共分综述篇、专题篇和附录三个部分。综述篇总体梳理了 2017 年我国纺织服装品牌发展现状和特点、面临的问题与挑战和下一步发展方向与重点；专题篇聚焦链式创新和创意集聚两个话题，分别介绍了供应链创新和社会责任发展以及创意园区建设情况，并就典型案例进行深度分析。

C0793 F426.81

    中国纺织工业发展报告 2000—2001/中国纺织工业协会编著．—北京：中国纺织出版社，2001 年．—284 页（被引 31）

ISBN 7-5064-1991-2

本书主要内容包括：2000—2001 年中国纺织工业现状与趋势综合分析；中国纺织 12 个行业的状况与展望。

C0794 F426.81

中国纺织工业发展报告 2001—2002/中国纺织工业协会编著 .—北京：中国纺织出版社，2002 年 .—376 页（被引 141）

ISBN 7-5064-2295-6

本书是我国唯一一部集中反映纺织工业及其各行业年度发展与趋势的研究报告。该报告主要内容包括：2001—2002 年中国纺织工业现状与趋势综合分析；中国纺织 12 个行业年度行业状况与展望等。

C0795 F426.81

中国纺织工业发展报告 2002—2003/中国纺织工业协会编著 .—北京：中国纺织出版社，2003 年 .—367 页（被引 39）

ISBN 7-5064-2586-6

本书反映了我国纺织工业及其各行业的 2002—2003 年度发展与趋势，包括行业运行、咨询报告、原料供求、国际纺织、行业新闻、统计资料等内容。

C0796 F426.81

中国纺织工业发展报告 2003—2004/中国纺织工业协会编著 .—北京：中国纺织出版社，2004 年 .—323 页（被引 33）

ISBN 7-5064-2948-9

本书反映了我国纺织工业及其各行业的 2003—2004 年度发展与趋势，包括行业运行、咨询报告、原料供求、国际纺织、行业新闻、统计资料等内容。

C0797 F426.81

中国纺织工业发展报告 2004—2005/中国纺织工业协会编著 .—北京：中国纺织出版社，2005 年 .—395 页（被引 36）

ISBN 7-5064-3363-X

本书反映了我国纺织工业及其各行业的 2004—2005 年度发展与趋势，包括行业运行、咨询报告、原料供求、国际纺织、行业新闻、统计资料等内容。

C0798 F426.81

中国纺织工业发展报告 2005—2006/中国纺织工业协会编著 .—北京：中国纺织出版社，2006 年 .—434 页（被引 27）

ISBN 978-7-5064-3818-6

本书主要内容包括：2005—2006 年度，中国纺织工业现状与趋势综合分析；中国纺织 11 个行业包括化学纤维、棉纺织、毛纺织、丝绸、麻纺织、印染、针织、服装、家用纺织品、产业用纺织品、纺织机械年度行业状况与展望；纺织行业科技进步；课题报告；纺织国际经济论坛等。

C0799 F426.81

中国纺织工业发展报告 2006—2007/中国纺织工业协会编著 .—北京：中国纺织出版社，2007 年 .—408 页（被引 41）

ISBN 978-7-5064-4375-3

本书主要内容包括：2006—2007 年度，中国纺织工业现状与趋势综合分析；中国纺织 11 个行业包括化学纤维、棉纺织、毛纺织、丝绸、麻纺织、印染、针织、服装、家用纺织品、产业用纺织品、纺织机械年度行业状况与展望；纺织行业科技进步；课题报告；纺织国际经济论坛等。

C0800 F426.81

中国纺织工业发展报告 2007—2008/中国纺织工业协会编著 .—北京：中国纺织出版社，2008 年 .—337 页（被引 13）

ISBN 978-7-5064-4960-1

本书主要内容包括：2007—2008 年度，中国纺织工业现状与趋势综合分析；中国纺织 11 个行业包括化学纤维、棉纺织、毛纺织、丝绸、麻纺织、印染、针织、服装、家用纺织品、产业用纺料供求；品牌文化；行业新闻与年度统计资料等。

C0801 F426.81

中国纺织工业发展报告 2008—2009/中国纺织工业协会编著；孙淮滨主编 .—北京：中国纺织出版社，2009 年 .—369 页（被引 7）

ISBN 978-7-5064-5654-8

本书主要内容包括：2008—2009 年度，中国纺织工业现状与趋势综合分析；中国纺织 11 个行业包括化学纤维、棉纺织、毛纺织、丝绸、麻纺织、印染、针织、服装、家用纺织品、产业用纺料供求；品牌文化；行业新闻与年度统计资料等。

C0802 F426.81

中国纺织工业发展报告 2009—2010/中国纺织工业协会编著 .—北京：中国纺织出版社，2010 年 .—351 页（被引 56）

ISBN 978-7-5064-5654-8

主要内容包括：2009—2010 年度，中国纺织工业现状与趋势综合分析；中国纺织 11 个行业年度行业状况与展望、纺织行业科技进步、品牌文化、行业重大问题研究、课题报告、原料供求、行业新闻与年度统计资料等内容。

C0803 F426.81

中国纺织工业发展报告 2010—2011/中国纺织工业联合会编著；孙淮滨主编 .—北京：中国纺织出版社，2011 年 .—367 页（被引 5）

ISBN 978-7-5064-7471-9

本书主要内容包括：2010—2011 年度，中国纺织工业现状与趋势综合分析；中国纺织 11 个行业包括化学纤维、棉纺织、毛纺织、丝绸、麻纺织、印染、针织、服装、家用纺织品、产业用纺料供求；品牌文化；行业新闻与年度统计资料等。

C0804 F426.81
中国纺织工业发展报告 2011—2012/中国纺织工业联合会编著；孙淮滨主编．—北京：中国纺织出版社，2012年．—402页（被引12）

ISBN 978-7-5064-8596-8

本书主要内容包括：2011—2012年度，中国纺织工业现状与趋势综合分析；中国纺织12个行业包括化学纤维、棉纺织、毛纺织、丝绸、麻纺织、长丝织造、纺织机械年度状况分析与展望；纺织行业"十二五"发展规划等。

C0805 F426.81
中国纺织工业发展报告 2012—2013/中国纺织工业联合会编著；孙淮滨主编．—北京：中国纺织出版社，2013年．—366页（被引11）

ISBN 978-7-5064-9746-6

本书主要内容包括：2012—2013年度，中国纺织工业现状与趋势综合分析；中国纺织11个行业年度行业状况与展望、纺织行业科技进步、品牌文化、行业重大问题研究、课题报告、原料供求、行业新闻与年度统计资料等内容。

C0806 F426.81
中国纺织工业发展报告 2013—2014/中国纺织工业联合会编著；孙淮滨主编．—北京：中国纺织出版社，2014年．—402页（被引7）

ISBN 978-7-5180-0626-7

本书主要包括：2013—2014年度，中国纺织工业现状与趋势综合分析，中国纺织12个行业包括化学纤维、棉纺织、毛纺织、丝绸、麻纺织、长丝织造业、印染、针织、服装、家用纺织品、产业用纺织品、纺织机械年度状况分析与展望，规划研究，科技创新，企业文化，行业发展，经济成果，原料供求，行业新闻，行业年度颁发的奖项及年度国内外统计资料等栏目和内容。

C0807 F426.81
中国纺织工业发展报告 2014—2015/中国纺织工业联合会编著；孙淮滨主编．—北京：中国纺织出版社，2015年．—331页（被引7）

ISBN 978-7-5180-1660-0

本书主要包括：2014—2015年度，中国纺织工业现状与趋势综合分析；中国纺织12个行业包括化学纤维、棉纺织、毛纺织、丝绸、麻纺织、长丝织造业、印染、针织、服装、家用纺织品、产业用纺织品、纺织机械年度状况分析与展望；科技创新；企业文化；行业研究；原料供求；行业新闻；行业年度颁发的奖项及年度国内外统计资料等栏目和内容。

C0808 F426.81
中国纺织工业发展报告 2015—2016/中国纺织工业联合会编著；孙淮滨主编．—北京：中国纺织出版社，2016年．—321页

ISBN 978-7-5180-2636-4

本书主要包括：2015—2016年度，中国纺织工业现状与趋势综合分析；中国纺织12个行业包括化学纤维、棉纺织、毛纺织、丝绸、麻纺织、长丝织造、印染、针织、服装、家用纺织品、产业用纺织品、纺织机械年度状况分析与展望；科技创新；品牌建设；行业研究；原料供求；行业新闻；行业年度颁发的奖项及年度国内外统计资料等栏目和内容。

C0809 F426.81
中国纺织工业发展报告 2016—2017/中国纺织工业联合会编著；孙淮滨主编．—北京：中国纺织出版社，2017年．—299页

ISBN 978-7-5180-3616-5

本书主要包括：2016—2017年度，中国纺织工业现状与趋势综合分析；中国纺织12个行业包括化学纤维、棉纺织、毛纺织、丝绸、麻纺织、长丝织造、印染、针织、服装、家用纺织品、产业用纺织品、纺织机械年度状况分析与展望；科技创新；行业研究；原料供求及年度国内外统计资料等。

C0810 F426.81
中国纺织工业发展报告 2017—2018/中国纺织工业联合会编著；孙淮滨主编．—北京：中国纺织出版社，2018年．—307页（被引5）

ISBN 978-7-5180-5037-6

本书主要包括：2017—2018年度，中国纺织工业现状与趋势综合分析，中国纺织12个子行业包括化学纤维、棉纺织、毛纺织、丝绸、麻纺织、长丝织造、印染、针织、服装、家用纺织品、产业用纺织品、纺织机械年度分析与展望，科技创新，三品战略，行业研究，发展平台，原料供求及国内外统计资料等栏目和内容。

C0811 F426.81
中国纺织工业发展报告 2018—2019/中国纺织工业联合会编著；孙淮滨主编．—北京：中国纺织出版社有限公司，2019年．—313页

ISBN 978-7-5180-6157-0

本书主要包括：2018—2019年度，中国纺织工业现状与趋势综合分析；中国纺织12个子行业包括化学纤维、棉纺织、毛纺织、丝绸、麻纺织、长丝织造、印染、针织、服装、家用纺织品、产业用纺织品、纺织机械年度分析与展望；改革开放40年；强国建设；行业关注；原料供求及国内外统计资料等栏目和内容。

C0812 F426.81
中国纺织工业发展报告 2019—2020/中国纺织工业联合会编著；孙淮滨主编．—北京：中国纺织出版社有限公司，2020年．—315页

ISBN 978-7-5180-7404-4

本书内容包括：2019—2020年度，中国纺织工业现状与趋势综合分析；包括化学纤维、棉纺织、毛纺织、丝绸、麻纺织、长丝织造、印染、针织、服装、家用纺织品、产业用纺织品、纺织机械的12个子行业年度分析与展望；70年足

迹；高质量发展；行业研究；原料供求及国内外统计资料等栏目和内容。

C0813 F426.81

中国纺织工业技术进步研究报告 2004—2005/中国纺织信息中心编著．—北京：中国纺织出版社，2004 年．—304 页

这是国内首部以纺织行业科技进步为主题的综合性研究报告，其中包括总报告、各行业分报告和技术专题分报告三部分共二十余篇。

C0814 F426.81

中国纺织工业技术进步研究报告 2008—2009/中国纺织信息中心编著．—北京：中国纺织出版社，2008 年．—300 页（被引 6）

ISBN 978-7-5064-5375-2

本书内容包括：总报告——新形势下的纺织工业技术进步；专题报告——适应高效生产的纺织机械，纺织品清洁生产技术进步研究，国内外纺织循环利用技术的进展，节约环保型纺织化学品的发展及应用等。

C0816 F426.81-54

中国纺织工业年鉴 1982/《中国纺织工业年鉴》编辑委员会编．—北京：纺织工业出版社，1983 年．—320 页

统一书号 17041·1274

C0817 F426.81-54

中国纺织工业年鉴 1983/《中国纺织工业年鉴》编辑委员会编．—北京：纺织工业出版社，1984 年．—574 页

统一书号 17041·1346

C0818 F426.81-54

中国纺织工业年鉴 1984—1985/《中国纺织工业年鉴》编辑委员会编．—北京：纺织工业出版社，1986 年．—656 页

统一书号 17041·1485

C0819 F426.81-54

中国纺织工业年鉴 1986—1987/《中国纺织工业年鉴》编辑委员会编．—北京：纺织工业出版社，1988 年．—689 页

ISBN 7-5064-0093-6

C0820 F426.81-54

中国纺织工业年鉴 1988—1989/《中国纺织工业年鉴》编辑委员会编．—北京：纺织工业出版社，1989 年．—702 页

ISBN 7-5064-0389-7

C0821 F426.81-54

中国纺织工业年鉴 1990/《中国纺织工业年鉴》编辑委员会编．—北京：纺织工业出版社，1991 年．—572 页

ISBN 7-5064-0572-5

C0822 F426.81-54

中国纺织工业年鉴 1991/《中国纺织工业年鉴》编辑委员会编．—北京：纺织工业出版社，1992 年．—458 页

ISBN 7-5064-0701-9

本书共分十篇。包括纺织工业及分行业概况，重要文件汇编，调查研究数据，统计数据，1990 年纺织工业大事记，企事业名录等。

C0823 F426.81-54

中国纺织工业年鉴 1992/《中国纺织工业年鉴》编辑委员会编．—北京：纺织工业出版社，1992 年．—415 页

ISBN 7-5064-0828-7

C0824 F426.81-54

中国纺织工业年鉴 1993/《中国纺织工业年鉴》编辑委员会编．—北京：中国纺织出版社，1993 年．—322 页（被引 6）

ISBN 7-5064-0975-5

C0825 F426.81-54

中国纺织工业年鉴 1994/《中国纺织工业年鉴》编辑委员会编．—北京：中国纺织出版社，1995 年．—226 页

ISBN 7-5064-1148-2

C0826 F426.81-54

中国纺织工业年鉴 1995/《中国纺织工业年鉴》编辑委员会编．—北京：中国纺织出版社，1996 年．—261 页（被引 8）

ISBN 7-5064-1198-9

C0827 F426.81-54

中国纺织工业年鉴 1996/《中国纺织工业年鉴》编辑委员会编．—北京：中国纺织出版社，1997 年．—290 页

ISBN 7-5064-1319-1

C0828 F426.81-54

中国纺织工业年鉴 1997—1999/《中国纺织工业年鉴》编辑委员会编．—北京：中国纺织出版社，2000 年．—432 页

ISBN 7-5064-1850-9

本书包括了综合篇、行业篇、地方篇、文献篇、人物篇、大事记、企业篇、成果篇、统计篇以及附录等。

C0829 F426.81-54

中国纺织工业年鉴 2000/《中国纺织工业年鉴》编辑委员会编．—北京：中国纺织出版社，2001 年．—197 页（被引 5）

ISBN 7-5064-2045-7

本书内容以中国纺织工业 1999 年的数据为主，包括综合篇、行业篇、地方篇、文献篇、大事记、成果篇、统计篇，共 40 余万字。

C0830 F426.81

中国纺织行业分析报告 2001.4 季度 2002.1—4 季度/中经网数据有限公司，北京联合经研投资咨询有限公

司.—北京：中经网数据有限公司，北京联合经研投资咨询有限公司，2001年.—31页，25页，58页，57页，33页，47页

C0831 F426.81

中国纺织行业分析报告 2003.1—4季度/中经网数据有限公司，北京联合经研投资咨询有限公司.—北京：中经网数据有限公司，北京联合经研投资咨询有限公司，2003年.—51页，22页，19页，27页

C0832 F426.81

中国纺织行业分析报告 2004.1—4季度/中经网数据有限公司，北京联合经研投资咨询有限公司.—北京：中经网数据有限公司，北京联合经研投资咨询有限公司，2004年.—19页，18页，16页，15页

C0833 F426.81

中国纺织行业分析报告 2005.1—4季度/中经网数据有限公司，北京联合经研投资咨询有限公司.—北京：中经网数据有限公司，北京联合经研投资咨询有限公司，2005年.—17页，19页，18页，13页

C0834 F426.81

中国纺织行业分析报告 2006.1—4季度/中经网数据有限公司，北京联合经研投资咨询有限公司.—北京：中经网数据有限公司，北京联合经研投资咨询有限公司，2006年.—15页，18页，23页，20页

C0835 F426.81

中国纺织行业分析报告 2007.1—4季度/中经网数据有限公司，北京联合经研投资咨询有限公司.—北京：中经网数据有限公司，北京联合经研投资咨询有限公司，2007年.—18页，23页，23页，16页

C0836 F426.81

中国纺织行业分析报告 2008.1—4季度/中经网数据有限公司，北京联合经研投资咨询有限公司.—北京：中经网数据有限公司，北京联合经研投资咨询有限公司，2008年.—14页，12页，30页，35页

C0837 F426.81

中国纺织行业分析报告 2009.1—2季度/中经网数据有限公司，北京联合经研投资咨询有限公司.—北京：中经网数据有限公司，北京联合经研投资咨询有限公司，2009年.—55页，63页

C0838 F426.81

中国纺织行业分析报告 2009.3—4季度/中经网数据有限公司，北京联合经研投资咨询有限公司.—北京：中经网数据有限公司，北京联合经研投资咨询有限公司，2009年.—57页，56页

C0839 F426.81

中国纺织行业品牌发展报告 2013 丝绸羊绒篇/《中国纺织行业品牌发展报告》编委会编著.—北京：中国纺织出版社，2013年.—197页

ISBN 978-7-5180-0216-0

本书包括丝绸自主品牌发展历程、现状、基础与环境、品牌建设与管理、持续发展；羊绒自主品牌综述、发展现状、发展环境和发展展望。

C0840 F426.81

中国纺织行业品牌发展报告 2014/《中国纺织行业品牌发展报告》编委会编著.—北京：中国纺织出版社，2014年.—221页

ISBN 978-7-5180-1243-5

本书共分综述篇、行业篇、专题篇三部分。"综述篇"总体梳理了2014年我国纺织行业品牌发展现状和特点、面临的新形势与新挑战、下一步工作方向与重点；"行业篇"包括服装、家纺两大终端产业以及产业链上游的化纤业共三个行业的品牌发展报告；"专题篇"包括商业模式创新研究、原创服装设计品牌发展研究、品牌国际化发展研究以及区域品牌和时尚创意产业发展研究四个专题研究。

C0841 F426.81

中国纺织行业品牌发展报告 2015/《中国纺织行业品牌发展报告》编委会编著.—北京：中国纺织出版社，2015年.—139页

ISBN 978-7-5180-2221-2

本书分综述篇、行业篇、专题篇三部分。"综述篇"总体梳理了2015年我国纺织行业品牌发展现状和特点、面临的新形势与新挑战、下一步工作方向与重点；"行业篇"包括丝绸、羊绒、针织共三个行业的品牌发展报告；"专题篇"包括互联网与品牌融合创新、纺织服装创意园区发展两个专题研究。

C0842 F426.81

中国纺织行业品牌发展报告 2016/《中国纺织行业品牌发展报告》编委会编著.—北京：中国纺织出版社，2016年.—127页

ISBN 978-7-5180-3119-1

本书共分综述篇和专题篇两个部分。综述篇总体梳理了2016年我国纺织行业品牌发展现状和特点、面临的新形势与新挑战、下一步工作方向与重点；专题篇围绕制造环节优化、营销模式创新、文化内涵打造、资本运作推动、共享经济推动五个专题，就典型品牌案例进行深度剖析。

C0843 F426.86

中国服装家纺自主品牌发展报告 2012年/《中国服装家纺自主品牌发展报告》编委会编著.—北京：中国纺织出版社，2012年.—219页

ISBN 978-7-5064-9328-4

本书共分综述、发展现状、市场态势、社会环境、发展展望等部分。

C0844 F426.81

中国行业分析报告 2002年三季度 纺织（中国行业分析报告）/国家发展计划委员会. —北京：北京中经通投资咨询有限公司，2002年. —1册

C0845 F426.81

中国行业发展报告 2003 纺织业/国家信息中心中国经济信息网编著. —北京：中国经济出版社，2004年. —141页（被引12）

ISBN 7-5017-6327-5

本书包括五章：纺织行业概述、行业发展的政策环境、纺织行业的供需状况、行业的投资前景评价、行业的竞争状况。

C0846 F426.81

中国行业分析报告 2005 纺织工业（中国行业分析报告）/中国纺织工业协会编著；黄淑和主编；杨东辉本册主编. —北京：中国经济出版社，2005年. —144页

ISBN 7-5017-7017-4

本书共分十三章，内容包括：2004年纺织工业经济形势分析和发展趋势、2004年化纤业发展分析、2004年棉纺业发展分析等。

C0847 F426.75

中国合成纤维工业分析报告/柴国梁主编. —上海：上海惠光咨询服务有限公司，2003年. —67页；30cm

C0848 F426.81

中国家用纺织品行业发展报告 2012/2013/中国家用纺织品行业协会编著，. —北京：中国纺织出版社，2013年. —230页（被引6）

ISBN 978-7-5064-9841-8

本书全面分析了行业运行、国内外市场、热点问题、家纺文化等业界重点关注的一些问题。包含八大板块：行业运行、国际动态、国内市场、品牌发展、产业集群、上市公司、产品研发和原料分析。

C0849 F426.81

中国家用纺织品行业发展报告 2013/2014/中国家用纺织品行业协会编著；杨兆华主编. —北京：中国纺织出版社，2014年. —209页

ISBN 978-7-5180-0813-1

本书共分为行业运行、国际动态、国内市场、专家论坛、商业模式、产品研发、科技质量、相关行业及附录九个部分。具体收录有2013年中国家用纺织品行业运行报告、全球家用纺织品进口市场分布与需求分析等内容。

C0850 F426.81

中国家用纺织品行业发展报告 2014/中国家用纺织品行业协会编著；杨兆华主编. —北京：中国纺织出版社，2015年. —202页

ISBN 978-7-5180-1757-7

本书共分八个篇章。行业运行篇总结分析了2014年家纺行业的运行态势，并首次推出行业电商研究报告；国际动态篇对我国家纺进出口贸易及世界家纺出口产品与产地进行了探讨和分析；国内市场篇从家纺零售市场、专业市场、消费者调查等多角度汇集了家纺内销市场信息等。

C0851 F426.81

中国家用纺织品行业发展报告 2015/中国家用纺织品行业协会编著；杨兆华主编. —北京：中国纺织出版社，2016年. —226页（被引7）

ISBN 978-7-5180-2623-4

本书共分九个篇章。分析了2015年家纺行业的运行态势，并介绍了2015年线上平台的家纺产品营销情况；对我国家纺进出口贸易及世界家纺出口产品与产地进行了深入的探讨和分析；从家纺零售市场、专业市场、消费者调查等多角度汇集了家纺内销市场信息；探讨了当前的热点问题"供给侧改革"和TPP形势下对中国纺织行业的影响，以及纺织行业的因应之策与展望等。

C0852 F426.81

中国家用纺织品行业发展报告 2016/2017/中国家用纺织品行业协会编著；杨兆华主编. —北京：中国纺织出版社，2017年. —212页

ISBN 978-7-5180-3602-8

本书具体内容包括：2016年中国家用纺织品行业运行报告、2015年世界家用纺织品贸易及发展走势、2016年家用纺织品进出口贸易综述等。

C0853 F426.81

中国家用纺织品行业发展报告 2017/2018/中国家用纺织品行业协会编著；杨兆华主编. —北京：中国纺织出版社有限公司，2018年. —235页

ISBN 978-7-5180-5039-0

本书共分为七个篇章。行业运行篇介绍并分析2017年家纺行业的运行情况及发展态势，对家纺协会在行业质量和行业标准方面做出的成果进行了汇总；国际动态篇概述2017年度我国家纺进出口贸易及主要出口市场的发展变化；国内市场篇分别从全国大型零售市场、全国纺织专业市场对家纺内销市场及产品销售特点做出系统的分析等。

C0854 F426.81

中国家用纺织品行业发展报告 2018/2019/中国家用纺织品行业协会编著；杨兆华主编. —北京：中国纺织出版社有限公司，2019年. —196页

ISBN 978-7-5180-5872-3

本书共分为七个篇章。行业运行篇介绍并分析2018年家纺行业的运行情况及发展态势，对家纺协会在行业质量和行业标准方面做出的成果进行了汇总；国际动态篇概述我国家纺进出口贸易及主要出口市场的发展变化；国内市场篇分别从全国大型零售市场、全国纺织专业市场对家纺内销市场及产品销售特点做出系统的分析等。

C0855 F426.81

中国家用纺织品行业发展报告 **2019/2020**/中国家用纺织品行业协会编著；杨兆华主编．—北京：中国纺织出版社有限公司，2020年．—233页

ISBN 978-7-5180-7719-9

本书分为七个篇章。行业报告篇介绍并分析了2019年家纺行业的运行情况及未来发展趋势，对布艺行业从规模结构到发展能力进行了深度分析。国际动态篇根据联合国商贸数据库的数据资料，对全球家纺贸易特点及主要出口国家进行了分析论述，重点分析了2019年我国家纺进出口情况。国内市场篇分别从全国大型零售市场、全国纺织专业市场对2019年家纺内销市场做出系统的分析，并着重分析了床上用品零售市场的运行情况及发展趋势等。

C0856 F426.81

中国经编产业发展报告 **2008—2011**/陈南梁主编．—上海：东华大学出版社，2013年．—90页

ISBN 978-7-5669-0211-5

本书对中国经编工业面临的国际形势、行业现状作了较为客观、深入的分析，并科学规划了"十二五"期间经编产业发展思路、目标和重点任务，对现代经编产业结构调整和产业升级起着重要的参考作用。

C0857 F426.81

中国棉纺织行业发展研究报告 **2013**/中国棉纺织行业协会编著．—北京：中国纺织出版社，2014年．—207页

ISBN 978-7-5180-0446-1

本书以反映中国棉纺织行业年度发展趋势为主，报告针对大家关心的原料话题、市场运行、新技术、新工艺及下游产业等主题进行了分析研究，并对2013年的协会工作进行了简要回顾与介绍。

C0858 F426.81

中国棉纺织行业发展研究报告 **2014**/中国棉纺织行业协会编著．—北京：中国纺织出版社，2015年．—320页

ISBN 978-7-5180-1461-3

本书汇总了2014年我国棉纺织行业发展状况、特点以及趋势，内容涉及纺织与信息化融合，技术改造、人才培育等转型升级重点问题，同时对棉纺织上下游市场运行、政策实施、国际贸易等进行分析与判断，收录了国家对行业发展的有关政策节选，对2014年行业重大事件、行业排名、企业及个人获奖情况及年度国内外统计资料等内容进行整理汇编。

C0859 F426.81

中国棉纺织行业发展研究报告 **2015**/中国棉纺织行业协会编著．—北京：中国纺织出版社，2016年．—188页

ISBN 978-7-5180-2434-6

本书汇总了2015年中国棉纺织行业发展状况、特点以及趋势，内容涉及原料、科技进步、产品创新、绿色可持续等行业发展重点课题；同时对2015年行业重大事件、行业排名、企业及个人获奖情况及年度国内外统计资料等内容进行了整理汇编。

C0860 F426.81

中国棉纺织行业发展研究报告 **2016**/中国棉纺织行业协会编著．—北京：中国纺织出版社，2017年．—220页

ISBN 978-7-5180-3383-6

本书汇总了2016年我国棉纺织行业及上下游产业发展状况、特点以及趋势，内容涉及棉纺织科技进步、产品创新、绿色可持续等行业发展重点课题，对2016年行业重大事件、行业排名、企业及个人获奖情况及年度国内外统计资料等内容进行整理汇编。

C0861 F426.81

中国棉纺织行业发展研究报告 **2017**/中国棉纺织行业协会编著．—北京：中国纺织出版社，2018年．—278页

ISBN 978-7-5180-4651-5

本书汇总了2017年我国棉纺织行业和上下游产业的发展状况、特点以及趋势，内容涉及棉纺织科技进步、产品创新、品牌建设、节能减排、两化融合以及企业（集群）运行等发展重点，对2017年行业重大事件、行业排名、企业及个人获奖情况及年度国内外统计资料等内容进行整理汇编。

C0862 F426.81

中国棉纺织行业发展研究报告 **2018**/中国棉纺织行业协会编著．—北京：中国纺织出版社有限公司，2019年．—287页；26cm

ISBN 978-7-5180-6045-0

本书汇总了2018年我国棉纺织行业和上下游产业的发展状况、特点以及趋势，内容涉及棉纺织行业发展历程、科技进步、产业转型升级、国内外贸易形势、细分产业发展、品牌建设、智能化制造以及企业（集群）运行等重点内容，对2018年行业重大事件、行业排名、先进企业及先进个人及年度国内外统计资料等内容进行整理汇编。

C0863 F426.81

中国棉纺织行业发展研究报告 **2019**/中国棉纺织行业协会编著．—北京：中国纺织出版社有限公司，2020年．—345页；26cm

ISBN 978-7-5180-7466-2

本书汇总了2019年我国棉纺织行业和上下游产业的发展状况、特点以及趋势，内容涉及棉纺织科技进步、产品创新、品牌建设、节能减排、两化融合以及企业（集群）运行等发展重点，2019年行业重大事件、行业排名、企业及个人获奖情况及年度国内外统计资料等内容进行整理汇编。

C0864 F326.12-54

中国棉花年鉴 **2004**/中储棉花信息中心编辑整理．—北京：中储棉花信息中心，2005年．—347页；30cm

本书涵盖2003至2004年度国内外棉花市场重要实践、价格行情分析、行业数据统计、国家棉花政策、棉花期货制度规则等内容。

C0865 F326.12-54

中国棉花年鉴 **2004/2005**/中储棉花信息中心编；刘克

曼主编.—北京：中国统计出版社，2006 年.—324 页；31cm

    ISBN 7-5037-4860-5

    本书涵盖 2004 至 2005 年度中国棉花市场的发展情况。全书分为行业发展概况、主产省区概况、专论专文、统计资料、大事记、政策法规和交易规则七个部分。

C0866 F326.12-54

    中国棉花年鉴 2005/2006/中储棉花信息中心编；梅咏主编.—北京：中国统计出版社，2007 年.—338 页；30cm

    ISBN 978-7-5037-5071-7

    本书记录了 2005 至 2006 年度中国棉花市场的发展情况。全书分为行业发展概况、主产省区概况、专论专文、统计资料、大事记、国际棉花概况、政策法规七部分。

C0867 F326.12-54

    中国棉花年鉴 2006/2007/中储棉花信息中心编；冯梦晓主编.—北京：中国统计出版社，2008 年.—329 页；30cm

    ISBN 978-7-5037-5491-3

    本书记录了 2006—2007 年度中国棉花市场的发展情况。全书分为行业发展概况、主要产棉省区概况、年度报告、统计资料、大事记、政策文件等七部分。

C0868 F326.12-54

    中国棉花年鉴 2007/2008/中储棉花信息中心编；冯梦晓主编.—北京：中国统计出版社，2009 年.—341 页；30cm

    ISBN 978-7-5037-5686-3

    本书记录了 2007—2008 年度中国棉花市场的发展情况。全书分为行业发展概况、主要产棉省区概况、年度报告、统计资料、大事记、政策文件等七部分。

C0869 F326.12-54

    中国棉花年鉴 2008/2009/中储棉花信息中心编；冯梦晓主编.—北京：中国统计出版社，2010 年.—302 页；30cm

    ISBN 978-7-5017-9791-2

    本书主要内容涵盖 2008—2009 年度棉花行业发展概况、主要产棉省区概况、年度报告、统计资料、大事记等。

C0870 F326.12-54

    中国棉花年鉴 2009/2010/中储棉花信息中心编；冯梦晓主编.—北京：电子工业出版社，2011 年.—266 页；30cm

    ISBN 978-7-121-13323-7

    本书主要内容涵盖 2009—2010 年度棉花行业发展概况、主要产棉省区概况、年度报告、统计资料、大事记等。

C0871 F326.12-54

    中国棉花年鉴 2010/2011/中储棉花信息中心编；冯梦晓主编.—北京：中国财政经济出版社，2012 年.—285 页；30cm

    ISBN 978-7-5095-3627-8

    本书主要内容涵盖 2010 至 2011 年度棉花行业发展概况、主要产棉省区概况、年度报告、统计资料、大事记、政策文件等。

C0872 F326.12-54

    中国棉花年鉴 2011/2012/中储棉花信息中心编；冯梦晓主编.—北京：中国财政经济出版社，2013 年.—262 页；30cm

    ISBN 978-7-900290-03-8

    本书记录了 2011—2012 年度中国棉花市场的发展情况。全书分为行业发展概况、主要产棉省区概况、年度报告、统计资料、大事记、政策文件、附录七部分。

C0873 F326.12-54

    中国棉花年鉴 2012/2013/中储棉花信息中心编；梅咏主编.—北京：中国财政经济出版社，2014 年.—287 页；30cm

    ISBN 978-7-5095-5140-0

    本书分行业发展概况、主要产棉省区概况、年度报告、统计资料、大事记、政策文件、附录七部分，记录了 2012 至 2013 年度中国棉花行业的发展情况。

C0874 F326.12-54

    中国棉花年鉴 2013/2014/中储棉花信息中心编；王燕主编.—北京：中国财政经济出版社，2015 年.—306 页；30cm

    ISBN 978-7-5095-6274-1

    本书分行业发展概况、主要产棉省区概况、年度报告、统计资料、大事记、政策文件、附录七部分，记录了 2013 年至 2014 年度中国棉花行业的发展情况。

C0875 F326.12-54

    中国棉花年鉴 2014/2015/中储棉花信息中心编.—北京：中国对外翻译出版有限公司，2016 年.—352 页；30cm

    ISBN 978-7-5001-4637-7

    本书记录了 2014 至 2015 年度中国棉花市场运行情况，主要涵盖行业发展概况、主要产棉省区概况、年度报告、统计资料、大事记、政策文件和附录七个部分。

C0876 F326.12-54

    中国棉花年鉴 2015/2016/中储棉花信息中心编；李文涛主编.—北京：中国对外翻译出版有限公司，2017 年.—389 页；30cm

    ISBN 978-7-5001-5502-7

    本书记录了 2015 至 2016 年度中国棉花市场运行情况，主要涵盖行业发展概况、主要产棉省区概况、年度报告、统计资料、大事记、政策文件和附录七个部分。

C0877 F326.12-54

    中国棉花年鉴 2016/2017/中储棉花信息中心有限公司编；张彤主编.—北京：中国对外翻译出版有限公司，2018 年.—291 页；30cm

    ISBN 978-7-5001-5774-8

    本书记录了 2016 至 2017 年度中国棉花市场运行情况，主要涵盖行业发展概况、主要产棉省区概况、年度报告、统计资料、大事记、政策文件和附录七个部分。

C0878 F326.12-54

中国棉花年鉴 **2017/2018**/中储棉花信息中心有限公司编．—北京：中国对外翻译出版有限公司，2019 年．—300 页；30cm

ISBN 978-7-5001-6012-0

本书记录了 2017 至 2018 年度中国棉花市场运行情况，主要涵盖行业发展概况、主要产棉省区概况、年度报告、统计资料、大事记、政策文件和附录七个部分。

C0879 F326.12-54

中国棉花年鉴 **2018/2019**/中储棉花信息中心有限公司编；孙庆仁主编．—北京：中国对外翻译出版有限公司，2020 年．—285 页；30cm

ISBN 978-7-5001-6336-7

本书记录了 2018 至 2019 年度中国棉花市场运行情况，主要涵盖行业发展概况、主要产棉省区概况、年度报告、统计资料、大事记、政策文件和附录七个部分。

C0880-C0891《中国染料工业年鉴 2007—2018》

本书收录了各年度全国染料、有机颜料、印染助剂、色母粒和染料中间体的产量和销售统计、进出口资料统计、染料及相关行业经济运行分析、最新发布的国家标准、科技成果专利、染料行业国际交流等内容。反映了各年度中国染料工业及上下游行业的发展状况。

C0880 F426.81-54

中国染料工业年鉴 **2007**/中国染料工业协会编；康宝祥主编．—北京：中国染料工业协会，2008 年．—191 页

本书收录全国染料、有机颜料、印染助剂、色母粒和染料中间体的产量和销售统计、进出口资料统计、染料及相关行业经济运行分析、最新发布的国家标准、科技成果专利、染料行业国际交流等内容。

C0881 F426.81-54

中国染料工业年鉴 **2008**/中国染料工业协会编；康宝祥主编．—北京：中国染料工业协会，2009 年．—172 页

本书收录全国染料、有机颜料、印染助剂、色母粒和染料中间体的产量和销售统计、进出口资料统计、染料及相关行业经济运行分析、最新发布的国家标准、科技成果专利、染料行业国际交流等内容。

C0882 F426.81-54

中国染料工业年鉴 **2009**/中国染料工业协会编；康宝祥主编．—北京：中国染料工业协会，2009 年．—193 页

本书收录全国染料、有机颜料、印染助剂、色母粒和染料中间体的产量和销售统计、进出口数据统计、染料及相关行业经济运行分析、最新发布的国家标准、科技成果专利、染料行业国际交流等内容。

C0883 F426.81-54

中国染料工业年鉴 **2010**/中国染料工业协会编；康宝祥主编．—北京：中国染料工业协会，2010 年．—184 页

本书收录全国染料、有机颜料、印染助剂、色母粒和染料中间体的产量和销售统计、进出口数据统计、染料及相关行业经济运行分析、最新发布的国家标准、科技成果专利、染料行业国际交流等内容。

C0884 F426.81-54

中国染料工业年鉴 **2011**/中国染料工业协会编；康宝祥主编．—北京：中国染料工业协会，2011 年．—196 页

本书收录全国染料、有机颜料、印染助剂、色母粒和染料中间体的产量和销售统计、进出口数据统计、染料及相关行业经济运行分析、最新发布的国家标准、科技成果专利、染料行业国际交流等内容。

C0885 F426.81-54

中国染料工业年鉴 **2012**/中国染料工业协会编；康宝祥主编．—北京：中国染料工业协会，2013 年．—208 页

本书收录了全国染料、有机颜料、印染助剂、色母粒和染料中间体的产量和销售统计、进出口数据统计、染料及相关行业经济运行分析、国家最新发布的染料专利、染料行业国际交流等大事记，反映了 2012 年中国染料工业及上下游行业的发展状况。

C0886 F426.81-54

中国染料工业年鉴 **2013**/中国染料工业协会编；康宝祥主编．—北京：中国染料工业协会，2014 年．—179 页

本书包括全国染料、有机颜料、印染助剂、色母粒和染料中间体的产量和销售统计、进出口数据统计、染料及相关行业经济运行分析、最新发布的染料专利、染料行业国际交流等内容，反映了 2013 年中国染料工业及上下游行业的发展状况。

C0887 F426.81-54

中国染料工业年鉴 **2014**/中国染料工业协会编；康宝祥主编．—北京：中国染料工业协会，2015 年．—228 页

本书收录了国家颁布的法律法规；全国染料、有机颜料、印染助剂、色母粒和染料中间体的产量和销售统计、进出口数据统计、染料及相关行业经济运行分析、国家最新发布的染料专利、染料行业国际交流等大事记，反映了 2014 年中国染料工业及上下游行业的发展状况。

C0888 F426.81-54

中国染料工业年鉴 **2015**/中国染料工业协会编；康宝祥主编．—北京：中国染料工业协会，2016 年．—212 页

本书收录了国家新颁布的法律法规、染料工业"十三五"发展战略；全国染料、有机颜料、印染助剂、色母粒和染料中间体的产量和销售统计、进出口数据统计、染料及相关行业经济运行分析、国家最新发布的染料专利、染料行业国际交流等大事记，反映了 2015 年中国染料工业及上下游行业的发展状况。

C0889 F426.81-54

中国染料工业年鉴 **2016**/中国染料工业协会编；李艳

主编 .—北京：中国染料工业协会，2017 年 .—241 页

本书收录了国家新颁布的法律法规；收录了全国染料、有机颜料、印染助剂、色母粒和染料中间体的产量和销售统计、进出口数据统计；收录了染料及相关行业经济运行分析；收录了国家最新发布的染料专利；收录了染料行业国际交流等大事记；收录了染料行业综述、专论等专题报告；收录了化学品安全认证和 REACH 法规相关内容；收录了东南亚考察调研报告等。

C0890　F426.81-54

中国染料工业年鉴　2017/中国染料工业协会编；李艳主编 .—北京：中国染料工业协会，2017 年 .—225 页

本书收录了全国染料、有机颜料、印染助剂、色母粒和染料中间体的产量和销售统计、进出口数据统计；染料及相关行业经济运行分析；2017 年国家最新发布的染料专利；染料行业大事记；化学品安全认证和相关法律法规；增加了企业发展篇章节。

C0891　F426.81-54

中国染料工业年鉴　2018/中国染料工业协会编 .—北京：中国染料工业协会，2019 年 .—190 页

本书分经济运行报告、大事记及专利情况、企业发展篇、行业标准及环保安全法规、统计资料五章。具体内容包括：2018 年石油和化学工业经济运行报告；2018 年染料工业大事记；2018 年工信部颁布染颜料助剂行业新标准；全国各种染颜料进出口统计等。

C0892　F746.81

中国丝绸出口历史统计资料汇编　1902—1949/中国丝绸进出口总公司商情宣展处编 .—北京：中国丝绸进出口总公司，1989 年 .—600 页

本书共三编：第一编 1902—1918；第二编 1919—1930；第三编 1931—1949.

C0893　F426.81

中国丝绸工业统计资料汇编　1949—1990/中国丝绸工业总公司编 .—北京：中国丝绸工业总公司，1993 年 .—545 页；27cm

C0894　F426.81

新中国丝绸大事记　1949—1988/王庄穆，区秋明主编 .—北京：纺织工业出版社，1992 年 .—335 页（被引 8）
ISBN 7-5064-0733-7

本书约计 1800 条。记载了自中华人民共和国成立到 1988 年这 39 年间丝绸事业迅速发展的主要历史事件。内容包括蚕茧、丝织、丝绸印染等方面的产、供、销的较大事项，以及与丝绸有密切关系的方针、政策、机构变化等情况。

C0895　TS14-54

中国丝绸年鉴　2000（总第 1 期）/樊迅主编 .—北京：丝绸杂志社，2001 年 .—617 页；26cm
ISSN 1671-2099

本书内容包括：文献篇、综述篇、蚕业篇、工业篇、贸易篇、科教篇、国际篇、地方篇、大事记，记述了 2013—2000 年全国茧丝绸行业的重大事项。

C0896　TS14-54

中国丝绸年鉴　2001（总第 2 期）/樊迅主编 .—北京：丝绸杂志社，2002 年 .—354 页；26cm
ISSN 1671-2099

C0897　TS14-54

中国丝绸年鉴　2002（总第 3 期）/樊迅主编 .—北京：丝绸杂志社，2003 年 .—318 页；26cm
ISSN 1671-2099

C0898　TS14-54

中国丝绸年鉴　2003（总第 4 期）/樊迅主编 .—北京：《中国丝绸年鉴》编辑部，2004 年 .—284 页；26cm
ISSN 1671-2099

C0899　TS14-54

中国丝绸年鉴　2004（总第 5 期）/樊迅主编 .—北京：《中国丝绸年鉴》编辑部，2005 年 .—297 页；26cm
ISSN 1671-2099

C0900　TS14-54

中国丝绸年鉴　2005（总第 6 期）/钱有清主编 .—北京：《中国丝绸年鉴》编辑部，2006 年 .—304 页；26cm
ISSN 1671-2099

C0901　TS14-54

中国丝绸年鉴　2006（总第 7 期）/钱有清主编 .—北京：《中国丝绸年鉴》编辑部，2007 年 .—344 页；26cm
ISSN 1671-2099

C0902　TS14-54

中国丝绸年鉴　2007（总第 8 期）/钱有清主编 .—北京：《中国丝绸年鉴》编辑部，2008 年 .—392 页；26cm
ISSN 1671-2099

C0903　TS14-54

中国丝绸年鉴　2008—2009（总第 9 期）/钱有清主编 .—北京：《中国丝绸年鉴》编辑部，2010 年 .—484 页；26cm
ISSN 1671-2099

C0904　TS14-54

中国丝绸年鉴　2010（总第 10 期）/钱有清主编 .—北京：《中国丝绸年鉴》编辑部，2011 年 .—368 页；26cm
ISSN 1671-2099

C0905　TS14-54

中国丝绸年鉴　2011（总第 11 期）/钱有清主编 .—杭

州：浙江理工大学杂志社，2012年 . —328页；26cm

ISSN 1671-2099

C0906　TS14-54

中国丝绸年鉴　2012—2013（总第12期）/钱有清主编 . —杭州：浙江理工大学杂志社，2014年 . —507页；26cm

ISSN 1671-2099

C0907　TS14-54

中国丝绸年鉴　2014—2015（总第13期）/中国丝绸协会，《中国丝绸年鉴》编辑委员会编 . —杭州：浙江理工大学杂志社，2016年 . —482页；26cm

ISSN 1671-2099

C0908　TS14-54

中国丝绸年鉴　2016（总第14期）/中国丝绸协会，《中国丝绸年鉴》编辑委员会编 . —杭州：浙江理工大学杂志社，2017年 . —322页；26cm

ISSN 1671-2099

C0909　TS14-54

中国丝绸年鉴　2017—2018（总第15期）/中国丝绸协会，《中国丝绸年鉴》编辑委员会编 . —杭州：浙江理工大学杂志社，2019年 . —486页；26cm

ISSN 1671-2099

C0910　TS19-54

中国洗染行业年鉴　2006（首卷）/王淑媛主编 . —北京：中国洗染行业年鉴办公室，2007年 . —345页

本年鉴记述了中国洗染行业的行业组织、行业标准、名企名人、民族品牌、优秀专家、专利成果、科学技术研究、技术技能培训和文化宣传等概况及发展。

C0911　TS19-54

中国洗染行业年鉴　2007—2010/王淑媛主编 . —北京：中国洗染行业年鉴办公室，2010年 . —238页

本年鉴记述了2007—2010年中国洗染行业发生的重大事件、行业活动、企业状态、科技创新、学术研讨、名人轶事等情况。

C0912　F426.81

中国长丝织造产业发展研究　2016/中国长丝织造协会编著 . —北京：中国纺织出版社，2017年 . —122页；24cm

ISBN 978-7-5180-3401-7

本书重点讲解了2016年中国化纤织造产业发展政策、经济运行、市场走势、技术进步、标准建设、产品开发和集群发展等内容，并对产业发展进行了概括和分析。

C0913　F426.81

中国长丝织造产业发展研究　2017/2018/中国长丝织造协会编著；王加毅主编 . —北京：中国纺织出版社，2018年 . —175页；24cm

ISBN 978-7-5180-5138-0

本书重点讲解了2017年中国化纤织造产业发展政策、经济运行、市场走势、技术进步、标准建设、产品开发和集群发展等内容，并对产业发展进行了概括和分析。

C0914　F426.81

中国长丝织造产业发展研究　2018/2019/中国长丝织造协会编著；王加毅主编 . —北京：中国纺织出版社有限公司，2019年 . —183页；24cm

ISBN 978-7-5180-6044-3

本书重点讲解了2018年中国化纤织造产业发展、经济运行、市场走势、技术进步、标准建设、产品开发、环境保护、产业集群、产业政策等内容，并对长丝造的产业转移等进行了概况和分析。

C0915　F426.81

中国长丝织造产业发展研究　2019/2020/中国长丝织造协会编著；王加毅主编 . —北京：中国纺织出版社有限公司，2020年 . —237页；24cm

ISBN 978-7-5180-7482-2

本书重点讲解了2019年中国化纤织造产业发展政策、经济运行、市场走势、技术进步、标准建设、产品开发和集群发展等内容，并对产业发展进行了概括和分析。

C0916　F426.81

中国针织工业发展研究报告/中国针织工业协会编著 . —北京：中国纺织出版社，2010年 . —193页（被引5）

ISBN 978-7-5064-6290-7

本书主要内容包括2001—2009年中国针织行业发展综述、2000—2009年针织服装出口结构分析、蓬勃发展的针织产业集群、针织圆纬机三十年发展回顾、中国经编技术三十年、我国针织染整工艺路线的历史沿革与发展趋势、附件七大部分。

C0917　F426.81

中国织锦产业研究报告　2015/周勤、侯赟慧等编著 . —北京：经济科学出版社，2016年 . —387页

ISBN 978-7-5141-6323-0

本书共分10章，内容包括：绪论、中国织锦产业概念、中国织锦产业市场分析、中国织锦产业特性和分布、中国织锦产业链分析、织锦产业结构及竞争策略等。

C0918　F426.81

安徽省纺织工业统计年报资料　1985年/安徽省纺织工业厅 . —合肥：安徽省纺织工业厅，1986年

C0919　F426.81-54

广东纺织年鉴　2005—2008/柯惠琪，周天生主编 . —广州：广东旅游出版社，2010年 . —156页

ISBN 978-7-80766-185-6

本书翔实记录广东省省纺织产业的发展历程，总结经验成果，构建和谐的、持续发展的广东纺织产业，推广企业、

推广名牌、推广市场等。

C0920 F426.81-54

河南纺织工业年鉴 1984 年/河南省纺织工业志编纂办公室编．—郑州：河南省纺织工业编纂办公室，1984 年．—112 页

本书辑录了河南省纺织工业的发展和主要成就。比较全面系统和翔实地反映我省纺织工业 1983 年生产建设、经营管理和科研教育等方面的情况。

C0921 F426.81-54

河南纺织工业年鉴 1985 年/河南省纺织工业志编纂办公室编．—郑州：河南省纺织工业编纂办公室，1985 年．—157 页

本书主要收录 1984 年河南纺织生产建设情况。

C0922 F426.81-54

河南纺织工业年鉴 1986 年/河南省纺织工业志编纂办公室编．—郑州：河南省纺织工业编纂办公室，1986 年．—104 页

本书介绍了我省纺织工业 1985 年生产概况、工业经济体制改革的成就和信息工作开展的情况等。

C0923 F426.81-54

河南纺织工业年鉴 1987 年/河南省纺织工业志编纂办公室编．—郑州：河南省纺织工业编纂办公室，1987 年．—83 页

本书收录了 1986 年棉纺织、棉印染、毛纺织、麻纺织、丝纺织、纺织机械等七个行业的生产情况。

C0924 F426.81-54

河南纺织工业年鉴 1988 年/河南省纺织工业志编纂办公室编．—郑州：河南省纺织工业编纂办公室，1988 年．—99 页

本书主要收录 1987 年河南纺织生产建设情况。

C0925 F426.81

河南省纺织工业年报数据汇编 1976—1977 年/河南省纺织工业局编．—郑州：河南省纺织工业局，1978 年．—389 页

本书收录了河南省纺织工业企业概况一览表、纺织工业总产值及净产值、1976 年和 1977 年纺织工业主要财务成本指标。

C0926 F426.81

河南省纺织工业十六年基本统计资料汇编 1949—1965/河南省轻工业局编．—郑州：河南省轻工业局，1972 年．—121 页

C0927 F426.81

南昌市纺织工业局直属企业主要经济技术指标统计资料 1949 年—1982 年/南昌市纺织工业局．—南昌：南昌市纺织工业局，1983 年．—207 页

C0928 F426.81，F426.86

宁波纺织服装产业发展报告 2009/2010/王若明主编．—北京：中国纺织出版社，2010 年．—166 页

ISBN 978-7-5064-6780-3

本书从基本描述、坐标位置、运行特点、创新现象、瓶颈困难和产业趋势六个部分，对宁波纺织服装产业进行了全面的盘点，涉及产业总体运行状况、国内市场及国际贸易的分析预测，并在此基础上进行客观、全面、系统的分析。

C0929 F426.81，F426.86

宁波纺织服装产业发展报告 2010/2011/王若明等编著．—北京：中国纺织出版社，2011 年．—178 页

ISBN 978-7-5064-7866-3

本书分为运行篇、特色篇、展望篇等篇章，展示并分析去年宁波纺织服装产业运行特征、销售和市场、品牌领先和品牌突破、技术创新、产业拓展、创新创业、劳动就业、外贸企业和 OEM 企业转型等现状与成就等。

C0930 F426.81，F426.86

宁波纺织服装产业发展报告 2011/2012/夏春玲等编著．—北京：中国纺织出版社，2012 年．—165 页

ISBN 978-7-5064-9199-0

本书对 2011 年宁波纺织服装产业运行进行详细描述，总结提炼行业发展特征、捕捉行业企业动向与创新，提出产业发展建言。

C0931 F426.81，F426.86

宁波纺织服装产业发展报告 2013/2014/夏春玲等编著．—北京：中国纺织出版社，2014 年．—132 页

ISBN 978-7-5180-0698-4

本书对 2013 年宁波纺织服装产业运行进行详细描述，总结提炼行业发展特征、捕捉行业企业动向与创新。

C0932 F426.81，F426.86

宁波纺织服装产业发展报告 2014/2015/夏春玲等编著．—杭州：浙江大学出版社，2015 年．—189 页

ISBN 978-7-308-15235-8

本书对 2014 年宁波纺织服装产业运行进行详细描述，总结提炼行业发展特征、捕捉行业企业动向与创新。

C0933 F426.81，F426.86

宁波纺织服装产业发展报告 2015/2016/夏春玲，魏明，刘霞玲，裘晓雯著．—北京：中国纺织出版社，2016 年．—116 页

ISBN 978-7-5180-2973-0

本书对宁波纺织服装产业近 20 年的发展进行了较为系统的梳理，既有一定的理论深度，又有科学的资料分析，总结宁波纺织服装产业的发展经验，提炼行业发展特征、捕捉行业企业动向与创新，为宁波纺织服装产业的转型升级提供研究基础和现实参考。

C0934　F426.81，F426.86

宁波纺织服装产业发展报告　2016/2017/夏春玲等编著.—上海：东华大学出版社，2017年.—106页

ISBN 978-7-5669-1268-8

本书总结产业发展成效，概括产业优势，主要内容包括：宁波纺织服装产业运行状况描述与分析，创新专题研究（典型企业案例分析，"一带一路"倡议下宁波纺织服装行业外向型发展研究）等。

C0935　F426.81，F426.86

宁波纺织服装产业发展报告　2017/2018/夏春玲等编著.—上海：东华大学出版社，2018年.—168页

ISBN 978-7-5669-1507-8

本书主要内容包括：宁波纺织服装产业运行状况描述与分析，创新专题研究（典型企业案例分析，"一带一路"倡议下宁波纺织服装行业外向型发展研究）等。

C0936　F426.81

山东省纺织工业统计资料汇编　2002年/山东省纺织工业办公室.—济南：山东省纺织工业办公室，2003年.—467页

C0937　F426.81-54

上海纺织行业年鉴　2004/上海市工业经济联合会等联合编辑.—上海：东华大学出版社，2004年.—645页

ISBN 7-81038-877-0

本书内容包括综述篇，行业篇，教育科技篇，重点企业篇，著名商标、品牌篇，企业名录篇，上海纺织控股纪事（2002—2004）等八个部分。

C0938　F426.81

上海纺织新材料产业发展研究报告　2009/上海张江高新技术产业开发区领导小组办公室，上海中纺科技城发展有限公司，东华大学编；陈南梁主编.—上海：东华大学出版社，2010年.—127页

ISBN 978-7-81111-699-1

本书详细收集了国内外纺织新材料发展的数据，深入研究了国内外纺织新材料发展的历史、特点、趋势；对上海纺织业发展现状进行了深入细致的调研，并对其竞争因素进行了分析。

C0939　F426.81

上海市私营棉纺织厂生产调查统计/上海市棉纺织同业公会筹备会编.—上海：上海市棉纺织工业同业公会筹备会，1950年.—25页；26cm

C0940　F426.81

无锡市各棉纺织厂统计月报/无锡市纺织厂同业公会筹委会编.—无锡：无锡市纺织厂同业公会筹委会，1950年.—14页；19cm

C0941　TS106-54

产业用纺织品年鉴　2006年［港台］/郑凯方计划主持；方国华等撰稿.—新北：台湾纺织产业综合研究所，2006年.—345页

ISBN 986-81915-6-4

C0942　TS106-54

产业用纺织品年鉴　2007年［港台］/郑凯方计划主持；林俊宏等撰稿.—新北：台湾纺织产业综合研究所，2007年.—277页

ISBN 978-986-83547-0-8

C0943　TS106-54

产业用纺织品年鉴　2008年［港台］/吴文演等撰.—新北：台湾纺织产业综合研究所，2008年.—428页

ISBN 978-986-83547-6-0

C0944　F426.81-54

纺织产业年鉴　2009年［港台］/胡盈光等撰稿.—新北：台湾纺织产业综合研究所，2009年.—288页

ISBN 978-986-84863-2-4

C0945　F426.81-54

纺织产业年鉴　2010年［港台］/李信宏撰稿.—新北：台湾纺织产业综合研究所，2010年.—522页

ISBN 978-986-84863-7-9

C0946　F426.81-54

纺织产业年鉴　2011年［港台］/李信宏撰稿.—新北：台湾纺织产业综合研究所，2011年.—517页

ISBN 986-86795-1-6

C0947　F426.81-54

纺织产业年鉴　2012年［港台］/李信宏撰稿.—新北：台湾纺织产业综合研究所，2012年.—460页

ISBN 986-86795-7-5

C0948　F426.81-54

纺织产业年鉴　2013年［港台］/王冠翔等撰稿.—新北：台湾纺织产业综合研究所，2013年.—451页

ISBN 978-986-88932-4-5

C0949　F426.81-54

纺织产业年鉴　2014年［港台］/王冠翔等撰稿.—新北：台湾纺织产业综合研究所，2014年.—468页

ISBN 978-986-88932-9-0

C0950　F426.81-54

纺织产业年鉴　2015年［港台］/杨宜蓁撰稿.—新北：台湾纺织产业综合研究所，2015年.—276页

ISBN 978-986-9119-3-5

C0951　F426.81-54
纺织产业年鉴　2016 年［港台］/王应时等撰稿.—新北：台湾纺织产业综合研究所，2016 年.—253 页
ISBN 986-91195-7-3

C0952　F426.81-54
纺织产业年鉴　2018 年［港台］/闽洁等撰稿.—新北：台湾纺织产业综合研究所，2018 年.—427 页
ISBN 978-986-95189-2-5

C0953　F426.81-54
纺织产业年鉴　2019 年［港台］/闽洁等撰稿.—新北：台湾纺织产业综合研究所，2019 年.—386 页
ISBN 978-986-95189-3-2

C0954　F426.81-54
纺织工业年鉴　2000 年［港台］/何耀仁等撰写.—台北：台湾纺织工业研究中心，2000 年.—594 页
ISBN 957-9674-37-X

C0955　F426.81-54
纺织工业年鉴　2001 年［港台］/何耀仁等撰写.—台北：台湾纺织工业研究中心，2001 年.—592 页
ISBN 957-9674-40-X

C0956　F426.81-54
纺织工业年鉴　2002 年［港台］/何耀仁等撰写.—台北：台湾纺织工业研究中心，2002 年.—564 页
ISBN 957-9674-45-0

C0957　F426.81-54
纺织工业年鉴　2003 年［港台］/何耀仁等撰写.—台北：台湾纺织工业研究中心，2003 年.—528 页
ISBN 957-9674-54-X

C0958　F426.81-54
纺织工业年鉴　2004 年［港台］/王美款等编.—台北：台湾纺织工业研究中心，2004 年.—498 页
ISBN 957-9674-59-0

C0959　F426.81-54
纺织工业年鉴　2005 年［港台］/周济等撰稿.—新北：台湾纺织产业综合研究所，2005 年.—1 册
ISBN 957-29972-8-9

C0960　F426.81
台湾地区产业年报　纺织业　1989［港台］/台湾征信企业公司出版部编.—台北：台湾征信企业公司出版部，1989 年.—368 页
ISBN 957-9461-05-8

C0961　F426.81
台湾地区产业年报　棉纺工业［港台］/台湾征信所企业股份有限公司.—台北：台湾征信所，1980 年.—254 页

C0962　F426.81
台湾地区产业年报　人织工业［港台］/台湾征信所企业股份有限公司.—台北：台湾征信所，1980 年.—262 页

C0963　TS1-54
衣着及家饰用纺织品年鉴　2006 年［港台］/郑凯方计划主持；郑凯方等撰稿.—新北：台湾纺织产业综合研究所，2006 年.—481 页
ISBN 986-81915-7-2

C0964　TS1-54
衣着及家饰用纺织品年鉴　2007 年［港台］/郑凯方计划主持；廖盛焜等撰稿.—新北：台湾纺织产业综合研究所，2007 年.—396 页
ISBN 978-986-83547-1-5

C0965　TS1-54
衣着及家饰用纺织品年鉴　2008 年［港台］/邱胜福等撰稿.—新北：台湾纺织产业综合研究所，2008 年.—464 页
ISBN 978-986-83547-8-4

C0966　F426.81-54
台湾纺织工业年鉴　1985［港台］/吕芳祝主编.—台北：台湾经济研究院，1985 年.—341 页

C0967　F426.81-54
台湾纺织工业年鉴　1986［港台］/简锦川等主编.—台北：台湾经济研究院，1986 年.—375 页

C0968　F426.81-54
台湾纺织年鉴　1988［港台］/杨秀玲主编.—台北：台湾纺织业外销拓展会，1988 年.—914 页；26cm

C0969　F426.81-54
台湾纺织工业年鉴　1988［港台］/陈敦礼，吕芳祝主编.—台北：台湾经济研究院，1988 年.—515 页

C0970　F426.81-54
台湾纺织工业年鉴　1989［港台］/陈敦礼，柯胜挥主编.—台北：台湾经济研究院，1989 年.—539 页

C0971　F426.81-54
台湾纺织工业年鉴　1990［港台］/柯胜辉主编.—台北：台湾经济研究院，1990 年.—497 页

C0972　F426.81-54
台湾纺织工业年鉴　1991［港台］/陈敦礼，胡德总编.—台北：台湾经济研究院，1991 年.—416 页

C0973　F426.81-54

台湾纺织工业年鉴　**1992**［港台］/杨秀玲主编.—台北：台湾经济研究院，1992年.—387页

C0974　F426.81-54

台湾纺织工业年鉴　**1993**［港台］/杨秀玲主编.—台北：台湾经济研究院，1993年.—342页

C0975　F426.81-54

台湾纺织工业年鉴　**1996**［港台］/杨秀玲主编.—台北：台湾经济研究院，1996年.—308页

C0976　F426.81-54

台湾纺织工业年鉴　**1999**［港台］/何耀仁等撰写.—台北：台湾经济研究院，1999年.—567页
ISBN 957-9674-15-9

C0977　F426.81-54

台湾纺织工业年鉴　**2000**［港台］/何耀仁等撰写.—台北：台湾经济研究院，2000年.—594页
ISBN 957-9674-37-X

C0978　F426.81

台湾纺织工业调查报告　棉纺工业　**1986**［港台］（纺拓会丛刊　统计调查系列）/纺拓会数据组编辑.—台北：台湾纺织业外销拓展会，纺拓会杂志社，1987年.—90页；

21cm×30cm

C0979　F426.81

台湾纺织工业调查报告　织布工业　**1986**［港台］（纺拓会丛刊　统计调查系列）/纺拓会资料组编辑.—台北：台湾纺织业外销拓展会出版部，1987年.—160页；21cm×30cm

C0980　F426.81

台湾纺织工业调查报告　毛纺工业　**1988**［港台］（纺拓会丛刊　统计调查系列）/纺拓会资料组编辑.—台北：台湾纺织业外销拓展会出版部，1988年.—77页；21cm×30cm

C0981　F426.81

台湾纺织工业调查报告　人造纤维工业　**1988**［港台］（纺拓会丛刊　统计调查系列）/纺拓会资料组编辑.—台北：台湾纺织业外销拓展会出版部，1988年.—85页；21cm×30cm

C0982　F426.81

台湾纺织工业调查报告　针织工业　**1988**［港台］（纺拓会丛刊　统计调查系列）/纺拓会资料组编辑.—台北：台湾纺织业外销拓展会出版部，1988年.—88页；21cm×30cm

C0983　F426.81

台湾纺织工业统计资料汇编　**1988**［港台］（纺拓会丛刊　统计调查系列）/纺拓会资料组编辑.—台北：台湾纺织业外销拓展会出版部，1989年.—135页；21cm×30cm

3.4　纺织工业史与志

收录与编辑说明：

纺织史志类文献以其内容丰富、体例完备、编撰审慎的特点记录了我国纺织工业各个阶段发展的细节，也留下后世可鉴的发展足迹和光辉史诗，各种史志文献可凝聚为一套纺织业成长与发展的"百科全书"。本部分收录了1950—2020年出版的各类史志类图书387种（记录号C0990—C1376），包括地方纺织史与志166种和纺织企业史与志221种，所有图书按正题名音序排列。同一企业史志忽略题名集中编排，以方便查阅。

C0990　F426.81

安徽第一棉纺织厂厂志　**1954—1985**/安徽第一棉纺织厂《厂志》编纂委员会编.—合肥：安徽第一棉纺织厂《厂志》编纂委员会，1987年.—309页

本志起止时间为始于一九五四年建厂，止于一九八五年底。全书包括概述、生产、管理、教育、党群组织与政治工作、生活福利以及光荣谱、大事记、附录。

C0991　F426.81

安徽第二棉纺织厂厂志　**1956—1985**/安徽第二棉纺织厂《厂志》编纂委员会编；卫利主编.—合肥：安徽第二棉纺织厂《厂志》编纂委员会，1986年.—261页

本书内容包括：概述、建厂、生产、供销、过来、援外、科技教育、党群工作、生活福利、附属企业、光荣谱、

大事记等。

C0992　F426.81

安徽省安庆市印染色织总厂厂志　**1952—1985**/安徽省安庆市印染色织总厂厂志编纂委员会编.—安庆：安徽省安庆市印染色织总厂厂志编纂委员会，1988年.—238页

本志记载了印染色织总厂自1952年至1985年以来的《生产基本建设》《企业管理》和《文化教育》等方面的发展史，以及记述了那些为工厂呕心沥血，兢兢业业，夜以继日的历届领导、工程技术人员和广大职工艰难创业的精神面貌。

C0993　F426.81

安徽省维尼纶厂史　**1969—1989**（安徽省企业史丛书·

第一卷）/宋霖，汤华章主编．—合肥：安徽人民出版社，1989 年．—362 页

    ISBN 7-212-00181-3

C0994　　F426.81

    安徽省印染厂志　评审稿/安徽印染厂办公室编．—合肥：安徽印染厂办公室，1984 年．—178 页

C0995　　F426.81

    安徽省志　32　纺织工业志/安徽省地方志编纂委员会编．—合肥：安徽人民出版社，1993 年．—352 页

    ISBN 7-212-00956-3

C0996　　F426.81

    安徽丝绸厂志　第一卷　1957—1985/谢金保，《安徽丝绸厂志》编纂小组编．—合肥：《安徽丝绸厂志》编纂小组，1987 年．—240 页

C0997　　F426.81

    安徽印染厂厂志/安徽印染厂．—合肥：安徽印染厂，1985 年

C0998　　F426.81

    安徽针织厂志　1954—1985　第一卷/《安徽针织厂志》编纂委员会编．—合肥：《安徽针织厂志》编纂委员会编，1986 年．—255 页

    本志主要内容包括：概述、大事记、生产经营、企业管理、党群工作、教育工作、人物及附录等。

C0999　　F426.81

    安庆纺织厂志　1958—1985/李克明编．—安庆：安庆纺织厂编史修志室，1988 年．—318 页

    本志共分为九篇，主要内容包括：基本建设，车间概况，生产发展，企业管理，党群工作，文化教育，生活福利与计划生育，外事往来，大事记。

C1000　　F426.81

    安庆印染色织总厂厂志/杨世德编．—安庆：安徽省安庆印染色织总厂，1988 年．—216 页

    本志记载了印染色织总厂自 1952 年至 1985 年以来的《生产基本建设》《企业管理》和《文化教育》等方面的发展史，以及记述了那些为工厂呕心沥血，兢兢业业，夜以继日的历届领导、工程技术人员和广大职工艰难创业的精神面貌。

C1001　　F426.81

    安阳市纺织工业志/钱霞峰主编．—安阳：安阳市纺织工业志编辑室，1985 年．—334 页；26cm

C1002　　F426.81

    安阳市纺织工业志　1901—2002/《安阳市纺织工业志》编纂委员会编．—安阳：编者自发行，2011 年．—453 页；28cm

    本志上卷为 1901—1984 年，下卷为 1985—2002 年。内容包括：近代安阳纺织工业概况、新中国成立后的安阳纺织业、专业、管理、党群、科教文体、人物、体制改革、行业类别、纺织工业生产等。

C1003　　F426.81

    鞍山化纤纺织厂志　第一卷　1976—1985/鞍山化纤纺织厂志编委会．—鞍山：鞍山化纤纺织厂志编委会，1987 年．—388 页

C1004　　F426.81

    八一毛纺织厂志/谢巧云主编．—乌鲁木齐：新疆人民出版社，1998 年．—428 页

    ISBN 7-228-04885-7

    本书内容包括建制，基本建设，原料，工艺，产品生产，辅助生产，产品，质量管理，安全管理，销售，环境保护，财务管理，生产物资供应，中共八一毛纺织厂组织等三十二章。

C1005　　F426.81

    蚌埠市纺织志/张涌鹤主编．—蚌埠：编者自发行，1986 年．—289 页；26cm

C1006　　F426.81

    包头纺织总厂志　第 1 卷　1958—1987/李桐悦主编；包头纺织总厂厂史办编撰．—包头：内蒙古包头市纺织总厂，1988 年．—476 页

    本志剖析研究包头市纺织总厂建厂三十年历史实事，力求系统反映总厂全貌。全书分为：概述、发展简史、大事记、企业管理、党群工作、保卫武装、文教卫生、生活福利、友好往来等十篇。

C1007　　F426.81

    宝鸡申新纺织厂史/萧尹著；陕西省政协文史资料委员会，宝鸡陕棉十二厂编．—西安：陕西人民出版社，1992 年．—429 页（被引 16）

    ISBN 7-224-01599-7

    本书主要介绍了民族工业家怎样经营和管理企业。

C1008　　F426.81

    宝鸡市纺织工业志（宝鸡市部门志丛书之二十）/宝鸡市纺织工业办公室主编．—宝鸡：编者自发行，1991 年．—286 页

    本志记述了宝鸡地区纺织工业发展与现状。包括棉纺织工业、色织工业、印染工业、针织工业、复制工业、丝绸工业、制线工业等。

C1009　　F426.81

    保定第一棉纺织厂　1958—1987/《保定一棉志》编纂委员会编．—保定：《保定一棉志》编纂委员会，1988 年．—302 页

本志上限于1958年建厂初期，下限至1987年底，纵贯近三十年。内容包括：概况、基本建设、生产建设、企业管理、文化教育、党群工作、组织机构、人物、经年大事记、附录，共10章。

C1010 F426.81
保定化纤厂志 **1955—1986**/保定化纤厂志编纂委员会编.—保定：保定化纤厂志编纂委员会，1991年.—430页

C1011 F426.81
保定市纺织工业志/王荣春主编；保定市纺织工业志编纂委员会编.—北京：新华出版社，1991年.—344页
ISBN 7-5011-1301-7
本志记述保定纺织业由古至1988年的发展概况。

C1012 F426.81
北京二毛纺织集团四十年辉煌/李宗英.—北京：编者自发行，199?年.—111页

C1013 F426.81
北京清河制呢厂五十年/清河制呢厂厂史编委会编著.—北京：北京出版社，1959年.—140页（被引8）
统一书号 10071·360
本书是北大历史系三年级同学和清河制呢厂的工人同志们联合组成的编委会编撰而成，记录了北京清河制呢厂的发展历史。

C1014 F426.81
北京志 **70** 工业卷 纺织工业志 工艺美术志/张明义等主编；北京市地方志编纂委员会编.—北京：北京出版社，2002年.—642页
ISBN 7-200-04652-3
本书主要记述了北京市纺织工业、工艺美术两个领域的发展概况。

C1015 F426.81
常德地区棉麻蚕茧公司志 **1840—1988**/宋桂柏等，常德地区棉麻蚕茧公司志编纂室编.—常德：常德地区棉麻蚕茧公司志编纂室，1990年.—269页

C1016 F426.81
常德地区志 纺织工业志/《常德地区志·纺织工业志》编辑部编.—合肥：黄山书社，1993年.—431页
ISBN 7-80535-750-6
本志记述了常德地区纺织工业的历史和现状，涉及了纺织生产技术、设备、管理和产品的发展，进步情况。

C1017 F426.81
常熟市群英针织制造有限责任公司志/杨玉荣主编；常熟市群英针织制造有限公司志编纂委员会编纂.—上海：上海科学普及出版社，2013年.—193页
ISBN 978-7-5427-5911-5

本书记述了创建20多年来的历史。主要分为大事记、荣誉篇、特记、建置区划、安全生产、安全管理、分厂分、企业管理、党群组织、安保和消防工作、文秘工作等内容。

C1018 F426.81
常州第一织布厂志 **1925—1982**/常州第一织布《厂志》编纂领导小组.—常州：常州第一织布厂，1983年.—444页

C1019 F426.81
常州第二织布厂志/常州第二织布厂.—常州：常州第二织布厂，1987年.—261页

C1020 F426.81
常州第三织布厂志 **1907—1985**/常州第三织布厂《厂志》编纂办公室编.—常州：常州第三织布厂，1987年

C1021 F426.81
常州第四织布厂志 **1936—1985**/常州第四织布《厂志》办公室编.—常州：常州第四织布《厂志》办公室，1987年.—296页

C1022 F426.81
常州第七织布厂志 **1916—1985**/常州第七织布《厂志》编纂领导小组编.—常州：常州第七织布厂志编纂领导小组，1989年.—228页

C1023 F426.81
常州第八织布厂志 **1931—1985**/常州第八织布《厂志》编纂领导小组编.—常州：常州第八织布厂志编纂领导小组，1987年.—499页

C1024 F426.81
常州第九织布厂志 **1916—1985**/常州第九织布厂编.—常州：常州第九织布厂，1987年.—329页

C1025 F426.81
常州第十织布厂志 **1936—1983**/常州第十织布厂《厂志》编纂办公室.—常州：常州第十织布厂，1984年.—517页

C1026 F426.81
常州第十一织布厂志 **1934—1983**/常州第十一织布厂《厂志》编纂办公室编.—常州：常州第十一织布厂，1984年.—366页

C1027 F426.81
常州东方红染厂志/编志领导小组编.—常州：常州东方红染厂，1985年.—244页

C1028 F426.81
常州东风印染厂厂志/常州东风印染厂《厂志》编纂办公室编.—常州：常州东风印染厂《厂志》编纂办公室，

1988 年 . —449 页

C1029 TS1-092

常州纺织史料 第 1 辑/常州市纺织工业公司编史修志办公室编 . —常州：编者自发行，1982 年 . —226 页

C1030 TS1-092

常州纺织史料 第 2 辑/常州市纺织工业公司编史修志办公室编 . —常州：编者自发行，1983 年 . —217 页

C1031 TS1-092

常州纺织史料 第 4 辑/常州市纺织工业公司编史修志办公室编 . —常州：编者自发行，1984 年 . —294 页

C1032 TS1-092

常州纺织史料 第 5 辑/常州市纺织工业公司编史修志办公室编 . —常州：编者自发行，1984 年 . —244 页

C1033 TS1-092

常州纺织史料 第 6 辑/常州市纺织工业公司编史修志办公室编 . —常州：编者自发行，1984 年 . —284 页

C1034 TS1-092

常州纺织史料 第 7 辑/常州市纺织工业公司编史修志办公室编 . —常州：编者自发行，1985 年 . —263 页

C1035 F426.81

常州纺织仪器厂志 1949—1982/杨国平主编 . —常州：常州纺织仪器《厂志》编纂领导小组，1986 年 . —354 页

本志记述了 1949—1982 年间常州纺织仪器厂在企业体制、生产建设、经营管理、职工教育、党群工作等各方面的历史发展状况。

C1036 F426.81

常州国棉一厂志 1916—1990/高进勇主编 . —南京：江苏人民出版社，1995 年 . —407 页（被引 13）
ISBN 7-214-01575-7

C1037 F426.75

常州合成纤维厂志 1956—1983/常州合成纤维厂编 . —常州：常州合成纤维厂，1986 年 . —435 页

C1038 F426.81

常州锦华绸厂志 1958—1983/常州锦华绸厂《厂志》编纂领导小组 . —常州：常州锦华绸厂《厂志》编纂领导小组，1986 年 . —254 页

C1039 F426.81

常州染料化工厂志 1959—1987（常州市地方志丛书）/常州染料化工厂编 . —常州：常州染料化工厂志编写组，1989 年 . —237 页

本志共分十一章，内容包括：工厂沿革、基本建设、产品分述、企业管理、经营管理、技术与科研、职工教育、行政、党群、职工福利、人物。

C1040 F426.81

常州市第三毛纺织厂志 1950—1985/常州市第三毛纺织《厂志》编纂领导小组 . —常州：常州市第三毛纺织《厂志》编纂领导小组，1986 年 . —298 页

本志上限 1950 年，下限至 1983 年底。叙述了工厂从解放初期分散的手工个体劳动合作工场发展的八十年代现代化中型毛纺、织、染全能企业的历史演变。

C1041 F426.81

常州市割绒厂志 1958—1991.3/济南元首针织股份有限公司 . —常州：常州市割绒厂《厂志》编纂领导小组，1992 年 . —373 页

C1042 F426.81

常州市纱厂志 1951—1983/河南省中原棉纺织厂志 1946—1981 年未定稿 . —常州：常州市纱厂《厂志》编纂小组，1986 年 . —319 页

C1043 F426.81

常州市羊毛衫毛条厂志 1952—1985/邢台市印染《厂志》1979—1987 第一编 . —常州：《厂志》编纂领导小组发行，1986 年 . —275 页

C1044 F426.81

常州市针布厂志 1958—1982/湖北省宜昌市旭光棉纺织《厂志》1974—1985. —常州：常州市针布厂编史修志办公室，1984 年 . —130 页

本志内容包括：沿革、企业体制和机构设置、生产发展、企业管理、党群工作、职工文体活动、生活福利、大事记。记述了 1958—1982 年常州市针布厂的历史和现状。

C1045 F426.81

常州针织袜业志 1921—1983/常州袜厂《厂志》编写小组 . —常州：常州袜厂《厂志》编写小组，1985 年 . —427 页

C1046 F426.81

朝阳市纺织志/王耀先，曲克宁主编；朝阳市纺织工业局编 . —朝阳：朝阳市纺织工业局，1988 年 . —161 页

本志共分八章，内容包括：概述、机构设置、行业与产品、管理、职工教育、职工福利、人物、大事记。记述了朝阳市纺织工业的发展过程。

C1047 F426.81

成都市丝绸志/张南勋主编 . —成都：编者自发行，1993 年 . —385 页；26cm

C1048 F426.81

成都市丝绸志 复审稿/成都市地方志编纂委员会办公

室编辑 .—成都：成都市地方志编纂委员会办公室，2011
年 .—514 页

C1049　F426.81

成都市志　纺织工业志/邓光忠主编；成都市地方志编纂委员会编纂 .—成都：四川辞书出版社，2000 年 .—380 页
（被引 10）

ISBN 7-80543-907-9

本书记述了从鸦片战争以来到 1999 年成都纺织工业的兴衰及发展。

C1050　F426.81

成都市志　丝绸志/鄢述尧，吴德翔主编；成都市地方志编纂委员会编；郭杨总编 .—北京：方志出版社，2012
年 .—323 页

ISBN 978-7-5144-0509-5

本书记述成都蚕桑丝绸业发展的历史与现状。内容分为：概述、大事记、蚕桑业、丝织业、丝绸贸易、教育与科技、管理、人物、附录等。

C1051　F426.81

淳安县茧丝绸志/《淳安县茧丝绸志》编纂委员会编 .—淳安：编者自发行，2005 年 .—567 页；27cm

本书记述淳安县茧丝绸发展的史实，展示历史和现实变革轨迹的原则，记载了淳安县茧丝绸产业之渊源。

C1052　F426.81

大潮歌：平顶山棉纺织厂建厂十周年纪念/高廷敏，禹本愚主编 .—平顶山：新城文学杂志社，1992 年 .—255 页

C1053　F426.81

大纺厂志（1922—1991）/大连纺织厂《厂志》编纂委员会编 .—大连：大连纺织厂《厂志》编纂委员会，1993
年 .—619 页

C1054　F426.81

大纺年鉴　1986/大连纺织厂史志编审委员会编 .—大连：编者自发行，1987 年

C1055　F426.81

大纺年鉴　1987　第二卷/大连纺织厂《厂志》编纂委员会编 .—大连：编者自发行，1987 年 .—265 页

C1056　F426.81-54

大连纺织厂年鉴　1988/大连纺织厂《厂志》编纂委员会编 .—大连：编者自发行，1988 年 .—361 页

C1057　F426.81-54

大连纺织厂年鉴　1989/大连纺织厂年鉴志编辑委员会编 .—大连：编者自发行，1989 年 .—171 页

C1058　F426.81-54

大连纺织厂年鉴　1990/大连纺织厂年鉴编辑委员会编 .—大连：编者自发行，1990 年 .—176 页

C1059　F426.81-54

大连纺织厂年鉴　1991/大连纺织厂年鉴编辑委员会编 .—大连：编者自发行，1991 年 .—197 页

C1060　F426.81

大连市志　大事记　纺织工业志/大连市史志办公室编 .—大连：大连出版社，2001 年 .—227 页

ISBN 7-80555-704-7

C1061　F426.81

大连市志　纺织工业志/大连市史志办公室编，康积惠主编 .—北京：中央文献出版社，2003 年 .—227 页

ISBN 7-5073-0983-5

本志记述内容上限起自 1840 年，下限截至 1990 年，共设 13 章 50 节，全志以行业为主线，纵述历史，横陈现状，以记述为主，图、表、录、照片综合运用，全方位记述大连市纺织工业的历史演变。

C1062　F426.81-54

大生纺织公司年鉴　1895—1947/张季直先生事业史编纂处编；张謇研究中心等校注 .—南京：江苏人民出版社，1998 年 .—421 页（被引 76）

ISBN 7-214-02144-7

C1063　F426.86

大唐袜业/金兴华著 .—北京：中国农业出版社，2020
年 .—186 页；21cm

ISBN 978-7-109-26780-0

C1064　F426.81

大兴纱厂史稿（石家庄地方史志研究丛书）/杨俊科，梁勇著 .—北京：中国展望出版社，1990 年 .—286 页

ISBN 7-5050-0706-8

C1065　F426.81

当代北京纺织工业（当代北京工业丛书）/陈莹主编 .—北京：北京日报出版社，1988 年 .—357 页

ISBN 7-80502-138-4

本书以丰富翔实的材料记载了北京纺织工业发展的历程。

C1066　F426.81

当代河南纺织工业　1949—1990（当代河南历史丛书）/李正君主编；《当代河南历史丛书》编辑委员会编 .—北京：当代中国出版社，1996 年 .—265 页

ISBN 7-80092-470-X

本书以时间为序，记录了河南纺织工业在不同阶段的发展历程。

C1067 F426.81

当代四川纺织工业（《当代四川》丛书）/周洽勃主编；《当代四川》丛书编辑部编 . —成都：四川人民出版社，2000年 . —282 页

　　ISBN 7-220-05061-5

　　本书是一部叙述中华人民共和国成立以来四川纺织工业发展的史书，展示了四川纺织工业取得的巨大成就和重要贡献。

C1068 F426.81

地上的织女城/王大海著 . —郑州：河南人民出版社，1957 年 . —36 页

C1069 F426.81

第一师棉麻公司志（新疆生产建设兵团第一师阿拉尔市史志丛书）/第一师棉麻公司编；陈玉武，李成主编 . —北京：中国文史出版社，2013 年 . —249 页

　　ISBN 978-7-5034-4462-3

　　本书是一部由新疆建设兵团第一师棉麻组织编写的该师棉麻志。全书共分"建制""党组织建设""行政""经营""纪律检查""工会""人物集体""附录"八个部分，正文前还附有该历史的大事记。

C1070 F426.81

东莞市二轻工业志/东莞市二轻工业局编 . —东莞：编者自发行，1991 年 . —151 页

　　本志主要记述广东省东莞市二轻工业在中华人民共和国成立之后的发展历史，下限至 1987 年。全书主要内容包括：概述、建置沿革、二轻工业的发展、科研先进集体与个人和职工队伍五篇，篇下设章。

C1071 F426.81

东台纺织机械厂志　1958—1988/东台纺织机械厂志编纂委员会 . —盐城：编者自发行，1988 年 . —173 页

C1072 F426.81

都锦生丝织厂/中共都锦生丝织厂委员会，杭州大学历史系编著 . —杭州：浙江人民出版社，1961 年 . —52 页

　　统一书号 7103·455

C1073 TS14

都锦生织锦/李超杰编著 . —上海：东华大学出版社，2008 年 . —109 页

　　ISBN 978-7-81111-345-7

　　本书共七节，内容包括中国织锦、东方艺术之花、都锦生织锦的织物结构和织物组织、生产织锦的提花机和提花机装造等。

C1074 TS14

都锦生织锦史/朱静著 . —北京：中国社会科学出版社，2014 年 . —138 页

　　ISBN 978-7-5161-4079-6

　　本书通过收集、整理有关历史文献资料和开展田野工

作，按民国创业（1922—1926）、全面发展（1927—1931）、日渐衰落（1932—1949）、重获新生（1950—1978）、整顿与市场化改革（1979 年以后）等历史时期的划分，介绍都锦生织锦在每个历史时期的社会背景、技术发展，以及都锦生丝织厂的生产状况，描述都锦生织锦在不同时代的曲折发展历程。

C1075 F426.81

鄂西织布厂厂志　1949—1985/杨维焕 . —宜昌：宜昌市鄂西织布厂厂志办公室，1990 年 . —392 页

C1076 F426.81

鄂西自治州轻纺工业志/鄂西自治州轻纺工业局编 . —恩施：编者自发行，1989 年 . —416 页；26cm

C1077 F426.81

纺织工业部设计院建院三十五周年：1952—1987/纺织工业部设计院 . —北京：纺织工业部设计院，1987 年 . —137 页

C1078 F426.81

纺织工业部设计院建院四十周年：1952—1992/沈协欣 . —北京：《纺织工业部设计院建院四十周年》纪念册编辑组，1992 年 . —79 页

C1079 F426.81

纺织工业出版社 35 年：1953—1988/王文浩主编 . —北京：纺织工业出版社，1988 年 . —94 页

　　本书含题词、纪念文章、组织机构表、人名录、图片集锦、图书目录、获奖书目等。

C1080 F426.81

汾阳市棉麻公司志　1950—2000/赵定安，王希良主编；汾阳市棉麻公司，汾阳市志办公室编 . —汾阳：汾阳市棉麻公司，2001 年 . —420 页

C1081 TS1-092

佛山纺织史/吕唐军著，《佛山历史文化丛书》编委会编 . —广州：广东人民出版社，2017 年 . —237 页

　　ISBN 978-7-218-12012-6

　　本书从两条主线撰写佛山地区纺织史。其中一条主线为佛山地区纺织行业发展史，另一条为佛山地区纺织技术史。以发展史记录整个行业发展轨迹，从轨迹中寻发展规律，自规律中推演未来。

C1082 F426.81

福建省志　纺织工业志/福建省地方志编纂委员会编；李钻永主编 . —北京：中国社会科学出版社，1999 年 . —336 页

　　ISBN 7-5004-2509-0

　　本志下限止于 1990 年，比较全面翔实地记载福建纺织业的发展历程、兴衰曲折。包括：化学纤维工业、棉纺织工业、纺织工业管理等 13 章内容。

C1083　F426.81

抚纺三十年/杨寿培主编 . —北京：中国纺织出版社，1996 年 . —215 页

　　ISBN 7-5064-1215-2

C1084　F426.81

阜阳纺织厂志/《阜阳纺织厂志》编纂办公室编 . —阜阳：《阜阳纺织厂志》编纂办公室，1985 年 . —112 页

C1085　F426.81

甘肃省志　第三十五卷　轻纺工业志　二轻/甘肃省地方史志编纂委员会，甘肃省二轻工业志编纂委员会编 . —兰州：甘肃人民出版社，1995 年 . —567 页

　　ISBN 7-80608-081-3

　　本志记述甘肃二轻工业发展的历史和现状。包括缝纫业、皮革业、家具制造业、金属制品业、日用杂品制造业等行业以及二轻工业管理等。

C1086　F426.81

固始县麻纺织厂厂志/《固始县麻纺织厂厂志》编纂领导小组；甘海峰，祝遵礼主编 . —固始：《固始县麻纺织厂厂志》编纂领导小组，1985 年 . —103 页

C1087　F426.81

广东省志　纺织工业志（广东省地方志丛书）/广东省地方史志编纂委员会，李荫苗主编 . —广州：广东人民出版社，2002 年 . —275 页（被引 7）

　　ISBN 7-218-03904-9

C1088　F426.81

广东省志　丝绸志　上下册（广东省地方志丛书）/广东省地方史志编纂委员会编 . —广州：广东人民出版社，2004 年 . —1412 页

　　ISBN 7-218-04394-1

　　本志记述年限上溯至秦汉之前，下限至 2000 年，从蚕桑企业、丝绸工业、丝绸贸易、经营管理等方面介绍广东的丝绸业状况。

C1089　F426.81

广西桂棉志　1958—1988/李绪璧编 . —桂林：《广西桂棉志》编辑室，1991 年 . —379 页

　　本志反映了桂林市棉纺厂三十余年历史，内容包括建厂与扩建、企业领导机构和组织机构、生产管理、经营管理、党委工作、职代会、工会、共青团、人民武装与治安保卫工作、教育工作、劳动服务公司等。

C1090　F426.81

广西通志　纺织工业志/广西壮族自治区地方志编纂委员会 . —南宁：广西人民出版社，2002 年 . —416 页

　　ISBN 7-219-04268-X

C1091　F426.81

广州纺织工业志/广州纺织工业志编纂委员会编 . —广州：广州纺织工业志编纂委员会，1999 年 . —94 页

C1092　F426.81

桂林纺织品批发站志　1950—1990/钟文杰主编；桂林纺织品批发站志编纂委员会编 . —桂林：漓江出版社，1992 年 . —272 页

　　ISBN 7-5407-1084-5

　　本志记述了桂林纺织品批发站的机构沿革、经营、管理、运输等内容。

C1093　F426.81

桂林市纺织工业志　1949—1989/唐建民主编 . —桂林：广西桂林市纺织工业公司，1991 年 . —231 页

　　本志记述了桂林市纺织工业的发展过程，工作中的成就与失误。

C1094　F426.81

桂林市志　纺织工业志/桂林市纺织工业编纂办公室编 . —桂林：内部审阅本，1995 年

C1095　F426.81

国营陕西第二印染厂志　1964—1985（陕西地方志丛书）/陕西第二印染厂厂志办公室 . —咸阳：陕西第二印染厂厂志办公室，1988 年 . —286 页

　　本志上限始于 1964 年建厂，下限止于 1985 年末，分为概述、大事记、建厂、扩建与更新改造、领导体制、生产管理、经营管理、党群工作、教育、生活福利等十四章，记载了陕西第二印染厂建设、发展各方面的历史和现状。

C1096　F426.81

国营陕西第九棉纺织厂志　1940—1990（陕西地方志丛书）/《陕棉九厂志》编写办公室编 . —宝鸡：《陕棉九厂志》编写办公室，1992 年 . —514 页

C1097　F426.81

国营西北第一棉纺织厂志　1951—1985　第一卷（陕西地方志丛书）/《西北国棉一厂志》编委办公室编 . —咸阳：国营西北第一棉纺织厂，1989 年 . —451 页

C1098　F426.81

国营西北第五棉纺织厂志　1954—1986/刘云峰，王亚琛，高峰主编；《西北五棉志》编辑室编 . —西安：《西北五棉志》编辑室，1987 年 . —419 页

　　本志内容包括概述、大事记、建厂、企业体制、生产管理、经营管理、内联外引、党委工作、职代会工作共青团、教育、武装保卫、生活福利、劳动服务公司。

C1099　F426.81

国营西北第六棉纺织厂志　1955—1987（陕西地方志丛书）/《国营西北第六棉纺织厂志》编纂办公室编 . —西安：

《国营西北第六棉纺织厂志》编纂办公室，1988 年 . —322 页

C1100 F426.81
　　国营咸阳纺织机械厂志 1958—1986（陕西地方志丛书）/《咸阳纺织机械厂志》编纂委员会办公室 . —咸阳：咸阳纺织机械厂志编纂委员会，1988 年 . —255 页

C1101 F426.81
　　国营郑州纺织机械厂厂志 1949—1985/《郑州纺织机械厂厂志》编纂委员会编 . —郑州：编者自发行，1990 年 . —567 页
　　本志主要概述建厂的经过与沿革及发展。同时介绍了企业管理、技术与科研、生产经营、财务管理、基本建设、劳动人事与劳动保护、社会服务等方面的内容。

C1102 F426.81
　　哈尔滨纺织印染厂志 1976—1990 第 2 卷/《哈尔滨纺织印染厂志》编纂委员会编 . —哈尔滨：《哈尔滨纺织印染厂志》编纂委员会，1993 年 . —317 页

C1103 F426.81
　　哈尔滨市纺织系统厂志汇集/哈尔滨市纺织管理局史志办汇编 . —哈尔滨：哈尔滨市纺织管理局，1994 年 . —1152 页

C1104 F426.81
　　哈尔滨市志 纺织工业 医药/哈尔滨市地方志编纂委员会编 . —哈尔滨：黑龙江人民出版社，1996 年 . —520 页
　　本志记述了哈尔滨市纺织工业和医药工业发展的历史与现状。

C1105 F426.81
　　哈尔滨亚麻纺织厂志 1949—1990/《哈尔滨亚麻纺织厂志》编纂委员会编 . —哈尔滨：《哈尔滨亚麻纺织厂志》编纂委员会，1992 年 . —330 页
　　本志由工厂发展沿革、领导体制、生产管理、经营管理、职工教育、生活福利、党群工作、外事往来、人物九篇组成，系统地记述了哈尔滨亚麻纺织厂 1949—1990 年的发展变化。

C1106 F426.81
　　邯郸二棉厂志 1956—1985/国营邯郸第二棉纺织厂编 . —邯郸：国营邯郸第二纺织厂，1988 年 . —442 页

C1107 F426.81
　　邯郸三棉厂志 初稿 1956—1985/《邯郸棉三厂志》编纂委员会编 . —邯郸：《邯郸棉三厂志》编纂委员会，1986 年 . —2 册（421 页）

C1108 F426.81
　　邯郸四棉厂志 1956—1985/国营邯郸第四棉纺织厂编 . —邯郸：国营邯郸第四棉纺织厂，1988 年 . —399 页

C1109 F426.81
　　邯郸市纺织工业志（初稿）**1945—1985**（上下册）/河北省邯郸市纺织工业公司编 . —邯郸：河北省邯郸市纺织工业公司，1987 年 . —734 页

C1110 F426.81
　　邯郸市纺织工业志 1945—1985/邯郸市纺织工业公司编纂 . —邯郸：邯郸市纺织工业公司，1988 年 . —558 页

C1111 F426.81
　　杭州丝绸志/杭州丝绸控股（集团）公司编 . —杭州：浙江科学技术出版社，1999 年 . —673 页（被引 44）
　　ISBN 7-5341-1237-0
　　本志主要内容包括概述、大事记和史略、桑蚕、制丝、丝织、练染、丝绸服装、丝绸机械、贸易、教育科技、管理、党群、职工、人物、丝绸文化、城区县市丝绸业等 15 篇。该书上限力求追溯事物发端，下限迄于 1993 年。大事记的下限延伸到 1997 年，并在"史略"篇增设"市属丝绸行业 1994—1997 年简况"的"专记"。

C1112 F426.81
　　合肥被单厂志 1957—1985（合肥市地方志丛书）/《合肥被单厂志》编写组编 . —合肥：《合肥被单厂志》编写组，1987 年 . —171 页
　　本志内容包括：概述、建厂、生产、管理、党群组织、生活福利、附录。记述了 1957—1985 年合肥被单厂的历史与现状。

C1113 F426.81
　　河北省纺织品进出口（集团）公司志：续（1991—2001）/河北省纺织品进出口（集团）公司志编审委员会编 . —石家庄：河北省纺织品进出口（集团）公司志编审委员会，2002 年 . —322 页

C1114 F426.81
　　河北省志 第 23 卷 纺织工业志/滕茂椿主编；河北省地方志编纂委员会编 . —北京：方志出版社，1996 年 . —421 页
　　ISBN 7-80122-130-3
　　本志下限止于 1990 年，主要记述河北纺织工业发展的历史与现状。下设：棉纺织工业、印染工业、纺织机械器材工业、管理、科技与教育等。

C1115 F426.81
　　河南第二毛纺织厂志 1952—1983/岳玉祥执笔 . —安阳：河南第二毛纺织厂，1985 年 . —102 页

C1116 F426.81
　　河南纺织干部学校校志 1956—1985 试写稿/段志忠执笔；河南纺织干部学校撰稿 . —郑州：河南纺织志编纂办公室，1987 年 . —33 页
　　本书收录了河南纺织干部学校的创立与变迁、建校初期

的机构设置和领导班子等内容。

C1117 F426.81

河南纺织工业发展简史/李道苏主编 . —西安：陕西旅游出版社，2000 年 . —269 页

ISBN 7-5418-1273-0

本书记载了河南纺织工业发展的历程，总结了河南纺织工业发展的历史经验，探索了河南纺织工业发展的规律。

C1118 F426.81

河南纺织工业学校校志 1954.9—1985.12/河南纺校编纂委员会编 . —郑州：河南纺校编志委员会，1986 年 . —31 页

本志收录了河南纺织工业学校的建立、河南纺织工业学校停办与职业学校的建立等内容。

C1119 F426.81

河南纺织工业原材料公司志 1953—1986 年/河南纺织工业原材料公司撰稿 . —郑州：河南纺织工业原材料公司志编辑办公室，1987 年 . —82 页

本志简明扼要的系统阐述了河南纺织工业原材料公司从 1953 年成立到 1986 年的发展经历。

C1120 F426.81

河南纺织工业志 卷 2 地市纺织志 初稿（上下册）/河南省纺织工业厅编 . —郑州：河南省纺织工业厅，1991 年 . —599 页

C1121 F426.81

河南纺织器材行业志 试写稿/河南纺织志编纂办公室编 . —郑州：河南纺织志编纂办公室，1986 年 . —93 页

本志共设五章，重点记述了本行业的生产建设、经营管理、产品开发以及对国家的贡献。

C1122 F426.81

河南纺织原料志 试写稿/黄道金执笔；河南纺织工业原材料公司撰稿 . —郑州：河南纺织工业志编纂办公室，1986 年 . —30 页

C1123 F426.81

河南纺织志 二级机构卷/河南纺织科学技术研究所撰稿 . —郑州：河南省纺织志编纂办公室，1986 年 . —39 页

本书收录了纺织科研所的建立、重建后的纺织科研所和科研工作与科研成果等内容。

C1124 F426.81

河南麻纺织工业志（初稿）（油印本）/河南纺织工业志编纂办公室编印；苏文成执笔 . —郑州：河南纺织工业志编纂办公室，1987 年 . —27 页

C1125 F426.81

河南省纺织工程学会 40 周年纪念册：1954—1994/河南省纺织工程学会 40 周年纪念册编辑委员会 . —郑州：河南省纺织工程学会 40 周年纪念册编辑委员会，1994 年 . —60 页

C1126 F426.81

河南省纺织机械厂志 1958—1985/潘如爵主编 . —郑州：河南省纺织机械厂志编纂委员会，1988 年 . —320 页

本书详细介绍了河南省纺织机械厂，内容涉及基本建设，企业体制，生产，技术与科研，企业管理等。

C1127 F426.81

河南省纺织志资料汇编 第 1 辑/河南省纺织志编纂办公室编 . —郑州：河南省纺织志编纂办公室，1985 年 . —34 页

本书收录了邵文杰同志在地市史志总编室负责人座谈会上的讲话和段佩明同志在地市史志总编室负责人座谈会上的发言等。

C1128 F426.81

河南省华新棉纺织厂志 1915—1994/河南省华新棉纺织厂志编纂委员会办公室编 . —北京：新华出版社，1995 年 . —461 页

ISBN 7-5011-2975-4

C1129 F426.81

河南省志 纺织工业志/邵文杰总纂；王莘夫主编；河南省地方史志编纂委员会编纂 . —郑州：河南人民出版社，1988 年 . —320 页

C1130 F426.81

河南省志 纺织工业志 第 1 章 概述 修订稿/河南纺织工业志编纂办公室编纂；王莘夫执笔 . —郑州：河南纺织工业志编纂办公室，1988 年 . —44 页

C1131 F426.81

河南省中原棉纺织厂志 1946—1981 未定稿/河南省中原棉纺织厂编 . —新乡：河南省中原棉纺织厂，1983 年 . —142 页

C1132 F426.81

河南丝绸志/张雨琛执笔 . —郑州：河南纺织工业志编纂办公室，1987 年 . —55 页

本书简明扼要的系统阐述了河南丝绸工业从古代到二十世纪八十年代的发展历史和重大事件。

C1133 F426.81

河南嵩岳集团纺织志 1991—2012/河南嵩岳集团有限责任公司编 . —郑州：河南嵩岳集团有限责任公司，2013 年 . —376 页

本志共分六章，内容包括：概述、机构设置、管理、党群工作、改革改制、集团大事记。

C1134 F426.81

河南嵩岳集团纺织志 **1991—2018** **修订版**/河南嵩岳集团有限责任公司编 .—郑州：河南嵩岳集团有限责任公司，2019 年 .—376 页

本书记载了河南嵩岳集团从成立到注销的历史全过程，完整展现了河南嵩岳集团领导所属企业为郑州市的发展做出的巨大贡献，反映了嵩岳集团组建运行期间的郑州纺织产业发展状况。

C1135 F426.81

黑龙江省志 **纺织志** **烟草志**/王学孝，张德民主编；黑龙江省地方志编纂委员会编 .—哈尔滨：黑龙江人民出版社，1994 年 .—378 页

本志包括纺织志和烟草志，分别记述了黑龙江省纺织行业和烟草行业发展的历史与现状。

C1136 F426.81

湖北省纺织工业志/湖北省纺织志编纂委员会编 .—北京：中国文史出版社，1991 年 .—450 页 （被引 5）

ISBN 7-5034-0410-8

本志记述了湖北省纺织工业发展的历史与现状。包括棉纺织工业、丝绸工业、麻纺织工业、毛纺织工业、针织工业等。上限为记述对象的发端，原则上不得超过 1840 年，下限止于 1985 年。

C1137 F426.81

湖北省黄石市苎麻纺织印染厂厂志 **1974—1986**/刘忠恩主编；麻纺厂志编纂委员会编 .—黄石：湖北省黄石市苎麻纺织印染厂，1987 年 .—368 页

C1138 F426.81

湖北省沙市棉纺织厂厂志 **1965—1985**/朱桂庆主编；厂志编写小组编纂 .—沙市：厂志编写小组，1986 年 .—194 页

C1139 F426.81

湖北省商业简志 **第三册** **纺织品商业志**/萧自雄主编；湖北省纺织品公司编 .—武汉：编者自发行，1988 年 .—567 页

本志记述了该省国营纺织品商业的发展过程和主要工作情况等，对中华人民共和国成立之前该省纺织品行业的情况作了简要回溯。全书记述时间的下限为 1985 年。

C1140 F426.81

湖北省宜昌市旭光棉纺织厂志 **1974—1985**/旭光棉纺织厂编 .—宜昌：宜昌市旭光棉纺织厂厂志办公室，1988 年 .—337 页

本志记述了宜昌市旭光棉纺织厂从 1974 年到 1985 年产生、发展、变化的历史。主要内容包括：建设"老三万"；变化和发展；投资和固定资产；棉纺纱生产；帆布、丝织、气流纺纱生产；棉织生产；生产辅助部门；生产管理等。

C1141 F426.81

湖南的纺织工业/湖南省轻工业厅纺织处编著 .—长沙：湖南人民出版社，1958 年 .—10 页

C1142 F426.81

湖南省纺织工业志/湖南省地方志编纂委员会，蒋子云等编 .—长沙：湖南省纺织工业厅，1989 年 .—326 页

C1143 F426.81

湖南省澧县津市轧花厂厂志 **1932—1992**/鲁祖林 .—澧县：厂志编辑组，1992 年 .—198 页

C1144 F426.81

湖南省志 **工业矿产志** **轻工业** **纺织工业**/湖南省地方志编纂委员会编 .—长沙：湖南人民出版社，1989 年 .—818 页 （被引 20）

C1145 F426.81

湖州丝绸志 （湖州市志丛书）/陆松平，张韧主编；《湖州丝绸志》编纂委员会编 .—海南：海南出版社，1998 年 .—523 页

ISBN 7-80590-340-9

本志记述湖州市区与市丝绸系统内企业及定点乡镇丝绸企业，辐射三县。内设缫丝、丝织、丝绸印染、丝绸服装、纺织机械、县镇企业概况、教育、管理、党群、职工生活、人物、丝绸文化共十二章。

C1146 F426.81

化纤地毯厂志：第一卷 **1970—1990**/北京燕山石油化工公司化纤地毯厂编 .—北京：北京燕山石油化工公司化纤地毯厂，1992 年 .—301 页

本志内容包括：概述、行政体制和与机构、基本建设、生产、科学技术、设备、经营、行政管理、职工福利等。

C1147 F426.81

淮南纺织厂志 **1958—1985**/《淮南纺织厂志》编纂办公室编 .—淮南：淮南纺织厂，1987 年 .—280 页

C1148 F426.81

淮阴纺织工业志 （初稿）/淮阴市纺织工业公司修志办公室编 .—淮阴：编者自发行，1988 年 .—175 页

C1149 F426.81

黄石纺织机械厂志 **第 1 卷** **1965—1985** （内部发行）/黄石纺织机械厂志编纂委员会办公室编 .—黄石：黄石纺织机械厂志编纂委员会，1993 年 .—261 页

本志上限起自 1965 年，下限至 1985 年，共分基本建设、生产建设、企业管理、科技发展、文教与生活、党群工作和人物传等八篇，记述了黄石纺织机械厂的历史与现状。

C1150 F426.81

黄石纺织机械厂志 **第 2 卷** **1986—2000** （内部发

行）/黄石纺织机械厂志编纂委员会办公室编．—黄石：黄石纺织机械厂志编纂委员会，2003 年．—336 页

C1151　F426.81
　　黄石市第二床单厂厂志　**1952—1985**/黄石市第二床单厂《厂志》编辑室编．—黄石：黄石市第二床单厂《厂志》编辑室，1985 年．—390 页
　　本志主要内容包括：管理体制、生产建设、企业管理、党群工作、职工教育、生活福利、历年大事记等。

C1152　F426.81
　　辉煌的 20 年：河南纺织工业　**1979—1998**/河南省纺织工业厅，河南省纺织企业家协会编著．—郑州：河南省新闻出版局，1999 年．—476 页
　　本书由成就与经验、重大事件、新闻扫描和热点聚焦四部分组成，比较全面、系统地反映了河南纺织工业改革开放的概貌。

C1153　F426.75
　　吉林化学工业公司染料厂志　**1954—1988**/吉林化学工业公司染料厂编．—吉林：吉林化学工业公司染料厂，1992 年．—462 页

C1154　F746.81
　　吉林省纺织品对外贸易志　**1954—1990**/孙德成，杨广琪主编．—长春：吉林省纺织品进出口公司，1993 年．—370 页；27cm

C1155　F426.81
　　吉林省志　卷二十　轻工业志　纺织/吉林省地方志编纂委员会．—长春：吉林人民出版社，2008 年．—399 页
　　ISBN 978-7-206-03537-1

C1156　F426.81
　　吉林市丝织印染厂厂志　**1898—1985**/浦淑清主编；吉林市丝织印染厂编．—吉林：吉林市丝织印染厂，1987 年．—471 页

C1157　F426.81
　　济南第二棉纺织厂厂志　**1958—1985**/济南第二棉纺织厂《厂志》编纂委员会编．—济南：济南第二棉纺织厂《厂志》编纂委员会，1988 年．—424 页

C1158　F426.81
　　三棉厂志　**1930—1985**/济南第三棉纺织厂《厂志》编纂委员会编．—济南：济南第三棉纺织厂《厂志》编纂委员会，1987 年．—296 页

C1159　F426.81
　　济南第一印染厂志　**1931—1985**/曹敏慧主编；济南第一印染厂志编纂领导小组编．—济南：济南第一印染厂志编纂领导小组，1987 年．—435 页

本志书以济南第一印染厂的政治、经济、文化、教育、生活等活动为内容，以生产经营和各项管理为主体记述，着重反映了济南第一印染厂由三十年代的落后状态而演变为八十年代大型印染企业的历史过程。

C1160　F426.81
　　济南第二印染厂志　**1898—1985**/王安惠主编；济南第二印染厂志编纂领导小组编．—济南：济南第二印染厂志编纂领导小组，1989 年．—399 页

C1161　F426.81
　　济南帆布厂志　**1919—1985**/济南帆布厂志编纂委员会编．—济南：济南帆布厂志编纂委员会，1988 年．—493 页

C1162　F426.81
　　济南纺织工业志　**1840—1985**/济南纺织工业志编纂领导小组．—济南：济南纺织工业志编纂领导小组，1989 年．—384 页

C1163　F426.81
　　济南市纺织工业志　**第 2 卷**　**1986—2002**/济南纺织工业办公室编．—济南：济南纺织工业办公室，2004 年．—395 页
　　本志记录了 1986 年至 2002 年济南市纺织工业的发展历史，全书共 13 章 35 节，30 万字，随文插有 200 余幅照片。

C1164　F426.81
　　济宁毛纺织厂厂志　**1972—1986**/济宁毛纺织厂厂志编纂办公室编．—济宁：编者自发行，1988 年．—314 页

C1165　F426.81-54
　　济宁毛纺织厂年鉴　**1987**/山东如意毛纺集团总公司《年鉴》编纂办公室编．—济宁：编者自发行，1994 年．—205 页

C1166　F426.81-54
　　济宁毛纺织厂年鉴　**1991**/山东如意毛纺集团总公司《年鉴》编纂办公室编．—济宁：编者自发行，1992 年．—205 页

C1167　F426.81
　　济宁市纺织工业志/孙洪泰主编；济宁市纺织工业公司编志办公室编．—北京：中国卓越出版公司，1989 年．—354 页
　　ISBN 7-80071-10-104-8
　　本志从经营管理、基本建设和技术改造、教育科研学术团体、行业、印染、毛纺织、针织、棉复制、麻纺织、纺织机械器材等方面记述了济宁市纺织工业的历史和现状。

C1168　F426.81
　　济宁印染厂厂志　**1966—1985**/谢圣兰主编；济宁印染厂《厂志》办公室编．—济宁：济宁印染厂《厂志》办公室，1987 年．—710 页

C1169 F426.81

佳木斯针织厂志 **1958—1983** 试写稿/佳木斯针织厂志编辑小组编 . —佳木斯：佳木斯针织厂，1984 年 . —235 页

C1170 F426.81

嘉绢志 **1921—1988**/《嘉绢志》编纂室编 . —嘉兴：《嘉绢志》编纂委员会出版，1990 年 . —392 页

C1171 F426.81

嘉兴丝绸志/嘉兴丝绸志编纂委员会编 . —嘉兴：嘉兴市丝绸工业公司，1994 年 . —652 页

C1172 F426.81

江苏省志 **22** 纺织工业志/林庆生主编；江苏省地方志编纂委员会编 . —南京：江苏古籍出版社，1997 年 . —478 页

ISBN 7-80519-937-X

本志包括化学纤维工业、棉纺织工业、色织工业、印染工业、毛纺织工业、麻纺织工业、针织与复制工业、服装工业、纺织专用设备与器材制造工业、纺织品国内销售、对外贸易和经济合作、纺织教育、纺织科技、管理机构等内容。

C1173 F426.81

江西纺织厂/江丁著 . —南昌：江西人民出版社，1955 年 . —24 页

C1174 F426.81

江西棉纺织印染厂志（江西省地方志丛书）/肖震孚主编；《江纺志》编纂委员会编 . —南昌：《江纺志》编纂委员会，1989 年 . —576 页

本志简称"江纺志"，全书由概述、大事记、专志、附录四部分组成，全面系统地记述企业的管理工作、经济建设、文教科研、党委工作、群众团体、职工队伍和生活福利等。

C1175 F426.81

江西省百货纺织品商业志/江西省百货纺织公司编 . —南昌：编者自发行，1995 年 . —405 页

本志书记述江西省境内百货纺织品商业的发展状况，上限 1840 年，下限 1990 年。立大事记、概述、机构、专业经营、计划统计、财务会计、物价共 8 章 34 节。

C1176 F426.81

江西省志纺织工业志/张伊总纂；丘善道主编；江西省地方志编纂委员会编 . —北京：中共中央党校出版社，1993 年 . —449 页

ISBN 7-5035-0804-3

本志上限起于近代纺织兴起时，下限止于 1990 年底，记述江西省纺织工业发展的变迁，特别是江西省纺织工业局成立以来的纺织工业史实。

C1177 F426.81

江西新生纺织厂工厂史/江西新生纺织厂编 . —江西：江西新生纺织厂，1959 年 . —7 页

C1178 F426.81

江阴第二纺织机械厂厂志/江阴第二纺织机械厂《厂志》编写组编 . —无锡：编者自发行，1986 年 . —68 页

本志主要记述了该厂从创建以来至 1985 年的历史及其发展历程。该志分 8 章 36 节，章节有沿革、建厂以来的企业概貌、组织机构、企业经营与管理、群众组织、先进集体、先进个人、职工福利、其他等。

C1179 F426.81

江阴纺织机械厂厂志 **1958—1987**/江阴纺织机械厂《厂志》编写组 . —无锡：编者自发行，1988 年 . —176 页

本志主要记述了该厂从创建以来至 1987 年的历史及其发展历程。该志分 9 章 48 节，章节有概述、组织机构、资产与设备、产品产量、企业经营、企业管理、职工队伍、职工教育、回忆录等。

C1180 F426.81

江阴纺织五金器材厂厂志/江阴新华布厂《厂志》编写组 . —无锡：编者自发行，1986 年 . —108 页

本志主要记述了该厂从创建以来至 1986 年的历史及其发展历程。该志分 10 章，章节有发展史、企业经营、企业管理、产品、技术革新与技术改造、基建与设备、组织机构、职工队伍、职工教育与文体活动、其他等。

C1181 F426.81

江阴市纺织工业志/江阴市纺织公司编 . —无锡：编者自发行，1990 年 . —212 页（被引 5）

本志上限不限，下限止于 1987 年，按江阴纺织企业的各个类别以及工业体制、企业管理、党群组织、职工、人物传、其他等章节详细论述了江阴纺织工业的发展史。

C1182 F426.81

交织与轨迹：走过台湾纺织一百年［港台］/台湾纺织产业综合研究所 . —新北：编织产业综合研究所，2012 年 . —191 页

ISBN 978-986-86795-6-6

C1183 F426.81

津纺机厂志 **1946—1985**/国营天津纺织机械厂《厂志》编辑组编辑 . —天津：国营天津纺织机械厂，1988 年 . —398 页

C1184 F426.81

经纬春秋：京棉一厂发展史 1954.9—1994 初（中国知名企业丛书）/《经纬春秋》编委会编 . —北京：企业管理出版社，1994 年 . —506 页

ISBN 7-80001-471-1

C1185 F426.81

经纬天地谱春秋：国营石家庄第二棉纺织厂史志 1954—1990（中华企业发展史丛书 河北卷）/王恒山，张殿文主编.—北京：光明日报出版社，1992年.—557页

ISBN 7-80091-318-X

本志介绍了石家庄第二棉纺织厂的厂史，反映了企业管理和经济发展的客观规律，记述了职工的生产活动、经营活动和创业史迹。

C1186 F426.81

九江第一棉纺织厂志（中国地方志丛书）/郑良雨主编.—北京：纺织工业出版社，1993年.—380页

ISBN 7-5064-0908-9

本志上限始于1919年，下限止于1989年。全书内容包括：建置沿革、基本建设、生产、技术、劳动工资、教育、群众团体、生活福利、社会工作等。

C1187 F426.81

开封毛纺织总厂志 1955—1985/开封毛纺织总厂《厂志》编纂办公室编.—开封：开封毛纺织总厂《厂志》编纂办公室，1985年.—158页

C1188 F426.81

开封纱厂厂志 1920—1984 待定稿/开封纱厂《厂志》编辑办公室编.—开封：开封纱厂《厂志》编辑办公室，1985年.—289页

C1189 F426.81

开封市纺织工业局志/开封市纺织工业局编.—开封：开封市纺织工业局，1988年.—173页；26cm

C1190 F426.81

开封市棉麻公司志 1950—1985/李保儒主编；《开封市棉麻公司志》编辑室编.—开封：《开封市棉麻公司志》编辑室，1986年.—189页

本志内容包括：沿革、业务经营、企业管理、扶持生产、政治工作、先进集体、先进个人、大事记等。

C1191 F426.81

奎屯棉纺织厂志（中国地方志）/王华岭主编；奎屯棉纺织厂史志编纂委员会编.—乌鲁木齐：新疆大学出版社，1996年.—219页

ISBN 7-5631-0685-5

本志记述了企业内部生产经营、党政领导、科学技术、教育、卫生事业等方面的历史与现状。

C1192 F426.81

昆湖经纬：云南昆湖针织总厂发展史（中国知名企业丛书）/孙明，林绍明主编；《昆湖经纬》编委会编.—北京：企业管理出版社，1993年.—280页

ISBN 7-80001-281-6

本书介绍了云南昆湖针织总厂的简史（1958—1991）及

其总厂的专题史。

C1193 F426.81

兰州棉纺织印染厂志 1958—1985/杨文波等主编；《兰州棉纺织印染厂志》厂志编纂委员会编.—兰州：《兰州棉纺织印染厂志》厂志编纂委员会，1988年.—211页

C1194 F426.81

老河口市地方志 纺织工业志/老河口市纺织工业局《纺织工业志》编纂委员会编.—老河口：老河口市纺织工业局《纺织工业志》编纂委员会，1995年.—158页

本志记述了老河口市纺织工业发展的历史与现状。包括棉纺织工业、毛纺织工业、针织工业、丝织工业、化学纤维工业、服装工业等行业门类。上限不超过1900年，下限为1992年。

C1195 F426.81

连云港市纺织厂志/汤胜利主编.—连云港：连云港市纺织厂志编辑委员会，1991年.—201页

C1196 F426.81

凉山彝族自治州轻纺工业志/凉山彝族自治州轻化工业局编.—凉山：编者自发行，1993年.—419页

本志侧重记述纳入凉山州轻化工业局管理的州、县（市）属轻工丝纺企业的历史和现状，上限为1840年，下限截至1990年。

C1197 F426.81

辽宁省志 纺织工业志/辽宁省地方志编纂委员会办公室主编.—沈阳：辽宁民族出版社，2001年.—456页

ISBN 7-8064-4476-9

本志包括：化学纤维工业、棉纺织工业、印染工业、丝绸工业、毛纺织工业、麻纺织工业、针织工业、复制工业、纺织机械器材工业、科研与教育、企业管理、主要企业简介等。

C1198 F426.81

聊城地区纺织工业志 1840—1985/聊城地区纺织工业志编纂委员会编.—聊城：聊城地区纺织工业志编纂委员会，1988年.—233页

本志上限自1840年，下限至1985年。内容包括概述、大事记、纺织业的发展、生产建设、经营与管理、政治工作、科研教育、学术团体、附录类目。记述了聊城地区纺织工业的发展历程。

C1199 F426.81

临汾纺织厂厂志 1958—2008/临纺厂志编纂委员会，孙贵堂，张福林主编.—临汾：临纺厂志编纂委员会，2011年.—313页

本志内容包括：综述、企业管理、党群工作、三产单位、后勤保障、改革改制、附录。记述了临汾纺织厂从筹建到投产，再到破产的基本情况。

C1200 F426.81

临沂地区纺织工业志（临沂地区地方志丛书）/山东省临沂地区出版办公室编 .—临沂：山东省临沂地区出版办公室，1993 年 .—332 页

本书上限起于 1904 年，下限止于 1988 年。

C1201 F426.81

临沂地区丝绸志（山东省临沂地区地方志丛书）/临沂地区丝绸志编纂委员会编 .—临沂：山东省临沂地区出版办公室，1992 年 .—298 页

本志上限起于 1840 年，下限止于 1989 年。

C1202 F426.81

零陵地区纺织厂厂志 1966—1993/王成辉主编；欧阳湘忠，许解富，蔡家骥，胡渡华编辑 .—道县：零陵地区纺织厂《厂志》编纂委员会，1993 年 .—266 页

C1203 F426.81

六合集团志 1912—2011/四川南充六合（集团）有限责任公司编 .—北京：光明日报出版社，2012 年 .—162 页

ISBN 978-7-5112-3506-0

本志内容包括概述、大事记、企业沿革、企业生产、产品销售、企业管理、企业改革、企业文化、企业科技、生活和文化设施、支持地方经济建设、名优产品、人物等类目，记述了南充六合（集团）有限责任公司百年的历史和现状。

C1204 F426.81

路 澳洋记忆/陈进章执行主编；澳洋集团公司编著 .—北京：中国纺织出版社，2013 年 .—648 页；28cm

ISBN 978-7-5064-9524-0

本书收录了澳洋集团各个阶段的发展情况、目标、规划以及各阶段在经营管理方面的探索研究的文字材料，旨在完整记述澳洋发展历史。

C1205 F426.81

路 澳洋励志/陈进章执行主编；澳洋集团公司编著 .—北京：中国纺织出版社，2013 年 .—202 页；28cm

ISBN 978-7-5064-9524-0

本书主要收录了澳洋集团领导层在企业发展过程中的光辉事迹、经营管理方面的心得体会、先进经验以及他们践行张家港精神艰苦创业的精神风貌，同时还收录了澳洋集团发展过程中来自基层的先进人物和典型事迹。

C1206 F426.81

路 澳洋文韵/陈进章执行主编；澳洋集团公司编著 .—北京：中国纺织出版社，2013 年 .—206 页；28cm

ISBN 978-7-5064-9524-0

C1207 F426.81

绵阳市第一纺织厂志 1966—1985/绵阳市第一纺织厂《厂志》编写组 .—绵阳：绵阳市第一纺织厂《厂志》编写组，1986 年 .—212 页

C1208 F426.81

绵阳市纺织工业志/绵阳市纺织工业局编 .—绵阳：绵阳市纺织工业局，1996 年 .—327 页

本志分为体制机构、生产建设、主要管理、职工、企事业单位简介、荣誉名录六章，记述了 1897—1991 年绵阳市纺织工业的历史及发展进程。

C1209 F426.81

棉织行业志 1906—1982（征求意见讨论稿）/《棉织行业志》编纂委员会编 .—武汉：《棉织行业志》编纂委员会，1983 年 .—2 册（336 页）

C1210 F426.81

沔阳纺织志/周成均主编；湖北省沔阳县纺织工业公司编 .—沔阳：湖北省沔阳县纺织工业公司，1987 年 .—189 页

C1211 F426.81

南充蚕丝志/南充蚕丝志编纂委员会编 .—北京：中国经济出版社，1991 年 .—511 页

ISBN 7-5017-1281-6

本志记述了南充蚕丝业发展与现状。包括蚕桑、蚕种、蚕茧、丝纺、丝织、销售等。

C1212 F426.81

南海县纺织工业志（南海县地方志丛书）/南海县纺织企业集团公司，南海县毛纺织企业集团公司，南海县化纤丝集团公司合编 .—南海：编者自发行，1992 年 .—217 页

本志上溯至公元前 300 年，下至 20 世纪 80 年代，主要记述南海县纺织工业发展历史与现状。包括：行业、管理、教育和生活福利、人物五篇。

C1213 F426.81

南通醋酸纤维有限公司志/孙桂泉主编 .—北京：方志出版社，2007 年 .—317 页

ISBN 978-7-5136-5305-3

本志记载了南纤公司二十年管理、创新和文化建设的历史及现状，记载了二十年发展中的重要人物、事件，集中反映了南纤公司二十年发展中的经验和教训。全书包括工程建设、生产、体制、管理、创新、党群、关怀、荣誉、人物等。

C1214 F426.81

南阳纺织站志/南阳纺织站志编纂领导小组编 .—南阳：南阳纺织站志编纂领导小组，1988 年 .—230 页

C1215 F426.81

难忘岁月 佳木斯纺织印染厂四十年简志 1947—1978 年/佳木斯纺织印染厂 .—佳木斯：佳木斯纺织印染厂，1995 年 .—132 页

C1216 F426.81

内蒙古第二毛纺织厂厂志/《厂志》编委会编 .—呼和浩

特：内蒙古第二毛纺织厂，1988 年 . —143 页

C1217 F426.81

内蒙古纺织总厂志 1958—1987/包头纺织总厂厂史办 . —包头：内蒙古包头纺织总厂，1988 年 . —476 页

C1218 F426.81

内蒙古棉纺织厂志 1969—1988/内蒙古棉纺织厂编 . —呼和浩特：内蒙古人民出版社，1989 年 . —499 页

ISBN 7-204-00784-0

C1219 F426.81

内蒙古轻纺工业志/曾昭义主编 . —呼和浩特：内蒙古人民出版社，1995 年 . —589 页；27cm

ISBN 7-204-02730-1

本志主要包括轻工业篇、纺织工业篇和管理篇，上限溯至事端，下限 1987 年底。

C1220 F426.81

平昌县蚕桑丝绸志（平昌县地方志系列丛书）/平昌县蚕桑局编写领导小组编 . —巴中：平昌县蚕桑局编写领导小组，1992 年 . —259 页

本志内容包括：概述、机构、蚕树、养蚕、蚕茧收烘、经营管理、制丝织绸、人物等。

C1221 F426.81

萍乡市轻化纺工业志/萍乡市轻化纺工业志编纂领导小组编 . —萍乡：萍乡市轻化纺工业志编纂领导小组，1991 年 . —194 页

本志包括机构设置、一轻工业、二轻工业、化学工业、纺织工业、管理工作等。

C1222 F426.81

黔东南苗族侗族自治州志 轻纺工业志/黔东南苗族侗族自治州志编委会编 . —贵阳：贵州人民出版社，2005 年 . —301 页

ISBN 7-221-07016-4

本志上限起于其事类发端，工业发展至 1990 年，机构沿革和工厂选介止于 1993 年，记述了黔东南苗族侗族自治州轻纺工业发展的历史与现状。包括纺织工业、食品工业、化纤工业、皮革工业、五金制品工业、企业管理等。

C1223 F426.81

黔南布依族苗族自治州志 第三十一卷轻纺工业志 第三十二卷重工业志/黔南布依族苗族自治州志编纂委员会编 . —贵阳：贵州人民出版社，2001 年 . —264 页，156 页

ISBN 7-221-05589-0

本志包括轻纺工业志和重工业志，分别记述了黔南布依族苗族自治州纺织、造纸、印刷等轻纺工业和煤炭、化学、冶金等重工业发展与现状。

C1224 F426.81

黔西南布依族苗族自治州志 轻工业志/黔西南州地方志编纂委员会编 . —贵阳：贵州人民出版社，1995 年 . —258 页

ISBN 7-221-04024-9

本志记述了黔西南布依族苗族自治州境内的手工业（二轻工业）、轻工业、纺织业的各个行业的个体、集体和国营厂、社会发展的历史与现状。

C1225 F426.81

青岛纺织企业简志汇编 1900—1988/曾繁铭主编 . —青岛：青岛市纺织工业总公司，1989 年 . —319 页

C1226 TS1-092

青岛纺织史/曾繁铭主编；青岛市纺织工业总公司史志办公室编 . —青岛：编者自发行，1994 年 . —351 页

本志记述了青岛纺织工人斗争的历史以及动力机器纺织业和私营纺织业的发展历程。

C1227 F426.81

青岛市纺织工业志 1900—1988/曾繁铭主编 . —青岛：青岛海洋大学出版社，1994 年 . —463 页

ISBN 7-81026-661-6

本志上限始于 1900 年，下限止于 1988 年。分为十四篇，记述了青岛纺织工业的沿革和 1988 年的现状。分为棉纺织、单织、针织、毛麻纺织、丝织、服装鞋帽、管理等内容。

C1228 F426.81

青岛市志 纺织工业志/青岛市史志办公室编 . —北京：新华出版社，1999 年 . —282 页

ISBN 7-5011-4380-3

本志上限自 1891 年青岛建置始，下限至 1988 年，记述了青岛市纺织工业发展的历史与现状。包括棉纺织、单织、印染、针织、毛麻纺织、化学纤维等行业。

C1229 F426.81

青海省志：轻纺工业志/青海省地方志编纂委员会 . —西安：西安出版社，2000 年 . —242 页

ISBN 7-80594-046-0

C1230 F426.81

轻纺工业志（湖北英山）/陶家宗编 . —英山：湖北省英山县轻纺工业局，1985 年 . —321 页

本志记述了英山县一轻工业、二轻工业和纺织工业发展的历史与现状。

C1231 F426.81

清河县羊绒志/沈世远主编；清河县羊绒志编委会编 . —北京：方志出版社，2001 年 . —444 页

ISBN 7-80122-687-9

本志运用现代科学理论和方法，实事求是地记述了清河县羊绒业的兴衰更替、成败得失和各个不同时期的基本

特点。

C1232 F426.81

泉州纺织工业发展史略/泉州市轻工业局 . —泉州：编者自发行，1987 年 . —58 页

本书着重介绍了纺织纤维、纱线、棉布、化学纤维及织品、呢绒、绸缎、针棉织品等纺织品的品种规格、结构特点、性能用途、品质要求、保管养护知识及使用方法等，对一般生产工艺过程也作了简要的介绍。

C1233 F426.81

沙市第一棉纺织厂厂志 **1930—1981**/湖北省沙市市第一棉纺织厂《厂志》编写组编 . —沙市：湖北省沙市市第一棉纺织厂，1983 年 . —296 页

C1234 F426.81

山东临沂丝绸厂志/山东临沂丝绸厂志编纂委员会编 . —临沂：临沂市新闻出版办公室，1997 年 . —527 页

C1235 F426.81

山东牟平棉纺织厂志 **1985—1994**/山东省牟平棉纺织厂志编志领导小组文编 . —牟平：山东省牟平棉纺织厂志编志领导小组，1996 年

本志采用志、传、图、表、录等体裁，记述了山东牟平棉纺织厂 1985—1994 年的历史和现状。

C1236 F426.81

山东省纺织工业志 评议稿/山东省纺织工业志编志办公室编 . —青岛：山东省纺织工业志编志办公室，1993 年 . —418 页

C1237 F426.81

山东省丝绸公司丝绸志 资料汇编 上中下三册/山东省丝绸公司丝绸志办公室 . —济南：山东省丝绸公司丝绸志办公室，1986 年

C1238 F426.81

山东省志 第 25 卷 纺织工业志/赵致芳主编；山东省地方史志编纂委员会编 . —济南：山东人民出版社，1995 年 . —470 页

ISBN 7-209-01863-8

C1239 F426.81

山东省志 第 26 卷 丝绸志/山东省地方史志编纂委员会 . —济南：山东人民出版社，1991 年 . —312 页

ISBN 7-209-00962-0

C1240 F426.81

山东万泰创业投资有限公司一棉分公司志 **1966—2006**/沙福田主编；《一棉分公司志》编纂委员会编 . —枣庄：《一棉分公司志》编纂委员会，2006 年 . —441 页

C1241 F426.81

山东万泰创业投资有限公司二棉分公司志 **1981—2011**/《山东万泰创业投资有限公司二棉分公司志》编纂委员会编 . —枣庄：山东万泰创业投资有限公司二棉分公司，2011 年 . —416 页

本志共分九篇，内容包括：发展历程、基本建设、生产经营、企业管理、企业改革、党群建设、三产与职工福利、先模人物、大事记。

C1242 F426.81

山西纺织印染厂志/山西纺织印染厂《厂志》编委会 . —太原：山西人民出版社，1993 年 . —608 页

ISBN 7-203-02695-7

本志记述了山西纺织印染厂 1954—1989 年发展的历史以及各项工作情况。包括生产经营、法制监督、党委工作、社会服务等。

C1243 F426.81

山西省志 纺织工业志/山西省地方志办公室编 . —北京：中华书局，2013 年 . —1309 页

ISBN 978-7-101-09550-0

本志记述了山西纺织工业的发展历程。内设管理机构、纺织原料、棉纺织行业、化学纤维行业、针织与家用纺织品行业、毛麻丝行业、印染及后整理行业、纺织装备制造行业、投资建设、经济结构、生产技术管理、经营管理、对外经济、科技开发等 18 编。

C1244 F426.81

山西通志 第 20 卷 纺织工业志/杨海东主编；山西省史志研究院编；胡富国、孙文盛、郭裕怀主修 . —北京：中华书局，1997 年 . —519 页

ISBN 7-101-01659-6

C1245 F426.81

山西针织厂志/常宝均主编 . —太原：《山西针织厂志》编辑组，1989 年 . —143 页

C1246 F426.81

陕毛一厂志第一卷 **1958—1985**/陕西第一毛纺织厂 . —咸阳：陕西第一毛纺织厂，1988 年 . —387 页

本志分为概述、体制与机构、工厂建设、生产发展与技术进步、企业管理、党群工作、教育工作、生活福利、支内援外与外事往来、劳动服务公司、大事记 11 章，客观地记述了陕西第一毛纺织厂的历史。

C1247 F426.81

陕棉十二厂志 **1986—1998**/陕棉十二厂志编纂委员会 . —宝鸡：陕棉十二厂志编纂委员会，1998 年 . —357 页

C1248 F426.81

陕棉十二厂志 **1998—2008** 第三编/陕棉十二厂《厂志》编纂委员会编 . —宝鸡：陕棉十二厂《厂志》编纂委员

会，2010 年

本志上限自 1998 年，下限止于 2008 年，部分内容顺延到 2010 年。全志内容包括：十年回眸（概述）、企业改革改制与经营决策、技术进步与产品开发、生产组织与基础管理、市场开发与产品销售、财务管理与财务监督等。

C1249 F426.81

陕西纺织科学技术志 上古—1990 年（陕西地方志丛书）/陕西省纺织工业总公司编 .—西安：陕西科学技术出版社，1995 年 .—403 页

ISBN 7-5369-2389-9

C1250 F426.81

陕西省纺织品商业志/陕西省纺织品公司编 .—西安：编者自发行，1992 年 .—216 页

本志记述了陕西纺织品商业的发展与现状，包括棉、毛、丝、化纤纺织品，针棉织品及五十年代前期的棉花业务。

C1251 F426.81

陕西省志 第 16 卷 纺织工业志（中华人民共和国地方志丛书）/刘涌涛主编；陕西省地方志编纂委员会编 .—西安：三秦出版社，1993 年 .—665 页

ISBN 7-80546-648-3

本志书以记述纺织工业生产力的发展为主线，揭示了陕西纺织工业的发展规律。全书分概述、大事记、棉纺织棉印染工业、毛纺织丝绸麻纺织工业、针织棉化纤工业、纺织机械纺织器材工业、陕甘宁边区及工业在陕之纺织工业、科学技术教育、对外经济技术援助、管理、人物及附录共 10 篇 26 章。

C1252 F426.81

上海纺织工业一百五十年：1861—2010 年大事记/汪时维主编 .—北京：中国纺织出版社，2014 年 .—247 页

ISBN 978-7-5180-0414-0

本书以 1861 年英商怡和洋行在上海建成纺丝局作为动力机器纺织的发端，记录了上海纺织工业从 1861 年至 2010 年历经 150 年的发展历程，记述了从清末到中华人民共和国成立后，上海纺织工业在发展、变迁中经历的所有历史性大事件。

C1253 F426.81

上海纺织工业志/施颐馨主编；《上海纺织工业志》编纂委员会编 .—上海：上海社会科学院出版社，1998 年 .—928 页（被引 33）

ISBN 7-80618-484-8

本志记述了上海工业、产品、工艺设备历史和现状，包括产品质量、计划管理、物资管理、安全生产等章节。

C1254 F426.81

上海纺织工业志 棉纺织行业史料汇编/沈骏良主编 .—上海：编者自发行，1996 年 .—618 页；27cm

C1255 F426.81

上海巾被一百年：1900—2000/上海民光国际企业有限公司，上海市家用纺织品行业协会编 .—上海：上海民光国际企业有限公司，上海市家用纺织品行业协会，2001 年 .—251 页；26cm

本书内容包括上海毛巾被行业百年大事记、公司及所属企业的变迁、技术改造和技术进步、生产经营和经营成果等。

C1256 F427.31

上海毛麻纺织工业志/曹炽坤主编；上海毛麻纺织工业志编纂室编 .—上海：上海社会科学院出版社，1996 年 .—905 页

ISBN 7-80618-176-8

本志记述了上海毛麻纺织工业的历史和现状。包括管理机构、企业、产品、工艺技术、原料供应、产品销售等。

C1257 F426.81

上海密丰绒线厂厂志/上海密丰绒线厂编写 .—上海：编者自发行，1994 年；19cm

C1258 F426.81

上海申达股份有限公司志 1992—2016/上海申达股份有限公司志编纂委员会编；席时平主编 .—上海：东华大学出版社，2017 年 .—730 页

ISBN 978-7-5669-1271-8

本书包括述（总述、概述、无题导言）；记（大事记、专记）；传（人物传）；志（改制上市、治理、主营业务、管理、企业选介、经营年鉴、党建与工会共青团、企业文化）等内容。

C1259 F426.81

上海市志 工业分志 纺织业卷：1978—2010 上下册/上海市地方志编纂委员会编 .—上海：上海辞书出版社，2017 年 .—1296 页

ISBN 978-7-5326-4953-2

本卷记事起始于 1978 年，下限至 2010 年，所述范围界定为上海全社会纺织行业的情况，上海纺织控股（集团）公司承担组织编纂人物，内容包括行业概览、企业选介、改革开放、调整转型、科研技术、管理、人物 7 篇。

C1260 F426.81

上海丝绸志/《上海丝绸志》编纂委员会编 .—上海：上海社会科学院出版社，1998 年 .—449 页

ISBN 7-80618-414-7

C1261 F426.81

上海线带行业志 1901—1992/上海线带行业志编纂委员会编 .—上海：编者自发行，1996 年 .—268 页

C1262 F426.81

上海印染行业史料汇编/上海印染行业修志办公室编 .—

上海：编者自发行，181 页

C1263　F426.81

射洪县棉业志/射洪县棉业志编辑组编 .—射洪：编者自
发行，1988 年 .—198 页

C1264　F426.81

沈纺机 50 年　1949—1999/丛培振主编 .—沈阳：编者
自发行，1999 年 .—262 页

C1265　F426.81

沈阳市志　5　轻工业　纺织工业　区街企业/沈阳市人
民政府地方志编纂办公室编 .—沈阳：沈阳出版社，1994
年 .—478 页

　　ISBN 7-5441-0083-9

　　本志记述了沈阳市轻工业、纺织工业、区街企业发展的
历史与现状。

C1266　F426.81

十年　1981—1991（伊克昭盟羊绒衫厂）/伊克昭盟羊
绒衫厂编写 .—呼和浩特：内蒙古人民出版社，1991 年 .—
135 页

　　ISBN 7-204-01471-5

　　本书展现了内蒙古伊克昭盟羊绒衫厂建厂 10 年来的成
就，全书内容分为成就篇、人物篇、弹指一挥间、光荣榜以
及大事记等。

C1267　F426.81

十年辛酸十年甜：陕西第一棉纺织厂创建 20 年史稿/陕
棉一厂厂史编纂小组编 .—西安：陕棉一厂厂史编纂小组，
1959 年 .—72 页

C1268　F426.81

石家庄棉三厂志　1954—1993/石家庄第三棉纺织厂
《厂志》编纂委员会 .—石家庄：石家庄第三棉纺织厂《厂
志》编纂委员会，1997 年 .—427 页

C1269　F426.81

一棉厂志　1953—1988（石家庄第一棉纺织厂）/蔡立
基，石家庄第一棉纺织厂《厂志》编纂委员会编 .—石家庄：
石家庄第一棉纺织厂《厂志》编纂办公室，1990 年 .—
477 页

C1270　F426.81

第一印染厂志　1956—1985（石家庄第一印染厂）/石
家庄第一印染厂志编纂委员会编；蒋学申主纂 .—北京：中
国展望出版社，1990 年 .—316 页

　　ISBN 7-5050-0680-0

　　本志内容包括概述、生产管理篇、辅助生产管理篇、经
营管理篇、产品篇、科技篇、管理体制篇、党群工作篇、教
育篇、生活篇等，记述了石家庄第一印染厂从筹备建厂之始
至 1986 年底的历史。

C1271　F426.81

棉五厂志（石家庄第五棉纺织厂）/石家庄第五棉纺织
厂《厂志》编纂领导小组 .—石家庄：国营石家庄第五棉纺
织厂《厂志》编纂领导小组，1991 年 .—246 页

C1272　F426.81

石家庄市纺织工业志　1921—1990/石家庄市纺织工业志
编纂委员会编 .—石家庄：河北人民出版社，1994 年 .—
517 页

　　ISBN 7-202-01625-7

　　本志记述 1990 年以前石家庄市的纺织历史和生产发展、
组织机构和管理体系、科技文卫和生活福利等内容。

C1273　F426.81

**丝纺之路：广东省丝绸纺织集团有限公司六十周年：
1952—2012**/林树汉 .—广州：广东省丝绸纺织集团有限公
司，2012 年

C1274　F426.81

四川省百货纺织商业志/四川省百货公司商业办公室
编 .—成都：四川省百货公司商业办公室，1988 年 .—521 页

C1275　F426.81

四川省志　纺织工业志/四川省地方志编纂委员会编；
本分册马国栋总编；周治勃主编 .—成都：四川辞书出版社，
1995 年 .—476 页

　　ISBN 7-80543-520-0

　　本志记述的行业包括棉工业、麻工业、毛纺织工业、化
纤工业、针织工业、纺织机械器材工业等。

C1276　F426.81

四川省志　丝绸志/四川省地方志编纂委员会编纂；本
分册黄友良总编；李道盛主编 .—成都：四川科学技术出版
社，1998 年 .—459 页

　　ISBN 7-5364-4115-0

　　本志上限起于 1840，下限止于 1990 年。主要记述四川
省丝绸行业发展历史与现状。内容包括栽桑养蚕、制种、蚕
茧收烘、缫丝、织绸、印染、制成品、对外贸易、教育等。

C1277　F426.81

四棉志　续（西安四棉纺织有限责任公司）/杨义卿 .—
西安：西安四棉纺织有限责任公司，2011 年

　　本志分为公司体制、生产管理、经营管理、行政管理、
生活管理、党群工作、企业政策性破产、人物 8 个部分，记
述了四棉 2006—2010 年企业发展的历程及其概况。

C1278　F426.81

苏州纺织工业分志/苏州市纺织工业公司编 .—苏州：编
者自发行，1989 年 .—186 页

　　本志记述了苏州纺织工业发展的历史与现状。包括棉纺
织工业、染织工业、毛纺织工业、印染工业、化纤工业等。

C1279　F426.81

苏州丝绸志（苏州专志系列）/钱小萍主编 . —南京：江苏凤凰科学技术出版社，2016 年 . —713 页

ISBN 978-7-5537-6532-7

本志将近百年来苏州丝绸业的发展状况定格于百万字之中，全面梳理、记录和传承了苏州丝绸文化，内容涉及与苏州丝绸相关的农业、工业、科研、教育以及文化产业等诸多领域，具有丰富的知识性，较强的完整性。

C1280　F426.81

遂宁纺织工业志　1840—2005/遂宁市纺织协会编纂 . —遂宁：遂宁市金戈印刷厂，2006 年 . —462 页

本志内容包括：大事记、机构设置与演变、生产与发展、企业管理、企业职工、企业文化建设、企业改革、主要企业简介、荣誉名录，记述了 1840—2005 年遂宁纺织工业的历史及发展进程。

C1281　F426.81

泰安印染厂厂志/泰安印染厂《厂志》编纂小组 . —泰安：泰安印染厂《厂志》编纂小组，1986 年

C1282　F426.81

唐华四棉志　1956—2005/陕西唐华四棉有限责任公司 . —西安：陕西唐华四棉有限责任公司，2006 年 . —486 页

本志共分 12 篇，内容包括大事记、领导体制与组织机构、工厂建设、生产发展、生产管理、经营管理、改革开放、生活福利、文教卫生、党群工作、人物等。

C1283　F426.81

天津纺织百年大事记/刘增光主编 . —天津：天津古籍出版社，2013 年 . —366 页

ISBN 978-7-5528-0189-7

本书比较完整、详实地记录了自 1898 年清政府成立天津织绒局至 2013 年 115 年间发生的、涉及全局性的、对后世产生影响的重要历史事件。具体有以下几方面：企业、行业隶属关系的调整变化；天津市纺织工业局、天津市纺织工业总公司、天津纺织集团（控股）有限公司主要机构设置；重点建设工程起止时间、主要成就；重要会议；重要规章制度的制定与实施时间等。

C1284　F426.81

天津近代纺织工业档案选编/天津市档案馆，天津工业大学 . —天津：天津人民出版社，2017 年 . —625 页

ISBN 978-7-201-12779-8

本书选编了天津市档案馆藏天津近代纺织工业档案，时间起止为 20 世纪初到 20 世纪 50 年代，包括文字、图表等档案形式，很多材料为首次整理出版。具体介绍了仁立、恒源等近代民营纺织企业，以及中国纺织建设天津一、二、三、五厂等著名企业，并涉及企业的生产、经营及机构组织。

C1285　F426.81

天山脚下纺织城　新疆纺织工业（集团）公司发展史

1950—1996/尹肖峰，马自毅主编 . —北京：改革出版社，1997 年 . —344 页

ISBN 7-80072-980-X

C1286　F426.81

通山县轻纺志　1581—1985/钟镛主编 . —通山：通山县青纺工业局，1987 年 . —363 页

本志主要记述了通山县造纸、副食、服装、纺织等轻纺行业发展情况以及该行业科技、管理工作等。

C1287　F426.81

铜陵市化纤厂志　1971.12—1985.12/铜陵市化纤厂编志办公室编 . —铜陵：铜陵市化纤厂编志办公室，1986 年

C1288　F426.81

潍坊市纺织工业志　1840—1985/潍坊市纺织工业公司编 . —潍坊：潍坊市纺织工业公司，1989 年 . —218 页

C1289　F426.81

潍坊市丝绸志/潍坊市丝绸公司编 . —临沂：潍坊市丝绸公司，1987 年 . —210 页

C1290　F426.81

我国第一座现代化的工厂：记哈尔滨亚麻纺织厂/方酣著 . —沈阳：东北人民出版社，1954 年 . —18 页

C1291　F426.81

我国第一座现代化的工厂：记哈尔滨亚麻纺织厂　第 2 版　修订本/方酣著 . —沈阳：辽宁人民出版社，1955 年 . —17 页

C1292　F426.81

无锡纺织工业志　1895—1985/韩传香主编；无锡市纺织工业局编志组编 . —无锡：无锡市纺织工业局，1987 年 . —253 页

本志记述了无锡纺织工业发展的历史与现状。包括合成纤维工业、棉纺织工业、印染工业、毛纺织工业、麻纺织工业等。

C1293　F426.81

无锡纺织志/无锡纺织工会协会编 . —无锡：无锡纺织工会协会，2011 年 . —307 页

本志追溯事物发端，下限为 2010 年末，内容包括：总述、大事记、行业管理、纺织工业、教育科研、人物、附录。记述了无锡的纺织历史和现状。

C1294　F426.81

无锡市纺织工程学会 40 周年纪念册：1951—1991/无锡市纺织工程学会编辑 . —无锡：无锡市纺织工程学会，1991 年 . —76 页

C1295 F426.81

无锡市丝绸工业志/钱耀兴主编.—上海:上海人民出版社,1990年.—525页(被引52)

ISBN 7-208-00763-2

本志从1904年无锡创办第一家机械缫丝厂始,下迄1985年、部分延至1989年,追溯了本行业的渊源。

C1296 F426.81

芜湖纺织厂史/中共安徽省委中级党校政治经济学教研组编.—合肥:安徽人民出版社,1960年.—129页(被引7)

统一书号 4102·126

C1297 F426.81

芜湖纺织工业志 1896—2004/郑贤松主编;芜湖市纺织工程学会编.—芜湖:芜湖市纺织工程学会,2006年.—189页

本志上限为1896年,下限至2004年,全面记载了芜湖纺织工业的发展进程。内设综述、生产、产品、经营、管理、行业、技术进步、企业改革、纺织工业园区、教学科研机构、企业选介11章。

C1298 F426.81

吴江丝绸志(吴江地方志系列丛书)/《吴江丝绸志》编纂委员会编.—上海:上海社会科学院出版社,2016年.—452页(被引5)

ISBN 978-7-5520-1068-8

本志共10卷,内容涉及蚕桑业、丝绸工业、丝绸贸易、教育、科研、人文、社会团体、行业管理、人物、风俗旅游、荣誉等。

C1299 F426.81

吴江丝绸志/周德华主编;吴江丝绸工业公司编.—南京:江苏古籍出版社,1992年.—473页(被引80)

ISBN 7-80519-415-7

本志上限不定,下限至1985年。内容涉及蚕桑、缫丝、丝织、印染、丝绸复制、丝绸贸易、诗词桥联、金融税收、人物传记、风俗习惯等。

C1300 F426.81

武汉第六棉纺织厂厂志 上 1914—1949/武汉第六棉纺织厂编.—武汉:编者自发行,1册

C1301 F426.81

武汉纺织工业/万邦恩主编;《武汉纺织工业》编委会编.—武汉:武汉出版社,1991年.—715页(被引6)

ISBN 7-5430-0626-X

本书记述了从有据可查的手工纺织业到1988年间150年的武汉纺织业的历史。

C1302 F426.81

武汉纺织工业总述/蒋乃镛著.—北京:北京纺织科学研

究所,1984年.—63页

C1303 F426.81

武汉纺织器材厂志 1958—1982/武汉纺织器材厂编.—武汉:武汉纺织器材厂,1983年.—369页

C1304 F426.81

武汉纺织印染工业七十年史 初稿 1892—1962/蒋乃镛著.—武汉:编者自发行,1963年.—174页

C1305 F426.81

武汉市第二棉纺织厂厂志 1958—1982/武汉市第二棉纺织厂《厂志》编纂领导小组编.—武汉:编者自发行,1983年.—358页

C1306 F426.81

武汉市第三棉纺织厂厂志 1921—1982/武汉市第三棉纺织厂《厂志》编纂委员会编.—武汉:武汉市第三棉纺织厂《厂志》编纂委员会,1983年.—666页

C1307 F426.81

武汉市东西湖棉纺织厂厂志 1969—1985(内部资料)/武汉市东西湖棉纺织厂《厂志》编纂领导小组编.—武汉:武汉市东西湖棉纺织厂,1985年.—235页

C1308 F426.81

武汉市硚口织布厂厂志 1938—1982/周世清主编;硚口织布厂修志领导小组编.—武汉:硚口织布厂修志领导小组,1983年.—285页

本志以生产、经营为主线记述武汉市硚口织布厂发展历程。共五章,主要内容有:源流、生产建设、企业管理、职工福利、党群工作等。

C1309 F426.81

武林丝绸志/王仁主编.—杭州:浙江人民出版社,2014年.—221页

ISBN 978-7-213-06431-9

C1310 F426.81

西安三棉志 1954—2009/西安三棉纺织有限责任公司编.—西安:西安三棉纺织有限责任公司,2009年.—436页

本志时间上限始于1952年10月,下限止于2009年10月。志书以辩证唯物主义和历史唯物主义的实事求是精神为宗旨,努力揭示西安三棉55年来的历史发展规律,昭示现代,启迪未来。

C1311 F426.81

西北国棉二厂志 第1卷 1951—1985(陕西省地方志丛书)/《西北国棉二厂志》编纂领导小组编.—西安:三秦出版社,1988年.—460页

ISBN 7-80546-094-9

本志主要包含:前言、概述大事记、建厂、挖潜和引

进、扩建、生产发展、企业体制、企业管理、生活福利、教育、党群工作、荣誉等内容。

C1312　F426.81

西北国棉二厂志　第2卷　1986—2002/王选启主编，西北二棉集团有限公司编.—西安：三秦出版社，2004年.—596页

　　ISBN 7-80628-855-4

　　本志上限始于1986年，下限迄于2002年，如实反映了西北第二棉纺织厂17年的发展变化和起伏兴衰，着重记述西北二棉的基本面貌和主要特色。

C1313　F426.81

西北国棉七厂志　1958—1985/国营西北第七棉纺织厂编.—咸阳：国营西北第七棉纺织厂，1987年.—318页

C1314　F426.81

西北五棉志　1954—1986/《西北五棉志》编辑室编.—西安：编者自发行，1987年.—419页

　　本志记述了西北第五棉纺织厂的生产、经营、管理、教育等情况和厂内的一些重大事件。

C1315　F426.81

西域春晓　新疆天山毛纺织股份有限公司发展史 1981—1997.7（中国企业史丛书）/周礼钧，侯伦主编.—北京：改革出版社，1998年.—255页

　　ISBN 7-80143-092-1

C1316　F426.81

咸阳纺织机械厂志　1958—1986（陕西地方志丛书）/《咸阳纺织机械厂志》编纂委员会办公室.—咸阳：咸阳纺织机械厂，1988年.—255页

C1317　F426.81

新疆昌吉棉纺织厂志（新疆维吾尔自治区昌吉回族自治州地方志丛书）/侯江主编；新疆昌吉棉纺织厂志编纂委员会编.—昌吉：新疆昌吉棉纺织厂，2000年.—539页

　　本书反映了新疆昌吉棉纺织厂18年的发展历史，准确记载了企业各方面的工作成就，科学总结了成功的经验和失败的教训。

C1318　F426.81

新疆湖光纺织针织厂志（新疆生产建设兵团史志丛书）/连士倜主编；新疆湖光纺织针织厂编纂委员会编.—库尔勒：新疆湖光纺织针织厂编纂委员会，1997年.—551页

C1319　F426.81

新疆生产建设兵团农六师五家渠联营棉纺织厂志（新疆生产建设兵团史志丛书）/胡华南主编.—乌鲁木齐：五家渠联营棉纺织厂史志编纂委员会，2001年.—262页

　　本志内容包括建厂、车间、原料、设备、生产技术、产品、计划统计、质量管理、计量管理、安全管理、劳动工资、物资管理、销售、医疗卫生等。

C1320　F426.81

新疆通志　第46卷　纺织工业志（新疆维吾尔自治区地方志丛书）/新疆维吾尔自治区地方志编纂委员会，《新疆通志·纺织工业志》编纂委员会编；陈修身主编.—乌鲁木齐：新疆人民出版社，1995年.—429页

　　ISBN 7-228-03545-3

　　本志下限止于1985年，详尽地总结了40多年新疆纺织工业发展的经验，展示了新疆纺织工业的优势和特点。设棉纺织印染工业、毛纺织工业、针织工业、科技教育、管理等六篇。

C1321　F426.81

新塘羽绒志/朱如江主编.—北京：方志出版社，2003年.—409页；26cm

　　ISBN 7-80122-990-8

　　本志记述了萧山新塘街道羽毛羽绒行业的历史和现状。它由概述、大事记、专志等组成。概述综合了新塘羽绒业的情况；大事记由远及近，简记要事；专志设行政区划、企业简介、经营方式、羽绒文化人民生活等12章。

C1322　F426.75

新乡市化纤纺织厂志　1918—1981/河南省新乡市化纤纺织厂《厂志》编写组编.—新乡：河南省新乡市化纤纺织厂《厂志》编写组，1983年.—198页

　　本志上限1918年，下限1981年底，从中华人民共和国成立之前的成兴纱厂、中华人民共和国成立之后的成兴纱厂、生产、经营、劳动和工资、文教和福利、建制和组织、人物八个方面，记述了新乡市化纤纺织厂的历史和现状。

C1323　F426.81

新乡市针织厂志　1958—1984/河南省《新乡市针织厂志》编辑.—新乡：河南省《新乡市针织厂志》编辑部，1987年.—314页

C1324　F426.81

邢台市印染厂志　1979—1987　第一编/邢台市印染厂编.—邢台：邢台市印染厂，1989年.—302页

　　本志主要包括概述，邢台印染业发展，大事记，建厂，企业体制，生产车间，生产管理，经营管理，党支部工作，职代会、工会、共青团，职工教育，武装保卫，生活福利，劳动服务公司十四章内容。

C1325　F426.81

兴宁县纺织工业公司专志/《兴宁县纺织工业志》编纂小组编.—兴宁：兴宁县纺织工业公司编纂小组，1986年.—92页

　　本志内容包括：新中国成立前状况、建国后发展壮大、工厂简介、传统和名优新产品、企业管理、科技工作、职工福利、先进集体·个人、安全生产、机构沿革。

C1326 F426.81

徐州纺织志/《徐州纺织志》编纂委员会编.—南京:凤凰出版社,2013年.—798页

ISBN 978-7-5506-1944-9

本志客观地记述了1978年至2012年的徐州市纺织工业的历史。

C1327 F426.81

徐州纺织志 1911—1985/金家友主编.—徐州:徐州纺织志编纂委员会,1988年.—237页

本志记述了徐州纺织业从手工作坊到工业化生产的发展历程,内容包括机构、行业、原料、产品、管理、文教、基建、福利、县乡纺织业、先进人物等。

C1328 F426.81

烟台市纺织志 1858—1985/王晓光主编.—烟台:编者自发行,1988年.—237页

C1329 F426.81

兖州县丝绸志/张蓬洲主编.—兖州:兖州县丝绸志编纂组,1988年.—209页;26cm

C1330 F426.81

扬州纺织工业志/黄锦贤等主编;扬州纺织工业志编纂委员会编.—南京:江苏人民出版社,1992年.—642页

ISBN 7-214-00859-9

本志记述了扬州纺织工业发展的历史进程。时间上限因事而异,下限止于1987年。

C1331 F426.81

扬州纺织品行业志/江苏省编织品公司扬州采购供应批发站行业志编纂组编纂.—扬州:编者自发行,1990年.—153页;26cm

C1332 F426.81

掖县一轻纺织工业志/王铁林,徐振武编写.—掖县:编者自发行,1986年.—160页

本志以大事记、机构设置、生产、工业管理、企业简介、科技教育、基本建设、党群组织、职工状况等为序,上限1912年,下限1985年。重点记述了1978年以来一轻工业的新变化。

C1333 F426.81

宜昌棉纺织厂厂志 初稿 1966—1982/宜棉厂志编辑委员会编.—宜昌:宜棉厂志编辑委员会,1984年.—1册

C1334 F426.81

宜昌市纺织工业志/宜昌市纺织工业公司《纺织志》编辑室编.—宜昌:编者自发行,1987年.—378页;26cm

C1335 F426.81

宜纺机厂志 1966—1986/宜昌纺织机械厂.—宜昌:宜昌纺织机械厂《厂志》编辑室,1988年.—413页

C1336 F426.81

益阳苎麻纺织印染厂建厂史/徐国泰,钟华安,周玉兰编写.—益阳:益阳苎麻纺织印染厂编写小组,1983年.—170页

本书介绍了益阳苎麻纺织印染厂的筹建、建设、试车试产、政治工作、扩建工程等。

C1337 F426.81

豫北棉纺织厂志 1903—1984/厂志编写小组编.—安阳:豫北棉纺织厂,1985年.—246页

C1338 F426.81

豫北纱厂厂史 初稿 油印本/河南省豫北纱厂编.—新乡:河南省豫北纱厂,198?年.—134页

C1339 F426.81

云南纺织厂厂志/云南纺织厂《厂志》编辑委员会编著.—昆明:云南纺织厂《厂志》编辑委员会,1988年.—186页

C1340 F426.81

云南省志 卷21 纺织工业志/云南省地方志编纂委员会总纂;《云南省志·纺织工业志》编纂委员会编纂.—昆明:云南人民出版社,1996年.—350页

ISBN 7-222-01932-4

本志记述的内容包括棉纺织工业,印染工业,色织工业,针织工业,毛纺织工业,丝绸工业,麻纺织工业,化纤及非织造布工业等。

C1341 F426.81

枣庄市天鹅地毯总厂厂志/郭修东主编.—枣庄:枣庄市天鹅地毯总厂《厂志》编纂委员会,1997年.—504页

C1342 F426.81

长春市志 二轻和纺织工业志/长春市地方志编纂委员会编.—长春:编者自发行,2003年.—540页

本志记述了长春市二轻工业各行业、产品生产各方面发展的历史以及当地纺织工业发展与现状。

C1343 F426.81

长沙纺织厂厂志 1943—1981/长沙纺织厂《厂志》编写组.—长沙:长沙纺织厂《厂志》编写组,1982年.—1册

C1344 F426.81

肇庆丝绸志/《肇庆丝绸志》编纂委员会编.—肇庆:《肇庆丝绸志》编纂领导小组,1998年.—106页;21cm

C1345 F426.81

浙江轻纺工业四十年大事记 1949—1989/浙江省轻工业

厅 . —杭州：浙江省轻工业厅，1992 年 . —528 页

C1346 F426.81

浙江省常山棉纺织厂厂志 **1965—1995**/方作清主编；常山棉纺织厂《厂志》编纂小组编 . —常山：常山棉纺织厂《厂志》编纂小组，1995 年 . —200 页

C1347 F426.81

浙江省纺织工业公司志/《浙江省纺织工业公司志》编辑委员会编 . —杭州：《浙江省纺织工业公司志》编辑委员会，1994 年 . —325 页

C1348 F426.81

浙江省纺织工业志/姚鼎恒主编；浙江省轻纺工业志编辑委员会编 . —北京：方志出版社，1999 年 . —748 页（被引 7）

ISBN 7-80122-492-2

本志上限追溯行业、产品之起端，下限截至 1995 年，采用述、记、传、图表、录等体裁，记述了浙江省纺织工业的发生、发展和现状，反映了时代的特征和行业的特色。

C1349 F426.81

浙江省丝绸志/蒋猷龙，陈钟主编；浙江省丝绸志编纂委员会编 . —北京：方志出版社，1999 年 . —652 页（被引 25）

ISBN 7-80122-477-9

本志记述年限上溯事物发端，下限于 1993 年底，从蚕桑企业、丝绸工业、丝绸贸易、经营管理等方面介绍浙江丝绸行业的历史和现状。

C1350 F426.81

浙江通志 **第 105 卷** **蚕桑丝专志**/《浙江通志》编纂委员会编；俞文华总编；李琴生主编 . —杭州：浙江人民出版社，2018 年 . —472 页

ISBN 978-7-213-08989-3

本志共十三章，主要内容包括：蚕桑生产、栽桑、蚕种、养蚕、蚕茧收烘、制丝、绢纺与丝绵、织造、印染、丝绸服饰、丝绸贸易等。

C1351 F426.81

浙江制丝一厂志 **1921—1988**/胡增成 . —嘉兴：嘉兴印刷厂，1990 年 . —287 页

C1352 F426.81

浙江制丝二厂志 **1946—1990**/浙江制丝二厂志编纂小组编 . —湖州：浙江制丝二厂，1995 年 . —677 页

C1353 F426.81

浙蔴志 **1949—1985**/陈建华主编 . —杭州：《浙蔴志》编纂委员会，1987 年 . —274 页；27cm

本志记述了浙江麻纺织厂发展的历史以及生产、技术、财务、人事、经营、党群工作等。

C1354 F426.81

郑州第五棉纺织厂房地产志 **1956—1990**/赵留合主编 . —郑州：郑棉五厂房地产志编纂委员会，1992 年 . —107 页

本志概述了郑棉五厂的机构沿革、房地产业、房地产管理、住房制度改革等。

C1355 F426.81

郑州纺织机械厂 **1949—1985**/国营郑州纺织机械厂编 . —郑州：国营郑州纺织机械厂，1990 年 . —565 页

C1356 F426.81

郑州国棉一厂志 **1953—1984**/郑州国棉一厂志编纂领导小组编 . —郑州：国营郑州第一棉纺织厂，1987 年 . —336 页

C1357 F426.81

郑棉三厂志 **1954—1985**/薛吉文主编；《郑棉三厂志》编辑室编 . —郑州：郑棉三厂志编纂委员会，1987 年 . —416 页

C1358 F426.81

郑州国棉四厂志 **1954—1985**/祝兰田总编辑；郑州国棉四厂《厂志》编辑室编著 . —郑州：郑棉四厂志编纂委员会，1989 年 . —326 页

C1359 F426.81

郑州国棉五厂志 **1956—1985**/杨秋澄总编辑；郑州国棉五厂志编辑室编著 . —郑州：郑州国棉五厂志编纂委员会，1991 年 . —298 页

C1360 F426.81

郑州国棉六厂志 **1956—1985**/王仲波总编辑；郑州国棉六厂厂志编纂委员会编 . —郑州：郑州国棉六厂厂志编纂委员会，1987 年 . —728 页

C1361 F426.81

郑州市帆布厂志 **1946—1986**/王浩云主编；郑州市帆布厂编 . —郑州：郑州市帆布厂，1988 年 . —332 页

C1362 F426.81

郑州市纺织品行业志 **初稿**/《郑州市纺织品行业志》编纂委员会编 . —郑州：《郑州市纺织品行业志》编纂委员会，1988 年 . —2 册

C1363 F426.81

郑州市纺织品行业志 **上下册**/郑州市纺织品行业志编纂委员会著 . —郑州：郑州市纺织品行业志编纂委员会，1988 年 . —436 页

本志是郑州市第一部纺织品行业的志书，上限始于公元 1904 年，下迄公元 1988 年，记载了八十五年的史事。

C1364 F426.81

郑州市纺织志 **1911—1985**/郑州市纺织公司，王福全，李秀明编．—郑州：郑州市须水印刷厂，1986 年．—262 页

C1365 F426.81

郑州市色织一厂志 **1949—1985**/郑州市色织一厂厂志编纂委员会编．—郑州：郑州市色织一厂厂志编纂委员会，1987 年．—209 页

C1366 F426.81

郑州市制线厂志 **1959—1984**/郑州市制线厂．—郑州：郑州市制线厂，1986 年．—110 页

C1367 F426.81

郑州印染厂志 **1958—1985**/韩庆喜主编．—郑州：河南人民出版社，1989 年．—586 页

ISBN 7-215-00564-X

C1368 TS1

中国纺织工程学会 60 周年纪念册：**1930—1990**/中国纺织工程学会编．—北京：纺织工业出版社，1990 年．—108 页

ISBN 7-5064-0527-X

本书内容包括 60 年发展历程、大事记、回忆文章、历届理事名单、组织机构图、各地学会通信录及各类行业院校名录。

C1369 TS1

中国纺织工程学会 70 周年纪念册：**1930—2000**/中国纺织工程学会编．—北京：中国纺织工程学会，2000 年．—231 页

本书内容包括中国纺织工程学会大事记、纪念文章、历届领导、组织机构、各分会通信录、历届获奖者、纺织企事业单位等。

C1370 F407.81

中国纺织工业企业管理协会（中国纺织企业家联合会）成立三十周年纪念：**1981—2011**/本书编辑部编．—北京：编者自发行，2012 年

本书内容包括中国纺织工业企业管理协会 30 年来工作照片、历届领导、30 年回顾和大事记、各类获奖企业和企业家、全国纺织企业介绍、2011 年首届全国纺织行业管理创新成果大奖介绍等。

C1371 TS1

中国纺织建设公司技术人员训练班建校六十周年纪念册：**1946—2006**/东华大学校友会纺建分会编．—上海：东华大学校友会纺建分会，2006 年．—287 页

本书共分六章，包括：搏击浪花、多彩人生、红星闪耀、真情永存、养生之道、寄情抒怀等内容。

C1372 F426.81

中国轻纺城发展口述史/郑雅萍编．—杭州：浙江大学出版社，2021 年．—384 页

ISBN 978-7-308-21500-8

本书以普通人身份从不同视角生动反映中国轻纺城的发展轨迹、体制改革、经济贸易、科技创新、时尚设计、文化创意、社会治理、管理服务等内容，全方位展示中国轻纺城改革发展历程，深度解码中国轻纺城的成功逻辑。

C1373 TS1

台湾纺织工程学会成立六十周年钻禧纪念专集 ［港台］（台湾纺织工程学会）/台湾纺织工程学会编辑委员会．—台湾：庆祝成立六十周年筹备会纪念专辑编辑组，1990 年．—941 页

本书包括台湾纺织工程学会活动纪实、纺织专论、台湾纺织教育和纺织学术机构介绍、获奖名单、学会历届工作人员和工作状况等。

C1374 F426.81

株洲苎麻纺织印染厂厂志 **1956—1981**/株洲苎麻纺织印染厂《厂志》编写组编．—广州：株洲苎麻纺织印染厂《厂志》编写组，1986 年．—285 页

C1375 F426.81

淄博金荣达实业有限公司志 **1950—2010**/淄博金莱达实业有限公司史志办公室编．—淄博：淄博金莱达实业有限公司史志办公室，2010 年．—131 页

本志总结了六十年来淄博金荣达实业有限公司员工走过的曲折道路，记载了公司的历史变迁，内容包括：管理体制、机构沿革、领导体制、内部机构等。

C1376 F426.81

淄博丝绸志（当代作家文库）/焦连栋主编．—北京：中国文联出版社，2011 年．—203 页；26cm

ISBN 978-7-5059-7162-2

本志详细记述 1875 至 1985 年淄博丝绸事业发展变化及其主要成就。内容共分十一篇：第一篇至第八篇分别记述各行业的生产经营发展情况，包括植桑养蚕、缫丝、绢纺、丝织、印染、制品加工、机械、商贸；第九篇记述与之有关的科技和教育。最后两篇介绍丝绸系统管理机构及党群组织状况。

3.5　产品目录与企业名录

收录与编辑说明：

　　本部分收录1950—2020年出版的各种纺织产品目录42种、纺织企业名录38种，共80种文献。为便于查找，将纺织产品目录排列在前（记录号C1380—C1421），纺织企业目录排列在后（记录号C1422—C1459），各部分文献按正题名音序排列。

C1380　TS103-63
　　纺织工业器材目录/中央人民政府纺织工业部编．—北京：中央人民政府纺织工业部，1950年．—427页

C1381　TS103-63
　　纺织机械产品出厂价格（基准价目录）/纺织工业部．—北京：纺织工业部，1989年．—321页

C1382　TS103-63
　　纺织机械产品目录：第1册　棉纺织设备类/中国纺织机械工业总公司．—北京：中国纺织机械工业总公司，1980年．—253页

C1383　TS103-63
　　纺织机械产品目录：第2册　上　合成纤维设备类（维纶、腈纶）/中国纺织机械工业总公司．—北京：中国纺织机械工业总公司，1981年．—344页

C1384　TS103-63
　　纺织机械产品目录：第2册　下　合成纤维设备类（涤纶、锦纶、丙纶）/中国纺织机械工业总公司．—北京：中国纺织机械工业总公司，1981年．—278页

C1385　TS103-63
　　纺织机械产品目录：第3册　人造纤维设备类（粘胶）/中国纺织机械工业总公司．—北京：中国纺织机械工业总公司，1981年．—288页

C1386　TS103-63
　　纺织机械产品目录：第4册　棉印染设备类/中国纺织机械工业总公司．—北京：中国纺织机械工业总公司，1981年．—471页

C1387　TS103-63
　　纺织机械产品目录：第5册　毛、麻、丝纺织设备类/中国纺织机械工业总公司．—北京：中国纺织机械工业总公司，1981年．—373页

C1388　TS103-63
　　纺织机械产品目录：第6册　针织设备与纺织仪器类/中国纺织机械工业总公司．—北京：中国纺织机械工业总公司，1981年．—253页

C1389　TS103-63
　　纺织机械产品目录：第7册　毛、丝、针织、纱线染整设备类/中国纺织机械工业总公司．—北京：中国纺织机械工业总公司，1982年．—269页

C1390　TS103-63
　　纺织机械产品目录：第8册　上　纺织机械专用配套产品类（锭子、钢令、针布等）/中国纺织机械工业总公司．—北京：中国纺织机械工业总公司，1982年．—234页

C1391　TS103-63
　　纺织机械产品目录：第8册　下　纺织机械专用配套产品类（电动机、变速器、减速器等）/中国纺织机械工业总公司．—北京：中国纺织机械工业总公司，1982年．—402页

C1392　TS103-63
　　纺织机械产品目录：续编（一）/中国纺织机械工业总公司编．—北京：纺织工业出版社，1984年．—529页
　　　　统一书号15041·1340

C1393　TS183-63
　　纺织机械产品目录：第1册　棉纺织设备类　上下/纺织工业部技术装备司，中国纺织机械器材工业协会．—北京：纺织工业部，1990年．—1333页

C1394　TS183-63
　　纺织机械产品目录：第2册　毛、麻、丝纺织设备类/纺织工业部技术装备司，中国纺织机械器材工业协会．—北京：纺织工业部，1990年．—667页

C1395　TS183-63
　　纺织机械产品目录：第3册　针织设备类/纺织工业部技术装备司，中国纺织机械器材工业协会．—北京：纺织工业部，1990年．—295页

C1396　TS183-63
　　纺织机械产品目录：第4册　合成纤维设备类/纺织工业部技术装备司，中国纺织机械器材工业协会．—北京：纺织工业部，1990年

C1397　TS183-63
　　纺织机械产品目录：第5册　人造纤维设备类/纺织工

业部技术装备司，中国纺织机械器材工业协会 . —北京：纺织工业部，1990 年 . —200 页

C1398 TS183-63
纺织机械产品目录：第 6 册 棉印染设备类 上下/纺织工业部技术装备司，中国纺织机械器材工业协会 . —北京：纺织工业部，1990 年 . —1164 页

C1399 TS103-63
纺织机械新产品专辑 1/凌宝银主编 . —北京：中国纺织总会技术装备部，1994 年 . —117 页

C1400 TS103-63
纺织机械新产品专辑 2/凌宝银主编 . —北京：中国纺织总会技术装备部，1996 年 . —108 页

C1401 TS106-63
纺织品大全 分册本/上海市纺织工业局编 . —北京：纺织工业出版社，1992 年 . —1116 页
ISBN 7-5064-0794-7
本书包括若干分辑：其中目录，50 页；棉、印染织物类，152 页；毛麻类，178 页；丝织物类，339 页；色织物类，84 页；巾、被、毡、帕类，68 页；纱、线、绳、带类，98 页；针织物类，94 页；非织造布类，53 页。

C1402 TS106-63
纺织品大全 合订本/上海市纺织工业局编 . —北京：纺织工业出版社，1992 年 . —1116 页（被引 7）
ISBN 7-5064-0794-9
本书收集了各类纺织品的产品品种资料，包括棉印染织物，丝织物，色织物，巾、被、毯、帕，纱、线、绳、带，针织物，非织造布等。

C1403 TS106-63
纺织品大全 第 2 版/《纺织品大全》（第二版）编辑委员会编 . —北京：中国纺织出版社，2005 年 . —1066 页（被引 17）
ISBN 7-5064-3122-X
本书收集了服装用纺织品、家用纺织品和产业用纺织品各类产品品种资料，分别按棉、毛、丝、麻、针织、色织、非织品种等单独立条，共计 2007 条。

C1404 TS106-63
纺织品大全 棉、印染织物分册/上海市纺织工业局编 . —北京：纺织工业出版社，1991 年 . —152 页
ISBN 7-5064-0576-8

C1405 TS106-63
纺织品大全 毛麻分册/上海市纺织工业局编 . —北京：纺织工业出版社，1990 年 . —178 页
ISBN 7-5064-0443-5

C1406 TS106-63
纺织品大全 丝织物分册/上海市纺织工业局编 . —北京：纺织工业出版社，1990 年 . —339 页
ISBN 7-5064-0484-2

C1407 TS106-63
纺织品大全 色织物分册/上海市纺织工业局编 . —北京：纺织工业出版社，1991 年 . —84 页
ISBN 7-5064-0538-5

C1408 TS106-63
纺织品大全 巾、被、毯、帕分册/上海市纺织工业局编 . —北京：纺织工业出版社，1989 年 . —68 页
ISBN 7-5064-0295-5

C1409 TS106-63
纺织品大全 纱、线、绳、带分册/上海市纺织工业局编 . —北京：纺织工业出版社，1989 年 . —100 页
ISBN 7-5064-0395-1

C1410 TS106-63
纺织品大全 针织物分册/上海市纺织工业局编 . —北京：纺织工业出版社，1990 年 . —94 页
ISBN 7-5064-0409-5

C1411 TS106-63
纺织品大全 非织造布分册/上海市纺织工业局编 . —北京：纺织工业出版社，1990 年 . —53 页
ISBN 7-5064-0526-1

C1412 F768.1-62
纺织品商品手册/上海纺织品采购供应站编 . —北京：中国财政经济出版社，1986 年 . —662 页
统一书号 15166·153

C1413 TS103-62
纺织器材产品目录/中国纺织器材工业公司编 . —北京：中国纺织出版社，1993 年 . —414 页
ISBN 7-5064-1011-7

C1414 F407.81
纺织物资大全 上/上海市纺织工业局供销处，上海纺织物资供应公司编 . —北京：中国纺织出版社，1995 年 . —949 页；20cm
ISBN 7-5064-1111-3

C1415 F407.81
纺织物资大全 下/上海市纺织工业局供销处，上海纺织物资供应公司编 . —北京：中国纺织出版社，1996 年 . —655 页；20cm
ISBN 7-5064-1174-1

C1416　TQ34-62

　　化纤产品目录/纺织工业化纤局编 .—北京：纺织工业化纤局，1983 年 .—165 页；10cm

C1417　TS34-63

　　化学纤维产品目录　1987/纺织工业部化学纤维工业局编 .—北京：纺织工业出版社，1987 年 .—250 页

　　ISBN 7-5064-0002-2

C1418　TQ34-63

　　化学纤维产品目录　1991/纺织工业部化纤工业司编 .—北京：纺织工业出版社，1991 年 .—300 页

　　ISBN 7-5064-0709-4

C1419　TS1-632

　　中国纺织优质产品　1979—1985/纺织工业部生产司，中国广告联合总公司合编 .—北京：中华人民共和国纺织工业部，中国广告联合总公司，1985 年 .—122 页，198 页；27cm

C1420　TS1-632

　　中国纺织优质产品　1985—1988/纺织工业部生产协调司编 .—北京：纺织工业出版社，1990 年 .—198 页，118 页；26cm

　　ISBN 7-5064-0433-8

C1421　TS1-632

　　中国纺织优质产品　1989—1991/纺织工业部生产协调司编 .—杭州：浙江美术学院出版社，1993 年 .—101 页，71 页

　　ISBN 7-81019-263-9

C1422　F426.81-62

　　澳大利亚羊毛：中国地区纯羊毛标志特许权企业名录 2010—2011［译］/澳大利亚羊毛发展有限公司编 .—上海：东华大学出版社，2010 年 .—273 页

　　ISBN 978-7-81111-739-4

　　本书介绍了澳大利亚羊毛在中国的情况，并附纯羊毛标志特许权企业的名录，为这些企业进行品牌推广。

C1423　F426.81-62

　　全国纺织行业联系册/纺织工业出版社第二编辑室编 .—北京：纺织工业出版社，1990 年 .—533 页（被引 5）

　　ISBN 7-5064-0562-8

　　本书收集了全国纺织行业企、事业单位 2.2 万多家。内容包括单位名称、地址、邮政编码、电话等。有不少单位还登有电报挂号、电传、负责人、休息时间等内容。

C1424　F426.81-62

　　纺织行业联系册　第 2 版　1993/中国纺织出版社第二编辑部编 .—北京：中国纺织出版社，1993 年 .—670 页

　　ISBN 7-5064-0976-3

　　本书收录全国纺织行业单位名录 3 万多家，包括单位名

称、地址、邮编、电话、传真、经营范围及主要产品等内容。

C1425　F426.81-62

　　纺织行业联系册　第 3 版　1996/《纺织行业联系册》编写组编 .—北京：中国纺织出版社，1996 年 .—2261 页

　　ISBN 7-5064-0976-3

C1426　F426.81-62

　　纺织行业名录大全（联系册）跨世纪的中国纺织业（上下册）/《纺织行业联系册》编辑部编 .—北京：中国纺织出版社，2000 年 .—1420 页，1624 页

　　ISBN 7-5064-1784-7

　　本书出版的目的在于提供最新、最全、最可靠的数据，促进纺织行业各部门、单位之间的联系与信息交流。信息收集截止日期为 2000 年 4 月，部分信息收集截止日期为 1999 年 12 月。

C1427　F426.81-62

　　纺织行业名录大全（联系册）入世的中国纺织业/《纺织行业联系册》编辑部编 .—北京：中国纺织出版社，2002 年 .—957 页

　　ISBN 7-5064-2380-4

　　本书介绍了 8 万余家厂商，涉及棉、毛、麻、丝、针织、印染、复制、染料、化纤、服装、机械等全纺织行业。

C1428　TS1-62

　　全国纺织行业通讯录　修订本/中国纺织工业管理协会情报中心编 .—北京：中国纺织工业管理协会情报中心，1988 年

C1429　F426.81-62

　　全国棉纺织行业单位通讯簿/全国棉纺织工业科技情报站编印 .—西安：编者自发行，1980 年 .—200 页

C1430　TS14-62

　　全国丝绸企事业名录/全国丝绸科技情报研究所，《丝绸》杂志社 .—杭州：《丝绸》杂志社，1991 年 .—283 页

C1431　TS12-62

　　全国苎麻行业企事业单位名录/苎麻技术开发中心，《苎麻情报》编辑部 .—长沙：编者自发行，1990 年 .—125 页

C1432　TS1-62

　　全球纺织、服装电子通讯名录　英汉对照/国家纺织工业局信息网络中心 .—北京：国家纺织工业局信息网络中心，1999 年 .—423 页

C1433　F426.81-62

　　上海出口纺织品及生产企业简介/上海进出口商品检验局编 .—上海：上海科学普及出版社，1997 年 .—204 页；27cm

ISBN 7-5427-0920-8

C1434 TS17-62

世界技术纺织品和非织造布厂商名录 **2001**［港台］/环球时尚（香港）有限公司 .—香港：出版者不详，2001 年 .—148 页

C1435 F426.81-62

新编中国纺织企业名录/中国纺织工业协会统计中心编 .—北京：中国环境科学出版社，2002 年 .—646 页

ISBN 7-80163-325-3

本书汇集了中国纺织工业协会统计中心 2001 年对 3000 多家纺织重点跟踪企业和全国 2 万多家 500 万规模以上纺织企业的最新基本情况，包括企业名称、法人代表、经济类型、企业规模等信息内容。

C1436 F426.81-62

中国纯羊毛：羊毛混纺标志执照厂名录/国际羊毛局中国及东南亚分局编 .—上海：国际羊毛局中国及东南亚分局，1995 年 .—37 页

C1437 F426.81-62

中国纺织大黄页 **2010—2011** 上册/中国纺织工业协会 .—北京：纺织工业协会，2010 年

C1438 F426.81-62

中国纺织工业大黄页/中国纺织工业协会编 .—北京：中国财政经济出版社，2004 年（被引 9）

ISBN 7-5005-7573-4

本书体现纺织企业事业单位最新基本情况，收录行业整体信息动态。

C1439 F426.81-62

中国纺织工业重点出口企业名录/纺织工业部生产协调司，韩耀民主编 .—北京：纺织工业出版社，1993 年 .—577 页

ISBN 7-5064-0854-6

C1440 TS103-62

中国纺织机械企业与产品大全 **1993**/纺织工业部技术装备司，中国纺织机械器材工业协会 .—北京：纺织工业出版社，1993 年 .—263 页

ISBN 7-5064-1003-6

C1441 F426.44-62

中国纺织机械器材企业名录/《中国纺织机械器材企业名录》编辑部 .—北京：全国纺织机械科技情报站，1987 年 .—437 页

本书共收集全国 27 个省、自治区的主要纺织机械、器材工业公司及企业共 897 个单位，系统介绍了目前全国各纺机、纺器企业简况，并刊登了各企业的主要产品及型号以及新产品开发的生产信息。

C1442 F426.81-62

中国纺织品企业名录/全国纺织品情报中心站编 .—北京：中国商业出版社，1988 年 .—344 页（被引 5）

ISBN 7-5044-0251-6

本书共汇编全国纺织品批发企业 1485 家，零售企业 143 家，纺织品生产企业 2038 家。

C1443 TS107-62

中国纺织品商业企业名录/中国纺织品商业协会秘书处 .—北京：编者自发行，1992 年 .—507 页

C1444 F426.81-62

中国工商企业名录 纺织出口专册/《中国工商企业名录纺织出口专册》编辑部编辑 .—北京：新华出版社，1988 年 .—759 页

ISBN 7-5011-0261-9

C1445 F426.81-62

中国工商企业名录 纺织专册/中国工商企业名录编辑部编 .—北京：新华出版社，1986 年 .—474 页

统一书号 17203 · 064

C1446 F426.81-62

中国化纤企业利税大户 **1992**/国家计委轻纺司 .—北京：中国纺织出版社，1993 年 .—158 页

ISBN 7-5064-1051-6

C1447 F426.81-62

中国毛纺织行业服务指南 **2001**/刘军主编；中国纺织信息中心等编 .—上海：中国纺织大学出版社，2001 年 .—287 页

ISBN 7-81038-403-1

本书共收录了毛纺织企业 1200 余家，毛纺用机械及配件企业 240 余家，毛纺用染料及助剂企业 100 余家。

C1448 F426.81-62

中国毛纺织行业实用指南 **2003—2004**/中国纺织信息中心，中国毛纺织行业协会，《毛纺科技》杂志社编 .—北京：中国纺织信息中心，中国毛纺织行业协会，2004 年 .—302 页

C1449 F426.81-62

中国毛纺织行业实用指南 **2005—2006**/中国纺织信息中心，中国毛纺织行业协会，《毛纺科技》杂志社编 .—北京：中国纺织信息中心，中国毛纺织行业协会，2005 年 .—280 页

C1450 F426.81-62

中国轻工纺织企事业单位信息指南/向洛如，蒋宏贵主编 .—南京：南京时代信息数据公司，1989 年 .—1059 页

C1451　F426.81-62

中国羊毛制品业名录　91 版/中国羊毛制品工业资料中心编 . —北京：中国羊毛制品工业资料中心编，1991 年 . —106 页

C1452　F426.81-62

中国羊毛制品业名录　93—94 版/中国羊毛制品工业资料中心编 . —北京：中国羊毛制品工业资料中心编，1993 年 . —96 页

C1453　F426.81-62

中国羊毛制品业名录　96—97 版/中国羊毛制品工业资料中心编 . —北京：中国羊毛制品工业资料中心编，1996 年 . —261 页

C1454　F426.81-62

中国羊毛制品业名录　99 版/中国羊毛制品工业数据中心编 . —北京：中国羊毛制品工业数据中心编，1999 年 . —350 页

C1455　F426.81-62

中国印染行业服务大全　2006—2007/中国印染行业协会 . —北京：中国印染行业协会，2007 年 . —639 页

C1456

中国印染行业服务大全　2011—2012/中国印染行业协会，2013 年 .

C1457　F426.81-62

中国印染行业服务指南　2001/中国纺织信息中心，中国印染行业协会，全国印染科技信息中心 . —北京：全国印染科技信息中心，2001 年 . —244 页

本书共收录了印染企业 446 家，印染机械企业 53 家，染化料助剂企业 53 家。《中国印染行业服务指南》的出版发行，必将给我国印染行业提供新的咨询和服务。

C1458　F426.81-62

中国印染行业购销服务指南　2003/2004 年版/中国纺织信息中心 . —北京：编者自发行，2003 年

本书收录了约 800 家印染企业、印染机械及配件生产企业，染料助剂生产企业近 170 多家。

C1459　F426.81-62

最新中国纺织服装品牌企业名录　2007 版/中国纺织工业协会编 . —北京：中国纺织出版社，2007 年 . —1 册

ISBN 978-7-5064-4564-1

本书汇集了我国纺织行业 1800 余家获得过中国名牌、驰名商标、免检产品、省市名牌、著名商标荣誉的企业和行业排头兵企业以及正致力于打造自主品牌的骨干企业等优势企业的信息数据。

第四部分 纺织人文与艺术图书

4.1 纺织人文

收录与编辑说明:

　　纺织业关系人类生存的最基本需求,其发展与进步不仅取决于原料与技术,也是在与人文科学的结合中得以不断创新。纺织人文类图书既记录了中华民族的文化变迁与文化追求、衣着方式与价值观念,也记载着现代纺织工业实业报国、丝路传承、创新卓越的精神特征。本部分收录 1950—2020 年出版的纺织人文类图书与纺织科普类图书 502 种(记录号 D0001—D0502),其中包括港台版图书 30 种,所有图书按正题名音序排列。

D0001　F426.81

《红楼梦》里的苏州丝绸记忆(“我是档案迷”丛书)/栾清照等编著.—苏州:苏州大学出版社,2019 年.—126 页

　　ISBN 978-7-5672-3027-9

　　本书内容包括:江宁织造—天衣无缝、杭州织造—薄如蝉翼、苏州织造—丝绸上的雕刻艺术、苏州织造署旧址—江苏省苏州第十中学等。

D0002　F426.81;I207.411

《红楼梦》丝绸密码/李建华著.—上海:上海科学技术文献出版社,2014 年.—148 页

　　ISBN 978-7-5439-6413-6

　　本书追溯出《红楼梦》中的历史原型——江南三织造,把《红楼梦》从纸上的文字转变成现实历史的经历,依托中国经典将中国历史上丝绸机构的历史变迁娓娓道来。

D0003　F426.81;I207.411

《红楼梦》丝绸密码/李建华著.—上海:上海科学技术文献出版社,2016 年.—224 页

　　ISBN 978-7-5439-6415-0

　　本书以《红楼梦》为切入点,以丝绸为解密的钥匙,讲述了小说中四大家族的原型——江南三织造的真实历史原貌。内容包括:《红楼梦》四大家族原型之谜、江宁织造之谜、皇帝的秘密任务、金陵史家与苏州织造、杭州织造之谜、一荣皆荣,一损皆损。

D0004　D950.21;TS101

REACH 法规与生态纺织品/王建平主编.—北京:中国纺织出版社,2009 年.—1005 页(被引 96)

　　ISBN 978-7-5064-5644-9

　　本书从法律与法规、问题与对策、检测与标准三个方面,详细解读了最新的生态纺织品的法律、法规,总结了中国纺织业面临的问题和积极的应对措施,阐述了生态纺织品的检测技术与标准等。

D0005　D996.1;F746.81

WTO 规则运用中的法治　中国纺织品特别保障措施研究/黄东黎著.—北京:人民出版社,2005 年.—235 页

　　ISBN 7-01-005181-X

　　本书以中国纺织品特别保障措施条款的法律解释为线索,探讨 WTO 法律体系条约解释的基本原则,例示 WTO 条约的法律解释方法,分析欧、美针对中国纺织品特别保障措施立法以及美国立法的实际运用,为法律解决我国与欧、美等国纺织品贸易摩擦提供依据。

D0006　F426.81

百年大生企业号信　清光绪三十三—三十四年　上下册/南通市档案馆,张謇研究中心编.—北京:国家图书馆出版社,2017 年.—864 页

　　ISBN 978-7-5013-6208-0

　　本书所刊号信,是“百年大生企业号信”第一阶段整理成果之一部分。第一阶段整理的号信,是清光绪三十三年(1907)至宣统三年(1911)间,大生纱厂致大生驻沪事务所,以及大生驻沪事务所致纱厂、分销处、学校等单位的信函。

D0007　Z82;TS

百年典藏—东华大学图书馆馆藏精品集/陈惠兰主编,东华大学图书馆编.—上海:东华大学出版社,2017 年.—72 页

　　ISBN 978-7-5669-1180-3

　　本书是我国民国纺织理论和教育历史的索引,作者选择具有代表性的书刊 100 余册,以蚕丝纺织书籍、棉纺织书籍等 10 个主题分类呈现。

D0008　TS103

百年古代工艺(卡片梭织):进阶技法与生活应用 [港台](生活工坊　2)/林碧珠著,周文源摄影.—台北:成阳出版股份有限公司,2006 年.—130 页;30cm

　　ISBN 986-7132-33-5

　　本书介绍了卡片梭织的 7 种进阶技法,并对纹饰做了解说。

D0009 F426.81

百年和丰 上下卷/宁波市江东区档案局，宁波市江东区政协教文卫体和文史委员会编 .—宁波：宁波出版社，2013 年 .—358 页

ISBN 978-7-5526-1252-3

本书以大量文献和旧照片等档案资料为依托，翔实地反映了和丰百年来曲折的发展历程。本书内容包括建功立业，风雨简称，工运旗帜，战后重建，工业起航，潮起潮落，精锐和丰，记忆和丰，媒体和丰等。

D0010 F426.81

百年苏纶/阿坤著 .—苏州：苏州大学出版社，2016 年 .—112 页

ISBN 978-7-5672-1719-5

本书以时间为序，从清末苏纶初创讲起，直至 21 世纪破产与终结，通过一个个典型事件，展现百年老企从建立到辉煌直到消亡的全过程。

D0011 J523.1

保定纺织乡土文化艺术概述（保定乡土艺术研究丛书）/侯志刚，薛聪锐，张延星著 .—保定：河北大学出版社，2016 年 .—136 页

ISBN 978-7-5666-0951-9

本书将重点研究保定纺织乡土文化的发展历史和传承，为保定纺织乡土文化未来的发展提供有益的建议，全书共分四章：保定纺织乡土艺术起源探秘，保定纺织乡土艺术，神性与世俗，乡土纺织艺术里的保定符号。

D0012 K876.9

北京文物精粹大系 织绣卷 中英文版/梅宁华，陶信成主编；《北京文物精粹大系》编委会，北京市文物局编；赵秀珍卷主编 .—北京：北京出版社，2001 年 .—251 页，37 页

ISBN 7-200-04201-3

本书选录范围包括汉、元、明、清各时期的织绣精品（均包括服装）150 余件。选录的织绣按时代顺序、品种、样式编排。同一时代织绣，出土文物在前，传世品在后。品种分丝织、缂丝和刺绣三大类，每一类又分织料、服装、欣赏品等。

D0013 K876.9

北京艺术博物馆藏明代大藏经丝绸裱封研究/杨玲主编 .—北京：学苑出版社，2013 年 .—303 页；30cm

ISBN 978-7-5077-3912-1

本书是对明代大藏经丝绸裱封的研究，包括论文、图案、品种等几部分。

D0014 F426.81

布经八卷（影印本）（四库未收书辑刊之一）/（清）范铜撰 .—北京：北京出版社，2000 年 .—81—110 页

ISBN 7-200-03471-1

D0015 F426.81

布经要览 二卷 影印本（四库未收书辑刊之一）/（清）佚名 .—北京：北京出版社，2000 年 .—581—600 页

ISBN 7-200-03471-1

D0016 F426.81

蚕桑丝绸史话（中华文明史话）/刘克祥著 .—北京：中国大百科全书出版社，2000 年 .—200 页（被引 24）

ISBN 7-5000-6239-7

本书重点介绍了古代植桑、养蚕、缫丝、织绸、练漂、印染生产的有关情况，包括生产关系、经营方式、产地分布、生产工艺与技术的发展变化，以及丝绸贸易和蚕桑丝织技术的对外传播等。

D0017 F426.81

蚕桑丝绸史话（中国史话·物质文明系列）/刘克祥著 .—北京：社会科学文献出版社，2011 年 .—201 页（被引 27）

ISBN 978-7-5097-2456-9

本书叙述了从远古到近代中国蚕桑丝绸业的起源和发展过程，重点介绍了古代植桑、养蚕、缫丝、织绸、练漂、印染生产的相关情况，包括生产关系、经营方式、产地分布、生产工艺与技术的发展变化、丝绸贸易和蚕桑丝织技术的发展变化、丝绸贸易和蚕桑丝织技术的对外传播等。

D0018 TS102

蚕丝的魅力/刘冠峰编 .—北京：中国丝绸协会，1988 年 .—43 页

D0019 TS102

蚕丝窥美/韩作云著 .—济南：山东美术出版社，2015 年 .—107 页

ISBN 978-7-5330-5843-2

本书通过对蚕丝历史、文化、艺术、产品的描述分析，总结提炼出蚕丝这一特殊物品在人们生活中的美学价值。

D0020 TS102

蚕丝溯源/周晦若，陈健著 .—成都：四川省纺织工程学会，1980 年 .—101 页；19cm

D0021 F426.81

昌邑文史资料 第四辑 柳疃丝绸专辑/中国人民政治协商会议山东省昌邑县委员会文史资料研究委员会编 .—昌邑：中国人民政治协商会议昌邑县委员会文史资料研究委员会，1989 年 .—146 页

本书为内部发行本，内容包括《柳疃丝绸今昔》《回忆柳疃丝绸》等文章。

D0022 F426.81

昌邑织造 从柳疃丝绸到现代织造业/宋甲其主编；文山诗书社编 .—赤峰：内蒙古科学技术出版社，1999 年 .—314 页

ISBN 7-5380-0521-8

本书上下两编，分别记述了昌邑纺织丝绸业的历史和现状。

D0023　TS1-092

成是贝锦：东周纺织织造技术研究/赵丰等主编 . —上海：上海古籍出版社，2012 年 . —132 页

ISBN 978-7-5325-6601-3

本书主要内容包括：东周纺织生产概述；东周纺织纤维的种类和加工技术；纺织织造品种；织机与织造技术；编织品种与技法等。

D0024　TS102

成语典故中的纤维纺织［普］/内蒙古自治区纤维检验局编著 . —北京：中国标准出版社，2017 年 . —165 页

ISBN 978-7-5066-8571-9

本书以文献为背景资料，收集了百余条与纺织纤维有关的成语典故，从纺织品的发展历史、纺织用工具、人物典籍等方面介绍传统纺织文化及其发展。

D0025　K876.9

出土灰化纺织物保护研究/龚德才，魏彦飞著 . —合肥：中国科学技术大学出版社，2016 年 . —272 页

ISBN 978-7-312-03931-7

本书内容包括：丝绸文物保护研究进展；灰化丝绸的灰化原因研究；灰化丝绸的微生物腐蚀研究；丝绸灰化残留物的鉴定；灰化丝绸碳自由基的清除剂研究；出土灰化纺织物现场保护关键技术研究等。

D0026　J523.1

楚人的纺织与服饰（楚学文库）/彭浩著；张正明主编 . —武汉：湖北教育出版社，1996 年 . —223 页（被引269）

ISBN 7-5351-1652-3

本书内容包括长江中下游地区的原始纺织、东周时期楚国蚕桑和纺织技术的发展、丰富多彩的织品、绚丽的刺绣品、丝织刺绣纹样与楚人的信仰、丝织品的生产和流通、东周以前的服饰、东周时期楚人的服饰、佩饰和发式、服饰与社会生活等 10 章。

D0027　J523.6

传承与发展中的苏绣：以"苏绣之乡"镇湖为例/宋长宝等著 . —南京：江苏人民出版社，2015 年 . —347 页

ISBN 978-7-215-16869-6

本书分历史与演变、现状与瓶颈、战略与前瞻三篇，对以镇湖为代表的苏绣进行了全面介绍。内容包括：千年传奇、世代名流辈出、针法史与技法史、发展现状、镇湖贡献、政府扶持战略、融合发展战略、"走出去"战略、镇湖苏绣纪要。

D0028　F426.81

传承与突破：1981—2016/中国纺织工业企业管理协会，徐国营主编 . —北京：中国纺织出版社，2016 年 . —180 页

ISBN 978-7-5180-3108-5

本书用大量的图片、客观的事件，翔实系统的总结和剖析了中纺企协各时期的工作重点、成功经验，并展望了其未来发展新定位和新趋势，对中国纺织业乃至更广泛的行业组织的发展都具有重要的借鉴作用。

D0029　J523.1

传承与再生产　湖南通道侗锦研究/周亚辉著 . —北京：科学出版社，2018 年 . —339 页

ISBN 978-7-03-058679-7

本书围绕侗锦存在的地域社会、侗锦的起源与社会功能、侗锦的材料与技艺、侗锦的审美表达、侗锦的传承现状及侗锦的生产经营情况展开论述，对侗锦织造技艺传承与再生产进行思考，分析了侗锦织造技艺的活态流变状况及其与现代技术的碰撞与整合，阐释了在技艺传承中应有的理念和尝试的方向。

D0030　J523.6

传统技艺与文化再生：对苏州镇湖绣女及刺绣活动的社会学考察/叶继红著 . —北京：群言出版社，2005 年 . —387 页

ISBN 7-80080-478-X

本书分 7 章考察了苏绣的历史，镇湖刺绣的兴起和绣女的生活，了解改革开放后镇湖绣女的创业历程，展示她们的生产和社会生活，追踪她们思想和行为变化的轨迹，讨论了刺绣的未来命运和文化再生的条件。

D0031　J523.6

传统民艺的文化再生产：壮族绣球工艺传承的艺术人类学研究/吕屏著 . —桂林：广西师范大学出版社，2013 年 . —220 页

ISBN 978-7-5495-3778-5

本书在深入田野工作的基础上，本书借鉴布迪厄的"文化再生产"理论，从艺术学、民族学、人类学等学科交叉的方法入手，将绣球放在历史语境中，从传承环境、传承机制、传承人等层面透视其传承过程。

D0032　J523.6

传统湘绣文化的转型/唐利群著 . —长沙：湖南大学出版社，2015 年 . —202 页

ISBN 978-7-5667-0858-8

本书阐述了传统湘绣文化的转型——"新湘绣"的概念、案例，同时提出了传统湘绣的人才培养模式的转型的思路并附带案例。

D0033　J523.2

从传统染织技术到地域文化的形成：基于地方性知识视角下中国长三角地区传统染织技术与文化研究（中国传统服饰文化系列丛书）/李斌著；梁文倩绘图 . —北京：中国纺织出版社有限公司，2020 年 . —212 页

ISBN 978-7-5180-7309-2

本书基于地方性知识视角下对中国长三角地区传统染织技术与文化进行系统深入的研究，探究该地区染织技术到染织文化与地域文化的嬗变过程。

D0034 TS1

从棉花到布［普］/郦绍模，徐秋阳，董希言著．—北京：中华全国科学技术普及协会，1956年．—22页

本书的内容包括纺纱和织布两部分。纺织部分从棉花纤维的性质谈起，按照把棉花纺成纱的各个工艺过程：清花、梳棉、并条、粗纺、精纺等，顺序叙述了棉花在这些过程中发生的变化，和使用的机器的基本原理和作用等。织布部分从布纹粗织的种类说起，逐步叙述了纬纱、经纱的各个准备过程，包括络经、整经、浆纱、穿经和卷纬等的原理和所用各种机械的基本结构，最后介绍了织布的过程和织布机的基本原理。

D0035 F426.81

大成公司档案史料文献 影印本/常州市档案馆编．—南京：南京大学出版社，2011年．—479页

ISBN 978-7-305-08700-4

本书内容包括：刘国钧自传、大成产品样品、大成证照类、大成信函往来、大成经营管理、大成董事会记录、大成章程等。

D0036 F426.81

大生纺织集团档案经济分析 1899—1947（中国社会经济史研究丛书）/顾纪瑞著．—天津：天津古籍出版社，2015年．—260页

ISBN 978-7-5528-0347-1

本书是以张謇创办的大生集团的相关档案资料为依据，以大生三家纺织的发展过程为研究对象的论文集。主要通过研究大生一纺、启东大生二纺、海门大生三纺三家的历届账略，以统计分析方法进行量化分析，从经济学角度和资本经营、资本运作的层面，以大量数据和事实为依据，归纳大生纺织企业重要的成功经验和值得汲取的主要教训。

D0037 F426.81

大生集团档案资料选编 纺织编 1/南通市档案馆，张謇研究中心编．—北京：方志出版社，200?年

D0038 F426.81

大生集团档案资料选编 纺织编 2/南通市档案馆，张謇研究中心；肖正德卷主编．—北京：方志出版社，2003年．—433页

ISBN 7-80122-968-1

本书收录范围为大生各纱厂自张謇去世后的1927年至1950年公私合营前的账略及相关资料。书内按单位共分三个部分：南通大生第一纺织、启东第二纺织和海门第三纺织。

D0039 F426.81

大生集团档案资料选编 纺织编 3/南通市档案馆，张謇研究中心编．—北京：方志出版社，2004年．—687页（被引6）

ISBN 7-80192-420-7

本书收录范围为自大生纱厂创办至张謇逝世的1926年期间大生集团各纺织企业在生产、经营活动中所形成的重要的档案数据。全书按档种类分为五个部分：章程制度、文书函电、会议记录、合同成单、报表单据。

D0040 F426.81

大生集团档案资料选编 纺织编 4/南通市档案馆，张謇研究中心编．—北京：方志出版社，2006年．—657页（被引8）

ISBN 7-80192-751-6

本书是一部数据选编性质的著作，数据源于南通市档案馆收藏保管的大生集团档案。全书收录了大生集团下属各纱厂自张謇去世后的1927年至1950年公私合营前的会议记录等重要的档案数据。

D0041 F426.81

大生集团档案资料选编 纺织编 5/南通市档案馆，张謇研究中心编．—北京：方志出版社，2007年．—464页

D0042 F426.81

大生纱厂故事（"中国工业遗产故事"丛书 第一辑）/于海漪著．—南京：南京出版社，2019年．—128页

ISBN 978-7-5533-2646-7

本书主要内容包括：甲午风云后的实业救国、状元办厂的心路历程、创办大生企业系统、农工商协调发展、南通近代工业城市的构建、张謇所见的近代日本等。

D0043 K883.6；TS106

大宛遗锦 乌兹别克斯坦费尔干纳蒙恰特佩出土的纺织品研究［译］/（乌兹）马特巴巴伊夫，赵丰主编．—上海：上海古籍出版社，2010年．—274页

ISBN 978-7-5325-5379-2

本书对费尔干纳盆地早期中古时期纺织服饰品进行了综合研究，提供了乌兹别克斯坦有关纺织、骨雕、木材加工、冶金、首饰、武器和生产工具等手工业历史的数据等。

D0044 TS1-091

大众纺织技术史［普］（大众科学技术史丛书）/赵翰生，邢声远，田方著．—济南：山东科学技术出版社，2015年．—253页

ISBN 978-7-5331-7662-4

本书依据历史记载、出土文物报告、有关论文和专著，按纺织品的加工工序，对每道工序中的重大技术发明、创造、革新、工艺及相关的重要事项，予以详细介绍，以展示纺织技术从远古到20世纪的发展历程及其在人类社会发展中的作用。

D0045 J523.1

傣族织锦艺术符号及其和谐文化思想/张天会等著．—昆明：云南科技出版社，2016年．—189页

ISBN 978-7-5587-0386-7

本书分6章，内容包括：云南傣族与傣族织锦、傣锦艺术符号的视觉语言与语义传达、傣锦艺术符号的造型特点与语法、傣锦艺术符号的视觉语汇与语境、傣锦艺术符号中的和谐文化思想等。

D0046　TS14-092
档案中的丝绸文化（苏州市工商业档案史料丛编）/卜鉴民主编.—苏州：苏州大学出版社，2016年.—265页
ISBN 978-7-5672-1895-6
本书主要内容包括：当档案遇见丝绸；法、意丝绸档案之旅；议苏州漳缎的科技成就与科学价值；从"吃货"到"粉丝"；民国丝绸纹样漫谈等。

D0047　J523.2
滇南苗族印染文化研究/张金文，杨晓冰，赵菲主编.—昆明：云南民族出版社，2017年.—196页
ISBN 978-7-5367-7537-4
本书分为滇南苗族印染文化展览、滇南苗族印染文化研究两大部分，以云南民族博物馆2014年征集到的100多块滇南及周边不同地区、不同苗族支系使用的、不同花纹图案的、具有代表性丝的网印刷板为主，围绕苗族印染历史、印染工艺、滇南苗族印花纹样及运用、图案学、美学、现代装饰学等进行研究，完整还原苗族印染发展史。

D0048　F426.81
蝶变：太康棉纺织工业影像纪实/王建林著.—北京：中国摄影出版社，2017年.—103页
ISBN 978-7-5179-0700-8
本书是一本记录了太康棉纺织工业的摄影作品集。作者王建林拍摄了停产多年的纺织厂和老厂的员工们，还拍摄了新厂和在里面工作的工人。用摄影记录着时代的发展和人们的变化。

D0049　J523.1
敦煌丝绸（敦煌讲座书系）/赵丰，王乐著.—兰州：甘肃教育出版社，2013年.—242页
ISBN 978-7-5423-2368-2
本书以敦煌出土的丝绸文物为主要研究对象，同时结合敦煌壁画和敦煌文献，对敦煌丝绸从技术、艺术和历史等方面进行综合研究，特别是把敦煌丝绸放在丝绸之路以及东西方纺织技术、纺织艺术和纺织文化交流的大背景下来进行研究。

D0050　F426.81
纺古织今：台湾纺织成衣业的发展［港台］/温肇东主编.—高雄：巨流图书股份有限公司，2016年.—399页
ISBN 978-957-732-515-0

D0051　F426.81
纺园草根情　盛建春企业文化文选/盛建春著.—镇江：江苏大学出版社，2014年.—292页

ISBN 978-7-81130-822-8
本书收录作者盛建春发表的百余篇文章，有随笔、特写、人物通讯、论文、交流发言等，这些文章贴近企业、贴近员工、贴近实际，记录中恒发展历程中人与事的集萃。

D0052　TS1
纺织［普］（中国历史文化百科）/刘以主编.—延吉：延边大学出版社，2007年.—154页
ISBN 978-7-5634-2350-7
本书介绍祖国悠久的纺织文化。

D0053　F426.81
纺织城记忆（西安灞桥文史资料　第21辑）/中国人民政治协商会议西安市灞桥区委员会编.—西安：中国人民政治协商会议西安市灞桥区委员会，2012年.—481页
本书汇集了在纺织城三个企业工作了四十多年的三位业余作者撰写的文章和纺织城各企业的有关厂志及广泛收集的资料，配发412幅照片，记述了西安的纺织城诞生和发展的历程。

D0054　F426.81
纺织工业法制建设理论与实践/纺织工业部政策法规司主编.—北京：纺织工业出版社，1990年.—248页
ISBN 7-5064-0563-6
本书收录了《关于加强纺织工业的法制建设问题》《纺织工业法规制定的原则初探》《纺织企业法制建设工作重点初探》等文章29篇。

D0055　F426.81
纺织工作者的光荣义务［译］/（苏）C.聂斯切洛娃等著；郭宗武，魏匡伦合译.—北京：纺织工业出版社，1956年.—84页；19cm

D0056　TS1
纺织古今谈［普］（科学小品丛书）/郭廉夫著.—南京：江苏科学技术出版社，1984年.—123页（被引6）
统一书号13196·165

D0057　K876.9
纺织考古（20世纪中国文物考古发现与研究丛书第三辑专题研究）/赵丰，金琳著.—北京：文物出版社，2007年.—210页
ISBN 978-7-5010-1825-3
本书以时代为序，详细论述了近百年来我国考古发现的大量纺织品、纺织工具等，对其所反映的各个历史时期纺织品的工艺特点及技术水准进行了相对深入的分析，并较为全面地介绍了我国古代纺织的研究现状。

D0058　TS1-092
纺织科技史导论/周启澄等编著.—上海：东华大学出版社，2003年.—121页（被引102）
ISBN 7-81038-542-9

本书分总论、通史、专史几部分，简明介绍了纺织科学和纺织技术的发展历史，并收录了若干涉及当代棉、毛纺织工业发展趋势等方面的论文。

D0059 TS1-092
纺织科技史导论 第2版（纺织服装高等教育"十二五"部委级规划教材）/周启澄，程文红编著.—上海：东华大学出版社，2013年.—168页

　　ISBN 978-7-5669-0296-2

本书简明介绍了纺织科学和纺织技术的发展历史，分"总论""通史""专史""专论""文献导读"和"附录"六个部分。

D0060 F426.81
纺织科学研究院上海分院汇报/纺织科学研究院上海分院编辑委员会编.—上海：纺织科学研究院上海分院，1957年.—173页

D0061 J523.1
纺织品：人类的艺术［译］/（英）玛丽.斯科斯著；孙可可，徐辛未译.—杭州：浙江人民美术出版社，2017年.—568页

　　ISBN 978-7-5340-4818-0

本书将世界范围内的历史织物和当代纺织品放在一起，论述范围涵盖了从古埃及刺绣布片到最前沿的织物及数码印花织物，包含1000多张细节丰富的彩色插图。

D0062 J525.2
纺织品陈列和展示技巧［译］/（苏）康德巴（М. Е. Кандыба）著；吴季镇等译.—沈阳：辽宁人民出版社，1955年.—42页；19cm

D0063 K876.9
纺织品鉴定保护概论/赵丰主编；中国纺织品鉴定保护中心编著.—北京：文物出版社，2002年.—250页（被引82）

　　ISBN 7-5010-1380-2

本书包括中国纺织品的发现与保护、鉴定、保护和案例四部分，内容涉及织物结构的分析、刺绣技术的分析、纺织染料的测定、纺织品的清洗与消毒、纺织品的加固和修复、纺织品的贮藏与展示等。

D0064 K876.9
纺织品考古新发现 中英文版［港台］/赵丰主编；李文瑛，于志勇，刘国瑞等著.—香港：艺纱堂/服饰工作队，2002年.—205页

　　ISBN 962-85691-4-7

本书分七部分，包括克里雅河遗址、尼雅遗址、营盘墓地、都兰墓地、代钦塔拉墓、鸽子洞窖藏、南昌宁靖王夫人吴氏墓的考古发现。

D0065 K876.9
纺织品文物保护修复概论/《纺织品文物保护修复概论》编写组编.—北京：文物出版社，2019年.—372页；24cm

　　ISBN 978-7-5010-6465-6

本书旨在归纳总结以往的专业经验，较为全面地涵盖纺织品文物保护修复中所涉及的相关学科知识及近几年的科研成果，并以此指导工作实践，进一步提高我国纺织品文物保护修复的整体水平。

D0066 TS1-49
纺织趣谈［普］（江苏省纺织中等学校语文课外阅读资料）/郭廉夫编.—南通：江苏省纺织中等学校，1987年.—100页

D0067 TS1
纺织染概说［普］（纺织工业知识丛书）/周启澄，陈清，赵文榜编.—北京：纺织工业出版社，1985年.—245页；19cm（被引19）

　　ISBN 7-5064-0587-3

本书介绍了纺织生产的历史、现状和纺织染整基本原理、产品分类、特征、纺织工厂管理及纺织技术的发展前景等。

D0068 TS1
纺织染概说 新世纪版［普］/周启澄等编著.—上海：东华大学出版社，2004年.—267页（被引24）

　　ISBN 7-81038-832-0

本书介绍了原料的种类和性能，工艺过程和要求，主要设备作用原理，产品的种类和开发，以及产品流通和生产管理等方面的知识等。

D0069 TS1-092
纺织史话（中国科技史话丛书）/上海市纺织科学研究院《纺织史话》编写组编写.—上海：上海科学技术出版社，1978年.—238页；19cm（被引40）

　　统一书号 13119·708

D0070 F426.81
风雨同舟·强者足迹 中国纺织报创刊25周年企业新闻作品集 第一辑 中丽历程 2005—2011/中国纺织报编.—北京：经济日报出版社，2011年.—173页

　　ISBN 978-7-80257-387-1

本书分为殷切希望、亲切关怀、骄人业绩、和谐发展四部分，包括："中纺院院长赵强在中丽制机2011年工作会议上作重要讲话""李传卿率中央巡视组莅临中丽制机视察""发挥党组织的战斗堡垒作用""人才是企业的资本"等内容。

D0071 K825.38
奉献在丝绸/中国丝绸协会，中国国际名人研究院编.—北京：中国纺织出版社，1994年.—609页

　　ISBN 7-5064-1012-5

本书为一部丝绸业的人名录，收录全国对丝绸业的科学技术、经营管理、文化教育等方面作出特殊贡献人员 589 人，介绍了他们的工作经历和实绩。

D0072　K876.9；TS1-092

浮光纱影：早期世博会上的纺织品：1895—1900（国丝研究丛书）/周旸编 . —杭州：浙江大学出版社，2020 年 . —170 页

　　ISBN 978-7-308-20224-4

本书主要内容包括：浮光纱影——早期世博会上的纺织品（1895—1900）、丝芒纺绩——早期世博会上的纺织纤维种类、革故鼎新——略谈晚清纺织染料、艺寄吉祥——早期世博会上丝绸的品种与纹样等。

D0073　TS106

高科技纺织品与健康/商成杰编著 . —北京：中国纺织出版社，2018 年 . —154 页

　　ISBN 978-7-5180-4256-2

本书系统讲述了保健养生的基本知识，重点论述了生活方式、生存环境和健康长寿的关系，还介绍了保健功能纺织品和模仿巴马长寿生存环境的健康功能寝具。

D0074　F426.81

高郎桥纪事　近代上海一个棉纺织工业区的兴起与终结：1700—2000/罗苏文著 . —上海：上海人民出版社，2011 年 . —624 页（被引 7）

　　ISBN 978-7-208-10392-4

本书用社会史的研究方法，以档案文献与口述访问相结合，通过高郎桥三家华资纱厂的演变（私营、公私合营、国营）、终结的百年轨迹，展示该厂几代棉纺织职工群体命运与纱厂难解的生死因缘，再现第 31 棉纺织厂几代职工的家庭生活，近代高郎桥地区居民（本地人、苏北移民）的生活变迁、现实处境。

D0075　F426.81

工业：印纺工业龙头［普］（中国文化百科　经济百业）/李玉梅编著 . —汕头：汕头大学出版社，2015 年 . —106 页

　　ISBN 978-7-5658-1583-6

本书包括先秦印染原料与印染技术、唐代精美的丝织工艺、宋代纺织技术水准、清代棉纺毛纺工艺等内容。

D0076　TS1-092

工业繁荣景象/牛月主编 . —汕头：汕头大学出版社，2016 年 . —122 页

　　ISBN 978-7-5658-2325-1

本书主要介绍中国古代历代纺织与印染工艺。包括先秦印染原料与印染技术、先秦时期主要纺织原料、先秦时期的纺织原料加工、先秦楚国的丝织和刺绣、秦汉时期的纺织技术、秦汉时期的染织技术、魏晋南北朝印染技术、隋代的染织工艺技术、唐代精美的丝织工艺、唐代印染与刺绣工艺、宋代纺织技术水准、宋代彩印与刺绣工艺、元代回族织金技

术等内容。

D0077　F426.81

古代纺织（中国文化知识读本）/金开诚主编；黄二丽编著 . —长春：吉林文史出版社，2010 年 . —120 页

　　ISBN 978-7-5463-1268-2

本书内容包括：古代纺织的发展概述；丝绸之路；古代纺织机械的发展概况；我国纺织业重心南移的原因；古代纺织的地位。

D0078　F426.81

古代纺织/鲁丽英，杨晶编 . —长春：吉林出版集团股份有限公司，2018 年

　　ISBN 978-7-5581-6392-0

本书介绍了古代纺织的发展、丝绸之路、古代纺织机械的发展、古代纺织的地位、古代纺织重心南移的原因等一系列相关知识。

D0079　K876.9

古代丝绸的色泽保护/王永礼著 . —西安：西安地图出版社，2009 年 . —186 页

　　ISBN 978-7-80748-442-4

本书通过实验研究，探索丝织品文物保护的环境参数，同时也研究了丝织品文物的特点、纺织品文物保护技术等方面的内容。

D0080　K876.9

古代丝织品的病害及其防治研究/奚三彩主编 . —南京：河海大学出版社，2008 年 . —300 页

　　ISBN 978-7-5630-2532-9

本书内容包括丝织品文物收藏及保护状况调研报告、古代丝织品无损或微损成套分析检测技术的应用、古代丝织品劣化机理的研究等。

D0081　K876.9

古代织绣/宁云龙主编 . —沈阳：辽宁画报出版社，2001 年 . —125 页；20cm

　　ISBN 7-80601-426-8

本书详尽介绍了我国自周代以来各个历史时期的织绣的发展状况、艺术特色以及一些具有代表性的艺术精品。

D0082　F426.81

古锦今丝：广东丝绸业的"前世今生"（海上丝绸之路研究书系）/刘永连，谢汝校著 . —广州：广东经济出版社，2015 年 . —182 页

　　ISBN 978-7-5454-3572-6

本书主要内容包括：走进锦纶会馆；锦纶会馆与广东丝绸业的悠久起源；锦纶会馆与广东丝绸业的持续发展；锦纶会馆与广东丝绸业的繁荣鼎盛；锦纶会馆与丝绸外销；锦纶会馆变迁与广东丝绸业的演变等。

D0083　K876.9

故宫织绣的故事/殷安妮著.—北京：故宫出版社，2017年.—295页；24cm

ISBN 978-7-5134-0986-5

本书是笔者在故宫供职近30年的所见、所学、所思、所考，因管理制度所限，并没有涵盖织绣文物的所有门类，但却力争从大处着眼、小处着手，考究了许多鲜见的内容。本着以物证史、以史论物的理念，向读者细述故宫藏织绣文物细部的精彩和它背后的故事。

D0084　J523.6

广西织绣文化/于瑮主编；廖明君，卢纯编著.—南宁：广西人民出版社，2012年.—167页

ISBN 978-7-219-07913-3

本书以图文形式全面展示广西各民族悠久的织绣文化，介绍各民族有代表性的织绣风格、织绣图案、特殊织绣品使用场合及作用、来源等。

D0085　F426.81

轨迹/王庚利著.—天津：天津古籍出版社，2016年.—440页

ISBN 978-7-5528-0425-6

本书记录了作者在纺织行业四十年来的生命轨迹，从一个侧面还原了一个人、一个行业、一个时代、一段历史。全书分为《生活篇》《职场篇》《感悟篇》三大类，既再现着时代变迁下的天津纺织行业发展，又描绘着岁月洪流下身边人的真情实感，将读者的视角带入那年那月。

D0086　J523.6

贵州文化的物化分析：从刺绣谈贵州地方工艺文化/贵州省工艺美术研究所编；申敏著，贾庆河摄影.—贵阳：贵州人民出版社，2013年.—200页

ISBN 978-7-221-09316-5

本书共分为四篇，分别介绍了贵州传统文化的四大支柱、贵州传统文化的五大表现形式及在刺绣中的体现、贵州传统文化的四个辅助文化区及在刺绣中的体现、贵州十七个世居少数民族刺绣等内容。

D0087　F426.81

国有企业改革中的工人：中国纺织产业的个案研究（中英文版）/赵明华著；范西庆译.—北京：社会科学文献出版社，2012年.—242页，294页

ISBN 978-7-5097-1726-4

本书的主要研究目的是从工业社会学的角度了解中国工人在企业改革过程中的经验和感受，研究重点是工人就业特别是劳动过程的变化以及工厂生产、生活的变化对工人所产生的冲击和影响。

D0088　J523.6

汉绣与非物质文化遗产保护文集/冯泽民主编.—武汉：武汉出版社，2011年.—171页；23cm

ISBN 978-7-5430-5637-4

本书是武汉市"汉绣与非物质文化遗产保护学术研讨会暨作品展览"的会议论文集，收录了：《学习传统扩展视野》《美术与工艺——略谈汉绣遗产的发展》《刺绣心中的图像》《艺术的民族间性及其意义》《打造"四秀"振兴汉绣》等文章。

D0089　TS14-092

杭州丝绸史（杭州历史文化研究丛书）/徐铮，袁宣萍著.—北京：中国社会科学出版社，2011年.—153页（被引15）

ISBN 978-7-5004-9998-5

本书内容包括：良渚文化与史前杭州丝绸业、先秦至南朝的杭州丝绸业、隋唐五代的杭州丝绸业、两宋时期的杭州丝绸业、元代的杭州丝绸业、明代的杭州丝绸业、清代的杭州丝绸业等。

D0090　TS14-092

杭州丝绸史话/程长松编著.—杭州：杭州出版社，2002年.—164页（被引18）

ISBN 7-80633-442-4

本书介绍了杭州丝绸业的起源，隋、唐、五代时期的杭州丝绸业，清代的杭州丝绸业，民国时期的杭州丝绸业等。

D0091　F426.81

河南省纺织类经典非物质文化遗产/赵宏主编.—北京：中国纺织出版社，2017年.—156页

ISBN 978-7-5180-3411-6

本书以中华民族与华夏文明的主要发源地河南省的纺织类非遗为研究对象，通过亲赴实地调研，对河南省级及以上的纺织类非遗进行了系统、全面的研究，与读者共享绣、织、印染三大类非遗经典项目的起源发展、风俗趣事、制作工艺与技法、工艺特征与纹样、代表作品，依据对传承人的深入专访及非遗项目的文化生态环境提出了有针对性的传承建议。

D0092　TS14-092

湖州文化探源·丝绸之源（湖州文化探源丛书）/政协湖州市委员会编；余连祥著.—上海：上海书画出版社，2016年.—113页

ISBN 978-7-5479-1161-7

本书主要内容包括湖州丝绸文化的鼎盛时期、湖州丝绸文化的艰难转型、湖州丝绸文化中的民间文艺等。

D0093　TS14-092

华丽的丝绸〔普〕/徐雯茜编著.—长春：北方妇女儿童出版社，2017年

ISBN 978-7-5585-1083-0

本书主要介绍了我国古代的纺织精品与布艺。内容包括绫、罗、绸、缎、锦、绢、纱的详细介绍。

D0094　TS1-092

华夏纺织文明故事〔普〕/薛雁，徐铮编著.—上海：东华大学出版社，2014年.—133页

ISBN 978-7-5669-0621-2

本书按历史发展的脉络,从纺织文明起源开始,以纺织纤维的发现和利用、历史的传说、生产技术、礼仪制度、文化艺术等为线索,用图文并茂的形式和通俗易懂的语言,讲述了华夏纺织文明的故事,以期传播和弘扬中国纺织科技和文化。

D0095 TS102-49

话说纤维家族［普］(科学启蒙文库 第二辑)/刘宗寅等编著.—北京:知识出版社,1995 年.—63 页;19cm

ISBN 7-5015-1205-1

D0096 F426.81

黄道婆和上海棉纺织业/张家驹著.—上海:上海人民出版社,1959 年.—44 页(被引 61)

统一书号 11074·262

本书内容包括:一个动乱的时代,黄道婆流落在崖州,棉纺织工具和技术的革新,上海"衣被天下",后人对黄道婆的尊敬和纪念等。

D0097 TS1-49

黄道婆与纺织:华泾小学校本拓展课程［普］/徐汇区华泾小学编著.—上海:上海教育出版社,2009 年.—58 页

ISBN 978-7-5444-2402-2

本书讲述黄道婆的生平和对纺织业做出的杰出贡献。

D0098 K876.9

煌煌锦绣 沂南河阳墓地出土丝织品保护修复与研究/山东省文物保护修复中心编著;王传昌编.—北京:文物出版社,2018 年.—294 页

ISBN 978-7-5010-5421-3

本书是对山东沂南河阳小区墓地出土丝织品考古发掘、现场保护、实验室保护修复过程的全面梳理,以期将丝织品的保护较全面地呈现出来。

D0099 F426.81

即发始于 1955/陈玉兰,宋延亮,杨玮东主编.—青岛:青岛出版社,2005 年.—338 页

ISBN 7-5436-3494-5

本书通过 78 位亲历过即发成长历史的人,用他们自己的语言,向我们展示了一部即发由创业到发展、到提升的成长历程。

D0100 F426.81

记忆中的南充茧丝绸 上册/中国人民政治协商会议南充市委员会编;王晓贤主编.—北京:中国文史出版社,2014 年.—305 页

ISBN 978-7-5034-5748-7

本书从寻根溯源、发展历程、名优产品、改革创新、人物事件、民谣民谚等方面,记述了从远古至今天南充茧丝绸跌宕起伏的发展历程。

D0101 F426.81

记忆中的南充茧丝绸 中册/中国人民政治协商会议南充市委员会编;傅宗洪主编.—北京:中国文史出版社,2015 年.—293 页

ISBN 978-7-5034-7098-1

本书从民国时期南充蚕丝业生产状况、解放初期南充丝绸行业的发展、南充各大蚕丝业工厂的生产到丝绸厂的一些故事等几个方面,记述了从民国至今南充茧丝绸的发展历程。

D0102 F426.81

记忆中的南充茧丝绸 下册/中国人民政治协商会议南充市委员会编;傅宗洪主编.—北京:中国文史出版社,2016 年.—310 页

ISBN 978-7-5034-8418-6

本书从寻根溯源、发展历程、名优产品、改革创新、人物事件、民谣民谚等方面,记述了从远古至今天南充茧丝绸跌宕起伏的发展历程。

D0103 F426.81

建设上海市纺织科学研究院的足迹:**2005—2014 年**/胡申伟,杜卫平主编.—北京:中国纺织出版社,2015 年.—353 页

ISBN 978-7-5180-2020-1

本书记录了上海市纺织科学研究院从事业单位改制为企业的转型经历,在上海纺织(集团)有限"科技与时尚"战略的指导下,实行科研企业的三个转型,即从事业单位到企业的转变、从企业单位到科技企业的转变、从研究成果鉴定到企业产业化成果转变。

D0104 F426.81

江陵纺织史话/肖时中,唐长星编著.—荆州:编者自发行,1983 年.—80 页

本书内容分为"江陵丝纺织史话""江陵麻纺织史话""江陵棉纺织史话""江陵针织业平话""江陵毛巾业平话""江陵印染业平话"六部分。

D0105 F426.81

江南丝绸史研究(国家社会科学基金资助项目)/范金民,金文著.—北京:农业出版社,1993 年.—388 页(被引 294)

ISBN 7-109-02754-6

本书叙述了先秦时期江南丝绸的起步,后因隋唐封建社会的繁荣而崛起,南宋后全国经济中心南移,促成了江南作为丝绸业中心的地位,历元、明、清而极盛等的历史。

D0106 F426.81

江南土布史/徐新吾主编;上海社会科学院经济研究所编写.—上海:上海社会科学院出版社,1992 年.—732 页(被引 367)

ISBN 7-80515-713-8

本书上编搜集的资料,主要限于过去松江府所辖的七县

一厅，辖区略小于现今的上海市；下编所集，包括江苏省的江阴、常熟、无锡、苏州、南通和浙江省的慈溪、平湖等地。

D0107 F426.81

江南土布史（中国资本主义工商业史料丛刊）/徐新吾主编；上海社会科学院经济研究所编写 . —北京：科学出版社，2018 年 . —491 页

ISBN 978-7-03-056889-2

本书分为上海地区与江南地区上下两编。上编搜集的资料，主要限于过去松江府所辖的七县一厅，辖区略小于现今的上海市。下编所集，包括江苏省的江阴、常熟、无锡、苏州、南通和浙江省的慈溪、平湖、碳石等地。

D0108 F426.81

江南织造府史话（江南织造府丛书）/《江南织造府丛书》编纂委员会编著；书中题：本书撰稿人卢群 . —苏州：古吴轩出版社，2019 年 . —263 页

ISBN 978-7-5546-1299-6

本书以历史朝代为线，以江南织造府为代表，串起江南蚕丝史话，是一本关于江南丝织业史的通俗读物。共分十九章，从传说时代的丝、绣之源说起，着力于叙述江南地区尤其是苏州地区的蚕桑业、丝织业、刺绣业的发展。

D0109 F426.81

江苏纺织工业百年史/姜伟，陆仰渊著；江苏省政协文史资料委员会编 . —南京：江苏文史数据编辑部，1998 年 . —265 页

统一书号 1003-9473

本书分为三编十六章。第一编江苏近代纺织工业的诞生及早期发展（1895—1949）；第二编江苏纺织工业的改造与拓展（1950—1978）；第三编改革开放大潮下的江苏纺织工业（1979—1995）。

D0110 F426.81

江苏丝绸史/罗永平著 . —南京：南京大学出版社，2015年 . —235 页（被引 7）

ISBN 978-7-305-15603-8

本书共设十章，前九章论述了江苏丝绸业自远古起源至1949 年新中国成立期间的历史发展过程，第十章重点写了1980 年至 2011 年全省丝绸行业情况，介绍了江苏省丝绸产业管理体制变化以及江苏省丝绸集团改革、改制及经营情况。

D0111 F426.81

江苏丝绸史/罗永平著 . —南京：江苏人民出版社，2020年 . —360 页；25cm

ISBN 978-7-214-24273-0

本书论述了江苏丝绸的起源、前期、中期、后期及至 20世纪 90 年代发展近况。

D0112 TS103

揭开卡片梭织的神秘面纱："卡片梭织"的生活应用〔港台〕（生活工坊 1）/林碧珠著；周文源摄影、随笔 . —台北：成阳出版股份有限公司，2005 年 . —81 页；30cm

ISBN 986-7886-39-9

本书教读者如何制作各种各样的织带及成品，并详细介绍了怎样将这些织物做进一步的日常应用。

D0113 J523.1

金般品质 禅意人生 浙江金蝉布艺发展记/常静，牛继舜，王阳编著 . —北京：经济日报出版社，2017 年 . —104 页

ISBN 978-7-5196-0119-5

本书是浙江绍兴金蝉布艺有限公司的董事长杨来荣、总经理杨卫和金蝉品牌的成长故事。

D0114 J523.1

锦程 中国丝绸与丝绸之路〔港台〕/赵丰著 . —香港：香港中文大学出版社，2012 年 . —330 页；21cm

ISBN 978-962-937-200-2

D0115 J523.1

锦程 中国丝绸与丝绸之路/赵丰著 . —合肥：黄山书社，2016 年 . —361 页

ISBN 978-7-5461-5433-6

本书对丝绸之路的出土纺织品进行了总体介绍，作者把中国丝绸的发展、工艺等通过丝绸之路的变化一一呈现，特别通过对汉唐时期不同种类纺织品的技术与风格特点的介绍，勾勒出东西方纺织科技的交流过程，以及中国纺织科技在这一时期的演变脉络。

D0116 J523.1

锦程 中国丝绸与丝绸之路（中国丝绸博物馆展览系列丛书）/徐铮，金琳主编 . —杭州：浙江大学出版社，2017年 . —345 页

ISBN 978-7-308-17385-8

本书内容包括：源起东方、周律汉韵、丝路大转折、兼收并蓄、南北异风、礼制煌煌、继往开来、时代新篇八个部分。

D0117 J523.1

锦上胡风 丝绸之路纺织品上的西方影响 4—8 世纪/赵丰，齐东方主编 . —上海：上海古籍出版社，2011年 . —220 页

ISBN 978-7-5325-6103-2

本书收录了数十件/套魏晋隋唐时期的丝绸织物和服饰，这些织绣珍品由中国丝绸博物馆和香港贺祈思先生收藏，通过出土于丝绸之路沿途这一时期的丝织品，特别是织锦，给观众勾勒出丝绸之路上织物发展的过程。

D0118 J523.6

锦绣中国 第一辑（中国系列丛书）/刘淑慧，王治东

主编.—上海：上海教育出版社有限公司，2019年.—105页

ISBN 978-7-5444-9381-9

本书围绕与"锦绣"相关的关键词，以"中国纺织行业发展的历史、现状和未来"为主要脉络，通过纺织工业发展史的追溯、纺织工业发展过程中重要人物事迹的挖掘、纺织行业名家大师成长经历的分享，传递历史责任与时代担当，弘扬家国情怀与奋斗精神。

D0119　J523.1

锦中文画：中国古代织物上的文字及其图案研究/刘安定，李斌著.—上海：东华大学出版社，2018年.—162页

ISBN 978-7-5669-1391-3

本书通过对中国古代织物上文字及其图案的研究，揭示了文字与织造技术、刺绣技术、印染技术之间的内在联系，以及历史上各个时期的政治、文化、经济等因素对织物上文字的影响。

D0120　F426.81

近代江南丝织工业史/徐新吾主编；上海社会科学院经济研究所，上海市丝绸进出口公司编写.—上海：上海人民出版社，1991年.—445页（被引182）

ISBN 7-208-00956-2

本书包括七章内容：中国古代丝织工业，太平天国起义至辛亥革命前的江南丝织业，辛亥革命后到抗日战争前的江南丝织业，抗日战争时期的江南丝织业，抗战胜利后至新中国成立前夕的江南丝织业，丝织工业与绸缎染炼、印花工业以及绸缎商业的关系，民族资本经营的几家典型丝织企业。

D0121　F426.81

近代江南丝织工业史（中国资本主义工商业史料丛刊）/徐新吾主编；上海社会科学院经济研究所，上海市丝绸进出口公司编写.—北京：科学出版社，2018年.—308页

ISBN 978-7-03-056889-2

本书共分七章，内容包括：中国古代丝织工业、太平天国起义至辛亥革命前的江南丝织业（1850—1911）、辛亥革命后到抗日战争前的江南丝织业（1912—1936）、抗日战争时期的江南丝织业（1937—1945）、民族资本经营的几家典型丝织企业等。

D0122　F426.81

近代南通棉业变革与地区社会变迁研究　1884—1938（中华农业文明研究院文库　中国农业遗产研究丛书）/羌建著.—北京：中国农业科学技术出版社，2013年.—268页

ISBN 978-7-5116-1365-3

本书以棉业变革与南通近代化进程及其之间的互动关系为研究对象，对南通棉业变革的起因、过程、推动因素以及由此引起的地区社会变迁、二者之间的互动关系等进行了深入的探讨。

D0123　F426.81

近代南通土布史（张謇与南通研究丛刊之一）/林举百著.—南京：南京大学学报编辑部，1984年.—376页

原著为两篇独立的文稿。包括《通海关庄布史料》和《通海京县庄布史料》。

D0124　F426.81

近代上海棉纺业的最后辉煌　1945—1949/王菊著.—上海：上海社会科学院出版社，2004年.—303页

ISBN 7-80681-395-0

本书共五章，内容包括：重建上海棉纺织工业的基础、国有企业与民营企业的竞争、经济恢复时期的黄金时代、上海棉纺业面临瘫痪等。

D0125　F426.81

近代外资与中国现代化　北洋时期日本对沪纺织业投资研究/宋开友著.—北京：中国社会科学出版社，2014年.—227页

ISBN 978-7-5161-4066-6

本书运用了投资经济学理论、现代化理论与历史研究相结合的方法，对北洋时期上海日资纱厂的发展环境与比较优势进行了深入分析，揭示了日资纱厂相对于中资纱厂巨大优势的成因。

D0126　F426.81

近代无锡蚕丝业资料选辑/高景岳，严学熙编.—南京：江苏人民出版社，江苏古籍出版社，1987年.—554页（被引36）

统一书号 11100·156

D0127　F426.81

近代中国的机械缫丝工业：1860—1945［港台］/陈慈玉著.—台北：台湾近代史研究所，1989年.—312页

ISBN 978-986-02-8615-1

本书利用台湾近代史研究所庋藏的农林部档案、日本人的实地调查报告、海关报告资料等，探究中国机械缫丝工业的生产要素，发展过程中所遭遇的难题，以及政府和民间社会所扮演的角色。

D0128　F426.81

近现代中国苏州丝绸档案（苏州市工商业档案史料丛编）/卜鉴民主编.—苏州：苏州大学出版社，2017年.—62页

ISBN 978-7-5672-2242-7

本书收录了200余张丝绸档案图片，配以相应文字说明，以苏州市工商档案管理中心馆藏近现代中国苏州丝绸档案为主体，从多个层面展示了丝织工艺过程与样本实物。

D0129　TS1

经纬连着我和你（科学家谈21世纪丛书）/邢声远，邢宇新编著.—合肥：安徽科学技术出版社，2002年.—162页

ISBN 7-5337-2382-1

本书包括古往今来话纺织，天然纤维四大家族后代出"英豪"，化纤家庭出"奇才"，计算机在纺织大舞台上的杰出"表演"等内容。

D0130　TS1

经纬纵横　纺织卷（自然科学向导丛书　纺织卷）/赵传香主编 .—济南：山东科学技术出版社，2007 年 .—305 页

ISBN 978-7-5331-4675-7

本书共十章，内容包括：天然纤维、化学纤维、纺纱、针织、纺织机械、机织、染整、非织造布、毛纺织、服装等，涵盖了各种纺织纤维的性能特点，以及纺织加工生产的原理、工艺、方法、设备和产品等。

D0131　F426.81

考古学视野下的江南纺织史研究（厦门大学国学研究院资助出版丛书　40）/刘兴林著 .—厦门：厦门大学出版社，2013 年 .—321 页（被引 5）

ISBN 978-7-5615-4512-6

本书主要利用考古发掘成果，细致释读历史文献，运用考古学和历史学的方法，深入分析纺织元素，对先秦两汉时期江南地域的纺织业做出了富有创新意义的探讨。

D0132　F426.81

科技与时尚引领上海纺织/上海纺织控股公司 .—上海：上海纺织控股公司，2009 年 .—22 页；25cm

D0133　F426.81

阔步前进中的裔式娟小组/沈楚才，吴宁君著 .—北京：工人出版社，1961 年 .—49 页

统一书号 3007·337

本书把上海国棉二厂二纺工场乙班裔式娟小组的工作经验汇编成册，内容包括小组骨干和群众心连心、思想工作做得深、不断地组织劳动竞赛、千斤担子众人挑、永远保持集体的荣誉等。

D0134　F426.81

蓝金传奇　三角涌染的黄金岁月［港台］/林炯任著；林炯任，何兆青摄影 .—台北：台湾书房出版有限公司，2008 年 .—300 页

ISBN 978-986-6764-75-2

D0135　F426.81

辽代丝绸［港台］/赵丰著 .—香港：沐文堂美术出版社有限公司，2004 年 .—269 页（被引 37）

ISBN 988-97206-0-4

本书首次将研究基于文物之上，将文物和史料相对应。这种利用二手资料的推测性研究，已完全可能重新制作辽代服饰，无疑在纺织品研究领域的道路上标示了一块新的里程碑。

D0136　F426.81

辽宁的纺织/"辽宁的纺织"编写小组编写 .—沈阳：辽宁人民出版社，1960 年 .—60 页

统一书号 3090·246

D0137　F426.81

论加强对贵州民族民间文化资源的法律保护/魏红，陈朝仲著 .—北京：中国方正出版社，2009 年 .—7 页

本书通过全面分析民族民间文化的特殊性及现行法律对该类文化保护中存在问题，进而进行有关民族民间文化资源法律保护，特别是知识产权制度安排的理论探讨，争取为贵州民族民间文化资源的整套法律保障体系的尽快建立建言献策。

D0138　TS1

漫游经纬世界［普］（纺织科普文章荟萃）/郝淑华主编；《纺织科普文章荟萃》编委会编 .—北京：中国纺织出版社，1993 年 .—171 页

ISBN 7-5064-1019-2

本书介绍了现代纺织工业的原材料、生产工艺、生产技术、生产设备及产品和用途。

D0139　F768.1

梅花牌/华东纺织管理局上海针织厂编 .—上海：华东纺织管理局上海针织厂，195? 年 .—14 页；19cm

D0140　F416.81

棉的全球史［译］（历史·文化经典译丛）/（意）乔吉奥·列略著；刘媺译 .—上海：上海人民出版社，2018 年 .—356 页

ISBN 978-7-208-14955-7

本书首次论述了棉织品在改变千年间世界经济中的作用，展现了亚洲的技术、非洲的劳工、美洲的原材料和消费市场如何造就了欧洲的文化发展和经济增长之路。

D0141　F416.81-091

棉纺之战：20 世纪 30 年代的中日棉纺织业冲突［译］/（韩）金志焕著 .—上海：上海辞书出版社，2006 年 .—240 页

ISBN 7-5326-2149-9

本书详细叙述了 20 世纪 30 年代南京国民党政府的新经济政策、中美"棉麦借款"与中日棉纺织业之间的冲突，以及南京政府的妥协外交与对日政策的变化等。

D0142　F426.81

棉麻纺织史话（中华文明史话）/刘克祥著 .—北京：中国大百科全书出版社，2000 年 .—194 页（被引 56）

ISBN 7-5000-6238-9

本书从生产力和生产关系的不同角度，对历史上的棉麻纺织生产状况，包括经营方式、产地分布、产品结构、生产工具、工艺技术，尤其是在种麻植棉和整治、织造、印染等方面的重大发明创造和革新成就都作了介绍。

D0143　F426.81

棉麻纺织史话（中国史话·物质文明系列）/刘克祥著 .—北京：社会科学文献出版社，2011 年 .—191 页（被引 33）

ISBN 978-7-5097-2611-2

本书系统地讲述了我国棉麻栽培和纺织的起源与发展，对历史上棉麻纺织生产状况，包括产地分布、产品结构、生产方式、生产工具、生产发展、工艺技术、经营范围、经营方式等作了详细的介绍。

D0144　F426.81

棉种棉织流传入中国与西南民族的关系（岭南大学《社会经济研究》第一期　油印本）/戴裔煊著.—广州：岭南大学，1951年.—19—74页

D0145　F768.1

民国纺织品商标（中国商标史系列丛书）/左旭初著.—上海：东华大学出版社，2006年.—429页

ISBN 7-81111-010-5

本书共八章，内容包括民国纺织品商标图样内容、商标分类、商标时代特征、国内著名纺织企业与名牌商标、外国企业在我国注册使用的纺织品商标、政府对纺织品商标的监督管理、著名企业家与纺织品商标。

D0146　F426.81

民国时期长江三角洲棉业研究/李义波著.—北京：中国社会科学出版社，2015年.—247页

ISBN 978-7-5161-6009-1

本书以民国整个历史时期为研究时段，以长三角为研究地域，以棉业为研究内容，将相关地理、历史、社会、经济和政治因素纳入分析框架，重点考察自然环境、历史传统、近代大工业、传统小农经济、技术进步和棉业组织创新等方面与民国长三角棉业发展的相互关系，并深入分析前者对后者的影响作用。

D0147　F426.81

民国丝绸史：1912—1949/王庄穆主编.—北京：中国纺织出版社，1996年.—545页（被引36）

ISBN 7-5064-1138-5

本书内容包括民国时期的丝绸业概述，民国初年至抗战前、抗战期间、抗战胜利后的丝绸业，民国时期的柞丝绸业共四篇。

D0148　F426.81

民国武汉绵纺织业问题研究：1915—1938/刘岩岩著.—北京：中国社会科学出版社，2016年.—208页

ISBN 978-7-5161-7557-6

本书以1915—1938年武汉棉纺织业为研究对象，主要围绕其发展过程中的资金、技术、管理和市场问题展开论述，并对由此形成的"武汉模式"进行分析。

D0149　J523-092

明代宫廷织秀史（明代宫廷史研究丛书）/阙碧芬，范金民著.—北京：故宫出版社，2015年.—309页

ISBN 978-7-5134-0811-0

本书共六章，内容包括：明代的纺织生产、明代的官营织造业、明代宫廷服饰与生活中的织品、明代丝织技术的发展、宫廷纺织品的品种与分类等。

D0150　F426.81

明代丝绸研究（清华大学优秀博士学位论文丛书）/熊瑛著.—北京：清华大学出版社，2020年.—218页

ISBN 978-7-302-54571-2

本书以实物和历史文献为基础，参证相关图像，梳理了明代丝绸的生产机构、产地分布、流行品种、装饰纹彩、等级意义、使用习俗、审美风尚等，从多个角度呈现明代丝绸的风貌及演变，并对其成因做出解说。

D0151　K876.9

明清织物/李雨来，李玉芳著.—上海：东华大学出版社，2013年.—489页（被引13）

ISBN 978-7-5669-0235-1

本书作者对明清时期的织物的解读主要以实物为依据，以实物对比的方式进行阐述，主要涉及明清织物的织造工艺、纹样种类、织物品种及名称来源等内容，并结合当时的社会环境、政治环境、经济环境等因素，系统梳理织造技术的演变、织物的文化内涵和服饰规章等。

D0152　F426.81

南通纺织史话/胡泓石主编.—北京：中国文史出版社，2016年.—450页

ISBN 978-7-5034-8706-4

本书紧扣南通纺织发展脉络，选取文史数据70余篇，图片100余幅，鲜活地记录了南通纺织发展史上的一些重要事件、重要人物、重要成就。

D0153　F426.81

南通纺织史图录/《南通纺织史图录》编辑组编.—南京：南京大学出版社，1987年.—104页

ISBN 7-305-00088-4

本书收辑有关纺织业图像234幅，并附以相应的说明文字，既反映了南通地区棉纺织业的历史发展过程，又摄取了中国第一个实业大王张謇创业的坚实足迹。

D0154　F426.81

南通土布　江海耕织文化之根（江海文化丛书）/姜平著.—苏州：苏州大学出版社，2012年.—248页（被引10）

ISBN 978-7-5672-0173-6

本书主要介绍了南通土布的历史渊源、技艺传承、精品典藏、文化传承等。

D0155　F426.81

宁波和丰纺织公司议事录/浙江省档案局编.—杭州：浙江大学出版社，2017年

ISBN 978-7-308-17786-3

本书包括了宁波和丰纺织公司议事录档案的背景由来、介绍、管理及利用等。

D0156　F426.81

宁波和丰纺织公司议事录/宁波市档案馆 . —宁波：宁波出版社，2019 年 . —297 页

ISBN 978-7-5526-3513-3

本书为一本史料整理图书，收入了宁波和丰纺织公司的相关资料。宁波和丰纱公司组建于清末（1905 年），是宁波市创办较早的一家近代工厂。这家工厂的创建、发展，经历了艰难曲折的过程，是我国民族工业在近现代的发展的一个缩影，也反映了在特定时代背景下宁波经济的发展变迁。

D0157　F426.81

匹练云浮　浙江丝绸文化研究（浙江特色经济文化研究报告）/邬关荣，葛建纲著 . —北京：中国文联出版社，2012 年 . —308 页

ISBN 978-7-5059-7415-9

本书介绍了丝绸生产史实、丝绸与文化、浙江自古以来的丝绸经济、丝绸生产的世界意义等内容。

D0158　TQ34

奇妙的纤维 ［普］（科学发现之旅）/奚同庚等著 . —上海：上海科学技术文献出版社，2018 年 . —206 页；22cm

ISBN 978-7-5439-7685-6

本书内容包括：太空是孕育新材料的摇篮、航天器"头盔"的防热材料、宝石世界、人工晶体家族中的新宠儿——闪烁晶体、生物材料探秘等。

D0159　F426.81

奇迹天工　水墨图说中国古代发明创造　养蚕缫丝/黄明编著 . —天津：天津教育出版社，2014 年 . —93 页

ISBN 978-7-5309-7403-2

本书内容包括：神奇的东方丝虫——蚕、贯通中西的丝绸之路、缫丝——化平凡为神奇的独特技艺、你不了解的丝绸、迷人的丝绸文化。

D0160　J523.1

千里丝一线牵：汉唐织锦的跨域风华 ［港台］（史物丛刊）/高千惠著 . —台北：台湾历史博物馆，2003 年 . —194 页

ISBN 957-01-3772-X

本书就中国汉唐时期的织锦，从传统的汉武图纹包括汉唐织锦的源流、中土织锦的基本样态、织法及传统的图纹表现与变化、中土织锦受中亚西域风的影响，尤其对萨珊王朝与中国的关系、唐锦的盛况等都有精辟详细的阐述。

D0161　F426.81

千年古镇：慈云/陆斌，杨晓容，陈林春主编 . —苏州：古吴轩出版社，2012 年 . —206 页

ISBN 978-7-80733-931-1

本书为苏州慈云蚕丝制品有限公司成立二十周年纪念图书，记录了"慈云"20 年的发展历程，以"慈云"作为一个点，全面展示了蚕丝被行业的成长壮大。

D0162　F426.81

牵纱引线话纺织　台湾纺织产业发展史 ［港台］/陈介英 . —高雄：台湾科学工艺博物馆，2007 年 . —175 页

ISBN 978-986-01-1165-1

D0163　TS193

乾隆色谱：17—19 世纪纺织品染料研究与颜色复原（国丝研究丛书）/刘剑，王业宏编著 . —杭州：浙江大学出版社，2020 年 . —197 页；21cm

ISBN 978-7-308-20132-2

本书分为三个部分，是纺织、历史、化学等多学科交叉的研究成果。第一部分回顾了 17—19 世纪欧洲和亚洲各地区的染料使用情况，并对同时期中国和日本的染色工艺、颜色品种进行了具体分析，此外，还介绍了染料鉴别常用的分析手段。第二部分列举了复原乾隆色谱的工艺方法和步骤，展现了清代宫廷服饰的真实色彩。第三部分为附录，收录了明清文献中有关染料和染色的记载。

D0164　F426.81

钦定授衣广训　二卷/（清）董诰辑 . —北京：中华书局，1961 年 . —83 页，72 页

清乾隆三十年，记载清前期冀中一带棉花种植业及棉纺织手工业情况的《棉花图》成书，这是我国现存最早的一部关于棉花栽培及加工技术的总结性专著，描述了从种棉到成衣的全过程。40 多年后，嘉庆皇帝又为书中每幅图各作诗一首，并据古代诗文典故更改书名为《授衣广训》。该书是研究我国植棉史、棉纺织业史及清前期社会经济形态的重要资料。

D0165　F426.81

钦定授衣广训　二卷　影印本/（清）董诰辑 . —海口：海南出版社，2001 年 . —325—364 页

ISBN 7-80645-870-0

本书根据清嘉庆十三年（1808 年）武英殿刻本复印。

D0166　TS19

青出于蓝　台湾蓝染技术系谱与蓝染工艺之美 ［港台］/翁徐得总编；马芬妹著 . —台湾：台湾省手工业研究所，1999 年 . —53 页

D0167　TS102-49

青少年应该知道的纤维 ［普］/华春编著 . —北京：团结出版社，2009 年 . —178 页

ISBN 978-7-80214-810-9

本书重点阐述各种纤维材料的结构、性质、用途、制作工艺和发展前景以及麻纤维、棉纤维、丝纤维等在现实生活中的应用，同时介绍了纤维新材料在国内外发展现状。

D0168　F426.81

轻纨迭绮烂生光　文化丝绸/赵翰生著 . —深圳：海天出版社，2012 年 . —112 页

ISBN 978-7-5507-0316-2

本书通过对丝绸生产的溯源和对其技艺沿革的介绍，展示了中国丝绸几千年的历史和灿烂的丝绸文化，以及其对中国传统社会生活的多方面影响和在中外文化交流中的重要作用。

D0169 F426.81

清代丝织工业的发展 [港台] /施敏雄著.—台北：台湾学术著作奖助委员会，1968年.—133页

D0170 F426.81

染厂今昔 /恒丰印染厂厂史编写组编写.—上海：上海人民出版社，1966年；19cm

统一书号 11074·365

D0171 K876.9

染缬集 /王㐨著；王丹整理.—北京：北京燕山出版社，2014年.—261页

ISBN 978-7-5402-3687-8

本书通过绘图、论证，首次详细地解析了古代织物的编织、染缬等过程，并制作了实物作为例证。文中还收录了王先生有关中国古代纺织史研究的理论文章，另有染缬样品和染缬工序的详细图解。

D0172 TS193-092

染织族群与文化 [港台] （2005年社教机构终身学习系列活动）/张至善，方钧玮等专文撰稿；张至善，方钧玮编辑.—台东：台湾史前文化博物馆，2005年.—109页

ISBN 986-00-2892-3

本书展示了中国台湾史前文化博物馆的织品，探究了这些展品蕴含的技术工艺、生活智慧、审美观念等，同时也详述了该馆的典藏与摄影工作。

D0173 TS193-092

染作江南春水色 [译] /（韩）金成熺著.—昆明：云南人民出版社，2006年.—155页（被引31）

ISBN 7-222-04856-1

本书从传统物质文化的连续性观念出发，对中国古老传统的染色文化作了综合性的探究，研究范围包括参考文献资料、出土文物及论著、实际调查资料、私人收藏品、植物染料染色的实验样品等多层次数据。

D0174 F426.81

荣丰纺织厂增产节约捐献协议书 /荣丰纺织厂编.—上海：荣丰纺织厂，1951年.—23页；17cm

D0175 F426.81

荣家企业史料 上册 **1896—1937年** /上海社会科学院经济研究所经济史组编.—上海：上海人民出版社，1962年；19cm

统一书号 4074·346

D0176 F426.81

荣家企业史料 下册 **1937—1949年** /上海社会科学院经济研究所经济史组编.—上海：上海人民出版社，1980年

统一书号 4074·424

D0177 TS14-092

柔软的力量 话说丝绸 [普] （丝绸文化系列丛书）/李建华主编.—上海：上海文化出版社，2012年.—153页

ISBN 978-7-80740-906-9

本书介绍了与丝绸有关的民间传说、文明历史、民俗文化、名人轶事，以及从古代汉字的演变发展中探索中国丝绸技术的发展历史，配以有趣的漫画。

D0178 TS14-092

柔软的力量 字说丝绸 [普] （丝绸文化系列丛书）/李建华主编.—上海：上海文化出版社，2012年.—183页

ISBN 978-7-80740-906-9

本书分为礼仪篇、动态篇、品类篇、生活篇、装饰篇五篇，主要内容包括：币、总、绍、结、绅等。

D0179 TS145

瑞典藏俄国军旗上的中国丝绸 /赵丰主编.—杭州：浙江大学出版社，2020年.—226页；30cm

ISBN 978-7-308-20164-3

本书对瑞典陆军博物馆藏的300多面俄国军旗使用的中国丝绸进行艺术和技术的深入考察和分析记录，并对其上的丝绸图案进行分类、复原及研究。

D0180 F426.81

桑下记忆 纺织丝绸老人口述 2册/楼婷主编.—杭州：浙江大学出版社，2020年.—730页

ISBN 978-7-308-20165-0

本书特邀89位行业口述者从不同角度、不同领域讲述了各自的从业经历及所感所想，真实还原了那段让人难以忘却的丝绸峥嵘岁月，勾勒出我国丝绸行业改革发展的生动画面。

D0181 F426.81

山东丝绸史 /姜颖著.—济南：齐鲁书社，2013年.—400页（被引6）

ISBN 978-7-5333-3098-9

本书共分为八章，主要内容包括：周代之前——山东蚕桑丝绸业的兴起；齐鲁时期——山东蚕桑丝绸业中心地位的确立；秦汉时期——山东蚕桑丝绸业的继续辉煌等。

D0182 F426.81

山东省纺织类经典非物质文化遗产 /赵宏，曹明福主编.—北京：中国纺织出版社，2018年.—168页

ISBN 978-7-5180-5382-7

本书介绍了山东省的8个纺织类非遗项目。对每一个代表性项目设计了8个方面的内容：起源与发展、制作材料与工具、制作工艺与技法、工艺特征与纹样、作品赏析、风俗

趣事、传承人专访、传承现状与对策。

D0183　F426.81

陕西省纺织类经典非物质文化遗产/赵宏，马涛主编．—天津：天津大学出版社，2019年．—176页

ISBN 978-7-5618-6461-6

本书选取了陕西省具有代表性的7个纺织非遗类项目，通过与传承人面对面的请教、交流、谈心，取得了第一手的原始资料，对每一个代表性项目的起源与发展、制作材料与工具、制作工艺与技法、工艺特征与纹样、作品赏析、风俗趣事、传承人专访、传承现状与对策等方面进行了介绍。

D0184　F426.81

上海纺织工业的技术革命/中国纺织工会上海市委员会办公室编著．—上海：上海人民出版社，1958年．—33页（被引5）

统一书号 4074·192

本书内容包括上海纺织工业开展技术革新的情况和成绩、几点做法、有关解决技术革命中一些具体问题的建议等内容。

D0185　F426.81

上海纺织工业发展简史/侯志辉作．—上海：上海大学出版社，2021年．—290页

ISBN 978-7-5671-4110-0

本书以绪论追忆纺织奇人黄道婆开卷，而后沿着1878—1995年的时间轴线，梳理了风雨飘摇中上海机器织布局开建至纺织工业战略大调整一路走来的百年历史沧桑。

D0186　F426.81

上海机器织布局/陈旭麓，顾廷龙，汪熙主编；陈梅龙编．—上海：上海人民出版社，2001年．—735页（被引5）

ISBN 7-208-03675-6

本书辑录了有关上海机器织布局以及它的后身华盛纺织总厂各类书信、电报、奏稿、文札等共697件，附录8件。

D0187　F426.81

上海民族毛纺织工业（中国资本主义工商业史料丛刊）/上海市工商行政管理局毛纺史料组，上海市毛麻纺织工业公司毛纺中料组编．—北京：中华书局，1963年．—229页；20cm

统一书号 11018·479

本书以整理编写上海民族毛纺织工业的史料为主，并涉及全国各地民族资本、官僚资本、外商资本毛纺织工业的一些资料。

D0188　F426.81

上海民族毛纺织工业（中国资本主义工商业史料丛刊 第3种）/中国科学院经济研究所等编．—北京：科学出版社，2018年．—229页；24cm

ISBN 978-7-03-056889-2

本书以整理编写上海民族毛纺织工业的史料为主，并涉及全国各地民族资本、官僚资本、外商资本毛纺织工业的一些资料。

D0189　F426.81

上海名牌竞风流/李克让主编．—北京：中国纺织出版社，1999年．—301页

ISBN 7-5064-1511-9

D0190　TS1-092

上海社会与纺织科技/廖大伟，杨小明，周德红主编．—上海：上海人民出版社，2019年．—538页；24cm

ISBN 978-7-208-16130-6

本书分为生平与理想；社会网络与空间；企业经营；近代纺织与社会四个部分，收录《张謇与阎锡山实业救国思想比较研究》《张謇与吴淞商埠再研究》《"调汇"经营：大生资本企业集团的突出特点》《棉贵纱贱与20世纪二三十年代中国棉纺织业危机》等学术文章几十篇。

D0191　F426.81

上海市络麻袋布商业同业公会成立大会汇刊/上海市络麻袋布商业同业公会编．—上海：上海市络麻袋布商业同业公会，1951年．—28页；19cm

D0192　F426.81

上海市毛纺织工业同业公会成立大会特刊/上海市毛纺织工业同业公会编．—上海：上海市毛纺织工业同业公会，1950年．—98页；16cm

D0193　F426.81

上海市棉布商业（中国资本主义工商业史料丛刊 第8种）/上海市工商行政管理局，上海市纺织品公司棉布商业史料组编．—北京：科学出版社，2018年．—490页

ISBN 978-7-03-056889-2

本书是按历史顺序分五个阶段来汇辑1840年至1949年上海棉布商业的有关资料；并以一章来汇辑抗日战争前业务经营和资本、利润的资料；以一章来汇辑行业内阶级压迫和剥削关系的资料。

D0194　F426.81

上海市棉纺织工业同业公会组织章程/上海市棉纺织工业同业公会成立大会通过．—上海：上海市棉纺织工业同业公会成立大会，1951年．—8页；19cm

D0195　F426.81

上海永安公司的产生、发展和改造（中国资本主义工商业史料丛刊 第十九种）/上海社会科学院经济研究所编．—北京：科学出版社，2018年．—196页

ISBN 978-7-03-056889-2

本书共分八章，内容包括：上海永安发轫前后、早期的业务经营和财务管理、民族危机和资本主义世界经济危机对上海永安的影响、财务状况的变化、在民族压迫和阶级压迫下的职工生活和斗争等。

D0196 TS1-092

绍兴纺织（绍兴乡土文化）/沈标桐编著.—杭州：西泠印社出版社，2004 年

ISBN 7-80517-764-3

本书介绍了绍兴的纺织。

D0197 TS1-092

绍兴纺织史（绍兴历史文化丛书）/《绍兴历史文化丛书》编委会编.—北京：中华书局，2006 年

ISBN 7-101-05434-X

本书将绍兴纺织的悠久历史和独特风格作了全面展示，从中可以领略绍兴纺织文化的精华。

D0198 TS14-092

绍兴丝绸史话（越文化丛书第四辑）/孙可为著.—北京：中国戏剧出版社，2011 年.—216 页

ISBN 978-7-104-03563-3

本书分为史话、史纲、专题三部分，收录了《古越——中国丝绸多源发祥中的旺脉》《遥远的"蚕形纹"密码》《会稽山下执玉帛者万国》《石帆山下的美丽传说》《从辩才和尚上当说起》等文章。

D0199 TS105

神机妙算 世界织机与织造艺术/赵丰.—杭州：浙江大学出版社，2019 年.—297 页

ISBN 978-7-308-19182-1

本书是 2018 年，中国丝绸博物馆举办的世界范围内最大规模的织机展览"神机妙算——世界织机与织造艺术"的成果汇编。

D0200 F426.81

神州丝路行 中国蚕桑丝绸历史文化研究札记 上下册/李奕仁主编.—上海：上海科学技术出版社，2013 年.—402 页，327 页（被引 5）

ISBN 978-7-5478-1320-1

本书以研究札记的形式，搜集整理上下五千年有关中国蚕桑丝绸史料，最后归纳成古迹、产业、文化、吟咏和振兴五篇，共 200 余篇既独立成文又相互关联的文章。前四篇，均为 1949 年前的资料，可谓古近代篇；第五篇为 1949 年后的资料，可谓现代篇。五篇合起来，总体上可以构成一本比较完整的蚕桑丝绸资料史册。

D0201 F426.81

沈爱琴 丝路勇者/王世良，许小东著.—北京：机械工业出版社，2019 年.—272 页

ISBN 978-7-111-61295-7

本书共分七章，内容包括：企业家精神溯源，创业创新 1.0：突破束缚，创业创新 2.0：捕捉机会，创业创新 3.0：转型再造，为创新赋能，社会责任：生态共生，勇者无畏，精神永存。

D0202 J523.1

沈从文说文物 织锦篇/沈从文著.—重庆：重庆大学出版社，2014 年.—168 页

ISBN 978-7-5624-8085-3

本书收集了沈从文研究古代丝绸、织锦、刺绣的笔记、讲稿和论文，内容阐述了文物研究、甄别、鉴赏的心得和感悟，是沈从文先生研究物质文化的思想精华，不仅对沈从文研究和文物艺术研究有很大价值，同时也为广大收藏爱好者提供了很好的学习机会。

D0203 J523.1

沈从文说文物 织锦篇（沈从文说文物系列）/沈从文著.—北京：中信出版社，2017 年.—168 页

ISBN 978-7-5086-7216-8

本书收录了《一个长会的发言稿》《江陵楚墓出土的丝织品》《蜀中锦》《织金锦》《明织金锦问题》《〈明锦〉题记》《清代花锦》《花边》《谈金花笺》《谈广绣》等文章。

D0204 F426.81

盛宣怀档案资料 第七卷 上海机器织布局/陈旭麓，顾廷龙，汪熙主编.—上海：上海人民出版社，2016 年.—735 页

ISBN 978-7-208-14164-3

本书根据原档分为函稿和银行往来电报钞存，各按时间顺序编排。其中函稿资料的标题绝大多数为编者所加，少数资料仍用原标题。

D0205 F426.81

十五年回忆 初稿/蒋乃镛著.—武汉：出版者不详，1964 年.—164 页

D0206 F426.81

时尚·经纬映射：上海纺织今昔/童继生主编.—上海：上海人民美术出版社，2016 年.—167 页

ISBN 978-7-5322-9961-4

本书通过 100 多家纺织企业今夕照片的对比，构成了一部照相版的近现代上海纺织业 130 多年的发展史。

D0207 TS126-49

时尚生活 麻世纪来临/邱新海，季卫坤编著.—北京：中国纺织出版社，2012 年.—279 页

ISBN 978-7-5064-8710-8

本书介绍了麻布料的前世今生，分为时尚篇、故事篇、传承篇、现实篇、文化篇、专业篇、健康篇、实用篇。

D0208 F426.81

实业救国 衣被天下 轻工之父张謇/俊宁著.—长春：吉林人民出版社，2011 年.—127 页

ISBN 978-7-206-07497-4

本书主要介绍了张謇式爱国实业家、教育家，他年轻时代中过状元，过了 40 岁，开始投身工商实业活动中，他的名言是"富民强国之本在于工"。

D0209　F426.81

市场·商人组织·产业发展　以上海绸缎业为例 1900—1930（南开经济史丛书）/张玮著 . —北京：人民出版社，2011 年 . —156 页

ISBN 978-7-01-010563-5

本书运用制度经济学理论，借鉴网络分析和元素分析的方法，构建起本书的基本研究思路，即在基本的制度环境和以持续的"产品流"作为市场的基本内容的情况下，市场个体如何围绕"持续的产品流"建立起"原子—分子关系系统"，形成以差序格局为基础的私人关系网络和以团体格局为基础的组织关系网络这两种并存的、交织的关系网络。

D0210　K876.9

首都博物馆馆藏纺织品保护研究报告/王武钰主编 . —北京：文物出版社，2009 年 . —163 页

ISBN 978-7-5010-2810-8

本书是一本关于纺织品文物修复以及修复过程中对文物进行的考古、文化、工艺及对博物馆保管和展陈方式探讨的研究报告。

D0211　F426.81

授衣广训　上下册（中国古代版书丛刊）/中华书局上海编辑所编 . —北京：中华书局，1960 年 . —85 页，76 页

统一书号 10018·263

D0212　F426.81

授衣广训　影印本　两卷/（清）董诰辑 . —扬州：广陵书社，2009 年 . —2 册

ISBN 978-7-80694-421-9

D0213　F426.81

授衣广训/（清）董诰辑 . —杭州：浙江人民美术出版社，2013 年 . —112 页

ISBN 978-7-5340-3479-4

本书又称《棉花图》，共分二卷，清代前期时期成书，记载了冀中一带棉花种植业及棉纺手工业情况的一部专著，也是研究我国的植棉史，棉纺织的专业史及清代前期社会经济形态必要的资料。

D0214　TS14-092

丝绸［普］（中国传统文化知识小丛书）/梁枫，高伟编著 . —长春：吉林人民出版社，1996 年 . —96 页

ISBN 7-206-02547-1

D0215　TS14-092

丝绸（走向世界的中国文明丛书）/刘行光编著 . —重庆：西南师范大学出版社，2014 年 . —190 页

ISBN 978-7-5621-6743-3

本书共分为六编，主要内容包括：源远流长的丝绸文明、竞相绽放的丝绸奇葩、精湛绝伦的丝绸技艺等。

D0216　TS14

丝绸　教学参考资料（《商业研究》）/张忆非著 . —哈尔滨：黑龙江商学院《商业研究》编辑部，1980 年 . —158 页

本书为普及商业经营管理知识和商品知识而编著的。

D0217　TS14

丝绸笔记/王庄穆著 . —北京：中国流行色协会，1986 年 . —846 页

本书分论述、诗画、资料三篇。其中论述篇是作者从新中国成立后发表于各类报刊上的和与同志们合写的调查报告等，共 100 多篇文章。诗画篇是作者收集的从周代诗经起至近代巴黎公社和陈毅同志诗词中涉及丝绸 100 多首诗词中的诗句和一些古代丝绸书画。资料篇是作者日常工作中收集和积累的资料。

D0218　TS14

丝绸笔记　续/王庄穆著 . —北京：中国流行色协会，1991 年 . —927 页（被引 7）

D0219　TS14

丝绸笔记　再续/王庄穆著 . —北京：中国丝绸协会，1996 年 . —875 页

D0220　TS14-092

丝绸的故事：技术与文化（科学与文化泛读丛书）/邢声远编著 . —济南：山东科学技术出版社，2019 年 . —133 页

ISBN 978-7-5331-9980-7

本书内容包括五个部分：丝绸的起源和蚕丝的种类、中国丝绸生产的技艺和产品、丝绸与中华文化、丝绸与现代科技、古代丝绸之路与当代"一带一路"倡议。

D0221　TS14-092

丝绸的历史/刘治娟著 . —北京：新世界出版社，2006 年 . —155 页（被引 25）

ISBN 7-80228-161-X

本书以图文并茂的形式，介绍了丝绸的起源、丝绸之路、海上丝绸之路、元代丝绸、明清丝绸、四大名绣、中国丝绸服饰的历史文化。

D0222　TS14-092

丝绸的历史　英文版（《东西文丛》）/刘治娟著；纪华，高文星译 . —北京：外文出版社，2006 年 . —160 页（被引 10）

ISBN 7-119-04637-3

本书以图文并茂的形式，介绍了丝绸的起源、丝绸之路、海上丝绸之路、元代丝绸、明清丝绸、四大名绣、中国丝绸服饰的历史文化。

D0223　F426.81

丝绸纺织工业/周丽霞主编 . —汕头：汕头大学出版社，2016 年 . —122 页

ISBN 978-7-5658-2437-1

本书分为丝行天下、彩绸飞舞、锦绣辉煌和缎映华光四

部分。具体包含的内容有：嫘祖育蚕治丝的故事、古代蚕桑丝织业的发展、古代的蚕丝纺织技术、历代丝织品的典型特点等。

D0224 TS14-092

丝绸锦缎 古代纺织精品与布艺/肖东发主编；戚光英编著.—北京：现代出版社，2015年.—164页

ISBN 978-7-5143-3047-2

本书分为美的源泉——丝行天下、华夏神韵——彩绸飞舞、中华一绝——锦绣辉煌、闪亮时代——缎映华光、多彩织品——麻棉布艺等。具体内容包括：古代的蚕丝纺织技术、日趋完善的丝织机具、蓬勃发展的汉代丝绸业、明清著名绸制品与工艺、两汉时的织锦与刺绣、唐代经锦和纬锦的风采等。

D0225 TS14

丝绸盛泽之美/胡建东编著.—北京：化学工业出版社，2013年.—124页

ISBN 978-7-122-16440-7

本书从吴江市盛泽镇的地理位置、发展历史、居民组成结构、风俗人情、文献记载等各个方面入手，以盛泽丝绸业的发展为主线，详细讲述了盛泽丝绸业的初始状态、发展历程、产业现状以及各个历史朝代中盛泽丝绸在全国丝绸业中所处的位置及重要性。同时，本书还记录了盛泽丝绸业发展历程中的各个传奇人物对丝绸产业发展的贡献。

D0226 TS14-092

丝绸史话 中英文版（《中华文明史话》中英文双语丛书）/茅惠伟等编；《中华文明史话》编委会编译.—北京：中国大百科全书出版社，2010年.—188页

ISBN 978-7-5000-8259-0

本书主要介绍了丝绸的历史，全书内容包括：中华丝绸灿烂成锦、丝绸的起源、流动飞扬的秦汉丝绸、宝花似锦的隋唐丝绸、"鸟语花香"与"春水秋山"并重的宋辽丝绸、黄金织成锦的蒙元丝绸等。

D0227 TS14-092

丝绸史话（《中华文明史话》彩图普及丛书）/茅惠伟，赵丰编撰；《中华文明史话》编委会编著.—北京：中国大百科全书出版社，2012年.—99页

ISBN 978-7-5000-8962-9

D0228 TS14-092

丝绸史话［普］（中国历史小丛书）/陈娟娟，黄能馥编.—北京：中华书局，1963年.—35页

统一书号 11018·485

本书包括发明蚕丝的故事、一门古老的工艺、丝绸之路、考古工作中发现的汉代丝绸、唐代丝绸、宋代织物和缂丝，元代、明清时代丝织技术等内容。

D0229 TS14-092

丝绸史话 第2版［普］（中国历史小丛书）/陈娟娟，

黄能馥编.—北京：中华书局，1980年.—44页（被引73）

统一书号 11018·485

D0230 TS14-092

丝绸苏州［普］（中国文化遗珍丛书 苏州卷）/宋执群著.—沈阳：辽宁人民出版社，2005年.—217页（被引7）

ISBN 7-205-05908-9

本书展示了苏州丝绸背后的历史和故事。

D0231 TS14-092

丝绸文化 沙漠卷/黄新亚著.—杭州：浙江人民出版社，1993年.—426页

D0232 TS14-092

丝绸文化/杨丹编著.—北京：纺织工业出版社，1993年.—163页（被引23）

ISBN 7-5064-0997-6

本书收入有关丝绸的神话、传说、诗歌、文学、艺术、故事、轶闻诸多方面短文23篇。

D0233 TS14-092

丝绸文化（中国文化知识读本）/黄为放编著.—长春：吉林出版集团有限责任公司，吉林文史出版社，2010年.—120页

ISBN 978-7-5463-1685-7

本书内容包括：采桑养蚕的起源；商周两代的桑蚕丝织业；战国秦汉时期的桑蚕丝织业；海上丝路与陆上丝路的并兴等。

D0234 TS14-092

丝绸文化（中国文化读本系列）/李平生著.—济南：山东大学出版社，2012年.—95页

ISBN 978-7-5607-4704-0

本书内容包括丝绸的传说与神话、蚕宝宝的生命寓意、丝绸的起源与发展、丝绸经济贯通古今、丝绸之路连接中西、丝绸诗歌多姿多彩、丝绸影视崭露头角、丝绸老字号与名锦、丝绸民俗与丝绸节。

D0235 TS14-092

丝绸文化100问［普］/徐德明著.—杭州：浙江古籍出版社，2011年.—237页

ISBN 978-7-80715-683-3

本书内容包括历史之事、丝织之事、服饰之事、蚕桑之事等方面，是关于丝绸文化的小型百科全书。

D0236 TS14-092

丝绸文化研究书目与优秀论文选编/吴晓骏，张赞梅，陈健编著.—北京：中国社会科学出版社，2018年.—391页

ISBN 978-7-5203-2250-8

本书分三部分：丝绸文化研究书目、优秀期刊论文（摘要）选编及优秀期刊论文选编。

D0237 J523.1
丝绸艺术史/赵丰著 . —杭州：浙江美术学院出版社，1992 年 . —220 页
ISBN 7-81019-175-6
本书包括技法、品种、图案三大内容。

D0238 F426.81
丝绸源点·南充茧丝绸发展简史/南充市商务局编 . —成都：四川民族出版社，2019 年 . —301 页
ISBN 978-7-5409-8597-4
本书共分八章，内容包括：从远古到先秦时期的南充茧丝绸、民国时期的南充茧丝绸、中华人民共和国成立后 17 年的南充茧丝绸等。

D0239 TS14-092
丝绸之府五千年　湖州丝绸文化研究/嵇发根著 . —杭州：杭州出版社，2007 年 . —255 页（被引 8）
ISBN 978-7-80633-970-1
本书主要研究湖州丝绸文化，具体阐述了湖州丝绸文化的起源、载体与表现形态、湖州丝绸文化形成发展的社会历史原因和意义等。

D0240 K876.9；F426.81
丝绸之路话丝绸/李建华著 . —杭州：浙江大学出版社，2019 年 . —225 页
ISBN 978-7-308-18813-5
本书共六讲，内容包括：探秘马王堆素纱单衣；"五星出东方"之谜；"四天王狩狮纹锦"之谜；法门寺"金衣"之谜；藏经洞绢画之谜；郎世宁《百骏图》之谜等。

D0241 K879.9；F426.81
丝绸之路美术考古概论/赵丰主编 . —北京：文物出版社，2007 年 . —323 页
ISBN 7-5010-2111-2
本书从纺织品、金银器、木雕、彩陶、陶俑、墓室壁画等方面，对丝绸之路的考古发现和研究现状进行综述。

D0242 J523.1
丝绸之路：汉唐织物/新疆维吾尔自治区博物馆出土文物展览工作组编 . —北京：文物出版社，1972 年 . —66 页
统一书号 8027·5540

D0243 K876.9；F426.81
丝绸之路棉纺织考古研究/曹秋玲，王博著 . —上海：东华大学出版社，2017 年 . —154 页
ISBN 978-7-5669-1354-8
本书根据丝绸之路纺织品的出土、保存情况，选取代表性试样进行分析研究，并结合文献资料，探讨西域的棉花传播、棉纺织工艺，以图文的形式向读者展现棉花沿丝绸之路的传播和发展情况，对纺织发展研究起到重要作用。

D0244 K876.9；F426.81
丝绸之路与苏州丝绸文化/周玲凤等编著 . —苏州：苏州大学出版社，2020 年 . —80 页；19cm
ISBN 978-7-5672-3152-8
本书主要介绍了中国陆上丝绸之路和海上丝绸之路的发展概况，同时选取人们耳熟能详的苏州丝绸遗迹，如新石器时代的草鞋山遗址、春秋吴王宫的织里等。

D0245 J523.1
丝绸之路织染绣服饰研究　新疆段卷/王乐著 . —上海：东华大学出版社，2020 年 . —194 页
ISBN 978-7-5669-1746-1
本书梳理了 20 世纪初至今新疆地区汉代至元代墓葬和遗址的纺织品考古发掘情况，介绍出土丝织品实物和文书中的相关记载。全书分为五个部分，内容包括：汉晋时期丝绸、魏唐时期丝绸、五代宋元时期丝绸、新疆文书所见丝绸史料等。

D0246 TS14-092
丝路之绸/赵丰主编 . —杭州：浙江大学出版社，2015 年 . —216 页（被引 16）
ISBN 978-7-308-15091-0
本书汇集了 8 省 1 区 27 家文博单位收藏的近 140 件丝绸及相关出土文物，分四个方面展示了丝绸在中国的起源、传播以及东西方纺织文化在丝绸之路上的交流。

D0247 TS14-092
丝路之绸/茅惠伟著 . —济南：山东画报出版社，2018 年 . —210 页
ISBN 978-7-5474-2514-5
本书用考古出土或民间使用的丝绸织物（包括少量棉、毛、麻织物），结合相关文献，阐述丝绸在中国最早起源，然后向西进行传播的过程，以丝绸为纽带，讲述丝绸之路上发生的文明互鉴的故事。包括：源起东方—丝绸的织造传奇；丝绸之路——一条"丝绸"的路；丝路遗宝—丝绸之路的考古发现等。

D0248 TS14-092
丝路之绸：起源、传播与交流　英文版/赵丰主编 . —杭州：浙江大学出版社，2016 年 . —228 页
ISBN 978-7-308-15089-7
本书为《"丝路之绸：起源、传播与交流"展览图录》英文版。丝绸文化作为中华文明的特质之一，有着很早的独立起源。如同中华文明的发生，发源于黄河、长江流域一样，丝绸文化很早就已出现在黄河流域和长江中下游地区。

D0249 TS14-092
丝路之绸：起源、传播与交流/赵丰主编 . —杭州：浙江大学出版社，2017 年 . —200 页
ISBN 978-7-308-17331-5
本书分为三部分，第一部分收录有荣新江教授和赵丰馆长的两篇论文；第二部分为丝绸之路相关文物展品介绍；第

三部分为附录，包括专业术语、参考文献和索引。

D0250　TS14-092

丝情古今　中国丝绸文化展［港台］/中国丝绸博物馆编.—澳门：出版者不详，1993年.—67页

D0251　TS146

丝绣笔记［港台］（笔记三编）/朱启钤辑.—台湾：广文书局，1970年.—240页

D0252　TS146

丝绣笔记（艺文丛刊　第五辑）/朱启钤著.—杭州：浙江人民美术出版社，2019年.—188页；19cm

　　ISBN 978-7-5340-7205-5

　　本书共二卷，上卷"纪闻"，记载丝绣之起源、物产、技法、官匠制度等；下卷"辨物"，记录历代之宝物、私家收藏丝绣书画之题跋等。

D0253　F426.81

丝语　西樵蚕丝业口述史（西樵历史文化文献丛书）/张燕庄著.—桂林：广西师范大学出版社，2012年.—376页

　　ISBN 978-7-5495-2785-4

　　本书共分为西樵蚕丝业技术与市场组织、西樵蚕丝业的回响——西樵蚕丝业口述两编，主要内容包括：西樵缫丝技术的变革、西樵蚕丝业市场与贸易组织、陈启沅之乡——缫丝在简村等。

D0254　TS14-092

丝之江南　中英文版（《锦绣江南》丛书之一）/孙悦著；李朝安译.—上海：上海远东出版社，2010年.—147页

　　ISBN 978-7-5476-0051-1

　　本书介绍中国江南的丝绸文化。内容涉及锦绣江南、五彩的梦、如梦似幻的织锦、织云绣锦话盛泽、江南丝绸之路等。

D0255　F426.81

四方情愫　纺织（四方历史文化丛书）/中国人民政治协商会议青岛市四方区委员会编.—青岛：青岛出版社，2011年.—205页

　　ISBN 978-7-5436-7332-8

　　本书介绍了四方纺织业的发展历程，勾勒出那些曾经为青岛工业大厦崛起而增砖添瓦的难忘岁月，展现了青岛产业工人传承至今的锲而不舍的工业精神。

D0256　F426.81

苏州丝绸的前世今生（"我是档案迷"丛书）/杨韫，姜楠，商大民，栾清照编著.—苏州：苏州大学出版社，2020年.—80页

　　ISBN 978-7-5672-3095-8

　　本书介绍了不同历史时期苏州丝绸业的发展概况，并从世界级、国家级、省级和市级非物质文化遗产代表作名录中选取与苏州丝绸有关的项目，以图文并茂的形式介绍苏州丝绸文化。

D0257　F426.81

苏州织造局志　十二卷/（清）孙佩编.—南京：江苏人民出版社，1959年.—107页

　　统一书号 11000·92

D0258　F426.81

苏州织造局志　再造善本　线装（中华再造善本　清代编史部）/（清）孙佩辑.—北京：国家图书馆出版社，2013年.—1函2册

　　ISBN 978-7-5013-4986-9

　　据苏州图书馆藏清康熙二十五年刻本影印。

D0259　F426.81

台湾纺织之茁壮与风采［港台］/黄政雄等编撰.—台北：商讯文化事业股份有限公司，2011年.—346页

　　ISBN 978-986-6378-69-0

D0260　TS146

唐代蚕桑丝绸研究/卢华语著.—北京：首都师范大学出版社，1995年.—198页（被引50）

　　ISBN 7-81039-551-3

　　本书内容包括唐代蚕桑丝绸产地分布特点研究，丝绸业发展、特色和作用的研究。

D0261　F426.81

唐代丝绸与丝绸之路（隋唐历史文化丛书）/赵丰编著.—西安：三秦出版社，1992年.—252页（被引207）

　　ISBN 7-80546-492-8

　　本书论述了丝绸与社会经济、丝绸与科技艺术及丝绸之路上的丝绸贸易和文化交流等问题。

D0262　F426.81

天津纺织老照片/刘增光主编；天津纺织集团（控股）有限公司，天津纺织博物馆编著.—天津：天津古籍出版社，2012年.—317页

　　ISBN 978-7-5528-0008-1

　　本书以天津纺织工业发展历程为主要脉络，用图片数据从多个侧面反映和还原天津纺织生产、生活的历史片段，再现不同时期天津纺织的面貌。

D0263　J523

天净沙/朱建春主编.—苏州：古吴轩出版社，2018年.—90页

　　ISBN 978-7-5546-1248-4

　　本书围绕织物主题，收录了吴迈《横也丝来竖也丝》、倪熊《卫道观的苏扇博物馆》等文章，展现苏州织物的发展历程。同时本书也收录了苏州街巷轶事、旧时风俗、苏州老物件等文章。

D0264　K876.9

　　天孙机杼　常州明代王洛家族墓出土纺织品研究/华强，罗群，周璞著．—北京：文物出版社，2017 年．—272 页

　　ISBN 978-7-5010-4762-8

　　本书研究破解出土纺织品的织造方法与工艺，分析纺织品服饰纹样的文化寓意与艺术特点，并根据出土纺织品服饰及墓主人的穿戴，结合毗陵王氏宗谱、地方志等历史文献，以明代政治、经济、思想文化为背景，考察明代中后期服饰文化的嬗变情况。

D0265　K876.9

　　天孙巧织话锦绣［港台］（文化资产丛书　39）/索予明著．—台北：台湾文化建设委员会，1989 年．—64 页

　　本书以图文并茂的形式介绍蚕丝业知识。

D0266　K876.9

　　天衣有缝（中国古代纺织品保护修复论文集）/中国文化遗产研究院编．—北京：文物出版社，2009 年．—163 页

　　ISBN 978-7-5010-2822-1

　　本书共收论文 23 篇，收录了《修枕记》《黑色绞缬对襟上衣修复报告》《唐代蓝色菱纹罗袍的保护修复》等文章。

D0267　TS1-092

　　图说中国古代纺织技术史/李强，李斌著．—北京：中国纺织出版社，2018 年．—209 页

　　ISBN 978-7-5180-4718-5

　　本书以中国古代美术作品中纺织技术的图像信息为研究对象，采用田野考古、历史文献、民俗调查的方法，对中国古代纺织技术的起源、纤维处理技术、纺纱技术、织造技术等进行尽可能系统的整理和研究，以期更加客观地展现一幅中国古代纺织技术的图史。

D0268　TQ34

　　图说最早的人造纤维　尼龙［普］（中华青少年科学文化博览丛书）/左玉河，李书源著；李营编．—长春：吉林出版集团有限责任公司，2012 年．—159 页

　　ISBN 978-7-5463-8857-1

　　本书从尼龙的构成、种类、用途等方面，以图文并茂的形式来展现神奇的尼龙世界。

D0269　K876.9

　　吐鲁番古代纺织品的保护与修复（吐鲁番学研究丛书）/吐鲁番学研究院，中国丝绸博物馆，吐鲁番博物馆著；曹洪勇主编．—上海：上海古籍出版社，2018 年．—266 页

　　ISBN 978-7-5325-8754-4

　　本书收集了以阿斯塔那墓地出土纺织品为主，同时包含洋海等墓地出土及采集的文物共 29 件，记述了这 29 件文物的保护与修复工作。

D0270　F426.81

　　晚清丝绸业史　上下册/王翔著．—上海：上海人民出版社，2017 年．—857 页

　　ISBN 978-7-208-14728-7

　　本书在检讨先行研究成果的基础上，在详细考察鸦片战争后晚清丝绸生产和贸易发展变化的同时，对蚕桑、缫丝、丝织等不同部类的状况进行分类考察和综合分析，力图说明晚清丝绸业的基本状况、性质特征和长期发展趋势，把握丝绸业的发展演化对中国社会经济所造成的深刻影响。

D0271　F426.81

　　王庄穆忆事/王庄穆著．—上海：东华大学出版社，2006 年．—244 页

　　ISBN 7-81111-100-4

　　本书记录了王庄穆同志为祖国丝绸事业发展所做的实事。其内容包括"从此走上丝绸之路""上海调到北京，北京借调上海""求真务实永胜利""为实现丝绸先辈心愿而奋斗"等文章。

D0272　TS14-092

　　文化丝绸/徐映荃，张克勤，赵荟菁．—苏州：苏州大学出版社，2016 年．—190 页

　　ISBN 978-7-5672-1711-9

　　本书主要章节包括古代丝绸文化、近现代丝绸工业，丝绸传统工艺、丝绸技术前瞻、丝绸织物产品及用途、丝绸文化的价值体现、苏州丝绸文化、丝绸文化的品格、丝绸文化的重振等内容。

D0273　K825.38

　　文化亚萍/申辛主编．—北京：光明日报出版社，2013 年．—312 页

　　ISBN 978-7-5112-3983-9

　　本书由三部分组成：亚萍，天上的平台；亚萍，家中的老师；亚萍，梦想的摇篮。

D0274　TS102

　　我们身边的纤维［普］（我爱科学系列丛书）/陈泽安主编．—延吉：延边大学出版社，2011 年．—120 页

　　ISBN 978-7-5634-3482-4

　　本书讲述了植物纤维、动物纤维、再生纤维、合成纤维、无机纤维、防护功能纤维、医学功能纤维、传导功能纤维、绿色纤维、纤维艺术材料等。

D0275　TS1-092

　　乌泥泾：绫布二物，衣被天下（《上海谭》丛书之一）/樊树志著．—上海：复旦大学出版社，1993 年．—123 页

　　ISBN 7-309-01038-8

　　本书内容包括纺织发祥地何处寻、黄道婆回乡、木棉花、纺织创新、衣被天下、绫布二物、市场景象新、沙船兴旺等。

D0276　TS115

　　乌泥泾手工棉纺织技艺（上海市国家级非物质文化遗产名录项目丛书）/陈澄泉，宋浩杰主编．—上海：上海文化出

版社，2010 年 . —169 页（被引 7）

ISBN 978-7-80740-497-2

本书介绍了乌泥泾手工棉纺织技艺。乌泥泾（黄道婆）手工棉纺织技艺包括捍、弹、纺、织等一系列手工棉纺织技术和工具，形成了最先进的手工棉纺织技术的工序。

D0277　TQ34

无处不在的纤维［普］（探究式科普丛书）/林静编著 . —北京：中国社会出版社，2012 年 . —178 页

ISBN 978-7-5087-3816-1

本书介绍了各种纤维材料的结构、性质、用途、制作工艺和发展前景，以及麻纤维、棉纤维、丝纤维、化学纤维等在现实生活中的应用，同时介绍了纤维新材料在国内、外发展现状。

D0278　K820.9

无锡堰桥顾氏家族与庆丰纱厂/顾纪瑞主编 . —扬州：广陵书社，2015 年 . —453 页

ISBN 978-7-5554-0396-8

本书是对近代无锡中小商人家族创业历史的记述。全书分为顾叶舟像赞册、研究报告、往事回忆、群英集合、家谱探源共五部分。

D0279　J523.6

吴地刺绣文化（吴文化知识丛书　第三辑）/孙佩兰编著 . —南京：南京大学出版社，1997 年 . —128 页

ISBN 7-305-03085-6

本书内容包括苏绣起源、五代北宋时期苏绣与佛教文化、明清苏绣文化、近代中外文化交流中的苏绣文化、近代名人与苏绣、今日吴地的刺绣、当代文人与苏绣等。

D0280　J523.1

吴地丝绸文化（吴地历史文化丛书）/王敏毅编著 . —苏州：出版者不详，2002 年 . —178 页；19cm

本书介绍了吴地的蚕桑业、丝绸生产、丝绸名品、吴地民间机户、丝绸行庄、丝绸市镇等内容。

D0281　TS146

吴江蚕桑记/冯月根著 . —北京：团结出版社，2015 年 . —285 页

ISBN 978-7-5126-2426-9

本书客观记述了吴江蚕桑生产历史变迁，描述了吴江农民过去的生活状况及当时农业生产方式的历史图景。

D0282　TS145

吴江蚕桑丝织技艺（鲈乡风韵文丛）/金健康主编 . —上海：上海文艺出版社，2013 年 . —247 页

ISBN 978-7-5321-4877-6

本书阐述了世界非物质文化遗产——吴江蚕桑丝织技艺在吴江的产生、发展、变迁、传承和保护的情况。

D0283　F426.81

吴江丝绸（吴江历史文化丛书　共 9 册）/周德华编 . —南京：江苏文艺出版社，2014 年 . —186 页（被引 9）

ISBN 978-7-5399-7643-3

本书通过经济与人文两方面，全方位叙述了吴江丝绸名镇盛泽和震泽的丝绸发展史，技艺的演变，及为丝绸发展事业做出杰出推动作用的丝绸名人。

D0284　F426.81

吴门补乘　苏州织造局志（苏州文献丛书）/（清）钱思元，孙珮辑 . —上海：上海古籍出版社，2015 年 . —551 页

ISBN 978-7-5325-7408-7

本书包括《吴门补乘》和《苏州织造局志》，为重要的地方史志。《吴门补乘》，为清钱止庵辑，专门补录郡城三邑故实，共分十卷，为研究吴地的政治、经济、文化提供了重要的参考资料；《苏州织造局志》，孙鸣庵纂辑，十二卷，记述苏州织造局的沿革、职员、官署、机张等，亦为重要的志乘资料。

D0285　TS193-092

五彩彰施：中国古代植物染色文献专题研究/赵翰生，王越平著 . —北京：化学工业出版社，2020 年 . —213 页；24cm

ISBN 978-7-122-36418-0

本书上篇是关于古代植物染色的综述，展示了历史上各种植物染材的特点、染色工艺及由此衍生出的色彩文化；下篇是以色样的方式，直观地将几种植物染材所染色彩呈现出来。

D0286　F426.81

西北实业公司纺织史研究/赵军，杨小明著 . —上海：上海人民出版社，2015 年 . —293 页

ISBN 978-7-208-13483-6

本书共七章，内容包括：清末民初纺织技术与山西社会、西北实业公司纺织业的筹建、西北毛织厂的经营与管理、西北实业公司的纺织业、近代山西的纺织科技文化事业等。

D0287　TS14-092

西方人眼中的东方丝绸艺术（东方美学对西方的影响丛书）/马良著 . —上海：上海教育出版社，2004 年 . —255 页

ISBN 7-5320-9218-6

本书包括中国人的骄傲：丝绸的起源和丝绸美学的萌芽；传奇的东方文化：丝绸生产、丝绸文化、丝绸美学；东方丝绸文化影响西方的途径：丝绸之路的历史回顾；西方向东方学习：中国丝绸工艺技术的西传等六章。

D0288　TS102

纤维家族的历史［普］/本书编写组编 . —广州：世界图书广东出版公司，2011 年 . —202 页

ISBN 978-7-5100-2600-3

本书向广大青少年读者系统地介绍了在我们日常生活中

经常使用的纤维家族的各个成员以及它们的来历，以期从小培养青少年热爱科学的兴趣。

D0289 TS102
纤维世界［普］/王建国编著．—芜湖：安徽师范大学出版社，2012年．—152页
ISBN 978-7-81141-722-7
本书内容包括：绿色纤维、无机纤维、全成纤维、再生纤维、医学功能纤维、各类高科技纤维和精美绝伦的纤维艺术。

D0290 J523.4
纤维，作为一种眼光 2册/马锋辉，施慧主编．—杭州：中国美术学院出版社，2013年．—325页，123页
ISBN 978-7-5503-0543-4
本书主题展分为四个部分：经纬天下、手与心应、反者之动、刚柔并济，通过对传统编织艺术、手艺思想者、艺术创造者和艺术建设者的解说来形成本届展览的主题链。

D0291 TS102-49
纤维——纤细柔软的材料［普］/李营编著．—北京：中国财政经济出版社，2012年．—181页；23cm
ISBN 978-7-5095-3751-0
本书主要内容包括：走进纤维、天然纤维、化学纤维家族、无机纤维、光纤——纤维的特殊应用。

D0292 F426.81
香港侨资与台湾纺织业：1951—1965［港台］/彭琪庭著．—台北：台湾历史馆，2011年．—184页
ISBN 978-986-02-8036-4
本书借由香港华侨在台湾纺织业投资的情形，尝试理解华侨资本在经济发展中的角色。

D0293 F426.81
新疆纺织工业画册/李贤深主编．—乌鲁木齐：新疆维吾尔自治区纺织工业局，1993年．—56页
本书集中介绍新疆纺织工业概况，收录了棉纺、毛纺、丝绸、麻纺、针织、化纤等工业情况图片。

D0294 F426.81
新疆地毯史略/贾应逸，张亨德编著．—北京：轻工业出版社，1984年．—99页
统一书号 13042·023
本书基于古代出土遗物、博物馆珍藏新疆地毯、历史文献、现代新疆地毯的编织技艺，以及实地调查资料，按照历史发展和技艺分类，对新疆地毯的生产和发展，古文献的记录，工艺技术的改进，图案特点的形成以及对我国地毯业的贡献等进行了研究。

D0295 K876.9
新疆古代毛织品研究/贾应逸著．—上海：上海古籍出版社，2015年．—322页

ISBN 978-7-5325-5757-8
本书以新疆出土毛织物实物及相关史料记载为依托，对新疆古代的毛织品的出土地点、成分、种类结构及类型等进行了十分专业而全面的分析研究。主要考察了罗布泊地区、天山东路——哈密和吐鲁番地区、车尔臣河流域且末县、昆仑山脉北麓及天山南麓的毛织物，对羊毛纤维的检验、纺捻、结构，以及缂毛织物、栽绒织物的结构和特点都进行了细致的探讨。

D0296 TS102
新型衣料［普］（少年现代科学技术丛书）/叶永烈著．—合肥：安徽科学技术出版社，1982年．—117页（被引8）
统一书号 13200·29

D0297 F426.81
新中国纺织票证集萃 上下册/蒋昌宁主编．—上海：上海三联书店，2015年．—526页，705页
ISBN 978-7-5426-5413-7
本书第一部分为《新中国纺织票证概述》，力求使读者了解配给供应的历史，新中国纺织票证发放的背景及衍变情况，并对此有一个比较完整的理性了解；第二部分为《新中国纺织票证目录》收录由华夏布票藏友联谊会编辑的《中国布票目录》和《中国棉、线票目录》，让读者对中国各类纺织票证发放情况有一个比较全面的认识；第三部分《新中国纺织票证图录》，主要撷取并展示各类代表性的纺织票证，使读者有一个真实而感性的认知。

D0298 F426.81
新中国丝绸史记 1949—2000年/王庄穆编．—北京：纺织工业出版社，2004年．—957页（被引26）
ISBN 7-5064-2734-6
本书是中华人民共和国成立至"九五"计划期间（1949—2000年），我国桑、蚕、茧、丝、绸在生产、内外贸易及科技教育等方面的发展历史纪要。主要内容有总论、养蚕、收烘茧、缫丝、绢纺、织绸、精练、染色与印花、丝绸工业经营管理、服饰、副产品、内贸、外贸、科教、丝绸文化、丝绸社团与信息机构16篇。

D0299 F426.81
学生必读知识百科 古代科学篇 纺织冶金［普］/海人主编．—广州：广州出版社，2002年．—184页
ISBN 7-80592-708-1

D0300 K876.9
寻回台湾失传的织物珍宝［港台］/蔡玉珊著．—台中：出版者不详，2012年．—145页；26cm
ISBN 978-957-41-9248-9

D0301 K826.16
寻梦衣被天下 梅自强传/陆慕寒著．—北京：中国科学技术出版社，2017年．—321页

ISBN 978-7-5046-7450-0

本书介绍了我国纺织工程科技专家、中国工程院院士梅自强的人生经历，包括寒门学子，告别江南，留学苏联，高产梳棉机，下放安陆，重返科研，大国之梦，学者本色，桃李无言，上善若水等内容。

D0302　F426.81

鸦片战争前中国棉纺织手工业的商品生产与资本主义萌芽问题/徐新吾著．—南京：江苏人民出版社，1981 年．—107 页（被引 105）

统一书号 3100·219

本书内容主要是商讨鸦片战争前中国棉纺织手工业的商品生产与资本主义萌芽问题，以及中国封建社会长期停滞的原因。

D0303　J523.1

"一带一路"视域下的中国现代织锦技艺/李加林，梁学勇，郭京亚著．—杭州：浙江大学出版社，2017 年．—142 页

ISBN 978-7-308-17453-4

本书内容包括：织锦——中国丝绸科技与艺术高度智慧的结晶、中国现代织锦工艺技术的诞生与发展、"一带一路"视域下中国丝绸文化发展路径的探索与思考、传承与发展中的当代织锦艺术、现代织锦二十年历程记事。

D0304　F416.81

"一带一路"沿线国家纺织文化遗产研究　西亚卷/王华著．—上海：东华大学出版社，2020 年．—248 页；26cm（被引 65）

ISBN 978-7-5669-1729-4

本书内容分为 3 大篇、25 章，主要包括古代波斯和土耳其的染织工艺与艺术纹样，以及其他西亚国家的染织与服饰艺术。从染织历史渊源与演变、纺织品结构与工艺、染织纹样与题材、艺术风格四个方面对古代波斯与土耳其这两个古丝绸之路上典型国家的染织工艺与艺术纹样进行了重点剖析。

D0305　TS14-092

衣被天下：明清江南丝绸史研究/范金民著．—南京：江苏人民出版社，2016 年．—480 页（被引 6）

ISBN 978-7-214-16618-0

本书搜集和征引了档案、文集、地志、碑刻、笔记、域外文献等丰富的一手资料和实物考古材料，对明清时代江南丝绸发展史的诸多问题作出了新的解释和填空式研究，在有关江南丝绸生产、贸易和工艺制造等各方面，均有开创性内容和观点。

D0306　TS14-092

衣被天下：浙江丝绸印象/袁宣萍著．—杭州：浙江教育出版社，2016 年．—65 页

ISBN 978-7-5536-4696-1

本书分为丝绸之源风土宜蚕、丝绸之府荣耀千年、丝路帆影湖丝远销、机器时代产业转型、名品名企再创辉煌五章，介绍了丝绸之府的由来，明州港、广州港、上海港的丝绸外销，历史上的丝绸名产等内容。

D0307　TS14-092

衣被天下：浙江丝绸印象　英文版/袁宣萍著；（美）文逍帆（Evans，Curits）译．—杭州：浙江教育出版社，2016 年．—65 页

ISBN 978-7-5536-4778-4

D0308　TS102

衣服是什么做成的？纤维的故事［译］（日本精选科学绘本系列）/（日）佐藤哲也著；（日）依芷露绘；肖潇译．—北京：北京科学技术出版社，2020 年．—32 页

ISBN 978-7-5714-0547-2

本书除了羊毛、蚕丝、棉等，世界上还有很多新原料，了解这些原料的性质，可以更好地选择适合自己需求的衣服的材质。

D0309　K876.9

衣锦荣归：清代织锦珍品特展［港台］/戈思明主编；台湾历史博物馆编辑委员会编．—台北：台湾历史博物馆，2016 年．—151 页

ISBN 978-986-05-1032-4

本书展品或出自皇家工艺匠师，或出自民间机户之手，有着丰富的色彩、复杂的织造工艺和独具艺术特色的纹样风格，反映了华夏的历史文化、宗教伦理以及生产、生活知识。

D0310　F416.81

壹棉壹世界：7000 年的棉与人/刘甜，舒黎明著．—深圳：海天出版社，2018 年．—259 页

ISBN 978-7-5507-2450-1

本书以棉花为主题，以讲故事的方式叙述了棉花与人类的关系：过去，棉花与历史上诸多重要事件息息相关；今天，棉花对生态文明、社会进步有重大意义；未来，舒适、健康、环保的全棉生活方式必将改变世界。

D0311　J523.1

艺·道·技：黎锦传统工艺文化与数字化保护研究（中南民族大学民族学文库）/林毅红著．—北京：中国社会科学出版社，2019 年．—295 页

ISBN 978-7-5203-4159-2

本书将黎锦工艺文化与数字化保护内容整合为"艺""道""技"三个部分。"艺"主要从艺术人类学角度探讨黎锦的工艺文化和审美范畴；"道"主要从文化人类学角度探讨黎锦工艺蕴含的文化内涵；"技"则从工艺之"技"与数字化保护方式之"技"，探讨黎锦制作技艺数字化保护的技术手段和方法。

D0312　TS1-092

印纺工业　历代纺织与印染工艺/肖东发主编；蒲永平编著．—北京：现代出版社，2015 年．—164 页

ISBN 978-7-5143-3086-1

本书内容有印纺滥觞——上古时期；初显风格——中古时期；锦上添花——近古时期等。

D0313　TS194

印海拾零/吴湘文著．—北京：海洋出版社，2001 年．—61 页

ISBN 7-5027-5193-9

本书收集了作者近年来发表的有关印花工艺的文章及新作，分为工艺技术、企业改革、圆网印花工艺设计浅谈三部分。

D0314　F426.81

永安纺织印染公司（中国资本主义工商业史料丛刊）/上海市纺织工业局等编．—北京：中华书局，1964 年．—347 页（被引 155）

统一书号 11018·396

永安纺织印染是永安资本集团的一个组成部分。这个集团是以澳洲华侨郭氏家族为中心，集中澳洲等地华侨资金而发展起来的。本书内容是永安纺织印染截至 1949 年上海解放为止发生和发展的有关史料。

D0315　F426.81

永安纺织印染公司（中国资本主义工商业史料丛刊）/上海市纺织工业局，上海棉纺织工业公司，上海市工商行政管理局，永安纺织印染公司史料组编．—北京：科学出版社，2018 年．—347 页

ISBN 978-7-03-056889-2

本书共分五章，第一章叙述企业的发生，其余四章，大致按照我国国民经济史的分期，分为四个阶段，来记叙各个阶段里企业的发展过程，民族资本与帝国主义、封建主义、官僚资本的联系和矛盾，资本家的两面性，资本的集中和积累，经营活动诸特点，以及企业工人的生活和斗争等。

D0316　TS11-092

御题棉花图　第 2 版/（清）方观承编撰；王恒铨注释．—石家庄：河北科学技术出版社，1999 年．—71 页

ISBN 7-5375-2133-6

D0317　TS11-092

御题棉花图　影印本　经折装/（清）方观承编绘．—天津：天津古籍出版社，2013 年．—2 册

ISBN 978-7-5528-0065-4

本书内容包括：布种，灌溉，耕畦，摘尖，采棉，拣晒，收贩，轧核。

D0318　TS11-092

御题棉花图　影印版　经折装（艺苑丛书）/（清）方观承编．—扬州：广陵书社，2017 年．—1 册

ISBN 978-7-5554-0779-9

本书共有图谱十六幅，依次为《布种》《灌溉》《耘畦》《摘尖》《采棉》《拣晒》《收贩》《轧核》《弹华》《拘节》

《纺线》《挽经》《布浆》《上机》《织布》《练染》，每幅图后面都有文字说明，反映棉花从播种、收获到纺织、练染成布的全过程。

D0319　TS11-092

御题棉花图译注/（清）方观承原著；李秋占，苏禄煊注译．—北京：中国农业科学技术出版社，2011 年．—92 页（被引 96）

ISBN 978-7-5116-0758-4

D0320　F426.81

裕大华纺织资本集团史料/《裕大华纺织资本集团史料》编辑组编．—武汉：湖北人民出版社，1984 年．—657 页；20cm

统一书号 11106·177

D0321　F426.81

裕大华纺织资本集团史料（中国资本主义工商业史料丛刊　第二十种）/《裕大华纺织资本集团史料》编辑组编．—北京：科学出版社，2018 年．—436 页；24cm

ISBN 978-7-03-056889-2

本书辑录的史料，除少数社会背景资料取自报刊外，采自裕大华各企业的源文件、账册、报表和主要当事人的回忆录、访问录等。

D0322　F426.81

裕湘纱厂的前世今生/张湘涛主编．—长沙：国防科技大学出版社，2013 年．—125 页

ISBN 978-7-5673-0091-0

本书内容主要涵盖了湖南现代纺织工业的先声、湖南工人运动的摇篮、从计划经济到转体改制、珍贵的工业遗产等。

D0323　TS105

元代纺织品纹样研究/刘珂艳著．—上海：东华大学出版社，2018 年．—168 页；29cm

ISBN 978-7-5669-1446-0

本书以现存元代纺织品装饰纹样为研究对象，根据题材对其进行分类，分析装饰纹样的造型、构图等形象特征，以及纹样所表达的寓意；并结合相关史料记载和其他工艺品中出现的同类题材形象，以及前后时期、周边地区和民族文化中出现的同类装饰纹样进行纵、横向纹样形象比较，勾勒出元代纺织品纹样的特点及发展脉络。

D0324　TS106

阅读织物上的历史　中华嫁衣文化调查/屈雅君等编著．—西安：陕西师范大学出版总社，2018 年．—516 页；29cm

ISBN 978-7-5613-9849-4

本书通过田野考察的方法对中华 56 个民族的嫁衣文化进行考察，以图片、访谈、问卷、图表等方式呈现解读嫁衣背后的女性文化。内容包含各民族基本概况、民族嫁衣的系

统介绍、感人的调查随笔、真实的访谈实录和详细的调查问卷。

D0325　TS145

运河村落的蚕丝情结/顾希佳，袁瑾，丰国需编著．—杭州：杭州出版社，2018 年．—171 页；24cm

ISBN 978-7-5565-0806-8

本书主要内容包括：写在前面的话、蚕桑生产中的技艺与知识、蚕乡民俗、蚕乡的民间文学、话说塘北村、塘北村村民访谈录。

D0326　TS134

在亲爱的家庭中〔译〕/（苏）M．罗日涅娃（M. Рожнева），（苏）科诺年柯（Л. Кононенко）著；虞鸿钧，王家华译．—重庆：工人出版社，1956 年．—152 页

统一书号 15007·38

本书作者罗日涅娃（细纱工）和科诺年柯（织工）是苏联库巴夫纳毛织联合厂的很出名的生产革新者，得过斯大林奖金。他们俩很注意节约问题，共同发起争取节约原材料的竞赛。她们厂里开展了这个竞赛以后，仅在三年就节约了2000 万卢布左右。这本书介绍了两人的成长过程和工作经验。

D0327　TS14-092

长江丝绸文化（国家重点图书选题出版规划　长江文化研究文库）/刘兴林，范金民著．—武汉：湖北教育出版社，2004 年．—456 页（被引 50）

ISBN 7-5351-3846-2

本书共十二章，内容有：长江桑蚕和丝绸的起源、先秦时期长江丝绸的兴起、明清长江桑蚕生产的大发展、民国时期的长江丝绸等。

D0328　K876.9

长沙马王堆一号汉墓出土纺织品的研究/上海市纺织科学研究院文物研究组，上海市丝绸缎工业公司文物研究组．—北京：文物出版社，1980 年．—126 页

统一书号 7068·684

D0329　TS14-092

浙江丝绸及其艺术/吴越编著．—杭州：浙江人民出版社，1956 年．—66 页

统一书号 8103·23

D0330　TS14-092

浙江丝绸史料　上编　油印本/浙江丝绸工学院，中国丝绸情报服务站编．—杭州：浙江丝绸工学院，1978 年．—187 页

本书整理了春秋至清代的浙江丝绸史料。

D0331　TS14-092

浙江丝绸史/朱新予主编．—杭州：浙江人民出版社，1985 年．—240 页（被引 335）

统一书号 4103·73

本书全面而系统地叙述了浙江蚕桑丝绸的发展历史，为科研、生产、教育提供了宝贵的数据。

D0332　TS14-092

浙江丝绸文化史话/袁宣萍著．—宁波：宁波出版社，1999 年．—168 页（被引 29）

ISBN 7-80602-342-9

本书以全国丝绸历史文化为衬托，点出浙江特色，融科学性、知识性与趣味性于一体。

D0333　TS14-092

浙江丝绸文化史（浙江文化研究工程成果文库）/袁宣萍，徐铮著．—杭州：杭州出版社，2008 年．—233 页（被引 24）

ISBN 978-7-80758-027-0

本书根据时间顺序介绍了浙江省的丝绸文化。全书共分十一章，内容包括：曙光初现，吴越桑曲，走出低谷，崛起东南，走向辉煌，江南丝府，湖丝遍天下，落日辉煌，工业化进程，蚕花烂漫和《蚕织图》及其流传。

D0334　F768.1

针棉织品商品知识〔普〕/田桂林，张文山等合编．—天津：全国商业针棉织品科技情报中心站，1978 年．—332 页

本书内容包括：天然纤维，化学纤维，针织物的形成与染整等。

D0335　F768.1

针棉织品商品知识〔普〕/北京市百货公司．—北京：北京市百货公司，1982 年．—235 页

本书介绍了针棉织品的原料，针棉织品的形成，针棉织品的染整等内容。

D0336　F768.1

针棉织品商品知识〔普〕（培训营业员教材之三）/黑龙江省松花江行署供销社教材编写组．—松花江：黑龙江省松花江行署供销社教材编写组，1982 年

D0337　F768.1

针棉织品商品知识〔普〕/北京市第一商业局教育处．—北京：北京市第一商业局教育处，1986 年．—146 页

D0338　F768.1

针棉织商品科普读物丛书　毛巾〔普〕（针棉织商品科普读物丛书）/全国针棉商品情报中心站．—天津：全国针棉商品情报中心站，1983 年

D0339　F768.1

针棉织商品科普读物丛书　毯类〔普〕（针棉织商品科普读物丛书）/全国针棉商品情报中心站．—天津：全国针棉商品情报中心站，1983 年

D0340 F768.1

针棉织商品科普读物丛书 针棉织品商品学概论 ［普］（针棉织商品科普读物丛书）/邓耕生，赵元兴编 .—天津：全国针棉商品情报中心站出版，1983 年 .—110 页

本书内容包括：商品学的研究对象、内容与任务，商品质量与商品质量管理，商品标准与标准化，商品质量检验等。

D0341 F768.1

针棉织商品科普读物丛书 床单 ［普］（针棉织商品科普读物丛书）/王金瑜，王旭关编 .—天津：全国针棉商品情报中心站出版，1983 年 .—48 页

本书内容包括：床单概述，床单的主要原料，织纹组织等。

D0342 F768.1

针棉织商品科普读物丛书 针棉织品包装与养护 ［普］（针棉织商品科普读物丛书）/邓耕生，赵元兴，王克洁编 .—天津：全国针棉商品情报中心站出版，1983 年 .—57 页

本书内容包括：针棉制品包装部分，针棉织品养护部分，为什么要搞好商品养护的检测工作等。

D0343 F768.1

针棉织商品科普读物丛书 袜子 ［普］（针棉织商品科普读物丛书）/赵金侠编 .—天津：全国针棉商品情报中心站出版，1983 年 .—59 页

本书内容包括：生产袜子的机器及原料，袜子的分类，袜子的穿用与保养等。

D0344 F768.1

针棉织商品科普读物丛书 制线与织带 ［普］（针棉织商品科普读物丛书）/戴克楚编 .—天津：全国针棉商品情报中心站出版，1983 年 .—65 页

本书内容包括：制线、织带商品的发展及原料基础知识，制线商品、织带商品等。

D0345 F768.1

针棉织商品科普读物丛书 绒线及绒线制品 ［普］（针棉织商品科普读物丛书）/王文雄编 .—天津：全国针棉商品情报中心站出版，1983 年 .—72 页

本书内容包括：绒线的产生和分类，绒线使用的原料，绒线的性能和特点等。

D0346 F768.1

针棉织商品科普读物丛书 针织内衣 ［普］（针棉织商品科普读物丛书）/肖长安，赵元兴编 .—天津：全国针棉商品情报中心站出版，1983 年 .—79 页

D0347 F768.1

针棉织商品科普读物丛书 手帕 ［普］（针棉织商品科普读物丛书）/刘建中编 .—天津：全国针棉商品情报中心站出版，1984 年 .—30 页

本书内容包括：手帕的用途，手帕有哪些种，印花手帕印制方法的演变，印花手帕的工艺过程等。

D0348 F768.1

针棉织商品科普读物丛书 针织涤纶面料与外衣 ［普］（针棉织商品科普读物丛书）/赵元兴，邓耕生，王克洁编 .—天津：全国针棉商品情报中心站出版，1984 年 .—50 页

本书内容包括：针织品发展简史，什么是针织涤纶面料，什么是涤纶异形纤维，怎样选购针织涤纶面料等。

D0349 F426.81

针织人话针织/林光兴主编 .—北京：中国纺织出版社，2016 年 .—435 页

ISBN 978-7-5180-3087-3

本书由几十位针织行业的人士从不同角度，共同描绘行业的过去、今天和未来，以交流互动的形式从多个维度深刻总结行业发展过程中取得的宝贵经验，深入探求行业发展的规律，并提出行业技术进步、产品拓展、人才培育、品牌建设、布局调整、结构优化等方面具体措施。

D0350 K826.1

织布能手骆淑芳的故事 （工农兵故事丛书）/朱泽甫编写；张令涛绘图 .—上海：广益书局，1952 年 .—30 页

本书收入"织布能手骆淑芳""常永芬和'常永芬技术学校'""连夺六面红旗杭佩兰"三篇故事。

D0351 K826.1

织布能手杭佩兰的故事 （工农兵故事丛书）/朱泽甫编写；张令涛绘图 .—上海：广益书局，1953 年 .—30 页

D0352 TS1-49

织成一网绝妙 ［普］（中华青少年百科经典）/斯琴，塔娜主编 .—呼和浩特：内蒙古人民出版社，1998 年 .—153 页

ISBN 978-7-204-03980-7

本书共四章，主要内容有中国丝织艺术，中国刺绣艺术，编织艺术，纺染工艺。

D0353 F426.81

织机声声 川渝荣隆地区夏布工艺的历史及传承/余强等著 .—北京：中国纺织出版社，2014 年 .—130 页

ISBN 978-7-5180-0695-3

本书以川渝荣隆地区夏布为研究对象，阐述了夏布的历史发展、材料工具、制作工艺以及当今现状等，并探讨了对夏布工艺的再开发和利用。

D0354 K876.9

织物 ［普］（典范苏州社科普及精品读本 . 叁，寻求人生最精致的态度，博物指间苏州）/郑丽虹著 .—苏州：古吴轩出版社，2017 年 .—239 页

ISBN 978-7-5546-1082-4

本书介绍了苏州织物的产生背景、历史发展、功能用途、工艺品种、审美情趣、师承脉络、民俗文化等方面内容。

D0355 TS145

中国蚕桑、丝织的产生、发展与西传/杨群章著.—南昌：江西教育出版社，2018年.—180页；24cm

ISBN 978-7-5705-0769-6

本书根据考古资料、文献记载，同时吸收国内外学者的最新研究成果，论述了中国蚕桑、丝织的产生与发展及其技术的不断创新历程；介绍了先秦时代的中西交通、丝绸之路和在这种背景下我国蚕桑丝织技术、养蚕技术的传播情况。

D0356 TS102

中国蚕丝大全/黄君霆，朱万民，夏建国，向仲怀主编.—成都：四川科学技术出版社，1996年.—1096页

ISBN 7-5364-3228-3

本书除对蚕丝的历史、文化、生产概况、国内外贸易、蚕业区划、桑树、养蚕、蚕病、蚕种、制丝、织绸、印染、副产物利用等进行了叙述外，还对蚕丝业农、工、商、贸各环节作了全面介绍。

D0357 J523.2

中国传统印染文化研究/侍锦，彭卫丽，田鑫，李晓玉著.—北京：人民出版社，2015年.—313页

ISBN 978-7-01-015274-5

本书共分为绪论、蜡染、蓝印花布、扎染、夹染五部分，主要内容包括：蜡染的历史演变、蜡染的生活环境及文化背景、蜡染的生产工艺、蜡染的类型及风格、蜡染纹样的内涵及审美价值等。

D0358 J523.6

中国传统漳州刺绣：漳绣的文化生态内涵/漳州市文化和旅游局编.—成都：四川美术出版社，2020年.—88页

ISBN 978-7-5410-9164-3

本书从漳绣的文化生态内涵、漳绣的材料和工具、漳绣的工序及针法与绣法、漳绣的传承与发展、漳绣图谱五个部分来介绍漳绣这一非物质文化遗产。

D0359 Z227：TS

中国大百科全书 纺织 1984版/中国大百科全书总编辑委员会《纺织》编辑委员会编.—北京：中国大百科全书出版社，1984年.—422页

统一书号 17197·27

D0360 Z227：TS

中国大百科全书 纺织 1992版/中国大百科全书总编辑委员会编.—北京：中国大百科全书出版社，1992年.—422页（被引224）

ISBN 7-5000-5997-3

D0361 Z227：TS

中国大百科全书 纺织 1998版/中国大百科全书出版社编辑部，中国大百科全书总编辑委员会《纺织》编辑委员会编.—北京：中国大百科全书出版社，1998年.—422页

ISBN 7-5000-5990-6

本书包括前言、范例、纺织生产和纺织科学、条目分类目录、正文、条目汉字笔画索引、条目内容索引等内容。

D0362 F426.81

中国的丝绸［普］（祖国丛书）/杨力编著.—北京：人民出版社，1987年.—208页（被引56）

统一书号 7001·175

D0363 F426.81

中国的丝绸［普］（希望书库）/杨力编著.—北京：中国青年出版社，1996年.—206页（被引21）

ISBN 7-5007-3007-1

D0364 F426.81

中国的丝绸［港台］/韦黎明，李小琼编著.—香港：和平图书有限公司，2003年

D0365 F426.81

中国的丝绸 英文版/韦黎明编著.—北京：外文出版社，2002年.—103页；17cm×19cm

ISBN 7-119-03154-6

本书介绍了关于中国丝绸的历史与文化，丝绸的发展演变、丝绸的品种与纹样，以及丝绸之路的介绍。

D0366 F426.81

中国的丝绸 法文版/韦黎明编著，张永昭译.—北京：外文出版社，2008年.—107页

ISBN 978-7-119-04774-4

D0367 F426.81

中国地理标志产品集萃 纺织工艺品/本书编委会编.—北京：中国质检出版社，中国标准出版社，2016年.—213页

ISBN 978-7-5026-4292-1

本书内容包括：杭州丝绸，蜀锦，云锦，香云纱，湘绣，蜀绣，苏绣精品等。

D0368 TS1-092

中国纺织产业文化简史/李健主编.—北京：高等教育出版社，2018年.—196页

ISBN 978-7-04-049807-3

本书分为古代、近代、现代三篇，共11个专题，具体介绍了手工纺织文化足迹；手工纺织文化拓展；服装文化印迹；手工纺织文化贡献；近代纺织产业的艰难求生；近代纺织产业的责任担当；多元化的近代中国服装产业文化；现代纺织产业文化；现代纺织企业文化变迁；当代服装产业文化；纺织类非物质文化遗产。

D0369 TS1-092

中国纺织的历史记忆/刘树春著.—北京：中国纺织出版社，2012年.—214页

ISBN 978-7-5064-8310-0

本书是作者作为记者生涯的回顾，更是作者对我国纺织工业发展不同历史阶段的忠实记录。

D0370 F426.81-092

中国纺织工业发展历程研究（1880—2016）/吴鹤松，陈义方，张国和，薛庆时等编著；中国纺织工业联合会编.—北京：中国纺织出版社，2018年.—641页

ISBN 978-7-5180-4319-4

本书是一部中国纺织工业的全史。全书共8篇38章。第1至4篇的20章为编年史，全面、系统地阐述了机器纺织工业自清末洋务运动时期发生、发展以来一个半世纪的历程；第5至8篇的18章采取纪传体方式，分别就纺织工业的产业链（12个行业）、工业布局、企业结构、纺织原料、内外贸易、科技进步、教育事业等进行了翔实阐述。

D0371 F426.81-092

中国纺织工业改革开放30年/中国纺织企业家联合会总撰.—北京：编者自发行，2008年.—110页；30cm

D0372 K876.9

中国纺织考古与科学研究/赵丰，周旸，刘剑等著.—上海：上海科学技术出版社，2018年.—278页

ISBN 978-7-5478-4148-8

本书将围绕纤维、染料、工艺，以及通过修复或专项技术表现的相关内容，介绍纺织品科技考古与科技史的研究前沿，使读者能够了解当前该学科的概况。

D0373 TS1-092

中国纺织科技史（纺织服装高等教育"十二五"部委级规划教材）/曹振宇主编.—上海：东华大学出版社，2012年.—266页（被引16）

ISBN 978-7-5669-0098-2

本书共分三编，按历史发展进程，第一编为古代部分，第二编为近代部分，第三编为当代部分；结束语部分对纺、织、染、服饰的发展规律进行总结。

D0374 TS1-092

中国纺织科技史资料 第1集/中国纺织科学技术史编委会编.—北京：北京纺织科学研究所，1980年.—85页

D0375 TS1-092

中国纺织科技史资料 第2集/中国纺织科学技术史编委会编.—北京：北京纺织科学研究所，1980年.—109页

D0376 TS1-092

中国纺织科技史资料 第3集/中国纺织科学技术史编委会编.—北京：北京纺织科学研究所，1980年.—90页

D0377 TS1-092

中国纺织科技史资料 第4集/中国纺织科学技术史编委会编.—北京：北京纺织科学研究所，1981年.—94页

D0378 TS1-092

中国纺织科技史资料 第5集/中国纺织科学技术史编委会编.—北京：北京纺织科学研究所，1981年.—92页

D0379 TS1-092

中国纺织科技史资料 第6集/中国纺织科学技术史编委会编.—北京：北京纺织科学研究所，1981年.—98页

D0380 TS1-092

中国纺织科技史资料 第7集/中国纺织科学技术史编委会编.—北京：北京纺织科学研究所，1981年.—93页

D0381 TS1-092

中国纺织科技史资料 第8集/中国纺织科学技术史编委会编.—北京：北京纺织科学研究所，1982年.—94页

D0382 TS1-092

中国纺织科技史资料 第9集/中国纺织科学技术史编委会编.—北京：北京纺织科学研究所，1982年.—94页

D0383 TS1-092

中国纺织科技史资料 第10集/中国纺织科学技术史编委会编.—北京：北京纺织科学研究所，1982年.—102页

D0384 TS1-092

中国纺织科技史资料 第11集/中国纺织科学技术史编委会编.—北京：北京纺织科学研究所，1982年.—96页

D0385 TS1-092

中国纺织科技史资料 第12集/中国纺织科学技术史编委会编.—北京：北京纺织科学研究所，1983年.—107页

D0386 TS1-092

中国纺织科技史资料 第13集/中国纺织科学技术史编委会编.—北京：北京纺织科学研究所，1983年.—121页

D0387 TS1-092

中国纺织科技史资料 第14集/中国纺织科学技术史编委会编.—北京：北京纺织科学研究所，1983年.—114页

D0388 TS1-092

中国纺织科技史资料 第15集/中国纺织科学技术史编委会编.—北京：北京纺织科学研究所，1983年.—120页

D0389 TS1-092

中国纺织科技史资料 第16集/中国纺织科学技术史编委会编.—北京：北京纺织科学研究所，1984年.—91页

D0390 TS1-092

中国纺织科技史资料　第 17 集/中国纺织科学技术史编委会编 .—北京：北京纺织科学研究所，1984 年 .—87 页

D0391 TS1-092

中国纺织科技史资料　第 18 集/中国纺织科学技术史编委会编 .—北京：北京纺织科学研究所，1984 年 .—93 页

D0392 TS1-092

中国纺织科技史资料　第 19 集/中国纺织科学技术史编委会编 .—北京：北京纺织科学研究所，1984 年 .—104 页

D0393 TS1-092

中国纺织科学技术史　原始、奴隶社会部分/《中国纺织科学技术史》北京纺织科学研究所编写组 .—北京：北京纺织科学研究所，1979 年

D0394 TS1-092

中国纺织科学技术史　封建社会部分　战国至唐代/《中国纺织科学技术史》上海市纺织科学研究院编写组 .—上海：上海市纺织科学研究院，1978 年 .—196 页

D0395 TS1-092

中国纺织科学技术史　古代部分/陈维稷主编 .—北京：科学出版社，1984 年 .—470 页；25cm（被引 751）

统一书号 13031 · 2482

本书内容以截至 20 世纪 70 年代末的考古发掘出土文物和历代的文献记载为依据，叙述了纺织技术在中国的萌芽、形成和发展的过程，并对历代学者对纺织技术的学术总结和概括，作了一些扼要的介绍，力求阐明纺织技术在中国发展的特点和规律。

D0396 TS1

中国纺织科学技术史研究资料汇编　第一集/中国纺织科学技术史编委会编 .—北京：北京纺织科学研究所，1977 年

D0397 TS1

中国纺织科学技术史研究资料汇编　第二集/中国纺织科学技术史编委会编 .—北京：北京纺织科学研究所，1978 年

D0398 TS1

中国纺织科学技术史研究资料汇编　第三集/中国纺织科学技术史编委会编 .—北京：北京纺织科学研究所，1978 年 .—28 页；26cm

D0399 TS1

中国纺织科学技术史研究资料汇编　第四集/中国纺织科学技术史编委会编 .—北京：北京纺织科学研究所，1978 年

D0400 TS1

中国纺织科学技术史研究资料汇编　第五集/中国纺织科学技术史编委会编 .—北京：北京纺织科学研究所，1978 年

D0401 TS1

中国纺织科学技术史研究资料汇编　第六集/中国纺织科学技术史编委会编 .—北京：北京纺织科学研究所，1978 年 .—28 页

D0402 TS1

中国纺织科学技术史研究资料汇编　第七集/中国纺织科学技术史编委会编 .—北京：北京纺织科学研究所，1978 年

D0403 TS1

中国纺织科学技术史研究资料汇编　第八集/中国纺织科学技术史编委会编 .—北京：北京纺织科学研究所，1978 年

D0404 TS1

中国纺织科学技术史研究资料汇编　第九集/中国纺织科学技术史编委会编 .—北京：北京纺织科学研究所，1978 年

D0405 TS1

中国纺织科学技术史研究资料汇编　第十集/中国纺织科学技术史编委会编 .—北京：北京纺织科学研究所，1978 年

D0406 F426.81

中国纺织类非物质文化遗产概述/马涛，国庆祝主编 .—长春：东北师范大学出版社，2014 年 .—160 页

ISBN 978-7-5602-9844-3

本书在对非物质文化遗产概述的基础上，完整系统地介绍了国家级纺织类非物质文化遗产，对纺织类非物质文化遗产的了解、传承、保护及创新具有重要意义。

D0407 F426.81

中国纺织类非物质文化遗产概论/赵宏，曹明福主编 .—北京：中国纺织出版社，2015 年 .—276 页（被引 6）

ISBN 978-7-5180-1863-5

本书对我国纺织类非物质文化遗产进行了系统整理和分析研究，围绕着历史与现实、传承与创新问题，从总体状况、项目申报、文化符号、民族文化、保护机制、世界非遗保护六个方面进行了阐述，并对部分代表性的纺织类非物质文化遗产项目以附录的形式作了简要介绍。

D0408 TS1-092

中国纺织史话［港台］（格物丛书）/著者不详 .—台北：明文书局股份有限公司，1982 年 .—185 页；19cm

D0409 TS1-092

中国纺织史话（中国文化宝库丛书 第 2 辑）/蔡尚思主编；曾抗著 .—合肥：黄山书社，1997 年 .—122 页；19cm

ISBN 7-80630-198-4

D0410 TS1-092

中国纺织史论文态势研究/陈惠兰，冯晴，董政娥著 .—上海：上海人民出版社，2020 年 .—147 页；23cm

ISBN 978-7-208-16405-5

本书分为近代篇和现代篇两部分。近代篇收录了民国期间出版的纺织类期刊上发表的纺织史相关研究论文。现代篇则将纺织史研究领域研究成果按主题划分为纺织生产、原料、技术、产品、企业、人物、文化七个部分进行编辑。

D0411 TS1-092

中国纺织通史/周启澄，赵丰，包铭新主编 .—上海：东华大学出版社，2017 年 .—871 页；29cm（被引 5）

ISBN 978-7-5669-1028-8

本书主要内容分六编：原始手工纺织时期（新石器时代）、手工机器纺织的形成（商周）、手工机器纺织的发展前期（秦汉至隋唐）、手工机器纺织的发展后期（五代至明清）、动力机器纺织的引进和成长（1840—1949）、动力机器纺织的发展（1950—2010）。

D0412 TS1-092

中国纺织文化概论：靓丽人间/孟宪文，班中考著 .—北京：中国纺织出版社，2000 年 .—437 页（被引 45）

ISBN 7-5064-1778-2

本书从衣着纺织的发生发展入手，阐述纺织物对人类社会生活的文化意义以及在科技、文学、美学、思想渊源诸方面揭示传统纺织文化传承着的人文精神。

D0413 J523.6

中国古代刺绣/王欣编著 .—北京：中国商业出版社，2015 年 .—184 页

ISBN 978-7-5044-8541-0

本书主要内容包括：中国古代的丝绸、巧夺天工的刺绣、刺绣工艺与审美、刺绣流派与名家、刺绣主题与文化、中国古代刺绣的杰出代表。

D0414 TS1-092

中国古代的纺织与印染（中国文化史知识丛书）/赵翰生著 .—天津：天津教育出版社，1991 年 .—98 页（被引 82）

ISBN 7-5309-1259-3

本书介绍了中国古代的丝绸、葛、麻毛的织造技术及其纺织工具和印染技术。

D0415 TS1-092

中国古代纺织［普］（把科技馆带回家）/李广进等编著 .—北京：科学普及出版社，2021 年 .—103 页

ISBN 978-7-110-10157-5

本书分为四部分，包括探木溯源中国丝绸、线的制造者——纺车、布的制造者——织机、风靡世界的中国织物等内容。

D0416 TS1-092

中国古代纺织史稿/李仁溥著 .—长沙：岳麓书社，1983 年 .—329 页；21cm（被引 387）

统一书号 11285·8

本书分原始社会时期、奴隶社会时期、封建社会时期，介绍纺织的起源、产生、发展和成就。

D0417 TS1-092

中国古代纺织史话/李强著 .—武汉：武汉科技大学出版社，2020 年 .—303 页；23cm

ISBN 978-7-5680-6696-9

本书对中国古代纺织技术史中的纺织起源与机械及度量、纤维出现、丝与植物纤维处理、甲骨文中的纺织、中国孝文化及经典中的纺织等十几个核心问题，进行了深入浅出的解读，完成了对中国古代纺织技术与文化的系统梳理，展现了毂学术的研究方法，从中窥见中国古代纺织技术史的全貌。

D0418 TS1-092

中国古代纺织文化研究与继承：**2016—2017**/王亚蓉主编；中国文物学会纺织专业委员会编 .—沈阳：万卷出版公司，2018 年 .—271 页

ISBN 978-7-5470-4447-6

本书收录了《织绣画研究中的若干问题刍议》《晚明女子头饰"卧兔儿"考释》《汉族传统服饰中的边饰艺术探析——以北京服装学院民族服饰博物馆晚清经典藏品为主要研究实例》《"手艺"的设计价值》等文章。

D0419 TS1-092

中国古代纺织印染工程技术史/黄赞雄，赵翰生著 .—太原：山西教育出版社，2019 年 .—405 页

ISBN 978-7-5703-0459-2

本书以历史文献、出土文物及今人研究成果为依据，采用断代方式，阐述了各个历史时期的纺织生产情况以及包括原料、纺、织、染、机具、织物品种等纺织工艺技术。书中有一章还对现存传统纺织染绣技术作了描述。

D0420 TS1-092

中国古代纺织与印染［港台］/赵翰生著；任继愈主编 .—台北：台湾商务印书馆，1994 年 .—122 页（被引 51）

本书介绍了中国古代的丝绸、葛、麻毛的织造技术及其纺织工具和印染技术。

D0421 TS1-092

中国古代纺织与印染（中国文化史知识丛书）/赵翰生著 .—北京：商务印书馆，1997 年 .—196 页（被引 185）

ISBN 7-100-02191-X

本书主要内容包括：古代的丝绸、古代的葛、麻纺织、

古代的毛纺织、古代的棉纺织、古代的纺织工具、古代的印染技术。

D0422 TS1-092

中国古代纺织与印染/赵翰生著 . —北京：中国国际广播出版社，2010 年 . —200 页（被引 77）

ISBN 978-7-5078-3143-6

本书主要内容包括：古代的丝绸、古代的葛、麻纺织、古代的毛纺织、古代的棉纺织、古代的纺织机具、古代的染整技术、古代与纺织技术有关的重要书籍七章。

D0423 TS1-092

中国古代纺织与印染/王烨编著 . —北京：中国商业出版社，2015 年 . —182 页

ISBN 978-7-5044-8621-9

本书主要介绍了中国古代纺织与印染技术的发展历程，全书内容包括：古代的葛麻纺织、古代的棉毛纺织、古代的丝绸纺织、古代的染整技术、古代纺织技术与机具等。

D0424 J523.6

中国古代缂丝刺绣鉴赏（辽宁省博物馆馆藏文物鉴赏集）/朴文英著 . —沈阳：辽宁人民出版社，2004 年 . —24 页

ISBN 7-205-05809-0

本书是辽宁省博物馆馆藏文物鉴赏集第 10 种，介绍了缂丝的鼎盛时期，缂丝的进一步发展与演变时期，刺绣艺术的辉煌时期，刺绣艺术的普遍与壮大时期等内容。

D0425 J523.2

中国古代染织纹样史/张晓霞著 . —北京：北京大学出版社，2016 年 . —399 页；26cm

ISBN 978-7-301-26497-3

本书论述上起新石器时期，下至清代数千年中国染织纹样发生发展及其演变的历史，并就各历史时期的政治经济、生产方式、工艺技术、织物品种等方面的内容进行了综合论述，着重对各时代纹样从造型、色彩方面进行剖析，并联系各个时期的政治、经济、文化背景，深入阐述染织纹样的形成风格和美学特色。

D0426 TS145

中国古代丝绸纺织术　经纬锦绣（天工开物丛书）/赵丰，徐铮著 . —北京：文物出版社，2017 年 . —149 页；21cm

ISBN 978-7-5010-5184-7

本书内容从八个不同方面，对中国古代丝织技术进行了介绍。

D0427 TS1-092

中国古代物质文化史　纺织　上下册/赵丰，尚刚，龙博编著 . —北京：开明出版社，2014 年 . —631 页

ISBN 978-7-5131-1757-9

本书上册主要内容包括：史前的纺织文化；商周时期的纺织文化；秦汉时期的纺织文化；魏晋南北朝时期的纺织文化；隋唐时期的纺织文化。下册主要内容包括：辽宋夏金的纺织文化；蒙元时期的纺织文化；明代纺织文化；清代纺织文化。

D0428 TQ34-092

中国化纤工业技术发展历程：赤子的答卷/李瑞编著 . —北京：中国纺织出版社，2004 年 . —844 页；30cm

ISBN 7-5064-3125-4

本书以充实的史料记述了中国第一代化纤科技工作者的艰辛和成功，总结了我国化纤工业 50 年科技发展历程，记录了留苏科技人员的创业史，描绘了 21 世纪中国化纤工业的未来。

D0429 TS1-092

中国家纺文化典藏/中国家用纺织品行业协会编 . —北京：中国纺织出版社，2009 年 . —389 页

ISBN 978-7-5064-5776-7

本书以历代的文献记载、出土文物等为主要依据，论述了家用纺织品在中国的萌芽、形成和发展过程。全书分为三篇：家纺文化简史、家纺经典工艺和现代家纺设计。

D0430 F426.81

中国近代东北地区棉纺织业与市场形态研究　1920—1945/张晓红著 . —长春：吉林大学出版社，2013 年 . —272 页

ISBN 978-7-5677-0656-9

本书介绍了奉天的工业及其特点、20 世纪 20 年代的奉天市民族棉纺织业、伪满洲国的关税政策与民族工业、30 年代的东北棉纺织业、民族棉布商人活动与棉纺织业、战时统制政策与民族棉纺织业等内容。

D0431 TS1-092

中国近代纺织概貌　总论　改定四稿/中国近代纺织史编辑委员会 . —上海：中国近代纺织史编辑委员会，1991 年 . —68 页

D0432 F426.81

中国近代纺织品牌研究/郭星梅著 . —北京：中国纺织出版社，2017 年 . —194 页

ISBN 978-7-5180-3478-9

本书内容涉及近代纺织、近代商标、品牌理论的主要文献，西学东渐视野下的品牌本土化，中国近代纺织品牌的崛起和发展，近代上海毛纺织品牌的个案研究，纺织品牌与技术创新，纺织品牌与文化自信，纺织品牌与经营创新，中国近代纺织品牌兴衰的历史规律，中国当代纺织品牌建设的形势与对策的理论价值及应用价值。

D0433 TS1-092

中国近代纺织史　1840—1949　上卷/《中国近代纺织史》编辑委员会编著 . —北京：中国纺织出版社，1997 年 . —449 页（被引 64）

ISBN 7-5064-1227-6

本书分上、下两卷，是由我国一批纺织史学家和纺织专

家协作完成的一部史籍。上卷包括总论篇、专论篇、地区篇和人物篇，书末附有部分历史资料照片。

D0434 TS1-092

中国近代纺织史 1840—1949 下卷/《中国近代纺织史》编辑委员会编著.—北京：中国纺织出版社，1997年.—482页（被引88）

ISBN 7-5064-1316-7

下卷包括行业篇、企业篇和附录。附录汇编了中国近代纺织大事记、主要纺织企业名录和各种统计数表。书末附有若干历史资料照片。

D0435 TS1-092

中国近代纺织史研究资料汇编 第1辑/中国近代纺织史编辑委员会编辑.—上海：中国近代纺织史编辑委员会，1988年.—60页

D0436 TS1-092

中国近代纺织史研究资料汇编 第2辑/中国近代纺织史编辑委员会编辑.—上海：中国近代纺织史编辑委员会，1988年.—52页

D0437 TS193-092

中国近代合成染料染色史/曹振宇著.—西安：西安地图出版社，2009年.—215页

ISBN 978-7-80748-383-0

本书通过对历史文献的收集与研究，收集近代实物资料。通过文献研究、对比分析、个案研究等方式，就我国近代合成染料的应用、生产、染色技术、染色工业的发展状况以及相关方面的内容进行了较为全面系统的研究。

D0438 F426.81

中国近代棉纺织业史研究/森时彦著.—北京：社会科学文献出版社，2010年.—488页；23cm

ISBN 978-7-5097-1222-1

本书作者搜集、整理并细致地分析了散存于日中两国的史料，并以棉花价格和棉纱价格的变动为轴线，清晰地描绘了19世纪后半期至20世纪30年代近代中国棉纺织业的演变过程。

D0439 F426.81

中国近代缫丝工业史/徐新吾主编；上海市丝绸进出口公司，上海社会科学院经济研究所编写.—上海：上海人民出版社，1990年.—711页（被引359）

ISBN 7-208-00763-2

本书重点分析阐述中华人民共和国成立前中国近代缫丝工业的发展和衰落过程，也兼及农村蚕桑生产的状况。

D0440 F426.81

中国近代缫丝工业史（中国资本主义工商业史料丛刊第十五种）/上海社会科学院经济研究所，上海市丝绸进出口公司编写；徐新吾主编.—北京：科学出版社，2018年.—557页

ISBN 978-7-03-056889-2

本书对中国近代缫丝工业从编写近代经济史的角度，作了比较全面系统的整理编写，对蚕丝的理念产销数量亦作了估算，并着重与日本蚕丝业的发展作了对比。

D0441 TS184

中国经编技术创新之路 2005—2015/陈南梁，瞿静主编.—北京：中国纺织出版社，2015年.—256页

ISBN 978-7-5180-2128-4

本书首先简单介绍了世界经编技术发展的历程和经编生产的基础知识。然后着重介绍总结了近十年中国经编产业在经编原料、经编技术和装备、经编面料、经编织物染整工艺及助剂、经编理论及应用等相关领域的创新发展情况。

D0442 TS1-092

中国科学技术史 纺织卷/卢嘉锡总主编；赵承泽主编.—北京：科学出版社，2002年.—467页；26cm（被引91）

ISBN 7-03-009585-5

本书是一部论述中国自史前至近代数千年纺织生产和工艺技术发展历史的著作。全书分四编，包括生产篇、技术篇、少数民族篇和近代篇。

D0443 TS1-092

中国科学技术史 纺织卷/卢嘉锡总主编；赵承泽主编.—北京：科学出版社，2016年.—467页

ISBN 978-7-03-049360-6

本书分为四编，第一编为生产篇，阐述古代的纺织生产体制、纺织生产与各时期社会经济的关系、纺织产品的输出和生产技术的外传；第二编为技术篇，阐述古代的纺织工艺技术；第三编为少数民族篇，阐述历史上少数民族纺织技术的发展；第四编为近代篇，阐述中国自鸦片战争至1948年期间，纺织行业的兴起和发展。

D0444 K826.1

中国科学技术专家传略 工程技术编 纺织卷 1/中国科学技术协会编；梅自强主编.—北京：中国纺织出版社，1996年.—503页

ISBN 7-5064-1214-4

本书介绍了近现代纺织工业的科技进步和为人才培养作重大贡献的老一辈纺织科技专家的成长过程、一生经历、学术思想、敬业精神和道德风范，反映了我国近、现代纺织科技的发展历史。

D0445 K826.1

中国科学技术专家传略 工程技术编 纺织卷 2/中国科学技术协会编；梅自强主编.—北京：中国纺织出版社，2004年.—501页

ISBN 7-5064-2795-8

本册介绍了黄建章、李茂轩、黄玉成、陆芙塘、吴德明等老一辈纺织科技专家的成长过程、一生经历、学术思想、敬业精神和道德风范，反映了我国近现代纺织科技的发展

历史。

D0446　K826.1

中国科学技术专家传略　工程技术编　纺织卷　3/中国科学技术协会编；梅自强主编．—北京：中国纺织出版社，2007年．—501页

　　ISBN 978-7-5064-4716-4

　　本书收录纺织业科技专家传略稿61篇。包括张文潜、顾鼎祥、万程之、黄镇、李辛凯、马家秀、邓美武等。

D0447　F426.81

中国棉纺织史/赵冈，陈钟毅著．—北京：中国农业出版社，1997年．—228页（被引154）

　　ISBN 7-109-04631-1

D0448　F426.81

中国棉纺织史稿（1289—1938）从棉纺织工业史看中国资本主义的发生与发展过程/严中平著．—北京：科学出版社，1955年．—370页（被引571）

D0449　F426.81

中国棉纺织史稿/严中平著．—北京：科学出版社，1963年．—370页；19cm（被引1143）

D0450　F426.81

中国棉纺织史稿（中华现代学术名著丛书）/严中平著．—北京：商务印书馆，2011年．—503页（被引40）

　　ISBN 978-7-100-08543-4

　　本书叙述1289—1937年中国棉纺织业的发展史，特别着重分析1840—1937年的发展史。

D0451　F426.81

中国棉业史［港台］/赵冈，陈钟毅著．—台北：联经出版事业公司，1977年．—303页

　　本书包括棉花传入中国的历史、植棉的推广、棉生产组织对于纺织技术的影响、布的传统生产机构与运销组织、棉花与棉纺织品的进出口、新式棉纺织工业的兴起与发展、新式棉纺织厂的比较分析、手工纺织业的变迁、产量与消费量之估计、台湾纺织工业之发展。

D0452　F426.81

中国棉业史　第2版［港台］/赵冈，陈钟毅著．—台北：联经出版事业公司，1983年．—303页

D0453　F426.81

中国染料　百年辉煌：1919—2018/中国染料工业协会组织编写．—北京：化学工业出版社，2018年．—272页

　　ISBN 978-7-122-31484-0

　　本书以中国染料工业100年的历史变迁为主线，分为6篇，主要回顾中国染料工业历史沿革、中国染料工业主要生产企业、中国染料工业主要产品、中国染料行业人物、中国染料工业大事记、中国染料工业协会简介等内容。

D0454　F426.81

中国染料工业史/曹振宇编著．—北京：中国轻工业出版社，2009年．—226页

　　ISBN 978-7-5019-7286-9

　　本书通过文献研究、对比分析、个案研究等方式，就我国合成染料工业的发展状况以及相关方面的内容进行了较为全面系统的研究。

D0455　Z88：TS

中国染织服饰史文献导读/包铭新主编．—上海：东华大学出版社，2006年．—296页（被引33）

　　ISBN 7-81111-148-9

　　本书内容包括：学术研究与文献应用、中国染织服饰史的资料性文献、中国染织服饰史的成果性文献、原典精读等。

D0456　TS19-092

中国染织史（中国文化史丛书）/吴淑生，田自秉著．—上海：上海人民出版社，1986年．—299页；20cm（被引671）

　　统一书号11074·722

D0457　TS19-092

中国染织史［港台］（中国文化史丛书）/吴淑生，田自秉著．—台北：南天书局有限公司，1987年．—304页；21cm（被引352）

D0458　TS19-092

中国染织史/吴淑生，田自秉著．—上海：东方出版中心，2016年．—209页；26cm

　　ISBN 978-7-5473-0958-2

　　本书依据时间顺序，将中国染织史分为11个历史阶段，并按丝织工艺、麻织工艺、毛织工艺、棉织工艺、印染工艺、缂丝工艺、染织装饰纹样等门类，对我国历代染织发展历史分门别类地进行了缜密的考证和深入的整理研究，着重历史文献与考古科学成果相互印证。

D0460　TS1-092

中国少数民族科学技术史丛书　纺织卷（中国少数民族科学技术史丛书）/陈炳应主编．—南宁：广西科学技术出版社，1996年．—827页

　　ISBN 7-80619-459-2

D0461　F426.899

中国手工业经济通史　先秦秦汉卷/魏明孔主编；蔡锋著．—福州：福建人民出版社，2005年．—704页；21cm（被引48）

　　ISBN 7-211-04914-6

　　本书分为先秦手工业经济、秦汉手工业经济两篇。本书注重对各个手工业部门的手工业技术发展的轨迹进行探索，诸如，先秦秦汉时期手工业生产的制度变化、政策演变、手工业管理体制、手工业生产者的身份认定及地位的变化等。

D0462　F426.899

中国手工业经济通史　魏晋南北朝隋唐五代卷/魏明孔著.—福州：福建人民出版社，2004 年.—550 页；21cm（被引 46）

ISBN 7-211-04561-2

本书分为魏晋南北朝手工业经济和隋唐五代手工业经济两编。书中分别论述了魏晋南北朝手工业的主要类型、隋唐五代手工业类型等十章内容。

D0463　F426.899

中国手工业经济通史　宋元卷/魏明孔主编；胡小鹏著.—福州：福建人民出版社，2004 年.—862 页；21cm（被引 66）

ISBN 7-211-04679-1

本书包括宋代手工业经济、元代手工业经济两篇，介绍了宋代的官营手工业、民间手工业、纺织业，元代的官营手工业和系官工匠等内容。

D0464　TS1-092

中国手工业经济通史　明清卷/魏明孔主编；李绍强，徐建青著.—福州：福建人民出版社，2004 年.—707 页；21cm（被引 79）

ISBN 7-211-04404-7

本书分为明代手工业经济、清代前期手工业经济两篇，介绍了明代手工业类型、明代手工业管理体制、清前期官营手工业、清前期的纺织业等内容。

D0465　F426.81

中国丝绸［港台］（吾土吾民文物丛书）/杨力编著.—台北：淑馨出版社，1993 年.—164 页

ISBN 957-531-292-9

D0466　F426.81

中国丝绸/冯洋，张菁菁，吴晓主编.—呼和浩特：远方出版社，2005 年.—217 页

ISBN 7-80723-003-7

本书为中国工艺美术丛书之一，全书共五章，第一章丝情古今、第二章丝路花雨、第三章丝绸之路、第四章织染缂绣、第五章服饰大观。收录了各时期、各地区多种风格的代表作品。

D0467　F426.81-49

中国丝绸　修订版（雅致生活 024）/北京未来新世纪教育科学发展中心编.—乌鲁木齐，喀什：新疆青少年出版社，喀什维吾尔文出版社，2007 年.—90 页

ISBN 978-7-5373-1449-7

本书介绍了世界上最早的丝绸、中国丝绸的第一高峰、丝绸与中国艺术、丝绸与中国经济、织染缂绣等内容。

D0468　TS146-28

中国丝绸博物馆　2014/中国丝绸博物馆编.—杭州：中国丝绸博物馆编，2014 年.—157 页

本书内容包括概述、藏品、展览、保护、研究、交流等部分。

D0469　TS146-28

中国丝绸博物馆　2015/中国丝绸博物馆编.—杭州：中国丝绸博物馆编，2015 年.—205 页

D0470　TS146-28

中国丝绸博物馆/中国丝绸博物馆编.—杭州：浙江大学出版社，2018 年.—67 页

ISBN 978-7-308-18214-0

本书记录了从湖州钱山漾遗址中出土的迄今最早的丝绸文物，到成都老官山汉墓中出土的最早提花机，展现了中国丝绸文化的历史演变。

D0471　F426.81

中国丝绸史　通论/朱新予主编.—北京：纺织工业出版社，1992 年.—381 页（被引 168）

ISBN 7-5064-0717-5

本书分通论与专论两册。通论介绍了自原始社会至清末各历史阶段的丝绸生产发展的面貌，同时对各历史阶段的桑绸生产技术和丝绸经济、文化以及中外交流等方面作了论述。

D0472　F426.81

中国丝绸史　专论/朱新予主编.—北京：中国纺织出版社，1997 年.—360 页（被引 91）

ISBN 7-5064-1225-X

本书专论包括丝、绸、印染、机具、图案、服饰、贸易、少数民族丝绸等各方面的专题论述。

D0473　F426.81

中国丝绸史话［港台］（中华通俗文库）/王螺著.—香港：香港中华书局，1961 年.—43 页

D0474　F426.81

中国丝绸史话/罗瑞林，刘柏茂编著.—北京：纺织工业出版社，1986 年.—176 页（被引 53）

统一书号 15041·1471

本书以史话的形式叙述了中国丝绸的渊源，历代帝王对丝绸的需求以及他们对蚕、桑、丝、绸生产的政策，丝绸在赋税、贡品、贸易和海外交往中的重要地位和作用，并介绍了中国丝绸生产兴衰起伏的状况。

D0475　F426.81

中国丝绸史研究/王翔著.—北京：团结出版社，1990 年.—492 页

ISBN 7-80061-438-7

D0476　F426.81

中国丝绸通史（"十五"国家重点图书出版规划项目）/赵丰主编.—苏州：苏州大学出版社，2005 年.—835

页（被引 213）

　　ISBN 7-81090-571-6

　　本书分为十章，各章均包括丝绸生产总体情况、生产技术、织物种类、艺术风格四大方面。

D0477　TS14-092

　　中国丝绸文化/陈永昊，余连祥，张传峰编著．—杭州：浙江摄影出版社，1995 年．—532 页（被引 50）

　　ISBN 7-80536-369-2

　　本书分上中下篇，上篇纵向考察中国丝绸文化的悠久历史和深远影响，中篇横向描述丝绸的丰富内涵和缤纷色彩，下篇预测中国丝绸的巨大潜力和美好前景。

D0478　TS14-092

　　中国丝绸文化　英文版（"名校·留学"丛书）/卢红君，陈茜编．—杭州：浙江大学出版社，2019 年．—298 页

　　ISBN 978-7-308-19806-6

　　本书共分 10 个单元，内容涉及中国丝绸历史、蚕与养蚕业、丝绸种类与纺织技术、丝绸设计与服饰、丝绸艺术与工艺、著名丝绸品牌、丝绸城市与人物、丝绸之路、丝绸遗产与传承、丝绸传统与未来。

D0479　TS14-092

　　中国丝绸文化史/袁宣萍，赵丰著．—济南：山东美术出版社，2009 年．—293 页（被引 102）

　　ISBN 978-7-5330-2927-2

　　本书以时间为序，详细讲述了中国的丝绸文化史，包括远古时代的丝绸、秦汉时期的丝绸、隋唐五代时期的丝绸、宋辽金时期的丝绸、20 世纪的丝绸等内容。

D0480　TS14-092

　　中国丝绸纹样史/回顾著．—哈尔滨：黑龙江美术出版社，1990 年．—240 页

　　ISBN 7-5318-0095-0

　　本书以时间为序，介绍了中国丝绸纹样的美和起源，以及自商代到现代各朝代的丝绸纹样风貌和工艺。

D0481　TS14-092

　　中国丝绸艺术史/赵丰著．—北京：文物出版社，2005 年．—217 页

　　ISBN 7-5010-1763-8

　　本书内容包括：生产技术、丝织品种、染缬品种、刺绣品种、商律周韵、云间众兽、丝路大转折、南北异风、民俗大观等。

D0482　TS14-092

　　中国丝绸艺术（中国文化与文明丛书）/赵丰，屈志仁主编；迪艾德·库恩等著．—北京，纽黑文：外文出版社，耶鲁大学出版社，2012 年．—561 页

　　ISBN 978-7-119-07915-8

　　本书从文化史、艺术史的角度，对自新石器时代至 20 世纪初中国历代丝绸的织造技艺、艺术特色、生产格局、造作

制度，以及政治、经济、文化、时尚和域外艺术对其发展的影响作了系统解说；同时对数千年来中国丝绸广泛传播对中西文化交流的贡献作了阐述。

D0483　TS14-092

　　中国宋锦/钱小萍著．—苏州：苏州大学出版社，2011 年．—172 页

　　ISBN 978-7-81137-647-0

　　本书主要针对宋锦的形成和兴起以及风格特点、结构和工艺技术等方面作了较为全面系统的论述，同时围绕宋锦在苏州的繁荣、衰落及现状作了详细介绍。

D0484　J523.2

　　中国现代民间手工蜡染工艺文化研究/贾京生著．—北京：清华大学出版社，2013 年．—462 页；28cm

　　ISBN 978-7-302-32731-8

　　本书是在对西南少数民族的民间手工蜡染工艺文化的深入地村寨的考察、行走数万里的调研、拍摄图片万余张、收集文字数万余字的基础上编辑而成的。

D0485　TS19-092

　　中国印染史话（中国历史小丛书）/黄能馥编．—北京：中华书局，1962 年．—32 页（被引 69）

　　统一书号 11018·350

D0486　TS19-092

　　中国印染史略/张道一著．—南京：江苏美术出版社，1987 年．—54 页；20cm（被引 53）

D0487　TS19-092

　　中国之棉纺织业（中国现代学术名著丛书）/方显廷著．—北京：商务印书馆，2014 年．—355 页（被引 5）

　　ISBN 978-7-100-08958-6

　　本书包括八章：中国棉纺织业之历史及其区域之分布、中国棉花之生产及贸易、中国棉纺织品之制造与销售、中国棉纺织业之劳工、中国棉纺织业之组织、中国之手工棉织业、中国棉纺织品之进出口贸易、中国棉纺织业之回顾与前瞻。全面论述了中国棉纺业历史与现状。

D0488　TS19-092

　　中国之棉纺织业　英文版/方显廷著．—北京：商务印书馆，2017 年．—357 页

　　ISBN 978-7-100-15067-5

　　本书是第一部对中国棉纺织业进行全面调查与研究的重要著作。全书包括八章，全面论述了中国棉纺业历史与现状。

D0489　J523.6

　　中国织绣鉴赏与收藏（古玩宝斋丛书）/包铭新，赵丰编著．—上海：上海书店出版社，1997 年．—156 页

　　ISBN 7-80622-261-8

D0490 F426.81

中国资本主义的历史命运 苏州丝织业"账房"发展史论（国家社会科学基金资助项目）/王翔著 .—南京：江苏教育出版社，1992 年 .—474 页（被引 18）

ISBN 7-5343-1461-5

本书通过对苏州丝织业"账房"的研究，对中国资本主义萌芽的孕育和成长，对中国资本主义的产生、发展和消亡等理论问题，提出了一些新看法和观点。

D0491 TS14-092

中华丝绸文化/徐德明编著 .—北京：中华书局，2012 年 .—186 页

ISBN 978-7-101-08483-2

本书介绍了丝绸发展历史、蚕桑养殖技术、丝绸制作技术、丝绸礼仪制度、丝绸文物保护以及相关的历史掌故、经济贸易、文化交流。

D0492 TS1

中华文化通志 科学技术典 纺织与矿冶志（《中华文化通志》之一）/中华文化通志编委会编；何堂坤，赵丰撰 .—上海：上海人民出版社，1998 年 .—456 页（被引 45）

ISBN 978-7-208-02321-2

本书介绍了我国古代纺织与矿冶领域的技术发明、发展的一般情况及其伟大成就。

D0493 TS1

中华五千年科技瑰宝故事 纺织冶金篇 上下册（中华科技之光丛书）/刘玉瑛编著 .—北京：北京科学技术出版社，1995 年 .—105 页，103 页

ISBN 7-5304-1820-3

D0494 F416.81-091

中日丝绸业近代化比较研究/王翔著 .—石家庄：河北人民出版社，2002 年 .—784 页（被引 24）

ISBN 7-202-03371-2

本书共十二章，内容包括中国丝绸生产的起源与发展、丝绸生产的商品化及其影响、中国丝绸的外传、日本丝绸生产的产生和发展等。

D0495 F426.81

转型与交往 一个工厂的劳工民族志/刘明著 .—北京：社会科学文献出版社，2017 年 .—223 页

ISBN 978-7-5201-0530-9

本书是对一家棉纺织厂历史的追溯和挖掘。作者使用工厂档案、职工口述史数据、新闻报道和田野观察得来的材料，尝试从职工生产、生活、经济、教育、医疗的交往以及社会记忆方面客观描绘该厂的历时变迁和职工的真实生活，讨论在社会转型的大背景下工厂改制给普通职工的生产空间、日常生活和人际交往带来的变化，以及应对这些变化的方式和方法。

D0496 J523.1

壮族织锦技艺传承与发展的研究/陈良编著 .—长春：吉林美术出版社，2018 年 .—160 页；24cm

ISBN 978-7-5575-3500-1

本书研究内容包括壮族织锦的历史渊源、壮族织锦的艺术特征、壮族织锦的工艺技术、壮族织锦技艺的传承、壮族织锦技艺的发展五个方面。

D0497 TS14-092

濯锦集：丝绸文化与织染技艺/余涛编著 .—成都：四川文艺出版社，2011 年 .—212 页

ISBN 978-7-5411-3298-8

本书是一部以丝绸文化和织染技艺为主线的论文集，内容涉及历史文化、织染技艺、锦缎纹样和美术鉴赏等诸多领域。

D0498 F426.81

商业资本家是怎样残酷剥削店员的？——旧上海协大祥绸布商店的《店规》/上海市工商行政管理局中国纺织品公司，上海市公司史料组编写 .—上海：上海人民出版社，1966 年 .—68 页

统一书号 4074·375

D0499 F426.81

资本家是怎样残酷剥削店员的？——旧上海协大祥绸布商店的《店规》（中国资本主义工商业史料丛刊 第二十二种）/上海市工商行政管理局史料组，中国纺织品公司上海市公司史料组编写 .—北京：科学出版社，2018 年 .—238 页

ISBN 978-7-03-056889-2

D0500 F426.81

自 1895 年到现代台湾纺织厂的工具设备征集与呈现展览计划［港台］/陈介英，胡志佳计划主持 .—台北：台湾教育事务主管部门，2005 年 .—107 页

D0501 TS1-092

走向高地 上海纺织百年纪事/费爱能著 .—上海：上海文艺出版社，2000 年 .—220 页

ISBN 7-5321-1999-8

本书以上海纺织工业为线索，回眸 20 世纪初以来这一产业发展壮大的华彩篇章、跌宕历程，以及进入 90 年代后，上海纺织人的艰辛。

D0502 TS184

最易上手，从零起步学针织［普］/陈烨编著 .—北京：中国华侨出版社，2013 年 .—258 页

ISBN 978-7-5113-4020-7

本书主要对针织的基础知识、基本针法和简单织物和家庭织物进行了详细讲解。并在理论基础上加入了一些实践针织作品的案例，从围巾、帽子、针织衫、手套等装饰物、衣物到枕套、杂志套等家居实用编织用品，内容丰富，讲解详细。

4.2 纺织艺术

收录与编辑说明：

纺织衣被天下，自古纺织业总以满足人类物质需求与审美需求为目的，追求纺织技术与纺织艺术的统一。我国民间纺织技艺源远流长、灿若星辰，民间织造技艺、刺绣技艺、印染技艺、服饰技艺等是民间纺织工艺与民间艺术的完美结合，是我国非物质文化遗产的重要组成部分，纺织艺术类图书是研究、保留、继承、挖掘民间纺织艺术的重要载体。本部分收录 1950—2020 年出版的纺织艺术与民间纺织技艺相关图书 747 种（记录号 D0510—D1256），其中包括港台版图书 50 余种，所有图书按正题名音序排列。

D0510　J523.6
阿鲁科尔沁原生态女红艺术　蒙文/那.吉日嘎等编著.—赤峰：内蒙古科学技术出版社，2015年.—257页
ISBN 978-7-5380-2608-5
本书由衣服、袍子、帽子、耳套、鞋、靴子、烟袋、枕头、荷包、领带、马鞍、裤子、摇篮等的刺绣工艺花纹图案及各自的解说部分组成，大致列出和解说了阿鲁科尔沁地方特色的刺绣工艺花纹图案。

D0511　J523.6
艾提莱斯　**维吾尔文**（维吾尔手工艺丛书）/买买提明·沙比尔编.—乌鲁木齐：新疆人民出版社，2007年.—269页
ISBN 978-7-228-11112-1
本书主要介绍艾提莱斯的来历、织艾提莱斯使用的工具，并对此工具的制造、艾提莱斯的原料、染料、织艾提莱斯的技术要求，艾提莱斯的各种式样等内容进行了介绍。

D0512　J523.6
巴林刺绣工艺　蒙文/萨仁高娃著.—赤峰：内蒙古科学技术出版社，2015年
ISBN 978-7-5380-2556-9
本书介绍了巴林刺绣工艺的样式种类、工艺专业名称、刺绣方法及蒙古靴子的制作步骤、做贴边、纳鞋底、缝鞋帮等工艺。

D0513　J523.2
白族扎染　从传统到现代/金少萍著.—昆明：云南人民出版社，2001年.—293页（被引71）
ISBN 7-222-03176-6
本书作者在大量田野调查的基础上，对具有古老历史传统，如今仍生意盎然的大理白族扎染工艺文化，进行了系统性、专门性研究。

D0514　J523.2
白族扎染技艺/大理市非物质文化遗产保护管理所编.—昆明：云南美术出版社，2016年.—109页
ISBN 978-7-5489-2426-5
本书分六章讲述白族的扎染技艺，包括大理白族扎染的历史源流，周城的概况及其扎染之乡的形成，白族扎染的工艺流程，扎染的产业与传承，扎染制品与白族的社会生活，扎染制品的种类，以及对白族扎染技艺的保护与开发。

D0515　J523.6
百工录：苗绣艺术/侯天江著.—南京：江苏凤凰美术出版社，2016年.—91页
ISBN 978-7-5344-9527-4
本书共四章，内容包括：苗族刺绣概述；苗族刺绣制作工艺；苗族刺绣的功能、价值和哲学思想；苗族刺绣作品鉴赏。

D0516　J523.6
百工录：苏绣艺术/洪锡徐，洪苏著.—南京：江苏凤凰美术出版社，2016年.—125页
ISBN 978-7-5580-0049-2
本书共三章，内容包括：传统苏绣的历史常识、现代苏绣的百年创新、苏绣的技能入门。

D0517　J523.3
北京宫毯（非物质文化遗产丛书）/曹艳红编著.—北京：北京美术摄影出版社，2012年.—152页；25cm
ISBN 978-7-80501-456-2
本书用详细的历史资料，全方位地介绍了宫毯的产生和发展，介绍了宫毯的独特技艺，也说明了宫毯的现状。

D0518　J523.3
北京宫毯织造技艺/康玉生，秦溯，李媛媛著.—北京：文化艺术出版社，2014年.—206页；24cm
ISBN 978-7-5039-5635-5
本书共分七章，内容包括：织毯技艺的历史渊源、北京宫毯织造技艺的形成与发展、北京宫毯织造技艺的实践、北京宫毯的文化内涵、北京宫毯制造技艺的传承等。

D0519　J523.4
编织（中华优秀传统艺术丛书）/黄俊编著.—长春：吉林出版集团有限责任公司，2013年.—127页
ISBN 978-7-5534-1370-9
本书介绍的内容包括编织的起源、编织的发展、编织的

特点、编织的分类、藤编的起源与发展、柳编的艺术特点、草编的艺术特点、龙须草、竹的分布、棕编的编织方法、湖南棕编等。

D0520　J523.4
　编织工艺奖特展　第1届［港台］（编织工艺奖）/黄晴文总编辑；王正雄，施金柱，张惠茹主编 .—台中：台中县立文化中心，1995年 .—87页
　　ISBN 957-00-5581-2

D0521　J523.4
　编织工艺奖特展　第2届［港台］（编织工艺奖，台中县编制工艺展览专辑）/王正雄，施金柱主编 .—台中：台中县立文化中心，1996年 .—80页
　　ISBN 957-00-7038-2

D0522　J523.4
　编织工艺奖特展　第4届［港台］（编织工艺奖，台中县编制工艺展览专辑）/黄晴文总编辑；王正雄，施金柱主编 .—台中：台中县立文化中心，1998年 .—112页
　　ISBN 957-02-0962-3

D0523　J523.4
　编织工艺奖特展　第5届［港台］（编织工艺奖）/王正雄总编辑 .—台中：台中县立文化中心，1999年 .—103页
　　ISBN 957-02-3750-3

D0524　J523.4
　编织工艺奖特展　第7届［港台］（编织工艺奖）/陈嘉瑞总编辑 .—台中：台中县立文化中心，1992年 .—159页
　　ISBN 957-01-5679-1

D0525　J523.4
　编织工艺奖特展　第8届［港台］（编织工艺奖）/施金柱，张惠茹主编 .—台中：台中县立文化中心，2005年 .—192页
　　ISBN 986-00-2089-2

D0526　J523.4
　编织工艺奖特展　第9届［港台］（编织工艺奖）/陈嘉瑞总编辑 .—台中：台中县立文化中心，2007年 .—192页
　　ISBN 978-986-01-0569-8

D0527　J523.4
　编织工艺奖特展　第10届［港台］（编织工艺奖，台中县编织工艺馆丛书）/郭恬氙总编辑 .—台中：台中县立文化中心，2009年 .—207页
　　ISBN 978-986-01-9336-7

D0528　J523.4
　编织工艺奖特展　第11届［港台］（编织工艺奖，台中市编织工艺馆丛书）/叶树姗总编辑；萧静萍主编 .—台中：

台中市政府文化局葫芦墩文化中心，2012年 .—197页
　　ISBN 978-986-03-3405-0

D0529　J523.4
　编织工艺奖特展　第12届［港台］（编织工艺奖）/林长源主编 .—台中：台中市政府文化局葫芦墩文化中心，2015年 .—184页
　　ISBN 978-986-04-7244-8

D0530　J523.2
　变与不变：植物染十年轨迹［港台］（台湾工艺推广丛书）/黄淑真主编 .—南投：台湾工艺研究发展中心，2010年 .—83页
　　ISBN 978-986-02-5268-2

D0531　J523.6
　博物　指间苏州：刺绣/林锡旦著 .—苏州：古吴轩出版社，2014年 .—239页
　　ISBN 978-7-5546-0350-5
　本书主要介绍了苏绣的历史、传承、代表作等基本知识。全书共分为八个部分，包括："针史——描龙绣凤中的文明进程""绣品——精细雅洁，称苏州绣""绣市——全盛时期的苏绣产业""绣俗——绣在骨子里的传统和性格""绣谱——针线在尺幅间呼吸"等。

D0532　TS106
　布艺上的昆曲：昆曲艺术视觉符号在家纺产品设计中的应用研究/高小红，雷杨著 .—北京：中国纺织出版社，2018年 .—252页
　　ISBN 978-7-5180-5352-0
　本书探讨了昆曲艺术视觉元素在现代艺术设计中的符号化应用，以家纺产品造型设计为载体，通过文字说明、图片和案例分析，对昆曲艺术视觉符号在家纺产品设计中的应用方法、过程、特点等进行了详尽的解析。

D0533　J523.6
　彩色刺绣巧艺［港台］/何逸梅编著 .—香港：万里书店，1989年 .—106页
　本书内容包括刺绣用具和材料、十字刺绣、法国刺绣和刺绣针步法。

D0534　J523.1
　彩色经纬：条格织物设计/沈干著 .—北京：化学工业出版社，2006年 .—277页（被引14）
　　ISBN 7-5025-7216-3
　本书由两部分构成，第一部分介绍设计方法、配色技巧以及CAD系统在条格织物设计上的应用等；第二部分为附录，向读者集中展示了500余幅棉、毛、丝、麻、化纤等材料制织的彩色条格实物照片。

D0535　J523.2
　苍南蓝夹缬（文化苍南）/杨思好编文；萧云集，杨思

好绘.—杭州：中国美术学院出版社，2007年

    ISBN 7-81083-554-8

本书介绍苍南非物质文化中的蓝夹缬工艺。

D0536 J523.6

藏族织绣（职业技能培训教材）/四川省劳务开发暨农民工工作领导小组办公室，阿坝藏族羌族自治州劳务开发暨农民工工作领导小组办公室，少数民族非物质文化遗产职业技能培训教材丛书编著.—成都：四川民族出版社，2019年.—124页

    ISBN 978-7-5409-8175-4

本书对藏族织绣的具体制作方法进行了深入浅出的讲解。

D0537 J523.2

草木·色：植物染笔记/汤琼著.—昆明：云南科技出版社，2017年.—183页

    ISBN 978-7-5587-1077-3

本书在古代方法的基础上进行了 DIY 创新染法，并在每一个植物染案例里，都附有清新优美的散文与随笔，书写关于植物染的有趣历史，娓娓述说关于植物的动人回忆与情愫，并由植物与做植物染的过程引发对人生意义、价值观、审美观的思考。

D0538 TS193

草木染大全：500 多种染色样本，实时对照染色成果
[译]/（日）箕轮直子著；伊帆译.—郑州：河南科学技术出版社，2019年.—232页；26cm

    ISBN 978-7-5349-9415-9

本书详细介绍了能作为染料的常见植物的生长习性，以及用之染色需要注意的事项、染色步骤、染色技巧、染色工具和媒染物等，并将各种植物在不同情况下的染色结果的样本呈现出来，使读者易于对照，便于操作。

D0539 TS193

草木染服饰设计/张丽琴著.—上海：东华大学出版社，2018年.—111页；29cm

    ISBN 978-7-5669-1468-2

本书共分五章，内容包括：草木韶言、染色要诀、草木之色、纹饰之技、草木之服。

D0540 TS193

草木染色，这样玩最清新！[译]/（日）箕轮直子著；杜慧鑫译.—武汉：华中科技大学出版社，2017年.—127页；24cm

    ISBN 978-7-5680-2665-9

本书详细介绍了染料、基础染色方法、染色步骤、染色案例和染色色样，还包罗了煎煮染、生叶染、鲜花染等传统染色工艺，图解清晰，易学易做。

D0541 J523.2

姹紫嫣红：台湾特色染织绣工艺文化［港台］（台湾工艺文化丛书）/谭华龄，杨孟蓉著.—南投：台湾工艺研究发展中心，2011年

    ISBN 978-986-02-9140-7

本书建立民众对于工艺生活美学的基本概念，并透过对工艺的鉴赏，体味时代与族群的共同记忆及美感经验，透过深入浅出、图文并茂的撰写方式，让民众在轻松阅读中，打开工艺之门，领会工艺之美。

D0542 J523.6

常州乱针绣（符号江苏精选本）/洪锡徐，孙燕云著.—南京：江苏凤凰美术出版社，2019年.—192页

    ISBN 978-7-5580-6563-7

本书介绍一种工艺美术作品：常州乱针绣。内容包括：世界刺绣·中国刺绣、江南苏绣、闺阁神针领风骚·顾绣开启新苏绣、平绣流传千年·乱针意义何在、乱针绣的开创者杨守玉等。

D0543 J523.6

常州乱针绣制作工艺/占必传主编.—南京：东南大学出版社，2012年

    ISBN 978-8-80742-455-2

D0544 J523.6

超图解学刺绣/李娜，程灵主编.—北京：北京理工大学出版社，2014年.—112页

    ISBN 978-7-5640-9239-9

本书介绍了几十种小图样以及绣有图样的手包、帽子、眼镜盒、针线筐盖子等小对象的刺绣方法。设计独特、情趣十足的刺绣小样可以装点服饰或小物品，使其立即产生与众不同的韵味。

D0545 J523.6

潮绣/黄炎藩著.—广州：岭南美术出版社，2014年.—272页

    ISBN 978-7-5362-5617-0

本书以历史流变过程为线，按时间发展介绍了我国四大名绣之一——粤绣中之潮绣的历史和其针法、制作技艺、主要品种、衍生品种、主要特点及近代代表绣师等各种情况。

D0546 J523.6

潮绣抽纱（岭南文化知识丛书）/杨坚平编著.—广州：广东人民出版社，2005年.—111页

    ISBN 7-218-05132-4

本书包括：潮绣发展概说；刺绣艺苑中一枝独秀；潮绣是源，抽纱是流；万花筒般的抽纱品类；从刺绣、抽纱到通锦绣等十部分。

D0547 J523.6

潮州民间美术全集 **潮绣抽纱**（潮州民间美术全集）/杨坚平编著.—汕头：汕头大学出版社，2002年.—223页

    ISBN 7-81036-428-6

D0548 J523.6

潮州民间美术全集 潮绣抽纱 第2版（潮州民间美术全集）/杨坚平编著.—汕头：汕头大学出版社，2004年.—207页

　　ISBN 7-81036-898-2

　　本书对潮绣进行图文介绍。潮绣用于寺院、戏台陈设品，艺术风格以浑厚见长，工艺技法以垫高立体为主，色彩浓烈。

D0549 J523.6

陈克艺术回顾：与台绣半个世纪的锦绣良缘/台州市台绣文化发展有限公司，台州市台绣艺术馆主编.—杭州：浙江大学出版社，2015年.—151页

　　ISBN 978-7-308-14429-2

　　本书介绍了台州刺绣第二代传承代表人陈克从事台绣创作的人生历程，从作品创作、工艺发明、生产管理、理论研究等方面尽其承前启后的历史责任，同时也描绘出了近半个世纪台绣艺术发展的历史画卷。

D0550 J523.2

陈宁康蜡染纪念文集/陈宁康著.—上海：学林出版社，2005年.—478页

　　ISBN 7-80730-001-9

　　本书包括渊源篇、探根篇、求索篇、寻梦篇、面壁篇五部分，展现了陈宁康教授在蜡染方面取得的成就。

D0551 J523.2

承续与变迁：西南传统染缬工艺文化研究/余强著.—北京：中国纺织出版社有限公司，2020年.—182页

　　ISBN 978-7-5180-6910-1

　　本书对染缬所包含的夹缬、蜡缬、绞缬和灰缬的缘起、发展和工艺特征，作了较为详尽的阐释。重点从西南地区传统染缬工艺入手，对保存较为完整的民间印染工艺进行调查分析，并结合相关的历史文献和考古资料，相互印证，以试图重新梳理其发生、发展的历史脉络，同时也立足于染缬的历史背景与相关维度的相互联系与影响，对一些被认为是常识的概念，加以必要的审视和重新辨析。

D0552 J523.6

城固架花/城固县文化馆，城固县非物质遗产保护中心编著.—西安：三秦出版社，2015年.—147页

　　ISBN 978-7-5518-1110-1

　　本书是陕西省非物质文化遗产保护项目成果，介绍架花的起源、特征、种类、构图、代表性作品五果花，以及架花的非遗传承人。

D0553 J523.2

出·好色：植物染的奇幻世界［港台］（台湾工艺推广丛书）/黄淑真主编.—南投：台湾工艺研究所，2008年.—72页

　　ISBN 978-986-01-5976-9

D0554 J523.6

穿在身上的史书：乳源瑶绣解读与应用/陈赞民著.—广州：广东人民出版社，2013年.—222页

　　ISBN 978-7-218-09035-1

　　本书从瑶族历史文化的角度，结合美术创作的感受，试谈对乳源瑶绣图案的解读以及如何改编与应用。

D0555 J523.6

传承·发展——阿坝州嘉绒藏族织绣研究/杨嘉铭，杨艺，冯旸著.—成都：四川民族出版社，2015年.—166页

　　ISBN 978-7-5409-5987-6

　　本书分为四章，内容包括中华传统织绣钩沉、嘉绒藏区传统织绣的历史探索、嘉绒藏族传统织绣的基本技法、嘉绒藏族传统织绣的保护与发展等。

D0556 J523.2

传承与创新：中国台湾与日本蓝染文化讲座研讨会论文专辑［港台］（台湾工艺文化丛书）/马芬妹主编；道明三保子等著.—南投：台湾工艺研究所，2015年.—223页

　　ISBN 978-986-01-5443-6

D0557 J523.6

传统广绣美学/胡大芬，雷动著.—北京：中国轻工业出版社，2019年.—232页；29cm

　　ISBN 978-7-5184-2148-0

　　本书系统地对传统广绣工艺技术作整理并深入研究，尤其是从大量的田野调研中，深入细致地研究分析，从珍贵的广绣文物中提取、归纳、总结。

D0558 J523.6

传统广绣针法工艺全集/胡大芬，广州绣品工艺厂有限公司著.—北京：中国轻工业出版社，2014年.—261页；29cm

　　ISBN 978-7-5019-9630-8

　　本书对广绣传统丝绒刺绣针法进行整理、分析和研究，着重研究其操作方法、成品效果以及各时期针法效果的对比。具体介绍了绒线与起收针、平针类、咬针类、编织类、立体绣等内容。

D0559 J523.2

传统手工印染艺术与现代应用/陈素华，张语珊著.—哈尔滨：黑龙江美术出版社，2019年.—74页

　　ISBN 978-7-5593-5152-4

　　本书共四章，主要内容包括传统手工印染概述、传统手工印染艺术——扎染、传统手工印染艺术——蜡染、传统手工印染艺术——梁平蓝印花布。

D0560 J523.2

传统印染（图说中国非物质文化遗产）/刘莹著.—武汉：湖北美术出版社，2018年.—93页；23cm

　　ISBN 978-7-5394-9085-4

　　本书由历史沿革、种类与产地分布、制作工具及工艺流

程、保护与传承、作品赏析五部分构成。具体介绍了蜡染、扎染、夹缬和蓝印花布的制作工具及工艺流程。

D0561 J523.2
传统印染织绣艺术：生活尽染（中华传统艺术教育系列）/张抒著．—重庆：西南师范大学出版社，2009年．—113页
ISBN 978-7-5621-4385-7
本书共分七章，其中第一章至第六章又分作若干小节，除第一章阐述丝、织、绣外，其余五个章节将分门别类对有特点的印染种类做介绍。第七章则是历代印染织绣的精品鉴赏。

D0562 J523.2
创艺时用：98.99陶瓷蓝染研究成果专辑［港台］（台湾工艺推广丛书）/姚仁宽主编．—南投：台湾工艺研究发展中心，2011年．—95页
ISBN 978-986-03-0459-6

D0563 J523.2
创意手工染［译］/（美）凯特·布劳顿著；陈英，张丽平译．—北京：中国纺织出版社，2008年．—138页
ISBN 978-7-5064-4670-9
本书共分8章，分别介绍了不同类型的手工印染技法，并在每章开始时简单地讲解了纤维和染料的基础知识，同时，每章后还展示了纺织品艺术大师们创作的大量图样作品。

D0564 J523.2
创意手工印花实验室［译］/（英）凡妮莎·慕西著；余相宜译．—上海：上海人民美术出版社，2016年．—171页
ISBN 978-7-5322-9702-3
本书分享了23个循序渐进的版画案例，包括在丝巾、靠垫套、项链、衬衫、贺卡、镜子甚至壁纸上印制图案，每个案例都附有排解疑难的小技巧、简单实用的范本以及条理清晰的步骤说明。

D0565 J523.6
刺绣（中国民俗文化丛书）/郑姗姗编著．—北京：中国社会出版社，2009年．—217页
ISBN 978-7-5087-1932-0
本书内容包括：刺绣的起源和历史沿革、刺绣文化与民俗、刺绣工艺、刺绣针法、刺绣艺术与审美、著名绣种、刺绣名家等。

D0566 J523.6
刺绣　维吾尔文/艾克巴尔·达吾提编．—乌鲁木齐：新疆人民出版社，2007年．—112页
ISBN 7-228-11109-5
本书介绍了刺绣的历史、意义、原料、种类和技术要求。

D0567 J523.6
刺绣　汉英对照（中国红）/童芸编著．—合肥：黄山书社，2012年．—178页
ISBN 978-7-5461-2718-7
本书就刺绣的历史、各地刺绣名品的特点，以及常见的刺绣图案，向读者介绍中国刺绣艺术。

D0568 J523.6
刺绣　中英文版/读图时代公司编．—合肥：黄山书社，2014年．—178页
ISBN 978-7-5461-4247-0

D0569 J523.6
刺绣（中华优秀传统艺术丛书）/张秀丽编著．—长春：吉林出版集团有限责任公司，2013年．—127页
ISBN 978-7-5534-1373-0
本书主要内容包括：刺绣的起源、先秦刺绣、汉魏刺绣、隋唐五代刺绣、宋代刺绣、元代刺绣、明代刺绣等。

D0570 J523.6
刺绣（西北民间艺术品典藏丛书）/南文魁著．—西宁：青海民族出版社，2014年．—373页
ISBN 978-7-5420-2235-6
本书研究了西北地区民族民间刺绣与著名的蜀绣、湘绣、粤绣和苏绣及其他著名刺绣的区别。

D0571 J523.6
刺绣/童芸编著．—合肥：黄山书社，2014年．—181页
ISBN 978-7-5461-4571-6
本书就刺绣的历史、各地刺绣名品的特点，以及常见的刺绣图案，向读者介绍中国刺绣艺术。主要内容包括：刺绣渊源；地方名绣；刺绣图案。

D0572 J523.6
刺绣/张静娟，李友友编著．—北京：中国旅游出版社，2015年．—165页
ISBN 978-7-5032-5271-6
本书主要从中国民间手工刺绣遗存地出发，介绍中国民间手工刺绣的精品与刺绣精品背后的故事。

D0573 J523.6
刺绣（《印象中国》丛书）/童芸编著．—合肥：黄山书社，2016年．—178页
ISBN 978-7-5461-4138-1
本书以图文并茂的形式，介绍了中国刺绣的起源与历史、不同地区的刺绣、刺绣名品等内容，为读者呈现中国刺绣的风采与丰富的文化内涵。

D0574 J523.6
刺绣/廖春妹著．—重庆：重庆出版社，2019年．—91页；24cm
ISBN 978-7-229-13510-2

本书共 6 部分，内容包括：民间刺绣概述、民间刺绣的历史沿革、民间刺绣主要种类与分布、民间刺绣工艺与运用、民间刺绣作品赏析、民间刺绣的保护和传承等。

D0575　J523.6

刺绣抽纱技法/李永平著 .—北京：金盾出版社，1995年 .—118 页

ISBN 7-80022-999-8

本书收录了各类刺绣和抽纱实物图案。

D0576　J523.6

刺绣基础大全（手工书系）/金珍珠 .—海口：南海出版公司，2008 年 .—300 页

ISBN 978-7-5442-4102-1

本书介绍刺绣的基础知识。

D0577　J523.6

刺绣艺术设计/钱雪梅，龚建培，阮洪妮著 .—重庆：西南师范大学出版社，2017 年 .—127 页

ISBN 978-7-5621-8902-2

本书围绕刺绣文化发展、刺绣产品与生活，深入手绣与机绣的设计进行分析，对手绣与机绣的共性和各自特点以及机绣操作流程规范等展开研究，并辅以大量优秀的刺绣艺术设计实例图片。

D0578　J523.6

刺绣艺术设计教程（染织工艺设计系列教材　北京市高等教育精品教材立项项目）/陈立编著 .—北京：清华大学出版社，2005 年 .—175 页

ISBN 7-302-11284-3

本书全面系统地介绍了中国传统刺绣发展的历史，论述了刺绣艺术设计、工艺制作、民族、民间、中外刺绣艺术的特点与比较等内容。

D0579　J523.6

刺绣与当代生活：2018 潮州国际刺绣艺术双年展论文集/李当岐主编；2018 潮州国际刺绣艺术双年展组织委员会编 .—北京：中国纺织出版社有限公司，2019 年 .—174页；29cm

ISBN 978-7-5180-6554-7

本书共征集学术论文 31 篇，分为刺绣艺术历史研究、我国少数民族及国外刺绣艺术研究和刺绣艺术传承与创新研究三方面，收录了《马尾绣工艺在现代服装中的创新应用》《刺绣艺术当代性探析》《当代社会境遇下的绿春哈尼族服饰刺绣工艺》等文章。

D0580　J523.6

刺绣与当代生活：2018 潮州国际刺绣艺术双年展作品集/李当岐主编；2018 潮州国际刺绣艺术双年展组织委员会编 .—北京：中国纺织出版社有限公司，2019 年 .—172 页

ISBN 978-7-5180-5771-9

本书收录了来自全国各地刺绣类非遗传人、专家学者以及相关院校师生的优秀作品，分别从刺绣的文化研究、技艺研究、设计创新及人才培养几方面进行深入探讨。

D0581　J523.6

刺绣针法百种：简史与示范［港台］/粘碧华著 .—台北：雄狮图书股份有限公司，2003 年 .—143 页

ISBN 957-474-051-X

D0582　J523.1

大安溪流域泰雅族织布技法书　初阶版［港台］/方钧玮主编；尤玛·达陆，方钧玮著 .—台东：台湾史前文化博物馆，2016 年 .—196 页

ISBN 978-986-04-8044-3

本书作者将多年收集的各式各样的针法，配合详细的步骤插图与精美作品图片，依其简繁难易的秩序，整理成九大针法系列：直针、锁针、打子、平金、拼布、编织针、复合针法等。

D0583　TS104

大布制作　维吾尔文（维吾尔手工艺丛书）/买买提明·沙比尔编 .—乌鲁木齐：新疆人民出版社，2008 年 .—199 页

ISBN 978-7-228-11229-6

本书主要介绍了新疆的棉花业及大布业概述，大布产品及其特点，绣大布线，大布纺织业，大布产品的染发染料及其特点，大布染料业等方面的内容。

D0584　J523.2

丹寨蜡染（中国民间美术丛书）/马正荣，华年编著 .—长沙：湖南美术出版社，1999 年 .—40 页；26cm

ISBN 7-5356-1277-6

D0585　J523.6

当代蜀锦蜀绣技艺/朱利容著 .—成都：四川美术出版社，2010 年 .—160 页

ISBN 7-5410-4324-6

本书分为上篇和下篇，上篇以设计开发当代蜀锦产品为主线，阐述应用纹织 CAD 进行当代蜀锦新产品设计的技艺，下篇主要介绍蜀绣技艺的历史和传承，介绍当代具有代表性的蜀绣大师及其代表作品，介绍蜀绣手工刺绣材料工具及使用方法。

D0586　J523.1

德宏傣族织锦工艺（云南少数民族民间工艺系列丛书）/云南省民间文艺家协会，德宏州民间文艺家协会编 .—芒市：德宏民族出版社，2016 年 .—289 页

ISBN 978-7-5558-0414-7

本书主要介绍德宏傣族的织锦工艺，内容包括：芒市傣族织锦工艺、梁河傣族织锦工艺、盈江傣族织锦工艺等。

D0587　J523.1

德宏少数民族织锦/胡兰英，甘元忠主编 .—潞西：德宏

民族出版社，2012年．—232页

ISBN 978-7-80750-628-7

本书主要收集整理有：傣族的织锦、景颇族的织锦、阿昌族的织锦、傈僳族的织锦、德昂族的织锦，以摄影作品记录下来。

D0588 J523.3

地毯工艺/轻工业部工艺美术局编．—北京：轻工业出版社，1958年．—56页；19cm

统一书号 15042·417

本书介绍了天津地毯的全部工艺过程，其中包括用毛的品种和特点，纺、染毛纱、剪片、洗毯等操作规程，还选集了各种图案设计。

D0589 J523.3

地毯设计/吴一源，李峰编著．—北京：中国轻工业出版社，2019年．—112页

ISBN 978-7-5184-2575-4

本书分六章阐述了地毯设计的发展历史、地毯设计的基本分类以及地毯在整体空间中的作用；探讨地毯原创设计的灵感来源；讲解地毯设计的配色方法等。

D0590 J523.3

地毯图案设计/冯金茂著．—北京：北京工艺美术出版社，1992年．—218页；20cm

ISBN 7-80526-080-X

本书介绍了北京地毯图案的设计规律，包括22类，计185幅常用地毯纹样。

D0591 J523.2

第一次玩草木染［译］/［日］靓丽社编．—北京：化学工业出版社，2011年．—72页

ISBN 978-7-122-11150-0

本书使用日常生活中常见的栗子壳、洋葱皮、草叶、花瓣甚至咖啡、茶叶，就可以为棉布、丝巾、毛线等各种物品染上漂亮的颜色。

D0592 J523.6

广东丝绸画册［港台］/广东省丝绸（集团）公司，《广东省志·丝绸志》编委会办公室编．—香港：中国评论学术出版社，2003年．—161页

ISBN 988-9-755270

D0593 J523.6

东台发绣艺术/虞静东，杨志龙主编．—镇江：江苏大学出版社，2015年．—157页

ISBN 978-7-81130-936-2

本书介绍了东台发绣的历史渊源、发展现状、代表人物及其作品，并对东台发绣的工具材料、制作工艺、艺术实践、鉴赏与分析等方面进行了详细讲解。

D0594 J523.1

侗锦艺术的创新与应用/刘小玲，张宏著．—长春：吉林文史出版社，2017年．—201页

ISBN 978-7-5472-3974-2

本书从侗锦的历史渊源和分布地域开篇，详解了侗锦的分类、图案纹样艺术及织造工具和工艺，并对侗锦在当代社会中的传承和发展途径进行了探讨。

D0595 J523.1

敦煌莫高窟唐代团花纹样研究（中国传统服饰文化系列丛书）/张春佳著．—北京：中国纺织出版社有限公司，2020年．—181页；29cm

ISBN 978-7-5180-6549-3

本书针对敦煌不同时期洞窟内壁画、彩塑上的服饰的形制、色彩、纹样进行梳理和比对研究，利用历史学、图像学等方面的理论深入挖掘其根源性的形成原因和流变状态，并分析这些服饰相关构成元素所展现出来的不同领域的价值。

D0596 J523.1

敦煌丝绸艺术全集 英藏卷/赵丰主编．—上海：东华大学出版社，2007年．—348页

ISBN 978-7-81111-196-5

《英藏卷》分论文、图录、总表和附录四部分，介绍了敦煌丝绸，具体内容包括：伦敦收藏的敦煌丝绸、敦煌丝绸的类型与分期、敦煌文书中记载的织物使用情况等。

D0597 J523.1

敦煌丝绸艺术全集 法藏卷/赵丰主编．—上海：东华大学出版社，2010年．—305页

ISBN 978-7-81111-738-7

《法藏卷》是继《英藏卷》之后全集的第二卷，敦煌艺术全集拟全面、系统、科学地整理和研究敦煌出土的丝织物。本卷是以现藏在法国吉美博物馆的自敦煌藏经洞发现以来莫高窟出土的历代丝织物为内容。

D0598 J523.1

敦煌丝绸艺术全集 法藏卷 英文版/赵丰主编．—上海：东华大学出版社，2012年．—314页

ISBN 978-7-81111-974-9

本书是继2007年发行的《敦煌丝绸艺术全集（英藏卷）》后该系列的第二部图书，经过中、法双方近三年的研究和整理后问世。全书收录了法国吉美博物馆、法国国家图书馆等收藏的200多件敦煌纺织品文物，并对150件文物进行详细分析和解读。

D0599 J523.1

敦煌丝绸艺术全集 俄藏卷/赵丰主编．—上海：东华大学出版社，2014年．—183页

ISBN 978-7-5669-0699-1

《俄藏卷》分论文、图录、总表和附录四部分，记录了俄罗斯艾尔米塔什博物馆的敦煌丝绸藏品。

D0600 J523.1

敦煌丝绸艺术全集 俄藏卷 英文版/赵丰主编．—上海：东华大学出版社，2014年．—185页

ISBN 978-7-5669-0698-4

本书分为论文、图录、总表和附录四大部分，主要内容包括：艾尔米塔什博物馆2015华诞；敦煌发现的绮的生产及技术研究；丝绸之路沿途出土的动物纹夹缬，织物缬、绘、刺绣等。

D0601 J523.1

敦煌丝绸与丝绸之路/赵丰主编．—北京：中华书局，2009年．—415页；21cm

ISBN 978-7-101-06375-2

本书以敦煌出土的自北魏至元代的丝织品，包括用织、染、刺绣三种基本技法制成的佛幡、经帙、残片等各种以编织纤维为材质的文物为主要研究对象，以中华人民共和国成立后考古发掘品为主，同时结合国外收藏的敦煌丝织品实物，从历史的、技术的、艺术的层面，对敦煌丝绸进行了综合的研究。附录"敦煌文书中的丝绸记载"收录了大量的丝绸信息。

D0602 J523.6

鄂尔多斯蒙古刺绣 蒙文/鄂尔多斯市鄂托克前旗民族宗教事务局汇编．—海拉尔：内蒙古文化出版社，2015年．—129页

ISBN 978-7-5521-0999-3

本书以图片为主，文字为铺，搜集整理了鄂尔多斯地区范围内的蒙古族经典刺绣作品，展现出鄂尔多斯蒙古民族的历史传统文化内涵及地区农牧民的生产生活方式和特点，作品内容有鼻烟壶袋、蒙古族妇女头饰、烟袋、蒙古传统服饰、针线包等生活用品为主的刺绣作品图片。

D0603 J523.6

鄂尔多斯蒙古族传统刺绣艺术 蒙文/查干德格德，阿拉坦道布其编著．—海拉尔：内蒙古文化出版社，2016年．—325页

ISBN 978-7-5521-1156-9

本书以大量的资料介绍鄂尔多斯蒙古族传统刺绣工艺，展现鄂尔多斯蒙古族传统刺绣艺术，资料翔实，图文并茂，具有很高的收藏和研究价值。

D0604 J523.6

鄂尔多斯绣斯 蒙文/格·德格吉日夫著．—海拉尔：内蒙古文化出版社，2014年．—152页

ISBN 978-7-5521-0735-7

本书主要描绘了鄂尔多斯蒙古族人的做绣斯的全部过程和细节，选绵羊作羊背胴体，入锅烹制，献上羊背子以及其膳用讲究的习俗和绣斯祝颂及相关祝颂、禁忌等鄂尔多斯蒙古族全羊宴一系列传统礼节等，对了解当地民俗和民风有很高的参考价值。

D0605 J523.1

纺织品色彩设计（纺织高等教育"十五"部委级规划教材）/荆妙蕾主编．—北京：中国纺织出版社，2004年．—232页（被引64）

ISBN 7-5064-3086-X

本书介绍了色彩的基本知识和色彩的心理感觉，并在此基础上研究了色彩在不同风格色织物、室内装饰织物及服装设计中的应用；分析了纺织品色彩与面料的关系和纺织品的着色加工方法等内容。

D0606 J523.1

纺织品图案/张丽丽绘．—沈阳：辽宁科学技术出版社，2007年．—256页；19cm×19cm（被引5）

ISBN 978-7-5381-5183-1

本书绘制了近500个图案，按最新纺织品流行趋势分为风雅、愉悦、生机、激情、秩序五个章节。

D0607 J523.1

纺织品图案设计（高等教育艺术设计专业"十一五"部委级规划教材 本科）/徐百佳主编．—北京：中国纺织出版社，2009年．—110页（被引39）

ISBN 978-7-5064-5597-8

本书从纺织品图案设计基础开始讲起，再到纺织品印花图案设计、织花图案设计以及手工染织绣图案设计与制作，所有一切都有具体的讲解。

D0608 J523.1

纺织品图案设计基础/黄国松等编著．—北京：纺织工业出版社，1990年．—157页

ISBN 7-5064-0406-0

本书介绍了纺织图案设计的理论和基本技能，包括图案艺术构思、造型和技法，图案色彩设计和图案设计的构成。

D0609 J523.1

纺织品图案设计赏析/孙建国著．—北京：化学工业出版社，2013年．—92页

ISBN 978-7-122-18264-7

本书基于纺织品设计的基本工艺特点，从规格、布局、接版、纺织图案的排列及色彩基础知识等方面做了系统、全面的阐述。

D0610 J523.1

纺织品图案设计学/温润主编．—北京：中国纺织出版社有限公司，2020年．—170页；26cm

ISBN 978-7-5180-7766-3

本书概述了纺织品图案相关内容，介绍了纺织品图案的题材和典型风格，讲解了纺织品图案设计的方法论、色彩学原理与搭配法则、纺织品前道环节与后道载体的特点，以及这些理论对纺织品图案设计的影响与助推，阐述了纺织品图案设计与消费市场的关系，强调了市场对图案设计的重要性。

D0611 J523.1

纺织品图案设计与应用（艺术设计新视点·新思维·新

方法丛书）/周慧主编 . —北京：化学工业出版社，2016
年 . —154 页

　　ISBN 978-7-122-27817-3

　　本书介绍了纺织品图案的题材与风格、构图与接版、常
用技法与特种技法、色彩的设计与搭配和针对不同工艺进行
图案设计等内容。

D0612　J523.1

　　纺织品图案与色彩设计研究/尚玉珍著 . —北京：中国纺
织出版社有限公司，2020 年 . —159 页；23cm

　　ISBN 978-7-5180-6700-8

　　本书针对纺织品设计中的核心要素——图案与色彩设计
进行研究，介绍纺织品图案的基础知识、设计方法以及工艺
表现，色彩的基本知识、色彩的心理感觉以及色彩设计，并
且阐述图案与色彩设计在服饰面料和家纺面料等领域的
应用。

D0613　J523.1

　　纺织品艺术设计（高等艺术设计专业系列教材）/崔唯
等编著 . —北京：中国纺织出版社，2004 年 . —156 页

　　ISBN 7-5064-2932-2

　　本书分为七章，分别介绍了数码印花纺织品设计、旅游
纺织品设计、创意织物设计、地毯艺术设计、家用纺织品造
型设计等内容。

D0614　J523.1

　　纺织品艺术设计　第 2 版（普通高等教育"十一五"国
家级规划教材　本科）/崔唯，肖彬编著 . —北京：中国纺织
出版社，2010 年 . —124 页

　　ISBN 978-7-5064-6840-4

　　本书包含了传统纺织品艺术设计领域的主要范畴，还对
近年来国内外纺织领域新兴的数码印花设计、创意织物设
计、旅游纺织纪念品设计等予以了系统介绍。

D0615　J523.1

　　纺织品艺术设计（"十二五"普通高等教育本科国家级
规划教材）/崔唯，肖彬主编 . —北京：中国纺织出版社，
2016 年 . —164 页

　　ISBN 978-7-5180-2874-0

　　本书包含了传统纺织品艺术设计领域的主要范畴，如地
毯、室内纺织品整体设计、纤维艺术等，同时，还对近年来
国内外纺织领域新兴的数码印花设计、创意织物设计、旅游
纺织纪念品设计、流行色趋势与设计的基本概念、创作原
理、工艺手段、发展趋势等予以了系统介绍。

D0616　J523.2

　　纺织品印花图案设计［译］（国际时尚设计丛书）/
（英）亚历克斯·罗素著；程悦杰，高琪译 . —北京：中国纺
织出版社，2015 年 . —200 页

　　ISBN 978-7-5180-1116-2

　　本书既阐述了纺织品印花图案设计的发展历程和职业要
求，又介绍了设计的程序、各种设计元素和方法，内容涉及

色彩、风格、工业化标准、设计制作、相关计算机数字信息
处理技术等，符合现代设计的发展趋势，并且配合案例进行
了说明。

D0617　J523

　　纺织图志/《纺织图志》编委会编 . —贵阳：贵州人民出
版社，2014 年

　　ISBN 978-7-221-12373-2

　　本书用图像人类学的方法记录了贵州少数民族织布、织
锦的器具和四百种不同花纹图案以及丰富的内涵。

D0618　J523.6

　　非遗保护视野中的宁波金银彩绣/张霞儿著 . —北京：中
国水利水电出版社，2019 年 . —222 页

　　ISBN 978-7-5170-7653-7

　　本书从宁波金银彩绣传承名称、传承人到传承基地"三
位一体"着手，从历史源流、现代传承、工艺之美、内涵之
美、经典绣品及其前景与希望等方面展开，通过图文并茂的
表现手法较全面地展示宁波金银彩绣的多彩面貌。

D0619　J533.2

　　非洲经典染织与印花设计/王华著 . —上海：东华大学出
版社，2012 年 . —96 页

　　ISBN 978-7-81111-989-3

　　本书首先对非洲染织与印花技术、染织文化与纹样进行
系统、深入的研究，分别对非洲阿散蒂染织物和埃维染织物
的设计元素进行提炼。

D0620　J523.1

　　费尔岛针织品设计与工艺/张茜编著 . —北京：中国纺织
出版社，2018 年 . —162 页

　　ISBN 978-7-5180-5510-4

　　本书主要分为四个章节，分别从费尔岛针织品的定义范
畴、历史文化、传统设计元素与设计方法、创新设计思路与
设计方法四个方面进行阐述。

D0621　J523.2

　　风华再现植物染［港台］（植物染丛书）/陈姗姗编
著 . —台北：全华科技图书股份有限公司，2006 年 . —118 页

　　ISBN 957-21-5441-9

　　本书为作者以数十种植物作为染色原料，亲自试验所
得，用深入浅出的方式将植物染的工料、工序及工法作整体
介绍。

D0622　J523.2

　　凤凰蓝印花布艺术/韩慧荣著 . —北京：北京联合出版有
限责任公司，2020 年 . —178 页；26cm

　　ISBN 978-7-5596-3213-5

　　本书分为六章，涵盖了凤凰蓝印花布的各个层面，从凤
凰地区蓝印花布的历史渊源、地理环境、人文背景、文化空
间等角度入手，对蓝印花布的工具材料、工艺流程、应用范
围、纹样特点、造型语言、民俗内涵以及制作技艺的传承脉

络进行记录。

D0623　J523.2

服饰手工印染设计与工艺/邢洁编著.—北京：中国文联出版社，2016年.—28页

ISBN 978-7-5190-1091-1

本书主要对面料的传统手工印染从艺术特色、文化起源、方法、工艺、设计方法等方面进行介绍。内容包括：手工印染之手绘、手工印染之扎染、手工印染之蜡染等。

D0624　J523.2

服装·染织艺术设计/宫六朝主编.—石家庄：花山文艺出版社，2002年.—114页；29cm

ISBN 7-80673-146-6

本书主要内容包括：材料的再造就；设计本质略说；服装设计创意与表现教学刍议；谈时装画与时装设计效果图的美感等。

D0625　J523.2

服装染织设计/张秋山，李微主编.—武汉：湖北科学技术出版社，2004年.—62页；30cm

ISBN 7-5352-3286-8

本书共分五部分，内容包括：服装效果图基础、用线表现服装、服装设计应考要点、设计方案的配色、染织设计、花卉写生、作品分析等。

D0626　J523.1

符号与记忆　黎族织锦文化研究（黎族研究大系丛书）/孙海兰，焦勇勤著.—上海：上海大学出版社，2012年.—299页

ISBN 978-7-81118-923-0

本书作者走访了海南省黎族五大支系23个村寨，在此基础上系统甄别挑选除最具有代表性的黎族传统筒裙163条，绘制完成539种形态各异的纹样，完整涵盖了动物纹样、人物纹样、植物纹样、字符纹样、复合纹样、几何纹样等诸多种类，并运用民族学、历史学、考古学、艺术学及文化阐释和符号象征理论，从黎锦蛙纹、人形纹等纹样入手，全面分析了黎锦纹样所内蕴的生殖崇拜、祖先崇拜等符号意义与社会文化内涵。

D0627　J523.4

科技进步与纤维艺术发展：从洛桑到北京：2010年国际纤维艺术学术研讨会论文集（国际纤维艺术学术研讨会）/林乐成，尼跃红主编.—北京：中国建筑工业出版社，2010年202页

ISBN 978-7-112-12528-9

本书为第六届从洛桑到北京国际纤维艺术研讨会论文集，共收录各国纤维艺术家的论文39篇，旨在理清民族文化迈向现代化的线索，拓展新材料、新技术的应用领域。

D0628　J523.2

福建蜡染艺术/洪福远著.—贵阳：贵州人民出版社，

2009年.—203页；29cm

ISBN 978-7-221-08466-8

本书收录了洪福远设计的蜡染图案400多幅，包括继承民间艺术篇，弘扬中华文化篇，寄情山水民俗篇等。

D0629　J523.6

高平民间刺绣（高平非物质文化遗产保护丛书）/安新鲜著.—北京：北京工艺美术出版社，2011年.—148页

ISBN 978-7-5140-0033-7

本书详细介绍了高平地区的民间刺绣，具体包括有：兜肚、兜肚嘴、帽尾、针扎包、胸饰、枕头顶、围裙角等内容。

D0630　J523.2

各美与共生：中日夹缬比较研究/张琴主编.—北京：中华书局，2016年.—249页

ISBN 978-7-101-11600-7

本书主要内容包括：中日三种传统夹缬的四点比较；浙南地区的蓝夹缬；附录：蓝夹缬工艺流程图解；日本近世以来的板缔；日本的红板缔；附录：红板缔工艺流程图解；日本的蓝板缔；附录：蓝板缔工艺流程图解等。

D0631　J523.6

宫廷杭绣针法教程/陈柳蓉，赵亦军编著.—杭州：浙江工商大学出版社，2018年.—103页

ISBN 978-7-5178-2769-6

本书介绍了杭绣的发展历史，着重介绍南宋宫廷刺绣的艺术特色与针法，帮助读者在传承宫廷杭绣传统手工艺的基础上加以创新，设计出具有宫廷刺绣特色的创新产品。

D0632　J523.4

钩针编织新花样300/王恺编.—济南：山东美术出版社，1995年.—152页

ISBN 7-5330-0914-2

本书内容分款式篇、配色篇、图案篇、饰物篇、针法简介、编织图。

D0633　J523.6

古典新读绣谱（古典新读丛书）/（清）丁佩著；戚嘉富编著.—合肥：黄山书社，2015年.—150页；21cm

ISBN 978-7-5461-5138-0

本书对《绣谱》进行了评注和解读，用现代人的视角对中国的刺绣工艺提出了新的阐释。

D0634　J523.6

古今湘绣/喻国华主编；政协长沙县委编著.—长沙：湖南出版社，2012年.—233页

ISBN 7-5438-8328-7

本书内容分为：传承篇、艺术篇、人物篇、技法篇、展望篇和文苑篇。

D0635 J523.6

顾绣/包燕丽，于颖著．—苏州：苏州大学出版社，2009年．—191页；23cm

ISBN 978-7-81137-426-1

本书主要内容包括：顾绣溯源；顾绣名作与名家；顾绣的艺术特色；顾绣的继承和发展。

D0636 J523.6

顾绣/薛亚峰主编．—上海：上海文化出版社，2011年．—199页；24cm

ISBN 978-7-80740-618-1

本书分江南民间刺绣的杰出代表、顾绣的工艺与绣理、顾绣与文人文化、顾绣的影响、顾绣的保护与现代传承共五部分。

D0637 J523.6

顾绣笔记/杨鑫基，唐西林，苏颐忠著．—上海：上海三联书店，2011年．—207页；23cm

ISBN 978-7-5426-3487-0

本书基于保护我国非物质文化遗产的目的，对上海的民间工艺—顾绣，进行了深入的研究与介绍，内容包括顾绣的形成历史、发展过程、现状与展望等几个部分。

D0638 J523.6

顾绣国际学术研讨会论文集（顾绣国际学术研讨会）/上海博物馆编．—上海：上海书画出版社，2010年．—403页

ISBN 978-7-80725-844-5

本书收入2008年上海博物馆举办顾绣国际学术研讨会，30位专家计27篇体现最新研究成果的论文。

D0639 J523.2

刮浆印染之魂：中国蓝印花布/吴元新，吴灵姝著；白庚胜，向云驹主编．—哈尔滨：黑龙江人民出版社，2011年．—154页

ISBN 978-7-207-08842-0

本书论述了中国蓝印花布的形成与发展、艺术价值、传承方式及保护利用的社会价值与学术价值等。

D0640 J523.6

广绣（岭南特色工艺非遗传承经典）/蔡玉真，肖明主编．—广州：暨南大学出版社，2020年．—112页；23cm

ISBN 978-7-5668-2846-0

本书共分六部分，内容包括：广绣概述、广绣的工具与材料、广绣制作工艺、广绣的针法、广绣的后期工序、刺绣作品鉴赏。

D0641 J523.6

广绣基础教程/何婷编著．—长沙：湖南教育出版社，2016年．—172页

ISBN 978-7-5539-4170-7

本书共九章，内容包括：广绣的区域及其地理环境，广绣的历史渊源，广绣的传承方式及传承人，广绣的原材料及工具设备，广绣的工艺流程，广绣的画稿设计，广绣的针法工艺，广绣技法赏析，广绣的艺术特点及价值。

D0642 J523.6

广绣教程/黄艳主编；广州市非物质文化遗产保护中心，广州绣品工艺厂有限公司编．—北京：人民出版社，2017年．—234页；24cm

ISBN 978-7-01-017324-5

本书将结合知识普及和实操教学两方面需要，从历史沿革、工艺特点、历代名作名家、教学推广几方面进行内容编写，辅以教学视频，介绍广绣相关知识。

D0643 J523.2

贵州蜡染（中国工艺美术丛书）/邵宇主编．—北京：人民美术出版社，1982年．—151页

ISBN 7-102-00613-6

D0644 J523.2

贵州蜡染（中华锦绣丛书）/贺琛，杨文斌著．—苏州：苏州大学出版社，2009年．—162页

ISBN 978-7-81137-423-0

本书主要内容包括：中国蜡染历史；贵州蜡染工艺；贵州蜡染风格；贵州蜡染图案；贵州蜡染文化。

D0645 J523.6

贵州蜡染（民族民间艺术瑰宝）/马正荣著．—贵阳：贵州民族出版社，2003年．—69页

ISBN 7-5412-1061-7

本书内容包括贵州民间蜡染的历史渊源和传承流变、地域分布和风格特征、文化内涵和审美价值、社会功能和制作工艺等。

D0646 J523.2

贵州蜡染　第2版/马正荣著．—贵阳：贵州民族出版社，2010年．—68页

ISBN 978-7-5412-1775-3

本书内容包括贵州民间蜡染的历史渊源和传承流变、地域分布和风格特征、文化内涵和审美价值、社会功能和制作工艺等。

D0647 J523.2

贵州蜡染　英文版（民族民间艺术瑰宝）/马正荣著．—贵阳：贵州民族出版社，2009年．—68页

ISBN 978-7-5412-1658-9

本书讲述了贵州民间蜡染的历史渊源和传承流变、地域分布和风格特征、文化内涵和审美价值、社会功能和制作工艺。

D0648 J523.2

贵州蜡染及地戏面具　中英对照［港台］/张惠兰编辑．—新竹：台湾清华大学艺术中心，1993年．—78页

ISBN 957-8593-01-X

D0649　J523.6

贵州苗族刺绣（中国工艺美术丛书）/邵宇主编；中国美术家协会贵州分会，人民美术出版社编 .—北京：人民美术出版社，1982 年 .—163 页

　　ISBN 7-102-00614-4

　　本书收录了五篇文章，分别介绍苗族刺绣艺术的风格、特色、纹样来源和艺术成就，贵州黔东南苗族地区的自然环境、风俗、民情和苗族刺绣艺术，苗族历史与刺绣艺术产生、苗族银饰特色、苗族龙船节等，并收录多张反映苗族生活的摄影作品。

D0650　J523.6

贵州民间刺绣艺术文化与技艺初探/张婧著 .—南京：江苏凤凰美术出版社，2018 年

　　ISBN 978-7-5580-5626-0

　　本书主要介绍了贵州民间刺绣的技艺以及刺绣艺术文化内涵等，对刺绣图案的构成语言、绘画艺术、技艺的应用以及贵州民间刺绣艺术的传承与保护等进行了深入的分析和探讨，着重强调了大数据思维等现代技术对刺绣发展的影响。

D0651　J523.6

贵州挑花苗绣文化创意研究/彭验雅著 .—北京：中国文联出版社，2017 年 .—374 页

　　ISBN 978-7-5190-2649-3

　　本书从文化创意的角度审视研究了苗绣中挑花工艺的前世今生，对挑花苗绣工艺的发展前景、产业化方向作了积极探索和思考。

D0652　J533.4

国际现代纤维艺术：从洛桑到北京—2000 国际纤维艺术展作品集　中英文本/清华大学美术学院工艺美术系编 .—北京：中国城市出版社，2000 年 .—99 页

　　ISBN 7-5074-1076-5

　　本书分为图版和专论两部分，收录了纤维艺术作品一百一十六件。

D0653　J533

国际织物印花图案流派（国际纺织品系列资料 15）/忻泰华编著 .—北京：轻工业出版社，1987 年 .—97 页；26cm（被引 28）

　　ISBN 7-5019-0032-9

　　本书科学地分析了出口纺织品花色适销对路的多种因素和花色流行的演变浸透过程。

D0654　J523.6

哈密维吾尔族刺绣的传承与深度开发/灌木互娱主编 .—北京：人民邮电出版社，2019 年 .—407 页；24cm

　　ISBN 978-7-115-50161-5

　　本书是一本对哈密维吾尔族刺绣进行继承研究和深度开发的资料记载，书中简要介绍了哈密维吾尔族刺绣"密作"

之行的调研，与传承人的深入沟通，继而用设计师的眼光和方法来重新设计开发，并持续不断地向国内外推广展示的相关情况。

D0655　J523.6

哈密维吾尔族刺绣与传统服饰文化/张昕中著 .—成都：四川美术出版社，2017 年 .—230 页

　　ISBN 978-7-5410-7131-7

　　本书将哈密维吾尔传统服饰分为宫廷服饰、民间服饰、本土服饰三个部分，对哈密维吾尔传统服饰的起源、发展、和现状进行了探讨，展示了哈密维吾尔族服饰的原貌。

D0656　J523.6

哈萨克毡绣在高校中的传播途径研究/刘萍著 .—长春：吉林人民出版社，2017 年 .—190 页

　　ISBN 978-7-206-13610-8

　　本书展现了哈萨克毡绣艺术知识，分析了哈萨克毡绣在高校中传播的现状、原则与观念，重点研究了哈萨克毡绣在高校中传播的主体与受众、媒介、教学活动、教师建设，最后简要阐述了哈萨克毡绣论文写作知识。

D0657　J523.6

哈萨克族花毡绣/艾丽玛·依斯哈克著 .—乌鲁木齐：新疆人民出版社，2012 年 .—236 页

　　ISBN 978-7-228-16352-6

　　本书共分四章。第一章里讲述绣花毡的各种准备工作和如何选择材料等；第二章里讲述制造花毡的技术等；第三章里介绍花毡的种类和用途；第四章里讲述上色技术等。本书还附有 250 幅插图。

D0658　J523.1

海南黎锦的故事/高泽强，吴小苑著 .—海口：海南出版社，2018 年 .—190 页

　　ISBN 978-7-5443-8068-3

　　本书从历史学、考古学、民俗学、功能学等多学科入手，深入浅出地讲述黎锦的产生与发展，阐述黎锦的文化内涵，介绍各级政府以及当代人在黎锦的传承、保护、开发等方面所采取的各种手段和措施，后面还收录几则与黎锦相关的黎族民间故事传说。

D0659　J523.6

汉绣传奇（武汉非物质文化遗产丛书）/陈元生主编 .—武汉：武汉出版社，2014 年 .—209 页；24cm

　　ISBN 978-7-5430-8051-5

　　本书包括前世今生话汉绣、市井民风育汉绣、楚韵汉味品汉绣、精工妙手传汉绣、传承弘扬新汉绣等方面的内容。

D0660　J523.6

汉绣设计/余戤平，洪叶著 .—武汉：湖北美术出版社，2018 年 .—134 页；26cm

　　ISBN 978-7-5394-9817-1

　　本书从汉绣文化起源说起，分析了近代我国刺绣的派

别，除了汉绣的历史沿革意义外，还分析了其他刺绣技法的特点，并且将汉绣针法详细讲解，设计了如何将服饰上设计汉绣及步骤详解。

D0661　J523.1

杭罗织造技艺（浙江省非物质文化遗产代表作丛书）/顾希佳，王曼利编著．—杭州：浙江摄影出版社，2012年．—129页

ISBN 978-7-5514-0109-8

本书介绍了杭罗织造技术，内容包括：杭罗的历史足迹、织机及其他工具、工艺流程、杭罗织造技艺的民俗现象、杭罗织造技艺的传承、杭罗织造技艺的保护。

D0662　J523.1

杭州丝绸　东方艺术之花/翁卫军主编．—杭州：杭州出版社，2003年．—164页（被引7）

ISBN 7-80633-589-7

本书分为三编：悠久的历史、丰富的内涵、辉煌的诗篇，阐释了走过几千年光辉历程的杭州丝绸所衍生出的大量精神财富、积淀的丰富文化内涵，并有许多精彩图片。

D0663　J523.6

杭州像景（中华锦绣丛书）/徐铮，袁宣萍著．—苏州：苏州大学出版社，2009年．—108页

ISBN 978-7-81137-422-3

本书共分五章，包括：历史溯源、都锦生沧桑、工艺分类与题材、像景生产工艺等。

D0664　J523.1

杭州织锦技艺（浙江省非物质文化遗产代表作丛书）/孙敏，李超杰编著．—杭州：浙江摄影出版社，2016年．—176页；23cm

ISBN 978-7-5514-1654-2

本书分四章，内容包括：杭州织锦技艺的技法和工序、杭州织锦的产品与价值、杭州织锦的传承与保护等。

D0665　J523.1

和田艾德莱斯（中华锦绣丛书）/侯世新，王博著．—苏州：苏州大学出版社，2011年．—139页

ISBN 978-7-81137-895-5

本书共分五章，内容包括和田丝绸的历史，和田艾德莱斯的缫染织工艺，和田艾德莱斯的品种，和田艾德莱斯的艺术，维吾尔文化中的艾德莱斯。

D0666　J523.6

河湟民间刺绣（河湟民间艺术代表作丛书）/冶存荣著．—北京：九州出版社，2013年．—196页

ISBN 978-7-5108-2381-7

本书共八章，内容包括刺绣的历史、刺绣的种类、刺绣的分布、刺绣的材料和工具、刺绣的绣法、刺绣的特色、刺绣的发展、刺绣艺人。

D0667　J523.6

河南传统刺绣拾遗（二十世纪河南美术研究丛书）/倪宝诚，郭松针编．—郑州：河南美术出版社，2019年．—212页

ISBN 978-7-5401-4667-2

本书精选了民间刺绣300余张图片，介绍了刺绣艺术的源流、地域性、艺术符号的意蕴及女红工艺，内容涉及刺绣的工艺构成、针法简介、造型特点等，并提出了对其的创新与发展。

D0668　J523.6

黑龙江克东满族民间刺绣（黑龙江省非物质文化遗产系列丛书）/周喜峰著．—哈尔滨：黑龙江人民出版社，2015年．—226页；25cm

ISBN 978-7-207-10382-6

本书通过对国家级非物质文化遗产—黑龙江克东满族民间刺绣的调查与研究，以图文并茂的形式对黑龙江满族民间传统刺绣的产生、历史沿革、传承人、传统工艺、满绣的保护与开发等进行全面系统的研究。

D0669　J523.6

红安绣活（湖北省非物质文化遗产丛书）/王霞主编．—武汉：湖北人民出版社，2012年．—188页

ISBN 978-7-216-07374-5

本书内容包括：红安绣活综述、红安绣活研讨、红安绣活的展演与交流、知名人士及新闻媒体的评议节选、红安绣活部分传承人简介、红安绣活作品花样集锦。

D0670　J523.1

湖南民间美术全集　民间织锦/左汉中主编．—长沙：湖南美术出版社，1994年．—177页

ISBN 7-5356-0703-9

本书收湖南省民间织锦作品180余件，按土家锦、苗锦、织锦花带、侗锦、瑶锦五大类排列。

D0671　J523.6

湖南民间美术全集　民间刺绣挑花/左汉中主编．—长沙：湖南美术出版社，1995年．—187页

ISBN 7-5356-0689-X

本书选收了湖南省范围内自清代以来的民间刺绣、挑花作品210余件。

D0672　J523.2

湖湘印染（湖湘文库）/左汉中著．—长沙：湖南美术出版社，2007年．—295页；24cm

ISBN 978-7-5356-2791-9

本书主要内容为：印染床单·凤凰牡丹，印染被面·凤啄牡丹，印染被面·凤戏牡丹，印染被面·四福凤凰牡丹，印染被面·凤凰牡丹，印染床单·凤凰牡丹等。

D0673　J523.1

湖湘织锦（湖湘文库）/汪为义，田顺新，田大年著．—

长沙：湖南美术出版社，2008 年 . —214 页；24cm

ISBN 978-7-5356-2964-7

本书重点反映了湖南境内的土家族、苗族、侗族和瑶族四个少数民族民间织锦及手工花带织造从古至今的历史，着重介绍了其共性与个性、图纹创造、工艺特色及新时代传承开发应用等状况。

D0674　J523.6

湖湘刺绣　1（湖湘文库）/邹敏讷著 . —长沙：湖南美术出版社，2009 年 . —339 页

ISBN 978-7-5356-3524-2

本书共分三章，主要内容包括：综述、湖南古代刺绣、湖南民族民间刺绣等。

D0675　J523.6

湖湘刺绣　2（湖湘文库）/李湘树，李立芳著 . —长沙：湖南美术出版社，2009 年 . —295 页

ISBN 978-7-5356-3120-6

本书提供了 300 多幅彩图，基本囊括了体现湘绣主流风采的各个时期的代表性作品，展现了湖南湘绣的整体风貌。

D0676　J523.2

蝴蝶色彩研究与运用/北京市纺织科学研究所编著 . —北京：中国财政经济出版社，1965 年 . —108 页

统一书号 8166·001

本书分三部分，论述蝴蝶色彩的分析和运用方法，蝴蝶图谱，蝴蝶色彩在纺织品设计中的运用举例。

D0677　J523.2

花样生活　手工印染/陆水峰，潘董，钱军编著 . —北京：化学工业出版社，2020 年 . —102 页；24cm

ISBN 978-7-122-36839-3

本书概述了中国传统的手工印染艺术，阐述了印染工艺的理论和花样设计的理念，通过大量作品实例，介绍了手工印染的图案设计和制作方法。

D0678　J523.1

花样时代：台湾花布美学新视界［港台］/陈宗萍著 . —台北：远流出版事业股份有限公司，2012 年 . —391 页

ISBN 978-957-32-7064-5

本书解构每块中国台湾传统花布的纹样元素与色彩，又重组它们的排列与构图，希望借此寻回属于台湾当地生活的文化基因与美学设计基础，让台湾接下来的文创设计可以不断重新出发。

D0679　J523.6

花瑶挑花研究（邵阳文库）/阳黎，刘青云著 . —北京：光明日报出版社，2016 年 . —306 页

ISBN 978-7-5194-1519-8

本书共八章，内容包括：花瑶挑花图案的内容与种类、花瑶挑花的原材料与挑制流程、花瑶挑花的文化内涵、花瑶挑花的艺术特色、花瑶挑花的应用价值等。

D0680　J523.1

华章御锦：清宫御用云锦藏珍/尤景林编著 . —苏州：古吴轩出版社，2014 年 . —125 页；29cm

ISBN 978-7-5546-0180-8

本书载录了六十二匹海外回流的云锦，以近三分之一的篇幅，推出皇室专用的十一匹团龙妆花缎的袍料和七匹正龙的方补。

D0681　J523.6

黄梅挑花（湖北省非物质文化遗产丛书）/潘百佳编著 . —武汉：湖北美术出版社，2016 年 . —138 页

ISBN 978-7-5394-8380-1

本书共分为综述、保护和传承、工艺流程、作品欣赏四章，主要内容包括：历史渊源、分布区域、民俗与挑花、艺术特点、生活家居、服装服饰、挑花方巾中的主花图案等。

D0682　J523.2

回归自然：植物染料染色设计与工艺/王越平等著 . —北京：中国纺织出版社，2013 年 . —167 页

ISBN 978-7-5064-9363-5

本书对植物染料的染色方法、常用染料的染色色相、特殊染色技法以及植物染料染色在成衣上的应用等进行了介绍。书中以操作步骤图示的方式介绍了植物染料染色的常用方法，展示了三十多种植物染料在不同媒染剂下、不同材料上的染色色相，运用吊染、扎染、手绘等技法对植物染料染色作品进行了纹样设计。

D0683　J523.2

回归自然：植物染料染色设计与工艺　第 2 版/王越平等著 . —北京：中国纺织出版社有限公司，2019 年 . —160 页

ISBN 978-7-5180-5868-6

D0684　J523.6

会东刺绣/会东县文化馆编；唐奇欣等搜集整理 . —成都：四川美术出版社，1986 年 . —70 页

统一书号 8373·325

本书介绍四川西南边陲会东地区的刺绣图案。

D0685　J523.6

会东挑花/会东县文化馆编 . —成都：四川美术出版社，1987 年 . —67 页；26cm

ISBN 7-5410-0002-7

D0686　J523.2

绘染艺术设计教程/田旭桐编著 . —北京：清华大学出版社，2008 年 . —100 页

ISBN 978-7-302-18393-8

本书的编写遵循染织设计专业绘染艺术设计课程的教学大纲，从绘染艺术的产生、不同地域的绘染艺术特点、民间绘染艺术工艺工序流程、现代绘染的技术与艺术，以及绘染艺术造型方式等方面进行了较为详细的阐述。

D0687 J523.6

惠安女服饰与刺绣 中英文本/哈克编著.—北京：中国民族摄影艺术出版社，2009年.—275页

ISBN 978-7-80069-932-0

本书从服饰与刺绣入手，通过展现惠女服饰与刺绣之美，向读者撩起了作为地域文化的闽南文化的一角。

D0688 J523.2

惠水布依族枫香染/孙玲主编；惠水县文体广电旅游局编.—宜昌：三峡电子音像出版社，2013年.—156页

ISBN 978-7-900534-68-2

本书集中展示了惠水布依族传统枫香染的文化面貌，并对其蕴涵的历史信息、文化特征作了尝试性解读。

D0689 J523.1

机织毛衣花样与款式编织（全国"星火计划"丛书）/王南平等编著.—北京：中国纺织出版社，1997年.—120页

ISBN 7-5064-1283-7

D0690 J523.4

辑里湖丝手工制作技艺（浙江省非物质文化遗产代表作丛书）/吴史进等编著.—杭州：浙江摄影出版社，2015年.—125页

ISBN 978-7-5514-1163-9

本书介绍辑里湖丝手工制作技艺的基本要素。主要内容包括：辑里湖丝概述；辑里湖丝制作的工序与器具；辑里湖丝手工制作技艺的特征与价值；辑里湖丝手工制作技艺的保护与传承四部分。

D0691 J523.2

计算机与染织艺术设计/贾京生编著.—北京：清华大学出版社，2004年.—300页（被引24）

ISBN 7-302-07419-4

本书深入、细致地讨论了计算机与染织艺术设计的内容，尤其是对计算机与染织艺术的关系、染织艺术设计及计算机应用的基础、计算机应用软件的操作等方面有独到的见解；书中还剖析了大量计算机染织艺术设计作品。

D0692 J523.2

计算机与染织艺术设计 修订版/贾京生编著.—北京：清华大学出版社，2011年.—295页（被引5）

ISBN 978-7-302-26632-7

D0693 J523.1

家纺产品整体设计研究/高小红著.—北京：中国纺织出版社，2017年.—118页

ISBN 978-7-5180-3394-2

本书立足于"大家居"视角，结合丰富、翔实的典型案例，对家纺产品整体设计的要素、原则、流程、方法进行专业的研究与探讨。

D0694 J523.1

家纺图案设计教程/汪芳著.—杭州：浙江人民美术出版社，2009年.—175页（被引13）

ISBN 978-7-5340-2571-6

本书内容是有关染织印花、传统纹样设计等相关技术介绍，具有极强的专业使用功能。

D0695 J523.1

家居纺织品配套设计（国家级特色专业广州美术学院工业设计学科系列教材）/林绮芬，霍康编著.—北京：北京大学出版社，2016年.—176页

ISBN 978-7-301-27012-7

本书从设计思维方式及实际操作的角度，全面介绍了家居纺织品配套设计的原理、方法及程序，深入探讨了设计及完成一整套家居纺织品所涉及的诸多内容。

D0696 J525

家居开运秘笈 饰品·织物/李炜编.—武汉：华中科技大学出版社，2012年.—86页；23cm

ISBN 978-7-5609-7947-2

本书收集了时下最新流行的家居实景案例一百多例，从各个功能空间入手，对家居饰品·织物进行了重点展示。

D0697 J523.1

家用纺织品配套设计（全国高等院校应用型人才培养规划教材 艺术设计类）/唐宇冰，汤橡编著.—北京：北京大学出版社，2011年.—120页

ISBN 978-7-301-18303-8

本书着重介绍家用纺织品与家用纺织品的配套设计，从艺术审美与设计分析的角度来阐述，对设计的构思、设计造型、工艺的把握都作了详细的介绍，并对家用纺织品在室内空间中的配套设计进行全方位的解读。

D0698 J523.1

家用纺织品配套设计与工艺（纺织高职高专"十二五"部委级规划教材 "十二五"江苏省高等学校重点教材）/高小红，邹启华主编.—北京：中国纺织出版社，2014年.—295页

ISBN 978-7-5180-0222-1

本书结合企业实际案例，以图文并茂的形式，按照客厅类、卧室类、餐厨类、卫浴类家纺产品的项目实施顺序，详细阐述了包括窗帘、靠垫、床上用品、卫浴用品、布偶装饰画等共30余例典型家纺产品的造型设计、配套设计、结构设计、制板。

D0699 J523.1

家用纺织品艺术设计（纺织高职高专"十二五"部委级规划教材）/李波主编.—北京：中国纺织出版社，2012年.—138页

ISBN 978-7-5064-8685-9

本书设计了四个教学情境，并设定了八个学习型设计任务，指引读者在完成典型工作任务的过程中，通过亲身实

践，逐步掌握家纺艺术设计创意表达、家纺艺术设计方案策划、家纺产品配套设计、家纺产品陈设表达等技能。

D0700　J523.2

夹染彩缬出：夹缬的中日研究/郑巨欣，石家广编著.—济南：山东画报出版社，2017年.—355页

　　ISBN 978-7-5474-2046-1

本书共分为历史与品种、纹样与设计、保护与复原、旧文俯拾几部分，其主要内容包括：夹缬源流及其工艺系谱、西藏夹缬、永昆《西厢记》散出的夹染存本、温州蓝印夹缬图案等。

D0701　J523.2

夹缬（中国土布系列）/汉声编辑室编著.—北京：北京大学出版社，2007年.—98页

　　ISBN 978-7-301-11270-0

本书记载了夹缬工艺的制作历史，内容包括：唐代夹缬、树下立羊图夹缬屏风、树下立象图夹缬屏风、凤舞树下图夹缬屏风、花树山鹊图夹缬屏风等。

D0702　J523.6

剪纸绣花样（中华民俗艺术精粹丛书）/王连海编著.—哈尔滨：黑龙江美术出版社，1999年.—76页

　　ISBN 7-5318-0608-8

D0703　J523.2

简易布艺　印染技法［港台］/陈雪芬编.—香港：珠海出版有限公司，1997年.—126页

D0704　J523.6

江南民间刺绣（民俗艺术学研究丛书）/尹文，许明星编著.—南京：东南大学出版社，2011年.—120页

　　ISBN 978-7-5641-2814-2

本书主要从江南刺绣入手，通过田野调查和理论阐发，由典型到一般，从民俗艺术不同门类和属种的规律把握，上升到学科理论建设的高度。分为闺中女红婚嫁绣、婚后女红求子绣、高堂大人祝寿绣等八个篇章。

D0705　J523.6

江南民间刺绣/陈淑聪著.—北京：北京理工大学出版社，2019年.—238页

　　ISBN 978-7-5682-6851-6

本书内容包括江南民间刺绣艺术概述、江南民间刺绣艺术的历史起源和变革、江南民间刺绣用具、刺绣与民间歌谣等内容。

D0706　J523.2

江南染织绣（江南文化丛书）/于颖著.—上海：上海人民出版社，2020年.—372页；21cm

　　ISBN 978-7-208-16498-7

本书主要选择介绍上海博物馆的染织绣藏品，这些藏品主要收藏于20世纪50年代，分为江南缂丝画、江南书画绣、江南三织造、江南药斑布四部分。

D0707　J523.1

匠艺百年：河北省传统手工技艺"织染缂绣"系列精品展/河北博物院，河北省非物质文化遗产保护中心编.—石家庄：河北美术出版社，2017年.—176页

　　ISBN 978-7-5310-8825-7

本书内容涵盖邯郸彩布拧台、赞皇原村土布、威县土布纺织技艺、魏县花布染织、易县清宫传刺绣、定兴京绣、定州缂丝、献县补花、承德滕氏布糊画等九个国家级、省级非物质文化遗产项目。

D0708　J523.2

绞—蓝染技法探索［港台］/陈玲香著.—台北：草山社，2005年.—311页

　　ISBN 986-81451-0-4

D0709　J523.2

绞缬有声（艺术育人金山模式区域课程）/何惜主编.—上海：上海教育出版社，2018年.—60页

　　ISBN 978-7-5444-8842-6

本书分别从入门篇、基础篇、缝扎篇、染色篇、欣赏篇五个篇章向读者介绍相关内容。

D0710　J523.6

解读苗绣/阿多著.—北京：民族出版社，2007年.—208页

　　ISBN 978-7-105-08497-5

本书从"身上的风景""历史的回声""飞扬的意识"以及"神奇的功夫"四个专题，解读了苗族刺绣的历史。

D0711　J523.1

金代丝织艺术　古代金锦与丝织专题考释/赵评春，赵鲜姬著.—北京：科学出版社，2001年.—116页

　　ISBN 7-03-009024-1

本书以金代齐国王墓中出土的金代丝织服饰为主要研究对象，对出土丝织物的揭取、颜色记录与认定等工作经验及研究方法予以翔实介绍。

D0712　J533.1

金红丝绸：意大利伦巴第的奢华和热爱［译］/（意）奇亚拉·巴斯著；祝成炎，金肖克，田伟译.—杭州：中国美术学院出版社，2014年.—182页

　　ISBN 978-7-5503-0782-7

本书研究了意大利伦巴第地区丝绸织造艺术的演变及伦巴第地区与欧洲其他区域间文化和贸易的相关发展。主要涉及从1535年到17世纪刚结束的西班牙统治时期伦巴第地区的丝绸历史、丝绸经济与贸易、丝绸原料与加工技术、丝绸组织结构与织造技术、丝绸染料与染色技术等，勾画出了一幅那时期意大利伦巴第地区的丝绸全景图。

D0713　J523.1

锦行天下：中国织锦文化展/成都蜀锦织绣博物馆等编著.—成都：天地出版社，2018年.—155页

　　ISBN 978-7-5455-3949-3

　　本书以蜀、宋、云、壮四大名锦为展示对象，以各馆馆藏精品文物为基础，展出近200件展品，从锦的历史发展、技艺演变、功能应用等方面展示中国织锦文化的精髓。

D0714　J523.1

锦上姑苏　漂泊在光阴中的丝绸印记/宋执群著.—苏州：苏州大学出版社，2014年.—276页

　　ISBN 978-7-5672-0741-7

　　本书以丝绸的绚丽资质和它营造的诗意生活贯通全书，用特别的视角、生动的表达和洋溢的激情，全面展示苏州这座叠印在锦绣上的城市千百年来被丝绸所美丽的生活、所灿烂的爱情，深入解读其沧桑巨变的生命画卷和传承发展的人文脉络。

D0715　J523.6

锦心绣手/她品等编著.—北京：化学工业出版社，2009年.—98页

　　ISBN 978-7-122-04611-6

　　本书有详细的刺绣制作过程，并有贴心的手工基础指南。

D0716　J523.2

锦绣华服：古代丝绸染织术（中国古代发明创造丛书）/赵丰，徐铮著.—北京：文物出版社，2008年.—129页

　　ISBN 978-7-5010-2464-3

　　本书讲述了先人们植桑养蚕结茧，取蚕丝巧织经纬，后来发明提花机织出灿烂文锦，还通过印花刺绣锦上添花。

D0717　J523.6

锦绣辉煌：中国西部民间刺织绣论文集/延鸿飞主编；陕西省艺术馆，中国文化馆协会书画委员会编.—西安：三秦出版社，2018年.—276页

　　ISBN 978-7-5518-1786-8

　　本书是研究西部刺织绣特色的论文汇集，收录了《内蒙古科尔沁地区蒙古族刺绣分析》《千阳民间刺绣艺术的独特魅力》《陕西民间刺绣中的鞋、帽、枕》《陕西民间传统刺绣针法》《陕西民间刺绣古今谈》《门源补花绣艺术发展浅探》等文章。

D0718　J523.6

锦绣岭南：广东刺绣（广东非物质文化遗产丛书）/黄柏莉著.—广州：广东教育出版社，2009年.—189页

　　ISBN 978-7-5406-7484-7

　　本书对广东刺绣的文化内涵、技艺、历史演变及艺术价值进行了介绍，具体包括绣引：绣出千年风霜岁月；暗香：粤绣的芬芳传奇；物语：粤绣的物质空间等。

D0719　J523.6

锦绣铺舒/李明著.—南京：凤凰出版社，2015年.—419页

　　ISBN 978-7-5506-2189-3

　　本书从苏州吴中地区织绣工艺的源流、品类功能、织绣技艺、织绣名家与名作、当代传承瓶颈与再生之道等方面，全面挖掘阐述了吴地织绣工艺在手工业社会和工业化初期的辉煌历史，揭示了其在现代化转型中所面临的市场危机和人才断层现状。

D0720　J523.6

锦绣世界：国际丝绸艺术精品集/赵丰主编.—上海：东华大学出版社，2019年.—328页

　　ISBN 978-7-5669-1599-3

　　本书分为论文、图录、附录三部分，论文部分，收录了赵丰写的论文《从丝绸之路到锦绣世界》；图录部分分为亚洲、欧洲、非洲和美洲三个板块；附录部分包含织物组织、索引和参考文献。

D0721　J523.6

锦绣天工：苏州镇湖刺绣/汤生主编.—苏州：古吴轩出版社，2014年.—151页

　　ISBN 978-7-5546-0264-5

　　本书以苏州镇湖刺绣为主线，主要介绍刺绣艺人、评析刺绣精品、推广刺绣产业。配以中英两种语言叙述，讲述大师们在刺绣艺术上的成就与感悟，介绍其各时期代表性作品并加以规范的系统性说明注释；对镇湖刺绣行业的发展进行梳理，厘清发展脉络；同时，对传统刺绣针法、绣法及其衍生产品简略介绍。

D0722　J523.6

锦绣文章：中国传统织绣纹样/高春明著.—上海：上海书画出版社，2005年.—629页

　　ISBN 7-80672-925-9

　　本书分上、下两部分，分别介绍了织绣工艺的发展状况、传统纹样的构成因素、织绣纹样的时代特征。本书并收录了大量的织绣图版。

D0723　J523.6

锦绣纹章：陕西民间刺绣技法研究/李红军，赵明楠著.—西安：陕西人民美术出版社，2017年

　　ISBN 978-7-5368-3351-7

　　陕西省艺术馆自20世纪50年代开始到80年代期间，对陕西民间刺绣进行了全面的普查和实物征集，目前收集了全省的刺绣实物4000余件，现藏于陕西省艺术馆，这批刺绣能够比较全面地反映陕西刺绣的总体面貌和技术水平，甚至能够填补我国在民间传统刺绣技法上的一些空白点。其技术语言和语言方式不仅为我们提供了有益的传统艺术语言资源，而且将会对我们的当代艺术实践与创作产生积极的影响。

D0724　J523.6

锦绣中华：古代丝织品文化展（首都博物馆书库）/首

都博物馆编 .—北京：科学出版社，2020 年 .—255 页

ISBN 978-7-03-064339-1

本书分为礼仪之备、汉韵胡风、大国气象、南北异风、精丽华贵、锦绣文章六个单元，具体内容包括：纺织留痕、衣裳之制、汉承楚风、相交相融、典雅清丽、丝路再通、尚古之风等。

D0725 J523.5

京津冀鞋帽类非物质文化遗产/赵宏，王巍主编 .—北京：中国纺织出版社，2017 年 .—183 页；27cm

ISBN 978-7-5180-2023-2

本书以我国新兴经济圈——京津冀地区的鞋帽类非物质文化遗产为研究对象，研究其起源与发展、风俗趣事、制作工艺与技法、工艺特征与纹样，赏析主要作品，并对传承人进行专访，以探寻这些非物质文化遗产的传承现状与对策。

D0726 J523.6

京津冀织绣类非物质文化遗产/尹艳冰，朱春红主编 .—北京：中国纺织出版社有限公司，2019 年 .—138 页；27cm

ISBN 978-7-5180-6203-4

本书以京津冀地区纺织类非物质文化遗产为研究对象，通过深入调研，对京津冀地区省级及以上刺绣类非物质文化遗产进行了系统、全面的研究，探究其起源发展、风俗趣事、制作工艺与技法、代表作品等，并依据对传承人的专访提出有针对性的传承建议。

D0727 J523.6

京绣（北京国粹艺术传承促进会系列丛书）/洪涛，冯韵明，孙颖编著 .—北京：学苑出版社，2014 年 .—187 页

ISBN 978-7-5077-4544-3

本书介绍了京绣的历史及特点、京绣的分类、京绣的工序及针法等内容。

D0728 J523.6

京绣（非物质文化遗产丛书）/苏俊祎，聂晶晶编著 .—北京：北京美术摄影出版社，2019 年 .—136 页

ISBN 978-7-5592-0274-1

本书对房山区的国家级非遗项目"京绣"进行深入挖掘、整理、分析，向读者展现了试图全面反映这一文化遗产的发展历史、工艺流程、艺术特色、传承脉络、现状。

D0729 J523.6

京绣的历史及现状研究（当代艺术研究前沿）/赵静著 .—武汉：武汉大学出版社，2019 年 .—196 页

ISBN 978-7-307-12748-7

本书梳理了人们对京绣的不同观点以及京绣发展的历史脉络、艺术风格、绣品种类、传承发展，同时针对相关的京绣老艺人和专家、学者进行了访谈。

D0730 J523.6

经典刺绣针法与花样：精选款/张淑艳编 .—上海：上海科学技术文献出版社，2009 年 .—125 页

ISBN 7-5439-2806-X

本书共分五部分。主要内容包括：刺绣前的准备、刺绣用具及其使用方法、刺绣针法与作品花样、图案的描取方法、刺绣针法与作品花样详解。

D0731 J523.6

经典刺绣针法与花样/张淑艳编 .—上海：上海科学技术文献出版社，2013 年 .—125 页

ISBN 978-7-5439-5622-3

本书共分五部分，内容包括：刺绣前的准备、刺绣用具及其使用方法、刺绣针法与作品花样、图案的描取方法、刺绣针法与作品花样详解。

D0732 J523.1

经典花漾布纹着色书［港台］／（美）粉红杜拉（TulaPink）著；庞元媛译 .—台北：远见天下文化出版股份有限公司，2015 年 .—1 册

ISBN 978-986-320-808-2

D0733 J523.6

经纬无尽：故宫藏织绣书画/故宫博物院编 .—北京：紫禁城出版社，2006 年 .—294 页

ISBN 7-80047-577-8

本书遴选故宫所藏86件织绣书画精品，分为织造精华、刺绣绝品、织绣生辉三部分。通过不同织绣技法所呈现的不同效果，来展示织绣书画独特的艺术魅力。

D0734 J523.1

经纬交织/王文杰著 .—北京：中国纺织出版社有限公司，2019 年 .—173 页

ISBN 978-7-5180-6185-3

本书以针织服装设计为主要内容，通过针织服装的基础理论、设计思维、构成要素、形式美法则、色彩应用、材质肌理、款式设计、工艺设计、应用实例等内容详细展开，深入挖掘针织服装的设计特点。

D0735 J523.6

荆楚汉绣/冯泽民著 .—武汉：武汉出版社，2012 年 .—294 页

ISBN 978-7-5430-7062-2

本书包括汉绣历史沿革、文化内涵、艺术风采、工艺特色、艺人寻踪、绣品鉴赏等方面内容。

D0736 J523.6

精美刺绣工艺/梁新宇主编 .—汕头：汕头大学出版社，2017 年 .—122 页

ISBN 978-7-5658-2825-6

本书主要介绍中国传统刺绣的起源、发展以及各个时期刺绣工艺的特点、文化内涵和历史地位等。

D0737 J523.1

景德镇陶瓷图纹在现代设计家纺图形中的运用研究/王

敏，闫如山著．—天津：天津科学技术出版社，2015年．—167页

ISBN 978-7-5308-9773-7

本书共七章，主要论述了现代家纺设计中对景德镇陶瓷图纹的运用。具体包括陶瓷的基本理论、景德镇的陶瓷艺术、景德镇陶瓷图纹设计、现代家用纺织品、景德镇陶瓷图纹在现代设计家纺图纹和图形中的应用等内容。

D0738　J523.1

景颇族传统织锦技艺教材　景颇文/何泱，何笔罗主编；德宏州民族宗教事务局编．—芒市：德宏民族出版社，2018年．—122页

ISBN 978-7-5558-0841-1

本书作者在德宏州内各县市探寻具有较高织锦技艺的民间艺人，收集了其内涵丰富，种类繁多，图案、花纹独树一帜的景颇族织锦，选择了其中最具代表性的61种花纹和图案作为本书的编写内容，详细介绍这61种花纹和图案的织法。

D0739　J523.1

景颇族织锦/石木苗著．—昆明：云南民族出版社，2007年．—50页

ISBN 978-7-5367-3546-0

本书全面记录了景颇族的织锦文化，集中收录、展现、探究了景颇族传统中作为两性表征的图案文化。

D0740　J523.1

拷绢（路桥文化遗产系列丛书）/罗河笙主编；叶祥青编．—杭州：西泠印社出版社，2011年．—119页

ISBN 978-7-5508-0351-0

本书分为"丝织生产的历史背景""丝织的孕育与发展""路桥兴修水利与丝绢业的发展""拷绢手工技艺的工序与工具""拷绢技艺的特色与价值""拷绢技艺的传承与发展""拷绢技艺的保护与发展"七部分，对拷绢手工技艺的历史和工艺进行了回顾和总结。

D0741　J523.6

柯尔克孜传统刺绣和编织技艺　柯尔克孜文/曼拜特·吐尔地编．—乌鲁木齐：新疆科学技术出版社，2014年．—259页

ISBN 978-7-5466-2648-2

本书包括"希尔达克""阿拉克依孜""图希吐克"等各种毡制品和房内装饰品的制作方法等方面的内容。

D0742　J523.6

科尔沁刺绣　蒙文（科尔沁文化研究丛书）/阿西玛主编．—北京：民族出版社，2008年．—485页

ISBN 978-7-105-09327-4

D0743　J523.6

科尔沁刺绣　蒙文（科尔沁文化研究丛书）/阿西玛著．—呼和浩特：内蒙古教育出版社，2018年．—464页

ISBN 978-7-5569-0983-4

本书中详尽地描述了科尔沁刺绣在鞋帽、服装上的精美工艺和地方特色，并附了600多张样图。

D0744　J523.6

缂丝/朴文英著．—苏州：苏州大学出版社，2009年．—139页

ISBN 978-7-81137-424-7

本书主要内容包括：缂丝的历史、缂丝的生产工艺、缂丝的产品种类、名家名作、缂丝在当代的传承与运用。

D0745　J523.6

缂绣的天地［港台］（故宫文物宝藏）/童文娥文字编撰．—台北：龙冈数位文化股份有限公司，2009年．—71页

ISBN 978-986-82440-6-1

D0746　J523.1

孔孟之乡织锦技艺/王光丽，李金强，宋永利主编．—北京：北京理工大学出版社，2018年．—240页

ISBN 978-7-5682-6230-9

本书共包括六个项目，分别为鲁锦的文化源流、鲁锦的织造织机及织造工艺、鲁锦的现状与未来、鲁锦的图案纹样艺术、鲁锦的设计案例、鲁锦的教学与实践案例。

D0747　J523.4

跨越经纬：现代纤维艺术制作与鉴赏/周小瓯，周筱馨，陈燕燕编著．—合肥：安徽美术出版社，2008年．—135页

ISBN 7-5398-1756-9

本书介绍了纤维艺术、基本编法、创意等，并收入了部分当代艺术家作品。

D0748　J523.2

蜡去花现：贵州少数民族传统蜡染手工艺研究（中国少数民族艺术发展创新研究系列丛书）/周莹著．—北京：中央民族大学出版社，2013年．—227页

ISBN 978-7-5660-0407-9

本书基于作者对黔东南苗族侗族自治州黄平重兴乡旺坝村家蜡染、黔东南苗族侗族自治州麻江龙山河坝绕家枫脂染、黔东南苗族侗族自治州丹寨扬武乡"白领苗"蜡染、毕节地区织金县官寨乡小妥倮"歪梳苗"蜡染、安顺市镇宁石头寨布依族蜡染的较为深入细致的田野调查资料。

D0749　J523.2

蜡染［译］/（印度）维贾耶·希丽玛特著；毛增印译．—北京：纺织工业出版社，1990年．—55页

ISBN 7-5064-0577-6

本书介绍了蜡染的基本原理、工艺步骤。重点叙述了蜡染的必备用品、布料选择、设备图案、涂蜡、染色、模板制作及其注意事项等，特别是对一些蜡染新技法也作了介绍。

D0750　J523.2

蜡染（走向世界的中国文明丛书）/沈凤霞，符德民编

著 . —重庆：西南师范大学出版社，2015 年 . —174 页

ISBN 978-7-5621-7465-3

本书以"蜡染"为描写对象，首先，讲述了我国蜡染技艺起源与发展的历史；其次，描写了蜡染的艺术特点及其原料与操作工具；然后，呈现了全国各地各民族特色鲜明的蜡染产品；最后，描写了我国蜡染技艺及艺术品向世界传播及影响世界的过程。

D0751　J523.2

蜡染（上）采访、论述篇（中国土布系列）/汉声编著 . —贵阳：贵州人民出版社，2007 年 . —124 页

ISBN 978-7-221-07927-5

本书介绍了西南少数民族的蜡染艺术。上册内容包括：蜡染生活图像、贵州蜡染概说、大家说蜡染等。

D0752　J523.2

蜡染（下）图录篇（中国土布系列）/汉声编著 . —贵阳：贵州人民出版社，2007 年 . —112 页

ISBN 978-7-221-07927-5

本书分地区收录了蜡染艺术图片，包括黔东地区，黔东南地区，黔中、黔南地区，黔西北、黔西南地区，其他地区。

D0753　J523.2

蜡染工艺的创新设计研究/李楠著 . —昆明：云南美术出版社，2019 年 . —169 页

ISBN 978-7-5489-3589-6

本书从蜡染工艺的起源发展、蜡染艺术特点、文化特征、原料以及操作工具等方面内容着手，探索蜡染工艺的艺术魅力与文化价值，在传统蜡染工艺基础上，与当前社会发展形势结合，寻找蜡染工艺与时俱进的创新与设计途径。

D0754　J523.2

蜡染工艺美术实用教程/罗文帝主编 . —沈阳：辽宁美术出版社，2017 年

ISBN 978-7-5314-6994-0

本书将蜡染纳入美术教育课程，有利于更好地保护和传承这门民族文化。同样，加强非物质文化遗产教育，丰富学生对非物质文化遗产的认识，培育具有传统优秀品格的一代青年人，是人们长期关注且努力的目标。

D0755　J523.2

蜡染艺术/王伟力主编 . —贵阳：贵州教育出版社，1993 年 . —101 页（被引 6）

ISBN 7-80583-410-5

D0756　J523.2

蜡染艺术教程/罗春寒主编；杨文斌，杨亮，杨晓燕编著 . —贵阳：贵州教育出版社，2017 年 . —103 页

ISBN 978-7-5456-1156-4

本书内容包括：概述、蜡染的历史沿革、蜡染的制作材料与制作工具、蜡染制作工艺、蜡染文化的艺术特征、蜡染

传承与创新。

D0757　J523.2

蜡染艺术设计教程/贾京生编著 . —北京：清华大学出版社，2010 年 . —340 页

ISBN 978-7-302-21789-3

本书共分十章，分别介绍蜡染艺术概述、蜡染艺术历史、中国蜡染艺术、外国蜡染艺术、蜡染艺术与工具材料、蜡染艺术与制作工艺、蜡染艺术与设计方式、蜡染艺术与美学赏析、蜡染艺术传承与发展、蜡染艺术作品附图。

D0758　J523.2

蜡染扎染的魅力与传承/胡海晓著 . —西安：陕西科学技术出版社，2016 年 . —130 页

ISBN 978-7-5369-6792-2

本书分为"蜡染篇""扎染篇"两个部分，分别讲述了蜡染和扎染的历史渊源、工具材料、工艺流程、著名地域、行家能手等方面的内容。

D0759　J523.2

蜡染制作技法（中国传统手工技艺丛书）/李雪玫，迟海波著 . —北京：北京工艺美术出版社，1999 年 . —115 页

ISBN 7-80526-330-2

D0760　J523.2

蓝脉　两岸天然染色艺术联展作品集/罗莹 . —北京：中国纺织出版社有限公司，2019 年 . —136 页

ISBN 978-7-5180-6695-7

本书是国内首次出版的专业植物染作品集，也是两岸植物染文化交流的第一本作品集。2019 年 10 月、11 月在台北、深圳举办首届《蓝脉两岸植物染艺术联展》，包括 30 位大陆艺术家和 30 位台湾植物染艺术家的精美作品。这本专集是这次展览的作品汇总。包括 120~150 个植物染作品图片，作品简介、作者简介，以及专家撰写的前言和序。

D0761　J523.2

蓝染植物染［港台］（自然作在家轻松玩染布）/陈姗姗著 . —台北：麦浩斯资讯股份有限公司，2004 年 . —160 页

ISBN 986-7869-50-8

本书详细介绍了采用随手可得的花草素材制作蓝染的方法。

D0762　J523.2

蓝雅白韵：中国蓝印花布纹样研究/吴灵姝著 . —北京：北京美术摄影出版社，2020 年 . —618 页

ISBN 978-7-5592-0264-2

本书以 2 万多件传统蓝印花布实物遗存为研究基础，通过阐释蓝印花布纹样的艺术特色和对比各地域蓝印花布图案的不同表现形式，从而深刻探讨蓝印花布在民俗生活中的应用及其所承载的文化内涵。

D0763 J523.2

蓝印花布（中国民俗文化丛书）/吴元新，吴灵姝编著.—北京：中国社会出版社，2009年.—213页（被引127）

ISBN 978-7-5087-1941-2

本书介绍了流行于江南民间的古老手工印花织物蓝印花布，介绍她的起源与发展、工艺制作程序、应用功能及图案造型、工艺特性和纹样的文化内涵、故事传说、传承与现状及蓝印花布的主要产区艺术特色等内容。

D0764 J523.2

蓝印花布/吴灵姝，吴元新著.—南京：江苏美术出版社，2014年.—189页

ISBN 978-7-5344-7214-5

本书从蓝印花布起源、印染工艺、南通蓝印花布图案艺术、民俗、保护传承以及现代运用等方面，全方位介绍了南通蓝印花布历史、文化、技艺和传承情况。

D0765 J523.2

蓝印花布/倪沈键，吴灵姝，吴元新著.—济南：山东友谊出版社，2017年.—183页

ISBN 978-7-5516-1650-8

本书以蓝印花布国家级传承人吴元新的成长经历和学艺经历为线索，对蓝印花布的起源与发展、工艺制作程序、应用功能及图案造型、工艺特性和纹样的文化内涵、故事传说、传承与现状及蓝印花布的主要产区艺术特色等进行了介绍。

D0766 J523.2

蓝印花布（符号江苏精选本）/倪沈键，吴灵姝，吴元新著.—南京：江苏凤凰美术出版社，2019年.—170页

ISBN 978-7-5580-6562-0

本书共分为五章，内容包括：蓝印花布历史源流、蓝印花布印染技艺、蓝印花布应用价值、蓝印花布经典图案、蓝印花布现代传承。

D0767 J523.2

蓝与白的变奏（中国传统技艺丛书）/哀煜江著.—杭州：浙江人民美术出版社，2019年.—116页

ISBN 978-7-5340-7779-1

本书分为什么是蓝印花布、蓝印花布的历史、蓝印花布的制作技艺、当代蓝印花布作品赏四部分。主要内容包括：蓝印花布的内涵；染缬与蓝白花布等。

D0768 J523.2

蓝与白的艺术交响：中国民间蜡染文化（中国民间口头与非物质文化遗产推介丛书）/余学军，潘选主编.—哈尔滨：黑龙江人民出版社，2015年.—118页

ISBN 978-7-207-10426-7

本书阐述中国非物质文化遗产项目—民间蜡染的形成与发展轨迹、生产工艺、文化特质、保护传承的意义、传承方式，以及蜡染的社会价值、学术价值、经济价值。

D0769 J523.6

老湘绣的收藏/野云著.—长沙：湖南科学技术出版社，2013年.—196页

ISBN 978-7-5357-7717-1

本书收集了从1840年鸦片战争以来共100年的154幅湘绣藏品，在介绍传统湘绣作品中紧贴时代的经典大作的同时，展示了雅俗共赏的民间绣品的代表作品，揭开了湘绣百年来神秘面纱。

D0770 J523.1

黎锦（中华锦绣丛书）/王晨，林开耀著.—苏州：苏州大学出版社，2011年.—143页

ISBN 978-7-81137-924-2

本书主要内容包括：黎锦的历史；黎锦的传统生产技术；黎锦产品种类及制作工艺；黎锦的图案艺术等。

D0771 J523.1

黎锦（海南文物基础鉴定系列）/陈江主编；国家文物进出境审核海南管理处编著.—北京：科学出版社，2016年.—341页

ISBN 978-7-03-046885-7

本书共分六章，内容包括：索原、技艺、服饰、纹样、龙被、鉴定与保护。

D0772 J523.1

黎锦研究/柏贵喜主编；中南民族大学海南省民族学会编.—海口：海南出版社，2014年.—304页

ISBN 978-7-5443-5573-5

本书力图对黎锦进行整体研究，系统梳理黎锦发展的历史过程与规律，翔实记录黎锦的技艺，多角度挖掘黎锦的美学特征，深度解读黎锦的文化内涵与符号意义，具体探寻黎锦与黎族服饰的关系，客观分析龙被的历史与艺术特点等。

D0773 J523.1

黎锦织造工艺/刘超强，达瑟编著.—北京：中国纺织出版社，2007年.—74页

ISBN 978-7-5064-4590-0

本书全面总结和记录了黎族织锦编织工艺的编织过程，分为发展历程篇、编排组织篇、织造工艺篇、编排组织图例篇四部分。

D0774 J523.1

黎族抱怀人织锦（海南热带海洋学院民族学学科建设成果文库）/韦慎著.—昆明：云南民族出版社，2016年.—185页

ISBN 978-7-5367-7068-3

本书共分七章，内容包括黎族抱怀织锦的历史渊源，黎族怀抱织锦的纺织原料及其纺织工具，黎族抱怀织锦纺织技艺，黎族抱怀织锦的种类及其特征，黎族抱怀织锦的构图法，黎族抱怀织锦的审美特点、图案艺术及文化内涵等。

D0775 J523.1

黎族传统纺染织绣技艺：来自田野的研究报告/徐艺乙，邓景华主编．—海口：海南出版社，2017年．—517页

ISBN 978-7-5443-7767-6

本书对黎族传统的纺、染、织、绣四大技艺分别进行翔实的记录和细致的阐述，书中大量图片均来自田野工作现场。

D0776 J523.1

黎族传统纺染织绣技艺保护成果汇报展（联合国教科文组织"急需保护"的非物质文化遗产名录）/海南省文化广电出版体育厅，海南省非物质文化遗产保护中心编．—海口：海南省博物馆，2014年．—86页

本书在2014年第9个"文化遗产日"之际，集中展示黎锦技艺四年来的保护成果。

D0777 J523.1

黎族传统纺染织绣技艺保护实践/杨武，刘实葵，邓景华著．—海口：南方出版社，2018年．—385页

ISBN 978-7-5501-4061-5

本书共分十章，包括申报历程、组织领导和法规建设、经费投入及绩效分析、名录体系建设和代表性传承人、教育与传承活动等黎族传统纺染织绣技艺这一中国非物质文化遗产的保护工作内容。

D0778 J523.1

黎族传统纺染织绣技艺保护与传承国际学术研讨会论文集/海南省非物质文化遗产保护中心编．—海口：南方出版社，2013年．—315页

ISBN 978-7-5501-1917-8

本书是黎族传统纺染织绣技艺保护与传承国际学术研讨会的论文集。主要收录了此次国际学术研讨会的关于黎锦技艺的最新研究成果。

D0779 J523.1

黎族传统织锦/符桂花主编．—海口：海南出版社，2005年．—366页

ISBN 7-5443-1636-X

本书对黎族织锦在内的黎族传统文化作了全面的介绍。全书分七个篇章向读者系统地介绍了黎锦的历史、起源、色彩、工艺、服饰、花纹和龙被等。

D0780 J523.1

黎族织锦技艺/海南省国兴中学编．—海口：南方出版社，2017年．—79页

ISBN 978-7-5501-3610-6

本书介绍了黎锦（服饰）的发展简史，黎锦的纺织原料，黎锦传统纺、染、织、绣技艺，黎锦技艺国家级传承人，黎族妇女服饰与图案，黎族男子服饰，黎锦图案的设计，黎锦的织制方法，丰富多彩的黎锦技艺课程教学活动等内容。

D0781 J523.1

黎族织锦研究/林开耀著．—海口：南海出版公司，2011年．—180页

ISBN 978-7-5442-5430-4

本书共分十二章，内容包括：远古时期黎族的纺织技术、历代黎族织锦的发展状况及其工艺特点、我国的棉纺织革新家——黄道婆、黎族织锦单面织的基本工艺流程、黎族织锦图案等。

D0782 J523.1

黎族织锦与文身研究（黎学新论文丛）/符策超，陈立浩，陈小蓓著．—北京：中国文史出版社，2014年．—202页

ISBN 978-7-5034-4837-9

本书分为黎族织锦、黎族文身两编，黎族织锦编论述了黎族织锦的悠久历史和发展历程，并运用相关的哲学、美学理论探析其多方面的价值，并以马克思主义的生态哲学理论，探究了黎族古代纺织文化的生态价值；黎族文身编从多层面论析黎族文身的起因，概述黎族文身的流程、图式的特点和象征意义，探析黎族文身文化的发展演变，并与南方百越后裔诸民族文身加以比较，对黎族文身文化作了评介。

D0783 J523.6

历代织绣（南京博物院珍藏大系）/南京博物院编著．—南京：江苏美术出版社，2013年．—300页

ISBN 978-7-5344-6171-2

本书内容包括：宋以前织绣、宋元织绣、明代织绣、清代织绣、其他、近现代织绣。

D0784 J523.6

辽海绣色（辽宁非物质文化遗产系列丛书）/宋晓冬，胡柏，赵瑞雪主编．—沈阳：春风文艺出版社，2013年．—190页

ISBN 978-7-5313-4427-8

本书对"锦州满族民间刺绣""岫岩满族民间刺绣""凤城满族荷包""锡伯族民间刺绣""蒙古勒津刺绣""朝阳民间刺绣"6个项目进行了系统的梳理和总结，生动翔实地介绍了辽宁民间刺绣类项目的历史演变、文化内涵、民俗特色、内容形式、制作技艺以及传承人、民间艺人的从艺经历等。

D0785 J523.2

留住民艺：湖南民间传统染织工艺文化保护与文化创意产业研究/林军著．—沈阳：辽宁美术出版社，2017年．—239页

ISBN 978-7-5314-7694-8

本书共分为九章，其主要内容包括：绪论；湖南民间传统印染艺术特征与文化内涵；湖南民间桃花刺绣的文化物质与现代传承创新；湘西土家族织锦的艺术特征与文化传承；文化创意产业下的湖南传统染织艺术等。

D0786 TS941.13

流行预测［译］/（美）Rita Perna著；李宏伟，王倩

梅，洪瑞璘译 .—北京：中国纺织出版社，2000 年 .—309 页；24cm（被引 109）

ISBN 7-5064-1736-7

本书介绍流行运作过程，帮助流行规划人员确定未来方向的复杂资讯系统，协助读者熟悉服饰事业的结构，并了解如何取得相关信息等。

D0787 J523.2

流痕：中国当代艺术展文献集/张燕方主编 .—合肥：安徽美术出版社，2015 年 .—102 页

ISBN 978-7-5398-6485-3

本书以深圳美术馆举办的"流痕——中国当代艺术展"为依托，围绕着传统技艺与当代艺术的关系问题进行展开，以图文并茂的方式生动展示了传统蜡染与当代水墨两者的对话、交流和融合，从学术的角度探讨了传统技艺的当代性转化。

D0788 J523.6

镂空抽纱刺绣基本技法 [港台] /（日）西须久子著；杨鸿儒译 .—台北：瑞升文化事业公司，2011 年 .—87 页

ISBN 978-986-6185-32-8

本书从镂空抽纱刺绣手工的技法中，针对常用的边缘绣补等绣补法，以及 20 种应用的技法作详细的介绍，并且组合其中的缝法，制作出精美的各式作品。

D0789 J523.1

鲁锦文化艺术及工艺研究/任雪玲著 .—上海：东华大学出版社，2012 年 .—139 页

ISBN 978-7-81111-980-0

本书以鲁锦的图案艺术、织造技艺为研究对象，在探索鲁锦历史渊源、文化背景、民风民俗和纺织染工艺技术基础上，对鲁锦展开全面研究。

D0790 J523.6

鲁绣的工艺、艺术及文化研究/殷航著 .—天津：天津科学技术出版社，2015 年 .—257 页

ISBN 978-7-5576-0031-0

本书从工艺、艺术及文化入手，对历史渊源和文化背景对鲁绣的影响、鲁绣图案的题材、象征表达方法以及色彩特征与工艺实现手段的内在联系展开讨论。

D0791 J523.1

潞绸传统纺织技艺研究/刘淑强著 .—北京：中国纺织出版社有限公司，2019 年 .—109 页

ISBN 978-7-5180-7074-9

本书通过对潞绸历史脉络的梳理，分析了潞绸的起源和兴衰历程，并对潞绸反映的社会文化以及潞绸与社会文化之间的关系进行了剖析，介绍了潞绸传统纺织技术和其艺术特征，同时对传统潞绸的传承与创新也进行了探讨和研究。

D0792 J523.2

洛塔创意印花 [译] /（瑞典）詹斯多特著；传神译 .—北京：化学工业出版社，2011 年 .—119 页；19cm

ISBN 978-7-122-10373-4

本书教你如何利用生活中常见的东西在各种你能想到的材质上印花，无论是橡皮、纸板、筛网、树叶、包菜、马铃薯都可以当做印花模具。

D0793 J523.6

洛阳刺绣（洛阳文物考古丛书）/王支援，尚幼荣主编；洛阳市文物管理局，洛阳民俗博物馆编 .—西安：三秦出版社，2006 年 .—360 页

ISBN 7-80736-114-X

本书内容为洛阳刺绣的工艺及图案，洛阳刺绣图案纹饰的含义，刺绣民间吉祥艺术的表达特征等。

D0794 J523.6

麻柳刺绣/陈洋，江南编 .—成都：四川美术出版社，2011 年 .—144 页

ISBN 978-7-5410-4580-6

本书记录了中国非物质文化遗产——"麻柳刺绣"的工艺特色及表现形式，麻柳传唱千年的绣乡歌谣，麻柳迤逦雄奇的天然画廊。

D0795 J523.6

麻柳刺绣/李佳蔚主编 .—北京：团结出版社，2015 年 .—120 页

ISBN 978-7-5126-2406-1

本书介绍麻柳刺绣的形成历史。巧手的绣女们用五彩线在各色土布上游走飞针，通过人物、山水、花鸟等精美图案的巧妙组合，讲述经典故事，描绘家乡美景，临摹名家大作，表达心中愿景。

D0796 J523.6

麻柳刺绣/韦宗强著 .—北京：中国纺织出版社有限公司，2019 年 .—251 页

ISBN 978-7-5180-6994-1

本书由绪论、麻柳刺绣价值分析、麻柳刺绣的艺术特点、麻柳刺绣工艺流程、麻柳刺绣的保护与传承以及麻柳刺绣作品赏析等几部分内容组成。

D0797 J523.4

毛南族花竹帽编织技艺（广西国家级非物质文化遗产系列丛书）/吕洁著 .—北京：北京科学技术出版社，2014 年 .—170 页

ISBN 978-7-5304-7041-1

本书分为毛南族花竹帽的渊源、毛南族花竹帽的编织技艺、毛南族花竹帽的功能与文化、毛南族花竹帽的传承与传人、毛南族花竹帽的明天等章节。

D0798 J533.1

美国费城艺术博物馆藏丝绸经面研究/徐铮著；赵丰主编 .—上海：东华大学出版社，2019 年 .—365 页

ISBN 978-7-5669-1351-7

本书对费城艺术博物馆收藏的明代丝绸经面文物进行组织结构分析和鉴定；对丝绸经面图案进行分类，选择部分具有代表性的图案进行复原研究；结合明代《多能鄙事》《天工开物》《天水冰山录》等文献的记载，对当时植物染色技术进行研究。

D0799 J523.6

美在人间永不朽 扬州刺绣/钱中声，徐军洪主编 .—扬州：广陵书社，2015 年 .—220 页

ISBN 978-7-5554-0383-8

本书是一部关于扬州刺绣的项目专著，全面阐述了扬州刺绣的历史渊源、文化价值、艺术特征、保护现状及其发展前景。

D0800 J523.6

蒙古刺绣作品集 蒙文/阿西玛编 .—通辽：内蒙古少年儿童出版社，2006 年 .—61 页

ISBN 7-5312-1928-X

本刺绣作品集分为盘针、帖花、雕花、绣花四种技艺，以其灵绣的技艺，浓郁的草原牧色，厚重的民族风格散发出独特的民俗艺术气息。

D0801 J523.6

蒙古族传统美术：刺绣/乌力吉主编 .—呼和浩特：内蒙古人民出版社，2018 年 .—393 页

ISBN 978-7-204-14678-9

本书内容包括：蒙古族刺绣艺术概述、蒙古族传统刺绣、蒙古族民间刺绣、蒙古族唐卡刺绣、蒙古族帝、后肖像刺绣。

D0802 J523.6

蒙古族刺绣（大型蒙古族艺术典藏系列丛书）/李华宇，杨艳军，葛根萨如拉等著 .—沈阳：辽宁民族出版社，2017 年 .—288 页

ISBN 978-7-5497-1752-1

本书具体介绍了蒙古族特色刺绣艺术方面的文化。

D0803 J523.6

蒙古族毡绣工艺（蒙文）/勒巴图超伦著 .—赤峰：内蒙古科学技术出版社，2005 年 .—398 页

ISBN 7-5380-1352-0

本书内容包括毡绣工艺的起源及发展前景，擀毡、制毡工艺流程，毡绣工艺的种类，图案、云纹的修制工艺，毡绣制品欣赏，毡绣文化的礼仪和讲究等七大部分组成。

D0804 J523.6

苗家刺绣/赵君一主编 .—重庆：重庆出版社，2018 年 .—112 页

ISBN 978-7-229-12666-7

本书对苗家刺绣进行了详细介绍，包括苗绣的工具和材料、苗绣的针法及苗绣成品欣赏，将理论与实践相结合，帮助学生更为系统地学习苗绣技艺。

D0805 J523.6

苗绣（中国功夫系列）/韦荣慧著 .—北京：民族出版社，2007 年

D0806 J523.6

苗绣：一本关于苗绣收藏与鉴赏的书 中英文版/曾宪阳，曾丽著；邹蓝译 .—贵阳：贵州人民出版社，2009 年 .—158 页

ISBN 978-7-221-08462-0

本书以文字、绘画、图片结合的方式，诠释和记录苗绣中包括的各种苗刺的技法、针法及其艺术效果，以及欣赏和鉴别苗绣艺术的方法。

D0807 J523.6

苗绣密码：战神的召唤/仲星明著 .—南京：江苏凤凰美术出版社，2018 年 .—167 页

ISBN 978-7-5580-5427-3

本书共分为四篇，神灵崇拜；祖先崇拜；生殖崇拜；自然崇拜。主要内容包括：蚩尤九黎、迁徙佐证、蝴蝶妈妈、鹡宇鸟、瑞兽。

D0808 J523.6

苗绣苗锦（民族民间艺术瑰宝）/钟涛著；宛志贤主编 .—贵阳：贵州民族出版社，2003 年 .—69 页

ISBN 7-5412-1060-9

本书主要内容包括：典型的部落徽记艺术，争奇斗艳的工艺及纹样类型，纹样的历史流源及意义。

D0809 J523.6

苗绣苗锦 第 2 版/钟涛著；宛志贤主编 .—贵阳：贵州民族出版社，2010 年 .—69 页

ISBN 978-7-5412-1774-6

D0810 J523.6

苗绣苗锦（英文版）/钟涛著；宛志贤主编 .—贵阳：贵州民族出版社，2009 年 .—73 页

ISBN 978-7-5412-1656-5

D0811 J523.2

苗族传统蜡染/杨文斌著 .—贵阳：贵州民族出版社，2002 年 .—117 页

ISBN 7-5412-1064-1

本书为苗族传统的蜡染图集，并对蜡染制作工艺进行了简单介绍。

D0812 J523.2

苗族蜡染（中国民族服饰工艺文化研究）/贺琛著 .—昆明：云南大学出版社，2006 年 .—224 页

ISBN 7-81112-133-6

本书介绍了各类型蜡染的风格、使用工具、点蜡方法、起染缸的配方、浸染方式等，全面地阐释了苗族蜡染文化。

D0813 J523.2

苗族蜡染（百工录系列丛书）/杨文斌，杨亮，王振华著．—南京：江苏凤凰美术出版社，2015 年．—91 页

ISBN 978-7-5344-9782-7

本书共六章，内容包括：苗族蜡染概述、苗族蜡染制作工艺、苗族蜡染图案的文化内涵、苗族蜡染图案的审美意蕴、苗族蜡染的现状与发展、苗族蜡染鉴赏。

D0814 J523.2

苗族蜡染（百工录系列丛书）/杨文斌，杨亮，王振华著．—南京：江苏凤凰美术出版社，2017 年．—91 页

ISBN 978-7-5580-1756-8

D0815 J523.2

苗族蜡染初级教程/何京，陈炳贵主编．—贵阳：贵州教育出版社，2012 年．—83 页

ISBN 978-7-5456-0361-3

本书以图文并茂的方式，系统介绍了苗族蜡染的历史脉络、文化意义、工艺制作流程及佳作赏析。

D0816 J523.2

苗族蜡染纹样研究/赵雪燕著．—北京：金城出版社，2020 年．—376 页

ISBN 978-7-5155-1995-1

本书内容包括：苗族蜡染纹样研究的意义、蝴蝶纹综述、涡纹综述、太阳鼓综述、人物纹综述、几何纹综述、鸟纹综述、鱼纹综述、植物纹综述、牛纹综述、龙纹综述、山川道路纹等。

D0817 J523

苗族数纱　湘西民族艺术实地考察/章长干，姚本奎编著．—长沙：湖南美术出版社，2009 年．—295 页

ISBN 978-7-5356-3454-2

本书从苗族数纱的历史渊源、生态环境、运用习惯、工艺流程、编织针法、文化内涵、艺术特征、存活现状以及发展前景等方面作了详尽的介绍和必要的探讨，并收录了大量精美的图案资料。

D0818 J523.2

民间彩印花布图案/林汉杰编辑．—北京：人民美术出版社，1955 年．—56 页（被引 12）

D0819 J523.6

民间刺绣/王连海，孙建君编著．—武汉：湖北美术出版社，2000 年．—80 页

ISBN 7-5394-0947-9

本书介绍了民间刺绣中的刺绣服饰和刺绣佩饰的历史和工艺。并附图版 62 幅。

D0820 J523.6

民间刺绣（中国民间工艺风采丛书）/李友友编著．—北京：中国轻工业出版社，2005 年．—139 页

ISBN 7-5019-4549-7

本书收集汉族、苗族、土家族、瑶族、侗族、藏族、傣族、满族的民间绣品，共计 40 个品类 200 余幅图版。

D0821 J523.6

民间刺绣/张亨德，谢凯，韩莲芬编著．—乌鲁木齐：新疆美术摄影出版社，2006 年．—195 页

ISBN 7-80658-847-7

本书是介绍新疆各少数民族民间刺绣的壁挂等数十种刺绣工艺品的图文书。

D0822 J523.6

民间刺绣（中国结丛书）/田顺新编著．—石家庄：河北少年儿童出版社，2007 年．—243 页

ISBN 978-7-5376-3130-3

本书详细介绍了中国各地的民间刺绣工艺，包括顾绣、苏绣、湘绣、粤绣等工艺。

D0823 J523.6

民间刺绣/张亨德，谢凯，韩莲芬编著．—乌鲁木齐：新疆美术摄影出版社，2013 年．—195 页

ISBN 978-7-5469-4666-5

本书主要介绍了新疆民间刺绣壁挂、绣花褥、绣花枕头、墙围、荷包等新疆民间特色手工艺品。

D0824 J523.6

民间刺绣（西班牙文版）（中国民间文化遗产）/李友友编著．—北京：外文出版社，2007 年．—145 页

ISBN 978-7-119-05105-5

中国民间刺绣是观赏与实用并举的工艺形式，它承载着厚重的传统文化，是中国农耕文化的产物。本书收集汉族、苗族、土家族、瑶族、侗族、藏族、傣族、满族的民间绣品，共计 40 个品类 200 余幅图版。

D0825 J523.6

民间刺绣　英文版（中国民间文化遗产）/李友友主编．—北京：外文出版社，2008 年．—145 页

ISBN 978-7-119-04673-X

D0826 J523.6

民间刺绣　德文版（中国民间文化遗产）/李友友主编；邵普译．—北京：外文出版社，2009 年．—145 页

ISBN 978-7-119-05791-0

D0827 J523.5

民间服饰（新疆民间美术丛书）/楼望皓，李肖冰编著．—乌鲁木齐：新疆美术摄影出版社，2006 年．—186 页

ISBN 7-80658-849-3

本书详细地介绍了新疆的民间服饰，包括维吾尔族服饰、哈萨克族服饰、加族服饰、柯尔克孜族服饰等内容，通过文字、图片了解新疆民间服饰。

D0828 J523.2

民间染织（中国民间工艺风采丛书）/段建华编著 . —北京：中国轻工业出版社，2005 年 . —136 页

ISBN 7-5019-4890-9

本书收集各民族民间染织品近 30 个品类，编辑成册。不仅图案精美，流光溢彩，而且品类丰富，具有很高的欣赏价值、学术价值与实用价值。

D0829 J523.2

民间染织 西班牙文版（中国民间文化遗产）/段建华编著；姜凤光，林传红译 . —北京：外文出版社，2008 年 . —134 页

ISBN 978-7-119-05423-0

D0830 J523.2

民间染织刺绣工艺/中央美术学院工艺美术研究室编 . —北京：朝花美术出版社，1955 年 . —82 页

D0831 J523.2

民间染织美术/钟茂兰编著 . —北京：中国纺织出版社，2002 年 . —301 页（被引 240）

ISBN 7-5064-1992-0

本书以我国民间织锦、民间印染和民间刺绣为内容，详细介绍了民间染织美术，尤其是少数民族染织美术形成的历史背景、图案构成、纹样特征、制作工艺和文化内涵。

D0832 J523.6

民间手工刺绣/马芳，肖丽编著 . —长沙：湖南美术出版社，2014 年 . —92 页

ISBN 978-7-5356-5129-7

本书从刺绣的历史起源开始，漫谈了各个朝代的刺绣工艺发展水平，对手工刺绣的常用工具、术语、技法、针法、应用以及各地名绣也作了详细介绍。

D0833 J523.2

民间印染（中国民间美术丛书）/李绵璐，王连海编著 . —武汉：湖北美术出版社，2000 年 . —80 页

ISBN 7-5394-0949-5

本书介绍了从古至今的印染历史；讲述了民间印染的艺术特色，包括工艺技术的艺术特色、印染图案的题材特色；并附印染图版 60 幅。

D0834 J523.2

民间印染纹样集/李昌鄂编 . —长沙：湖南美术出版社，1984 年 . —68 页；25cm×27cm（被引 52）

ISBN 7-5356-0396-3

D0835 J523.4

民间毡毯（新疆民间美术丛书）/张亨德，韩莲芬编著 . —乌鲁木齐：新疆美术摄影出版社，2006 年 . —155 页

ISBN 7-80658-846-9

本书详细地介绍了新疆的民间毡毯，分为新疆民间花、新疆民间地毡、新疆民间织毛毡 3 大类，通过文字、图片了解新疆民间毡毯。

D0836 J523.4

民间织花（中国民间美术丛书）/王连海，朱悦梅著；李绵璐主编 . —武汉：湖北美术出版社，2002 年 . —87 页

ISBN 7-5394-1218-6

本书介绍了民间织锦、民间壮锦、民间苗锦、民间傣锦、民间鲁锦、民间侗锦、民间袋子布、民间花边等民间织花。

D0837 J523.1

民族的符号：土家织锦文化遗产研究（民族社会发展研究丛书）/冉红芳著 . —北京：中国社会科学出版社，2017 年 . —315 页

ISBN 978-7-5203-0274-6

本书在文献梳理和田野调查的基础上，对土家织锦图案、工艺流程、传承群体及其保护模式进行了比较深入的探讨，并就传统民间手工艺随着经济全球化、社会现代化发展的浪潮逐渐淡出乡民社会的困境做出较为深入的应对策略。

D0838 J523.2

民族扎染工艺/金开诚主编 . —长春：吉林文史出版社，2012 年 . —136 页

ISBN 978-7-5472-0942-4

本书主要内容包括：扎染简介、中国扎染史、扎染工艺、白族扎染、布依族扎染、苗族扎染、黎族扎染等。

D0839 J523.6

闽南刺绣/蓝泰华，郑滢编 . —福州：福建美术出版社，2018 年 . —95 页

ISBN 978-7-5393-3902-3

本书共三章。第一章介绍了闽南刺绣的历史、分类、人物和流派、现状和发展概况；第二章介绍了闽南刺绣的材料工具和技法；第三章为泉州和漳州刺绣作品欣赏。

D0840 J523.1

名人故里绩溪 蚕丝卷（名人故里绩溪丛书 全 12 册）/黄来生，胡成业，章亚光著；潘万金主编 . —北京：人民日报出版社，2007 年 . —81 页

ISBN 978-7-80208-097-5

本书从人文社会科学角度出发，梳理绩溪蚕丝历史文明的传承脉络，挖掘绩溪蚕丝文化内涵。

D0841 J523.1

明锦 影印本/李杏南编 . —北京：人民美术出版社，1955 年 . —52 页

D0842 J523.6

明清绣品/李雨来，李玉芳著 . —上海：东华大学出版社，2012 年 . —482 页

ISBN 978-7-5669-0058-6

本书内容既包括刺绣工艺、种类和区域风格，又涉及服饰制度和文化内涵。书中使用了大量从未公开出版过的实物资料。

D0843 J523.6

明清绣品 第 2 版/李雨来，李玉芳著 . —上海：东华大学出版社，2015 年 . —482 页

　ISBN 978-7-5669-0868-1

本书主要内容包括：刺绣的发展和生产模式，绣花针、线和基本针法，明代刺绣，清代刺绣，四大名绣，京绣、鲁绣，潮州绣，明代宫廷服装，清代宫廷男装，清代宫廷女装，清代汉式女装等。

D0844 J523.6

明清织绣 ［港台］（文物珍宝 第 6 种）/王光镐主编；杨玲著，杨京京摄影 . —台北：艺术图书公司，1995 年 . —189 页

　ISBN 957-672-184-9

D0845 J523.6

明清织绣 （故宫博物院藏文物珍品大系）/宗凤英主编 . —上海，香港：上海科学技术出版社，商务印书馆（香港）有限公司，2005 年 . —259 页

　ISBN 7-5323-7609-5

本书选出 279 件精品，分织品与绣品两大类，同时亦收录几件印染精品。来源有各地官办织造专门为皇室生产的御用品，边疆的进贡品，宫廷从各地采办的织绣品。

D0846 J523.6

南国名花：潮汕抽纱民间工艺技法及文化研究/张玉金，周燕玲主编 . —长春：吉林大学出版社，2018 年 . —281 页

　ISBN 978-7-5692-3872-3

本书共分十章，内容包括：潮汕抽纱、银针飞彩线绣美出巧手——潮汕抽纱的工艺简析、潮汕抽纱开窗的表现手法及艺术价值、潮汕民间传统工艺——抽纱的生存和发展空间调查报告、潮绣、独具特色的民间手工艺——潮绣艺术研究等。

D0847 J523.1

南京云锦 （中华锦绣丛书）/戴健著 . —苏州：苏州大学出版社，2009 年 . —168 页

　ISBN 978-7-81137-425-4

本书共分七章，包括：三代云锦业、云锦的品种构成、云锦原材料和加工工艺、云锦织机构造和织造工艺等。

D0848 J523.1

南京云锦 （中国非物质文化遗产代表作丛书）/王宝林著 . —北京：文化艺术出版社，2012 年 . —241 页

　ISBN 978-7-5039-5252-4

本书共分为：源远流长的历史；精妙绝伦的工艺；丰厚深邃的文化；手工技艺的传承；文化遗产的保护五章，主要内容包括：云锦的起源、云锦的诞生、云锦的发展等。

D0849 J523.1

南京云锦 （符号江苏丛书）/张道一著 . —南京：译林出版社，2012 年 . —207 页

　ISBN 978-7-5447-2689-4

本书介绍了南京云锦经历的历史变迁和当代发展，展示了其制作的精良技艺和华美图案，从人文艺术的角度，阐明了云锦的文化内涵和艺术价值。

D0850 J523.1

南京云锦/张玉英著 . —南京：南京出版社，2013 年 . —95 页

　ISBN 978-7-5533-0352-9

本书内容包括：千年史迹话云锦、诗词文赋绘云锦、绝妙工艺织云锦、当今世界赞云锦、光明未来瞻云锦等。

D0851 J523.1

南京云锦 （彩色图文版）（江苏文化丛书风物系列）/金文著 . —南京：江苏人民出版社，2009 年 . —160 页

　ISBN 978-7-214-04997-1

本书包括云锦的史话、云锦的花色品种、云锦的工艺、云锦的艺术、云锦的文化内涵、云锦的传承和弘扬等章节。

D0852 J523.1

南京云锦/王剑强，吴捍新编著 . —济南：山东友谊出版社，2013 年 . —327 页

　ISBN 978-7-5516-0429-1

本书系统梳理和全面介绍了南京云锦这一国家级非物质文化遗产项目的发展历史、操作工艺、文化内涵、文化特色，具有典型性、代表性，展示了我国有代表性、特色鲜明的非物质文化遗产精华。

D0853 J523.1

南京云锦 第 2 版/王剑强，吴捍新编著 . —济南：山东友谊出版社，2019 年 . —327 页

　ISBN 978-7-5516-1858-8

本书梳理和介绍了南京云锦这一国家级非物质文化遗产项目的历史、技艺、品种、艺术、传承和保护等内容。

D0854 J523.1

南京·云锦：锦绣绚丽巧天工/丁圆圆主编 . —南京：南京师范大学出版社，2017 年 . —72 页

　ISBN 978-7-5651-3219-3

本书从云锦史话、花团锦簇、锦上添花等几个板块介绍了云锦历史、云锦图案的特点、云锦各种制品及服装设计，升华了云锦的用途。

D0855 J523.1

南京云锦博物馆故事 （中国纪念馆故事）/吴颖主编 . —南京：南京出版社，2014 年 . —182 页

　ISBN 978-7-5533-0353-6

本书对云锦的历史进行了回顾，穿插了传奇的神话故事和真实的历史发展进程；对云锦的技艺做了分类与解释，涵

盖了云锦从上机到下机的每一个细节；再现了云锦的复制工作，展示了我们云锦研究所复制小组的鬼斧神工之术。

D0856 J523.1
南京云锦织造技艺（南京非物质文化遗产丛书）/王宝林著；张伟，李长生译．—南京：南京出版社，2012年．—1册
ISBN 978-7-80718-966-4
本书重点介绍了南京云锦这项被列入"人类非物质文化遗产代表作品录"的项目情况。

D0857 J523.2
南通蓝印花布/吴元新，吴灵姝著．—苏州：苏州大学出版社，2011年．—161页
ISBN 978-7-81137-896-2
本书主要介绍了蓝印花布的历史，蓝印花布印染工艺，南通蓝印花布图案，南通地区蓝印花布和南通蓝印花布传承现状等内容。

D0858 J523.2
南通蓝印花布（中国非物质文化遗产代表作丛书）/吴灵姝，倪沈键，吴元新著．—北京：文化艺术出版社，2017年．—233页
ISBN 978-7-5039-6285-1
本书全面梳理了南通蓝印花布所植根的地理环境、人文背景、文化空间，对手工印染的工具材料、制作流程、工艺特征、应用方式、图案特点、民俗内涵、故事传说以及各技艺间承上启下的传承脉络进行系统的记录和深入的分析，并恢复其原有的工艺以达到抢救保护、实践、传承的目的，多角度立体式的呈现南通传统蓝印花布技艺。

D0859 J523.2
南通蓝印花布纹样/南通市工艺美术研究所，中国民间文艺研究会南通分会编．—北京：中国民间文艺出版社，1986年．—100页
统一书号 8229·0346

D0860 J523.2
南通蓝印花布印染技艺/吴灵姝，吴元新，倪沈键编著．—北京：化学工业出版社，2017年．—189页
ISBN 978-7-122-30196-3
本书全面梳理了南通蓝印花布所植根的地理环境和人文背景，对蓝印花布的图案特点、民俗内涵以及蓝印花布传承现状进行了深入的分析，对蓝印花布技艺的工具材料、制作流程、工艺特征进行了详细的记录，多角度、立体式呈现南通传统蓝印花布技艺。

D0861 J523.1
霓裳艳影　衣被天下：黎族纺织文化研究（海南热带海洋学院民族学学科建设成果文库）/罗文雄著．—昆明：云南民族出版社，2016年．—234页
ISBN 978-7-5367-7069-0

本书分为秦汉前黎族纺织技术、秦汉时期至清代的黎族纺织技术、近现代黎族的纺织技术、织锦品、织锦艺术特色、织锦价值与图案文化内涵、黎锦演变与发展、黎锦艺术赏析、织锦保护研究与开发、织锦艺人等共十章。

D0862 J523.6
宁波金银彩绣（浙江省非物质文化遗产代表作丛书）/陆顺法，李双编著．—杭州：浙江摄影出版社，2015年．—177页
ISBN 978-7-5514-1174-5
本书内容包括：宁波金银彩绣的文化特征、宁波金银彩绣的工艺、宁波金银彩绣的保护与传承等。

D0863 J523.6
宁夏回族刺绣（宁夏非物质文化遗产保护与研究系列丛书）/武宇林著．—银川：阳光出版社，2012年．—144页
ISBN 978-7-5525-0120-9
本书内容包括：宁夏回族刺绣的历史、宁夏回族刺绣的种类、宁夏回族刺绣题材、宁夏回族刺绣的分布、宁夏回族刺绣的基本技艺五章。

D0864 J523.4
农家织布/华伦其编著．—上海：闵行区非物质文化遗产保护中心办公室，2010年．—99页；21cm

D0865 J523.6
女红：台湾民间刺绣［港台］（传统艺术丛书）/王瀞苡著．—台北：商周编辑顾问股份有限公司，2000年．—128页
ISBN 957-667-776-9

D0866 J523.6
欧式立体刺绣：从小白到高手/麦粒著．—广州：广东旅游出版社，2014年．—120页
ISBN 978-7-80766-853-4
本书分为三个阶段，初级、中级、高级，涵盖平针绣、回针绣、锁链绣等多种常用刺绣针法，步骤详细，图例直观。从最简单的取线、穿线、打线结开始，一步步教你绣出首饰盒、耳钉、发夹等。

D0867 J523.2
配色图典　1［译］/（日）涩川育由，（日）高桥由美编．—北京：世界图书出版公司，1995年．—127页；22cm
ISBN 7-5062-2846-7
配色图典第1部为色相篇。

D0868 J523.2
配色图典　2［译］/（日）涩川育由，（日）高桥由美编．—北京：世界图书出版公司，1995年．—127页；22cm
ISBN 7-5062-2845-9
配色图典第2部为色调篇。

配色图典　3　纹饰篇［译］/（日）涩川育由，（日）

高桥由美编；刘玉飞译.—北京：世界图书出版公司，2000年.—119页

ISBN 7-5062-2915-3

第3部为纹饰篇，是对前两部的总结，主要讲解对具体多样的纹饰进行配色。本书大量收录了3种色彩以上的多重色彩搭配实例，从线条以及水珠等的简单色彩搭配到传统纹饰的复杂配色，书中登载了105种实例。

D0869　J523.1

拼布作品集　纺织艺术设计/田青著.—北京：中国建筑工业出版社，2011年.—200页（被引6）

ISBN 978-7-112-12939-3

本书汇集了2011年第十一届全国纺织品设计大赛暨国际理论研讨会，2011国际拼布展中来自中国、美国、日本、韩国等各国的优秀拼布作品，并配有作品名称、作品尺寸及作者的简要介绍，使纺织文化、传统纺织工艺在当代生活中再放异彩。

D0870　J523.1

蒲城土布（关中非物质文化遗产保护研究丛书）/赵农著.—西安：西安交通大学出版社，2015年.—147页；26cm

ISBN 978-7-5605-7803-3

本书分为：古代纺织、村庄环境、财产积累、土布纺织、纺织生产、协作方式、土布发展七章。主要内容包括：孟母三迁、纺轮、编织、提花机、花纱、棉花、蒲城、果木、房舍、口音、风俗等。

D0871　J523.6

其甘女红　蒙文/冬梅编.—赤峰：内蒙古科学技术出版社，2013年.—156页

ISBN 978-7-5380-2304-6

本书主要介绍被列入世界非物质文化遗产之一的蒙古族传统女红—刺绣、平绣、挽绣（绕绣、盘绣、切绣）等。

D0872　J523.2

奇妙草木扎染/朱茹洁主编.—上海：上海教育出版社，2018年.—36页

ISBN 978-7-5444-8061-1

本书包括扎染工艺的相关历史知识、扎染的基本工序、扎染的扎制技艺等内容。

D0873　J523.1

千年丝语：福州北郊茶园山宋墓出土纺织品文物图录/张振玉，林江主编.—福州：海峡书局，2018年.—141页

ISBN 978-7-5567-0585-6

本书选取其中近60件代表性文物的图文资料编辑成册，囊括衣、裤、裙、鞋、帽、围胸、花边等服饰形制和纱、罗、绢等织物品类，展示馆藏茶园山南宋端平二年墓出土丝织品文物的基本面貌和丝织品保护修复工作取得的初步成果。

D0874　J523.2

千年窝妥：丹寨苗族蜡染文化特展/徐刘蔚，韦文扬，韦荣慧主编.—北京：中央民族大学出版社，2016年.—195页

ISBN 978-7-5660-1222-7

本书展出了中国民族博物馆所收藏的贵州省丹寨县蜡染传承人代表作品中的50余件精品，以及融合现代时尚元素设计的蜡染文创产品50余件，展示了丹寨苗族蜡染文化艺术和创意设计水平。

D0875　J523.2

黔东南苗族侗族服饰及蜡染艺术（凯里学院原生态民族文化特色课程丛书）/吴安丽主编.—成都：电子科技大学出版社，2009年.—365页

ISBN 978-7-5647-0024-9

本书内容包括：苗族服饰的历史演变和现存服饰、侗族的族源和服饰、近现代的苗族侗族服饰的造型特征、苗族服饰的织造艺术、侗族服饰的织造艺术、苗族侗族蜡染等。

D0876　J523.6

黔美马尾绣/蒋鸿洁主编.—贵阳：贵州人民出版社，2018年.—206页

ISBN 978-7-221-15036-3

本书对濒危马尾绣的民间艺术资料进行了收集和整理，介绍和展示了马尾绣这项古老而又美好的手工艺。书中包括马尾绣手工的制作、工序、成品展示等多个方面。

D0877　J523.6

羌绣/四川省劳务开发暨农民工工作领导小组办公室，阿坝藏族羌族自治州劳务开发暨农民工工作领导小组办公室编.—成都：四川民族出版社，2012年.—146页

ISBN 978-7-5409-4944-0

本书内容包括：羌绣概述、认识羌绣图案、探析羌绣色彩、羌绣基本针法、羌绣图案绘创、图案创新设计、羌绣产品开发、羌绣精品赏析。

D0878　J523.6

羌绣精品图样集　中英文本/王天华著.—成都：四川美术出版社，2009年.—207页

ISBN 978-7-5410-3848-8

本书汇集了王天华精心创作的一百余幅羌绣图样。

D0879　J523.6

羌族刺绣艺术研究/赵志红著.—长春：吉林人民出版社，2018年.—221页

ISBN 978-7-206-15576-5

本书除绪论外，分为五章，分别为羌族刺绣艺术的形成与发展、羌族刺绣艺术作品的文化内涵、羌族刺绣图案的装饰语言、羌族刺绣艺术与其他民族造型艺术之关联等。

D0880　J523.6

羌族服饰与羌族刺绣（中国少数民族服饰卷）/钟茂兰，

范欣，范朴著 .—北京：中国纺织出版社，2012 年 .—184 页

ISBN 978-7-5064-8121-2

本书对羌族服饰、刺绣进行解读，不仅就其服饰刺绣本身的分类和工艺制作进行了研究，并对其文化内涵、历史沿革、产生背景进行了分析。

D0881　J523.6

巧手慧思色彩绚丽的中国刺绣　中英文本 ［港台］/林淑心著 .—台北：台湾历史博物馆，1989 年 .—92 页

D0882　J523.6

巧梭慧针：长江流域的丝织与刺绣（中华长江文化大系）/张硕编著 .—武汉，北京：武汉出版社，中国言实出版社，2006 年 .—362 页

ISBN 978-7-5430-2856-2

本书内容包括长江流域新时期时代文化与服饰文化初步、长江——中国丝织文化的摇篮、商周时期丝织业、春秋战国时期清代的长江流域丝织业。

D0883　J523.6

秦绣/咸建军著 .—西安：西安交通大学出版社，2014 年 .—318 页

ISBN 978-7-5605-6631-3

本书以摄影照片的形式收了雅源斋丝绸、刺绣藏品 200 余件。分别以"装饰类""服饰类""用品类""祈福类"和"其他类"向读者展示了三秦大地在刺绣这一古老的技艺中的地域文化、风采。

D0884　J523.6

秦绣艺术/孙英丽著 .—西安：陕西人民出版社，2012 年 .—130 页

ISBN 978-7-224-10305-2

本书主要分为五大部分进行论述，将首先从历史的角度结合史料分析秦绣艺术的历史渊源及发展变化进行分析，再从艺术的角度重点讨论秦绣的审美艺术特征，进而分析其工艺特征及深厚的文化内涵，最后探讨社会变迁中的秦绣艺术。

D0885　J523.6

清代民间实用绣花纹样　图集/刘钢编著 .—沈阳：辽宁美术出版社，2001 年 .—251 页

ISBN 7-5314-2742-7

本书收集了清代以来近百年北方民间刺绣纹样描绘本的代表作，展示了以日月、山川、鸟兽、花草、亭、台、车、琴、棋、书、画等物以及传说、故事、戏曲为素材的纹饰图像。

D0886　J523.6

清代台湾民间刺绣 ［港台］（艺术丛书）/粘碧华撰文；陈达明绣品收藏 .—台北：汉艺色研文化事业有限公司，1989 年 .—117 页

ISBN 957-622-000-9

D0887　J523.6

清华藏珍·丝绣撷英：清华大学艺术博物馆藏品展（清华大学艺术博物馆开馆展丛书）/冯远主编 .—北京：清华大学出版社，2016 年 .—179 页

ISBN 978-7-302-44663-7

本书收录了清华大学艺术博物馆所藏的刺绣精品图片，包括虔敬礼佛、千丝异彩、服饰风华、日用精雅等方面，大部分都是明清时代的藏品。

D0888　J523.1

清至近代缂丝特展 ［港台］/台湾历史博物馆编辑委员会编辑；林泊佑主编；陈伶倩执行编辑 .—台北：台湾历史博物馆，2001 年 .—133 页

ISBN 957-02-8825-6

D0889　J523.6

庆阳传统刺绣纹样/刘志学编著 .—兰州：甘肃人民美术出版社，2002 年 .—172 页

ISBN 7-80588-433-1

本书分"香包、香包针扎""枕顶""肚兜""云领披肩""钱包、钱袋刺绣""烟包"等八个专题，收录了近二百个庆阳传统刺绣纹样。

D0890　J523.6

庆阳香包刺绣传统图样/庆阳市西峰区文化馆，庆阳市西峰区民俗艺术研究所，庆阳市西峰区非遗办编 .—兰州：甘肃文化出版社，2015 年 .—196 页

ISBN 978-7-5490-0875-9

本书分为三大部分，第一部分装饰欣赏类；第二部分生活实用类；第三部分手工刺绣针法。十五个章节：单面挂件、双面挂件、立体挂件、立体摆件、香包挂件、绣锁挂件、针扎、烟袋、肚兜、童帽、鞋类枕顶、耳枕、枕头、盖头。

D0891　J523.4

趣味编织：民俗篇/许峥嵘著 .—郑州：河南科学技术出版社，2008 年 .—70 页

ISBN 978-7-5349-3784-2

本书融会了大量最流行、最经典的手织样品。

D0892　J523.1

全国纺织优秀设计作品集/徐志瑞等编 .—北京：纺织工业出版社，1993 年 .—94 页

ISBN 7-5064-0988-7

D0893　J523.6

群芳争妍：中国艺术研究院中国当代刺绣艺术精品展作品集/高显莉主编 .—北京：文化艺术出版社，2011 年 .—243 页

ISBN 978-7-5039-5243-2

本书主要内容包括：苏绣、蜀绣、粤绣、湘绣、其他绣种、中国工艺美术馆馆藏珍品等。

D0894 J523.2

染出日本的色彩 日本传统染色技艺 ［译］／（日）吉冈幸雄著；范唯译 . —北京：北京美术摄影出版社，2019年 . —208 页

ISBN 978-7-5592-0286-4

本书是日本著名染色师吉冈幸雄作为家族的第五代染色技艺的传人，记录了关于日本传统植物染色技术和其历史发展，作者毕生专注于植物染色这一日本传统工艺的研究，书中追溯了昔日日本传统染色技术的光辉历史。

D0895 J523.2

染色世界 日中英文／（日）出原修子，叶智勇著 . —北京：中国纺织出版社，1995 年 . —48 页

ISBN 7-5064-1142-3

D0896 J523.2

染缬艺术（设计教材丛书）／郑巨欣，朱淳著 . —杭州：中国美术学院出版社，1993 年 . —138 页（被引 57）

ISBN 7-81019-234-5

本书分史论、技法、应用与欣赏三篇。

D0897 J523.2

染缬艺术／管兰生著 . —北京：人民美术出版社，2008年 . —82 页

ISBN 978-7-102-04402-6

该书中作品主要通过画中之境来表现心中之意、意中之情。在草图的基础上，经过多次捆扎与染制，在染料的浸染与布料的捆扎褶皱中，让色彩像陶瓷的窑变一样呈现多层次、艺术化的灵动之感。这种将艺术家严谨创意与染料神奇效果相融合的作品能让观者在染缬的艺术空间内尽情翱翔。

D0898 J523.2

染缬艺术创作与实践／朱医乐著 . —天津：天津人民美术出版社，2017 年 . —124 页

ISBN 978-7-5305-7967-1

本书内容包括：蜡染的概念及特点、蜡染的起始及发展、接近民间蜡染、蜡染技法、蜡染面料、蜡染工艺流程、扎染的工具与材料、扎染的工艺流程、染料与染色等。

D0899 J523.2

染艺起手式：缝绞·蓝染的初心相遇 ［港台］／萧静芬著 . —南投：台湾工艺研究发展中心，2017 年 . —123 页

ISBN 978-986-05-4963-8

D0900 J523.2

染织（材料与技法丛书）／董旸，刘威编著 . —沈阳：辽宁美术出版社，1998 年 . —79 页；29cm

ISBN 7-5314-2008-2

D0901 J523.2

染织／童芸编著 . —合肥：黄山书社，2016 年 . —152 页

ISBN 978-7-5461-5279-0

本书将分别对染织的历史、品种、工艺进行介绍。分为染织渊源；染；织三部分。主要内容包括：蜡染、扎染、蓝印花布、彩印花布、丝绸等。

D0902 J523.2

染织服装艺术设计（清华大学美术学院染织服装艺术设计系建系 60 周年师生作品展 回顾与展望 2016 年第十六届全国纺织品设计大赛暨国际理论研讨会师生作品集）／肖文陵，张宝华，吴波主编 . —北京：中国建筑工业出版社，2016 年 . —99 页

ISBN 7-112-19209-9

本书内容包括：常沙娜：景泰蓝灯座、盒子、盘等配套产品（林徽因先生指导下设计），人民大会堂外立面柱廊上方琉璃瓦门楣与宴会厅顶棚顶灯设计，民族文化宫的大门装饰，人民大会堂接待厅两侧半圆休息厅顶棚沥粉彩绘装饰设计；崔栋良：花卉、菖蒲、瓜叶菊等。

D0903 J523.2

染织工艺／袁吉林主编 . —北京：高等教育出版社，2013年 . —243 页；26cm

ISBN 978-7-04-038261-7

本书对扎染、蜡染、编结等三项传统手工艺的起源、不同地域的艺术特点、发展以及现状、民间工艺工序流程、现代创新技术与艺术，以及染织艺术造型方式等，进行了较为详细的阐述，重点探讨了织物设计、图案设计、产品造型设计的新趋势和生产的新工艺。

D0904 J523.2

染织花卉图案设计／杨淑萍著 . —南昌：江西科学技术出版社，1996 年 . —206 页（被引 7）

ISBN 7-5390-1035-5

D0905 J523.2

染织色彩原理及配色／朱谱新主编 . —北京：中国纺织出版社，2009 年 . —229 页

ISBN 978-7-5064-5358-5

本书简述了颜色视觉和色度学基本原理，色差、色深测量和表示法以及白度和同色异谱指数；在阐述纤维和织物光学特性、染料和颜料的着色性能的基础上，系统介绍了纺织品染色的配色规律，计算机配色的原理和方法，荧光、夜光和变色织物以及织物光学加工的原理和方法。

D0906 J523.2

染织设计（设计艺术系列）／龙宝章主编 . —济南：山东美术出版社，1999 年 . —137 页；26cm

ISBN 7-5330-1194-5

本书包括："绪论""印染设计""扎染、蜡染、彩印设计与工艺""织造设计"等内容。

D0907 J523.2

染织设计基础／雍自鸿编著 . —北京：中国纺织出版社，2008 年 . —102 页

ISBN 978-7-5064-4218-3

本书内容包括：染织工艺和纹样风格、染织纹样的构成法则、染织纹样的色彩、染织纹样的绘制步骤、染织纹样设计的技法与创意等。

D0908　J523.2

染织设计入门（设计基础入门丛书）/曾真著.—南宁：广西美术出版社，1999年.—48页；26cm

　　ISBN 7-80625-700-4

D0909　J523.2

染织设计深入学习范例（学练画书系）/王庆珍著绘.—上海：上海书店出版社，2003年.—1册；38cm

　　ISBN 7-80678-058-0

本书针对染织图案设计的过程加以示范，包括适合纹样、二方连续、四方连续等。

D0910　J523.2

染织图案基础/程尚仁，温练昌编著.—上海：上海人民美术出版社，1979年.—187页

　　统一书号 8081·11248

D0911　J523.2

染织图案设计高级教材/黄国松等著.—上海：上海人民美术出版社，2005年.—186页（被引47）

　　ISBN 7-5322-4583-7

本书内容涵盖了现代化生产和传统手工印染、织、绣的衣料图案、装饰布艺图案设计等方面。包括艺术设计思维方法论、染织图案设计的造型和技法、染织图案设计的构成方法、染织图案的色彩设计、印花图案设计、织花图案设计等。

D0912　J523.2

染织图案设计教程（中国高等院校服装　纺织品艺术设计专业系列教材）/汪芳编著.—上海：东华大学出版社，2008年.—124页；29cm

　　ISBN 978-7-81111-478-2

本书共分八章，分别由理论概述、图例、思考题和作业等内容构成。

D0913　J523.2

染织图案设计教程　第2版（纺织服装高等教育"十三五"部委级规划教材）/汪芳编著.—上海：东华大学出版社，2016年.—124页

　　ISBN 978-7-5669-0909-1

本书主要内容包括：染织图案渊源篇、染织图案创作篇、染织图案题材篇、染织图案色彩篇、染织图案类型篇、染织图案功能篇、染织图案风格篇、染织图案工艺篇等。

D0914　J523.2

染织艺术设计03、05届毕业创作实录（广州美术学院教学丛书）/霍康，覃大立编著.—广州：广东人民出版社，

2005年.—135页

　　ISBN 7-218-05144-8

本书主要内容有家纺篇和纤维艺术与服饰篇，包括宾馆纺织品配套设计、家居纺织品配套设计、家居窗饰设计、布艺沙发设计、主题性家居纺织品配套设计等。

D0915　J523.2

染织与服装设计（现代设计大系）/郑巨欣主编.—上海：上海书画出版社，2000年.—717页

　　ISBN 7-80635-674-6

本书共四卷，分别为设计造型基础、手工艺与工业设计、染织与服装设计、视觉传达设计，全面介绍该专业的历史、原理及应用情况。

D0916　J523.4

绒线编织法/上海工艺编织厂编.—北京：轻工业出版社，1975年.—116页

　　统一书号 15042·1356

D0917　J523.4

绒线编织法　第2版　修订本/上海工艺编织厂编.—北京：轻工业出版社，1978年.—120页

　　统一书号 15042·1460

D0918　J523.1

绒线配色图案精品/安田秋子，金志弘编.—北京：华艺出版社，1995年.—96页；26cm

　　ISBN 7-80039-905-2

D0919　J523.2

如何读懂图案：识别匠心独具的织物式样 ［译］/（英）克莱夫·爱德华兹（Clive Edwards）著；王善江，曹盈译.—沈阳：辽宁科学技术出版社，2018年.—256页

　　ISBN 978-7-5591-0462-5

本书介绍了纺织品设计丰富多彩、错综复杂和标新立异的发展历程，探索了某些图案如何界定个体文化，而其他图案如何以不同形式反复出现在世界各地文化之中。

D0920　J523.6

如何挑选中国刺绣　英文/（澳）RhysWesley，任月圆著.—北京：五洲传播出版社，2009年.—153页；19cm

　　ISBN 978-7-5085-1483-3

本书总共分为六部分：1. Why Embroidery；2. A Fabulous-Show；3. Embroidery Porcess；4. Sharp Eyes；5. Reference Price；6. Shopping Spots。

D0921　J523.6

沙坪湘绣/廖静仁出品.—深圳：中华图书出版社，2009年.—202页

　　ISBN 988-98103-8-7

D0922 J523.2

山东民间彩印花布（山东民间工艺美术丛书）/鲍家虎编著 . —济南：山东美术出版社，1986 年 . —70 页

　　统一书号 8332·756

D0923 J523.2

山东民间蓝印花布（山东民间工艺美术丛书）/叶又新著 . —济南：山东美术出版社，1986 年 . —128 页

　　统一书号 8332·799

D0924 J523.6

山东省博物馆藏鲁绣精粹/郭思克主编；山东省博物馆编 . —北京：文物出版社，2010 年 . —198 页

　　ISBN 978-7-5010-2949-5

　　本书收入了鲁绣精品 150 余幅，它全面地反映了鲁绣自 20 世纪 50 年代至今的鲁绣工艺及时代背景、人文环境的发展变化，充分展示了近 60 年来鲁绣老艺人们的心血和智慧。

D0925 J523.6

山西戏曲刺绣（中华民俗艺术精粹丛书）/张青，段改芳编著 . —哈尔滨：黑龙江美术出版社，1999 年 . —77 页

　　ISBN 7-5318-0654-1

D0926 J523.6

陕南挑花（陕西民间美术丛书）/黄钦康编著 . —西安：陕西人民美术出版社，1982 年 . —55 页

　　统一书号 8199·312

D0927 J523.6

上海绒绣（浦东新区社区教育丛书）/欧阳君主编；包炎辉撰稿 . —上海：上海社会科学院出版社，2011 年 . —72 页

　　ISBN 978-7-80745-943-9

　　本书主要介绍了“绒绣”的来龙去脉，介绍了“绒绣”的基本技法，并提供了一些绒绣精品供欣赏。

D0928 J523.6

上海绒绣（上海市国家级非物质文化遗产代表性项目丛书）/王玺昌主编 . —上海：上海人民出版社，2018 年 . —164 页

　　ISBN 978-7-208-15516-9

　　本书内容包括：上海绒绣的历史和现状、上海绒绣的材料及绣制工具、上海绒绣的绣制技艺、上海绒绣的收藏保养、上海绒绣作品赏析五部分。

D0929 J523.6

上海绒绣　中英文本/包炎辉编著 . —上海：上海人民美术出版社，2014 年 . —152 页

　　ISBN 978-7-5322-8968-4

　　本书内容包括：认识上海绒绣、绒绣的材料和工具、一起创作吧、名作介绍与欣赏、上海绒绣术语。

D0930 J523.2

少数民族蓝染艺术研究及应用/魏莉著 . —海口：南海出版公司，2014 年 . —172 页

　　ISBN 978-7-5442-7485-2

　　本书共分为：中国少数民族蓝染艺术的发展；蓝染工艺的染料；扎染工艺；蜡染工艺；灰染工艺；蓝染艺术在服装设计中的应用几部分，主要内容包括：中国印染工艺的发展历史；中国古代常见的印染方法等。

D0931 J523.1

绍兴花边/劳越明，何耀良著 . —北京：化学工业出版社，2020 年 . —136 页

　　ISBN 978-7-122-35638-3

　　本书从绍兴花边的历史沿革、艺术特色入手，介绍了绍兴花边的图案设计方法、花边挑制工艺及各道工序，进而提出绍兴花边的设计创新拓展方法及类型。

D0932 J523.6

设计中的湘绣传承/孙舜尧，谢洋慧著 . —长春：吉林摄影出版社，2018 年 . —191 页

　　ISBN 978-7-5498-3791-5

　　本书是对这 6 年湘绣设计创新尝试的梳理和总结，梳理了有关湘绣的历史和发展，介绍了湘绣的工艺和制作流程，详细阐述了每一个产品的设计、产生过程，阐述湘绣文化、工艺的提取、改良及创新。

D0933 J523.6

神针异彩：开封汴绣（开封旅游文化丛书）/曹增军著 . —开封：河南大学出版社，2003 年 . —141 页

　　ISBN 7-81041-895-5

　　本书分“丝绸之路”“人杰地灵”“流光溢彩”“十指春风”“绣向世界”“锦绣前程”六个专题，介绍了开封刺绣艺术。

D0934 J523.6

沈绣（中国刺绣图案集锦）/张蕾编绘 . —上海：上海人民美术出版社，2002 年 . —148 页

　　ISBN 7-5322-3226-3

　　本书收集了南通部分沈绣的传统图案、彩锦绣、装饰壁挂、黑白画图案及花卉动植物纹样等。

D0935 J523.6

沈阳故宫博物院院藏精品大系　织绣卷/白文煜主编 . —沈阳：万卷出版公司，2017 年 . —273 页

　　ISBN 978-7-5470-4581-7

　　本书收录沈阳故宫馆藏清朝各种服饰、配饰及其他各种织绣文物 150 件，以清宫原藏为主。

D0936 J523.6

十指春风：缂绣与绘画的花鸟世界　中英文本［港台］/童文娥主编 . —台北：台北故宫博物院，2015 年 . —367 页

ISBN 978-957-562-725-6

本书主要内容包括：观物之生、装饰之美、构图之趣、寓兴之意、技艺之妙等。

D0937　J523.6

石林彝族刺绣/石林彝族自治县文化广播电视体育局编．—昆明：云南民族出版社，2018年．—220页

ISBN 978-7-5367-8082-8

本书收录石林彝族刺绣图案300余幅，探析彝族刺绣技艺及其图案的构成，展现了彝族刺绣的纹样结构、图案色彩、文化艺术特征等。

D0938　J523.2

时间·对话：中国美术学院设计艺术学院染织与服装系八十周年校庆论文集/吴海燕主编．—杭州：中国美术学院出版社，2008年．—162页

ISBN 978-7-81083-709-5

本文集收录了《染织与服装系发展回顾》《论20世纪现代纤维艺术的发展与风格变迁》《中国家纺与流行趋势》等文章。

D0939　J523.2

时尚设计·染织/张红宇著；上海市教育委员会组编．—南宁：广西美术出版社，2006年．—81页

ISBN 7-80674-726-5

本书配有大量国内外资料和学生优秀作品。内容包括：移花接木—技巧与法则、传统暗示—文化与象征等。

D0940　J523.4

时尚纤维艺术设计/洪兴宇著．—武汉：湖北美术出版社，2014年

ISBN 978-7-5394-7077-1

本书从纤维艺术的历史到现在的发展状态有一个技术性的描述，并且在研究纤维艺术设计过程中亦有跨界，在服装设计与染织设计的应用设计中有新的观点与作品讲解。

D0941　J523.6

实用百变绣/王辉译．—长春：吉林科学技术出版社，2004年．—74页

ISBN 7-5384-2894-1

本书介绍了现代实用刺绣的基础。书中内容包括线绣、串珠刺绣以及丝带刺绣三大部分内容。

D0942　J523.6

实用刺绣入门/赵红育编著．—北京：金盾出版社，2011年．—98页

ISBN 978-7-5082-6989-4

本书主要内容包括：刺绣基础知识、刺绣所用工具及材料、刺绣术语、刺绣的工艺流程、刺绣的基本针法及运用、实用刺绣的绣制、观赏品的绣制、作者刺绣精品赏析等。

D0943　J523.4

世界编织新潮集萃/李欣，魏莉，范洪志编．—哈尔滨：哈尔滨出版社，1989年．—144页

ISBN 7-80557-077-9

本书介绍了100种毛衣编织款式。

D0944　J523.1

视觉元素在现代纺织品设计中的应用研究/张晓伟著．—北京：中国纺织出版社，2017年．—200页

ISBN 978-7-5180-3504-5

本书共分为六章，内容包括：视觉元素的基本理论、现代纺织品设计概述、色彩的原理及其视觉规律、色彩在现代纺织品设计中的应用、纺织品图案的构成与表现技法、图案在现代纺织品设计中的应用。

D0945　J523.1

室内纺织品配套设计（高等院校染织艺术设计专业系列教材）/高波，李中元编著．—武汉：湖北美术出版社，2006年．—118页

ISBN 7-5394-1810-9

本书由室内纺织品概论、室内纺织品的种类与功能、设计方案和流程等六个章节构成。

D0946　J523.1

室内环境中家用纺织品色彩与图案设计新论/张平青，周天胜，王洋著．—北京：中国纺织出版社，2018年．—244页

ISBN 978-7-5180-2351-6

本书分为绪论、家用纺织品色彩设计应用与创新、家用纺织品图案设计应用与创新、家用纺织品在室内环境中的协调与创新四章。具体内容包括：家用纺织品概论、家用纺织品设计构成要素等。

D0947　J523.3

收藏中国地毯　中英文本/王根仓编著．—北京：中国商务出版社，2007年．—151页

ISBN 978-7-80181-666-5

本书主要介绍有收藏价值和正在出口的中国手工地毯的品种，编制技术，图案类别和寓意，并以实物彩色图片为主。

D0948　J523.6

手工苗绣珍品典藏1　中英文本/邰凯，李洁编著．—贵阳：贵州教育出版社，2007年

ISBN 7-80650-851-1

本书共收集苗绣珍品5幅，展示了苗族不同文化内容、不同手工技法的苗绣珍品。

D0949　J523.6

手工苗绣珍品典藏2　中英文本/邰凯，李洁编著．—贵阳：贵州教育出版社，2008年．—10页

ISBN 978-7-80650-967-8

D0950　J523.6

手工苗绣珍品典藏 3　中英文本/郜凯，李洁编著．—贵阳：贵州教育出版社，2009 年

ISBN 978-7-80650-469-7

D0951　J523.6

手工苗绣珍品典藏 4　中英文本/郜凯，李洁编著．—贵阳：贵州教育出版社，2009 年

ISBN 978-7-5456-0039-1

D0952　J523.6

手工苗绣珍品典藏 5　中英文本/郜凯，李洁编著．—贵阳：贵州教育出版社，2010 年．—18 页，10 页

ISBN 978-7-5456-0175-6

D0953　J523.2

手工漂染/沈章编．—上海：中华书局，1950 年．—43 页

D0954　J523.2

手工染艺技法/张毅，王旭娟编着．—上海：东华大学出版社，2009 年．—141 页

ISBN 978-7-81111-649-6

本书较为系统地论述了传统手工印染的发生与发展历史及相关纺织面料与染化料应用知识。

D0955　J523.2

手工印花布法/徐子骍编．—上海：中华书局，1951 年．—43 页

D0956　J523.2

手工印染：扎染与蜡染的艺术/鲍小龙，刘月蕊著．—上海：东华大学出版社，2004 年．—92 页；29cm（被引 35）

ISBN 7-81038-759-6

本书以彩图版的形式，阐述手工印染的基本知识，手工印染的布料与染料，结合作品对扎染、蜡染的工艺进行详细介绍。

D0957　J523.2

手工印染：扎染与蜡染的艺术　第 2 版/鲍小龙，刘月蕊著．—上海：东华大学出版社，2006 年．—108 页

ISBN 7-81111-101-2

本书主要内容包括：手工印染的概论，手工印染的面料与染料，扎染，蜡染，型版印染，作品欣赏等。

D0958　J523.2

手工印染技法（美术技法大全）/金士钦，龚建培著．—南京：江苏美术出版社，1999 年．—94 页

ISBN 7-5344-0982-9

D0959　J523.2

手工印染技法（纺织服装高等教育"十三五"部委级规划教材）/朱莉娜编著．—上海：东华大学出版社，2016

年．—82 页

ISBN 978-7-5669-0896-4

本书共分七章，包括手工印染概述、扎染图案、扎染的工艺流程和蜡染等章节内容。全书对手工印染的各种技法作了较为规范、系统和科学的阐述。

D0960　J523.2

手工印染艺术［港台］/张知新著．—台北：南天书局有限公司，1988 年．—220 页

ISBN 957-638-095-2

本书包括绞染、蜡染、型染、糊染、绘染、绢印等各项染色所需的材料和工具，以及精简的制作步骤，且有详尽的说明和彩图及线绘图共 243 张配合做示范。

D0961　J523.2

手工印染艺术/胡萍主编．—重庆：西南师范大学出版社，2013 年．—113 页

ISBN 978-7-5621-6240-7

本书共七章，主要内容包括：手工印染艺术、手工印染常用面料、扎染艺术、蜡染艺术、手绘纹样艺术、丝网印花艺术、手工印染服饰作品赏析。

D0962　J523.2

手工印染艺术（纺织服装高等教育"十一五"部委级规划教材）/鲍小龙，刘月蕊著．—上海：东华大学出版社，2009 年．—128 页；29cm

ISBN 978-7-81111-636-6

本书分为六章，内容为手工印染的概论；面料与染料；扎染、夹染与卷压染；蜡染与手绘；型版印，包括凸版印与拓版印、镂空型纸版印花等；作品赏析。

D0963　J523.2

手工印染艺术　第 4 版（纺织服装高等教育"十二五"部委级规划教材）/鲍小龙，刘月蕊著．—上海：东华大学出版社，2013 年．—144 页

ISBN 978-7-5669-0263-4

本书介绍了中国历代手工印染的代表种类，手工印染的面料，扎染的工具与材料，蜡染的工具、材料，凸版印与拓版印等。

D0964　J523.2

手工印染艺术教程/汪芳，邵甲信，应骊编著．—上海：东华大学出版社，2008 年．—96 页

ISBN 978-7-81111-381-5

本书介绍了手工印染艺术的造型样式和特点，在内容上强调中国传统对"手工印染艺术"的定位性，并探讨了现代时尚纺织品中手工印染的视觉与技术的审美因素，结合课堂教学，在技法和实践环节等方面予以详尽论述。

D0965　J523.2

手工印染艺术教程　第 2 版（纺织服装高等教育"十二五"部委级规划教材）/汪芳等编著．—上海：东华大学出版

社，2012 年 . —96 页

ISBN 978-7-81111-997-8

本书共分为手工印染艺术——源流篇；手工印染艺术——扎染篇；手工印染艺术——蜡染篇；手工印染艺术——蓝印花布篇等。

D0966 J523.2

手工印染艺术教程 第 3 版（纺织服装高等教育"十三五"部委级规划教材）/汪芳，邵甲信编著 . —上海：东华大学出版社，2017 年 . —96 页

ISBN 978-7-5669-1266-4

本书介绍了手工印染艺术的概念、工艺特点、材料和工具、制作技法、现代应用等，结合课堂教学，在编写上立足内容全面、系统、条理，强调图例的经典性与时尚感。

D0967 J523.2

手工印染艺术设计（现代纺织艺术设计丛书）/龚建培编著 . —重庆：西南师范大学出版社，2011 年 . —127 页

ISBN 978-7-5621-5361-0

本书介绍了各国手工印染艺术的发展历史和目前在此领域卓有成就的艺术家、学者，以及他们的作品。书中内容包括：扎染艺术设计、蜡染艺术设计、型版印花艺术设计、凸版印花艺术设计等。

D0968 J523.2

手工印染艺术设计与工艺（纺织服装高等教育"十三五"部委级规划教材 上海市设计学Ⅳ类高峰学科资助项目 2018 年度上海市市级非物质文化遗产保护专项资金项目）/鲍小龙，刘月蕊著 . —上海：东华大学出版社，2018 年 . —176 页

ISBN 978-7-5669-1502-3

本书按照印染历史发展及工艺变化与改进的大体脉络，从传统的手工印染重点仔细分类谈起，通过对扎染、蜡染、型版印花等的详尽讲解及图片说明，使本书更加易懂、易学。

D0969 J523.2

手工印染艺术与应用（艺术设计与实践系列丛书）/李骏编著 . —西宁：青海人民出版社，2011 年 . —101 页

ISBN 978-7-225-03992-3

本书主要内容包括：手工印染艺术概述、手工印染使用的面料与染料、扎染艺术的设计与制作方法、蜡染艺术的设计与制作、手绘艺术、蓝印花布。

D0970 J523.2

手工扎染服饰设计/王妮，叶洪光编著 . —北京：清华大学出版社，2012 年 . —82 页

ISBN 978-7-302-29562-4

本书内容包括手工扎染概述、中国手工扎染发展概况、面料与工具、扎花与染色、形式美法则、服饰设计原理、服装设计图例、饰品设计图例等几方面内容。

D0971 J523.2

手工扎染技法/翁海村，叶玉芳编著 . —北京，福州：人民美术出版社，福建美术出版社，2008 年 . —76 页；29cm

ISBN 978-7-5393-2132-5

本书用大量的图片示范讲述扎染作品的手工制作技法，手把手教你制作扎染作品，并着重在传统技法之上加以创新。

D0972 J523.2

手绘 扎染 蜡染技法/邵甲信著 . —上海：上海人民美术出版社，1993 年 . —92 页；26cm

ISBN 7-5322-1188-6

本书讲述了手绘的特点、材料及用具、方法、步骤；扎染的概念、历史与发展、工艺、后处理；蜡染的概念及特点、材料及用具、工艺、染色、脱蜡。

D0973 J523.6

手绣机绣电脑绣花图样/徐咏菊绘 . —北京：金盾出版社，2008 年 . —196 页

ISBN 978-7-5082-4764-9

本书收入 320 多幅手绣、机绣、电脑绣花图样，是与目标织物大小相当的图样，可撕下来直接用。适用于床上用品、枕套、沙发、面巾、盘垫等。

D0974 J523.6

手绣制作工 羌绣 初级/赵敏，张桂熙主编 . —北京：中国劳动社会保障出版社，2014 年 . —142 页

ISBN 978-7-5167-1259-7

本书主要介绍了羌绣色彩、图案、材料、图案线描与拓印上稿、工艺操作、后期整理加工及绣品质量、简单产品制作示例、优秀作品赏析等。

D0975 J523.6

手绣制作工 羌绣 中级 高级/朱利容主编 . —北京：中国劳动社会保障出版社，2014 年 . —172 页

ISBN 978-7-5167-1416-4

本书主要介绍了羌绣图案设计、中高级羌绣针法及运用、计算机辅助设计羌绣产品、羌绣图案与产品创新、羌绣精品赏析等内容。

D0976 J523.1

手织布（工农生产技术便览）/沈章编著 . —上海：中华书局股份有限公司，1951 年 . —43 页

D0977 J523.6

守望与新生：羌族服饰及羌绣的高校传承与创新实践/詹颖，姜旭，张犇著 . —成都：四川大学出版社，2017 年 . —202 页

ISBN 978-7-5690-0316-1

本书共分五章，内容包括：羌绣当下境遇的田野调查、羌族服饰及羌绣审美形式与内涵研究、传承人才培养的实践探索、创意产品的设计理念与方法等。

D0978 J523.1

蜀锦（中华锦绣丛书）/黄修忠著.—苏州：苏州大学出版社，2011年.—103页

ISBN 978-7-81137-901-3

本书介绍蜀锦的发展简史、织造技艺、风格特征、产品分类和其他保护传承与发展。

D0979 J523.1

蜀锦史话（四川史地丛书）/《蜀锦史话》编写组编.—成都：四川人民出版社，1979年.—131页（被引26）

统一书号 11118·19

D0980 J523.1

蜀锦织造技艺（非物质文化遗产丛书）/钟秉章，卢卫平，黄修忠著.—杭州：浙江人民出版社，2014年.—164页

ISBN 978-7-213-05887-5

本书分为蜀锦织造技艺渊源及历史沿革、蜀锦织造技艺分布区域及存续状况、蜀锦织造技艺与区域文化的渊源等七章。

D0981 J523.6

蜀绣（中国刺绣图案集锦）/胡家康编绘.—上海：上海人民美术出版社，2002年.—148页

ISBN 7-5322-3194-1

本书收录了丰衣足食、富贵凤凰、天下太平、吉祥如意等百余种蜀绣图案。

D0982 J523.6

蜀绣（纺织服装高等教育"十二五"部委级规划教材）/朱利容，李莎，陈凡编著.—上海：东华大学出版社，2015年.—144页

ISBN 978-7-5669-0774-5

本书从蜀绣的起源开始，概述了蜀绣图案的历史和发展，介绍了蜀绣手工刺绣材料工具及使用方法，介绍了当代具有代表性的蜀绣大师及其代表作品。

D0983 J523.6

蜀绣 第2版（纺织服装高等教育"十三五"部委级规划教材）/朱利容，李莎，袁伟，黄雨涵编著.—上海：东华大学出版社，2019年.—190页

ISBN 978-7-5669-1574-0

本书从蜀绣的起源开始，概述了蜀绣图案的历史和发展，介绍了蜀绣手工刺绣的材料工具及使用方法，介绍了当代具有代表性的蜀绣大师及其代表作品。重点阐述蜀绣手工刺绣制作技艺、常用针法技艺、绣法技艺，并对蜀绣图案的创新设计和绘制作了详细的讲解和示范，同时也阐述了蜀绣刺绣在丝绸高级定制服装设计中的运用和创新。

D0984 J523.6

蜀绣 重庆国家级非物质文化遗产/重庆市渝中区文化广电新闻出版局，重庆市渝中区文化馆，渝中区非物质文化遗产保护中心.—重庆：重庆出版社，2012年.—109页

ISBN 978-7-229-05010-8

本书主要内容包括：重庆蜀绣、历史渊源、经典作品、保护传承等。

D0985 J523.6

蜀绣交叠绣技法/成都蜀绣文化发展有限责任公司编著.—成都：四川教育出版社，2014年.—178页

ISBN 978-7-5408-6484-2

本书内容包括：交叠绣的形成和历史成就、交叠绣的运针特征与式样、交叠绣的基本要素、交叠绣的基本功练习、交叠绣的方法和步骤、交叠绣佳作欣赏等。

D0986 J523.6

蜀绣论文集/辛正明主编.—重庆：重庆大学出版社，2015年.—198页

ISBN 978-7-5624-8829-3

本书收录了蜀绣艺人、工艺美术研究人员、蜀绣爱好者的论文、经验性文章31篇，旨在探讨如何加强蜀绣的保护与传承。

D0987 J523.6

蜀绣针法/成都蜀绣文化发展有限责任公司编著.—成都：四川教育出版社，2010年.—218页

ISBN 978-7-5408-5346-4

本书主要内容包括：发展概况，艺术特色，工具和流程，基本针法，衣锦纹针法及图样，精品荟萃等。

D0988 J523.1

双林绫绢织造技艺（浙江省非物质文化遗产代表作丛书）/孙琳，陆剑编著.—杭州：浙江摄影出版社，2014年.—146页

ISBN 978-7-5514-0506-5

本书结合湖州双林的地方文化，系统介绍绫绢的产生、发展历史、织造技艺、工艺流程、品种、保护传承情况等。

D0989 J523.6

水族刺绣/潘淘洁，鲍诗度著.—上海：东华大学出版社，2016年.—279页

ISBN 978-7-5669-0996-1

本书以中国少数民族——水族刺绣为研究对象，系统地收集和整理水族刺绣织品，对水族刺绣工艺、风格特征、文化含义、传承与发展作了介绍。

D0990 J523.6

水族马尾绣/卢延庆著；贵州省文化厅，贵州省非物质文化遗产保护中心编.—贵阳：贵州民族出版社，2011年.—116页

ISBN 978-7-5412-1928-3

本书对水族马尾绣的历史、形态及其艺术表现进行了大量的研究和阐述，而且借助相关的故事、传说、歌谣以及民俗活动等，对其文化内涵进行深入的剖析，同时对当前历史变革和社会转型的背景下，水族马尾绣的传承现状及发展走向进行了分析研究，并配以大量照片进行补充说明。

D0991 J523.6

水族马尾绣典藏/《水族马尾绣典藏》编委会编 .—贵阳：贵州教育出版社，2017 年 .—14 页

ISBN 978-7-5456-1097-0

本书嵌入由贵州省三都水族自治县马尾绣手艺人纯手工制作出的绣片，让读者真实体验到水族马尾绣丰富的技法。此外，在绣片旁边配以文字说明，展现刺绣背后的工艺、制作过程、历史渊源、民族文化和集体意识。

D0992 J523.1

丝绸美术设计/中央工艺美术学院编 .—北京：人民美术出版社，1959 年 .—70 页

统一书号 8027·1355

本书包括印花各类图案、创作经验、黄杨设计与织物组织关系、写生关键等内容。

D0993 J523.1

丝绸手绘艺术研究/程霞著 .—青岛：青岛出版社，2015 年 .—150 页

ISBN 978-7-5552-3121-9

本书从丝绸手绘艺术的起源、发展、特色、应用等多个角度系统阐述了这门传统艺术的价值和意义。主要内容包括：丝绸手绘的概述；丝绸手绘的材料；丝绸手绘的工具；丝绸手绘的工艺流程等。

D0994 J523.1

丝绸艺术赏析（苏州市工商业档案史料丛编）/刘立人等编著 .—苏州：苏州大学出版社，2015 年 .—274 页

ISBN 978-7-5672-1329-6

本书精选刘立人个人珍藏苏州历代丝绸精品的图片，特别是近百年来的丝织像景画，形成了一个比较完整的专题系列，每幅图片均有详细说明，并按年代排序，逐一介绍苏州丝绸产品的发展历程与特色。

D0995 J523.2

丝绸扎染/陈群云主编 .—杭州：杭州出版社，2008 年 .—74 页

ISBN 978-7-80758-142-0

本书内容包括：扎染与丝绸、扎染作品欣赏、杭州的丝绸博物馆、丝绸由来的传说、扎染的工具与材料、丝绸扎染文化等。

D0996 J523.1

丝绸之恋 中英法文本［译］/（法）AnneLiva 原创；陆永忠绘画 .—南昌：江西美术出版社，2010 年 .—44 页

ISBN 978-7-5480-0187-4

D0997 J523.1

丝绸中的记忆（中国记忆丛书）/国家图书馆编 .—北京：国家图书馆出版社，2013 年 .—215 页

ISBN 978-7-5013-5275-3

本书为国家图书馆展览"丝绸中的记忆"配套图书，介绍了中国丝绸的发展历史、制作工艺、相关历史文化、重要文献、相关文物和影像，从多角度、多层面展示中国丝绸的价值与魅力。

D0998 J523.6

丝带绣赏析与技法/石家庄市第一职业中专学校编委会编 .—石家庄：河北科学技术出版社，2017 年 .—188 页

ISBN 978-7-5375-9139-3

本书由绪论和针法两部分构成，涵盖了生活中的丝带绣、丝带绣绣前准备等内容，并介绍了轮廓绣、直镇叶子绣、叠合绣、双叶绣、枝杆绣等绣法。

D0999 J523.6

丝带绣制作与实践/郝静主编 .—北京：中国人民大学出版社，2014 年 .—112 页；26cm

ISBN 978-7-300-19810-1

本书系统介绍了丝带绣的知识与技能，将丝带绣的几十种针法进行了系统的划分，分别介绍了丝带绣的基础知识、丝带绣的基本针法、丝带绣的常用针法和丝带绣的复杂针法，提供了针法图解和绣制要点，列举了现有的许多成品作为参考实例。

D1000 J523.6

丝绫堆绣技艺教程/贾大双编著 .—北京：北京工艺美术出版社，2006 年 .—3 册；26cm

ISBN 7-80526-618-2

本书分《初级班》《中级班》《高级班》3 册，以画册的形式对丝绫堆绣的制作工具、材料和步骤进行介绍。

D1001 J523.4

丝路江南：纤维艺术之景观/施慧主编 .—杭州：中国美术学院出版社，2018 年 .—191 页

ISBN 978-7-5503-1706-2

本书在注重纤维与软材料造型艺术学术方向的同时，也一直致力于当代纤维与空间艺术的探索和创新。突破的方向之一就是尝试将纤维艺术与户外公共空间、城市景观相结合，让纤维艺术在更广阔的领域发挥它独特的能量。

D1002 J523.6

丝织刺绣（科技部推荐优秀科普图书）/张硕编著 .—武汉：长江出版社，2019 年 .—158 页

ISBN 978-7-5492-6508-4

本书通过论述刺绣在长江流域产生、发展、兴盛的历史以及刺绣领域名品名作、著名历史人物等，为读者提供了较为完整的长江流域刺绣文化展示，反映了我国刺绣文化的博大精深。

D1003 J523.2

四川苗族蜡染/曾水向编 .—沈阳：辽宁美术出版社，1994 年 .—136 页

ISBN 7-5314-1217-9

D1004 J523.2

四川扎染/张宇仲，钟芪兰编．—成都：四川美术出版社，1985年．—50页

统一书号 8373·437

本书汇集了扎染图案50幅。

D1005 J523.2

四季缤纷草木染［港台］/马毓秀著．—台北：远流出版事业股份有限公司，2008年．—96页

ISBN 978-9-5732-6374-6

本书以植物染的手感实作，邀请读者一起体验台湾山川风物的自然色彩美学。主要内容包括：天然染材的染色方法，容易入手的纹样技法，生活小物的应用示范等。

D1006 J523.1

四维：2013 陆佳晖织物创作展　中英文本［港台］（台湾工艺推广丛书）/许耿修发行；陈泰松策划；卢纯鹤主编．—南投：台湾工艺研究发展中心，2013年．—64页

ISBN 978-986-03-6647-1

D1007 J523.6

松江顾绣（上海松江文化丛书）/陈先国主编；上海市松江区政协著．—上海：上海人民美术出版社，2009年．—120页

ISBN 978-7-5322-6477-3

D1008 J523.6

宋明织绣/辽宁省博物馆编．—北京：文物出版社，1983年．—12页

统一书号 8068·732

D1009 J523.1

宋元明清缂丝/辽宁省博物馆编辑．—北京：人民美术出版社，1982年．—1册；38cm

D1010 J523.6

苏绣/孙佩兰编．—北京：轻工业出版社，1982年．—44页

统一书号 15042·1704

本书介绍苏绣图案、风韵、针法和技艺，以及在各个历史时期的兴衰和发展概况，还介绍了刺绣出土文物的验证。

D1011 J523.6

苏绣/朱凤编著．—北京：教育科学出版社，1993年．—117页

ISBN 7-5041-0280-6

本书介绍了苏州刺绣的历史、工具和程序、针法及其运用、要领、技艺的新发展。

D1012 J523.6

苏绣（符号江苏丛书）/李明，沈建东著．—南京：译林出版社，2013年．—216页

ISBN 978-7-5447-2653-5

本书梳理了苏绣的渊源流变，展示了其在历史长河中的变迁轨迹，记述了苏绣的空间流播，讨论了绣娘群体的生存和发展，展现了刺绣的艺术魅力，揭示了苏绣自成一派的艺术禀赋。

D1013 J523.6

苏绣（符号江苏丛书）/李明主编．—南京：江苏人民出版社，2014年．—204页

ISBN 978-7-214-11865-3

本书介绍了苏绣艺术的渊源与流变，苏绣的价值，与苏绣艺术相关的具有代表性的人物和故事，苏绣艺术的品鉴与收藏。

D1014 J523.6

苏绣：天堂之绣（指尖上的非遗系列丛书）/丹菲著．—北京：华语教学出版社，2017年．—111页

ISBN 978-7-5138-1273-3

本书从"绣"之行为，以及"绣"之内涵与外延上进行了些微的探讨。书中主要内容包括：另类的语言和绘画、提升生命的场域、记忆里的文化乡愁等。

D1015 J523.6

苏绣技法/李娥英主编．—北京：轻工业出版社，1965年．—96页

统一书号 15042·1248

本书从叙述苏绣的历史和基本知识开始，重点介绍了苏绣针法和技法。

D1016 J523.6

苏绣漫话/林锡旦著．—南京：江苏人民出版社，1981年．—55页

统一书号 8100·035

D1017 J523.1

苏州百年丝绸纹样/汤钰林主编；苏州市文化广电新闻出版局，苏州丝绸博物馆编著．—济南：山东画报出版社，2010年．—285页

ISBN 978-7-5474-0213-9

本书以19世纪90年代末（清代晚期）至20世纪90年代的百年为时间年限，以苏州地区生产设计的丝绸为主要研究和编写对象，尤以苏州老振亚织物样本和苏州历年报全国"广交会"样本为主要依托，按品种类别编辑纹样，并用简要文字说明纹样的文化内涵、艺术风格等，凸显近百年来丝织纹样的演变和风格特点。

D1018 J523.6

苏州刺绣/苏州市刺绣研究所编．—上海：上海人民出版社，1976年．—68页

统一书号 15171·152

本书以人类学问卷、民艺学田野调查法、艺术学方法等调研方式，对苏州刺绣进行了调研，经过调研，了解苏州刺

绣的现状与发展。

D1019　J523.6

苏州刺绣　彩色图文版（江苏文化丛书）/林锡旦著．——南京：江苏人民出版社，2009年．——150页

ISBN 978-7-214-04990-2

本书内容包括：吴中刺绣甲天下、针神不让天孙巧、丰姿绰约遍江苏等。

D1020　J523.6

苏州刺绣　中英文本/兰佩瑾．——北京：外文出版社，2009年．——208页

ISBN 978-7-119-05980-8

本书介绍的苏绣艺术开创了一个大有作为的新天地。苏绣艺人对传统技艺进行挖掘，加以总结、提高、发展，使苏绣艺术既有优秀传统的文化内涵，又有新时期的时代风貌，苏绣艺术已成为中国工艺美术园地中最富有魅力的工艺品之一。

D1021　J523.6

苏州刺绣调研报告/崔笑梅著．——济南：山东人民出版社，2019年

ISBN 978-7-209-11918-4

本书作者以人类学问卷、民艺学田野调查法、艺术学方法等调研方式，对苏州刺绣进行了调研，经过调研，了解苏州刺绣的现状与发展。对于城镇化进程中苏州刺绣发展的状态和趋势进行分析，深入思考传统文化发源和迁衍流变之间的关系，了解城镇化发展对苏州刺绣的影响。

D1022　J523.6

素绢彩绣：杭绣手工刺绣技法/金家虹著．——杭州：浙江工商大学出版社，2017年．——77页

ISBN 978-7-5178-1080-3

本书内容包括：女红传说、刺绣概述、杭绣历史、刺绣工具、刺绣材料、操作程序、刺绣基础排序练习、基本针法、综合针法运用、实用品运用。

D1023　J523.6

台湾传统刺绣之美［港台］/戈思明．——台北：台湾历史博物馆，2006年．——159页

ISBN 986-00-6997-2

D1024　J523.1

台湾花布：收藏台湾最美丽的情感与记忆［港台］/吴清桂编著；廖家威摄影．——台北：大块文化出版股份有限公司，2010年．——288页

ISBN 978-986-213-171-8

本书主要内容包括：中国台湾花布迹痕、花样、我的花布生活等。

D1025　J523

台湾艺术经典大系　D570 工艺设计艺术卷 1. 染织编绣

巧天工［港台］/陈景林著．——台北：艺术家出版社，2006年．——159页

ISBN 986-7487-89-3

D1026　J523.1

台湾传统织布［港台］/王蜀桂著．——台北：晨星出版有限公司，2004年．——250页

ISBN 957-455-681-6

本书以报道文学的方式，介绍九族织布法、织布工具、各族织布纹路的差异及特色。

D1027　J523.2

台湾植物染图鉴［港台］（大树经典自然图鉴系列）/陈千惠著——台湾：天下远见出版股份有限公司，2006年．——122页

ISBN 986-417-822-9（精装）

ISBN 978-986-417-822-3（软精装）

D1028　J523.2

探索流行色的奥秘/吴永编著．——北京：轻工业出版社，1986年

D1029　J523.6

桃坞绣稿：民间刺绣与版刻/张道一著．——济南：山东教育出版社，2013年．——302页

ISBN 978-7-5328-7773-7

本书共分为两个部分：概述与图版。概述部分着重介绍了我国刺绣的发展及其与版刻绣稿的关系；图版部分有大小纹样300个以上，都是版刻绣稿，来自苏州桃花坞、江西南昌、山东平度、河北武强等地。

D1030　TS106

天鹅绒（中华锦绣）/赵丰著．——苏州：苏州大学出版社，2011年．——135页

ISBN 978-7-81137-923-5

本书介绍了天鹅绒的历史，天鹅绒的种类，绒的生产技术，天鹅绒的图案，绒织物的应用等内容。

D1031　J523.3

天津传统地毯艺术/徐维，徐林晞编著．——天津：天津大学出版社，2020年．——308页；29cm

ISBN 978-7-5618-6687-0

本书对于保护中国传统民间、民族文化具有重要的意义。主要内容包括：中国地毯的历史沿革与传说、天津栽绒地毯的艺术特色等。

D1032　J523.1

挑织成花：湘鄂西土家织锦文化研究/叶洪光，李斌编著．——武汉：武汉理工大学出版社，2018年．——190页

ISBN 978-7-5629-5806-2

本书系统地论述了湘鄂西土家织锦的织造技艺起源、工艺流程、纹样特征、传承现状，以及土家织锦元素开发的染

织类非物质文化遗产。内容包括工艺、传承、土家织锦元素开发、考察四篇。

D1033 J523.6

通辽市科尔沁蒙古族刺绣调研报告/崔笑梅著.—济南：山东人民出版社，2018年

ISBN 978-7-209-11870-5

本书作者经过调研，全面掌握通辽市科尔沁蒙古族刺绣的发展现状，以及艺术形式、艺术方法、从业艺人发展现状，以及现在市场化发展中面临的机遇与困境，对通辽市科尔沁蒙古族刺绣进行综合分析，形成本书。

D1034 J523.2

桐乡蓝印花布印染技艺（浙江省非物质文化遗产代表作丛书）/褚子育总主编；哀警卫，褚红斌，陈亚琴编著.—杭州：浙江摄影出版社，2019年.—171页；23cm

ISBN 978-7-5514-2458-5

本书介绍了桐乡蓝印花布的历史沿革、品类图案、核心技艺、传承保护以及创新发展等相关内容。

D1035 J523.2

图解湘西苗族民间印染/柴颂华著.—成都：西南交通大学出版社，2015年.—133页

ISBN 978-7-5643-4331-6

本书包括苗族传统印染、苗族印染图案、苗族印染色彩、印染技术与文化及其传播平台、传统印染工艺产业化生产研究等内容。

D1036 J523.1

土家织锦/田明著.—北京：学苑出版社，2008年.—180页

ISBN 978-7-5077-3146-0

本书图文并茂地介绍了土家织锦的历史渊源、文化背景、工艺流程、艺术特征及人文精神，以及当前土家织锦传承与保护的种种情况。

D1037 J523.1

土家织锦传承人口述史研究/杨洪林，樊祖原著.—北京：中国社会科学出版社，2019年.—279页

ISBN 978-7-5203-4136-3

本书收录了67位土家织锦传承人的口述史。研究者通过对传承人人生经历、从业经历以及个人所听、所看和所思、所悟的访谈，从传承人个人生命史中来呈现土家织锦行业及区域社会的整体历史。

D1038 J523.1

土家织锦的文化生态与视觉艺术/叶洪光，冯泽民编著.—武汉：武汉理工大学出版社，2016年.—179页

ISBN 978-7-5629-4886-5

本书精选百余种传统纹样，分专题系统解读，带读者领略土家织锦之美。收录有"写"在织锦上的历史、不变的万字情结、背篓秤钩皆有情等内容。

D1039 J523.1

土家织锦工艺（惹巴拉文丛）/张登赤编著.—长沙：湖南电子音像出版社，2018年.—150页

ISBN 978-7-83004-348-3

本书以湘西龙山土家族宽幅织锦机的设备、工艺、维护、维修和染色的基础知识为主线，同时阐述图案设计的相关理念、手法和构思制作的知识，并在附录中列出土家织锦质量标准。

D1040 J523.1

土家织锦工艺教程 上（里耶秦简博物馆学术文库）/张登赤，黄立俊主编.—海口：海南出版社，2014年.—66页

ISBN 978-7-5443-5437-0

本书对土家织锦历史溯源，简述其艺术特色和自新中国成立以来取得的发展与成就，以激发学员对行业的热爱，树立起从业的事业心与责任感。

D1041 J523.1

土家织锦工艺教程 下（里耶秦简博物馆学术文库）/张登赤，黄立俊主编.—海口：海南出版社，2014年.—52页

ISBN 978-7-5443-5714-2

D1042 J523.1

土家织锦文化数字化保护与虚拟展示技术研究/赵刚著.—北京：科学出版社，2019年.—161页；26cm

ISBN 978-7-03-061352-3

本书主要包括土家织锦文化资源关联挖掘与可视化方法、面向互动体验的土家织锦虚拟织造方法和面向多终端的土家织锦文化资源服务与展示方法等，并就相关应用系统的设计与实现进行详细介绍。

D1043 J523.2

土色生香：桐乡彩色拷花工艺研究（桐乡市非物质文化遗产保护丛书）/盛羽著.—北京：五洲传播出版社，2012年.—126页

ISBN 978-7-5085-2395-8

本书对浙江省非物质文化遗产桐乡镂版印花工艺进行了全面而系统的介绍，从镂版印花的历史源流、镂版印花与桐乡的因缘、桐乡彩色拷花的工艺流程、镂版印花的纹样特点等多个方面进行梳理和阐述，对保存这项技艺提供了书面的记载和文献传承。

D1044 J523.6

土族盘绣（互助土族自治县国家级非物质文化遗产项目丛书）/麻守文，闫国良主编.—西宁：青海民族出版社，2014年.—73页

ISBN 978-7-5420-2096-3

本书从盘绣的表现形式、内容、工艺流程以及保护现状几个方面作了详细的介绍。

D1045 J523.6

万古长新：中国当代苏州刺绣精品艺术［港台］/志莲净苑文化部编.—香港：志莲净苑文化部，2013年

ISBN 978-962-7714-73-6

D1046 J523.6

万缕金丝：广州刺绣（广州民间艺术系列丛书）/龚伯洪编著.—广州：广东教育出版社，2010年.—149页；24cm

ISBN 978-7-5406-7836-4

本书主要介绍了广州刺绣的发展历史和现状，展示了广绣的特点、名家和名作品。

D1047 J523.6

望江挑花/赵正斌，任焱主编；望江县第一小学组编.—合肥：安徽人民出版社，2013年.—42页

ISBN 978-7-212-06301-6

本书在编写中突出望江挑花特点，彰显地方艺术特色，强调艺术性与教育性的统一；在课程设置上则从简单针法入手，循序渐进，深入浅出，强调知识性、趣味性和可操作性，做到理论与实践结合。

D1048 J523.6

望江挑花/王世福著；望江县文体局组织编写.—合肥：安徽科学技术出版社，2020年

ISBN 978-7-5337-8291-7

本书主要内容包括：望江挑花针法概述、针法的种类、图案设置、各种针法的练习以及常见的经典图案。

D1049 J523.6

微刺绣基础教程［译］/（日）植木理绘著.—南京：江苏凤凰科学技术出版社，2019年.—95页；25cm

ISBN 978-7-5713-0268-9

本书内容分为五部分：第一部分为关于丝带绣；第二部分为丝带绣的成品展示；第三部分为丝带绣的基础知识；第四部分为丝带绣的绣法指南；第五部分为成品案例的绣图与制作方法。

D1050 J523.2

唯平扎染艺术/吕唯平著.—武汉：武汉大学出版社，2016年.—85页

ISBN 978-7-307-18683-5

本书是扎染艺术工作者吕唯平作品精选集，收录了其扎染艺术作品约28幅，配以诗歌烘托、注解每一幅作品，赋予艺术作品更丰富的情感体验与艺术享受。

D1051 J523.1

魏县织染（河北民俗文化丛书）/李恩佳，常素霞主编；李英华，霍连文编著.—北京：科学出版社，2010年.—124页

ISBN 978-7-03-028344-3

本书主要介绍了魏县织染这一传统的手工艺术品产生、发展和繁荣的历程。

D1052 J523.2

温州苍南夹缬（温州乡土文化书系）/杨思好，萧云集著.—杭州：浙江摄影出版社，2008年.—175页

ISBN 978-7-80686-644-3

本书内容共分为七章，内容包括千年绝技隐苍南、蓝草幻出的色彩、濒危的雕版工艺、草木亲和构蓝图、方寸蓝白呈祥瑞等。

D1053 J523.6

温州刺绣（温州乡土文化书系）/胡春生著.—杭州：浙江摄影出版社，2010年.—193页

ISBN 978-7-80686-808-9

本书内容包括：刺绣漫话、八蚕之乡、画缋之事、温州之绣、刺绣鉴赏等。

D1054 J523.6

温州发绣（温州乡土文化书系）/魏敬先，魏乐文著.—杭州：浙江摄影出版社，2011年.—186页

ISBN 978-7-5514-0025-1

本书主要介绍了发绣的基本知识，包括概述、制作流程、发绣人像绣法要点、人物与背景处理、绘画与刺绣、温州发绣作品精选、温州"发绣外交"故事等内容。

D1055 J523.2

温州蓝夹缬技艺（浙江省非物质文化遗产代表作丛书）/杨思好编著.—杭州：浙江摄影出版社，2016年.—193页

ISBN 978-7-5514-1656-6

本书介绍了该项目的历史沿革、表现形式、特色价值、传承保护等情况。

D1056 J523.6

温州瓯绣（浙江省非物质文化遗产代表作丛书）/胡春生编著.—杭州：浙江摄影出版社，2012年.—195页

ISBN 978-7-5514-0012-1

本书介绍了温州瓯绣，内容包括：瓯绣概述，瓯绣的材料、工具与绣制流程，瓯绣针法与方言中的瓯绣术语解释，瓯绣的品种类别，瓯绣绣艺代表人物及作品，保护与传承等。

D1057 J523.6

文化变迁中的苗绣/周乙陶著.—武汉：湖北人民出版社，2011年.—295页

ISBN 978-7-216-05929-9

本书共分为手工、变迁、苗绣、传承、图例五章，主要内容包括：苗绣手工的现实意义；刺绣过程的身心感受；文化变迁中的苗族刺绣；苗绣传人的访谈与比较等。

D1058 J523.2

文化观光的时尚风格：凝现蓝染的美艺风华［港台］（观光系列）/谢后兰，张慧贞，黄世明著.—台北：五南图书出版股份有限公司，2017年.—267页

ISBN 978-957-11-8981-9

本书内容分为"蓝染的记忆风华""蓝染的技艺风华""蓝染的复育风华"等共四篇，包括"蓝染的历史文化""苗栗地区蓝染的传承创化""蓝染的技法实例"等共七章。

D1059 J523.6

文山壮族刺绣技艺（中国非物质文化遗产）/杨青华著 . —昆明：云南大学出版社，2015 年 . —163 页

ISBN 978-7-5482-2349-8

本书对文山州壮族地区的传统手工技艺——壮族刺绣进行了系统的研究，对其源起、发展、传承等情况作了细致介绍。

D1060 J523.6

纹道：蜀锦·蜀绣·漆艺 流光溢彩的国家技艺/凸凹著 . —成都：四川文艺出版社，2008 年 . —159 页

ISBN 978-7-5411-2656-7

本书就成都地区著名的非物质文化遗产"蜀锦""蜀绣""漆艺"的起源、特点、作用，以及在历史上的交流、贸易情况作了详尽的介绍和评述。

D1061 J523.2

纹图造化魅：对贵州蜡染方式的美学观察/张丹著 . —长春：吉林文史出版社，2014 年 . —278 页

ISBN 978-7-5472-2419-9

本书记述了蜡染的历史，依据其历史，从美学的研究视域，对贵州蜡染的艺术文化、蜡染工艺的功能意义、图像的美学意蕴、蜡染美学的现代转型等多个方面进行考察与研究，并立足于视觉文化语境中，对蜡染的现代跨文化图式转换、蜡染在当代的美学价值、女性主义意识形态下的蜡染图案建构等内容加以分析和考证。

D1062 J523.1

纹样设计/张风编著 . —广州：岭南美术出版社，1987 年 . —152 页

ISBN 7-5362-1735-8

D1063 J523.1

纹样与纹织物设计（纺织服装高等教育"十二五"部委级规划教材）/王露芳，何潇湘编著 . —上海：东华大学出版社，2011 年 . —177 页

ISBN 978-7-81111-972-5

本书内容分基础篇和设计篇，基础篇包括织物设计基础和纹样设计基础，特别对纹样设计与织物设计的关系进行了阐述，以期更好地用纱线交织的方法来表达纹样效果；设计篇按纹织物结构的复杂程度和设计的难易程度分成纹织物初级设计、中级设计、中高级设计和高级设计，涵盖了所有大类纹织物的设计，内容上兼顾了传统和现代工艺。

D1064 J523.4

无界之归：2019 杭州纤维艺术三年展 中英文本/应金飞，施慧主编 . —杭州：浙江人民美术出版社，2019 年 . —

497 页

ISBN 978-7-5340-7799-9

本书内容包括：策展人文章、交融的间隔、无边的抽离、逾界的纠缠、第二皮肤、工作坊、物超所值等。

D1065 J523.6

吴地苏绣（中华锦绣丛书）/孙佩兰著 . —苏州：苏州大学出版社，2009 年 . —147 页

ISBN 978-7-81137-427-8

本书主要内容包括：吴地苏绣的历史；吴地苏绣的工序、针法与绣种；吴地苏绣的艺术；吴地苏绣名家；苏绣与吴文化等。

D1066 J523.1

吴绫（中华锦绣丛书）/沈洁著 . —苏州：苏州大学出版社，2011 年 . —103 页

ISBN 978-7-81137-909-9

本书主要内容包括：吴绫的前世今生；吴绫传统工艺；吴绫纹样风格；吴绫用途。

D1067 J523.1

吴中绝技·中国缂丝/孙卓主编；胡金楠，马惠娟等编著 . —扬州：广陵书社，2008 年 . —264 页

ISBN 978-7-80694-370-0

本书以吴中区为主，对缂丝行业追溯源头并简述沿革，时限为行业源起至 2008 年 6 月，分为历史篇、技艺篇、人物篇、艺术篇、发展篇等部分。

D1068 J523.6

五彩斑斓：广东瑶绣（广东非物质文化遗产丛书）/李筱文著 . —广州：广东教育出版社，2012 年 . —162 页

ISBN 978-7-5406-9759-4

本书为《广东非物质文化遗产丛书》的《五彩斑斓——广东瑶绣》分册，具体介绍了瑶山贡布、无字传授、巧手刺绣、绣藏故事等内容。

D1069 J523.1

西北风格 汉晋织物［港台］（锦绣系列丛书）/赵丰主编 . —香港：艺纱堂/服饰工作队，2008 年 . —132 页

ISBN 962-85691-9-8

D1070 J523.1

西湖织锦（西湖全书）/袁宣萍著 . —杭州：杭州出版社，2005 年 . —189 页

ISBN 7-80633-787-3

本书以 20 世纪 20 年代以来杭州的风景像景织锦为主线，以风景古香缎为辅线展开，对西湖织锦的历史沿革、工艺技术、各个时期的产品风格、西湖织锦的收藏等一一进行讨论。

D1071 J523.1

西兰卡普（重庆市少数民族文化系列丛书）/唐洪祥，

程培才著．—重庆：西南师范大学出版社，2015年．—182页

ISBN 978-7-5621-7546-9

本书介绍了西兰卡普的渊源及形成、生产工具、原材料、工艺流程、技法、色彩及运用、艺术特征与美的内涵、与土家族服饰的关系、功能及运用、传承人，还对西兰卡普的精品进行鉴赏。

D1072　J523.1

西兰卡普的传人：土家织锦大师和传承人口述史（中国民间艺术传承人口述史丛书）/叶水云等口述；金萱整理．—北京：中央编译出版社，2010年．—249页

ISBN 978-7-5117-0032-2

本书记录了作者与叶水云、刘代娥、叶菊秀等十余位土家织锦传承人的访谈，访谈内容包括土家织锦的相关知识及被访者的人生故事等。

D1073　J523.1

西双版纳傣族织锦工艺（傣族非物质文化遗产系列　民间工艺美术类）/玉康龙编著．—芒市：德宏民族出版社，2016年．—240页

ISBN 978-7-5558-0410-9

本书主要以摄影的形式收集了西双版纳傣族自治州的傣族民间织锦工艺，介绍了傣族织锦的历史，说明它是傣族生活中不可或缺的服饰、帕垫、门帘、枕头套、坐垫、桌布、蚊帐等的装饰品。书中还介绍了傣锦图案的形式，如单独式、连续式的纹样、几何、人物、植物、建筑等。

D1074　J523.1

稀世珍锦：清宫御用云锦藏珍/尤景林编著．—苏州：古吴轩出版社，2010年．—119页

ISBN 978-7-80733-535-1

本书遴选自海外回流的清宫御用云锦五十余匹，涵盖了云锦中织金、库缎、库锦和妆花四大品类。

D1075　J523.6

锡绣溢彩/汤可可，盛晓奇主编．—南京：凤凰出版社，2012年．—196页

ISBN 978-7-5506-1506-9

本书对锡绣艺术的渊源艺术流变进行系统的梳理，分析其兴衰起伏的内在原因，揭示锡绣制品和作品所包含的艺术特色和文化品位。

D1076　J523.6

仙居民间刺绣［港台］/张中华著．—香港：国际炎黄文化出版社，2014年．—126页

ISBN 978-962-8735-76-4

D1077　J523.4

纤维读本/施慧主编．—杭州：中国美术学院出版社，2019年．—168页

ISBN 978-7-5503-1440-5

本书分"织话——第二届杭州纤维艺术三年展研讨会"

"针言——萨拉·马哈拉吉""纤语"三部分，收入了参与第二届杭州纤维艺术三年展国际研讨会的哲学家、研究者、博物馆学者、建筑师、策展人、艺术家、评论家等从不同角度来讨论不同视野下的"织物式思考"的文章。

D1078　J523.4

纤维工艺品制作/田予果主编．—乌鲁木齐：新疆人民卫生出版社，2015年．—76页

ISBN 978-7-5372-5848-7

本书主要内容包括纤维艺术发展的历史、纤维艺术概念与表现方式、平面几何图案的设计与制作、建造框架织机、纤维艺术与纤维材料、纤维综合材料壁饰设计与制作、制作草图前的准备、电脑制图等。

D1079　J523.4

纤维艺术（视觉·环境艺术丛书）/张雷，侯钢主编．—哈尔滨：黑龙江美术出版社，2004年．—59页

ISBN 7-5318-1149-9

D1080　J523.4

纤维艺术/林乐成，王凯著．—上海：上海画报出版社，2006年．—137页

ISBN 7-80685-553-X

本书主要包括了纤维艺术概述、纤维艺术的起源及其发展、纤维材料技法与制作程序、纤维艺术的创意与表现等内容。

D1081　J523.4

纤维艺术/王云芝编著．—太原：三晋出版社，2011年．—121页

ISBN 978-7-5457-0396-2

本书着重阐述因各种纤维材料的不同而划分的各种纤维艺术，并借鉴传统工艺表现手法，在设计材料上寻求新的灵感，体现新的设计观念，运用新型的纤维材料进行创新设计。

D1082　J523.4

纤维艺术创作与实践/马彦霞著．—天津：天津人民美术出版社，2017年．—114页

ISBN 978-7-5305-7811-7

本书共分七章，内容包括纤维艺术的历史发展、纤维艺术创作的材料、纤维艺术作品的形态、纤维艺术创作的基本技法、纤维艺术作品的欣赏与作品实践等。

D1083　J523.4

纤维艺术的创意与表现（现代纺织品设计丛书）/龚建培著．—重庆：西南师范大学出版社，2007年．—117页

ISBN 7-5621-3703-X

本书介绍了国内外纤维艺术发展及现状、纤维艺术与纤维材料、纤维艺术的创意思维与创意表现、纤维艺术的创意素材和表现语意以及纤维艺术与纺织品材料的再设计等内容。

D1084 J523.4

纤维艺术基础工艺（高等院校艺术类专业系列实验教材）/王晓蕾编著.—哈尔滨：黑龙江大学出版社，2017年.—84页

ISBN 978-7-81129-949-6

本书阐述了纤维艺术的概念和特点；说明了纤维艺术的设计方法和表现技法；结合教学实例分析较为详尽地讲解了纤维艺术基础工艺的制作方法和步骤。

D1085 J523.4

纤维艺术设计（高等院校染织艺术设计专业系列教材）/蔡从烈，秦栗，薛建新编著.—武汉：湖北美术出版社，2006年.—104页

ISBN 7-5394-1810-9

本书分为纤维艺术概述、纤维艺术的历史沿革、纤维艺术的分类与表现形式、纤维艺术的创新、纤维艺术表达方式的创意等内容。

D1086 J523.4

纤维艺术设计/徐时程编著.—北京：中国建筑工业出版社，2010年.—130页

ISBN 978-7-112-12215-8

本书分为六章，内容包括：纤维艺术概论、纤维材料及其表现、创造的工艺与结构、纤维艺术的形态设计、纤维艺术创新设计、纤维艺术作品欣赏。

D1087 J523.4

纤维艺术设计（高校转型发展系列教材）/姜然，白鑫编著.—北京：清华大学出版社，2017年.—120页

ISBN 978-7-302-47985-7

本书介绍了纤维艺术的历史发展进程、纤维材料与设计、纤维艺术的工艺技法、纤维艺术创作的创意与表现、纤维产品的开发与设计、纤维艺术与建筑空间的关系、以及纤维艺术在空间环境与社会生活中的应用等内容。

D1088 J523.4

纤维艺术设计基础：编织 刺绣 蜡染 扎染 模版印（现代设计教材系列）/杨俊申，秦明编著.—天津：天津大学出版社，2003年.—118页

ISBN 7-5618-1742-8

本书主要内容包括编织基础知识，其材料与工具，工艺方法，现代编织与软雕塑，以及刺绣、扎染、蜡染等工艺的材料与工具，工艺方法与艺术特色等。

D1089 J523.4

纤维艺术设计与制作（艺术设计系列丛书）/徐百佳编著.—北京：中国纺织出版社，2002年.—122页

ISBN 7-5064-2219-0

本书系统阐述了纤维艺术的概念和特点，对纤维艺术的材料特性、肌理表现性与空间多变性以及纤维艺术的创作及表现技法作了详尽的论述。

D1090 J523.4

纤维艺术设计与制作/龚建培主编.—北京：高等教育出版社，2009年.—191页

ISBN 978-7-04-028199-6

本书通过对纤维艺术的基本概念、现代纤维艺术的起源、发展及现状的介绍，探讨了纤维艺术的分类方法、材料特征、美感属性等。

D1091 J523.4

纤维艺术设计与制作/任光辉著.—石家庄：河北美术出版社，2009年.—80页

ISBN 978-7-5310-3194-9

本书包括纤维艺术概述、纤维艺术材料的应用、纤维艺术造型的基本方法和纤维艺术与现代建筑空间四部分内容。

D1092 J523.4

纤维艺术设计与制作/陈玲编著.—北京：中国轻工业出版社，2012年.—111页

ISBN 978-7-5019-8583-8

本书主要讲授纤维艺术的概念、发展历史、纤维艺术的国际发展动态以及纤维艺术的造型语言和制作方法。本书对纤维艺术在当下室内陈设中的运用也作了详细介绍。

D1093 J523.4

纤维艺术设计与制作/吴一源，于泳编著.—北京：中国轻工业出版社，2020年.—113页

ISBN 978-7-5184-2220-3

本书包括纤维艺术的概述、历史发展、创意思维、实践操作等内容。

D1094 J523.4

纤维艺术新锐展/施慧主编.—杭州：中国美术学院出版社，2018年.—176页

ISBN 978-7-5503-1688-1

本书收录了纤维艺术新锐展的部分作品，展出的作品来自现有的或特别定制的中国美术学院纤维艺术系学生的作品。

D1095 J523.4

纤维艺术文集/施慧主编.—杭州：中国美术学院出版社，2019年.—453页

ISBN 978-7-5503-1565-5

本书收录了《当代艺术的语言扩展——软材料在当代艺术中的运用》《交织的生命——探索现代纤维艺术语言的拓展》《论软材料艺术中的手工性》《关于洛桑壁挂艺术双年展的研究》《光与影的编织》等文章。

D1096 J523.4

纤维与软材料造型基础/施慧，黄燕著.—杭州：中国美术学院出版社，2013年.—108页

ISBN 978-7-5503-0565-6

本书内容涵盖纤维与软材料的概念与分类、纤维与软材

料教学纲要、纤维与软材料造型三个部分。

D1097　J523.4

纤维造型艺术基本技法与创作　手织篇/韩丽英编著 .—天津：天津人民美术出版社，2009 年 .—72 页

　　ISBN 978-7-5305-3802-9

　　本书内容包括：染织简述、纤维造型艺术表现技法综观、材料与织机、织的学习与展开、创作入门、生活中的布与纤维艺术共 6 章。

D1098　J523.4

纤维造型与装饰艺术的原理及运用/秦瑾著 .—北京：科学出版社，2017 年 .—214 页

　　ISBN 978-7-03-054728-6

　　本书对纤维造型与装饰艺术的原理及应用进行了全面的分析。

D1099　J523.1

现代纺织品设计表现技法（设计表现技法丛书）/张树新编著 .—长沙：湖南美术出版社，1998 年 .—69 页

　　ISBN 7-5356-1047-1

D1100　J523.1

现代室内纺织品艺术设计/崔唯主编 .—北京：中国纺织出版社，1999 年 .—228 页；26cm

　　ISBN 7-5064-1593-3

　　本书重点阐述了应用于现代建筑空间环境内的纺织品艺术设计的基本概念、构成规律和表达技法等内容。

D1101　J523.2

现代手工扎染/曲向梅著 .—北京：北京工艺美术出版社，2014 年 .—76 页

　　ISBN 978-7-5140-0500-4

　　本书分为源流篇、工具材料篇、技法篇、应用篇和创意篇五个部分，介绍了手工扎染的历史渊源、扎染艺术的地域特点、现代手工扎染艺术的意义、现代扎染的工具材料、现代手工扎染新实技、现代手工扎染在服装中的应用等内容。

D1102　J523.4

现代纤维艺术（"十二五"高等教育视觉艺术设计规划教材丛书）/姜丽伟编著 .—哈尔滨：哈尔滨工程大学出版社，2011 年 .—109 页

　　ISBN 7-5661-0259-1

　　本书介绍纤维艺术的起源与发展，详述"洛桑展"、材料表现与制作技艺。

D1103　J523.4

现代纤维艺术/刘鹏宇，海晓龙，靳占荣编著 .—北京：电子工业出版社，2018 年 .—279 页

　　ISBN 978-7-121-32297-6

　　本书介绍现代纤维艺术设计，共五章，主要内容包括：纤维艺术的历史、刺绣工艺、编织工艺、综合材料、纤维艺

术的色彩等。

D1104　J523.4

现代纤维艺术/田欣著 .—长春：吉林美术出版社，2018 年 .—113 页

　　ISBN 978-7-5575-2792-1

　　本书详细地讲述了现代纤维艺术的工艺表现技法由当初传统的编织、刺绣、印染发展为后来的捆扎、粘贴、装置和填充等过程。

D1105　J523.4

现代纤维艺术/李茉函著 .—北京：中国纺织出版社有限公司，2019 年 .—113 页

　　ISBN 978-7-5180-4531-0

　　本书系统论述了纤维艺术的材料运用、作品设计与造型设计，以及纤维艺术中创意思维的具体运用，并对现代纤维艺术在建筑、纺织品和文化创意产品中的应用进行了举例说明。

D1106　J523.4

现代纤维艺术设计（现代设计系列教材）/朱尽晖编著 .—西安：陕西人民美术出版社，2002 年 .—115 页

　　ISBN 7-5368-1553-0

　　本书分章节论述了现代纤维艺术的形成，现代纤维艺术的创作材料，制作工具的运用，综合技法的纳入，现代纤维艺术与环境的关系，现代纤维艺术设计的创意与表现，现代纤维艺术的色彩关系，以及装饰图案的风格与纤维艺术的空间展示形态。

D1107　J523.4

现代纤维艺术设计（中国高等院校美术专业系列教材）/朱尽晖编著 .—西安：陕西人民美术出版社，2009 年 .—115 页

　　ISBN 978-7-5368-2208-5

　　本书共分 12 个部分，论述了纤维艺术的概念及发展溯源、现代纤维艺术设计的类别、现代纤维艺术设计的材料、现代纤维艺术设计的工具、现代纤维艺术设计的工艺等。

D1108　J523.2

现代印染图案设计/龙宝章编著 .—济南：山东美术出版社，1992 年 .—70 页，24 页；18cm×19cm

　　ISBN 7-5330-0496-5

D1109　J523.2

现代扎染女装与家庭扎染技法/承淼等设计编著 .—北京：民族出版社，1992 年 .—1 册

　　ISBN 7-105-01648-5

　　本书择选了数十种具有现代风格的日常生活女装，同时还介绍了扎染的基本方法技巧。

D1110　J523.2

现代扎染艺术（线之舞书系）/余涛著 .—上海：上海交

通大学出版社，2010 年 . —108 页

ISBN 978-7-313-06340-3

本书详细地介绍了染色原理、各种染料与助剂的性能，对扎染艺术的特征、实用性、审美性以及扎染设计与一般染织设计的异同等问题阐述透辟，还全面阐述了扎染艺术的发展历程及其技法的演变，在继承传统的基础上大胆创新、技法上也有所突破。

D1111 J523.2

现代扎染艺术/王济成，翟鹰著 . —北京：中国纺织出版社，2014 年 . —144 页

ISBN 978-7-5180-0177-4

本书共分为五章，从扎染艺术与技术两个层面全面论述了现代扎染的构思、设计、制作过程，以图文对照的方式深入浅出地阐释了现代扎染创作与欣赏的审美理念、风格与趣味。

D1112 J523.2

香云纱（《手艺佛山》丛书）/廖雪林，李伯瑞，邹婧婧著 . —北京：知识出版社，2017 年 . —179 页；23cm

ISBN 978-7-5015-9638-6

本书全面展示了香云纱的历史渊源、工艺流程、代表人物、美学内涵等，主要内容包括：薯莨；白坯纱；香云纱的染整技艺；香云纱染整技艺申遗；香云纱的传承等。

D1113 J523.2

香云纱染整技艺（源远流长——佛山非物质文化遗产保护丛书）/廖雪林，吴浩亮，任光辉编著 . —广州：世界图书出版公司，2013 年 . —151 页

ISBN 978-7-5100-5077-0

本书共八章，主要内容包括：香云纱的历史渊源、香云纱的制作过程、香云纱的应用现状、香云纱的独特价值、作为国家级非物质文化遗产对香云纱的保护、香云纱生产及应用厂家的个案分析等。

D1114 J523.6

湘西苗族刺绣/张明霞主编 . —长沙：湖南大学出版社，2015 年 . —65 页

ISBN 978-7-5667-0985-1

本书由概述、工具准备、苗绣构图形式、苗绣纹样题材、苗绣配色、苗绣针法、苗绣工艺特色、苗绣成品欣赏、苗绣样稿图集九个章节构成。

D1115 J523.1

湘西土家织锦创意设计/王巍著 . —长沙：湖南师范大学出版社，2017 年 . —174 页

ISBN 978-7-5648-2807-3

本书主要内容包括：创意产品；土家织锦创意产品；土家织锦创意产品的设计方法；靠枕；坐垫；桌旗；毛巾；杯垫；手机壳；收纳盒等。

D1116 J523.1-64

湘西土家织锦矢量图典/贺景卫著 . —长沙：湖南师范大学出版社，2017 年 . —296 页

ISBN 978-7-5648-2806-6

本书主要内容包括：土家族概况；土家族的生产生活形态；土家纳锦历史溯源；土家织锦艺术特征；土家织锦纹样构成；土家织锦织造技艺等。

D1117 J523.1

湘西土家族织锦技艺（湘西非物质文化遗产丛书）/田明等著 . —长沙：湖南师范大学出版社，2011 年 . —129 页

ISBN 978-7-5648-0474-9

本书共九章，包括织锦工艺、传统纹样构成及艺术特色、经典图纹的人文内涵、社会特征及现代价值取向、传承与发展等内容。

D1118 J523.1

湘西土家族织锦技艺（湘西非物质文化遗产丛书）/田明等著 . —长沙：湖南师范大学出版社，2015 年 . —129 页

ISBN 978-7-5648-1221-8

本书共分为八章，主要内容包括：土家织锦技艺流步区域；土家织锦的历史渊源；土家织锦工艺；土家织锦传统纹样构成及色彩；土家织锦经典图纹的人文内涵；土家织锦技术的传承等。

D1119 J523.6

湘绣（中国刺绣图案集锦）/胡家康编绘 . —上海：上海人民美术出版社，2002 年 . —124 页

ISBN 7-5322-3225-5

本书收录了七星纹、阴阳纹、蝴蝶纹、白露、百果园等百余种湘绣图案。

D1120 J523.6

湘绣（国家级非物质文化遗产）/田顺新编著 . —长沙：湖南人民出版社，2008 年 . —253 页

ISBN 978-7-5438-5470-3

本书主要内容包括：湘绣所在区域及其地理环境；湘绣的历史渊源；湘绣的传承方式及代表性传承人；湘绣的原材料；湘绣的工具和设备；湘绣的工艺流程；湘绣的传统画稿；湘绣的刺绣技法；湘绣的代表性作品赏析；湘绣的基本特征及主要价值；湘绣有关组织和经营状况等。

D1121 J523.6

湘绣（经典湖湘系列丛书）/田顺新，罗国斌著 . —长沙：湖南科学技术出版社，2012 年 . —228 页

ISBN 978-7-5357-7392-0

本书内容包括：湘绣的历史渊源；湘绣有关组织和经营状况；湘绣的原材料、工具和设备；湘绣的刺绣针法；湘绣文论辑选；湘绣作品的产生和赏析。

D1122 J523.6

湘绣技法/唐利群，刘爱云主编 . —长沙：湖南大学出版

社，2013 年 . —107 页

ISBN 978-7-5667-0506-8

本书主要介绍了湘绣的材料、工具、工艺流程及最常用的针法技法和各类题材、湘绣刺绣方法。

D1123 J523.6

湘绣品牌形象设计/周祺芬著 . —成都：西南交通大学出版社，2016 年 . —251 页

ISBN 978-7-5643-4835-9

本书详细地阐述了湘绣品牌的文化特征，从湘绣的历史溯源、商业发展、艺术特色、文化价值与艺术价值等方面分析其发展历程及品牌魅力。

D1124 J523.6

湘绣史稿/杨世骥著 . —长沙：湖南人民出版社，1956 年 . —48 页

统一书号 8109·6

D1125 J523.6

湘绣史话/李湘树编 . —北京：轻工业出版社，1988 年 . —193 页

ISBN 7-5019-0321-2

D1126 J523.6

湘绣之魂：中国桃源传统刺绣/邹敏讷，张忠，王小保编著 . —长沙：湖南美术出版社，2012 年 . —130 页

ISBN 978-7-5356-5374-1

本书收集选登了桃源传统刺绣珍品，其中既含大量私人珍藏又囊括了湖南省博物馆数十年来的收藏佳作。

D1127 J523.1

新疆艾德莱丝绸传统工艺（新疆少数民族工艺美术研究 工艺卷）/张俊慧著 . —乌鲁木齐：新疆电子音像出版社，新疆美术摄影出版社，2015 年 . —137 页

ISBN 978-7-5469-6535-2

本书分析了作为现代艺术形式之一的"艾德莱斯"如何在和谐宽容的经济环境中把握住自身优势，确立起特有的市场地位，在适应当前艺术发展阶段的同时内化特定民族精神、外化衍生多种表象形式。

D1128 J523.1

新疆艾德莱丝绸工艺与制作技法/徐红编写 . —乌鲁木齐：新疆教育出版社，2012 年

ISBN 7-5370-8327-0

本书较为详尽地介绍了新疆艾德莱丝绸的工艺和制作方法，通俗易懂，图文并茂，对提高学生的理论水平和实际操作能力大有裨益。

D1129 J523.6

新疆艾德莱斯绸纹样艺术（新疆少数民族工艺美术研究）/张亨德，韩莲芬编著 . —乌鲁木齐：新疆美术摄影出版社，2015 年 . —158 页

ISBN 978-7-5469-6538-3

本书内容包括：新疆维吾尔民族土绸——艾德莱斯绸、新疆棉毛织花毯——帕拉孜、艾德莱斯绸、棉毛帕拉孜。

D1130 J523.6

新疆刺绣纹样集锦 维吾尔文、汉文、土耳其文对照版/张亨德，韩莲芬编著 . —乌鲁木齐：新疆美术摄影出版社，2014 年 . —418 页

ISBN 978-7-5469-3734-2

本书收录了具有代表性的民族刺绣纹饰 200 幅，在呈现精美纹样的同时，向读者展现了新疆各民族悠久的历史和文化。

D1131 J523.6

新疆刺绣纹样艺术（新疆少数民族工艺美术研究 纹样卷）/张亨德，韩莲芬编著 . —乌鲁木齐：新疆美术摄影出版社，2015 年 . —416 页

ISBN 978-7-5469-6541-3

本书内容包括"维吾尔族刺绣""柯尔克孜族刺绣""哈萨克族刺绣""回族刺绣""俄罗斯族刺绣""满族刺绣""蒙古族刺绣""塔吉克族刺绣""乌孜别克族刺绣"等章节。

D1132 J523.3

新疆地毯/贾应逸，李文瑛，张亨德著 . —苏州：苏州大学出版社，2009 年 . —120 页

ISBN 978-7-81137-421-6

本书主要内容包括：新疆地毯的历史；新疆地毯生产工艺；新疆地毯的图案；新疆地毯的应用。

D1133 J523.3

新疆地毯 编织工艺与设计/裴明著 . —乌鲁木齐：新疆美术摄影出版社，2010 年 . —150 页

ISBN 978-7-5469-1052-9

本书从中国地毯的历史到新疆地毯的渊源，从新疆地毯的编织原料到编织工艺，从图案设计到赏析作了较为翔实的叙述。

D1134 J523.6

新疆花毡纹样艺术（新疆少数民族工艺美术研究）/张亨德，韩莲芬编著 . —乌鲁木齐：新疆美术摄影出版社，2015 年 . —228 页

ISBN 978-7-5469-6540-6

本书介绍了维吾尔族花毡，包括擀花毡、绣花毡、模戳印花毡、镂版印花毡，介绍了哈萨克族花毡，包括绣花毡、补贴花毡和擀花毡，介绍了柯尔克孜族花毡的补贴花毡。

D1135 J523.6

新疆柯尔克孜族织绣艺术/王凡编著 . —北京：中国建筑工业出版社，2015 年 . —147 页

ISBN 978-7-112-18188-9

本书通过对柯尔克孜民族织绣艺术的演进、发展进行比

较、研究，来探寻柯尔克孜民族织绣装饰纹饰艺术独特的文化指征、独立的民族特性与象征意义。

D1136　J523.6

新疆维吾尔族刺绣艺术（新疆少数民族工艺美术研究）/吐尔的·哈地尔·那孜尔著.—乌鲁木齐：新疆电子音像出版社，新疆美术摄影出版，2015年.—154页

ISBN 978-7-5469-6549-9

本书主要内容包括：维吾尔族服饰刺绣、维吾尔族花帽刺绣、维吾尔族帐幔及床上用品刺绣、维吾尔族工艺饰品刺绣。

D1137　J523.6

新疆维吾尔族民间土布工艺（新疆少数民族工艺美术研究）/徐红，瓦力斯·阿布力孜，汪锁红著.—乌鲁木齐：新疆电子音像出版社，新疆美术摄影出版，2015年.—162页

ISBN 978-7-5469-6536-9

本书分原料、工艺介绍了新疆维吾尔民族民间纺织、印染工艺艺术。包括本色棉、毛布的制作工艺艺术与产品，色织棉、毛织物的制作工艺艺术与产品，维吾尔族独特的砸花土绸——拜合散姆的制作工艺与艺术，以及独具民族特色的模戳印花与镂版蓝印花的工艺与艺术。

D1138　J523.2

新疆维吾尔族模戳印花纹样艺术（新疆少数民族工艺美术研究）/张亨德，韩莲芬编著.—乌鲁木齐：新疆美术摄影出版社，新疆电子音像出版社，2015年.—202页；26cm

ISBN 978-7-5469-6537-6

本书内容包括"总论：新疆维吾尔民间模戳印花布""模戳""模戳印花包皮布""模戳印花壁挂""模戳印花单独纹样汇集""模戳印花窗帘""模戳印花挂帘""模戳印花挂单"等。

D1139　J523.6

岫岩满族民间刺绣（岫岩国家级非物质文化遗产系列丛书）/岫岩县文化馆编著.—沈阳：沈阳出版社，2016年.—289页

ISBN 978-7-5441-7403-9

本书内容共分九章，其中包括文字和图录两大部分。在文字部分中比较清晰地勾勒出处于中国刺绣大背景中的岫岩满族民间刺绣的历史渊源和发展轨迹；图录部分，收录了数百件传世的满绣精品照片。

D1140　J523.6

绣的书写：中国刺绣的艺术与文化/张朵朵著.—上海：东华大学出版社，2016年.—211页

ISBN 978-7-5669-0696-0

本书内容包括巧手绣心：中国刺绣的艺术与文化；飞针走线：刺绣的技术之道；绣与生活：女红"她文化"；绣的书写：从纹绣到画绣；锦绣前程：当代的刺绣艺术。

D1141　J523.6

绣画：中国江南传统刺绣研究（艺术史研究丛书）/许嘉著.—杭州：中国美术学院出版社，2018年.—284页

ISBN 978-7-5503-1540-2

本书将追溯中国江南传统刺绣之代表—"苏绣"的历史，着眼于对绣画传统的挖掘，聚焦于顾绣和丁氏《绣谱》，从个案的文献整理及理论的文本分析两个角度切入，并通过对绣与绘、针与箴的史学溯源。

D1142　J523.6

绣美中华：刺绣文化与四大名绣（中华精神家园）/肖东发主编；戚光英编著.—北京：现代出版社，2015年.—164页

ISBN 978-7-5143-3048-9

本书共分为五个部分，介绍了中国的古老技艺刺绣以及苏绣、湘绣、蜀绣、粤绣四大名绣的技法及其繁荣和发展。内容包括：殷商和西周就出现刺绣、唐宋刺绣向着精致化发展、元明苏绣技法不断发展创新、独树一帜的清代湘绣、宋代前蜀绣的独特技艺以及清代粤绣得到繁荣发展等。

D1143　J523.6

绣谱（中华生活经典）/（清）丁佩著；姜昳编著.—北京：中华书局，2012年.—181页

ISBN 978-7-101-08375-0

本书以丁佩自刊十二梅花连理楼本《绣谱》为底本进行校点、翻译。分《择地》《选样》《取材》《辨色》《程工》《论品》六篇。

D1144　J523.6

绣谱六种：三十三卷［港台］（中国文化经典）/（清）丁佩著.—台北：世界书局，2009年.—798页

ISBN 978-957-06-0281-4

D1145　J523.6

绣之器道：首届刺绣艺术学术研讨论文集（首届刺绣艺术学术研讨）/中国纺织工业联合会中国刺绣艺术研究院编.—北京：中国纺织出版社，2018年.—180页

ISBN 978-7-5180-4712-3

本书收录了来自全国各地刺绣类非遗传人、专家学者以及相关院校师生的优秀文章，分别从刺绣的文化研究、技艺研究、设计创新及人才培养几方面进行深入探讨。论文涉及刺绣形而上的"道"（历史、文化、精神）和形而下的"器"（具体的技艺、针法等）两个层面。

D1146　J523.6

雪宦绣谱：传统手工刺绣的针法、绣要与剖析（深入阅读中国古代物质文化书丛）/（清）沈寿口述；张謇整理；耿纪朋译注.—重庆：重庆出版社，2010年.—192页

ISBN 978-7-229-02088-0

本书系统论述了有四千年历史的苏绣艺术精华。全书分绣具、绣事、针法、绣要、绣品、绣通等卷，详细阐述了苏绣十八种针法的运用，以及审势、配色、求光等刺绣要领。

D1147 J523.6

雪宦绣谱 第2版（中国古代物质文化丛书）/（清）沈寿口述；张謇整理；耿纪朋译注.—重庆：重庆出版社，2017年.—223页；24cm

ISBN 978-7-229-12744-2

本书系统论述了有四千年历史的苏绣艺术精华。补入了湘、粤、蜀三大绣种及更多特色绣种，以详细剖析传统刺绣的广博内涵。

D1148 J523.6

雪宦绣谱图说（中国古代物质文化经典图说丛书）/（清）沈寿口述；张謇整理；王逸君译注.—济南：山东画报出版社，2004年.—183页

ISBN 7-80603-916-3

本书总结了我国自唐宋画绣，明代顾绣以来的刺绣针法。书中译文白话文，并酌配有关图片两百余幅。书后附有《顾绣考》增广见闻。

D1149 J523.6

雪宦绣谱图说（中国传统工艺经典）/（清）沈寿口述；张謇整理；王逸君译注.—济南：山东画报出版社，2020年.—240页

ISBN 978-7-5474-3290-7

本书论述了有四千年历史的苏绣艺术精华。书中分绣具、绣事、针法、绣要、绣品、绣德、绣通等部分，详细阐述了苏绣十八种针法的运用，以及审势、配色、求光等刺绣要领。

D1150 J523.6

瑶绣/邓菊花，盘才万，莫瑞福编.—广州：广东人民出版社，2008年.—173页

ISBN 978-7-218-05877-1

D1151 J523.6

瑶族刺绣：连南瑶族服饰刺绣工艺/龙雪梅，盘志辉著.—广州：广东人民出版社，2009年.—217页

ISBN 978-7-218-06501-4

本书系统而详尽地介绍了连南瑶族区域各地方的服饰特色。全书分为"排瑶服饰刺绣"和"过山瑶服饰刺绣"上下两卷。

D1152 J523.6

一花一年华：大美羌绣/四川党建期刊集团，四川民族出版社.—成都：四川民族出版社，2015年.—132页

ISBN 978-7-5409-5931-9

本书包括绽放在古羌的温柔之花和凝结于指尖的花样年华两部分内容。

D1153 J523.6

彝绣（职业技能培训教材）/古城，王永清等编著.—成都：西南交通大学出版社，2017年.—54页

ISBN 978-7-5643-5196-0

本书共分五章，分别为：彝绣概述、彝绣图案、彝绣色彩、基本技法以及彝绣产品开发，从五个方面对彝绣进行了全面阐述。

D1154 J523.6

彝绣：楚雄彝族刺绣文化览胜/政协楚雄彝族自治州委员会，楚雄州妇女联合会，楚雄州妇女彝绣协会编.—昆明：云南人民出版社，2017年.—250页

ISBN 978-7-222-17059-9

本书分千年彝绣、彝绣艺术、彝绣天地、彝绣传承四部分，内容包括：楚雄彝绣溯源、楚雄彝绣技法剪影、楚雄彝绣图案缩影、楚雄彝绣服饰集锦等。

D1155 J523.6

彝族刺绣技法集萃：以楚雄彝族自治州为例/楚雄州文产办编.—昆明：云南民族出版社，2017年.—223页

ISBN 978-7-5367-6966-3

本书包括了彝族刺绣历史，彝族刺绣文化解读，传统彝族刺绣精品，现代彝族刺绣精品，彝族刺绣传统技法，彝族刺绣现代技法，刺绣针法图例等。

D1156 J523.2

艺匠古今 第一辑 蓝印花布/杨志刚主编；上海博物馆编著.—南京：译林出版社，2018年.—51页

ISBN 978-7-5447-7003-3

本书展现了我国非物质遗产"蓝印花布"技艺的每个关键步骤，勾画了每个组装物件的精巧设计，呈现传承千年的匠心独妙。

D1157 J523.6

艺苑奇葩：苗族刺绣艺术解读/田鲁著.—合肥：合肥工业大学出版社，2006年.—135页

ISBN 7-81093-422-8

本书试图将苗族刺绣纳入其民族文化背景，归于其自身固有的生存环境和生存状态来进行考察，致力于各种艺术形式、多种生活方式以及各地各具差异的伦理道德、风俗习惯、宗教信仰、地域环境等对于它们的主体自身价值与意义的影响等。

D1158 J523.2

印染/徐艺乙著.—重庆：重庆出版社，2019年

ISBN 978-7-229-13967-4

本书共分七章，其中第一章至第六章又分作若干小节，除第一章阐述丝、织、绣外，其余五个章节将分门别类对有特点的印染种类做介绍。第七章则是历代印染织绣的精品鉴赏。

D1159 J523.2

印染·编绘（学前专业美术教育手工系列教材）/孙家祥，郑暹编著.—重庆：西南师范大学出版社，2005年.—95页

ISBN 7-5621-3357-3

本书介绍了综合编制、纺织品手绘、风筝、蜡染、中国节、纸版画、染纸、扎染、沥粉画、漆画、小挂饰等手工艺制作方法。

D1160　J523.2
　　印染行业——印花美术图案集　1/《印花美术图案集》编委会编 .—杭州：西泠印社出版社，1999 年 .—599 页
　　ISBN 7-80517-430-X
　　本书所载花样包括服装及装饰面料两大类。其中服装面料分花卉、几何、动物组合及定位花图案等类型。

D1161　J523.2
　　印染行业——印花美术图案集　2/《印花美术图案集》编委会编 .—杭州：西泠印社出版社，2000 年 .—591 页
　　ISBN 7-80517-198-9
　　本书精选 4000 余种花样入编，花型包括服装面料和装饰面料两大类，在每幅花样图案的下方均标有编号，这些编号主要供读者更直观地了解花样的实际尺寸和制版之用。

D1162　J523.2
　　印染行业——印花美术图案集　3/《印花美术图案集》编委会编 .—杭州：中国美术学院出版社，2001 年 .—588 页
　　ISBN 7-81083-012-0
　　本书将花型分为两大类：一、服装面料，包括花卉、几何、动物组合及定位花图案。二、装饰面料，包括服饰面料（领带、方巾、长巾等）到室内装饰面料（床上用品和窗帘、地毯等）和其他装饰面料（手帕、T 恤衫等）。本书集实用性、观赏性和参考性于一体，可以对我国的纺织设计、印染配色、工艺分析起到抛砖引玉的作用。

D1163　J523.2
　　印染设计与创意：动手玩印染［港台］/陈亮运著 .—台北：商鼎文化出版社，2004 年 .—197 页
　　ISBN 986-144-000-3

D1164　J823.2
　　印染图案设计［港台］（现代设计丛书）/沈寄华绘著 .—台北：艺术图书公司，1985 年 .—176 页

D1165　J523.2
　　印染图案艺术（设计教材丛书）/徐景祥著 .—杭州：中国美术学院出版社，1997 年 .—74 页；26cm
　　ISBN 7-81019-562-X

D1166　J523.2
　　印染图案艺术设计（纺织服装高等教育"十一五"部委级规划教材）/黄元庆编著 .—上海：东华大学出版社，2007 年 .—150 页
　　ISBN 978-7-81111-184-2
　　本书介绍了印染图案设计简史、基础图案设计、印染图案艺术设计、印染图案设计表现技法、印染图案色彩设计、印染图案设计应用等内容。

D1167　J523.2
　　印染艺术［港台］（市民美术研习班教材）/王嘉霖著 .—台北：台北市美术馆，2005 年 .—88 页
　　ISBN 986-00-2095-7

D1168　J523.2
　　印染之美［港台］（现代设计丛书）/黄启龙编著 .—台北：艺术图书公司，1985 年 .—136 页

D1169　J523.2
　　印染织绣（中国美术分类全集）/常沙娜主编；中国现代美术全集编辑委员会编 .—石家庄：河北美术出版社，1998 年 .—269 页
　　ISBN 7-5310-1011-9

D1170　J523.2
　　印染织绣［港台］（中国美术分类全集）/常沙娜主编 .—台北：锦年国际有限公司，1999 年 .—192 页
　　ISBN 957-720-347-7

D1171　J523.2
　　印染织绣　上下册/黄能馥主编 .—北京：文物出版社，1987 年 .—220 页，222 页
　　ISBN 7-5010-0148-0
　　本书是中国美术全集工艺美术篇第 6、7 卷。

D1172　J523.2
　　印染织绣　上/黄能馥卷主编 .—北京：文物出版社，2006 年 .—220 页
　　ISBN 7-5010-0723-3
　　本书上册包括商、西周、战国、汉、东晋、南北朝、隋、唐、五代、宋各国时期的印染织绣品。

D1173　J523.2
　　印染织绣　下/黄能馥卷主编 .—北京：文物出版社，2006 年 .—222 页
　　ISBN 7-5010-0350-5
　　本书下册包括元、明、清三代的印染织绣品（均包括服装）。

D1174　J523.2
　　印染织绣　上（中国美术全集　41　工艺美术编）/中国美术全集编委会编；黄能馥主编 .—北京：人民美术出版社，2015 年 .—357 页
　　ISBN 978-7-102-06910-4
　　本书选录商至宋各个时期印染织绣精品二百零三件，按时代、品种和纹样形式排列。本书为目前汇集我国古代印染织绣精品最为丰富的图集。

D1175　J523.2
　　印染织绣　下（中国美术全集　42　工艺美术编）/中国美术全集编委会编；黄能馥主编 .—北京：人民美术出版

社，2015 年 . —378 页

ISBN 978-7-102-06911-1

本书继上册之后，选录元、明、清印染织绣精品二百余件。本书为目前汇集我国古代印染织绣精品最丰富的图集。其中收入的每件作品都有精美的彩色图版和文字说明，一些代表性作品还做了局部放大，以展示组织纹理。

D1176 J523.6

甬上锦绣：宁波金银彩绣/茅惠伟著 . —上海：东华大学出版社，2015 年 . —145 页

ISBN 978-7-5669-0983-1

本书以国家非物质文化遗产"宁波金银彩绣"为研究对象，从历史演变、品类缤纷、纹样多彩、工艺巧匠、非遗视角 5 个方面进行探讨。

D1177 J523.2

友禅蓝染之美：桥诘清实师生联展作品专辑 ［港台］（台湾工艺推广丛书）/马芬妹主编 . —南投：台湾工艺研究所，2008 年 . —159 页

ISBN 978-986-01-4353-9

D1178 J523.2

又见一抹蓝：大菁蓝手十年记 ［港台］/郑美淑著 . —宜兰：上旗文化事业股份有限公司，2016 年 . —187 页

ISBN 978-986-6433-63-4

D1179 J523.1

余杭清水丝绵制作技艺/丰国需，王祖龙编著 . —杭州：浙江摄影出版社，2014 年 . —160 页

ISBN 978-7-5514-0752-6

本书内容包括：余杭清水丝绵的制作技艺、与余杭清水丝绵相关的习俗和传说、余杭清水丝绵制作技艺的传承、余杭清水丝绵制作技艺的保护等。

D1180 J523.6

渝康宁蜀绣（重庆母城文化·渝中区非遗系列丛书）/重庆市渝中区文化委员会，重庆市渝中区文化馆，重庆市渝中区非物质文化遗产保护中心编 . —重庆：西南师范大学出版社，2019 年 . —168 页；26cm

ISBN 978-7-5621-5341-2

本书主要内容包括：康宁与重庆挑花刺绣厂、康宁绣的诞生、康宁绣的传承、分类、术语、工具、工艺流程、常用政法、作品赏析等。

D1181 J523.6

粤绣（中国刺绣图案集锦）/邵黎明编绘 . —上海：上海人民美术出版社，2002 年 . —136 页

ISBN 7-5322-3201-8

本书收录了被面、枕套、靠垫、台帏、披巾、头巾、绣花鞋、戏装等装饰品的图案。

D1182 J523.1

云间缂丝（云间文博丛书）/顾静华主编；上海市松江区文物管理委员会，上海市松江区文化广播影视管理局编 . —上海：上海古籍出版社，2013 年 . —160 页

ISBN 978-7-5325-6781-2

本书为顾绣要素卷，包含特别报道/文博专题、急就章/学术论坛、太平清话/文物赏析、辍耕录/寻根史话、云间邦彦/历史人物、泥古录/精品鉴赏、云间洞天/地域文化、读书台/知识讲座八个部分。

D1183 J523.1

云锦（非物质文化遗产丛书）/王宝林著 . —杭州：浙江人民出版社，2008 年 . —190 页

ISBN 978-7-213-03754-2

本书介绍了云锦的起源、发展衰落和新生，精妙绝伦的工艺，丰厚的文化底蕴及这一文化遗产的保护等。

D1184 J523.6

云南红河彝族花腰刺绣工艺（云南省特色专业艺术设计系列丛书 云南艺术学院特色专业艺术设计系列丛书 云南特色民间工艺系列丛书）/彭瑶，李珊姗编著 . —昆明：云南大学出版社，2012 年 . —178 页

ISBN 978-7-5482-0959-1

本书以作者多次深入云南花腰彝村寨，通过对当地巧手刺绣女的访谈，向其学习花腰彝刺绣的工艺制作过程、研究当地传统的刺绣手工艺的传承与发展。

D1185 J523.6

云南少数民族传统手工刺绣集萃/梁旭著；吉彤编者 . —昆明：云南美术出版社，2017 年 . —300 页

ISBN 978-7-5489-1907-0

本书记述了少数民族刺绣工艺的技艺及其背后的故事，以挽救和传承这一濒临灭绝的非物质文化。

D1186 J523.6

云南特色文化产业丛书 刺绣卷（云南特色文化产业丛书）/刘晓蓉编著 . —昆明：云南人民出版社，2015 年 . —164 页

ISBN 978-7-222-12377-9

本书内容包括：云南刺绣是云南女性的杰作、云南有一批代表性的刺绣传人、云南刺绣器品种、昆明市禄劝县刺绣工艺等。

D1187 J523.1

扎滚鲁克纺织品珍宝/王博等著；新疆维吾尔自治区博物馆编著 . —北京：文物出版社，2016 年 . —375 页

ISBN 978-7-5010-4516-7

本书共分四章，分别为扎滚鲁克墓地概述、扎滚鲁克纺织品纺织技术观察、扎滚鲁克纺织品保护、扎滚鲁克纺织品珍宝。

D1188 J523.6

扎鲁特蒙古族服饰刺绣工艺 蒙文/斯日吉玛著.—通辽：内蒙古少年儿童出版社，2010年.—114页

ISBN 978-7-5312-2651-2

本书介绍了棉袍、夹袍、齐肩长褂、坎肩等各种服饰刺绣工艺作品。

D1189 J523.2

扎染、蜡染、印花、手绘制作/回顾编.—哈尔滨：黑龙江美术出版社，1992年.—68页

ISBN 7-5318-0156-6

D1190 J523.2

扎染技巧 [译]/（日）家庭染色普及会编；余国忠编译.—北京：纺织工业出版社，1989年.—46页

ISBN 7-5064-0364-1

本书介绍了扎染的分类、扎染的花样底画、扎染用工具及扎染用纱线等。

D1191 J523.2

扎染艺术/蒋才坤编著.—成都：四川大学出版社，2014年.—156页

ISBN 978-7-5614-7932-2

本书从扎染工艺的历史、世界各国的扎染艺术、中国扎染的主要分布和发展情况、中日扎染的比较、扎染艺术创作、扎染工艺与制作、扎染工艺的广泛应用、扎染发展存在问题分析、扎染艺术的前景展望九个章节，对扎染艺术进行了介绍与研究。

D1192 J523.2

扎染艺术教程/闪秀桂著.—郑州：河南美术出版社，2007年.—110页

ISBN 978-7-5401-1599-9

本书主要介绍我国优秀的民间传统扎染工艺，包括绪论、扎染基础知识、扎染图案纹样的设计、扎染的工艺流程和现代扎染等七部分内容。

D1193 J523.2

扎染艺术设计/闪秀桂编著.—郑州：河南美术出版社，2011年.—98页

ISBN 978-7-5401-2185-3

本书分为八章，内容包括：绪论、扎染基础知识、扎染图案纹样的设计、扎染的工艺流程、扎染制品的制作技巧、扎染典型制品的制作、扎染的非物质文化属性及前瞻、现代扎染。

D1194 J523.2

扎染艺术设计教程/杨建军编著.—北京：清华大学出版社，2010年.—292页

ISBN 978-7-302-20697-2

本书主要分为扎染艺术概述、扎染艺术的历史与地域性、扎染工艺的材料与工具、扎染工艺流程与制作方法以及扎染艺术的应用等内容。

D1195 J523.2

扎染艺术设计新概念/周怡主编.—北京：中国纺织出版社，2016年.—152页

ISBN 978-7-5180-2216-8

本书全面介绍和对比分析了国内外扎染艺术的发展历程，为读者提供了大量手工扎染技术的实验数据和完整的制作流程，并注重将现代视觉元素及手法融入传统的扎染工艺，具有极高的应用价值。

D1196 J523.2

扎染艺术研究/许云著.—北京：中国纺织出版社有限公司，2019年.—139页

ISBN 978-7-5180-3914-2

本书内容包括：扎染艺术概述、扎染基础知识、扎染的工艺流程、现代扎染等。

D1197 J523.2

扎染制作技法（中国传统手工技艺丛书）/李雪玫，迟海波著.—北京：北京工艺美术出版社，1998年.—118页；21cm

ISBN 7-80526-354-X

D1198 J523.1

长江流域的丝织刺绣（长江文明之旅丛书）/张硕编著.—武汉：长江出版社，2015年.—158页；24cm

ISBN 978-7-5492-3673-2

本书内容包括蓓蕾初露：史前时期长江流域的丝织刺绣；大放异彩：先秦时期长江流域的丝织刺绣；楚风汉韵：秦汉时期长江流域的丝织刺绣；繁花似锦：隋唐时期长江流域的丝织刺绣等。

D1199 J523.6

浙江抽纱刺绣艺术中青年十大名师精品集/浙江省非物质文化遗产保护中心，浙江省非物质文化遗产保护协会编.—杭州：浙江摄影出版社，2014年.—152页

ISBN 978-7-5514-0801-1

本书是浙江省中青年抽纱刺绣十大名师的精品集，详细介绍各个作品的特征，和每一位大师的风格特点。展示了浙江新生代工艺大师的风采。

D1200 J523.2

浙江省温州市夹缬调研报告/崔笑梅著.—济南：山东人民出版社，2019年

ISBN 978-7-209-11915-3

本书作者经过调研，全面掌握苏州刺绣的发展现状，以及艺术形式、艺术方法、从业艺人发展现状，以及现在市场化发展中面临的机遇与困境，对苏州刺绣进行综合分析，形成本书。

D1201 J523

浙罗（中华锦绣丛书）/袁宣萍著．—苏州：苏州大学出版社，2011年．—110页

ISBN 978-7-81137-897-9

本书共分五章，内容包括浙罗的发展历史；浙罗的结构与产品遗存；浙罗的生产工艺；浙罗的装饰工艺及图案；浙罗的用途与市场。

D1202 J523.2

浙南夹缬（中华锦绣丛书）/郑巨欣著．—苏州：苏州大学出版社，2009年．—172页

ISBN 978-7-81137-420-9

本书共分四章，包括：浙南夹缬源流、浙南夹缬工艺、浙南夹缬纹样等。

D1203 J523.1

针法使用与配色设计/岑连山，张丽珠编著．—石家庄：石家庄女子刺绣学校，1986年．—76页

本书共四部分，包括针法的配合运用，图案的配色知识，机绣图案设计，机绣工艺流程，并提供了几十幅一比一的实用图案。

D1204 J523.6

针尖上的美丽画卷：刺绣工艺多媒体培训教程/虞美华主编．—北京：农村读物出版社，2010年．—168页

ISBN 978-7-5048-5393-6

本书主要讲苏绣，从刺绣的针法和绣法入手，详细讲述了刺绣的基础知识和基本技法。

D1205 J523

针尖上的中国/杨采怡编著．—北京：中国纺织出版社，2017年

ISBN 978-7-5180-3441-3

本书分为两个篇章，分别是中国刺绣和中国旗袍。作者就刺绣的起源、历史、工艺、文化内涵，以及旗袍的形成、人文底蕴、传承与发展等以图文并茂的形式向读者加以介绍。

D1206 J523.6

针尖艺术：潍坊刺绣/潍坊市非物质文化遗产保护中心编．—青岛：青岛出版社，2019年．—101页

ISBN 978-7-5552-7652-4

本书从潍坊刺绣的历史渊源、艺术特征、传承人以及潍坊刺绣作品鉴赏四个层面梳理了潍绣的历史兴衰及其主要艺术特性，通过大量潍绣作品展示了潍绣千百年来的传承与发展。

D1207 J523.6

针绣之艺：传统刺绣与现代艺术设计/杨傲云著．—沈阳：辽宁美术出版社，2017年．—207页

ISBN 978-7-5314-7523-1

本书内容包括：中国传统刺绣的历史足迹、刺绣艺术的地域特色、刺绣艺术的民族风格、制作工具与工艺、传统刺绣工艺的应用、刺绣艺术在现代设计中的应用等。

D1208 TS18

针艺手作大百科［译］/（美）麦琪·戈登，（英）萨莉·哈丁，（英）埃利·万斯著；于月译．—郑州：河南科学技术出版社，2016年．—399页

ISBN 978-7-5349-7514-1

本书内容包括：工具和材料；基本技术；麻花和扭花编织；蕾丝编织；本色编织；读懂编织花样说明；装饰编织物等。

D1209 TS184

针织T恤图案与装饰设计（针织服装设计系列丛书）/沈雷等著．—上海：东华大学出版社，2009年．—238页（被引9）

ISBN 978-7-81111-610-6

本书内容包括：针织T恤概述、T恤设计的基本要素、T恤图案概述、T恤图案设计的形式原理与法则、T恤图案的设计方法、植物图案的造型及在T恤上的应用等。

D1210 J523.1

针织图案学［港台］（纺织整染工业全书）/王鸿泰编．—台北：五洲出版社，1974年．—240页

D1211 TS145

中国蚕桑丝织技艺/南京云锦（争奇斗艳的世界非物质文化遗产 彩图版）/王晶编著．—长春：吉林出版集团有限责任公司，2014年．—159页；24cm

ISBN 978-7-5534-5055-1

本书主要内容包括：蚕桑——中国古代农业的重要支柱、中国的桑蚕文化博大精深、中国是最早养蚕缫丝和发明丝织的国家，丝绸——人间最美丽的云彩、中国蚕桑丝织技艺举世无双，云锦——古代织锦工艺史上的里程碑等。

D1212 TS145-092

中国传统工艺全集 丝绸织染/钱小萍主编；路甬祥总主编．—郑州：大象出版社，2005年．—547页；30cm（被引61）

ISBN 7-5347-3320-0

本书在时间上几乎跨越了中国丝绸科技演变和发展的5000余年的历史，在内容上从传统的载桑、养蚕、取丝、制线、织造、印染等从制作工艺到技术奥秘等方面作了全面的记载。

D1213 TS145

中国古代丝绸设计素材图系 汉唐卷/赵丰总主编；王乐编著．—杭州：浙江大学出版社，2018年．—161页；29cm

ISBN 978-7-308-17763-4

本书收集、整理了中国汉唐间的丝绸文物信息，按年代分为战国至秦汉、魏晋南北朝和隋唐三部分，精选其中150幅织物纹样绘成矢量图，并附上织物原图和简要的纹样分析。

D1214 TS145

中国古代丝绸设计素材图系 辽宋卷/徐铮，蔡欣编著.—杭州：浙江大学出版社，2018年.—129页；29cm

ISBN 978-7-308-17791-7

本书主要以考古发现及传世的辽宋时期的丝绸文物为研究资料，精选其中108幅织物纹样绘成矢量图，并附上织物原图和简要的文字分析。通过对古代丝绸设计素材的提取、分类、重绘，来展现该时期丝绸纹样的题材类型、色彩搭配、艺术风格等，并探讨纹样特征与当时文化背景的关联。

D1215 TS145

中国古代丝绸设计素材图系 金元卷/赵丰总主编；茅惠伟编著.—杭州：浙江大学出版社，2018年.—151页；29cm

ISBN 978-7-308-17793-1

本书收集、整理了中国金元时期的丝绸文物信息，按纹样特色分为春水秋山、西域风情、日月龙凤和吉祥图案四部分，精选其中129幅织物纹样绘成矢量图，并附上织物原图和简要的纹样分析。

D1216 TS145

中国古代丝绸设计素材图系 装裱锦绫卷/赵丰总主编；顾春华著.—杭州：浙江大学出版社，2017年.—145页；29cm

ISBN 978-7-308-17431-2

本书主要采集了手卷、立轴两种古书画形制的包首、天头、地头、隔水、副隔水等部位的纹样信息，精选其中的142幅锦绫纹样绘成矢量图，并附上所采集的原图和简要的纹样分析。

D1217 TS145

中国古代丝绸设计素材图系 锦绣卷/赵丰总主编；汪芳著.—杭州：浙江大学出版社，2018年.—186页；29cm

ISBN 978-7-308-17764-1

本书将明清锦绣按纹样题材分为植物纹样、动物纹样、人物纹样、器物纹样、自然元素及抽象纹样五部分，在采集了大量纹样信息后，精选了其中170幅织物纹样绘成矢量图，并附上所采集的原图和简要纹样分析。

D1218 TS145

中国古代丝绸设计素材图系 暗花卷/赵丰总主编；苏淼著.—杭州：浙江大学出版社，2018年.—177页；29cm

ISBN 978-7-308-17792-4

本书将明清时期的暗花类丝绸织物的纹样按题材分为植物纹样、动物纹样、自然景观纹样、人文纹样、几何纹样五个类型，在采集了大量出土与传世的明清暗花丝绸文物信息，对200余幅织物纹样进行描绘后，此处精选其中的148幅织物纹样并附上所采集的文物图片和简要的纹样分析。

D1219 TS145

中国古代丝绸设计素材图系 绒毯卷/赵丰总主编；赵丰，苗荟萃著.—杭州：浙江大学出版社，2018年.—135页；29cm

ISBN 978-7-308-18219-5

本书主要对明清时期大量绒织物进行了图像信息的采集工作，并精选了其中83幅织物纹样绘成矢量图，并附有所采集的原图和简要介绍。

D1220 TS145

中国古代丝绸设计素材图系 小件绣品卷/赵丰总主编；俞晓群，王露芳编著.—杭州：浙江大学出版社，2018年.—166页；29cm

ISBN 978-7-308-18217-1

本书收集整理了明清时期以丝绸为主的女红小件绣品纹样，主要包括织、染、绣纹样，并针对纹样特点进行系统梳理，涵盖主题分析、元素提取、图案复原等内容。

D1221 TS145

中国古代丝绸设计素材图系 少数民族卷/赵丰总主编；安薇竹编著.—杭州：浙江大学出版社，2018年.—164页；29cm

ISBN 978-7-308-18263-8

本书挑选了15个少数民族的145件织物纹样进行整理、分析，按照纹样题材分为动物纹、植物纹、天地属相/器物纹、文字纹、几何纹、人物纹六大类，包括织锦、刺绣、拼布等技艺。

D1222 TS145

中国古代丝绸设计素材图系 图像卷/赵丰总主编；袁宣萍册主编.—杭州：浙江大学出版社，2016年.—191页；29cm

ISBN 978-7-308-15572-4

本书将古代图像分为历代绘画、寺观壁画、水陆画与唐卡、风俗绘本四个类型，在采集了大量纹样信息后，精选其中的181幅织物纹样绘成矢量图，并附上所采集的原图和简要的纹样分析。

D1223 J523

中国历代染织绣图录［港台］/高汉玉主编.—香港，上海：商务印书馆香港分馆，上海科学技术出版社，1986年.—256页（被引6）

ISBN 962-07-5040-3

D1224 J528

中国民间美术（全国中小学教师继续教育教材）/钟茂兰，范朴编著.—北京：中国纺织出版社，2003年.—285页；20cm（被引311）

ISBN 7-5064-2386-3

本书介绍了民间美术的特点和内涵，具体介绍了民间剪纸、民间皮影、民间织锦、民间印染、民间刺绣、民间陶瓷、民间雕塑等各类民间美术的历史、造型特点、制作工艺、地方特色等。

D1225 J523

中国民间织绣印染/黄钦康编著 .—北京：中国纺织出版社，1998 年 .—72 页，120 页；26cm（被引 51）

ISBN 7-5064-1339-6

本书从工艺美术的一个侧面，以刺绣、织锦、染缬三大品类为切入点，对分布在全国各地，特别是陕、甘、晋、豫、鲁、湘、江、浙、川等各省区、以及西北、西南等重点少数民族地区的织绣、印染的历史、现状和发展趋势作了系统探讨。

D1226 TS194

中国轻纺面料花样图集一/徐建平主编；《轻纺城报》社绍兴金昌印花电脑设计分色中心编 .—广州：中山大学出版社，1996 年 .—624 页；29cm

ISBN 7-306-00996-6

D1227 TS194

中国轻纺面料花样图集二/《中国轻纺面料花样图集》编辑委员会编 .—北京：中国纺织出版社，1997 年 .—658 页；29cm

ISBN 7-5064-1282-9

本书按服装面料、长巾、方巾、领带、被套、被单、被面等织物分类，辑录 3600 余种面料花样。

D1228 TS194

中国轻纺面料花样图集三/《中国轻纺面料花样图集》编辑委员会编 .—北京：中国纺织出版社，1998 年 .—655 页；29cm

ISBN 7-5064-1399-X

本辑所载花样包括服装面料、装饰面料两大类。

D1229 TS194

中国轻纺面料花样图集四/《中国轻纺面料花样图集》编辑委员会编 .—北京：中国纺织出版社，1999 年 .—639 页；29cm

ISBN 7-5064-1585-2

本辑所载花样包括服装面料、装饰面料两大类。

D1230 TS194

中国轻纺面料花样图集五/徐建平主编；《中国轻纺面料花样图集》编辑委员会编 .—北京：中国纺织出版社，2000 年 .—640 页；29cm

ISBN 7-5064-1746-4

本辑共收录 4700 余种面料花样，按用途分为服装面料、服饰面料和装饰面料三大类。

D1231 TS194

中国轻纺面料花样图集六/《中国轻纺面料花样图集》编辑委员会编 .—上海：中国纺织大学出版社，2000 年 .—650 页；29cm

ISBN 7-81038-318-3

本辑共收录 4800 余种面料花样，按用途分为服装面料、服饰面料和装饰面料三大类。

D1232 TS194

中国轻纺面料花样图集七/徐建平主编；《中国轻纺面料花样图集》编辑委员会编 .—上海：中国纺织大学出版社，2002 年 .—647 页；29cm

ISBN 7-81038-442-2

本辑共收录 5000 种面料花样，按用途分为服装面料、服饰面料和装饰面料三大类。

D1233 TS194

中国轻纺面料花样图集八/胡克勤主编；《中国轻纺面料花样图集》编辑委员会编 .—上海：东华大学出版社，2003 年 .—644 页；29cm

ISBN 7-81038-539-9

本书共辑录 5000 多种面料花样，本《图集》展示了进入新世纪后面料花样的流行趋向和衣着新潮流。

D1234 TS194

中国轻纺面料花样图集九/《中国轻纺面料花样图集》编辑委员会编 .—北京：中国纺织出版社，2004 年 .—639 页；29cm

ISBN 7-5064-2864-4

本辑共收录 3720 个面料花样，包括服装面料、服饰装饰面料、家纺面料花样。

D1235 TS194

中国轻纺面料花样图集十/王源祥主编；《中国轻纺面料花样图集》编辑委员会编 .—北京：中国纺织出版社，2005 年 .—638 页；29cm

ISBN 7-5064-3186-6

本辑共收录 4000 多种面料花样，包括服装面料、服饰装饰面料、家纺面料花样。

D1236 TS194

中国轻纺面料花样图集十一/王源祥主编；《中国轻纺面料花样图集》编辑委员会编 .—北京：中国纺织出版社，2006 年 .—643 页；29cm

ISBN 7-5064-3235-8

本书共辑录 4000 多种面料花样，包括服装面料、服饰装饰面料、家纺面料花样。

D1237 TS194

中国轻纺面料花样图集十二/王源祥主编；《中国轻纺面料花样图集》编辑委员会编 .—上海：上海三联书店，2007 年 .—630 页；29cm

ISBN 978-7-5426-2432-1

本书共辑录 4000 多种面料花样，包括服装面料、服饰装饰面料、家纺面料花样。

D1238 TS194

中国轻纺面料花样图集十三/王源祥主编；《中国轻纺面

料花样图集》编辑委员会编 .—上海：上海三联书店，2007
年 .—630 页；29cm

    ISBN 978-7-5426-2392-8

    本书共辑录4000多只面料花样，包括服装面料、服饰装
饰面料、家纺面料等花样。

D1239   TS194

    中国轻纺面料花样图集十四/《中国轻纺面料花样图集》
编辑委员会编 .—上海：上海三联书店，2008 年 .—630
页；29cm

    ISBN 978-7-5426-2944-9

    本书共辑录 2008 年国内、外市场流行的面料花形精品
4000 多只，按面料花样、服饰装饰面料、家纺面料分类。

D1240   TS194

    中国轻纺面料花样图集十五/王源祥主编；《中国轻纺面
料花样图集》编辑委员会编 .—上海：上海三联书店，2009
年 .—630 页；29cm

    ISBN 978-7-5426-3176-3

    本书共辑录4000多只面料花样，包括服装面料、服饰装
饰面料、家纺面料等花样。

D1241   TS194

    中国轻纺面料花样图集十六/王源祥主编；《中国轻纺面
料花样图集》编辑委员会编 .—上海：上海三联书店，2010
年 .—624 页；29cm

    ISBN 978-7-5426-3383-5

    本书共辑录4000多只面料花样，包括服装面料、服饰装
饰面料、家纺面料等花样。

D1242   TS194

    中国轻纺面料花样图集十七/王源祥主编；《中国轻纺面
料花样图集》编辑委员会编 .—上海：上海三联书店，2011
年 .—579 页；29cm

    ISBN 978-7-5426-3689-8

    本书共辑录近 4000 只面料花样，包括服装面料、服饰装
饰面料、家纺面料等花样。该辑图案集辑取 2011 年市场流行
的花样精品。

D1243   TS194

    中国轻纺面料花样图集十八/王源祥主编；《中国轻纺面
料花样图集》编辑委员会编 .—上海：上海三联书店，2012
年 .—604 页；29cm

    ISBN 978-7-5426-4049-9

    本书共辑录近 3500 只面料花样，包括服装面料、服饰装
饰面料、家纺面料等花样。

D1244   TS194

    中国轻纺面料花样图集十九/《中国轻纺面料花样图集》
编辑委员会编 .—上海：上海三联书店，2013 年 .—594
页；29cm

    ISBN 978-7-5426-4466-4

    本书共辑录近 3500 只面料花样，包括服装面料、服饰装
饰面料、家纺面料等花样。

D1245   TS194

    中国轻纺面料花样图集二十/《中国轻纺面料花样图集》
编辑委员会编 .—杭州：西泠印社出版社，2015 年 .—488
页；29cm

    ISBN 978-7-5508-1404-2

    本书共辑录近 3000 只面料花样，包括服装面料、服饰装
饰面料、家纺面料等花样。

D1246   TS194

    中国轻纺面料花样图集二十一/王建芬主编；《中国轻纺
面料花样图集》编辑委员会编 .—杭州：西泠印社出版社，
2016 年；29cm

    ISBN 978-7-5508-1759-3

    本书共辑录近 3000 只面料花样，包括服装面料、服饰装
饰面料、家纺面料等花样。

D1247   TS194

    中国轻纺面料花样图集二十二/《中国轻纺面料花样图
集》编辑委员会编 .—杭州：西泠印社出版社，2017 年 .—
488 页；29cm

    ISBN 978-7-5508-2031-9

    本书共辑录近 3000 只面料花样，包括服装面料、花卉图
案面料、几何图案面料、综合图案面料、服饰装饰面料、装
饰图案面料、方巾图案面料、家纺面料等花样。

D1248   J523；TS190

    中国手工艺 织染/华觉明，李绵璐主编；孙法鑫著 .—
郑州：大象出版社，2012 年 .—192 页；25cm

    ISBN 978-7-5347-6071-6

    本书分历史上的织染工艺和现存的织染工艺两编，内容
包括：编织工艺、印染工艺、图案纹样与艺术成就、织锦、
地毯、手工印染等。

D1249   TS190

    中国香云纱/李健明著；郭淑梅，张苏雯译 .—广州：世
界图书出版广东有限公司，2016 年 .—237 页；24cm

    ISBN 978-7-5192-1381-7

    本书以中英对照与彩色照片相结合形式，图文并茂地深
度叙述香云纱的前世今生。

D1250   TS941.12

    中国织绣服饰论集（故宫博物院学术文库）/陈娟娟
著 .—北京：紫禁城出版社，2005 年 .—318 页；26cm（被
引 126）

    ISBN 7-80047-465-8

    本书内容包括织花篇、缂丝篇、刺绣篇、服饰篇和织绣
纹样篇。

D1251　J523-64

壮族　苗族　侗族织锦　图册/四川美术学院，钟茂兰编.—成都：四川美术出版社，1987年.—40页（被引8）

　　ISBN 7-5410-0027-2

　　本书包括壮、苗、侗三个少数民族的织锦图案。

D1252　J523.2

自然的颜色：中国侗族蓝靛靛染工艺（贵州省黎平县非物质文化遗产系列丛书）/杨祖华著.—北京：群言出版社，2013年.—107页

　　ISBN 978-7-80256-481-7

　　本书详述了侗族靛染的起源、演变、工艺、原理、产品及传承发展等内容。全书分自然的颜色、古老的工艺、神奇的花草、取其菁华、布料上的魔法、虔诚的侗家主妇、老树发新芽七章。

D1253　J523.2

自然花开：2017年国家艺术基金资助项目自贡扎染艺术创新人才培养学员作品集/四川理工学院美术学院编著.—成都：四川美术出版社，2018年.—143页

　　ISBN 978-7-5410-8295-5

　　本书收录国家艺术基金扎染艺术创新人才培养学员的作品。内容为扎染艺术在新时期的推广与运用，涉及室内装饰、服装首饰、艺术壁挂、扎染灯饰、扎染漆艺以及扎染与其他工艺的结合，全方位展现了传统与创新的完美碰撞。

D1254　J523.6

走进无锡刺绣/张小珺主编.—北京：印刷工业出版社，2014年.—300页

　　ISBN 978-7-5142-1050-7

　　本书从"锦绣中华""经典魅力""以针代笔""色彩调和""创意无限""活动空间"六个单元展开，从理论到实践深入浅出、循序渐进，介绍了作者五年学习刺绣技法及学校锡绣工作室教学经验的总结。

D1255　J523.2

走近染布坊（中华传统老作坊）/徐凌志著.—南京：江苏少年儿童出版社，2003年.—197页（被引5）

　　ISBN 7-5346-2923-3

　　本书以图文并茂的图集形式，展现了我国染整工业的手工业史，结合精美的图片阐述了扎染、蜡染、夹染等古老的制造工艺。

D1256　J523.6

最详尽的立体绣教科书［译］/（英）凯·丹尼斯，迈克尔·丹尼斯著；王莉译.—郑州：河南科学技术出版社，2016年.—175页

　　ISBN 978-7-5349-7988-0

　　本书主要内容包括：立体绣的历史、材料和工具、开始刺绣、立体绣技法基础教程、针绣蕾丝技法基础教程、场景创作、人物创作、季节主题立体绣、作品刺绣图样等。

4.3　纺织教育

收录与编辑说明：

　　纺织领域的科技进步与纺织工业现代化生产均离不开纺织教育的支撑，中华人民共和国成立以后，国内纺织教育体系逐渐完善，为国家的纺织工业发展奠定了良好的人才基础。本部分收录1950—2020年以图书形式出版的纺织教育类相关文献129种（记录号D1260—D1388），其中包括各类"纺织教育成果奖"汇编资料、纺织教育会议论文集、纺织人才培养计划、纺织院校校史及纺织专业外语教材等，所有图书按正题名音序排列。收录的五十余种纺织专业外语教材排在其他文献之后。

D1260　TS1-53

"纺织之光"中国纺织工业联合会纺织高等教育教学成果奖汇编　2015年（"纺织之光"中国纺织工业联合会纺织高等教育教学成果奖）/中国纺织工业联合会，中国纺织服装教育学会，纺织之光科技教育基金会主编.—上海：东华大学出版社，2016年.—486页

　　ISBN 978-7-5669-1106-3

　　本书收录了《服装设计卓越人才培养模式探索与创新》《纺织类研究生"333"培养模式创新实践》《工程应用型高校教师教学能力提升研究与实践》《基于多维合作的服装创新应用型人才培养模式研究与实践》《纺织品国际商务谈判教学模式的创新与实践》等文章。

D1261　TS1-53

"纺织之光"中国纺织工业联合会纺织职业教育教学成果奖汇编　2016年（"纺织之光"中国纺织工业联合会纺织职业教育教学成果奖）/中国纺织工业联合会，中国纺织服装教育学会，纺织之光科技教育基金会主编.—上海：东华大学出版社，2017年.—327页

　　ISBN 978-7-5669-1232-9

　　本书收录《"基于校企共同体的工作室个性人才培养模式"改革与实践》《高职服装专业继续教育"魔方式"的项目化课程教学与管理》《依托科技创新团队，构建科教结合平台，培养创新创业人才》等文章。

D1262 TS1-53

"纺织之光"中国纺织工业联合会纺织高等教育教学成果奖汇编 **2017年**（"纺织之光"中国纺织工业联合会纺织高等教育教学成果奖）/中国纺织工业联合会，中国纺织服装教育学会，纺织之光科技教育基金会主编．—上海：东华大学出版社，2018年．—394页

ISBN 978-7-5669-1467-5

本书收录《基于"114"教学建设与改革，协同培养"工匠型"非织造专业人才》《人才培养模式创新》《校企协同创新应用型会计人才培养体系的研究与实践》等文章。

D1263 TS1-53

"纺织之光"中国纺织工业联合会纺织职业教育教学成果奖汇编 **2018年**（"纺织之光"中国纺织工业联合会纺织职业教育教学成果奖）/中国纺织工业联合会，中国纺织服装教育学会，纺织之光科技教育基金会主编．—上海：东华大学出版社，2019年．—349页

ISBN 978-7-5669-1665-5

本书分一等奖、二等奖、三等奖三部分，收录了《高职院校创新创业教育融入纺织卓越技术技能人才培养的研究与实践》《"互联网+艺工复合"纺织品设计课程体系构建与实践》《纺织专业信息化课程（群）的建构与实践》等文章。

D1264 TS1-53

"纺织之光"中国纺织工业联合会纺织高等教育教学成果奖汇编 **2019年**（"纺织之光"中国纺织工业联合会纺织高等教育教学成果奖）/中国纺织工业联合会，中国纺织服装教育学会，纺织之光科技教育基金会主编．—北京：中国纺织出版社有限公司，2020年．—433页

ISBN 978-7-5180-7081-7

本书汇集"纺织之光"2019年度中国纺织工业联合会纺织高等教育教学成果奖一等奖、二等奖获奖项目88项，内容涉及人才培养、专业建设、课程思政、实践教学、双创、竞赛、产教融合等方面。

D1265 TS1-53

"纺织之光"中国纺织工业联合会纺织职业教育教学成果奖汇编 **2020年**（"纺织之光"中国纺织工业联合会纺织职业教育教学成果奖）/中国纺织工业联合会，中国纺织服装教育学会，纺织之光科技教育基金会主编．—北京：中国纺织出版社有限公司，2021年．—318页

ISBN 978-7-5180-8376-3

本书汇集"纺织之光"2020年度中国纺织工业联合会纺织职业教育教学成果奖一等奖、二等奖获奖项目共69项。成果包括："依托平台协同创新，产教融合协同育人，助力纺织行业协同发展的实践""基于'校企合作工作室'高职服装与服饰设计专业项目化教学模式"等。

D1266 G644-53

北京服装学院教研论文报告会论文汇编 **2006**/北京服装学院教研论文报告会优秀论文集编委会编．—北京：北京服装学院，2006年

D1267 G644-53

北京服装学院教研论文报告会论文汇编 **2009**/北京服装学院教研论文报告会优秀论文集编委会编．—北京：北京服装学院，2009年

D1268 G644-53

北京服装学院教研论文报告会论文汇编 **2014**/北京服装学院教研论文报告会优秀论文集编委会编．—北京：北京服装学院，2014年

D1269 G644-53

北京服装学院学科专业建设年教研论文报告会论文汇编 **2011**/北京服装学院教研论文报告会优秀论文集编委会编．—北京：北京服装学院，2011年

D1270 G644-53

北京服装学院2020年度教学研究论文报告会优秀论文集 **2020**/北京服装学院教学研究论文报告会优秀论文集编委会编．—北京：中国纺织出版社有限公司，2020年

ISBN 978-7-5180-8272-8

本论文集收录了此次论文报告会的全部51篇优秀论文，内容涵盖教学研究与改革、实践教学和管理研究等，既是教师们在教学实践与课题研究中的经验总结、教学设计与反思创新，更是教师们潜心研究、笔耕不辍的智慧结晶。

D1271 G719.2

常州纺织服装职业技术学院学分制手册 **档制度分册**/冯国平主编．—苏州：苏州大学出版社，2004年．—162页（被引5）

ISBN 7-81090-240-7

本书针对本学院学分制介绍了基本理论与现状及学分制基本问题，对相关档与制度进行介绍，并提供相关的表格范式。

D1272 G719.2

常州纺织服装职业技术学院学分制手册 **教师简介分册**/冯国平主编．—苏州：苏州大学出版社，2004年．—304页

ISBN 7-81090-240-7

本书对基础部教师及实验人员、纺化部教师及实验人员、艺术系教师及实验人员、机电系教师及实验人员等进行系统的介绍。

D1273 G719.2

常州纺织服装职业技术学院学分制手册 **教学计划分册**/冯国平主编．—苏州：苏州大学出版社，2004年．—129页

ISBN 7-81090-240-7

本书对纺织专业、染化专业、服装专业、服装表演专业、艺术设计专业、计算机专业等的2003级学分制教学计划实施进行介绍。

D1274　G719.2

常州纺织服装职业技术学院学分制手册　课程介绍分册/冯国平主编.—苏州：苏州大学出版社，2004 年.—373 页

ISBN 7-81090-240-7

本书首先对课程编码进行说明，针对宣传部负责的课程、学工处负责的课程、教务处负责的课程、基础部负责的课程等进行系统介绍。

D1275　G719.2

成都纺织工业专科学校　成都纺织工业学校史稿：1939—1986/李传佑主编；成都纺织专科学校校史室编.—成都：成都纺织专科学校校史室，1989 年.—96 页；20cm

D1276　G648.2

诚孚纺织专科学校建校 60 周年纪念册/胡钰干主编.—上海：诚孚同学联谊会，2000 年.—192 页；29cm

D1277　TS1-53

第二届"真维斯杯"纺织服装教育获奖论文集/中国纺织服装教育学会组织编.—北京：中国纺织出版社，2015 年.—222 页

ISBN 978-7-5180-1338-8

本书共分八个篇章。行业运行篇深入分析了 2012 年行业运行态势；国际动态篇和国内市场篇内容包括世界市场、国内零售及专业市场、消费者调查等主要内容；产业集群篇总结了近十年来主要产业集群的演化路径、地方特色和发展经验；上市篇和品牌发展篇重点关注上市业绩和自主品牌竞争力；产品研发篇前瞻性地分析了 2013—2014 流行趋势和产品开发现状与发展趋势；原料分析篇概述了棉纺织和化纤。

D1278　F407.81-4

纺织服装行业人才需求与职业院校专业设置指导报告/纺织服装职业教育教学指导委员会编.—北京：高等教育出版社，2016 年.—52 页

ISBN 978-7-04-044647-0

本书包括纺织服装行业现状及发展趋势、纺织服装行业人力资源状况及需求分析、纺织服装行业职业教育发展现状及规模布局、纺织服装行业人力资源需求及职业教育培养供给研究与建议四部分内容。

D1279　G354.2；TS1

纺织工程文献检索教程　修订本/张大为等编.—西安：西北纺织工学院，1991 年.—183 页

本书为配合教学工作，主要目的是使学生掌握情报检索的方法和技能，所选检索工具和检索实例均以英文为主，但为了照顾到每届若干仅掌握日语和俄语的学生，因而在本次修订过程中增加了日本《科学技术文献速报》和苏联《文摘杂志》的有关分册。同时，将文献检索的发展方向——计算机检索的内容也作了简要介绍。

D1280　G354.2；TS1

纺织工程文献检索教程/吴兴春，张大为，贾波编著.—上海：中国纺织大学出版社，1995 年.—141 页

ISBN 7-81038-075-3

D1281　TS1-4

纺织工程一系教学大纲/西北纺织工学院纺织系.—西安：西北纺织工学院，199? 年.—265 页

D1282　TS941-4

服装设计与工程专业规范研究（新建地方本科院校纺织类专业规范研究）/徐静，王秀芝主编.—上海：东华大学出版社，2012 年.—274 页

ISBN 978-7-5669-0082-1

本书主要分为四个部分：第一部分是服装设计与工程专业规范综合研究；第二部分是服装设计与工程专业课程教学规范；第三部分是服装设计与工程专业课程教学大纲；第四部分是服装设计与工程专业教学计划。

D1283　TS1-4

纺织工程专业规范研究（新建地方本科院校纺织类专业规范研究）/徐静，王秀芝主编.—上海：东华大学出版社，2012 年.—278 页

ISBN 978-7-5669-0082-1

本书主要分为四个部分：第一部分是纺织工程专业规范综合研究；第二部分是纺织工程专业课程教学规范；第三部分是纺织工程专业课程教学大纲；第四部分是纺织工程专业教学计划。

D1284　TS1-4

纺织工程专业规范研究/徐静，王秀芝主编.—上海：东华大学出版社，2017 年.—312 页

ISBN 978-7-5669-1345-6

本书分四部分，内容包括：纺织工程专业规范综合研究、纺织工程专业课程教学规范（部分课程）、纺织工程专业课程教学大纲（部分课程）、纺织工程专业教学计划。附有纺织工程专业（本科 081601）人才培养方案。

D1285　F407.81-4

纺织工业培养干部工作经验汇编　内部数据/纺织工业部人事司编.—北京：纺织工业出版社，1960 年.—222 页

统一书号 15041·608

D1286　F407.81-4

纺织行业专业技术人员继续教育科目指南/中国纺织总会教育部编.—北京：中国纺织出版社，1997 年.—248 页

ISBN 7-5064-1350-7

本书内容包括纺织工程、针织工程、丝绸工程、染整工程、化纤工程、纺织品设计、服装艺术、服装工程、机电一体化、计算机信息管理等学科的继续教育科目指南及所设课程的教学大纲，附录为中国纺织总会直属高等院校简介。

D1287　TS1-4

纺织类专业毕业生就业报告/中国纺织服装教育学会编写.—北京：中国纺织出版社，2016年.—126页

ISBN 978-7-5180-3071-2

本书共分为五部分：纺织行业发展概况、纺织类专业毕业生就业情况、纺织类专业毕业生案例、用人单位回馈和结语等。

D1288　G354.2；TS1

纺织文献检索与利用/冯秀玉等编写.—大连：大连理工大学出版社，1989年.—307页（被引15）

ISBN 978-7-5611-0111-7

本书介绍科技文献情报检索的一般理论和方法，常用的纺织专业性和综合性的中外文献检索工具及其使用方法，科技参考工具书及其使用方法和计算机的文献检索等内容。

D1289　G649.2

逢甲大学纺织工程研究所、纺织工程学系、华侨纺织专修科简介［港台］/逢甲大学纺织工程学系.—台湾：逢甲大学出版社，1991年.—3页

D1290　TS1-4

高等职业学校纺织品检验与贸易专业顶岗实习标准/中华人民共和国教育部编.—北京：高等教育出版社，2016年.—14页

ISBN 978-7-04-046097-1

本书针对检测与资料整理分析、纺织品跟单、纺织品贸易助理等岗位群编写，内容分适用范围、实习目标、时间安排、实习内容、实习成果、考核评价、实习管理、附件等九个部分。

D1291　TS1-4

高等职业学校纺织品设计专业顶岗实习标准/中华人民共和国教育部编.—北京：高等教育出版社，2016年.—15页

ISBN 978-7-04-046097-1

本书针对现代纺织的产品分析、小样试织、新产品试织、产品设计等主要岗位群编写，内容分适用范围、实习目标、时间安排、实习内容、实习成果、考核评价、实习管理、附件等九个部分。

D1292　TS1-4

高等职业学校家用纺织品设计专业顶岗实习标准/中华人民共和国教育部编.—北京：高等教育出版社，2016年.—15页

ISBN 978-7-04-046097-1

本书针对现代家纺企业的产品设计、工艺实施、产品陈列等主要岗位群编写，内容分适用范围、实习目标、时间安排、实习内容、实习成果、考核评价、实习管理、附件等九个部分。

D1293　TS1-4

高等职业学校现代纺织技术专业顶岗实习标准/中华人民共和国教育部编.—北京：高等教育出版社，2016年.—13页

ISBN 978-7-04-046097-1

本书针对现代纺织企业生产现场的工艺、设备、运转操作等主要岗位群编写，内容分适用范围、实习目标、时间安排、实习内容、实习成果、考核评价、实习管理、附件等九个部分。

D1294　TS1-4

高等职业学校专业教学标准（试行）轻纺食品大类/教育部职业教育与成人教育司编.—北京：中央广播电视大学出版社，2012年.—295页

ISBN 978-7-304-05800-5

本书分为轻化工类、服装纺织类、食品类、印刷与包装类四部分。内容包括：高等职业学校染整技术专业教学标准、高等职业学校高分子材料加工技术专业教学标准、部分专业教学标准研制情况说明等。

D1295　TS1-4

高等职业学校专业教学标准－Ⅰ－轻工纺织大类/教育部行业职业教育教学指导委员会工作办公室.—北京：国家开放大学出版社，2019年.—120页

ISBN 978-7-304-09529-1

本书内容包括专业名称（专业代码）、入学要求、基本修业年限、职业面向、培养目标、培养规格、课程设置及学时安排、教学基本条件、质量保障。

D1296　TS11-4

高职院校翻转课堂教学模式创新与实践/常涛著.—北京：中国纺织出版社，2018年.—122页；24cm

ISBN 978-7-5180-4713-0

本书基于SPOC，针对"现代棉纺技术"课程进行了翻转课堂教学模式的创新与实践。全书共分五部分：何谓翻转课堂、高等职业教育教学现状、高职教学模式的改革、高职翻转课堂教学模式的建立、"现代棉纺技术"翻转课堂的设计与实践。

D1297　G649.1

国外纺织院校概况　第1辑　附纺织研究所学会/华东纺织工学院图书馆编.—上海：华东纺织工学院图书馆，1981年.—92页

D1298　G649.1

国外纺织院校概况　第2辑/华东纺织工学院图书馆编.—上海：华东纺织工学院图书馆，1982年.—129页

D1299　G649.2

华东纺织工学院概况介绍　1954/华东纺织工学院编.—上海：华东纺织工学院，1954年.—25页

D1300 G649.2

华东纺织工学院概况介绍 1956/华东纺织工学院编.—上海：华东纺织工学院，1956年.—1册

D1301 TS14

茧丝绸行业科研教育研究/李龙，徐新荣主编；茧丝绸行业科研教育情况调研组编.—北京：中国纺织出版社，2006年.—326页

ISBN 7-5064-4059-8

本书内容由三部分组成，第一部分是近20年茧丝绸行业科研教育基本情况、取得的成就及人才培养情况综述；第二部分是省级茧丝绸科研教育情况分述；第三部分是有关附表，具有重要的参考价值。

D1302 TS11-4

就业训练棉纺织专业教学计划及教学大纲 试用/劳动部培训司制订.—北京：中国劳动出版社，1989年.—37页

ISBN 7-5045-0423-8

D1303 TS14-4

就业训练丝织专业教学计划及教学大纲 试用/劳动部培训司制订.—北京：劳动人事出版社，1989年.—38页

ISBN 7-5045-0422-X

D1304 TS18-4

就业训练针织专业教学计划及教学大纲 试用/劳动部培训司制订.—北京：中国劳动出版社，1990年.—34页

ISBN 7-5045-0471-8

D1305 TS1-53

耄耋漫笔 中国纺织工学院校友回忆文集/中国纺织工学院校友联谊会理事会编.—北京：中国纺织工学院校友联谊会理事会出版，2004年.—500页

本书所选文章均反映了中国纺织工学院校友们学习生活和社会活动的写照，表达了他们对母校的感激之情。

D1306 J523

美术高考百日通 染织设计/周永红编著.—沈阳：辽宁美术出版社，2001年.—46页

ISBN 7-5314-2573-4

本书包括花头变化、单独纹样、适合纹样、二方连续、图案色彩的运用、图案技法表现、色彩的表现技术等图案设计的训练。

D1307 J523

美院考王 染织与服装/钟蜀珩主编；秦岱华，鲁闽编著.—南宁：广西美术出版社，2003年.—67页

ISBN 7-80674-373-1

本书针对美术设计中的染织与服装专业，阐述了染织项目的考前注意事项并进行作品赏析，讲述服装设计专业、服装设计的要素等。

D1308 TS114

棉纺工艺课程设计指导书/无锡轻院纺织分院.—无锡：无锡轻工业学院纺织分院，1990年.—242页

D1309 F407.81-4

培养纺织服装应用型人才的研究/中国纺织总会教育部编.—上海：中国纺织大学出版社，1996年.—111页

ISBN 7-81038-135-0

本书从理论与实践结合上阐明了新时期、新形势下纺织服装工业发展所需宽厚型、复合型、应用型人才的思路和经验，对纺织服装高等教育的发展规划和教育教学改革提出了咨询建议。

D1310 TS1

巧夺天工 装点人间：纺织加工类专业（普通高等学校专业指南丛书）/晁建华.—成都：四川教育出版社，1987年.—91页

统一书号 7344·729

D1311 TS1-53

全国纺织教育学会纺织教育交流会论文集/全国纺织教育学会.—北京：编者自发行，2004年

D1312 TS1-4

全日制普通纺织中等专业学校 四年制 教学计划教学大纲/中国纺织总会教育部组织编写.—北京：中国纺织出版社，1999年.—286页

ISBN 7-5064-1643-3

D1313 TS190-4

染整技术专业整体教学改革的研究 研究报告（面向21世纪职业教育课程改革和教材建设规划首批研究与开发项目）/全纺教育学会染整技术专业教学指导委员会，教育部染整技术专业整体教学改革的研究课题组编.—北京：中国纺织出版社，2001年.—212页

ISBN 7-5064-2021-X

本研究报告包括：专业总体改革方案、专业教学计划、专业设置标准、专业教学质量评估标准体系及其十大子课题研究报告。

D1314 TS19-4

山东省五年制高等职业教育染整技术专业教学指导方案/山东省教育厅制定.—北京：高等教育出版社，2014年.—162页

ISBN 978-7-04-041280-2

本书内容包括染整技术专业的指导思想、教学计划、课程（项目）教学标准、师资配备标准、技能实训室实训设备配备标准、人才培养模式和课程改革调研报告等。

D1315 TS1-4

山东省中等职业学校纺织技术及营销专业教学指导方案试行/山东省教育厅制定.—北京：高等教育出版社，2013

年 . —186 页

ISBN 978-7-04-037695-1

本书内容包括纺织技术及营销专业指导思想教学计划、专业技能课程标准、师资配备标准、技能实训室实训设备配备标准、人才培养模式和课程体系改革调研报告等。

D1316　TS19-4

山东省中等职业学校染整技术专业教学指导方案（试行）/山东省教育厅制定 . —北京：高等教育出版社，2014年 . —115 页

ISBN 978-7-04-040991-8

本书内容包括染整技术专业的指导思想、教学计划、课程（项目）教学标准、师资配备标准、技能实训室实训设备配备标准、人才培养模式和课程改革调研报告等。

D1317　J523-4

生活·纹样·创意　染织设计专业基础教研室教学实录（广州美术学院工业设计学院教学改革系列丛书）/高树立编写 . —上海：上海人民美术出版社，2013 年 . —158 页

ISBN 978-7-5322-8665-2

本书介绍了纹样的设计方法及纹样的设计应用，内容包括认知·纹样与观察（写生）、理解·纹样与变通（黑白图案，装饰变化）、拓展·纹样与创意（彩色图案，技法及肌理创意）、应用·纹样与生活（图案与应用）等。

D1318　G649.2

世纪回顾：中国纺织工学院纪念文史集　1938—1952/中国纺织工学院校友联谊会理事会编 . —上海：中国纺织工学院校友联谊会理事会，2001 年 . —384 页；20cm

本书主要内容包括：中国纺织工学院校史、班级史、老师讲话、纪念文章、互助金工作总结、中国纺织工学院校友联谊会大事记、诗文采撷、师生通讯录等。

D1319　TS1-4

世界纺织服装教育大会论文集 2018/中国纺织服装教育学会，东华大学，纺织之光科技教育基金会编 . —上海：东华大学出版社，2018 年 . —582 页；29cm（被引 40）

ISBN 978-7-5669-1504-7

本书收录了 2018 世界纺织服装教育大会论文 180 余篇，作者来自全球各知名纺织服装类专业院校的教学人员或纺织企业的管理人员。论文内容囊括了目前最前沿的纺织服装领域的教学理念与实践，包括对纺织类专业课程的教学体系、教学思路以及翻转课堂等先进的教学理念等，展现了纺织服装类专业的教学理念与模式。

D1320　F426.81-4

适应区域经济发展，培养纺织急需人才国家一类特色专业（纺织工程专业）建设研讨会论文集/浙江理工大学编著 . —北京：中国纺织出版社，2008 年 . —68 页

ISBN 978-7-5064-5103-1

本书以"品牌特色专业建设"为主题，总结了纺织工程专业建设取得的成绩，探讨了专业建设仍然存在的问题，提

出了纺织工程专业新的建设目标与改革方向，并在师资队伍建设、课程结构体系构建、实践教学环节建设、专业教材编写以及非织造材料与工程新专业建设等多方面提出了建设性建议，对全面推进纺织工程品牌特色专业建设具有重大意义。

D1321　TS1-4

谁持彩练舞翩翩（常州纺织服装职业技术学院校本文化读本）/赵发荣主编 . —上海：上海远东出版社，2007 年 . —244 页

ISBN 978-7-80706-561-6

本书分为校训感悟、谁持彩练舞翩翩、修身锦萃三部分。体现了常州纺织服装职业技术学院师生对校园环境、建筑式样及学习生活的感悟，激励大家在学校文化建设中尽责尽力、添砖加瓦。

D1322　G649.2

天津纺织工学院校史/《天津纺织工学院校史》编写组编 . —天津：天津科学技术出版社，2001 年 . —485 页

ISBN 7-5308-3072-4

本书记述了 1958 年至 1999 年底天津纺织工学院建校的简要历史，内容包括学校的建立、学校的历史渊源、学校的领导体制与组织机构、教学和科研、教师队伍建设、党的建设和思想政治工作、学生教育和管理等。

D1323　TS1-4

现代纺织技术专业人才培养方案与课程标准/李竹君，刘森主编；广东职业技术学院编著 . —北京：中国纺织出版社，2014 年 . —142 页

ISBN 978-7-5180-0099-9

本书主要内容分为三个部分：第一部分是现代纺织技术专业人才培养方案；第二部分是纺织材料识别与应用、织物结构设计、纺纱工艺设计与实施、机织准备工艺设计与实施、机织织造工艺设计与实施、纺织空调与环保、牛仔布生产与质量控制、纺织 CAD/CAM 实操技术、纺织品检测、纺织生产工艺与管理等课程的课程标准；第三部分是专业人才需求调研报告。

D1324　TS102

羊毛收获（"澳大利亚农业职业教育培训包"译著系列丛书）/刘迎春编译 . —北京：中国农业出版社，2016 年 . —190 页

ISBN 978-7-109-21155-1

本书主要介绍了国家政策、开发修订简史、基本结构、能力标准、考评指南和颁发资格证书等要求，包括 6 个必修能力单元、8 个澳大利亚资格证书框架 2 级能力单元、10 个3 级能力单元和 6 个 4 级能力单元。

D1325　G649.2

郑州纺织工学院校史　1955—1993/校史编写领导小组编 . —郑州：校史编写领导小组，1995 年 . —346 页

D1326 G649.2

郑州纺织工学院校史 1994—2000/崔中德，刘学健编辑．—郑州：郑州纺织工学院史录组，2000 年．—130 页

本书包括六部分，主要内容有：校史概述，各系、部概况，师资队伍建设，校友介绍，学院大事记等。

D1327 TS103

郑州纺织机械制造学校实习工厂的勤工俭学（河南省勤工俭学丛书）/郑州纺织机械制造学校编著．—郑州：河南人民出版社，1958 年．—12 页

D1328 J523-4

智慧手造 纤维艺术设计工作室教学实录（广州美术学院工业设计学院教学改革系列丛书）/丁敏，史培勇，吴越齐编著．—上海：上海人民美术出版社，2013 年．—172 页

ISBN 978-7-5322-8661-4

本书主要内容有教学与成果、绗绣工艺与设计课题、针织工艺与设计课题、毛毡工艺与设计课题、编织工艺与设计课题、植物染工艺与设计课题。

D1329 TS19-4

中等职业学校染整技术专业教学指导方案/教育部职业教育与成人教育司，教育部职业技术教育中心研究所编．—北京：高等教育出版社，2001 年．—72 页

ISBN 7-900076-02-6

本书内容包括本专业课程设置、主干专业课程教学基本要求、专业设置标准、本专业教学指导方案研究与开发报告。

D1330 G649.2

中国纺织大学校史 1951—1986/中国纺织大学校史编写组编．—上海：上海科学技术出版社，1989 年．—365 页

ISBN 7-5323-1644-0

D1331 TS1-53

中国纺织工业联合会纺织教育教学成果奖汇编 2013年/中国纺织工业联合会，中国纺织服装教育学会主编．—上海：东华大学出版社，2014 年．—478 页

ISBN 978-7-5669-0573-4

本书收录了《国际化创新型轻化工程专业人才培养》《依托纺织行业的机械专业应用型人才协同教育研究与实践》《纺织高校工程应用型人才"四个支撑点"实践教学培养模式》等文章。

D1332 TS1-53

中国纺织工业联合会纺织教育教学成果奖汇编 2014年/中国纺织工业联合会，中国纺织服装教育学会主编．—上海：东华大学出版社，2015 年．—347 页

ISBN 978-7-5669-0860-5

本书收录了《职场化育人模式的研究与实践》《中外双向融通培养国际化服装专业人才的探索与实践》《基于现代学徒制的项目团队式教学模式的研究与实践》《服装专业中

高职一体化人才培养方案开发与实施》等文章。

D1333 TS1-4

专业认知与职业规划 纺织技术类（普通高等教育"十二五"部委级规划教材 高职高专 专业认知与职业规划系列教材）/耿琴玉主编．—北京：中国纺织出版社，2014 年．—130 页

ISBN 978-7-5180-0885-8

本书主要包含高职教育认知、纺织行业认知、职业与专业认知、学习与学业规划、职业生涯设计五部分内容。

D1334 TS1-4

专业认知与职业规划 家用纺织品设计类（普通高等教育"十二五"部委级规划教材 高职高专 专业认知与职业规划系列教材）/马昀主编．—北京：中国纺织出版社，2014 年．—80 页

ISBN 978-7-5180-0881-0

本书介绍了家用纺织品行业认知、家纺设计师职业认知、家用纺织品设计专业认知和家纺设计师职业规划四个专题。

D1335 TS19-4

专业认知与职业规划 染整技术类（普通高等教育"十二五"部委级规划教材 高职高专 专业认知与职业规划系列教材）/邵改芹，贺良震，季媛编．—北京：中国纺织出版社，2014 年．—80 页

ISBN 978-7-5180-0887-2

本书的主体包括四部分内容，分别是印染行业认知、染整技术专业认识、染整技术专业教学安排、染整技术专业学习与职业规划。

D1336 TS1-4

走向终端：染织艺术设计主干课程教学实录（广州美术学院教学丛书）/霍康编著．—广州：广东人民出版社，2005 年．—159 页

ISBN 7-218-05145-6

本书以教学实录的形式，通过对教学思路的阐述和教学案例的剖析，详细介绍这两门主干课程的教学过程和成果。书中的第一部分是室内纺织品配套设计，第二部分是传统工艺与现代设计。

D1337 H31：TS1

纺织服装基础英语/李思龙主编．—北京：中国纺织出版社，2017 年．—203 页

ISBN 978-7-5180-3929-6

本书共八个单元，内容涵盖纺织服装历史、纺织纤维、纺纱技术、织造技术、针织技术、服装设计、服装营销、纺织和服装国际贸易。

D1338 H31：TS1

纺织服装外贸双语实训教程/龙炳文主编．—北京：中国纺织出版社，2012 年．—200 页

ISBN 978-7-5064-8883-9

本书共九章，内容包括出口交易磋商、合同的签订、货款的结算、备货与装运、货物投保、货物报检、货物报关、制单结汇、核销与退税等。

D1339 H36：TS1

纺织服装专业日语（服装高等教育"十二五"部委级规划教材 高职高专）/王永良编著.—北京：中国纺织出版社，2012年.—233页

ISBN 978-7-5064-8444-2

本书内容涵盖纺织基础、服装素材、服饰造型、服装生产及服装流通等方面的日语专业词汇、篇章。课文由正文、提问、生词、语法及参考译文组成，所涉及语法知识均在国际日语1级、2级考试范围之内。

D1340 H31：TS1

纺织工程基础英语/李师言编.—石家庄：石家庄市纺织工程学会，1980年.—133页

D1341 H31：TS1

纺织工程基础英语 再版/李师言编.—石家庄：石家庄市纺织工程学会，1980年.—200页

本书每课包括课文、注释、语法和纺织专用词汇，这有助于初学、自学复习和提高且又可作为查阅专用词汇之用。

D1342 H31：TS1

纺织工程基础英语 修增第四版/李师言编.—石家庄：石家庄市纺织工程学会，1984年.—268页

D1343 H31：TS1

纺织行业英语（21世纪应用型本科教育行业英语系列教材）/杨道云，唐予远主编.—广州：暨南大学出版社，2015年.—172页

ISBN 978-7-5668-1268-1

本书以纺织行业为背景，涉及的内容有纺织业历史概述、品牌企业介绍、纺织设备运行原理、纺织材料种类、绿色纺织材料、纺织产品销售、纺织材料应用，以及纺织与服装。全书共八个单元，每个单元包括：单元目标、听与说、读与写、职场项目和职业沙龙。

D1344 H36：TS1

纺织基础日语 上下册/王松龄，袁宇辉编著.—石家庄：石家庄纺织工程学会科普工作委员会，1984年.—238页，218页

D1345 H31：TS1

纺织基础英语（大学专业基础英语系列教材）/李思龙，顾海燕主编.—杭州：浙江大学出版社，2013年.—204页

ISBN 978-7-308-11135-5

本书内容涵盖纺织历史、纺织纤维、纺织纱线、机织物与机织工艺、针织物与针织工艺、非织造布和加工工艺、纺

织品染整和纺织品国际贸易等共八个单元，每单元含三篇课文，每篇课文后附有词汇表、课文注释以及与课文内容相关的练习，书后附有总词汇表。

D1346 H31：TS1

纺织品服装外贸实务英语/卓乃坚，（英）西蒙 C. 哈罗克著.—上海：东华大学出版社，2008年.—267页

ISBN 978-7-81111-410-2

本书介绍了纺织品服装的外贸实务操作，包括运输、保险、支付、合同以及单证等内容。

D1347 H31：TS1

纺织品外贸实务英语/徐华等编著.—北京：中国纺织出版社，2007年.—308页（被引5）

ISBN 978-7-5064-4487-3

本书分十章介绍了纺织品外贸基础，国际贸易术语，进出口商品价格，纺织品的品质、数量和包装条款，国际货物运输，国际货物运输保险，国际结算，国际货物买卖合同商定与履行，纺织品检验与商检条款等内容。

D1348 H31：TS1

纺织品外贸实务英语 第2版/徐华，包振华编.—北京：中国纺织出版社，2013年.—386页

ISBN 978-7-5064-9653-7

本书以纺织品对外贸易为对象，以纺织品合同条款为基础，以国际贸易惯例为依据，全面地介绍了纺织品对外贸易的基本理论和相关知识、纺织品外贸中常用的英语专业词汇。

D1349 H31：TS1

纺织染专业英语（中等纺织专业学校教材）/徐嘉善编著；张先昂主审.—北京：纺织工业出版社，1993年.—291页

ISBN 7-5064-0377-3

本书共有英语课文22篇，英语课外阅读材料23篇，补充阅读材料7篇，并附有参考译文、科技英语英译汉方法介绍等内容。

D1350 H31：TS1

纺织染专业英语 第2版（中等纺织专业学校教材）/罗巨涛主编.—北京：纺织工业出版社，1997年.—399页

ISBN 7-5064-0377-3

本书共有英语课文30篇、英语课外阅读材料36篇、补充阅读材料1篇，并附有参考译文、练习答案、科技英语英译汉方法介绍及国外检索工具简介。

D1351 H31：TS1

纺织染专业英语 第3版/罗巨涛主编.—北京：中国纺织出版社，2004年.—231页

ISBN 7-5064-2813-X

本书共有英语课文33篇、英语课外阅读材料43篇，并

附有参考译文、练习答案、科技英语英译汉方法介绍。内容包括纺织原料、纺织染工艺原理机器设备、三废处理等。

D1352 H31：TS1

纺织染专业英语 第4版/罗巨涛主编 .—北京：中国纺织出版社，2009年 .—223页

ISBN 978-7-5064-5915-0

本书共有英语课文35篇，英语课外阅读材料57篇，并附有参考译文、练习答案等，内容包括纺织原料、纺织染生产工艺及设备、质量控制、新型纺织染设备及外贸基础知识。每个单元包括课文、词汇表、音标注释、常用词组和短语、课文注释、课后练习及阅读材料。

D1353 H31：TS1

纺织英语/黄故编著 .—北京：中国纺织出版社，2001年 .—223页

ISBN 7-5064-1917-3

D1354 H31：TS1

纺织英语 （纺织服装普通高等教育"十一五"部委级规划教材）/卓乃坚编著 .—上海：东华大学出版社，2007年 .—219页

ISBN 978-7-81111-256-6

本书用英语介绍了纤维、纱线、织物形成以及染色、印花和整理等各个过程，设计上千条常用纺织术语。

D1355 H31：TS1

纺织英语 第2版 （纺织服装高等教育"十二五"部委级规划教材）/卓乃坚编著 .—上海：东华大学出版社，2012年 .—197页

ISBN 978-7-5669-0090-6

本书用英语介绍了纤维、纱线、织物形成以及染色、印花和整理等各个过程，涉及上千条常用纺织术语。这一版为每一章提供了摘自一些知名英语纺织杂志的阅读材料。

D1356 H31：TS1

纺织英语 第3版 （纺织服装高等教育"十三五"部委级规划教材）/卓乃坚编著 .—上海：东华大学出版社，2017年 .—196页

ISBN 978-7-5669-1176-6

本书用英语介绍纤维、纱线、织物形成以及染色、印花和整理等各个过程，涉及上千条常用纺织术语。使用了不少插图，并且在每章后带有思考选择题和阅读材料。另外，书后还附有中文参考译文和便于查阅的词汇表。

D1357 H31：TS1

纺织英语会话/徐捷编 .—西安：陕西人民出版社，1982年 .—87页

D1358 H31：TS1

纺织英语教程 （高职高专纺织专业规划教材）/蔡永东主编 .—苏州：苏州大学出版社，2013年 .—272页

ISBN 978-7-5672-0609-0

本书共分为8个教学篇章，共37课，主要介绍纺织概貌与纺织原料、纺纱生产与纱线、机织生产与机织物、针织生产与针织物、染整生产与工艺、产业用纺织品、纺织品性能检测指标标准与方法、纺织外贸知识等内容。

D1359 H31：TS1

纺织应用英语/佟昀主编 .—北京：中国纺织出版社，2014年 .—287页

ISBN 978-7-5180-0998-5

本书集纺织专业技术英语和纺织外贸英语于一体，与纺织生产、经营实际紧密结合，内容包括纤维、纺纱、机织、组织与面料、非织造布、新型纺机电一体化、针织、染整、检测、家纺、外贸企业介绍、外贸函电、单证、合同、外贸术语以及外贸对话等内容。

D1360 H31：TS1

纺织职业英语 （纺织服装高等教育"十二五"部委级规划教材）/陶丽珍主编 .—上海：东华大学出版社，2014年 .—146页

ISBN 978-7-5669-0528-4

本书按纺织原料识别与应用、纺织染生产工艺与设备管理、纺织产品识别、纺织产品检验、纺织品贸易等工作要求来设计和整合内容，设计与岗位工作相关的学习任务。

D1361 H31：TS1

纺织专业英语/孙钰主编 .—北京：中国劳动社会保障出版社，2010年 .—176页

ISBN 978-7-5045-8355-0

本书主要内容包括：天然纤维素纤维，蛋白质纤维，化学纤维，纱线，开棉、清棉和混棉，梳棉和精梳，并条和粗纱，细纱，络筒，整经，经纱上浆，机织，机织物，其他织物和纺织品国际贸易。

D1362 H31：TS1

纺织专业英语/李建萍主编 .—北京：化学工业出版社，2014年 .—120页

ISBN 978-7-122-19104-5

本书包括纤维原料、纺纱、机织、针织、非织造、洗涤标签与纺织标准等11个项目；每个项目均设计了学习目标、文献阅读、专业词汇、思考题和实践作业，涵盖了纺织专业常用的基本词汇。

D1363 H31：TS1

纺织专业英语 （高等院校纺织服装类"十三五"部委级规划教材）/盛宁明，杨青，秦世福主编 .—上海：东华大学出版社，2016年 .—215页

ISBN 978-7-5669-0972-5

本书从纺织大类全科为出发点，选取纺织工业从其历史沿革、原料、生产流程与工艺、成品产出到维护保养等综合性、连贯性、系统性为主线予以介绍。

D1364 H31：TS1

非织造专业英语 （纺织服装高等教育"十二五"部委级规划教材）/薛少林，韩玲编著 .—上海：东华大学出版社，2013 年 .—211 页

ISBN 978-7-5669-0195-8

本书内容包括非织造布的概述、纤维原料、非织造布成网、固网、整理、产品、测试及新技术八个部分，每小节后附有生词表、注释，最后附有总词汇表。

D1365 H31：TS1

棉纺英语/张百祥，梅君瑜，贺福敏编 .—上海：华东纺织工学院，1983 年 .—291 页

D1366 H31：TS1

轻化工程专业英语 （普通高等教育"十一五"部委级规划教材 本科）/崔淑玲，胡雪敏主编 .—北京：中国纺织出版社，2008 年 .—203 页

ISBN 978-7-5064-5149-9

本书首先介绍了科技英语的翻译规律和科技论文的写作方法，然后重点介绍基础化学英语、染织专业与纤维及织物染织有关的基本理论、技术工艺、生产设备、性能检测、期刊摘要等内容。

D1367 H31：TS1

轻化工程专业英语 （染整方向） 第 2 版 （普通高等教育"十二五"部委级规划教材 本科）/崔淑玲主编 .—北京：中国纺织出版社，2015 年 .—188 页

ISBN 978-7-5180-1332-6

本书共安排了 30 篇课文：先是 9 篇化学英语课文，然后是 18 篇染整课文，包括 2 篇纤维、4 篇前处理、4 篇染色、2 篇印花、3 篇整理、2 篇染整助剂、1 篇染整学术期刊目录与摘要实例，系统地介绍了与纤维及织物染整有关的基本理论、技术工艺、生产设备、性能检测、期刊摘要等内容。

D1368 H31：TS1

染整专业英语/李振华，伏宏彬，郑光洪编著 .—北京：中国纺织出版社，2005 年 .—258 页

ISBN 7-5064-3543-8

本书涉及所有的常用印染技术，并引入了部分染整领域的新技术、新工艺和新发展的内容。附录部分收入了一些印染专业英文术语，并附有详细的英文释义。

D1369 H31：TS1

染整专业英语/伏宏彬主编 .—北京：中国纺织出版社，2009 年 .—219 页

ISBN 978-7-5064-5512-1

本书内容基本覆盖了染整专业技术的各个方面，并引入了部分染整领域的新技术、新工艺和新发展。

D1370 H31：TS1

染整专业英语 第 2 版 （普通高等教育"十二五"部委级规划教材 高职高专，普通高等教育"十一五"国家级规

划教材 高职高专）/伏宏彬主编 .—北京：中国纺织出版社，2015 年 .—233 页

ISBN 978-7-5180-1375-3

本书共分六章。第一章着重介绍纤维的理化性质，并对纱、织物的组成和特点做了简介；第二章为前处理工艺内容，涉及准备、烧毛、退浆、煮练、漂白、热定形和丝光；第三章为染色，内容涉及染料的种类、性质、染色设备和各种织物的染色工艺；第四章为印花，介绍各种常见的印花方法和方式；第五章为后整理，对机械、化学以及特殊整理工艺进行介绍；第六章为印染织物测试，分别介绍前处理、染色和印花织物的性质要求和测试方法。

D1371 H31：TS1

实用纺织服装外贸英语 （纺织服装高等教育"十一五"部委级规划教材 服装职业教育项目课程系列教材）/周爱英主编 .—上海：东华大学出版社，2009 年 .—156 页

ISBN 978-7-81111-526-0

本书分为纺织与服装、服装外贸流程两部分，内容涉及面料、服装、流行趋势与展会、建立业务关系、打样等。

D1372 H31：TS1

实用纺织服装外贸英语 第 2 版 （纺织服装高等教育"十二五"部委级 规划教材 服装职业教育项目课程系列教材）/周爱英，楼亚芳主编 .—上海：东华大学出版社，2013 年 .—188 页

ISBN 978-7-5669-0282-5

本书以纺织服装外贸业务为出发点，资料来源于服装外贸企业中的各类专业文件、行业的权威信息以及最新的网络资讯等，在介绍服装专业英语的同时，还补充了大量的外贸相关知识。

D1373 H31：TS1

实用纺织英语 （普通高等教育"十二五"部委级规划教材 高职高专）/王成主编 .—北京：中国纺织出版社，2013 年 .—126 页

ISBN 978-7-5064-9360-4

本书兼具纺织生产、产品及贸易英语为一体，内涵大量真实的纺织贸易英语函电、原汁原味的纺织品进出口领域的英语资料。

D1374 H31：TS1

实用染整英语 （高职高专染整类项目教学系列教材）/黄旭，张炜栋著 .—上海：东华大学出版社，2009 年 .—265 页

ISBN 978-7-81111-340-2

本书内容涵盖纤维和纺织品、染整助剂、染整前处理、染料、染色、印花、整理和实用贸易基础八个模块。另外，在附录部分收入了一些印染及贸易专业英文术语，并附有详细的英文释义。

D1375 H31：TS1

实用染整英语 第 2 版 （纺织服装高等教育"十二五"

部委级规划教材　高职高专染整类项目教学系列教材）/黄旭，巫若子，张炜栋主编．—上海：东华大学出版社，2013年．—265 页

ISBN 978-7-5669-0304-4

本书内容涵盖纤维和纺织品、染整助剂、染整前处理、染料、染色、印花、整理和实用贸易基础八个模块，共计 58个工作任务。

D1376　H31：TS1
现代纺织英语/尚伟编译．—上海：东华大学出版社，2019 年．—181 页

ISBN 978-7-5669-1501-6

本书介绍了世界纺织工业在纱线与织物成形方面的近况及趋势，内容包括纺纱工程、化纤纺丝、织造工程、数据处理、空气工程、自动化等方面。

D1377　H31：TS1
英语　机织专业用　油印本/上海纺织工学院．—上海：上海纺织工学院，1975 年．—89 页

D1378　H31：TS1
英语　第 2 册　毛纺专业　油印本/上海纺织工学院．—上海：上海纺织工学院，1977 年．—121 页

D1379　H31：TS1
英语　第 3 册　毛纺专业　油印本/上海纺织工学院．—上海：上海纺织工学院，1977 年．—159 页

D1380　H31：TS1
英语　第 3 册　针织专业用　油印本/上海纺织工学院．—上海：上海纺织工学院，1977 年．—137 页

D1381　H31：TS1
英语　第 4 分册　棉纺专业用　油印本/上海纺织工学院．—上海：上海纺织工学院，1975 年．—90 页

D1382　H31：TS1
英语　第 5 分册　棉纺专业用　油印本/上海纺织工学院．—上海：上海纺织工学院，1976 年．—130 页

D1383　H31：TS1
英语　纺工系用　第 1 册　上册/无锡轻工业学院．—上

海：无锡轻工业学院，1975 年．—143 页

D1384　H31：TS1
针织英语/汪黎明，王秋美主编．—北京：中国纺织出版社，1997 年．—199 页

ISBN 7-5064-1291-8

本书从纬编、经编、成形编织及针织物的漂染整印等几个方面系统介绍了针织的基本理论与常用基本知识，同时介绍了针织工业生产加工的基本原理、常见针织物结构等。

D1385　H31：TS1
针织英语　第 2 版/刘正芹，汪黎明等编著．—北京：中国纺织出版社，2007 年．—253 页

ISBN 978-7-5064-4461-3

本书以纬编、经编、织袜、针织服装等内容为框架，系统地介绍了针织基本原理、常用针织物组织结构、针织物的性能和物理机械指标以及针织生产设备、工艺与产品质量控制等，并概括地介绍了针织服装设计、生产、质量控制，针织品后整理，针织品商贸方面的内容。

D1386　H31：TS1
针织职业英语（纺织服装高等教育"十二五"部委级规划教材）/张卫红主编．—上海：东华大学出版社，2014年．—248 页

ISBN 978-7-5669-0520-8

本书主要讲述了六个方面的内容：针织基本组织；针织机结构；针织品生产工艺单；针织品质量控制与检验报表；针织外贸类书信；针织快讯。

D1387　H31：TS1
针织专业英语/上海纺织工学院．—上海：上海纺织工学院，1980 年．—202 页

D1388　H31：TS1
智能制造时代纺织服装实用英语（实战商务英语系列）/徐华，包振华编著．—北京：中国纺织出版社有限公司，2019 年．—305 页

ISBN 978-7-5180-5765-8

本书内容反映纺织服装类专业英语、电子商务英语等前沿知识，用双语的形式分四个模块比较全面地介绍了纺织家纺、服装、电子商务以及纺织服装商务沟通情景对话知识。

4.4　词典与书目

收录与编辑说明：

　　本部分收录了 1950—2020 年出版的两种类型的图书共 100 种，第一类是纺织专业工具书 92 种（记录号 D1390—D1481），包括纺织专业辞典、纺织百科辞典、纺织中外文对译辞典等；第二类收录了 8 种几个图书馆编辑的纺织文献馆藏目录（记录号 D1482—D1489）也是本书来源书目的一部分。以上两类图书分别聚类排列，按正题名音序排列。

D1390　TS19-61

常用染整专业名词浅释/唐育民，秦永正主编 .—常州：常州纺织工程学会，1984 年 .—263 页

D1391　TQ-61

大辞海　化工轻工纺织卷/夏征农主编 .—上海：上海辞书出版社，2009 年 .—324 页；21cm（被引 817）

　　ISBN 978-7-5326-2809-4

　　本书共收化工、轻工、纺织词目 3300 余条，选收范围为以上三个学科中的基本名词、人物、著作、理论、学说、方法、设备、工艺等。

D1392　TS1-61

德汉纺织科技词汇　上下册　油印本/张森编译 .—太原：山西省纺织科学研究所，198? 年 .—948 页

D1393　TS1-61

德汉纺织工业词汇/天津市纺织工业局，《德汉纺织工业词汇》编写组编 .—北京：纺织工业出版社，1983 年 .—1016 页

　　统一书号 17041·121

　　本书从各国出版的二十余种纺织专用辞典、词汇和二百多种纺织教科书、手册、标准、图书及期刊中收集了大量词汇，在编写过程中还参照了《英汉纺织工业词汇》等辞典的对应注解。

D1394　TS1-61

俄汉纺织染辞典/俄汉纺织染辞典编辑委员会编 .—北京：纺织工业出版社，1958 年 .—668 页

　　统一书号 15041·300

　　本辞典是在 1953 年出版的"俄华纺织辞典"的基础上加以增订而成。共有词汇 400 余条，包括：各种纺织纤维原料及其初步加工；纺织材料试验；棉、毛、麻、丝、野生纤维的纺织染整工艺；织物组织，苏联织物名称；针织缝纫，服装剪裁地毯花边；化学纤维多纤维素化学；染料名称，印染化学助剂等专业的词汇。此外，也适当汇集了与纺织生产和科学技术有关的空气调节、照明、厂内运输、企业管理、统计、机械、电气以及数理化方面的词汇。俄文词汇都标有重音。

D1395　TS1-61

俄汉纺织工业词汇/上海纺织科学研究所主编 .—北京：纺织工业出版社，1985 年 .—985 页

　　统一书号 17041·1353

　　本书在《俄汉纺织染辞典》（1958 年版）的基础上，重新编写了这本《俄汉纺织工业词汇》。本词汇共收录有关单词和词组约 63000 条。书末附有常用缩写词，供参考使用。

D1396　TS1-61

俄华纺织辞典/中央人民政府纺织工业部研究室翻译科编 .—北京：纺织工业出版社，1953 年 .—381 页

　　本辞典所收集的词汇以棉纺织方面较多，其他如毛、丝、印染、针织、织物组合、纤维及有关纺织的机械、电气、化学、劳动组织方面收集得较少。

D1397　TQ34-61

俄中英化学纤维名词草案　油印本/中国科学院编译出版委员会名词室编 .—北京：中国科学院编译出版委员会名词室，1956 年 .—121 页

D1398　TS19-61

俄中英有机染料名词/中国科学院编译出版委员会编订 .—北京：科学出版社，1956 年 .—233 页

　　统一书号 13031·45

D1399　TS1-61

纺织辞典/钱宝钧主编 .—上海：上海辞书出版社，1991 年 .—1521 页（被引 47）

　　ISBN 7-5326-0113-7

　　本书较系统介绍纺织科学技术及其相关科学技术知识的中型专科词典。

D1400　TS1-61

纺织辞典/梅自强主编 .—北京：中国纺织出版社，2007 年 .—1157 页（被引 23）

　　ISBN 978-7-5064-3827-8

　　本书收入词目 1 万余条，涵盖了纺织及其相关行业的专业词目，包括综合、天然纤维及测试、化学纤维、纺纱及制线、机织及机织物、针织及针织物、产业用纺织品等。

D1401　TS1-61

纺织工程技术辞典/冷纯廷编著 .—福州：吉林科学技术出版社，1990 年 .—384 页

　　ISBN 7-5384-0547-X

　　本书是根据纺织工业各专业的新发展，从国内外的纺织图书、手册、标准和期刊中收集的词汇，包括复合词在内，共收词目约 4000 条。为了加强本辞典的实用性和使用功能，对每一词目都附有与之对应的英文词汇，并编排有英文索引，以便于读者在阅读英文资料时查阅。

D1402　TS1-61

纺织工业词汇　英汉对照［港台］/中国纺织工业研究中心（台湾）《英汉对照纺织工业词汇》编辑小组 .—台北：台湾中国纺织工业研究中心，1996 年 .—2050 页

　　ISBN 957-9674-05-1

D1403　TS1-61

纺织工业词汇　英汉对照　第 2 版　增订版［港台］/毛乃贞等编辑 .—台北：台湾中国纺织工业研究中心，2004 年 .—2154 页

　　ISBN 957-29972-3-8

D1404　TS1-61

纺织汉语叙词表 . 主表/纺织工业部科学技术情报研究

所编 .—北京：人民交通出版社，1989 年 .—604 页

    ISBN 7-114-00819-8

D1405 TS1-61

    纺织汉语叙词表：范畴索引表　英汉对照表　附表/纺织工业部科学技术情报研究所编 .—北京：人民交通出版社，1989 年 .—415 页

    ISBN 7-114-00818-X

D1406 TS1-61

    纺织科技大词典［港台］/中国纺织工业研究中心（台湾），台湾纺织工程学会 .—台北：台湾纺织工业研究中心，2002 年 .—1342 页

    ISBN 957-9674-44-2

    本词典以汉字为主轴，计编入 10048 则纺织科技词目，共约 156 万字。内容除正文及附录外，另有英汉词目对照索引。

D1407 TS1-61

    纺织名词辞典［港台］/吕民基编 .—台北：五洲出版社，1974 年 .—218 页

D1408 TS19-61

    纺织染整工程大辞典［港台］/左宜德主编 .—台北：名山出版社，1989 年 .—915 页；21cm

    ISBN 957-9687-01-3

D1409 F746.81-61

    汉英·英汉纺织品与贸易分类词汇/邢声远主编 .—北京：化学工业出版社，2009 年 .—601 页

    ISBN 978-7-122-01906-6

    本书所收汉英词条和英汉词条各有 1 万余条，内容包括纺织纤维、纱线、衣用织物、家用纺织品、纺织机械与纺织测试仪器、纺织品进出口贸易等。

D1410 TS1-61

    汉英纺织常用词汇/山东省纺织科学研究所编 .—济南：山东省纺织科学研究所，1984 年 .—220 页

D1411 TS1-61

    汉英纺织词汇/曹瑞主编 .—北京：中国纺织出版社，1998 年 .—979 页（被引 11）

    ISBN 7-5064-1493-7

    本书收集汉英纺织词汇达 8 万条。

D1412 TS1-61

    汉英纺织染词汇/朱正大等编 .—北京：纺织工业出版社，1985 年 .—272 页

    统一书号 17041·1323

D1413 TS19-61

    汉英染整词汇/岑乐衍主编 .—北京：中国纺织出版社，

2007 年 .—557 页

    ISBN 978-7-5064-4047-9

    本书内容以染色、整理、印花、花筒雕刻、测配色技术、染整设备、染化料等专业词汇为主，同时还收集了印染相关的环保、化工、纺织、机械和计算机等方面的词汇，另外新增生物酶技术、生态绿色工程、功能性整理、计算机控制、纳米技术、等离子体技术、微胶囊技术等方面的新词目。全书共收中文词目 4 万余条，其中除来自《英汉染整词汇》的词目外，新增了本行业新技术词目约 5000 条。

D1414 TQ34-61

    汉英纤维及纺织词典/王扶伟主编 .—北京：化学工业出版社，1997 年 .—989 页（被引 5）

    ISBN 7-5025-1477-5

    本《词典》收词内容上游部分涉及天然纤维、化学纤维、无机纤维、纤维原料、成纤聚合物及石油化工原料，下游部分涉及纤维生产、加工、纺织、染整、缝纫技术以及与纤维纺织工业有关的机械、仪表、检测技术、环保技术等，也适当收集了与纤维贸易有关的少量词汇。收词总量约 6 万余条。

D1415 F746.81-61

    汉英英汉服饰外贸跟单分类词汇/金壮主编 .—北京：中国纺织出版社，2009 年 .—546 页

    ISBN 978-7-5064-5305-9

    本书是供服装从业人员学习或查阅专业英语词汇的工具书。它通过对词汇按意义分类编排，把意义相关的词收集在一起，使读者能快捷地查阅相关词目。

D1416 TQ34-61

    化学纤维词典/俞戴维主编 .—北京：纺织工业出版社，1991 年 .—513 页（被引 30）

    ISBN 7-5064-0513-X

    本书收集了化纤生产的原材料、中间体、产品、工艺、设备、测试等词目，还收集了有关基础学科如高分子化学、高分子物理、流变学以及三废、自控等方面的词目约 3000 条。

D1417 TQ34-61

    化学纤维工业辞典［港台］/吴佳倩主编 .—台北：名山出版社，1984 年 .—600 页（被引 6）

D1418 TS106-61

    简明纺织品词典/蔡黎明主编 .—上海：上海辞书出版社，1993 年 .—551 页（被引 5）

    ISBN 7-5326-0216-8

    本书选收词目 2180 条，分为纺织品名、纺织品常见名词术语和纺织原料 3 部分。

D1419 TS1-61

    简明英汉纺织染词汇/朱正大等编 .—北京：纺织工业出版社，1988 年 .—373 页（被引 5）

ISBN 7-5064-0114-2

本书共收词目 1.1 万余条。包括纺纱、化纤和印染等专业中有关工艺、设备等方面的词汇。

D1420　F768.1-61

近代纺织品商标图典　汉英对照/左旭初编著.—上海：东华大学出版社，2007 年.—337 页（被引 7）

ISBN 978-7-81111-198-9

本书介绍了我国近代纺织品商标的概况，包括分类、风格，试用范围广泛。

D1421　F768.1-61

近代纺织品商标图典　汉英对照　第 2 版修订本/左旭初编著.—上海：东华大学出版社，2017 年.—337 页

ISBN 978-7-5669-1397-5

本书选用 20 世纪 20 至 40 年代我国纺织品行业中厂商注册使用的纺织品商标图样，共有 800 多枚。其中单色商标图样 500 多枚，彩色商标图样 300 多枚。

D1422　TS1-61

科技标准术语词典　第 2 卷　农林　纺织　食品　轻工/《科技标准术语词典》编辑委员会编.—北京：中国标准出版社，1995 年.—495 页

ISBN 7-5066-0748-4

D1423　TS1-61

朗氏纺织与服饰词典：英·德·法·意·中［译］/（德）吉拉德·拉布曼著；陈惠兰，刘建平译；顾彤宇校.—上海：东华大学出版社，2012 年.—386 页

ISBN 978-7-81111-956-5

本书有词条 8300 多条，德、英、法、意、中文五种语言，涉及专业有：发展趋势、时装（模特）、服装制作、室内设计和裁剪图的配件及服装制造工业等。

D1424　TS11-61

棉纺织汉英日专业词汇汇编/上海市棉纺织工业公司科研改造科著.—上海：上海市棉纺织工业公司教育科，1978 年.—64 页

D1425　TS11-61

棉检辞典/刘万青等主编.—北京：中国科学技术出版社，1991 年.—533 页（被引 6）

ISBN 7-5046-0569-7

本书介绍了与棉花检验有关的各类名词，主要包括基础理论与常识、打样及样品处理、感官检验、仪器检测、棉检测试新技术、重量鉴定等。

D1426　TS19-61

染化工程应用字汇（纺织染丛书第三十辑）/杜燕荪等编辑.—上海：中央人民政府纺织工业部华东纺织管理局，1950 年.—309 页

D1427　TS19-61

染整工业词典/陆钟钰主编.—北京：纺织工业出版社，1994 年.—386 页（被引 22）

ISBN 7-5064-0850-3

本书除漂染印整专业名词解释外，还收集与专业有关的纤维、染化料、图案设计、环保、企管等多方面的词目，共 3000 余条。

D1428　TS1-61

日汉纺织工业词汇/上海市纺织工业局《日汉纺织工业词汇》编写组编.—北京：中国纺织出版社，1983 年.—1003 页

ISBN 7-5064-0583-0

本书共收词目约 42500 余条，其中包括棉、毛、麻、丝、针织、印染、化纤、测试、电气、计算机、机械、化工、环保、服装、外贸等方面的词汇。

D1429　TS1-61

日汉纺织染词汇/井西良编.—天津：天津科学技术出版社，1980 年.—385 页

统一书号 17212·3

D1430　TS1-61

日汉纺织时装服饰辞典/罗义德，晁萍编.—郑州：河南科学技术出版社，1994 年.—773 页

ISBN 7-5349-1400-0

本书是编者根据多年来纺织、时装、服饰及其系列产品各专业的发展，参阅搜集了国内外近年来出版的有关日、英文的上百种图书、辞典、手册、资料、期刊等，汇集常用词汇约 2 万余条，其中包括棉、毛、麻、丝、针织、纺织、印染、化纤、时装、服饰、外贸等方面的词汇。

D1431　TQ34-61

日汉化纤服饰词典/顾盘明编.—南京：南京大学出版社，1998 年.—322 页

ISBN 7-305-03008-2

本词典选词立目以化纤与服饰为主，兼顾与此关系密切的专业，诸如纺织，服装设计，服装缝制工艺，面料等常用词汇。

D1432　TS1-61

日汉纺织工业辞典［港台］/左秀灵编译.—台北：名山出版社，1988 年.—981 页

D1433　TS1-61

日英汉纺织词汇/钱铁钧主编.—金坛：江苏省金坛县水北中学美术誊印厂，岸头公社工艺美术厂，1979 年.—542 页

D1434　TS1-61

日英汉纺织工业词汇/刘辅庭编.—北京：中国纺织出版社，2018 年.—314 页

ISBN 978-7-5180-4861-8

本书共收录词目 18445 条，其中包括棉、毛、麻、丝、针织、印染、化纤、测试、化工、环保、服装、外贸等方面的词汇。

D1435 TS1-61

日英汉丝绸专业词汇/《日英汉丝绸专业词汇》编辑组编．—上海：上海市纺织科学研究院，1977 年．—339页；19cm

D1436 TS193-61

色谱技术名词辞典［港台］/沈建名等编．—台北：名山出版社，1982 年．—180 页

本书收载色谱分析技术和有关的科技词汇6000 余条。书末附有本专业常用缩词 400 余条；固定液、吸附剂、纤维素及离子交换剂等商名1300 余条；以人名和缩写词命名的薄层及纸色谱检测试剂的主要化学成分；与薄层及纸色谱色反有关的颜色名称缩写词和标准筛目与其直径尺寸对照表五个附录。

D1437 TS1-61

实用英汉纺织服装词汇/袁雨庭主编．—上海：东华大学出版社，2009 年．—919 页

ISBN 978-7-81111-617-5

本书内容包括纺织原料、纤维、织物、服装、标准、测试、生态与环境保护、纺织贸易术语及其相关法规、纺织服装协会、博览会和世贸组织用语。

D1438 TS14-61

丝绸术语辞典/陈国强主编．—北京：中国纺织出版社，2017 年．—348 页

ISBN 978-7-5180-3687-5

本书内容涉及茧丝绸产业链各个环节，包括茧丝原料与工艺、缫丝织造方法、丝制品印染及整理加工（包括染整工艺方法、常用化学品等）、丝制品检验（包括质量要求及病疵）、丝绸服饰与文化、茧丝绸贸易等内容。

D1439 TS1-61

仙童英汉双解纺织词典　第七版［译］/（美）托托拉（Phyllis G. Tortora），（美）默克尔（Robert S. Merkel）主编；黄故等译；姚穆，茹爱林审校．—北京：中国纺织出版社，2004 年．—662 页

ISBN 7-5064-2983-7

本书共收录纺织专业词汇14000 余条，涉及纤维、纱线、织物结构、生产加工设备、织物染整、纺织产品及其他一些纺织相关词条。每个词条都在英文释义外，配有中文释义。

D1440 TS102-61

纤维辞典/邢声远主编．—北京：化学工业出版社，2007 年．—364 页（被引 11）

ISBN 978-7-122-00089-7

本书对纤维的生产和应用作了详细的论述，涵盖了纤维材料的各个方面，也收集了与纤维有关的中间体、油剂、计量单位与测试仪器和方法。

D1441 TS1-61

现代纺织词典/安瑞凤主编．—北京：中国纺织出版社，1993 年．—464 页（被引 22）

ISBN 7-5064-0922-4

本书选收纺织科学专业的名词术语近2000 条，包括纺织材料结构与性能、纺织测试与仪器、毛纺工程、对外贸易等20 个学科专业。

D1442 TS1-61

现代纺织大词典/梅自强主编．—北京：中国纺织出版社，2007 年．—1157 页

ISBN 7-5064-3827-5

本书涵盖了全纺织及密切相关待业的专业词汇，涉及的专业有纺织综合、纺织测试、化学纤维、纺纱及制线、机织及机织物、针织及针织物、非织造及非织造布、染整、服装企业管理及贸易等。

D1443 TS1-61

新简明英汉纺织染服装小词典　修订本/朱正大等编．—上海：东华大学出版社，2003 年．—343 页

ISBN 7-81038-576-3

本书收录词目约 17000 余条，主要包括纺纱、化纤、针织、印染、缝纫、裁剪、服装和计算机等有关工艺设备、原料、产品和测试方面的常用词汇。

D1444 TS1-61

新简明汉英纺织染服装小词典　修订本/秦世福修编．—上海：东华大学出版社，2005 年．—246 页；19cm

ISBN 7-81038-669-7

本书原收录词条约10000 条，修订后又增加了约 6500 词语，主要涉及棉、毛、丝、麻、绢、化纤、纺织、丝织、机织、针织、机械、印染、缝纫、裁剪、服装等有关工艺、设备、原料、产品和测试方面的词语。

D1445 TS1-61

新英汉纺织词汇/黄故主编；中国纺织出版社专业辞书出版中心编．—北京：中国纺织出版社，2007 年．—1381 页（被引 6）

ISBN 7-5064-3856-9

本书收录近十年来纺织及其相关行业技术快速发展而产生的大量新词汇，并对部分旧词汇所产生的新含义进行补充。释义经过众多作者的反复推敲、斟酌，力求专业、准确、精练，收录词目 120000 多条。

D1446 TS1-61

英汉·汉英纺织词汇手册（外教社英汉·汉英百科词汇手册系列）/顾雪刚编．—上海：上海外语教育出版社，2009 年．—179 页

ISBN 978-7-5446-1318-7

本书分英汉、汉英两个部分，双向收词 10000 余条，涉及纺织业以及与纺织业密切相关的服装、化学纤维制造、化工、染整等多个领域，另外，本词汇手册还少量收录了纺织业中频繁使用的一些法语词汇、德语词汇以及一些著名纺织产品名和相关技术工艺商标名。

D1447　TS106-61

英汉·汉英家用纺织品分类词汇/沈婷婷编 .—北京：中国纺织出版社，2007 年 .—286 页

ISBN 978-7-5064-4475-0

本书是一部介绍家用纺织品行业术语的双语工具书，收集英汉汉英家用纺织品相关词条近 20000 条，其中英汉部分按英文字母排序，汉英部分按内容分类排序，分为家用纺织品成品、家用纺织品设计、家用纺织品材料、纺织染工程和家用纺织品成品缝制。

D1448　TS1-61

英汉纺织词汇/黄故主编 .—北京：中国纺织出版社，2006 年 .—1380 页

ISBN 7-5064-3856-9

本书涵盖了纺织及密切相关行业的专业词汇，涉及的专业有纺织、服装、染整、化纤等，收入词目约 130000 条。

D1449　F768.1-61

英汉纺织服装商贸词汇/张坚主编 .—北京：中国纺织出版社，2009 年 .—856 页

ISBN 978-7-5064-5259-5

本书集纺织、印染、服装、经贸词目为一体，同时收录了大量缩略语，包括复合词在内，共收词目近 80000 条。

D1450　TS1-61

英汉纺织服装缩略语词汇/袁雨庭编 .—北京：中国纺织出版社，2004 年 .—662 页

ISBN 7-5064-2792-3

本书内容涉及纺织材料、非织造织物、染料、助剂、印花、后整理、测试和服装、针纺织品等。

D1451　TS1-61

英汉纺织工业词汇/上海市纺织工业局《英汉纺织工业词汇》编写组编 .—北京：纺织工业出版社，1980 年 .—915 页

统一书号 17041·1063

本书包括复合词在内，共收词目约 58800 条，内容以纤维材料、纺织染整、针织、试验、化学纤维生产等专业词汇为主，同时还收集了与纺织工业有关的化工、机械、数学、电工、电子、计算机、环境保护、服装、外贸等方面的词汇。

D1452　TS1-61

英汉纺织工业词汇　续编/上海市纺织工业局《英汉纺织工业词汇》编写组编 .—北京：纺织工业出版社，1991 年 .—261 页

ISBN 7-5064-0542-3

本书继 1980 年出版的《英汉纺织工业词汇》之后，将 1980 年以后国外出版的有关纺织辞典等资料中增补了词汇 16000 余条。

D1453　TS1-61

英汉纺织工业词汇　正续编合订本/上海市纺织工业局《英汉纺织工业词汇》编写组编 .—北京：纺织工业出版社，1992 年 .—1177 页

ISBN 7-5064-0820-1

本书收入词条 74800 条，以纺织、印染、针织、化纤、服装等专业词汇为主，还包括与纺织有关的其他学科的少量词汇以及纺织书刊中常用的缩写词。

D1454　TS1-61

英汉纺织工业术语释义［港台］/台湾纺织工业研究中心《纺织术语》编辑组编校 .—台北：台湾纺织工业研究中心，1993 年 .—239 页

ISBN 957-97052-0-8

D1455　TS1-61

英汉纺织科技常用词汇/李生祥编 .—太原：山西科学教育出版社，1986 年 .—311 页（被引 5）

统一书号 17370·5

本书共收集英汉纺织科技常用词汇 14144 条，缩略语 245 条。其特点是按专业编辑，便于读者查阅和背诵记忆。

D1456　TS1-61

英汉纺织染词汇/上海市纺织工业局，上海市纺织工程学会编 .—北京：中国财政经济出版社，1964 年 .—532 页（被引 7）

统一书号 15166·159

D1457　TS1-61

英汉纺织染词汇/朱正大编 .—北京：纺织工业出版社，1985 年

D1458　TS1-61

英汉纺织染辞典　毛纺织专业词目/上海市纺织工业局，上海市纺织工程学会编 .—上海：上海市纺织工业局，1960 年

D1459　TS1-61

英汉纺织术语/塞拉尼斯醋酸纤维有限公司原著；王晋，雷萍等编译 .—昆明：云南科技出版社，2016 年 .—549 页

ISBN 978-7-5587-0392-8

本书收录词条约 1800 余条。词条按英语字母表顺序排列，某些拼写和词义后附括号，括号里的文字为注释或补充说明。附录中，附有常用缩略语与单位、纤维纤度单位及换算、水分计算以及湿法工艺计算等。

D1460 TS1-61

英汉纺织专业常用词汇/李辛凯编 .—西安：陕西人民出版社，1974 年 .—288 页（被引 16）

统一书号 17094·7

本书搜集常用的一些词汇约有 6000 条，其中除直接属于纺织专业之外，还包括有《数学》《化学》《力学》《机械学》《电工学》《电子学》《射流》《自动控制》等方面与纺织专业有关的一些词汇。

D1461 TS1-61

英汉汉英纺织服装词典/秦世福，盛宁明主编 .—上海：东华大学出版社，2016 年 .—698 页

ISBN 978-7-5669-0883-4

本书选编了纺织服装范围包括纤维、纺纱、梭织、针织、印染、设计、制作、工艺、款式、色彩、商贸和计算机等有关工艺、设备、原料、产品和测试等方面的常用词汇。

D1462 TS18-61

英汉汉英针织词汇/戴淑清，金智才编 .—北京：中国纺织出版社，2007 年 .—448 页

ISBN 978-7-5064-4368-5

本书主要收录了针织领域经常出现，在实际检索中有一定使用价值的名词和词组，仅取与针织工业相关的词义。全书共收词近 30000 条。

D1463 TQ34-61

英汉化纤常用词汇/山东省纺织设计院合成纤维研究所 .—济南：编者自发行，1982 年

D1464 TQ-61

英汉化学化工词分析/张铭德，陈慎意编著 .—北京：科学普及出版社，1985 年 .—228 页

D1465 TQ-61

英汉化学化工词汇补编/上海沪光制革厂皮革研究室编订 .—北京：科学出版社，1974 年 .—32 页；19cm

D1466 TQ34-61

英汉化学纤维工业词汇/上海市化学纤维工业公司，四川维尼纶厂主编 .—北京：纺织工业出版社，1982 年 .—599 页（被引 23）

ISBN 7-5064-0317-X

本书收集了化纤原料制备、聚合、纺丝、后加工等工艺、设备及测试，化纤性能和应用等词汇 31100 条。

D1467 TQ34-61

英汉化学纤维工业词汇 第 2 版/上海化学纤维（集团）有限公司，四川维尼纶厂主编 .—北京：中国纺织出版社，2002 年 .—688 页（被引 5）

ISBN 7-5064-2407-X

本书主要内容包括：再版前言、使用说明、词汇正文、纤维线密度换算表、化学元素符号、名称表、希腊字母表、

总计词目 37500 条。

D1468 TS19-61

英汉染整词汇/岑乐衍主编 .—北京：中国纺织出版社，2003 年 .—693 页

ISBN 7-5064-2326-X

本书包括复合词、缩写词在内，共收词目约 45000 条，内容包括漂、染、印（雕刻）、整工艺；设备；染化料；测配色；环保等。

D1469 TS19-61

英汉染整词汇 增补版/岑乐衍主编 .—北京：中国纺织出版社，2017 年 .—840 页

ISBN 978-7-5180-1653-2

本书中增添的内容重点放在环保、节能、生态、激光、纳米、等离子体、数码、生化等新技术，以及新纤维、染整新技术、新设备和计算机在染整工业的应用。而且增加了染整新技术缩略语，以及国外纺织、化学有关团体名称的缩略语。在专业词汇方面，有的新名词还加注说明，如新纤维、新染料等的化学结构及优良性能。

D1470 TS19-61

英汉印染机械词汇/周永平编 .—上海：上海科学技术文献出版社，1989 年 .—323 页

ISBN 7-80513-391-3

本书收集包括印染机械以及与此相关的印染工艺、染化料、电气等专业词汇共 13000 余条。

D1471 TS18-61

英汉针织术语辞典 ［译］/（美）赖克曼著 .—上海：上海市纺织科学研究院，1980 年 .—105 页

本书翻译了真丝绸泛黄机理及防止方法方面的国外文献资料。

D1472 TS1-61

英华纺织染辞典 增订三版（中国纺织学会丛书）/蒋乃镛编著 .—北京：中国纺织学会，1950 年 .—214 页

D1473 TS1-61

英日汉纺织制衣词典 ［港台］/于世义编著 .—香港：商务印书馆（香港）公司，1994 年 .—841 页

ISBN 962-07-0163-1

D1474 TS1-61

英中纺织工业词汇 ［港台］/姚兴川主编 .—台中：沧海出版社，1978 年 .—544 页

D1475 TS18-61

针织工业词典/孙锋主编 .—北京：中国纺织出版社，2000 年 .—592 页（被引 21）

ISBN 7-5064-1663-8

本书选收有关针织生产的名词术语 2100 多条，包括原料

和试验、针织一般概念、针织准备、经编、纬编、织袜、染整、成衣和针织产品等内容。

D1476 TS1-61
织品服饰纸质文物保存专有名词类编［港台］（保存科学丛书）/施国隆编辑.—台中：台湾文化建设委员会文化资产总管理处筹备处，2010年.—199页
ISBN 978-986-02-5226-2

D1477 TS1-61
织物词典/《织物词典》编辑委员会编.—北京：纺织工业出版社，1996年.—636页
ISBN 7-5064-1164-4

D1478 TS1-61
中国历代服装、染织、刺绣辞典/吴山主编.—南京：江苏美术出版社，2011年.—591页
ISBN 978-7-5344-3812-7
本书从服装、染织、刺绣方面，展现出强烈的时代性、地域性和多样性，表达出深邃的社会内涵和美学价值。从书中可以清晰地看出各时期、各民族审美的演变和传承中的某些规律。共收词条6800余条，插图1900余幅，后有附录。

D1479 F768.1-61
中国商品大辞典 纺织分册/《中国商品大辞典》编辑委员会编.—北京：中国商业出版社，1997年.—650页
ISBN 7-5044-2359-9

D1480 TS14-61
中国丝绸辞典/王庄穆主编.—北京：中国科学技术出版社，1996年.—732页（被引31）
ISBN 7-5046-2136-6
本书是集茧、丝、农、工、贸于一体，丝绸系统工程的一本内容详尽的辞书。

D1481 TS1-61
中英日纺织检验用语［港台］/林丽文主编；林群英译.—台北：台湾区丝织工业同业公会，2002年.—119页
ISBN 957-41-0422-2

D1482 Z88：TS
纺织工业化学参考资料目录/上海图书馆，上海市报刊图书馆编.—上海：上海图书馆，上海市报刊图书馆，1957年.—17页

D1483 Z88：TS
纺织工业图书联合目录/华东纺织工学院图书馆主编.—北京：北京图书馆出版社，1964年.—269页（被引5）

D1484 Z88：TS
馆藏轻纺工业书刊目录 上下册/湖南图书馆科技部编.—长沙：湖南图书馆，1979年.—208页（上册）

D1485 Z88：TS
国外主要纺织期刊简介/上海纺织科学研究院情报研究室编译.—上海：上海纺织科学研究院情报研究室，1964年.—38页

D1486 Z88：TS
青海省图书馆化学纤维工业图书目录 中文之部/青海省图书馆编.—青海：青海省图书馆，1965年.—23页

D1487 Z87：TS1
上海图书馆藏纺织印染书刊目录/上海图书馆编.—上海：上海图书馆，1956年.—59页

D1488 Z88：TS
四川省各图书馆馆藏纺织纤维书刊联合目录初稿/重庆市图书馆编.—重庆：重庆市图书馆，1958年.—80页

D1489 Z87：TS
中文纺织类过刊馆藏目录/西北纺织学院图书馆期刊部.—西安：西北纺织学院图书馆，1989年.—50页

第五部分　索引

5.1　高引用量图书索引

收录与编辑说明：

借鉴学术期刊评价的成功经验，采用引文分析法对中文图书进行学术影响力评价是一个相对客观公正且简便易行的方法，相对图书出版量和发行量、馆藏量及借阅量等指标，图书被引量的数据准确客观真实，不具有太多主观随意性，在这些客观数据基础上进行统计分析得出的结论可信度也较高。

鉴于以上的认识，我们在本《总目》编制中特别标引了图书的被引频次，并尝试编制了"高引用量图书索引"，以期至少可在推广纺织类优秀图书、推荐影响力较高的作者、补充完善馆藏、提高馆藏学术性等方面为使用者提供依据和参考。

本《总目》所被引图书的被引频次全部来自超星发现平台2020年12月的数据，目前国内可利用的数据库或工具书中有关图书的被引频次仅超星发现平台中的施引文献种类完整。

为了突出显示所引图书的学术性或重要性，在编制索引时笔者对书目进行了合并处理，将重版、再版、多卷图书合并视为一种图书并将其被引频次相加，不同出版社出版的同一种图书未进行合并。

本《总目》所收录图书总被引10.1万次，将合并处理后的图书按被引量降序排列，将被引量大于50的图书共441种编入本索引，这441种图书总被引8.1万余次，约占总被引量的80%，按照80/20法则将其称为"高引用量纺织图书"。

索引列出图书正题名、被引量、记录号，限于篇幅仅列出第一责任者姓名作为辨识项。

1. 纺织材料学/姚穆，被引 4221
   B1639, B1640, B1641, B1642, B1643
2. 染整工艺原理/王菊生，被引 1843
   B2371, B2372, B2373, B2374
3. 纺织材料学/于伟东，被引 1823
   B3087, B3088
4. 中国棉纺织史稿/严中平，被引 1754
   D0448, D0449, D0450
5. 表面活性剂应用手册/刘程，被引 1631
   B5937, B5938, B5939
6. 纺织物理/于伟东，被引 1491
   B3318, B3319
7. 纺织材料学实验/朱进忠，被引 1259
   B1646, B1647
8. 纺织材料学/朱红，被引 1225
   B1644, B1645
9. 织物结构与设计/蔡陛霞，被引 1199
   B2839, B2840, B2841, B2842, B2843
10. 中国航空材料手册　第10卷　燃料与润滑材料　纺织材料/该编委员会，被引 876
    B6270
11. 服装材料学/朱松文，被引 823
    B1806, B1807, B1808, B1809
12. 大辞海 化工轻工纺织卷/夏征农，被引 817
    D1391
13. 染整工艺学教程/阎克路，被引 813

B3818, B3819

14. 纺织材料实验教程/赵书经，被引 769
    B1638
15. 中国纺织科学技术史 古代部分/陈维稷，被引 751
    D0395
16. 纤维化学与物理/詹怀宇，被引 740
    B4012
17. 纤维化学与物理/蔡再生，被引 723
    B4009, B4010, B4011
18. 中国染织史/吴淑生，被引 671
    D0456
19. 染料化学/何瑾馨，被引 654
    B3767, B3768, B3769
20. 新型染整技术/宋心远，被引 637
    B2640
21. 纺织品染整工艺学/范雪荣，被引 615
    B1750, B1751, B1752
22. 染整工艺实验教程/陈英，被引 596
    B3815, B3816, B3817
23. 非织造学/柯勤飞，被引 561
    B3366, B3367, B3368
24. 染整工艺与原理/阎克路，被引 532
    B3820, B3821
25. 纺织材料实验技术/余序芬，被引 527
    B3083
26. 整理/张振，被引 502

B2808

27. 纳米纤维/吴大诚，被引473

B3731

28. 酶在纺织中的应用/周文龙，被引466

B3685

29. 服装面料的性能设计/王府梅，被引454

B3458

30. 机织工艺与设备/陈元甫，被引416

B1939，B1940

31. 机织学/朱苏康，被引412

B3570，B3571，B3572

32. 印染废水处理技术/朱虹，被引407

B4168

33. 纺织浆料学/周永元，被引401

B3182

34. 非织造布生产技术/王延熹，被引400

B1801

35. 织物结构与设计学/顾平，被引394

B4331

36. 中国古代纺织史稿/李仁溥，被引387

D0416

37. 棉纺手册/上海纺织公司，被引386

B6131

38. 化学纤维概论/肖长发，被引376

B1902，B1903，B1904

39. 化学纤维实验教程/陈稀，被引376

B1910

40. 江南土布史/徐新吾，被引367

D0106

41. 纺织印染工业废水治理技术/杨书铭，被引360

B3336

42. 高分子材料加工原理/沈新元，被引359

B3467

43. 中国近代缫丝工业史/徐新吾，被引359

D0439

44. 中国染织史/吴淑生，被引352

D0457

45. 浆料化学与物理/周永元，被引345

B1970

46. 非织造布学/郭秉臣，被引339

B3357

47. 浙江丝绸史/朱新予，被引335

D0331

48. 染色理论化学/（日）黑木宣彦，被引329

B2324，B2325

49. 中国航空材料手册 涂料 绝缘材料 纺织材料/该编辑委员会，被引328

B6269

50. 活性染料染色的理论和实践/宋心远，被引326

B1929

51. 工程参数的最优化设计/郁崇文，被引325

B3481

52. 染整工程/陶乃杰，被引314

B2334，B2335，B2336，B2337

53. 中国民间美术/钟茂兰，被引311

D1224

54. 针织学/龙海如，被引296

B4299，B4301

55. 纤维和纺织品测试技术/李汝勤，被引294

B4002，B4003，B4004

56. 江南丝绸史研究/范金民，被引294

D0105

57. 服装材料学/王革辉，被引289

B3404

58. 表面活性剂应用技术/张天胜，被引287

B2951

59. 新编酶制剂实用技术手册/姜锡瑞，被引279

B6214

60. 丝绸材料学/李栋高，被引273

B2475

61. 颜色科学与计算机测色配色实用技术/薛朝华，被引273

B4129

62. 印染废水处理技术及典型工程/张林生，被引272

B4169

63. 楚人的纺织与服饰/彭浩，被引269

D0026

64. 纺织机械设计原理/陈人哲，被引259

B1718，B1719

65. 印染手册/周良官，被引244

B6233，B6234

66. 纺织工艺与设备/任家智，被引243

B3155，B3156

67. 纺织材料/张一心，被引242

B3069，B3070，B3071

68. 民间染织美术/钟茂兰，被引240

D0831

69. 助剂化学及工艺学/冯亚青，被引237

B2909，B2910

70. 新型纺织材料及应用/杨建忠，被引237

B4090，B4091

71. 非织造布生产技术/王延熹，被引235

B1800

72. 纤维应用物理学/高绪珊，被引234

B4032

73. 印染助剂/邢凤兰，被引234

B4191，B4192

74. 新合纤染整/宋心远，被引233

B2621

75. 喷气织机原理与使用/严鹤群，被引230

B2285，B2286

76. 化学助剂分析与应用手册/黄茂福，被引230

B6068

77. 纺织结构复合材料/陶肖明，被引228

B3186

B1702，B1703

335. 纺织气流问题/张文赓，被引 **70**
B1761

336. 丝织学/浙江丝绸工学院，被引 **70**
B2512，B2513，B2514，B2515

337. 转杯纺纱/张百祥，被引 **70**
B2911

338. 中国纺织产业国际竞争力/李创，被引 **70**
C0498

339. 纺织材料/徐亚美，被引 **69**
B1627，B1628

340. 防水透湿织物生产技术/李显波，被引 **69**
B3023

341. 纱线筒子染色工程/邹衡，被引 **69**
B3885

342. 中国印染史话/黄能馥，被引 **69**
D0485

343. 纺织化学分析/陈全伦，被引 **68**
B1710

344. 纺织测试手册/张亮恭，被引 **68**
B5956

345. 经纱上浆/（日）深田要，被引 **67**
B0428

346. 横机羊毛衫生产工艺设计/杨荣贤，被引 **67**
B1877，B1878

347. 棉纺工程/上海纺织工业专科学校，被引 **67**
B2102，B2103

348. 染整工艺原理/孙铠，被引 **67**
B2375，B2376，B2377，B2378

349. 染整试化验/林细姣，被引 **67**
B3859

350. 染整工艺学/华东纺织工学院，被引 **66**
B2344

351. 中国手工业经济通史 宋元卷/魏明孔，被引 **66**
D0463

352. 纺织产品开发学/滑钧凯，被引 **65**
B1656，B1657

353. 喷气纺纱/金佩新，被引 **65**
B2283

354. 新型非织造布技术/沈志明，被引 **65**
B2633

355. 织物性能与检测/徐蕴燕，被引 **65**
B4345

356. "一带一路"沿线国家纺织文化遗产研究 西亚卷/王华，被引 **65**
D0304

357. 粘合衬布的生产和应用/孔繁薏，被引 **64**
B2715

358. 纺织品数码喷墨印花技术/薛朝华，被引 **64**
B3274

359. 纤维材料改性/陈衍夏，被引 **64**
B3991

360. 中国近代纺织史 上卷/该书编委会，被引 **64**
D0433

361. 纺织品色彩设计/荆妙蕾，被引 **64**
D0605

362. 丝绸产品设计/沈干，被引 **63**
B2476

363. 毛织物染整技术/方雪娟，被引 **63**
B3681

364. 现代精梳生产工艺与技术/周金冠，被引 **63**
B4058

365. 新型纺织纱线/王善元，被引 **63**
B4097

366. 羊毛衫生产简明手册/孟家光，被引 **63**
B6226，B6227

367. 纺织物的化学整理/（美）马克，被引 **62**
B1775

368. 纱线的工艺 结构与应用/（美）戈斯威密，被引 **62**
B2417

369. 蛋白质纤维制品的染整/周庭森，被引 **62**
B2984

370. 筛网印花/胡平藩，被引 **62**
B3888

371. 测色配色 CAD 应用手册/金远同，被引 **62**
B5944

372. 纺织空调除尘技术手册/黄翔，被引 **62**
B6006

373. 腈纶染整工艺/黄奕秋，被引 **61**
B0430，B0431

374. 形状记忆纺织材料/胡金莲，被引 **61**
B4118

375. 针织工程手册/宗平生，被引 **61**
B6249，B6250，B6251，B6252

376. 黄道婆和上海棉纺织业/张家驹，被引 **61**
D0096

377. 中国传统工艺全集 丝绸织染/钱小萍，被引 **61**
D1212

378. 非织造材料与工程学/郭秉臣，被引 **60**
B3360

379. 迷彩伪装技术/张建春，被引 **60**
B3686

380. 亚麻生物化学加工与染整/史加强，被引 **60**
B4125

381. 关键纺纱器材/荆越，被引 **59**
B1832

382. 纱线力学问题/陈人哲，被引 **59**
B2419

383. 纺纱系统与设备/郁崇文，被引 **59**
B3048

384. 牛仔布生产与质量控制/香港理工大学，被引 **59**
B3738

385. 涤纶仿真丝绸织造和印染/周宏湘，被引 **58**
B1557

438. 中国传统纺织品印花研究/郑巨欣，被引 **50**
　　B4385

439. 唐代蚕桑丝绸研究/卢华语，被引 **50**
　　D0260

440. 长江丝绸文化/刘兴林，被引 **50**
　　D0327

441. 中国丝绸文化/陈永昊，被引 **50**
　　D0477

5.2　著（译）者索引

收录与编辑说明：

　　本索引收录《总目》中第一责任者个人署名的图书，没有收录团体（机构）著者；所有图书仅收录第一著者；译著没有收录原作者，仅收录第一译者；学者个人文集视为该著者所著。

　　本索引收录 3581 位著（译）者共 6005 种图书。索引编排时未进行同名著者辨析。

　　本索引按著者姓名音序排列，同一著者图书按记录号顺序排列。著者姓名标注＊者为港台版图书作者，文献记录号标注＊者为译著。

	A				
阿　多	D0710	鲍卫君	B4263	蔡苏英	B2366
阿　坤	D0010	鲍小龙	D0956		B3741
阿西玛	D0742		D0957		B3841
	D0743		D0962		B3842
	D0800		D0963		B3843
哀煜江	D0767		D0968		B3856
安集贤	B4858	鲍耀钧	B2122		B4017
安瑞凤	D1441	贝聿泷	B6091		B4026
安树林	B3473		B6092	蔡永东	B4053
安薇竹	D1221	毕松梅	B3060		B4054
安新鲜	D0629	毕云程	A0666		B4101
		边继玲	B3701		B4102
B		卞　葆	C0177		D1358
巴　亮	B4330	卜鉴民	D0046	蔡玉珊＊	B3938
白　伦	B4072		D0128		D0300
	B4212	卜立诚	B1689＊	蔡玉真	D0640
	B4213			蔡再生	B2331
白文煜	D0935	**C**			B2332
白　晓	C0535	蔡柏岩	B2982		B2375
柏贵喜	D0772	蔡陛霞	B2839		B2377
柏　鑫	B0149＊		B2840		B4009
班福忧	B3000		B2841		B4010
包德隆	B2360		B2842		B4011
包　玫	B1948		B4327	蔡致中	B0972＊
包铭新	D0455	蔡从烈	D1085	曹炽坤	C1256
	D0489	蔡栋才	B1561	曹典环	A0812
包启明	C0307＊	蔡斐文	B5687	曹富泉	B1026
包炎辉	D0927	蔡　锋	D0461	曹光兴	B1844
	D0929	蔡建和	C0280	曹洪勇	D0269
包燕丽	D0635	蔡　杰	B4023	曹鸿林	B1858
包振华	B3946	蔡靖华	B2125		B1887
	B3947	蔡黎明	D1418	曹机雁	B2216
薄子炎	B1473	蔡立基	C1269	曹继鹏	B3061
鲍继登	B2192	蔡尚思	D0409		B3642
鲍家虎	D0922	蔡声白	A1029		B3918
		蔡四维	B1587	曹骥才	A0335＊

	A0336＊				C1227
	A0337＊			曾光奇	B1686
	A0338＊			曾　抗	D0409
	A0339＊			曾　丽	B4249
	A0987			曾林泉	B3253
曹江圳＊	C0384				B3257
曹敏慧	C1159				B3286
曹秋玲	D0243				B3292
曹　瑞	B0737＊				B3860
	B0809＊				B4183
	B1629＊				B4208
	B1842				B6228
	B2296＊				C0142
	B2581＊			曾水法	B2494
	B2858＊			曾水向	D1003
	D1411			曾同春	A1129
曹喜琛	C0393				A1130
	C0394				A1131
曹修平	B4162				A1132
	B4163			曾雯卿＊	B4341
曹艳红	D0517			曾宪阳	D0806
曹　瑜	B6287			曾祥熙	A0779
曹增军	D0933			曾昭义	C1219
曹振宇	D0373			曾　真	D0908
	D0437			柴国梁	C0847
	D0454			柴金艳	C0044
岑乐衍	B1754＊			柴颂华	D1035
	B2012			常宝均	C1245
	B2668			常　静	D0113
	D1413			常培荣	B2243
	D1468			常沙娜	D1169
	D1469				D1170
岑连山	D1203			常　涛	B3018
曾德福	B1678				B3026
曾繁铭	C1225				B3033
	C1226				B3299

	D1012	李　廷	C0275	李　欣	B1485	李允成	B1568		B4150
	D1013		C0276		D0943		B1571	梁列峰	B3408
李茉函	D1105		C0346	李新娥	B3149	李　泽	B1276	梁　平	B3564
李　娜	B3050	李桐悦	C1006		B4403	李长遂	C0185	梁　蓉	B3910
	D0544	李维红	B2973		C0066		C0186	梁松元	B2223
李乃容	B2550	李　炜	D0696		C0067	李浙昆	B3970		B2822
李乃炘	B1028	李　文	A0293	李信宏*	C0045	李振峰	B1552	梁　湘	B2702
李　南	B3238		A0294		C0290	李振华	D1368	梁新宇	D0736
李南筑	C0440		A0295		C0400	李正君	C1066	梁　旭	D1185
李　楠	D0753		A0296		C0564	李之工	B1188	梁荫本*	B1041
李培元	A0390		A0297		C0945		B6060*		B1042
李鹏飞	B0475		A0298		C0946	李植泉	A0283	梁忠余	B0299
李平生	D0234		A0299		C0947	李志民	B4223	廖春妹	D0574
李启强*	B0673		A0560*	李杏南	D0841		B4226	廖大伟	D0190
李　强	D0267		A0561*	李绪璧	C1089	李志青	A0251	廖静仁	D0921
	D0417		A0562*	李学佳	B2976		A0267	廖　青	B3290*
李勤益*	B1725		A0563*	李雪玫	D0759		A0268	廖胜芳	C0203
李青山	B3633		A0564*		D1197		A0269	廖盛焜*	C0964
	B6033		A0565*	李雅芝	B2677		A0270	廖选亭	B3849
	B6034		A0566*	李亚滨	B1963		A0271		B3850
	B6276		A0567*	李　艳	C0889	李志祥	B1590	廖雪林	D1112
李　泉	B6166		A0568*		C0890		B1591		D1113
李　群	B3684		A0919	李阳世*	B2398		B1825	廖佐纳	B2685
	B3951		A0920	李冶文	B0455*		B2534	林碧珠*	D0008
李仁溥	D0416		A0921		B0456*		B3012		D0112
李荣耀	A0514		A0922	李　一	C0092		B3013	林泊佑*	D0888
李汝勤	B4001		A0923	李　宜	C0416	李　忠	B1773	林沧发	B1221
	B4002		B1239	李义波	D0146	李竹君	B3066	林峰标*	C0377
	B4003	李文华	B5914	李义有	B2800		B3067	林福海	B1883
	B4004	李文杰	B2750	李奕仁	D0200		B3179	林光兴	B3971
李　瑞	D0428	李文涛	C0876	李　毅	C0336		B3736		C0286
李瑞恒	B2679	李文鑫	B2121	李　翼	C0053		B3737		D0349
李瑞萍	B6265	李文瑛*	D0064	李银满	C0033		D1323	林国照*	B4189
李善庆	B1961	李　希	B1565	李英华	D1051	李宗道	B1419	林海涛	B3095
李绍强	D0464	李贤深	D0293	李英琳	C0191	李宗宁	B0206*	林汉杰	D0818
李升伯	A0852	李显波	B3023	李　营	D0291	李宗耀	B3196	林华德*	C0418
李生祥	D1455	李湘树	D0675	李永杰	B0575	李宗英	C1012	林华元	B0280
李师言	D1340		D1125	李永平	D0575	李钻永	C1082	林及基	C0522
	D1341	李向东	B3742	李友仁	B3010	厉宝管	B2617	林家咏*	C0583
	D1342	李小谷	B6292	李友森	B6164	郦绍模	D0034	林建萍	C0325
李世波	B2745	李晓春	B3284	李友友	D0820	连士偶	C1318	林　杰	B3831
	B2746		B4291		D0824	梁德邦	B1635		B3835
	B2747	李晓旭	B4905		D0825	梁　冬	B3328	林　捷	B0474
李世荣	B1784	李筱文	D1068		D0826		B3329	林　静	D0277
李淑华	B3862	李辛凯	B0536*	李有山	B0641*	梁　枫	D0214	林炯任*	D0134
李顺利	C0477		B0537*	李雨来	D0151	梁光溥	B0297	林举百	D0123
李思龙	D1337		B1052*		D0842		B4618	林　军	D0785
	D1345		B1435		D0843		B4619	林俊宏*	C0942
李　斯	B6147		B2041	李禹门	A0073		B4620	林开耀	D0781
李松涛	B0288		B2138	李玉梅	D0075	梁光潜	B2039	林昆辉*	C0465
李素英	B3407		B2593*	李育民	B1632	梁桂屏	B3383	林乐成	D0627
李泰亨	B2792		D1460	李源和	B5714	梁惠娥	B3462		D1080

5.3　丛书（汇编）索引

收录与编辑说明：

　　丛书项是图书著录中比较复杂的著录实体，在传统手工编目时期，由于有关丛书的著录规则不够严格，编目人员对丛书项的认识也存在较大的差异，以致早期的图书丛书项著录不够规范，漏编与错编现象也甚为普遍，这种情况随着在版编目数据（CIP）的推广普及才逐渐好转。鉴于上述情况的存在，我们在补充早期书目数据著录项时，注意了对丛书项的补充；另外，借用已得到的丛书名"倒查"各个数据库，努力将其丛书中子目补充完整。

　　本索引筛选该《总目》中较为重要的丛书173种包含1558个子目。所收录丛书包括三种类型：第一类是纺织专业丛书（如《纺织染丛书》《棉纺织工业丛书》《纺织新技术书库》等），大约100余种；第二类是子目中包含纺织染图书的综合类丛书（如《万有文库》《材料新技术丛书》等）；第三类是纺织染汇编类图书（如《陈维稷优秀论文奖论文汇编》《纺织工业新技术译丛》《中国纺织科技史资料汇编》等），此外还收录少量年鉴类图书。

　　本索引整体编排按照该《总目》结构，民国版丛书在前（5.3.1），1950—2020年出版的丛书在后（5.3.2），两部分均按丛书名音序排列，港台版丛书做了标注（如［港台］），以便区分。

　　本索引著录了丛书名，其下著录该《总目》收录所有子目，并按子目记录号顺序排列。

5.3.1 民国版丛书

百科小丛书

A0436　A0437　A0438　A0439　A0440　A1136

大学丛书

A0447　A0448　A0975　A0976　A0977　A0978

纺联会刊

A0070　A0530　A0611　A0943

纺织丛书

A0114　A0408　A0409　A0423　A0424　A0736

纺织染丛书

A0011　A0118　A0231　A0304　A0305　A0371　A0442
A0443　A0444　A0445　A0457　A0511　A0524　A0526
A0600　A0757　A0759　A0820　A0918　A0969　A0971
A1161　A1163　A1164　A1165

工学小丛书

A0088　A0089　A0090　A0091　A0092　A0095　A0096
A0173　A0174　A0175　A0176　A0261　A0358　A0359
A0501　A0502　A0503　A0547　A0552　A0585　A0587
A0588　A0589　A0612　A0613　A0614　A0896　A0912
A0913　A0914

工业丛刊

A0212　A0802　A0813　A0814　A0929

国立中央研究院社会科学研究所丛刊

A0515　A0516　A1119

华商纱厂联合会出版书籍

A0040　A0216　A0217　A0218　A0219　A0220　A0221
A0222　A0223　A0224　A0225　A0226　A0227　A0313
A1122　A1123　A1124　A1125　A1126　A1127　A1132
A1133　A1134　A1135　A0113　A0330　A0331　A0147
A0323　A0321　A0324　A0322　A0328　A0329　A0332
A0422　A0500　A0545　A0554　A0625　A0904

经济部成立十周年纪念丛刊

A0708　A0709

立信会计丛书

A0410　A0411　A0412　A0413　C0315

民众经济丛书

A0364　A0455

南通学院纺织科学友会丛书

A0098　A0100　A0099　A0717　A0719　A0723
A0724　A0725　A0478

全国经济委员会棉业统制委员会专刊

A0605　A1168

染化丛书

A0536　A0537　A0538　A0582　A0917

日本研究会小丛书

A0602　A0603

商学小丛书

A0748　A1130　A1131

商业丛书

A0019　A0764　A0903

上海市博物馆丛书

A0664　A0665　A0160　A0161

万有文库

A0087　A0434　A0435　A0546　A0895　A1023
A1024　A1115　A1118　A1129　A1156

纤维工业丛书

A0067　A0115　A0116　A0117　A0135　A0136
A0137　A0241　A0242　A0243　A0244　A0245
A0334　A0391　A0392　A0393　A0507　A0508
A0726　A0727　A0728　A0729　A0869　A0995
A0996　A0997　A0998　B0999　B1390　B6219

现代工业小丛书

A0263　A0264　A0505　B0263　B0732　B0930

职业教育研究丛辑

A0030　A0209　A0574　A0761

职业学校教科书

A0021　A0076　A0077　A0078　A0079　A0080
A0081　A0082　A0083　A0084　A0085　A0236
A0237　A0238　A0293　A0343　A0344　A0404
A0487　A0488　A0489　A0490　A0541　A0543
A0544　A0560　A0704　A0990　A0991　A0992
A0993　A0994

中国经济统计研究所丛书（纺织类）

A0168　A0169　A0195　A0196　A0205　A0206
A0278　A0283　A0308　A0629　A0679　A0777
A0778　A0932　A0936　A0939　A0953　A0954
A0962　A0963

中国纤维工业研究所丛书
A0120　A1177　A1178　A1179　A1180　A1181

中华百科丛书
A0576　A0577　A0578　A0579

5.3.2　1950—2020版丛书

1953纺织机器保全工作法（汇编）
B0022　B0023　B0024　B0025　B0026　B0027
B0028　B0029　B0030　B0031

21世纪纺织品新进展丛书
B3486　B3529　B4381

AATCC手册
B6300　B6301　B6302　B6303　B6304　B6305
B6306　B6307　B6308

材料新技术丛书
B2974　B3478　B3496　B3497　B3513　B3545

差别化纤维丛书
B1593　B1816　B1876　B2011　B2299

陈维稷优秀论文奖论文汇编
B4996　B4997　B4998　B4999　B5000　B5001
B5002　B5003　B5004　B5005

大生集团档案资料选编
D0037　D0038　D0039　D0040　D0041

涤纶生产工人技术读本
B1558　B1561

电脑横机系列丛书
B3002　B3006

纺部运转工人应知辅导材料
B1594　B1595　B1596　B1597　B1598　B1599
B1600　B1601　B1602　B1603　B1604　B1605
B1606

纺拓会丛刊　统计调查系列［港台］
C0978　C0979　C0980　C0981　C0982　C0983

纺织材料性能测试技术丛书
B1630　B1632　B2059　B2415

纺织产品开发丛书
B1522　B1656　B2636　B3024　B3475　B3534
B3976　B4099　B4226

纺织产业年鉴［港台］
C0944　C0945　C0946　C0947　C0948　C0949
C0950　C0951　C0952　C0953　C0954　C0955
C0956　C0957　C0958　C0959

纺织厂土法办电丛书
B1101　B1447

纺织创造丛书
B1678　B2923

纺织服装跟单手册
C0270　C0353　C0477　C0480　C0488

纺织服装经济与贸易丛书
C0140　C0141

纺织高新技术科普丛书
B2626　B2632　B2633　B2644　B4114　C0434

纺织工厂设计手册
B5962　B5964　B5965　B5966　B5967　B5968
B5969　B5970　B5971　B5972　B5973　B5974
B5975　B5976　B5977　B5978　B5979　B5980
B5981

纺织工业技术参考资料（汇编）
B0071　B0244　B0274　B0493　B0505　B0803
B1015　B1178　B1194　B1199　B1208　B1243
B1316　B1365　B1421

纺织工业经济丛书
B2828　C0025　C0055　C0083　C0128　C0235
C0266　C0288　C0299　C0326　C0366　C0531
C0570

纺织工业企业管理丛书
C0176　C0193　C0194　C0196　C0217

纺织工业企业设备管理制度（汇编）
C0097　C0649　C0650　C0651　C0652　C0653
C0654　C0655　C0656　C0657　C0658　C0659
C0660　C0661　C0662　C0663　C0664　C0665
C0666　C0667　C0668　C0669　C0670　C0671
C0672　C0673　C0674　C0675　C0676　C0677
C0678　C0679　C0680　C0681　C0682　C0683
C0684　C0685

纺织工业企业设备维修管理制度（汇编）

C0686　C0687　C0688　C0689　C0690　C0691
C0692　C0693　C0694　C0695　C0696　C0697
C0698　C0699　C0700

纺织工业企业组织与计划（译）

C0098　C0099　C0100　C0101　C0102　C0103
C0104

纺织工业统计年报

C0750　C0751　C0752　C0753　C0754　C0755
C0756　C0757　C0758　C0759　C0760　C0761
C0762　C0763　C0764　C0765　C0766

纺织工业物资管理知识丛书

B1626　B2037　B2924

纺织工业新技术译丛

B0100　B0127　B0171　B0193　B0251　B0265
B0271　B0393　B0488　B0497　B0594　B0855
B0875　B0952　B1007　B1134　B1154　B1191
B1270　B1302　B1344　B1377

纺织工业知识丛书

B0515　B0556　B0997　B1796　B1920　B2008
B2070　B2071　B2072　B2088　B2089　B2090
B2259　B2260　B2485　B2502　B2630　B2642
B2740　B2872　D0067

纺织基本技术知识丛书

B0059　B0089　B0093　B0097　B0175　B0410
B0437　B0446　B0447　B0453　B0502　B0509
B1021　B1354

纺织技术读本

B0060　B0092　B0346　B0468　B0879　B0945
B1008　B1138　B1261

纺织检测知识丛书

B1361　B2414　B2959　B2979　B3010　B3111
B3233　B3234　B3372　B3492　B3511　B3697
B3705　B3716　B3884　B3887　B3974　B3998
B4041　B4068　B4069

纺织科技研究计划［港台］

C0377　C0401　C0402

纺织科学与工程高新科技译丛

B3279　B3290　B3476　B3480

纺织面料实物大全

B3207　B3208　B3209　B3210　B3211　B3212

B3213　B3214

纺织品大全

C1401　C1402　C1403　C1404　C1405　C1406
C1407　C1408　C1409　C1410　C1411

纺织品商品常识读本

B0087　B0573　B0853

纺织染丛书

B0063　B0705　D1426

纺织设备机电一体化丛书

B1621　B1652　B1653　B1766　B1941　B2382

纺织生产技术工人读本

B4223　B4271

纺织生产技术问答丛书

B3195　B3335　B3568　B3613　B3674　B3696
B4289　B4338　C0184

纺织新技术书库

B1878　B2936　B2938　B2939　B2941　B2989
B3005　B3011　B3022　B3062　B3182　B3190
B3192　B3193　B3196　B3273　B3277　B3283
B3288　B3308　B3320　B3331　B3483　B3491
B3533　B3536　B3551　B3587　B3614　B3617
B3624　B3634　B3637　B3664　B3675　B3685
B3686　B3704　B3714　B3742　B3744　B3747
B3748　B3753　B3756　B3757　B3845　B3869
B3876　B3879　B3886　B3895　B3898　B3900
B3906　B3917　B3921　B3929　B3943　B3949
B3955　B3965　B4056　B4057　B4058　B4066
B4076　B4092　B4105　B4106　B4125　B4207
B4215　B4288　B4293　B4296　B4319　B4347
B4371　B4393　B4399　B4400　B4840　B5944
B6034　B6165　B6208　B6217　B6258

纺织业工商管理系列丛书

B5963　C0130　C0200　C0211　C0213　C0447
C0515

纺织印染实用技术类丛书

B4050　B4060　B4067　B4070　B4294　B4317

纺织整染工业全书［港台］

B0904　B0905　B1323　D1210

非物质文化遗产丛书

D0517　D0728　D0980　D1183

棉纺织企业工人技术标准辅导材料
B2162 B2163 B2164 B2165 B2166 B2167
B2168 B2169 B2170 B2171 B2172

棉纺织企业工人中级技术培训讲义
B2173 B2174 B2175 B2176 B2177 B2178
B2179 B2180 B2181

棉纺织设备使用须知（汇编）
B2183 B2184 B2185 B2186 B2187 B2188
B2189 B2190 B2191 B2192 B2193 B2194
B2195 B2196 B2197

棉纺织设备修理工作法丛书
B0037 B1450 B1459 B1464 B1465 B1466
B1468 B1469 B1471 B1479 B1509 B1972
B2009

棉纺织生产工人技术读本
B1577 B2198 B2199 B2200 B2201 B2202
B2203 B2204 B2205 B2206 B2207 B2208
B2209 B2210 B2211 B2212 B2213 B2214
B2215 B1458 B1510 B1533 B1973 B2018

棉纺织新技术丛书
B1532 B1839 B2468

棉纺织运转工必读
B1508 B2303 B2817

民族民间艺术瑰宝
D0645 D0647 D0808

纳米科学与技术丛书
B3727 B3728

全国"星火计划"丛书
B2217 B2218 B2219 B2220 B2221 B2222
B2223 D0689

染化药剂
B0890 B0891 B0892 B0893 B0894 B0895
B0896 B0897 B0898 B0899 B0900 B0901

染料丛书
B0929 B1764 B1977 B2307

染整新技术丛书
B2385 B2386 B2619 B2621 B4318

缫丝厂工人技术读本
B0069 B1289 B1412

陕西地方志丛书
C1095 C1096 C1097 C1099 C1100 C1249
C1316

商品知识丛书
B0331 B0342 B2540 C0162 B0574 B1326

丝绸染整工人技术读本
B2500 B2501 B2506

丝纺织工人读物
B1076 B1190 B1264 B1267 B1280 B1281
B1284 B1417

丝织工人技术读本
B1059 B2498 B2516 B2517 B2519

台湾工艺推广丛书［港台］
D0530 D0553 D0562 D1006 D1177

台中市编织工艺馆丛书［港台］
B2980 B2981 D0520 D0521 D0522 D0523
D0524 D0525 D0526 D0527 D0528 D0529

纤维实验室科普系列丛书
B4019 B4020 B4021 B4022

现代纺织工程丛书
B3223 B3658 B3901 B3932 B6097 B6098
B6149 B6211 B6228 B6234 C0132

现代纺织工程技术丛书
B3944 B3987 B4348

现代纺织企业管理丛书
B3149 B3311 B3703 C0019 C0061 C0170
C0177 C0210 C0219

现代纺织艺术设计丛书
B2960 B3266 B3267 D0967

现代棉纺设备维修技术丛书
B2952 B3989

现代设计丛书［港台］
D1164 D1168

新编服装材料丛书
B4100 B4380 B4407 B4408 B4409

新疆少数民族工艺美术研究
D1127 D1129 D1131 D1134 D1136 D1137

中国古代丝绸设计素材图系
D1213　D1214　D1215　D1216　D1217　D1218
D1219　D1220　D1221　D1222

中国行业分析报告
C0830　C0831　C0832　C0833　C0834　C0835
C0836　C0837　C0838　C0844　C0846

中国纺织科学技术学科发展报告
C0769　C0770　C0771　C0772　C0773

中国棉花年鉴
C0864　C0865　C0866　C0867　C0868　C0869
C0870　C0871　C0872　C0873　C0874　C0875
C0876　C0877　C0878　C0879

中国民间工艺风采丛书
D0820　D0828

中国民间美术丛书
D0584　D0833　D0836

中国民间文化遗产
D0824　D0825　D0826　D0829

中国染料工业年鉴
C0880　C0881　C0882　C0883　C0884　C0885
C0886　C0887　C0888　C0889　C0890　C0891

中国丝绸年鉴
C0895　C0896　C0897　C0898　C0899　C0900
C0901　C0902　C0903　C0904　C0905　C0906
C0907　C0908　C0909

中国土布系列丛书
D0701　D0751　D0752

中国资本主义工商业史料丛刊
D0107　D0121　D0187　D0188　D0193　D0195
D0314　D0315　D0321　D0440　D0499

中华锦绣丛书
D0644　D0663　D0665　D0770　D0847　D0978
D1030　D1065　D1066　D1201　D1202

中华民国纺织工业年鉴 [港台]
C0966　C0967　C0968　C0969　C0970　C0971
C0972　C0973　C0974　C0975　C0976　C0977

编 后 记

我国现代纺织工业从零起步，经过百余年栉风沐雨、砥砺前行，成为世界第一纺织大国，为国家创造了巨大的物质财富。百余年来，我国纺织领域一代代生产管理者、理论研究者、文献出版者与纺织工业一路同行，他们钻研理论、躬行实践、著书立说，不仅有力地推动了我国纺织业的快速发展，留下了大量的纺织文献，而且成为后来者宝贵的文化遗产和精神财富。

纺织工业在我国近代工业中具有特殊的地位，其百余年的发展历程也是我国从传统农业大国走向现代化工业强国的重要缩影。东华大学和西安工程大学的办学历史均可追溯到 1912 年我国近代纺织工业发展初期。我在西安工程大学图书馆工作三十余年，时常在面对馆藏百年积累、卷帙浩繁的纺织文献时心生敬意，同时也隐约预感到，随着时代的变迁和数字化技术的发展，这些日渐泛黄的书刊会淹没在历史的长河中，总觉得应该有一部较为完整的档案性书目，将这些记录着我国纺织工业发展印迹的第一手资料追溯汇总、集散为籍，以起到传承文化、激励后人的作用。这是我很早萌生编纂一套"纺织图书总书目"的初衷。

整理编纂一套"纺织图书总书目"的另一驱动力来自工作需要。长期以来，无论是在进行纺织特色馆藏建设还是编制纺织专业推荐书目时，总觉得资料依据不足，致使成果缺乏完整性和权威性，也始终为纺织学界缺少纺织图书总目的工具书而深感遗憾，以期能尽图书馆人的责任，利用已有的资源条件和工作经验整理并编纂一部书目，为纺织学术繁荣再添干薪。

我和陈惠兰同志最初的交流是在 CALIS 二期立项期间（2003—2005 年），计划东华大学和西安工程大学两校图书馆合作建设一个纺织特色数据库。起初仅打算收集整理民国时期至 1966 年的纺织图书书目，认为这是一批亟待保护的珍贵文献。虽然立项未成，但我初心不泯，十余年间利用出差机会走访了全国纺织类院校图书馆和纺织研究院（所）资料室，了解到了国内早期纺织图书的藏佚情况。尹方屏等同志则考察了国家图书馆和上海图书馆的早期纺织图书和缩微馆藏。

在各种联合书目数据库（如 CALIS 联合书目数据库、超星读秀中文电子图书数据库等）相继投入使用后，我利用其从书目数据源的分析调研着手，测试可作为来源书目数据的完整性和准确性。囿于时间和精力等原因，此项工作时断时续，荏苒多年，书目数据的获取和处理工作一直不够系统。2019 年，西安工程大学图书馆组织有关人员对我前期的工作进行了分析论证，并抽调几位馆员协助我工作，经过一段时间模拟测试，初步确定了原始书目获取、数据整理、书目编排的基本模式。

在 2019 年召开的全国纺织服装信息研究会馆长论坛上，西安工程大学图书馆在会议交流时汇报了此项工作的思路和进展，并得知东华大学图书馆也一直进行着类似工作和数据积累，经双方进一步交流后遂即达成合作意向。次年，两馆有关编辑人员两次在东华大学集中讨论，就书目的收集、归类、编排及合作分工等细节交换意见，决定按"数据收集—数据处理—书目编排—编辑出版"四个阶段分工分步实施。至此，《百年纺织图书总目》（简称《总目》）的编纂及出版工作正式提上日程。

按既定要求，我们收集了民国时期至 2020 年纺织类相关中文图书，汇集了国家图书馆、上海图书馆两所公共图书馆及东华大学图书馆、西安工程大学图书馆的纺织藏书目录，也将《民国时期总书目》《纺织工业图书联合目录》及中国纺织出版社有限公司（曾用名：纺织工业出版社、中国纺织出版社）、CALIS 联合目录、超星发现平台等纺织书目数据作为数据来源，最终得到相关数据 5 万余条。对收集到的原始数据，遵循"客观照录、拾遗补缺"的原则，在补充校对图书主要著录项后，以极为谨慎的态度进行了比对去重。最终得到有效书目记录10552 条，图书出版时间横跨 110 余年。这其中对原始数据著录项的补充、核校等工作难度远远超过预期的想象，耗费了编辑人员大量的精力。

对于每种书目的著录，我们以照录源目录为主，缺项或疑似误注则寻找原书版权页或书名页以现行的《普通图书著录规则》进行补充修改。对于整体书目的编排，考虑拟兼具年代、主题、文献类型等特点，民国时期的纺织图书单列一部分编排，对于中华人民共和国成立后的图书，则先按图书主题内容分为纺织工程与技术、纺织经济与管理、纺织人文与艺术三部分，每部分下再以文献类型予以细分和编排。为了强化书目的实用功能，特设置了三种索引，分别为高引用量图书索引、著（译）者索引和丛书（汇编）索引，力求满足不同使用者对书目数据的查考需求。通过书目著录修正、书目编排、索引编制最终成就了本书的全部内容。其中对每种图书著录被引频次并按照被引频次编制索引，在迄今国内出版的同类书目中尚无先例。

本书的编纂是集体智慧和劳动的结晶，其间得到了我国纺织界、图书馆界和出版界多位学者的支持和指点。编纂委员会中许长海、孙润军、肖长发、陈文兴、陈南梁、顾伯洪、徐卫林、高卫东、樊小东、潘志娟、戴鸿、董政娥等 12 位委员均为纺织领域不同研究方向的专家学者，《总目》所辑图书及编排经他们鉴定，均认为不仅是从事纺织教学和学术研究的门径，也是系统获取第一手文献资料开展深层次学术研究的资源保障。陈惠兰、尹方屏和董政娥等同志兼有纺织学科专业背景和长期的文献工作经验，对纺织书目的专业界定有清晰的认识；东华大学图书馆冯晴等同志分析了所收录的书目数据，研究确定了书目的分类编排框架，使本书整体编排颇具特色；董政娥同志对《总目》中的会议文献、汇编文献、技术报告及各类文集等非正式出版物的收录、整理及校对付出了辛勤的劳动，保证了书目文献类型的完整；温西玲、王雯晶、徐晓莉、刘志群等同志以编目人员特有的职业素养对每条数据的每个著录项逐一审核校对，以力求准确完整，她们经常为了补充或查证某个著录项花费数小时甚至几天的时间；王思敏同志利用其娴熟的编程技术，协助我完成了原文件的文本转换，使书目中著录项的排列符合图书目录的编排规则。非常感谢参与本项工作的所有同志，他们所承担的每一项工作和提出的每一条建议都是《总目》得以顺利完成并出版必不可少的。

《总目》整个编纂过程有一个挥之不去的记忆。从开始讨论立题、数据整理、书目编排到初稿完成都是在新冠肺炎疫情期间进行的，东华大学和西安工程大学的馆员团队克服困难、通力合作，在编纂书稿的过程中，每位同志都非常用心和辛劳，常常在晚上和节假日还在工作群里为某个问题讨论，为此付出了大量的精力和心血。没有参编人员的热情、执着和不懈努力，要完成如此规模的书目编纂是难以想象的。

作为纺织特色院校的图书馆人，我对中国纺织出版社有限公司素有情感，此《总目》承陈惠兰同志牵线搭桥，奔走联系，最终能与国内纺织界非常有影响力的出版社结缘，是本书最大的荣幸。责任编辑孔会云等同志为《总目》的内容和编排提出了许多修改意见，书稿又经她反复打磨和仔细编校，改正了不少文字上的错误和编排上的偏差，她为本书的付梓出版倾注了巨大的心力，在此致以最衷心的谢忱。

本《总目》设计方案及书目初稿得到了中国纺织工业联合会书记高勇，中国工程院院士、西安工程大学名誉校长姚穆，中国工程院院士、东华大学校长俞建勇和复旦大学图书馆副馆长杨光辉的肯定、勉励与支持，他们在百忙之中为本书拨冗作序，语重心长、情深意厚，各位编辑人员感幸之至又为功力不济而略感内疚。

文献的积累是文化传承的基础，收集、保存、整理、传播文献是图书馆的立身之本。文献目录索引的编纂是图书馆的基础性工作之一，也是大学图书馆服务于学术研究的重要路径。《总目》的编纂固然是为了成全编者数十年的从业心愿，更重要的是充分体现纺织特色图书馆为纺织人才培养和科学研究所能、所应做出的贡献。

编纂这样一部横跨百年、条目繁杂的书目，所有参编人员虽竭尽所能却难免力有不逮，书目的收集、著录与编排不免存在各种缺憾，敬祈广大专家、学者及读者不吝赐教。

张大为

2023 年 9 月

于西安工程大学图书馆